普通高等学校体育专业教材

体育统计与SPSS应用

● 主编　梅雪雄　魏德祥

中国教育出版传媒集团
高等教育出版社·北京

内容简介

本书基于 SPSS 26.0 编写，涵盖了目前体育科学研究中涉及的大部分统计问题。全书共二十一章，分为三大部分。第一部分简要介绍体育统计的基本概念、基本原理和基本方法；第二部分介绍 SPSS 软件的基本使用方法；第三部分比较详细地讨论体育科学研究中常用的数理统计方法及其在 SPSS 中实现的步骤。内容包括基本描述统计、多选题分析、平均数比较、方差分析、非参数检验、相关分析、回归分析、聚类分析、判别分析、因子分析、信度分析等。本书在兼顾统计学理论严谨性和系统性的同时，注重通过读者比较熟悉的体育领域实际案例来阐释问题，使读者能迅速掌握研究设计、数据获取、数据整理、统计分析、结果讨论的全过程。全书文字浅显，案例丰富，图文并茂，易学易用。

本书难度分层合理，既可作为高等院校体育专业本科生教材，亦可供硕士、博士研究生使用，还可作为广大体育教师、教练员、体育管理人员和体育科研人员的参考用书。

图书在版编目（CIP）数据

体育统计与 SPSS 应用 / 梅雪雄，魏德样主编. -- 北京 ：高等教育出版社，2023.8

ISBN 978-7-04-059770-7

Ⅰ. ①体… Ⅱ. ①梅… ②魏… Ⅲ. ①体育统计-统计分析-应用软件 Ⅳ. ①G80-32

中国国家版本馆 CIP 数据核字(2023)第 008189 号

Tiyu Tongji yu SPSS Yingyong

策划编辑 汪 鹂 责任编辑 汪 鹂 封面设计 姜 磊 版式设计 马 云
责任绘图 邓 超 责任校对 刘丽娴 责任印制 耿 轩

出版发行 高等教育出版社
社 址 北京市西城区德外大街 4 号
邮政编码 100120
印 刷 山东百润本色印刷有限公司
开 本 889mm×1194mm 1/16
印 张 39.5
字 数 1100 千字
购书热线 010-58581118
咨询电话 400-810-0598
网 址 http://www.hep.edu.cn
http://www.hep.com.cn
网上订购 http://www.hepmall.com.cn
http://www.hepmall.com
http://www.hepmall.cn
版 次 2023 年 8 月第 1 版
印 次 2023 年 8 月第 1 次印刷
定 价 79.00 元

物 料 号 59770-00

前　言

当今世界是一个信息爆炸的时代，人们每天都会接触到大量数据信息。要想根据已有信息作出正确的判断和决策，掌握统计学的知识和技巧是必不可少的。统计学家亨特（J. S. Hunter）曾说：“现代统计不仅是一套工具和计算规则，也是一种语言，是创造和沟通数量概念和想法的媒介。”没有统计，人们将无法了解数字的真意。目前，统计方法作为一种定量分析的工具，在自然科学和人文社会科学的各个领域都得到了广泛的应用，形成了许多分支学科，如工业统计、商业统计、生物统计、气象统计、卫生统计、教育统计等。近年来，随着体育事业的蓬勃发展，我国体育科学研究水平迅速提高，统计学也已成为广大体育工作者从事体育教学、训练、科研和管理的重要工具。

然而，统计学复杂的概念、公式、计算程式以及现实世界数据表面上的杂乱无章，又往往让人对统计学望而却步。令人欣慰的是，SPSS 软件已在普通人和统计学之间架起了一座便捷的桥梁，帮助人们从繁琐的手工计算中解脱出来。SPSS 软件自 20 世纪 60 年代末期出现以来，不断推陈出新。它包含丰富的统计分析算法，具有简洁的操作界面、直观的数据形式和杰出的图表输出功能，受到用户普遍的欢迎，已成为全球主流统计分析软件之一。

作者从 20 世纪 80 年代末期开始从事体育专业本科“体育统计学”的教学，从 90 年代中期开始对体育专业硕士、博士研究生讲授“SPSS 在体育统计中的应用”课程。在多年的教学、研究实践中，作者深深感受到我国体育统计教材方面的缺憾。一些非常专业的数理统计教材由于其艰深的数学语言和十分宽泛的案例而不太适合体育专业使用；一些体育统计教材又倾向于只讲应用不讲原理，造成读者只知其然而不知其所以然，因而无法运用统计学知识来深刻阐释所研究的体育问题；还有一些体育统计教材缺乏必要的系统性和连贯性，知识点过于跳跃，教学中很难使用。本书是作者多年教学经验的总结，紧密结合体育领域的实际问题，深入浅出地阐述体育统计的基本原理，详细讲解 SPSS 统计分析软件的使用方法，以便使读者掌握一种简单、明了、正确进行体育领域数据处理的手段。

本书基于 SPSS for Windows 26.0 编写，共二十一章，分为三大部分。第一部分是体育统计基础，共六章，简要介绍了体育统计的基本概念、数据分类和初步整理的方法、常用描述统计量及其在体育研究中的应用；讨论了作为数理统计核心知识的概率、概率分布、抽样分布等问题，介绍了在体育统计中常用的正态分布、二项分布、

χ^2分布、t分布、F分布等概念；简要介绍了抽样的方法、参数估计的方法等，重点讨论了假设检验的基本理论及其在体育科学研究中的应用。第二部分是SPSS应用基础，共四章，简要介绍了SPSS系统的发展及特点、系统的安装与基本使用方法、数据文件的建立与文件管理的方法，以及SPSS的函数、运算符和表达式；比较详细地介绍了在SPSS中对数据进行整理和转换的方法，如排序、转置、合并、重构、汇总、拆分、选择个案、加权、计算新变量、计数、重编码、排秩等。第三部分是SPSS在体育统计中的应用，共十一章，比较全面地介绍了体育科学研究中常用的数理统计方法，阐释了各种方法的数学原理，结合体育领域的实例，详细介绍了体育统计方法在SPSS中实现的步骤，并对统计分析的结果作了比较详尽的说明。这部分内容包括基本描述统计、多选题分析、平均数比较、方差分析、非参数检验、相关分析、回归分析、聚类分析、判别分析、因子分析、信度分析等。本书第一部分由魏德样撰写，第二、三部分由梅雪雄撰写。全书最后由梅雪雄统稿。

本书特点之一是理论与实际紧密结合，对每一种统计分析方法，都先对其数学原理作必要但并不艰深的理论阐述，再通过案例说明其在SPSS系统中实现的步骤，最后再解释输出图表的意义。这就使读者不仅能迅速掌握SPSS在体育统计中的实际应用，而且能“知其然且知其所以然”。本书特点之二是尽量选择读者比较熟悉的体育领域的相关案例，使读者能了解研究的思路和数据的特征，以便在实际工作中有所借鉴，能举一反三地进行研究设计并正确地选择统计分析方法。本书特点之三是图文并茂，在大多数操作界面图中，都用文本框、箭头和序号直接标示出操作步骤、内容和注意事项等，使读者对操作过程一目了然。

本书适合高等院校体育专业本科生、硕士和博士研究生以及科研人员阅读，也适合其他领域从事与数据统计有关工作的人员参考。体育专业本科学生可以重点学习第一部分，并选择性地学习第二、三部分的一些内容（如基本描述统计、平均数比较、相关分析等），在打好统计知识基础的同时，具备解决体育领域一些基本统计问题的能力。这部分的学习凭借手工计算和查表即可完成，无须在计算机上使用SPSS系统。硕士和博士研究生可以通过第一部分的学习来梳理和巩固统计知识，通过第二部分的学习来掌握SPSS的入门技巧，通过第三部分的学习达到熟练应用SPSS解决体育科学研究中大部分统计问题的水平，从而能够游刃有余地探寻数据背后隐藏的规律，为体育教学、训练、管理和科研工作提供科学依据。

本书借鉴了一些作者在论文或论著中涉及的案例，在此一并向他们表示衷心的感谢。

数理统计和SPSS内容多，涉及面广，本书只介绍在体育统计中常用的内容和方法。由于作者水平有限，书中难免有不妥或错误，望读者不吝指正，不胜感激。

梅雪雄、魏德样

2022年7月

目 录

第一部分 体育统计基础

第二部分 SPSS 应用基础

第三部分 SPSS 在体育统计中的应用

第一部分

体育统计基础

本部分简要介绍了体育统计的基本概念、数据分类和初步整理的方法、常用的描述统计量及其在体育科学研究中的应用，讨论了作为数理统计核心知识的概率、概率分布、抽样分布等问题，介绍了在体育统计中常用的正态分布、二项分布、χ^2 分布、t 分布、F 分布等概念，简要介绍了抽样的方法、参数估计的方法等，重点讨论了假设检验的基本理论及其在体育科学研究中的应用，包括方差假设检验、平均数假设检验和率假设检验的基本方法。本部分是体育统计的基础，掌握好本部分的知识，不仅使我们具备解决体育领域中基本统计问题的能力，还将为第二、三部分的学习打下良好的基础。

第一章 体育统计概述

第一节 体育统计简介

一、什么是统计学

统计学是一门研究客观事物数量方面特征和关系的方法论科学。具体地说，它是研究如何有效地搜集、整理和分析受随机因素影响的数据，进而对所观察的问题作出推断、预测，直至为未来的决策与行为提供依据和建议的一门学科。

统计学是随着社会生产的发展和适应国家管理的需要而产生和发展起来的。在原始社会，人类最初的计数活动就孕育了统计的萌芽。伴随国家的出现，有关人口、土地、粮食、赋税、军事等方面的统计工作逐渐发展起来。随着社会生产力的发展，社会分工越来越细，统计工作也逐步扩展到了工业、农业、商业、银行、保险、交通、邮电、海关等领域。正是在这样的历史条件下，统计学应运而生。

17 世纪，在英国出现了“政治算术学派”，在德国出现了“国势学派”。两种学派的共同特点都是以社会经济现象为研究对象，统称为社会经济统计学派。从 18 世纪末到 19 世纪末的 100 多年中，统计学得到很大的发展，出现了“数理统计学派”。数理统计学派是在概率论已有相当发展的基础上，把概率论引进统计学而形成的。

从 20 世纪初起，科学技术迅猛发展，社会生产发生了巨大的变化。数理统计学由于与自然科学、工程技术科学紧密结合而获得迅速发展，进入鼎盛时期。

从 20 世纪 50 年代起，统计学受计算机、信息论等现代科学技术的影响，新的研究方法层出不穷，出现了多元统计分析、时间序列分析等，使得从大量复杂数据中提取信息的功能大大加强。

目前，统计学作为一种定量分析的重要工具已得到广泛的应用，几乎覆盖了自然科学、农业科学、医药科学、工程学与技术科学、人文与社会科学的各个领域，形成了许多分支学科，如工业统计、商业统计、生物统计、气象统计、卫生统计、教育统计、体育统计等。在当今这样一个信息爆炸的时代，统计已成为人们认识客观世界的一种重要手段。

二、什么是体育统计

体育统计是数理统计方法在体育领域中的应用。它以体育运动中大量存在的随机现象为研究对象，用数理统计的方法，研究体育问题，揭示体育领域中事物发展变化的内在规律，为人们提供搜集、整理和分析数据资料的方法。

体育统计的出现和发展，与体育测验有着密切的关联。各种测验成绩的分析，都要用到统计的基本方法。早在 20 世纪 30 年代，我国高等学校体育专业就曾经开设过“体育测量与统计”课程。1981 年，我国成立了全国体育统计研究会。1984 年，我国成立了中国体育科学学会体育统计专业委员会（现已改为中国体育科学学会体育统计分会）。虽然体育统计作为一门学科在我国的发展历史并不长，但它已经成为高等体育院校的一门重要课程。近年来，随着体育事业的蓬勃发展，我国体育科学研究的水平迅速提高，体育统计越来越显现出重要意义。目前，体育统计已成为广大体育工作者从事体育教学、训练、科研和管理工作的重要工具。

三、体育统计的内容

（一）描述统计

人们在对自然和社会进行研究的过程中经常会面临这种情况：由于资料过多、过杂而无法恰当地吸收其中有用的信息。例如，我们可能回收了500份问卷，但后续如何分析却束手无策，不得不问自己：“我能用这些资料来做什么？”确实，要处理并理解这么多资料是相当困难的，必须设法将这些资料提炼压缩，以看到“面纱掩盖下的真面孔”。描述统计就是这样一些方法，它通过对已获得的大量零散的、杂乱的数据进行归纳、整理，计算这些数据有代表性的统计量以反映数据的特征。例如，计算平均数、中位数等来反映观测数据的集中趋势；计算方差、标准差等来反映观测数据的离散程度；计算相关系数来反映观测数据之间的相互关系。同时，还可以用适当的表格、图形把观测数据的主要特征表示出来。

（二）推断统计

人们在对各种随机现象进行研究时，很多情况下，不可能对全体对象都进行观测，只能从中抽取一部分有代表性的对象进行调查或试验。例如，为了研究某市10岁男孩的生长发育状况，我们不可能挨家挨户遍访该市每一个家庭，比较切合实际的做法是在该市所有小学中抽取部分10岁男孩，测量他们的一些生长发育指标。不过我们的研究重点不在这部分男孩身上，而在他们所代表的那个总体上。推断统计就是这样一种方法，它根据样本所提供的信息，运用概率的理论进行分析、论证，在一定的可靠程度上对总体的特征作出估计和推测，从而得出有关总体的规律。推断统计主要包括参数估计和假设检验。

（三）实验设计

人们在对自然或社会的某个问题进行研究前，都要对调查或试验对象、测定指标、控制因素、工作步骤、数据处理等方面进行周密的思考，做出妥善的安排与详细的规划。或者说，在设计阶段就应预先考虑分析阶段会遇到什么问题，需要用什么统计方法来解决问题。实验设计就是实验者为了有效地获取可靠的数据，以便正确地揭示事物发展变化的内在规律，在实验之前所制订的实验方案。做好实验设计，是取得良好科研成果的重要条件。实验设计的错误，不仅会造成人力、物力、财力、时间的浪费，甚至可能导致整个研究工作的失败。

上述三部分内容相互之间具有紧密的联系。描述统计是推断统计的基础，推断统计离不开描述统计所提供的统计量，必须通过描述统计得出的样本信息来估计、推测总体。描述统计只是对数据进行一般的归纳、整理，若不应用推断统计对事物做进一步的分析，则会使描述统计失去意义，达不到研究的目的。同样，只有良好的实验设计才能使所获得的数据有意义，从而导出正确的结论。而良好的实验设计又必须以描述统计和推断统计的原理为基础，要符合基本统计方法的要求。

四、学习体育统计的意义

（一）提高体育教学、训练、管理的科学性和效率

体育统计在体育教学、训练、管理等方面有着广泛的应用。例如，为了提高教学质量，需要进行不同教学内容、教学方法的实验及效果比较；为了促进学生体质的增强，需要制定合理的评分标准，正确评价学生

的生长发育水平和健康水平；为了提高运动训练效益，需要进行科学选材；为了提高运动水平，需要预测运动成绩，拟定最优化训练方案，选择有效的训练手段，控制运动训练过程；为制定体育政策，需要进行健康状态的调查、锻炼倾向的调查、体育设施的调查、体育消费的调查等。总之，要科学、有效地做好这些工作，必须借助体育统计的理论与方法。

（二）提高体育科学研究的水平

体育领域存在着大量的随机现象，这些现象具有多样性，影响因素很多。而统计学正是研究随机现象的重要工具。我们可以通过体育调查或体育实验，从小部分观测数据出发，去获得关于总体的结论。可以说，体育统计为体育科学研究提供了一种新的定量研究的科学方法。而体育研究中的实验设计，数据的整理、分析、推断，结果的表述和解释等各个环节，也都要求研究者对统计原理与方法有比较深刻的理解。因此，学好体育统计对提高体育科学研究水平具有重大的意义。

（三）提高阅读和撰写体育科技文献的能力

国内外许多体育科学研究成果都是在进行调查或试验的基础上对数据进行统计处理后得出的，其研究报告或论文中经常使用统计的表述方法。如果我们不了解统计学的术语及其所代表的统计过程和意义，例如，如果不理解诸如 $\overline{X}=175.5$，$P<0.05$，$r=-0.89$ 等表示方法的内在含义，也就无从汲取对我们有用的东西。另一方面，如果不熟悉体育统计，也很难把自己所从事的工作或研究成果完美地总结和表达出来。因此，学好体育统计对于提高阅读和撰写体育科技文献的能力也是十分重要的。

五、学习体育统计的要求

（一）掌握与概率相联系的思维方式

学习和应用体育统计时要记住，由样本提供的有关总体的信息是不完整的信息，有抽样误差存在，所以，统计推断结论存在出错的可能性，所有的统计结论都是和概率相联系的结论。这就要求我们掌握与概率相联系的思维方式，在分析问题、做出结论时，防止绝对化。

（二）注意各种统计方法的适用条件

体育统计是将数理统计的理论应用于体育领域，而数理统计的各种方法都是建立在一定的数学模型基础上的。当体育现象符合某种数学模型时，才能应用建立在相应数学模型基础上的统计方法。例如，进行两个独立样本均数差异的 t 检验时，要求两个总体都服从或近似服从正态分布；进行因子分析时，要求各变量具有一定的相关。如果不加条件限制、不分场合任意使用统计方法，可能会得出与实际情况相悖或没有实际意义的结论。因此，学习和应用体育统计时，一定要注意各种统计方法的适用条件。

（三）合理运用体育统计方法

体育统计可以帮助我们揭示客观存在的体育随机现象的规律，但我们不能期望运用这个工具“创造”自己所期待的某种规律。如果纯粹为了论证自己的观点而选用不合实际的统计模型，或者随意篡改原始数据，就将使统计成为用数字制造谎言或误导社会的工具，甚至可能造成严重后果。我们的态度应该是合理地运用体育统计的方法，以便正确地、深入地思考问题，而不是滥用统计工具。

（四）要结合体育专业知识解释统计结论

统计学是一个方便、有用的工具，将其应用于体育领域，对我们的工作会有很大的帮助。但调查或实验所收集的各种数据，总是和某种体育现象相联系，因此，不能仅凭统计数据就下定论，必须结合体育专业知识进行分析、讨论，做出符合实际的结论。当统计结论与所掌握的体育专业知识有矛盾时，有可能是发现了未知的新问题、新规律，但也有可能是实验设计、抽样方法、统计方法应用或计算有错误。此时，应采取慎重的态度，对问题进行抽丝剥茧般的分析。如属于前者，也不宜轻易否定前人的研究成果，可以扩大样本，重复试验，力求揭示所研究事物的本质；如属于后者，则应采取相应的措施予以纠正。

第二节　预备知识

一、基本概念

（一）总体、个体、样本、样本容量和抽样研究

1. 总体

在一个统计问题中，通常把需要研究的同质对象的全体称为总体。总体通常指的是研究工作所关心的指标（变量）。例如，研究某市初中一年级男生的生长发育状况，以身高为指标，此时总体指的是该市所有初中一年级男生的身高，而不是这一具体的人群。

2. 个体

总体中的每一个元素称为个体。如一个身高数据，一个考试成绩等。总体中包含的个体数目可以是有限的，也可以是无限的。包含有限个体的总体称为有限总体，包含无限个体的总体称为无限总体。例如，某个班的学生参加期末体育考试的成绩就是有限总体；而全国中学生的肺活量则可以认为是无限总体。体育科学研究中所涉及的总体，通常是无限总体。

3. 样本和样本容量

从总体中抽取出来的一部分个体，称为总体的一个样本。样本中所含个体的数量叫样本容量。例如，研究某市初中一年级男生的身高状况，抽测了 600 人，这些身高数据就构成了一个容量为 600 的样本。

4. 抽样研究

从总体中抽取样本的过程叫抽样。我们做研究是希望找到关于总体的某种规律，但往往很难对总体中的每一个个体都进行观测。通常采用的方法就是在总体中进行抽样，对所抽取的样本进行观测，然后通过样本数据对总体做出推论，这就是抽样研究。

抽样研究可以减少工作量，提高研究效益。例如，研究全国 13 岁少年的体质，属于这一范围的人数虽然有限，但研究者不可能对全国所有 13 岁少年都进行测量。可行的方法是抽取一个样本进行观测，并由此得出关于总体的结论。对于小总体，即使可以进行“普查”，但由于一次测量并不能完全代表某个个体的“真值”，所以我们仍将其看作抽样研究。有些试验是有损试验，可能对受试者造成某种损伤，而有的试验甚至是破坏性试验，在这些情况下就只能进行抽样研究。

一般来说，样本容量大，对总体的代表性就高。但样本容量并非越大越好。样本容量太大不仅会增加人力、物力、财力的消耗，还会加大试验条件控制上的困难。因此，在研究工作中不必盲目追求大样本。样本容量的确定应保证既能达到所需的研究精度，又能使人力、物力、财力的消耗尽可能小。

（二）参数与统计量

1. 参数

关于总体特征的统计指标称为参数。参数通常用希腊字母表示，例如，我们常用 μ 表示总体平均数，用 σ 表示总体标准差，用 ρ 表示总体相关系数。总体参数值是唯一确定的，但往往又是未知的。

2. 统计量

关于样本特征的统计指标称为统计量。也就是说，根据样本数据所计算出来用于描述该样本特征的量是统计量。统计量通常用英文字母表示，例如，我们常用 $\overline{X}$ 表示样本平均数，用 S 表示样本标准差，用 r 表示样本相关系数。统计量来自直接观测的样本，可以通过计算得出，但统计量的值不是唯一的，它会随样本的不同而改变。

（三）统计误差

统计工作有可能出现误差。某个指标在某一时刻、某一状态下客观存在的稳定的值称为真值，通过工具测量得出的该指标的值称为测得值。测得值与真值之间的差异就是误差。统计误差可分为以下几类：

1. 随机误差

在同一条件下测量某一指标，由于各种随机因素的影响，造成测得值时大时小，由此产生的误差叫随机误差。例如，对同一个学生的身高测量 10 次，由于学生站立姿势或测量者观测角度的变化，都有可能使测量结果不一致，从而产生随机误差。随机误差一般都是由众多微小的偶然因素造成的。在统计工作中，随机误差无法避免且无法消除，但它却有一定的规律，我们通常将其忽略不计。

2. 过失误差

在测量工作中，由于人为错误而造成的误差叫过失误差。这种误差常产生于看错、读错、听错、记错及仪器操作错误，其对测量结果的影响有时要比其他几类误差大得多。因此，测量人员在工作中一定要精益求精，严格遵守操作规范，尽力避免出现过失误差。

3. 系统误差

由于测量系统某些环节的缺陷而造成测量结果呈倾向性的偏大或偏小，这种误差叫系统误差。如测量开始之前未校准仪器，场地器材出现故障，某些标准掌握过宽或过严等，都会造成系统误差。系统误差不会随样本的增大而减小。在收集数据的过程中，应校准测试仪器，严格控制测量条件，尽量避免出现系统误差。如果发现存在系统误差，应认真分析，确定其大小，再通过系统校正予以消除。

4. 抽样误差

由抽样引起的样本统计量与总体参数之间的差异叫抽样误差。由于样本只是总体的一部分，不是总体，而从一个总体中又可以抽取到不同的样本，所以，通过样本去推断总体，必然存在误差。只要是抽样研究，抽样误差就不可避免。影响抽样误差大小的因素主要有：

（1）研究对象本身的离散程度：研究对象本身的离散程度越大，抽样误差就越大；研究对象本身的离散程度越小，抽样误差就越小。

（2）样本的大小：样本容量小，抽样误差就大；样本容量大，抽样误差就小。

（3）抽样方法：抽样方法科学，抽样误差就小；抽样方法不科学，抽样误差就大。

所幸的是，抽样误差有一定的规律，我们可以通过科学的抽样程序加以控制，将其缩小到最低限度或控制在允许范围内，并可根据概率原理估计其大小和范围。

二、总和及运算法则

（一）总和表示法

在统计运算中，经常需要将多个观测值相加，求一组观测值的总和。若以 X 表示一个变量，这个变量相继的观测值可记为 X_1，X_2，X_3，…。一般将变量的第 i 个观测值记作 X_i。若有 n 个观测值，则最后一个观测值就记作 X_n。将这组观测值相加，可以表示为：

$$X_1+X_2+X_3+\cdots+X_n$$

如果观测值很多，要把每个观测值都写出来，就显得非常繁琐。因此，在统计工作中就采用一个总和（连加）符号来表示一组观测值的和，即：

$$\sum_{i=1}^{n} X_i = X_1 + X_2 + \cdots + X_n$$

上式中，$\sum$ 是大写希腊字母，读作 Sigma（西格玛），表示求和；X_i 是要进行求和的变量，i 为观测值的编号，其值从 1 起直到 n 止，表示有 n 个观测值相加。

当数据的起止点已经清楚时，上式可以简记为：$\sum X_i = X_1 + X_2 + \cdots + X_n$；甚至可以简记为：$\sum X = X_1 + X_2 + \cdots + X_n$。

例 1.1：某生 6 门课程的考试成绩为 92，88，76，98，86，79，求其成绩的总和与平方和。

解：运用总和的计算公式，可得：

该生 6 门课程成绩的总和为：$\sum_{i=1}^{6} X_i = 92+88+76+98+86+79 = 519$

该生 6 门课程成绩的平方和为：$\sum_{i=1}^{6} X_i^2 = 92^2+88^2+76^2+98^2+86^2+79^2 = 45\ 225$

在实际工作中，我们常通过表格方式来计算总和与平方和，如表 1-2-1 所示。

表 1-2-1 总和与平方和计算表

i	X_i	X_i^2
1	92	8 464
2	88	7 744
3	76	5 776
4	98	9 604
5	86	7 396
6	79	6 241
$\sum$	519	45 225

如果观测值有若干行和若干列，则可以用变量 X_{ij} 来表示第 j 行第 i 列的观测值。设 k 为行数，则 $j=1, 2, \cdots, k$。各行观测值的个数可能相同，但也可能不同。若以 n_j 表示第 j 行的观测值个数，则 $i=1, 2, \cdots, n_j$。如此，该变量的总和可采用二重求和来表示：

$$\sum_{j=1}^{k}\sum_{i=1}^{n_j} X_{ij} = \sum_{i=1}^{n_j}\sum_{j=1}^{k} X_{ij} = \sum_{i=1}^{n_1} X_{i1} + \sum_{i=1}^{n_2} X_{i2} + \cdots + \sum_{i=1}^{n_k} X_{ik}$$
$$= X_{11}+X_{21}+\cdots+X_{n_1 1}+X_{12}+X_{22}+\cdots+X_{n_2 2}+\cdots+X_{1k}+X_{2k}+\cdots+X_{n_k k}$$

对于二重求和，采用表格方式计算更为简捷和直观。

例 1.2：测得 3 组学生每组 8 人的立定跳远成绩（m）如下，求全部数据的总和。

1 组： 2.68 2.89 2.46 2.77 2.64 2.72 2.55 2.66

2 组： 2.33 2.69 2.22 2.45 2.50 2.43 2.47 2.65

3 组： 2.78 2.70 2.83 2.62 2.48 2.58 2.64 2.57

解：列表计算（表 1-2-2），可得：

表 1-2-2　立定跳远成绩总和计算表

j \ i	1	2	3	4	5	6	7	8	$\sum$
1	2.68	2.89	2.46	2.77	2.64	2.72	2.55	2.66	21.37
2	2.33	2.69	2.22	2.45	2.50	2.43	2.47	2.65	19.74
3	2.78	2.70	2.83	2.62	2.48	2.58	2.64	2.57	21.20
$\sum$	7.79	8.28	7.51	7.84	7.62	7.73	7.66	7.88	62.31

以 M 表示总和，则有：$M=\sum_{j=1}^{3}\sum_{i=1}^{8}X_{ij}=62.31$（m）。

对于三重和三重以上的求和，计算方法与上述方法类似，不再赘述。

（二）总和运算法则

1. 常数与变量乘积的总和等于常数与变量总和的乘积

设 C 是常数，X_i 是观测变量，则有：$\sum_{i=1}^{n}CX_i=C\sum_{i=1}^{n}X_i$。

例 1.3：设 $C=2$，$X_1=5$，$X_2=7$，$X_3=9$，求 $\sum_{i=1}^{3}CX_i$。

解：$\sum_{i=1}^{3}CX_i=C\sum_{i=1}^{3}X_i=2\times(5+7+9)=2\times21=42$

2. 一个常数的总和等于 n 乘以这个常数

设 C 为常数，则有：$\sum_{i=1}^{n}C=nC$。

例 1.4：设 $C=8$，共有 6 项，求 $\sum_{i=1}^{6}C$。

解：$\sum_{i=1}^{6}C=nC=6\times8=48$

3. 两项或更多项和的总和，等于各项总和之和

$$\sum_{i=1}^{n}(X_i+Y_i+\cdots+w_i)=\sum_{i=1}^{n}X_i+\sum_{i=1}^{n}Y_i+\cdots+\sum_{i=1}^{n}w_i$$

例 1.5：设 $X_1=3$，$X_2=4$，$X_3=5$，$Y_1=6$，$Y_2=7$，$Y_3=8$。求 $\sum_{i=1}^{3}(X_i+Y_i)$。

解：$\sum_{i=1}^{3}(X_i+Y_i)=\sum_{i=1}^{3}X_i+\sum_{i=1}^{3}Y_i=(3+4+5)+(6+7+8)=12+21=33$

三、阶乘与组合

（一）阶乘

“$n!$”（读作 n 的阶乘）表示从 1 到 n 所有正整数的乘积，即：

$$n!=1\times2\times\cdots\times(n-2)\times(n-1)\times n$$

例 1.6：计算下列阶乘：5!，9!。

解：$5!=1\times2\times3\times4\times5=120$

$9! = 1\times2\times3\times4\times5\times6\times7\times8\times9 = 362\ 880$

（二）组合

从 k 个不同元素中抽取 r 个元素（$r\leqslant k$），不考虑这 r 个元素的顺序，所得到的 r 个元素就是一个组合。我们把从 k 个不同元素中一次取出 r 个元素的所有可能的组合种数记作 C_k^r，则有：

$$C_k^r = \frac{k!}{(k-r)!r!}$$

例 1.7：从 7 个颜色分别为红、橙、黄、绿、青、蓝、紫的彩球中任意取 4 个，共有几种不同的彩球组合？

解：$k=7$，$r=4$

$$C_k^r = C_7^4 = \frac{7!}{(7-4)!\ 4!} = \frac{7!}{3!\ 4!} = \frac{5\times6\times7}{1\times2\times3} = 5\times7 = 35$$

因此，所求的组合数为 35。

例 1.8：从一个容量为 120 的有限总体中随机抽取一个容量为 24 的样本，共可抽取出多少个不同的样本？

解：$k=120$，$r=24$

$$C_k^r = C_{120}^{24} = \frac{120!}{(120-24)!\ 24!} = \frac{120!}{96!\ 24!} \approx 1.087\ 2\times10^{25}$$

因此，共可抽取出 $1.087\ 2\times10^{25}$ 个不同的样本。

思考与练习

1. 什么是体育统计？体育统计主要包括哪些内容？
2. 学习体育统计有什么意义？
3. 学习体育统计有哪些要求？
4. 什么叫总体？什么叫个体？什么叫样本？什么叫样本容量？
5. 什么是抽样研究？抽样研究有什么特点？抽样研究时样本容量为什么不是越大越好？
6. 什么是参数？什么是统计量？
7. 什么是随机误差？什么是过失误差？什么是系统误差？
8. 什么是抽样误差？影响抽样误差大小的因素主要有哪些？
9. 设 $X_1=4$，$X_2=6$，$X_3=8$，$X_4=10$，$X_5=12$，求下列各式的值：

(1) $\sum_{i=1}^{5} X_i$　　(2) $\sum_{i=1}^{5} X_i^2$　　(3) $\sum_{i=1}^{5} (X_i-2)^2$

(4) $\left(\sum_{i=1}^{5} X_i\right)^2$　　(5) $\left[\sum_{i=1}^{5} 5(X_i+6)\right]^2$　　(6) $\sqrt{\dfrac{\sum X_i^2 - \dfrac{(\sum X_i)^2}{n}}{n-1}}$

10. 测得 4 组学生每组 10 人立定三级跳远的成绩（m），如表 1-3-1 所示。求全部数据的总和。

表 1-3-1 立定三级跳远成绩表

	1	2	3	4	5	6	7	8	9	10
1 组	7.88	7.90	8.03	8.34	8.12	8.34	7.99	8.00	7.65	8.12
2 组	8.35	8.01	8.12	8.32	7.98	7.87	7.99	8.21	8.34	8.01
3 组	8.18	8.70	8.63	7.90	7.89	7.56	8.00	8.04	7.96	8.42
4 组	7.65	7.88	8.45	8.11	7.86	7.77	7.88	8.26	8.22	7.98

11. 测得男子排球、体操、游泳三个项目若干名运动员纵跳的成绩（cm），如表 1-3-2 所示。求全部数据的总和。

表 1-3-2 纵跳成绩表

	1	2	3	4	5	6	7
排球	78	75	73	78	76		
体操	65	63	65	65	67	62	68
游泳	69	62	66	67	68	70	

12. 计算下列阶乘：8!，15!。

13. 某武术队有 10 名队员，从中任意抽取 6 人参加某个表演，总共有多少种不同的组合？

14. 在 100 人的群体中抽取一个由 20 人组成的样本，总共可以抽取到多少个不同的样本？

第二章 数据的分类与初步整理

在体育统计工作中，要从所收集到的大量数据中得出有用的信息，必须对数据进行必要的分类与整理。

第一节 数据的分类

对数据进行分类，是为了从不同角度考察数据，以便清楚地了解数据的性质。依据不同的分类标准，可以把数据分为不同的类型。数据的类型不同，统计处理的方法也有所不同。

一、按获取方式分类

根据数据的获取方式，可以把数据分为点计数据和度量数据。

1. 点计数据

点计数据是指通过计算个数所获得的数据。如某校学生的近视人数、某班学生体质健康标准的合格人数、某位篮球运动员 1 分钟连续投篮的命中次数、问卷调查中对某个命题持赞成态度的人数等。

2. 度量数据

度量数据是指运用一定的工具或标准进行测量所获得的数据。如用身高计测得学生身高的数据、用肺活量计测得学生肺活量的数据、用秒表测得学生 60 米跑的成绩、用试卷测得学生掌握某学科知识的成绩、用心理量表测得学生某项心理指标的分数等。

二、按可取值分类

根据数据的可取值，可以把数据分为离散型数据和连续型数据。

1. 离散型数据

取值个数有限的数据叫离散型数据。这种数据的可取值是间断的，通常可以一一列出，两个数据之间不能再细分成更小的单位。例如 10 次投篮，投中的次数就是离散型数据。因为投中的次数可能是 0、1、2、3、4、5、6、7、8、9、10，但不可能是 4.3 或 8.7 等。在体育实践中，射击命中的环数、采用五级评分法所打的分数、问卷调查中对某一命题的态度（用数字表示）等都属于离散型数据。点计数据一般为离散型数据。离散型数据在各类研究中往往起着分类的作用，所以通常也被称为分类变量。

离散型数据在数轴上呈现为若干个孤立的点，如图 2-1-1 所示。

图 2-1-1 离散型数据示意图

2. 连续型数据

可在某一区间内任意取值的数据叫连续型数据。这种数据的可取值是连续的，其个数不可数，从理论上讲，两个数据之间可以无限细分至任意小数位。例如，测得某学生的身高为 170.4 cm，这表明该测量精确到了 0.1 cm。我们可以通过更精密的手段得到更准确的测量值，如 170.38 cm、170.382 cm 等。依此进行下去，理论上可以用一个具有无限小数位的数值来表示一个无限精确的测量值。在体育实践中，体重、胸围、肺活量、跳远成绩、最大吸氧量、血乳酸浓度等都属于连续型数据。度量数据一般是连续型数据。

连续型数据在数轴上呈现为一个区间上的线段，如图 2-1-2 所示。

图 2-1-2 连续型数据示意图

三、按质量标志分类

按质量标志分类也称为定性分类，是指根据统计研究的目的，选择反映事物性质差异的标志确定各类的界限，把数据分到不同的类（组）中。如按性别分为男、女；按运动项目分为田径、体操等；按年龄段分为儿童组、少年组、成年组、老年组等；按地域分为城市、农村等。

按质量标志分类时，类的多少取决于事物的复杂程度。有些事物比较简单，分类界限明确，容易分清，如按性别分为男、女。有些事物则比较复杂，涉及的类数较多，类与类之间的界限不容易区分清楚，如某项研究拟根据学校对体育工作的重视程度将学校分为重视、一般、不重视 3 类，这就需要预先对 3 种类型做出明确的界定。对于复杂情况下的分类，有时需借助已有的分类法或通过专门的分类研究予以确定。

四、按数量标志分类

按数量标志分类也称为定量分类，是指根据统计研究的目的，选择反映事物数量差异的标志确定各类的界限，把数据分到不同的类（组）中。如研究某个人群的体育锻炼特征，可将研究对象按每周参加体育锻炼的次数分为 5 类（0 次、1~2 次、3~4 次、5~6 次、7 次及以上）。

按数量标志分类时，要从各类数量的变化中反映出本质的特征。有些情况下确定各类的数量界限比较容易，如分析学生的学习情况，可按考试成绩分为 60 分以下、60~69 分、70~79 分、80~89 分、90 分以上 5 类。但在多数情况下，分类界限不易确定。即使是同一种资料，也会有多种分类形式。如分析学生的心、肺功能情况，拟根据“肺活量/体重”指数分成高、中、低 3 类，各类界限的确定就有多种方法。因此，对于比较复杂的情况，应当根据统计研究的目的，选定数量标志，经过科学分析，先确定总体有多少种性质不同的类别，再按实际情况研究确定各类之间的数量界限。

五、分类原则

1. 有效性原则

有效性原则指分类标志必须有效，能反映研究对象的本质特征，能满足研究工作的需要。例如，研究学生的身体发育情况，将数据按性别、年龄段、地域分类都是有效的，但若将数据按出生月份分类就可能反映不出学生发育的实际情况，也满足不了研究工作的需要。

2. 互斥性原则

互斥性原则指各类别之间应当界限明确，不能含糊不清、模棱两可，不能相互包容或重叠。每一个数据都只能归于一类，不能既可归于这一类，又可归于另一类。例如，进行学生体育倾向调查时，若按男生、女生、初中生、高中生分成 4 类，则对于某个初中男生而言，既可以归入男生类，又可以归入初中生类。显然，这种分类方法是不科学的，可改为按性别分成男生、女生 2 类。若要进行更深入的分析，还可考虑分为初中男生、初中女生、高中男生、高中女生 4 类。

3. 完备性原则

完备性原则指分类标志的确定必须使每一条资料都有所归属，要能包含所有的数据，无一遗漏。例如，进行学生体质健康调查时，将学生按性别分类，就符合完备性原则。进行课外体育锻炼情况调查时，若按每周参加体育锻炼的次数分为 4 级：1~2 次、3~4 次、5~6 次、7 次，则不符合完备性原则。因为，当出现 0

次或 7 次以上时，数据就无所归属了。

4. 层次性原则

层次性原则指各类别必须处于同一分类水平。例如，调查某中学学生对某项体育教学改革的态度，分成初中组和高中组，就符合层次性原则。但若分成初中、高中男生、高中女生 3 组，就不符合层次性原则，因为高中男生、高中女生属于高中组的下一层次，不能和初中组并列。

六、数据的测度

数据的测度是指数据测量的层级。客观事物有的比较简单，有的比较复杂；有的特征和属性是可见的（如人的形态特征），有的则是不可见的（如人对某项政策的态度）；有的表现为品质差异，有的表现为数量差异。但不论数据呈现什么形态，都可以划分到不同的层级。美国社会学家、统计学家史蒂文斯（S. Stevens）于 1968 年按照数据的性质和数学运算的功能特点，将数据的测度划分为四个层级。

1. 名义测度

名义测度是根据某一属性将事物划分成若干类型，所得数据也称为定类数据。名义测度属于最基本的定性度量，适用于离散型数据。

在实际工作中，可以用数字表示事物在类型上的差异。对离散型数据而言，其不同取值就代表观测对象的不同类别。例如，进行学生体质研究时，设“性别”变量，其取值可用 0 表示女生，用 1 表示男生。体育研究中，年级、地域、职称、受教育程度、对某个命题的态度等都属于名义测度。

名义测度所划分的类是不能排序的，不能说哪一类比另一类大或小。作为类代号的数字没有量的意义，并不说明事物与事物之间在数量上差异。对属于名义测度的变量，只能进行计数，即只能计算每一类型的频数，而不能进行排序和加减乘除运算。

2. 序次测度

序次测度是根据某一属性将事物按大小、多少、优劣、先后顺序排列，使其具有某种等级差异，所得数据也称为定序数据。序次测度属于初级定量度量，其测度水平高于名义测度。它不仅保留了名义测度的分类性质，还可以根据事物特征的等级进行大小的比较。序次测度适用于离散型数据。

序次测度数据的取值是 1，2，3，…这样的自然数序列。体育研究中，学生体育考试的名次、某项目比赛的名次、能力测验的排名等都属于序次测度。

尽管序次测度得到的是定量数据，但是由于这类数据没有统一的测量单位，其尺度区间是主观确定的，所以只能比较事物的相对大小，而不能确定一个元素比另一个元素大或小多少。对属于序次测度的变量可以进行计数和排序，但不能进行加减乘除运算。例如，考察由学生体育考试名次构成的数据 1，2，3，…，第 1 名与第 2 名实际水平之差，不一定等于第 2 名与第 3 名实际水平之差。它们仅表示前后的序次关系，而不反映个体之间的数量关系。

3. 间距测度

间距测度是将反映事物特征的某个位置设为零点，以统一的单位对事物特征进行的测量，所得数据也称为定距数据。间距测度是比序次测度高一层次的定量测定，它不仅具有名义测度的分类性质和序次测度的排序性质，而且还具有统一的测量单位，从而消除了定量测量中的主观性，可以得出两个事物特征的确切差别。间距测度主要适用于连续型数据。

我们所熟悉的摄氏温度就属于间距测度。0 ℃指纯水在海平面处的冰点温度，100 ℃指纯水在海平面处的沸点温度，以这一区间的百分之一作为基本测量单位 1 ℃。学生体质健康标准中的“坐位体前屈”也属于间距测度。其中的 0 是人为规定的相对零点，表示坐位体前屈时两手指尖正好抵达脚掌平面时的成绩。以

1 cm 为单位，指尖向前超过零点为正值，指尖未达到零点为负值。

间距测度中没有固定的、有确定意义的“零”点。对属于间距测度的变量可以进行计数、排序和加减运算，但不能进行乘除运算，即数据间不能构成比例（倍数）关系。例如，“坐位体前屈”的度量，成绩为 10 cm 者与成绩为 1 cm 者相比，测量值高出 9 cm（10-1=9），但不能说成绩为 10 cm 者的躯干、腰、髋、膝、踝等的综合柔韧性是成绩为 1 cm 者的 10 倍（10/1=10）。

4. 比例测度

比例测度是有绝对零点，以确定单位对事物特征进行的测量，所得数据也称为定比数据。比例测度是最高水平的定量测定，它不仅包括名义测度、序次测度、间距测度的性质，还增加了具有实质意义的绝对零点。其零值是所测量事物的特征不能出现或不能观测到的一点，测量得到的数值表示离绝对零点的距离。比例测度主要适用于连续型数据。

例如，学生体质健康标准中的“肺活量”就属于比例测度。肺活量没有负值，以 0 为绝对零点，以1 mL 为测量单位。体育研究中，身高、体重、百米跑成绩、跳远成绩、某科目考试的百分制成绩等都属于比例测度。

这类数据相互之间可以构成比例（倍数）关系，故称为比例测度。对属于比例测度的变量，既可以进行计数、排序和加减运算，还可以进行乘除运算。例如，甲的肺活量为 6 000 mL，乙的肺活量为4 000 mL，则可以说甲肺活量是乙肺活量的 1.5 倍（6 000/4 000=1.5）。

上述 4 个测度的特点可概括如表 2-1-1 所示。

表 2-1-1 不同测度的运算功能与特征

层级	名称	运算功能	特征
1	名义测度	计数	分类
2	序次测度	计数、排序	分类、排序
3	间距测度	计数、排序、加、减	分类、排序、有确定测量单位
4	比例测度	计数、排序、加、减、乘、除	分类、排序、有确定测量单位和绝对零点

由表 2-1-1 可知，测度的高层级包含了低层级的运算功能，而低层级则不能进行高层级的运算。同时，名义测度和序次测度都只限于离散型数据的测量，而间距测度和比例测度既适用于离散型数据，也适用于连续型数据，但主要用于连续型数据的测量。

任何一种统计方法都是以其相应的测量层级为应用前提的。因此，我们要养成一种习惯，在选择统计方法时，要明了该方法所要求的测度，并保证所使用的数据符合这种测度。

第二节 数据的审核

数据如果有误，必然会影响统计分析的准确性，甚至导致错误的结论。因此，在统计工作中，必须对原始数据进行严格细致的审核。

一、数据的初审核查

初审核查是指在测试现场对原始数据进行认真的检查，主要是对原始记录表中的内容逐项进行审核。在审核中，对“缺、疑、误”数据要及时处理。“缺”是指项目漏测或漏填，要及时补测、补填；“疑”是指填写潦草无法识别，要认真辨认核准；“误”是指明显错误，包括测错、误报、填错等，应纠正或复测，无法纠正或复测之数据应作废，不可主观估计或任意填写。

二、数据的全面复核

经初审核查后，明显的错误得以基本消除，但还有可能存在一些差错、遗漏，应进一步复查，仔细鉴别。经鉴别确认为错误的数据，应予剔除。

数据的全面复核通常采用逻辑检查的方法，即根据各项指标相互之间的内在关联，先计算一些指数，然后运用这些指数进行逻辑推理，从而科学地辨别数据的真伪，达到消除错误数据的目的。

例如，在进行国民体质监测工作中，以“坐高/身高”作为对这两个指标进行逻辑检查的指数。对正常成年男子而言，该指数应为 0.54 左右。但发现一个 30 岁正常成年男子该项指数值为 0.36，与常规背离甚远。进一步检查，发现所记录的身高为 180 cm，坐高为 65 cm。若单纯从这两项指标来看，数据并非可疑。但根据我国人体形态结构比例的常识，该男子的身高和（或）坐高数据显然有误，应做进一步的鉴别。

三、异常数据的判别与剔除

在实际工作中，有时会发现样本资料中有个别数据特别小或特别大，使人怀疑这些数据是否属于所研究的总体。我们把来自非同一总体的特别小或特别大的个别极端值，叫异常数据。

对异常数据的判别，可以采用统计学的一些方法进行筛查，如简捷的 3S 法和探索性分析，这将在后面的章节中介绍。

异常数据可能是总体固有的随机变异的极端情况，这时应将该异常数据和样本中其他观测值一样看待，不可剔除。但若确认其不属于所研究的总体，或是由于试验条件的改变或观测、记录、计算等工作中的失误所引起的，则应将其从样本中剔除，以减小统计误差。

第三节 数据的初步整理

通过调查或实验所获得的原始数据往往是分散、零乱的，无法显示出总体的本质特征，需要对其进行一定的整理。对原始数据进行初步整理的最常用方法是进行频数分析，制作频数分布表和频数分布图。

频数是指某个数据或某个区间的数据在调查或试验中重复出现的次数，通常用 f 表示。频数分布是指对分散的、零乱的原始数据进行整理，所形成的能反映数据在各区间分布状况的有序数列。

频数分布表可以初步地描述样本的特征，如最小值是多少、最大值是多少、大部分数据集中在哪个区间、分布是否对称等，从而使我们大体了解数据分布的情况，并为进一步的分析、研究提供便利。频数分布图则是以图形的方式更直观地反映数据分布的特征。

一、离散型数据的频数分布

（一）离散型数据的频数分布表

制作离散型数据频数分布表的方法为：

（1）将所有可能取的数值 X 依序排列到表的变量行中。

（2）点计取到各个可能值的实际数据个数 f，填入表的频数行中；然后计算频数的总和 $\sum f$，填入该行的末尾。

（3）计算各个频数的频率，填入表的频率行中。

频率是各个频数 f 与样本容量 $\sum f$ 的比值，在频数分布表中，频率通常用百分比表示：

$$\text{频率}=\frac{f}{\sum f} \quad \text{或} \quad \text{频率}=\frac{f}{\sum f}\times 100\%$$

例 2.1：某运动员 60 发射击成绩（环）如下，试作频数分布表。

7	6	8	7	9	5	8	9	8	9	8	8	8	9	10
9	8	8	9	6	7	7	5	9	7	9	8	9	7	8
9	9	6	9	9	8	8	9	9	8	6	9	8	7	9
5	7	9	9	7	9	7	8	9	10	5	9	7	10	6

解：射击环数可能的取值为 0，1，2，…，10。根据成绩作频数分布表如表 2-3-1 所示。

表 2-3-1 射击成绩频数分布表

环数 X	0	1	2	3	4	5	6	7	8	9	10	$\sum$
频数 f	0	0	0	0	0	4	5	11	15	22	3	60
频率 $f/\sum f$（%）	0	0	0	0	0	6.7	8.3	18.3	25.0	36.7	5.0	100

由上表可知，该运动员 60 发射击成绩的最小值是 5 环，最大值是 10 环，数据主要集中在 7、8、9 环上，数据的分布不对称。

（二）离散型数据的频数分布图

对于离散型数据，常用的频数分布图是线条图。具体绘制方法为：

（1）在平面上画出直角坐标 X 轴、f 轴。

（2）在 X 轴上标出变量的所有可取值。

（3）在 f 轴上标出频数。f 轴上的最大刻度应等于或略大于最大的一个频数。

（4）在变量的各个取值处，以其频数为高画出平行于 f 轴的线段。

例 2.2：根据例 2.1 所作的频数分布表，画出频数分布线条图。

解：根据例 2.1 所作的频数分布表，可作频数分布线条图如图 2-3-1 所示。

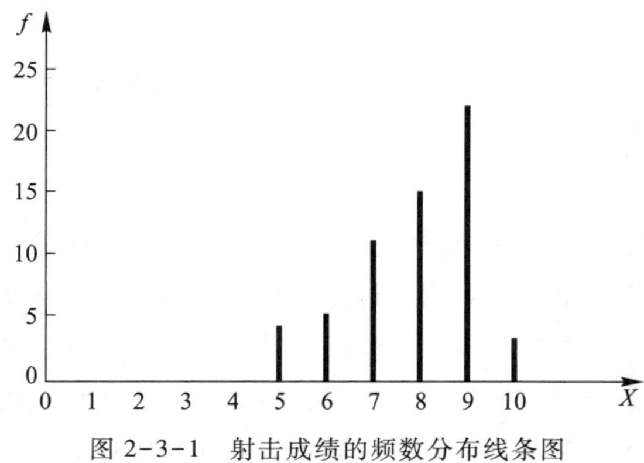

图 2-3-1 射击成绩的频数分布线条图

二、连续型数据的频数分布

（一）连续型数据的频数分布表

连续型数据可以在一个区间内任意取值，通常无法（或无须）列出所有可能的取值，但我们可以通过某种规则对其进行分组，进而制作频数分布表。现通过一个实例予以说明。

例 2.3：测得 90 名 8 岁男孩的身高数据（cm）如下，试作频数分布表。

135	134	139	133	131	131	131	134	125	128	135	136
127	133	130	132	132	129	124	132	122	124	135	131
137	132	133	134	124	134	135	133	131	123	115	132
134	138	124	132	128	136	127	120	125	131	136	127
124	129	137	132	138	125	131	120	121	144	128	133
128	127	130	120	121	122	127	121	125	130	138	143
139	139	137	140	147	141	138	128	140	121	126	130
122	128	127	125	127	131						

（1）求全距。全距指一组数据中最大值与最小值之差，用 R 表示。

本例，R=最大值-最小值=147-115=32（cm）。

（2）确定组数。组数用 K 表示。组数的多少没有严格的限制，可由研究者依据研究资料的具体情况而定。一般来说，组数取决于样本容量。样本容量大，组数可多些；样本容量小，组数可少些。组数不宜过多或过少。组数太多，就无法起到化繁为简的作用，难以显示出总体分布的规律；组数太少，又可能会湮没数据内含的重要信息，并出现较大的计算误差。通常以分 10~15 组为宜，少者一般不少于 5 组，多者一般不超过 20 组。

本例，可考虑分 10 组，即 $K=10$。

（3）计算组距。组距用 I 表示。组距 I 等于全距 R 除以分组数 K 的商，即 $I=\frac{R}{K}$。

为便于数据处理，组距通常取整数值。

本例，$n=90$，则组距 $I=\frac{R}{K}=\frac{32}{10}=3.2\approx3$（cm）。

（4）确定各组的下限、上限。各组的起点值为该组下限，终点值为该组上限。前一组的上限即为后一组的下限。第一组应能包容数据中的最小值，其下限可以等于或略小于最小值；最后一组应能包容数据的最大值。组限也应尽可能取整数值，以便于后续数据处理。实际上，确定了第一组下限后，其余各组的上限、下限也就确定了。

数据如果正好处于两组的交界点，习惯上将其划归到后一组。因此，各组实际上是一个半开区间，包括低端点，不包括高端点。

本例的最小值为 115 cm，因此可以将第一组的下限定为 115 cm，上限则为 115+3=118 cm，区间为 [115，118)；第二组的下限为 118 cm，上限为 118+3=121 cm，区间为 [118，121)；依此类推。最后一组的下限为 145 cm，上限为 145+3=148 cm，区间为 [145，148)。

各组下限、上限确定后，即可制作频数划记表，如表 2-3-2 所示。在表的左起第 1 列按从低到高的顺序排列组限，通常只写出各组的下限，并在其右侧加一横杠。本例为 115-，118-，121-，…，145-等。

表 2-3-2　频数划记表

身高（cm）	划记	频数 f
115-	|	1
118-	|||	3
121-	卌 |||	8
124-	卌 卌 |	11

续表

身高（cm）	划记	频数 f
127-	卌 卌 卌	15
130-	卌 卌 卌 ||||	19
133-	卌 卌 ||||	14
136-	卌 卌	10
139-	卌 |	6
142-	||	2
145-	|	1
$\sum$		90

（5）划记。将每个数据按其所属的组一个一个地划记到表的左起第 2 列中。可用划杠杠或写“正”字的方法来登记。为确保登记准确无误，划记后应认真核对。

（6）计算频数。根据划记的结果，计算各组的频数，填入表的频数 f 栏中。然后计算各组频数的总和 $\sum f$，填入该列的最后一行。

（7）抄录新表。上述步骤完成后，可正式制作频数分布表，以便于后续的数据处理。

连续型数据的频数分布表一般应有以下栏目：

① 组限。

② 组中值。组中值为各组下限、上限的均数，即：组中值=(下限+上限)/2。

③ 频数 f。

④ 累积频数：通常是由上向下将各组的频数累加。某组的累积频数是该组以上各组的频数之和。第 1 组的累积频数是第 1 组本身的频数；最后一组的累积频数等于样本容量。

⑤ 频率。

⑥ 累积频率：某组的累积频率是该组以上各组的频率之和，它反映该组以上各组的频数之和占样本容量的比例。第 1 组的累积频率是第 1 组本身的频率；最后一组的累积频率为 100%。

本例经重新绘制的频数分布表如表 2-3-3 所示。可以看出，90 名 8 岁男孩的身高，最小的在 115-组，最大的在 145-组，大部分集中在 127-、130-、133-这三组中，特别小和特别大的都较少，数据基本上是对称分布的。

表 2-3-3　8 岁男孩身高的频数分布表

身高（cm）	组中值 X（cm）	频数 f	累积频数	频率 $f/\sum f$（%）	累积频率（%）
115-	116.5	1	1	1.11	1.11
118-	119.5	3	4	3.33	4.44
121-	122.5	8	12	8.89	13.33
124-	125.5	11	23	12.22	25.55
127-	128.5	15	38	16.67	42.22
130-	131.5	19	57	21.11	63.33
133-	134.5	14	71	15.56	78.89

续表

身高（cm）	组中值 X（cm）	频数 f	累积频数	频率 $f/\sum f$（%）	累积频率（%）
136-	137.3	10	81	11.11	90.00
139-	140.5	6	87	6.67	96.67
142-	143.5	2	89	2.22	98.89
145-	146.5	1	90	1.11	100.00
$\sum$		90			

由于组距取整和第一组下限位置的不同，实际分组数有可能与事先计划的分组数略有差异。本例的实际分组数为11。

（二）连续型数据的频数分布图

对于连续型数据，常用的频数分布图是直方图。具体绘制方法为：

（1）在平面上画出直角坐标 x 轴和 f 轴。

（2）在 x 轴上标出各组的下限、上限。特别注意不要漏标最后一组的上限。

（3）在 f 轴上标出频数。该轴的最大刻度应等于或略大于频数最大组的频数。

（4）以各组的组限为底边，以各组的频数为高画出矩形。各直条矩形间不留空隙。

例2.4：根据例2.3所作的频数分布表，画出频数分布直方图。

解：根据例2.3所作的频数分布表，可作频数分布直方图如图2-3-2所示。

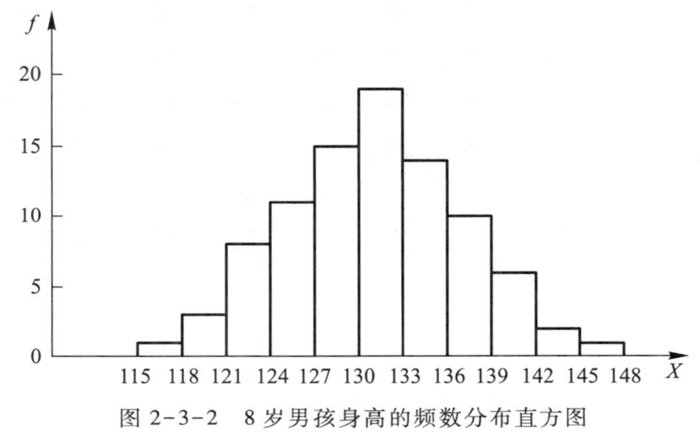

图2-3-2　8岁男孩身高的频数分布直方图

从图中可以看出，该组数据的最大频数出现在下限为130的组，数据的分布是基本对称的，呈现出中间高两端低的趋势。

思考与练习

1. 什么是点计数据？什么是度量数据？举例说明。
2. 什么是离散型数据？什么是连续型数据？举例说明。
3. 什么是定性分类？什么是定量分类？举例说明。
4. 什么是数据分类的有效性原则？举例说明。
5. 什么是数据分类的互斥性原则？举例说明。
6. 什么是数据分类的完备性原则？举例说明。
7. 什么是数据分类的层次性原则？举例说明。
8. 什么是名义测度？举例说明。
9. 什么是序次测度？举例说明。

10. 什么是间距测度？举例说明。

11. 什么是比例测度？举例说明。

12. 如何对统计资料进行审核？

13. 什么是频数？什么是频数分布？

14. 什么是频率？什么是累积频率？

15. 某班36人参加一项考试，按5分制评定的成绩如下。试将数据整理成频数分布表，绘制频数分布线条图，并简要说明数据的分布特征。

3	2	3	1	3	4	2	4	5	3	4	3
4	3	3	1	4	3	1	2	5	4	3	3
4	2	4	5	3	0	3	4	2	2	3	4

16. 某年级120名男生的原地纵跳成绩（cm）如下。试按组距5 cm分组，将数据整理成频数分布表，绘制频数分布直方图，并简要说明数据的分布特征。

39	52	58	39	33	41	44	44	56	60	43	32	59	45	47
43	48	52	57	44	47	47	50	49	43	42	45	42	52	50
43	37	53	51	52	45	40	46	50	52	53	35	40	50	48
50	40	37	51	53	63	41	50	62	53	34	56	48	46	54
55	34	50	44	39	41	36	49	42	46	48	54	60	36	41
65	62	54	51	42	49	54	39	41	28	56	46	46	56	62
48	67	33	48	47	59	48	51	54	55	47	44	57	54	51
46	39	47	26	54	33	38	44	45	47	53	57	50	63	39

第三章　常用描述统计量

反映样本分布特征的统计量称为描述统计量。通过描述统计量可以对样本进行精确的定量描述，使我们更清晰地了解数据的特征。

第一节　集中趋势量数

描述数据集中趋势的统计指标称为集中趋势量数。常用的集中趋势量数有算术平均数、几何平均数、调和平均数、中位数、众数等，它们都从某种角度反映观测值的平均水平。

一、算术平均数

算术平均数是所有观测值的总和除以观测值个数所得的商。在不致引起混淆的情况下，一般把算术平均数简称为平均数、均数或均值。

算术平均数具有反应灵敏、确定严密、简明易懂、计算方便、受抽样的影响较小并能做进一步的代数运算等优点，是应用最广泛的一种集中趋势量数。在体育科学研究中，很多情况下都可以用算术平均数来反映数据的集中趋势。但算术平均数易受极端值（极大值或极小值）的影响，在实际运用时，通常应剔除极端值后，再计算算术平均数。

（一）总体算术平均数

如果一个总体包含 N 个元素，X_i 是这个总体中的第 i 个元素，则总体算术平均数表示为：

$$\mu=\frac{1}{N}\sum_{i=1}^{N}X_i \quad (i=1,\ 2,\ \cdots,\ N)$$

上式中的 μ 是小写希腊字母（读作 Miu）。总体算术平均数 μ 较好地反映了一个总体分布的集中趋势。

（二）样本算术平均数

如前所述，在很多情况下，我们无法对总体进行全面的观测，但可以从总体中抽样，得到样本观测值。因此，我们更经常计算一个样本的算术平均数。

设一个样本有 n 个观测值 X_1，X_2，X_3，…，X_n，则样本算术平均数表示为：

$$\overline{X}=\frac{1}{n}\sum_{i=1}^{n}X_i \quad (i=1,\ 2,\ \cdots,\ n)$$

对于平均数计算结果的舍入，一个通用的准则是：如果所有原始数据的精度相同，则平均数通常四舍五入保留到原始数据精度的下一位。

（三）样本算术平均数的计算

1. 直接计算

当数据个数较少时，可以直接用算术平均数的定义式来计算样本算术平均数。

例 3.1：某校田径队跳远组进行 1 次测验，8 人的跳远成绩（m）分别为 6.32，6.48，6.78，6.08，6.12，5.81，5.94，6.20，试求 8 人跳远成绩的算术平均数。

表 3-1-1 跳远成绩均数计算表

编号	跳远 X（m）
1	6.32
2	6.48
3	6.78
4	6.08
5	6.12
6	5.81
7	5.94
8	6.20
$\sum$	49.73

解：列表计算（表 3-1-1），可得：

$$\overline{X}=\frac{1}{n}\sum X=\frac{49.73}{8}=6.216\ (\mathrm{m})$$

因此，8 人跳远成绩的算术平均数为 6.216 m。

2. 加权计算

在有些情况下，各个观测值具有不同的重要程度，我们可以用权数（权重）来反映这种重要程度。这时，可以使用加权法来计算算术平均数，所得到的平均数亦称为加权平均数。

设 f_i 为第 i 个观测值的权数，则加权平均数定义为：

$$\overline{X}=\frac{f_1X_1+f_2X_2+\cdots+f_nX_n}{f_1+f_2+\cdots+f_n}=\frac{\sum_{i=1}^{n}f_iX_i}{\sum_{i=1}^{n}f_i}$$

（1）离散型数据算术平均数的加权计算。在统计工作中，如果观测值为离散型数据，只能取少数几个值，则同一值重复出现的次数就比较多。如果已将数据整理成频数分布表，则可将各个观测值的频数 f 视为权数，用加权法计算平均数。此时的权数就是频数，即某个观测值的重复次数，所得结果与用直接法计算的结果完全相同。

例 3.2：计算例 2.1 中某运动员 60 发射击成绩的均数。

表 3-1-2 射击成绩均数计算表

环数 X	频数 f	fX
5	4	20
6	5	30
7	11	77
8	15	120
9	22	198
10	3	30
$\sum$	60	475

解：列表计算（表 3-1-2），可得：

$$\overline{X}=\frac{\sum fX}{\sum f}=\frac{475}{60}=7.9\ (\text{环})$$

因此，该运动员 60 发射击成绩的均数为 7.9 环。

（2）连续型数据算术平均数的加权计算。对于连续型数据，可将其整理成频数分布表。各组内数据的分布情况是不相同的，但可以在每组中选择一个值，用这个值近似地代表该组内的每一个数据。显然，将组中值作为这个代表值是最合适的。此时，可以将各组的组中值 X 视为一个个观测值，将各组的频数 f 视为各个观测值的权数，用加权法计算平均数。这种方法是将组中值作为组内各个数据的近似，是一种近似计算，因此，所得结果与用直接法计算的结果会有微小的差异。

例 3.3：计算例 2.3 中 90 名 8 岁男孩身高的均数。

表 3-1-3　身高算术平均数计算表

身高（cm）	组中值 X（cm）	频数 f	fX
115-	116.5	1	116.5
118-	119.5	3	358.5
121-	122.5	8	980.0
124-	125.5	11	1 380.5
127-	128.5	15	1 927.5
130-	131.5	19	2 498.5
133-	134.5	14	1 883.0
136-	137.5	10	1 375.0
139-	140.5	6	843.0
142-	143.5	2	287.0
145-	146.5	1	146.5
$\sum$		90	11 796.0

解：列表计算（表 3-1-3），可得：

$$\overline{X}=\frac{\sum fX}{\sum f}=\frac{11\ 796}{90}=131.1\ (\text{cm})$$

因此，90 名 8 岁男孩身高的均数为 131.1 cm。

（3）合并样本算术平均数的加权计算。在实际工作中，有时需要把若干个样本合并成一个大样本，求合并样本的总平均数。如果各个样本的容量相同，则将各个样本的平均数相加再除以样本个数即得总平均数。

如果各个样本的容量不同，计算总平均数时就不能简单地使用上述方法，而应当采用求加权平均数的方法。此时，我们可以把各个样本平均数 $\overline{X}_i$ 视为一个个观测值，把各个样本的容量 n_i 视为各个观测值的权数，用加权法计算平均数。

若用 $\overline{X}_w$ 表示合并样本的总平均数，则计算总平均数的公式为：

$$\overline{X}_w=\frac{n_1\overline{X}_1+n_2\overline{X}_2+n_3\overline{X}_3+\cdots+n_k\overline{X}_k}{n_1+n_2+n_3+\cdots+n_k}=\frac{\sum_{i=1}^{k}n_i\overline{X}_i}{\sum_{i=1}^{k}n_i}$$

例 3.4：已知某年级 3 个班学生的人数和体育考试的平均成绩。其中，1 班 52 人，平均成绩 78.8 分；2 班 54 人，平均成绩 82.3 分；3 班 60 人，平均成绩 75.4 分。求全年级的总平均成绩。

表 3-1-4　年级总平均成绩计算表

班级	n_i	$\overline{X}_i$	$n_i\overline{X}_i$
1 班	52	78.8	4 097.6
2 班	54	82.3	4 444.2
3 班	60	75.4	4 524.0
$\sum$	166		13 065.8

解：列表计算（表 3-1-4），可得：

$$\overline{X}_w=\frac{\sum n_i\overline{X}_i}{\sum n_i}=\frac{13\ 065.8}{166}=78.7\text{（分）}$$

因此，全年级的总平均成绩为 78.7 分。

二、几何平均数

几何平均数是 n 个观测值连乘积的 n 次方根，用$\overline{X}_g$ 表示：

$$\overline{X}_g=\sqrt[n]{X_1X_2\cdots X_n}$$

当一组观测值中任何两个相邻数据之比接近于一个常数时，即数据按一定的比率变化时，欲求该组比率的平均水平，应当使用几何平均数。

几何平均数常用来解决有关发展速度方面的问题。设 a_i 是一个动态数列中的第 i 项，$i=0$，1，2，…，n，则a_i/a_{i-1}称为第 i 期的发展速度（本期数据与前一期数据之比），而$\frac{a_i-a_{i-1}}{a_{i-1}}=\frac{a_i}{a_{i-1}}-1$ 则称为第 i 期的增长率（本期增长值与前一期数据之比）。

由此可得：平均增长率=平均发展速度-1。其中的平均发展速度需采用几何平均数来计算。

例 3.5：某市通过体育调查，得出该市 9 年的家庭体育消费（元）依次为 200，220，240，256，310，385，462，540，745。试求该市 8 年来的家庭体育消费平均增长速度和平均增长率。

解：列表计算（表 3-1-5），可得：

表 3-1-5　家庭体育消费年增长速度计算表

年度 i	消费 a_i（元）	增长速度 a_i/a_{i-1}
0	200	
1	220	1.100 0
2	240	1.090 9
3	256	1.066 7
4	310	1.210 9
5	385	1.241 9
6	462	1.200 0
7	540	1.168 8
8	745	1.379 6

该市 8 年来家庭体育消费增长速度接近于一个常数，欲求平均增长速度应使用几何平均数。已知 $n=8$，可得：

$$\overline{X}_g=\sqrt[n]{X_1X_2\cdots X_n}$$

$$=\sqrt[8]{1.1000\times1.0909\times1.0667\times1.2109\times1.2419\times1.2000\times1.1688\times1.3796}$$

$$=\sqrt[8]{3.7247}=1.1787$$

平均增长率 = 平均增长速度 − 1 = $\overline{X}_g-1=1.1787-1=0.1787=17.87\%$

因此，该市 8 年来家庭体育消费平均增长速度为 1.178 7，平均增长率为 17.87%。

要注意的是，几何平均数只适用于比率数据，不适用于一般意义上的定距数据。

三、调和平均数

调和平均数是 n 个观测值倒数的算术平均数的倒数，亦称倒数平均数，用 $\overline{X}_h$ 表示：

$$\overline{X}_h=\frac{1}{\frac{1}{n}\left(\frac{1}{X_1}+\frac{1}{X_2}+\cdots+\frac{1}{X_n}\right)}=\frac{n}{\sum\limits_{i=1}^{n}\frac{1}{X_i}}=\frac{n}{\sum\frac{1}{X}}$$

调和平均数常用来描述有关平均速度方面的问题。在每一速度所适用的距离相同时，应当用调和平均数来计算平均速度。

例如，一辆卡车以 20 km/h 的速度行驶了 6 km，然后以 30 km/h 的速度返回。其往返的平均速度为：

$$\overline{X}_h=\frac{n}{\sum\frac{1}{X}}=\frac{2}{\frac{1}{20}+\frac{1}{30}}=24.0\ (\text{km/h})$$

根据速度、距离、时间三者的关系，可求得：

该车去程用的时间为：$t=s/v=6/20$ h；

该车回程用的时间为：$t=s/v=6/30$ h。

因此，往返的平均速度应为：$v=\frac{s}{t}=\frac{6+6}{\frac{6}{20}+\frac{6}{30}}=\frac{12}{0.5}=24.0\ (\text{km/h})$。

这与按照求调和平均数的方法计算所得的结果是一致的。但若按照求算术平均数的方法计算，结果会是 (20+30)/2=25.0，显然有误。由此可见，在这种情况下只能用调和平均数来计算平均速度。

例 3.6：某游泳队 4 名运动员参加 4×100 m 混合泳接力比赛。若已知每个运动员在各自分段的平均速度 (m/s) 为 1.60，1.39，1.66，1.69，问 4 名运动员全程的平均速度是多少。

解：已知 $n=4$。根据题意，可得：

$$\overline{X}_h=\frac{n}{\sum\frac{1}{X}}=\frac{4}{\frac{1}{1.60}+\frac{1}{1.39}+\frac{1}{1.66}+\frac{1}{1.69}}=\frac{4}{2.539}=1.575\ (\text{m/s})$$

因此，4 名运动员全程的平均速度为 1.575 m/s。

要注意的是，如果是每一速度所适用的时间相同（而不是距离相同），欲求平均速度时，仍须使用算术平均数。

四、中位数

把一组数据按从小到大的顺序排列后，位于序列中点的数即中位数。中位数是将数据个数平均分为大小相等的两部分的那个数，它可能是序列中的某一原始数据，也可能不是原始数据而是通过计算得到的数值。当数据个数 n 为奇数时，中位数即中间那个数；当数据个数 n 为偶数时，中位数为中间两个数的平均数。

设一组数据已按升序排列，下标表示数据排列的顺序号，即 $X_1 \leqslant X_2 \leqslant \cdots \leqslant X_n$，用 M 表示中位数，则求中位数的公式为：

$$M=\begin{cases} X_{\frac{n+1}{2}}, & (n \text{ 为奇数}) \\ \dfrac{1}{2}\left(X_{\frac{n}{2}}+X_{\frac{n}{2}+1}\right), & (n \text{ 为偶数}) \end{cases}$$

例 3.7：某人 5 次立定三级跳远的成绩（m）为 8.04，8.20，8.06，8.24，8.18，求中位数。

解：将成绩从小到大排列，可得数据序列为 8.04，8.06，8.18，8.20，8.24。

因 $n=5$，为奇数，则中位数为：

$M=X_{\frac{n+1}{2}}=X_{\frac{5+1}{2}}=X_3=8.18$（m）

例 3.8：某小组 12 名学生体育考试的成绩（分）从小到大依次为 50，66，68，70，76，78，80，84，84，90，92，98，求中位数。

解：成绩已排序，因 $n=12$，为偶数，则中位数为：

$M=\dfrac{X_{\frac{n}{2}}+X_{\frac{n}{2}+1}}{2}=\dfrac{X_{\frac{12}{2}}+X_{\frac{12}{2}+1}}{2}=\dfrac{X_6+X_7}{2}=\dfrac{78+80}{2}=79$（分）

中位数易确定，不受极端值影响。当数据分布呈偏态时，或一组数据中存在极端值时，用中位数来反映该组数据的平均水平是一个不错的选择。但由于求中位数时不是每个数据都加入计算，故中位数可能有较大的抽样误差，不如平均数稳定。此外，中位数还难以做进一步的代数运算。所以中位数的应用不如平均数广泛。

五、众数

众数是指一组数据中出现频率最高的数值。众数一般通过统计频数、计算频率获得，但它不是唯一的，在一组数据中可能会有多个众数。

例 3.9：24 名学生的身高（cm）数据如下，求该组学生身高的众数。

165 168 168 168 169 169 169 169 169 170 170 170

170 170 170 171 171 171 171 172 172 173 175 178

解：计算每个身高值出现的频数和频率，如表 3-1-6 所示。

表 3-1-6 身高频数分布表

身高 X（cm）	165	168	169	170	171	172	173	175	178	$\sum$
频数 f	1	3	5	6	4	2	1	1	1	24
频率 $f/\sum f$（%）	4.2	12.5	20.8	25.0	16.7	8.3	4.2	4.2	4.2	100

在该组数据的所有取值中，最大频率是 25.0%，对应的身高值是 170 cm。因此，该组学生身高的众数为 170 cm。

当一组数据中存在极端值时，用算术平均数来代表平均水平可能存在较大偏差，此时也可以用众数来反映该组数据的平均水平。

第二节　离散程度量数

在一组观测值中，数据彼此之间存在着差异，有的大，有的小。即使是平均数相同的两组数据，它们的差异程度也不见得相同。例如，有两支篮球队首发阵容队员的身高（cm）为：

A 队：186，188，188，188，190；

B 队：180，184，188，192，196。

虽然两队首发阵容队员的平均身高都是 188 cm，但显然两队具有不同的特点。A 队 5 人身高比较均衡；B 队 5 人身高差异较大，高者较高，矮者较矮。显然，要全面反映一组数据的特征，仅有集中趋势量数是不够的，还需要有一类指标用来刻画数据相互之间的离散程度。

描述数据离散程度的统计指标称为离散程度量数。常用的离散程度量数有全距、方差、标准差、变异系数、标准化 Z 分数等。

一、全距

全距也称为范围或极差，是一组数据中最大值（max）与最小值（min）之差。计算式为：

$$R=X_{\max}-X_{\min}$$

在样本容量相同的情况下，全距大的一组数据要比全距小的一组数据更加分散。

例 3.10：某组 12 名学生体育考试的成绩（分）从小到大依次为 50，66，68，70，76，78，80，84，84，90，92，98，求该组学生体育考试成绩的全距。

解：该组学生体育考试的成绩已从小到大排列，可得：

$R=X_{\max}-X_{\min}=98-50=48$（分）

因此，该组学生体育考试成绩的全距为 48 分。

全距作为离散程度的度量，既有优点，也有缺点。优点是简单明了，对不熟悉统计学的人来说，全距是唯一可以理解的离散程度量数。但全距的缺点也很明显，由于它只用到最大值与最小值，而没有利用到其他的中间数据，使得我们对两个极值之间数据的差异一无所知。此外，全距还容易受到极端值的影响，稳健性较差。随着样本的变化，全距的变化可能会很大。当样本包含极端值时，全距很容易导致对数据离散程度的错误认知。因此，一般情况下，我们只是利用全距来大体地了解一组数据的离散程度。

二、方差与标准差

在几种集中趋势量数中，算术平均数是最重要且最常用的一个。因而，在考察一组数据的离散程度时，我们很自然地就会想到该组数据中每个观测值与算术平均数的偏差 $X_i-\mu$，这个偏差叫作“离均差”，简称为“离差”。对所有离差求和后取平均，可得该组数据相对于均值的“平均离差”：$\frac{1}{N}\sum_{i=1}^{N}(X_i-\mu)$。

由于均数是一组数据分布的重心，所以不论数据的离散程度如何，相对于均数的正离差和负离差会相互抵消，因而离差总和 $\sum_{i=1}^{N}(X_i-\mu)$ 恒为零，这就使得平均离差失去了实际意义。因此，我们应当设法消除离差负号的影响。

消除离差负号影响的第一种方法是对每个离差取绝对值后求和，即先计算 $\sum_{i=1}^{N} |X_i-\mu|$，再求其平均数，由此可得一个“平均绝对离差”：$\frac{1}{N}\sum_{i=1}^{N} |X_i-\mu|$。虽然平均绝对离差比较直观，但有两个缺点。其一，绝对值在代数运算上不方便；其二，平均绝对离差既不容易做理论上的阐释，又会导致较复杂的数学结论。因此，在实际工作中很少使用平均绝对离差。

消除离差负号影响的第二种方法是将每个离差平方后求和，即先计算“离差平方和”$\sum_{i=1}^{N} (X_i-\mu)^2$，再求其平均数，由此得到“平均离差平方和”，这就是反映数据离散程度的最重要的统计量“方差”：$\frac{1}{N}\sum_{i=1}^{N} (X_i-\mu)^2$。

（一）总体方差与总体标准差

如果一个总体包含 N 个元素，X_i 是这个总体中的第 i 个元素，则总体方差表示为：

$$\sigma^2=\frac{1}{N}\sum_{i=1}^{N} (X_i-\mu)^2$$

上式中的 σ 是小写希腊字母，读作 Sigma（西格玛）。

将离差平方后，数据的单位同时也被平方了。为了使离散程度量数的单位与原始数据相一致，需要将方差开平方。方差的平方根称为标准差。标准差的单位与原始数据的单位相同。

总体标准差表示为：

$$\sigma=\sqrt{\frac{1}{N}\sum_{i=1}^{N} (X_i-\mu)^2}$$

（二）样本方差与样本标准差

σ^2 和 σ 是以总体为研究对象通过对总体所含的 N 个元素进行全面观测而计算得到的。由于实际工作中一般只能对样本进行观测，所以我们更常用到的是样本方差和样本标准差。

从总体中抽取一个容量为 n 的样本，得到观测值 X_1，X_2，X_3，…，X_n，则样本方差为：

$$S^2=\frac{\sum_{i=1}^{n} (X_i-\overline{X})^2}{n-1}=\frac{\sum_{i=1}^{n} X_i^2-\frac{\left(\sum_{i=1}^{n} X_i\right)^2}{n}}{n-1}$$

样本方差的计算公式中，分母为什么是 $n-1$ 而不是 n 呢？在统计学中，当用样本统计量来估计总体参数时，必须满足几条原则。其中一条原则是无偏性，即不能系统地过高或过低估计了总体参数。数理统计中可以证明，将离差平方和除以 n，是对总体方差 σ^2 的有偏估计，它低估了 σ^2。而将离差平方和除以 $n-1$ 则可消除有偏性，从而对总体方差有更好的近似。

样本标准差是样本方差的平方根：

$$S=\sqrt{\frac{\sum_{i=1}^{n} (X_i-\overline{X})^2}{n-1}}=\sqrt{\frac{\sum_{i=1}^{n} X_i^2-\frac{\left(\sum_{i=1}^{n} X_i\right)^2}{n}}{n-1}}$$

对于同一指标的多组数据，方差（标准差）的值越大，数据的离散程度就越大；方差（标准差）的值越小，数据的离散程度就越小。

方差和标准差具有反应灵敏、计算严密、受抽样变动的影响较小、具有可加性等优点，是统计分析中应用最广泛的反映数据离散程度的统计量。

标准差常被用于与算术平均数一起来描述一组数据的概貌，形式为 $\overline{X}\pm S$，如体重 63.42±3.76 kg，肺活量 4 325.8±230.5 mL 等。

方差和标准差计算结果的舍入，通用的准则是：如果所有原始数据的精度相同，则方差应四舍五入保留到原始数据精度的下两位，标准差应四舍五入保留到原始数据精度的下一位。

（三）样本标准差的计算

1. 直接计算

当数据个数较少时，可以直接采用标准差的计算式来计算样本标准差。

例 3.11：A、B 两组学生综合能力评价的分数如下，试计算两组分数的标准差，并比较两组分数的离散程度。

A 组：86，88，82，90，84，85，87；

B 组：71，88，94，87，74，92，96。

解：列表计算（表 3-2-1，表 3-2-2），可得：

表 3-2-1 A 组分数标准差计算表

编号	X	X^2
1	86	7 396
2	88	7 744
3	82	6 724
4	90	8 100
5	84	7 056
6	85	7 225
7	87	7 569
$\sum$	602	51 814

表 3-2-2 B 组分数标准差计算表

编号	X	X^2
1	71	5 041
2	88	7 744
3	94	8 836
4	87	7 569
5	74	5 476
6	92	8 464
7	96	9 216
$\sum$	602	52 346

A 组分数的标准差：$S_A=\sqrt{\dfrac{\sum X^2-\dfrac{(\sum X)^2}{n}}{n-1}}=\sqrt{\dfrac{51\ 814-\dfrac{602^2}{7}}{7-1}}=2.6$（分）

B 组分数的标准差：$S_B=\sqrt{\dfrac{\sum X^2-\dfrac{(\sum X)^2}{n}}{n-1}}=\sqrt{\dfrac{52\ 346-\dfrac{602^2}{7}}{7-1}}=9.8$（分）

因 $S_A<S_B$，故 A 组学生综合能力评价分数的离散程度小于 B 组。

2. 加权计算

如果数据已经整理成频数分布表，则可以用加权法计算标准差。计算式为：

$$S=\sqrt{\frac{\sum fX^2-\dfrac{(\sum fX)^2}{\sum f}}{\sum f-1}}$$

例 3.12：计算例 2.1 中某运动员 60 发射击成绩的标准差。

解：列表计算（表 3-2-3），可得：

表 3-2-3 射击成绩标准差计算表

环数 X	频数 f	fX	fX^2
5	4	20	100
6	5	30	180
7	11	77	539
8	15	120	960
9	22	198	1 782
10	3	30	300
$\sum$	60	475	3 861

$$S=\sqrt{\frac{\sum fX^2-\dfrac{(\sum fX)^2}{\sum f}}{\sum f-1}}=\sqrt{\frac{3\ 861-\dfrac{475^2}{60}}{60-1}}=1.3\text{（环）}$$

因此，该运动员 60 发射击成绩的标准差为 1.3 环。

对于连续型数据，用加权法计算标准差时，既可以用各组的组中值作为各组的代表值 X，也可以用各组的下限作为各组的代表值 X，两者的计算结果没有差异。

例 3.13：计算例 2.3 中 90 名 8 岁男孩身高的标准差。

解：列表计算（表 3-2-4），可得：

表 3-2-4 身高标准差计算表

身高（cm）	组中值 X（cm）	频数 f	fX	fX^2
115-	116.5	1	116.5	13 572.25
118-	119.5	3	358.5	42 840.75
121-	122.5	8	980.0	120 050.00
124-	125.5	11	1 380.5	173 252.75
127-	128.5	15	1 927.5	247 683.75
130-	131.5	19	2 498.5	328 552.75
133-	134.5	14	1 883.0	253 263.50
136-	137.5	10	1 375.0	189 062.50

续表

身高（cm）	组中值 X（cm）	频数 f	fX	fX^2
139-	140.5	6	843.0	118 441.50
142-	143.5	2	287.0	41 184.50
145-	146.5	1	146.5	21 462.25
$\sum$		90	11 796.0	1 549 366.50

$$S=\sqrt{\frac{\sum fX^2-\frac{(\sum fX)^2}{\sum f}}{\sum f-1}}=\sqrt{\frac{1\ 549\ 366.5-\frac{11\ 796^2}{90}}{90-1}}=6.1\text{（cm）}$$

因此，90 名 8 岁男孩身高的标准差为 6.1 cm。

3. 标准差的合成

方差（标准差）具有可加性。在已知几个样本方差（标准差）的情况下，可以计算合并样本的总方差（总标准差）。与计算合并样本总平均数一样，计算合并样本标准差时，不能简单地把各样本的标准差相加再求平均。

设各样本容量为 n_i，平均数为$\overline{X}_i$，标准差为 S_i，总平均数为$\overline{X}_w$，样本的个数为 k，则合并样本的总标准差 S_w可用下式计算：

$$S_w=\sqrt{\frac{\sum_{i=1}^{k}(n_i-1)S_i^2+\sum_{i=1}^{k}n_i(\overline{X}_i-\overline{X}_w)^2}{\sum_{i=1}^{k}n_i-1}}$$

例 3.14：已知某年级 3 个班学生的人数以及体育考试的平均成绩和标准差。其中，1 班 52 人，平均成绩 78.8±7.7 分；2 班 54 人，平均成绩 82.3±6.8 分；3 班 60 人，平均成绩 75.4±10.2 分。求全年级体育考试成绩的总标准差。

解：列表计算（表 3-2-5），可得：

表 3-2-5　体育考试成绩总标准差计算表

班级	n_i	$\overline{X}_i$	S_i	$n_i\overline{X}_i$	$(n_i-1)\ S_i^2$	$n_i\ (\overline{X}_i-\overline{X}_w)^2$
1 班	52	78.8	7.7	4 097.6	3 023.79	0.52
2 班	54	82.3	6.8	4 444.2	2 450.72	699.84
3 班	60	75.4	10.2	4 524.0	6 138.36	653.40
$\sum$	166			13 065.8	11 612.87	1 353.76

$$\overline{X}_w=\frac{\sum n_i\overline{X}_i}{\sum n_i}=\frac{13\ 065.8}{166}=78.7\text{（分）}$$

$$S_w=\sqrt{\frac{\sum(n_i-1)S_i^2+\sum n_i(\overline{X}_i-\overline{X}_w)^2}{\sum n_i-1}}=\sqrt{\frac{11\ 612.87+1\ 353.76}{166-1}}=8.9\text{（分）}$$

因此，全年级体育考试成绩的总标准差为 8.9 分。

三、变异系数

虽然标准差是一个很好的衡量数据离散程度的统计量，但是标准差有具体的计量单位，并且受到数据平均水平的影响，所以无法用于不同总体之间的对比分析。例如，身高以厘米为单位，肺活量以毫升为单位，两者的离散程度就不能直接用标准差进行比较。又如，虽然 100 米跑成绩和 1 500 米跑成绩都以秒为单位，但两个项目成绩的平均水平相差很大，两者的离散程度也不能直接用标准差进行比较。

对于不同总体之间数据离散程度的比较，可以采用变异系数。变异系数是标准差与平均数的百分比，表示为：

$$COV=\frac{S}{\overline{X}}\times100\%$$

变异系数是没有单位的相对数，可以用于不同单位数据离散程度的比较，还可以用于单位相同但平均水平相差较大的数据离散程度的比较。变异系数越大，数据的离散程度就越大；变异系数越小，数据的离散程度就越小。

例 3.15：某生若干次立定跳远均数为 2.64 m，标准差为 0.11 m；十字变向障碍跑均数为 13.88 s，标准差为 0.42 s。该生哪项成绩的稳定性较高？

解：变异系数较小，数据的离散程度就较小，也就意味着成绩的稳定性较高。现分别计算该生两个项目成绩的变异系数，可得：

立定跳远：$COV_{跳}=\frac{S}{\overline{X}}\times100\%=\frac{0.11}{2.64}\times100\%=4.17\%$

十字变向障碍跑：$COV_{跑}=\frac{S}{\overline{X}}\times100\%=\frac{0.42}{13.88}\times100\%=3.03\%$

因 4.17%>3.03%，所以该生十字变向障碍跑成绩的稳定性较高。

四、标准化 Z 分数

设一组数据的平均数为 $\overline{X}$，标准差为 S，将该组数据的某个观测值 X_i 减去平均数 $\overline{X}$ 再除以标准差 S 而得到的商，就称为该观测值的标准化 Z 分数，即：

$$Z=\frac{X_i-\overline{X}}{S}$$

一组数据中的每一个观测值都可以转化为一个标准化 Z 分数。标准化 Z 分数表示观测值 X_i 偏离平均数多少个标准差。

标准化 Z 分数大于 0，意味着观测值大于平均数；标准化 Z 分数小于 0，意味着观测值小于平均数；标准化 Z 分数等于 0，意味着观测值正好等于平均数。大于、小于平均数 1 个标准差的观测值，其标准化 Z 分数分别为+1、-1；大于、小于平均数 2 个标准差的观测值，其标准化 Z 分数分别为+2、-2；依次类推。可见，标准化 Z 分数的大小和正负，反映了观测值在数据整体中所处的位置。Z 分数的绝对值越大，观测值偏离平均数就越远。

标准化 Z 分数是一个排除了数据自身基数大小和单位影响的相对分数，反映的是观测值偏离平均数的方向和距离。它既可用于同一组数据中不同值之间的比较，也可用于来自不同总体的数据之间的比较。因此，标准化 Z 分数经常被用于根据多个项目的成绩来客观、公正地评价每个对象的综合水平。

把标准化 Z 分数应用于体育实践时，须注意成绩优劣与分数高低的一致。一般来说，对于高、远类项目，数据越大，成绩越好，习惯上得分应越高。大于平均值的数据，其 Z 值应为正，小于平均值的数据，其 Z 值应为负。计时类项目正好相反，数据越小，成绩越好，习惯上得分应越高。大于平均值的数据，其 Z 值应为负，小于平均值的数据，其 Z 值应为正。因此，在计算标准化 Z 分时，对于计时类项目，通常须做正负转换。

例 3.16：某校田径集训队 8 名男生参加 100 米跑（s）、跳高（m）、铅球（m）三个项目测试的成绩以及各项的平均数、标准差如表 3-2-6 所示。试采用标准化 Z 分数评价他们三个项目的综合水平。

表 3-2-6　100 米跑、跳高、铅球三项成绩表

	1	2	3	4	5	6	7	8	$\overline{X}\pm S$
100 米跑	12.3	12.1	12.3	11.6	11.9	12.0	12.5	12.7	12.18±0.35
跳高	1.67	1.72	1.60	1.69	1.78	1.58	1.54	1.60	1.648±0.081
铅球	8.54	8.33	8.89	9.12	8.33	8.00	7.98	8.42	8.451±0.397

解：列表，先计算每人各项成绩的标准化 Z 分数（表 3-2-7），可得：

表 3-2-7　100 米跑、跳高、铅球标准化 Z 分数计算表

编号	100 米跑		跳高		铅球		总分	排序
	X	$-Z$	X	Z	X	Z		
1	12.3	−0.342 9	1.67	0.271 6	8.54	0.224 2	0.152 9	5
2	12.1	0.228 6	1.72	0.888 9	8.33	−0.304 8	0.812 7	3
3	12.3	−0.342 9	1.60	−0.592 6	8.89	1.105 8	0.170 3	4
4	11.6	1.657 1	1.69	0.518 5	9.12	1.685 1	3.860 7	1
5	11.9	0.800 0	1.78	1.629 6	8.33	−0.304 8	2.124 8	2
6	12.0	0.514 3	1.58	−0.839 5	8.00	−1.136 0	−1.461 2	6
7	12.5	−0.914 3	1.54	−1.333 3	7.98	−1.186 4	−3.434 0	8
8	12.7	−1.485 7	1.60	−0.592 6	8.42	−0.078 1	−2.156 4	7

因 100 米跑成绩是数值越小水平越高，为了保持评价方向的一致性，故对 100 米跑的标准化 Z 分数做正负转换。

最后求每人三个项目标准化 Z 分数的总和（总分），用以评价综合水平。总分越高者综合水平越高。根据总分的排序可以看出，4 号学生的综合水平最高（3.860 7），7 号学生的综合水平最低（−3.434 0）。

第三节　分布位置量数

在统计工作中，有时需要了解数据在序列中的排列位置。反映数据在序列中的排列位置的统计指标称为分布位置量数。常用的分布位置量数有四分位数、十分位数和百分位数。

一、四分位数

将一组数据由小到大排列后，用 3 个点将全部数据分成四等分。这 3 个点的位置分别称为第 1、2、3 四分位，与这 3 个四分位相对应的数据就称为第 1、2、3 四分位数，分别记作 Q_1，Q_2，Q_3，如图 3-3-1 所示。

四分位：

数据序列：　38　41　43 | 43　45　47 | 48　49　51 | 51　54　59

四分位数：　43.0 (Q_1)　47.5 (Q_2)　51.0 (Q_3)

图 3-3-1　四分位数示意图

四分位数意味着，一组数据中，有25%位于 Q_1 之下，有50%位于 Q_2 之下，有75%位于 Q_3 之下。

Q_3 到 Q_1 之间的距离称为四分位间距；四分位间距的一半称为四分位差，记为 Q。四分位差可以反映数据的离散程度。四分位差越小，数据越集中；四分位差越大，数据越分散。

二、十分位数

将一组数据由小到大排列后，用9个点将全部数据分成十等分。这9个点的位置分别称为第1，2，3，…，9十分位，与这9个十分位相对应的数据就称为第1，2，3，…，9十分位数，分别记作 D_1，D_2，…，D_9，如图3-3-2所示。

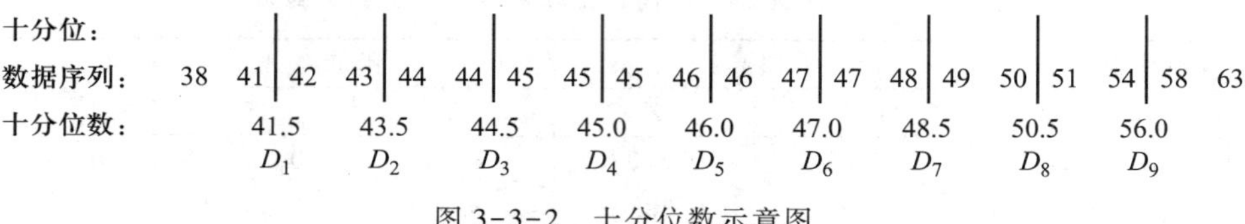

图3-3-2 十分位数示意图

十分位数意味着，一组数据中，有10%位于 D_1 之下，有20%位于 D_2 之下，……，有90%位于 D_9 之下。

三、百分位数

将一组数据由小到大排列后，用99个点将全部数据分成100等分。这99个点的位置分别称为第1，2，3，…，99百分位，与这99个百分位相对应的数据就称为第1，2，3，…，99百分位数，分别记作 P_1，P_2，…，P_{99}。

百分位数意味着，一组数据中，有1%位于 P_1 之下，有2%位于 P_2 之下，……，有99%位于 P_{99} 之下。

四分位数、十分位数、百分位数及中位数有着一定的对应关系。3个四分位数分别对应于第25、50、75百分位数；9个十分位数分别对应于第10，20，30，…，90百分位数；第2四分位数 Q_2、第5十分位数 D_5 和第50百分位数 P_{50} 都等同于中位数。

百分位数经常被用来制定等级评价标准，如表3-3-1所示。

表3-3-1 应用百分位数制定等级评价标准（范例）

等级	差	较差	一般	良好	优秀
标准	$X<P_{10}$	$P_{10}\leqslant X<P_{25}$	$P_{25}\leqslant X<P_{75}$	$P_{75}\leqslant X<P_{90}$	$X\geqslant P_{90}$

例3.17：某省16岁汉族男生身高（cm）百分位数如下所示。请根据表3-3-1建立5级评价标准。

百分位：	P_5	P_{10}	P_{25}	P_{50}	P_{75}	P_{90}	P_{95}
百分位数（cm）：	160.9	163.3	166.6	170.9	174.2	177.1	178.9

解：根据该省16岁汉族男生身高的百分位数和表3-3-1，建立五级评价标准如下：

差：≤163.2 cm；较差：163.3～166.5 cm；一般：166.6～174.1 cm；良好：174.2～177.0 cm；优秀：≥177.1 cm。

第四节　常用体育评分方法

在体育实践中，常常要用分数来评定体育成绩、运动水平、素质水平、机能水平等。因此，需要研究如何制定评分标准。一个好的评分方法，应既能准确地反映客观事实，又有较好的区分度。我们可以利用前述的一些描述统计量来制定评分标准。在制定体育评分标准时，一般应尽可能地与人们习惯的 10 分制、100 分制或 1 000 分制等相一致，以方便实际应用。

一、标准 T 分

标准化 Z 分数适用于数据之间的比较，但标准化 Z 分数有可能是负数，且其值主要集中在±3 的范围内，因此，直接使用标准化 Z 分数来评分并不方便。然而，我们可以对标准化 Z 分数做适当的线性变换，使其符合体育评分的一般要求。

具体做法是，将标准化 Z 分数乘以一个比例数使其扩大若干倍，再加上一个数使所有负值都转化为正值。这样得到的分数通常称为标准 T 分，计算通式为：

$$T=A\pm Z\times\frac{R}{K}=A\pm\frac{X-\overline{X}}{S}\times\frac{R}{K}$$

其中，A 为基分，即 Z 值为 0 时所对应的分数；R 为计分范围；K 为 Z 值范围，即计分范围两端点分别对应的 Z 值之差。因此，R/K 表示每单位 Z 值所对应的分数。对于高、远类项目，成绩数值越大，得分应越高，故式中的“±”用“+”号；对于计时类项目，成绩数值越大，得分应越低，故式中的“±”用“-”号。

例 3.18：某省国民体质监测结果表明，25~29 岁成年男子握力的平均数为 48.46 kg，标准差为 7.94 kg。若以平均数为 50 分，以平均数减 3 个标准差为 0 分，以平均数加 3 个标准差为 100 分，试作该年龄段男子握力标准 T 分的评分表。

解：根据题意可得 $A=50$，计分范围 $R=100-0=100$。

均数减 3 个标准差对应的 Z 值为-3，均数加 3 个标准差对应的 Z 值为 3，即应以［-3，3］为 Z 值范围，故 $K=3-(-3)=6$。握力数值越大水平越高，得分应越高，故计算式中用“+”号。

可得计分公式：$T=A+\frac{X-\overline{X}}{S}\times\frac{R}{K}=50+\frac{X-48.46}{7.94}\times\frac{100}{6}$

0 分的握力为：$\overline{X}-3S=48.46-3\times7.94\approx25$（kg）

100 分的握力为：$\overline{X}+3S=48.46+3\times7.94\approx72$（kg）

现以 1 kg 为计分间隔，从 25 kg 起，每次递增 1 kg 至 72 kg，将成绩逐个代入计分公式计算，可得标准 T 分表如表 3-4-1 所示：

表 3-4-1　某省 25~29 岁男子握力标准 T 分表

kg	0	1	2	3	4	5	6	7	8	9
20						0.0	2.9	5.0	7.1	9.2
30	11.3	13.4	15.4	17.5	19.6	21.7	23.8	25.9	28.0	30.1

续表

kg	0	1	2	3	4	5	6	7	8	9
40	32.2	34.3	36.4	38.5	40.6	42.7	44.8	46.9	49.0	51.1
50	53.2	55.3	57.4	59.5	61.6	63.7	65.8	67.9	70.0	72.1
60	74.2	76.3	78.4	80.5	82.6	84.7	86.8	88.9	91.0	93.1
70	95.2	97.3	100.0							

在运用标准 T 分评分时，通常以平均数加（高、远类项目）或减（计时类项目）3 个标准差作为满分点，即把满分点所对应的 Z 值设为±3。但若希望实际评分时尽量不出现满分的情况，则应适当增大（高、远类项目）或减小（计时类项目）满分点所对应的 Z 值。还可以根据需要将平均数对应的得分设为任意值。此时，应注意恰当地确定计分范围 R 和相应的 Z 值范围 K。

例 3.19：如上例，若以平均数为 60 分，以平均数加 4 个标准差为 100 分，求握力 50 kg 的标准 T 分。

解：以平均数为 60 分，即 $A=60$；计分范围 $R=100-60=40$。

均数所对应的 Z 值为 0，均数加 4 个标准差所对应的 Z 值为 4，即应以［0，4］为 Z 值的范围，故 $K=4-0=4$。

计分公式为：$T=A+\frac{X-\overline{X}}{S}\times\frac{R}{K}=60+\frac{X-48.46}{7.94}\times\frac{40}{4}$

将 50 kg 代入上式，得：$T=60+\frac{X-48.46}{7.94}\times\frac{40}{4}=60+\frac{50-48.46}{7.94}\times\frac{40}{4}=61.9$（分）

因此，握力 50 kg 的标准 T 分为 61.9 分。

从标准 T 分的计算式可以看出，采用标准 T 分制定评分标准时，得分的增长是等进的，即每增长一定的成绩，就增加固定的分数。这种评分方法直观、简便、易行，比较适合于在面向大范围群体的体育评价时运用。

二、位置百分

根据百分位和百分位数的概念，如果将一组数据由小到大排列，再将其 100 等分，即可得该序列的各个百分位。若用 H 表示百分位，则第 H 百分位数可记作 X_H。

将某一观测值转化为其在序列中排列的百分位，即将百分位 H 作为百分位数 X_H 的得分，这个得分就称为位置百分。

（一）给定百分位，求百分位数

给定百分位 H，求百分位数 X_H，实际上就是给定位置百分，求对应的成绩。

运用位置百分评分时，一般先将数据整理成频数分布表。利用频数分布表求百分位数 X_H 的计算公式为：

$$X_H=L_H+\frac{I}{f_H}\left(\frac{n}{100}\times H-C\right)$$

其中，H 为百分位，X_H 为第 H 百分位所对应的百分位数，L_H 为第 H 百分位数所在组的下限，f_H 为第 H 百分位数所在组的频数，C 为第 H 百分位数所在组之前一组的累积频数，I 为组距，n 为样本容量。如图 3-4-1 所示。

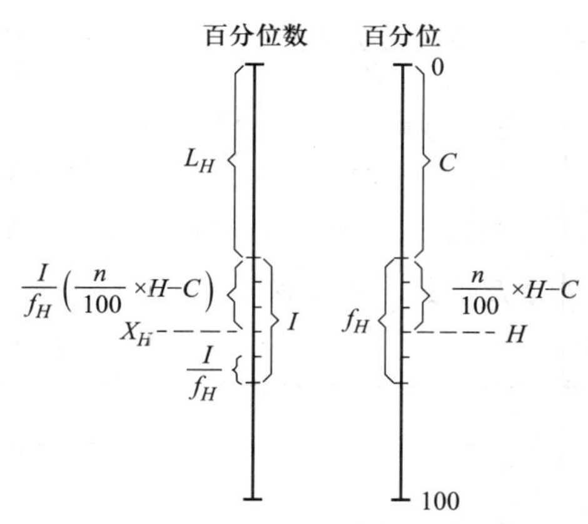

图 3-4-1 百分位数计算示意图

例 3.20：某年级 150 名男生立定跳远的成绩（m）已按组距 0.10 m 整理成频数分布表，如表 3-4-2 所示。设第 90 百分位数为优秀等级的起点，求该成绩。

表 3-4-2　立定跳远成绩频数分布表

组次	立定跳远 X	频数 f	累积频数	累积频率（%）
1	1.70-	1	1	0.67
2	1.80-	3	4	2.67
3	1.90-	6	10	6.67
4	2.00-	11	21	14.00
5	2.10-	19	40	26.67
6	2.20-	26	66	44.00
7	2.30-	38	104	69.33
8	2.40-	21	125	83.33
9	2.50-	12	137	91.33
10	2.60-	5	142	94.67
11	2.70-	4	146	97.33
12	2.80-	3	149	99.33
13	2.90-	1	150	100.00
	$\sum$	150		

解：从频数分布表的累积频率列可以看出，第 90 百分位数落在第 9 组。

由此可得 $H=90$，$L_{90}=2.50$，$f_{90}=12$，$C=125$，$I=0.10$，$n=150$。代入计算公式，得：

$$X_{90}=L_{90}+\frac{I}{f_{90}}\left(\frac{n}{100}\times H-C\right)=2.50+\frac{0.1}{12}\left(\frac{150}{100}\times 90-125\right)=2.58\ (\text{m})$$

因此，该年级男生立定跳远成绩优秀等级的起点为 2.58 m。

（二）给定百分位数，求百分位

给定百分位数 X_H，求百分位 H，实际上就是给定成绩，求对应的百分位置。

求百分位 H 的计算公式是由求百分位数 X_H 的公式变换而来的，即：

$$H=\frac{(X_H-L_H)\dfrac{f_H}{I}+C}{n}\times 100$$

例 3.21：如上例，某学生立定跳远的成绩为 2.65 m，试求其位置百分。

解：从频数分布表的组距列可以看出，2.65 m 在第 10 组。

由此得 $L_H=2.60$，$f_H=5$，$C=137$，$I=0.1$，$n=150$。代入计算公式，得：

$$H=\frac{(X_H-L_H)\dfrac{f_H}{I}+C}{n}\times 100=\frac{(2.65-2.60)\times\dfrac{5}{0.1}+137}{150}\times 100=93\ (\text{分})$$

因此，成绩 2.65 m 的位置百分为 93 分。

体育实践中，很多情况下数据都是呈现“中间多、两头少”的特征。此时若采用位置百分来评分，得分的增长速度是不均匀的。靠近序列中间处，成绩很小的变化就会引起得分很大的变化；而在序列的两端，成绩很大的变化才会引起得分很小的变化。但这种方法比较直观，易于理解，故在大范围的体质研究和体育评价方面运用较多。

三、累进计分

体育运动成绩提高的难易程度与成绩本身的高低有很大的关系。水平越高，提高越难。如 100 米跑，由 10.5 秒提高到 10.4 秒与由 13.9 秒提高到 13.8 秒相比，前者难度大大高于后者。这种情况，有时需要在评分上体现出来，但标准 T 分和位置百分都无法满足这种要求。此时可以采用累进计分。

累进计分的方法有许多，常用的是采用幂函数计分，公式为：

$$Y=KD^a-L$$

其中，Y 为所求的得分；K 为系数；D 为成绩变量，可由原始成绩转换而来；L 是一常数，代表当 $D=0$ 时的得分；a 为累进指数（$a\geqslant 1$），其值越大，累进速度就越快。a 值需通过大量资料的积累、分析和研究，才能比较合理地确定，一般取 a 为 1.5 至 2.5。

若取 a 为 2，则函数式为：$Y=KD^2-L$。

当 K、L 确定时，函数唯一确定。而 K、L 可通过给定的计分条件来确定。

累进计分的具体步骤为：

（1）求出一组数据的平均数 $\overline{X}$ 和标准差 S。确定两个计分点的得分。一般取低分点为 0 分，高分点为 100 或 1 000 分。

（2）利用标准化 Z 分数，将对应于低分点、高分点的成绩转换成 D 值，转换式为：

$$D=Z\pm 5=\frac{X-\overline{X}}{S}\pm 5$$

上式中的常数 5 是人为规定的，目的是为了使从 0 至 10 的 D 值与区间 $\overline{X}\pm 5S$ 对应起来，如表 3-4-3 所示。对于高、远类项目，数值越大成绩越好，式中的“±”用“+”号；对于计时类项目，数值越大成绩越差，式中的‘±”用“-”号。

表 3-4-3　成绩、Z 分数与 D 值对应表

成绩		$\overline{X}-5S$	$\overline{X}-4S$	$\overline{X}-3S$	$\overline{X}-2S$	$\overline{X}-S$	$\overline{X}$	$\overline{X}+S$	$\overline{X}+2S$	$\overline{X}+3S$	$\overline{X}+4S$	$\overline{X}+5S$
Z 值		-5	-4	-3	-2	-1	0	1	2	3	4	5
D 值	$Z+5$	0	1	2	3	4	5	6	7	8	9	10
	$Z-5$	-10	-9	-8	-7	-6	-5	-4	-3	-2	-1	0

（3）将低分点和高分点 D 值分别代入二次函数式 $Y=KD^2-L$，得到一个二元一次方程组。

（4）解此方程组，可得 K、L，从而确定二次函数式。

（5）按二次函数式计算得分或制定评分表。

例 3.22：测得某年全国 12 岁男生 50 米跑成绩样本的统计量为：$\overline{X}=9.00$ s，$S=0.76$ s。若定低于平均水平 3 个标准差为 0 分，高于平均水平 3 个标准差为 100 分，取 $a=2$，试作累进计分表。

解：已知 $\overline{X}=9.00$ s，$S=0.76$ s。

50 米跑属于计时类项目，数值越大成绩越差。低于平均水平 3 个标准差为 0 分，即 Z 值为+3 时得 0 分；高于平均水平 3 个标准差为 100 分，即 Z 值为-3 时得 100 分。

因此，0 分时的 D 值为：$D=Z-5=3-5=-2$；100 分时的 D 值为：$D=Z-5=-3-5=-8$。

代入二次函数式，可得：$\begin{cases}100=K(-8)^2-L\\0=K(-2)^2-L\end{cases}$

解此方程组，得：$K=1.6667$，$L=6.6668$。

因此，累进计分公式为：$Y=1.6667\times\left(\frac{X-9.00}{0.76}-5\right)^2-6.6668$

100 分对应的成绩为：$\overline{X}-3S=9.00-3\times0.76=6.7$（s）

0 分对应的成绩为：$\overline{X}+3S=9.00+3\times0.76=11.3$（s）

将 6.7～11.3 s 范围内的成绩以 0.1 s 的间隔逐个代入计分公式计算，可得累进计分表如表 3-4-4 所示：

表 3-4-4　全国 12 岁男生 50 米跑累进计分表

s	0	1	2	3	4	5	6	7	8	9
6.								100	97.2	93.8
7.	90.4	87.1	83.8	80.6	77.5	74.4	71.4	68.4	65.5	62.6
8.	59.8	57.1	54.4	51.8	49.2	46.7	44.2	41.8	39.5	37.2
9.	35.0	32.8	30.7	28.7	26.7	24.8	22.9	21.1	19.3	17.6
10.	16.0	14.4	12.8	11.4	10.0	8.6	7.3	6.1	4.9	3.8
11.	2.7	1.7	0.7	0.0						

在实际工作中，低分点和高分点可根据需要来确定。

例 3.23：某省男子体育专业考生立定三级跳远成绩 $\overline{X}=8.264$ m，$S=0.425$ m。若规定成绩 7.80 m 为 50 分，成绩 9.80 m 为 100 分，取 a 为 2 进行累进计分，求成绩 9.50 m 的得分。

解：已知 $\overline{X}=8.264$ m，$S=0.425$ m。

低分为 50 分，高分为 100 分，则：

50 分的 D 值为：$D=\frac{X-\overline{X}}{S}+5=\frac{7.80-8.264}{0.425}+5=3.9082$

100 分的 D 值为：$D=\frac{X-\overline{X}}{S}+5=\frac{9.80-8.264}{0.425}+5=8.6141$

将 50 分和 100 分的 D 值代入二次函数式，可得：$\begin{cases}50=K\times3.9082^2-L\\100=K\times8.6141^2-L\end{cases}$

解此方程组，得 $K=0.849$，$L=-37.002$

累进计分公式为：$Y=0.849\times\left(\frac{X-8.264}{0.425}+5\right)^2+37.002$

将成绩 9.50 m 代入上式，可得：

$$Y=0.849\times\left(\frac{9.50-8.264}{0.425}+5\right)^2+37.002=90\text{（分）}$$

因此，立定三级跳远成绩 9.50 m 的得分为 90 分。

采用累进计分法评分时，运动水平较低时得分增长得比较慢，运动水平较高时得分增长得比较快。这种评分方法能较好地与运动成绩提高的难易程度相吻合，故在运动训练领域运用得较多。

思考与练习

1. 什么是算术平均数？如何表示总体平均数和样本平均数？
2. 什么情况下需要计算几何平均数？

3. 什么情况下需要计算调和平均数?

4. 某市 2010 年至 2019 年的年投入体育事业经费(万元)如表 3-5-1 所示,求该市 9 年来体育事业经费逐年的增长率和平均增长率。

表 3-5-1 某市 2010 年至 2019 年体育事业经费统计表

年份	2010	2011	2012	2013	2014	2015	2016	2017	2018	2019
经费(万元)	1 032	1 280	1 549	1 952	2 538	3 173	4 061	5 442	7 401	10 287

5. 测得某组 8 名学生 60 米途中跑的速度(m/s)分别为 8.6, 8.4, 8.8, 8.1, 8.3, 8.0, 7.6, 8.4, 求该组学生 60 米途中跑的平均速度。

6. 什么是中位数?求以下两组数据的中位数:

(1) 16, 4, 19, 22, 17, 9, 13, 2, 10

(2) 1, 27, 23, 15, 24, 17, 6, 24, 19, 8

7. 什么是众数?测得某班 32 名女生一分钟仰卧起坐的次数如下,求众数。

25 27 30 21 27 27 25 27 27 15 27 25 27 21 27 27

25 27 30 15 30 25 35 25 27 25 21 27 25 35 25 30

8. 什么是全距?已知某组 12 名学生立定三级跳远的成绩(m)如下,求该组学生立定三级跳远成绩的全距。

6.38 7.56 8.45 8.88 7.23 7.66 6.21 7.78 8.29 8.41 7.32 8.97

9. 什么是方差?什么是标准差?如何表示总体标准差和样本标准差?

10. 什么是变异系数?有什么作用?

11. 测得 10 名中学生跳高的成绩(cm)如下,求该组学生跳高成绩的平均数、标准差和变异系数。

142 157 165 148 169 160 150 146 170 165

12. 对题 7 的数据,试通过频数分布表计算该班女生一分钟仰卧起坐的平均数、标准差和变异系数。

13. 测得某班 60 人体育考试的成绩,已制成频数分布表如表 3-5-2 所示,求平均数、标准差和变异系数。

表 3-5-2 体育考试成绩频数分布表

组限	组中值 X	f
40-	45	2
50-	55	9
60-	65	16
70-	75	19
80-	85	10
90-	95	4
$\sum$		60

14. 某项实验共有 4 个协作组,各协作组的统计数据如表 3-5-3 所示,试计算总平均数、总标准差和总变异系数。

表 3-5-3　4 个协作组的统计数据表

协作组	n_i	$\overline{X}_i$	S_i
A	60	86.41	7.34
B	40	92.63	9.05
C	45	89.27	8.21
D	50	88.86	6.44

15. 某生 10 次立定跳远（m）和原地纵跳（m）的成绩如表 3-5-4 所示。该生哪个项目的成绩相对比较稳定？

表 3-5-4　某生 10 次立定跳远和原地纵跳成绩表

	1	2	3	4	5	6	7	8	9	10
立定跳远（m）	2.60	2.86	2.59	2.63	2.49	2.58	2.72	2.66	2.62	2.68
原地纵跳（m）	0.66	0.67	0.62	0.71	0.65	0.68	0.60	0.58	0.64	0.66

16. 某区 10 名男生参加普通高等学校体育专业招生统考，4 项素质测试为 100 米跑、立定三级跳远、原地推铅球和 800 米跑，成绩如表 3-5-5 所示。试采用标准化 Z 分数评价他们的综合素质。

表 3-5-5　某区 10 名男生 4 项素质测试成绩表

编号	100 米跑（s）	立三级跳（m）	原地铅球（m）	800 米跑（s）
1	11.63	7.95	10.57	146.54
2	12.76	8.23	9.71	149.47
3	12.21	8.09	10.75	132.37
4	11.78	8.74	11.36	133.09
5	12.50	7.99	10.89	154.38
6	12.09	8.42	11.46	144.15
7	11.13	9.04	13.84	133.60
8	12.82	7.92	9.45	150.73
9	12.19	8.19	8.16	140.26
10	11.58	8.96	11.14	150.78

17. 什么是四分位数？什么是十分位数？什么是百分位数？

18. 标准 T 分、位置百分和累进计分三种评分方法各自的特点是什么？

19. 测得某年龄组跳远成绩 $\overline{X}=5.726$ m，$S=0.453$ m。若定平均数为 60 分，平均数加 3 个标准差为 100 分，试作标准 T 分表。

20. 抽测 240 名 12 岁男孩的身高（cm）和体重（kg），计算出每人的克托莱指数（体重/身高×1 000），现已将数据整理成频数分布表，如表 3-5-6 所示。试完成以下任务：

（1）设差为 $X<P_{10}$，较差为 $P_{10}\leqslant X<P_{25}$，一般为 $P_{25}\leqslant X<P_{75}$，良好为 $P_{75}\leqslant X<P_{90}$，优秀为 $X\geqslant P_{90}$，试制定克托莱指数的五级评价标准。

（2）求克托莱指数为 240 者的位置百分。

表 3-5-6 克托莱指数频数分布表

组次	组限 X	频数 f
1	145-	2
2	160-	8
3	175-	14
4	190-	26
5	205-	31
6	220-	36
7	235-	32
8	250-	30
9	265-	24
10	280-	15
11	295-	12
12	310-	10
	$\sum$	240

21. 测得全国优秀男子游泳运动员纵跳的成绩，计算得出平均数为 66.54 cm，标准差为 5.65 cm。若取 $a=2$，定平均数为 60 分，平均数加 4 个标准差为 100 分，试用累进计分法制作从 40 分到 100 分的评分表。

第四章 概率与正态分布

第一节 概率的基本知识

体育统计是数理统计方法在体育领域中的应用，而数理统计的理论基础是概率论。因此，掌握一些必要的概率论知识，对于我们加深理解和牢固掌握体育统计方法是十分必要的。

一、随机事件

（一）必然现象与随机现象

在自然界和人类社会里，人们观察到的各种现象大体上可归结为两种类型，即必然现象与随机现象。

1. 必然现象

在一定条件下事先可以断言必然会发生某种结果的现象叫必然现象。必然现象也称为确定性现象。如铅球推出去总会落回地面；在 1 个大气压下，水在 100℃时就会沸腾等。

2. 随机现象

在一定条件下事先不能断言会出现哪种结果的现象叫随机现象。随机现象也称为偶然性现象、不确定性现象。随机现象在自然界和人类社会生活中到处可见，如抛掷一枚均匀硬币，结果可能是正面朝上，也可能是背面朝上；一个训练有素的运动员，在一次比赛中成绩如何，赛前难以断言；从一个 40 人的班级中随机抽取 10 人参加某项竞赛，有多达 $C_{40}^{10}=847\ 660\ 528$ 种不同的抽法。

人们通过长期的反复观察和实践，逐渐发现所谓偶然性现象的不可预言，只是对一次或少数几次观察或实践而言。当在相同条件下进行大量观察或实践时，偶然现象也会呈现某种规律，因而也是可以预言的。例如我国古代在公元 238 年，就已从人口统计中得出新生儿男、女性别的比例大约总是 1∶1 这个结论。可以说，随机现象存在着统计规律性。

（二）随机事件

我们把对客观现象进行一次观察或进行一次试验，统称为一个试验。如果这个试验在相同条件下可以重复进行，而且每次试验的结果事前不可预言，我们就称它为一个随机试验。随机试验的每一个可能结果，称为一个随机事件，简称事件。通常用大写英文字母来表示不同的随机事件，如事件 A、事件 B 等。

例如，球类比赛前抛挑边器选择场地。抛掷一次，是一个随机试验。这个随机试验有两种可能的结果。我们可以把红面朝上记为事件 A，把绿面朝上记为事件 B，即：$A=$“红面朝上”，$B=$“绿面朝上”。

不可能再细分的事件叫基本事件。如投篮一次，中与不中，只有两个基本事件。

由若干基本事件组合而成的事件叫复合事件。如罚球 10 个，“投中 8 个以上（含 8 个）”是一复合事件，它是由“投中 8 个”“投中 9 个”和“投中 10 个”三个基本事件组合而成的。

在一定条件下必然发生的事件叫必然事件。如“罚球 10 个，投中数大于或等于 0”是必然事件。

在一定条件下必然不发生的事件叫不可能事件。如在正常人群中抽测身高，“身高超过 3 m”是不可能事件。

如果事件 A 与事件 B 不可能同时发生，则称事件 A 与事件 B 为互不相容事件（互斥）。如在一个小组中随机抽 1 人担任本组指挥员进行队列操练，抽到甲与抽到乙是互不相容事件。

如果事件 A 与事件 B 既不能同时发生，也不能同时不发生，即两事件中必有一个发生而另一个不发生，这样的两个事件就称为对立事件。通常将事件 A 的对立事件记为事件 $\overline{A}$。如足球射门，“射中”与“射不中”是对立事件。根据互不相容事件的定义，对立事件也是互不相容事件。

如果事件 A 的发生对事件 B 是否发生没有影响，则称事件 A 与事件 B 为相互独立的事件。如事件 A（测得甲身高为 1.70 m）和事件 B（测得乙身高为 1.76 m）是相互独立事件。

二、随机事件的概率

（一）概率的概念与基本性质

随机事件的发生带有偶然性，但随机事件发生的可能性是有大小之别的。例如，足球比赛前，裁判员用抛挑边器的方法让双方队长选择场地以示机会均等，是因为挑边器“红面朝上”和“绿面朝上”的可能性都是 1/2。一次射击，可能出现的结果是命中 0，1，2，3，…，10 环，即可能出现的事件有 11 个。但对于一名优秀射手来说，显然命中 8、9、10 环的可能性比较大。

研究随机试验，不仅要知道它可能出现哪些事件，更重要的是要知道各种事件出现的可能性大小。我们可以对随机事件发生的可能性大小进行度量，以便揭示事物的内在统计规律。

在一个随机试验中，任一随机事件 A 发生可能性的大小称为事件 A 的概率，记作 $P(A)$。

概率具有以下几条基本性质：

（1）随机事件 A 发生的概率满足：$0 \leqslant P(A) \leqslant 1$。

（2）如果 A 为必然事件，则 $P(A)=1$。

（3）如果 A 为不可能事件，则 $P(A)=0$。

（4）对任一随机事件 A，有 $P(\overline{A})=1-P(A)$。

（5）对 n 个互不相容事件 A_1，A_2，…，A_n，其“和事件”（即 n 个互不相容事件中至少有一个发生）的概率为：$P(A_1+A_2+\cdots+A_n)=P(A_1)+P(A_2)+\cdots+P(A_n)$。

（6）对 n 个相互独立事件 A_1，A_2，…，A_n，其“积事件”（即 n 个相互独立事件同时发生）的概率为：$P(A_1 \times A_2 \times \cdots \times A_n)=P(A_1) \times P(A_2) \times \cdots \times P(A_n)$。

（二）确定概率的方法

在概率论的发展历史上，人们曾针对不同的问题，从不同的角度给出了概率的定义，如统计概率、古典概率、几何概率等。现在，我们通常把这些定义看作确定概率的方法。

1. 频率方法

频率方法是在大量重复试验中通过频率去获得概率近似值的方法。它是一种最常用、最基本的确定概率的方法。

如果随机事件 A 在 n 次独立重复试验中出现了 m 次，则称 m/n 为随机事件 A 的频率。经验证明，当重复试验次数 n 逐渐增大时，频率 m/n 会稳定在某一确定的常数 p 附近。这种稳定性表明，常数 p 显然是随机事件 A 发生可能性大小的很好度量。因此，我们把试验次数 n 充分大时随机事件 A 的频率 m/n 的稳定值 p 当作随机事件 A 的概率，记作：

$$P(A)=p \approx \frac{m}{n}$$

历史上曾有多人做过抛硬币试验，如表 4-1-1 所示。结果表明，当试验次数不断增大时，正面朝上的频率在 0.5 附近摆动，越来越接近 0.5。

表 4-1-1　抛硬币正面朝上的频率

试验者	抛硬币次数	正面朝上次数	正面朝上频率
德摩根	2 048	1 061	0.518 1
蒲丰	4 040	2 048	0.506 9
皮尔逊	12 000	6 019	0.501 6
皮尔逊	24 000	12 012	0.500 5
维尼	30 000	14 994	0.499 8

在实际工作中，我们无法把一个试验无限次地重复下去，因此要获得事件 A 发生的频率的稳定值 p 是件很难的事情。但在重复次数 n 较大时，频率 m/n 就很接近概率 $P(A)=p$。此时，我们可以把频率作为概率的近似值使用。

例如，在足球比赛中，罚点球是一个扣人心弦的场面。若记事件 $A=$“罚点球射中球门”，则 A 的概率，即罚点球的命中率 $P(A)$ 是多少？曾经有人对 1930 年至 1988 年世界各地 53 274 场重大足球比赛的情况作了统计，在 15 382 个点球中，有 11 172 个射中，频率为 $11\ 172/15\ 382=0.726\ 3$。因此，我们可以把这个值作为罚点球命中概率 $P(A)$ 的估计值。

2. 古典方法

古典方法是在经验事实的基础上，对被考察事件发生的可能性进行符合逻辑的分析计算，从而确定该事件概率的方法。这种方法简单、直观，不需要做试验，但只能在某类特定随机现象中使用。

设一随机试验有 n 个有限的基本事件，且每个基本事件出现的可能性相等，如果被考察的事件 A 含有 m 个基本事件，则将比值 m/n 称为事件 A 的概率，记作：

$$P(A)=\frac{m}{n}$$

例 4.1：从 0，1，2，…，9 这 10 个数字中任取一个，求取得奇数的概率。

解：令 $A=$“取得奇数”。

从 10 个数字中任取 1 个，共有 10 种不同的取法，即 $n=10$。取得奇数的情况是 1，3，5，7，9 共 5 种，即 $m=5$。

$$P(A)=\frac{m}{n}=\frac{5}{10}=0.5$$

所以，取得奇数的概率为 0.5。

例 4.2：某游泳队有运动健将 6 人，一级运动员 4 人。从中任取 4 人，求取到都是运动健将的概率。

解：令 $A=$“取到 4 人都是运动健将”，则基本事件总数为从 10 人中任取 4 人的组合数：

$$n=\mathrm{C}_{10}^{4}=\frac{10!}{(10-4)!\ 4!}=210$$

取到 4 人都是运动健将的情况等于从 6 名运动健将中取得 4 人的组合数，即：

$$m=\mathrm{C}_{6}^{4}=\frac{6!}{(6-4)!\ 4!}=15$$

因而有 $P(A)=\dfrac{m}{n}=\dfrac{15}{210}=0.071\ 4$

所以，从该游泳队中任取 4 人，取到都是运动健将的概率为 0.071 4。

3. 几何方法

几何方法是在古典方法的基础上，考虑到随机试验具有无穷个基本事件时确定事件概率的方法。

设一随机试验所含基本事件的全体为 S，其大小可以用 $f(S)$ 度量（可以是一维的长度、二维的面积、三维的体积等），其中的基本事件具有均匀分布的性质。若 A 为 S 中任一可能出现的随机事件，其大小可以用 $f(A)$ 度量，则将事件 A 的概率记作：

$$P(A)=\frac{f(A)}{f(S)}$$

例 4.3：有一抽奖游戏如图 4-1-1 所示。在一个半径为 40 cm 的圆盘上有 3 个阴影区，每个阴影区在圆周上的弧长各为 10 cm。圆盘中心有一指针，圆盘可以均匀转动。若连续 3 次转动圆盘指针都与阴影区重合，即可获大奖。问参加一次游戏就获大奖的概率有多大。

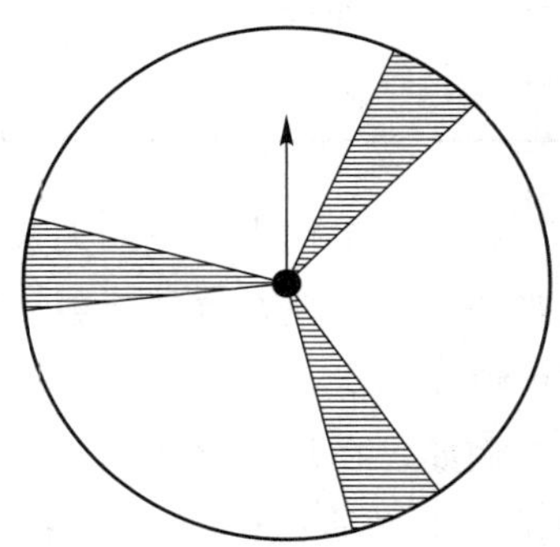

图 4-1-1 抽奖游戏示意图

解：已知 $r=40$，$d=10$。

设 A_i = “第 i 次转动圆盘，指针落在阴影区内”，则：

$$P(A_1)=P(A_2)=P(A_3)=\frac{\text{圆弧长}}{\text{圆周长}}=\frac{3d}{2\pi r}=\frac{3\times10}{2\times3.14\times40}=0.119\ 4$$

由于各次转动圆盘为相互独立事件，故连续 3 次转动圆盘指针都落在阴影区内的概率为：

$$P(A_1\times A_2\times A_3)=P(A_1)\times P(A_2)\times P(A_3)=0.119\ 4^3=0.001\ 7$$

所以，参加一次游戏就获大奖的概率为 0.001 7。也就是说，参加一次游戏就想拿大奖，几乎是不可能的。

三、随机变量的概率分布

（一）随机变量

考察一个随机试验，其事件可以是数量型的，如百米跑成绩为 11 s，射击命中 9 环，身高 175 cm 等。事件也可以是非数量型的，如足球射门中与不中，排球发球成功与失误等。对于非数量型的事件，可以将其数量化。例如，对于足球射门，可以用 1 表示射中，用 0 表示未射中。因此，随机试验的结果都可以直接与数量相联系。如果用一个变量来表示随机试验的结果，它随着试验结果的不同而取不同的值，这个变量就称为随机变量。

例如，运动训练专业某年级 60 名学生中，15 人为运动健将。从这 60 人中随机抽取 5 人，抽到运动健将的人数就是一个随机变量。用 X 表示这个随机变量，则有：$X=0$，1，2，3，4，5。

随机变量是研究随机现象的一个重要工具，它也可以分为两种类型。一种叫离散型随机变量，其可取值有限（或无穷可数），如射击命中的环数：$X=0$，1，2，3，4，5，6，7，8，9，10 环。另一种叫连续型随机变量，其可取值充满了某一区间，即可为该区间内的任何值，不可数，如学生百米跑的成绩：$X=11\sim15$ s。

（二）随机变量的概率

为研究方便，我们把随机变量 X 在各个范围内取值的概率表示如下：

$P(X=a)$ 表示随机变量 X 取值为 a 时的概率；

$P(X<a)$ 表示随机变量 X 取值小于 a 时的概率；

$P(X\leqslant a)$ 表示随机变量 X 取值小于或等于 a 时的概率；

$P(X>a)$ 表示随机变量 X 取值大于 a 时的概率；

$P(X \geqslant a)$　　表示随机变量 X 取值大于或等于 a 时的概率；

$P(a<X<b)$　　表示随机变量 X 取值在开区间（a，b）内的概率；

$P(a \leqslant X \leqslant b)$　　表示随机变量 X 取值在闭区间［a，b］内的概率。

例如，随机变量 Z 大于 $-\infty$，小于等于 Z_0 的区间表示为 $(-\infty, Z_0]$，则随机变量 Z 取值于该区间的概率就表示为 $P(-\infty<Z \leqslant Z_0)$。随机变量 Z 大于等于 Z_0，小于 ∞ 的区间表示为 $[Z_0, \infty)$，则随机变量 Z 取值于该区间的概率就表示为 $P(Z_0 \leqslant Z<\infty)$。

（三）随机变量的概率分布

概率分布在统计学中具有十分重要的意义，只有理解了随机变量的概率分布，才有可能理解对随机变量进行统计分析与推论的原理。

概率分布是指用于描述随机变量所有可取值的概率的数学模型，简称为分布。概率分布可以用图、表或公式来表示。要了解随机变量的概率分布，不仅需要知道它可能取哪些值或取值范围是什么，还要知道它以多大的概率取这些值。

1. 离散型随机变量的概率分布

对于离散型随机变量 X，如果其可取值及其概率都是已知的，我们就可以将变量 X 的取值以及相应的概率按顺序排列成分布列，以显示 X 的概率分布情况。分布列的一般形式如表 4-1-2 所示：

表 4-1-2　分布列的一般形式

X	X_1	X_2	…	X_i	…	X_n
P	P_1	P_2	…	P_i	…	P_n

离散型随机变量的分布列具有以下性质：

（1）随机变量 X 任一取值的概率均为非负值，即：$P_i \geqslant 0$。

（2）随机变量 X 所有取值的概率总和等于 1，即：$\sum_{i=1}^{n} P_i=1$。

例 4.4：某健美操队有 5 名队员，其中有 2 名男队员，3 名女队员，从中任抽 2 人参加某次表演，用 X 表示抽到的男队员数，试作随机变量 X 的分布列。

解：以 a_1，a_2 分别表示 2 名男队员，以 b_1，b_2，b_3 分别表示 3 名女队员。从 5 人中任取 2 人，可能的情况有 10 种，即：

$$X=\begin{cases}0 & 3\text{ 种 } (b_1, b_2)(b_1, b_3)(b_2, b_3) \\ 1 & 6\text{ 种 } (a_1, b_1)(a_1, b_2)(a_1, b_3)(a_2, b_1)(a_2, b_2)(a_2, b_3) \\ 2 & 1\text{ 种 } (a_1, a_2)\end{cases}$$

则 X 各个可取值的概率分别为：$P(X=0)=3/10=0.3$

$$P(X=1)=6/10=0.6$$

$$P(X=2)=1/10=0.1$$

其分布列如表 4-1-3 所示：

表 4-1-3　取到男队员数的分布列

X	0	1	2
P	0.3	0.6	0.1

根据分布列可以算出 X 在一定范围内取值的概率。例如：

取到男队员数少于 2 的概率为：$P(X<2)=P(X=0)+P(X=1)=0.3+0.6=0.9$。

取到男队员数至少为 1 的概率为：$P(X\geqslant 1)=P(X=1)+P(X=2)=0.6+0.1=0.7$。

2. 连续型随机变量的概率分布

对于连续型随机变量 X，其取值充满一个区间，不可能一一列出，所以必须采用密度函数来描述其概率分布。

如果存在一个非负函数 $f(X)$，该函数在区间（$-\infty$，$+\infty$）上的积分是一个有限的值，即 $\int_{-\infty}^{\infty} f(X)\,\mathrm{d}X<\infty$，而随机变量 X 取值于区间（a，b）的概率可以用该函数在该区间上的积分来表示，即有 $P(a<X<b)=\int_a^b f(X)\,\mathrm{d}X$，则称 $f(X)$ 为随机变量 X 的密度函数。

连续型随机变量的密度函数如图 4-1-2 所示，该函数具有以下性质：

（1）密度函数值非负，即：$f(X)\geqslant 0$。其几何意义是分布曲线始终在 X 轴的上方。

（2）随机变量 X 取值于区间（a，b）的概率等于它的密度函数在该区间上的定积分，即：

$$P(a<X<b)=\int_a^b f(X)\,\mathrm{d}X$$

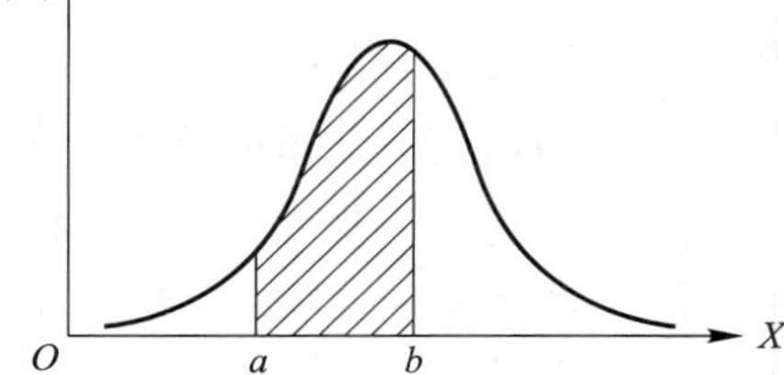

图 4-1-2　连续型随机变量的密度函数

其几何意义是概率 P（$a<X<b$）等于区间（a，b）上分布曲线与 X 轴所围成的曲边梯形的面积（图中的阴影部分）。这里，我们建立起了概率与面积之间的联系，即：概率=面积。

（3）X 的取值区间为（$-\infty$，∞），所以 $-\infty<X<\infty$ 是必然事件，因此 $P(-\infty<X<\infty)=1$，也就是 $\int_{-\infty}^{\infty} f(X)\,\mathrm{d}X=1$，其几何意义是分布曲线与 X 轴所包围的全体面积等于 1。

对于不同的随机变量，可以求得各种不同的概率分布或近似分布。在体育统计中常用的概率分布有正态分布、χ^2 分布、t 分布、F 分布、二项分布等。

第二节　正态分布

一、正态分布的概念

在第二章中讨论过的频数分布直方图，其横坐标是变量 X，纵坐标是频数 f。如果把频数分布直方图的纵坐标改成频率密度$\left(\text{频率/组距，即}\dfrac{f/n}{I}\right)$，就成为频率分布直方图。在频率分布直方图中，每个矩形的宽代表组距，每个矩形的面积$\left(\text{宽×高，即 }I\times\dfrac{f/n}{I}=f/n\right)$等于该组的频率，所有矩形的面积之和等于各组频率的总和，这个总和的值为 1（100%）。例如，对例 2.3 中 90 名 8 岁男孩的身高数据，它的频率分布直方图如图 4-2-1 之左图所示，是一个中间高、两端低、近似对称的图形。

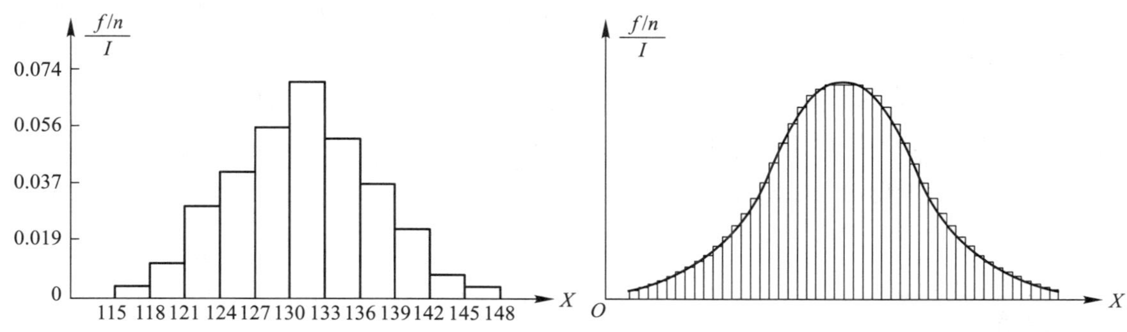

图 4-2-1　正态分布曲线形成示意图

如果样本容量 n 不断增大，组距 I 取得越来越小，分组数越来越多，则频率分布直方图中的矩形越来越多且越来越窄，各矩形的上缘趋近于一条中间隆起、两端对称地下降的钟形曲线，如图 4-2-1 之右图所示。当样本容量 n 趋于无穷大、组距 I 趋于 0 时，就形成了一条平滑的曲线，称为正态分布曲线。这一由不断变窄的矩形所近似的平滑曲线是频率分布的极限，而这一过程正是高等数学中微积分的基本过程。

若 $-\infty<\mu<\infty$，$\sigma>0$ 为两个实数，则由下列密度函数：

$$f(X)=\frac{1}{\sigma\sqrt{2\pi}}e^{-\frac{(X-\mu)^2}{2\sigma^2}},\qquad -\infty<X<\infty$$

确定的连续型随机变量 X 的分布称为正态分布，记作 $X\sim N(\mu,\ \sigma)$。

上式中，π 是圆周率，约为 3.141 59；e 是自然对数的底，约为 2.718 3；μ 是正态分布的平均数；σ 是正态分布的标准差；X 为随机变量；$f(X)$ 是随机变量 X 的函数，即曲线在 X 处的高度（纵坐标）。正态分布曲线如图 4-2-2 所示。

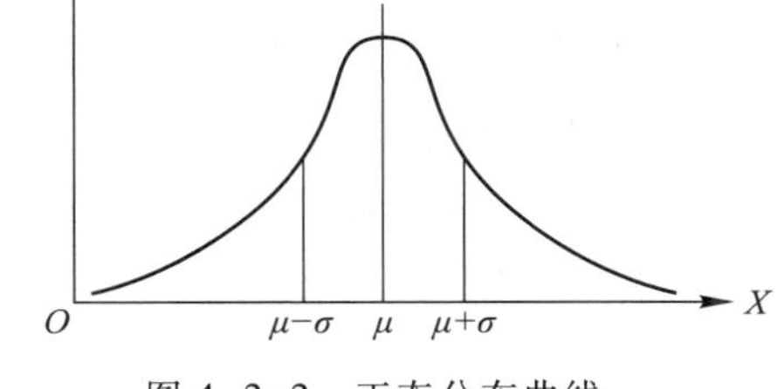

图 4-2-2　正态分布曲线

正态分布密度函数具有以下一些特性：

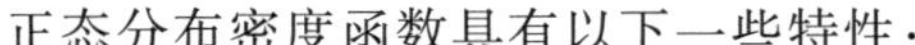

（1）对称性。即以 $X=\mu$ 为对称轴，曲线完全对称地向左右两边延伸。

（2）非负性。曲线处于 X 轴的上方。

（3）曲线单峰，当 $X=\mu$ 时，$f(X)$ 有最大值 $\frac{1}{\sigma\sqrt{2\pi}}$。

（4）随机变量 X 的取值范围是整个 X 轴，即 $-\infty<X<\infty$。在区间（$-\infty$，μ）上，$f(X)$ 单调上升；在区间（μ，∞）上，$f(X)$ 单调下降。

（5）曲线的左、右两拐点出现在 $\mu\pm\sigma$ 处。

（6）μ 确定分布的位置，如图 4-2-3 之左图所示。

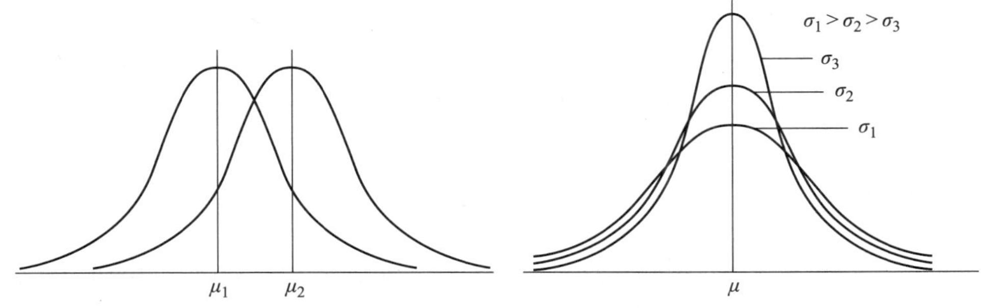

图 4-2-3　μ、σ 不相同时的正态分布曲线

（7）σ 确定分布的形状。σ 越大，最大值就越小，曲线越扁平；σ 越小，最大值就越大，曲线越高窄。如图 4-2-3 之右图所示。

从理论上和实践上都可以证明，如果某项数据受到众多随机因素的影响，且其中又没有哪一种因素起着绝对的支配作用，则该项数据一般来说是服从正态分布的。正态分布在体育领域中有着广泛的应用。如人的身高、体重、肺活量、百米跑成绩、跳远成绩等都相当近似地服从正态分布，呈现“中间高，两端低，两侧对称”的特征。

二、峰度与偏度

（一）峰度系数

峰度系数反映数据分布形态的陡缓程度，它是与正态分布相比较的统计量，计算式为：

$$\text{峰度系数}=\frac{\frac{1}{n-1}\sum_{i=1}^{n}(X_i-\overline{X})^4}{S^4}-3$$

峰度系数为 0 表示数据分布形态与正态分布的陡缓程度相同；峰度系数大于 0 表示数据分布形态比正态分布陡峭，为尖顶峰；峰度系数小于 0 表示数据分布形态比正态分布平坦，为平顶峰。如图 4-2-4 所示。

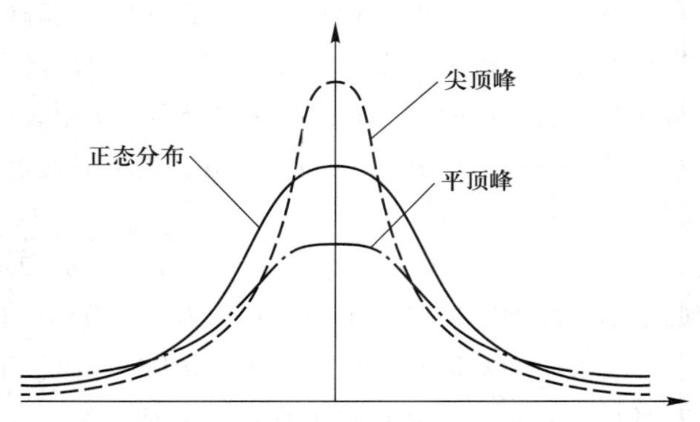

图 4-2-4 峰度系数示意图

（二）偏度系数

偏度系数反映数据分布的对称性，它也是与正态分布相比较的统计量，计算式为：

$$\text{偏度系数}=\frac{\frac{1}{n-1}\sum_{i=1}^{n}(X_i-\overline{X})^3}{S^3}$$

偏度系数为 0 表示其数据分布形态与正态分布相同，为对称；偏度系数大于 0 表示分布左偏，右侧有长尾；偏度系数小于 0 表示分布右偏，左侧有长尾；偏度系数的绝对值大小反映分布的偏斜程度。如图 4-2-5 所示。

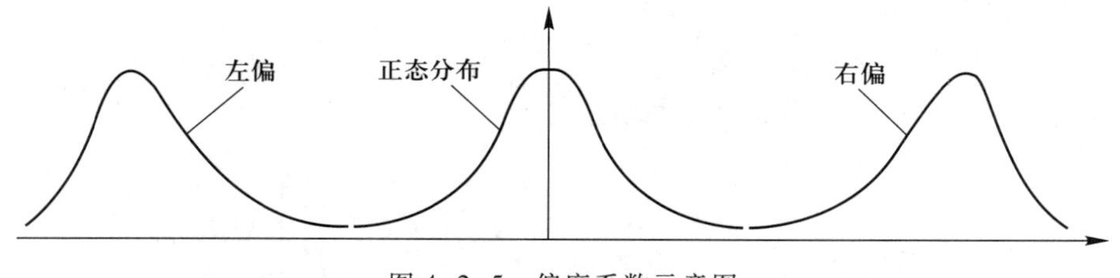

图 4-2-5 偏度系数示意图

三、标准正态分布

参数 μ、σ 决定正态分布曲线的位置和形状。但对于不同的问题，往往会有不同的 μ 和 σ，要利用上述密度函数来解题是比较困难的。但我们可以对各种正态分布做适当的变换，使不同的正态分布都转化为一种具有相同参数的统一的分布。

把随机变量 X 减去自身的均数 μ，再除以自身的标准差 σ，所得到的新变量：

$$Z=\frac{X_i-\mu}{\sigma}\quad\left(\text{对于样本而言，}Z=\frac{X_i-\overline{X}}{S}\right)$$

称为对原变量 X 的标准化变换。上式也称作变量代换式。

对正态分布的密度函数 $f(X)=\frac{1}{\sigma\sqrt{2\pi}}\mathrm{e}^{-\frac{(X-\mu)^2}{2\sigma^2}}$ 做标准化变换，即可得标准正态分布的密度函数 $f(Z)=\frac{1}{\sqrt{2\pi}}\mathrm{e}^{-\frac{Z^2}{2}}$，其函数曲线如图 4-2-6 所示。

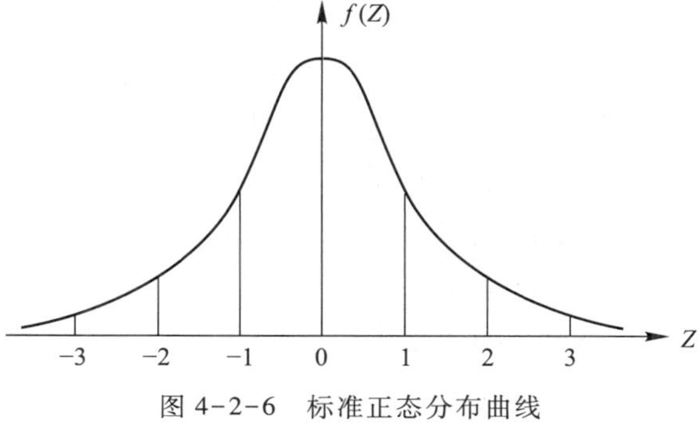

图 4-2-6　标准正态分布曲线

经过标准化变换之后，原始变量 X 转化成了新的变量 Z，X 轴也转化成了 Z 轴；分布曲线平移至以坐标原点为中心，在 $Z=0$ 处出现最大值 $f(0)=1/\sqrt{2\pi}=0.398\ 9$；绝对离差 $X-\mu$ 转化为以 σ 为单位的相对离差，即以 σ 作为新变量 Z 的计量单位；分布曲线的左、右两个拐点出现在 $Z=\pm1$ 处。此时分布密度函数的参数为 0 和 1，故称 Z 服从参数为 0，1 的标准正态分布，记作：$Z\sim N(0,\ 1)$。由概率分布的性质可知，整个标准正态分布曲线与横轴围成的面积为 1。因正态分布是对称的，故两侧的面积各为 0.5。

四、标准正态分布表

根据标准正态分布的密度函数，可以制成标准正态分布表（本书附录之附表 3）。该表给出了函数 $\phi(Z)=\frac{1}{\sqrt{2\pi}}\int_{-\infty}^{Z}\mathrm{e}^{-\frac{Z^2}{2}}\mathrm{d}Z$ 的值，也就是随机变量 Z 取值于区间（$-\infty$，Z_0）的概率 $P(-\infty<Z<Z_0)$。这个值等于标准正态分布曲线下区间（$-\infty$，Z_0）对应的面积，如图4-2-7 所示。

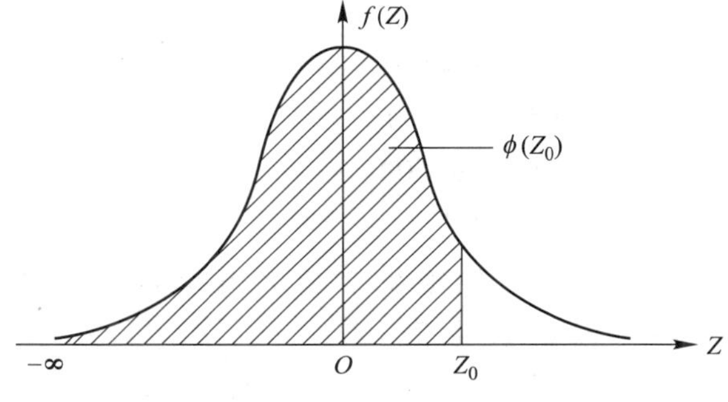

图 4-2-7　标准正态分布曲线下的面积

本书附录中的标准正态分布表由两个分表组成。第一个表列出了 Z 取值于区间（$-\infty$，0）的概率值；第二个表列出了 Z 取值于区间（0，∞）的概率值。两个表的左起第一列表示 Z 值的个位数和十分位小数，上端第一行表示 Z 值的百分位小数。表中间行列交叉处的数字表示随机变量 Z 取值于区间（$-\infty$，Z_0）的概率，也就是曲线下方从最左端（$-\infty$）开始直至 Z_0 处的面积值，如表 4-2-1 所示。

表 4-2-1　标准正态分布表（示意）

Z	…	0.04	0.05	0.06	…
⋮					
1.7		0.959 1	0.959 9	0.960 8	
1.8		0.977 1	0.967 8	0.968 6	
1.9		0.973 8	0.974 4	0.975 0	
⋮					

正态分布表的使用主要有两种方式：

其一，根据 Z 值查对应的概率，例如：

已知 $Z_0=1.85$，则 $P(-\infty<Z<Z_0)=P(-\infty<Z<1.85)=\phi(1.85)=0.967\ 8$。

其二，根据概率反查对应的 Z 值，例如：

已知 $\phi(Z_0)=0.975\ 0$，即 $P(-\infty<Z<Z_0)=0.975\ 0$，故 $Z_0=1.96$。

在更多的情况下，需要通过一些简单的计算来求得 Z 取值于某区间的概率。

例 4.5：求下列概率值（图 4-2-8 至图 4-2-11）：

1. $P(-1.85<Z<0)$

解：$P(-1.85<Z<0)=P(-\infty<Z<0)-P(-\infty<Z<-1.85)$

$=\phi(0)-\phi(-1.85)$

$=0.5-0.032\ 2$

$=0.467\ 8$

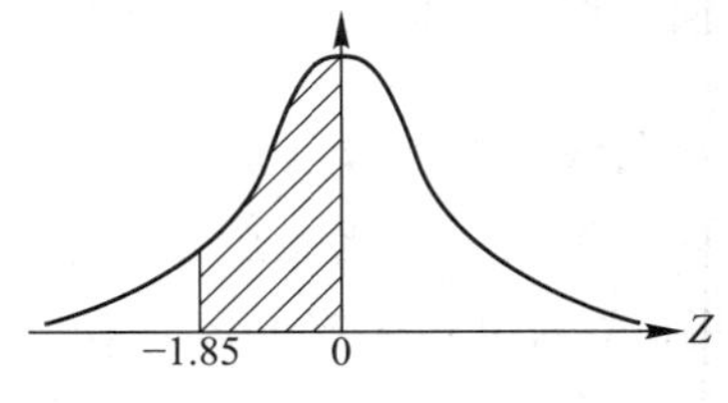

图 4-2-8 例 4.5 示意图 1

2. $P(-1<Z<1)$

解：$P(-1<Z<1)=P(-\infty<Z<1)-P(-\infty<Z<-1)$

$=\phi(1)-\phi(-1)$

$=0.841\ 3-0.158\ 7$

$=0.682\ 6$

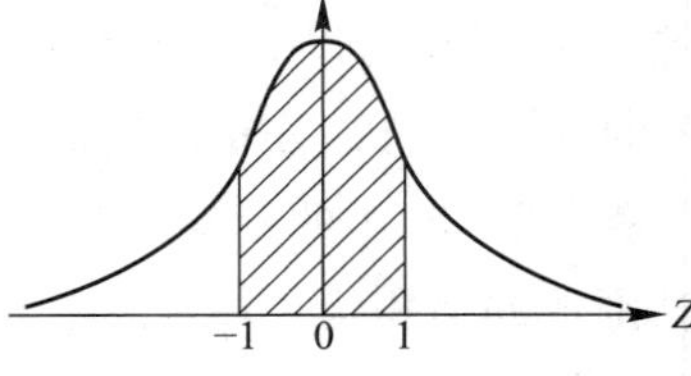

图 4-2-9 例 4.5 示意图 2

3. $P(-2<Z<2)$

解：$P(-2<Z<2)=P(-\infty<Z<2)-P(-\infty<Z<-2)$

$=\phi(2)-\phi(-2)$

$=0.977\ 2-0.022\ 8$

$=0.954\ 4$

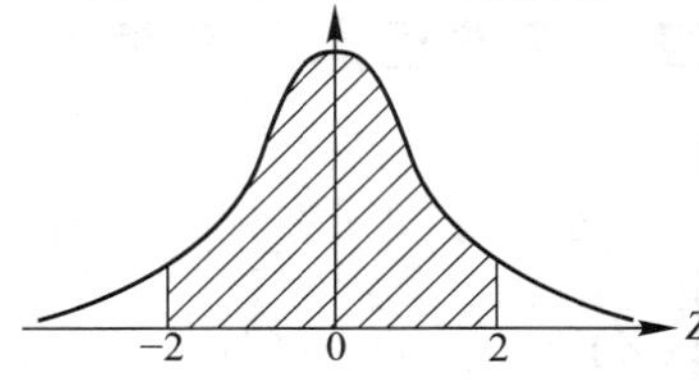

图 4-2-10 例 4.5 示意图 3

4. $P(-3<Z<3)$

解：$P(-3<Z<3)=P(-\infty<Z<3)-P(-\infty<Z<-3)$

$=\phi(3)-\phi(-3)$

$=0.998\ 7-0.001\ 3$

$=0.997\ 4$

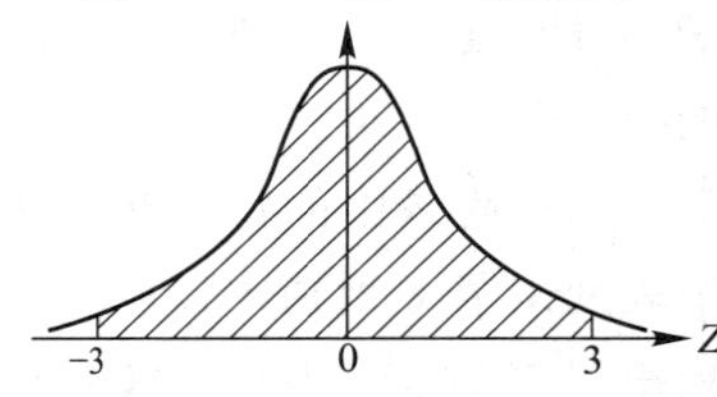

图 4-2-11 例 4.5 示意图 4

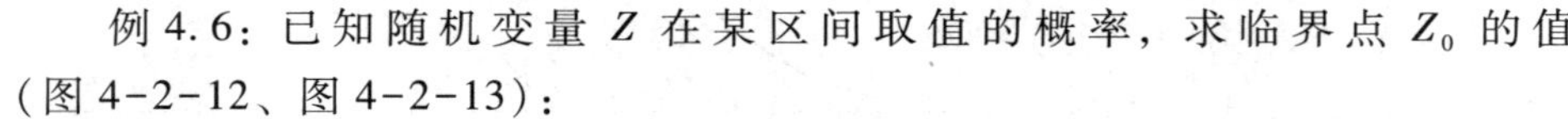

例 4.6：已知随机变量 Z 在某区间取值的概率，求临界点 Z_0 的值（图 4-2-12、图 4-2-13）：

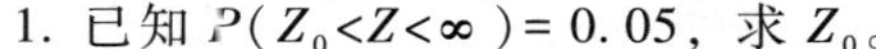

1. 已知 $P(Z_0<Z<\infty)=0.05$，求 Z_0。

解：$P(Z_0<Z<\infty)=1-P(-\infty<Z<Z_0)=1-\phi(Z_0)=0.05$

则 $\phi(Z_0)=1-0.05=0.95$

查标准正态分布表，找 0.95 所对应的 Z 值，得：

$Z_0=1.65$

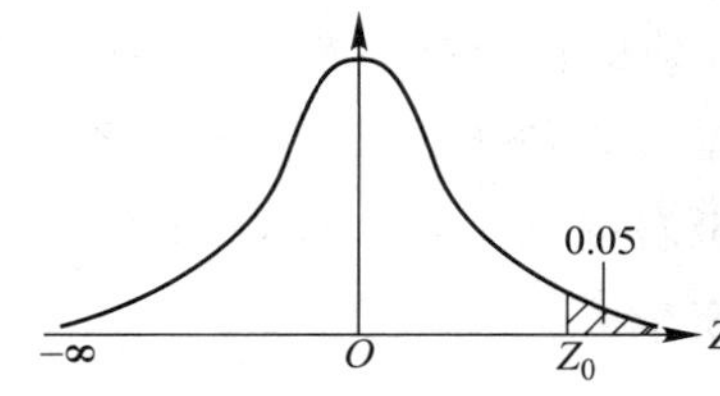

图 4-2-12 例 4.6 示意图 1

2. 已知 $P(Z_0<Z<\infty)=0.025$，求 Z_0。

解：$P(Z_0<Z<\infty)=1-P(-\infty<Z<Z_0)=1-\phi(Z_0)=0.025$

则 $\phi(Z_0)==1-0.025=0.975$

查标准正态分布表，找 0.975 所对应的 Z 值，得：

$Z_0=1.96$

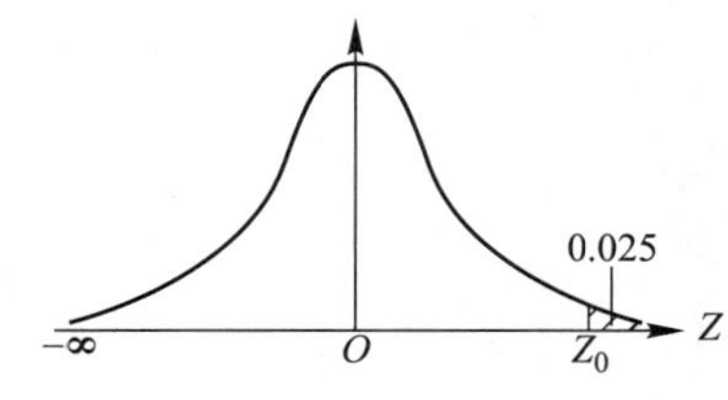

图 4-2-13 例 4.6 示意图 2

五、正态分布的简单应用

（一）确定评价标准

例 4.7：已知高一年级男生推铅球的成绩总体服从 $\mu=7.202$ m，$\sigma=0.398$ m 的正态分布。如果定 10%的人成绩为优秀，则优秀的标准是多少？

解：定 10%的人成绩为优秀，即等于标准正态分布曲线图中右端的面积为 0.1，求对应的 Z_0 值（图 4-2-14）。

因 $P(Z_0 \leqslant Z < \infty) = 1-\phi(Z_0) = 0.1$，故 $\phi(Z_0) = 1-0.1=0.9$。

查标准正态分布表，得 $Z_0=1.28$。

由变量代换式 $Z=\dfrac{X-\mu}{\sigma}$ 得：

$X=\mu+Z_0\sigma=7.202+1.28\times0.398=7.71$（m）

因此，所定的优秀标准为 7.71 m。

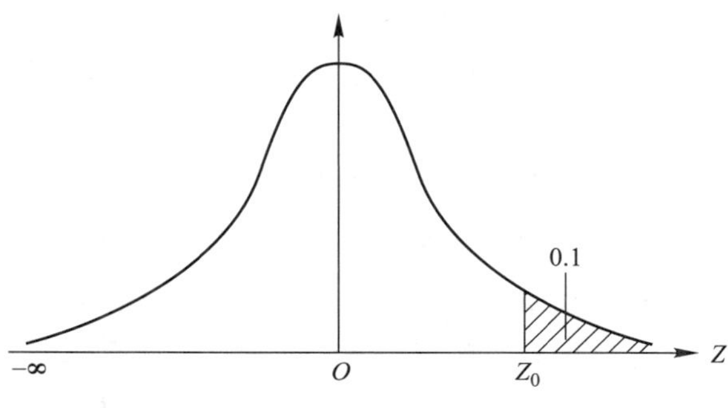

图 4-2-14　例 4.7 示意图

（二）确定特定范围内的人数

例 4.8：测得某市 500 名 14 岁女孩的身高，已知该项数据服从正态分布，求得 $\overline{X}=154.8$ cm，$S=5.6$ cm。试估计指定区间的人数。

1. 估计身高在 150~160 cm 的学生数。

解：如图 4-2-15 所示，身高 150 cm 对应的 Z 值为：

$$Z_1=\frac{X_1-\overline{X}}{S}=\frac{150-154.8}{5.6}=-0.86$$

身高 160 cm 对应的 Z 值为：

$$Z_2=\frac{X_2-\overline{X}}{S}=\frac{160-154.8}{5.6}=0.93$$

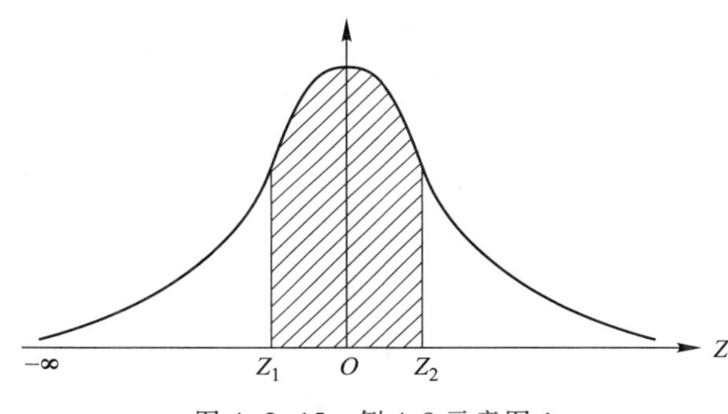

图 4-2-15　例 4.8 示意图 1

$P(-0.86\leqslant Z\leqslant 0.93)=\phi(0.93)-\phi(-0.86)=0.8238-0.1949=0.6289$

$n=N\times P(150\leqslant X\leqslant 160)=N\times P(-0.86\leqslant Z\leqslant 0.93)=500\times 0.6289=314$（人）

因此，身高在 150~160 cm 的人数为 314 人。

2. 估计身高在 165 cm 以上的学生数。

解：如图 4-2-16 所示，身高 165 cm 对应的 Z 值为：

$$Z_0=\frac{X-\overline{X}}{S}=\frac{165-154.8}{5.6}=1.82$$

$P(1.82<Z<\infty)=1-\phi(1.82)=1-0.9656=0.0344$

$n=N\times P(X>165)=N\times P(1.82<Z<\infty)$

$=500\times 0.0344=17$（人）

因此，身高在 165 cm 以上的人数为 17 人。

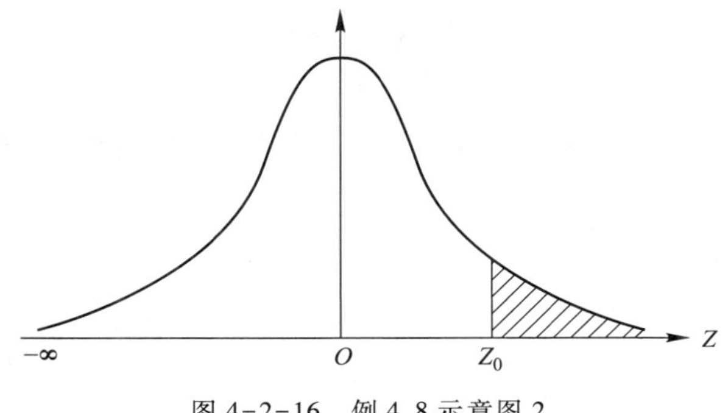

图 4-2-16　例 4.8 示意图 2

（三）确定特定概率所对应的数据分布区间

例 4.9：测得某市 500 名 14 岁女孩的身高，已知该项数据服从正态分布，求得 $\overline{X}=154.8$ cm，$S=5.6$ cm。试估计以均数为中心概率为 90%的身高分布区间。

解：如图 4-2-17 所示，$\phi(Z_1)=(1-0.90)/2=0.05$。

查标准正态分布表，得：$Z_1=-1.65$。

根据正态分布的对称性，得：$Z_2=1.65$。

由变量代换式 $Z=\frac{X-\overline{X}}{S}$ 得：

$X_1=\overline{X}+Z_1S=154.8+(-1.65)\times5.6=145.6$（cm）

$X_2=\overline{X}+Z_2S=154.8+1.65\times5.6=164.0$（cm）

因此，以均数为中心，概率为 90%的身高分布区间为［145.6，164.0］cm。

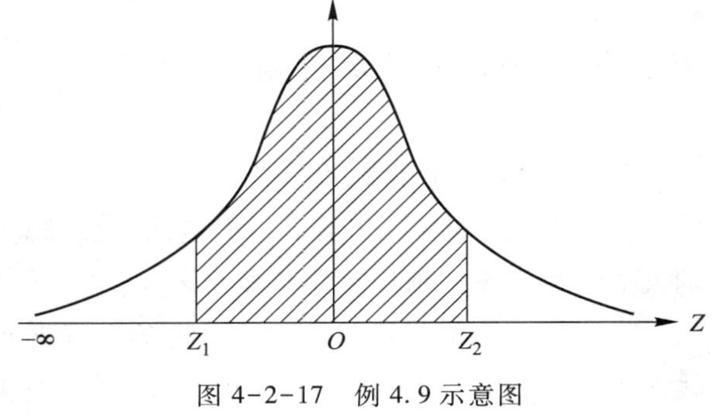

图 4-2-17 例 4.9 示意图

（四）判别异常数据

在第二章中曾提到，一组数据中若存在来自非同一总体的特别大或特别小的个别极端值，将会影响统计分析的准确性。如果确定数据是异常值，应将其从样本中剔除。判别异常数据的方法很多，下面介绍一种简便的 3S 判断法。

根据例 4.5 中 2、3、4 的结果，在标准正态分布中，Z 值落在区间［−1，1］、［−2，2］和［−3，3］内的概率分别为 0.682 6、0.954 4 和 0.997 4。这意味着，对服从正态分布的一组样本数据而言，总是以均数 $\overline{X}$ 为中心，左右两侧对称地分布，靠近均数处的数据较多，远离均数处的数据较少。具体地说，全部数据中，有 68.26%是落在区间［$\overline{X}-S$，$\overline{X}+S$］内；有 95.44%是落在区间［$\overline{X}-2S$，$\overline{X}+2S$］内；有 99.74%是落在区间［$\overline{X}-3S$，$\overline{X}+3S$］内。如图 4-2-18 所示。

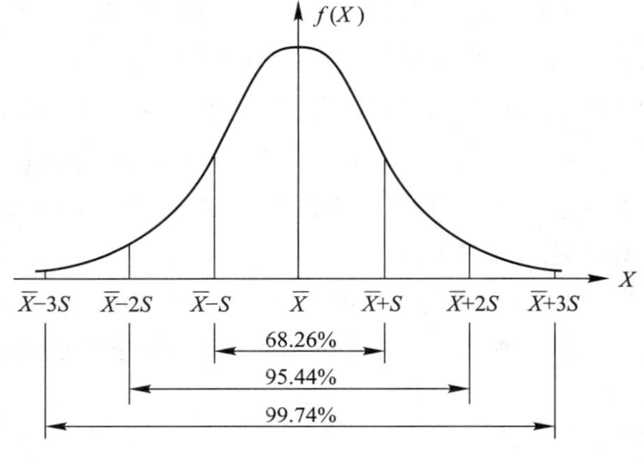

图 4-2-18 正态分布曲线下的面积

由此可知，在随机抽样时抽到原始数据落在区间［$\overline{X}-3S$，$\overline{X}+3S$］之外的可能性是很小的，不超过（100−99.74)%=0.26%。因此，在实际审核数据时，可以把落在区间［$\overline{X}-3S$，$\overline{X}+3S$］之外的数据视为异常数据。这种方法就叫 3S 判断法。剔除异常数据后，应重新计算该组数据的平均数、标准差等统计量。

如果已对该组数据计算标准化 Z 分数，则可直接根据 Z 值来做判断。凡 Z 值超出［−3，3］范围的数据，就可视为异常数据，可考虑予以剔除。

例 4.10：已知身高服从正态分布。今随机抽测某年级 150 名男生的身高资料，经初步计算得出 $\overline{X}=160.5$ cm，$S=4.8$ cm。试用 3S 法确定判别异常数据的标准。

解：$\overline{X}-3S=160.5-3\times4.8=146.1$（cm）

$\overline{X}+3S=160.5+3\times4.8=174.9$（cm）

因此，在本批数据中，凡身高小于 146.1 cm 或大于 174.9 cm 的数据，均可视为异常数据，可以考虑将其剔除。

思考与练习

1. 什么是必然现象？什么是随机现象？

2. 什么是随机试验？什么是随机事件？什么是随机变量？

3. 什么是概率？确定概率的主要方法有哪些？

4. 概率具有哪些基本性质？

5. 什么是随机变量的概率分布？离散型随机变量的概率分布通常以什么形式表示？连续型随机变量的概率分布通常以什么形式表示？

6. 通过大量比赛情况的统计，已知某排球运动员发球落在场上1、2、3、4、5、6号区域（图4-3-1）的频率分别为0.20、0.11、0.09、0.13、0.15、0.32。如果将频率视为概率，试作该运动员发球落点的分布列，并求该运动员一次发球落在下列区域的可能性：

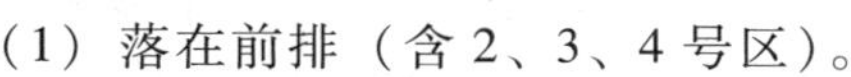

（1）落在前排（含2、3、4号区）。

（2）落在右侧直线区域（含4、5号区）。

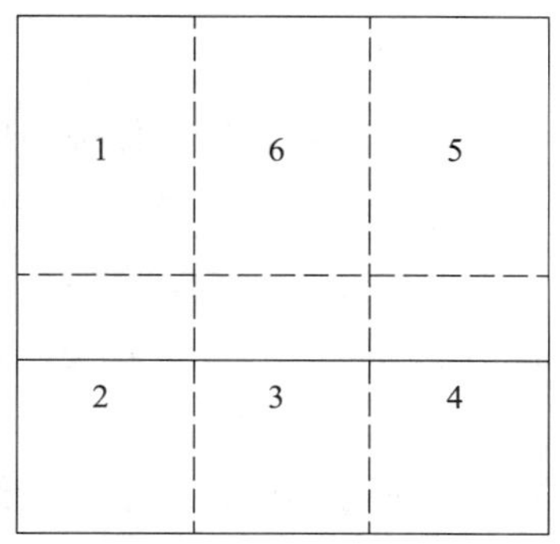

图4-3-1　排球发球落点示意

7. 正态分布具有哪些基本性质？

8. 随机变量 Z 服从标准正态分布。求下列概率值：

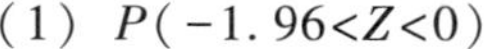

（1）$P(-1.96<Z<0)$　　（2）$P(-0.53<Z<0.95)$

（3）$P(0.28<Z<1.12)$　　（4）$P(2.58<Z<\infty)$

9. 随机变量 Z 服从标准正态分布。已知 Z 在某区间取值的概率，求临界点 Z_0 的值。

（1）已知 $P(0<Z<Z_0)=0.2703$，求 Z_0。

（2）已知 $P(Z_0<Z<\infty)=0.01$，求 Z_0。

10. 百米跑成绩总体服从正态分布。已知某市某年级100米跑成绩 $\mu=13.26$ s，$\sigma=0.46$ s。现拟对该成绩按五级进行评价，定各等级的人数百分比为：优秀10%，良好20%，中等50%，一般15%，差5%，试求优秀、良好、中等、一般四个临界成绩。

11. 已知同年龄同性别者身高服从正态分布。今有某年龄组男子 $n=8\ 000$ 人，测量后经初步计算，得身高 $\overline{X}=172.7$ cm，$S=12.3$ cm。

（1）估计身高高于180 cm的人数。

（2）估计身高在160 cm以下的人数。

（3）估计以均数为中心，概率为95%的身高区间。

12. 某年级男生立定跳远成绩的平均数 $\overline{X}=221.5$ cm，标准差 $S=14.1$ cm。现有两个数据250、270，试用3S法判断这两个数据是否为异常数据。

第五章 抽样分布与参数估计

第一节 抽样方法

抽样研究是从总体中抽取出一部分个体构成样本，然后根据样本提供的信息对总体进行估计和推算。因此，怎么抽样才能使样本对总体有较好的代表性，就是抽样研究必须首先解决的问题。

抽样方法有非概率抽样和概率抽样两种。非概率抽样是研究人员有意识地选取个体，一个个体被抽中与否不是随机的。典型调查、重点调查、配额抽样、随意抽样等都属于非概率抽样。非概率抽样的方法简单，但是无法估计抽样误差，更不能控制抽样误差。

概率抽样则是严格按照给定的概率来抽取样本。概率抽样一般须遵循“随机性”原则，即总体中的每一个体是否被抽中不取决于研究人员的主观意愿，每一个体都具有同等的被抽取的机会与可能。因此，概率抽样也称为随机抽样或等可能性抽样。

所谓随机抽样，并非随意地杂乱无章地进行抽样。那种随意地杂乱无章地抽取的样本，几乎无一例外都是有偏倚的样本。因为它总是含有人为的主观因素。而随机抽样则必须有周密的考虑，严格地按照某种特定的程序进行，以保证所有个体，包括那些非典型的和难以寻找到的个体都有均等的出现机会。为了实现这一目标，必须建立一个清单。首先必须保证总体中的每一个个体都列入清单，并且只能出现一次，不得重复。然后，需要给清单中的每一个位置编上一个号码。最后，用某种方法确保选择的等可能性。

常用的概率抽样方法有简单随机抽样、等距抽样、分层抽样、整群抽样、多阶抽样等。

一、简单随机抽样

在一个特定总体中抽样时，如果总体中的每一个个体被抽到的机会均等（抽样的随机性），并且在抽取一个个体后总体内的成分不变（抽样的独立性），这种方法就称为简单随机抽样。

常用的简单随机抽样方法有抽签法、随机数表法和计算机随机函数法。

1. 抽签法

先将总体中的每一个个体都编上号码，然后把号码写在签上。把签混合并充分搅乱后，从中随机抽取 n 个签，与签上号码相对应的 n 个个体就组成一个容量为 n 的样本。

例如，要在一个 500 名学生的总体中随机抽取 50 人进行某项调查。用抽签法确定调查对象时，首先将 500 人编上号码 001~500，并做成签。将签混合并充分搅乱后，随机抽取 50 个签，与这 50 个签相对应的学生就构成调查的一个样本。

2. 随机数表法

随机数表法是用随机数表代替签号的一种随机抽样方法。随机数表是由许多随机数字排列起来的表格，有多种形式和多种使用方法，这里介绍其中的一种。本书附录之附表 1 和附表 2 是随机数表的两张表格，每张表有 50 行和 50 列计 2 500 个独立的数字；每两列稍靠近，又可构成 50 行和 25 列计 1 250 个十位数。

运用随机数表进行抽样的具体步骤为：

（1）决定表次：在随机数表 1 或随机数表 2 中任意指定一个数。为奇数时用随机数表 1，为偶数或零时用随机数表 2。

（2）决定行次：在选定的表中任选一个十位数，由该数决定起点行。若选定的十位数大于 50，则以该数减去 50 的差数为起点行。若选定的十位数为 00，则以第 50 行为起点行。

（3）决定列次：在选定的表中任选一个十位数，由该数决定起点列。若选定的十位数大于 50，则以该数减去 50 的差数为起点列。若选定的十位数为 00，则以第 50 列为起点列。

（4）录号码：以所定起始行、列交叉处的数为起始点，按任定的方向（向左、向右、向上或向下），依次摘录号码。习惯上，对二位数的号码，取由左向右的方向；对三位数的号码，取由上而下的方向。当遇到大于最大编号或重复编号时则舍去。在该行或列上摘录不足时，依序移到相邻的行或列上继续摘录，直到满额为止。所录号码就是被抽取的个体号。

例 5.1：要在一个 500 名学生的总体中随机抽取 50 人进行某项调查，请用随机数表法确定调查对象。

解：首先将 500 人编上号码 001～500。号码为三位数。设第 1 步选定的是奇数，决定用随机数表 1。第 2、3 步选定的行、列数分别是 27、07，决定以第 27 行第 7 列交叉点的数“7”为起始点，取由上而下的方向摘录号码。本列第一个三位数是 750。摘录号码时，遇到大于 500 的数或与已取号重复的数则舍去。本列摘录不足 50 人，则右移重复此步骤。按此原则，抽取的号码依次是 162，451，180，211，059，394，181，242，…，325，339，443，057。

3. 计算机随机函数法

计算机随机函数法是指在一些计算机系统平台上，直接运用随机函数计算得出所要抽取的个体（号码）。随着计算机技术的普及，这种方法已在实践中得到了广泛的应用。

简单随机抽样是最基本的抽样方法。从理论上讲，它最符合“随机性”原则，因此常常把它作为其他更复杂抽样设计的基础，并用它作为衡量其他抽样方法的标准。简单随机抽样简便易行，但需要事先对总体中的个体编号，所以主要适用于个体较少的总体。如果总体中的个体数较大，应用简单随机抽样还是有一定的困难，有时往往难以实现。

二、等距抽样

等距抽样是把总体中的所有个体按某一标志排列编号，然后按固定的间隔取样，即机械地每隔若干个单位等距抽取一个个体，直到取足所需的个体数。

设总体中的个体数为 N，拟抽取的样本容量为 n，则抽样间隔为：

$$D=\frac{N}{n}$$

为了满足随机性原则，拟抽取的第一个个体定在哪位上，可用抽签法或随机数表法来决定。

例 5.2：要在一个 500 名学生的总体中随机抽取 50 人进行某项调查，请用等距抽样法确定调查对象。

解：可将学号作为排列顺序，抽样间隔为：

$$D=\frac{N}{n}=\frac{500}{50}=10$$

即每隔 10 人抽 1 人。在随机数表中任选一数，假定为 5，则学号为 5，15，25，35，…，485，495 的 50 名学生构成调查的一个样本。

又如，在某班进行一项体育教学改革实验，取单号为实验组，双号为对照组，这也属于等距抽样。

等距抽样简便易行。为了遵守随机性原则，在选择排列标志时，应采用与研究目的无关的标志。由于等距抽样所抽取的个体能比较均匀地分布在总体中，所以一般情况下等距抽样的误差比简单随机抽样小。当个体之间的变异程度较大而又不能抽取更多个体进行研究时，等距抽样比简单随机抽样更有效。但在某些特殊情况下，如数据排列的本身存在周期性波动，而这种周期性波动又与抽样间隔基本同步时，等距抽样则可能存在较大的非随机性偏差。

三、分层抽样

分层抽样是按与研究有关的因素或指标，先将总体划分为若干层（部分、区域、类型等），在各层中进行简单随机抽样或等距抽样，然后将各层中抽取的个体合并成一个样本。

通常，当总体分好层且样本容量 n 确定后，可按“各层抽样比例相等”的原则确定各层所分配的个体数。个体数多的层多分配，个体数少的层少分配。

设总体中的个体数为 N，拟抽取的样本容量为 n，共分为 k 层，各层的实际个体数为 N_1，N_2，…，N_k，各层应分配的个体数为 n_1，n_2，…，n_k，则应有$\frac{n}{N}=\frac{n_1}{N_1}=\frac{n_2}{N_2}=\cdots=\frac{n_i}{N_i}=\cdots=\frac{n_k}{N_k}$。因此，任意一层应分配的个体数 n_i 为：

$$n_i=\frac{n}{N}\times N_i$$

例 5.3：某课题组对某高校教师进行一项体育行为特征的调查，已知该校共有教师 1 600 人，拟抽样 200 人。现将教师按职称划分为高级、中级、初级三层，其中高级职称教师 384 人，中级职称教师 744 人，初级职称教师 472 人。请按等比例原则确定在各层中抽样的人数。

解：$n_1=\frac{n}{N}\times N_1=\frac{200}{1\ 600}\times 384=48$（人）

$n_2=\frac{n}{N}\times N_2=\frac{200}{1\ 600}\times 744=93$（人）

$n_3=\frac{n}{N}\times N_3=\frac{200}{1\ 600}\times 472=59$（人）

因此，按等比例原则进行抽样，在该校高级、中级、初级三层中抽取的教师人数分别为 48、93 和 59 人。

分层抽样法能较充分地利用总体的已有信息，保证样本对总体有较好的代表性，减小抽样误差，是一种较实用且操作方便的抽样方法。但对于一个特定总体，如何分层，分多少层，应视具体情况而定。总的原则是：层内差异要尽可能小，层间差异要尽可能大。

四、整群抽样

整群抽样是先将总体按某种特征划分成不同的群体单元，在总体中随机抽取若干个群体单元，构成群体样本，然后再在被抽到的群体中进行全面调查或实验。

例如，在某市某年龄组进行学生体质调查，可以学校为基本单元，将全市所有学校编号，随机抽取若干所学校。在被抽到的学校中，对该年龄组学生全部进行测试。

整群抽样易于组织，适用于大规模调查。当总体的容量很大时，如果直接以总体中的所有个体为对象进行抽样，在实际工作中往往很难实现。此时，可以采用整群抽样。一般来说，采用整群抽样时应使群体单元之间的差异尽可能小。如果群体单元之间的差异很明显，则样本的代表性就较差，抽样误差也将较大。

五、多阶抽样

多阶抽样也叫多阶段抽样，是将上述诸方法结合起来的综合抽样。它根据调查的规模，将调查对象从高到低划分为若干层级，依次在每个层级中抽取部分单元，最终形成一个总样本。在每个层级中抽取单元的方法可以是简单随机抽样、等距抽样、分层抽样、整群抽样等。

例如，某课题组进行全省大学生体育行为特征的研究，拟进行多阶抽样调查。第一阶设为学校类型，将所有学校划分为本科、专科两类；第二阶设为专业类型，将一所院校内的系科划分为文科、理科两类；第三阶设为年级；第四阶设为班级。在第一阶进行分层抽样，即分别在本科、专科两类中按一定比例（如 1/5）随机抽取若干院校。在第二阶继续进行分层抽样，即在第一阶被抽取的院校中，分文科、理科两类，分别按一定比例（如 1/10）随机抽取若干系科。在第三阶进行简单随机抽样，即在第二阶被抽取的系科中随机抽取一个年级。在第四阶进行整群抽样，即在第三阶被抽取的年级中抽取若干班级进行全面调查，或进行等距抽样，按学号等间隔地抽取若干学生。全部被抽取的学生就构成了本研究的总样本。

多阶抽样不仅具有整群抽样简便易行的优点，而且其所抽取的个体在总体中分布得更广泛，对总体有更好的代表性，因而在大规模的社会调查中得到很广泛的应用。

第二节　平均数抽样分布

进行抽样研究，是要通过样本找到关于总体的规律。一般来说，总体参数的值是一个常数，尽管这个常数通常是未知的，但它不会随着样本的不同而变化。相反，样本统计量的值却完全依赖于所抽取的样本，不同的样本就会有不同的样本统计量。因此，根据样本统计量来推断总体参数时必然存在某种不确定性。所以，进行抽样研究必须回答用样本统计量来推断总体参数的可靠性问题。幸运的是，样本统计量的分布具有某些确定的性质，提供了有关样本统计量长远而稳定的信息，构成了推断总体参数的基础。

一、抽样分布的概念

为了更好地理解抽样分布的原理，掌握好统计推断的有关知识，我们需要了解和区分三种不同性质的分布，即总体分布、样本分布和抽样分布。

由总体中所有个体构成的分布称为总体分布。例如，测得某校 3 000 名学生的体质综合评价分数。如果将这 3 000 个分数视为一个总体，由这 3 000 个分数构成的分布就是总体分布。

从总体中随机抽取一个样本，由样本内个体构成的分布称为样本分布。例如，从上述 3 000 个分数的总体中随机抽出 60 个分数作为一个样本，这 60 个分数构成的分布就是样本分布。

从总体中随机抽取一个样本，该样本可以构造出许多统计量，如样本平均数、样本标准差、样本中位数等。由于每次抽到的样本不同，样本统计量的值也必然会随之变化，所以统计量本身也是随机变量。从理论上来说，由同一总体中抽出样本容量相同的所有可能样本，计算每个样本统计量的值，这些值就构成样本统计量的分布，简称抽样分布。

例如，从上述 3 000 个分数的总体中随机抽取一个含 60 个分数的样本，计算其平均数后，将样本放回到总体中；再随机抽取一个含 60 个分数的样本，并计算其平均数。如此反复地抽下去，每抽一个样本就算出其平均数，由此可获得一切可能的 $n=60$ 的样本的平均数。由这一切可能样本的平均数构成的分布就叫作平均数抽样分布。

二、平均数抽样分布

下面用一个具体例子来说明平均数抽样分布的概念。

某年级 120 名男生的原地纵跳成绩如下（cm）：

39	52	58	30	33	41	44	44	56	60	43	32	59	45	47
43	48	52	57	44	47	47	50	49	43	42	45	42	47	50
49	37	47	51	53	45	40	46	50	52	53	35	40	50	48
50	40	48	51	53	63	48	50	62	53	34	50	48	46	54
55	34	50	49	39	41	36	49	42	46	48	54	60	36	41
65	62	54	51	42	49	48	39	41	28	56	46	46	56	62
48	67	29	48	47	59	48	51	54	55	47	44	57	54	51
46	39	47	42	39	47	51	38	40	42	46	43	47	51	50

将这 120 个数据看作一个总体，可求得其总体平均数 $\mu=47.39$ cm，总体标准差 $\sigma=7.57$ cm。

从这个总体中随机抽取容量 $n=24$ 的样本，有 $C_{120}^{24}=\dfrac{120!}{(120-24)!\ 24!}=\dfrac{120!}{96!\ 24!}\approx1.087\ 2\times10^{25}$ 种不同的抽法。对于每次抽取的样本，都可求得一个样本平均数，理论上可得到 1.0872×10^{25} 个样本平均数。所有这些样本平均数就构成了一个平均数抽样分布。对于这个平均数抽样分布，我们仍然可以计算其平均数和标准差。

事实上，我们不可能进行 $1.087\ 2\times10^{25}$ 次抽样来计算总体平均数和总体标准差。现只进行 40 次随机抽取，每次抽取 24 个个体，计算其平均数 $\overline{X}$，得到 40 个样本平均数如下：

45.0	47.5	48.5	50.2	48.1	45.0	47.6	47.0	44.0	48.3
49.0	49.1	45.6	47.2	46.7	48.8	47.5	44.6	51.0	47.5
48.2	45.6	46.7	48.5	46.8	47.3	47.0	46.8	45.8	43.6
49.3	46.9	47.8	48.5	50.3	44.8	47.8	46.5	47.8	49.5

对这 40 个样本平均数，再计算其平均数和标准差，可得样本平均数的平均数：$\overline{\overline{X}}=47.34$ cm，样本平均数的标准差：$S_{\overline{X}}=1.72$ cm。

把这 40 个数据按组距为 1 cm 分组，可编制频数分布表如表 5-2-1 所示，并绘制频数分布直方图如图 5-2-1 所示。

表 5-2-1 样本平均数的频数分布表

组限	频数 f
43-	1
44-	2
45-	3
46-	6
47-	11

续表

组限	频数 f
48-	9
49-	5
50-	2
51-	1
$\sum$	40

虽然我们从众多样本平均数中只取了 40 个，但从图 5-2-1 可以看出，这 40 个样本平均数已经呈现出“中间多、两端少、两侧对称”的正态分布特征，样本平均数的平均数为 47.34，与总体平均数 $\mu=47.39$ 已经十分接近；样本平均数的标准差为 1.72，与 $\frac{\sigma}{\sqrt{n}}=\frac{7.57}{\sqrt{24}}=1.55$ 也相差不大。这一结果绝不是某种偶然性所致，而是由下面介绍的中心极限定理所保证的。

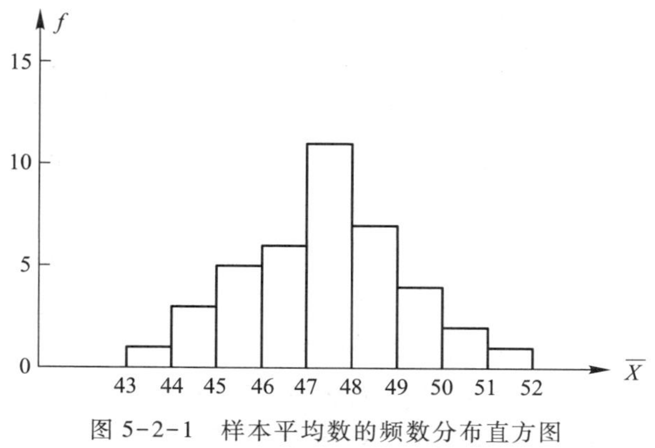

图 5-2-1 样本平均数的频数分布直方图

实际上，我们不必要也不可能抽取容量为 n 的一切可能的样本来构造一个平均数抽样分布。根据中心极限定理，我们只需随机抽取一个样本，就可以对平均数抽样分布的平均数和标准差做出估计。

中心极限定理是统计学中一个极为重要的定理，它的内容可以表述为：

（1）如果总体服从正态分布，总体平均数为 μ，总体标准差为 σ，从总体中随机抽取容量为 n 的一切可能样本的平均数也服从正态分布。如果总体不服从正态分布，只要样本容量 n 较大，则样本平均数的分布仍接近于正态分布。

（2）从正态总体中随机抽取的容量为 n 的一切可能样本平均数的平均数等于总体平均数 μ。

（3）从正态总体中随机抽取的容量为 n 的一切可能样本平均数的标准差等于总体标准差 σ 除以样本容量 n 的平方根，记作：$\sigma_{\overline{X}}=\sigma/\sqrt{n}$。

三、平均数标准误

由于抽样的缘故，由样本计算出的统计量的值与总体相应参数的真值大多是不尽相同的，这种差异就是抽样误差。抽样误差可以用抽样分布上的标准差来表示。我们把某种统计量在其抽样分布上的标准差称为该种统计量的标准误差，简称为标准误。因此，平均数抽样分布的标准差就称为平均数标准误，其计算式为：

$$\sigma_{\overline{X}}=\sigma/\sqrt{n}$$

在实际工作中，当总体标准差 σ 未知时，一般以样本标准差 S 代之，故常用下式作为平均数标准误的估计值：

$$S_{\overline{X}}=S/\sqrt{n}$$

例 5.4：抽测某年级 80 名男生 100 米跑的成绩，得 $\overline{X}=13.246$ s，$S=0.764$ s。求该年级男生 100 米跑成绩的平均数标准误。

解：已知 $\overline{X}=13.246$ s，$S=0.764$ s，$n=80$。

$S_{\overline{X}}=\frac{S}{\sqrt{n}}=\frac{0.764}{\sqrt{80}}=0.085$ (s)

因此，该年级男生 100 米跑成绩的平均数标准误是 0.085 s。

由 $\sigma_{\overline{X}}=\sigma/\sqrt{n}$ 可知，对于某一个确定的总体，抽取的样本容量 n 越大，平均数标准误 $\sigma_{\overline{X}}$ 就越小；反之，抽取的样本容量 n 越小，平均数标准误 $\sigma_{\overline{X}}$ 就越大。因此，为了减小抽样误差，使得用样本平均数来估计总体平均数时达到足够的精确度，在抽样时应有适当的样本容量 n，即样本容量 n 不宜太小。

原始数据的标准差 σ 反映的是原始数据 X 的离散程度，而平均数标准误 $\sigma_{\overline{X}}$ 反映的是一切可能样本平均数 $\overline{X}$ 的离散程度。显然，平均数标准误比原始数据的标准差小。

根据中心极限定理，如果总体服从正态分布（或总体虽然不服从正态分布但样本容量 n 足够大），则样本平均数 $\overline{X}$ 服从（或近似服从）正态分布。也就是说，若有 $X\sim N(\mu,\sigma)$，就有 $\overline{X}\sim N(\mu,\sigma_{\overline{X}})$。而根据正态分布的原理，在总体中进行一次抽样，样本平均数落在区间 $(\mu-\sigma_{\overline{X}},\mu+\sigma_{\overline{X}})$ 内的概率是 68.26%；落在区间 $(\mu-2\sigma_{\overline{X}},\mu+2\sigma_{\overline{X}})$ 内的概率是 95.44%；落在区间 $(\mu-3\sigma_{\overline{X}},\mu+3\sigma_{\overline{X}})$ 内的概率是 99.74%；如图 5-2-2 所示。

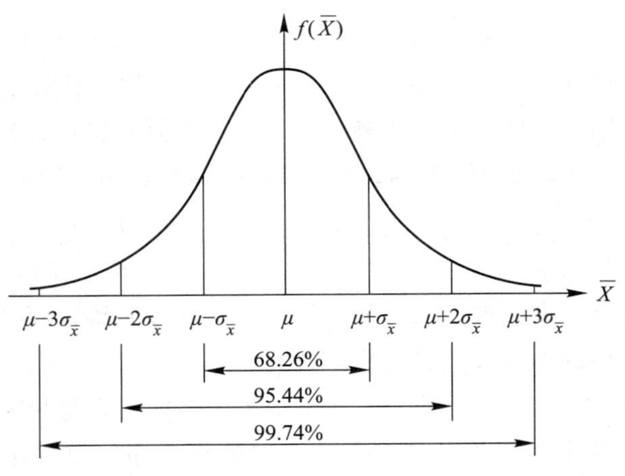

图 5-2-2 样本平均数的分布

可见，当我们用样本平均数来估计总体平均数时，平均数标准误越小，一定概率对应的区间就越窄，估计的精确度就越高；平均数标准误越大，一定概率对应的区间就越宽，估计的精确度就越低。所以，标准误是衡量统计推断可靠性的一个重要指标。

第三节 二项分布

一、二项式定理

运用初等代数的知识，我们可以写出二项式 $(p+q)^n$ 的展开式：

$(p+q)^2=q^2+2pq+p^2$

$(p+q)^3=q^3+3pq^2+3p^2q+p^3$

$(p+q)^4=q^4+4pq^3+6p^2q^2+4p^3q+p^4$

$(p+q)^5=q^5+5pq^4+10p^2q^3+10p^3q^2+5p^4q+p^5$

…………

运用组合的表示方法，可以把 $(p+q)^n$ 的展开式表示为：

$$(p+q)^n=C_n^0p^0q^n+C_n^1p^1q^{n-1}+C_n^2p^2q^{n-2}+\cdots+C_n^kp^kq^{n-k}+\cdots+C_n^{n-1}p^{n-1}q^1+C_n^np^nq^0$$

这就是二项式定理。

$(p+q)^n$ 的展开式具有下面一些性质：

（1）展开式共有 $n+1$ 项。

（2）p 按升幂排列，指数从 0 逐项增 1 到 n；q 按降幂排列，指数从 n 逐项减 1 到 0。

（3）各项中 p 和 q 的次数之和等于二项式的次数 n。

（4）从第 1 项起，各项系数依次为：C_n^0，C_n^1，C_n^2，…，C_n^{n-2}，C_n^{n-1}，C_n^n。

（5）由组合的性质 $C_n^m=C_n^{n-m}$ 知，由两端起等距项的系数相等。

（6）当 n 为偶数时项数为奇数，此时中间一项的系数最大；当 n 为奇数时项数为偶数，此时中间两项的系数相等且最大。

二、二项分布的概念

在自然和社会领域，有许多随机现象只包含两种对立的状态，例如，男与女，合格与不合格、命中与未命中、出现与不出现、肯定与否定、成功与失败等。如果随机试验只有两种可能的结果，在统计学中就把这类试验称为贝努里试验。通常，我们把其中一个特别关注的结果称为“成功事件出现”，而另一个相反的结果就称为“成功事件不出现”。

如果贝努里试验在相同的条件下重复 n 次，并且各次的试验结果相互独立，则这样的系列试验就称为 n 重贝努里试验。在 n 重贝努里试验中，设每次试验“成功事件出现”的概率为 p（p 值不变且 $0<p<1$），“成功事件不出现”的概率为 $q=1-p$，则在 n 次重复试验中成功的次数 X 是一个离散型随机变量，其可能的取值为 0，1，2，…，n，其分布列如表 5-3-1 所示。

表 5-3-1　n 重贝努里试验中成功次数 X 的分布列

X	0	1	2	…	k	…	$n-1$	n
概率	$C_n^0p^0q^n$	$C_n^1p^1q^{n-1}$	$C_n^2p^2q^{n-2}$	…	$C_n^kp^kq^{n-k}$	…	$C_n^{n-1}p^{n-1}q^1$	$C_n^np^nq^0$

把 $X=k$ 的概率用通项表示，即：

$$P(X=k)=C_n^kp^kq^{n-k}\qquad(k=0,\ 1,\ 2,\ \cdots,\ n)$$

由于 $C_n^kp^kq^{n-k}$ 正好是二项式 $(p+q)^n$ 的展开式中的第 $k+1$ 项，所以我们称上述概率分布为二项分布。

如果随机变量 X 的概率分布为二项分布，我们就说随机变量 X 服从二项分布，记作 $X\sim B(n,\ p)$。

例如，对于抛掷硬币的实验，设正面朝上的概率为 p，正面朝下的概率为 q。根据古典概率的概念，只要硬币是均匀的，则抛掷硬币 1 次，正面朝上的概率 $p=0.5$，而正面朝下的概率 $q=1-p=1-0.5=0.5$。如果抛掷硬币 10 次，正面朝上的次数可能是 0，1，2，…，10。根据二项分布的原理，可求出在抛掷硬币 10 次的实验中出现 k 次正面朝上的概率，如表 5-3-2 所示。

表 5-3-2　抛掷硬币 10 次出现 k 次正面朝上的概率

正面朝上的次数 k	计算式 $C_n^kp^kq^{n-k}$	概率
0	$C_{10}^0\times0.5^0\times0.5^{10}$	0.000 98
1	$C_{10}^1\times0.5^1\times0.5^9$	0.009 77
2	$C_{10}^2\times0.5^2\times0.5^8$	0.043 94
3	$C_{10}^3\times0.5^3\times0.5^7$	0.117 18
4	$C_{10}^4\times0.5^4\times0.5^6$	0.205 07
5	$C_{10}^5\times0.5^5\times0.5^5$	0.246 08

续表

正面朝上的次数 k	计算式 $C_n^k p^k q^{n-k}$	概率
6	$C_{10}^{6}\times0.5^{6}\times0.5^{4}$	0.205 07
7	$C_{10}^{7}\times0.5^{7}\times0.5^{3}$	0.117 18
8	$C_{10}^{8}\times0.5^{8}\times0.5^{2}$	0.043 94
9	$C_{10}^{9}\times0.5^{9}\times0.5^{1}$	0.009 77
10	$C_{10}^{10}\times0.5^{10}\times0.5^{0}$	0.000 98
$\sum$		1.000 0

例 5.5：甲、乙两棋手约定进行 5 盘比赛，以赢的盘数较多者胜。设各盘比赛相互独立，每盘中甲赢的概率为 0.4，则 5 盘比赛甲胜的概率是多少？

解：下 5 盘棋可看作 5 重贝努里试验，即 $n=5$。甲赢看作成功，则 $p=0.4$，$q=1-0.4=0.6$。记 X 为 5 盘棋中甲赢的次数，则 $X\sim B(5,\ 0.4)$。

按约定，甲赢 3 盘或 3 盘以上即获胜。根据 $P(X=k)=C_n^k p^k q^{n-k}$，可得：

$$P(\text{甲胜})=P(X\geqslant3)=P(X=3)+P(X=4)+P(X=5)$$
$$=C_5^3\times0.4^3\times0.6^2+C_5^4\times0.4^4\times0.6^1+C_5^5\times0.4^5\times0.6^0$$
$$=0.230\ 4+0.076\ 8+0.010\ 2=0.317\ 4$$

所以，5 盘比赛甲胜的概率为 0.317 4。

三、二项分布的特点

设 $n=5$，当 p 取值分别为 0.2，0.5，0.8 时，二项分布的图形如图 5-3-1 所示。

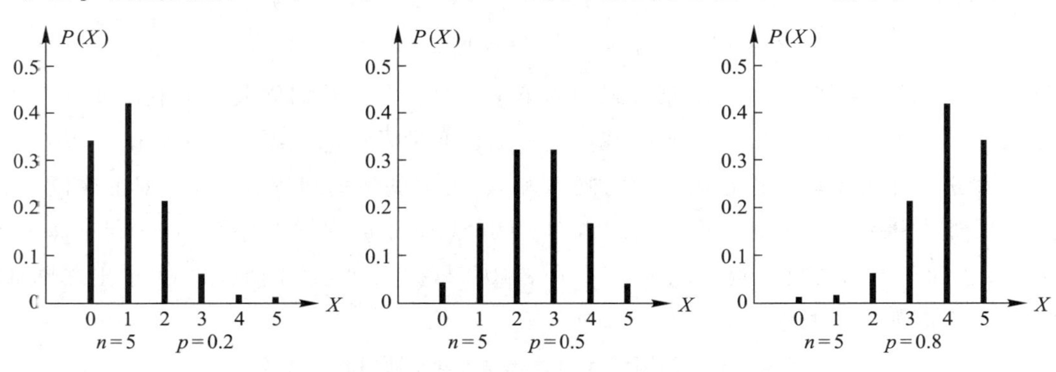

图 5-3-1　二项分布线条图

二项分布具有以下特点：

（1）二项分布由 n、p 两个参数唯一确定。

（2）当 $p=0.5$ 时，分布对称。

（3）当 $p\neq0.5$ 时，分布不对称。当 $p<0.5$ 时，分布呈正偏态，众数出现在分布中心的左侧；当 $p>0.5$ 时，分布呈负偏态，众数出现在分布中心的右侧。

（4）n 越小时，p 偏离 0.5 越远，分布的对称性就越差。但只要 p 不接近于 0 或 1，随着 n 的增大，分布将逐渐趋于对称。当 $n\to\infty$ 时，二项分布趋于正态分布。因此，当 n 足够大时，很多属于二项分布的问题都可以采用正态分布来进行近似处理。

（5）二项分布的平均数 $\mu=np$，表示在 n 重贝努里试验中，成功事件出现的平均次数是 np，即试验的重复次数 n 与试验成功的概率的乘积。

（6）二项分布的方差为 $\sigma^2=np(1-p)$，标准差为 $\sigma=\sqrt{np(1-p)}$。

四、率的抽样分布

率是指某事件在其可能发生的范围内实际发生的频度。通常用 π 表示总体率，用 p 表示样本率。若在 n 次重复试验中，具有某种属性的事件 A 出现了 m 次，则将比值 m/n 称为事件 A 出现的率，记作 $p=m/n$；而事件 A 不出现的率就记作 $1-p$。

在体育科学研究中，经常通过观察、访问、问卷调查等获得点计数据，如某排球队在一次联赛中发球成功的次数、某校的近视人数、某年级体质健康标准测试的合格人数、某次调查中赞成某个观点的人数等。对这类点计数据的分析，通常采用率的形式，如成功率、近视率、合格率、赞成率等。有关率的分析，是体育统计的一个重要内容。

设随机变量 X 为 n 次重复试验中成功事件出现的次数，则 X 服从二项分布。根据二项分布的特点，可知随机变量 X 的平均数 $\mu=np$，标准差 $\sigma=\sqrt{np(1-p)}$。

在总体中随机抽取一个容量为 n 的样本，算得一个成功事件出现的率，然后将样本放回到总体中；再从中随机抽取一个容量为 n 的样本，又可以算出一个成功事件出现的率。这样反复抽下去，就可以获得一切可能的容量为 n 的样本的率。由这一切可能样本的率构成的分布，就是一个实验性的率的抽样分布，这个抽样分布仍是二项分布。对率的抽样分布，我们也可以计算其平均数和标准差。

1. 率抽样分布的平均数

实际上，我们不必要也不可能抽取一切可能的容量为 n 的样本来构成率的抽样分布。我们只需随机抽取一个样本，即可根据样本对率抽样分布的平均数和标准差做出估计。

率的抽样分布的平均数等于总体率，反映率的平均水平，其值等于随机变量 X 的平均数除以样本容量 n，即：

$$\pi=\frac{\mu}{n}=\frac{np}{n}=p$$

2. 率抽样分布的标准差（率的标准误）

率的抽样分布的标准差称为率的标准误差，简称为率的标准误，反映率的离散程度，其值等于随机变量 X 的标准差除以样本容量 n，即：

$$\sigma_p=\frac{\sigma}{n}=\frac{\sqrt{n\pi(1-\pi)}}{n}=\sqrt{\frac{\pi(1-\pi)}{n}}$$

在抽样研究中，通常用样本率 p 作为总体率 π 的估计值。因此，率的标准误常记作：

$$S_p=\sqrt{\frac{p(1-p)}{n}}$$

例 5.6：从某区当年初中毕业生中随机抽取 160 人，查得正常视力者 92 人。试计算全区初中毕业生正常视力比率的标准误。

解：已知 $n=160$，$m=92$。

样本率为：$p=\frac{m}{n}=\frac{92}{160}=0.575$

率的标准误为：$S_p=\sqrt{\frac{p(1-p)}{n}}=\sqrt{\frac{0.575\times(1-0.575)}{160}}=0.039$

所以，全区初中毕业生正常视力比率的标准误为0.039。

第四节 其他常用抽样分布

在体育统计中常用的抽样分布，除了我们上面讨论过的正态分布、二项分布外，主要还有χ^2分布、t分布和F分布等，它们分别用于解决不同的统计问题。

一、自由度

自由度（degree of freedom）是统计学中一个经常见到的重要概念，在许多检验问题中都需要确定自由度。与一个统计量相联系的自由度是指在计算该统计量时所用到的无限制的、可以自由变动的数据的个数。

一般地说，对于一个容量为n的样本，若其统计量存在着k个独立的线性约束条件，则该统计量只有$n-k$个自由度。自由度通常用df表示，不同的统计问题有不同的自由度。

例如，若所求的统计量是从总体中抽取的一个容量为n的样本观测值的总和，即$\sum_{i=1}^{n} X_i$，这时没有任何限制，可以从总体中任意选取n个值求和。因此，总和的自由度为n。

但若所求的统计量是n个观测值的平均数$\overline{X}$，由于该平均数是确定的，则只有$n-1$个观测值是可以自由变动的，剩余的一个数据不能自由取值了，它受到一个条件即$\sum_{i=1}^{n}(X_i-\overline{X})=0$的约束。事实上，不论前$n-1$个数据如何取值，为了满足上述的约束条件，第$n$个数据必定是$X_n=n\overline{X}-\sum_{i=1}^{n-1} X_i$。因此，平均数的自由度为$n-1$。

若所求的统计量是样本方差S^2，由于n个观测值有平均数$\overline{X}$，计算方差时首先要求出样本平均数，而样本平均数的自由度为$n-1$，因此，样本方差（标准差）的自由度也为$n-1$。

二、χ^2分布

（一）χ^2分布的概念

χ^2（卡方）分布是由海尔墨特（Hermert）和卡·皮尔逊（K. Pearson）分别于1875年和1900年导出的，是从正态分布派生出来的一个分布，在统计学中占有重要的地位，有许多实际分布都可以用χ^2分布来近似。

设随机变量X服从标准正态分布，即$X\sim N(0,1)$，样本的n个观测值为X_1，X_2，…，X_n，而随机变量$\chi^2=X_1^2+X_2^2+\cdots+X_n^2=\sum_{i=1}^{n} X_i^2$的密度函数为：

$$f(\chi^2)=\begin{cases}\dfrac{1}{2^{\frac{n}{2}}\Gamma\left(\dfrac{n}{2}\right)}(\chi^2)^{\frac{n}{2}-1}e^{-\frac{\chi^2}{2}}, & \chi^2>0\\ 0, & \chi^2\leqslant 0\end{cases}$$

则称随机变量χ^2服从自由度为n的χ^2分布，记作$\chi^2\sim\chi^2(n)$。

（二）χ^2 分布的特点

χ^2 分布曲线如图 5-4-1 所示。

χ^2 分布具有以下特点：

（1）χ^2 值都是正值，分布曲线在纵轴的右侧。

（2）χ^2 分布是一个正偏态分布，存在一簇曲线，其形状随着自由度 n 取不同数值而不同。自由度越小，曲线越偏斜；随着自由度的增大，曲线逐渐趋于对称。当自由度趋于∞时，χ^2 分布曲线与正态分布曲线重合。因此，当自由度足够大时，很多属于 χ^2 分布的问题也可以采用正态分布来近似。

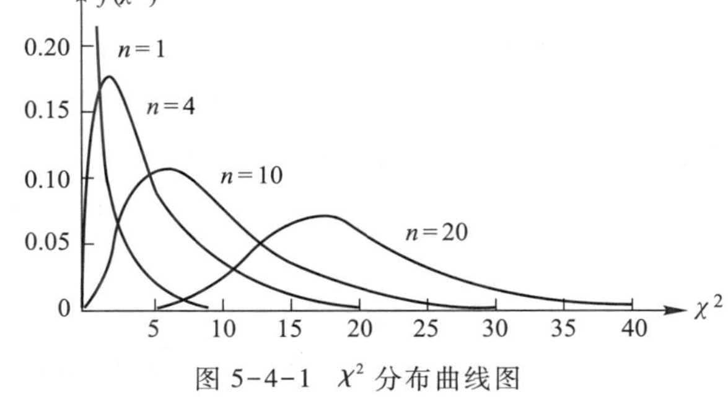

图 5-4-1　χ^2 分布曲线图

（3）χ^2 分布的平均数为 $\mu=n$。

（4）χ^2 分布的方差为 $\sigma^2=2n$。

（三）χ^2 分布上侧分位数表

本书附录之附表 4 是 χ^2 分布上侧分位数表，列出了 χ^2 变量在不同自由度 df 和显著性水平 α 下的临界值 $\chi^2_{\alpha(df)}$。表左起第一列是自由度 df，上端第一行是显著性水平 α。表中行、列交叉处的数值即相应的 χ^2 临界值，如表 5-4-1 所示。

表 5-4-1　χ^2 分布上侧分位数表（示意）

df	…	0.100	0.050	0.025	…
⋮					
11		17.28	19.68	21.92	
12		18.55	21.03	23.34	
13		19.81	22.36	24.74	
⋮					

χ^2 分布上侧分位数表给出的是由右端向左累加的概率所对应的临界值，如图 5-4-2 所示，该临界值满足条件：$P\{\chi^2\geqslant\chi^2_{\alpha(df)}\}=\alpha$。

例如，取 $\alpha=0.05$，当自由度 $df=12$ 时，查表可得：$\chi^2_{0.05(12)}=21.03$。

在实际工作中，χ^2 分布可用于方差估计与检验、非参数检验中的拟合优度检验和独立性检验等方面。

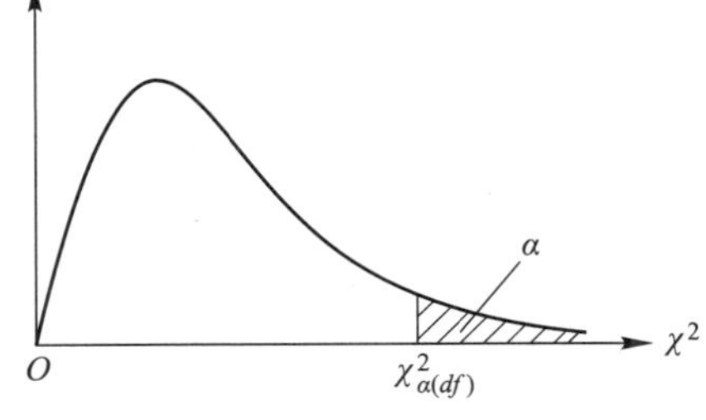

图 5-4-2　χ^2 分布临界值示意图

三、t 分布

（一）t 分布的概念

t 分布是由哥塞特（W. S. Gosset）于 1908 年在一篇署名为“学生”（Student）的论文中首次提出的，因此又称为学生氏分布。

设随机变量 X 服从标准正态分布，即 $X\sim N(0,1)$，随机变量 Y 服从自由度为 n 的卡方分布，即 $Y\sim\chi^2(n)$，且 X 与 Y 相互独立，而随机变量 $t=\dfrac{X}{\sqrt{Y/n}}$ 的密度函数为：

$$f(t)=\frac{\Gamma\left(\frac{n+1}{2}\right)}{\sqrt{n\pi}\,\Gamma\left(\frac{n}{2}\right)}\left(1+\frac{t^2}{n}\right)^{-\frac{n+1}{2}},\qquad -\infty<t<\infty$$

则称随机变量 t 服从自由度为 n 的 t 分布，记作 $t \sim t(n)$。

（二）t 分布的特点

t 分布曲线如图 5-4-3 所示。

t 分布具有以下特点：

（1）分布曲线对称于直线 $t=0$，曲线单峰，在 $t=0$ 处达最大值，向两侧逐渐下降。

（2）t 的取值区间为（$-\infty$，∞），曲线在横轴上方，但永不与横轴相接。

（3）t 分布有一簇曲线，其形状由自由度 n 决定，不同的自由度有不同的分布曲线。自由度较小时，t 分布的中心部分较低，两个尾部较高，曲线呈矮宽型；随着自由度的增大，t 分布越来越趋近于标准正态分布；当自由度趋于 ∞ 时，t 分布曲线与标准正态分布曲线重合。

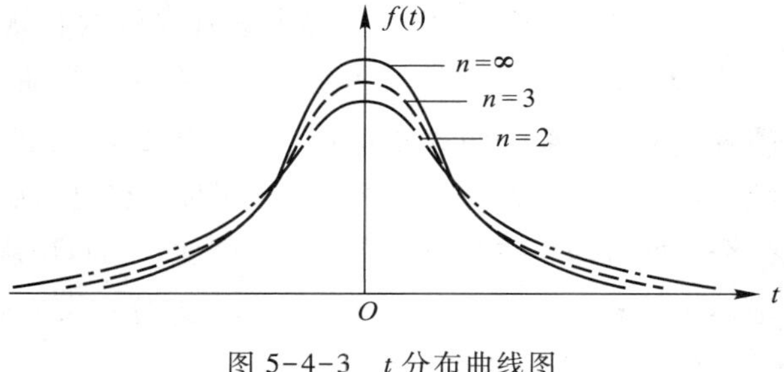

图 5-4-3　t 分布曲线图

（4）t 分布的平均数为 $\mu=0$。

（5）t 分布的方差为 $\sigma^2=\dfrac{n}{n-2}$。

（三）t 分布上侧分位数表

本书附录之附表 5 是 t 分布上侧分位数表，列出了在各种自由度 df 和显著性水平 α 下 t 的临界值。表左起第一列是自由度 df；上端第一行是显著性水平 α，其中 $P(2)$ 行表示将 α 平均分置于分布曲线的两端；$P(1)$ 行表示将 α 置于分布曲线的一端。表中行、列交叉处的数值即相应的 t 临界值，如表 5-4-2 所示。

表 5-4-2　t 分布上侧分位数表（示意）

$P(2)$	…	0.10	0.05	0.02	…
$P(1)$	…	0.05	0.025	0.01	…
df					
⋮					
7		1.895	2.365	2.998	
8		1.860	2.306	2.896	
9		1.833	2.262	2.821	
⋮					

请注意临界值的表示方法：$t_{\frac{\alpha}{2}(df)}$ 下标中的 α 除以 2，表示将 α 平均分置于分布曲线的两端；$t_{\alpha(df)}$ 下标中的 α 未除以 2，表示将 α 置于分布曲线的一端。如图 5-4-4 所示。

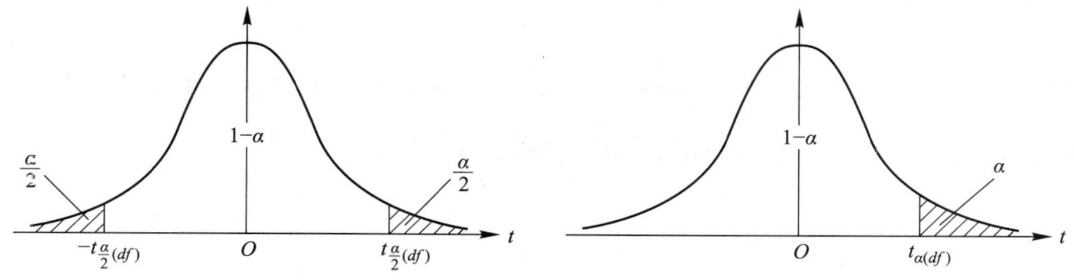

图 5-4-4　t 分布临界值示意图

t 分布上侧分位数表给出的是由右端向左累加的概率所对应的临界值，该临界值满足条件：$P\{|t| \geqslant t_{\frac{\alpha}{2}(df)}\} = \alpha$ 或 $P\{|t| \geqslant t_{\alpha(df)}\} = \alpha$。

例如，查表可得：$t_{\frac{0.05}{2}(8)} = 2.306$，$t_{0.05(8)} = 1.860$。

t 分布既适用于小样本（$n<30$），也适用于大样本（$n \geqslant 30$）。因此，许多属于正态分布的问题都可以采用 t 分布来处理。在实际工作中，t 分布可用于总体方差未知时正态总体均值的估计和检验、线性回归模型中回归系数的显著性检验等方面。

四、F 分布

（一）F 分布的概念

设随机变量 X 服从自由度为 n_1 的卡方分布，即 $X \sim \chi^2(n_1)$，随机变量 Y 服从自由度为 n_2 的卡方分布，即 $Y \sim \chi^2(n_2)$，且 X 与 Y 相互独立，而随机变量 $F = \dfrac{X/n_1}{Y/n_2}$ 的密度函数为：

$$f(F) = \begin{cases} \dfrac{\Gamma\left(\dfrac{n_1+n_2}{2}\right)}{\Gamma\left(\dfrac{n_1}{2}\right)\Gamma\left(\dfrac{n_2}{2}\right)}\left(\dfrac{n_1}{n_2}\right)^{\frac{n_1}{2}} F^{\frac{n_1}{2}-1}\left(1+\dfrac{n_1}{n_2}F\right)^{-\frac{n_1+n_2}{2}}, & F>0 \\ 0, & F \leqslant 0 \end{cases}$$

则称随机变量 F 服从第一自由度为 n_1、第二自由度为 n_2 的 F 分布，记作 $F \sim F(n_1, n_2)$。

（二）F 分布的特点

F 分布曲线如图 5-4-5 所示。

F 分布具有以下特点：

（1）F 值都是正值，分布曲线在纵轴的右侧。

（2）F 分布有两个自由度，第一自由度为 n_1，第二自由度为 n_2。

（3）F 分布是一个正偏态分布，有一簇曲线，其形状随自由度 n_1、n_2 取不同值而不同。随着自由度 n_1、n_2 的增大，曲线的偏斜度虽有所减缓，但仍保持偏态。

（4）F 分布的平均数为 $\mu = \dfrac{n_2}{n_2-2}$，其中 $n_2>2$。

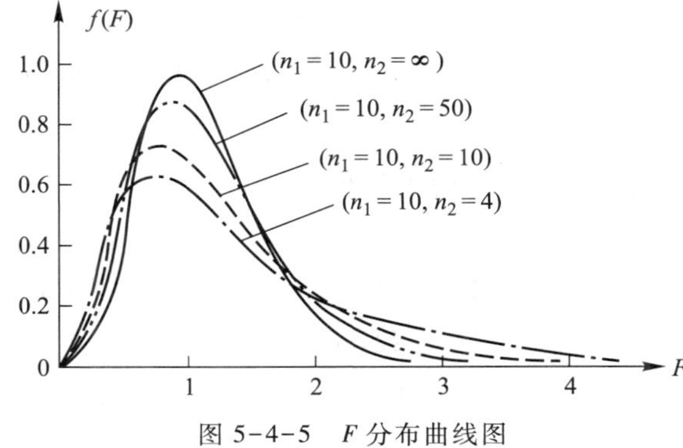

图 5-4-5　F 分布曲线图

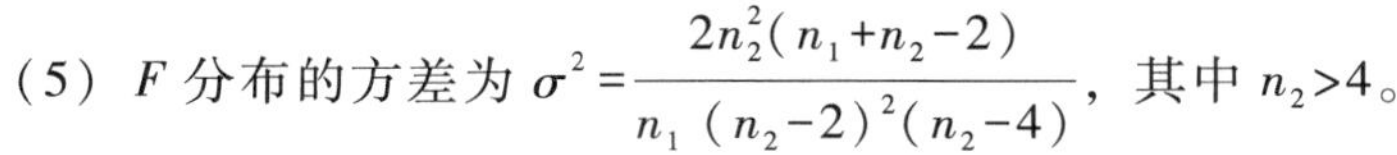

（5）F 分布的方差为 $\sigma^2 = \dfrac{2n_2^2(n_1+n_2-2)}{n_1(n_2-2)^2(n_2-4)}$，其中 $n_2>4$。

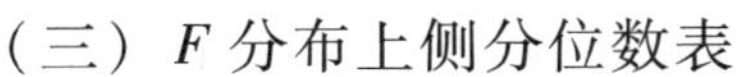

（三）F 分布上侧分位数表

本书附录之附表 6 是 F 分布上侧分位数表，列出了在不同自由度 df_1、df_2 下 F 的临界值 $F_{\alpha(df_1, df_2)}$。不同的显著性水平 α 对应于不同的表。在各表的左上角注明了该表的 α 值。每个表上端第 1 行是第 1 自由度 df_1，左起第 1 列是第 2 自由度 df_2。表中行、列交叉处的数值即相应的 F 临界值，如表 5-4-3 所示。

表 5-4-3 F 分布上侧分位数表（示意）

$\alpha=0.05$

df_2 \ df_1	…	7	8	9	…
⋮					
11		3.01	2.95	2.90	
12		2.91	2.85	2.80	
13		2.83	2.77	2.71	
⋮					

F 分布上侧分位数表给出的是由右端向左累加的概率所对应的临界值，如图 5-4-6 所示，该临界值满足条件：$P\{F\geqslant F_{\alpha(df_1,df_2)}\}=\alpha$。

例如，取 $\alpha=0.05$，当 $df_1=8$，$df_2=12$ 时，查表可得：$F_{0.05(8,12)}=2.85$。

在实际工作中，*F* 分布可用于两个正态总体方差的齐性检验、方差分析和线性回归模型的检验等方面。

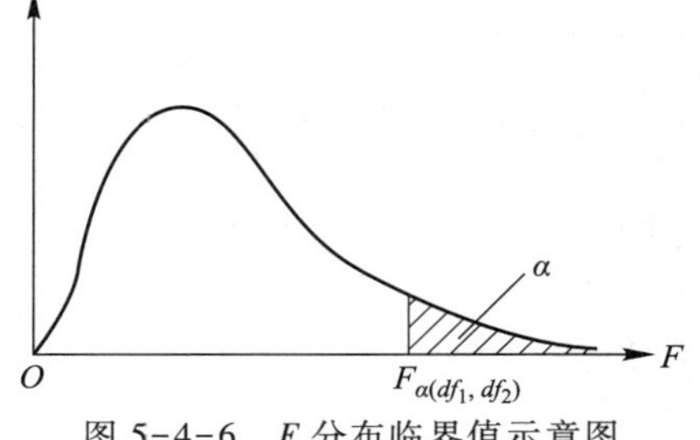

图 5-4-6 *F* 分布临界值示意图

第五节 参数估计

统计推断是利用抽样所获得的样本信息，根据概率论的原理对总体的某些性质或数量特征进行推断。统计推断的一个重要内容是参数估计。

参数估计通常分为点估计和区间估计两种。

一、总体参数的点估计

用某一样本统计量的值作为相应总体参数的估计值，称为总体参数的点估计。

（一）总体均数的点估计

总体均数 μ 反映了随机变量取值的平均水平。样本 X_1，X_2，…，X_n 来自总体，所以常用样本均数 $\overline{X}=\dfrac{1}{n}\sum\limits_{i=1}^{n}X_i$ 作为总体均数的点估计。

（二）总体方差和总体标准差的点估计

总体方差 σ^2 反映了随机变量取值的离散程度。样本 X_1，X_2，…，X_n 来自总体，它们大小不一的程度显然反映了总体中数据的离散程度。因此，可以用样本方差 $S^2=\dfrac{\sum\limits_{i=1}^{n}(X_i-\overline{X})^2}{n-1}$ 作为总体方差的点估计。

同样，可以用样本标准差 $S=\sqrt{\dfrac{\sum\limits_{i=1}^{n}(X_i-\overline{X})^2}{n-1}}$ 作为总体标准差的点估计。

二、总体参数的区间估计

以样本统计量的抽样分布为理论依据，按一定的概率要求，由样本统计量的值估计总体参数值的所在范围，称为总体参数的区间估计。区间估计可以克服点估计的缺点，它得出的不是一个单一数值，而是一个范围，并且可以告诉我们结论有多大的可靠性。

设总体 X 中有未知参数 θ，若要对 θ 做区间估计，可以从总体 X 中随机抽取一个容量为 n 的样本，用样本来建立两个统计量 θ_1 和 $\theta_2(\theta_1<\theta_2)$，给定显著性水平 $\alpha(0<\alpha<1)$，使得 $P(\theta_1<\theta<\theta_2)=1-\alpha$ 成立，则称区间（θ_1，θ_2）为参数 θ 的置信区间。

此处，α 为显著性水平，$1-\alpha$ 为置信水平；θ_1 为置信下限，θ_2 为置信上限。

从频率的角度，我们对置信水平 $1-\alpha$ 做如下的解释：在给定的总体 X 中重复抽样多次，且各次抽样的样本容量 n 相同，对每一个抽得的样本都可以确定一个置信区间。当抽样次数充分多时，在这些区间中包含 θ 真值的频率接近于置信水平 $1-\alpha$。例如，取 $\alpha=0.05$，则进行 100 次重复抽样所得的 100 个区间中，大约会有 95 个区间包含 θ 真值。也可以说，根据一次抽样建立的置信区间包含 θ 真值的概率为 $1-\alpha$。所以，置信水平 $1-\alpha$ 反映的是统计推断的可靠性。

置信水平 $1-\alpha$ 与显著性水平 α 是相关联的。显著性水平 α 越小，置信水平 $1-\alpha$ 就越高；显著性水平 α 越大，置信水平 $1-\alpha$ 就越低。置信水平 $1-\alpha$ 与置信区间的宽度也是相关联的。置信水平越高，置信区间就越宽；置信水平越低，置信区间就越窄。

（一）总体均数的区间估计

1. 总体服从正态分布、总体标准差 σ 已知

设总体 X 服从正态分布，即 $X\sim N(\mu,\sigma)$，X_1，X_2，…，X_n是来自总体 X 的随机样本，根据抽样分布的理论，有 $\overline{X}\sim N(\mu,\sigma_{\overline{X}})$。运用公式 $Z=\dfrac{\overline{X}-\mu}{\sigma_{\overline{X}}}$做变量代换，则 Z 服从标准正态分布，即 $Z\sim N(0,1)$。

如图 5-5-1 所示，给定显著性水平 α，根据标准正态分布，有：$P(-Z_{\frac{\alpha}{2}}<Z<Z_{\frac{\alpha}{2}})=1-\alpha$，即：

$$P\left(-Z_{\frac{\alpha}{2}}<\frac{\overline{X}-\mu}{\sigma_{\overline{X}}}<Z_{\frac{\alpha}{2}}\right)=1-\alpha$$

对不等式做变换，可得：

$$P(\overline{X}-Z_{\frac{\alpha}{2}}\sigma_{\overline{X}}<\mu<\overline{X}+Z_{\frac{\alpha}{2}}\sigma_{\overline{X}})=1-\alpha$$

令 $\mu_1=\overline{X}-Z_{\frac{\alpha}{2}}\sigma_{\overline{X}}$，$\mu_2=\overline{X}+Z_{\frac{\alpha}{2}}\sigma_{\overline{X}}$，则（$\mu_1$，$\mu_2$）就是所求的置信区间。式中的 $Z_{\frac{\alpha}{2}}$可通过查标准正态分布表得到。

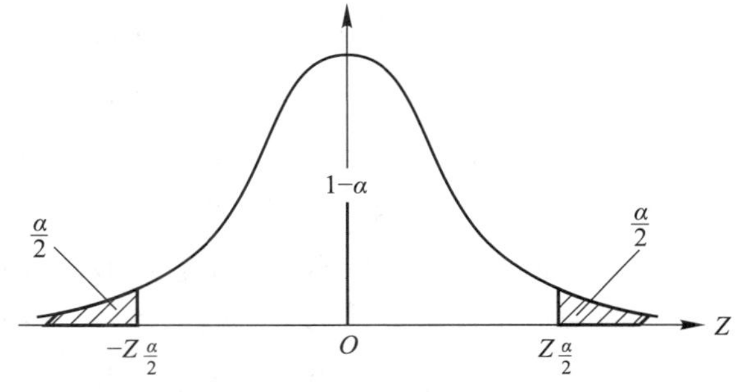

图 5-5-1　标准正态分布图

例 5.7：同年龄同性别儿童的身高服从正态分布。已知某校历年 10 岁女童身高的总体标准差 $\sigma=6.25$ cm。现从该校随机抽取 10 岁女童 68 人，测得身高均数 $\overline{X}=135.64$ cm。若定置信水平为 95%，求该校 10 岁女童身高总体均数的置信区间。

解：已知 $X\sim N(\mu,\sigma)$，$n=68$，$\overline{X}=135.64$ cm，$\sigma=6.25$ cm。

因 $1-\alpha=0.95$，故 $\alpha=0.05$。

查标准正态分布表，得 $Z_{\frac{0.05}{2}}=1.96$。

可求得：$\sigma_{\overline{X}}=\dfrac{\sigma}{\sqrt{n}}=\dfrac{6.25}{\sqrt{68}}=0.7579$

$\mu_1=\overline{X}-Z_{\frac{0.05}{2}}\sigma_{\overline{X}}=135.64-1.96\times0.7579=134.15$（cm）

$\mu_2=\overline{X}+Z_{\frac{0.05}{2}}\sigma_{\overline{X}}=135.64+1.96\times0.7579=137.13$ （cm）

因此，当置信水平取95%时，该校10岁女童身高总体均数的置信区间为（134.15，137.13）cm。

2. 总体服从正态分布、总体标准差 σ 未知

设总体 X 服从正态分布，即 $X\sim N(\mu,\ \sigma)$，X_1，X_2，…，X_n 是来自总体 X 的随机样本，根据抽样分布的理论，有 $\overline{X}\sim N(\mu,\ \sigma_{\overline{X}})$。因总体标准差 σ 未知，故用样本标准差 S 代替总体标准差来计算平均数标准误 $S_{\overline{X}}=S/\sqrt{n}$。此时，用公式 $t=\dfrac{\overline{X}-\mu}{s_{\overline{X}}}$ 做变量代换，所得 t 服从自由度 $df=n-1$ 的 t 分布，即 $t\sim t(n-1)$。

如图5-5-2所示，给定显著性水平 α，根据 t 分布，有：

$P(-t_{\frac{\alpha}{2}(df)}<t<t_{\frac{\alpha}{2}(df)})=1-\alpha$，即：

$$P\left(-t_{\frac{\alpha}{2}(df)}<\frac{\overline{X}-\mu}{S_{\overline{X}}}<t_{\frac{\alpha}{2}(df)}\right)=1-\alpha$$

对不等式做变换，可得：

$$P(\overline{X}-t_{\frac{\alpha}{2}(df)}S_{\overline{X}}<\mu<\overline{X}+t_{\frac{\alpha}{2}(df)}s_{\overline{X}})=1-\alpha$$

令 $\mu_1=\overline{X}-t_{\frac{\alpha}{2}(df)}S_{\overline{X}}$，$\mu_2=\overline{X}+t_{\frac{\alpha}{2}(df)}S_{\overline{X}}$，则（$\mu_1$，$\mu_2$）就是所求的置信区间，式中的 $t_{\frac{\alpha}{2}}$ 可通过查 t 分布上侧分位数表得到。

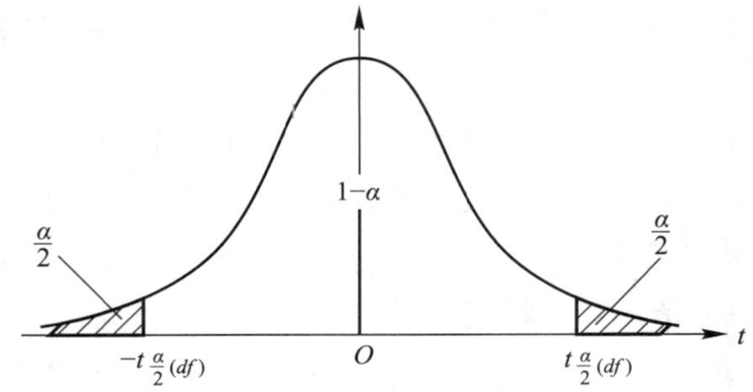

图5-5-2 t 分布图

例5.8：立定跳远的成绩服从正态分布。现测得某年级36名男生立定跳远的成绩，已求得 $\overline{X}=2.362$ m，$S=0.248$ m。若定置信水平为99%，求该年级男生立定跳远成绩总体均数的置信区间。

解：已知 $X\sim N(\mu,\ \sigma)$，$n=36$，$\overline{X}=2.362$ m，$S=0.248$ m。

可求得：$S_{\overline{X}}=\dfrac{S}{\sqrt{n}}=\dfrac{0.248}{\sqrt{36}}=0.0413$。

因 $1-\alpha=0.99$，故 $\alpha=0.01$，$df=n-1=36-1=35$。

查 t 分布上侧分位数表，得 $t_{\frac{0.01}{2}(35)}=2.724$。

$\mu_1=\overline{X}-t_{\frac{0.01}{2}(35)}S_{\overline{X}}=2.362-2.724\times0.0413=2.249$ （m）

$\mu_2=\overline{X}+t_{\frac{0.01}{2}(35)}S_{\overline{X}}=2.362+2.724\times0.0413=2.475$ （m）

因此，当置信水平取99%时，该年级男生立定跳远成绩总体均数的置信区间为（2.249，2.475）m。

3. 总体非正态，但为大样本

在很多情况下，我们不能假定总体服从或近似服从正态分布。但是，当总体均数 μ 和总体标准差 σ 存在时，只要样本容量 n 足够大，则不论总体分布呈何种形态，样本均数 $\overline{X}$ 的抽样分布都近似服从正态分布。

如果总体标准差 σ 已知（根据历史资料或经验得到），当 $n\geqslant30$ 时，总体均数 μ 的置信水平为 $1-\alpha$ 的置信区间为（$\overline{X}-Z_{\frac{\alpha}{2}}\sigma_{\overline{X}}$，$\overline{X}+Z_{\frac{\alpha}{2}}\sigma_{\overline{X}}$），也就是说，置信区间的下限、上限仍然用下面的公式来计算：

$$\mu_1=\overline{X}-Z_{\frac{\alpha}{2}}\sigma_{\overline{X}},\ \mu_2=\overline{X}+Z_{\frac{\alpha}{2}}\sigma_{\overline{X}}$$

如果总体标准差 σ 未知，则用样本标准差 S 代替总体标准差来计算平均数标准误 $S_{\overline{X}}=S/\sqrt{n}$；当 $n\geqslant100$ 时，总体均数 μ 的置信水平为 $1-\alpha$ 的置信区间为（$\overline{X}-Z_{\frac{\alpha}{2}}S_{\overline{X}}$，$\overline{X}+Z_{\frac{\alpha}{2}}S_{\overline{X}}$），即置信区间的下限、上限分别为：

$$\mu_1=\overline{X}-Z_{\frac{\alpha}{2}}S_{\overline{X}},\ \mu_2=\overline{X}+Z_{\frac{\alpha}{2}}S_{\overline{X}}$$

以上二式中的 $Z_{\frac{\alpha}{2}}$ 都可通过查标准正态分布表得到。

例5.9：某研究组抽测了112名男子一级游泳运动员的水中划臂拉力，初步统计的结果为 $\overline{X}=15.64$ kg，$S=2.88$ kg。若该组数据不呈正态分布，试求男子一级游泳运动员水中划臂拉力总体均数的置信水平为95%的置信区间。

解：已知 $\overline{X}=15.64$ kg，$S=2.88$ kg。

水中划臂拉力的总体分布非正态，但 $n=112\geqslant 100$，以 S 代替 σ，可得：

$$S_{\overline{X}}=\frac{S}{\sqrt{n}}=\frac{2.88}{\sqrt{112}}=0.272$$

因 $1-\alpha=0.95$，故 $\alpha=0.05$，查标准正态分布表，得 $Z_{\frac{0.05}{2}}=1.96$。

$$\overline{X}-Z_{\frac{0.05}{2}}S_{\overline{X}}=15.64-1.96\times 0.272=15.11\ (\text{kg})$$

$$\overline{X}+Z_{\frac{0.05}{2}}S_{\overline{X}}=15.64+1.96\times 0.272=16.17\ (\text{kg})$$

因此，男子一级游泳运动员水中划臂拉力总体均数的置信水平为 95% 的置信区间为（15.11，16.17）kg。

（二）总体方差的区间估计

设总体 X 服从正态分布，即 $X\sim N(\mu,\sigma)$，X_1，X_2，…，X_n 是来自总体 X 的随机样本，则 $\chi^2=\frac{\sum_{i=1}^{n}(X_i-\overline{X})^2}{\sigma^2}=\frac{(n-1)S^2}{\sigma^2}$ 服从自由度 $df=n-1$ 的 χ^2 分布，即 $\chi^2\sim\chi^2(n-1)$。

如图 5-5-3 所示，给定显著性水平 α，在 χ^2 分布上侧分位数表上可找到两个临界值 $\chi^2_{1-\frac{\alpha}{2}(df)}$ 和 $\chi^2_{\frac{\alpha}{2}(df)}$，使得：$P\{\chi^2_{1-\frac{\alpha}{2}(df)}<\chi^2<\chi^2_{\frac{\alpha}{2}(df)}\}=1-\alpha$。因此，有：

$$P\left\{\chi^2_{1-\frac{\alpha}{2}(df)}<\frac{(n-1)S^2}{\sigma^2}<\chi^2_{\frac{\alpha}{2}(df)}\right\}=1-\alpha$$

对不等式做变换，可得：

$$P\left\{\frac{(n-1)S^2}{\chi^2_{\frac{\alpha}{2}(df)}}<\sigma^2<\frac{(n-1)S^2}{\chi^2_{1-\frac{\alpha}{2}(df)}}\right\}=1-\alpha$$

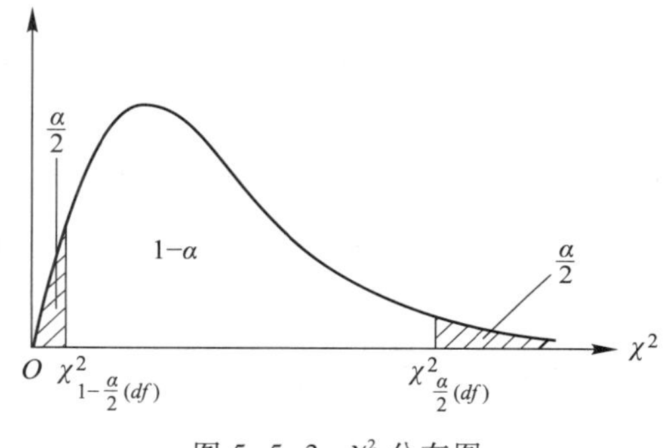

图 5-5-3　χ^2 分布图

令 $\sigma_1^2=\frac{(n-1)S^2}{\chi^2_{\frac{\alpha}{2}(df)}}$，$\sigma_2^2=\frac{(n-1)S^2}{\chi^2_{1-\frac{\alpha}{2}(df)}}$，则（$\sigma_1^2$，$\sigma_2^2$）就是所求总体方差的置信区间，而（$\sigma_1$，$\sigma_2$）就是所求总体标准差的置信区间，式中的 $\chi^2_{\frac{\alpha}{2}}$ 和 $\chi^2_{1-\frac{\alpha}{2}}$ 可通过查 χ^2 分布上侧分位数表得到。

例 5.10：跳远成绩服从正态分布。拟用标准差来反映运动员跳远成绩的稳定性。今测得某运动员最近 12 次跳远的成绩，求得标准差 $S=0.139$ m，试求该运动员跳远成绩总体标准差的置信水平为 95% 的置信区间。

解：已知 $X\sim N(\mu,\sigma)$，$S=0.139$ m，$n=12$，则 $df=n-1=12-1=11$。

因 $1-\alpha=0.95$，故 $\alpha=0.05$。查 χ^2 分布上侧分位数表，得：

$$\chi^2_{\frac{0.05}{2}(df)}=\chi^2_{0.025(11)}=21.92,\quad \chi^2_{1-\frac{0.05}{2}(df)}=\chi^2_{0.975(11)}=3.82$$

$$\sigma_1^2=\frac{(n-1)S^2}{\chi^2_{\frac{0.05}{2}(11)}}=\frac{(12-1)\times 0.139^2}{21.92}=0.0097$$

$$\sigma_2^2=\frac{(n-1)S^2}{\chi^2_{1-\frac{0.05}{2}(11)}}=\frac{(12-1)\times 0.139^2}{3.82}=0.0556$$

$$\sigma_1=\sqrt{\sigma_1^2}=\sqrt{0.0097}=0.098\ (\text{m})$$

$$\sigma_2=\sqrt{\sigma_2^2}=\sqrt{0.0556}=0.236\ (\text{m})$$

因此，该运动员跳远成绩总体标准差的置信水平为 95% 的置信区间为（0.098，0.236）m。

（三）总体率的区间估计

根据前面的讨论，我们知道，如果随机变量 X 为 n 次重复试验中成功事件出现的次数，则 X 服从二项分布；且成功事件出现的率 $p=m/n$ 的抽样分布仍然是二项分布。根据二项分布的特点，当成功事件出现的率和不出现的率相等时，即 $p=1-p$ 时，无论 n 的大小，二项分布都呈对称形。实际上，如果 $p\neq 1-p$，只要 $np\geqslant 5$ 且 $n(1-p)\geqslant 5$，即成功事件出现和不出现的频数都大于或等于 5，则二项分布就已经接近于正态分布了。在这种情况下，有关率的问题可以用正态分布来做近似处理。

记总体率为 π，样本率为 p，若率的抽样分布近似于正态分布，即 $p\sim N(\pi, S_p)$，可建立统计量：

$$Z=\frac{p-\pi}{S_p}$$

则 Z 近似服从标准正态分布，即 $Z\sim N(0, 1)$。

给定显著性水平 α 值，根据标准正态分布，有 $P(-Z_{\frac{\alpha}{2}}<Z<Z_{\frac{\alpha}{2}})=1-\alpha$，即：

$$P\left(-Z_{\frac{\alpha}{2}}<\frac{p-\pi}{S_p}<Z_{\frac{\alpha}{2}}\right)=1-\alpha$$

对不等式做变换，可得：

$$P(p-Z_{\frac{\alpha}{2}}S_p<\pi<p+Z_{\frac{\alpha}{2}}S_p)=1-\alpha$$

令 $\theta_1=p-Z_{\frac{\alpha}{2}}S_p$，$\theta_2=p+Z_{\frac{\alpha}{2}}S_p$，则 (θ_1, θ_2) 就是所求率的置信区间。

例 5.11：某区当年初中毕业生总数为 4 200 人，从中随机抽取 160 人，查得正常视力者 92 人。试以 95% 的置信水平估计全区初中毕业生视力正常的人数区间。

解：已知 $N=4\ 200$ 人，$n=160$ 人，$m=92$ 人，两个频数分别为 92 和 $160-92=68$，均大于 5，可用正态分布解题。

样本率为：$p=\frac{m}{n}=\frac{92}{160}=0.575$

率的标准误为：$S_p=\sqrt{\frac{p(1-p)}{n}}=\sqrt{\frac{0.575\times(1-0.575)}{160}}=0.039$

因 $1-\alpha=0.95$，故 $\alpha=0.05$，查标准正态分布表，得：$Z_{\frac{0.05}{2}}=1.96$

$\theta_1=p-Z_{\frac{0.05}{2}}S_p=0.575-1.96\times0.039=0.567$

$\theta_2=p+Z_{\frac{0.05}{2}}S_p=0.575+1.96\times0.039=0.651$

$n_1=N\times\theta_1=4\ 200\times0.567=2\ 381$（人）

$n_2=N\times\theta_2=4\ 200\times0.651=2\ 734$（人）

因此，当年全区初中毕业生视力正常的置信水平为 95% 的人数区间为（2 381，2 734）。

思考与练习

1. 什么是概率抽样的“随机性”原则？

2. 常用的概率抽样方法有哪些？各有什么特点？

3. 要在一个 1 000 名学生的总体中随机抽取 50 人进行某项调查。请用随机数表法确定调查对象。

4. 要了解某大学 2 400 名男性新生的肺活量水平，拟采用分层抽样法抽取一个 240 人的样本。若按院系特点将学生分为文科（1 200 人）、理科（840 人）和工科（360 人）三部分。请按等比例原则确定在各层中抽取的人数。

5. 中心极限定理的基本思想是什么？

6. 什么是平均数标准误？与样本标准差有什么不同？

7. 抽测某年级 100 名男生的握力，得 $\overline{X}=35.56$ kg，$S=6.04$ kg。求该年级男生握力的平均数标准误。

8. 二项分布是一种什么形式的分布？具有什么特点？

9. 根据历史资料，某排球队在与同层次对手的比赛中胜的概率为 0.7。若在某次联赛中，该队将要进行 8 场比赛，则该队至少胜 6 场的概率是多少？

10. 对率的有关问题采用正态分布来近似处理的条件是什么？

11. 为了解学生体育健康标准执行情况，从某市若干学校抽查了 240 名高中生当年体育健康标准测试成绩，合格者 224 人。试计算全市高中生体育健康标准测试合格率的标准误。

12. 自由度指的是什么？

13. 查相应的分位数表，找出下列临界值：

(1) $\chi^2_{0.975(24)}$　(2) $\chi^2_{0.025(24)}$　(3) $\chi^2_{0.05(20)}$　(4) $\chi^2_{0.01(20)}$

(5) $t_{\frac{0.05}{2}(20)}$　(6) $t_{0.05(20)}$　(7) $t_{\frac{0.01}{2}(15)}$　(8) $t_{0.01(15)}$

(9) $F_{0.05(4,30)}$　(10) $F_{0.01(4,30)}$

14. 什么是总体参数的点估计？其特点是什么？

15. 什么是总体参数的区间估计？其特点是什么？

16. 什么是置信水平？其在区间估计中的意义是什么？

17. 50 米跑成绩总体服从正态分布。已知全国 14 岁女生该项成绩的总体标准差为 0.702 s。今随机抽测某校 14 岁女生 42 人，求得 50 米跑成绩平均数为 8.024 s。试估计该校全体 14 岁女生 50 米跑成绩均数 99% 的置信区间。

18. 体育考试成绩总体服从正态分布。某校期末体育考试时，随机抽得某年级 30 人的成绩（分）如下：

74　69　60　67　99　91　87　73　66　77　76　84　79　82　84

76　80　81　74　82　72　79　81　66　94　92　88　76　69　74

试完成以下任务：

(1) 计算该组学生考试成绩的平均数、标准差和标准误。

(2) 以 0.95 的置信水平估计该年级考试成绩总体均数的范围。

(3) 以 0.95 的置信水平估计该年级考试成绩总体标准差的范围。

19. 为分析排球运动员的身体素质，某研究组在集训期间抽测了 108 名男子排球运动员原地纵跳的成绩，初步统计的结果为 $\overline{X}=75.64$ cm，$S=8.52$ cm。已知该组数据不呈正态分布，试求男子排球运动员原地纵跳成绩总体均数的置信水平为 95%的置信区间。

20. 据报道某种锻炼方案有减脂的功能，有效率为 75%。现对随机抽取的 74 名志愿者应用该方案进行试验，其中有明显效果的有 42 人。试采用区间估计的方法，以 95%的置信水平，分析关于该锻炼方案的报道是否可信。

第六章 假设检验

假设检验是统计推断的一个重要内容，它在体育科学研究中有着十分广泛的应用。

第一节 假设检验概述

一、什么是假设检验

在研究工作中，我们所了解的是样本，但目的是要找出关于总体的规律。由于对总体的特征不清楚，就先提出一个假设，再根据样本提供的信息来确定是接受还是拒绝这个假设。这种方法在统计学上称为假设检验。例如，在实际工作中我们常会遇到这样一些问题：

（1）求得样本统计量 $\overline{X}$，问该样本是否来自一个已知均数为 μ_0 的总体。或者说，该样本所由抽取的总体均数 μ 是否等于 μ_0，即判断“$\mu=\mu_0$”是否成立。

（2）采用一种新方法进行训练，以某项指标进行效果评价，获得实验组该指标的均值 $\overline{X}_1$ 和标准差 S_1，对照组该指标的均值 $\overline{X}_2$ 和标准差 S_2，问新训练方法效果如何。或者说，实验组和对照组各自的总体水平是否不同，即判断“$\mu_1=\mu_2$”是否成立。

（3）对同一批对象，测得某项指标实验前的均值 $\overline{X}_1$ 和标准差 S_1，实验后的均值 $\overline{X}_2$ 和标准差 S_2，如果有 $\overline{X}_2>\overline{X}_1$，问实验后的总体水平是否高于实验前，即判断“$\mu_2>\mu_1$”是否成立。

（4）已知一样本分布，问该样本所由抽取的总体是否服从正态分布。

（5）根据两个相关样本的数据，求得相关系数 r，问该相关系数是否具显著性。

对诸如此类的问题，都要求根据已知样本特征去判断关于总体特征的某种看法是否正确。这都属于统计推断中的假设检验问题。假设检验大体可以分为两类，若总体分布已知，只是对其参数做出推断，这时所涉及的检验称为参数检验；若总体分布未知，要对其分布特征做出推断，这时所涉及的检验则称为非参数检验。

二、假设检验的基本原理

进行假设检验时，一般需建立两个相互排斥的假设，即原假设和备择假设。原假设用 H_0 表示，备择假设用 H_1 表示。原假设是检验的出发点；而备择假设是与原假设相对立的假设，是当拒绝了原假设时应当接受的假设。

如果仅用一个例子去证明一个命题是正确的，这在逻辑上是不充分的。但是如果能用一个反例去推翻一个命题，则理由就是充足的，因为一个命题的成立是不允许有一个反例存在的。假设检验正是依据这个道理，从原假设出发，根据样本信息，当不能否定原假设的真实性时就要接受原假设；而当不得不否定原假设的真实性时，就要拒绝原假设而接受备择假设。

原假设是检验的前提，通常是关于当前样本所属总体（参数值）与已知总体（参数值）无区别的假设。

原假设应该受到保护，没有充足的理由是不能被拒绝的。而在很多情况下，我们真正感兴趣的又往往是备择假设，接受备择假设可能意味着得到某种有特别意义的结论。但对备择假设应取慎重态度，只有当有充足的理由拒绝原假设时才能接受备择假设。

做出拒绝或接受原假设决断的依据是小概率事件原理。如果随机事件发生的概率小于或等于一个事先规定的较小水平时，就认为其是小概率事件。小概率事件原理是指：小概率事件在一次试验中几乎是不会发生的。

假设检验的思想可以从下面的例子看出：箱中有白球和黑球共 100 个，但不知白球、黑球各为多少。现假设“箱中白球有 99 个”。如果假设正确，那么箱中的黑球只有 1 个，从箱中任取一球而“得黑球”的概率应为 0.01。这是个小概率事件。而根据小概率事件原理，在一次试验中它几乎不会发生。现从箱中摸取一球，居然摸得黑球，即小概率事件竟然发生了。这自然使我们想到箱中的黑球应该不止 1 个，摸到黑球的概率必定大于 0.01，由此可断定箱中白球没有 99 个。所以，应当拒绝原来所做的假设。

参数假设检验的原理为：设一样本来自某个已知总体，则样本所属总体的参数值应该就是这个已知总体的参数值。考察样本统计量的值在以该已知总体参数值为中心的抽样分布上出现的概率，如果样本统计量的值出现在抽样分布的中心值附近，这种情况符合检验的前提，应当接受原假设，从而做出此样本来自该总体的推断。如果样本统计量的值偏离抽样分布的中心值较远，使得其概率小于或等于一个事先规定的较小水平，就认为小概率事件发生了。而根据小概率事件原理，在随机抽样的条件下，一次试验（抽样）竟然得到与总体参数值有那么大差异的样本，几乎是不可能的。这里出现了矛盾。如何解决这个矛盾呢？解决的办法只能是拒绝原假设而接受备择假设，即认为此样本不是来自该已知总体，而是属于另外的总体。由此可做出此样本所属总体的参数值与已知总体的参数值有显著性差异的推断。

以正态分布为例，如果随机变量 X 总体服从参数为 μ_0、σ_0 的正态分布，即 $X \sim N(\mu_0, \sigma_0)$，根据平均数抽样分布的原理，则样本平均数 $\overline{X}$ 服从参数为 μ_0、$\sigma_{\overline{X}}$ 的正态分布，即 $\overline{X} \sim N(\mu_0, \sigma_{\overline{X}})$。

若有一样本，求得样本均数 $\overline{X}$，设其所由抽取的总体具有均数 μ，要判断该样本是否来自均数为 μ_0 的已知总体，实际上是判断该样本所属总体的均数 μ 是否与已知总体的均数 μ_0 相等。对这种情况，可以建立原假设 H_0：$\mu=\mu_0$，而备择假设则为 H_1：$\mu \neq \mu_0$。

现建立统计量 $Z=\dfrac{\overline{X}-\mu_0}{\sigma_{\overline{X}}}$，则 Z 服从标准正态分布，即 $Z \sim N(0, 1)$。

如图 6-1-1 所示，给定一个小概率值 α $(0<\alpha<1)$，把 α 值平均分到分布曲线的两端，在标准正态分布表上可查得临界值 $Z_{\frac{\alpha}{2}}$。根据正态分布的性质，有：

$$P(-Z_{\frac{\alpha}{2}}<Z<Z_{\frac{\alpha}{2}})=1-\alpha$$

$$\text{或 } P(|Z| \geqslant Z_{\frac{\alpha}{2}}) \leqslant \alpha$$

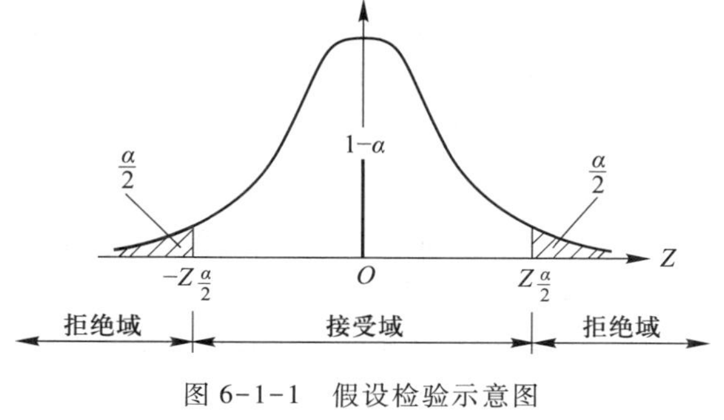

图 6-1-1　假设检验示意图

现根据样本数据计算 Z 值。如果 Z 值落在区间 $(-Z_{\frac{\alpha}{2}}, Z_{\frac{\alpha}{2}})$ 内，即 $|Z|<Z_{\frac{\alpha}{2}}$，因而有 $P(|Z|<Z_{\frac{\alpha}{2}})>\alpha$，简记作 $P>\alpha$，因未导致小概率事件发生，应当接受原假设 H_0，即可认为样本所属总体的均数 μ 与已知总体的均数 μ_0 相等。

如果 Z 值落在区间 $(-\infty, -Z_{\frac{\alpha}{2}}]$ 或 $[Z_{\frac{\alpha}{2}}, \infty)$ 上，即 $|Z| \geqslant Z_{\frac{\alpha}{2}}$，因 $P(|Z| \geqslant Z_{\frac{\alpha}{2}}) \leqslant \alpha$，简记作 $P \leqslant \alpha$，则认为小概率事件发生了。而根据小概率事件原理，由一次随机抽样计算出的 Z 值不应该偏离中心值 0 那么远。因此，只能拒绝原假设 H_0，接受备择假设 H_1，即应认为样本所属总体的均数 μ 与已知总体的均数 μ_0 不相等。

此处，α 为显著性水平，$1-\alpha$ 为置信水平。$(-Z_{\frac{\alpha}{2}}, Z_{\frac{\alpha}{2}})$ 为 H_0 的接受域，$(-\infty, -Z_{\frac{\alpha}{2}}]$ 或 $[Z_{\frac{\alpha}{2}}, \infty)$ 为 H_0 的拒绝域。因此，假设检验中做出结论的方法也可以表述为：由样本数据计算出来的统计量如果落在原假设的接受域内，则 $P>\alpha$，应接受原假设；统计量如果落在原假设的拒绝域内，则 $P\leq\alpha$，应拒绝原假设，接受备择假设。

三、双侧检验与单侧检验

在做假设检验时，如果将显著性水平 α 平均分到理论抽样分布的两端，就称为双侧检验。双侧检验的拒绝域在分布曲线的两端。图 6-1-1 所示的情况就是双侧检验。

如果将显著性水平 α 置于理论抽样分布的一端，则称为单侧检验。单侧检验的拒绝域在分布曲线的一端。图 6-1-2 是单侧检验的两种情况，左图的接受域为 $(-\infty, Z_\alpha)$，拒绝域为 $[Z_\alpha, \infty)$；右图的接受域为 $(-Z_\alpha, \infty)$，拒绝域为 $(-\infty, -Z_\alpha]$。

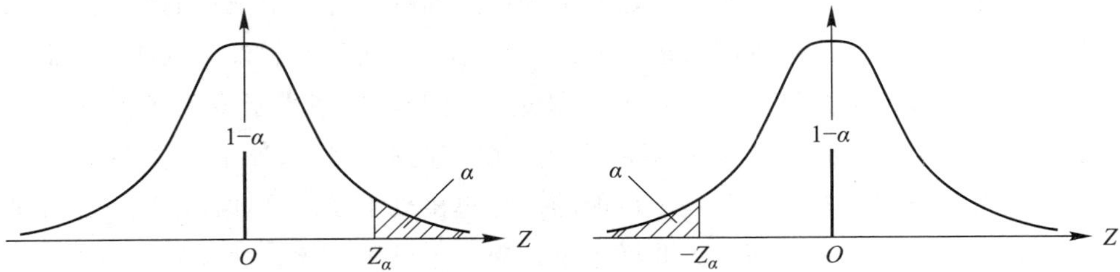

图 6-1-2 单侧检验示意图

如图 6-1-3 所示，由于双侧检验是把显著性水平 α 平均分到理论抽样分布的两端（上图），而单侧检验则是把显著性水平 α 置于分布曲线的一端（下图），因而就一个方向（正或负）而言，单侧检验的拒绝域比双侧检验的拒绝域大，这就使得单侧检验比双侧检验更容易拒绝原假设 H_0 而接受备择假设 H_1。

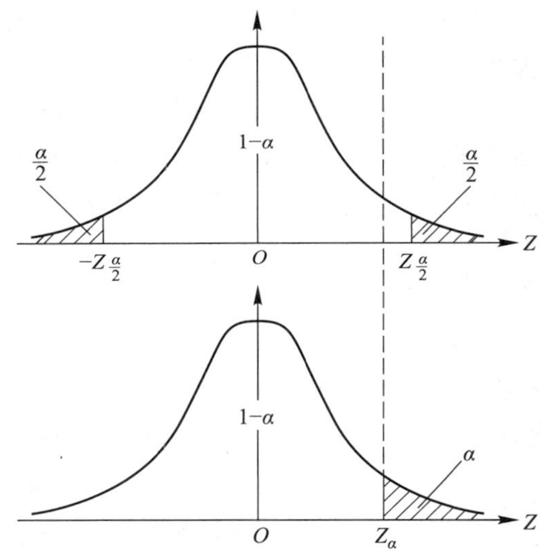

图 6-1-3 双、单侧检验的接受域和拒绝域

实际工作中究竟是采用双侧检验还是单侧检验，应根据问题的具体要求及有关总体的比较信息而定。一般来说，若仅要判断是否有差异，应采用双侧检验。若要回答高低、大小、优劣及是否有效等问题，则应采用单侧检验。

对于设实验组、对照组的研究，实验前数据的比较一般采用双侧检验，目的在于判断两组均数是否处于相同水平，是否具有可比性；实验后数据的比较可以采用单侧检验（只要从专业上能说明对实验组的处理不会导致实验组变得更差），目的在于判断实验组是否优于对照组，进而证明实验是否有效。

四、显著性水平 α 的选择

从图 6-1-4 可以看出，在运用标准正态分布进行双侧 Z 检验时，若取 $\alpha=0.05$，临界值为 1.96；若取 $\alpha=0.01$，临界值为 2.58。显然，2.58 比 1.96 更远离分布的中心点。

由此可知，显著性水平 α 的大小，影响到检验的接受域和拒绝域的大小。也可以说，检验的结果是接受原假设 H_0 还是接受备择假设 H_1 与显著性水平 α 有关。如果 α 取得较大，则原假设 H_0 的接受域较小而拒

绝域较大，结果是原假设 H_0 比较容易被拒绝；反之，如果 α 取得较小，则原假设 H_0 的接受域较大而拒绝域较小，结果是原假设 H_0 比较难以被拒绝。

原假设是统计推论的前提，一般来说是应该受到保护的，所以 α 的值不宜取过大，通常取 $\alpha=0.05$、0.01 等。如果显著性水平 α 取值很小时原假设 H_0 仍被拒绝，就有充分的理由相信 H_0 确实不真。但在实际应用中，α 的值究竟取多大，还应视具体问题的要求以及错误地拒绝或接受原假设 H_0 所造成的不利影响等情况而定。

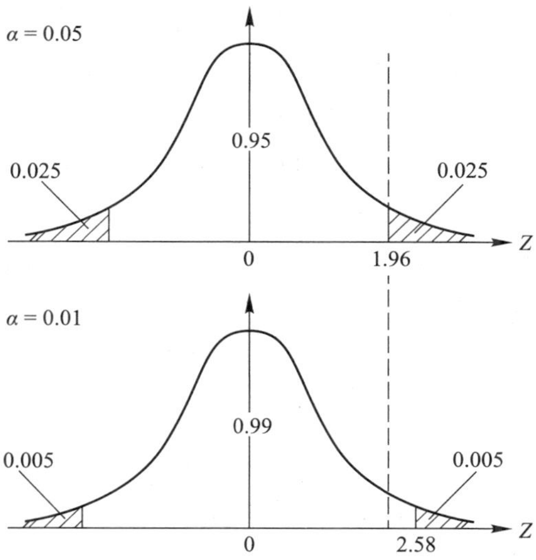

图 6-1-4　不同 α 对应的接受域和拒绝域

五、假设检验的两类错误

小概率事件在一次试验中几乎是不会发生的。但这并不意味着小概率事件绝对不会发生。如果不断地进行独立重复试验，则小概率事件迟早会发生。因此，根据小概率事件在一次试验中是否发生而做出接受或拒绝原假设 H_0 的结论，是有可能犯错误的。

假设检验时可能犯的错误有两类。第一类错误称为弃真，即原假设 H_0 本来正确，却被错误地拒绝了。犯第一类错误的概率正好等于显著性水平 α。第二类错误称为纳伪，即原假设 H_0 本来不正确，却被错误地接受下来。犯第二类错误的概率记作 β，其值与所采用的检验方法、样本容量 n 的大小以及 α 值有关。假设检验中统计推断正确与否的情况如表 6-1-1 所示。

表 6-1-1　假设检验中统计推断正确与否的情况

	H_0 为真	H_0 为假
接受 H_0	正确	第二类错误：纳伪（β 错误）
拒绝 H_0	第一类错误：弃真（α 错误）	正确

设有两个不同的总体，其总体均数分别为 μ_1 和 μ_2，且 $\mu_1<\mu_2$。现随机抽取一个样本，求得平均数 $\overline{X}$，设其所由抽取的总体具有参数 μ，问 μ 是否大于 μ_1。

对于这个问题，可以进行单侧检验。现建立假设 H_0：$\mu=\mu_1$，H_1：$\mu>\mu_1$。如图 6-1-5 所示，给定显著性水平 α，可以找到一个临界值 $\overline{X}_\alpha$，因而，原假设 H_0 的接受域为 $(-\infty, \overline{X}_\alpha)$，拒绝域为 $[\overline{X}_\alpha, \infty)$，$\overline{X}$ 落在拒绝域上的概率 $P(\overline{X}\geqslant\overline{X}_\alpha)\leqslant\alpha$。若样本确实属于均数为 μ_1 的总体，其均数因随机性而落在了 μ_1 分布的拒绝域上，从而导致原假设 H_0 被错误地拒绝了，这就是第一类错误。犯第一类错误的概率为 α，即图中 α 区域的面积。

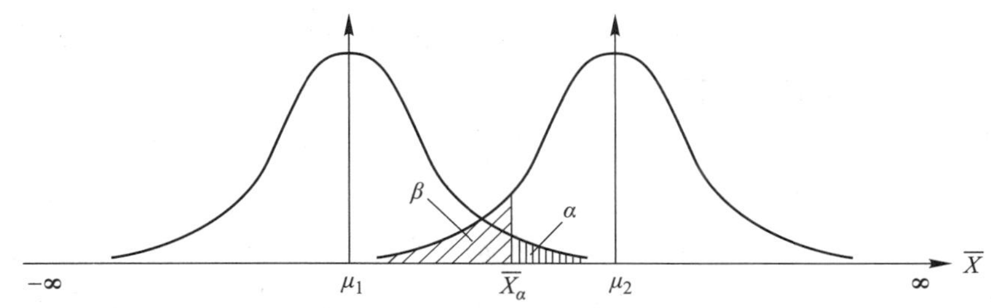

图 6-1-5　假设检验的两类错误

但是，如果样本实际上是属于均数为 μ_2 的总体，其均数因随机性而落在 μ_1 分布的接受域内，从而导致原假设 H_0 被错误地接受了下来，这就是第二类错误。犯第二类错误的概率为 β，即图中 β 区域的面积。

从图 6-1-5 可以看出：

（1）犯两类错误的概率 α 和 β 没有明确的解析关系，但相互有关联。样本容量固定时，犯一类错误概率的减小会导致犯另一类错误概率的增加。即 α 越小，β 越大；α 越大，β 越小。也可以说，α 取得越小，接受域越宽，越容易接受原假设，虽然犯弃真错误的可能性减小了，但犯纳伪错误的可能性却增大了。因此，进行假设检验时显著性水平 α 并非取得越小越好。

（2）β 的大小与两个总体均数 μ_1 和 μ_2 之间的距离有关，两个值越接近，β 越大；两个值离得越远，β 就越小。

（3）相对于双侧检验而言，进行单侧检验时，原假设的拒绝域较大，因而导致较小的 β。

（4）样本容量 n 的增大可以使平均数标准误 $\sigma/\sqrt{n}$ 变小，导致密度函数曲线变陡峭，从而使得两个分布曲线相交的部分减小。因此，要同时降低犯两类错误的概率 α 和 β，或者要在保持 α（或 β）不变的条件下降低 β（或 α），需要增大样本容量。

六、假设检验的步骤

（1）根据问题的具体情况提出原假设 H_0 和备择假设 H_1。在提出假设时，就要考虑到是采用双侧检验还是单侧检验。一般来说，双侧检验和单侧检验原假设的形式是相同的，但备择假设的形式却不一样。以两均数差异的 Z 检验为例，假设的形式如表 6-1-2 所示。

表 6-1-2 进行两均数差异的 Z 检验时假设的建立

	双侧检验	单侧检验
H_0	$\mu_1=\mu_2$	
H	$\mu_1\neq\mu_2$	若 $\overline{X}_1>\overline{X}_2$，则 $\mu_1>\mu_2$ 若 $\overline{X}_1<\overline{X}_2$，则 $\mu_1<\mu_2$

（2）在 H_0 成立的前提下，选择合适的抽样分布，构造一个检验统计量，并根据样本数据计算该统计量的值。在体育统计实践中，常用的检验统计量有 Z 值、t 值、F 值、χ^2 值等。

（3）给定显著性水平 α（小概率值），查相应的分布表找临界值，从而确定 H_0 的拒绝域和接受域。查表时应特别注意是进行双侧检验还是单侧检验，两者的临界值是不同的。

（4）将算出的统计量与查得的临界值进行比较，看统计量是落在接受域内还是落在拒绝域内，确定统计量在其抽样分布上的概率 P，进而做出接受原假设还是拒绝原假设的判断。

在体育科学研究中，一般来说，与 $\alpha=0.05$ 相对应的统计推论是回答"是否具显著性"；与 $\alpha=0.01$ 相对应的统计推论是回答"是否具高度显著性"。

要注意的是，对于不同的检验问题，统计推论的表述是不一样的。例如，在均数差异检验中，如果 $P>0.05$，结论应表述为"无显著性差异"或"差异不具显著性"；如果 $P\leqslant0.05$，结论应表述为"具显著性差异"或"差异具显著性"；如果 $P\leqslant0.01$，结论应表述为"具高度显著性差异"或"差异具高度显著性"。

又如，在相关分析中，如果 $P>0.05$，结论应表述为"相关系数不具显著性"；如果 $P\leqslant0.05$，结论应表述为"相关系数具显著性"；如果 $P\leqslant0.01$，结论应表述为"相关系数具高度显著性"。

第二节　方差的假设检验

一、方差的显著性检验

从总体中随机抽取一个容量为 n 的样本，求得样本方差 S^2。设该样本所由抽取的总体的方差为 σ^2，若要判断该样本方差 S^2 与一个已知总体方差 σ_0^2 是否有显著性差异，实际上是要判断该样本所由抽取的总体方差与已知总体方差是否相等，即检验原假设 H_0：$\sigma^2=\sigma_0^2$ 是否成立。这种情况称为方差（标准差）的显著性检验。

根据抽样分布理论，从正态总体中随机抽取容量为 n 的样本，统计量：

$$\chi^2=\frac{\sum\ (X_i-\overline{X})^2}{\sigma_0^2}=\frac{(n-1)S^2}{\sigma_0^2}$$

服从自由度 $df=n-1$ 的 χ^2 分布。

如图 6-2-1 所示，对于双侧 χ^2 检验，根据显著性水平 α 和自由度 df，在 χ^2 分布上侧分位数表中可以找到两个临界值 $\chi^2_{1-\frac{\alpha}{2}(df)}$ 和 $\chi^2_{\frac{\alpha}{2}(df)}$，使得：

$$P(\chi^2_{1-\frac{\alpha}{2}(df)}<\chi^2<\chi^2_{\frac{\alpha}{2}(df)})=1-\alpha$$

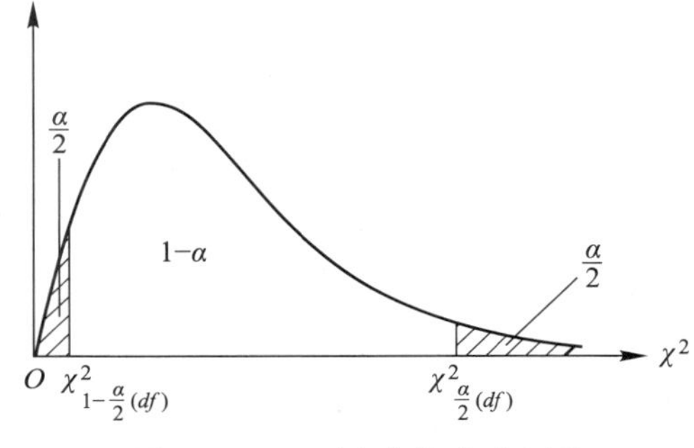

图 6-2-1　双侧 χ^2 检验示意图

如果根据样本计算出的 χ^2 值落在 H_0 的接受域（$\chi^2_{1-\frac{\alpha}{2}(df)}$，$\chi^2_{\frac{\alpha}{2}(df)}$）内，则 $P>\alpha$，应接受原假设，认为样本所由抽取的总体的方差 σ^2 与已知总体的方差 σ_0^2 无显著性差异。如果 χ^2 值落在 H_0 的拒绝域内，即 $\chi^2\leqslant\chi^2_{1-\frac{\alpha}{2}(df)}$ 或者 $\chi^2\geqslant\chi^2_{\frac{\alpha}{2}(df)}$，则 $P\leqslant\alpha$，应拒绝原假设，接受备择假设。此时即可认为样本所由抽取的总体的方差 σ^2 与已知总体的方差 σ_0^2 不相等，差异在 α 水平上具显著性。

例 6.1：立定跳远成绩服从正态分布。在一次全市体质普查中，求得全市 14 岁男生立定跳远成绩的标准差为 21.3 cm。而某班 42 名 14 岁男生立定跳远成绩的标准差为 18.5 cm。若取 $\alpha=0.05$，该班 14 岁男生立定跳远成绩的标准差与全市同年龄男生相比，差异是否具显著性？

解：已知 $\sigma_0=21.3$ cm，$S=18.5$ cm，$n=42$ 人。根据题意，应进行双侧 χ^2 检验。

（1）提出假设，H_0：$\sigma^2=\sigma_0^2$，H_1：$\sigma^2\neq\sigma_0^2$

（2）计算统计量：$\chi^2=\dfrac{(n-1)S^2}{\sigma_0^2}=\dfrac{(42-1)\times18.5^2}{21.3^2}=30.93$

（3）取 $\alpha=0.05$，自由度 $df=42-1=41$，查 χ^2 分布上侧分位数表，得：

$\chi^2_{1-\frac{0.05}{2}(41)}=\chi^2_{0.975(41)}=24.43$，$\chi^2_{\frac{0.05}{2}(41)}=\chi^2_{0.025(41)}=59.34$

（4）因 $\chi^2=30.93$，在区间（24.43，59.34）内，故 $P>0.05$，应接受原假设。可认为该班 14 岁男生立定跳远成绩的标准差与全市同年龄男生的标准差相比，差异不具显著性。

对于单侧 χ^2 检验，若备择假设为 H_1：$\sigma^2<\sigma_0^2$，临界值应取 $\chi^2_{1-\alpha(df)}$，此时拒绝域在分布曲线的左端；若

备择假设为 H_1：$\sigma^2>\sigma_0^2$，临界值应取$\chi^2_{\alpha(df)}$，此时拒绝域在分布曲线的右端。如图 6-2-2 所示。

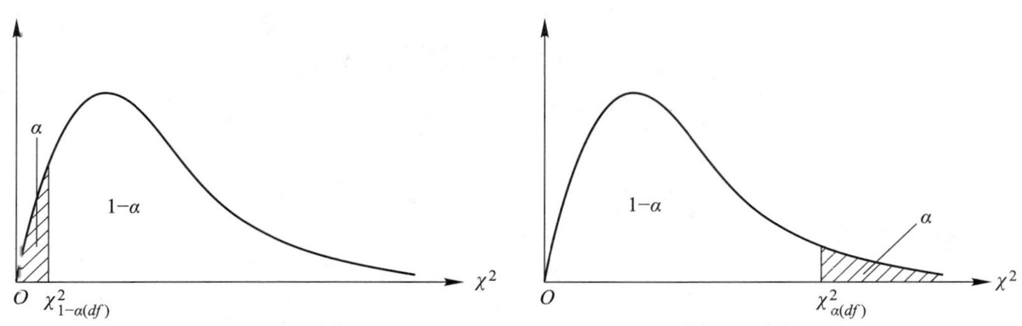

图 6-2-2 单侧χ^2 检验示意图

例 6.2：百米跑成绩服从正态分布。根据某选材标准对成绩稳定性的要求，受试者 100 米跑成绩的标准差不得超过 0.30 s。现测得某运动员 8 次 100 米跑的成绩，求得样本标准差 $S=0.21$ s。若取 $\alpha=0.05$，问该运动员 100 米跑成绩的标准差是否符合选材标准。

解：已知 $\sigma_0=0.30$ s，$S=0.21$ s，$n=8$ 次。

100 米跑成绩服从正态分布。根据题意，只要标准差小于 0.30 s 就认为符合选材标准，因此，可进行单侧χ^2 检验，拒绝域在分布曲线的右端。

（1）提出假设，H_0：$\sigma^2=\sigma_0^2$，H_1：$\sigma^2>\sigma_0^2$

（2）计算 0.21 对应的χ^2 统计量：$\chi^2=\dfrac{(n-1)S^2}{\sigma_0^2}=\dfrac{(8-1)\times0.21^2}{0.30^2}=3.43$

（3）取 $\alpha=0.05$，自由度 $df=8-1=7$，查χ^2 分布上侧分位数表，得：$\chi^2_{0.05(7)}=14.07$

（4）因$\chi^2=3.43<14.07$，故 $P>0.05$，应接受原假设。可认为该运动员 100 米跑成绩的标准差符合选材标准。

二、方差的齐性检验

设 X_1 和 X_2 分别服从正态分布 $N(\mu_1, \sigma_1)$ 和 $N(\mu_2, \sigma_2)$。从两个总体中各随机抽取一个样本，样本容量及样本标准差分别为 n_1、S_1 和 n_2、S_2。若要判断两样本方差 S_1^2 与 S_2^2 是否有显著性差异，实际上是要判断两样本所由抽取的总体方差 σ_1^2 与 σ_1^2 是否相等，即检验原假设 H_0：$\sigma_1^2=\sigma_2^2$ 是否成立。这种情况称为方差（标准差）的齐性检验。

根据抽样分布的理论，统计量 $F=\dfrac{S_1^2}{S_2^2}$服从自由度 $df_1=n_1-1$，$df_2=n_2-1$ 的 F 分布。

检验两方差是否齐性常用双侧检验，如图 6-2-3 所示。根据显著性水平 α 和自由度 df_1、df_2，在 F 分布上侧分位数表上可以找到两个临界值 $F_{1-\frac{\alpha}{2}(df_1,df_2)}$ 和 $F_{\frac{\alpha}{2}(df_1,df_2)}$，使得：

$$P(F_{1-\frac{\alpha}{2}(df_1,df_2)}<F<F_{\frac{\alpha}{2}(df_1,df_2)})=1-\alpha$$

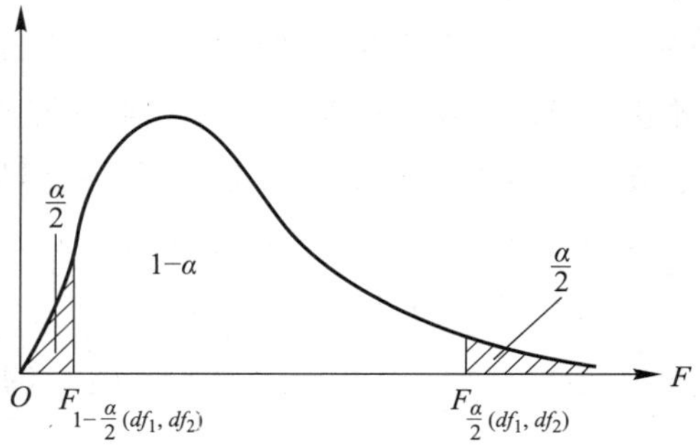

图 6-2-3 双侧 F 检验示意图

进行一次随机抽样，如果根据样本计算所得的 F 值落在 H_0 的接受域（$F_{1-\frac{\alpha}{2}(df_1,df_2)}$，$F_{\frac{\alpha}{2}(df_1,df_2)}$）内，则 $P>\alpha$，应接受原假设，认为两总体方差齐性。如果 F 值落在 H_0 的拒绝域内，即 $F\leqslant F_{1-\frac{\alpha}{2}(df_1,df_2)}$ 或 $F\geqslant F_{\frac{\alpha}{2}(df_1,df_2)}$，则 $P\leqslant\alpha$，应拒绝原假设，接受备择假设，认为两总体方差存在显著性差异。

两个方差的顺序可以随意确定，为了简化计算，通常将较大的一个方差作为分子，将较小的一个方差作为分母，即：

$$F=\frac{S_{大}^2}{S_{小}^2}$$

因而总有 $F\geqslant 1$，故查表只需查右端的一个临界值。此时 df_1 为较大方差的自由度，df_2 为较小方差的自由度。

给定一个显著性水平 α，查 F 分布上侧分位数表，可以查得临界值 $F_{\frac{\alpha}{2}(df_1,df_2)}$。如果 $F<F_{\frac{\alpha}{2}(df_1,df_2)}$，则 $P>\alpha$，应接受原假设。如果 $F\geqslant F_{\frac{\alpha}{2}(df_1,df_2)}$，则 $P\leqslant\alpha$，应拒绝原假设，接受备择假设。

例 6.3：已知同年龄同性别学生握力总体服从正态分布。某教师进行体育教学改革研究，采用为期 2 年的对照实验。选取实验班男生 25 人，对照班男生 24 人。在实验结束时测量握力，初步计算求得实验班平均数为 43.15 kg，标准差为 5.94 kg；对照班平均数为 38.62 kg，标准差为 3.82 kg。若取 $\alpha=0.05$，问两班学生握力成绩总体的方差是否齐性。

解：已知 $n_1=25$ 人，$S_1=5.94$ kg，$n_2=24$ 人，$S_2=3.82$ kg。

根据题意，应进行双侧 F 检验。

（1）提出假设，H_0：$\sigma_1^2=\sigma_2^2$，H_1：$\sigma_1^2\neq\sigma_2^2$

（2）计算统计量：$F=\frac{S_1^2}{S_2^2}=\frac{5.94^2}{3.82^2}=2.42$

（3）自由度 $df_1=n_1-1=25-1=24$，$df_2=n_2-1=24-1=23$

取 $\alpha=0.05$，查 F 分布上侧分位数表，得：$F_{\frac{0.05}{2}(24,23)}=F_{0.025(24,23)}=2.30$

（4）因 $F=2.42>2.30$，故 $P<0.05$，应拒绝原假设，接受备择假设。可认为实验班和对照班握力成绩总体的方差不齐性。

第三节　平均数的假设检验

一、均数的显著性检验

设某总体具有均数 μ，从总体中随机抽取一个容量为 n 的样本，求得样本平均数 $\overline{X}$。若要判断该样本均数 $\overline{X}$ 与一已知总体均数 μ_0 是否有显著性差异，实际上是要判断该样本所由抽取的总体均数 μ 与已知总体均数 μ_0 是否相等，即检验原假设 H_0：$\mu=\mu_0$ 是否成立。这种情况称为均数的显著性检验。

1. 总体服从正态分布，总体标准差已知

总体服从正态分布，即 $X\sim N(\mu_0,\ \sigma_0)$。根据抽样分布的理论，有 $\overline{X}\sim N(\mu_0,\ \sigma_{\overline{X}})$。则统计量：

$$Z=\frac{\overline{X}-\mu_0}{\sigma_{\overline{X}}}=\frac{\overline{X}-\mu_0}{\sigma_0/\sqrt{n}}$$

服从标准正态分布，即 $Z\sim N(0,\ 1)$。此时，可进行均数显著性的 Z 检验。

例 6.4：同年龄同性别学生的 800 米跑成绩服从正态分布。根据学生体质调查的数据，全国 15 岁女生 800 米跑成绩的总体平均数为 237.1 s，总体标准差为 26.3 s。今测得某校该年龄组女生 36 人的 800 米跑成绩，平均数为 228.3 s。问该校 15 岁女生 800 米跑的水平是否和全国不同。

解：已知 $\mu_0=237.1$ s，$\sigma_0=26.3$ s，$\overline{X}=228.3$ s，$n=36$ 人。

总体服从正态分布，总体标准差 σ_0 已知。根据题意，应进行双侧 Z 检验。

（1）提出假设，H_0：$\mu=\mu_0$，H_1：$\mu\neq\mu_0$

（2）计算统计量：$Z=\dfrac{\overline{X}-\mu_0}{\sigma_0/\sqrt{n}}=\dfrac{228.3-237.1}{26.3/\sqrt{36}}=\dfrac{-8.8}{4.38}=-2.01$

（3）查标准正态分布表，得：$Z_{\frac{0.05}{2}}=1.96$，$Z_{\frac{0.01}{2}}=2.58$

（4）因 $|Z|=2.01>1.96$，故 $P<0.05$，应拒绝原假设，接受备择假设。可认为该校 15 岁女生 800 米跑的水平与全国不同，差异具显著性。

2. 总体服从正态分布，总体标准差未知

总体服从正态分布，即 $X\sim N(\mu_0,\sigma_0)$。如果总体标准差 σ_0 未知，则以样本标准差 S 替代总体标准差 σ_0 来计算平均数标准误的估计值 $S_{\overline{X}}$，此时，统计量：

$$t=\frac{\overline{X}-\mu_0}{S_{\overline{X}}}=\frac{\overline{X}-\mu_0}{S/\sqrt{n}}$$

服从自由度 $df=n-1$ 的 t 分布。因此，可进行均数显著性的 t 检验。

例 6.5：体育专业考试的成绩服从正态分布。已知全省体育考生专业考试成绩的总体均数为 76.2 分。现随机抽取某县 24 名考生的专业考试成绩，求得均数 74.8 分，标准差 4.2 分。该县体育考生的专业考试平均成绩是否低于全省平均水平？

解：已知 $\mu_0=76.2$ 分，$\overline{X}=74.8$ 分，$S=4.2$ 分，$n=24$ 人。

总体服从正态分布，总体标准差 σ_0 未知。根据题意，应进行单侧 t 检验。

（1）提出假设，H_0：$\mu=\mu_0$，H_1：$\mu<\mu_0$

（2）计算统计量：$t=\dfrac{\overline{X}-\mu_0}{S/\sqrt{n}}=\dfrac{74.8-76.2}{4.2/\sqrt{24}}=\dfrac{-1.4}{0.857}=-1.634$

（3）自由度 $df=n-1=24-1=23$，查 t 分布上侧分位数表，得：$t_{0.05(23)}=1.714$

（4）因 $|t|=1.634<1.714$，故 $P>0.05$，应接受原假设。可认为该县体育考生的专业考试平均成绩并不低于全省平均水平。

3. 总体非正态，但为大样本

上述 Z 检验和 t 检验的前提是总体服从正态分布，但在统计工作中，有时会遇到总体不呈正态分布的情况。根据中心极限定理，从均数为 μ_0、标准差为 σ_0 的总体（无论总体正态与否）中随机抽样，当样本容量 n 较大时，样本平均数 $\overline{X}$ 都近似服从正态分布。统计学中一般把样本容量 $n\geqslant30$ 的样本视作大样本。因此，对于不呈正态分布的大样本，只要样本容量 $n\geqslant30$，都可进行均数显著性的近似 Z 检验。

若总体标准差 σ_0 已知，检验统计量使用下式：

$$Z=\frac{\overline{X}-\mu_0}{\sigma_{\overline{X}}}=\frac{\overline{X}-\mu_0}{\sigma_0/\sqrt{n}}$$

若总体标准差 σ_0 未知，则需使用平均数标准误的估计值 $S_{\overline{X}}$，此时检验统计量为：

$$Z=\frac{\overline{X}-\mu_0}{S_{\overline{X}}}=\frac{\overline{X}-\mu_0}{S/\sqrt{n}}$$

例 6.6：某年龄组女生身体素质综合评定分数的分布不详，但已知 $\mu_0=68.0$ 分，$\sigma_0=6.2$ 分。今对 A 校该年龄组女生 50 人进行身体素质综合评定，求得 $\overline{X}=71.0$ 分。问 A 校该年龄组女生身体素质综合评定成绩均数是否高于该年龄组均数。

解：已知 $\mu_0=68.0$ 分，$\sigma_0=6.2$ 分，$\overline{X}=71.0$ 分，$n=50$ 人。

总体分布不详，总体标准差 σ_0 已知，$n\geqslant30$，属大样本。根据题意，应进行单侧 Z 检验。

（1）提出假设，H_0：$\mu=\mu_0$，H_1：$\mu>\mu_0$

（2）计算统计量：$Z=\dfrac{\overline{X}-\mu_0}{\sigma_0/\sqrt{n}}=\dfrac{71.0-68.0}{6.2/\sqrt{50}}=\dfrac{3}{0.877}=3.42$

（3）查标准正态分布表，得：$Z_{0.05}=1.65$，$Z_{0.01}=2.33$

（4）因 $|Z|=3.42>2.33$，故 $P<0.01$，应拒绝原假设，接受备择假设。可认为 A 校该年龄组女生身体素质综合评定成绩均数高于该年龄组均数，差异具高度显著性。

例 6.7：某市进行健康知识竞赛，结果分数的分布不服从正态，总平均分为 84.0 分。其中某校参加竞赛的学生 68 人，$\overline{X}=85.4$ 分，$S=7.6$ 分。该校平均分与全市平均分相比，差异是否具显著性？

解：已知 $\mu_0=84.0$ 分，$\overline{X}=85.4$ 分，$S=7.6$ 分，$n=68$ 人。

总体分布不服从正态，总体标准差 σ_0 未知，$n\geqslant30$，属大样本。根据题意，应进行双侧 Z 检验。

（1）提出假设，H_0：$\mu=\mu_0$，H_1：$\mu\neq\mu_0$

（2）计算统计量：$Z=\dfrac{\overline{X}-\mu_0}{S/\sqrt{n}}=\dfrac{85.4-84.0}{7.6/\sqrt{68}}=\dfrac{1.4}{0.922}=1.518$

（3）查标准正态分布表，得：$Z_{\frac{0.05}{2}}=1.96$，$Z_{\frac{0.01}{2}}=2.58$

（4）因 $|Z|=1.518<1.96$，故 $P>0.05$，应接受原假设。可认为该校平均分与全市平均分相比，差异不具显著性。

均数显著性检验的几种情况可以归结起来如表 6-3-1 所示。

表 6-3-1　均数的显著性检验小结

总体分布	总体方差 σ_0^2	样本情况	检验统计量	备注
正态	已知		$Z=\dfrac{\overline{X}-\mu_0}{\sigma_{\overline{X}}}=\dfrac{\overline{X}-\mu_0}{\sigma_0/\sqrt{n}}$	Z 检验
	未知		$t=\dfrac{\overline{X}-\mu_0}{S_{\overline{X}}}=\dfrac{\overline{X}-\mu_0}{S/\sqrt{n}}$	t 检验
非正态	已知	$n\geqslant30$	$Z=\dfrac{\overline{X}-\mu_0}{\sigma_{\overline{X}}}=\dfrac{\overline{X}-\mu_0}{\sigma_0/\sqrt{n}}$	近似 Z 检验
	未知	$n\geqslant30$	$Z=\dfrac{\overline{X}-\mu_0}{S_{\overline{X}}}=\dfrac{\overline{X}-\mu_0}{S/\sqrt{n}}$	近似 Z 检验

二、两均数差异的显著性检验

从均数为 μ_1 的正态总体 X_1 中抽取一个容量为 n_1 的样本，计算得出样本平均数 $\overline{X}_1$；从均数为 μ_2 的正态总体 X_2 中抽取一个容量为 n_2 的样本，计算得出样本平均数 $\overline{X}_2$。若要判断两样本的均数 $\overline{X}_1$ 与 $\overline{X}_2$ 是否有显著性差异，实际上是要判断两样本所由抽取的总体均数 μ_1 和 μ_2 是否相等，即检验原假设 H_0：$\mu_1=\mu_2$ 是否成立。这种情况称为两均数差异的显著性检验。

进行两均数差异的显著性检验时，首先假设两个相应总体均数之间没有差异，然后构造两个样本均数之差的抽样分布，并由此来考察两个样本均数之差是否来自于两个总体均数之差为零的总体。如果样本均数之差较大，使得在其抽样分布上出现的概率足够小，根据小概率事件原理，就可以从实际可能性上做出拒绝原假设的推断，从而接受备择假设。否则，就应接受原假设。

可以证明，两个独立样本均数之差$\overline{X}_1-\overline{X}_2$在其抽样分布上的平均数等于两相应总体均数之差$\mu_1-\mu_2$。

两个独立样本均数之差$\overline{X}_1-\overline{X}_2$在其抽样分布上的标准差称为均数差的标准误，记作$\sigma_{\overline{X}_1-\overline{X}_2}$。可以证明：

$$\sigma_{\overline{X}_1-\overline{X}_2}=\sqrt{\sigma_{\overline{X}_1}^2+\sigma_{\overline{X}_2}^2}=\sqrt{\frac{\sigma_1^2}{n_1}+\frac{\sigma_2^2}{n_2}}$$

当两个总体标准差σ_1、σ_2都未知时，均数差的标准误估计值为：

$$S_{\overline{X}_1-\overline{X}_2}=\sqrt{S_{\overline{X}_1}^2+S_{\overline{X}_2}^2}=\sqrt{\frac{S_1^2}{n_1}+\frac{S_2^2}{n_2}}$$

1. 总体服从正态分布，总体标准差已知

两独立总体分别服从正态分布，总体标准差σ_1和σ_2都已知时，两样本均数之差$\overline{X}_1-\overline{X}_2$服从参数为$\mu_1-\mu_2$，$\sigma_{\overline{X}_1-\overline{X}_2}$的正态分布，即（$\overline{X}_1-\overline{X}_2$）$\sim N(\mu_1-\mu_2,\ \sigma_{\overline{X}_1-\overline{X}_2})$。现建立统计量：

$$Z=\frac{(\overline{X}_1-\overline{X}_2)-(\mu_1-\mu_2)}{\sigma_{\overline{X}_1-\overline{X}_2}}$$

则Z服从标准正态分布，即$Z\sim N(0,\ 1)$。此时，可进行均数差异显著性的Z检验。

如果原假设成立，即两总体均数无差异，$\mu_1-\mu_2=0$，则统计量为：

$$Z=\frac{\overline{X}_1-\overline{X}_2}{\sigma_{\overline{X}_1-\overline{X}_2}}=\frac{\overline{X}_1-\overline{X}_2}{\sqrt{\frac{\sigma_1^2}{n_1}+\frac{\sigma_2^2}{n_2}}}$$

例 6.8：已知体育专业招生全省统一考试成绩服从正态分布。在 A 市抽取 258 名考生，得到平均分数为 77.46 分，且已知该市历年考试成绩的总体标准差为 5.87 分；在 B 市抽取 382 名考生，得到平均分数 75.85 分，且已知该市历年考试成绩的总体标准差为 5.25 分。问两市考生在该次考试中的成绩平均分是否有显著性差异。

解：已知$\overline{X}_1=77.46$分，$\sigma_1=5.87$分，$n_1=258$人，$\overline{X}_2=75.85$分，$\sigma_2=5.25$分，$n_2=382$人。

两总体服从正态分布，总体标准差σ_1、σ_2已知。根据题意，应进行双侧Z检验。

（1）提出假设，H_0：$\mu_1=\mu_2$，H_1：$\mu_1\neq\mu_2$

（2）计算统计量：$Z=\dfrac{\overline{X}_1-\overline{X}_2}{\sqrt{\frac{\sigma_1^2}{n_1}+\frac{\sigma_2^2}{n_2}}}=\dfrac{77.46-75.87}{\sqrt{\frac{5.87^2}{258}+\frac{5.25^2}{382}}}=\dfrac{1.59}{0.454}=3.50$

（3）查标准正态分布表，得：$Z_{\frac{0.05}{2}}=1.96$，$Z_{\frac{0.01}{2}}=2.58$

（4）因$|Z|=3.50>2.58$，故$P<0.01$，应拒绝原假设，接受备择假设。可认为两市考生在该次考试中成绩平均分的差异具高度显著性。

2. 总体服从正态分布，总体标准差未知，方差齐性

如果两总体方差齐性，即$\sigma_1^2=\sigma_2^2=\sigma^2$，根据前面的分析，可知两独立样本均数差的标准误为：

$$\sigma_{\overline{X}_1-\overline{X}_2}=\sqrt{\frac{\sigma_1^2}{n_1}+\frac{\sigma_2^2}{n_2}}=\sqrt{\frac{\sigma^2}{n_1}+\frac{\sigma^2}{n_2}}=\sqrt{\sigma^2\left(\frac{1}{n_1}+\frac{1}{n_2}\right)}$$

因σ^2未知，需求出它的估计值。显然，最好的估计值是两样本方差的加权平均数：

$$S^2=\frac{(n_1-1)S_1^2+(n_2-1)S_2^2}{(n_1-1)+(n_2-1)}=\frac{(n_1-1)S_1^2+(n_2-1)S_2^2}{n_1+n_2-2}$$

将上式代入，可得两独立样本均数差的标准误估计值：

$$S_{\overline{X}_1-\overline{X}_2}=\sqrt{\frac{(n_1-1)S_1^2+(n_2-1)S_2^2}{n_1+n_2-2}\left(\frac{1}{n_1}+\frac{1}{n_2}\right)}$$

两独立总体分别服从正态分布，总体标准差 σ_1、σ_2 都未知，但方差齐性，则统计量

$$t=\frac{(\overline{X}_1-\overline{X}_2)-(\mu_1-\mu_2)}{S_{\overline{X}_1-\overline{X}_2}}$$

服从自由度 $df=n_1+n_2-2$ 的 t 分布。此时，可进行均数差异显著性的 t 检验。

若原假设成立，即两总体均数无差异，$\mu_1-\mu_2=0$，则统计量为：

$$t=\frac{\overline{X}_1-\overline{X}_2}{S_{\overline{X}_1-\overline{X}_2}}=\frac{\overline{X}_1-\overline{X}_2}{\sqrt{\frac{(n_1-1)S_1^2+(n_2-1)S_2^2}{n_1+n_2-2}\left(\frac{1}{n_1}+\frac{1}{n_2}\right)}}$$

例 6.9：肺活量服从正态分布。现抽测两类学生的肺活量，一类是经常参加游泳锻炼者，$n_1=15$ 人，$\overline{X}_1=4\ 130$ mL，$S_1=330$ mL；另一类是不经常参加游泳锻炼者，$n_2=20$ 人，$\overline{X}_2=3\ 846$ mL，$S_2=365$ mL；两组方差齐性。经常参加游泳锻炼者的肺活量是否高于不经常参加游泳锻炼者？

解：已知 $n_1=15$ 人，$\overline{X}_1=4\ 130$ mL，$S_1=330$ mL；$n_2=20$ 人，$\overline{X}_2=3\ 846$ mL，$S_2=365$ mL。

两总体服从正态分布，总体标准差 σ_1、σ_2 未知，方差齐性。根据题意，应进行单侧 t 检验。

（1）提出假设，H_0：$\mu_1=\mu_2$，H_1：$\mu_1>\mu_2$

（2）计算统计量：

$$t=\frac{\overline{X}_1-\overline{X}_2}{\sqrt{\frac{(n_1-1)S_1^2+(n_2-1)S_2^2}{n_1+n_2-2}\left(\frac{1}{n_1}+\frac{1}{n_2}\right)}}=\frac{4\ 130-3\ 846}{\sqrt{\frac{(15-1)\times330^2+(20-1)\times365^2}{15+20-2}\left(\frac{1}{15}+\frac{1}{20}\right)}}=2.37$$

（3）自由度 $df=n_1+n_2-2=15+20-2=33$，查 t 分布上侧分位数表，得：$t_{0.05(33)}=1.692$，$t_{0.01(33)}=2.445$

（4）因 $|t|=2.37>1.692$，故 $P<0.05$，应拒绝原假设，接受备择假设。可认为经常参加游泳锻炼者的肺活量高于不经常参加游泳锻炼者，差异具显著性。

3. 总体服从正态分布，总体标准差未知，方差不齐性

两独立总体分别服从正态分布，总体标准差 σ_1、σ_2 都未知，若方差不齐性，即 $\sigma_1^2\neq\sigma_2^2$，则统计量 $t=\frac{(\overline{X}_1-\overline{X}_2)-(\mu_1-\mu_2)}{S_{\overline{X}_1-\overline{X}_2}}$ 近似服从 t 分布。此时，可进行均数差异显著性的 t 检验。

若原假设成立，即两总体均数无差异，$\mu_1-\mu_2=0$，则统计量为：

$$t=\frac{\overline{X}_1-\overline{X}_2}{S_{\overline{X}_1-\overline{X}_2}}=\frac{\overline{X}_1-\overline{X}_2}{\sqrt{\frac{S_1^2}{n_1}+\frac{S_2^2}{n_2}}}$$

对于这个问题，不能将 t 分布上侧分位数表中自由度为 n_1+n_2-2 的值作为检验的临界值。根据柯克兰（Cochran）与柯克斯（Cox）提出的方法，需对临界值进行校正。

对于双侧检验，给定显著性水平 α，校正的临界值可以近似地由 $t_{\frac{\alpha}{2}(df_1)}$ 和 $t_{\frac{\alpha}{2}(df_2)}$ 的加权平均数计算出来，即：

$$t'_{\frac{\alpha}{2}}=\frac{S_{\overline{X}_1}^2 t_{\frac{\alpha}{2}(df_1)}+S_{\overline{X}_2}^2 t_{\frac{\alpha}{2}(df_2)}}{S_{\overline{X}_1}^2+S_{\overline{X}_2}^2}$$

若有 $|t|\geqslant t'_{\frac{\alpha}{2}}$，则 $P\leqslant\alpha$，判定差异在 α 水平上具有显著性。

对于单侧检验，给定显著性水平 α，校正的临界值可以近似地由 $t_{\alpha(df_1)}$ 和 $t_{\alpha(df_2)}$ 的加权平均数计算出

来，即：

$$t'_{\alpha}=\frac{S_{\overline{X}_1}^2 t_{\alpha(df_1)}+S_{\overline{X}_2}^2 t_{\alpha(df_2)}}{S_{\overline{X}_1}^2+S_{\overline{X}_2}^2}$$

若有 $|t| \geqslant t'_{\alpha}$，则 $P \leqslant \alpha$，判定差异在 α 水平上具有显著性。

例 6.10：已知同年龄同性别学生握力总体服从正态分布。某教师进行体育教学改革研究，采用为期 2 年的对照实验。选取实验班男生 25 人，对照班男生 24 人。在实验结束时测量握力，初步计算求得实验班平均数为 43.15 kg，标准差为 5.94 kg；对照班平均数为 38.62 kg，标准差为 3.82 kg。经检验知两班该项成绩总体的方差不齐性（见例 6.3）。问实验后实验班握力成绩的水平是否高于对照班。

解：已知 $n_1=25$ 人，$\overline{X}_1=43.15$ kg，$S_1=5.94$ kg；$n_2=24$ 人，$\overline{X}_2=38.62$ kg，$S_2=3.82$ kg。

两总体服从正态分布，总体标准差 σ_1、σ_2 都未知，且方差不齐性。根据题意，应进行单侧校正 t 检验。

（1）提出假设，H_0：$\mu_1=\mu_2$，H_1：$\mu_1>\mu_2$

（2）计算统计量：$S_{\overline{X}_1}^2=\left(\frac{S_1}{\sqrt{n_1}}\right)^2=\frac{S_1^2}{n_1}=\frac{5.94^2}{25}=1.411$

$$S_{\overline{X}_2}^2=\left(\frac{S_2}{\sqrt{n_2}}\right)^2=\frac{S_2^2}{n_2}=\frac{3.82^2}{24}=0.608$$

$$t=\frac{\overline{X}_1-\overline{X}_2}{\sqrt{\frac{S_1^2}{n_1}+\frac{S_2^2}{n_2}}}=\frac{43.15-38.62}{\sqrt{1.411+0.608}}=\frac{4.53}{1.421}=3.188$$

（3）自由度 $df_1=n_1-1=25-1=24$，$df_2=n_2-1=24-1=23$，查 t 分布上侧分位数表，得：

$t_{0.05(24)}=1.711$，$t_{0.05(23)}=1.714$；$t_{0.01(24)}=2.492$，$t_{0.01(23)}=2.500$

$$t'_{0.05}=\frac{S_{\overline{X}_1}^2 t_{0.05(24)}+S_{\overline{X}_2}^2 t_{0.05(23)}}{S_{\overline{X}_1}^2+S_{\overline{X}_2}^2}=\frac{1.411\times1.711+0.608\times1.714}{1.411+0.608}=\frac{3.456}{2.019}=1.712$$

$$t'_{0.01}=\frac{S_{\overline{X}_1}^2 t_{0.01(24)}+S_{\overline{X}_2}^2 t_{0.01(23)}}{S_{\overline{X}_1}^2+S_{\overline{X}_2}^2}=\frac{1.411\times2.492+0.608\times2.500}{1.411+0.608}=\frac{5.036}{2.019}=2.494$$

（4）因 $|t|=3.188>2.494$，故 $P<0.01$，应拒绝原假设，接受备择假设。可认为实验后实验班握力成绩的水平高于对照班，差异具高度显著性。

4. 总体非正态，但为大样本

根据中心极限定理，如果两个独立总体不呈正态分布，但为大样本（$n_1 \geqslant 30$，$n_2 \geqslant 30$），则两样本均数之差 $\overline{X}_1-\overline{X}_2$ 近似服从正态分布。因此，可进行均数差异显著性的近似 Z 检验。

若总体标准差 σ_1、σ_2 已知，则检验统计量使用：

$$Z=\frac{\overline{X}_1-\overline{X}_2}{\sqrt{\frac{\sigma_1^2}{n_1}+\frac{\sigma_2^2}{n_2}}}$$

若总体标准差 σ_1、σ_2 未知，则使用两均数差的标准误估计值 $S_{\overline{X}_1-\overline{X}_2}$，此时检验统计量为：

$$Z=\frac{\overline{X}_1-\overline{X}_2}{\sqrt{\frac{S_1^2}{n_1}+\frac{S_2^2}{n_2}}}$$

例 6.11：某体质研究组测得某地大学生的收缩压，男 112 人，$\overline{X}_1=121.8$ mmHg，$S_1=12.0$ mmHg，女

106 人，$\overline{X}_2=112.4$ mmHg，$S_2=10.0$ mmHg。问男生收缩压是否高于女生。

解：已知 $n_1=112$ 人，$\overline{X}_1=121.8$ mmHg，$S_1=12.0$ mmHg，$n_2=106$ 人，$\overline{X}_2=112.4$ mmHg，$S_2=10.0$ mmHg。

收缩压分布不详，但均为大样本。根据题意，应进行单侧 Z 检验。

（1）提出假设，H_0：$\mu_1=\mu_2$，H_1：$\mu_1>\mu_2$

（2）计算统计量：$Z=\dfrac{\overline{X}_1-\overline{X}_2}{\sqrt{\dfrac{S_1^2}{n_1}+\dfrac{S_2^2}{n_2}}}=\dfrac{121.8-112.4}{\sqrt{\dfrac{12.0^2}{112}+\dfrac{10^2}{106}}}=6.30$

（3）查标准正态分布表，得：$Z_{0.05}=1.65$，$Z_{0.01}=2.33$

（4）因 $|Z|=6.30>2.33$，故 $P<0.01$，应拒绝原假设，接受备择假设。可认为男生收缩压高于女生，差异具高度显著性。

5. 配对样本

如果两个样本内个体之间存在着一一对应的关系，这样的两个样本就称为配对样本。配对样本通常有两种情况：一种是根据某些条件基本相同的原则，把对象一一匹配成对，然后将每对随机地分入实验组和对照组，对两组施以不同的处理后，用同一个方法对两组进行测验，由此获得两组关联的测验结果（配对实验）。另一种是对同一组对象进行实验，在实验前、后用同一个方法进行测验，由此获得两组关联的测验结果（自身前后配对）。由于配对样本不满足总体独立的条件，故配对样本均数差异的显著性检验，需采用改进的方法。

设两个配对样本 X_1 和 X_2 来自服从正态分布的两个总体，可求得每对观测值之差 $d=X_1-X_2$（或 $d=X_2-X_1$），则随机变量 d 也服从正态分布，即 $d\sim N(\mu,\ \sigma)$。根据抽样分布的理论，有 $\overline{d}\sim N(\mu,\ \sigma_{\overline{d}})$。如果两样本均数无差异，则相当于随机变量 d 所属总体的均数 $\mu=0$，即 $\overline{d}\sim N(0,\ \sigma_{\overline{d}})$。现在，问题可归结为检验原假设 H_0：$\mu=0$ 是否成立。

由于总体标准差 σ 未知，以样本标准差 S 替代之，可求得观测值之差平均数的标准误估计值 $S_{\overline{d}}=\dfrac{S}{\sqrt{n}}$，此时统计量：

$$t=\frac{\overline{d}-\mu}{S_{\overline{d}}}=\frac{\overline{d}-0}{S_{\overline{d}}}=\frac{\overline{d}}{S_{\overline{d}}}=\frac{\overline{d}}{S/\sqrt{n}}$$

服从自由度 $df=n-1$ 的 t 分布。因此，可进行两配对样本均数差异显著性的 t 检验。

例 6.12：对 8 名队员进行技术训练，分别测得各人阶段训练前、后两综合成绩 X_1 和 X_2，问技术训练对综合成绩的提高是否有效。

训练前 X_1：71，90，82，70，75，77，80，71

训练后 X_2：75，80，85，77，89，70，88，72

解：本例为前、后比较，属于配对样本，需计算各人前后成绩差 $d=X_2-X_1$。根据题意，应进行单侧 t 检验。列计算表（表 6-3-2），可得：

表 6-3-2 训练前、后成绩差异显著性检验计算表

编号	X_1	X_2	$d=X_2-X_1$	d^2
1	71	75	4	16
2	90	80	-10	100
3	82	85	3	9
4	70	77	7	49
5	75	89	14	196

续表

编号	X_1	X_2	$d=X_2-X_1$	d^2
6	77	70	−7	49
7	80	88	8	64
8	71	72	1	1
$\sum$	616	636	20	484

$$\bar{d}=\frac{\sum d}{n}=\frac{20}{8}=2.5$$

$$S=\sqrt{\frac{\sum d^2-\frac{(\sum d)^2}{n}}{n-1}}=\sqrt{\frac{484-\frac{20^2}{8}}{8-1}}=7.87$$

（1）提出假设 H_0：$\mu=0$，H_1：$\mu>0$

（2）计算统计量：$t=\dfrac{\bar{d}}{S/\sqrt{n}}=\dfrac{2.5}{7.87/\sqrt{8}}=\dfrac{2.5}{2.782}=0.899$

（3）自由度 $df=n-1=8-1=7$，查 t 分布上侧分位数表，得：$t_{0.05(7)}=1.895$，$t_{0.01(7)}=2.998$

（4）因 $|t|=0.899<1.895$，故 $P>0.05$，应接受原假设，即认为前、后综合成绩差异不具显著性，训练效果不明显。

两均数差异显著性检验的几种情况可以归结起来如表 6-3-3 所示。

表 6-3-3 两均数差异的显著性检验小结

两总体分布	总体方差 σ_1^2、σ_2^2		样本情况	检验统计量	备注
正态	已知		独立	$Z=\dfrac{\bar{X}_1-\bar{X}_2}{\sqrt{\dfrac{\sigma_1^2}{n_1}+\dfrac{\sigma_2^2}{n_2}}}$	Z 检验
	未知	$\sigma_1^2=\sigma_2^2$	独立	$t=\dfrac{\bar{X}_1-\bar{X}_2}{\sqrt{\dfrac{(n_1-1)S_1^2+(n_2-1)S_2^2}{n_1+n_2-2}\left(\dfrac{1}{n_1}+\dfrac{1}{n_2}\right)}}$	t 检验
		$\sigma_1^2\neq\sigma_2^2$	独立	$t=\dfrac{\bar{X}_1-\bar{X}_2}{\sqrt{\dfrac{S_1^2}{n_1}+\dfrac{S_2^2}{n_2}}}$	校正 t 检验
		不考虑 是否齐性	配对	$t=\dfrac{\bar{d}}{S/\sqrt{n}}$	t 检验
非正态	已知		独立 $n_1\geqslant30$ $n_2\geqslant30$	$Z=\dfrac{\bar{X}_1-\bar{X}_2}{\sqrt{\dfrac{\sigma_1^2}{n_1}+\dfrac{\sigma_2^2}{n_2}}}$	近似 Z 检验
	未知		独立 $n_1\geqslant30$ $n_2\geqslant30$	$Z=\dfrac{\bar{X}_1-\bar{X}_2}{\sqrt{\dfrac{S_1^2}{n_1}+\dfrac{S_2^2}{n_2}}}$	近似 Z 检验

第四节　率的假设检验

一、率的显著性检验

设某总体具有总体率 π，从中随机抽取一个样本，求得样本率 p。若要判断该样本率 p 与一个已知总体率 π_0 是否有显著性差异，实际上是要判断该样本所由抽取的总体率 π 与已知总体率 π_0 是否相等，即检验原假设 H_0：$\pi=\pi_0$ 是否成立。这种情况称为率的显著性检验。

率的抽样分布属于二项分布。根据率抽样分布的原理，当二项分布近似于正态分布时，有 $p\sim N(\pi_0,\ \sigma_p)$，因而统计量：

$$Z=\frac{p-\pi_0}{\sigma_p}$$

近似服从标准正态分布，即 $Z\sim N(0,\ 1)$。此时，对率的显著性检验可以采用近似 Z 检验。上式中的 σ_p 为率的标准误，由式 $\sigma_p=\sqrt{\frac{\pi_0(1-\pi_0)}{n}}$ 确定。

例 6.13：已知全市中学体育教师学历合格率为 0.76。今随机抽查某区 120 名中学体育教师，其中具有合格学历的有 98 人。问该区中学体育教师学历合格率与全市合格率是否不同。

解：已知 $\pi_0=0.76$，$n=120$ 人，$m=98$ 人。

本例两个频数分别为 98 和 $120-98=22$，均大于 5，可用正态分布解题。根据题意，应进行双侧 Z 检验。

（1）提出假设 H_0：$\pi=\pi_0$，H_1：$\pi\neq\pi_0$

（2）计算统计量：$p=\frac{m}{n}=\frac{98}{120}=0.82$

$$\sigma_p=\sqrt{\frac{\pi_0(1-\pi_0)}{n}}=\sqrt{\frac{0.76\times(1-0.76)}{120}}=0.039$$

$$Z=\frac{p-\pi_0}{\sigma_p}=\frac{0.82-0.76}{0.039}=1.54$$

（3）查标准正态分布表，得：$Z_{\frac{0.05}{2}}=1.96$，$Z_{\frac{0.01}{2}}=2.58$

（4）因 $|Z|=1.54<1.96$，故 $P>0.05$，应接受原假设。可认为该区中学体育教师学历合格率与全市合格率无显著性差异。

二、两率差异的显著性检验

从总体率为 π_1 的总体中随机抽取一个容量为 n_1 的样本，计算得到样本率 p_1；从总体率为 π_2 的总体中随机抽取一个容量为 n_2 的样本，计算得到样本率 p_2。若要判断两样本率 p_1 与 p_2 是否有显著性差异，实际上是要判断两样本所由抽取的总体率 π_1 与 π_2 是否相等，即检验原假设 H_0：$\pi_1=\pi_2$ 是否成立。这种情况称为两率差异的显著性检验。

两样本率之差 p_1-p_2 在其抽样分布上的均数等于两相应总体率之差 $\pi_1-\pi_2$。

两样本率之差 p_1-p_2 在其抽样分布上的标准差称为两率差的标准误，记作：

$$\sigma_{p_1-p_2}=\sqrt{\sigma_{p_1}^2+\sigma_{p_2}^2}=\sqrt{\frac{\pi_1(1-\pi_1)}{n_1}+\frac{\pi_2(1-\pi_2)}{n_2}}$$

如果总体率 π_1、π_2 未知，可用样本率 p_1、p_2 代之，则两率差的标准误估计值为：

$$S_{p_1-p_2}=\sqrt{S_{p_1}^2+S_{p_2}^2}=\sqrt{\frac{p_1(1-p_1)}{n_1}+\frac{p_2(1-p_2)}{n_2}}$$

如果原假设成立，即认为两样本来自同一总体，有 $\pi_1=\pi_2$，但 π_1 和 π_2 均未知。若以 p_c 代表总体率，则 p_c 可用两样本率的加权平均数表示，即：$p_c=\frac{n_1p_1+n_2p_2}{n_1+n_2}=\frac{m_1+m_2}{n_1+n_2}$。

于是有：$S_{p_1-p_2}=\sqrt{\frac{p_1(1-p_1)}{n_1}+\frac{p_2(1-p_2)}{n_2}}=\sqrt{\frac{p_c(1-p_c)}{n_1}+\frac{p_c(1-p_c)}{n_2}}=\sqrt{p_c(1-p_c)\left(\frac{1}{n_1}+\frac{1}{n_2}\right)}$。

根据率抽样分布的原理，对于两个独立样本，只要 n_1p_1、$n_1(1-p_1)$、n_2p_2、$n_2(1-p_2)$ 都大于或等于 5，则两个样本率之差 p_1-p_2 近似服从于参数为 $\pi_1-\pi_2$，$S_{p_1-p_2}$ 的正态分布，即 $(p_1-p_2)\sim N(\pi_1-\pi_2, S_{p_1-p_2})$。现建立统计量：

$$Z=\frac{(p_1-p_2)-(\pi_1-\pi_2)}{S_{p_1-p_2}}$$

则 Z 近似服从标准正态分布，即 $Z\sim N(0, 1)$。此时，对两率差异的显著性检验可以采用近似 Z 检验。

若原假设成立，两总体率无差异，即 $\pi_1-\pi_2=0$，则统计量为：

$$Z=\frac{p_1-p_2}{S_{p_1-p_2}}$$

例 6.14：某市进行体育综合改革，今在甲、乙两校进行随机调查，了解学生对体育综合改革的态度。调查的人数及其对体育综合改革持不同态度的人数如表 6-4-1 所示。问两校学生对体育综合改革持肯定态度的人数比率有无显著性差异。

表 6-4-1 体育综合改革调查结果统计表

	调查人数	肯定人数	非肯定人数	肯定率
甲校	62	52	10	0.84
乙校	58	51	7	0.88

解：甲、乙两校中对体育教学改革持肯定态度的人数和非肯定态度的人数都大于 5，可用正态分布解题。根据题意，应进行双侧 Z 检验。

已知 $n_1=62$ 人，$m_1=52$ 人，$p_1=0.84$，$n_2=58$ 人，$m_2=51$ 人，$p_2=0.88$。

（1）提出假设 H_0：$\pi_1=\pi_2$，H_1：$\pi_1\neq\pi_2$

（2）计算统计量：$p_c=\frac{m_1+m_2}{n_1+n_2}=\frac{52+51}{62+58}=\frac{103}{120}=0.86$

$$S_{p_1-p_2}=\sqrt{p_c(1-p_c)\left(\frac{1}{n_1}+\frac{1}{n_2}\right)}=\sqrt{0.86\times(1-0.86)\times\left(\frac{1}{62}+\frac{1}{58}\right)}=0.063\ 4$$

$$Z=\frac{p_1-p_2}{S_{p_1-p_2}}=\frac{0.84-0.88}{0.063\ 4}=-0.631$$

（3）查示准正态分布表，得：$Z_{\frac{0.05}{2}}=1.96$，$Z_{\frac{0.01}{2}}=2.58$

（4）因 $|Z|=0.631<1.96$，故 $P>0.05$，应接受原假设。可认为两校学生对体育综合改革持肯定态度的

人数比率无显著性差异。

思考与练习

1. 什么是假设检验？

2. 什么是小概率事件？什么是小概率事件原理？

3. 什么是双侧检验？什么是单侧检验？哪一种检验较容易拒绝原假设？

4. 对一个假设检验问题，如何确定是进行双侧检验还是单侧检验？

5. 双侧 Z 检验时，原假设的接受域是什么？拒绝域是什么？

6. 单侧 t 检验时（显著性水平 α 置于右端），原假设的接受域是什么？拒绝域是什么？

7. 假设检验的两类错误指的是什么？

8. 假设检验时显著性水平 α 是否取得越小越好？为什么？

9. 假设检验的基本步骤是什么？

10. 已知优秀男子游泳运动员 25 米自由泳短冲训练的成绩总体服从正态分布，总体标准差为 0.38 s。现测得某男子运动员在一组 12×25 米自由泳短冲训练的成绩（s）如下。如果取 $\alpha=0.05$，该运动员 25 米自由泳短冲训练成绩的稳定性与优秀运动员相比是否有显著性差异？

12.78	13.56	13.20	13.61	12.45	12.56
13.88	13.46	13.03	13.95	13.68	12.67

11. 优秀足球运动员做 25 米定位球传准练习，球偏离目标的距离总体服从正态分布，总体标准差 $\sigma_0=0.78$ m。今对某运动员进行该项技术 20 次测验，试求 S 应在什么限度内，才能以 95%的可靠性认为该运动员的 25 米定位球传准技术达到优秀运动员水平？

12. 已知全省当年高等学校体育专业招生考试男生立定三级跳远成绩的总体服从正态分布，总体平均数为 8.32 m，总体标准差为 0.48 m。今测得某区 30 名男生的立定三级跳远成绩如下，该区男生的立定三级跳远成绩是否高于全省平均水平？

8.56	8.12	7.98	8.78	8.55	8.79	9.02	9.24	8.43	7.88
8.45	8.36	8.32	7.96	8.00	8.04	8.32	8.44	8.62	8.74
8.55	8.40	8.26	8.28	8.58	8.46	8.36	8.78	9.12	8.76

13. 1 000 米跑成绩总体服从正态分布。已知全国 15 岁男生 1 000 米跑成绩均数为 249.7 s。某校进行了三年综合体育改革试验，现测得 15 岁男生 50 人 1 000 米跑的成绩，平均数为 238.7 s，标准差为 24.5 s。问该校 15 岁男生的 1 000 米跑成绩是否优于全国该年龄组平均水平。

14. 某省某年体育高考身体素质测试中连续挺举得分的总体不服从正态分布。已知全省男子考生该项成绩平均数为 37.4 分。今随机抽得 A 县男子考生 52 人该项成绩，平均数为 35.2 分，标准差为 3.6 分。A 县男子考生该项成绩是否低于全省平均水平？

15. 身高服从正态分布。某地在进行青少儿体质调查时，测量 6 岁儿童身高。现随机抽取男童 32 人，平均身高为 114.6 cm；女童 28 人，平均身高为 112.2 cm。根据以往积累资料，该地 6 岁男童身高的总体标准差为 5.6 cm；女童身高的总体标准差为 6.4 cm。能否认为该地 6 岁男、女儿童身高有显著性差异？

16. 某教师对各方面情况相似的两个班进行体育健康课程教学改革试验，甲班 25 人，采用常规教学方法；乙班 26 人，采用探究式教学方法。一个学期后，用同一份试卷对两个班的学生进行测验，结果如下。已知两班该项考试成绩总体都服从正态分布，问：

（1）两班考试成绩的方差是否齐性？

（2）探究式教学方法的效果是否优于常规教学方法？

甲班：76 66 83 68 77 70 70 88 74 76 54 76 68
78 92 79 80 86 82 83 66 85 80 72 79

乙班：84 68 72 74 94 74 75 76 88 78 84 79 82
80 79 82 78 84 68 84 85 86 87 77 92 74

17. 某教师进行体育教学改革试验，实验班和对照班都为 25 人。在实验前、后都采用专门设计的量表对学生体育活动的态度进行调查。现测得实验后两班学生的得分如下。已知两班该项得分总体都服从正态分布，问：

（1）实验班与对照班得分的方差是否齐性？

（2）实验班与对照班的体育活动态度得分是否具显著性差异？

实验班：54 58 52 46 60 62 52 48 50 60 56 63 40
58 47 55 62 42 55 56 58 45 47 53 57

对照班：56 48 49 58 39 32 53 32 49 55 49 38 30
49 62 36 30 56 36 40 46 42 58 54 50

18. 为了比较文、理科大学生在体育技能学习上的差异，某研究小组在某校随机抽取文科学生 54 人、理科学生 48 人进行体育技能学习试验，用百分制评价每人在相同学习条件下技能掌握的质量。已求得文科学生 $\overline{X}_1=80.6$ 分，$S_1=6.8$ 分；理科学生 $\overline{X}_2=82.4$ 分，$S_2=10.5$ 分；如果两类学生该项成绩总体不满足正态分布的前提，问文、理科大学生在体育技能学习上是否存在显著性差异？

19. 采用某种新训练法对 16 名学生进行三周下肢爆发力训练，测得训练前、后立定跳远的成绩（cm），如表 6-5-1 所示。已知训练前、后成绩总体都服从正态分布，新训练法对提高下肢爆发力是否有效？

表 6-5-1 训练前、后立定跳远成绩表

编号	训练前（cm）	训练后（cm）	编号	训练前（cm）	训练后（cm）
1	219	224	9	242	240
2	234	240	10	236	245
3	221	221	11	249	252
4	237	250	12	210	235
5	242	258	13	240	238
6	205	209	14	210	215
7	256	260	15	246	250
8	219	233	16	214	215

20. 根据历史积累资料，某排球队在比赛中的扣球成功率为 0.42。今该队在一次比赛中扣球 256 次，其中成功 100 次，成功率为 0.39。问该队在该次比赛中的扣球成功率与历史水平相比是否有显著性差异？

21. 全国高三学生的近视率为 65%。今抽查某校高三学生 300 人，近视者 213 人。该校高三学生近视率是否高于全国水平？

22. 某市体质检查时，7~9 岁儿童 1 156 人中检出习惯性脊柱侧弯 82 人；10~12 岁儿童 1 120 人中检出习惯性脊柱侧弯 95 人。两年龄组习惯性脊柱侧弯率是否有显著性差异？

23. 小学生视力检查时，在甲市抽查了 450 人，其中沙眼患者 68 人；在乙市抽查了 560 人，其中沙眼患者 89 人。两市小学生沙眼发生率是否有显著性差异？

第二部分

SPSS 应用基础

本部分是 SPSS for Windows 的应用基础，简要介绍了 SPSS 系统的发展及特点、系统的安装与基本使用方法；介绍了数据文件的建立与文件管理的方法，以及 SPSS 的函数、运算符和表达式；比较详细地介绍了在正式统计分析之前常用的对数据进行整理和转换的方法，如排序、转置、合并、重构、汇总、拆分、选择个案、加权、计算新变量、计数、重编码、排秩等。掌握好本部分的知识和技巧，是熟练使用 SPSS 系统进行统计分析的前提。

第七章　SPSS 系统概述

第一节　SPSS 系统的发展及特点

一、SPSS 系统的发展

SPSS for Windows 简称 SPSS，是世界著名的统计分析软件之一，深受社会各界统计分析人员的喜爱。其名称原为“Statistical Package for Social Science”，即“社会科学统计软件包”。实际上，它不仅适用于社会科学的统计分析，也适用于自然科学各领域的统计分析。

1968 年，美国斯坦福大学的三位学生开发了最早的 SPSS 统计软件。1975 年，在芝加哥成立了专门研制和经营 SPSS 软件的 SPSS 公司。20 世纪 80 年代初微型计算机出现，SPSS 公司以其敏锐的市场洞察力和雄厚的技术力量，于 1984 年推出了运行在 DOS 操作系统上的 SPSS 第 1 版，随后又相继推出了第 2、3、4 版，统称为 SPSS/PC+版，从而确立了该软件在个人用户市场第一的地位。

20 世纪 90 年代初，随着微机 Windows 操作系统的出现和盛行，SPSS 公司又研制出了以 Windows 为运行平台的 SPSS 第 5、6 版。90 年代中后期以来，为满足用户在 Windows 操作系统平台上工作的习惯，并适应 Internet 的广泛使用，SPSS 第 7 版至第 16 版又相继问世，统称为 SPSS for Windows 版。

随着产品服务领域的扩大和服务深度的增加，SPSS 系统现在已正式更名为“Statistical Product and Service Solutions”，即“统计产品与服务解决方案”。从第 17 版起改为多国语言版。SPSS 公司被 IBM 公司收购后，产品改称为“IBM SPSS Statistics”。

近几十年来，SPSS 已在我国经济、工业、管理、医疗卫生、心理、教育、体育等领域得到了广泛的应用，已成为广大管理工作者和科研人员必备的重要工具。本书以 SPSS 26.0 版为蓝本，介绍该软件在体育统计中的应用。

二、SPSS 系统的特点

1. 强大的统计分析功能

SPSS 系统不仅具有常规的描述统计和推断统计功能，还具有多种应用广泛的多元统计功能。它的基本统计过程包括描述统计、平均数比较、方差分析、非参数检验、相关分析、回归分析、聚类分析、判别分析、因子分析等，可以解决我们在实际工作中遇到的大部分统计分析问题。

2. 方便直观的操作界面

SPSS 系统采用了直观的可视化界面，用户可以通过选择菜单命令的方式来选择需要的统计过程，通过对话框设置统计参数和统计功能，通过按钮完成各种操作，无须编程就可以完成统计分析工作，易学易用，大大提高了工作效率。

3. 易于理解的输出结果

SPSS 系统会将统计分析的结果以表格的方式清楚地表示出来，同时还会给出各种有用的统计图形，易于用户理解。

4. 丰富的图形分析功能

SPSS 系统除了能自动生成统计结果图形外，还能独立于统计过程进行图形绘制和图形分析。对于分析的结果，能够以点阵图形的方式显示出来，并且允许用户对其进行编辑。

第二节　SPSS 系统的安装

一、SPSS 系统的安装过程

汉化的 SPSS 需要在中文 Windows 平台上运行。SPSS 具有与大多数 Windows 平台上的软件产品相同的安装步骤。下面简要介绍 SPSS for Windows 26.0 版的安装过程。

1. 启动安装程序

开机后，通过“我的电脑”或“资源管理器”，在软件安装包中找到安装程序图标 setup. exe，双击该图标启动安装程序，即出现安装 SPSS 的初始界面，如图 7-2-1 所示。

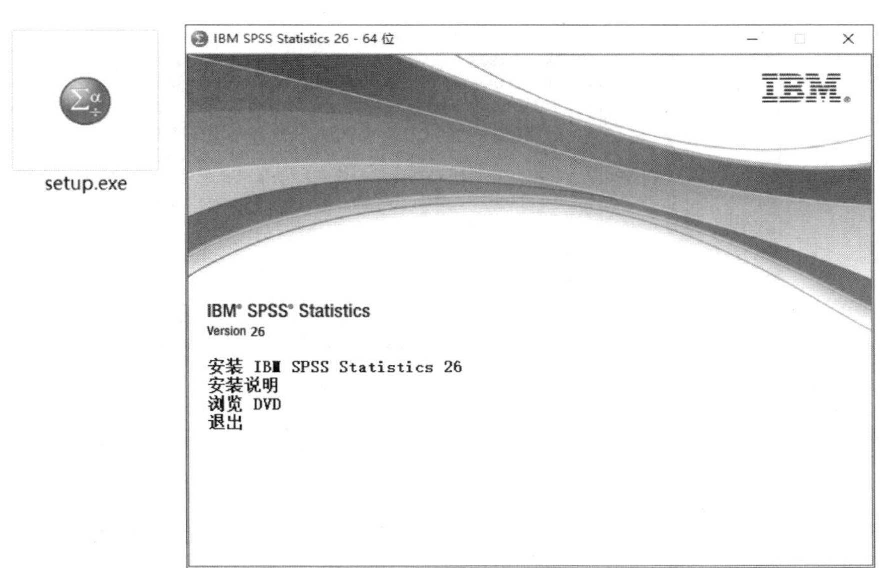

图 7-2-1　安装程序图标和安装 SPSS 的初始界面

在初始界面中单击“安装 IBM SPSS Statistics 26”条目后，出现如图 7-2-2 所示的界面，系统自动进行安装前的准备工作。随后出现如图 7-2-3 所示的界面，在其中单击“下一步”按钮继续。

2. 接受软件许可协议

在图 7-2-4 所示的“软件许可协议”界面中，选择“我接受许可协议中的全部条款”，然后单击“下一步”按钮继续。

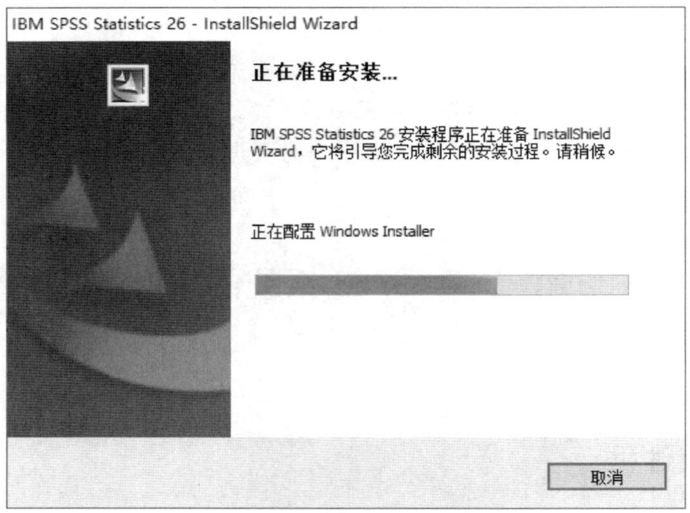

图 7-2-2 准备安装

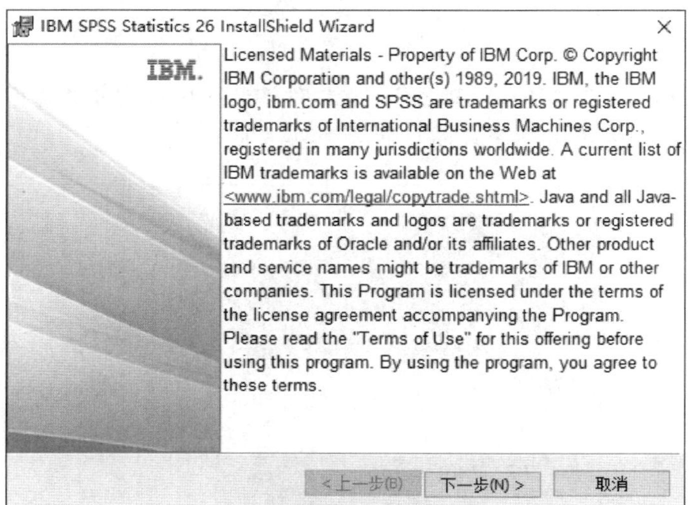

图 7-2-3 软件基本信息

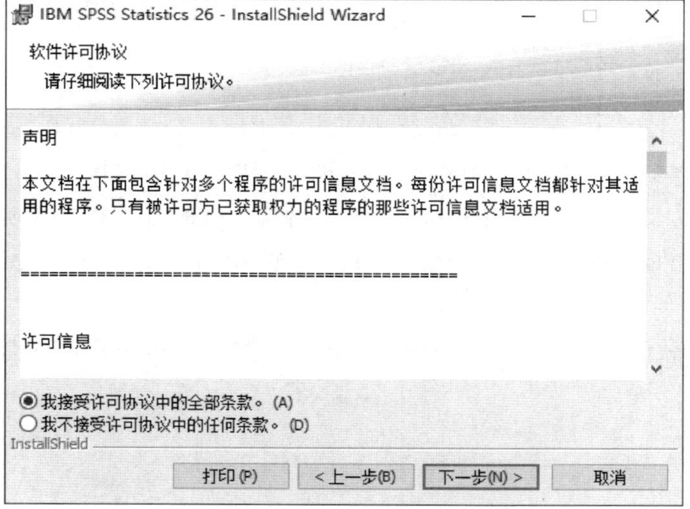

图 7-2-4 软件许可协议

在图 7-2-5 所示的“安装 Essentials for Python”界面中，选择“是”，然后单击“下一步”按钮继续。

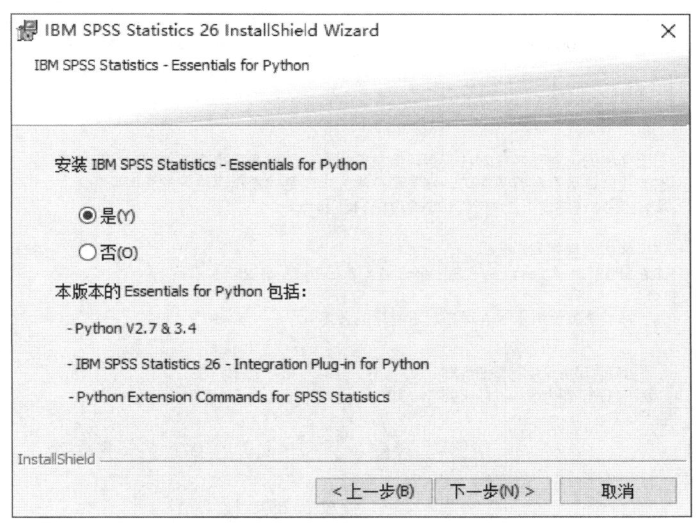

图 7-2-5 安装 Essentials for Python

在图 7-2-6 所示的“许可证协议”界面中，选择“我接受该许可证协议中的条款”，然后单击“下一步”按钮继续。

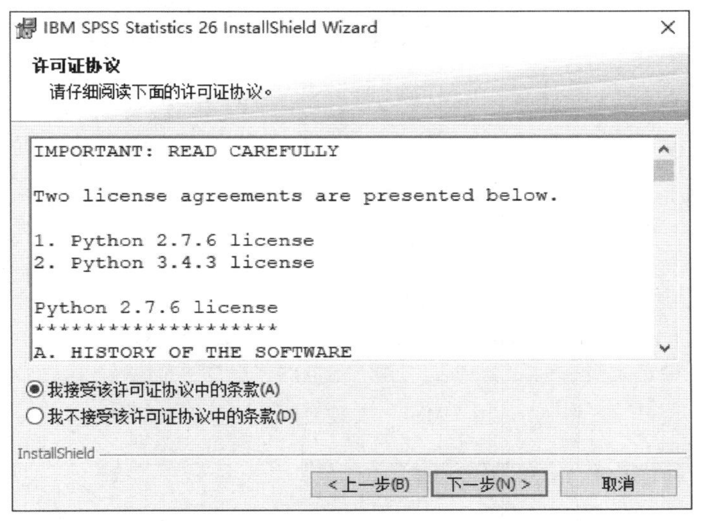

图 7-2-6 许可证协议

在图 7-2-7 所示的“软件许可协议”界面中，再次选择“我接受许可协议中的全部条款”，然后单击“下一步”按钮继续。

3. 建立安装目录

在图 7-2-8 所示的“目的地文件夹”界面中，可见系统默认将程序安装在 C:\Program Files\IBM\SPSS\Statistics\26\文件夹下。若接受，单击“下一步”按钮继续即可。

如果想把 SPSS 系统安装在其他文件夹下，可单击“更改”按钮，在打开的对话框中选择目标盘，输入目标文件夹的完整路径，再单击“确定”按钮，如图 7-2-9 所示。返回图 7-2-8 所示的界面后，可看到修改后的目的地文件夹，此时再单击“下一步”按钮继续。

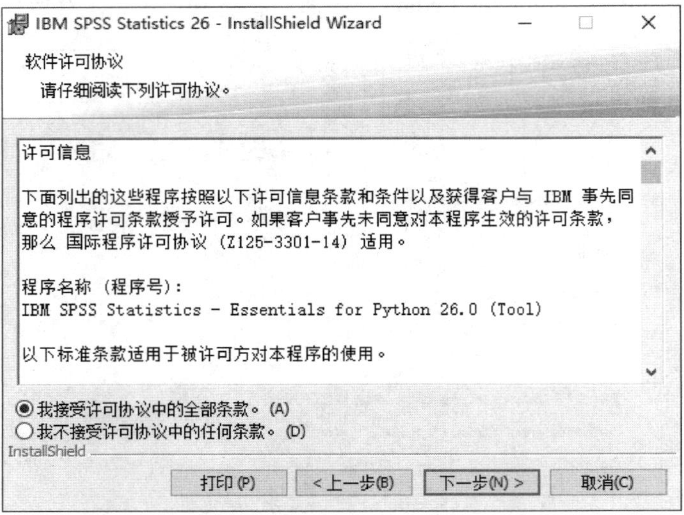

图 7-2-7 软件许可协议

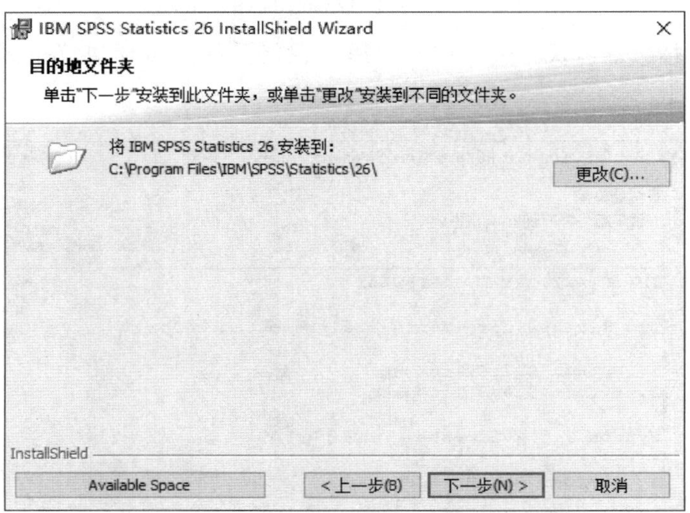

图 7-2-8 安装文件夹信息

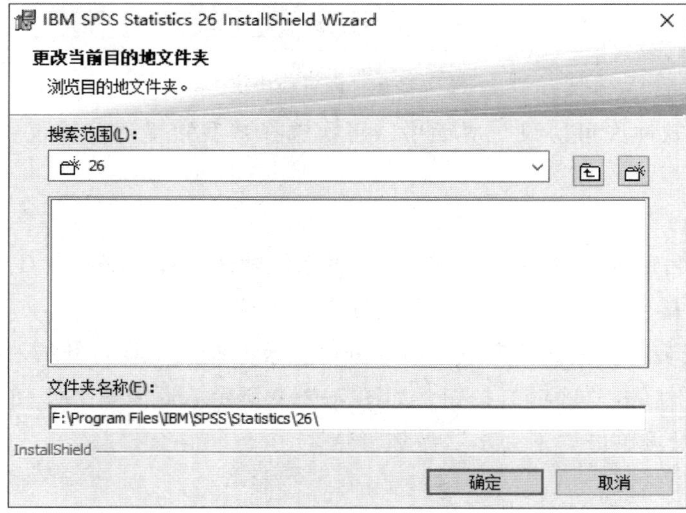

图 7-2-9 修改安装目录

4. 开始安装

上述工作完成后，出现图 7-2-10 所示的界面。单击“安装”按钮，即开始将 SPSS 系统安装到计算机中。安装进程如图 7-2-11 所示。

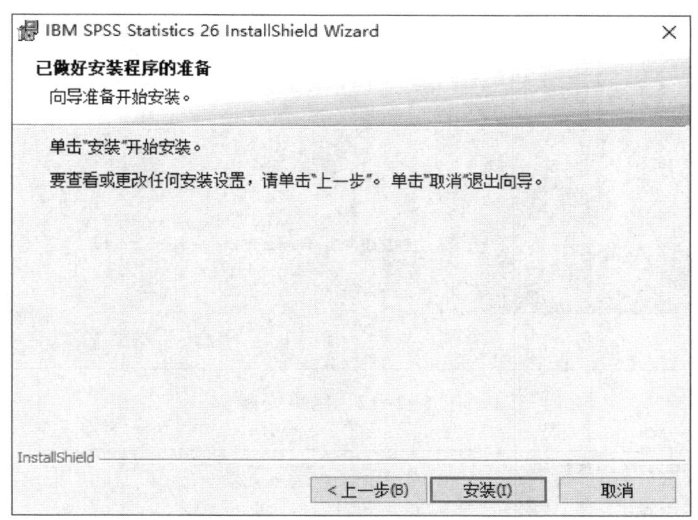

图 7-2-10　安装准备完毕

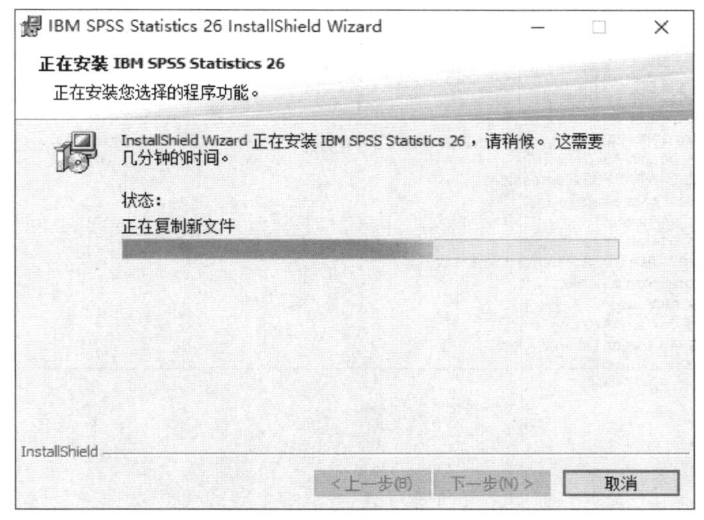

图 7-2-11　安装进程

5. 结束安装

安装完成后，出现图 7-2-12 所示的界面。此处若选择了“立即启动 SPSS Statistics 26 License Authorization Wizard”，则完成安装后立即自动启动许可证授权向导。若不想立即进行许可证授权，可取消对此项的选择。单击“完成”按钮即结束 SPSS 系统的安装。

二、许可证授权

如果在图 7-2-12 所示的画面中选择了“立即启动 SPSS Statistics 26 License Authorization Wizard”，再单击“完成”按钮，或在 Windows 系统菜单中选择了“IBM SPSS Statistics 26 许可证授权向导”，都会显示图 7-2-13 所示的“许可证当前状态”界面，单击“下一步”按钮继续。

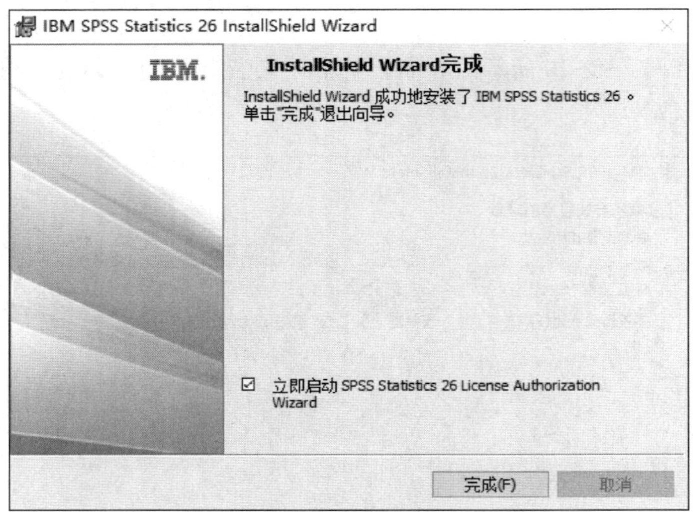

图 7-2-12 结束安装

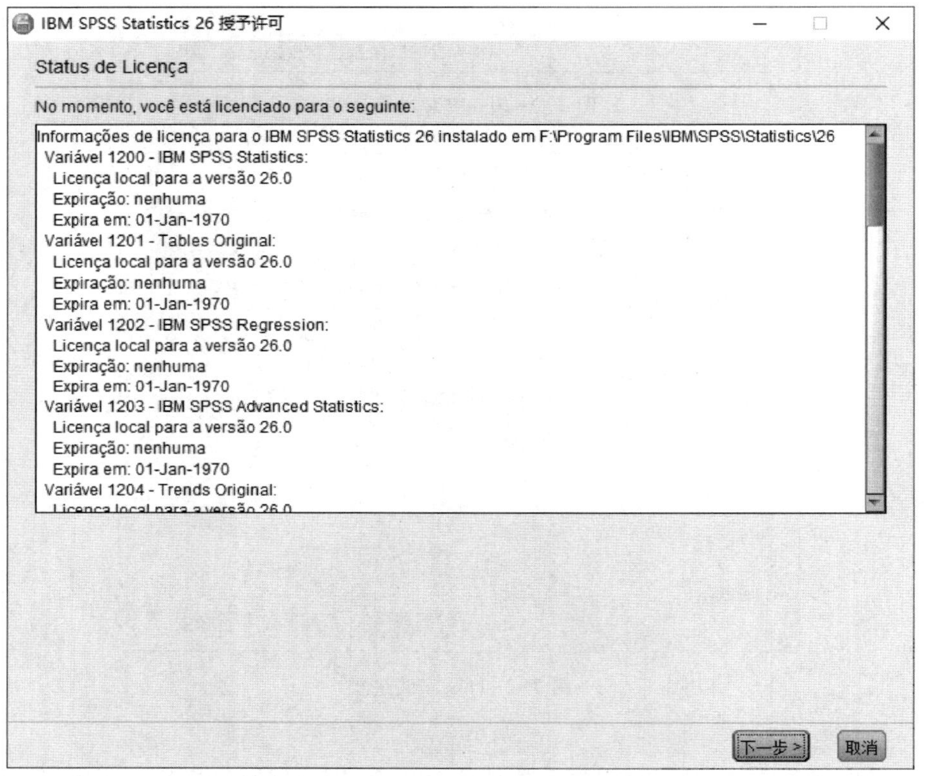

图 7-2-13 许可证当前状态

在图 7-2-14 所示的界面中，采用默认的许可证类型选项，单击“下一步”按钮继续。

在图 7-2-15 所示界面的文本框中输入软件许可授权代码后，单击“下一步”按钮继续。

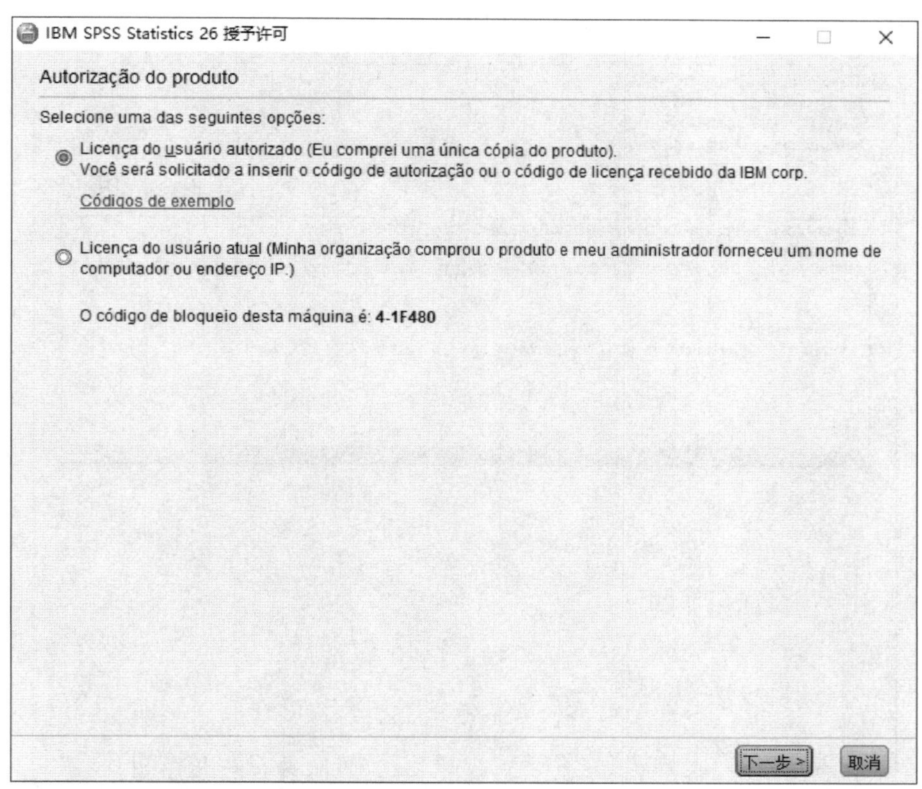

图 7-2-14　选择许可证类型

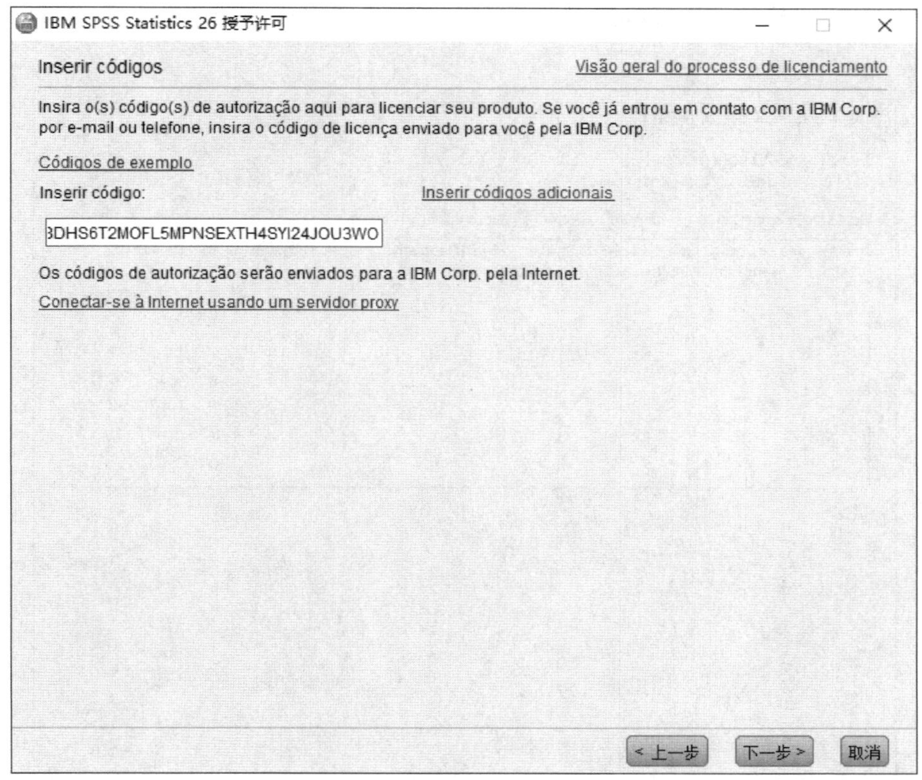

图 7-2-15　输入软件许可授权代码

在图 7-2-16 所示的“软件许可授权信息”界面中，单击“下一步”按钮继续。

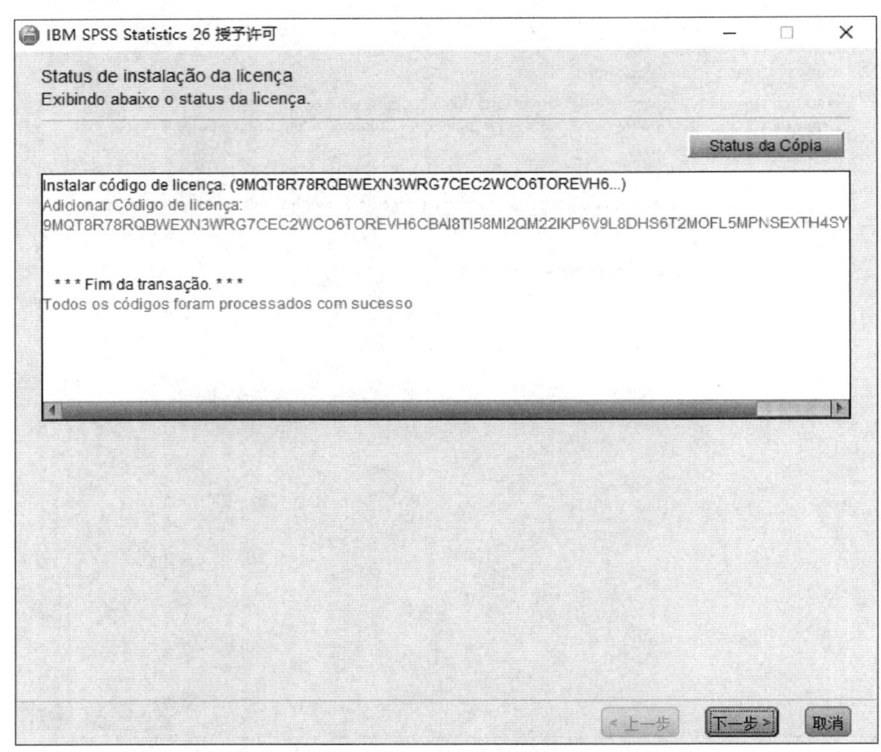

图 7-2-16 软件许可授权信息

在图 7-2-17 所示的“软件许可授权完成”界面中，单击“完成”按钮即结束许可证授权过程，可以开始使用软件了。

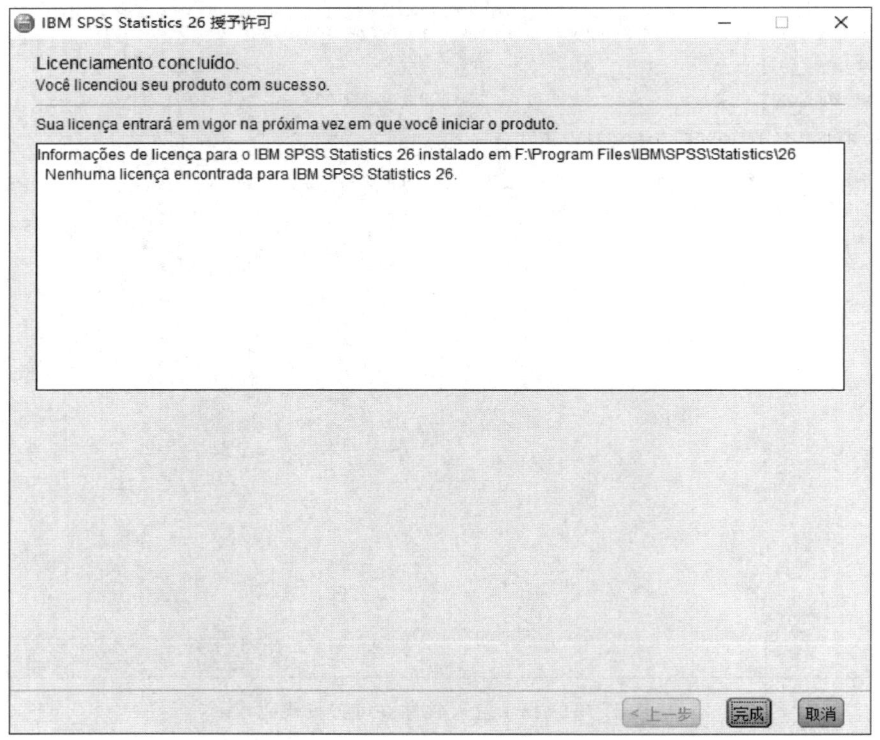

图 7-2-17 软件许可授权完成

第三节　SPSS 系统使用基础

一、SPSS 系统的启动

要启动 SPSS 时，在 Windows 开始菜单中选择“IBM SPSS Statistics”→“IBM SPSS Statistics 26”即可；如果在桌面上建立了 SPSS 快捷方式图标，则可直接双击该图标。如图 7-3-1 所示。

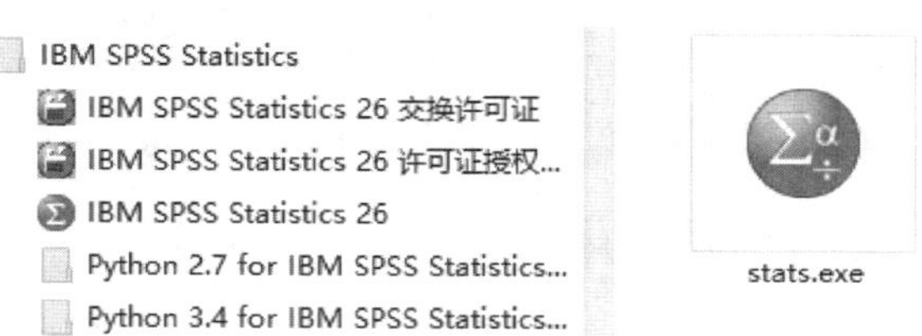

图 7-3-1　启动 SPSS 系统

SPSS 系统首次启动时，通常会显示如图 7-3-2 所示的欢迎界面。单击“关闭”按钮即进入数据编辑器窗口。

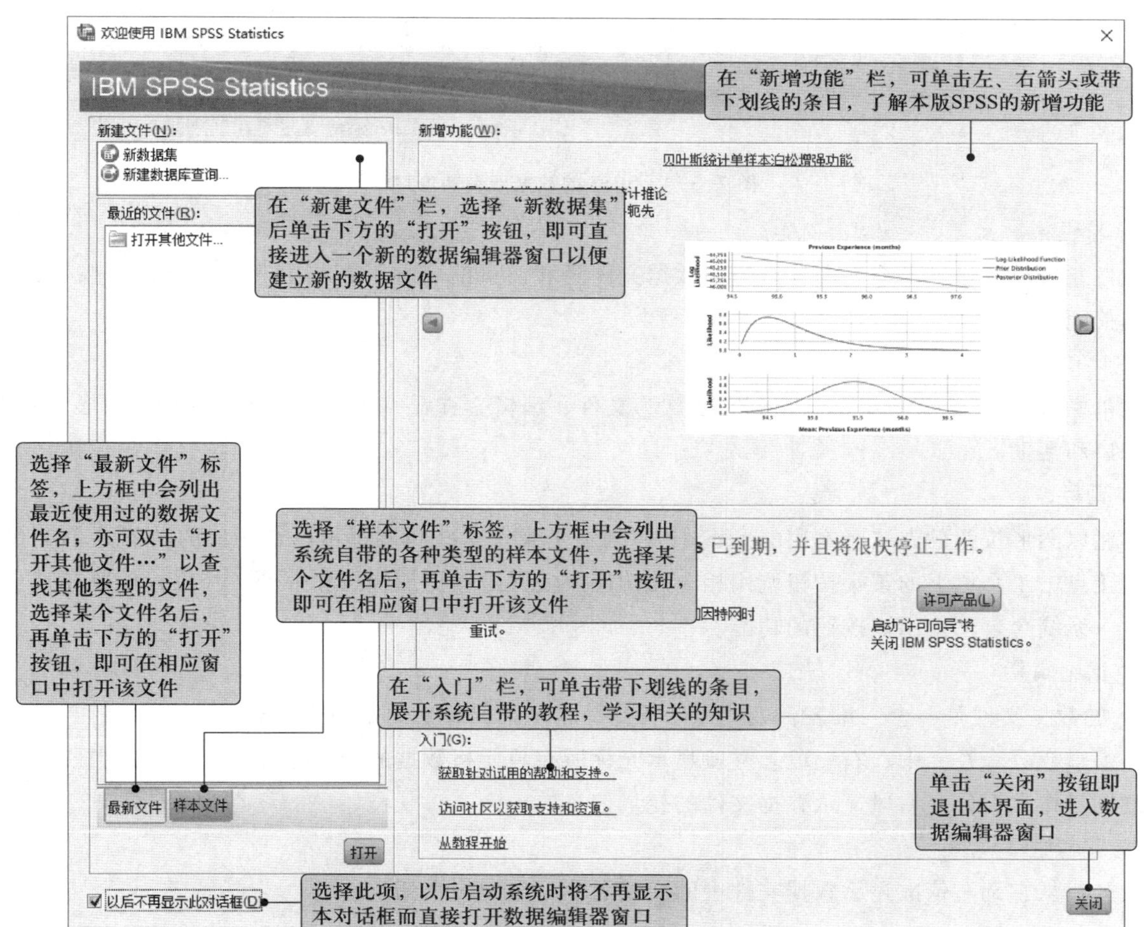

图 7-3-2　欢迎界面

二、SPSS 的数据编辑器窗口

SPSS 的数据编辑器窗口是对统计分析的对象——SPSS 数据文件进行录入、修改、管理等基本操作以及进行统计分析的工作窗口。SPSS 系统可以同时打开多个数据编辑器窗口。

数据编辑器窗口包括标题栏、主菜单栏、工具栏、数据编辑栏、变量名栏、个案序号、数据编辑区、视图标签、状态栏等，如图 7-3-3 所示。

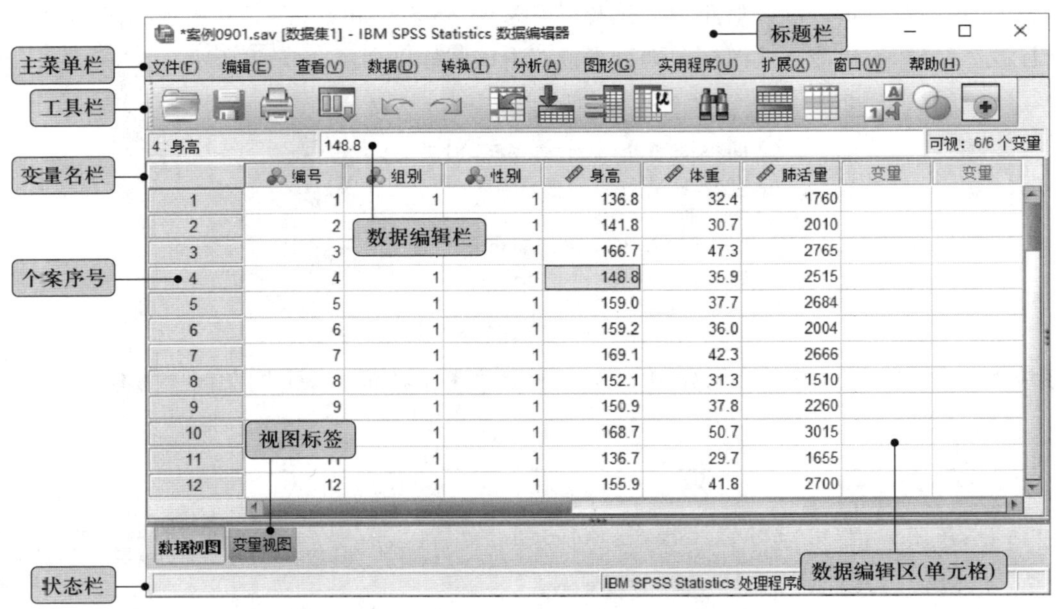

	编号	组别	性别	身高	体重	肺活量	变量	变量
1	1	1	1	136.8	32.4	1760		
2	2		1	141.8	30.7	2010		
3	3		1	166.7	47.3	2765		
4	4	1	1	148.8	35.9	2515		
5	5	1	1	159.0	37.7	2684		
6	6	1	1	159.2	36.0	2004		
7	7	1	1	169.1	42.3	2666		
8	8	1	1	152.1	31.3	1510		
9	9	1	1	150.9	37.8	2260		
10		1	1	168.7	50.7	3015		
11	11	1	1	136.7	29.7	1655		
12	12	1	1	155.9	41.8	2700		

图 7-3-3 SPSS 的数据编辑器窗口

1. 标题栏

标题栏左端依次显示了系统图标、当前数据文件名和窗口的名称；右端为 3 个窗口操作按钮：最小化、最大化和关闭按钮。

2. 主菜单栏

主菜单栏包含 11 个菜单组，从左到右依次为文件、编辑、查看、数据、转换、分析、图形、实用程序、扩展、窗口和帮助。

3. 工具栏

工具栏以图形按钮的方式将常用的 SPSS 功能列示出来。这些功能都可以在相应的功能菜单中找到。用户可以直接点击工具栏上的某个按钮调用相应的功能，使得操作更加快捷和方便。当鼠标停留在某个工具栏按钮上时，系统会自动提示该按钮的功能。

4. 数据编辑栏

SPSS 的数据文件是一个二维表，表的每一行是一个个案，每一列是一个变量。

数据编辑栏分为左、中、右三段。左段显示光标所在单元格数据的个案序号和变量名；中段显示光标所在单元格的具体数据值，右段显示数据文件的变量信息。

5. 变量名栏

变量名栏从左到右依次显示数据文件中的变量名称，一列一个变量。

6. 个案序号

个案序号表示每个个案在数据表中的实际排列位置。

7. 数据编辑区

数据编辑区是对数据文件进行录入、修改的主工作区。

8. 视图标签

选择“数据视图”或“变量视图”，可在数据页面和变量页面两者之间切换。

9. 状态栏

状态栏显示系统的当前运行状态。

三、SPSS 的查看器窗口

SPSS 的查看器窗口是显示统计分析结果的地方，也称为输出窗口。当用户进行统计分析时，查看器窗口被自动打开。SPSS 系统可以同时打开多个查看器窗口，但只有一个是主查看器窗口，统计分析的结果都是呈现在主查看器窗口中。

查看器窗口除了标题栏、主菜单栏、工具栏、状态栏外，主要是结果显示区（索引区和图文显示区），如图 7-3-4 所示。

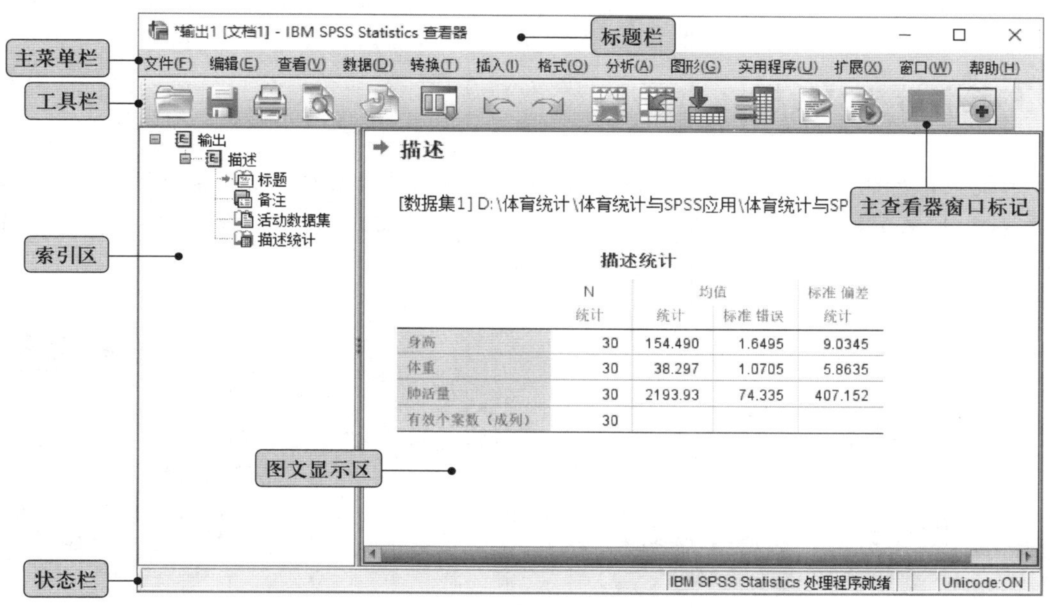

图 7-3-4 SPSS 的查看器窗口

1. 标题栏

标题栏左端依次显示了系统图标、当前输出文件名和窗口的名称；右端为 3 个窗口操作按钮：最小化、最大化和关闭按钮。

2. 主菜单栏

主菜单栏包含 13 个菜单组，从左到右依次为文件、编辑、查看、数据、转换、插入、格式、分析、图形、实用程序、扩展、窗口和帮助。其中的大部分菜单组与数据编辑器窗口中的菜单组具有相同的功能，但插入、格式等菜单组则是查看器窗口的专用菜单。

3. 工具栏

工具栏，除了保留数据编辑器窗口中的某些图形按钮外，还增添了一些自己特有的功能按钮。其中的“＊”图标是查看器窗口标志。该图标呈灰色表示该窗口为主查看器窗口，呈蓝色表示该窗口为非主查看器窗口。

4. 结果输出区

结果输出区分为左、右两部分。左边是呈树形结构的索引区，单击条目前面的“+”号可以将其展开，单击条目前面的“-”号可以将其收拢。右边是图文显示区。左、右两边的内容以两个红色右箭头为标记一一对应起来。在左边索引区中用鼠标选择某条目时，右边图文显示区中的对应内容即被标以红色箭头。在右边图文显示区中用鼠标选择某项内容时，左边索引区中的对应条目也被标以红色箭头。利用索引可以快速定位和查看统计分析的结果。

5. 状态栏

状态栏显示系统的当前运行状态。

【小贴士】

在 SPSS 系统中打开多个窗口时，利用“窗口”菜单，可以方便地在多个窗口间跳转。方法为：在“窗口”菜单末尾的窗口列表中选择某窗口名称，系统即将该窗口调至最上层显示。

四、SPSS 的统计分析对话框

在 SPSS 系统中，选择某菜单命令后，通常会打开相应的统计分析对话框，需在其中进行必要的设置来完成特定的任务。大部分统计分析对话框都包含候选变量框、分析变量框、变量移动按钮、复选项、单选项、次级对话框按钮及命令按钮，其操作如图 7-3-5 所示。

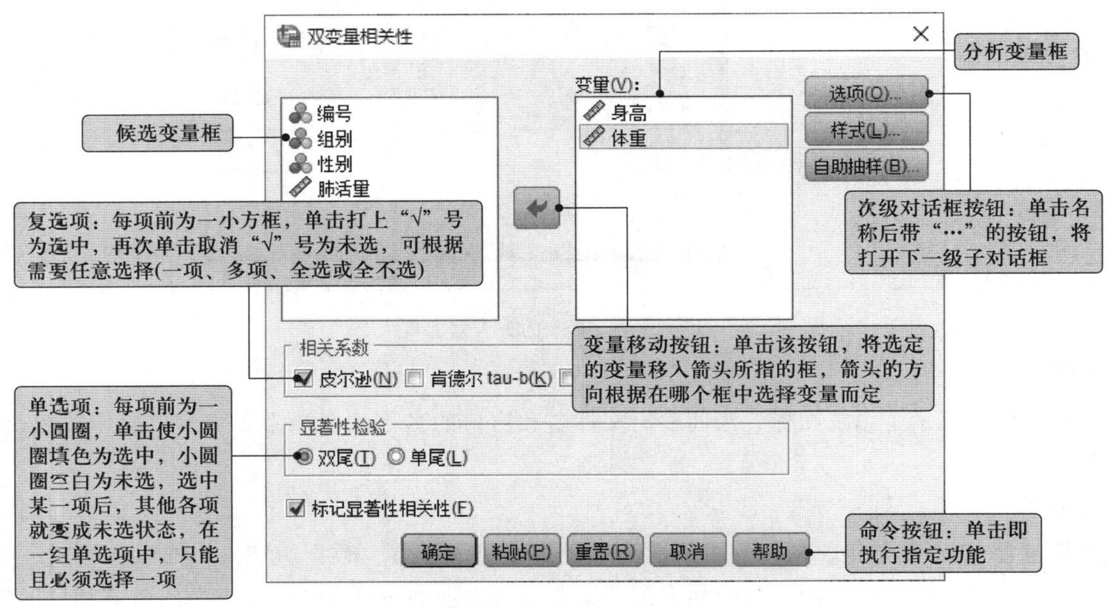

图 7-3-5 统计分析对话框操作示意图 1

几个常见命令按钮的功能为：

“确定”按钮：单击该按钮，将把经过主菜单、子菜单、对话框、子对话框等设置好相关参数的统计过程提交系统执行。执行结果将显示在查看器窗口中。当选择或指定的变量、参数不符合程序运行的要求时，该按钮呈灰色，不能响应单击鼠标的操作。

“粘贴”按钮：单击该按钮，将把经过主菜单、子菜单、对话框、子对话框等设置好相关参数的统计过程转化成 SPSS 命令语句，显示到语法编辑器窗口中。当选择或指定的变量、参数不符合程序运行的要求时，该按钮呈灰色，不能响应单击鼠标的操作。

“重置”按钮：单击该按钮，将清除之前在对话框中所做的一切选择和设置，恢复到该对话框的初始状态，准备接受新的选择和设置。

“取消”按钮：单击该按钮，将取消本次打开对话框的操作，返回上一级对话框或菜单。

“帮助”按钮：打开帮助窗口，显示与当前对话框有关的帮助信息。

【小贴士】

在统计分析对话框中选择变量时可以一个一个地选，也可以批量地选。选择一个变量后，在按住“Shift”键的同时再单击另一个变量名，即可将两个变量之间连续的多个变量一次性选中。选择一个变量后，在按住“Ctrl”键的同时再单击任意变量名，即可将不连续的多个变量逐次选中。

有些统计分析对话框还包含下拉列表和文本框等，其操作如图 7-3-6 所示。

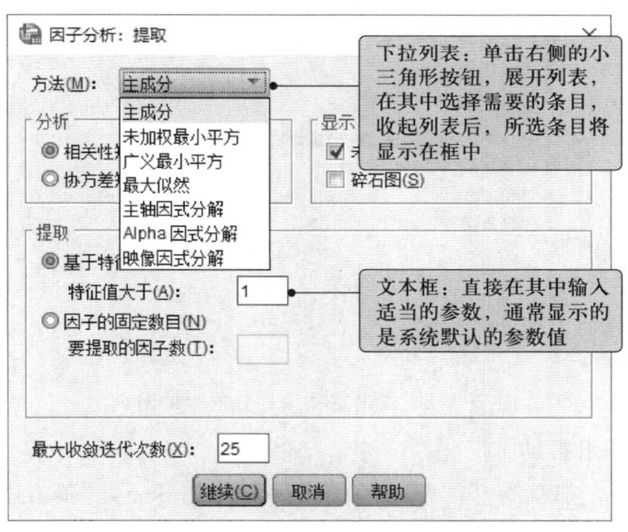

图 7-3-6 统计分析对话框操作示意图 2

五、SPSS 的帮助系统

SPSS 系统具有很强的帮助功能，可以辅助我们学习和掌握相关的统计知识以及 SPSS 的操作方法。在 SPSS 中寻求帮助，可通过两种方式实现。

1. 通过主菜单寻求帮助

在主菜单栏选择“帮助”，然后在下拉菜单中选择“主题”，如图 7-3-7 所示。此时，系统将在计算机的浏览器中打开相应的帮助网页，在其中找到需要的条目，逐级展开，即可看到帮助的具体内容，如图 7-3-8 所示。

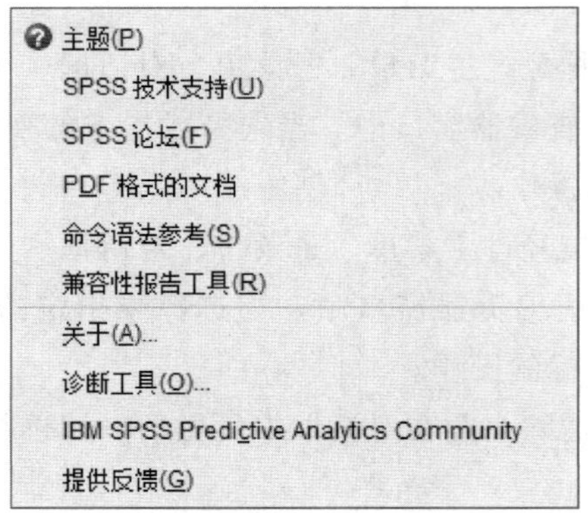

图 7-3-7 “帮助”菜单

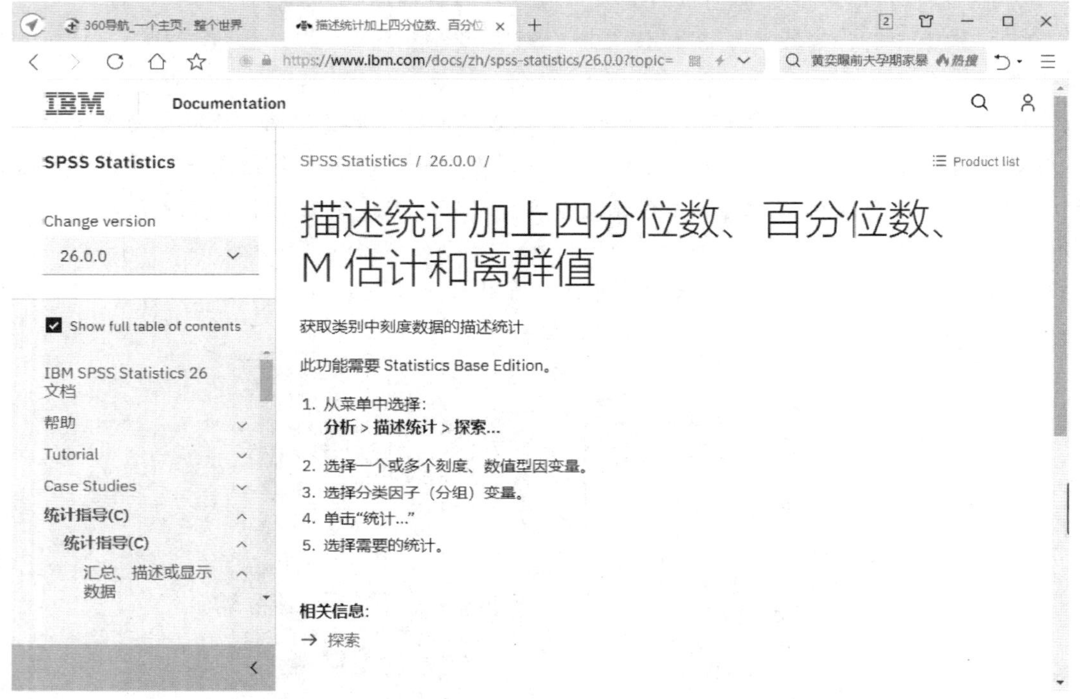

图 7-3-8 在浏览器中打开的帮助网页

2. 在统计分析对话框中寻求帮助

在各种统计分析对话框中，都有一个“帮助”按钮（见图 7-3-5）。单击这个按钮，就可针对正在使用的统计过程，在浏览器中打开相应的帮助网页。

六、SPSS 的操作环境设置

SPSS 系统的操作环境（初始状态和各项默认值）在安装时已经自动设定，但可以根据个人习惯对其进行修改。在主菜单栏选择“编辑”，然后在下拉菜单中选择“选项”，即可打开“选项”对话框，可在其中进行操作环境的设置。

“选项”对话框有多个页面，选择不同的标签即显示不同的主题。一般来说，SPSS 系统的初始状态和各项默认值无须改变，但为了使输出结果显得更为简捷，建议在“查看器”页面，将“初始输出状态”中“日志”的初始内容由“显示”改为“隐藏”，并取消复选项“在日志中显示命令”，如图 7-3-9 所示。

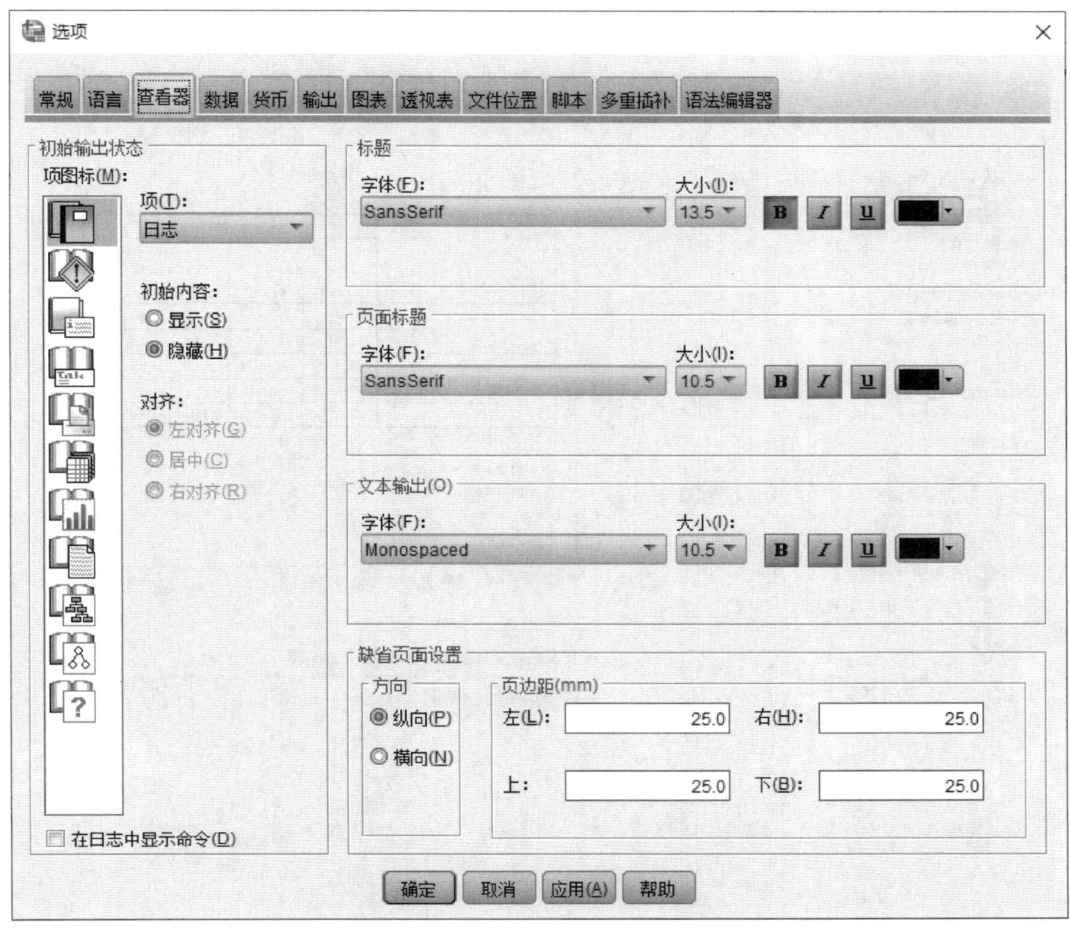

图 7-3-9　SPSS 操作环境设置 1

“透视表”页面的“表外观”栏中，可以见到系统预设的多种表格样式，可以在其中选择满足自己需要的表格样式，如图 7-3-10 所示。做出修改后，单击“确定”或“应用”按钮，新的设置将在下次启动系统时生效。

七、SPSS 系统的退出

可以通过三种方式退出 SPSS 系统，如图 7-3-11 所示。

在退出 SPSS 之前，系统一般会提示是否要将数据编辑器窗口中的数据文件或查看器窗口中的输出文件存盘等。根据需要选择存盘或不存盘后，即退出系统。

八、使用 SPSS 进行数据统计分析的基本步骤

利用 SPSS 进行数据统计分析的基本步骤可以简单地概括为：

（1）建立 SPSS 数据文件，含定义数据文件结构，录入和编辑数据等。

（2）对数据进行必要的整理和转换，如对数据进行排序、转置、重构、合并、拆分、汇总、筛选、加权、计算新变量、重编码、排秩等。

（3）根据研究的目的，选择合适的过程，进行统计分析。

（4）结合专业知识，对统计分析的结果进行解释说明。

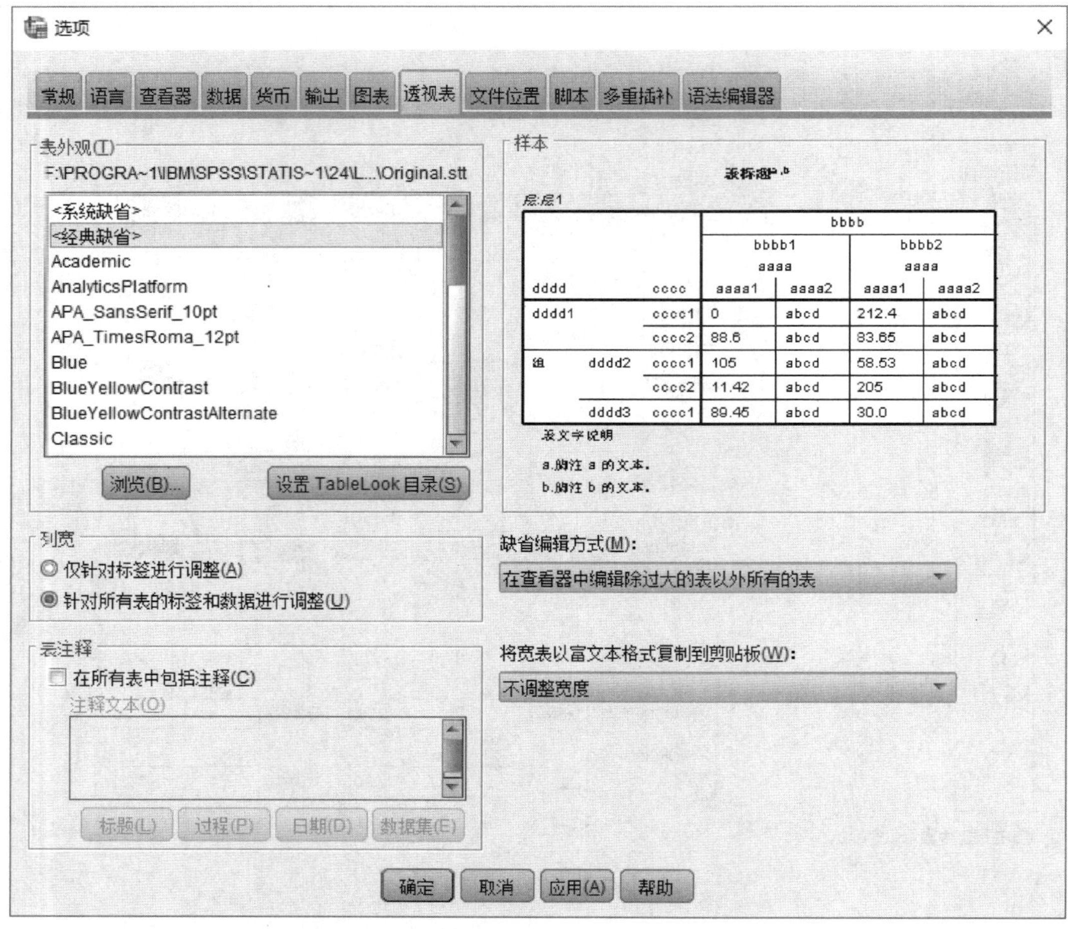

图 7-3-10 SPSS 操作环境设置 2

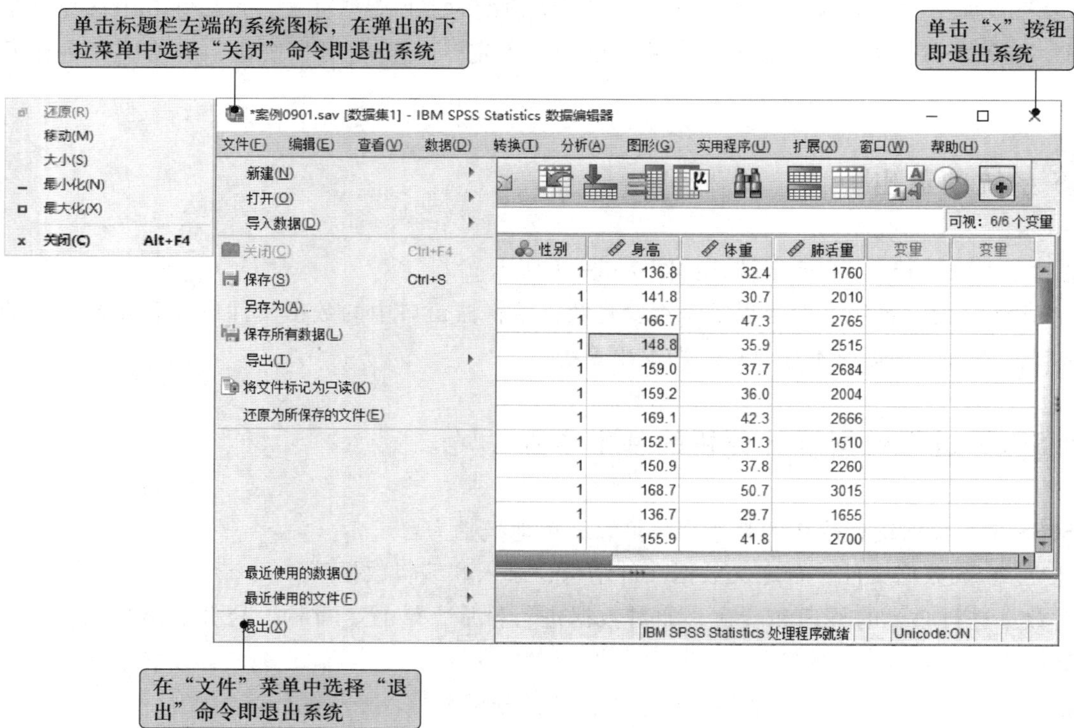

图 7-3-11 退出 SPSS 系统

九、使用 SPSS 进行数据统计分析的注意事项

使用 SPSS 进行统计分析，要注意以下几点：

（1）需要明确统计推断的目的。统计推断的目的在研究设计时就应该明确，有了目的，才能有效地收集数据并选择适当的统计方法。

（2）需要了解数据的性质。可以根据以往的知识、获取数据的过程以及描述性统计来摸清数据总体分布的大致特点，以便利用尽可能有效的统计方法来做推断。

（3）需要知道应该用什么统计方法以及该方法的含义。实际上，计算机是不了解用户要干什么的。将任何数据输入计算机，许多方法都可以“产生结果”，但结果是否合理则完全依赖于用户是否知道自己在做什么。如果不清楚，那结果肯定不可靠甚至毫无意义。

（4）需要知道统计方法的应用范围。许多计算方法都有局限性，它们的应用都有一定的条件，如果不顾条件盲目应用，结果可能会很糟糕。例如，采用 t 检验分析两个独立样本均值的差异，要求样本所来自的两个独立总体服从正态分布，如果不满足正态分布的条件，结论可能有误。又如，在非参数检验中，很多统计量的分布在小样本时是没有简单计算公式的，需要通过查表来做出判断，如果盲目地采用大样本的公式来近似，则存在风险。

（5）需要理解统计分析输出内容的意义。通常，计算机输出的内容远远超过人们所期望或需要的，有时甚至达到令人眼花缭乱的程度。因此，用户应该知道所采用统计方法输出内容中核心的部分及其意义，才能结合专业知识对统计结果进行解释说明。

思考与练习

1. 使用 SPSS 进行数据统计分析的基本步骤是什么？
2. 使用 SPSS 进行数据统计分析要注意哪些方面？
3. 在计算机上安装 SPSS 系统并完成许可证授权。
4. 启动 SPSS 系统，在数据编辑器窗口中浏览菜单，熟悉工作界面。
5. 在 SPSS 系统中尝试使用帮助功能。
6. 按照本章的建议，调整 SPSS 的操作环境。

第八章 数据文件的建立与文件管理

在 SPSS 中进行各种统计分析之前都要先建立数据文件。所有统计分析过程都是针对当前数据文件进行的。因此，我们首先要学习建立数据文件及对各类相关文件进行管理的方法。

第一节 SPSS 数据文件的结构和定义方法

一、SPSS 数据文件的结构

SPSS 的数据文件是由若干变量和若干个案构成的二维表。在建立数据文件时，首先要定义好数据文件的结构，即根据所研究的问题设定变量，并正确、合理地设置变量的属性。变量的属性包括名称、类型、宽度、小数位数、名标签、值标签、缺失值、显示列宽、对齐方式、测量尺度、角色等。

【案例 0801】

测得两个组 30 名 13 岁男生体质健康若干变量的数据，该数据文件的结构如表 8-1-1 所示，具体数据如表 8-1-2 所示。试建立 SPSS 数据文件。

表 8-1-1 学生体质健康测试数据文件结构

序号	名称	类型	宽度	小数位数	名标签	值标签	缺失值	显示列宽	对齐方式	测量尺度	角色
1	id	数值	2	0	编号			8	右	名义	无
2	group	数值	1	0	组别	可定义	可定义	8	右	名义	分区
3	gender	数值	1	0	性别	可定义	可定义	8	右	名义	分区
4	height	数值	5	1	身高			8	右	标度	输入
5	weight	数值	5	1	体重			8	右	标度	输入
6	capacity	数值	4	0	肺活量			8	右	标度	输入

group：值标签设为一组（1）、二组（2）、三组（3）；缺失值设为 4~9，0。

gender：值标签设为女（0）、男（1）；缺失值设为 2~9。

表 8-1-2 学生体质健康测试数据

id	group	gender	height	weight	capacity	id	group	gender	height	weight	capacity
1	1	1	136.8	32.4	1 760	7	1	1	169.1	42.3	2 666
2	1	1	141.8	30.7	2 010	8	1	1	152.1	31.3	1 510
3	1	1	166.7	47.3	2 765	9	1	1	150.9	37.8	2 260
4	1	1	148.8	35.9	2 515	10	1	1	168.7	50.7	3 015
5	1	1	159.0	37.7	2 684	11	1	1	136.7	29.7	1 655
6	1	1	159.2	36.0	2 004	12	1	1	155.9	41.8	2 700

续表

id	group	gender	height	weight	capacity	id	group	gender	height	weight	capacity
13	1	1	154. 6	32. 4	1 760	22	2	1	163. 8	41. 2	2 724
14	1	1	163. 5	48. 3	2 260	23	2	1	161. 9	39. 2	2 510
15	1	1	155. 6	48. 3	1 782	24	2	1	161. 1	38. 1	2 010
16	2	1	149. 9	41. 3	2 010	25	2	1	142. 0	36. 6	1 766
17	2	1	160. 3	44. 2	2 255	26	2	1	146. 7	35. 2	2 268
18	2	1	157. 8	45. 7	2 735	27	2	1	157. 3	40. 2	2 510
19	2	1	163. 5	38. 1	2 014	28	2	1	159. 3	32. 4	1 760
20	2	1	145. 1	31. 8	1 761	29	2	1	152. 8	37. 0	2 080
21	2	1	151. 8	34. 3	2 254	30	2	1	142. 0	31. 0	1 815

二、SPSS 变量的属性和定义方法

SPSS 数据文件结构的定义须在数据编辑器窗口的“变量视图”中进行。从“数据视图”转到“变量视图”的方法如图 8-1-1 所示。

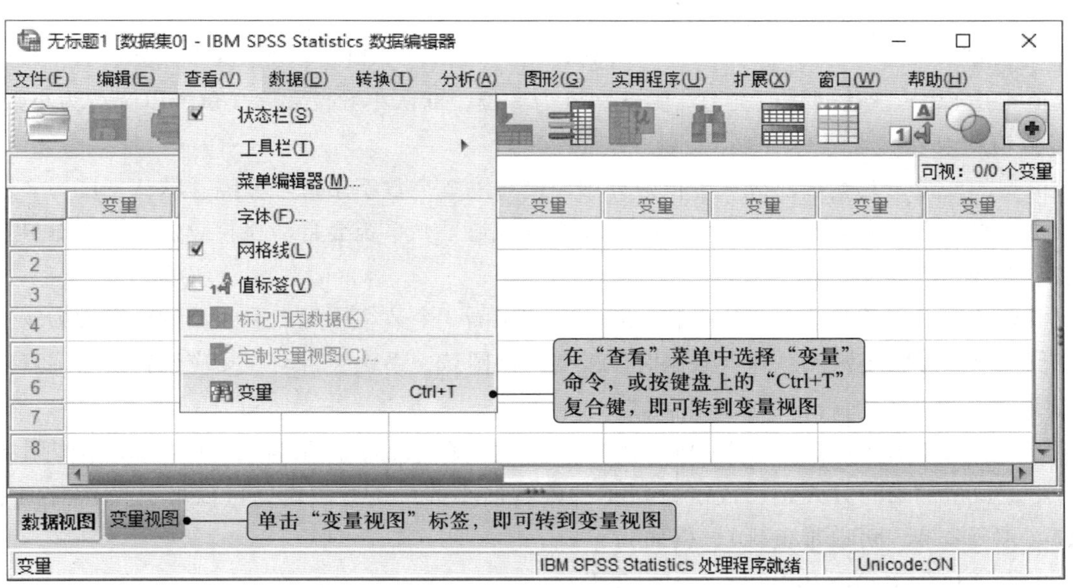

图 8-1-1　从数据视图转到变量视图

（一）变量名

变量名即变量的名称。在 SPSS 系统中对变量命名须遵循以下规则：

（1）变量名由最多 64 个字符（32 个汉字）组成。

（2）变量名的首字符必须是字母、汉字或字符@，后续字符可以是字母、汉字、数字或“_”“#”“$”等符号。

（3）不能将空格、“?”“!”“-”“+”“=”“*”等特殊字符作为变量名。

（4）下划线“_”和圆点“.”不能作为变量名的末字符。

（5）变量名不区分大小写，例如 Address 与 ADDRESS 被视为相同变量。

（6）不能将SPSS系统的保留字作为变量名。SPSS系统的保留字有ALL、AND、BY、EQ、GE、GT、LE、LT、NE、NOT、OR、TO、WITH等。

（7）变量名必须唯一，在一个数据文件中不能有两个相同的变量名。

（8）当未指定变量名时，系统会自动给变量命名，默认的变量名以字母“VAR”开头，后跟5位数字，如VAR00001、VAR00002等。

定义变量名的具体步骤是，在“变量视图”的“名称”列依次输入需要的变量名，如图8-1-2所示。

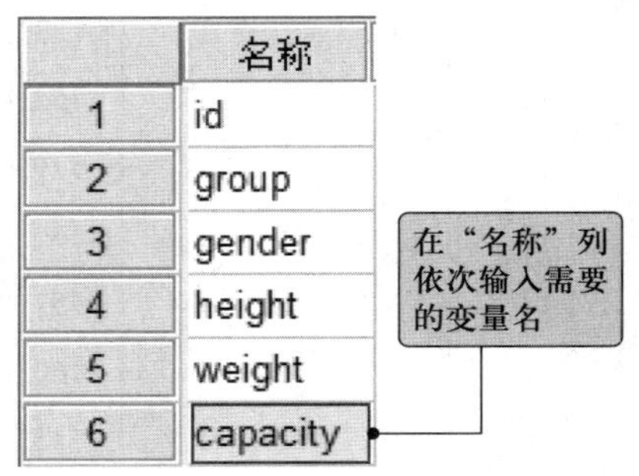

图8-1-2 定义变量名

当数据文件中变量比较少时（如实验结果数据文件），建议直接用有明确含义的中文或英文为变量命名，如身高、体重、肺活量或height、weight、capacity等；当数据文件中变量比较多时（如问卷调查结果数据文件），建议用字母加数字的组合为变量命名，如X11、X12、Y11、Y12等。

（二）变量类型

SPSS变量有3种基本类型：数值型、字符型、日期型，其中数值型变量根据其功能和形式又可细分为7种。因此，共可定义9种类型的变量。

每一种变量类型都有系统默认的宽度和小数位。这里的宽度是指变量可显示的最大字符位数。对于数值型变量，其小数点和其他分隔符是包括在总宽度之内的。例如数字12345.678，其整数部分有5位，小数点为1位，小数部分有3位，则总宽度为9位。

1. 标准数值型

标准数值型是SPSS默认的数值类型。默认宽度为8位，默认小数位数为2位，以圆点为小数点。

2. 逗号数值型

逗号数值型的变量，其整数部分从个位数开始向前每隔3个数字用逗号分隔。默认宽度为8位，默认小数位数为2位，以圆点为小数点。输入数据时不需要输入逗号，系统会自动在相应位置添加逗号。

3. 圆点数值型

圆点数值型的变量，其整数部分从个位数开始向前每隔3个数字用圆点分隔。默认宽度为8位，默认小数位数为2位，以逗号为小数点。输入数据时不需要输入圆点，系统会自动在相应位置添加圆点。

4. 科学记数法型

科学记数法适用于输入和显示特别大或特别小的数值，它把数字转化为以10为底的幂，用指数的形式来表示。科学记数法的书写方式是，数字（带1位整数的小数，正号省略，可以带负号）后加字母“E”，再加幂次数（正号省略，可以带负号）。例如：

$3\ 210\ 000\ 000\ 000=3.21\times10^{12}$，用3.21E12表示。

$0.000\ 000\ 025\ 7=2.57\times10^{-8}$，用2.57E-8表示。

$-0.000\ 000\ 000\ 098\ 3=-9.83\times10^{-11}$，用-9.83E-11表示。

5. 美元数值型

美元数值型的数据是在逗号数值型数据的前面加上美元号“$”，有多种格式可供选择。

6. 自定义货币型

SPSS提供了5个自定义货币类型供选择，分别命名为CCA、CCB、CCC、CCD、CCE。用户可以选择菜单“编辑”→“选项”再转到“货币”页进行设置。如果没有预先定制，则系统自动默认为逗号数值型。

7. 受限数值型

受限数值型数据是按设定宽度显示的整数，超过设定宽度时前端截断，不足设定宽度时前端补0。

8. 字符型

字符型变量是非数值型的变量，其值由字符串组成，默认宽度为 8 位。字符数小于或等于 8 的字符型数据为短字符串，字符数大于 8 的字符型数据为长字符串。数字若设成字符型，则失去其数学上的计算意义，仅仅是一串数字字符，不能参与数值计算。字符型常量则是指用双引号或单引号括起来的一串字符，如“CHINA”‘1 234 567. 89’等。

9. 日期型

日期型变量用于表示年份、月份、日期、时间等，有多种格式，例如 25. 10. 2006、10/25/2006、25-OCT-2006 11:35 等。使用日期型变量时，可根据需要选用不同的格式。

定义变量类型的具体步骤是，在某变量行的“类型”列中单击“…”按钮打开“变量类型”对话框，然后在对话框中选择该变量的类型，同时可以修改该变量的宽度和小数位数，如图 8-1-3 所示。

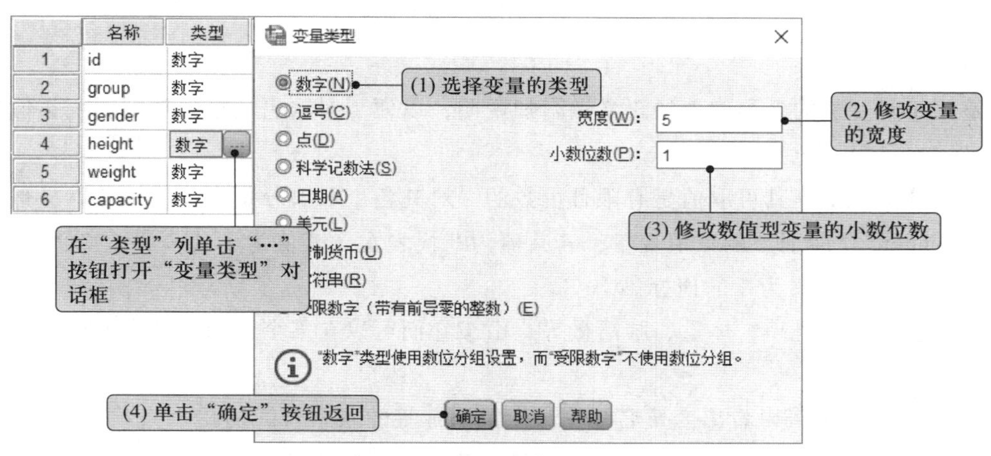

图 8-1-3　定义变量类型

（三）变量宽度和小数位数

变量小数位数的设定，以刚好能满足计算精度的需要为宜；变量宽度的设定，则以刚好能容纳该变量可能的最大值为宜。为便于输入数据，尽量不要出现多余的位数。通常情况下，宽度=整数位+小数点 1 位+小数位数。

如果在定义某变量的类型时未设置变量宽度和小数位数，或在设置后需要做调整，则可直接在该变量行的“宽度”和“小数位数”两列设置，直接输入代表变量宽度或小数位数的数字或单击上、下小三角形按钮进行调整，如图 8-1-4 所示。注意：当“宽度”不足以容纳小数点和小数位数时，如果还要减少宽度，则需先减少小数位数。

	名称	类型	宽度	小数位数
1	id	数字	2	0
2	group	数字	1	0
3	gender	数字	1	0
4	height	数字	5	1
5	weight	数字	5	1
6	capacity	数字	4	0

在“宽度”列直接输入数字或单击上、下小三角形按钮进行调整

在“小数位数”列直接输入数字或单击上、下小三角形按钮进行调整

图 8-1-4　定义变量宽度和小数位数

（四）变量名标签

变量名标签用于对变量做进一步的说明。当变量名不足以清楚地表示变量的实际含义时，往往需要用变量名标签对变量的含义加以补充说明。在定义了变量名标签后，系统在输出统计分析结果时，就会在用到变

量名的地方用变量名标签来代替，这样就便于用户理解输出结果的实际意义。变量名标签是可选属性，可以定义，也可以不定义。

定义变量名标签的具体步骤是，在需要定义的变量行的“标签”列中直接输入该变量名的标签，如图 8-1-5 所示。

	名称	类型	宽度	小数位数	标签
1	id	数字	2	0	编号
2	group	数字	1	0	组别
3	gender	数字	1	0	性别
4	height	数字	5	1	身高
5	weight	数字	5	1	体重
6	capacity	数字	4	0	肺活量

在“标签”列输入变量名标签

图 8-1-5　定义变量名标签

（五）变量值标签

变量值标签用于对变量的各个取值的含义做附加说明，以便于对输出信息的理解。变量值标签也是可选属性，可以定义，也可以不定义。

对于离散型的分类变量，其可取值是有限且可数的，对其各个取值分别定义值标签就显得尤其有用。例如，一个名为“gender”（性别）的数值变量，若其值为 0 代表女，其值为 1 代表男，则可以把“女”定义为 0 的值标签，把“男”定义为 1 的值标签。

而对于连续型变量，如身高、体重、肺活量等，由于它们可以在某个区间内任意取值，不可数，故无法也无须定义值标签。

从表 8-1-3 所示的范例可以看出变量名标签与变量值标签的联系与区别。

表 8-1-3　变量名标签与变量值标签设置范例

变量	变量名标签	变量取值	变量值标签
gender	性别	0	女
		1	男
attitude	态度	1	非常满意
		2	比较满意
		3	一般
		4	不太满意
		5	很不满意
height	身高	（可取值很多，不必定义）	

定义值标签的具体步骤是，在需要定义的变量行的“值”列单击“…”按钮打开“值标签”对话框，然后在对话框中对该变量的所有可取值逐个设置值标签，如图 8-1-6 所示。

（六）变量的缺失值

在统计工作中，因为某些原因，所收集到的数据可能出现丢失或失真。这类数据如果被用于统计分析，就可能导出不可靠的结果。因此，有必要对这些数据进行特殊处理。在 SPSS 中，通过将这些数据标记为“缺失值”而将其与正常数据区别开来。

缺失值分为系统缺失值和用户缺失值。

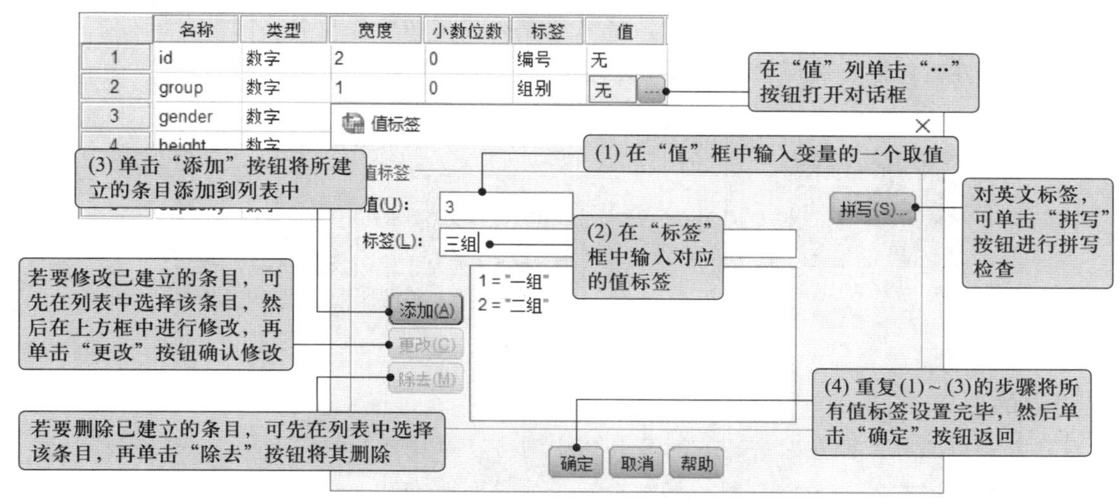

图 8-1-6　定义变量值标签

系统缺失值是指数值型变量中的空单元。系统缺失值不需要定义，SPSS 会自动用“.”填充。应注意的是，此处的“.”并不代表 0。字符型变量中的空单元不被认为是缺失值。

用户缺失值是指用户自行定义的可被系统认为是“缺失”的数据。因各种原因可能造成的错误数据都可以定义为用户缺失值。

在统计分析过程中，SPSS 会自动识别缺失值，通常还会要求用户指定缺失值的处理方法。这样，就可以有效避免因数据缺失而可能造成的统计分析错误。

缺失值是可选属性，可以定义，也可以不定义。如果确认数据是完整的且不存在错误，就无须定义。但如果对数据的完整性或准确性不确定，则定义缺失值还是有必要的。例如：对于“组别”变量，如果研究对象只有 3 个组，分别用 1、2、3 表示，则变量只需定义为 1 位整数。此时，若该变量的值为 0 或 4～9 都是错误数据。因此，可将 0 和 4～9 定义为组别变量的缺失值。

定义用户缺失值的具体步骤是，在需要定义的变量行的“缺失”列单击“…”按钮打开“缺失值”对话框，然后在其中选择定义缺失值的方法并做出具体定义，如图 8-1-7 所示。

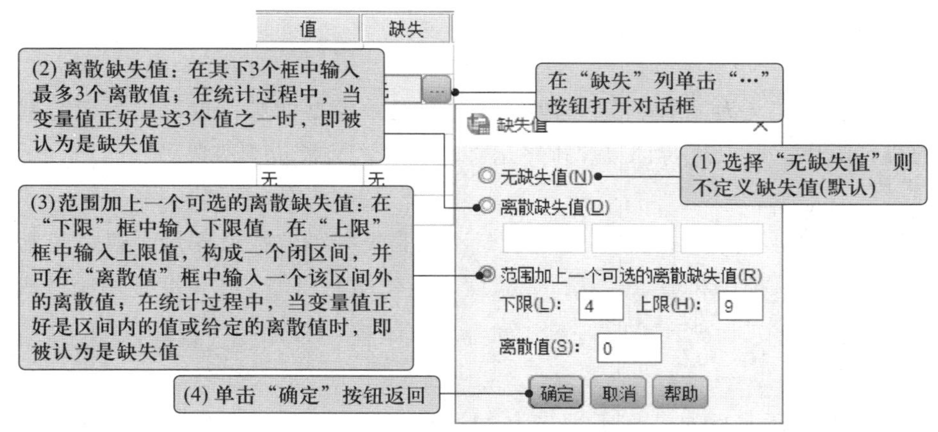

图 8-1-7　定义用户缺失值

（七）变量的显示列宽

变量显示的列宽度是可以改变的。为保证数据正常显示，也就是既能完整地显示变量名称又能完整地显示数据，列宽度一般应取变量名长度与变量长度两者中的较大者。

调整变量显示列宽的具体步骤是，在需要调整的变量行的“列”中直接输入数字，或单击上、下小三角形按钮进行调整；也可以在“数据视图”中，将鼠标光标置于两个变量名之间的分隔处，当光标呈双箭头形状时，按下鼠标左键向左、右拖动到适当位置再松开。如图 8-1-8 所示。

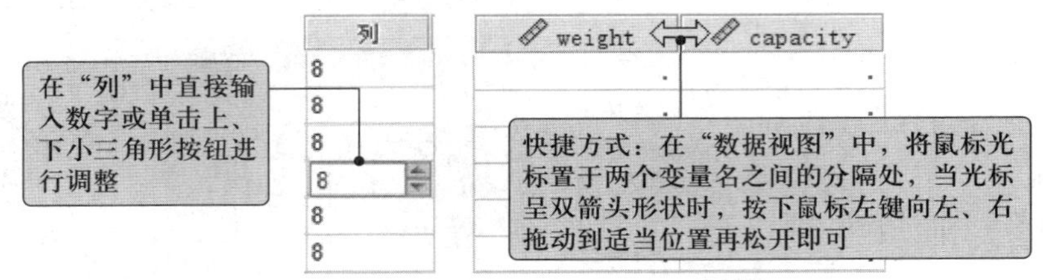

图 8-1-8 定义变量的显示列宽

（八）变量的对齐方式

变量的对齐方式有三种，即左对齐、右对齐和居中对齐。系统的默认状态是，数值型数据右对齐，字符型数据左对齐。如果要改变默认的对齐方式，可在需要调整的变量行的“对齐”列单击小三角形按钮展开下拉列表，从中选择需要的对齐方式，如图 8-1-9 所示。

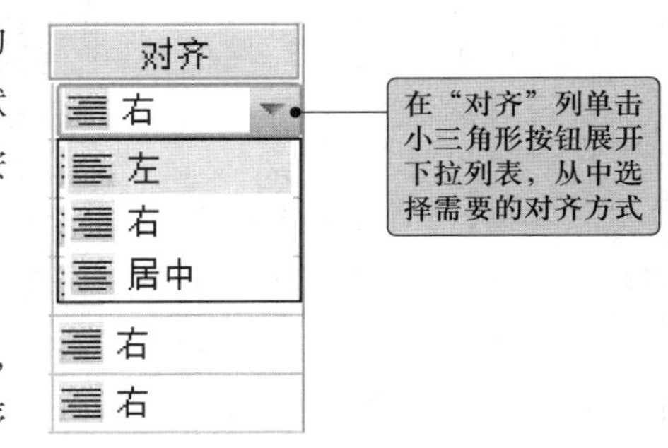

图 8-1-9 定义变量的对齐方式

（九）变量的测量尺度

测量尺度简称为“测度”。根据本书第二章的讨论，我们知道，根据测量指标所反映的事物的属性，可以把数据划分为名义测度、序次测度、间距测度和比例测度 4 个层次，同样的，变量就可以分为名义变量、序次变量、间距变量和比例变量 4 种类型，不同类型的变量所具有的运算功能有所不同。在 SPSS 中，系统提供的测量尺度有 3 种，分别是名义、有序和标度，需要将 4 种变量类型与 3 种测量尺度联系起来，以明确变量的运算功能。

1. 名义

名义变量的测量尺度须定义为“名义”。这类变量可以是数值型变量，也可以是字符型变量，其值没有大小之分，只代表不同的类别，只能进行计数运算，如性别（0 代表女，1 代表男）、职称（1 代表初级，2 代表中级，3 代表高级）、地域（1 代表城镇、2 代表农村）等。只起到标识作用的变量，如编号、学号、姓名等，一般也须定义为“名义”。

2. 有序

序次变量的测量尺度须定义为“有序”。这类变量可以是数值型变量，也可以是字符型变量，其值反映数据大小、前后的排列顺序，可以进行计数和排序运算，如名次、评价等级等。

3. 标度

间距变量和比例变量须定义为“标度”。这类变量一般是连续型的数值变量。间距变量用于等间隔事物属性的度量，可以进行计数、排序和加减运算，如温度、坐位体前屈等。比例变量用于可成比例的事物属性的度量，可以进行计数、排序、加减和乘除运算，如身高、体重、肺活量、100 米跑成绩、纵跳等。

定义变量测量尺度的具体步骤是，在需要定义的变量行的“测量”列中，单击小三角形按钮展开下拉列表，从中选择合适的条目，如图 8-1-10 所示。

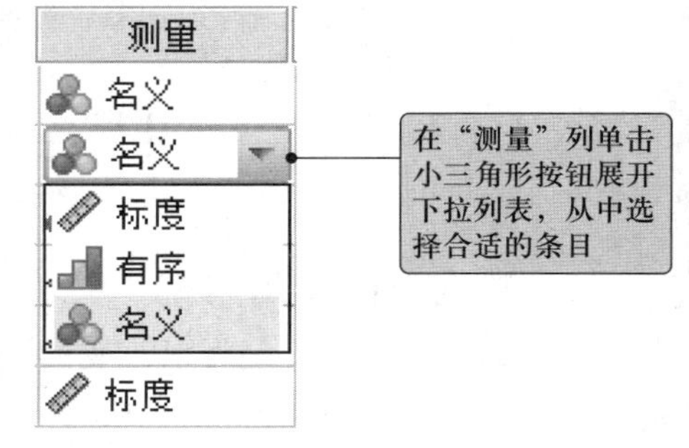

图 8-1-10 定义变量的测量尺度

（十）变量的角色

变量的角色是指变量在建立模型时所起的作用。在一些由系统自动选择分析方法的过程中，变量的角色决定变量的作用。

（1）输入：用于解释其他变量的变量称为解释变量，可承担“输入”角色，如身高、体重、肺活量等。此项是系统默认设置，当对变量的角色不是太清楚时，可以直接采用默认设置。

（2）目标：被其他变量解释的变量称为被解释变量，可扮演“目标”角色，如身高体重指数。

（3）两者：有些变量可能扮演双重角色，既可以是输入变量，又可以是目标变量，则其角色可设为“两者”。

（4）无：有些变量只起标识作用，不参与建模，其角色可设为“无”，如编号、学号等。

（5）分区：有些取值较少的离散型变量主要起分类或划分样本集的作用，则可承担“分区”的角色，如性别、年级、班级等。

（6）拆分：有些分类变量承担“拆分”角色，可作为拆分数据文件（将数据分组）的依据，如性别、年级、班级等。

定义变量角色的具体步骤是，在需要定义的变量行的“角色”列中，单击小三角形按钮展开下拉列表，从中选择合适的条目，如图 8-1-11 所示。

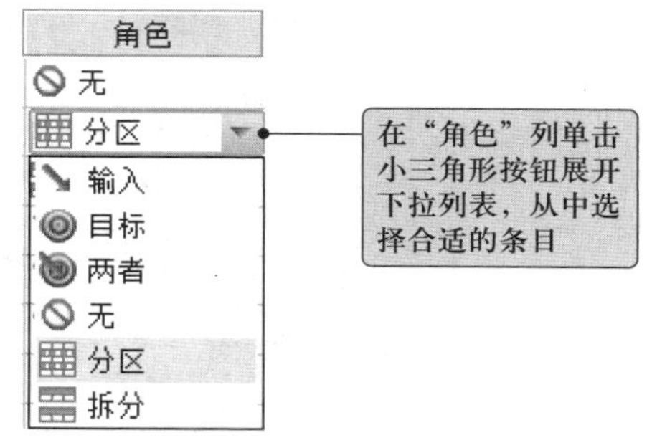

图 8-1-11　定义变量的角色

案例 0801 的完整数据文件结构如图 8-1-12 所示。

	名称	类型	宽度	小数位数	标签	值	缺失	列	对齐	测量	角色
1	id	数字	2	0	编号	无	无	8	右	名义	无
2	group	数字	1	0	组别	{1，一组}...	4 - 9，0	8	右	名义	分区
3	gender	数字	1	0	性别	{0，女}...	2 - 9	8	右	名义	分区
4	height	数字	5	1	身高	无	无	8	右	标度	输入
5	weight	数字	5	1	体重	无	无	8	右	标度	输入
6	capacity	数字	4	0	肺活量	无	无	10	右	标度	输入

图 8-1-12　案例 0801 的数据文件结构

【小贴士】

在定义数据文件结构时，习惯上都要设一个“编号”变量，用以反映个案的原始顺序。这个变量通常并不需要进入具体的统计分析过程，但它对于数据的编辑和个案的识别却是很有用的。在问卷调查结果的数据文件中，一般用它表示问卷编号。

第二节　SPSS 数据的录入和编辑

一、SPSS 数据的录入

定义好数据结构后，即可在数据编辑器窗口的“数据视图”中输入具体数据，最终形成 SPSS 数据文件。从“变量视图”转到“数据视图”的方法如图 8-2-1 所示。

数据视图中由粗线框围住的单元格即当前数据单元，它是当前正在录入或修改的数据单元。用鼠标单击某个单元格，即将该单元格设为当前数据单元。

录入数据的方法有 4 种，如图 8-2-2 所示。

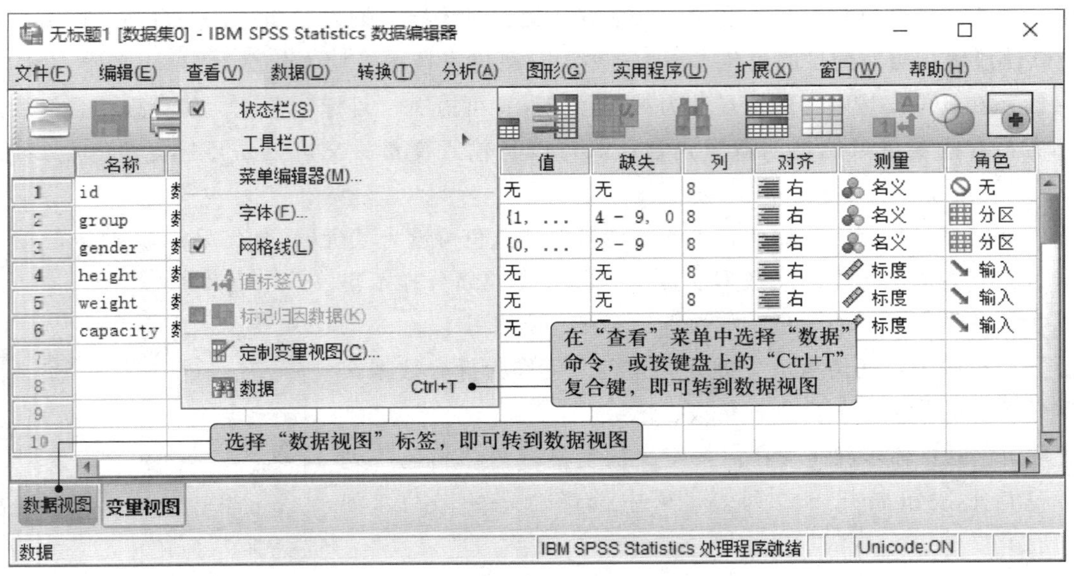

图 8-2-1 转到数据视图

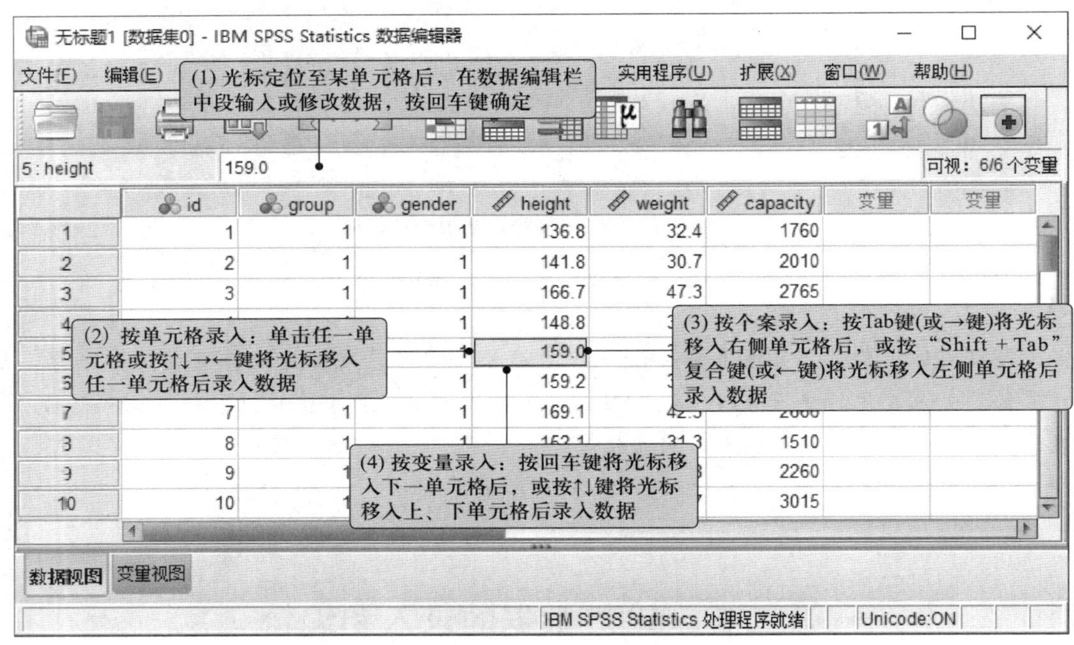

图 8-2-2 录入数据的方法

二、SPSS 数据的编辑

（一）数据编辑的基本操作

数据编辑的基本操作包括选择、清除、剪切、复制、粘贴、撤销、重做等，除“选择”外，都可在“编辑”菜单中选择相应的命令来完成。

若用鼠标右键单击选择区域，则系统会弹出一个快捷菜单，可以在其中选择需要的命令来完成剪切、复制、粘贴、清除等操作。

编辑菜单和快捷菜单如图 8-2-3 所示。

（1）选择：用鼠标左键单击某单元格即选中该格数据；用鼠标左键单击变量名即选中整列数据；用鼠

标左键单击个案序号即选中整行数据；在某单元格上按下鼠标左键—拖动—松开，即选中由左上角单元格和右下角单元格所围成的一片矩形区域内的数据。

（2）清除：在“编辑”菜单或快捷菜单中选择“清除”命令，或按键盘上的“Delete”键，所选内容即被删除。

（3）剪切：在“编辑”菜单或快捷菜单中选择“剪切”命令，或按键盘上的“Ctrl+X”复合键，所选内容被删除，但被保存在剪贴板上备用。

（4）复制：在“编辑”菜单或快捷菜单中选择“复制”命令，或按键盘上的“Ctrl+C”复合键，所选内容不变，但被保存在剪贴板上备用。

（5）粘贴：在“编辑”菜单或快捷菜单中选择“粘贴”命令，或按键盘上的“Ctrl+V”复合键，可将保存在剪贴板上的内容粘贴到光标所在位置。

（6）撤销：在“编辑”菜单中选择“撤销”命令，或按键盘上的“Ctrl+Z”复合键，则放弃本次操作，恢复到操作前的状态。

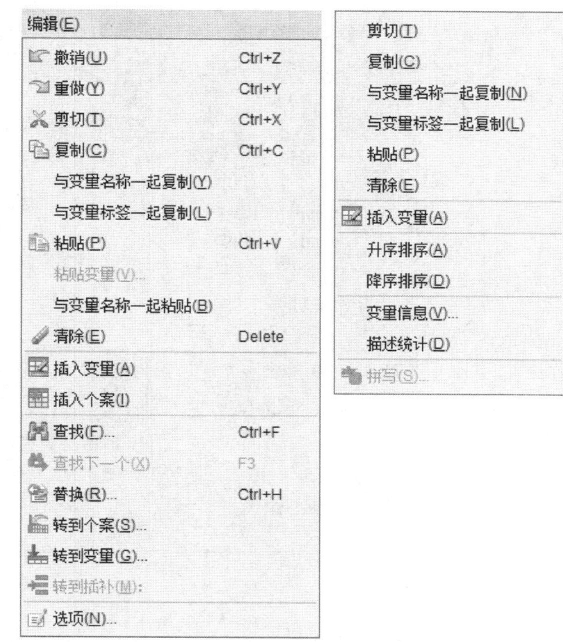

图 8-2-3　“编辑”菜单和快捷菜单

（7）重做：在“编辑”菜单中选择“重做”命令，或按键盘上的“Ctrl+Y”复合键，则重新执行刚刚撤销的操作。

（二）插入变量

插入变量指在数据编辑器窗口的某个变量之前插入一个新变量。插入变量的方法有 4 种，如图 8-2-4 至图 8-2-7 所示。

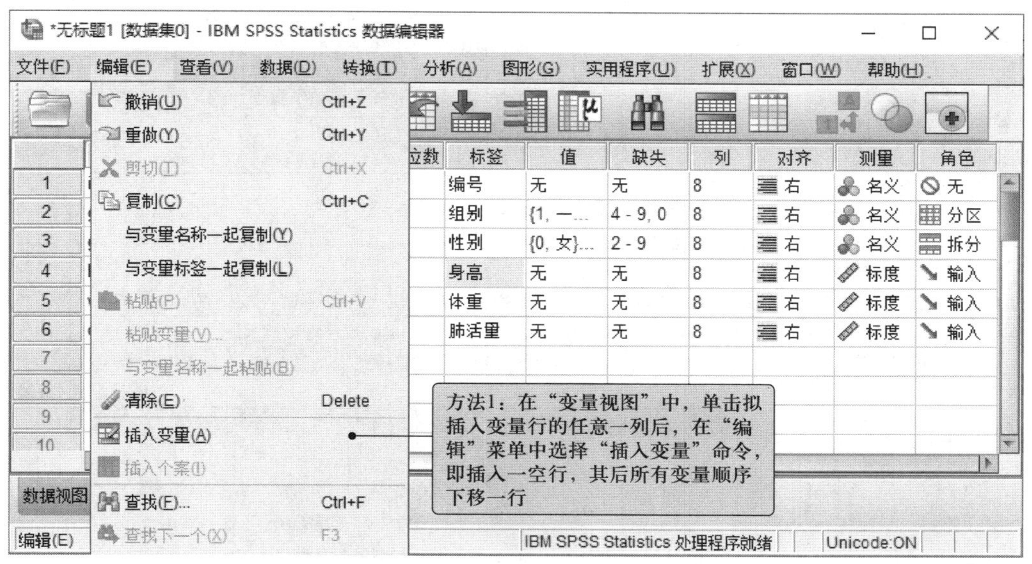

图 8-2-4　插入变量-方法 1

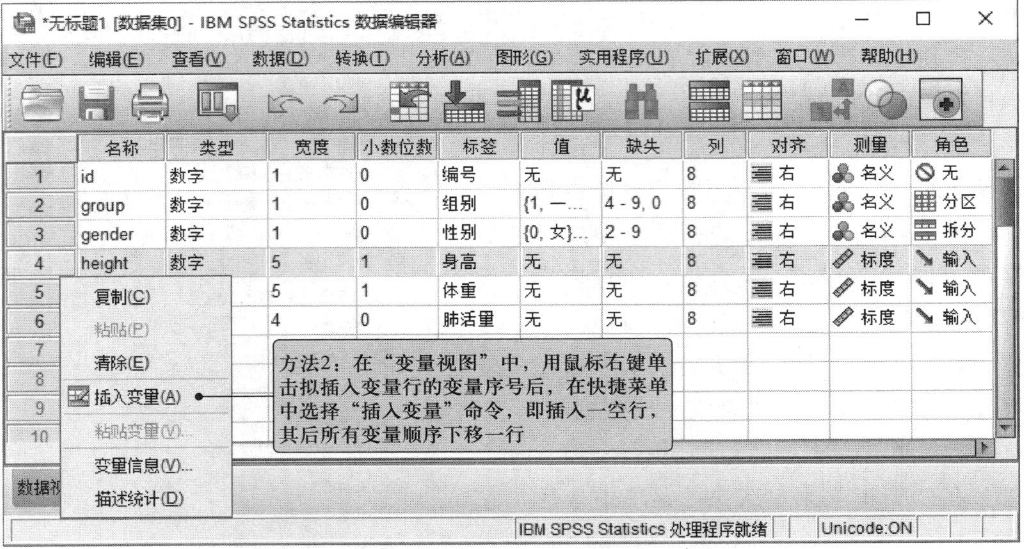

图 8-2-5 插入变量-方法 2

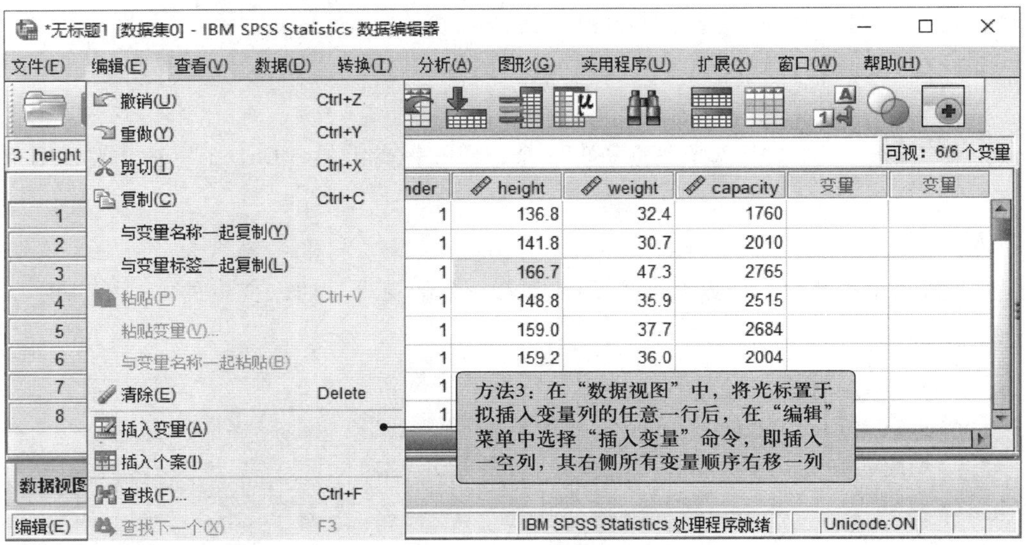

图 8-2-6 插入变量-方法 3

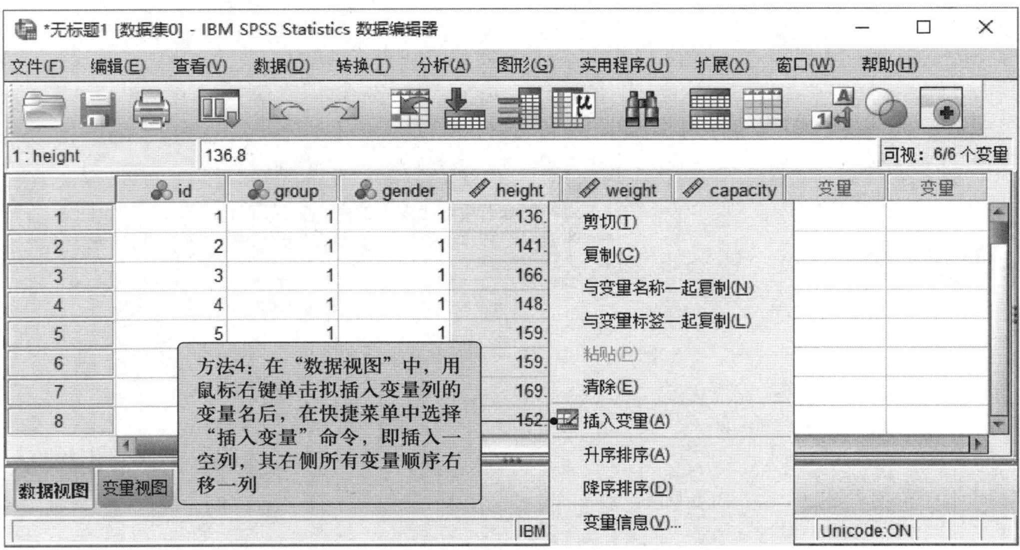

图 8-2-7 插入变量-方法 4

（三）复制变量

采用复制变量的方法，可以根据一个已经定义好的变量的信息，快速生成一系列相似的变量。这种方法在建立变量很多且有大量相似变量的数据文件时尤其有用。

复制变量时，首先在“变量视图”中将指定变量的属性信息复制到剪贴板上，可通过两种方法实现，如图 8-2-8 所示。

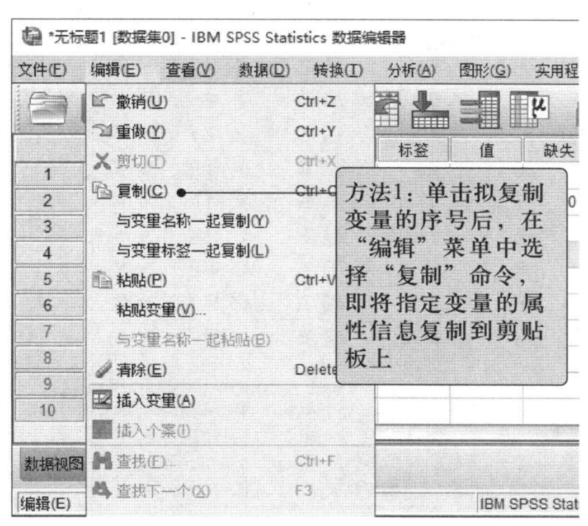

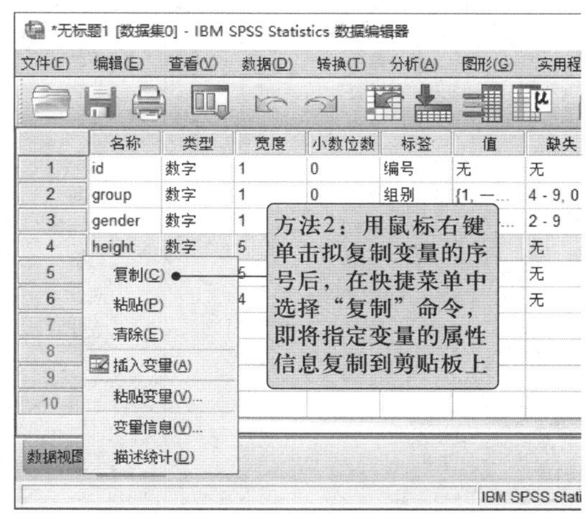

图 8-2-8 复制变量属性信息

然后，将光标定位在拟生成系列新变量的序号处，粘贴指定变量的属性信息，可通过两种方法实现，如图 8-2-9 所示。

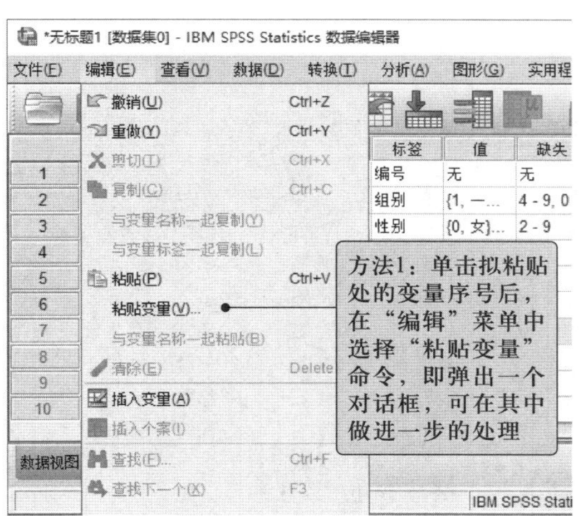

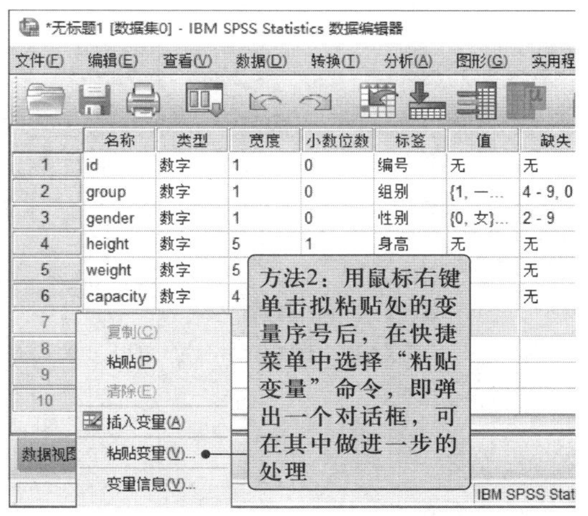

图 8-2-9 粘贴变量属性信息

系统随之打开“粘贴变量”对话框，在其中设置新变量数和新变量名，如图 8-2-10 所示。

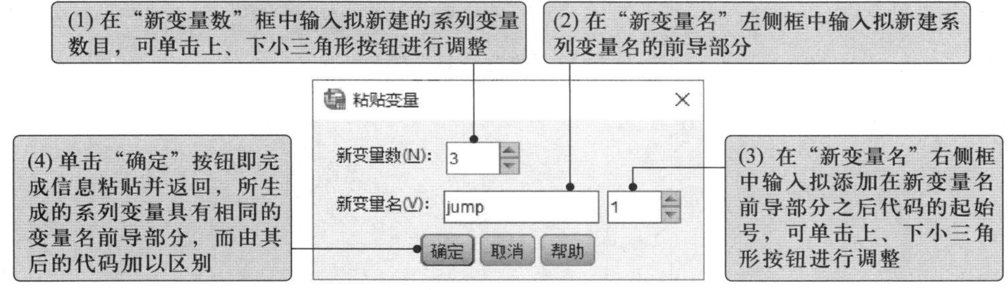

图 8-2-10 设置新变量数和新变量名

此后，可在“变量视图”中修改新增系列变量的属性至符合要求，如图 8-2-11 所示；再回到“数据视图”中输入新变量的数据。

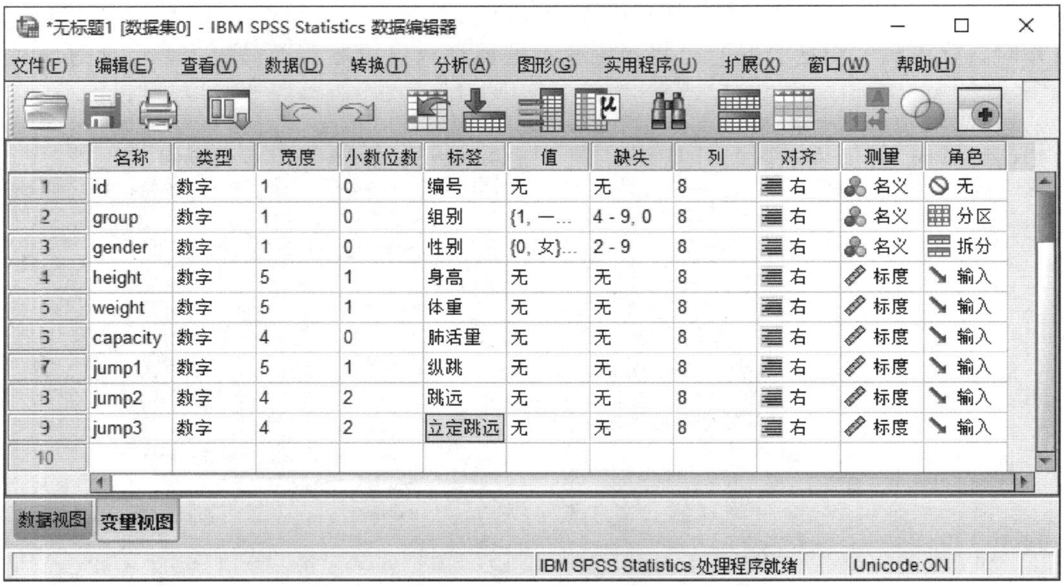

*无标题1 [数据集0] - IBM SPSS Statistics 数据编辑器
文件(F) 编辑(E) 查看(V) 数据(D) 转换(T) 分析(A) 图形(G) 实用程序(U) 扩展(X) 窗口(W) 帮助(H)
名称 类型 宽度 小数位数 标签 值 缺失 列 对齐 测量 角色
1 id 数字 1 0 编号 无 无 8 右 名义 无
2 group 数字 1 0 组别 {1, —... 4 - 9, 0 8 右 名义 分区
3 gender 数字 1 0 性别 {0, 女}... 2 - 9 8 右 名义 拆分
4 height 数字 5 1 身高 无 无 8 右 标度 输入
5 weight 数字 5 1 体重 无 无 8 右 标度 输入
6 capacity 数字 4 0 肺活量 无 无 8 右 标度 输入
7 jump1 数字 5 1 纵跳 无 无 8 右 标度 输入
8 jump2 数字 4 2 跳远 无 无 8 右 标度 输入
9 jump3 数字 4 2 立定跳远 无 无 8 右 标度 输入
10
数据视图 变量视图
IBM SPSS Statistics 处理程序就绪
Unicode:ON

图 8-2-11 修改新增系列变量的属性

（四）删除变量

删除变量指删除数据编辑器窗口中的某个变量。删除变量的方法也有 4 种，如图 8-2-12 至图 8-2-15 所示。

*无标题1 [数据集0] - IBM SPSS Statistics 数据编辑器
文件(F) 编辑(E) 查看(V) 数据(D) 转换(T) 分析(A) 图形(G) 实用程序(U) 扩展(X) 窗口(W) 帮助(H)
撤销(U) Ctrl+Z
重做(Y) Ctrl+Y
剪切(T) Ctrl+X
复制(C) Ctrl+C
与变量名称一起复制(Y)
与变量标签一起复制(L)
粘贴(P) Ctrl+V
粘贴变量(V)...
与变量名称一起粘贴(B)
清除(E) Delete
插入变量(A)
插入个案(I)
查找(F)... Ctrl+F
查找下一个(X) F3
标签 值 缺失 列 对齐 测量 角色
编号 无 无 8 右 名义 无
组别 {1, —... 4 - 9, 0 8 右 名义 分区
性别 {0, 女}... 2 - 9 8 右 名义 拆分
身高 无 无 8 右 标度 输入
体重 无 无 8 右 标度 输入
肺活量 无 无 8 右 标度 输入
方法1：在“变量视图”中，单击拟删除变量的序号后，在“编辑”菜单中选择“清除”命令，或按键盘上的“Delete”键，即删除该变量，其后所有变量顺序上移
数据视图
编辑(E)
IBM SPSS Statistics 处理程序就绪
Unicode:ON

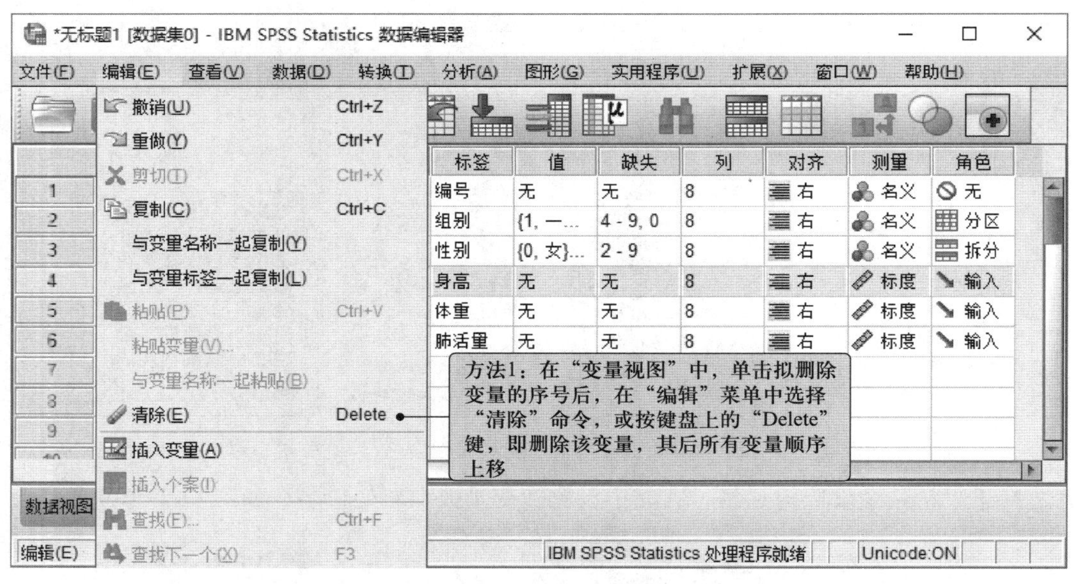

图 8-2-12 删除变量-方法 1

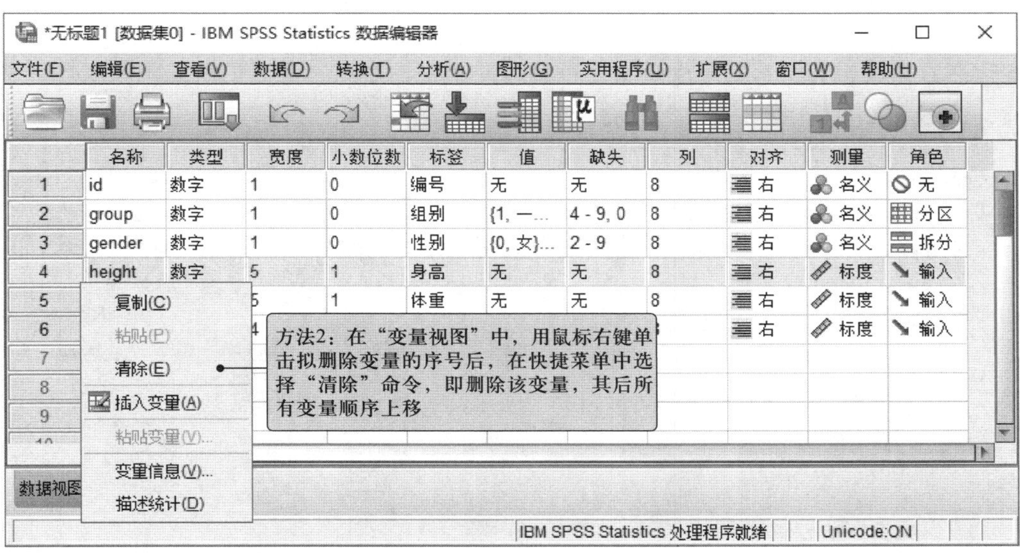

图 8-2-13　删除变量-方法 2

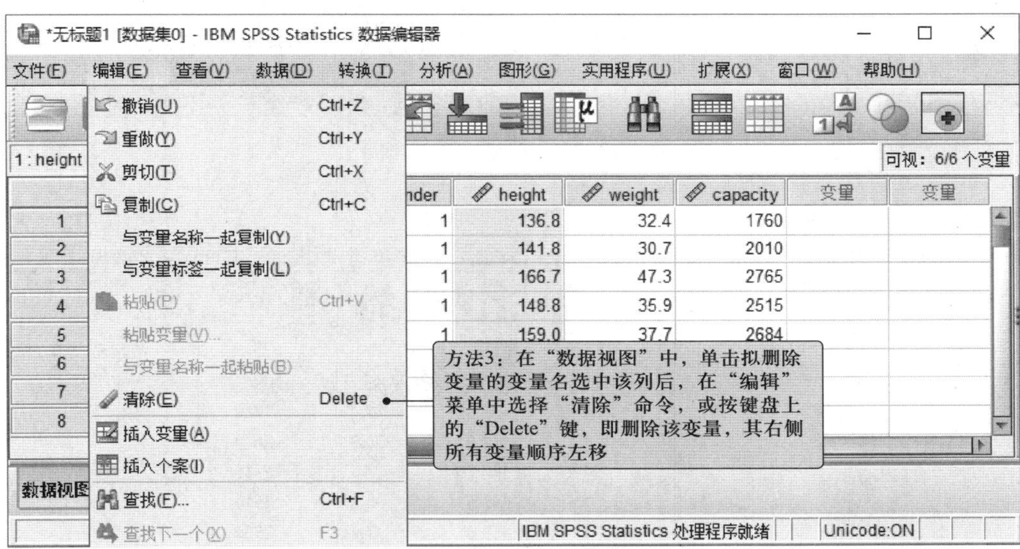

图 8-2-14　删除变量-方法 3

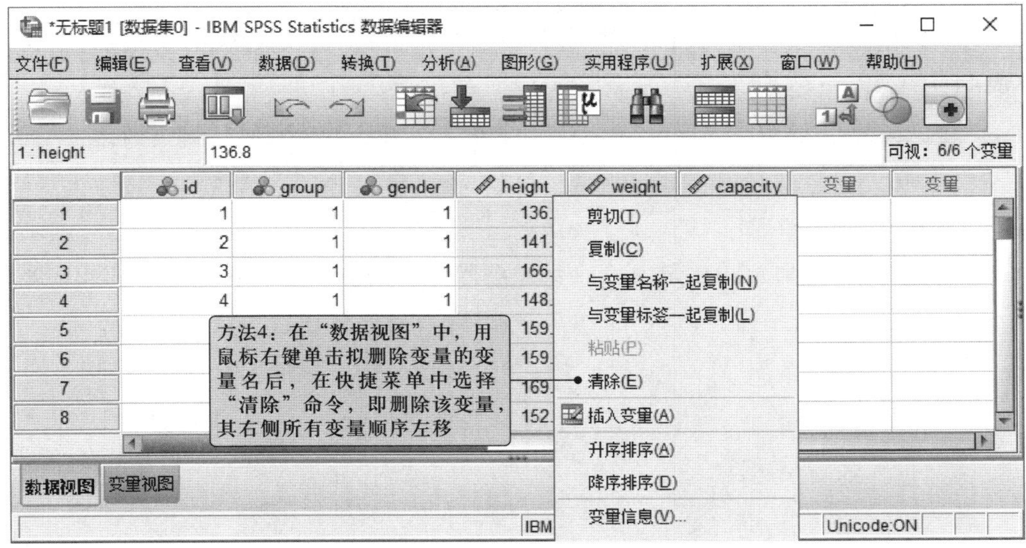

图 8-2-15　删除变量-方法 4

（五）插入个案

插入个案指在数据编辑器窗口的某个个案之前插入一个空白个案，其后的所有个案顺序下移。插入个案的方法有两种，如图 8-2-16、图 8-2-17 所示。

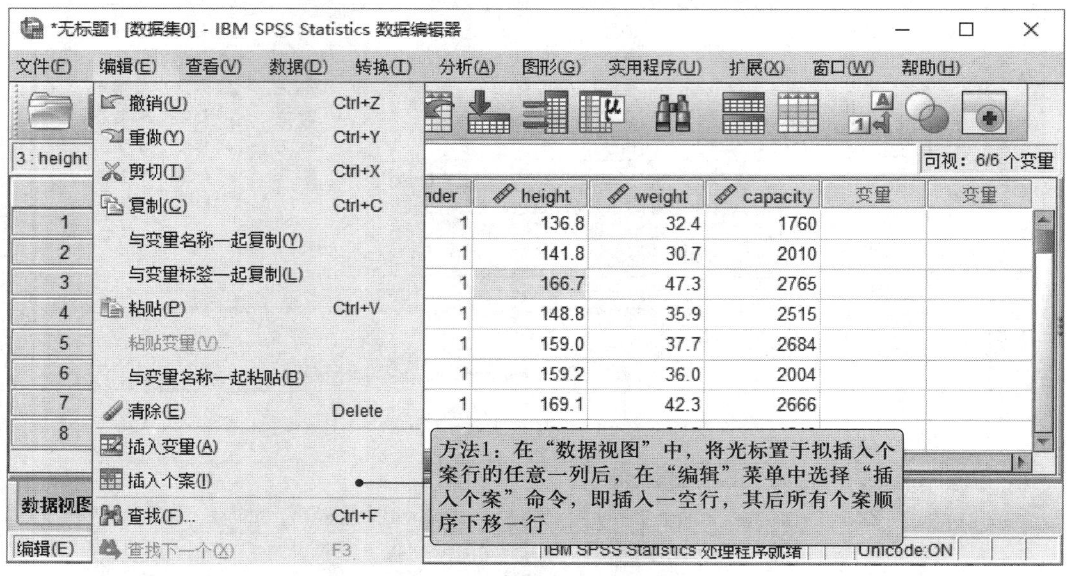

图 8-2-16 插入个案-方法 1

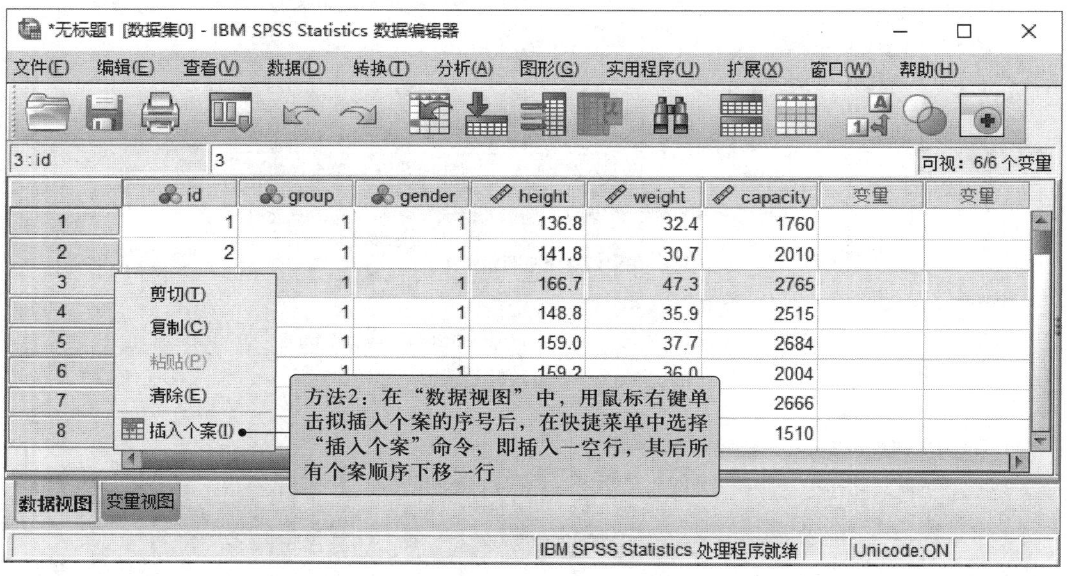

图 8-2-17 插入个案-方法 2

（六）删除个案

删除个案指删除数据编辑器窗口中的某个个案。删除个案的方法有两种，如图 8-2-18、图 8-2-19 所示。

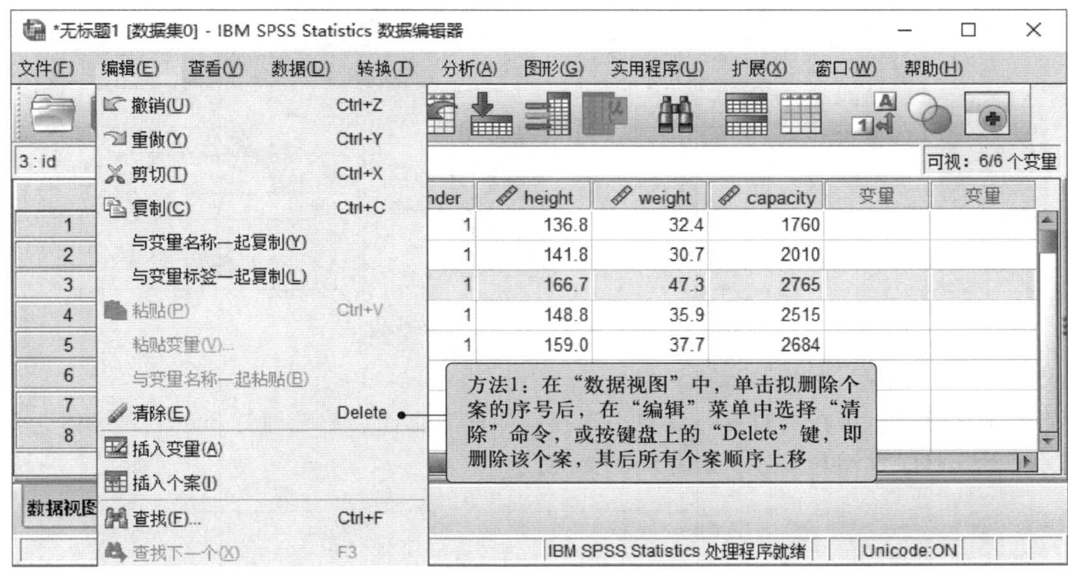

图 8-2-18　删除个案-方法 1

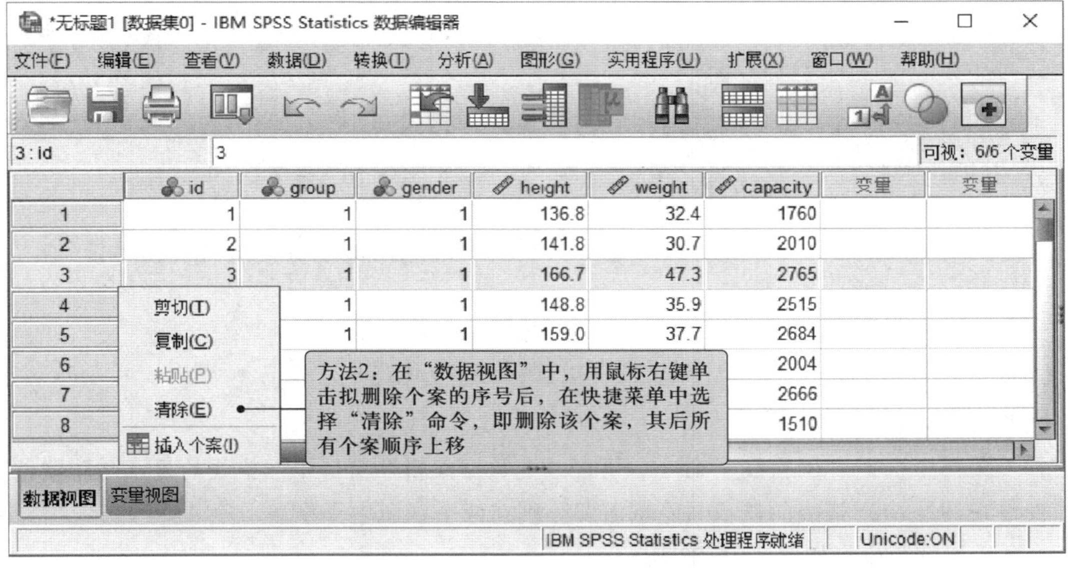

图 8-2-19　删除个案-方法 2

三、数据文件使用技巧

（一）快速转到指定个案或变量

如果数据文件很大，可以采用下面介绍的方法快速定位到指定个案或变量，也就是快速地移动数据表，把指定个案或变量显示在数据编辑器窗口中。

若要让某个个案快速移到窗口中，可在“编辑”菜单中选择“转到个案”命令；若要让某变量快速移到窗口中，可在“编辑”菜单中选择“转到变量”命令。这两种情况，系统都会打开一个“转到”对话框，在其中的操作如图 8-2-20 所示。

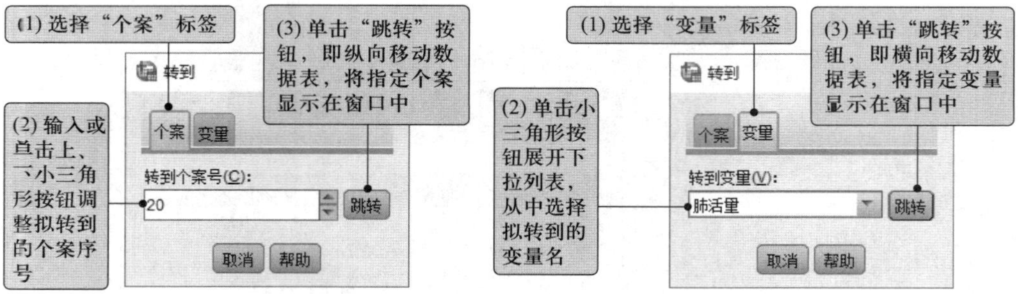

图 8-2-20 快速转到指定个案或变量

（二）改变显示字体

如果要改变显示字体，可在“查看”菜单中选择“字体”命令，系统即打开一个“字体”对话框，可在其中选择需要的字体、字型和字号，如图 8-2-21 所示。

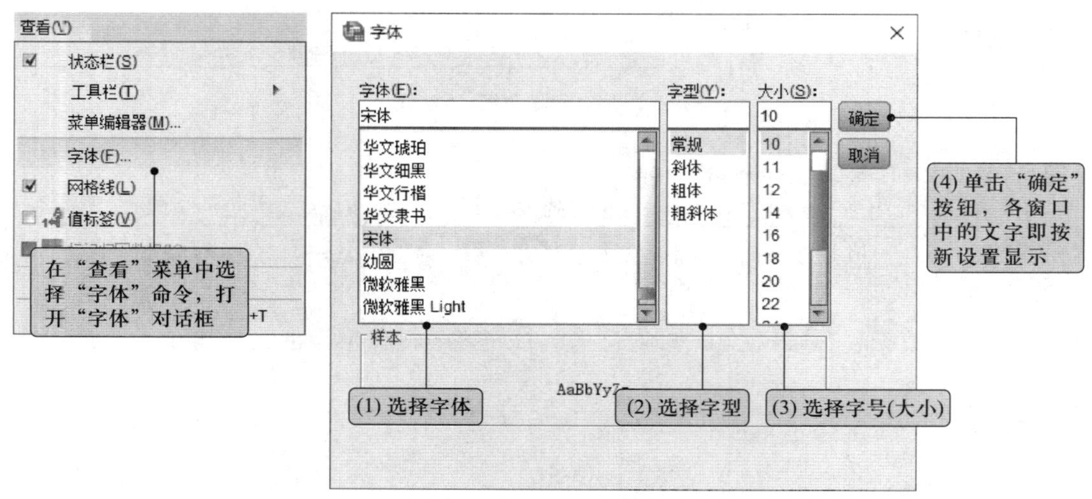

图 8-2-21 改变显示字体

（三）网格线的显示与隐藏

在“查看”菜单中选择“网格线”命令，可以改变数据编辑器窗口中网格线的显示与隐藏状态。“数据视图”和“变量视图”中网格线的显示与隐藏需要分别在两个视图中操作。

网格线的显示与隐藏操作如图 8-2-22 所示。

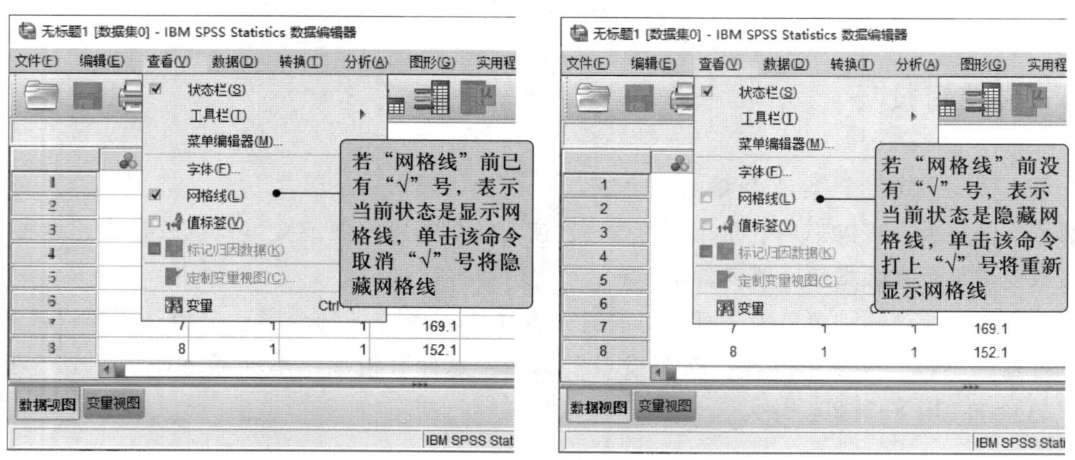

图 8-2-22 网格线的显示与隐藏

（四）值标签的显示与复原

默认情况下，“数据视图”中的变量是以值的形式显示的，但有时为了更方便地了解数据的实际意义，可改为以值标签的形式显示。

在“查看”菜单中选择“值标签”命令，即可将变量的显示方式由“值”改为“值标签”，或由“值标签”恢复为“值”，如图 8-2-23 所示。

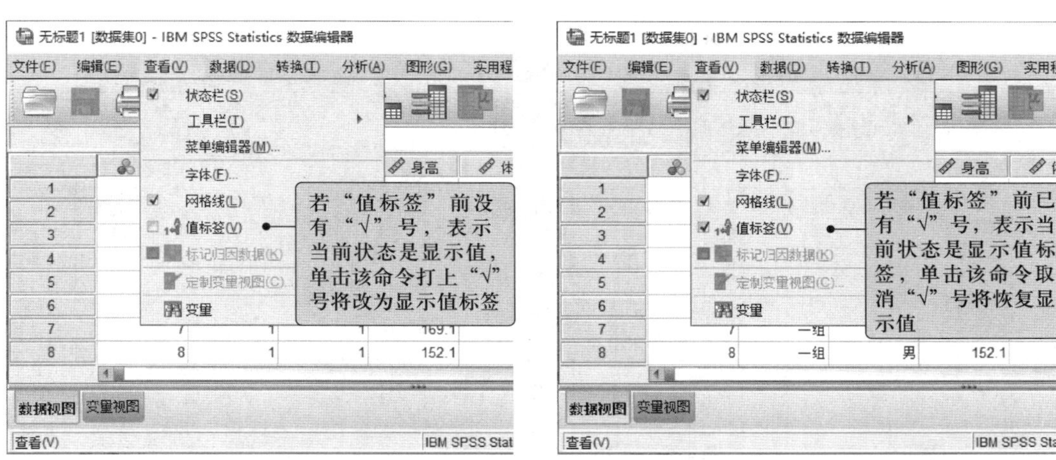

图 8-2-23　值标签的显示与复原

（五）快速查看变量属性信息

在“实用程序”菜单中选择“变量”命令，系统即打开一个“变量”对话框，可在其中快速查看变量的属性信息，如图 8-2-24 所示。

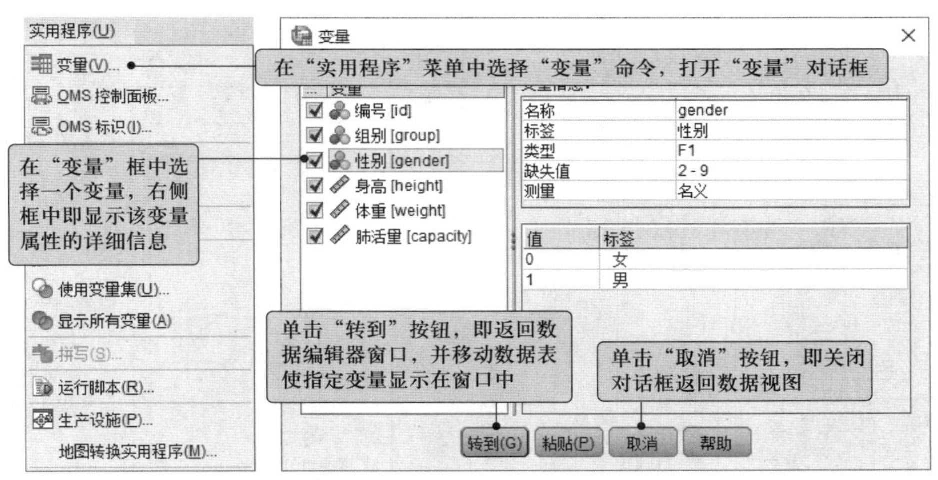

图 8-2-24　快速查看变量属性信息

（六）建立和使用变量集

如果一个数据文件含有较多变量且某些统计过程只固定使用其中的一部分变量，则可以将这一部分变量归入一个变量集，并指定使用该变量集。在后续统计分析中，只有所使用的变量集中包含的变量才显示在数据编辑器窗口和候选变量框中，变量集外的变量则被隐藏。这样做可以使统计分析过程中选择变量的工作变得简单方便。

【案例 0802】

现有一个保存了游泳运动员若干形态、素质及运动学指标测试结果的数据文件“案例 0802. sav”，所含变量为：编号、年龄组、身高、体重、指间距、胸围、前臂围、上肢长、下肢长、打腿拉力、划臂拉力、配合拉力、纵跳、速度耐力、平均划频。试将其中的年龄组和形态指标纳入“形态变量集”，将其中的年龄组和素质指标纳入“素质变量集”，并尝试使用所建立的变量集。

1. 定义变量集

定义变量集的方法是，在“实用程序”菜单中选择“定义变量集”命令，打开“定义变量集”对话框，如图 8-2-25 所示。

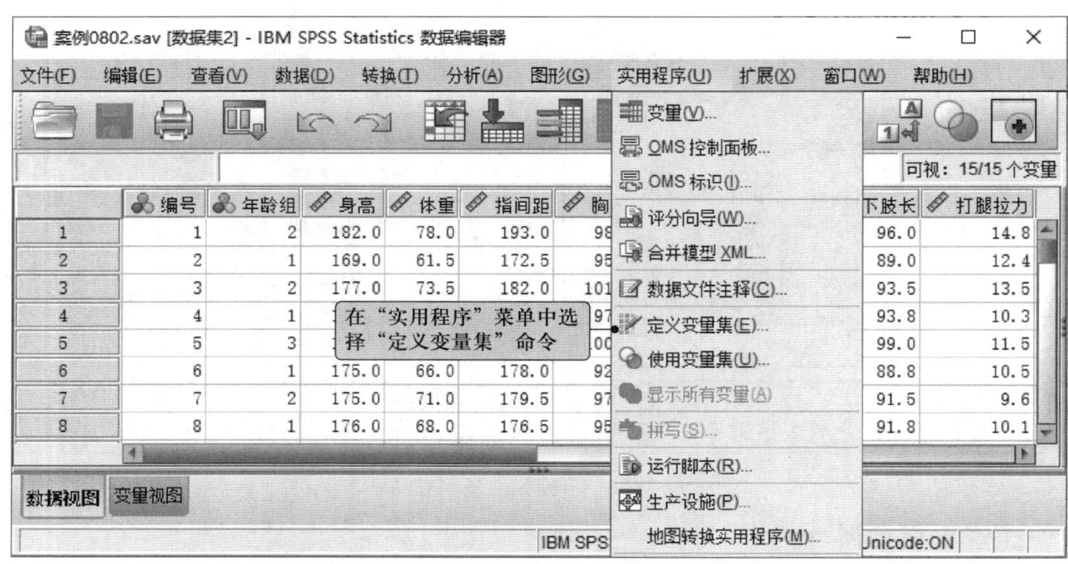

图 8-2-25 定义变量集 1

在“定义变量集”对话框中进行定义变量集的具体操作，如图 8-2-26 所示。

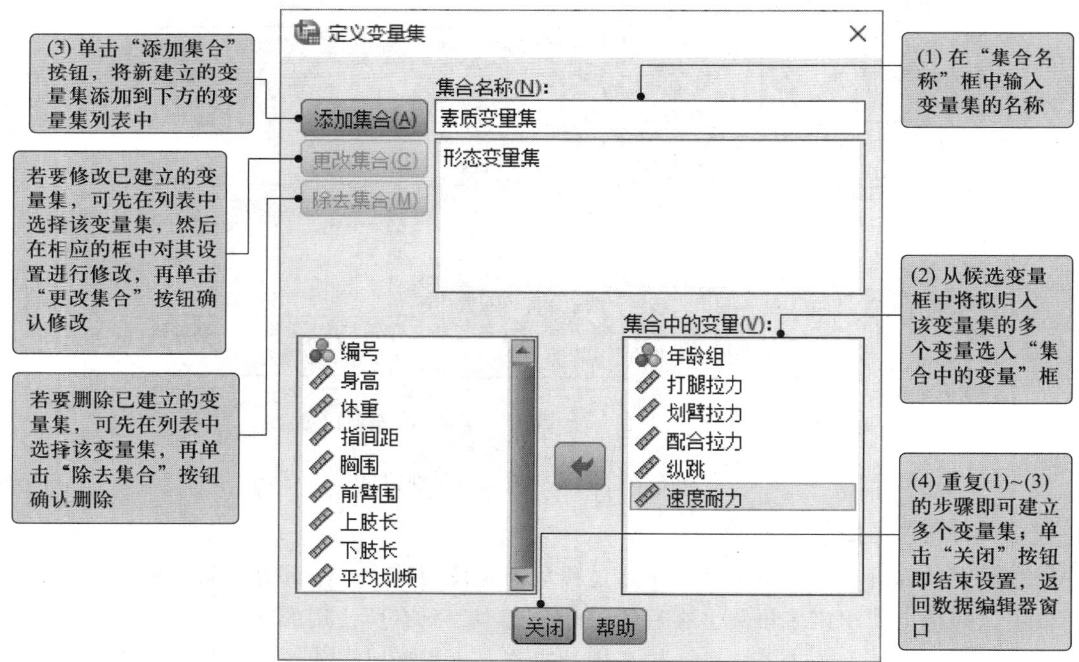

图 8-2-26 定义变量集 2

2. 使用变量集

建立变量集后，需要确定在后续统计分析中使用哪些变量集。方法是，在“实用程序”菜单中选择“使用变量集”命令，系统即打开一个“使用变量集”对话框，可在其中进行选择变量集的具体操作，如图 8-2-27 所示。

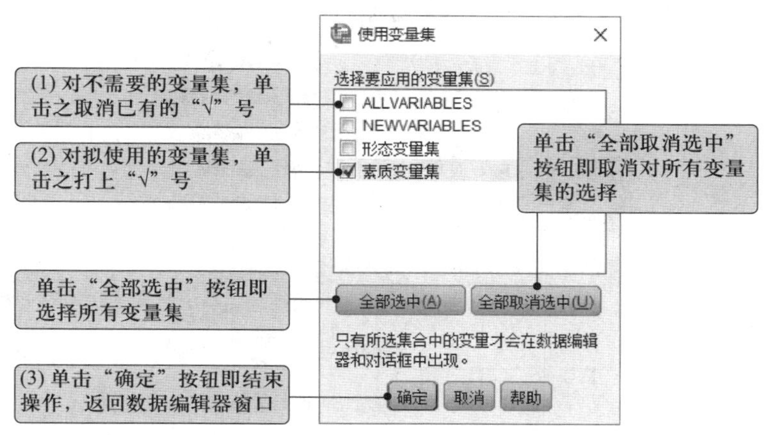

图 8-2-27　使用变量集

SPSS 系统有两个默认的变量集：ALLVARIABLES 集是当前数据文件中全部已有变量的集合，NEWVARIABLES 集是当前数据文件中所有新建变量的集合。如果要使用用户自定义的变量集，需要在“选择要应用的变量集”框中取消对 ALLVARIABLES 和 NEWVARIABLES 两个变量集的选择，并选中用户自定义的变量集。

完成设置后，只有所使用的变量集所包含的变量才显示在数据视图中，其他变量被隐藏，从而在后续统计分析过程中起到简化变量选择的作用，如图 8-2-28 所示。

案例0802.sav [数据集2] - IBM SPSS Statistics 数据编辑器

文件(F)　编辑(E)　查看(V)　数据(D)　转换(T)　分析(A)　图形(G)　实用程序(U)　扩展(X)　窗口(W)　帮助(H)

可视：6/15 个变量

	年龄组	打腿拉力	划臂拉力	配合拉力	纵跳	速度耐力	变量	变量
1	2	14.8	14.5	16.3	60.6	25.70		
2	1	12.4	16.0	18.0	63.5	24.73		
3	2	13.5	17.3	18.6	55.2	25.04		
4	1	10.3	13.0	15.2	72.0	24.88		
5	3	11.5	16.6	20.0	70.0	24.74		
6	1	10.5	15.5	16.2	61.2	26.53		
7	2	9.6	16.0	16.5	59.7	25.03		
8	1	10.1	14.1	16.6	60.2	24.93		

数据视图　变量视图

IBM SPSS Statistics 处理程序就绪　Unicode:ON

图 8-2-28　使用用户自定义变量集后的数据视图

3. 恢复显示所有变量

如果要恢复显示全部已有变量和所有新建变量，可在“实用程序”菜单中选择“显示所有变量”命令，如图 8-2-29 所示；或者在图 8-2-27 所示的“使用变量集”对话框中将 ALLVARIABLES 和 NEWVARIABLES 两个系统默认变量集重新选中。

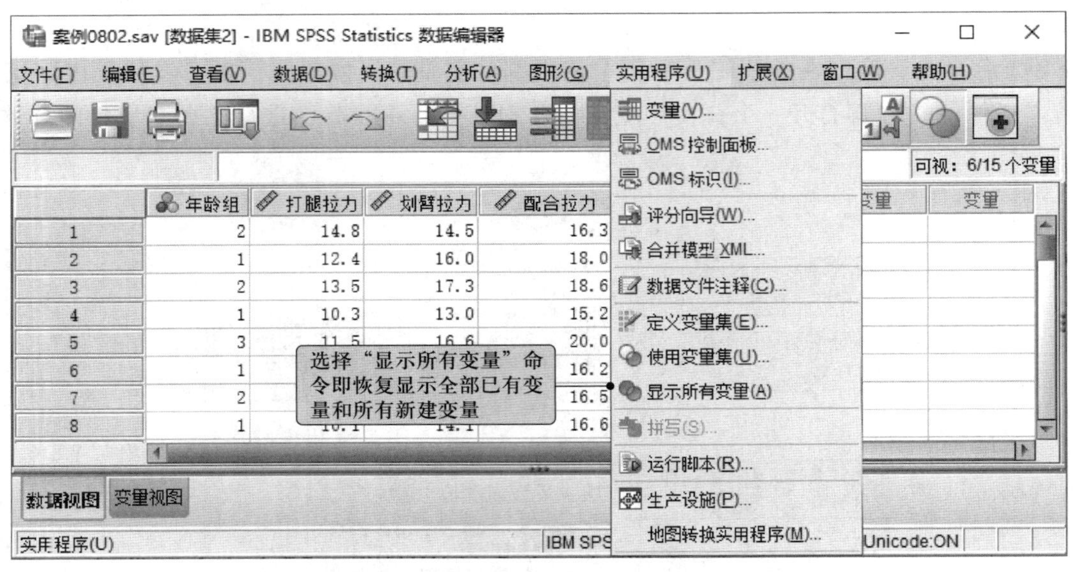

图 8-2-29 显示所有变量

如果要彻底取消所定义的变量集，须再次在“实用程序”菜单中选择“定义变量集”命令进入图 8-2-26 所示的“定义变量集”对话框，然后在“集合名称”列表中选择所定义的变量集，再单击“除去集合”按钮将其删除。

第三节 SPSS 的文件管理

SPSS 的文件管理主要包括数据文件的管理和输出文件的管理，其功能集中在“文件”菜单中。一些命令行的右侧带有向右的小三角形，选择这样的命令，将会打开下一级菜单。如图 8-3-1 所示。

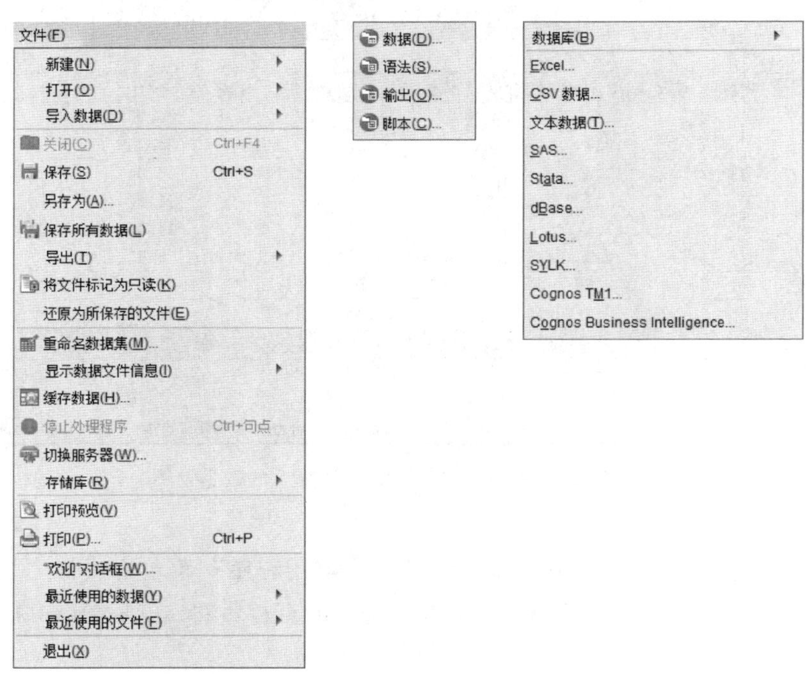

图 8-3-1 “文件”菜单及部分二级菜单

一、SPSS 数据文件的管理

（一）新建数据文件

在“文件”菜单中选择“新建”→“数据”命令，系统即打开一个新的数据编辑器窗口，可用前述方法从头开始建立新的数据文件。

（二）打开数据文件

打开数据文件就是把已经建立并保存在磁盘上的数据文件读入到 SPSS 的数据编辑器窗口中。在 SPSS 中能够直接打开多种类型的数据文件，常用的有：

（1）SPSS(*.sav)：SPSS for Windows 建立的数据文件，扩展名为“.sav”。这种格式的数据文件可以被 SPSS 直接读取，是默认的数据文件格式。

（2）SPSS/PC+(*.sys)：SPSS for DOS 建立的数据文件，扩展名为“.sys”。

（3）SPSS portable(*.por)：SPSS for Windows 建立的 ASCII 码数据文件，扩展名为“.por”。其变量类型、变量名标签、变量值标签、用户定义缺失值等信息都另外单独保存。

（4）Excel(*.xls)：Excel 建立的表格数据文件，扩展名为“.xls”。工作表中的一行转换成一个个案，一列转换成一个变量。

（5）dBASE(*.dbf)：各种版本的 dBASE 或 FoxBase 建立的数据库文件，扩展名为“.dbf”。数据库中的一条记录转换成一个个案，一个字段转换成一个变量。

（6）Text(*.txt)：纯文本数据文件。

（7）Data(*.dat)：用 ASCII 码编写的数据文件，可由其他任何软件建立。

打开数据文件的方法为：在“文件”菜单中选择“打开”→“数据”命令，系统即打开一个“打开数据”对话框，可在其中进行打开数据文件的操作，如图 8-3-2 所示。

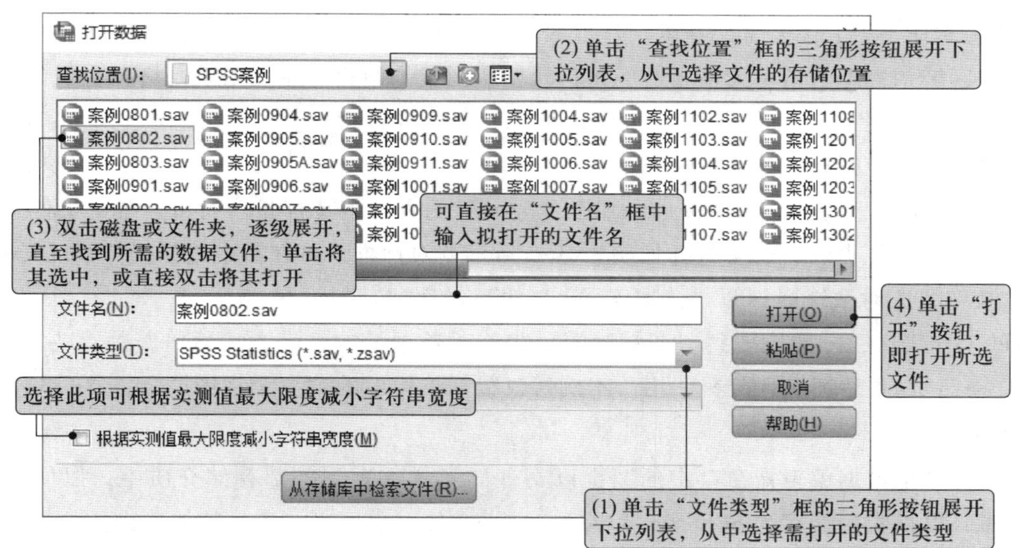

图 8-3-2　打开数据文件

如果选择的是 SPSS 默认类型（*.sav）的数据文件，完成上述操作后，所选文件即显示在数据编辑器窗口的数据视图中。如果选择了其他类型的数据文件，则需要做进一步的处理。

【案例 0803】

某中学体育教学改革实验研究的数据保存在一个 Excel 文件中，文件名为“案例 0803.xls”。试将其读入 SPSS 系统并保存成默认格式的数据文件。

具体步骤为：在“文件”菜单中选择“打开”→“数据”命令，在图 8-3-2 所示的对话框中将拟打开的文件类型设为 Excel，在磁盘上选择所要的 Excel 文件后，单击“打开”按钮，系统即打开“读取 Excel 文件”对话框，在其中的操作如图 8-3-3 所示。

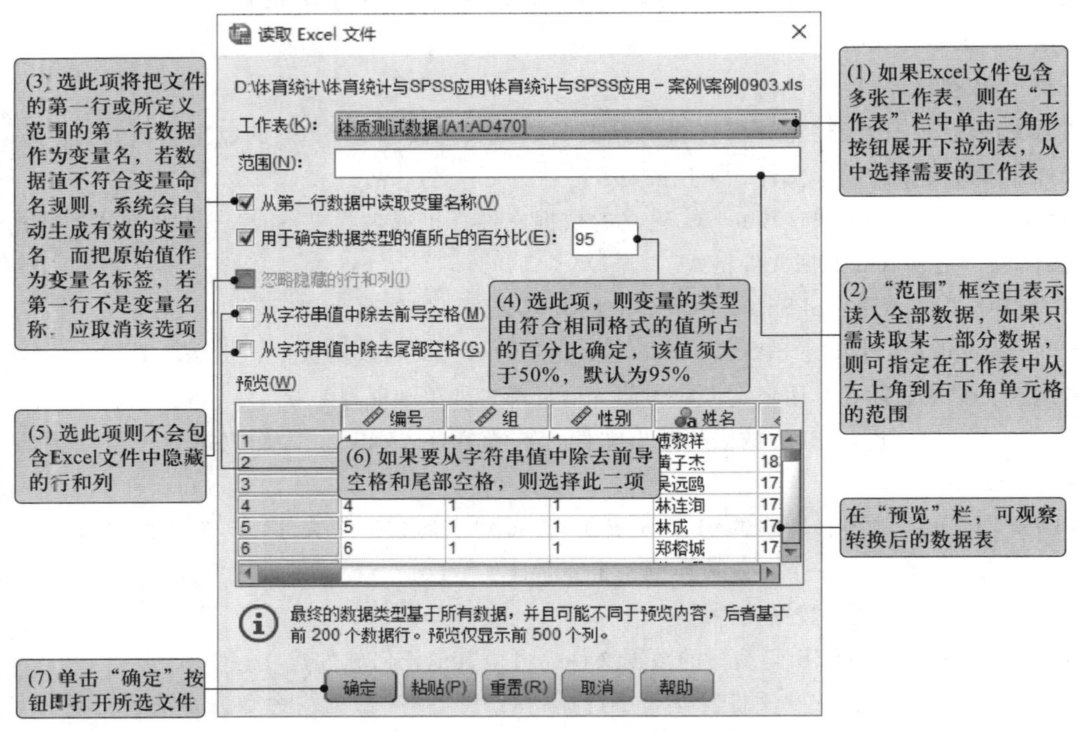

图 8-3-3 打开 Excel 文件

在 SPSS 中读取 Excel 工作表时，是默认读取表中的全部数据。用户可以指定仅读取工作表中某个区域内的数据，这个区域是由左上角单元格和右下角单元格所围成的矩形。左上角单元格和右下角单元格分别用其所在列的名称加行号表示，中间用“:”分隔。例如，如果要读取以 A3 单元为左上角、C10 单元为右下角的矩形区域内的数据，则指定的范围应表示为 A3:C10。

对于非 SPSS 默认类型的数据文件，也可采用“导入”的方法将其打开。例如，在“文件”菜单中选择“导入数据”→“Excel”命令，也会打开如图 8-3-2 所示的对话框，可在其中选择拟打开的 Excel 文件，再单击“打开”按钮，此时系统即打开“读取 Excel 文件”对话框。

读取 Excel 工作表后，一般应转到“变量视图”中修改数据结构，满意后再将其另存为 SPSS 数据文件的默认格式（.sav）以备后续统计分析使用。本例修改数据结构后的“变量视图”如图 8-3-4 所示。

（三）保存数据文件

保存数据文件是把数据编辑器窗口中的数据以文件的形式保存到外部存储介质中，以便日后编辑和使用。保存数据时，可以直接保存为 SPSS for Windows 数据文件，也可以保存为其他格式的数据文件，以便其他软件调用。

1. 原名保存

对于从磁盘中读入的数据文件，可在“文件”菜单中选择“保存”命令，或按键盘上的“Ctrl+S”复合键，该数据文件即以原来的文件名保存在原来的位置。在对已经存在的数据文件进行编辑的过程中，应经常执行此操作保存数据，以防因意外造成数据丢失。

案例0803.sav [数据集3] - IBM SPSS Statistics 数据编辑器

文件(F)　编辑(E)　查看(V)　数据(D)　转换(T)　分析(A)　图形(G)　实用程序(U)　扩展(X)　窗口(W)　帮助(H)

	名称	类型	宽度	小数位数	标签	值	缺失	列	对齐	测量	角色
1	编号	数字	4	0		无	无	8	右	名义	无
2	组	数字	1	0		{1, 实验组}...	无	8	右	名义	分区
3	性别	数字	1	0		{0, 女}...	无	8	右	名义	分区
4	姓名	字符串	12	0		无	无	8	左	名义	无
5	身高1	数字	5	1		无	无	7	右	标度	输入
6	体重1	数字	5	1		无	无	9	右	标度	输入
7	胸围1	数字	5	1		无	无	9	右	标度	输入
8	肺活量1	数字	4	0		无	无	9	右	标度	输入
9	握力1	数字	4	1		无	无	9	右	标度	输入
10	跑50米1	数字	5	2		无	无	9	右	标度	输入

数据视图　变量视图

IBM SPSS Statistics 处理程序就绪　Unicode:ON

图 8-3-4　读取 Excel 工作表后修改数据结构

2. 更名保存

如果数据编辑器窗口中的数据是刚刚输入的，还没有保存过，则应及早进行第一次保存。若对已经存在的数据文件进行编辑，有时也可能要将数据文件以另一个文件名保存。此时，可在“文件”菜单中选择“另存为”命令，系统即打开一个“将数据另存为”对话框，在其中指定文件类型、存储位置和文件名后，单击“保存”按钮，即将数据文件存盘，如图 8-3-5 所示。

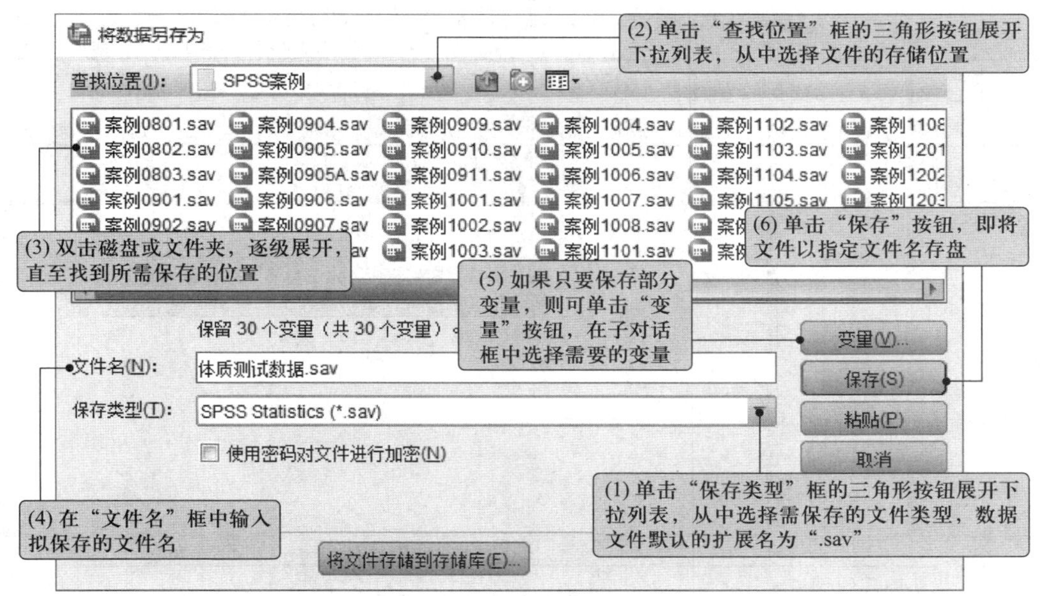

图 8-3-5　数据文件更名保存

保存数据文件时，可选择的文件类型与打开数据文件的类型基本相同，不再赘述。

（四）打印数据文件

用户可以将数据文件打印出来以便阅读和查询。打印数据文件的基本方法为：选择拟打印的数据文件所在的数据编辑器窗口，在“文件”菜单中选择“打印”命令，或按键盘上的“Ctrl+P”复合健，系统即打开一个“打印”对话框，可在其中选择打印机、确定打印范围和份数，然后单击“确定”按钮开始打印。

在打印之前，可在“文件”菜单中选择“打印预览”命令，系统会打开一个预览窗口以便用户预先查看打印结果。

二、SPSS 输出文件的管理

在 SPSS 运行过程中，用户可以创建多个查看器窗口（输出窗口），可以把不同的统计分析结果指定输出到不同的查看器窗口，并可以将各窗口中的内容保存在不同的输出文件中。

在多个查看器窗口中，只有一个是主查看器窗口，统计分析的结果只输出到主查看器窗口中。主查看器窗口的标志是工具栏上的“＊”图标呈灰色，非主查看器窗口的标志是该图标呈蓝色。单击非主查看器窗口工具栏上呈蓝色的“＊”图标使其变成灰色，就可以将该窗口改为主查看器窗口。如图 8-3-6 所示。

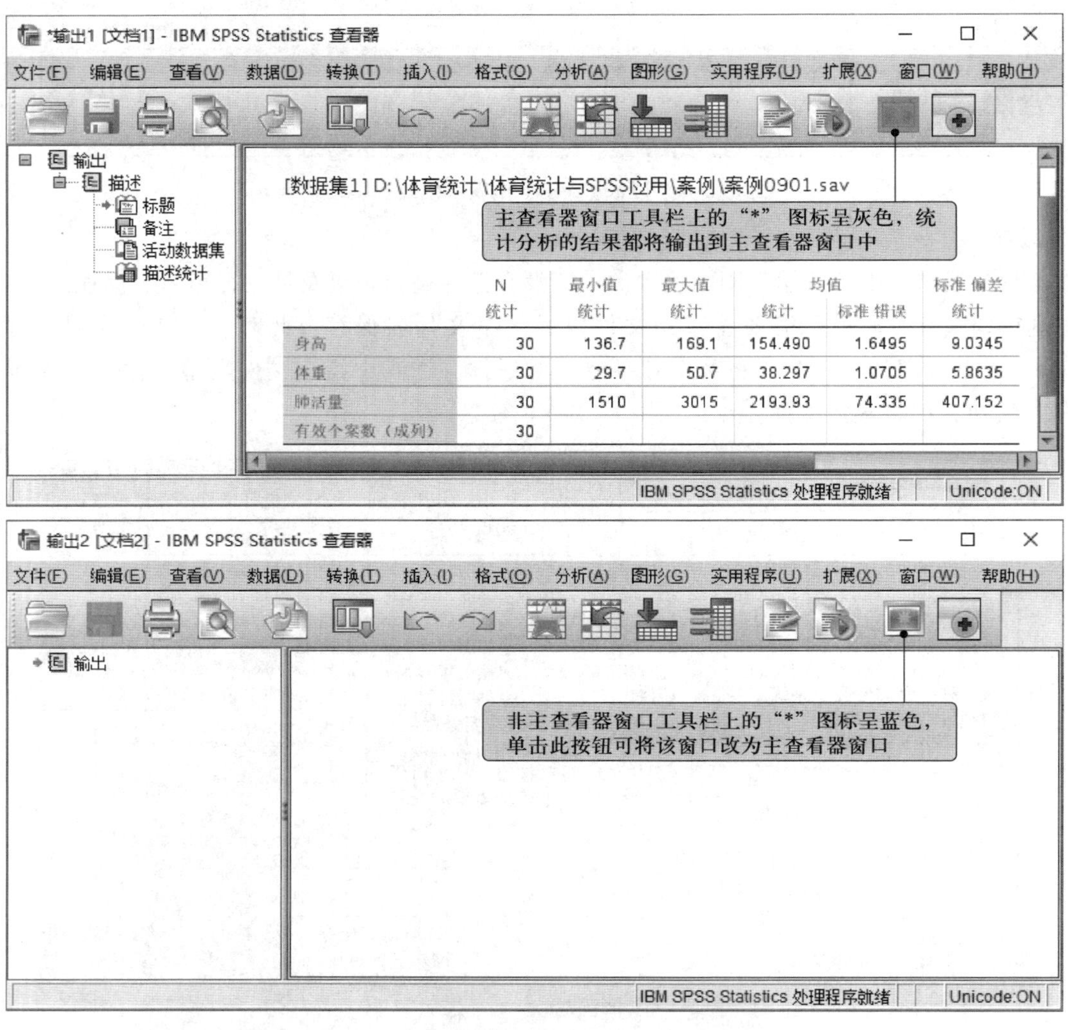

	N	最小值	最大值	均值		标准 偏差
	统计	统计	统计	统计	标准 错误	统计
身高	30	136.7	169.1	154.490	1.6495	9.0345
体重	30	29.7	50.7	38.297	1.0705	5.8635
肺活量	30	1510	3015	2193.93	74.335	407.152
有效个案数（成列）	30					

图 8-3-6　主查看器窗口和非主查看器窗口

（一）新建输出文件

在“文件”菜单中选择“新建”→“输出”命令，系统即打开一个新的查看器窗口，并自动将该窗口设为主查看器窗口。

（二）打开输出文件

打开输出文件就是把已经建立并保存在磁盘上的输出文件读入到 SPSS 的查看器窗口中。

在“文件”菜单中选择“打开”→“输出”命令，系统即显示一个“打开输出”对话框，可在其中进行打开输出文件的操作。具体步骤与图 8-3-2 类似，只是“文件类型”须选择“查看器文档”（扩展名为“. spv”）。

（三）保存输出文件

保存输出文件是把查看器窗口中的信息以文件的形式保存到外部存储介质中，以便日后编辑和使用。对输出文件，可以原名保存，也可以更名保存。

1. 原名保存

对于从磁盘中读入的输出文件，可在“文件”菜单中选择“保存”命令，或按键盘上的“Ctrl+S”复合键，该输出文件即以原来的文件名保存在原来的位置。

2. 更名保存

对于新生成的输出文件，可在“文件”菜单中选择“另存为”命令，系统即打开一个“将输出另存为”对话框，在其中指定文件类型、存储位置和文件名后，单击“保存”按钮，即将该输出文件存盘。具体步骤与图 8-3-5 相似，只是“文件类型”须选择“查看器文件”（扩展名为“. spv”）。

（四）打印输出文件

用户可以将输出文件打印出来以便阅读。打印输出文件的基本方法为：选择拟打印的输出文件所在的查看器窗口后，在“文件”菜单中选择“打印”命令，系统即打开一个“打印”对话框，在其中选择打印机、确定打印范围和份数后，单击“确定”按钮开始打印。

在打印之前，可在“文件”菜单中选择“页面属性”“页面设置”和“打印预览”命令，根据需要修改输出页面的有关设置并预先查看打印结果。

（五）导出输出文件

在 SPSS 系统中，还可以将统计分析的结果导出成指定格式的文件，以便用其他编辑软件来读取和编辑结果信息。

将输出文件导出为指定格式文件的方法为：选择拟导出文件所在的查看器窗口后，在“文件”菜单中选择“导出”命令，系统即打开一个“导出输出”对话框，在其中的具体操作如图 8-3-7 所示。

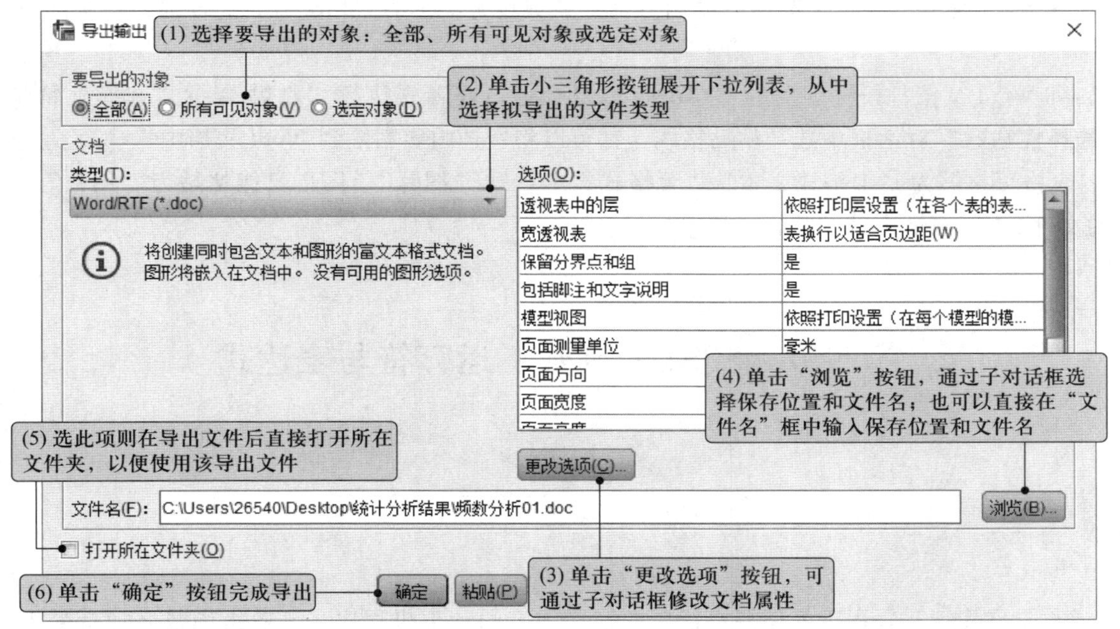

图 8-3-7　导出输出文件

如果是要把统计分析结果中的图形导出为指定格式的文件，则可按图 8-3-8 进行操作。

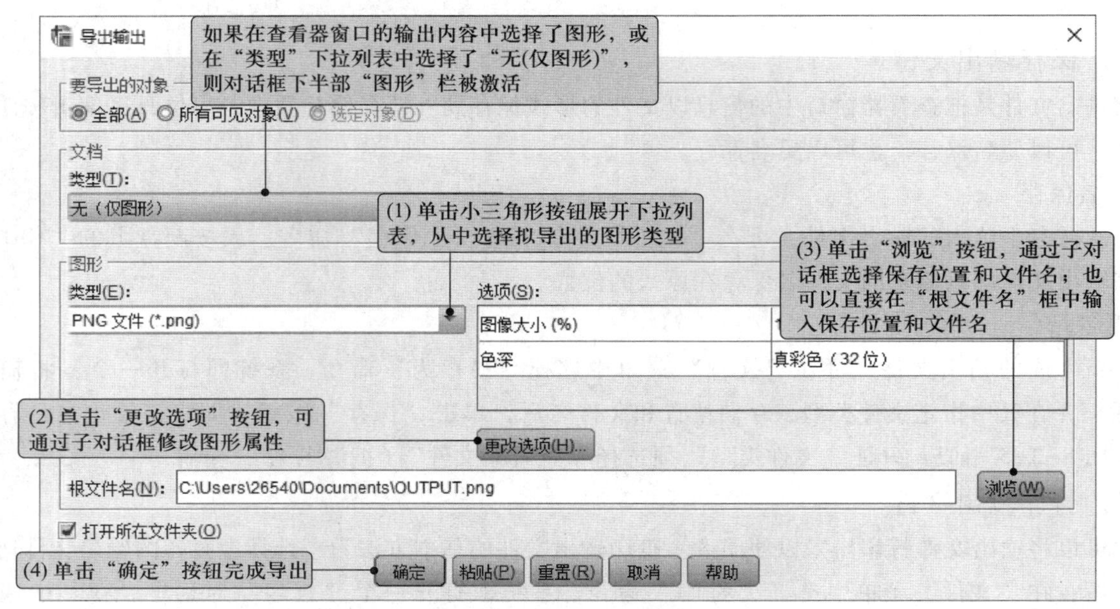

图 8-3-8 导出输出文件中的图形

将输出文件导出为网页文件的方法为：选择拟导出文件所在的查看器窗口后，在“文件”菜单中选择“导出为 Web 报告”命令，系统即打开一个“将输出另存为”对话框，设置好文件的保存位置和文件名后单击“保存”按钮，即可直接生成一个输出结果的网页文件。

（六）复制与粘贴选定对象

除了前述导出输出文件的方法外，我们还可以在查看器窗口的统计分析结果中选择部分对象，将其复制到剪贴板上，再直接粘贴到 Word 文档中进行编辑。具体步骤为：

（1）在 SPSS 查看器窗口中，用鼠标单击选择需要的文字、表格或图形。

（2）在 SPSS“编辑”菜单中选择“复制”命令，或按键盘上的“Ctrl+C”复合键，将所选内容复制到剪贴板中。

（3）转到 Word 文档，按键盘上的“Ctrl+V”复合键，或者先执行“粘贴”→“选择性粘贴”命令，然后在“选择性粘贴”对话框中选择粘贴格式，都可以将所选内容粘贴到 Word 文档中。

文字、表格可粘贴为“带格式文本”“无格式文本”或“图片”。图形只能粘贴为“图片”。凡粘贴为“图片”的文件，在 Word 中可缩放，但不可编辑。

第四节 SPSS 的函数、运算符与表达式

一、函数

SPSS 函数是事先编写好用于处理特定任务的一段固定的计算机程序。函数由函数名加括号组成，括号内填入需要处理的数据及必要的参数值。若括号内的数据及参数有多个，须用“,”分隔。调用函数得到的结果称为函数的返回值。例如：

求正数的平方根：SQRT(64)→8

求余数：MOD(10，3)→1

取绝对值：ABS(-5)→5

取最大值：MAX(15，17，19)→19

调用函数时，所提供的数据和参数须有正确的数据类型。同时要注意返回值的类型，不同的函数其返回值的类型亦有所不同。

(一) 算术函数

算术函数用于算术运算。调用算术函数时，所提供的数据和参数都应为数值型，函数的返回值也是数值型。常用算术函数如表 8-4-1 所示。

表 8-4-1　SPSS 的常用算术函数

函数	类型	返回值	范例
ABS(数值表达式)	数值	绝对值	ABS(-8)→8
ARSIN(数值表达式)	数值	反正弦值	ARSIN(1)→1.57
ARTAN(数值表达式)	数值	反正切值	ARTAN(8)→1.45
COS(弧度值)	数值	余弦值	COS(1)→0.54
EXP(数值表达式)	数值	以 e 为底的幂	EXP(2)→7.39
LG10(数值表达式)	数值	以 10 为底的常用对数	LG10(100)→2
LN(数值表达式)	数值	以 e 为底的自然对数	LN(10)→2.3
MOD(数值表达式，模值)	数值	表达式除以模的余数	MOD(10，3)→1
RND(数值表达式)	数值	四舍五入后的整数	RND(3.58)→4
SIN(弧度值)	数值	正弦值	SIN(1)→0.84
SQRT(数值表达式)	数值	正数的平方根	SQRT(64)→8
TRUNC(数值表达式)	数值	截去小数部分的整数	TRUNC(3.14)→3

(二) 统计函数

统计函数用于计算最基本的统计量。常用统计函数如表 8-4-2 所示。

表 8-4-2　SPSS 的常用统计函数

函数	类型	返回值	范例
CFVAR(数值表达式，数值表达式 [，…])	数值	变异系数	CFVAR(3，5，8)→0.472
MAX(值，值 [，…])	数值、字符	最大值	MAX(3，5，8)→8 MAX(“A”，“B”)→ “B”
MEAN(数值表达式，数值表达式 [，…])	数值	算术均数	MEAN(3，5，8)→5.33
MEDIAN(数值表达式，数值表达式 [，…])	数值	中位数	MEDIAN(3，5，8)→5
MIN(值，值 [，…])	数值、字符	最小值	MIN(3，5，8)→3 MIN(“A”，“B”)→ “A”
SD(数值表达式，数值表达式，数值表达式 [，…])	数值	标准差	SD(3，5，8)→2.52
SUM(数值表达式，数值表达式 [，…])	数值	总和	SUM(3，5，8)→16
VARIANCE(数值表达式，数值表达式 [，…])	数值	方差	VARIANCE(3，5，8)→6.33

（三）字符串函数

字符串函数用于处理字符串。常用字符串函数如表 8-4-3 所示。

表 8-4-3 SPSS 的常用字符串函数

函数	类型	返回值	范例
CONCAT(字符表达式，字符表达式［，…］)	字符	连接字符串	CONCAT("AB"，"CD")→"ABCD"
LENGTH(字符表达式)	数值	测字符串长度	LENGTH(" ABCD")→4
LTRIM(字符表达式)	字符	去掉左侧空格	LTRIM("ABCD ")→"ABCD"
RTRIM(字符表达式)	字符	去掉右侧空格	RTRIM("ABCD")→"ABCD"
LOWER(字符表达式)	字符	改为小写字母	LOWER("ABCD")→"abcd"
UPCASE(字符表达式)	字符	改为大写字母	UPCASE("abcd")→"ABCD"
SUBSTR(字符表达式，位置值［，长度值］)	字符	指定位置和长度的子字符串	SUBSTR("ABCDEF"，2，3)→"BCD"
LPAD(字符表达式，长度值)	字符	左侧加空格至指定长度	LPAD("ABCD"，5)→" ABCD"
RPAD(字符表达式，长度值)	字符	右侧加空格至指定长度	RPAD("ABCD"，5)→"ABCD "

（四）转换函数

转换函数用于字符串与数值之间的转换。常用转换函数如表 8-4-4 所示。

表 8-4-4 SPSS 的常用转换函数

函数	类型	返回值	范例
STRING(数值表达式，格式)	字符	将数值表达式转换为字符串	STRING(12345，F8.2)→"12345.00"
NUMBER(字符表达式，格式)	数值	将数字字符串转换为数值	NUMBER("12345.00"，F7.1)→12345.0

（五）特殊函数和变量

有时可能会用到特殊函数和变量，如表 8-4-5 所示。

表 8-4-5 SPSS 的特殊函数和变量

函数	类型	返回值
LAG(变量)	数值、字符	当前个案之前一个个案中的指定变量值
LAG(变量，*n*)	数值、字符	当前个案之前 *n* 个个案中的指定变量值
$ CASENUM	数值	当前个案的顺序号

二、运算符

SPSS 的基本运算符分为算术运算符、关系运算符和逻辑运算符三类，如表 8-4-6 所示。

表 8-4-6　SPSS 的基本运算符

算术运算符		关系运算符		逻辑运算符	
运算符	含义	运算符	含义	运算符	含义
+	加	<或 LT	小于	& 或 AND	与
-	减	>或 GT	大于	| 或 OR	或
*	乘	<=或 LE	小于等于	~或 NOT	非
/	除	>=或 GE	大于等于		
* *	乘方	=或 EQ	等于		
		~=或 NE	不等于		

三、表达式

（一）算术表达式

由算术运算符连接常量、变量、函数构成的表达式叫算术表达式。参与算术表达式运算的常量、变量、函数以及运算的结果都为数值型。

算术表达式中的运算优先级为：函数→乘方→乘、除→加、减。同一级（指乘和除、加和减）按从左到右的顺序运算。可以用圆括号改变原有的运算顺序。

算术表达式应写成一行，圆括号可多层嵌套。例如：

$$\frac{-b+\sqrt{b^2-4ac}}{2b} \rightarrow (-b+\text{SQRT}(b**2-4*a*c))/(2*b)$$

（二）关系表达式

由关系运算符连接两个量构成的表达式叫关系表达式。关系表达式中相比较的量可以是数值型的，也可以是字符型的，但前、后两个量的类型必须一致。例如：

$A>10$　　　$A+B<=C*D$　　　Q NE $S**3$　　　T~= "ABCD"

关系表达式的运算结果为逻辑常量 0 或 1。关系表达式为“真”时，其值为 1；关系表达式为“假”时，其值为 0。

例如，若 $A=5$，$B=3$，则关系表达式 $A>=B$ 为真，因而该表达式的值为 1。

又如，若 $A=1$，$B=3$，则关系表达式 $A>=B$ 为假，因而该表达式的值为 0。

在一个表达式中有多个关系运算符存在时，按从左到右的顺序运算。可以用圆括号改变原有的运算顺序。

数值之间的比较，根据其数学意义确定大小。例如，9<10、0. 58<1. 2。

字符串之间的比较，按字符从左向右逐个进行，根据其 ASCII 码值确定大小。若第 1 个字符相等，则比第 2 个字符；若第 2 个字符还相等，则再比第 3 个字符，依此进行。若一个字符串完全等于另一个字符串的前面部分，则较长的字符串较大。例如，“A” < “B”，“AB” < “ABC”，“9” > “10”。

汉字之间的比较，是先将汉字转换成汉语拼音，然后按字符串比较的方式进行。例如，“你” < “我”，“我” < “我们”。

（三）逻辑表达式

由逻辑运算符连接算术表达式或关系表达式构成的表达式叫逻辑表达式。例如：

$A>0$ AND $A<=60$　　　$A=$ "abcd" | $A=$ 'ABCD'　　　~($T<10$)

逻辑表达式的运算结果为逻辑常量 0 或 1。逻辑表达式为“真”时，其值为 1；逻辑表达式为“假”时，其值为 0。

SPSS 中的逻辑运算有三种：

1. “与”运算

“与”运算是用“&”（或 AND）连接两个量。前、后两个量均为“真”，逻辑表达式才为“真”；前、后两个量只要有一个为“假”，逻辑表达式就为“假”。

例如，当 $I=8$，$J=5$，$K=2$ 时，逻辑表达式 $I>J$ & $K>0$ 为“真”，其值为 1。

又如，当 $I=8$，$J=5$，$K=0$ 时，逻辑表达式 $I>J$ & $K>0$ 为“假”，其值为 0。

2. “或”运算

“或”运算是用“|”（或 OR）连接两个量。前、后两个量只要有一个为“真”，逻辑表达式就为“真”；前、后两个量均为“假”，逻辑表达式才为“假”。

例如，当 $I=8$，$J=5$，$K=0$ 时，逻辑表达式 $I>J \mid K>0$ 为“真”，其值为 1。

又如，当 $I=5$，$J=8$，$K=0$ 时，逻辑表达式 $I>J \mid K>0$ 为“假”，其值为 0。

3. “非”运算

“非”运算是单边运算，它用“~”（或 NOT）对其后面量的真假做反转。后面的量为“真”时，逻辑表达式为“假”；后面的量为“假”时，逻辑表达式为“真”。

例如，当 $K=-5$ 时，逻辑表达式 ~($K>0$) 为“真”，其值为 1。

又如，当 $K=5$ 时，逻辑表达式 ~($K>0$) 为“假”，其值为 0。

在一个表达式中有多个逻辑运算符存在时，逻辑运算的顺序为：NOT 运算优先级最高，其次是 AND，最低是 OR。可以用圆括号改变原有的运算顺序。

逻辑表达式在 SPSS 中主要用于设定某种条件以筛选个案。例如，体育教育专业某年级期末考试成绩数据文件中，某科目成绩变量为 X。若要统计该科考试成绩正好在及格这一档的人数，设定的条件用一般数学方式表示是 $60 \leqslant X<70$，但用 SPSS 的逻辑表达式表示则应为：

$$X>=60 \ \& \ X<70$$

又如，某大学生体育健康标准测试成绩数据文件中有性别（0 为女，1 为男）、年级（1、2、3、4）、体测成绩（百分制分数）等变量，若要挑选出 3、4 年级中体测成绩不及格的男生，则下面几个筛选个案的逻辑表达式都是正确的：

性别=1 &（年级=3 | 年级=4）& 体测成绩<60

年级>2 AND 体测成绩<60 AND NOT(性别=0)

（年级 GE 3）AND(体测成绩 LT 60）AND（性别 NE 0）

思考与练习

1. 在 SPSS 中给变量命名有哪些规则？
2. 变量名标签和变量值标签有何不同？哪类变量可以定义值标签？举例说明。
3. 什么是系统缺失值？什么是用户缺失值？用户可以定义怎样的用户缺失值？
4. 下列变量定义为哪种测量尺度比较合适？定义为哪种角色比较合适？

（1）姓名：AAAA、BBBB、CCCC……

（2）性别：男、女

（3）年龄段：20 岁以下、21～30 岁、31～40 岁、41～50 岁、51～60 岁、61 岁以上

（4）受教育年限：0 年、1 年、2 年、3 年……

（5）学位：无、学士、硕士、博士

（6）职称：无、初级、中级、高级

（7）身高：175 cm，182 cm，169 cm，……

（8）100 米跑成绩：11.3 s，12.0 s，11.7 s，……

（9）综合素质排序：第 1 名、第 2 名、第 3 名……

（10）对某命题的态度：非常赞成、赞成、无所谓、反对、坚决反对

（11）体育消费水平：高、中、低

（12）温度：24 ℃，27 ℃……

（13）居住地：城镇、农村

（14）定量运动后心率恢复至安静状态的时间（s）

（15）某项比赛的名次

5. 写出下列算式的算术表达式：

（1）克托莱指数：$\dfrac{\text{体重}}{\text{身高}}\times 1\ 000$

（2）游泳成绩评分：$1\ 000\times\left(\dfrac{\text{基准成绩}}{\text{待评成绩}}\right)^3$

（3）$\sqrt{\dfrac{p(1-p)}{n}}$

（4）$\dfrac{(|A-T|-0.5)^2}{T}$

（5）$\dfrac{L}{\dfrac{1}{12}K^2(n^3-n)}$

（6）$\dfrac{(S+0.5)-\dfrac{n}{2}}{\dfrac{\sqrt{n}}{2}}$

（7）$\sqrt{\dfrac{n_1n_2(n_1+n_2+1)}{12}}$

（8）$\sqrt{p(1-p)\left(\dfrac{1}{n_1}+\dfrac{1}{n_2}\right)}$

6. 写出满足下列条件的逻辑表达式：

（1）学生体质健康测试成绩的数据文件中，变量 X 为总评成绩，变量 Y 为性别（0 为女，1 为男）。试筛选出总评成绩为良好（大于等于 75 分、小于 90 分）的女生。

（2）某游泳协会的裁判员信息数据文件中，变量 XB 为性别（0 为女，1 为男），变量 DJ 为裁判等级（1 为国际级，2 为国家级，3 为一级，4 为二级，5 为三级），变量 CS 为在省级以上比赛中执裁的次数。试筛选出在省级以上比赛中执裁次数达 8 次及以上、裁判等级为国际级或国家级的女性裁判员。

（3）某年级学生基本信息的数据文件中，有学号、入学年龄、志愿服务次数等变量。现拟从中抽取一个样本进行某项调查，试筛选出学号为 5 的倍数、入学年龄小于 20 岁且志愿服务次数多于 3 次的学生。

7. 利用本章案例 0801 所提供的信息，建立完整的数据文件，并以“练习 0807.sav”为文件名保存，再完成以下练习：

（1）插入、删除变量。

（2）批量复制变量。

（3）插入、删除个案。

（4）改变窗口的显示字体。

（5）显示、隐藏网格线。

（6）显示、复原值标签。

（7）快速查看变量信息。

（8）快速转到指定个案或变量。

8. 测得 20 名男子短距离自由泳运动员若干形态、素质指标的数据，如表 8-5-1 所示。

ID：编号　　*AG*：年龄组　　*X*1：身高（cm）

*X*2：体重（kg）　　*X*3：指间距（cm）　　*X*4：胸围（cm）

*X*5：前臂围（cm）　　*X*6：上肢长（cm）　　*X*7：下肢长（cm）

*X*8：打腿拉力（kg）　　*X*9：划臂拉力（kg）　　*X*10：配合拉力（kg）

*X*11：纵跳（cm）

试完成以下练习：

（1）建立数据文件，要求：以 *ID*、*AG*、*X*1~*X*11 等为各变量命名；以各变量的实际意义作为变量名标签；对变量 *AG* 建立变量值标签：1—17 岁组，2—18 岁组，3—19 岁组。

（2）建立 2 个变量集，“形态变量集”包含 *AG*、*X*1~*X*7 等 8 个变量，“素质变量集”包含 *AG*、*X*8~*X*11 等 5 个变量；尝试分别使用两个变量集；最后取消所建立的变量集恢复原状。

（3）将数据文件以“练习 0808. sav”为文件名保存。

表 8-5-1　男子短距离自由泳运动员若干形态、素质指标测试结果

ID	*AG*	*X*1	*X*2	*X*3	*X*4	*X*5	*X*6	*X*7	*X*8	*X*9	*X*10	*X*11
1	1	185.0	82.0	188.5	97.5	26.5	79.5	98.0	11.7	14.2	18.5	57.0
2	2	177.0	72.0	180.5	94.5	26.5	73.2	95.5	9.9	16.3	16.9	56.7
3	3	186.0	85.0	192.0	101.0	27.5	81.3	96.5	14.3	16.8	19.1	62.5
4	2	182.0	78.0	193.0	98.0	27.5	80.0	96.0	14.8	14.5	16.3	60.6
5	1	169.0	61.5	172.5	95.0	26.0	70.7	89.0	12.4	16.0	18.0	63.5
6	2	177.5	73.5	182.0	101.0	27.5	75.0	93.5	13.5	17.3	18.6	55.2
7	1	176.0	68.5	179.0	97.0	28.0	73.5	93.8	10.3	13.0	15.2	72.0
8	3	184.0	80.0	193.0	100.0	28.0	81.0	99.0	11.5	16.6	20.0	70.0
9	1	175.0	66.0	178.0	92.0	26.5	73.0	88.8	10.5	15.5	16.2	61.2
10	2	175.0	71.0	179.5	97.5	27.5	75.2	91.5	9.6	16.0	16.5	59.7
11	1	176.0	68.0	176.5	95.0	26.5	74.0	91.8	10.1	14.1	16.6	60.2
12	2	183.5	81.0	187.5	100.5	27.5	77.5	96.0	10.5	14.7	17.5	52.0
13	3	179.0	79.0	188.0	100.5	28.5	78.3	95.4	13.5	16.7	19.2	57.2
14	3	188.0	86.0	193.0	102.0	29.5	80.3	97.5	13.3	16.5	20.5	59.5
15	1	180.0	70.5	194.5	97.5	26.5	80.0	95.7	12.8	14.0	17.5	60.5
16	3	192.0	83.0	200.5	101.0	27.5	83.5	104.5	11.0	15.0	17.1	53.5
17	1	174.0	65.5	180.0	93.0	26.5	75.1	94.0	9.8	13.7	17.5	57.5
18	3	183.0	86.5	191.0	106.5	30.5	78.9	98.4	11.3	15.2	20.3	65.2
19	2	171.0	72.0	181.0	100.5	27.5	76.5	90.5	10.3	15.2	18.5	66.4
20	3	181.0	67.0	188.0	95.0	26.5	79.2	97.5	12.3	12.8	15.3	68.4

第九章 数据整理

建立数据文件后，往往还需要对数据做进一步的整理加工，以满足 SPSS 统计分析过程的特殊要求。对数据的整理，主要包括排序、转置、合并、重构、汇总、拆分、筛选、加权等，这些功能都集中在“数据”菜单中。

第一节 个案排序

数据编辑器窗口中个案的排列顺序是由录入时的先后顺序决定的。实际工作中，有时会希望按某个变量值或某几个变量值的大小重新排列个案，以便从大小顺序的角度来考察数据。例如，要快速查找一组数据中的最大值和最小值时，就可通过个案排序来实现。

基于一个变量值的排序称为单值排序；基于多个变量值的排序称为多重排序。在多重排序中，是先按第 1 变量的值排序；当第 1 变量的值相等时，再按第 2 变量的值排序；依此类推。

【案例 0901】

测得两个组 30 名 13 岁男生体质健康若干指标的数据，数据文件“案例 0901. sav”如图 9-1-1 所示。试按组别、身高、体重从小到大的顺序重新排列个案。

	编号	组别	性别	身高	体重	肺活量
1	1	1	1	136.8	32.4	1760
2	2	1	1	141.8	30.7	2010
3	3	1	1	166.7	47.3	2765
4	4	1	1	148.8	35.9	2515
5	5	1	1	159.0	37.7	2684
6	6	1	1	159.2	36.0	2004
7	7	1	1	169.1	42.3	2666
8	8	1	1	152.1	31.3	1510
9	9	1	1	150.9	37.8	2260
10	10	1	1	168.7	50.7	3015
11	11	1	1	136.7	29.7	1655
12	12	1	1	155.9	41.8	2700
13	13	1	1	154.6	32.4	1760
14	14	1	1	163.5	48.3	2260
15	15	1	1	155.6	48.3	1782
16	16	2	1	149.9	41.3	2010
17	17	2	1	160.3	44.2	2255
18	18	2	1	157.8	45.7	2735
19	19	2	1	163.5	38.1	2014
20	20	2	1	145.1	31.8	1761
21	21	2	1	151.8	34.3	2254
22	22	2	1	163.8	41.2	2724
23	23	2	1	161.9	39.2	2510
24	24	2	1	161.1	38.1	2010
25	25	2	1	142.0	36.6	1766
26	26	2	1	146.7	35.2	2268
27	27	2	1	157.3	40.2	2510
28	28	2	1	159.3	32.4	1760
29	29	2	1	152.8	37.0	2080
30	30	2	1	142.0	31.0	1815

图 9-1-1 案例 0901 的数据文件

1. 在 SPSS 中实现的步骤

第 1 步：在数据编辑器窗口中打开数据文件“案例 0901. sav”。

第 2 步：在“数据”菜单中选择“个案排序”命令，打开相应的主对话框。

第 3 步：在“个案排序”主对话框中进行个案排序的具体操作，如图 9-1-2 所示。

本例处理：将组别、身高、体重作为第 1、2、3 排序变量依次选入“排序依据”框；3 个变量的排序都采用升序。

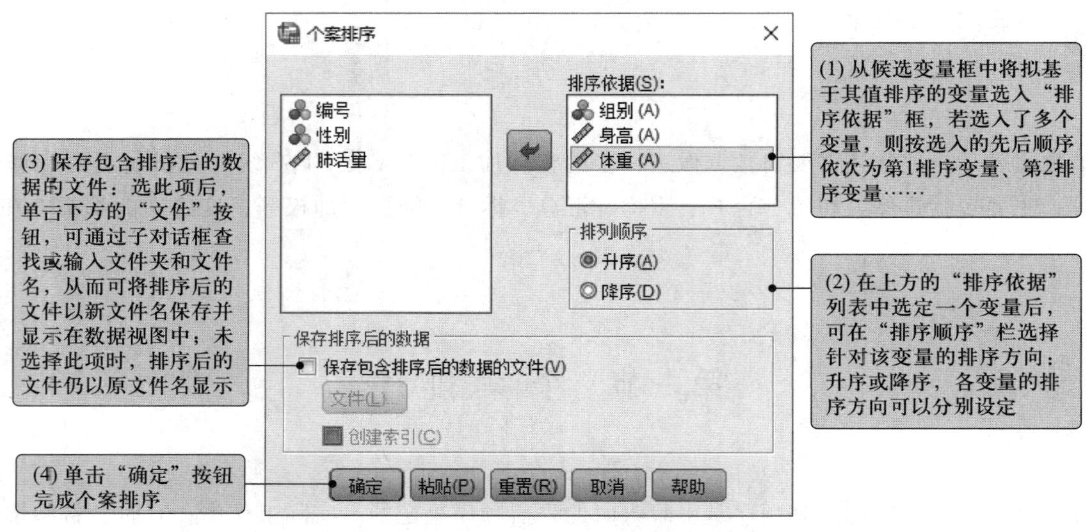

图 9-1-2 个案排序的操作

完成个案排序后的数据文件如图 9-1-3 所示。

	编号	组别	性别	身高	体重	肺活量
1	11	1	1	136.7	29.7	1655
2	1	1	1	136.8	32.4	1760
3	2	1	1	141.8	30.7	2010
4	4	1	1	148.8	35.9	2515
5	9	1	1	150.9	37.8	2260
6	8	1	1	152.1	31.3	1510
7	13	1	1	154.6	32.4	1760
8	15	1	1	155.6	48.3	1782
9	12	1	1	155.9	41.8	2700
10	5	1	1	159.0	37.7	2684
11	6	1	1	159.2	36.0	2004
12	14	1	1	163.5	48.3	2260
13	3	1	1	166.7	47.3	2765
14	10	1	1	168.7	50.7	3015
15	7	1	1	169.1	42.3	2666

	编号	组别	性别	身高	体重	肺活量
16	30	2	1	142.0	31.0	1815
17	25	2	1	142.0	36.6	1766
18	20	2	1	145.1	31.8	1761
19	26	2	1	146.7	35.2	2268
20	16	2	1	149.9	41.3	2010
21	21	2	1	151.8	34.3	2254
22	29	2	1	152.8	37.0	2080
23	27	2	1	157.3	40.2	2510
24	18	2	1	157.8	45.7	2735
25	28	2	1	159.3	32.4	1760
26	17	2	1	160.3	44.2	2255
27	24	2	1	161.1	38.1	2010
28	23	2	1	161.9	39.2	2510
29	19	2	1	163.5	38.1	2014
30	22	2	1	163.8	41.2	2724

图 9-1-3 个案排序后的数据文件

2. 有关说明

（1）排序后，原来个案的排列顺序将被打乱。因此，对于时间序列数据文件，应当设置反映时间标志的变量，如年份；对于问卷调查的数据，应当设置反映对象标志的变量，如问卷编号。这样，在必要时就可以把数据恢复成按原来的时间、编号排列。

（2）对于单值排序，还可在“数据视图”中直接用鼠标右键单击变量名，然后在弹出的快捷菜单中选择“升序排序”或“降序排序”命令，数据文件中的所有个案即按指定变量值的升序或降序重新排列，如图 9-1-4 所示。

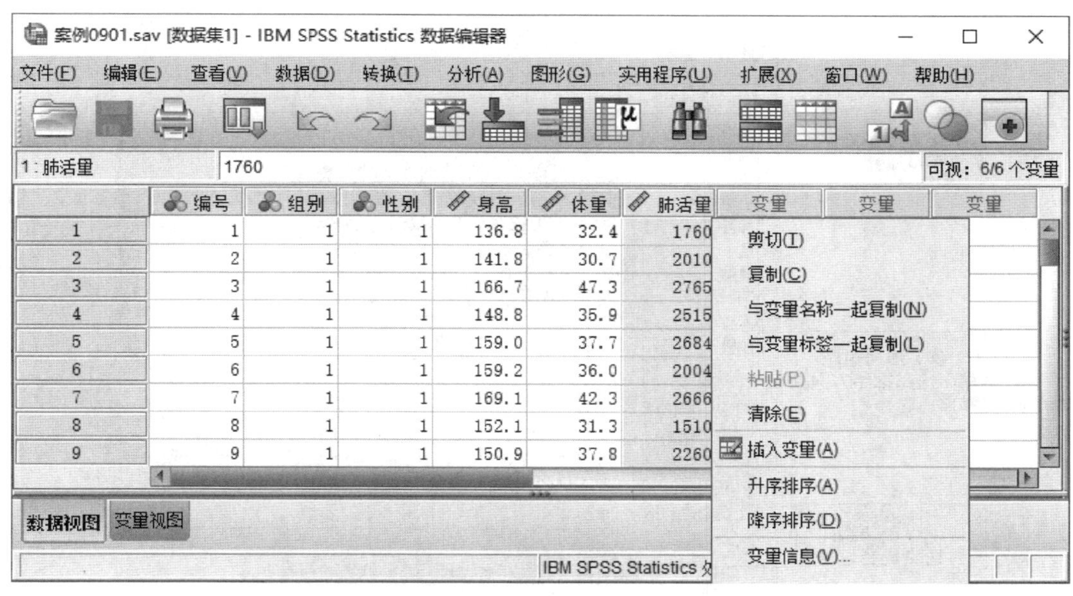

图 9-1-4 通过快捷菜单进行单值排序

第二节 变量排序

数据编辑器窗口中变量的排列顺序是由定义变量时变量的先后顺序决定的。实际工作中，有时可能希望按某种特殊要求重新排列各个变量。对变量重新排序，需要基于变量的某个属性进行，即按名称、类型、宽度、小数位、名标签、值标签、缺失值、显示列宽、对齐方式、测量尺度、角色等重新排序。

【案例 0902】

测得两个组 30 名 13 岁男生体质健康若干指标的数据，数据文件“案例 0902. sav”同图 9-1-1。试按变量名称的升序重新排列变量。

1. 在 SPSS 中实现的步骤 1

第 1 步：在数据编辑器窗口中打开数据文件“案例 0902. sav”。

第 2 步：在“数据”菜单中选择“变量排序”命令，打开相应的主对话框。

第 3 步：在“变量排序”主对话框中进行变量排序的具体操作，如图 9-2-1 所示。

本例处理：在“变量视图列”框中选择名称作为排序依据；排列顺序采用升序；选择“在新属性中保存当前（预先排序的）变量顺序”项，并输入新属性的名称“原顺序”。

完成变量排序后，“数据视图”中所有变量按变量名的大小从左至右排列，如图 9-2-2 所示。

“变量视图”中增加了一个新属性［原顺序］，如图 9-2-3 所示。

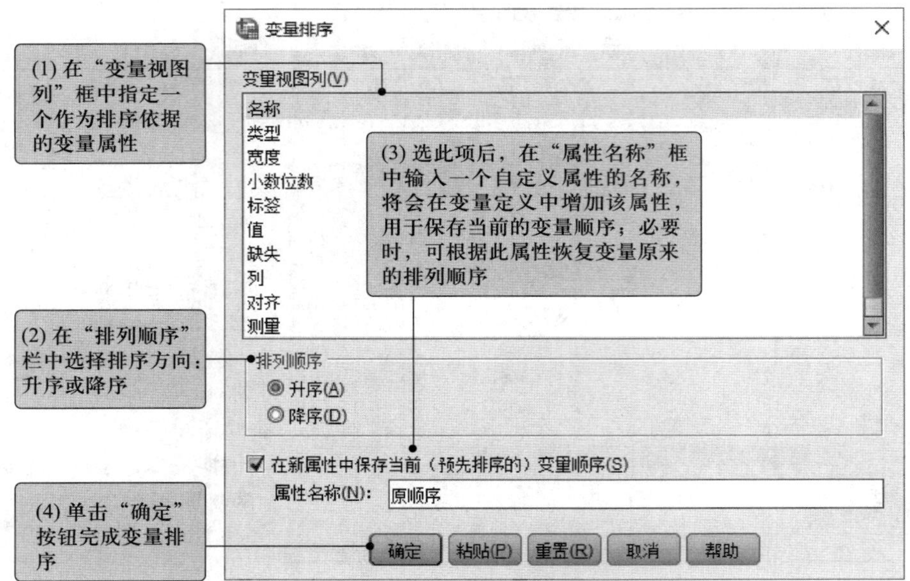

图 9-2-1 变量排序的操作 1

	编号	肺活量	身高	体重	性别	组别	变量	变量
1	11	1655	136.7	29.7	1	1		
2	1	1760	136.8	32.4	1	1		
3	2	2010	141.8	30.7	1	1		
4	4	2515	148.8	35.9	1	1		
5	9	2260	150.9	37.8	1	1		
6	8	1510	152.1	31.3	1	1		
7	13	1760	154.6	32.4	1	1		
8	15	1782	155.6	48.3	1	1		

图 9-2-2 变量排序后的数据视图

	名称	类型	宽度	小数位数	标签	值	缺失	列	对齐	测量	角色	[原顺序]
1	编号	数字	2	0		无	无	6	右	名义	无	1
2	肺活量	数字	4	0		无	无	6	右	标度	输入	6
3	身高	数字	5	1		无	无	6	右	标度	输入	4
4	体重	数字	5	1		无	无	6	右	标度	输入	5
5	性别	数字	1	0		{0, 女}...	2 - 9	6	右	名义	拆分	3
6	组别	数字	1	0		{1, 一组}...	4 - 9, 0	6	右	名义	分区	2

图 9-2-3 变量排序后的变量视图

2. 在 SPSS 中实现的步骤 2

第 1 步：在数据编辑器窗口中打开数据文件“案例 0902. sav”。

第 2 步：转到“变量视图”，用鼠标右键单击拟作为排序依据的某个属性名，在弹出的快捷菜单中选择“升序排序”或“降序排序”命令，即打开一个“要保存当前顺序吗”对话框。

第 3 步：在对话框中确定“是否保存当前顺序”。具体操作如图 9-2-4 所示。

本例处理：在“变量视图”页，用鼠标右键单击“名称”，在弹出的快捷菜单中选择“升序排序”命令；在打开的“要保存当前顺序吗”对话框中，输入新属性的名称“原顺序”并单击“是”按钮完成操作。

完成变量排序的结果同图 9-2-2 和图 9-2-3。

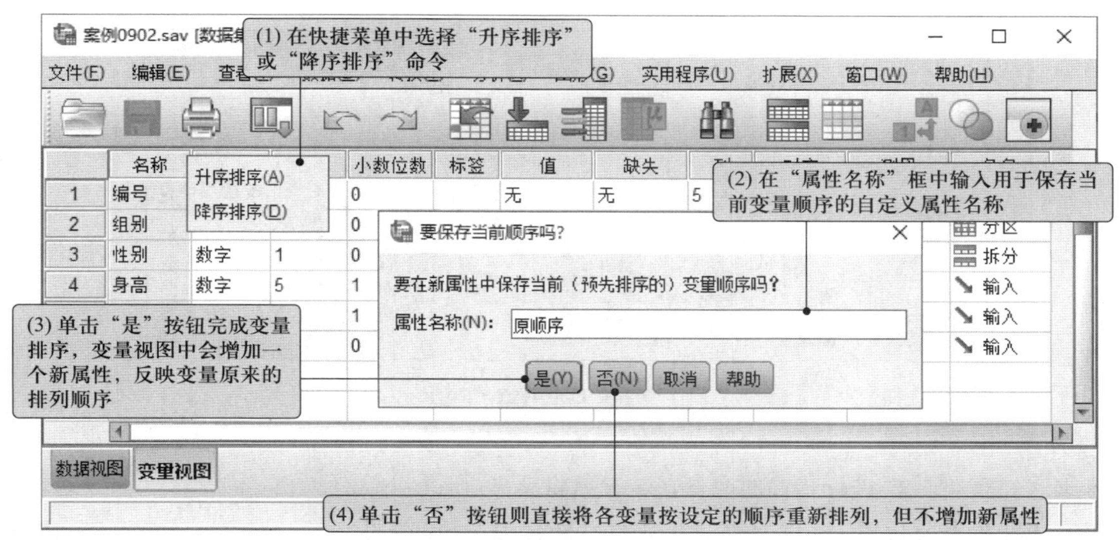

图 9-2-4　变量排序的操作 2

第三节　行 列 转 置

用于 SPSS 统计分析的数据必须符合特定的数据结构，即同一列中的数据必须属于同一个变量。如果用户在录入数据时未遵循该规则，或者从其他类型的文件中导入的数据不符合该规则，就需要利用行列转置功能调整数据。行列转置就是指将数据文件中的行转化为列，列转化为行，即将个案转化为变量，变量转化为个案。

【案例 0903】

测得 10 名 13 岁男生的身高（cm）、体重（kg）、肺活量（mL）及 100 米跑（s）数据，数据文件“案例 0903. sav”如图 9-3-1 所示。因该数据文件是 1 人 1 列，不符合 SPSS 统计分析的要求，试对其进行行列转置。

	V00	V01	V02	V03	V04	V05	V06	V07	V08	V09	V10
1	编号	31.00	32.00	33.00	34.00	35.00	36.00	37.00	38.00	39.00	40.00
2	组别	3.00	3.00	3.00	3.00	3.00	3.00	3.00	3.00	3.00	3.00
3	性别	1.00	1.00	1.00	1.00	1.00	1.00	1.00	1.00	1.00	1.00
4	身高	149.80	142.20	163.70	150.50	158.00	163.20	166.40	158.80	156.50	160.50
5	体重	38.40	35.50	48.50	32.20	38.50	40.00	44.50	32.50	38.80	45.50
6	肺活量	1750.00	2000.00	2660.00	2625.00	2565.00	2030.00	2730.00	1710.00	2290.00	2350.00
7	跑100	15.34	15.00	14.50	13.80	13.95	13.40	13.60	14.30	15.80	13.00

图 9-3-1　案例 0903 的数据文件

1. 在 SPSS 中实现的步骤

第 1 步：在数据编辑器窗口中打开数据文件“案例 0903. sav”。

第 2 步：在“数据”菜单中选择“转置”命令，打开相应的主对话框。

第 3 步：在“转置”主对话框中进行行列转置的具体操作，如图 9-3-2 所示。

本例处理：将 *V*01 ~ *V*10 选入“变量”框；将 *V*00 选入“名称变量”框。

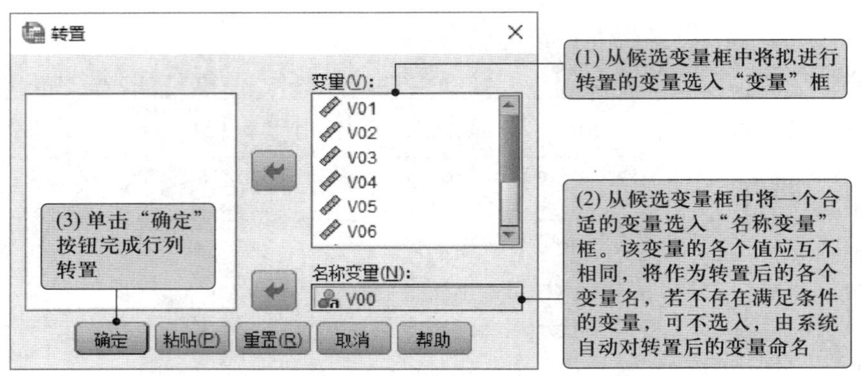

图 9-3-2 行列转置的操作

2. 有关说明

(1) 未选入“变量”框进行转置的变量在转置后将丢失。

(2) 字符串变量不能转置。若强行转置，则自动转化为系统缺失值。

(3) 行列转置完成后，查看器窗口首先会显示转置结果的有关说明。

(4) 行列转置完成后，原来的变量名转化为第 1 列数据，该列变量名为 CASE_ LBL。

(5) 若由系统自动对转置后的变量命名，则新变量名是在字符 var 后加编号，如 var001、var002 等。

完成行列转置后形成的新数据文件如图 9-3-3 所示。可转到“变量视图”，对变量的属性做适当的修改，并删除不需要的变量，然后再以新文件名保存。

	CASE_LBL	编号	组别	性别	身高	体重	肺活量	跑100
1	V01	31	3	1	149.8	38.4	1750	15.34
2	V02	32	3	1	142.2	35.5	2000	15.00
3	V03	33	3	1	163.7	48.5	2660	14.50
4	V04	34	3	1	150.5	32.2	2625	13.80
5	V05	35	3	1	158.0	38.5	2565	13.95
6	V06	36	3	1	163.2	40.0	2030	13.40
7	V07	37	3	1	166.4	44.5	2730	13.60
8	V08	38	3	1	158.8	32.5	1710	14.30
9	V09	39	3	1	156.5	38.8	2290	15.80
10	V10	40	3	1	160.5	45.5	2350	13.00

图 9-3-3 行列转置后的数据文件

第四节 合并文件

在实际工作中，经常需要将多个小的数据文件合并成一个大的数据文件，以便对整合后的数据进行统计分析。数据文件的合并分为添加个案和添加变量两种情况。

合并数据文件时，预先打开要往其中添加个案或变量的第 1 个数据文件叫“活动数据文件”，用于追加的第 2 个数据文件叫“外部数据文件”。

一、添加个案—纵向合并

添加个案属于纵向合并，即将外部数据文件中的个案追加到活动数据文件的末尾。例如，一项研究分为多个部分，每个部分分别建立了数据文件。现要对全部数据进行综合分析，就需要通过纵向合并的方法，把各部分的数据文件上下拼接起来，整合成一个总的数据文件。

【案例 0904】

测得 10 名 13 岁男生的身高（cm）、体重（kg）、肺活量（mL）及 100 米跑（s）数据，数据文件“案例 0904. sav”同图 9-3-3。试将其合并到数据文件“案例 0901. sav”中。

在 SPSS 中实现的步骤

第 1 步：在数据编辑器窗口中打开活动数据文件“案例 0901. sav”。

第 2 步：在“数据”菜单中选择“合并文件”→“添加个案”命令，打开相应的对话框。

第 3 步：在“添加个案至…”对话框中选择外部数据文件，如图 9-4-1 所示。

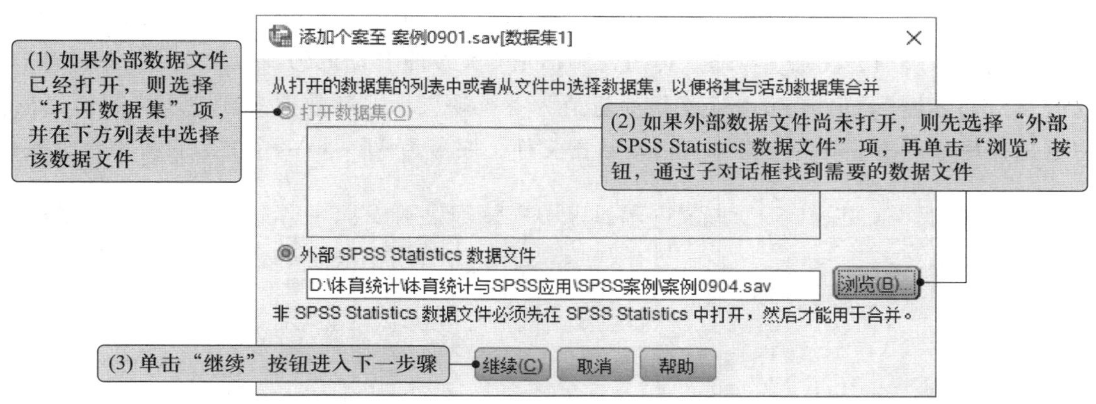

图 9-4-1　选择外部数据文件

本例处理：选择“外部 SPSS Statistics 数据文件”项，然后单击“浏览”按钮，通过子对话框找到外部数据文件“案例 0904. sav”。

第 4 步：在“添加个案自…”主对话框中进行添加个案的具体操作，如图 9-4-2 所示。

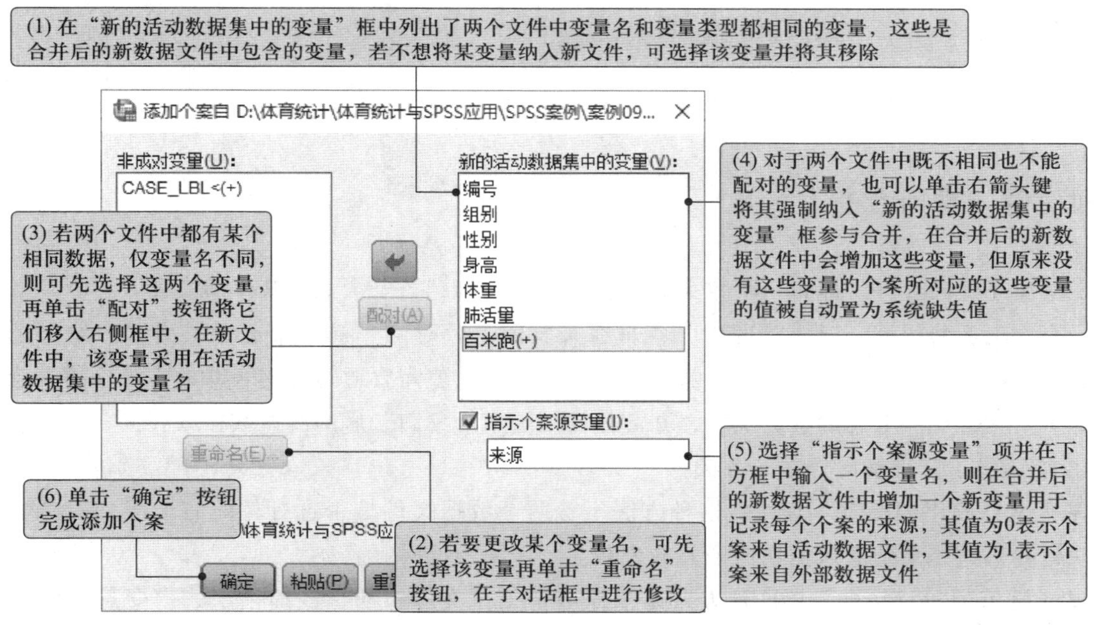

图 9-4-2　添加个案的操作

在“非成对变量”框中列出了两个文件中所有不匹配的变量。其中带“ * ”号的为活动数据集中的变量，带“+”号的为外部数据集中的变量。

在“添加个案自…”主对话框中选择某变量名后单击“重命名”按钮，即打开“重命名”子对话框，可在其中进行修改变量名称的具体操作，如图 9-4-3 所示。

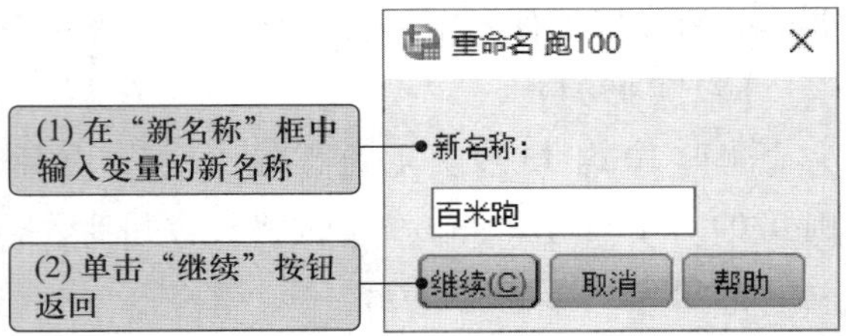

图 9-4-3 变量重命名的操作

本例处理：编号、组别、性别、身高、体重、肺活量这 6 个变量为两个文件共有的变量，自动纳入了新数据文件；将“跑 100”重命名为“百米跑”，然后单击向右的箭头按钮将其强制纳入新数据文件；选择“指示个案源变量”项，输入新变量名称“来源”。

添加个案（纵向合并）的结果如图 9-4-4 所示。可以看出，10 个个案添加到了数据文件的尾部；两个数据文件共有的编号、组别、性别、身高、体重、肺活量 6 个变量自动成为新数据文件中的变量；新数据文件中增加了变量“百米跑”，但前 30 个个案该变量值为系统缺失值；新数据文件中还增加了变量“来源”，由其值可以看出，序号为 1—30 的个案来自活动数据文件，序号为 31—40 的个案来自外部数据文件。

	编号	组别	性别	身高	体重	肺活量	百米跑	来源
1	1	1	1	136.8	32.4	1760	.	0
2	2	1	1	141.8	30.7	2010	.	0
3	3	1	1	166.7	47.3	2765	.	0
4	4	1	1	148.8	35.9	2515	.	0
5	5	1	1	159.0	37.7	2684	.	0
6	6	1	1	159.2	36.0	2004	.	0
7	7	1	1	169.1	42.3	2666	.	0
8	8	1	1	152.1	31.3	1510	.	0
9	9	1	1	150.9	37.8	2260	.	0
10	10	1	1	168.7	50.7	3015	.	0
11	11	1	1	136.7	29.7	1655	.	0
12	12	1	1	155.9	41.8	2700	.	0
13	13	1	1	154.6	32.4	1760	.	0
14	14	1	1	163.5	48.3	2260	.	0
15	15	1	1	155.6	48.3	1782	.	0
16	16	2	1	149.9	41.3	2010	.	0
17	17	2	1	160.3	44.2	2255	.	0
18	18	2	1	157.8	45.7	2735	.	0
19	19	2	1	163.5	38.1	2014	.	0
20	20	2	1	145.1	31.8	1761	.	0
21	21	2	1	151.8	34.3	2254	.	0
22	22	2	1	163.8	41.2	2724	.	0
23	23	2	1	161.9	39.2	2510	.	0
24	24	2	1	161.1	38.1	2010	.	0
25	25	2	1	142.0	36.6	1766	.	0
26	26	2	1	146.7	35.2	2268	.	0
27	27	2	1	157.3	40.2	2510	.	0
28	28	2	1	159.3	32.4	1760	.	0
29	29	2	1	152.8	37.0	2080	.	0
30	30	2	1	142.0	31.0	1815	.	0
31	31	3	1	149.8	38.4	1750	15.34	1
32	32	3	1	142.2	35.5	2000	15.00	1
33	33	3	1	163.7	48.5	2660	14.50	1
34	34	3	1	150.5	32.2	2625	13.80	1
35	35	3	1	158.0	38.5	2565	13.95	1
36	36	3	1	163.2	40.0	2030	13.40	1
37	37	3	1	166.4	44.5	2730	13.60	1
38	38	3	1	158.8	32.5	1710	14.30	1
39	39	3	1	156.5	38.8	2290	15.80	1
40	40	3	1	160.5	45.5	2350	13.00	1

图 9-4-4 添加个案后的数据文件

二、添加变量—横向合并

添加变量属于横向合并，即将一个数据文件中的变量追加到另一个数据文件的右侧。

例如，有一项实验研究，时间跨度为 1 年。在实验前、后对同一批对象进行了测试，分别建立了实验前、后的数据文件。现要对实验前、后的数据进行相关分析，就需要通过横向合并的方法，将两个数据文件左右拼接起来，整合成一个总的数据文件，并需保证同一个对象前、后的测试数据处在同一行中。

SPSS 系统提供了三种横向合并的方法：

（1）基于文件顺序的一对一合并：这种方法不管两个数据文件是否含有相同的个案，都按个案序号从上到下依次合并。这是系统默认的横向合并的方法。

（2）基于键值的一对一合并：这种方法是根据两个数据文件中都存在的某个关键变量的值进行一一对应的合并。当两个数据文件含有不同的个案时，或者个案的排列顺序不一样时，都需要使用这种方法进行一一对应的合并。采用这种方法时，应预先将两个数据文件都按关键变量的值升序排列，在合并时要指定“键变量”。

（3）基于键值的一对多合并：这种方法是根据两个数据文件中都存在的某个关键变量的值进行一对多的合并，即把外部数据文件中关键变量为某值的数据追加到活动数据文件中关键变量具有相同值的所有个案的右侧。采用这种方法时，也需要预先将两个数据文件都按关键变量的值升序排列，在合并时要指定“键变量”。此外要注意，用于追加的外部数据文件中的个案，其关键变量的值不能重复。

【案例 0905】

测得 10 名 13 岁男生的百米跑（s）、跳远（m）成绩，数据文件“案例 0905. sav”如图 9-4-5 所示。试将这两项成绩合并到“案例 0901. sav”中具有相同编号的个案中。

	编号	组别	性别	百米跑	跳远
1	11	1	1	15.30	3.80
2	12	1	1	14.50	4.00
3	13	1	1	13.90	4.40
4	14	1	1	14.80	3.90
5	15	1	1	14.30	4.50
6	16	2	1	14.00	4.00
7	17	2	1	13.00	4.80
8	18	2	1	14.00	3.40
9	19	2	1	14.30	3.60
10	20	2	1	13.90	4.56

图 9-4-5　案例 0905 的数据文件

在 SPSS 中实现的步骤

第 1 步：在数据编辑器窗口中打开活动数据文件“案例 0901. sav”。

第 2 步：在“数据”菜单中选择“合并文件”→“添加变量”命令，打开相应的对话框。

第 3 步：在“变量添加至…”对话框中选择外部数据文件，如图 9-4-6 所示。

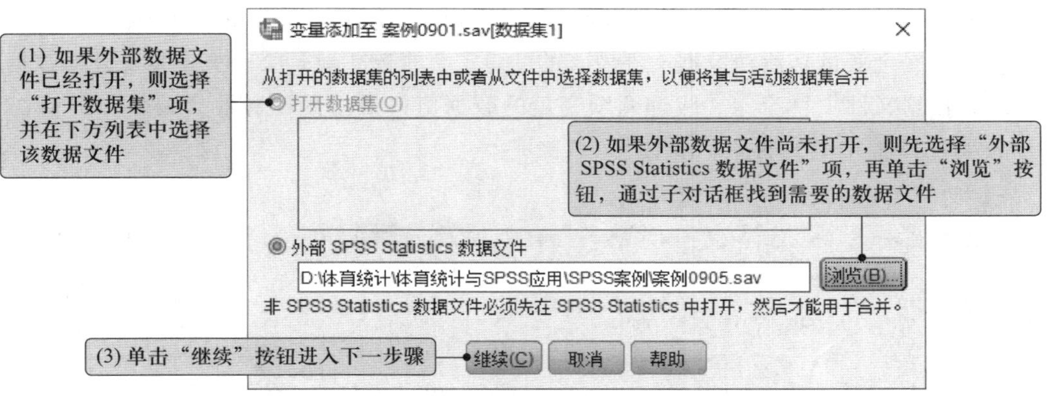

图 9-4-6　选择外部数据文件

本例处理：选择“外部 SPSSStatistics 数据文件”项，然后单击“浏览”按钮，通过子对话框找到外部数据文件“案例 0905. sav”。

第 4 步：在“变量添加自…”主对话框中，分别在“合并方法”和“变量”页面进行数据文件合并的具体操作，如图 9-4-7 所示。

本例处理：合并方法选择“基于键值的一对一合并”，关键变量选择“编号”。

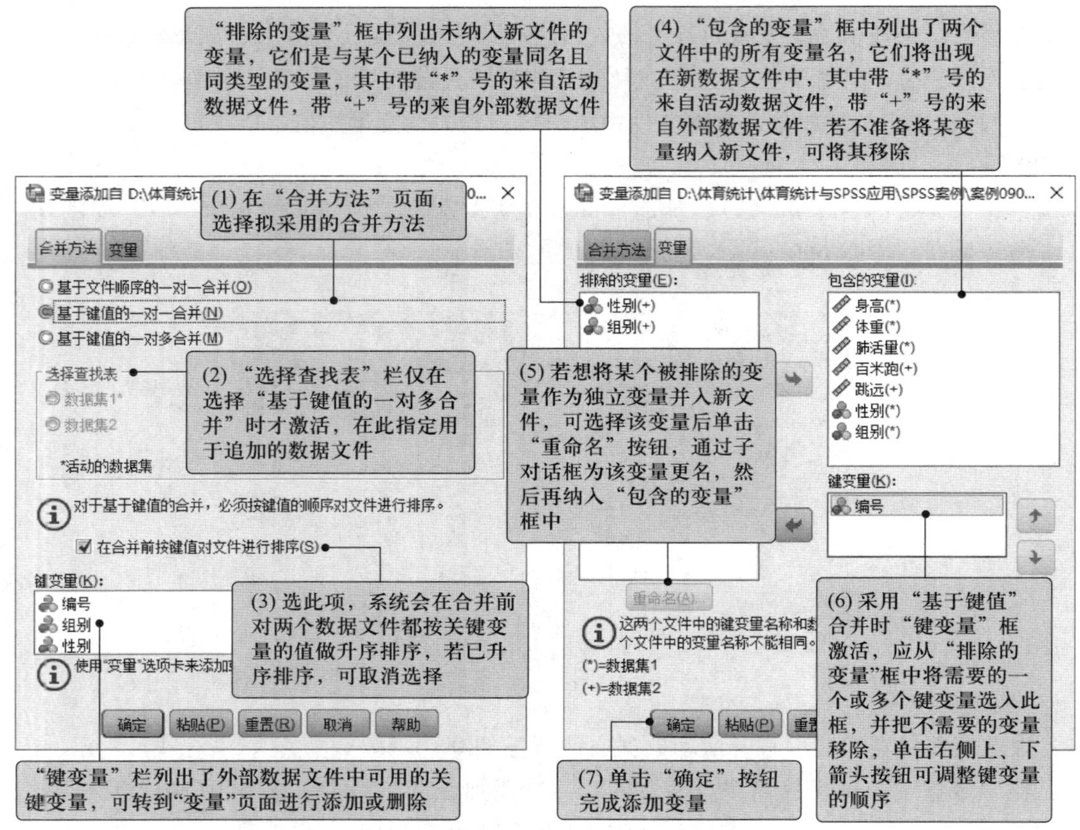

图 9-4-7 添加变量的操作

添加变量（横向合并）的结果如图 9-4-8 所示。新数据文件有 8 个变量，其中的编号、组别、性别、身高、体重、肺活量 6 个变量是活动数据文件原有的变量，百米跑、跳远 2 个变量是从外部数据文件追加过来的新变量。外部数据文件中百米跑、跳远两个变量的数据值，根据关键变量"编号"的值，一一对应地添加到了编号为 11～20 的个案的右侧。

	编号	组别	性别	身高	体重	肺活量	百米跑	跳远
1	1	1	1	136.8	32.4	1760	.	.
2	2	1	1	141.8	30.7	2010	.	.
3	3	1	1	166.7	47.3	2765	.	.
4	4	1	1	148.8	35.9	2515	.	.
5	5	1	1	159.0	37.7	2684	.	.
6	6	1	1	159.2	36.0	2004	.	.
7	7	1	1	169.1	42.3	2666	.	.
8	8	1	1	152.1	31.3	1510	.	.
9	9	1	1	150.9	37.8	2260	.	.
10	10	1	1	168.7	50.7	3015	.	.
11	11	1	1	136.7	29.7	1655	15.30	3.80
12	12	1	1	155.9	41.8	2700	14.50	4.00
13	13	1	1	154.6	32.4	1760	13.90	4.40
14	14	1	1	163.5	48.3	2260	14.80	3.90
15	15	1	1	155.6	48.3	1782	14.30	4.50
16	16	2	1	149.9	41.3	2010	14.00	4.00
17	17	2	1	160.3	44.2	2255	13.00	4.80
18	18	2	1	157.8	45.7	2735	14.00	3.40
19	19	2	1	163.5	38.1	2014	14.30	3.60
20	20	2	1	145.1	31.8	1761	13.90	4.56
21	21	2	1	151.8	34.3	2254	.	.
22	22	2	1	163.8	41.2	2724	.	.
23	23	2	1	161.9	39.2	2510	.	.
24	24	2	1	161.1	38.1	2010	.	.
25	25	2	1	142.0	36.6	1766	.	.
26	26	2	1	146.7	35.2	2268	.	.
27	27	2	1	157.3	40.2	2510	.	.
28	28	2	1	159.3	32.4	1760	.	.
29	29	2	1	152.8	37.0	2080	.	.
30	30	2	1	142.0	31.0	1815	.	.

图 9-4-8 添加变量后的数据文件

第五节　结构重组

在 SPSS 中，不同的分析方法需要不同的数据结构。当数据文件的结构不符合分析方法的要求时，就需要对数据文件的结构进行重组。

SPSS 系统提供了三种结构重组的方式：将选定变量重构为个案；将选定个案重构为变量；转置所有数据。第三种方式就是前述的“行列转置”，选此方式时将直接打开本章第三节所述的“转置”对话框，所以本节只介绍前两种方法。

一、将选定变量重构为个案

将选定变量重构为个案，是把当前数据文件中每个个案都具有的多个变量重新安排到新数据文件中，成为一个变量的多个个案值（个案组），相当于把一段横向数据转换成纵向数据。

【案例 0906】

10 名肥胖儿童参加减肥夏令营活动，在第 1、15、30、45 天 4 个时期测量体重（kg）、腰围（cm）数据，建立了数据文件“案例 0906. sav”，如图 9-5-1 所示。为了从整体上分析体重与腰围的相关关系，试将体重 1~4 和腰围 1~4 分别重构为“体重”和“腰围”的 4 个个案。

	代号	性别	年龄	体重1	体重2	体重3	体重4	腰围1	腰围2	腰围3	腰围4
1	A001	1	13	78	77	72	68	92	90	86	82
2	A002	1	14	77	75	73	64	90	87	84	82
3	A003	1	14	83	80	76	69	94	88	85	84
4	A004	1	13	78	75	69	67	88	85	82	78
5	A005	1	13	73	70	71	65	85	82	83	76
6	A006	1	14	72	70	69	64	86	84	80	76
7	A007	1	13	75	73	67	65	88	85	82	80
8	A008	1	13	73	70	67	60	86	84	82	75
9	A009	1	14	78	75	71	64	89	82	78	77
10	A010	1	14	71	69	66	60	84	80	76	73

图 9-5-1　案例 0906 的数据文件

在 SPSS 中实现的步骤

第 1 步：在数据编辑器窗口中打开数据文件“案例 0906. sav”。

第 2 步：在“数据”菜单中选择“重构”命令，打开相应的对话框。

第 3 步：在“重构数据向导”中选择重构方式。系统提供的三种方式分别为：将选定变量重构为个案；将选定个案重构为变量；转置所有数据。如图 9-5-2 所示。

本例处理：选择“将选定变量重构为个案”。

第 4 步：在“重构数据向导-第 2/7 步”中设置需要进行重构的变量组的数目。变量组即一组相关变量，表示一个变量的各个测量结果。如果只需重构一个变量组，则选“一个”。如果需重构多个变量组，则选“多个”，并在“数目”框中输入具体个数。如图 9-5-3 所示。

本例处理：选择重构“多个”变量组，数目为 2 个，即体重和腰围。

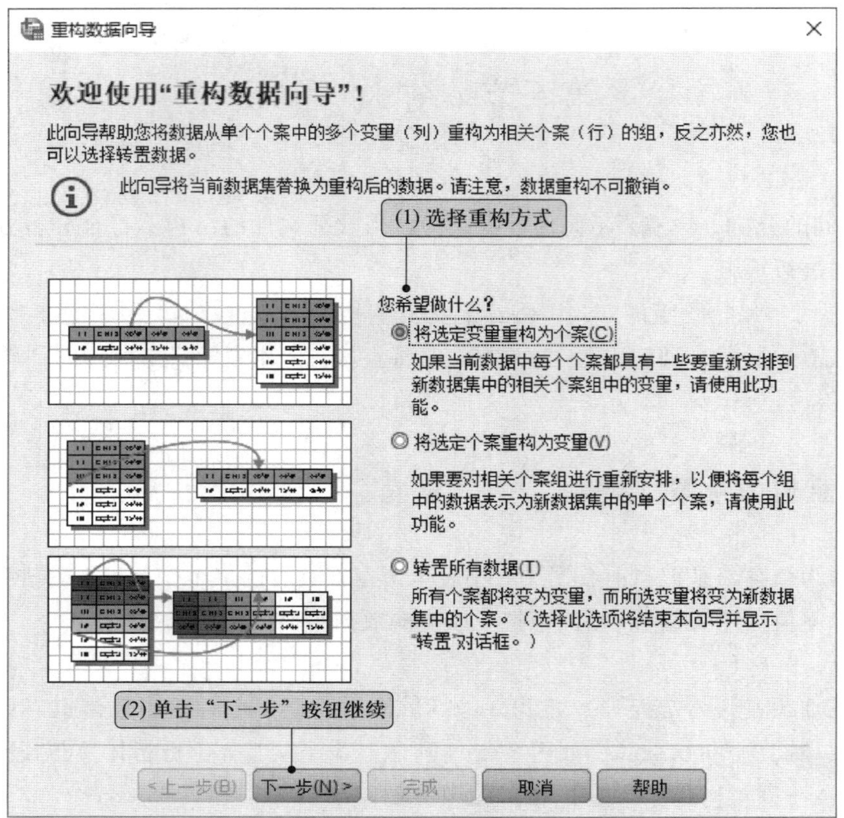

图 9-5-2 变量重构为个案向导 1

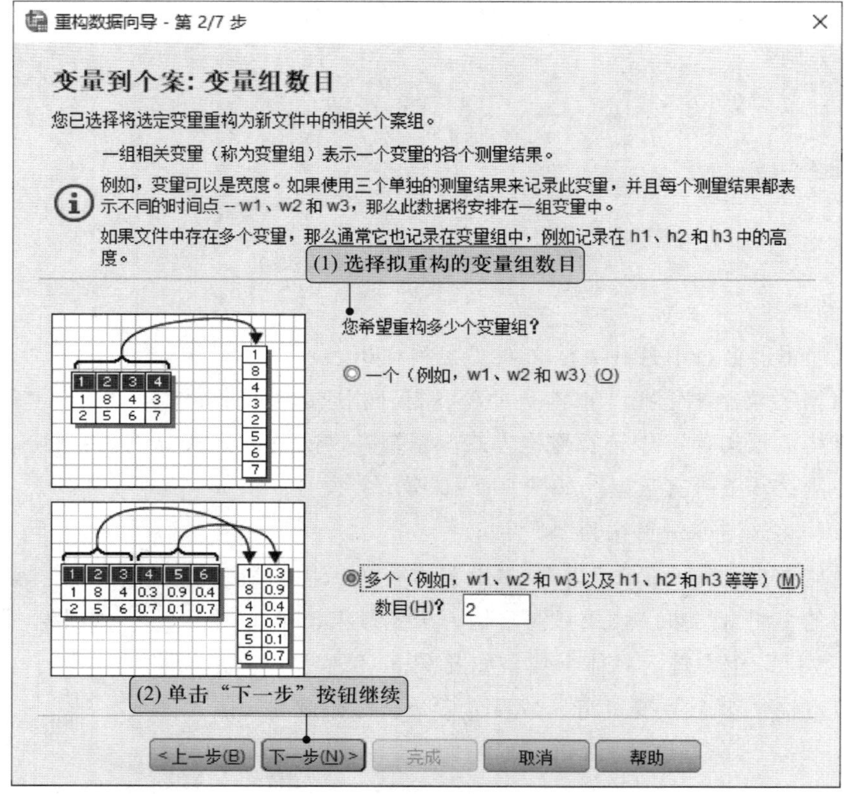

图 9-5-3 变量重构为个案向导 2

第 5 步：在“重构数据向导-第 3/7 步”中选择变量，包括确定个案组标识、选择要转置的变量和固定变量，如图 9-5-4 所示。

如果是重构多个变量组，则“目标变量”下拉列表中将列出 trans1、trans2 等默认条目，可以分别将它们修改成需要在新数据文件中出现的变量名。要注意的是，每个目标变量都需要有相同数目的原变量。

本例处理：在“个案组标识”栏选择“使用选定变量”，并把代号选入“变量”框；在“要转置的变量”框中，把两个默认的目标变量分别修改为“体重”和“腰围”，同时把体重 1~4 纳入“体重”下方的列表中，把腰围 1~4 纳入“腰围”下方的列表中；把性别、年龄选入“固定变量”框。

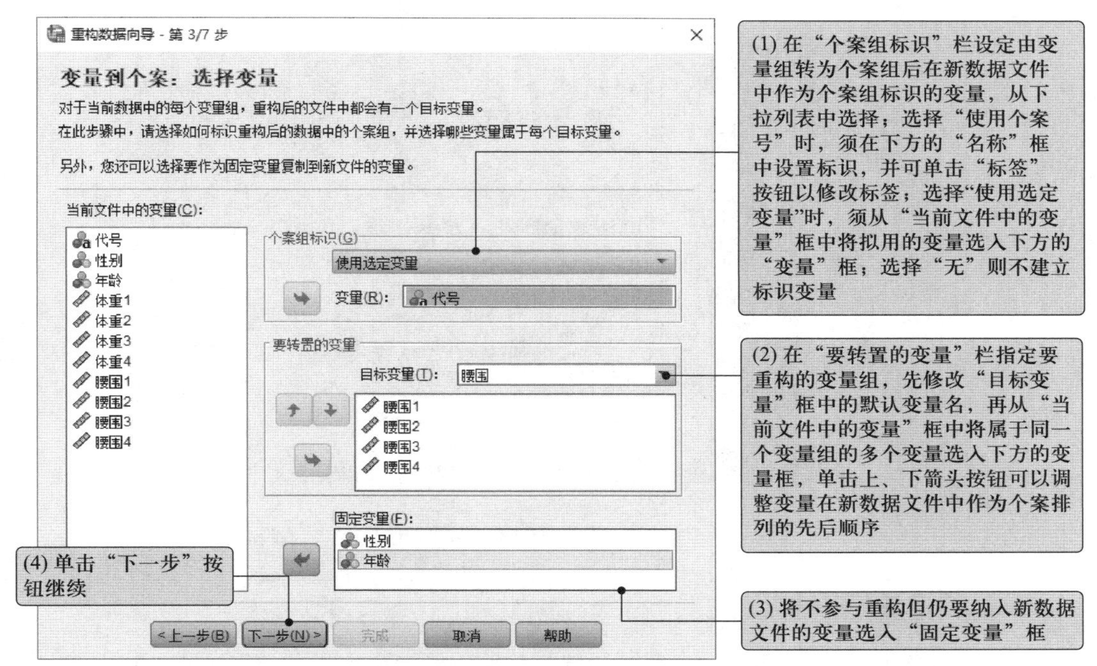

图 9-5-4　变量重构为个案向导 3

第 6 步：在“重构数据向导-第 4/7 步”中设置重构后所要生成的索引变量的个数。所谓索引变量，是指在新数据文件中用来识别从同一变量组重构成同一个案组中的各个个案的变量。如果变量组只反映一个级别的特征，应选“一个”。如果变量组反映多个级别的特征，则应选“多个”，并在“数目”框中输入具体级别数。如果级别特征已在新数据文件中的某个变量上体现，则可选择“无”，即不再另外建立索引变量。如图 9-5-5 所示。

本例处理：选择“一个”。

第 7 步：在“重构数据向导-第 5/7 步”中创建索引变量，即确定索引值的类型，编辑索引变量名和标签。当在上一步中选择了“多个”时，索引变量名和标签列表就有多行，其中第一行是主索引，第二行是下一级别的次索引，依此类推；此时还需要在“级别”列中输入各个索引变量的级别数，而且所有级别数的乘积必须等于要转置的变量数。如图 9-5-6 所示。

本例处理：索引值类型选择“连续数字”；索引变量名修改为“时期”。

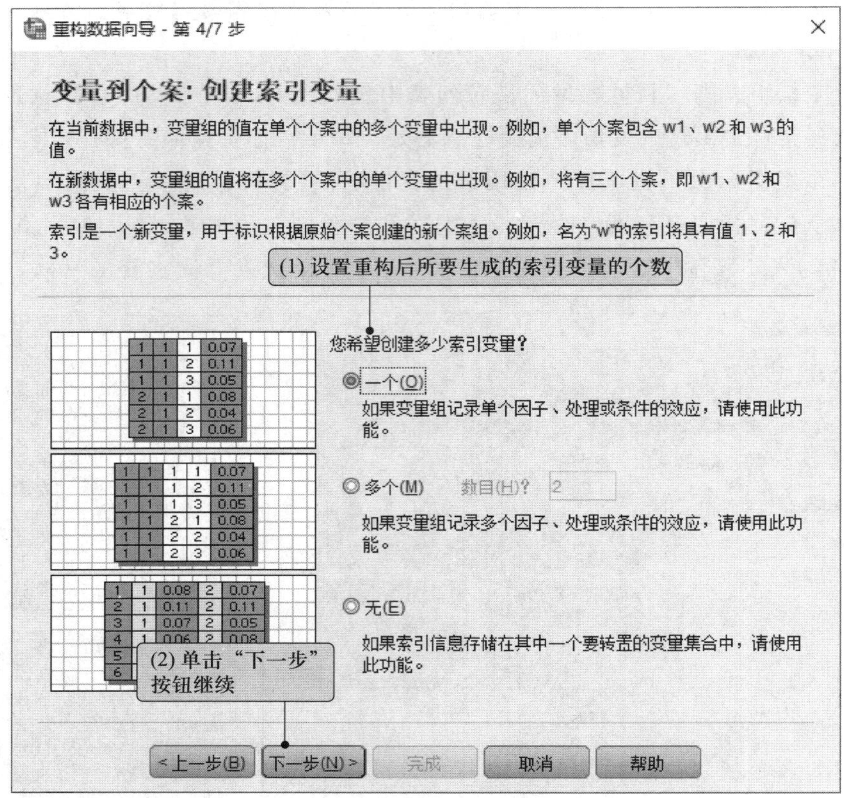

图 9-5-5 变量重构为个案向导 4

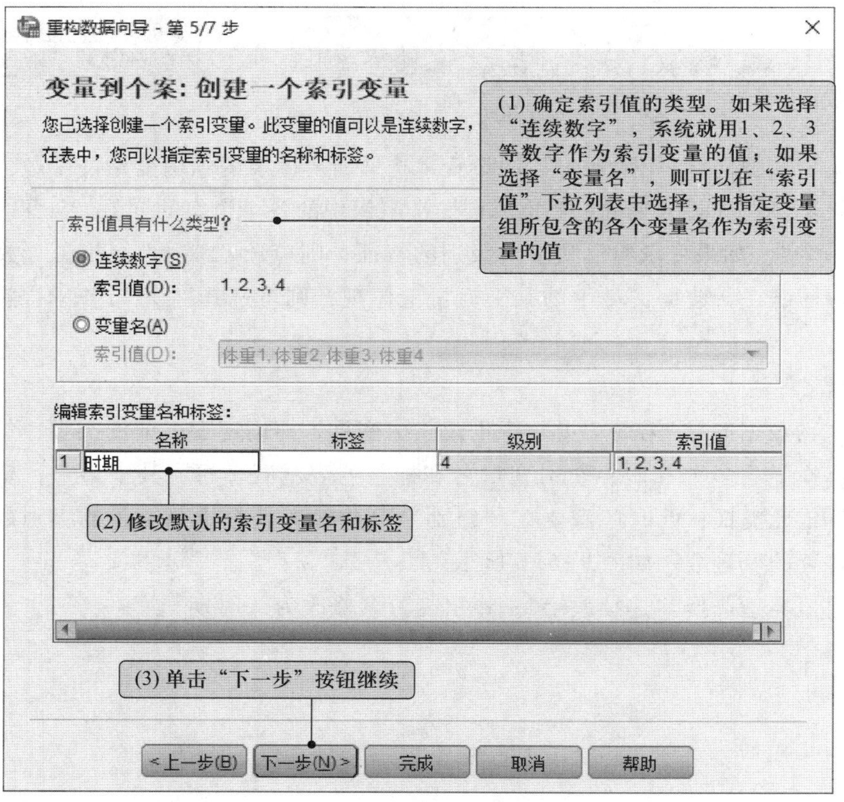

图 9-5-6 变量重构为个案向导 5

第 8 步：在“重构数据向导-第 6/7 步”中设置其他选项。如图 9-5-7 所示。

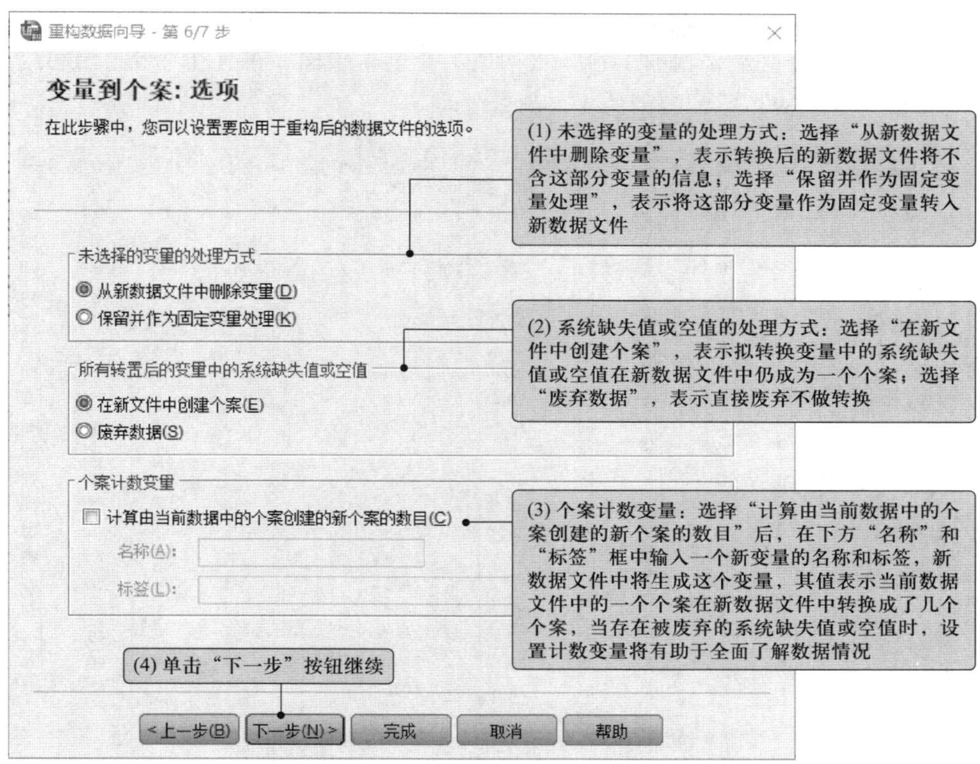

图 9-5-7　变量重构为个案向导 6

本例处理：对未选择的变量的处理方式，选择“从新数据文件中删除变量”；对系统缺失值或空值的处理方式，选择“在新文件中创建个案”；不建立个案计数变量。

第 9 步：在“重构数据向导-完成”中完成最后一步操作。如图 9-5-8 所示。

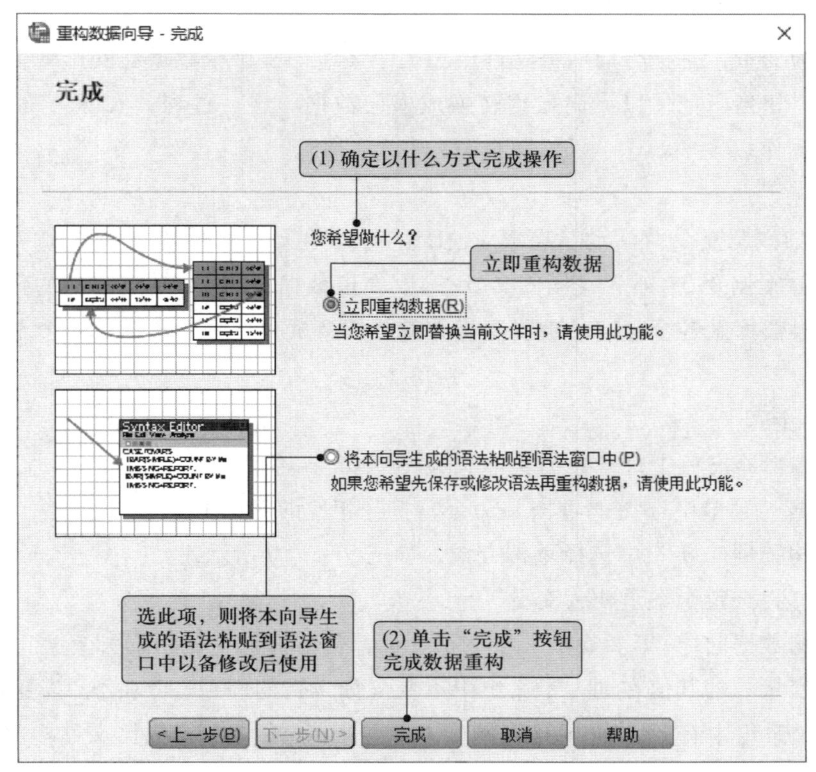

图 9-5-8　变量重构为个案向导 7

本例处理：选择“立即重构数据”。

完成重构后的数据文件如图 9-5-9 所示。可以看出，原来的 4 个变量“体重 1~4”重构成了变量“体重”的 4 个个案，原来的 4 个变量“腰围 1~4”重构成了变量“腰围”的 4 个个案；建立了一个索引变量“时期”，其值 1、2、3、4 代表体重和腰围的 4 个测试时间。

	代号	性别	年龄	时期	体重	腰围
1	A001	1	13	1	78	92
2	A001	1	13	2	77	90
3	A001	1	13	3	72	86
4	A001	1	13	4	68	82
5	A002	1	14	1	77	90
6	A002	1	14	2	75	87
7	A002	1	14	3	73	84
8	A002	1	14	4	64	82
9	A003	1	14	1	83	94
10	A003	1	14	2	80	88
11	A003	1	14	3	76	85
12	A003	1	14	4	69	84
13	A004	1	13	1	78	88
14	A004	1	13	2	75	85
15	A004	1	13	3	69	82
16	A004	1	13	4	67	78
17	A005	1	13	1	73	85
18	A005	1	13	2	70	82
19	A005	1	13	3	71	83
20	A005	1	13	4	65	76

	代号	性别	年龄	时期	体重	腰围
21	A006	1	14	1	72	86
22	A006	1	14	2	70	84
23	A006	1	14	3	69	80
24	A006	1	14	4	64	76
25	A007	1	13	1	75	88
26	A007	1	13	2	73	85
27	A007	1	13	3	67	82
28	A007	1	13	4	65	80
29	A008	1	13	1	73	86
30	A008	1	13	2	70	84
31	A008	1	13	3	67	82
32	A008	1	13	4	60	75
33	A009	1	14	1	78	89
34	A009	1	14	2	75	82
35	A009	1	14	3	71	78
36	A009	1	14	4	64	77
37	A010	1	14	1	71	84
38	A010	1	14	2	69	80
39	A010	1	14	3	66	76
40	A010	1	14	4	60	73

图 9-5-9 将选定变量重构为个案后的数据文件

重构后的结果保存在当前数据文件中，即覆盖了原始数据。若希望保留原始数据，可将重构后的数据文件更名保存。

二、将选定个案重构为变量

将选定个案重构为变量，是把当前数据文件中相关个案组的多个个案重新安排到新数据文件中，成为一个个案的多个变量值，相当于把一段纵向数据转换成横向数据。这一过程，实际上是上述“将选定变量重构为个案”过程的反操作。

【案例 0907】

10 名肥胖儿童参加减肥夏令营活动，在第 1、15、30、45 天 4 个时期测量体重（kg）、腰围（cm）数据，建立了数据文件“案例 0907. sav”（同图 9-5-9）。在该数据文件中，4 个时期的数据是以 4 个个案的形式存在的，为了能够对数据做各个时期的重复测量方差分析，试将体重、腰围的 4 个个案分别重构为一个个案的 4 个变量。

在 SPSS 中实现的步骤

第 1 步：在数据编辑器窗口中打开数据文件“案例 0907. sav”。

第 2 步：在“数据”菜单中选择“重构”命令，打开相应的对话框。

第 3 步：在“重构数据向导”中选择重构方式，如图 9-5-10 所示。

本例处理：选择“将选定个案重构为变量”。

第 4 步：在“重构数据向导-第 2/5 步”中选择变量，包括标识变量和索引变量。凡保留在“当前文件中的变量”列表中的变量，若其值在同一个案组中不变（如本例的性别、年龄），该变量将复制到新数据文件中；若其值在同一个案组中有变（如本例的体重、腰围），该变量在新数据文件中将转换成若干个变量。

如图 9-5-11 所示。

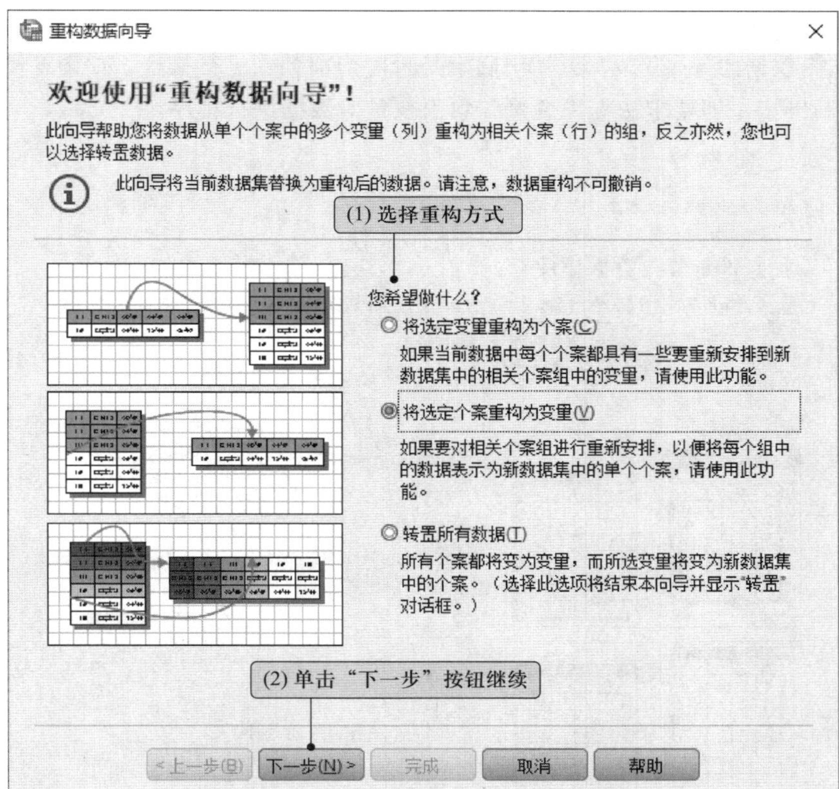

图 9-5-10　个案重构为变量向导 1

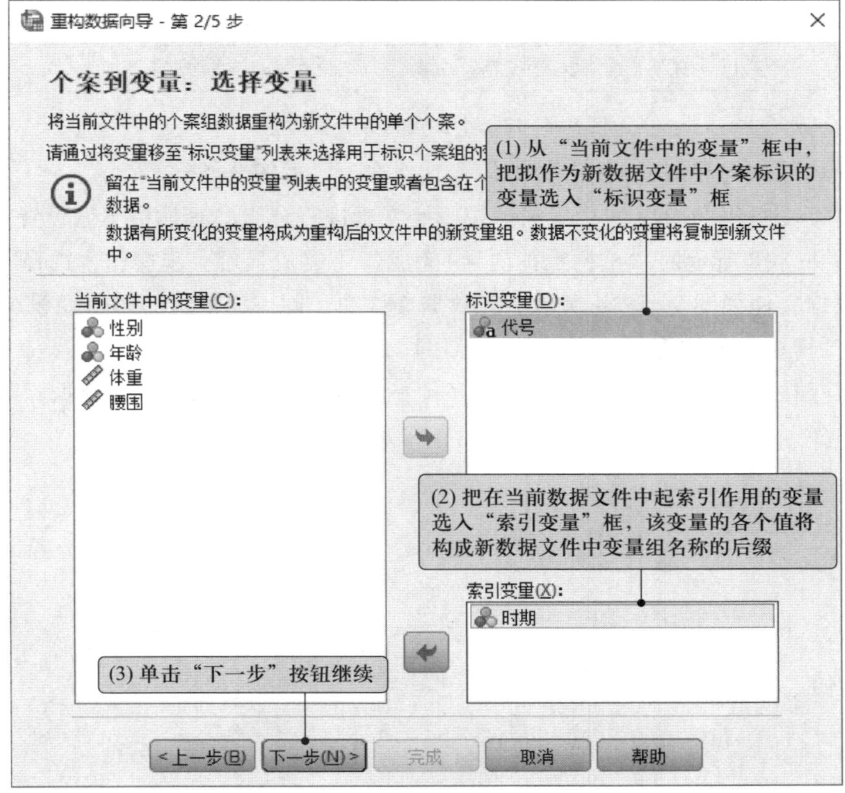

图 9-5-11　个案重构为变量向导 2

本例处理：从“当前文件中的变量”框中，把代号选入“标识变量”框；把时期选入“索引变量”框。

第 5 步：在“重构数据向导-第 3/5 步”中确定是否对当前数据进行排序，如图 9-5-12 所示。

本例处理：选择“是”，即要求按标识变量和索引变量对数据进行排序。

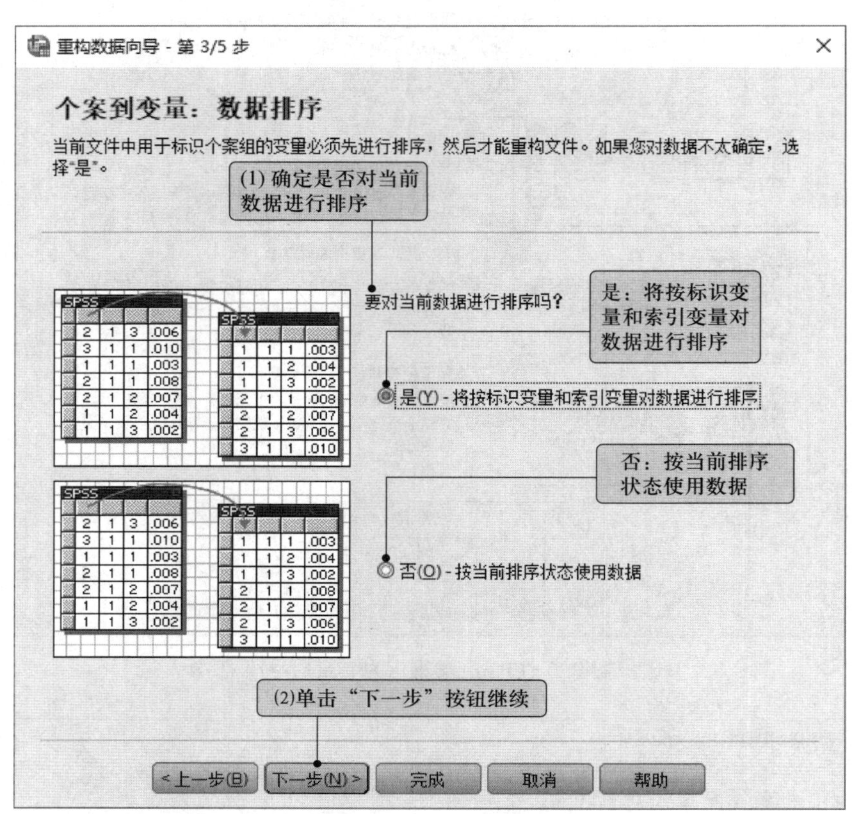

图 9-5-12 个案重构为变量向导 3

第 6 步：在“重构数据向导-第 4/5 步”中设置其他选项，如图 9-5-13 所示。

本例处理：在“新变量组的顺序”栏，选择按原始变量进行分组，其他栏不做设置。

第 7 步：在如图 9-5-8 所示的“重构数据向导-完成”中完成最后一步操作，选择“立即重构数据”。

完成重构后的数据文件如图 9-5-14 所示。新数据文件中，同一变量组的各个变量名由原变量名和索引变量的值中间加“.”构成，如体重 .1，体重 .2，腰围 .1，腰围 .2 等。

重构后的结果保存在当前数据文件中，即覆盖了原始数据。若希望保留原始数据，可将重构后的数据文件更名保存。

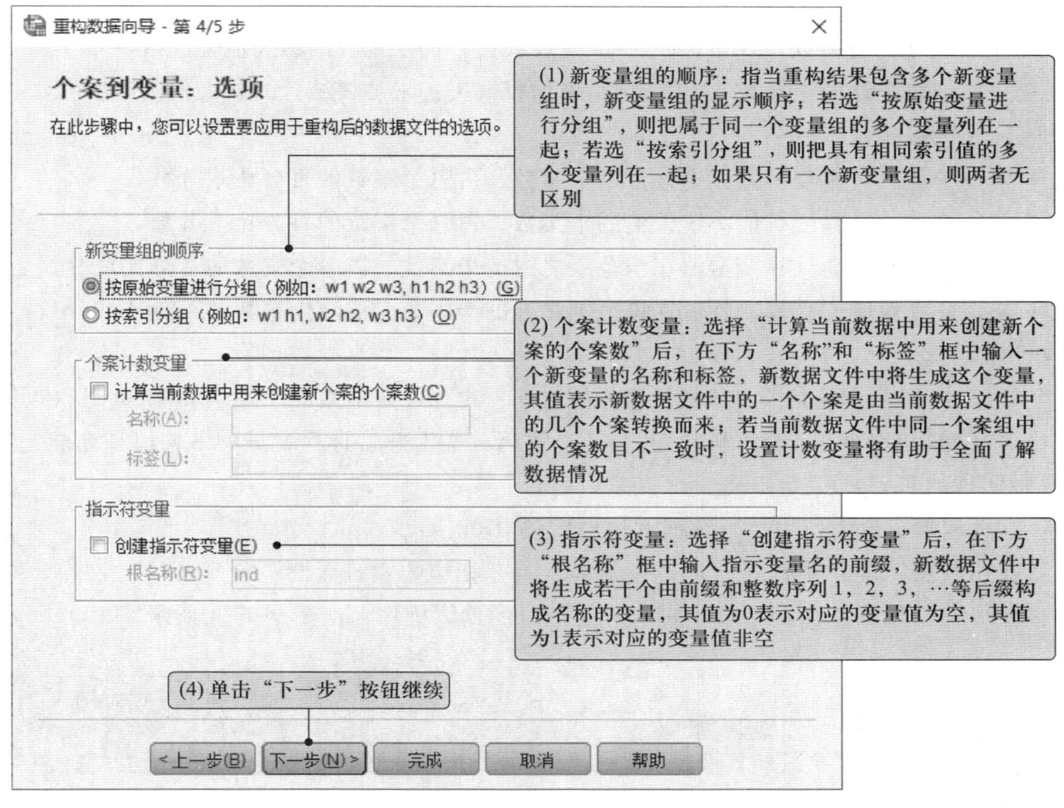

图 9-5-13　个案重构为变量向导 4

	代号	性别	年龄	体重.1	体重.2	体重.3	体重.4	腰围.1	腰围.2	腰围.3	腰围.4
1	A001	1	13	78	77	72	68	92	90	86	82
2	A002	1	14	77	75	73	64	90	87	84	82
3	A003	1	14	83	80	76	69	94	88	85	84
4	A004	1	13	78	75	69	67	88	85	82	78
5	A005	1	13	73	70	71	65	85	82	83	76
6	A006	1	14	72	70	69	64	86	84	80	76
7	A007	1	13	75	73	67	65	88	85	82	80
8	A008	1	13	73	70	67	60	86	84	82	75
9	A009	1	14	78	75	71	64	89	82	78	77
10	A010	1	14	71	69	66	60	84	80	76	73

图 9-5-14　将选定个案重构为变量后的数据文件

第六节　分类汇总

数据分类汇总是指按指定的分类变量值将个案分组，然后对每组个案分别计算一些描述统计量，生成新数据文件。SPSS 提供的汇总函数有：

1. 摘要统计

◎ 平均值　◎ 中位数　◎ 总和　◎ 标准差

2. 特定值

◎ 第一个　◎ 最后一个　◎ 最小值　◎ 最大值

3. 个案数

◎ 加权：加权统计的个案数 ◎ 加权缺失：加权统计的缺失值个案数

◎ 未加权：未加权统计的个案数 ◎ 未加权缺失：未加权统计的缺失值个案数

4. 百分比、分数和计数

◎ 上：指定一个值，计算变量值大于该值的个案数、占总个案数的百分比或分数。

◎ 下：指定一个值，计算变量值小于该值的个案数、占总个案数的百分比或分数。

◎ 内部：指定一个范围，计算变量值在该范围之内的个案数、占总个案数的百分比或分数。

◎ 外部：指定一个范围，计算变量值在该范围之外的个案数、占总个案数的百分比或分数。

【案例 0908】

测得两个组 30 名 13 岁男生体质健康若干指标的数据，建立了数据文件“案例 0908. sav”（同图 9-1-1）。试按组别对身高（cm）、体重（kg）、肺活量（mL）进行分类汇总，计算变量的平均值和标准差。

在 SPSS 中实现的步骤

第 1 步：在数据编辑器窗口中打开数据文件“案例 0908. sav”。

第 2 步：在“数据”菜单中选择“汇总”命令，打开相应的主对话框。

第 3 步：在“汇总数据”主对话框中进行分类汇总的具体操作，如图 9-6-1 所示。

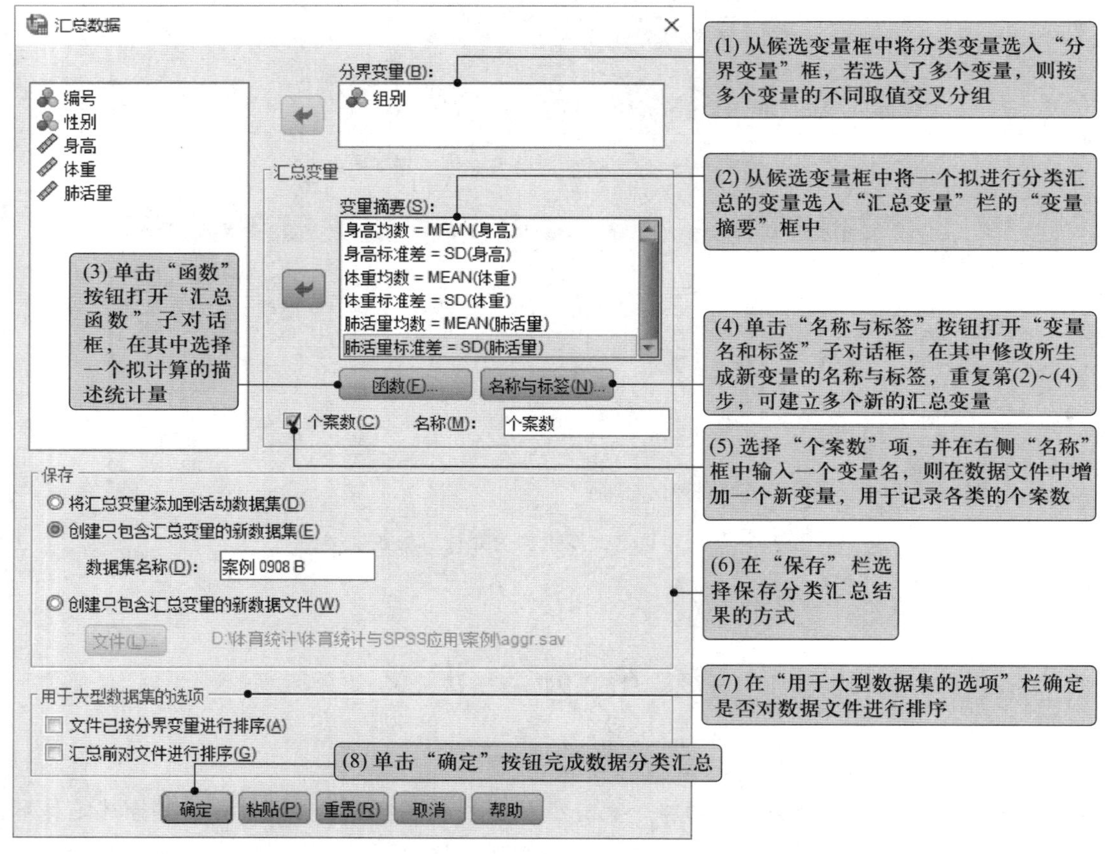

图 9-6-1 汇总数据的操作

“保存”栏提供了 3 种保存分类汇总结果的单选项：

◎ 将汇总变量添加到活动数据集：选此项将分类汇总生成的变量添加到当前数据文件中，同一类中的每一个个案，其同一个汇总变量具有相同的值。

◎ 创建只包含汇总变量的新数据集：选此项并在下方的“数据集名称”框中输入一个文件名，将创建一个只包含汇总变量的新数据文件，同时将该文件在数据编辑器窗口中打开。

◎ 创建只包含汇总变量的新数据文件：选此项并单击下方的“文件”按钮，通过子对话框指定新数据文件的存储位置和文件名，将创建并保存一个只包含汇总变量的新数据文件。

“用于大型数据集的选项”栏提供了两种处理大数据集的选项：

□ 文件已按分界变量进行排序：如果数据已经按分类变量排序，则可选择此项免去再排序以节省处理时间。

□ 汇总前对文件进行排序：选此项则要求在汇总之前先按分类变量进行排序。

本例处理：将组别选入“分界变量”框；依次将身高、体重、肺活量选入“汇总变量”栏的“变量摘要”列表中；建立“个案数”新变量用于记录各类的个案数目；在“保存”栏选择“创建只包含汇总变量的新数据集”，数据集名称设为“案例 0908B”。

第 4 步：在“汇总数据”主对话框中单击“函数”按钮，打开“汇总函数”子对话框。在其中进行选择汇总函数的操作，如图 9-6-2 所示。

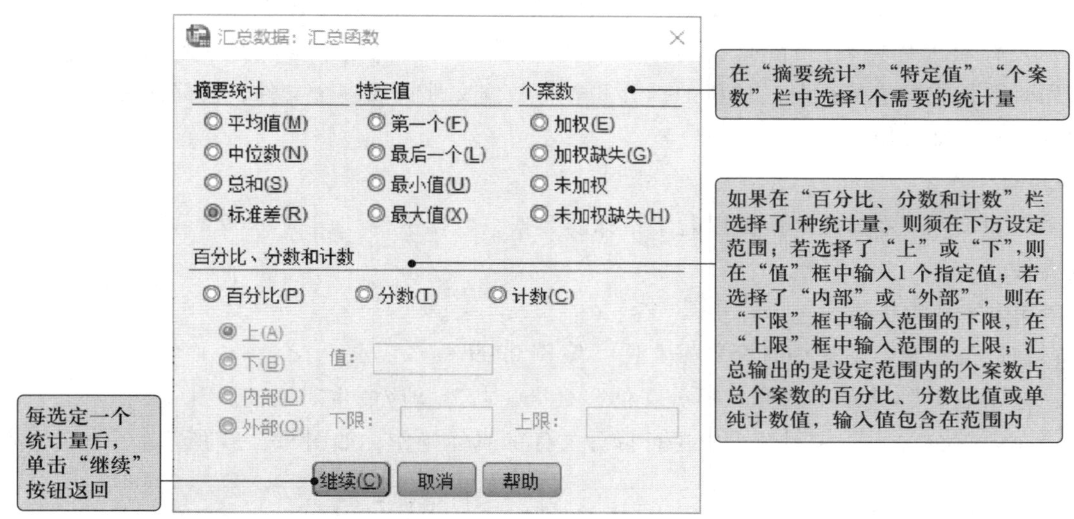

图 9-6-2 选择汇总函数的操作

本例处理：共进行 6 次操作，依次建立身高均数（身高_mean）、身高标准差（身高_sd）、体重均数（体重_mean）、体重标准差（体重_sd）、肺活量均数（肺活量_mean）、肺活量标准差（肺活量_sd）6 个汇总函数。

第 5 步：在“汇总数据”主对话框中单击“名称与标签”按钮，打开“变量名和标签”子对话框，在其中进行修改汇总变量名称和标签的操作，如图 9-6-3 所示。

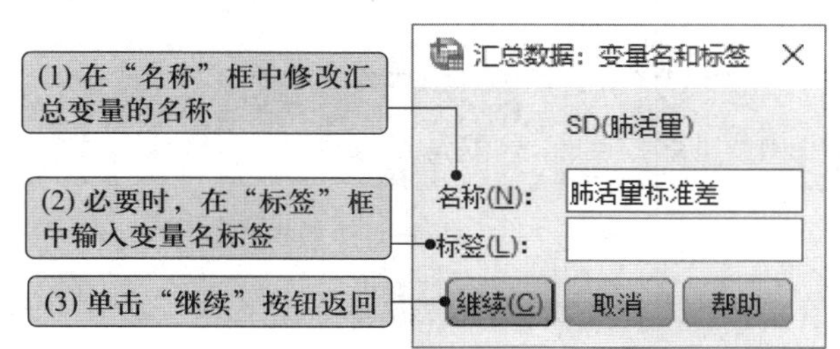

图 9-6-3 修改变量名和标签的操作

本例处理：依次将 6 个汇总变量的名称修改为身高均数、身高标准差、体重均数、体重标准差、肺活量均数、肺活量标准差。

本例完成分类汇总后生成的结果文件如图 9-6-4 所示。由此图可知，数据按组别分成了两类，分别给出了两类的身高均数、身高标准差、体重均数、体重标准差、肺活量均数、肺活量标准差 6 个汇总变量，两类的个案数都为 15。

	组别	身高均数	身高标准差	体重均数	体重标准差	肺活量均数	肺活量标准差	个案数
1	1	154.63	10.46	38.84	7.17	2223.07	477.56	15
2	2	154.35	7.72	37.75	4.37	2164.80	336.91	15

图 9-6-4 分类汇总后的数据文件

第七节 拆 分 文 件

在进行数据处理时，经常要对数据文件中的个案进行分组分析。但有些统计分析过程（如描述统计、相关分析等）是针对所有个案进行的，没有提供分组的选项。因此，如果需要对数据进行分组统计分析，就有必要事先对数据文件进行拆分。这里的拆分并非将数据文件拆成多个文件，而只是在同一个数据文件中按某种条件将所有个案分组。

【案例 0909】

测得两个组 30 名 13 岁男生体质健康若干指标的数据，数据文件“案例 0909. sav”同图 9-1-1。试按组别拆分数据文件。

1. 在 SPSS 中实现的步骤

第 1 步：在数据编辑器窗口中打开数据文件“案例 0909. sav”。

第 2 步：在“数据”菜单中选择“拆分文件”命令，打开相应的主对话框。

第 3 步：在“拆分文件”主对话框中进行拆分文件的具体操作，如图 9-7-1 所示。

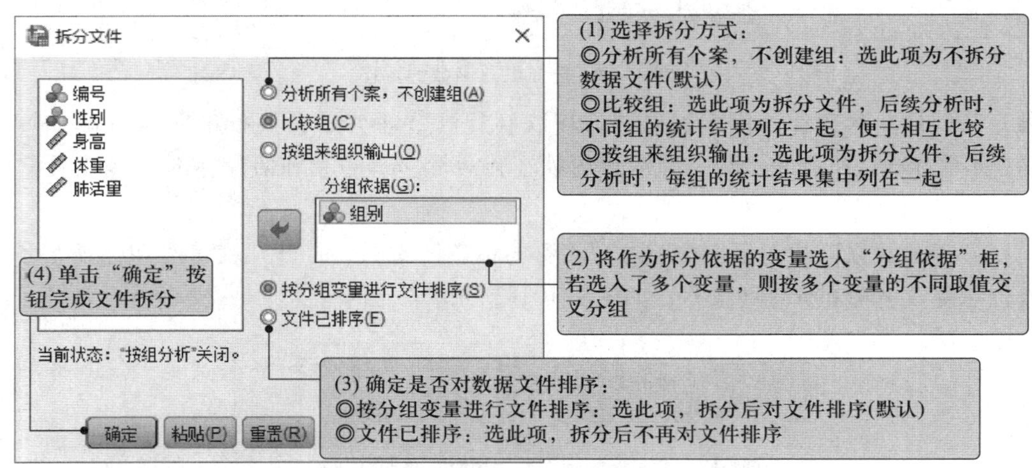

图 9-7-1 拆分文件的操作

本例处理：拆分方式选择“比较组”；将组别作为拆分依据选入“分组依据”框；排序方式选择默认的“按分组变量进行文件排序”。

2. 有关说明

（1）完成文件拆分后，所做拆分设置一直有效，直至取消拆分或更改拆分设置。

（2）若要取消拆分，可重新在“数据”菜单中选择“拆分文件”命令，打开相应的主对话框，并在其中选择“分析所有个案，不创建组”项。

（3）完成文件拆分后，数据文件表面上看不出有什么变化，但分组信息会与数据一起保存，后续的所有统计分析都会自动针对每个组分别进行。

例如，对案例 0909 的数据进行描述统计，表 9-7-1 是拆分文件前的结果，系统计算全部个案的描述统计量；表 9-7-2 是按组别拆分文件后的结果，系统计算分组的描述统计量。

表 9-7-1 描述统计（拆分文件前）

	N	均值		标准偏差
	统计	统计	标准错误	统计
身高	30	154.490	1.649 5	9.034 5
体重	30	38.297	1.070 5	5.863 5
肺活量	30	2 193.93	74.335	407.152
有效个案数（成列）	30			

表 9-7-2 描述统计（拆分文件后）

组别		*N*	均值		标准偏差
		统计	统计	标准错误	统计
一组	身高	15	154.627	2.701 5	10.462 7
	体重	15	38.840	1.852 5	7.174 5
	肺活量	15	2 223.07	123.305	477.559
	有效个案数（成列）	15			
二组	身高	15	154.353	1.992 8	7.718 0
	体重	15	37.753	1.1287	4.371 5
	肺活量	15	2 164.80	86.989	336.906
	有效个案数（成列）	15			

第八节 选择个案

在实际工作中，经常需要按某种特定的要求分析数据文件中的一部分个案，而将另一部分个案排除出分析过程，这时就要有针对性地选择个案，即根据不同的需要，从数据文件中筛选出希望得到的个案来。那些未被选取的个案将不被纳入后续的统计分析过程。

【案例 0910】

某校进行体育教学改革实验，对高中一年级学生共 469 人进行了两年的跟踪研究，测得实验组、对照组在实验前、后若干体质健康指标的数据，建立了数据文件“案例 0910. sav”，如图 9-8-1 所示。数据文件中，组别变量的值，1 表示实验组，2 表示对照组；性别变量的值，0 表示女生，1 表示男生。现拟对实验组男生各指标做前、后比较，试筛选出所需个案。

	学号	组别	性别	身高1	体重1	胸围1	肺活量1	握力1	跑50米1	立定跳远1
1	1	1	1	171.5	76.0	94.0	3800	34.1	8.30	195
2	2	1	1	183.4	94.0	102.0	5700	43.2	8.50	191
3	3	1	1	175.2	54.0	82.0	3700	40.6	7.60	225
4	4	1	1	175.4	64.5	90.0	4200	34.8	9.20	150
5	5	1	1	173.0	54.0	80.0	4100	32.0	7.56	230
6	6	1	1	175.4	57.0	77.0	4500	37.3	9.10	219
7	7	1	1	172.7	70.0	93.0	4200	26.5	8.80	185
8	8	1	1	168.7	57.0	85.0	4100	28.5	7.81	225
9	9	1	1	175.9	78.5	89.0	4100	43.5	7.30	220
10	10	1	1	180.3	65.0	84.0	4400	39.0	7.21	215
11	11	1	1	177.5	81.0	96.0	3400	36.8	7.40	248
12	12	1	1	173.5	65.0	87.0	4200	28.3	7.70	225

图 9-8-1 案例 0910 的数据文件（部分变量与个案）

1. 在 SPSS 中实现的步骤

第 1 步：在数据编辑器窗口中打开数据文件“案例 0910. sav”。

第 2 步：在“数据”菜单中选择“选择个案”命令，打开相应的主对话框。

第 3 步：在“选择个案”主对话框中进行选择个案的具体操作，如图 9-8-2 所示。

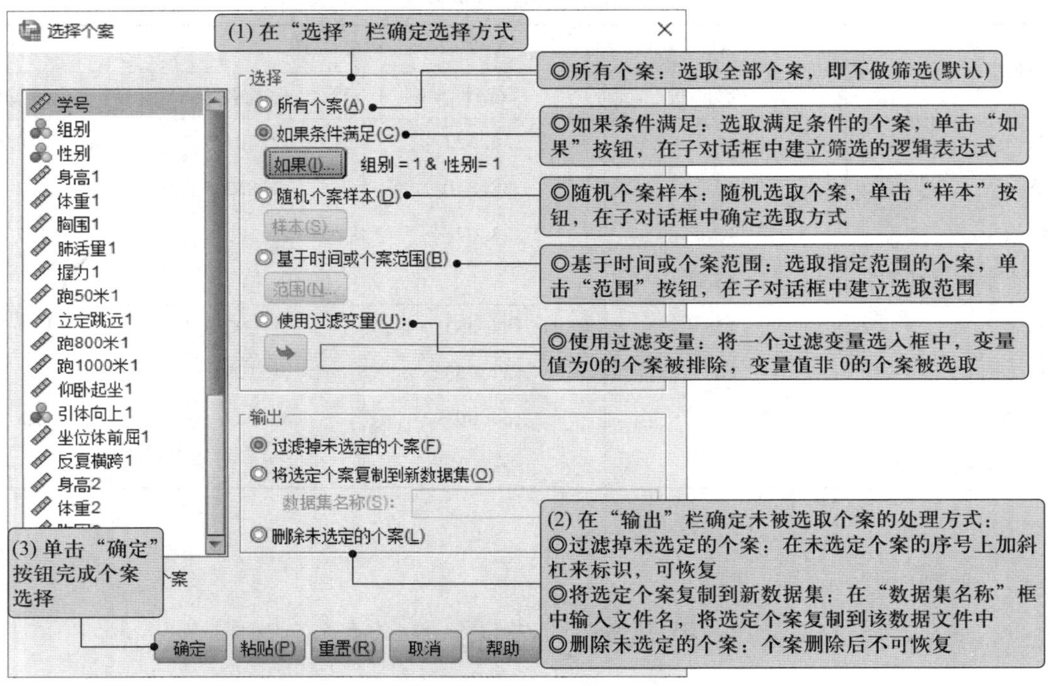

图 9-8-2 选择个案的操作

当筛选方式选择“如果条件满足”并单击“如果”按钮后，系统会打开“If”子对话框，可在其中建立筛选个案的逻辑表达式，具体操作如图 9-8-3 所示。

当筛选方式选择“随机个案样本”并单击“样本”按钮后，系统会打开“随机样本”子对话框，可在其中确定抽取样本的方式，具体操作如图 9-8-4 所示。

当筛选方式选择“基于时间或个案范围”并单击“范围”按钮后，系统会打开“范围”子对话框，可在其中确定范围，抽取的个案是指定范围内的全部个案，具体操作如图 9-8-5 所示。

本例处理：筛选方式采用“如果条件满足”；在“If”子对话框中建立筛选条件的逻辑表达式“组别 = 1 & 性别 = 1”。

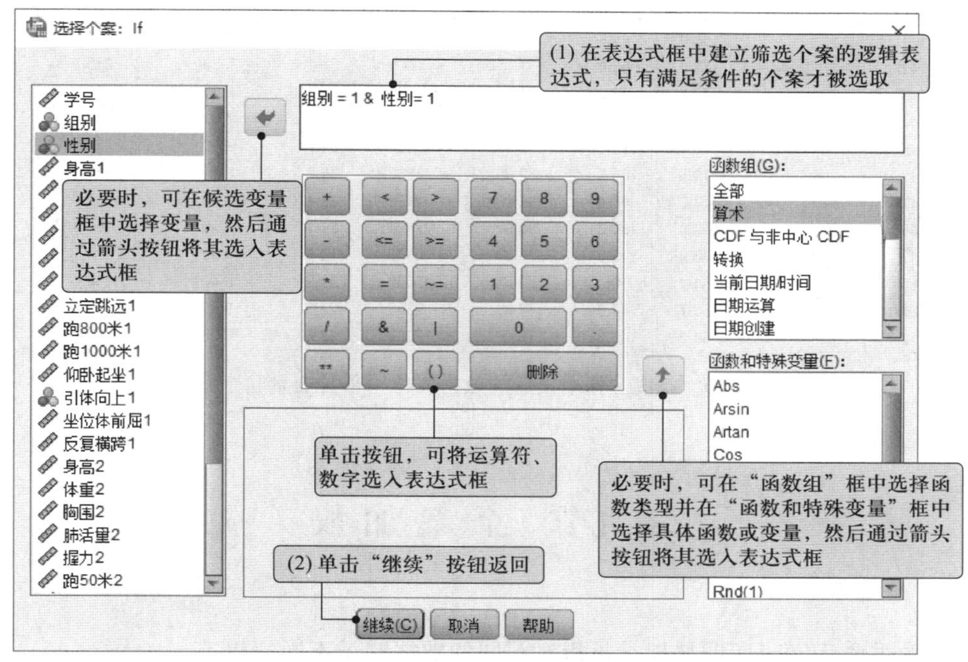

图 9-8-3　建立筛选个案的逻辑表达式

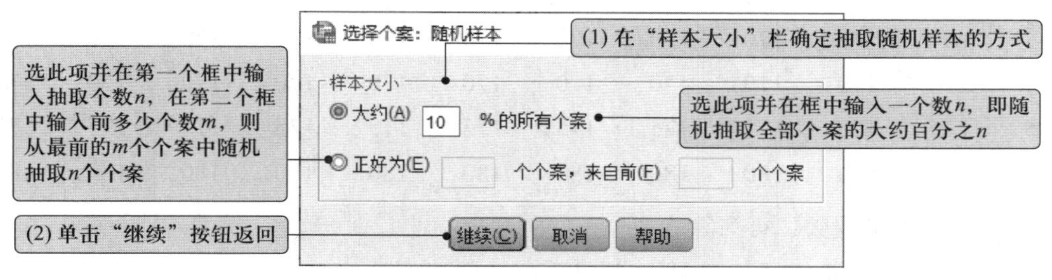

图 9-8-4　确定样本大小

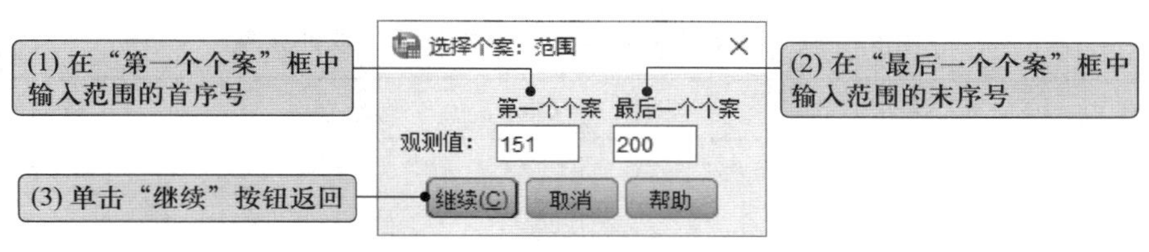

图 9-8-5　确定抽取范围

2. 有关说明

(1) 选择个案完成后，在数据文件中新增了一个变量“filter_ $”，其值为 1 表示被选取的个案，其值为 0 表示未选取的个案。

(2) 如果在进行个案筛选后要取消筛选以恢复数据的初始状况，应再次打开“选择个案”主对话框并选择“所有个案”，或者直接在数据编辑器窗口中删除变量“filter_ $”。

本例完成选择个案后的数据文件如图 9-8-6 所示。

	学号	组别	性别	身高1	体重1	胸围1	肺活量1	握力1	跑50米1	立定跳远1	filter_$
141	141	1	1	158.0	45.5	77.0	3300	31.0	8.14	200	1
142	142	1	1	162.0	63.0	91.0	4000	39.1	7.38	230	1
143	143	1	1	172.0	72.0	91.0	4500	42.7	7.84	210	1
144	144	1	1	166.5	63.0	89.0	3700	38.6	7.02	260	1
145	145	1	1	166.1	50.0	79.0	3100	34.7	7.50	230	1
146	146	1	1	179.5	66.5	82.0	3800	35.8	8.10	210	1
147	147	1	0	143.3	48.0	81.0	2100	25.0	9.50	185	0
148	148	1	0	157.0	50.0	80.0	2500	24.4	10.20	160	0
149	149	1	0	148.2	43.0	79.0	2600	22.6	9.30	190	0
150	150	1	0	151.1	39.0	73.0	2000	20.9	9.40	160	0
151	151	1	0	158.7	44.0	77.0	2300	22.6	8.61	190	0
152	152	1	0	164.0	45.0	76.0	2300	16.6	10.23	160	0

图 9-8-6 完成选择个案后的数据文件（部分变量与个案）

第九节 个案加权

权重反映数据的重要程度。所谓加权，是指对不同的数据赋予不同的权重。

例如，测得 60 名男生的身高数据（cm）如下，数据已按升序排列，试计算平均身高。

160	160	160	160	160	165	165	165	165	165	165	165
165	165	165	170	170	170	170	170	170	170	170	170
170	170	170	170	170	170	170	170	170	170	170	175
175	175	175	175	175	175	175	175	175	175	175	175
175	175	180	180	180	180	180	180	180	180	180	180

如果采用直接法计算平均数，可列算式：

$$\overline{X}=\frac{160+160+160+160+160+165+\cdots+180}{60}=\frac{10\ 275}{60}=171.25\ (\text{cm})$$

如果先求出不同身高值的个数（频数），则可以采用加权法计算平均数，如表 9-9-1 所示。

表 9-9-1 60 名男生身高频数及加权平均数计算表

身高	频数（权重）	身高×频数
160	5	800
165	10	1 650
170	20	3 400
175	15	2 625
180	10	1 800
$\sum$	60	10 275

$$\overline{X}=\frac{\sum X}{n}=\frac{10\ 275}{60}=171.25\ (\text{cm})$$

上表中的频数反映的就是权重，表示某个身高值的重要程度（重复次数）。如身高 160 的权重为 5，意味着 160 这个值在计算平均数时将重复使用 5 次；身高 165 的权重为 10，意味着 165 这个值在计算平均数时将重复使用 10 次；……

一般地说，在研究工作中，相同的观测结果往往会多次出现。如果用一个变量表示不同的观测结果，用另一个变量记录同一个观测结果出现的频数（重复次数），则可以简化数据文件和统计分析过程。

SPSS 中的个案加权就是指把数据文件中的频数变量定义为权重变量，也就是让 SPSS 系统记住，在有关统计分析过程中，该个案的观测值要重复使用由权重值指定的次数。有些统计分析过程（如描述统计、卡方检验等），当使用的数据文件是经过整理的频数文件时，就要求预先对频数变量做加权处理。

【案例 0911】

测得 60 名男生的身高（cm）数据，已整理成如表 9-9-1 所示的频数分布表。现根据该频数分布表建立数据文件“案例 0911. sav”，其中包含身高、频数两个变量，如图 9-9-1 所示。请对频数变量做加权处理。

	身高	频数
1	160	5
2	165	10
3	170	20
4	175	15
5	180	10

图 9-9-1　案例 0911 的数据文件

1. 在 SPSS 中实现的步骤

第 1 步：在数据编辑器窗口中打开数据文件“案例 0911. sav”。

第 2 步：在“数据”菜单中选择“个案加权”命令，打开相应的主对话框。

第 3 步：在“个案加权”主对话框中进行个案加权的具体操作，如图 9-9-2 所示。

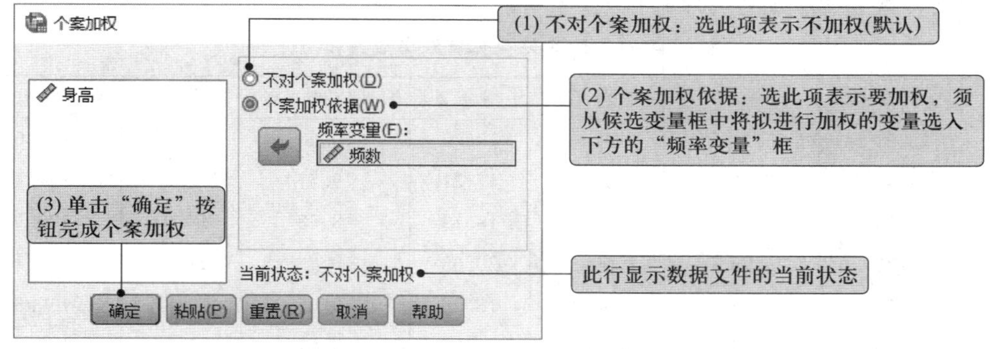

图 9-9-2　个案加权的操作

本例处理：加权方式选择“个案加权依据”；把变量“频数”选入“频率变量”框中。

现对数据文件“案例 0911. sav”做描述统计。表 9-9-2 是未对“频数”变量做加权处理时“身高”变量的描述统计量，实际上只是针对 160、165、170、175、180 这 5 个值计算的统计量。而表 9-9-3 是对“频数”变量做加权处理后“身高”变量的描述统计量，它们确实是根据 60 个身高计算的统计量。从这两个表可以看出个案加权的作用。

表 9-9-2　描述统计（未加权）

	N	最小值	最大值	合计	均值	标准偏差
身高	5	160	180	850	170. 00	7. 906
有效个案数（成列）	5					

表 9-9-3　描述统计（已加权）

	N	最小值	最大值	合计	均值	标准偏差
身高	60	160	180	10 275	171. 25	5. 868
有效个案数（成列）	60					

2. 有关说明

(1) 完成个案加权后，数据文件表面上没有任何变化，但所设置的加权信息已与数据一同保存，在取消加权或进行另一次加权处理前，该设置将一直起作用。

(2) 若要取消加权定义，应再次在“数据”菜单中选择“个案加权”命令打开“个案加权”主对话框，并在其中选择“不对个案加权”项。

思考与练习

1. 某校 20 名考生参加了当年高等院校体育专业招生全省体育统考，各项成绩和得分如表 9-10-1 所示（性别：0 为女，1 为男）。试完成以下练习：

(1) 建立数据文件，并以“练习 0901. sav”为文件名保存。

(2) 按性别分别对 4 项素质的得分进行降序的个案排序，观察排序结果。

(3) 将数据文件恢复成按编号升序的排列。

表 9-10-1 20 名考生体育统考成绩和得分

编号	性别	跑 100 米（s）	得分 1	立三级跳（m）	得分 2	原地铅球（m）	得分 3	跑 800 米（s）	得分 4
1	1	12.61	16.26	8.42	19.42	10.60	20.75	144.62	17.27
2	1	12.43	17.46	8.11	17.21	9.57	17.63	144.42	17.34
3	1	13.30	11.68	8.24	18.13	8.38	14.03	170.93	7.93
4	1	11.79	21.73	8.59	20.63	10.85	21.51	133.16	21.36
5	1	11.73	22.13	7.94	16.00	9.65	17.87	139.35	19.15
6	1	12.53	16.79	8.06	16.85	9.61	17.75	142.29	18.10
7	1	11.10	25.00	9.19	24.93	12.29	25.00	126.87	23.61
8	1	11.41	24.26	8.70	21.42	11.49	23.45	132.43	21.62
9	1	11.42	24.20	8.18	17.71	9.65	17.87	139.16	19.22
10	1	11.96	20.59	8.31	18.63	9.01	15.94	136.98	20.00
11	1	11.69	22.39	8.65	21.06	10.61	20.78	151.54	14.81
12	1	12.30	18.33	8.26	18.28	9.99	18.90	144.24	17.41
13	0	13.12	24.00	6.99	19.40	8.44	21.12	159.06	21.29
14	0	13.36	23.24	7.01	19.54	6.66	15.20	169.88	18.44
15	0	13.12	24.00	6.90	18.78	7.75	18.82	164.62	19.83
16	0	13.14	23.93	7.55	23.27	8.56	21.52	155.11	22.33
17	0	13.56	22.62	7.33	21.75	7.64	18.46	165.40	19.62
18	0	14.00	21.24	6.50	16.03	7.57	18.22	178.59	16.16
19	0	13.20	23.75	6.79	18.02	8.35	20.82	165.28	19.65
20	0	13.78	21.93	7.06	19.89	7.54	18.12	169.09	18.65

2. 将题 1 所建立的 20 名体育专业考生 4 项素质成绩和得分的数据文件更名保存为“练习 0902. sav”，然后根据变量名进行升序的变量排序，随后恢复原状。

3. 今测得某田径队 6 名男子三级跳远运动员 5 个专项素质的成绩，数据格式为每人 1 列，如表 9-10-2

所示。试完成以下练习：

（1）按照数据表的格式建立数据文件，要求每列为 1 个变量，备注作为变量名标签，并以“练习 0903. sav”为文件名保存。

（2）对数据文件做行、列转置。

表 9-10-2　6 名男子三级跳远运动员的 5 个专项素质的成绩

A0	*A1*	*A2*	*A3*	*A4*	*A5*	*A6*	备注
ID	1.00	2.00	3.00	4.00	5.00	6.00	编号
GD	1.00	1.00	1.00	1.00	1.00	1.00	性别
X1	4.77	5.03	4.92	4.81	5.17	4.68	站立式 40 米跑
X2	18.72	18.55	17.30	21.62	18.13	20.94	2~4 步助跑 5 级跳
X3	21.54	19.20	18.22	21.83	20.12	21.66	10 步助跑单足 5 级跳
X4	6.69	6.18	5.69	6.31	5.78	6.46	10 步助跑跳远
X5	2.39	2.47	2.29	3.20	3.44	3.37	负杠铃半蹲系数

4. 某校另有 4 名考生参加了当年高等院校体育专业招生全省体育统考，他们的各项成绩和得分如表 9-10-3 所示。试完成以下练习：

（1）建立数据文件，并以“练习 0904. sav”为文件名保存。

（2）采用添加个案（纵向合并）的方法，将该数据文件中的个案添加到题 1 所建立的数据文件“练习 0901. sav”的尾部。

（3）将完成添加个案的数据文件更名保存为“练习 0904B. sav”。

表 9-10-3　4 名考生体育统考成绩和得分

编号	性别	跑 100 米（s）	得分 1	立三级跳（m）	得分 2	原地铅球（m）	得分 3	跑 800 米（s）	得分 4
21	1	12.02	20.19	8.47	19.78	10.51	20.47	139.53	19.09
22	1	11.83	21.46	8.46	19.70	11.22	22.63	135.84	20.40
23	0	14.48	19.74	7.06	19.89	7.35	17.49	168.85	18.71
24	0	13.38	23.18	7.13	20.37	7.68	18.59	158.11	21.54

5. 在某项研究中，补测得 17 名男子短距离自由泳运动员若干形态、素质指标的数据，其中 *X12* 为肩宽（cm），*X13* 为骨盘宽（cm），*X14* 为手面积（cm^2），*X15* 为足面积（cm^2），*X16* 为握力（kg），*X17* 为背肌力（kg），如表 9-10-4 所示。试完成以下练习：

（1）建立数据文件，并以“练习 0905. sav”为文件名保存。

（2）采用添加变量（横向合并）的方法，按关键变量 *ID* 的值将该数据文件中的变量添加到第八章思考与练习题 8 所建立的数据文件“练习 0808. sav”的右侧。

（3）将完成添加变量的数据文件更名保存为“练习 0905B. sav”。

表 9-10-4　17 名男子短距离自由泳运动员补充测试的结果

ID	*X12*	*X13*	*X14*	*X15*	*X16*	*X17*
4	46.0	31.0	169.3	205.2	46.0	158.0
5	42.5	24.5	132.1	161.6	46.5	138.0
6	44.0	30.0	161.9	198.9	51.0	169.0
7	44.5	27.5	142.0	206.3	51.0	142.0

续表

ID	*X*12	*X*13	*X*14	*X*15	*X*16	*X*17
8	45.0	28.0	165.3	213.1	44.5	131.0
9	42.0	27.0	148.8	180.6	48.0	127.0
10	42.5	29.0	144.9	190.0	48.5	143.0
11	44.0	28.0	146.7	181.4	44.5	156.0
12	45.0	29.0	159.1	195.3	50.5	128.0
13	45.0	30.0	163.3	212.8	55.5	164.0
14	47.0	30.5	171.3	218.2	65.5	184.0
15	45.0	29.0	153.9	190.8	50.0	193.0
16	49.5	31.0	159.2	204.5	38.5	116.0
17	43.5	26.0	143.8	185.8	42.5	156.0
18	48.2	30.5	189.0	228.8	55.5	228.0
19	43.0	28.7	150.5	169.4	57.0	187.0
20	44.0	28.5	147.9	191.6	50.5	127.0

6. 某校进行体育竞赛改革，推出一套方案在学生中进行随机抽样调查，了解学生对改革方案的态度。学生分为低年级（1）、高年级（2）两类，态度分为非常赞成、比较赞成、无所谓、不太赞成、极不赞成 5 种。经初步的统计分析，结果如表 9-10-5 所示。试完成以下练习：

（1）按照数据表的格式（每列为 1 个变量）建立数据文件，并以“练习 0906.sav”为文件名保存。

（2）采用“将变量重构为个案”的方法，把 5 种态度变量转换成变量“人数”的 5 个个案；索引变量名指定为“态度”，索引值采用连续数字来代表态度的 5 个层次。

（3）将完成“变量重构为个案”的数据文件更名保存为“练习 0906B.sav”。

表 9-10-5 不同年级学生对体育竞赛改革的态度

年级	非常赞成	比较赞成	无所谓	不太赞成	极不赞成
1	150	180	68	30	22
2	110	130	80	45	35

7. 在某校的健美操汇报表演中，6 位裁判员对 8 支学生健美操队的表演进行评分，结果如表 9-10-6 所示。试完成以下练习：

（1）按照数据表的格式（共 3 个变量 48 个个案）建立数据文件，并以“练习 0907.sav”为文件名保存。

（2）采用“将个案重构为变量”的方法，把变量“得分”同一个案组的 8 个个案转换成同一变量组的 8 个变量；以“裁判号”为标识变量，以“队号”为索引变量。

（3）将完成“个案重构为变量”的数据文件更名保存为“练习 0907B.sav”。

表 9-10-6　6 位裁判员对 8 支学生健美操队表演的评分

裁判号	队号	得分	裁判号	队号	得分	裁判号	队号	得分
1	1	9.4	3	1	8.6	5	1	8.8
1	2	8.5	3	2	8.7	5	2	8.7
1	3	8.4	3	3	8.3	5	3	8.5
1	4	9.8	3	4	8.5	5	4	9.0
1	5	9.0	3	5	9.2	5	5	9.4
1	6	7.7	3	6	7.9	5	6	8.0
1	7	8.8	3	7	8.2	5	7	8.6
1	8	8.2	3	8	8.1	5	8	8.4
2	1	9.6	4	1	9.6	6	1	8.8
2	2	8.9	4	2	9.0	6	2	8.7
2	3	8.7	4	3	8.0	6	3	8.5
2	4	9.2	4	4	8.6	6	4	9.2
2	5	9.4	4	5	9.4	6	5	9.5
2	6	8.2	4	6	7.6	6	6	7.9
2	7	8.8	4	7	8.1	6	7	8.6
2	8	7.9	4	8	8.3	6	8	8.4

8. 将题 4 完成添加个案（纵向合并）的数据文件更名保存为“练习 0908. sav”，然后按性别对 4 个素质变量做分类汇总，计算平均数、标准差和未加权个案数。

9. 将题 4 完成添加个案（纵向合并）的数据文件更名保存为“练习 0909. sav”，然后按性别拆分数据文件，观察分组结果；随后取消拆分。

10. 将题 5 完成添加变量（横向合并）的数据文件更名保存为“练习 0910. sav”，然后完成以下练习：

（1）筛选出“身高大于等于 180 cm 且握力大于等于 50 kg”的个案。

（2）随机抽取全部个案中大约 50%的个案。

（3）筛选出个案序号为 11 至 20 范围内的个案。

（4）取消筛选，使数据文件恢复原状。

11. 有一个 100 人的群体，现拟在其中进行某项调查。试建立一个编号为 1～100 的数据文件，利用 SPSS 中选择个案的功能进行随机抽样，组成一个由 25 人构成的随机样本，列出样本所包含的个体编号。

12. 将题 6 完成重构的数据文件更名保存为“练习 0912. sav”，然后对其中的“人数”变量做加权处理。

第十章　数据转换

建立数据文件后，往往还需要对数据做进一步的转换，以挖掘出数据自身所包含的关于研究对象更多更丰富的信息。对数据的转换，主要包括计算变量、横向计数、重新编码、序列移动、个案排秩、缺失值替换等，这些功能都集中在“转换”菜单中。

第一节　计算变量

计算变量是数据分析中最重要且应用最广泛的过程。该过程通过对数据文件中已经存在的变量进行适当的计算而生成新的变量。灵活运用计算变量的功能，可以实现数据的转换，产生一些含有更丰富信息的新变量，以便对所研究的问题进行更加深入、细致、全面的分析。

体育研究中，有许多通过计算变量来丰富评价指标的范例。例如：

反映人体充实度的克托莱指数：克托莱指数=体重/身高×1 000；

反映人体充实度和营养状态的劳雷尔指数：劳雷尔指数=体重/身高^3×10^7；

反映游泳运动员体型特征的流线型指数：流线型指数=[（肩宽+骨盆宽）/2]/身高×50；

反映呼吸系统机能的肺活量体重指数：肺活量体重指数=肺活量/体重；

反映心血管系统机能的哈佛台阶试验指数：$H=\dfrac{t\times 100}{2\times(f_1+f_2+f_3)}$，其中，$t$ 为上下台阶的总时间（s），f_1、f_2、f_3 为恢复期的第 1、2、3 分钟前 30 s 的脉搏次数。

【案例 1001】

测得两个组 30 名 13 岁男生体质健康若干指标的数据，建立了数据文件“案例 1001. sav”，如图 10-1-1 所示。试计算克托莱指数。

	编号	组别	性别	身高	体重	肺活量
1	1	1	1	136.8	32.4	1760
2	2	1	1	141.8	30.7	2010
3	3	1	1	166.7	47.3	2765
4	4	1	1	148.8	35.9	2515
5	5	1	1	159.0	37.7	2684
6	6	1	1	159.2	36.0	2004
7	7	1	1	169.1	42.3	2666
8	8	1	1	152.1	31.3	1510
9	9	1	1	150.9	37.8	2260
10	10	1	1	168.7	50.7	3015
11	11	1	1	136.7	29.7	1655
12	12	1	1	155.9	41.8	2700
13	13	1	1	154.6	32.4	1760
14	14	1	1	163.5	48.3	2260
15	15	1	1	155.6	48.3	1782

	编号	组别	性别	身高	体重	肺活量
16	16	2	1	149.9	41.3	2010
17	17	2	1	160.3	44.2	2255
18	18	2	1	157.8	45.7	2735
19	19	2	1	163.5	38.1	2014
20	20	2	1	145.1	31.8	1761
21	21	2	1	151.8	34.3	2254
22	22	2	1	163.8	41.2	2724
23	23	2	1	161.9	39.2	2510
24	24	2	1	161.1	38.1	2010
25	25	2	1	142.0	36.6	1766
26	26	2	1	146.7	35.2	2268
27	27	2	1	157.3	40.2	2510
28	28	2	1	159.3	32.4	1760
29	29	2	1	152.8	37.0	2080
30	30	2	1	142.0	31.0	1815

图 10-1-1　案例 1001 的数据文件

在 SPSS 中实现的步骤

第 1 步：在数据编辑器窗口中打开数据文件“案例 1001. sav”。

第 2 步：在“转换”菜单中选择“计算变量”命令，打开相应的主对话框。

第 3 步：在“计算变量”主对话框中进行计算变量的具体操作，如图 10-1-2 所示。

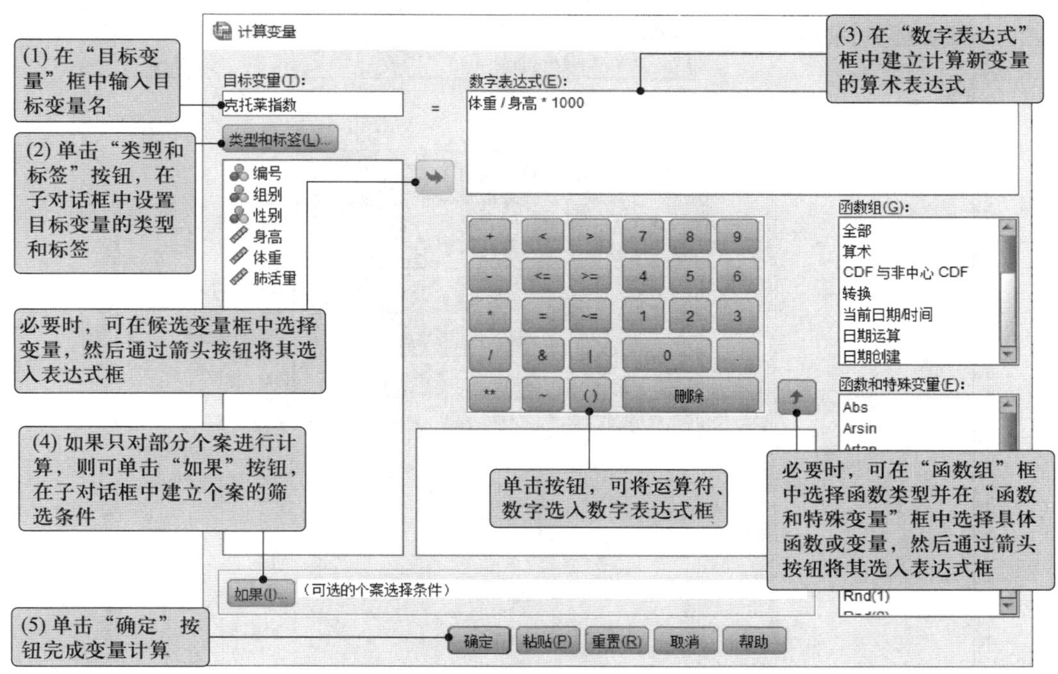

图 10-1-2　计算变量的操作

本例处理：目标变量设为“克托莱指数”；数字表达式设为“体重/身高 * 1 000”。

第 4 步：在“计算变量”主对话框中单击“类型和标签”按钮，打开“类型和标签”子对话框，在其中设置新变量的类型和标签，如图 10-1-3 所示。

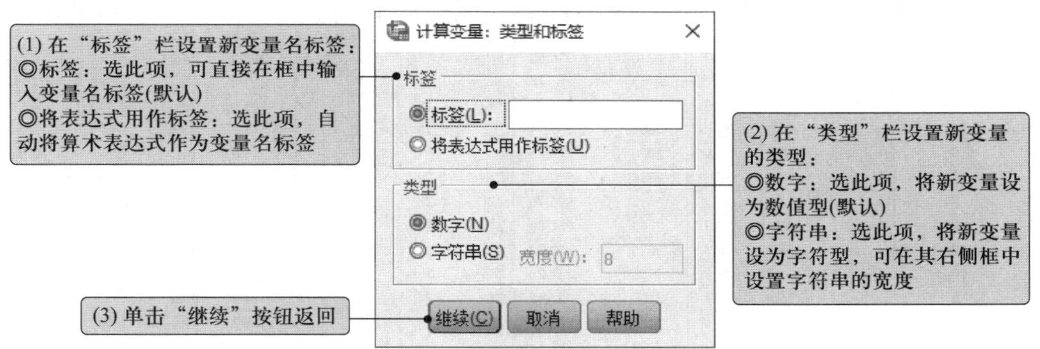

图 10-1-3　设置类型和标签

第 5 步：如果只对部分个案进行计算，则在“计算变量”主对话框中单击“如果”按钮，系统会打开“If 个案”子对话框，可在其中设置选择个案的条件，如图 10-1-4 所示。具体步骤与第九章第八节“选择个案”所述的方法相同，此处不再赘述。

本例处理：略过，不做处理。

完成计算变量后的数据文件如图 10-1-5 所示。可以看出，数据表中增加了 1 个新变量“克托莱指数”。

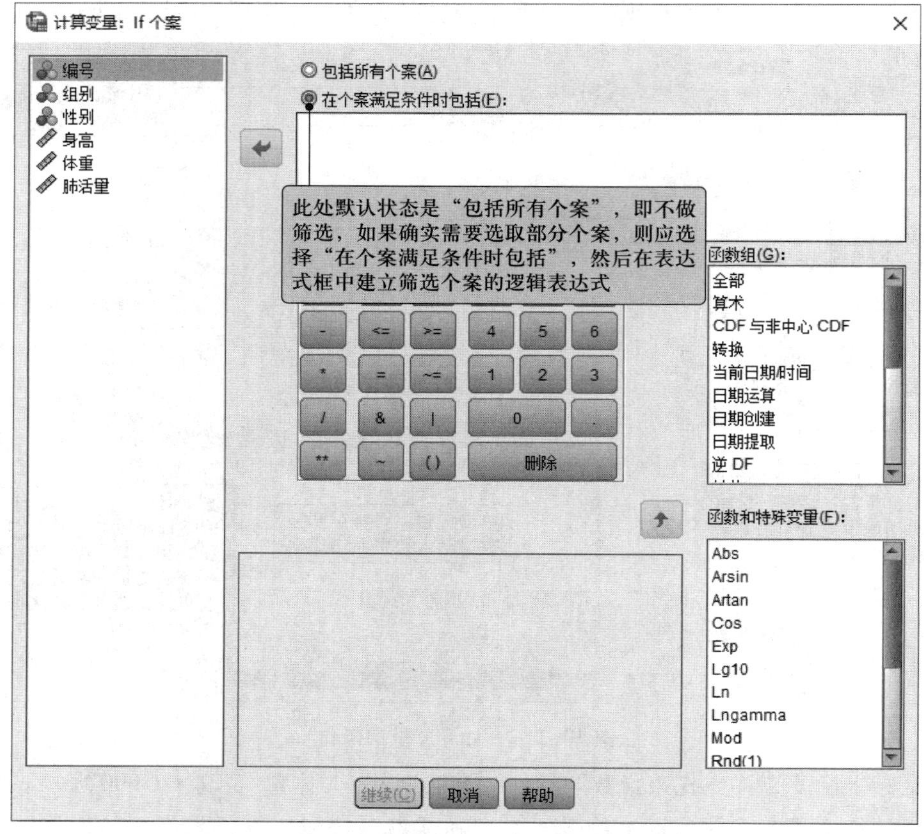

图 10-1-4 在计算变量中建立选择个案的逻辑表达式

	编号	组别	性别	身高	体重	肺活量	克托莱指数
1	1	1	1	136.8	32.4	1760	236.84
2	2	1	1	141.8	30.7	2010	216.50
3	3	1	1	166.7	47.3	2765	283.74
4	4	1	1	148.8	35.9	2515	241.26
5	5	1	1	159.0	37.7	2684	237.11
6	6	1	1	159.2	36.0	2004	226.13
7	7	1	1	169.1	42.3	2666	250.15
8	8	1	1	152.1	31.3	1510	205.79
9	9	1	1	150.9	37.8	2260	250.50
10	10	1	1	168.7	50.7	3015	300.53
11	11	1	1	136.7	29.7	1655	217.26
12	12	1	1	155.9	41.8	2700	268.12
13	13	1	1	154.6	32.4	1760	209.57
14	14	1	1	163.5	48.3	2260	295.41
15	15	1	1	155.6	48.3	1782	310.41

	编号	组别	性别	身高	体重	肺活量	克托莱指数
16	16	2	1	149.9	41.3	2010	275.52
17	17	2	1	160.3	44.2	2255	275.73
18	18	2	1	157.8	45.7	2735	289.61
19	19	2	1	163.5	38.1	2014	233.03
20	20	2	1	145.1	31.8	1761	219.16
21	21	2	1	151.8	34.3	2254	225.96
22	22	2	1	163.8	41.2	2724	251.53
23	23	2	1	161.9	39.2	2510	242.12
24	24	2	1	161.1	38.1	2010	236.50
25	25	2	1	142.0	36.6	1766	257.75
26	26	2	1	146.7	35.2	2268	239.95
27	27	2	1	157.3	40.2	2510	255.56
28	28	2	1	159.3	32.4	1760	203.39
29	29	2	1	152.8	37.0	2080	242.15
30	30	2	1	142.0	31.0	1815	218.31

图 10-1-5 完成计算变量后的数据文件

第二节 横向计数

计数在实际工作中有非常广泛的应用。它虽然简单，但对于了解数据的特征却很有效。SPSS 中的横向计数，是对数据文件中的每个个案计算若干个变量中有几个变量的值落在指定的范围内。计数的结果保存在一个新变量中。

【案例 1002】

某校体育教育专业某班 30 人的篮球、足球、排球、田径、体操、武术 6 门技术课程的考试成绩已保存在数据文件“案例 1002. sav”中，如图 10-2-1 所示。试求每人考试成绩为优良（80 分及以上）的科目数。

	编号	组别	性别	篮球	足球	排球	田径	体操	武术
1	1	1	1	85	88	64	88	98	82
2	2	1	1	76	99	77	83	84	73
3	3	1	1	92	64	96	53	72	84
4	4	1	1	74	78	87	75	70	72
5	5	1	1	88	84	64	88	72	88
6	6	1	1	81	68	78	60	68	79
7	7	1	1	90	77	70	90	94	84
8	8	1	1	94	84	85	85	88	66
9	9	1	1	60	82	82	75	64	78
10	10	1	1	72	96	77	88	88	92
11	11	2	1	83	95	74	85	89	74
12	12	2	1	86	75	61	77	78	80
13	13	2	1	93	73	66	82	75	64
14	14	2	1	90	84	69	92	84	78
15	15	2	1	76	88	74	82	80	86
16	16	2	1	83	67	66	50	85	66
17	17	2	1	71	66	84	72	84	54
18	18	2	1	84	88	89	95	90	79
19	19	2	1	82	74	93	50	86	77
20	20	2	1	57	78	91	73	85	82
21	21	3	1	58	80	65	89	88	69
22	22	3	1	60	90	43	60	95	70
23	23	3	1	87	77	89	64	96	82
24	24	3	1	90	83	94	88	68	88
25	25	3	1	92	84	75	95	85	84
26	26	3	1	64	72	72	76	44	65
27	27	3	1	53	68	62	66	63	68
28	28	3	1	88	60	78	88	90	84
29	29	3	1	84	43	93	97	94	81
30	30	3	1	76	55	67	83	87	73

图 10-2-1　案例 1002 的数据文件

1. 在 SPSS 中实现的步骤

第 1 步：在数据编辑器窗口中打开数据文件“案例 1002. sav”。

第 2 步：在“转换”菜单中选择“对个案中的值进行计数”命令，打开相应的主对话框。

第 3 步：在“计算个案中值的出现次数”主对话框中进行横向计数的具体操作，如图 10-2-2 所示。

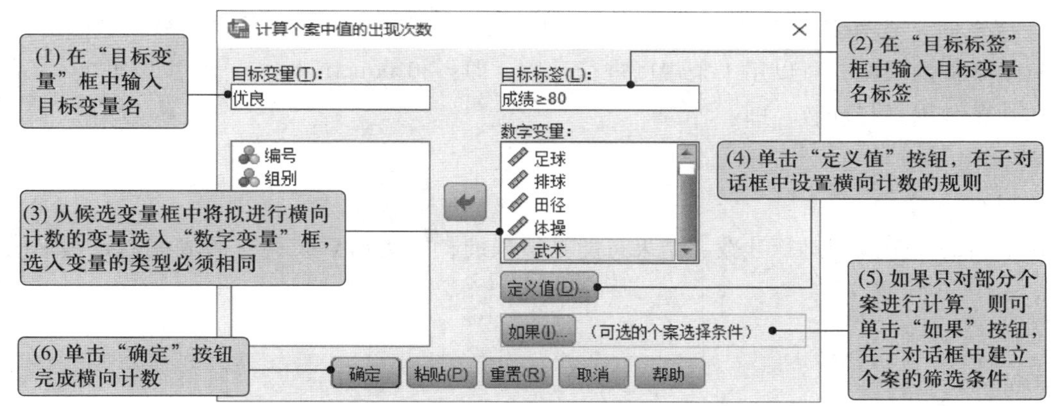

图 10-2-2　横向计数的操作

本例处理：目标变量设为“优良”；目标标签设为“成绩≥80”；将篮球、足球、排球、田径、体操、武术 6 个变量选入“数字变量”框中。

第 4 步：在“计算个案中值的出现次数”主对话框中单击“定义值”按钮，打开“要计数的值”子对话框，在其中设置横向计数的规则，如图 10-2-3 所示。

在“值”栏有 6 个选项：

◎ 值：选此项，在框中输入一个具体值，表示对该值进行计数。

◎ 系统缺失值：选此项，表示对系统缺失值进行计数。

◎ 系统缺失值或用户缺失值：选此项，表示对系统缺失值和用户缺失值进行计数。

◎ 范围：选此项，分别在两个框中输入一个范围的下限和上限，表示对指定范围内的所有值进行计数。

◎ 范围，从最低到值：选此项，在框中输入一个具体值，表示对从最小值至该值范围内的所有值进行计数。

◎ 范围，从值到最高：选此项，在框中输入一个具体值，表示对从该值至最大值范围内的所有值进行计数。

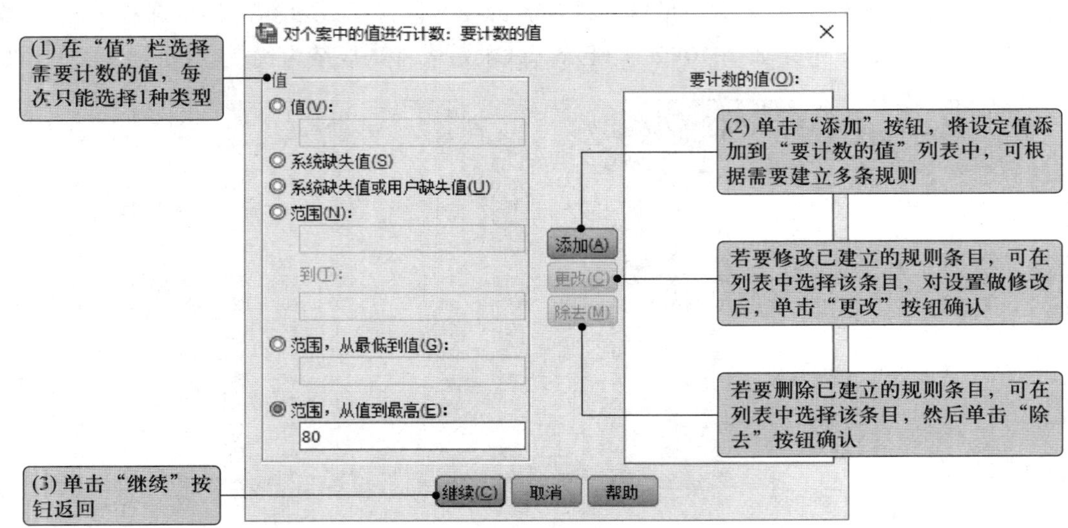

图 10-2-3 设置横向计数的规则

本例处理：根据题意，80 分及以上为优良，故在“值”栏选择“范围，从值到最高”并在框中输入“80”；添加到“要计数的值”框中后，显示为“80 thru Highest”。

2. 有关说明

系统是根据设置的每一条规则计一次数，在目标变量中输出的是各条规则横向计数的总和。因此，在定义计数范围（值）时，若有多个范围，应注意不要相互交叉重叠，否则可能导致计数结果超出实际数。

例如，对于本例的问题，可以用 1 条规则进行计数，即：80 thru Highest。

也可以用 2 条规则进行计数，即：

80 thru 89；

90 thru Highest。

但若采用下面的 2 条规则进行计数，结果可能是错误的，因为如果某科目的成绩刚好是 90 分，则会被重复计数：

80 thru 90；

90 thru Highest。

完成横向计数后的数据文件如图 10-2-4 所示。可以看出，数据表中增加了 1 个新变量“优良”，其值为 6 门课程成绩的优良科目数。

	编号	组别	性别	篮球	足球	排球	田径	体操	武术	优良
1	1	1	1	85	88	64	88	98	82	5
2	2	1	1	76	99	77	83	84	73	3
3	3	1	1	92	64	96	53	72	84	3
4	4	1	1	74	78	87	75	70	72	1
5	5	1	1	88	84	64	88	72	88	4
6	6	1	1	81	68	78	60	68	79	1
7	7	1	1	90	77	70	90	94	84	4
8	8	1	1	94	84	85	85	88	66	5
9	9	1	1	60	82	82	75	64	78	2
10	10	1	1	72	96	77	88	88	92	4
11	11	2	1	83	95	74	85	89	74	4
12	12	2	1	86	75	61	77	78	80	2
13	13	2	1	93	73	66	82	75	64	2
14	14	2	1	90	84	69	92	84	78	4
15	15	2	1	76	88	74	82	80	86	4
16	16	2	1	83	67	66	50	85	66	2
17	17	2	1	71	66	84	72	84	54	2
18	18	2	1	84	88	89	95	90	79	5
19	19	2	1	82	74	93	50	86	77	3
20	20	2	1	57	78	91	73	85	82	3
21	21	3	1	58	80	65	89	88	69	3
22	22	3	1	60	90	43	60	95	70	2
23	23	3	1	87	77	89	64	96	82	4
24	24	3	1	90	83	94	88	68	88	5
25	25	3	1	92	84	75	95	85	84	5
26	26	3	1	64	72	72	76	44	65	0
27	27	3	1	53	68	62	66	63	68	0
28	28	3	1	88	60	78	88	90	84	4
29	29	3	1	84	43	93	97	94	81	5
30	30	3	1	76	55	67	83	87	73	2

图 10-2-4 完成横向计数后的数据文件

第三节 数值序列移动

数值序列移动是指在创建新变量的同时复制原数值序列，且将原数值序列后移或前移若干行（个案）。这个过程在数据输入出现系统位置差异时是个快捷的纠正方法。

【案例 1003】

测得两个组 30 名 13 岁男生体质健康若干指标的数据，建立了数据文件“案例 1003. sav”（同图 10-1-1）。假设肺活量变量出现了 5 个系统位置差异，即个案序号为 1 者的肺活量实际上是个案序号为 6 者的数据；个案序号为 2 者的肺活量实际上是个案序号为 7 者的数据；依此类推。试采用数值序列移动的方法予以纠正。

在 SPSS 中实现的步骤

第 1 步：在数据编辑器窗口中打开数据文件“案例 1003. sav”。

第 2 步：在“转换”菜单中选择“变动值”命令，打开相应的主对话框。

第 3 步：在“变动值”主对话框中进行数值序列移动的具体操作，如图 10-3-1 所示。

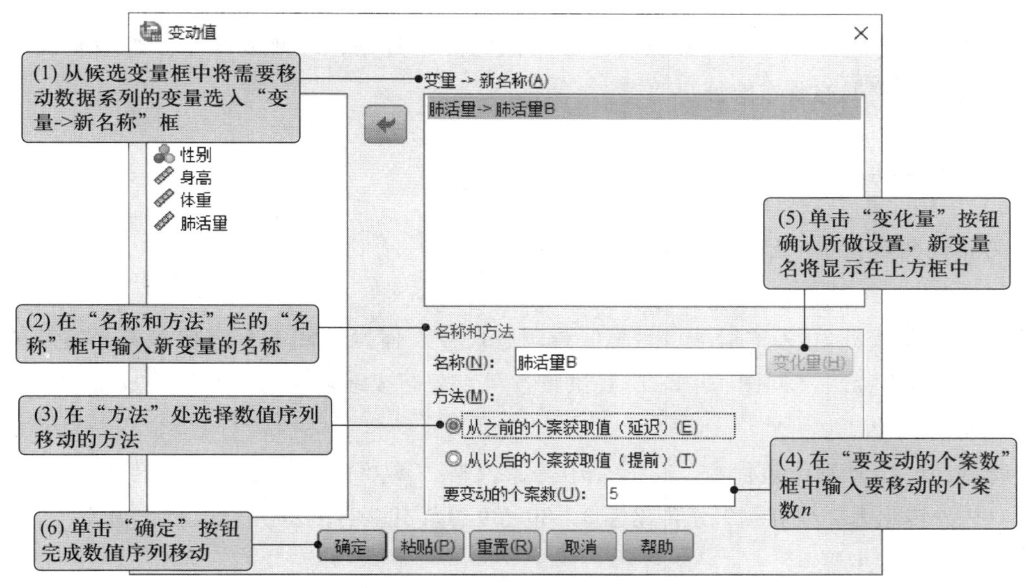

图 10-3-1 数值序列移动的操作

数值序列移动的方法有 2 个单选项：

◎ 从之前的个案获取值（延迟）：新变量的值由原变量的数据系列后移 n 行构成，新变量的前 n 个个案成为系统缺失值，而原数据系列的最后 n 个值不出现在新变量中。

◎ 从以后的个案获取值（提前）：新变量的值由原变量的数据系列前移 n 行构成，新变量的最后 n 个个案成为系统缺失值，而原数据系列的前 n 个值不出现在新变量中。

本例处理：将肺活量选入“变量->新名称”框中；在“名称”框中输入新变量名“肺活量 B”。根据题意，原数据序列需要向后移动 5 行，故移动方法选择“从之前的个案获取值（延迟）”；移动的个案数设为 5。

本例完成数值序列移动后的数据文件如图 10-3-2 所示。可以看出，数据表中增加了一个新变量“肺活量 B”，其中，原变量的数据序列向后移动了 5 行，原变量最后的 5 个值丢失，新变量最前的 5 个值为缺失值。

	编号	组别	性别	身高	体重	肺活量	肺活量B
1	1	1	1	136.8	32.4	1760	.
2	2	1	1	141.8	30.7	2010	.
3	3	1	1	166.7	47.3	2765	.
4	4	1	1	148.8	35.9	2515	.
5	5	1	1	159.0	37.7	2684	.
6	6	1	1	159.2	36.0	2004	1760
7	7	1	1	169.1	42.3	2666	2010
8	8	1	1	152.1	31.3	1510	2765
9	9	1	1	150.9	37.8	2260	2515
10	10	1	1	168.7	50.7	3015	2684
11	11	1	1	136.7	29.7	1655	2004
12	12	1	1	155.9	41.8	2700	2666
13	13	1	1	154.6	32.4	1760	1510
14	14	1	1	163.5	48.3	2260	2260
15	15	1	1	155.6	48.3	1782	3015
16	16	2	1	149.9	41.3	2010	1655
17	17	2	1	160.3	44.2	2255	2700
18	18	2	1	157.8	45.7	2735	1760
19	19	2	1	163.5	38.1	2014	2260
20	20	2	1	145.1	31.8	1761	1782
21	21	2	1	151.8	34.3	2254	2010
22	22	2	1	163.8	41.2	2724	2255
23	23	2	1	161.9	39.2	2510	2735
24	24	2	1	161.1	38.1	2010	2014
25	25	2	1	142.0	36.6	1766	1761
26	26	2	1	146.7	35.2	2268	2254
27	27	2	1	157.3	40.2	2510	2724
28	28	2	1	159.3	32.4	1760	2510
29	29	2	1	152.8	37.0	2080	2010
30	30	2	1	142.0	31.0	1815	1766

图 10-3-2 完成数值序列移动后的数据文件

第四节 重 新 编 码

在统计分析中，有时需要根据某个变量的值按照某种一一对应的关系生成新值，这就是变量的重新编码。这种方法经常被用于将一批连续型数据转换成离散的分组数据，以便能够在分组的基础上进行频数分析，从而更清楚地反映数据的分布特征。

一、重新编码为相同变量

重新编码为相同变量指生成新值后直接覆盖原变量。

【案例 1004】

某校体育教育专业某班 30 人的篮球、足球、排球、田径、体操、武术 6 门技术课程的考试成绩已保存为数据文件“案例 1004. sav”（同图 10-2-1）。试将各科百分制成绩转化为五级评价成绩（优秀、良好、中等、及格、不及格）。

若用 5、4、3、2、1 分别代表优秀、良好、中等、及格、不及格 5 个等级，则转化规则为：60 分以下转化为 1，60~69 分转化为 2，70~79 分转化为 3，80~89 分转化为 4，90 分以上转化为 5。

1. 在 SPSS 中实现的步骤

第 1 步：在数据编辑器窗口中打开数据文件“案例 1004. sav”。

第 2 步：在“转换”菜单中选择“重新编码为相同的变量”命令，打开相应的主对话框。

第 3 步：在“重新编码为相同的变量”主对话框中进行重新编码的具体操作，如图 10-4-1 所示。

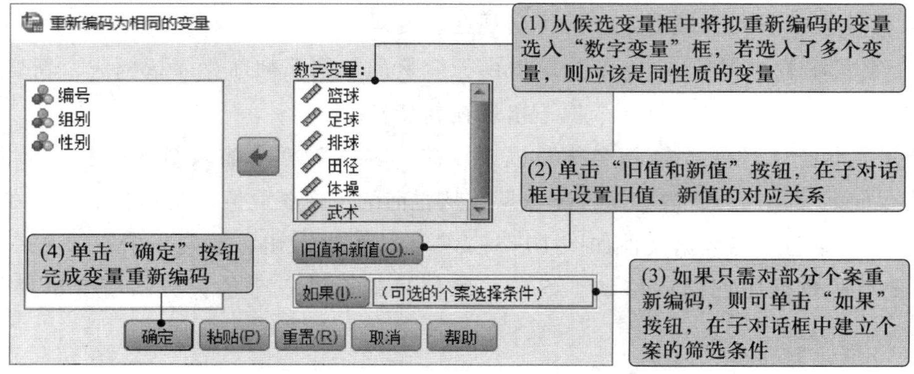

图 10-4-1 重新编码为相同变量的操作

本例处理：将篮球、足球、排球、田径、体操、武术6个变量选入“数字变量”框中。

第4步：在“重新编码为相同的变量”主对话框中单击“旧值和新值”按钮，打开“旧值和新值”子对话框，在其中设置重新编码的规则，如图10-4-2所示。

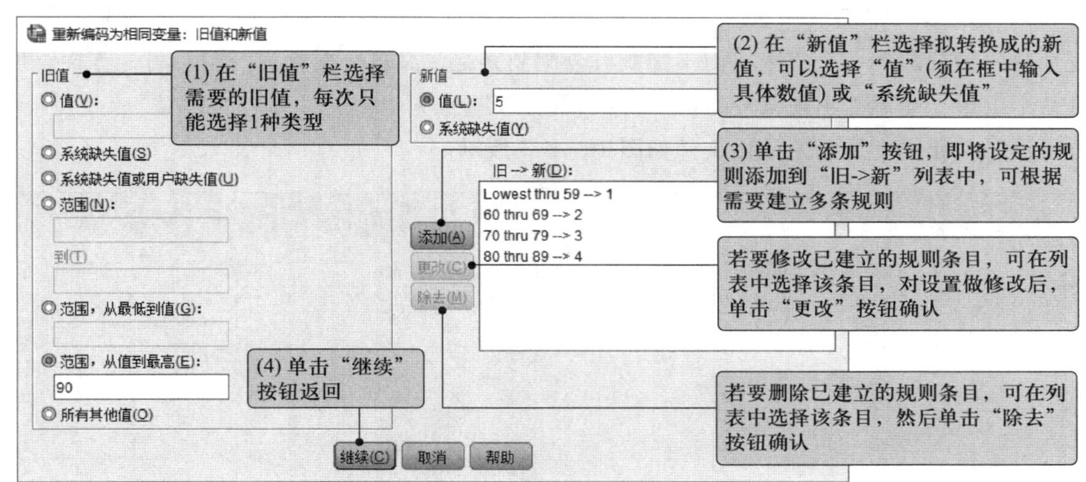

图10-4-2 设置旧值和新值一一对应的规则

在“旧值”栏有7个单选项：

◎ 值：选此项，在框中输入一个具体值，表示对该值重新编码。

◎ 系统缺失值：选此项，表示对系统缺失值重新编码。

◎ 系统缺失值或用户缺失值：选此项，表示对系统缺失值和用户缺失值重新编码。

◎ 范围：选此项，分别在两个框中输入一个范围的下限和上限，表示对指定范围内的所有值重新编码。

◎ 范围，从最低到值：选此项，在框中输入一个具体值，表示对从最小值至该值范围内的所有值重新编码。

◎ 范围，从值到最高：选此项，在框中输入一个具体值，表示对从该值至最大值范围内的所有值重新编码。

◎ 所有其他值：选此项，表示对所设规则没有包含的所有值重新编码。

在“新值”栏有2个单选项：

◎ 值：选此项，在文本框中输入一个具体值，表示将该值作为改变后的新值。

◎ 系统缺失值：选此项，表示将系统缺失值作为改变后的新值。

本例处理：根据题意设置5条规则，在“旧->新”框中显示为：

Lowest thru 59-->1

60 thru 69-->2

70 thru 79-->3

80 thru 89-->4

90 thru Highest-->5

第5步：如果只需对部分个案重新编码，则在“重新编码为相同的变量”主对话框中单击“如果”按钮，系统会打开“If个案”子对话框，可在其中设置选择个案的条件（同图10-1-4）。具体步骤与第九章第八节“选择个案”所述的方法相同，此处不再赘述。

2. 有关说明

（1）所定义的旧值区间包含该区间的端点。如果以 X 代表变量的值，则有：

“n_1 thru n_2” 表示 $n_1 \leqslant X \leqslant n_2$

“Lowest thru n” 表示 $X \leqslant n$

“n thru Highest” 表示 $X \geqslant n$

（2）在所定义的多个“旧值—新值”对应关系中，旧值区间的设定应遵循“不重不漏”的原则。一方面，一个变量值只能分配到一个组中，而不能既可分配到某组，又可分配到另一组；另一方面，所有变量值都应分配到某个组中，而不能出现某变量值无所归属的问题。

完成重新编码为相同变量后的数据文件如图 10-4-3 所示。

	编号	组别	性别	篮球	足球	排球	田径	体操	武术
1	1	1	1	4	4	2	4	5	4
2	2	1	1	3	5	3	4	4	3
3	3	1	1	5	2	5	1	3	4
4	4	1	1	3	3	4	3	3	3
5	5	1	1	4	4	2	4	3	4
6	6	1	1	4	2	3	2	2	3
7	7	1	1	5	3	3	5	5	4
8	8	1	1	5	4	4	4	4	2
9	9	1	1	2	4	4	3	2	3
10	10	1	1	3	5	3	4	4	5
11	11	2	1	4	5	3	4	4	3
12	12	2	1	4	3	2	3	3	4
13	13	2	1	5	3	2	4	3	2
14	14	2	1	5	4	2	5	4	3
15	15	2	1	3	4	3	4	4	4
16	16	2	1	4	2	2	1	4	2
17	17	2	1	3	2	4	3	4	1
18	18	2	1	4	4	4	5	5	3
19	19	2	1	4	3	5	1	4	3
20	20	2	1	1	3	5	3	4	4
21	21	3	1	1	4	2	4	4	2
22	22	3	1	2	5	1	2	5	3
23	23	3	1	4	3	4	2	5	4
24	24	3	1	5	4	5	4	2	4
25	25	3	1	5	4	3	5	4	4
26	26	3	1	2	3	3	3	1	2
27	27	3	1	1	2	2	2	2	2
28	28	3	1	4	2	3	4	5	4
29	29	3	1	4	1	5	5	5	4
30	30	3	1	3	1	2	4	4	3

图 10-4-3 完成重新编码为相同变量后的数据文件

二、重新编码为不同变量

重新编码为不同变量指创建一个新变量来保存生成的新值。这种方式原变量的值保持不变，是一种比较理想的变量重新编码方式。

【案例 1005】

测得 90 名 8 岁男孩的身高数据（cm）如下所示。拟对该批数据做分组频数分析，若定组距为 3 cm，请将该批数据分组，并以每组的组中值作为各组数据的代表值。

135	134	139	133	131	131	131	134	125	128	135	136	127	133	130
132	132	129	124	132	122	124	135	131	137	132	133	134	124	134
135	133	131	123	115	132	134	138	124	132	128	136	127	120	125
131	136	127	124	129	137	132	138	125	131	120	121	144	128	133
128	127	130	120	121	122	127	121	125	130	138	143	139	139	137
140	147	141	138	128	140	121	126	130	122	128	127	125	127	131

先建立数据文件“案例 1005. sav”，变量为编号和身高，如图 10-4-4 所示。

身高是连续型数据，若要对其做分组频数分析，需先将其转化为离散型数据。现拟把数据按 3 cm 分成若干个小区间，用每个区间的组中值来代表该区间内的每个数据。可以看出该批数据的最小值为 115 cm，最大值为 147 cm，故可将第 1 组的下限定为 115 cm，其上限即为 117.9 cm，则组中值应为 116.5 cm；依次类推，可得出各组的下限、上限和组中值，共需分 11 组。分组结果如表 10-4-1 所示。

	编号	身高		编号	身高		编号	身高		编号	身高
1	1	135	24	24	131	47	47	136	70	70	130
2	2	134	25	25	137	48	48	127	71	71	138
3	3	139	26	26	132	49	49	124	72	72	143
4	4	133	27	27	133	50	50	129	73	73	139
5	5	131	28	28	134	51	51	137	74	74	139
6	6	131	29	29	124	52	52	132	75	75	137
7	7	131	30	30	134	53	53	138	76	76	140
8	8	134	31	31	135	54	54	125	77	77	147
9	9	125	32	32	133	55	55	131	78	78	141
10	10	128	33	33	131	56	56	120	79	79	138
11	11	135	34	34	123	57	57	121	80	80	128
12	12	136	35	35	115	58	58	144	81	81	140
13	13	127	36	36	132	59	59	128	82	82	121
14	14	133	37	37	134	60	60	133	83	83	126

图 10-4-4　案例 1005 的数据文件（部分）

表 10-4-1　数据分组与组中值

组号	下限（≥）	上限（≤）	组中值
1	115	117.9	116.5
2	118	120.9	119.5
3	121	123.9	122.5
4	124	126.9	125.5
5	127	129.9	128.5
6	130	132.9	131.5
7	133	135.9	134.5
8	136	138.9	137.5
9	139	141.9	140.5
10	142	144.9	143.5
11	145	147.9	146.5

在 SPSS 中实现的步骤

第 1 步：在数据编辑器窗口中打开数据文件“案例 1005. sav”。

第 2 步：在“转换”菜单中选择“重新编码为不同变量”命令，打开相应的主对话框。

第 3 步：在“重新编码为不同变量”主对话框中进行重新编码的具体操作，如图 10-4-5 所示。

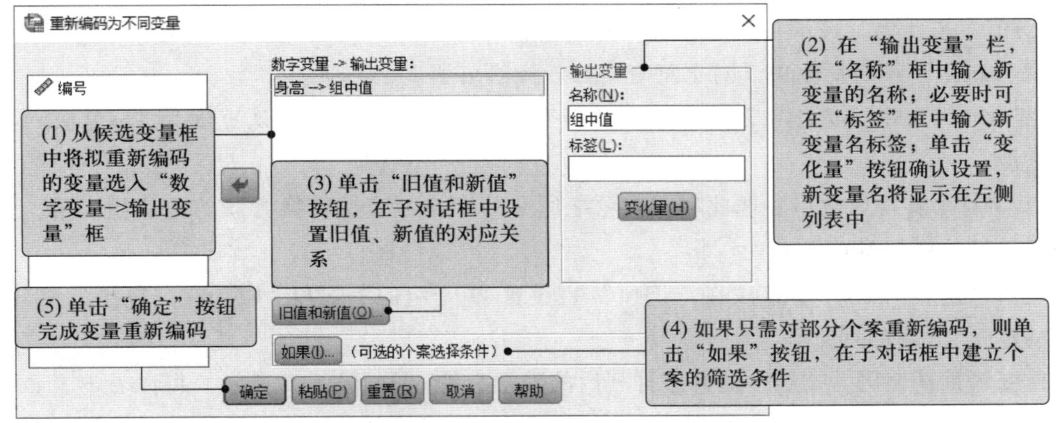

图 10-4-5　重新编码为不同变量的操作

本例处理：将身高选入“数字变量->输出变量”框中；输出变量的名称设为“组中值”。

第 4 步：在“重新编码为不同变量”主对话框中单击“旧值和新值”按钮，打开“旧值和新值”子对话框，在其中设置重新编码的规则，如图 10-4-6 所示。

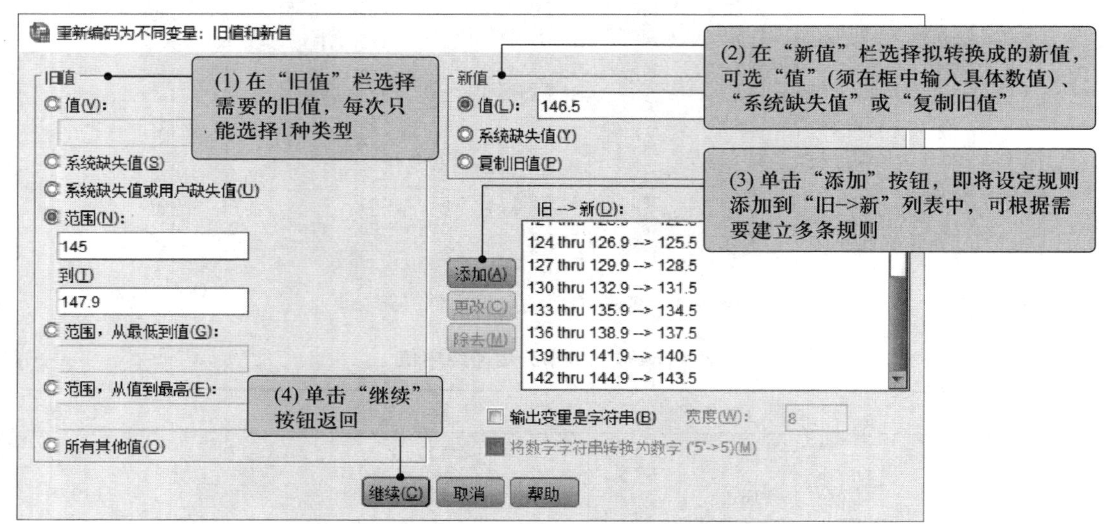

图 10-4-6 设置旧值和新值一一对应的规则

在“旧值和新值”子对话框的“旧值”栏有 7 个单选项：

◎ 值：选此项，在框中输入一个具体值，表示对该值重新编码。

◎ 系统缺失值：选此项，表示对系统缺失值重新编码。

◎ 系统缺失值或用户缺失值：选此项，表示对系统缺失值和用户缺失值重新编码。

◎ 范围：选此项，分别在两个框中输入一个范围的下限和上限，表示对指定范围内的所有值重新编码。

◎ 范围，从最低到值：选此项，在框中输入一个具体值，表示对从最小值至该值范围内的所有值重新编码。

◎ 范围，从值到最高：选此项，在框中输入一个具体值，表示对从该值至最大值范围内的所有值重新编码。

◎ 所有其他值：选此项，表示对所设规则没有包含的所有值重新编码。

在“新值”栏有 3 个单选项：

◎ 值：选此项，在框中输入一个具体值，表示将该值作为改变后的新值。

◎ 系统缺失值：选此项，表示将系统缺失值作为改变后的新值。

◎ 复制旧值：选此项，表示直接将原值作为改变后的新值。

在“旧值和新值”子对话框中，对字符变量的转换给出了 2 个选项：

□ 输出变量是字符串：选此项，表示生成的新变量是字符型变量，默认宽度为 8。可在“宽度”框中修改字符串宽度。

□ 将数字字符串转换为数字：选此项，表示把原来的字符型变量转换为新的数值型变量，原变量中含有非数字和正负号的值都将转换为 0。

本例处理：根据表 10-4-1，依次在“旧值”栏设置 11 个组的下限和上限，在“新值”栏设置 11 个组的组中值，共建立 11 条转换规则。

本例完成变量重新编码并按组中值升序排列后的数据文件如图 10-4-7 所示。可以看出，数据表中新增了一个变量“组中值”；原来的 90 个数据分成了 11 个组，原来的每个数据都转化成了所在组的组中值。

	编号	身高	组中值
1	35	115	116.5
2	44	120	119.5
3	56	120	119.5
4	64	120	119.5
5	21	122	122.5
6	34	123	122.5
7	57	121	122.5
8	65	121	122.5
9	66	122	122.5
10	68	121	122.5
11	82	121	122.5
12	85	122	122.5
13	9	125	125.5
14	19	124	125.5
15	22	124	125.5
16	29	124	125.5
17	39	124	125.5
18	45	125	125.5
19	49	124	125.5
20	54	125	125.5
21	69	125	125.5
22	83	126	125.5
23	88	125	125.5
24	10	128	128.5
25	13	127	128.5
26	18	129	128.5
27	41	128	128.5
28	43	127	128.5
29	48	127	128.5
30	50	129	128.5
31	59	128	128.5
32	61	128	128.5
33	62	127	128.5
34	67	127	128.5
35	80	128	128.5
36	86	128	128.5
37	87	127	128.5
38	89	127	128.5
39	5	131	131.5
40	6	131	131.5
41	7	131	131.5
42	15	130	131.5
43	16	132	131.5
44	17	132	131.5
45	20	132	131.5
46	24	131	131.5
47	26	132	131.5
48	33	131	131.5
49	36	132	131.5
50	40	132	131.5
51	46	131	131.5
52	52	132	131.5
53	55	131	131.5
54	63	130	131.5
55	70	130	131.5
56	84	130	131.5
57	90	131	131.5
58	1	135	134.5
59	2	134	134.5
60	4	133	134.5
61	8	134	134.5
62	11	135	134.5
63	14	133	134.5
64	23	135	134.5
65	27	133	134.5
66	28	134	134.5
67	30	134	134.5
68	31	135	134.5
69	32	133	134.5
70	37	134	134.5
71	60	133	134.5
72	12	136	137.5
73	25	137	137.5
74	38	138	137.5
75	42	136	137.5
76	47	136	137.5
77	51	137	137.5
78	53	138	137.5
79	71	138	137.5
80	75	137	137.5
81	79	138	137.5
82	3	139	140.5
83	73	139	140.5
84	74	139	140.5
85	76	140	140.5
86	78	141	140.5
87	81	140	140.5
88	58	144	143.5
89	72	143	143.5
90	77	147	146.5
91			
92			

图 10-4-7　完成重新编码为不同变量后的数据文件

第五节　自动重新编码

变量自动重新编码，指将字符型、数值型变量按其值从小到大（或从大到小）的顺序转换成 1，2，3，…的连续自然数序号，并将该序号保存在一个新变量中。可以把变量自动重新编码看作单值分组，即把所有相同变量值归为一组，而把每一个不同的变量值作为不同的组，同时对各组赋予组号。这种分组方法通常只适用于离散型变量且变量取值较少的情况。

【案例 1006】

在案例 1005 中，已将 90 名 8 岁男孩的身高数据按 3 cm 分组转换为组中值，现将结果保存为数据文件“案例 1006. sav”（同图 10-4-7）。试对组中值进行自动重新编码，生成新的组号变量。

1. 在 SPSS 中实现的步骤

第 1 步：在数据编辑器窗口中打开数据文件“案例 1006. sav”。

第 2 步：在“转换”菜单中选择“自动重新编码”命令，打开相应的主对话框。

第 3 步：在“自动重新编码”主对话框中进行自动重新编码的具体操作，如图 10-5-1 所示。

主对话框中还提供了下列 2 个选项：

□ 对所有变量使用同一种重新编码方案：选此项，将所有进入分析过程的变量作为一个变量对待，采用同一方法进行编码。即不论是哪个变量，只要值相同，其新变量都被赋予同一自然数。

□ 将空字符串值视为用户缺失值：如果原变量是字符型变量，按升序编码时，选此项，则所有空字符被视为大于其他所有字符值，被赋予最大序号；未选此项，则所有空字符被视为小于其他所有字符值，被赋予最小序号。若按降序编码，则选与未选无差别，所有空字符都被赋予最大序号。

主对话框中还提供了关于模板的 2 个选项：

□ 应用文件中的模板：选此项，将调用先前保存的模板文件进行自动重新编码。此时，其后的“文件”

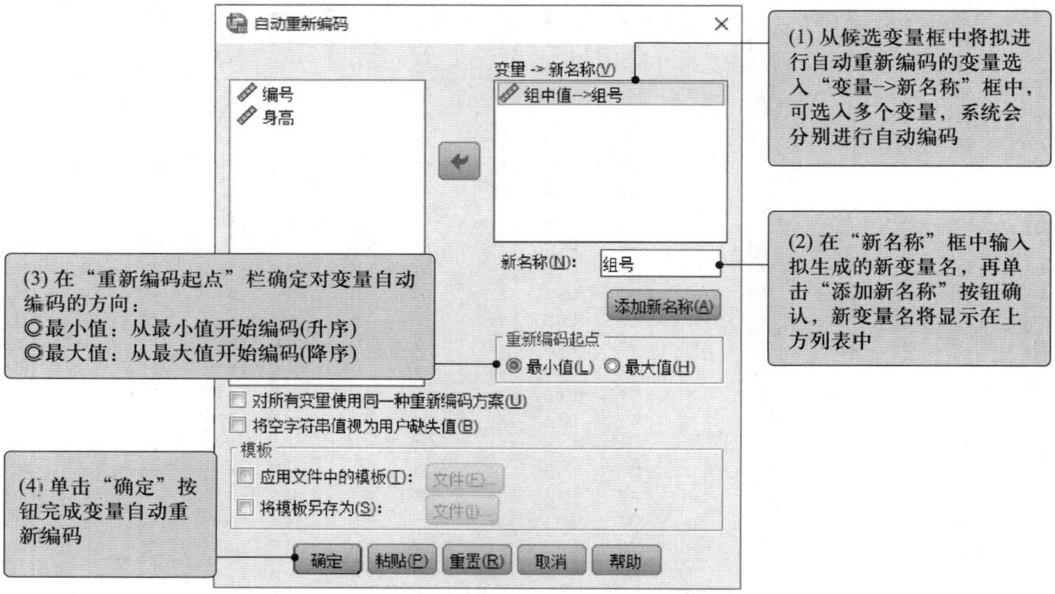

图 10-5-1 自动重新编码的操作

按钮激活，单击之即可通过子对话框查找模板文件。

□ 将模板另存为：选此项，将当前的自动编码方案保存到外部的模板文件中以备今后使用。此时，其后的“文件”按钮激活，单击之即可通过子对话框指定模板文件的保存位置和文件名。

本例处理：将组中值选入“变量->新名称”框；新变量名设为“组号”；编码方向指定为“最小值”（升序）。

2. 有关说明

（1）自动编码完成后，原变量的各个不同值成为新变量各个值的值标签。

（2）自动编码完成后，所生成新变量的测量尺度被自动设为“有序”。

本例完成变量自动重新编码后的数据文件如图 10-5-2 所示。可以看出，数据表中增加了 1 个新变量“组号”，其值由 1 递增到 11，表明组中值共分为 11 个组。

	编号	身高	组中值	组号
1	35	115	116.5	1
2	44	120	119.5	2
3	56	120	119.5	2
4	64	120	119.5	2
5	21	122	122.5	3
6	34	123	122.5	3
7	57	121	122.5	3
8	65	121	122.5	3
9	66	122	122.5	3
10	68	121	122.5	3
11	82	121	122.5	3
12	85	122	122.5	3

	编号	身高	组中值	组号
24	10	128	128.5	5
25	13	127	128.5	5
26	18	129	128.5	5
27	41	128	128.5	5
28	43	127	128.5	5
29	48	127	128.5	5
30	50	129	128.5	5
31	59	128	128.5	5
32	61	128	128.5	5
33	62	127	128.5	5
34	67	127	128.5	5
35	80	128	128.5	5

	编号	身高	组中值	组号
47	26	132	131.5	6
48	33	131	131.5	6
49	36	132	131.5	6
50	40	132	131.5	6
51	46	131	131.5	6
52	52	132	131.5	6
53	55	131	131.5	6
54	63	130	131.5	6
55	70	130	131.5	6
56	84	130	131.5	6
57	90	131	131.5	6
58	1	135	134.5	7

	编号	身高	组中值	组号
70	37	134	134.5	7
71	60	133	134.5	7
72	12	136	137.5	8
73	25	137	137.5	8
74	38	138	137.5	8
75	42	136	137.5	8
76	47	136	137.5	8
77	51	137	137.5	8
78	53	138	137.5	8
79	71	138	137.5	8
80	75	137	137.5	8
81	79	138	137.5	8

图 10-5-2 完成变量自动重新编码后的数据文件（部分）

第六节 个案排秩

所谓“秩”是指将一个数据序列按大小排列而得到的序次。对“秩”的考察有助于我们从特定的角度对数据的特征进行分析。此处的个案排秩与第九章的个案排序相比，相同点是，两者都可以根据变量的值将数据重新排序；不同点是，个案排序不会生成新变量，但可进行多重排序且个案会重新排列，而个案排秩则会针对每个指定变量生成一个新变量来保存求出的秩值，但个案仍保持原来的排列顺序。

【案例 1007】

某小组通过录像观察和技术统计，收集了第 31 届奥运会男子篮球比赛中国队所在小组共 6 支球队的防守能力数据，计算出各队 5 项指标的场平均值，建立了数据文件“案例 1007. sav”，如图 10-6-1 所示。5 项指标为：失分（分）、篮板（防守篮板，个）、抢断（次）、封盖（次）、犯规（次）。试分别按各指标值排秩，并采用 RSR 法对各队的防守能力进行综合评价。

	编号	国家	失分	篮板	抢断	封盖	犯规
1	1	美国	81.4	28.3	9.6	2.0	22.3
2	2	塞尔维亚	88.1	26.3	7.0	3.0	23.0
3	3	澳大利亚	72.4	25.6	8.3	1.0	23.6
4	4	法国	79.0	27.3	7.3	5.0	20.0
5	5	委内瑞拉	86.8	16.3	7.2	1.2	25.2
6	6	中国	93.2	19.8	4.2	1.6	28.0

图 10-6-1　案例 1007 的数据文件

RSR 称为秩和比（Rank Sum Ratio），取值为 0～1，常用于评价不同计量单位多个指标的综合水平。设有 n 个评价对象，$i=1, 2, \cdots, n$；有 k 个指标，$j=1, 2, \cdots, k$；对 k 个指标分别求秩后，可用 R_{ij} 表示第 i 个对象的第 j 个指标的秩；则第 i 个评价对象的 RSR 值采用下式计算：

$$RSR_i = \frac{\sum_{j=1}^{k} R_{ij}}{nk}$$

在计算 RSR 值时要注意，在同一个问题中，各指标的排秩方向须一致，通常将最大秩赋给水平最高者。因此，RSR 值越大，综合水平越高。

在 SPSS 中实现的步骤

第 1 步：在数据编辑器窗口中打开数据文件“案例 1007. sav”。

第 2 步：在“转换”菜单中选择“个案排秩”命令，打开相应的主对话框。

第 3 步：在“个案排秩”主对话框中进行排秩的具体操作，如图 10-6-2、图 10-6-3 所示。

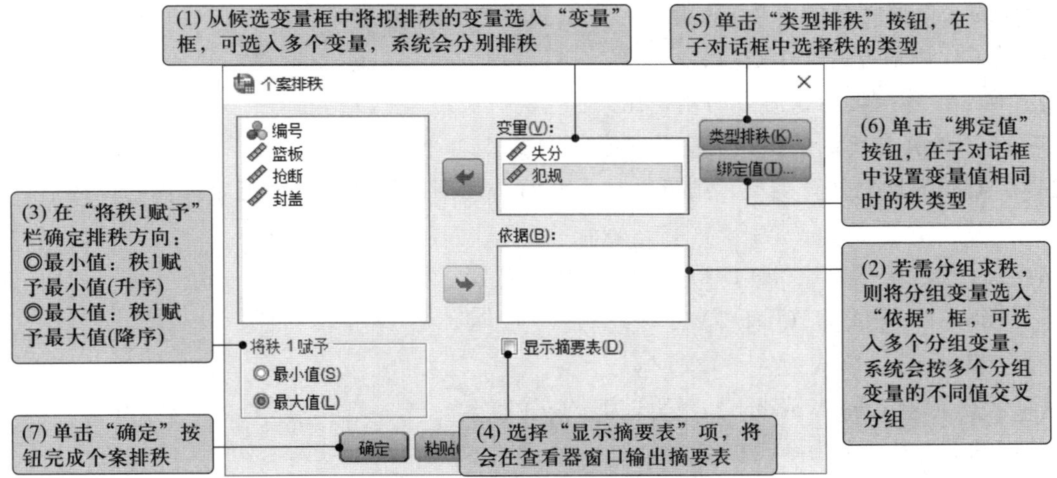

图 10-6-2　个案排秩的操作 1

本例处理：须进行两次分析。因失分、犯规两个指标是值越大水平越低，故第一次分析时，将此 2 个指标选入“变量”框，并将秩 1 赋予最大值。因篮板、抢断、封盖 3 个指标是值越小水平越低，故第二次分析时，将此 3 个指标选入“变量”框，并将秩 1 赋予最小值。

第 4 步：在“个案排秩”主对话框中单击“类型排秩”按钮，打开“类型”子对话框，在其中选择秩的类型，如图 10-6-4 所示。

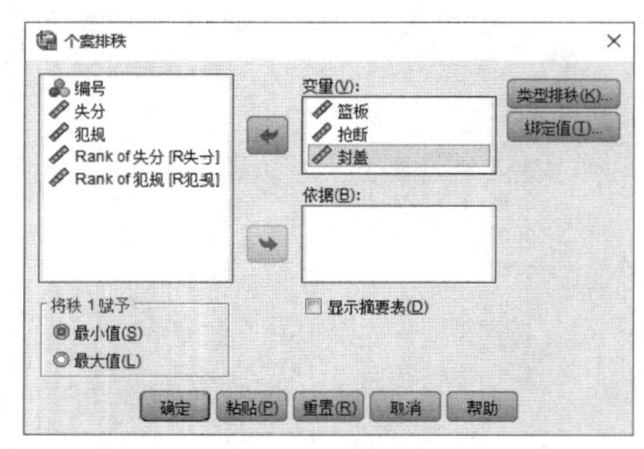

图 10-6-3 个案排秩的操作 2

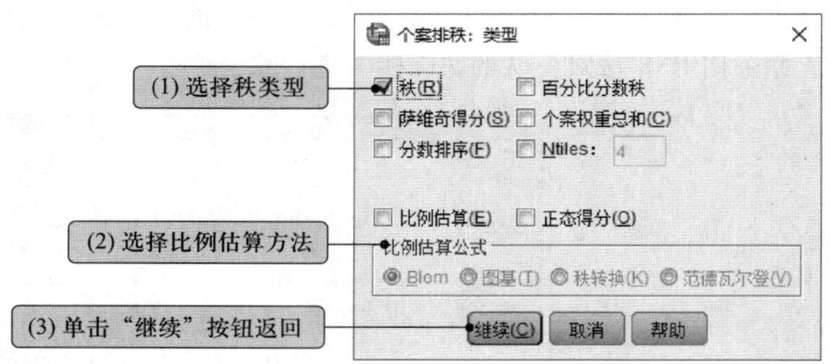

图 10-6-4 选择秩的类型

系统提供了 6 个秩类型供选择：

□ 秩：简单的等级值（系统默认方式）。新变量的值为自然数 1、2、3 等，新变量名为原变量名前冠以“*R*”。

□ 萨维奇（Savage）得分：新变量的值为基于指数分布的 Savage 得分。新变量名为原变量名前冠以“*S*”。

□ 分数排序：新变量的值为其等级值除以非缺失个案数目之和。新变量名为 *RFR*001、*RFR*002 等。

□ 百分比分数秩：新变量的值为其等级值除以非缺失个案数目之和再乘以 100。新变量名为原变量名前冠以“*P*”。

□ 个案权重总和：新变量的值为各个个案权重之和。在同组中是一个常数，即该组个案权重之和。新变量名为 *N*001、*N*002 等。

□ Ntiles：分段秩次。在参数框中输入一个大于 1 的整数 n，系统即将百分位分为 n 个相等的部分，新变量的值由原变量值对应的百分位数处于哪一部分来确定。例如，输入参数 4，就把百分位分为 4 部分，低于 25%的变量值将被赋予 1，位于 25%～50%之间的变量值将被赋予 2，位于 50%～75%之间的变量值将被赋予 3，高于 75%的变量值将被赋予 4。新变量名为原变量名前冠以“*N*”。

系统还提供了比例估算的 2 个选项：

□ 比例估算：计算与特定秩对应的累积比例。

□ 正态得分：计算与比例估算相对应的正态 Z 分数。

如果选择了上面的比例估算类型，则可以在下方的“比例估算公式”栏指定具体的比例估算公式，有 4 个单选项：

◎ Blom：公式为 $(r-3/8)/(w+1/4)$。此项为默认设置。

◎ 图基（Tukey）：公式为 $(r-1/3)/(w+1/3)$。

◎ 秩转换（Rankit）：公式为 $(r-1/2)/w$。

◎ 范德瓦乐登（Van der Waerden）：公式为 $r/(w+1)$。

上面公式中的 r 为秩，w 为个案权重之和。

本例处理：选择默认方式“秩”。

第 5 步：在“个案排秩”主对话框中单击“绑定值”按钮，打开“绑定值”子对话框，在其中设置变量值相同时的秩类型，如图 10-6-5 所示。

“绑定值”（Tie）亦称为“结”，在体育中是同分、平局之意，此处指变量具有相同值，而“分配给绑定值的秩”就是指当变量出现相同值时对应的个案获得的秩值。

系统为绑定值的秩提供了 4 个单选项：

◎ 平均值：选此项，当变量值相同时，以各个相同值所对应的正常秩的平均值作为各自的秩，这是系统的默认设置。例如，有两个个案的身高值都是 142.0 cm，对身高按从大到小的顺序排列后，这两个身高值依次处在第 1 和第 2 位，其正常秩分别为 1 和 2。此时，以此二个秩的平均值 (1+2)/2=1.5 作为各自的秩。有多少个相同值就按多少个正常秩求平均，后续个案的秩不变。

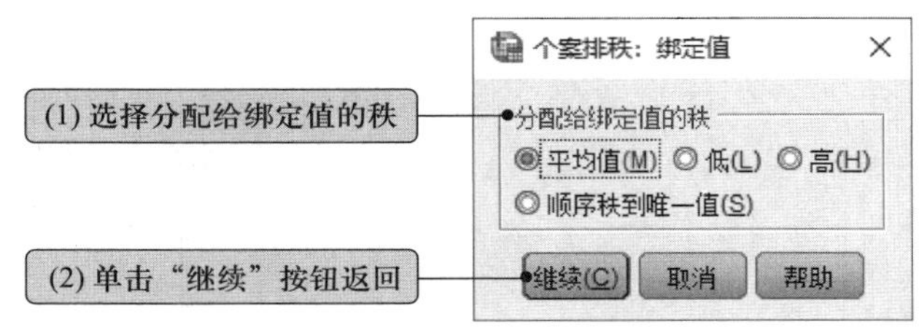

图 10-6-5　选择绑定值的秩

◎ 低：选此项，当变量值相同时，以各个相同值所对应的正常秩的最小值为各自的秩。例如，对上述的两个身高值 142.0 cm，是以二者正常秩的最小值 Min(1，2)= 1 作为各自的秩，后续个案的秩不变。

◎ 高：选此项，当变量值相同时，以各个相同值所对应的正常秩的最大值为各自的秩。例如，对上述的两个身高值 142.0 cm，是以二者正常秩的最大值 Max(1,2)= 2作为各自的秩，后续个案的秩不变。

◎ 顺序秩到唯一值：选此项，当变量值相同时，把所有相同值当作一个值对待，以该值应取的正常秩作为各自的秩，下一个值按顺序取下一个秩，不空缺。例如，对上述的两个身高值 142.0 cm，选此项时，将它们视为一个值，以相应的 1 作为各自的秩，而下一个身高值将按顺序以 2 为其秩。

本例处理：选择默认方式“平均值”。

第 6 步：完成个案排秩后，数据文件中增加了 5 个秩变量：*R* 失分、*R* 篮板、*R* 抢断、*R* 封盖、*R* 犯规。调用本章第一节的“计算变量”过程，计算各队 5 个指标的秩和：

$$秩和=R\,失分+R\,篮板+R\,抢断+R\,封盖+R\,犯规$$

第 7 步：再次调用本章第一节的“计算变量”过程，计算各队的 *RSR* 值。本例 $n=6$，$k=5$，故计算式为：$RSR=秩和/nk=秩和/(6\times5)=秩和/30$。

第 8 步：再次调用本节的“个案排秩”过程，按计算所得 *RSR* 值进行升序的排秩（把秩 1 赋予最大值），生成新变量 *RRSR*。

第 9 步：采用单变量排序的方法，对生成的新变量 *RRSR* 进行升序的排序，最终结果如图 10-6-6 所示。

	编号	国家	失分	篮板	抢断	封盖	犯规	R失分	R篮板	R抢断	R封盖	R犯规	秩和	RSR	RRSR
1	4	法国	79.0	27.3	7.3	5.0	20.0	5.0	5.0	4.0	6.0	6.0	26.0	.87	1
2	1	美国	81.4	28.3	9.6	2.0	22.3	4.0	6.0	6.0	4.0	5.0	25.0	.83	2
3	3	澳大利亚	72.4	25.6	8.3	1.0	23.6	6.0	3.0	5.0	1.0	3.0	18.0	.60	3
4	2	塞尔维亚	88.1	26.3	7.0	3.0	23.0	2.0	4.0	2.0	5.0	4.0	17.0	.57	4
5	5	委内瑞拉	86.8	16.3	7.2	1.2	25.2	3.0	1.0	3.0	2.0	2.0	11.0	.37	5
6	6	中国	93.2	19.8	4.2	1.6	28.0	1.0	2.0	1.0	3.0	1.0	8.0	.27	6

图 10-6-6　案例 1007 的结果文件

由图 10-6-6 可知，在该小组的比赛中，按防守能力由强到弱排列，依次是法国队、美国队、澳大利亚队、塞尔维亚队、委内瑞拉队、中国队。因此，中国男篮要提高整体水平，增强防守能力是不可忽略的因素。

【小贴士】

在体育领域里，对于需要根据某项成绩录取名次的问题，都可以采用个案排秩的方法来处理。通常，秩类型选择“秩”，绑定值选择“平均值”，但应注意排秩的方向。按体育常识，名次按 1，2，3，…排列；计时类项目，数值越小水平越高，排秩宜用升序；高远类项目，数值越大水平越高，排秩宜用降序。

第七节 替换缺失值

数据缺失在统计分析中是一个会经常遇到的问题，如在问卷调查中常有被调查者未回答的题项，在各类测验中也常有缺漏的数据。缺失值的存在，必然影响统计分析结果的可靠性，甚至可能造成某些统计过程（如时间序列度量）不能执行。而简单地放弃存在缺失值的个案，又会使得经过千辛万苦获取的数据无法充分利用。为解决这一问题，SPSS 系统提供了多种科学方法来替换缺失值。替换的结果是生成消除缺失值的新变量，并保持原变量不变。在后续处理中，用户可以根据需要选择已经消除缺失值的新变量进入统计分析过程。

【案例 1008】

测得 17 名男子游泳运动员的 7 项身体素质数据，建立了数据文件“案例 1008. sav”，其中的背肌力和纵跳两个变量存在若干个缺失值，如图 10-7-1 所示。试对这两个变量做缺失值替换。

	编号	打腿拉力	划臂拉力	配合拉力	握力	臂下压力	背肌力	纵跳
1	1	14.8	14.5	16.3	46.0	27.5	158.0	60.6
2	2	12.4	16.0	18.0	46.5	32.5	138.0	63.5
3	3	13.5	17.3	18.6	51.0	31.0	169.0	55.2
4	4	10.3	13.0	15.2	51.0	26.0	.	72.0
5	5	11.5	16.6	20.0	44.5	28.0	131.0	70.0
6	6	10.5	15.5	16.2	48.0	30.0	127.0	61.2
7	7	9.6	16.0	16.5	48.5	25.0	143.0	.
8	8	10.1	14.1	16.6	44.5	28.0	156.0	60.2
9	9	10.5	14.7	17.5	50.5	32.0	128.0	52.0
10	10	13.5	16.7	19.2	55.5	30.0	164.0	57.2
11	11	13.3	16.5	20.5	65.5	36.0	184.0	59.5
12	12	12.8	14.0	17.5	50.0	26.5	193.0	60.5
13	13	11.0	15.0	17.1	38.5	28.5	116.0	53.5
14	14	9.8	13.7	17.5	42.5	25.5	156.0	57.5
15	15	11.3	15.2	20.3	55.5	34.0	228.0	.
16	16	10.3	15.2	18.5	57.0	28.5	187.0	66.4
17	17	12.3	12.8	15.3	50.5	20.0	127.0	68.4

图 10-7-1 案例 1008 的数据文件

在 SPSS 中实现的步骤

第 1 步：在数据编辑器窗口中打开数据文件“案例 1008. sav”。

第 2 步：在“转换”菜单中选择“替换缺失值”命令，打开相应的主对话框。

第 3 步：在“替换缺失值”主对话框中进行替换缺失值的具体操作，如图 10-7-2 所示。

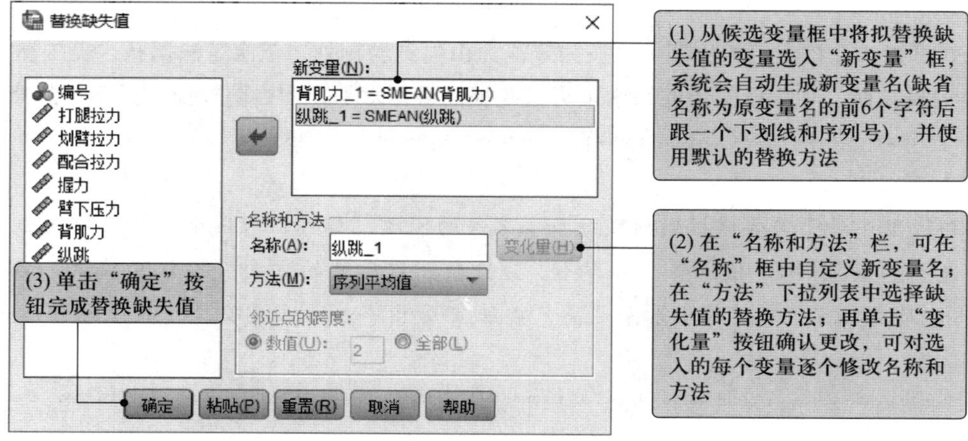

图 10-7-2 替换缺失值的操作

在主对话框中展开"方法"下拉列表后，可从中选择需要的缺失值替换方法。有 5 个选项：

◇ 序列平均值：用所有有效观测值的算术平均数替换缺失值（默认）。

◇ 邻近点的平均值：用与缺失值相邻的若干个有效观测值的算术平均数替换缺失值。

◇ 邻近点的中间值：用与缺失值相邻的若干个有效观测值的中位数替换缺失值。

◇ 线性插值：利用缺失值之前的最后一个有效值和之后的第一个有效值，以内插值法来确定替换值。如果序列中的第一个或最后一个个案具有缺失值，则不做替换。

◇ 点的线性趋势：在对变量进行线性回归的基础上，用该点的线性预测值替换缺失值。

如果在"方法"下拉列表中选择了"邻近点的平均值"或"邻近点的中间值"，则"邻近点的跨度"选项被激活，可进一步确定在缺失值的上、下方各取几个有效相邻点。有 2 个单选项：

◎ 数值：选此项，可在框中输入具体数字，默认为 2。

◎ 全部：选此项，即取所有的有效点。

本例处理：将背肌力和纵跳两个变量选入"新变量"框中；生成的新变量名采用默认的"背肌力_1"和"纵跳_1"；替换方法采用默认的"序列平均值"。

完成替换缺失值后的数据文件如图 10-7-3 所示。可以看出，数据表中增加了 2 个新变量，其中的缺失值已根据设定替换成了对应变量的平均值。

	编号	打腿拉力	划臂拉力	配合拉力	握力	臂下压力	背肌力	纵跳	背肌力_1	纵跳_1
1	1	14.8	14.5	16.3	46.0	27.5	158.0	60.6	158.0	60.6
2	2	12.4	16.0	18.0	46.5	32.5	138.0	63.5	138.0	63.5
3	3	13.5	17.3	18.6	51.0	31.0	169.0	55.2	169.0	55.2
4	4	10.3	13.0	15.2	51.0	26.0	.	72.0	156.6	72.0
5	5	11.5	16.6	20.0	44.5	28.0	131.0	70.0	131.0	70.0
6	6	10.5	15.5	16.2	48.0	30.0	127.0	61.2	127.0	61.2
7	7	9.6	16.0	16.5	48.5	25.0	143.0	.	143.0	61.2
8	8	10.1	14.1	16.6	44.5	28.0	156.0	60.2	156.0	60.2
9	9	10.5	14.7	17.5	50.5	32.0	128.0	52.0	128.0	52.0
10	10	13.5	16.7	19.2	55.5	30.0	164.0	57.2	164.0	57.2
11	11	13.3	16.5	20.5	65.5	36.0	184.0	59.5	184.0	59.5
12	12	12.8	14.0	17.5	50.0	26.5	193.0	60.5	193.0	60.5
13	13	11.0	15.0	17.1	38.5	28.5	116.0	53.5	116.0	53.5
14	14	9.8	13.7	17.5	42.5	25.5	156.0	57.5	156.0	57.5
15	15	11.3	15.2	20.3	55.5	34.0	228.0	.	228.0	61.2
16	16	10.3	15.2	18.5	57.0	28.5	187.0	66.4	187.0	66.4
17	17	12.3	12.8	15.3	50.5	20.0	127.0	68.4	127.0	68.4

图 10-7-3　替换缺失值后的数据文件

思考与练习

1. 在第三章的例 3.18 中，已建立某省 25～29 岁成年男子握力标准 T 分的计分公式：

$$T\text{分}=50+\frac{\text{握力}-48.46}{7.94}\times\frac{100}{6}$$

试对 25～72 kg 范围内的握力以 1 kg 的间隔建立数据文件，然后用上式计算标准 T 分。

2. 在第三章的例 3.22 中，已建立某年全国 12 岁男生 50 米跑的累进计分公式：

$$得分=1.6667\times\left(\frac{成绩-9.00}{0.76}-5\right)^2-6.6668$$

试对 6.7~11.3 s 范围内的成绩以 0.1 s 的间隔建立数据文件，然后用上式计算得分。

3. 建立 1 个数据文件，其中仅含 1 个变量“编号”。先将个案数增至 200（在个案序号为 200 的位置上输入“编号”的值 200），然后通过计算变量的功能，利用特殊变量 $CASENUM 给“编号”变量的每个个案依次自动赋予 1~200 的值。

4. 将第九章思考与练习题 4 完成添加个案（纵向合并）后的数据文件更名保存为“练习 1004.sav”，然后计算 24 名考生 4 项测试的总分。

5. 某田径队 10 名女子七项全能运动员在一次比赛中各项的得分如表 10-8-1 所示。

表 10-8-1 10 名女子七项全能运动员各项得分

编号	栏 100 米	跳高	铅球	跑 200 米	跳远	标枪	跑 800 米
1	825	879	780	881	840	770	802
2	876	818	790	851	789	827	780
3	902	916	811	830	856	790	824
4	848	795	758	779	801	790	810
5	777	783	818	842	768	763	754
6	809	736	806	797	729	802	718
7	796	830	750	774	732	750	692
8	709	771	821	803	750	775	811
9	725	785	792	812	796	764	800
10	801	820	750	830	735	810	726

试完成以下练习：

（1）建立数据文件，并以“练习 1005.sav”为文件名保存。

（2）建立总分变量，计算全能总分。

6. 数据同题 5（10 名女子七项全能运动员各项得分），试计算每位运动员得分大于等于 800 的项目数。

7. 将第八章思考与练习题 8 所建立的 20 名男子短距离自由泳运动员若干形态、素质指标的数据文件更名保存为“练习 1007.sav”。假定变量 $X11$（纵跳）在输入时错位，把最后 5 名运动员的数据输入到了最前 5 名运动员的位置，并将其他人的数据全部后移了 5 位。试采用“数值序列移动”的方法把数据恢复到正确位置。

8. 测得 42 名 15 岁城市女生单杠屈臂悬垂的时间（s）如下。

17	7	2	17	7	30	3	19	8	27	4	20	10	33
31	9	33	18	4	35	8	29	5	22	36	6	26	9
13	32	4	18	30	14	32	16	1	33	24	8	34	28

试完成以下练习：

（1）建立数据文件，并以“练习 1008.sav”为文件名保存。

（2）按下面的标准，采用“重新编码为相同变量”的方法把屈臂悬垂成绩转换成 5 级分数。转换标准为：5 分—32 s 以上；4 分—17~31 s；3 分—7~16 s；2 分—3~6 s；1 分—3 s 以下。

9. 某年级 120 名男生的原地纵跳成绩（cm）如下。

39	52	58	39	33	41	44	44	56	60	43	32	59	45	47
43	48	52	57	44	47	47	50	49	43	42	45	42	52	50
43	37	53	51	52	45	40	46	50	52	53	35	40	50	48
50	40	37	51	53	63	41	50	62	53	34	56	48	46	54
55	34	50	44	39	41	36	49	42	46	48	54	60	36	41
65	62	54	51	42	49	54	39	41	28	56	46	46	56	62
48	67	33	48	47	59	48	51	54	55	47	44	57	54	51
46	39	47	26	54	33	38	44	45	47	53	57	50	63	39

试完成以下练习：

(1) 建立数据文件，并以“练习 1009. sav”为文件名保存。

(2) 按组距 5 cm 分组，采用“重新编码为不同变量”的方法将各原地纵跳成绩转化为新变量“组中值”。

10. 将题 9 完成变量重新编码后生成的数据文件更名保存为“练习 1010. sav”，然后对“组中值”进行变量自动重新编码，新变量名设为“组号”。

11. 数据同题 5（10 名女子七项全能运动员各项得分）。试采用 *RSR* 法对 10 名女子七项全能运动员的水平做出综合评价。

12. 将第八章思考与练习题 8 所建立的 20 名男子短距离自由泳运动员若干形态、素质指标的数据文件更名保存为“练习 1012. sav”，然后自行删除一些数据使其成为缺失值，并尝试做替换缺失值的练习，观察以不同方法处理的结果。

第三部分

SPSS 在体育统计中的应用

本部分是全书的重点，比较全面地介绍了在体育科学研究中常用的数理统计方法，简要阐释了各种方法的数学原理，结合体育科学研究的实例，详细介绍在 SPSS 中实现的步骤，并对统计分析的结果做了必要的说明。这部分内容包括基本描述统计、多选题分析、平均数比较、方差分析、非参数检验、相关分析、回归分析、聚类分析、判别分析、因子分析、信度分析。掌握好本部分的知识和技巧，将使我们能够熟练应用 SPSS 系统解决体育科学研究中的大部分统计问题，探寻数据背后隐藏的规律，从而为教学、训练、科研、管理工作提供科学依据。

第十一章　基本描述统计

基本描述统计的任务是对所收集的数据资料进行整理和概括，计算出最常用的一些描述统计量，以便比较准确地把握数据的特征，为选择更加深入的统计分析方法提供参考。

第一节　在线分析

一、在线分析概述

SPSS 提供的在线分析即 OLAP 过程（Online Analytical Processing），该过程以快速简单的方式对变量进行分析，计算出一些常用描述统计量。其特点是可以同时计算变量间差值和组间差值。

1. 在线分析提供的描述统计量

◇ 平均值　◇ 中位数　◇ 分组中位数　◇ 几何平均数

◇ 调和平均数　◇ 方差　◇ 标准差　◇ 平均数标准误差

◇ 范围　◇ 最小值　◇ 最大值　◇ 第一个值

◇ 最后一个值　◇ 峰度系数　◇ 峰度系数标准误差　◇ 偏度系数

◇ 偏度系数标准误差　◇ 总和　◇ 个案数

◇ 在总和中所占的百分比：某组变量值之和在总和中所占的百分比。

◇ 总和在以下变量中所占的百分比：对 1 个分组变量而言，其值与“在总和中所占的百分比”相同；当有多个分组变量时，其值为该组之和占某分组之总和的百分比。

◇ 在总个案数中所占的百分比：某组个案数在总个案数中所占的百分比。

◇ 个案数在以下变量中所占的百分比：对 1 个分组变量而言，其值与“在总个案数中所占的百分比”相同；当有多个分组变量时，其值为该组个案数占某分组个案总数的百分比。

2. 在线分析可计算的差值与比率

（1）变量间统计量

◇ 变量间差值：第一变量统计量-第二变量统计量

◇ 变量间差值百分比：（第一变量统计量-第二变量统计量）/第二变量统计量×100%

（2）组间统计量

◇ 组间差值：第一组统计量-第二组统计量

◇ 组间差值百分比：（第一组统计量-第二组统计量）/第二组统计量×100%

二、在线分析在 SPSS 中的实现

【案例 1101】

采用一种新训练法对 24 名体育专业考生进行了 1 个月的下肢爆发力训练，测得训练前、后立定三级跳

远成绩（m），数据文件“案例 1101. sav”如图 11-1-1 所示。其中，性别的值，0 代表女，1 代表男；成绩 1 为训练前的成绩，成绩 2 为训练后的成绩。试进行在线分析，了解男、女生训练前、后成绩的变化情况。

	编号	性别	成绩1	成绩2
1	1	0	6.40	6.80
2	2	0	6.00	6.24
3	3	0	6.89	7.00
4	4	0	7.34	7.40
5	5	0	7.68	7.74
6	6	0	7.02	7.26
7	7	0	6.98	7.30
8	8	0	7.14	7.44
9	9	0	7.60	7.68
10	10	0	7.35	7.40
11	11	1	8.32	8.40
12	12	1	8.46	8.60
13	13	1	7.45	7.78
14	14	1	7.24	7.36
15	15	1	9.00	8.98
16	16	1	7.95	8.00
17	17	1	8.39	8.50
18	18	1	8.05	8.10
19	19	1	8.66	8.80
20	20	1	7.80	7.90
21	21	1	7.80	7.90
22	22	1	8.47	8.50
23	23	1	8.70	8.80
24	24	1	9.10	9.20

图 11-1-1　案例 1101 的数据文件

1. 在 SPSS 中实现的步骤

第 1 步：在数据编辑器窗口中打开数据文件“案例 1101. sav”。

第 2 步：在“分析”菜单中选择“报告”→“OLAP 立方体”命令，打开相应的主对话框。

第 3 步：在“OLAP 立方体”主对话框中进行在线分析的具体操作，如图 11-1-2 所示。

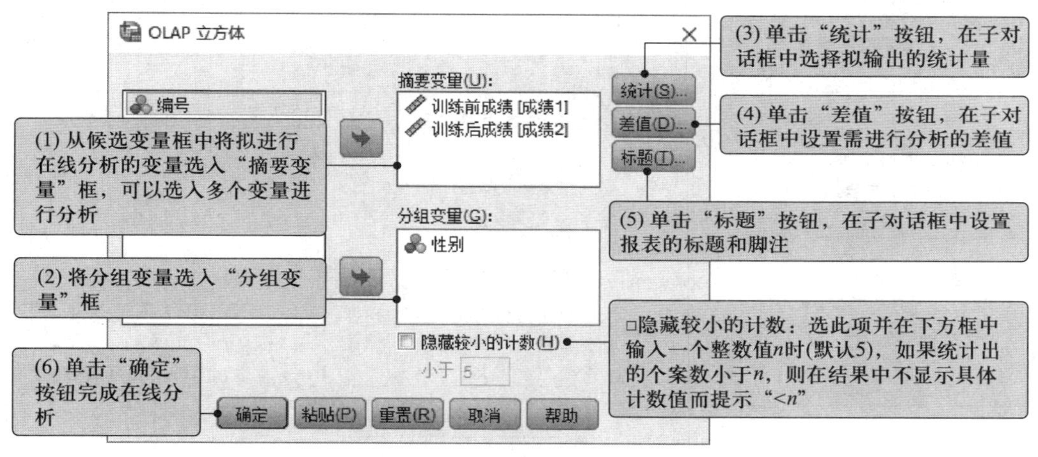

图 11-1-2　在线分析的操作

进行在线分析要注意以下几点：

（1）若要计算变量间统计量，至少要将两个变量选入“摘要变量”框。

（2）必须至少将一个变量选入“分组变量”框作为分组的依据。

（3）选入“分组变量”框的变量应是数值型或短字符型的名义测度变量。若选入了多个变量，系统不仅会将所分析的变量按分组变量的不同取值分组，还会按分组变量不同取值的交叉组合分组，对每个组进行相应的统计分析。

（4）选入“分组变量”框的变量还起着确定进入统计过程的个案范围的作用，分组变量值缺失的个案不进入在线分析过程。

本例处理：将成绩 1、成绩 2 选入“摘要变量”框；将性别选入“分组变量”框。

第 4 步：在“OLAP 立方体”主对话框中单击“统计”按钮，打开“统计”子对话框，在其中选择拟输出的统计量，如图 11-1-3 所示。

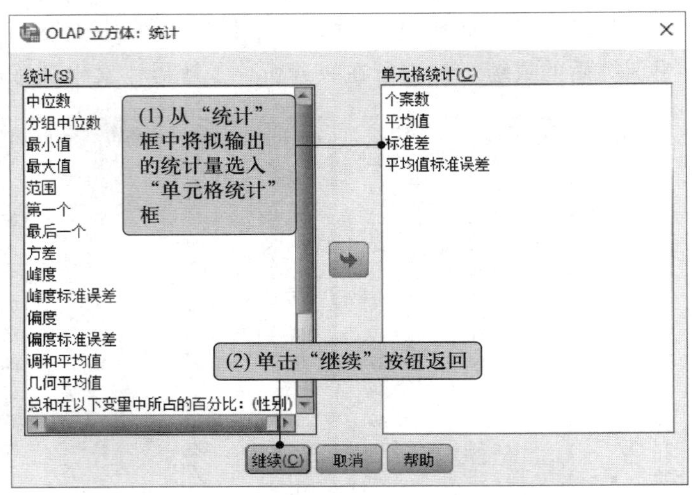

图 11-1-3 选择统计量

本例处理：将个案数、平均值、标准差、平均值标准误差选入“单元格统计”框。

第 5 步：在“OLAP 立方体”主对话框中单击“差值”按钮，打开“差值”子对话框，在其中进行差值分析的设置，如图 11-1-4 和图 11-1-5 所示。

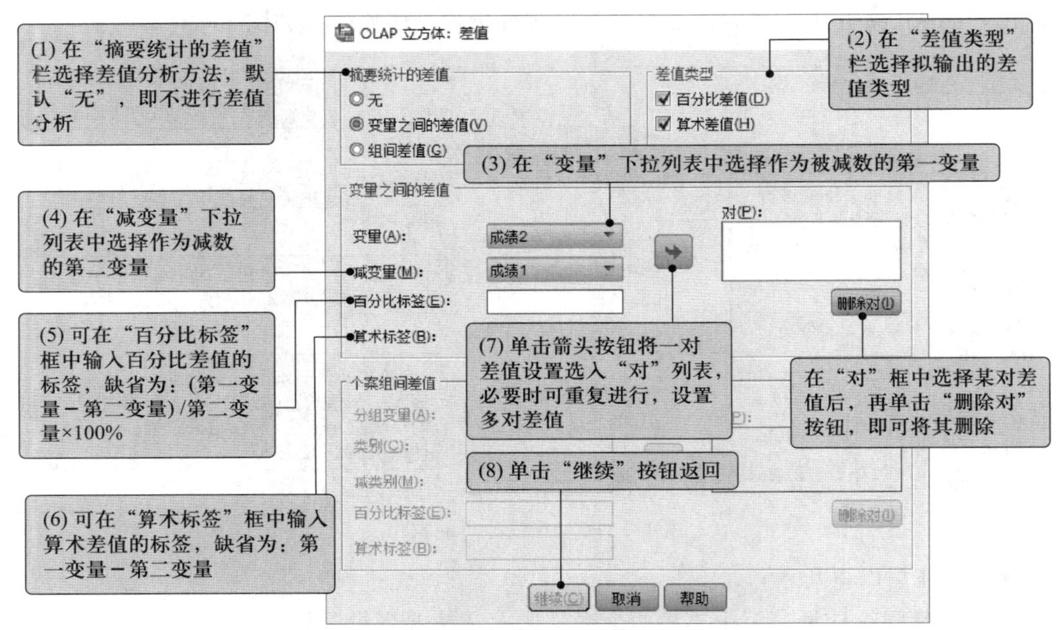

图 11-1-4 设置变量间差值的操作

本例处理：进行两次分析，都要求输出百分比差值和算术差值。

第一次分析：在“摘要统计的差值”栏选择“变量之间的差值”，此时下方的“变量之间的差值”栏被激活。在该栏中，将成绩 2 设为第一变量（被减数），将成绩 1 设为第二变量（减数），具体见图 11-1-4。

第二次分析：在“摘要统计的差值”栏选择“组间差值”，此时下方的“个案组间差值”栏被激活。在该栏中，将性别选为分组变量；在“类别”栏，将值 1(男) 设为被减数，在“减类别”栏，将值 0(女) 设为减数，具体见图 11-1-5。

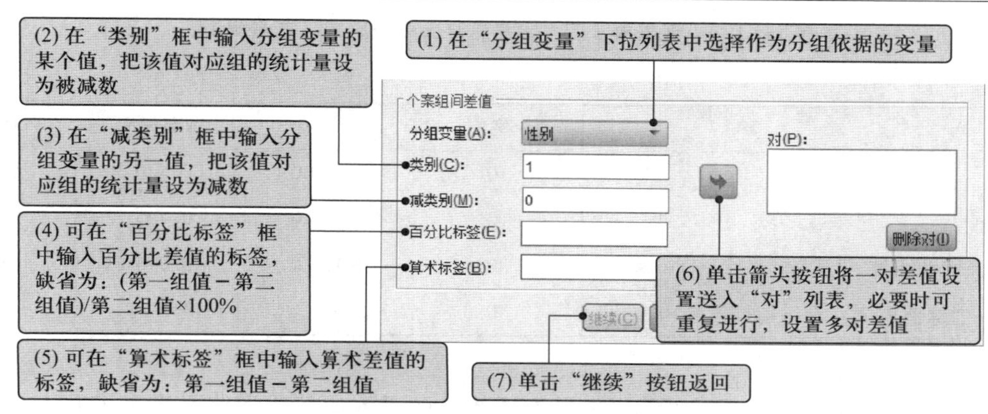

图 11-1-5　设置组间差值的操作

第 6 步：在“OLAP 立方体”主对话框中单击“标题”按钮，打开“标题”子对话框，在其中输入报表标题和脚注，如图 11-1-6 所示。

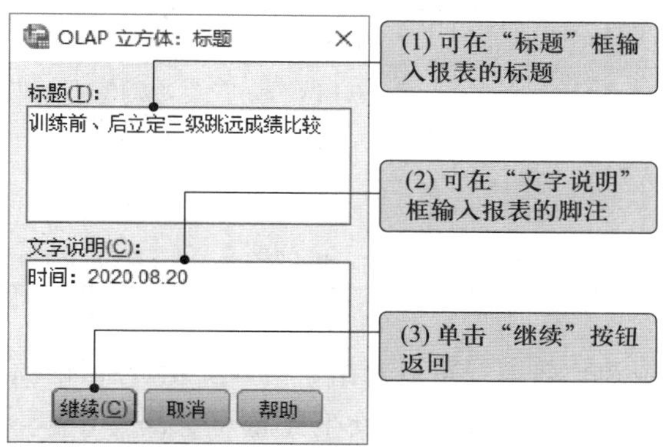

图 11-1-6　设置标题与脚注

本例处理：报表标题设为“训练前、后立定三级跳远成绩比较”；报表脚注设为“时间：2020. 08. 20”。

2. 结果解读

表 11-1-1 是个案处理摘要，列出了进入分析过程的个案数与百分比、排除在分析过程之外的个案数与百分比以及总计的个案数与百分比。可以看出，训练前成绩和训练后成绩两个变量都有 24 个个案，没有缺失值。

表 11-1-1　个案处理摘要

	个案					
	包括		排除		总计	
	个案数	百分比	个案数	百分比	个案数	百分比
训练前成绩 * 性别	24	100. 0	0	0. 0	24	100. 0
训练后成绩 * 性别	24	100. 0	0	0. 0	24	100. 0

在线分析的结果是一个多层表，默认状态是显示总计情况。双击该表进入编辑状态后可以在左上角的下拉列表中选择，按分组变量的不同值和所作设置分别显示分析结果。

表 11-1-2 是女子成绩比较表。可以看出，女生训练后的平均成绩比训练前提高了 0. 186 0 m，提高比例为 2. 6%。

表 11-1-2 训练前、后立定三级跳远成绩比较（变量间 1）

性别：女

	个案数	平均值	标准偏差	平均值标准误差
训练前成绩	10	7.040 0	0.520 36	0.164 55
训练后成绩	10	7.226 0	0.445 73	0.140 95
训练后成绩-训练前成绩	0	0.186 0	-0.074 64	-0.023 60
(训练后成绩-训练前成绩)/训练前成绩 * 100%	0.0%	2.6%	-14.3%	-14.3%

时间：2020.C8.20

表 11-1-3 是男子成绩比较表。可以看出，男生训练后的平均成绩比训练前提高了 0.102 1 m，提高比例为 1.2%。

表 11-1-3 训练前、后立定三级跳远成绩比较（变量间 2）

性别：男

	个案数	平均值	标准偏差	平均值标准误差
训练前成绩	14	8.242 1	0.552 40	0.147 63
训练后成绩	14	8.344 3	0.521 02	0.139 25
训练后成绩-训练前成绩	0	0.102 2	-0.031 38	-0.008 39
(训练后成绩-训练前成绩)/训练前成绩 * 100%	0.0%	1.2%	-5.7%	-5.7%

时间：2020.08.20

表 11-1-4 是男、女生总计成绩比较表。可以看出，男、女生合并计算，训练后的平均成绩比训练前提高了 0.137 1 m，提高比例为 1.8%。相比较而言，女生提高幅度高于男生。

表 11-1-4 训练前、后立定三级跳远成绩比较（变量间 3）

性别：总计

	个案数	平均值	标准偏差	平均值标准误差
训练前成绩	24	7.741 2	0.803 09	0.163 93
训练后成绩	24	7.878 3	0.740 50	0.151 15
训练后成绩-训练前成绩	0	0.137 1	-0.062 58	-0.012 78
(训练后成绩-训练前成绩)/训练前成绩 * 100%	0.0%	1.8%	-7.8%	-7.8%

时间：2020.08.20

组间统计量的结果也以多层表的形式呈现。从中选择 2 个分表，如表 11-1-5 和表 11-1-6 所示。可以看出，训练前男、女生平均成绩的差异为 1.202 1 m，差值占女生成绩的比例为 17.1%；训练后男、女生平均成绩的差异为 1.118 3 m，差值占女生成绩的比例为 15.5%。由此可见，通过训练女生成绩的提高幅度较大，在一定程度上缩小了与男生的差距。

表 11-1-5 训练前、后立定三级跳远成绩比较（组间 1）

性别：男-女

	个案数	平均值	标准偏差	平均值标准误差
训练前成绩	4	1.202 1	0.032 03	-0.016 92
训练后成绩	4	1.118 3	0.075 29	-0.001 70

时间：2020.08.20

表 11-1-6　训练前、后立定三级跳远成绩比较（组间 2）

性别：（男-女）/女 * 100%

	个案数	平均值	标准偏差	平均值标准误差
训练前成绩	40.0%	17.1%	6.2%	-10.3%
训练后成绩	40.0%	15.5%	16.9%	-1.2%

时间：2020.08.20

第二节　个案摘要

一、个案摘要概述

SPSS 的个案摘要，能够根据所设定的分组变量，对个案进行分组汇总，计算出所考察变量的常用描述统计量。个案摘要过程所提供的描述统计量与“在线分析”相同，如平均数、方差、标准差、范围、个案数等，其特点是可以同时输出个案的原始数据。

二、个案摘要在 SPSS 中的实现

【案例 1102】

某项有关太极拳运动强度的研究，36 名成年男子被分为 3 个年龄段（25~44 岁、45~64 岁、65~80 岁，分别用 1、2、3 表示），每个年龄段 12 人。采用遥测装置测量他们进行传统杨式太极拳练习时的心率（HR1，次/min）和功率自行车极限运动时的心率（HR2，次/min），数据文件“案例 1102.sav”如图 11-2-1 所示。试进行个案摘要，了解不同年龄段人群在太极拳练习和功率自行车极限运动时心率变化的特征。

	ID	AG	HR1	HR2
1	1	1	141	248
2	2	1	150	250
3	3	1	142	239
4	4	1	148	244
5	5	1	140	251
6	6	1	138	248
7	7	1	139	238
8	8	1	138	242
9	9	1	135	219
10	10	1	139	259
11	11	1	140	255
12	12	1	142	246

	ID	AG	HR1	HR2
13	13	2	132	233
14	14	2	134	231
15	15	2	128	241
16	16	2	135	237
17	17	2	137	232
18	18	2	132	220
19	19	2	133	234
20	20	2	131	239
21	21	2	127	202
22	22	2	130	223
23	23	2	132	240
24	24	2	134	240

	ID	AG	HR1	HR2
25	25	3	120	218
26	26	3	123	217
27	27	3	126	200
28	28	3	116	223
29	29	3	119	226
30	30	3	117	219
31	31	3	120	216
32	32	3	121	211
33	33	3	125	220
34	34	3	121	200
35	35	3	113	216
36	36	3	119	232

图 11-2-1　案例 1102 的数据文件

1. 在 SPSS 中实现的步骤

第 1 步：在数据编辑器窗口中打开数据文件“案例 1102.sav”。

第 2 步：在“分析”菜单中选择“报告”→“个案摘要”命令，打开相应的主对话框。

第 3 步：在“个案摘要”主对话框中进行个案摘要的具体操作，如图 11-2-2 所示。

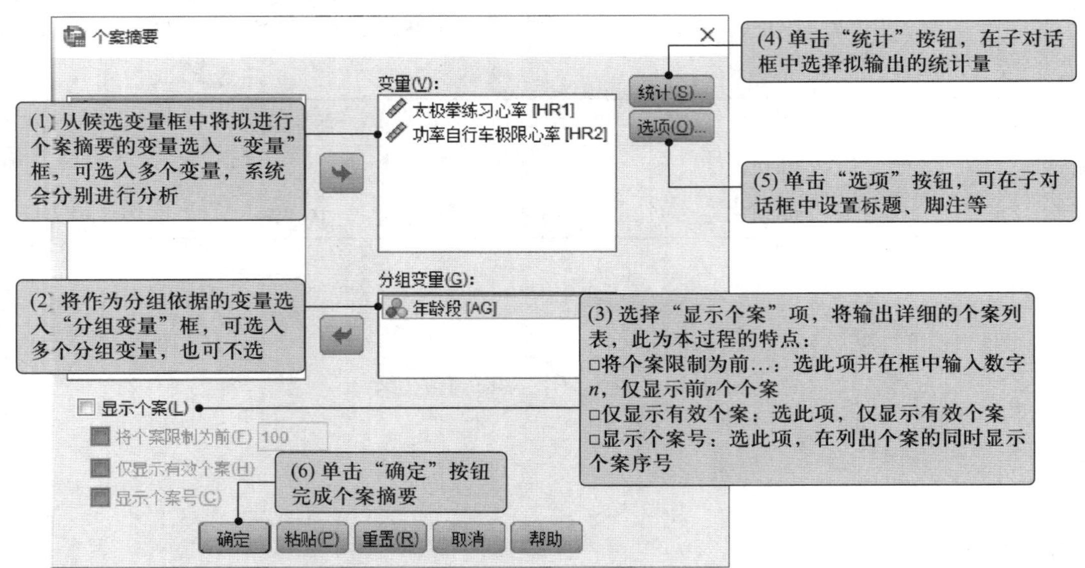

图 11-2-2 个案摘要的操作

本例处理：将 HR1（太极拳练习心率）和 HR2（功率自行车极限心率）选入"变量"框；将 AG（年龄段）选入"分组变量"框；取消对"显示个案"项的选择，不输出个案列表。

第 4 步：在"个案摘要"主对话框中单击"统计"按钮，打开"统计"子对话框，在其中选择拟输出的统计量，如图 11-2-3 所示。

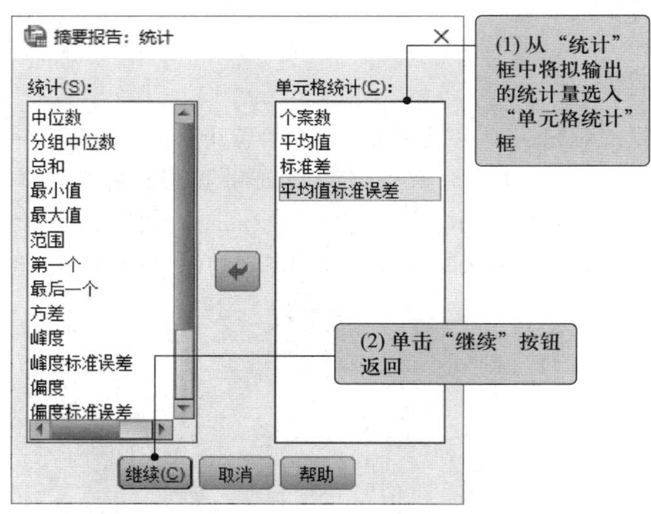

图 11-2-3 选择统计量

本例处理：将个案数、平均值、标准差、平均值标准误差 4 个统计量选入"单元格统计"框。

第 5 步：在"个案摘要"主对话框中单击"选项"按钮，打开"选项"子对话框，在其中进行标题、脚注等的设置，如图 11-2-4 所示。

本例处理：报表标题设为"太极拳与功率自行车运动心率摘要"；报表脚注设为"时间：2020. 10. 20"；选择"总计副标题"项。

2. 结果解读

表 11-2-1 是个案处理摘要，列出了进入分析过程的个案数与百分比、排除在分析过程之外的个案数与百分比以及总计的个案数与百分比。可以看出，太极拳练习心率和功率自行车极限心率两个变量都有 36 个个案，没有缺失值。

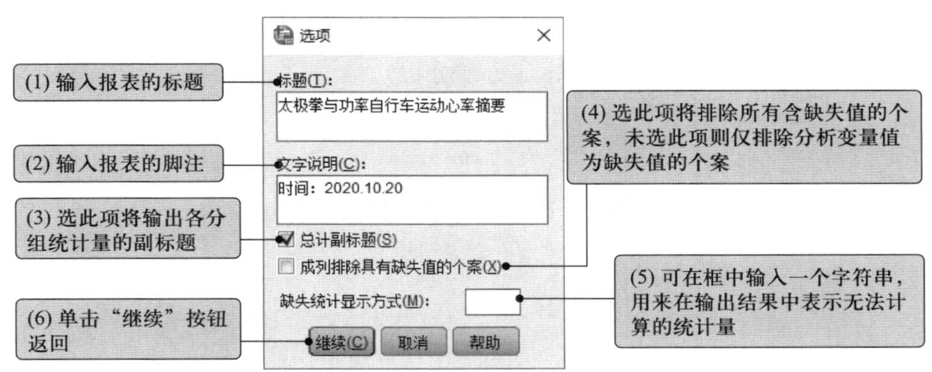

图 11-2-4　设置选项

表 11-2-1　个案处理摘要

	个案					
	包括		排除		总计	
	个案数	百分比	个案数	百分比	个案数	百分比
太极拳练习心率 * 年龄段	36	100.0	0	0.0	36	100.0
功率自行车极限心率 * 年龄段	36	100.0	0	0.0	36	100.0

表 11-2-2 是完成个案摘要后的摘要表，按年龄段输出了 3 个组的个案数、平均值、标准差、平均值标准误差以及总计统计量。由此表可知，3 个年龄段人群练习太极拳时的平均心率（次/min）依次为 141.00，132.08，120.00，相互之间似乎存在比较明显的差异，且随着年龄的增大而降低，但运动强度基本上都属于低强度。3 个年龄段人群功率自行车极限运动的平均心率（次/min）依次为 244.92，231.00，216.50，相互之间似乎也存在比较明显的差异，且也随着年龄的增大而降低，但运动强度都属于高强度。

表 11-2-2　太极拳与功率自行车运动心率摘要

年龄段		太极拳练习心率	功率自行车极限心率
25～44 岁	个案数	12	12
	平均值	141.00	244.92
	标准偏差	4.221	10.211
	平均值标准误差	1.219	2.948
45～64 岁	个案数	12	12
	平均值	132.08	231.00
	标准偏差	2.843	11.290
	平均值标准误差	0.821	3.259
65～80 岁	个案数	12	12
	平均值	120.00	216.50
	标准偏差	3.668	9.386
	平均值标准误差	1.059	2.709
总计	个案数	36	36
	平均值	131.03	230.81
	标准偏差	9.410	15.458
	平均值标准误差	1.568	2.576

测试时间：2020.10.20

为了深入探讨太极拳运动强度的规律，有必要对不同年龄段人群练习太极拳时的平均心率和功率自行车极限运动的平均心率做进一步的差异显著性检验（方差分析）。

第三节 描述性分析

一、描述性分析概述

SPSS 的描述性分析可以计算三类常用的描述统计量。第一类刻画数据的集中趋势；第二类刻画数据的离散程度；第三类刻画数据的分布形态。通过综合这三类统计量的信息，就能够相当准确和清晰地把握数据的分布特点，进而能够根据样本数据对总体做出估计和推断。

SPSS 描述性分析的特点是可以选择输出标准化 Z 分数。由于对话框未提供分组的功能，所以若要分组统计，需预先对数据文件做拆分处理。

SPSS 的描述性分析过程提供的描述统计量有：

1. 集中趋势量数

☐ 平均值　　☐ 总和

2. 离散程度量数

☐ 标准差　　☐ 方差　　☐ 范围

☐ 最小值　　☐ 最大值　　☐ 平均值标准误差

3. 分布形态量数

☐ 峰度：峰度系数及标准误差　　☐ 偏度：偏度系数及标准误差

二、描述性分析在 SPSS 中的实现

【案例 1103】

测得某校田径集训队 8 名男生 100 米跑（s）、跳高（m）、铅球（m）3 个项目的成绩，数据文件“案例 1103. sav”如图 11-3-1 所示。试对 3 项成绩进行描述性分析，并采用标准化 Z 分数评价他们 3 个项目的综合水平。

	编号	跑100米	跳高	铅球
1	1	12.3	1.67	8.54
2	2	12.1	1.72	8.33
3	3	12.3	1.60	8.89
4	4	11.6	1.69	9.12
5	5	11.9	1.78	8.33
6	6	12.0	1.58	8.00
7	7	12.5	1.54	7.98
8	8	12.7	1.60	8.42

图 11-3-1 案例 1103 的数据文件

1. 在 SPSS 中实现的步骤

第 1 步：在数据编辑器窗口中打开数据文件“案例 1103. sav”。

第 2 步：在“分析”菜单中选择“描述统计”→“描述”命令，打开相应的主对话框。

第 3 步：在“描述”主对话框中进行描述性分析的具体操作，如图 11-3-2 所示。

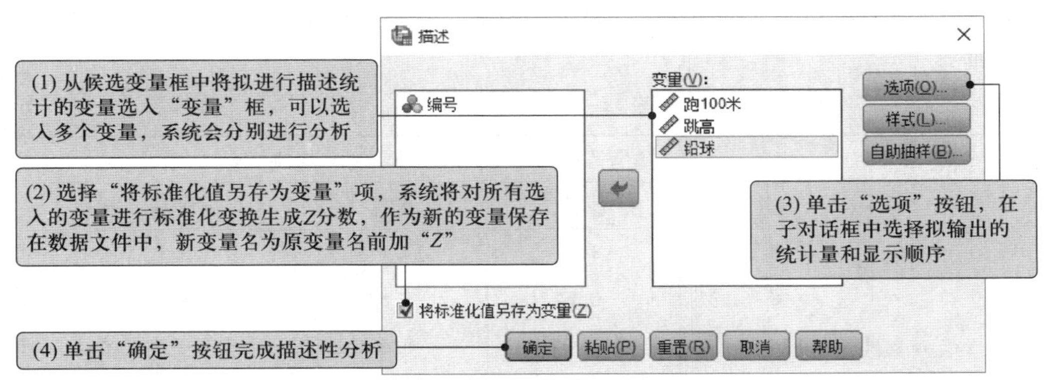

图 11-3-2　描述统计的操作

本例处理：将跑 100 米、跳高、铅球选入“变量”框；选择“将标准化值另存为变量”项。

第 4 步：在“描述”主对话框中单击“选项”按钮，打开“选项”子对话框，在其中选择拟输出的统计量，并选择显示顺序，如图 11-3-3 所示。

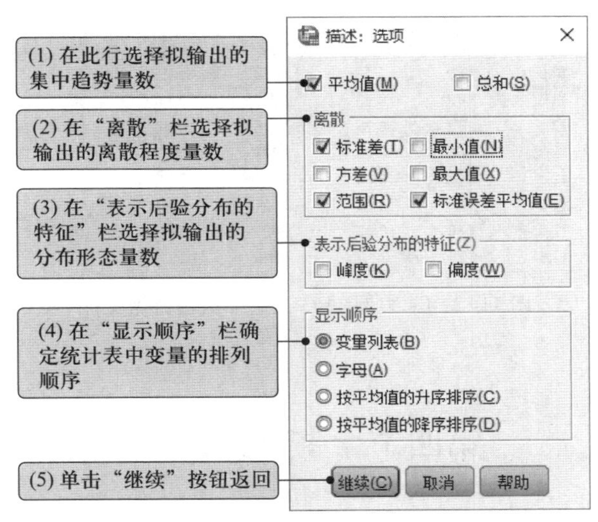

图 11-3-3　选择统计量和显示顺序

“显示顺序”栏有 4 个单选项：

◎ 变量列表：按变量在“变量”列表中的先后顺序排列，此为默认状态。

◎ 字母：按变量的字母顺序排列。

◎ 按平均值的升序排序：按变量的平均值从小到大排列。

◎ 按平均值的降序排序：按变量的平均值从大到小排列。

本例处理：输出的统计量选择平均值、标准差、范围、标准误差平均值；显示顺序采用默认设置“变量列表”。

第 5 步：完成描述性分析后，返回数据编辑器窗口，利用第十章“计算变量”的方法，求出每人 3 个标准化 Z 分数的和。因 100 米跑成绩是数值越小水平越高，为了保持评价方向的一致性，故对 100 米跑的标准化 Z 分数做正负转换。因此，计算新变量“总分”的算术表达式为：-(Z 跑100米)+Z 跳高+Z 铅球。

第 6 步：利用第十章“个案排秩”的方法，对总分做降序排秩，生成新变量“R 总分”。该变量代表的就是该田径集训队 8 名男生 3 个项目综合水平的排列名次。

第 7 步：利用第九章“个案排序”的方法，按 R 总分做升序排序。

2. 结果解读

表 11-3-1 为描述统计的结果，列出了跑 100 米、跳高、铅球 3 个变量的个案数、范围、平均值、平均值标准误差、标准差。

表 11-3-1 描述统计

	N	范围	均值		标准偏差
	统计	统计	统计	标准误差	统计
跑 100 米	8	1.1	12.175	0.123 6	0.349 5
跳高	8	0.24	1.647 5	0.028 58	0.080 84
铅球	8	1.14	8.451 3	0.140 39	0.397 08
有效个案数（成列）	8				

最后形成的数据文件如图 11-3-4 所示。可以看出，数据表中增加了 5 个新变量，分别是跑 100 米、跳高、铅球 3 个变量的标准化 Z 分数以及总分和总分的秩。根据“R 总分”，该田径集训队 8 名男生 3 个项目的综合水平一目了然。

	编号	跑100米	跳高	铅球	Z跑100米	Z跳高	Z铅球	总分	R总分
1	4	11.6	1.69	9.12	-1.6453	.5257	1.6842	3.8551	1.0
2	5	11.9	1.78	8.33	-.7869	1.6390	-.3054	2.1205	2.0
3	2	12.1	1.72	8.33	-.2146	.8968	-.3054	.8060	3.0
4	3	12.3	1.60	8.89	.3577	-.5876	1.1050	.1597	4.0
5	1	12.3	1.67	8.54	.3577	.2783	.2235	.1442	5.0
6	6	12.0	1.58	8.00	-.5007	-.8349	-1.1364	-1.4706	6.0
7	8	12.7	1.60	8.42	1.5022	-.5876	-.0787	-2.1684	7.0
8	7	12.5	1.54	7.98	.9299	-1.3297	-1.1868	-3.4465	8.0

图 11-3-4 案例 1103 最后形成的数据文件

第四节 频数分析

一、频数分析概述

频数是指某个数据（或某个区间的数据）在试验或调查中重复出现的次数。就变量而言，频数是指变量在其各个变量值（或范围）取值的个数。在很多情况下，对数据的分析都是从频数分析开始。通过频数分析，能够了解变量取值的状况，对把握数据的分布特征具有重要意义。例如，在问卷调查的数据分析中，对被访问者的年龄特征、职业特征、性别特征、对某命题的态度等进行考察，都需要借助频数来反映调查结果。

SPSS 的频数分析过程是进行精确频数分析，即计算变量每个不同值的频数，生成精确频数分布表，计算常用描述统计量，绘制频数分布图。它适合于对离散型分类变量进行分析。

如果要对连续型变量进行频数分析，应当先用重新编码过程生成一个新变量来代表所分的组段，即先把连续型变量转化为离散型变量，然后再对生成的新变量进行频数分析。

SPSS 的频数分析模块未提供分组的功能。若要分组统计，需预先对数据文件做拆分处理。

SPSS 的频数分析过程会输出下列统计量：

◇ 频数。

◇ 频数百分比：各频数占总个案数的百分比。

◇ 有效频数百分比：各频数占总有效个案数的百分比。此处的总有效个案数等于总个案数减去缺失个案数。当变量存在缺失值时，有效频数百分比能更准确地反映变量取值的情况。

◇ 累计频数百分比：即各个频数百分比逐级累加的结果，最终取值为 100%。

二、频数分析在 SPSS 中的实现

【案例 1104】

考察甲、乙、丙三区民众的体育消费水平，根据调查结果建立的数据文件“案例 1104. sav”如图 11-4-1 所示。数据文件含 3 个变量：编号、区域（用 1、2、3 分别代表甲、乙、丙区）、水平（用 1、2、3 分别代表高、中、低水平）。试对三区民众的体育消费水平进行频数分析。

	编号	区域	水平
1	1	1	1
2	2	1	3
3	3	1	1
4	4	1	2
5	5	1	1
6	6	1	3
7	7	1	1
8	8	1	2
9	9	1	3
10	10	1	2
11	11	1	1
12	12	1	3
13	13	1	2
14	14	1	1
15	15	1	3

	编号	区域	水平
771	771	2	1
772	772	2	2
773	773	2	1
774	774	2	3
775	775	2	2
776	776	2	3
777	777	2	2
778	778	2	1
779	779	2	3
780	780	2	3
781	781	2	3
782	782	2	3
783	783	2	1
784	784	2	3
785	785	2	3

	编号	区域	水平
1518	1518	3	2
1519	1519	3	1
1520	1520	3	2
1521	1521	3	1
1522	1522	3	3
1523	1523	3	1
1524	1524	3	2
1525	1525	3	3
1526	1526	3	1
1527	1527	3	3
1528	1528	3	2
1529	1529	3	3
1530	1530	3	1
1531	1531	3	2
1532	1532	3	2

图 11-4-1　案例 1104 的数据文件（部分）

1. 在 SPSS 中实现的步骤

第 1 步：在数据编辑器窗口中打开数据文件“案例 1104. sav”。

第 2 步：因 SPSS 的频数分析对话框未提供分组的功能，而本例需要对甲、乙、丙三区民众的体育消费水平分别进行分析，故应先对数据文件按变量“区域”进行拆分，具体操作方法见第九章，此处不再赘述。

第 3 步：在“分析”菜单中选择“描述统计”→“频率”命令，打开相应的主对话框。

第 4 步：在“频率”主对话框中进行频数分析的具体操作，如图 11-4-2 所示。

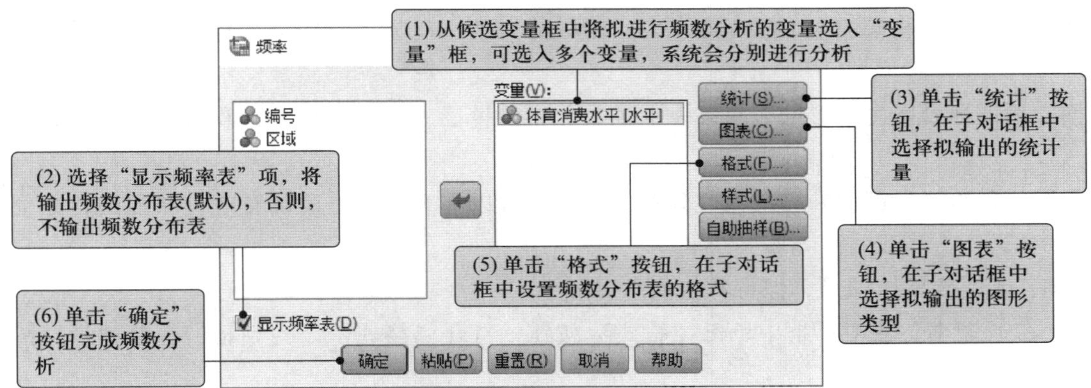

图 11-4-2　频数分析的操作

本例处理：将水平选入“变量”框；选择“显示频率表”项。

第 5 步：在“频率”主对话框中单击“统计”按钮，打开“统计”子对话框，在其中选择拟输出的统计量，如图 11-4-3 所示。

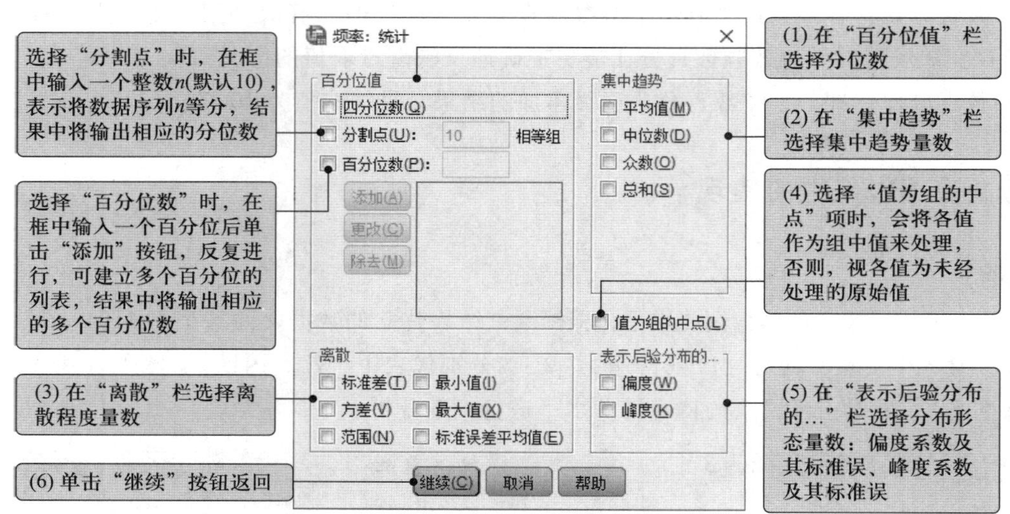

图 11-4-3 选择统计量

本例处理：根据题意，不需要输出统计量，保持各选项空白即可。

第 6 步：在“频率”主对话框中单击“图表”按钮，打开“图表”子对话框，在其中选择拟输出的统计图，如图 11-4-4 所示。

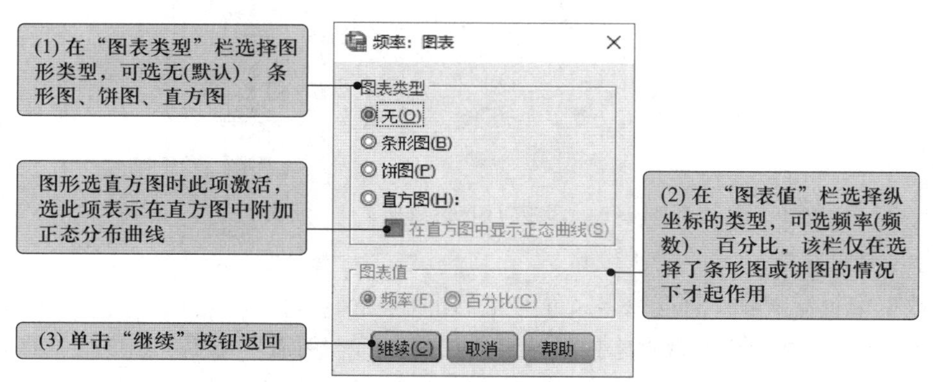

图 11-4-4 设置图表选项

“图表类型”栏有 4 个单选项：

◎ 无：即不输出图形，此为默认状态。

◎ 条形图：用宽度相同的条形的高度来表示频数分布的情况。条形的纵坐标可以是频数，也可以是频数百分比。

◎ 饼图：用圆形及圆内扇形的面积来表示频数分布的情况。圆内扇形的面积可以是频数，也可以是频数百分比。

◎ 直方图：用矩形的面积来表示频数分布的情况。可以在直方图上附加正态分布曲线，以便与正态分布进行直观的比较。

本例处理：不需要输出图形，保持默认状态即可。

第 7 步：在“频率”主对话框中单击“格式”按钮，打开“格式”子对话框，在其中设置图表的输出格式，如图 11-4-5 所示。

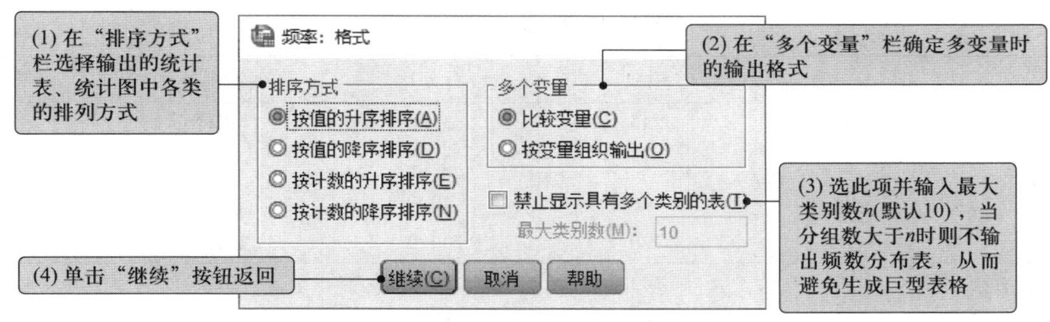

图 11-4-5　设置图表格式

“排序方式”栏有 4 个单选项：

◎ 按值的升序排序：按所分析变量的值从小到大排列，此为默认状态。

◎ 按值的降序排序：按所分析变量的值从大到小排列。

◎ 按计数的升序排序：按分析所得的频数从小到大排列。

◎ 按计数的降序排序：按分析所得的频数从大到小排列。

“多个变量”栏有 2 个单选项：

◎ 比较变量：选此项，表示对两个以上变量进行频数分析时，将各变量的基本描述统计量表、频数表、频数分布图分别输出在一起，便于相互比较，此为默认状态。

◎ 按变量组织输出：选此项，表示对两个以上变量进行频数分析时，按变量输出基本描述统计量表、频数表、频数分布图。

本例处理：保持默认方式。

2. 结果解读

（1）个案信息。表 11-4-1 为个案信息。由此表可知，甲、乙、丙三区的有效个案数分别为 770、747、723，没有缺失值。

表 11-4-1　统　　计

			体育消费水平
甲区	个案数	有效	770
		缺失	0
乙区	个案数	有效	747
		缺失	0
丙区	个案数	有效	723
		缺失	0

（2）频数分布表。表 11-4-2 是频数分析的主要结果，从中可以看出调查结果中甲、乙、丙三区民众体育消费水平高、中、低三档的频数，以及频数百分比、有效频数百分比和累积频数百分比。利用这 9 个频数，即可另外建立一个频数数据文件，并可进一步进行交叉表 χ^2 检验以便分析三区民众体育消费水平的差异。

表 11-4-2 体育消费水平

区域			频数	百分比	有效百分比	累积百分比
甲区	有效	高	245	31.8	31.8	31.8
		中	217	28.2	28.2	60.0
		低	308	40.0	40.0	100.0
		总计	770	100.0	100.0	
乙区	有效	高	243	32.5	32.5	32.5
		中	190	25.4	25.4	58.0
		低	314	42.0	42.0	100.0
		总计	747	100.0	100.0	
丙区	有效	高	230	31.8	31.8	31.8
		中	315	43.6	43.6	75.4
		低	178	24.6	24.6	100.0
		总计	723	100.0	100.0	

【小贴士】

在社会学研究中，常采用问卷调查了解调查对象的某种状态或对某个命题的态度。问卷最基本的题型是单选题，即在给定的多个选项中只能选择最适合的一个。在将调查结果整理成数据文件时，一道单选题用一个变量来反映。对二选一的题，可用 1 表示选中，用 0 表示未选。对多选一的题，可用 1、2、3 等数字表示所做选择。这类数据通常都是通过频数分析来探明各选项的频数及频数百分比。

【案例 1105】

在第十章的案例 1005 中，已对 90 名 8 岁男孩的身高数据（cm）按组距 3 cm 进行分组，并以每组的组中值作为各组数据的代表值对变量重新编码，生成了新变量“组中值”，根据其结果建立的数据文件“案例 1105. sav”同图 10-4-7。试对组中值进行频数分析。

1. 在 SPSS 中实现的步骤

第 1 步：在数据编辑器窗口中打开数据文件“案例 1105. sav”。

第 2 步：在“分析”菜单中选择“描述统计”→“频率”命令，打开相应的主对话框。

第 3 步：在“频率”主对话框中，将组中值选入“变量”框；选择“显示频率表”项；如图 11-4-6 所示。

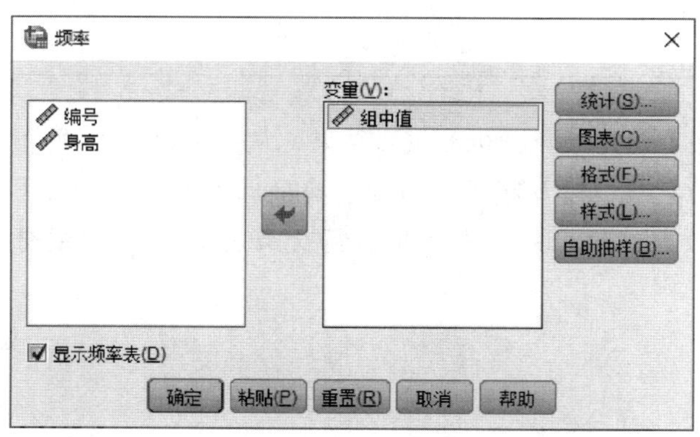

图 11-4-6 频数分析的操作

第 4 步：在“频率”主对话框中单击“统计”按钮，打开“统计”子对话框。在其中，百分位值选择百分位数，并将 10，25，50，75，90 共 5 个百分位值添加到列表中；集中趋势量数选择平均值；离散程度量数选择标准差、标准误差平均值；选择“值为组的中点”项；如图 11-4-7 所示。

第 5 步：在“频率”主对话框中单击“图表”按钮，打开“图表”子对话框，在其中选择拟输出的统计图。为了全面了解各类图形的特点，本例进行 3 次分析，第 1 次指定输出直方图，且选择“在直方图中显示正态曲线”项；第 2 次指定输出饼图；第 3 次指定输出条形图。选择频率（频数）作为饼图和条形图的坐标，如图 11-4-8 所示。

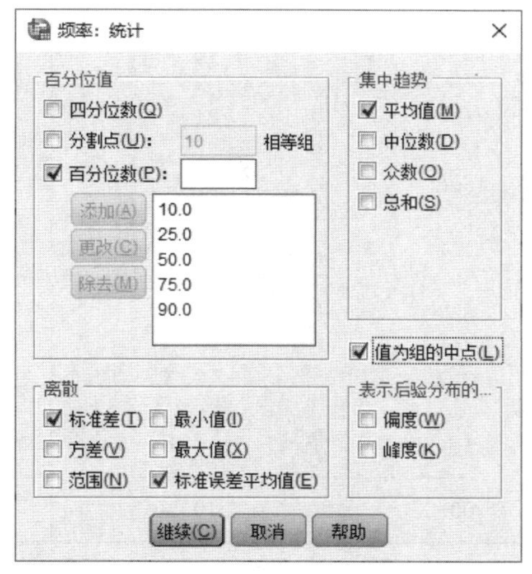

图 11-4-7　选择统计量

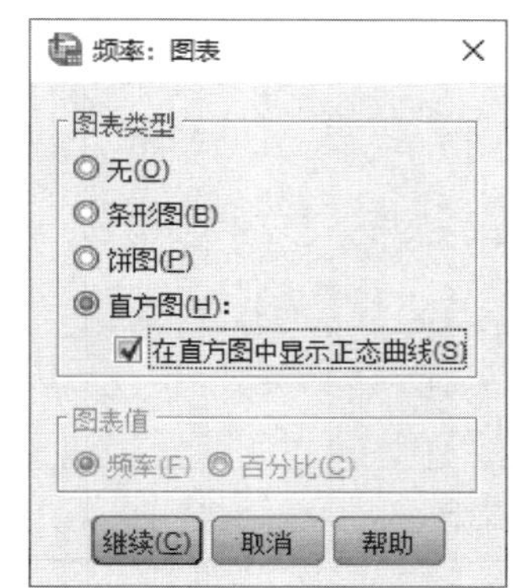

图 11-4-8　设置图表选项

返回“频率”主对话框后，单击“确定”按钮，即完成分析，输出统计结果。

2. 结果解读

（1）基本描述统计量。表 11-4-3 为所求的基本描述统计量，列出了个案数、平均值、标准误差平均值、标准差以及 5 个百分位数。

表 11-4-3　统　　计

组中值		
个案数	有效	90
	缺失	0
平均值		131.067
标准误差平均值		0.642 3
标准偏差		6.093 0
百分位数	10	122.816[a]
	25	126.654
	50	131.059
	75	135.375
	90	139.375

a. 根据分组数据计算百分位数

（2）频数分布表。表 11-4-4 为频数分析的主要结果。90 名 8 岁男孩的身高共分成 11 组。从频数、频数百分比、有效频数百分比都可以看出，各组人数呈中间多、两端少、两侧基本对称的趋势。

表 11-4-4 组 中 值

		频数	百分比	有效百分比	累积百分比
有效	116.5	1	1.1	1.1	1.1
	119.5	3	3.3	3.3	4.4
	122.5	8	8.9	8.9	13.3
	125.5	11	12.2	12.2	25.6
	128.5	15	16.7	16.7	42.2
	131.5	19	21.1	21.1	63.3
	134.5	14	15.6	15.6	78.9
	137.5	10	11.1	11.1	90.0
	140.5	6	6.7	6.7	96.7
	143.5	2	2.2	2.2	98.9
	146.5	1	1.1	1.1	100.0
	总计	90	100.0	100.0	

（3）频数分布图。3 次分析分别输出了 3 种图形。图 11-4-9 为频数分布直方图，图 11-4-10 为频数分布饼图，图 11-4-11 为频数分布条形图。从这几个图可以直观地看出，90 名 8 岁男孩的身高数据基本上是呈正态分布的，即呈现中间多、两端少、两侧基本对称的分布特征。

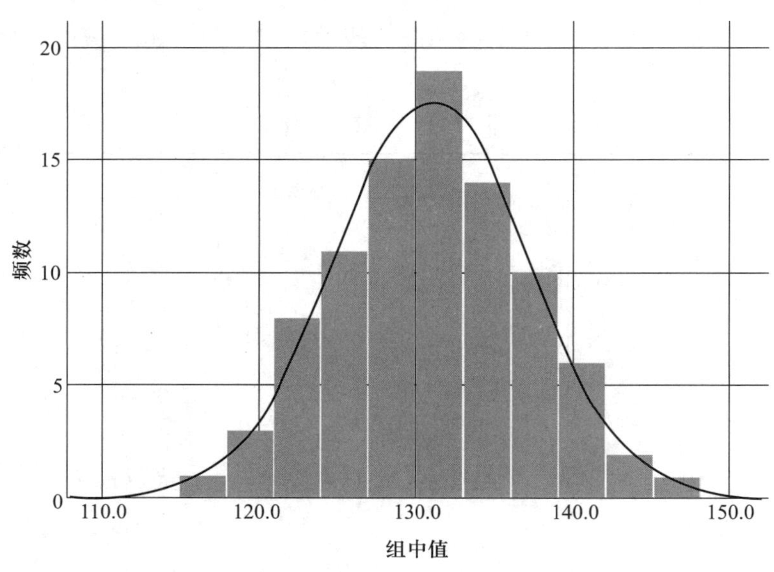

图 11-4-9 频数分布直方图

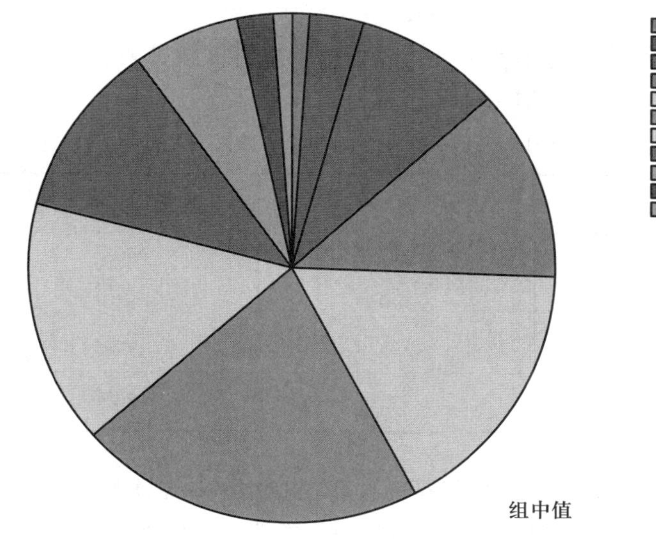

频数分布饼图
（彩图）

图 11-4-10　频数分布饼图

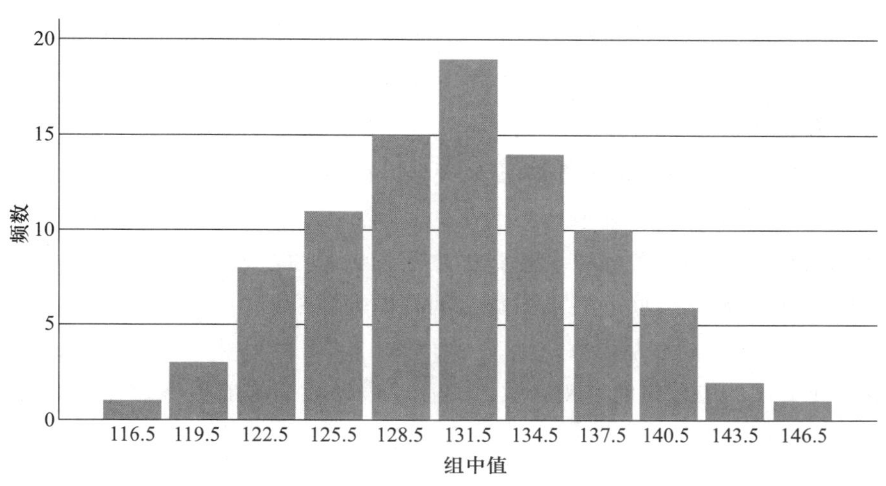

图 11-4-11　频数分布条形图

第五节　交叉表分析

一、交叉表分析概述

（一）交叉表的构成

在统计工作中，往往需要根据多个变量在相互交叉情况下的数据分布来分析它们之间的相互影响和关系。如果将数据按两种属性分组，一种属性作为行属性（行变量），另一种属性作为列属性（列变量），判断两种属性是否彼此关联，这种分析就称为交叉表分析。

一个行变量和一个列变量可以形成一个二维交叉表。再指定一个控制变量就形成三维交叉表。如果指定多个行、列、控制变量，就会形成一个复杂的多维交叉表。交叉表的基本结构是由行、列交叉形成的单元格。最简单的二维交叉表，其基本数据由二行二列组成，有 4 个单元格，故也称为“四格表”。

例如，在案例 1104 中，对民众体育消费水平的调查结果进行频数分析，得出甲、乙、丙三区体育消费水平高、中、低三档的人数，如表 11-5-1 所示。

表 11-5-1 三区民众体育消费水平频数分析结果

	高（人数）	中（人数）	低（人数）	$\sum$
甲区	245	217	308	770
乙区	243	190	314	747
丙区	230	315	178	723
$\sum$	718	722	800	2 240

这是一个二维交叉表，行变量为区域，列变量为体育消费水平，基本数据（各档人数）由 3 行 3 列构成，形成 9 个单元格。对这个问题，需要分析不同区域民众在体育消费水平上是否有显著性差异，也就是分析行属性（区域）与列属性（水平）是否彼此关联。如果行属性与列属性没有显著关联，即区域对水平没有影响，则认为不同区域民众在体育消费水平上没有显著性差异。如果行属性与列属性有显著关联，即区域对水平有影响，则认为不同区域民众在体育消费水平上有显著性差异。

（二）交叉表卡方检验

SPSS 采用 χ^2 检验（Pearson Chi-square Test 皮尔逊卡方检验）来考察二维或多维交叉表，判断行变量与列变量是否具有显著关联。检验的假设表示为：

H_0：行变量与列变量不存在显著关联（各行数据之间无显著性差异）。

H_1：行变量与列变量存在显著关联（各行数据之间具显著性差异）。

设 r 为行数，$i=1,2,\cdots,r$；c 为列数，$j=1,2,\cdots,c$；f_{ij} 表示第 i 行第 j 列交叉处单元格的实测频数；E_{ij} 表示第 i 行第 j 列交叉处单元格的期望频数，即在原假设成立的前提下，各单元格应该具有的理论频数；$\sum_{j=1}^{c} f_{ij}$ 表示第 i 行实测频数之和；$\sum_{i=1}^{r} f_{ij}$ 表示第 j 列实测频数之和；N 为实测频数总和；则交叉表分析的数据结构如表 11-5-2 所示。

表 11-5-2 交叉表分析的数据结构

i	j				
	1	2	…	c	$\sum$
1	$f_{11}(E_{11})$	$f_{12}(E_{12})$	…	$f_{1c}(E_{1c})$	$\sum_{j=1}^{c} f_{1j}$
2	$f_{21}(E_{21})$	$f_{22}(E_{22})$	…	$f_{2c}(E_{2c})$	$\sum_{j=1}^{c} f_{2j}$
…	…	…	…	…	…
r	$f_{r1}(E_{r1})$	$f_{r2}(E_{r2})$	…	$f_{rc}(E_{rc})$	$\sum_{j=1}^{c} f_{rj}$
$\sum$	$\sum_{i=1}^{r} f_{i1}$	$\sum_{i=1}^{r} f_{i2}$	…	$\sum_{i=1}^{r} f_{ic}$	N

每个单元格中期望频数的计算式为：

$$E_{ij}=\text{第}\ i\ \text{行实测频数之和}\times\text{第}\ j\ \text{列期望率}=\sum_{j=1}^{c}f_{ij}\times\frac{\sum_{i=1}^{r}f_{ij}}{N}$$

也就是说，每个单元格的期望频数等于该单元格所在行的实测频数之和乘以该单元格所在列的实测频数之和，再除以实测频数总和所得的商。由于某列的期望率是该列实测频数之和占实测频数总和的比率，即假定各行数据无差异而成为同一总体时该列的率，所以期望频数是原假设成立前提下的理论频数。

在交叉表分析中，采用下式计算χ^2统计量：

$$\chi^2=\sum_{i=1}^{r}\sum_{j=1}^{c}\frac{(f_{ij}-E_{ij})^2}{E_{ij}}$$

χ^2统计量反映了各单元格中实测频数与期望频数的差异。χ^2值越大，这种差异就越大；χ^2值越小，这种差异就越小。计算所得χ^2统计量服从自由度$df=(r-1)\times(c-1)$的卡方分布。

如图 11-5-1 所示，给定显著性水平α，对于双侧检验，在卡方分布上侧分位数表中可以查到临界值$\chi^2_{\frac{\alpha}{2}(df)}$。如果计算所得卡方值不太大，$\chi^2<\chi^2_{\frac{\alpha}{2}(df)}$，即卡方值落在原假设的接受域内，则$P>\alpha$，意味着各单元格中的实测频数与期望频数很接近，应接受原假设，认为行变量与列变量不存在显著关联。如果计算所得卡方值较大，$\chi^2\geqslant\chi^2_{\frac{\alpha}{2}(df)}$，即卡方值落在原假设的拒绝域内，则$P\leqslant\alpha$，意味着各单元格中的实测频数与期望频数相差较大，应拒绝原假设，接受备择假设，认为行变量与列变量存在显著关联，或者说各行数据之间存在显著性差异。

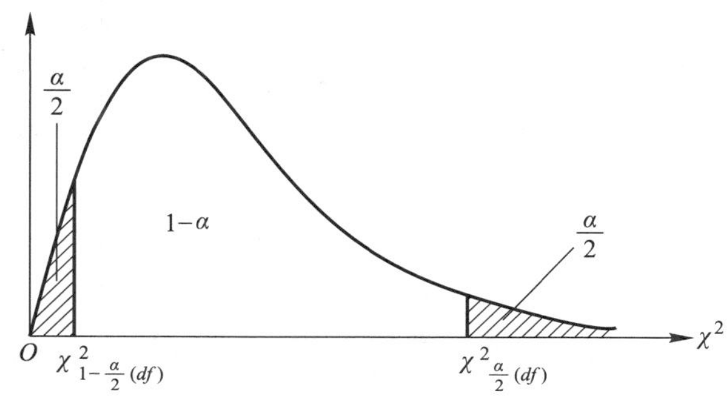

图 11-5-1　卡方检验的临界值

现计算出表 11-5-1 中每个单元格的期望频数，填入单元格的括号中，如表 11-5-3 所示。

表 11-5-3　三区民众体育消费水平交叉表

	高（人数）	中（人数）	低（人数）	$\sum$
甲区	245(246.8)	217(248.2)	308(275.0)	770
乙区	243(239.4)	190(240.8)	314(266.8)	747
丙区	230(231.7)	315(233.0)	178(258.2)	723
$\sum$	718	722	800	2 240

$$\chi^2=\sum\sum\frac{(f_{ij}-E_{ij})^2}{E_{ij}}$$

$$=\frac{(245-246.8)^2}{246.8}+\frac{(217-248.2)^2}{248.2}+\frac{(308-275.0)^2}{275.0}+\frac{(243-239.4)^2}{239.4}+\frac{(190-240.8)^2}{240.8}$$

$$+\frac{(314-266.8)^2}{266.8}+\frac{(230-231.7)^2}{231.7}+\frac{(315-233.0)^2}{233.0}+\frac{(178-258.2)^2}{258.2}$$

$$=0.013\ 1+3.922\ 0+3.960\ 0+0.054\ 1+10.716\ 9+8.350\ 2+0.012\ 5+28.858\ 4+24.911\ 1=80.8$$

自由度$df=(r-1)\times(c-1)=(3-1)\times(3-1)=4$，取$\alpha=0.05$，查$\chi^2$分布上侧分位数表，可得$\chi^2_{\frac{0.05}{2}(4)}=11.14$。

因$\chi^2=80.8>11.14$，故$P<0.05$，应拒绝原假设，接受备择假设，可认为行变量与列变量存在显著关联，即三区民众的体育消费水平存在显著性差异。

SPSS 中的交叉表分析默认进行双侧检验。系统除了计算统计量χ^2值外，还会算出显著性概率 P。该值是在特定自由度的卡方分布中卡方值大于等于计算所得卡方值的概率，即 $P(\chi^2 \geqslant \chi^2_{计算值})$。这个概率值等于图 11-5-2 之下图中卡方分布曲线左、右两端阴影部分的面积之和（$P/2+P/2$）。可以看出，给定显著性水平 α，如果所得 P 值大于 α，即下图中曲线两端阴影部分的面积之和大于上图中曲线右端阴影部分的面积，则说明计算所得卡方值落在了原假设的接受域内；如果所得 P 值小于等于 α，则说明计算所得卡方值落在了原假设的拒绝域内。

因此，在 SPSS 中进行交叉表分析时，不必如图 11-5-1 所示那样查表找临界值，而是可以直接将计算所得 P 值与给定的显著性水平 α 进行比较，做出统计推断。如果 $P>\alpha$，应接受原假设，认为各行数据无显著性差异；如果 $P\leqslant\alpha$，则应拒绝原假设，接受备择假设，认为各行数据具显著性差异。

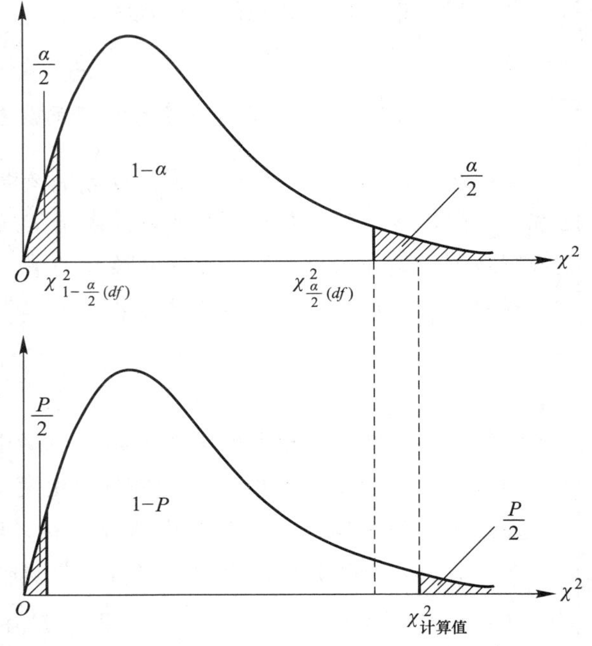

图 11-5-2 卡方检验的显著性概率

【小贴士】

在 SPSS 中进行交叉表分析时，可以直接使用原始数据，也可以使用经过整理的频数数据（即先通过频数分析，求出各类的频数，再根据求得的频数单独建立一个数据文件）。如果使用经过整理的频数数据，需预先对频数变量做加权处理。

（三）交叉表分析的其他统计量

进行交叉表分析时，要特别注意单元格中的期望频数的大小。一般来说，表中不应有期望频数小于 1 的单元格，或不应有大量期望频数小于 5 的单元格。如果交叉表中有 20%以上单元格的期望频数小于 5，则不宜使用皮尔逊卡方值来下结论。因期望频数偏小的单元格大量存在，将使卡方统计量出现偏大的趋势，从而易于拒绝原假设。SPSS 会在输出表格的脚注中提示期望频数小于 5 的单元格数及比例。若发现有上述情况，应考虑采用其他一些统计量。

1. 对数似然比卡方值

对数似然比卡方值的计算公式为：

$$T=2\sum_{i=1}^{r}\sum_{j=1}^{c}f_{ij}\ln\frac{f_{ij}}{E_{ij}}$$

进行卡方检验时，SPSS 会同时输出对数似然比卡方值。当样本容量较大时，对数似然比卡方值与皮尔逊卡方值非常接近，检验结论通常是一致的。而当自由度 df 大于 1（非四格表）且有单元格的期望频数小于 5 时，应采用对数似然比卡方值。

2. 线性关联卡方值

进行卡方检验时，SPSS 会同时输出线性关联卡方值。当行、列变量都是序次数据时，该值反映行、列变量的线性相关性。检验的假设为：

H_0：行、列变量无线性相关；

H_1：行、列变量存在显著的线性相关。

给定显著性水平 α，若 $P>\alpha$，应接受原假设，认为行、列变量无线性相关；若 $P\leqslant\alpha$，则应拒绝原假设，接受备择假设，即认为行、列变量存在显著的线性相关。

3. 连续性校正卡方值

连续性校正卡方值的计算公式为：

$$\chi^2=\sum_{i=1}^{r}\sum_{j=1}^{c}\frac{(|f_{ij}-E_{ij}|-0.5)^2}{E_{ij}}$$

如果数据是四格表（2 行×2 列），系统会自动计算连续性校正卡方值。若在四格表中有期望频数小于 5，则会出现较大的误差，此时应采用连续性校正卡方值。

4. 费希尔精确检验值

如果数据是四格表（2 行×2 列），系统会自动进行费希尔精确检验，直接给出显著性概率 P。其他情况下若要进行精确检验，须特别指定。

当样本容量小于 40，或有单元格的期望频数小于 5 时，应指定进行费希尔精确检验。

二、交叉表分析在 SPSS 中的实现

【案例 1106】

对甲、乙、丙三区民众体育消费水平的调查结果进行频数分析后，得出三区体育消费水平高、中、低三档的人数（表 11-5-1），数据文件“案例 1106. sav”如图 11-5-3 所示。试分析甲、乙、丙三区民众体育消费水平的差异。

	区域	水平	人数
1	1	1	245
2	1	2	217
3	1	3	308
4	2	1	243
5	2	2	190
6	2	3	314
7	3	1	230
8	3	2	315
9	3	3	178

图 11-5-3　案例 1106 的数据文件

数据文件含 3 个变量：区域（代表行变量，用 1、2、3 分别代表甲、乙、丙区）、水平（代表列变量，用 1、2、3 分别代表高、中、低水平）和人数（实测频数）。根据题意，可进行交叉表卡方检验。

检验的假设为：

H_0：甲、乙、丙三区民众体育消费水平无显著性差异；

H_1：甲、乙、丙三区民众体育消费水平具显著性差异。

1. 在 SPSS 中实现的步骤

第 1 步：在数据编辑器窗口中打开数据文件“案例 1106. sav”。因变量“人数”是频数变量，故先对其进行“个案加权”的处理，具体方法此处不再赘述。

第 2 步：在“分析”菜单中选择“描述统计”→“交叉表”命令，打开相应的主对话框。

第 3 步：在“交叉表”主对话框中进行交叉表分析的具体操作，如图 11-5-4 所示。

本例处理：将区域作为行变量选入“行”框；将水平作为列变量选入“列”框；选择“显示簇状条形图”项。

第 4 步：在“交叉表”主对话框中单击“统计”按钮，打开“统计”子对话框，在其中选择检验所用的统计量，如图 11-5-5 所示。

SPSS 在进行交叉表分析时还提供了多种适用于不同条件的统计量，可根据变量的性质选择合适的统计量。

□ 相关性：选择“相关性”项时，系统会输出皮尔逊积差相关系数和斯皮尔曼等级相关系数，用于考察行、列变量之间的线性相关程度。

“名义”栏：当行、列变量都是名义测度变量时，可以采用下面的统计量来考察行、列变量的关联

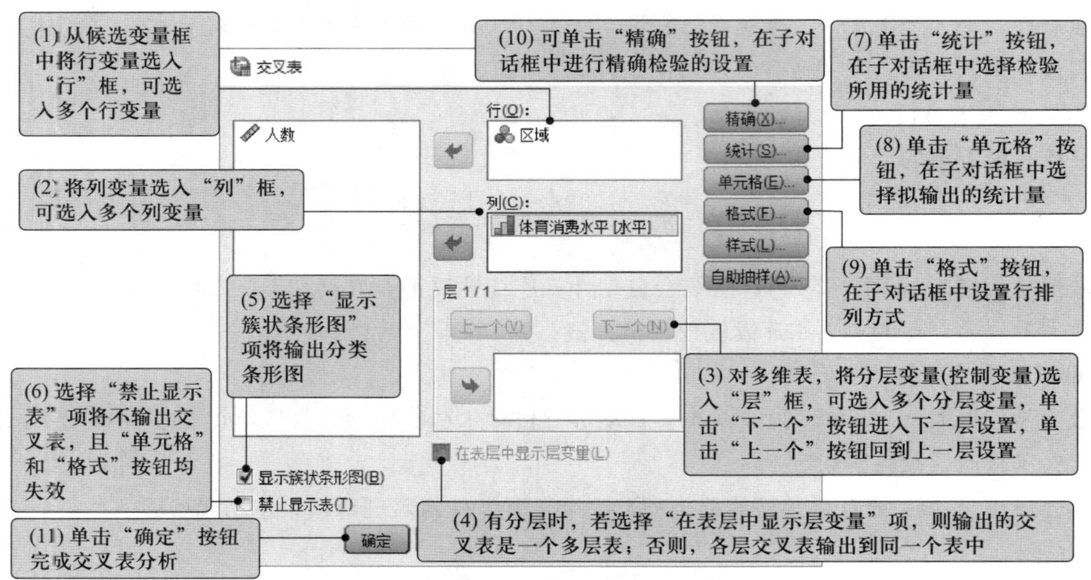

图 11-5-4 交叉表分析的操作

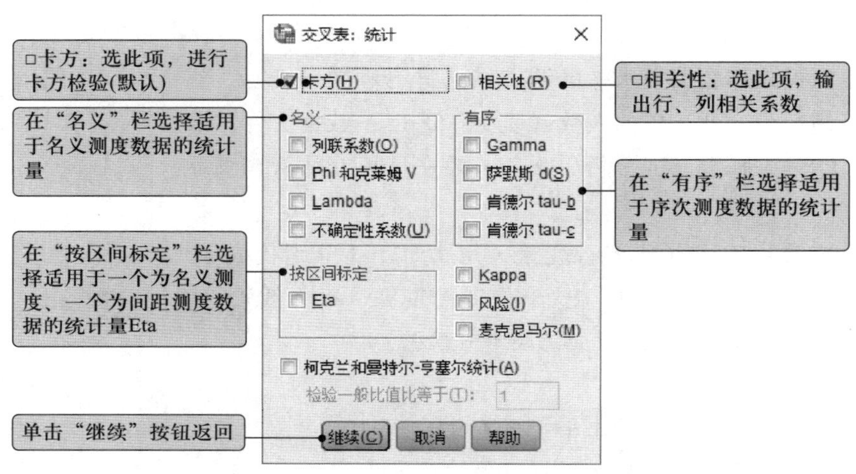

图 11-5-5 选择检验统计量

情况。

□ 列联系数：Contingency Coefficient，用于描述两个属性之间关联度的高低，由卡方公式修改而得，公式为：

$$C=\sqrt{\frac{\chi^2}{\chi^2+N}}$$

列联系数取值在 0~1 之间。其值越接近 0 表示卡方值越小而使得样本容量在分母中的作用极大，因而不能拒绝原假设，即认为行、列变量之间没有关联；其值越接近 1 表示卡方值越大而使得样本容量在分母中的作用极小，因而应拒绝原假设，即认为行、列变量之间的关联度越高。

□ Phi 和克莱姆 V：ψ 系数和 Cramer's V 系数。卡方值会受到样本容量大小的影响。样本容量增大时，自由度和显著性水平并没有改变，但会使卡方值增大，进而使拒绝原假设的可能性增大。因此，有必要对皮尔逊卡方值进行修正，以排除样本容量的影响。

Phi 系数是对皮尔逊卡方值的一种修正，计算式为：

$$\psi=\sqrt{\frac{\chi^2}{N}}$$

克莱姆 V 系数也是对皮尔逊卡方值的一种修正，计算式为：

$$V=\sqrt{\frac{\chi^2}{N(k-1)}}$$

上式中的 k 为 $r-1$ 和 $c-1$ 中较小的一个，它在考虑样本容量影响的同时，还考虑到表的单元格数。

两者的取值都在 0~1 之间。其值越接近 0 表示行、列变量之间的关联度越低；其值越接近 1 表示行、列变量之间的关联度越高。对于四格表数据，ψ 系数与 V 系数相等。

□ Lambda：λ 值，反映用自变量预测因变量时的预测误差，取值在 0~1 之间。其值为 1 表示自变量完全预测因变量，其值为 0 表示自变量不能预测因变量。

□ 不确定性系数：Uncertainty Coefficient，反映用一个变量预测其他变量时可能发生的错误，取值在 0~1 之间。其值越接近 1 表示预测的错误越小，其值越接近 0 表示预测的错误越大。

"有序"栏：当行、列变量都是序次测度变量时可以采用下面的统计量来考察行、列变量的关联情况。

□ Gamma：γ 关联系数，反映两个序次变量之间的对称关联程度，计算式为：

$$\gamma=\frac{P-Q}{P+Q}$$

上式中的 P 为和谐对子数，Q 为非和谐对子数。γ 取值在 -1~1 之间。其值为 0 表示行、列变量之间没有关联性；其值接近 1 表示行、列变量之间有很强的正关联；其值接近 -1 表示行、列变量之间有很强的负关联。

□ 萨默斯 d：Somers'd 关联系数，该系数是 Gamma 的非对称形式的扩展，用于描述两个序次变量之间的关联程度，取值在 -1~1 之间。其意义与 γ 值相同。

□ 肯德尔 tau-b：Kendall's tau-b 系数，描述序次变量关联性的一种非参数检验方法，通常用于行列数相同的方形交叉表，取值在 -1~1 之间。符号表示关联方向，绝对值表示关联程度。其值为 0 时表示两个变量之间没有关联性；其绝对值接近 1 时表示两个变量之间有很强的关联性。

□ 肯德尔 tau-c：Kendall's tau-c 系数，描述序次变量关联性的一种非参数检验方法，可用于任意行列数的交叉表，取值在 -1~1 之间。符号表示关联方向，绝对值表示关联程度。其值为 0 时表示两个变量之间没有关联性；其绝对值接近 1 时表示两个变量之间有很强的关联性。

"按区间标定"栏：当行、列变量一个为名义测度变量、一个为间距测度变量时可以采用下面的统计量来考察行、列变量的关联情况。

□ Eta：计算两个 Eta 值，一个描述间距测度变量（通常应设为行变量），另一个描述名义测度变量（通常应设为列变量）。Eta 值的平方可认为是因变量受不同因素影响所致方差的比例。Eta 值的取值范围在 0~1 之间，越接近于 0 表示两变量的关联性越弱，越接近于 1 表示两变量的关联性越强。

其他统计量：

□ Kappa：内部一致性系数，用于检验两个评估人对同一对象进行评估时是否具有一致性，取值在 0~1 之间。它仅适用于具有相同分类值和相同分类数量的交叉表，如 2×2 交叉表。其值为 0 表示两者没有共同点，为 1 表示两者具有完全的一致性。

□ 风险：Risk 系数，用于评估相对危险度，反映事件发生和某因素之间的关联性。其值小于或等于 1，则不能认为事件发生和某因素存在关联，其值大于 1 说明两者之间有关联。

□ 麦克尼马尔：McNemar 检验，是两个相关的二值变量的非参数检验。它检验符合卡方分布响应的变化。在实验前、后的比较中，对于检验由于实验的影响而产生的变化十分有效。如果分析结果的概率值小于 0.05，则可认为变化显著。

□ 柯克兰和曼特尔-亨塞尔统计：Cochran's and Mantel-Haenszel Statistics 检验：用于两个二值变量的独立性检验。在 SPSS 中运用这种方法时，需要设置原假设值，在任何情况下都要取一个正数，默认取值为 1。

本例处理：选择“卡方”项进行卡方检验。

第 5 步：在主对话框中单击“单元格”按钮后，打开“单元格显示”子对话框，在其中选择需要在交叉表的单元格中显示的统计量，如图 11-5-6 所示。

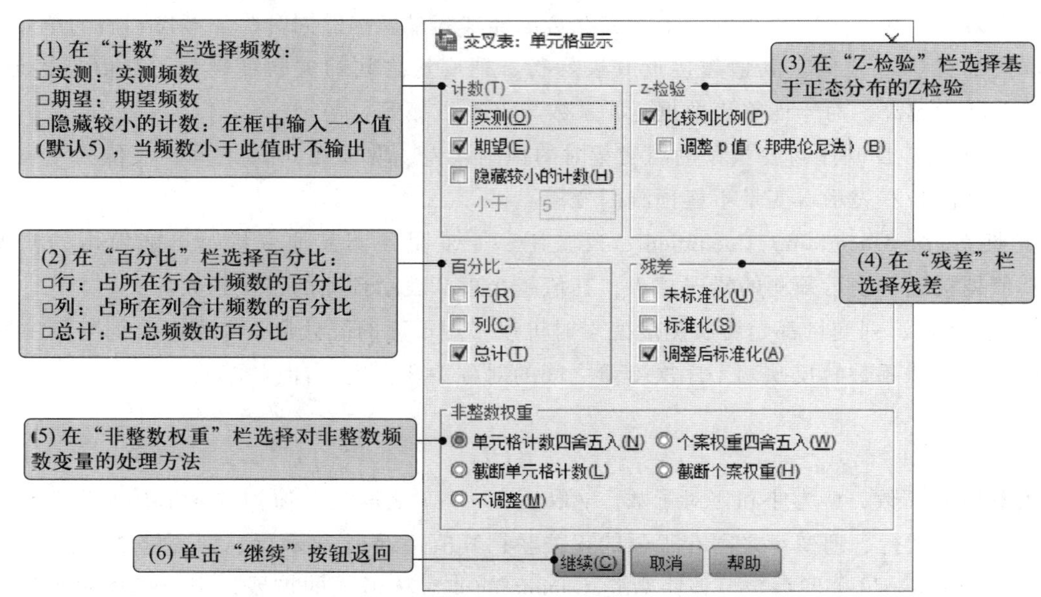

图 11-5-6　选择单元格中的统计量

在“Z-检验”栏可选择进行基于正态分布的 Z 检验：

□ 比较列比例：表示以列变量为分组变量对每一行的比例数进行差异检验。

□ 调整 P 值（邦弗伦尼法）：当选择了“比较列比例”后可选此项，表示若列变量有三个及以上类别时采用 Bonferroni 法对 P 值进行校正。

整体检验认为差异具显著性后，可进一步分析单元格残差，以了解实测频数与期望频数之间差异的具体情况。在“残差”栏可选择拟输出到单元格中的残差：

□ 非标准化：残差=实测频数-期望频数。

单元格中残差值为正，代表实测频数高于期望频数，也就是调查对象状态比较倾向于该单元格；反之，残差值为负，代表实测频数低于期望频数，也就是调查对象状态比较不倾向于该单元格。

□ 标准化：标准化残差 $=\dfrac{\text{实测频数}-\text{期望频数}}{\sqrt{\text{期望频数}}}$。

非标准化残差并无法反映单元格之间差异的大小，而经过标准化后的残差排除了单元格数值大小的影响，可以用于单元格之间的比较。

□ 调整后标准化：调整后残差 $=\dfrac{\text{实测频数}-\text{期望频数}}{\sqrt{\text{期望频数}\times\left(1-\dfrac{\text{行合计频数}}{\text{总频数}}\right)\left(1-\dfrac{\text{列合计频数}}{\text{总频数}}\right)}}$。

经过调整后的标准化残差进一步排除了行、列数值大小的影响，可以更准确地反映单元格之间的差异。

单元格计数通常为整数，但如果数据文件当前按某个带小数值的权重变量加权，则单元格计数可能是小数值。此时可在“非整数权重”栏选择适当的处理方法。有 5 个单选项：

◎ 单元格计数四舍五入：将单元格内的实测频数四舍五入取整（默认）。

◎ 个案权重四舍五入：将原始数据四舍五入取整。

◎ 截断单元格计数：将单元格内的实测频数直接取整。

◎ 截断个案权重：将原始数据直接取整后再进行分析。

◎ 不调整。

本例处理：在“计数”栏选择实测、期望；在“百分比”栏选择总计；在“Z-检验”栏选择比较列比例；在“残差”栏选择未标准化、调整后标准化。

第6步：在“交叉表”主对话框中单击“格式”按钮，打开“表格式”子对话框，可在其中设置交叉表中行变量的排列方式，如图11-5-7所示。

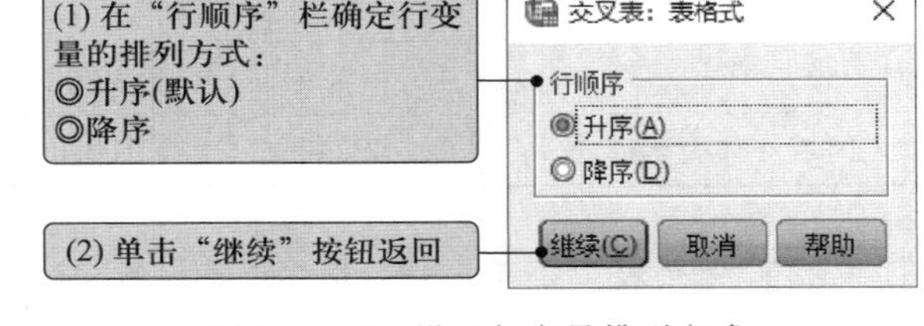

图 11-5-7 设置行变量排列方式

本例操作：采用默认的升序。

2. 精确检验

SPSS对交叉表所做分析，默认状态是只计算近似概率，不计算精确概率。因为精确检验计算复杂，如果是大样本，会占用计算机大量资源且十分耗时。但精确检验对于小样本（样本容量小于30）却是一种很好的检验方法。因此，当交叉表是四格表（2行×2列）时，系统会自动进行精确检验，计算精确概率值。

对于非四格表，若要进行精确检验，须在“交叉表”主对话框中单击“精确”按钮，打开“精确检验”子对话框，然后在其中进行精确检验的具体操作，如图11-5-8所示。

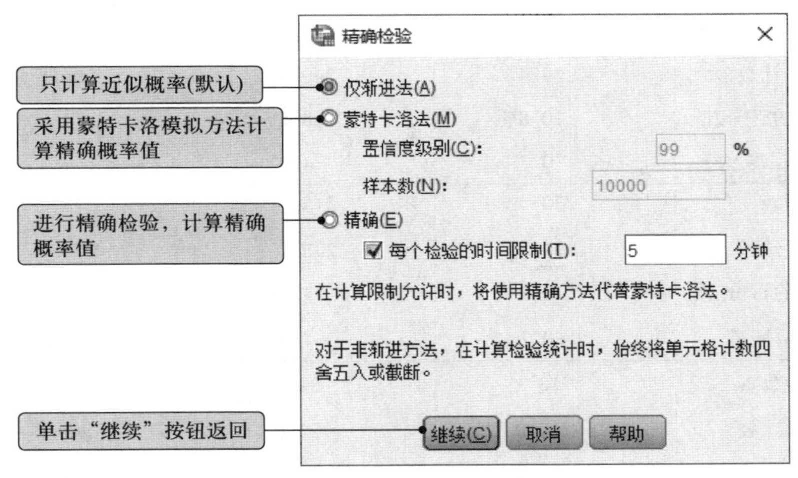

图 11-5-8 精确检验的操作

“精确检验”子对话框中有3个单选项：

◎ 仅渐进法：进行一般意义的检验，只计算近似概率。这是系统的默认方式。

◎ 蒙特卡洛法：采用Monte Carlo模拟方法计算精确概率值，默认进行10 000次抽样，给出精确概率及99%置信区间。可在框中自行设置抽样次数和置信水平。一般来说，抽样次数越多，计算得到的概率就越可靠，但计算过程也会越耗时。

◎ 精确：进行精确检验，计算精确概率值。如果选择了下方的“每个检验的时间限制”项并在其右侧框中输入检验的最大时间（默认5分钟），则超过时限系统就自动停止运行，给出结果。

如果计算机的计算能力允许，最好采用精确检验，以保证结果的准确。但对于3行×3列及以上的交叉表，精确概率的计算是极为漫长的过程。因此，一般情况下还是建议采用蒙特卡洛模拟方法，不仅精度可以满足要求，而且运算速度较快。

3. 结果解读

（1）个案处理摘要。表 11-5-4 是个案处理摘要。由此表可知，本例总共有 2 240 个个案，无缺失值。

表 11-5-4 个案处理摘要

	个案					
	有效		缺失		总计	
	N	百分比	N	百分比	N	百分比
区域＊体育消费水平	2 240	100.0%	0	0.0%	2 240	100.0%

（2）交叉表。表 11-5-5 是交叉表。根据设定，在各区各水平的 9 个基本单元格中，依次输出了 4 个统计量：计数（实测频数）、期望计数、实测频数占总计的百分比以及调整后残差值。其中，各个单元格计数值右下角的小写英文字母 a、b、c 等是列比例 Z 检验结果类别子集的标志。

表 11-5-5 区域＊体育消费水平交叉表

			体育消费水平			总计
			高	中	低	
区域	甲区	计数	$245_{a,b}$	217_{b}	308_{a}	770
		期望计数	246.8	248.2	275.0	770.0
		占总计的百分比	10.9%	9.7%	13.8%	34.4%
		调整后残差	-0.2	-3.0	3.1	
	乙区	计数	243_{a}	190_{b}	314_{a}	747
		期望计数	239.4	240.8	266.8	747.0
		占总计的百分比	10.8%	8.5%	14.0%	33.3%
		调整后残差	0.3	-4.9	4.4	
	丙区	计数	230_{a}	315_{b}	178_{c}	723
		期望计数	231.7	233.0	258.2	723.0
		占总计的百分比	10.3%	14.1%	7.9%	2.3%
		调整后残差	-0.2	7.9	-7.6	
总计		计数	718	722	800	2 240
		期望计数	718.0	722.0	800.0	2 240.0
		占总计的百分比	32.1%	32.2%	35.7%	100.0%

每个下标字母都指示体育消费水平类别的子集，在 0.05 级别，这些类别的列比例相互之间无显著差异

（3）卡方检验表。卡方检验的结果主要体现在表 11-5-6 中。表中列出了皮尔逊卡方、似然比、线性关联 3 种方法的检验统计量、自由度和双侧检验的近似显著性概率。

表 11-5-6 卡方检验

	值	自由度	渐进显著性（双侧）
皮尔逊卡方	80.767[a]	4	0.000
似然比	81.371	4	0.000
线性关联	12.711	1	0.000
有效个案数	2 240		

a. 0 个单元格（0.0%）的期望计数小于 5，最小期望计数为 231.75

本例自由度 $df=(3-1)\times(3-1)=4$；由脚注可知，没有一个单元格的期望频数小于 5，故可以采用皮尔逊卡方值。在皮尔逊卡方这一行可见 $P=0.000<0.01$，应当拒绝原假设，接受备择假设，可认为行变量与列变量高度显著关联。或者说，三区民众体育消费水平的差异具高度显著性。

（4）分类条形图。图 11-5-9 是分类条形图。从图中大体可以看出，甲、乙两区民众体育消费水平的变化趋势相同，而丙区与甲、乙两区明显不同。这意味着有必要对三区的情况进行更深入的分析。

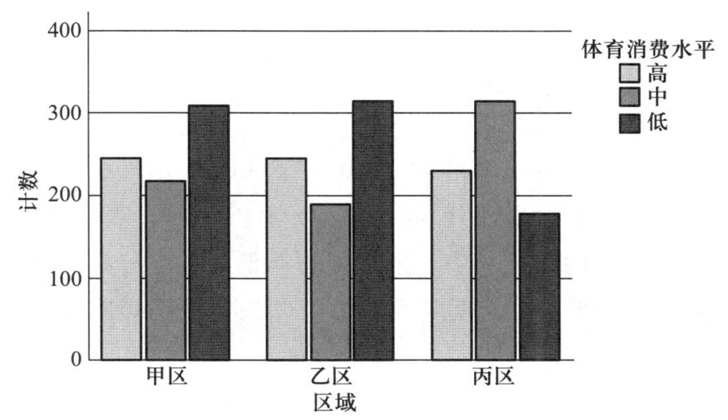

图 11-5-9　分类条形图

（5）列比例 Z-检验结果分析。基于正态分布对列比例进行 Z-检验的结果体现在表 11-5-5 中各区第一行计数值的下标 a、b、c 等字母上。在同一行中，如果两列计数值的下标拥有相同字母，表示这两列比例数不具显著性差异；如果两列计数值的下标拥有不同字母，表示这两列比例数在 $\alpha=0.05$ 的水平上具显著性差异。为了更清楚地反映这种特征，现根据该表将甲、乙、丙三区的高、中、低三种水平对应的列比例和下标字母单独列出，如表 11-5-7 所示。

表 11-5-7　列比例 Z-检验结果

		体育消费水平		
		高	中	低
甲区	占总计的百分比	10.9%	9.7%	13.8%
	下标字母	a、b	b	a
乙区	占总计的百分比	10.8%	8.5%	14.0%
	下标字母	a	b	a
丙区	占总计的百分比	10.3%	14.1%	7.9%
	下标字母	a	b	c

甲区：“高”单元格下标为 a、b，“中”单元格下标为 b，“低”单元格的下标为 a。因“高”与“中”拥有相同字母 b，“高”与“低”拥有相同字母 a，所以它们之间的比例数不具显著性差异。而“中”与“低”拥有不同字母 b 和 a，所以它们的比例数 9.7%与 13.8%之间具显著性差异。

乙区：同理，“高”的比例数 10.8%与“中”的比例数 8.5%之间具显著性差异；“中”的比例数 8.5%与“低”的比例数 14.0%之间具显著性差异。

丙区：同理，“高”“中”“低”的比例数 10.3%、14.1%、7.9%互相之间都具显著性差异。

（6）残差分析。残差反映调查对象状态的倾向性。在同一行中，残差值越大（正值），表示调查对象状态越倾向于该单元格；残差值越小（负值），表示调查对象状态越不倾向于该单元格。为了更清楚地反映这种特征，现根据表 11-5-5 将甲、乙、丙三区的高、中、低三种水平对应的调整后残差单独列出，如表 11-5-8 所示。

表 11-5-8 残差分析表

		体育消费水平		
		高	中	低
甲区	调整后残差	-0.2	-3.0	3.1
乙区	调整后残差	0.3	-4.9	4.4
丙区	调整后残差	-0.2	7.9	-7.6

甲区高、中、低三档的调整后残差分别为-0.2、-3.0、3.1，表明甲区民众的体育消费水平低档较多而中档较少；乙区高、中、低三档的调整后残差分别为 0.3、-4.9、4.4，表明乙区民众的体育消费水平与甲区相似，也是低档较多而中档较少；丙区高、中、低三档的调整后残差分别为-0.2、7.9、-7.6，表明丙区民众的体育消费水平中档较多而低档较少。可见，由残差反映出的数据倾向性与各列的比例数是吻合的。

4. 延伸分析

在进行三行及以上交叉表 χ^2 检验后，如果结论是行属性与列属性无显著关联，则无须再做进一步的分析。但若结论是行属性与列属性有显著关联，则并不意味着任意两行的差异都具显著性，其实际含义只是：至少有一行数据与其他行数据的差异具显著性。若要明确判定究竟哪两行的差异具显著性，需采用个案筛选的方法逐次进行两两行之间的 χ^2 检验。

如果分别进行甲区—乙区、甲区—丙区、乙区—丙区的二行三列交叉表 χ^2 检验，结果如表 11-5-9 至表 11-5-11 所示。

表 11-5-9 甲区对乙区的卡方检验

	值	自由度	渐进显著性（双侧）
皮尔逊卡方	1.509[a]	2	0.470
似然比	1.510	2	0.470
线性关联	0.092	1	0.762
有效个案数	1 517		

a. 0 个单元格（0.0%）的期望计数小于 5，最小期望计数为 200.41

甲区对乙区的卡方检验，$P=0.470>0.05$，应接受原假设，可认为甲、乙两区民众体育消费水平的差异不具显著性。

表 11-5-10 甲区对丙区的卡方检验

	值	自由度	渐进显著性（双侧）
皮尔逊卡方	51.872[a]	2	0.000
似然比	52.351	2	0.000
线性关联	13.685	1	0.000
有效个案数	1 493		

a. 0 个单元格（0.0%）的期望计数小于 5，最小期望计数为 230.02

甲区对丙区的卡方检验，$P=0.000>0.01$，应拒绝原假设，接受备择假设，可认为甲、丙两区民众体育消费水平的差异具高度显著性。

表 11-5-11　乙区对丙区的卡方检验

	值	自由度	渐进显著性（双侧）
皮尔逊卡方	68.518[a]	2	0.000
似然比	69.318	2	0.000
线性关联	15.596	1	0.000
有效个案数	1 470		

a. 0 个单元格（0.0%）的期望计数小于 5，最小期望计数为 232.64

乙区对丙区的卡方检验，$P=0.000>0.01$，应拒绝原假设，接受备择假设，可认为乙、丙两区民众体育消费水平的差异具高度显著性。

根据以上的讨论，可以得出本例的综合结论：甲、乙两区民众的体育消费水平无显著性差异；甲区与丙区、乙区与丙区民众的体育消费水平具高度显著性差异。甲、乙两区民众体育消费水平偏向低档，丙区民众体育消费水平偏向中档。

【案例 1107】

某教师进行健康知识授课方法的对照研究，实验班 100 人，对照班 94 人。实验班采用探究式分组讨论并辅以多媒体课件进行总结；对照班进行常规的讲授。一个单元课程结束后进行测验。实验班及格率为 0.70，对照班及格率为 0.51。两种教学方法的效果是否有显著性差异？

这个问题属于两个样本率差异的显著性检验，是交叉表卡方检验的一个特例，即对 2 行×2 列的四格表做差异检验。建立数据文件时，首先需要把率转换为两种状态的频数，如表 11-5-12 所示。

表 11-5-12　教学对照实验频数表（人数）

	及格	不及格	$\sum$
实验组	70	30	100
对照组	48	46	94
$\sum$	118	76	194

在建立数据文件“案例 1107.sav”时，应把行变量“组别”设为第 1 个变量，其值 1 代表实验组，2 代表对照组；把列变量“成绩”设为第 2 个变量，其值 1 代表及格，2 代表不及格；把“人数”设为第 3 个变量，其值为上表中 4 种状况的实测频数；如图 11-5-10 所示。

	组别	成绩	人数
1	1	1	70
2	1	2	30
3	2	1	48
4	2	2	46

图 11-5-10　案例 1107 的数据文件

根据题意，可进行交叉表卡方检验。检验的假设为：

H_0：两种教学方法的效果无显著性差异；

H_1：两种教学方法的效果具显著性差异。

1. 在 SPSS 中实现的步骤

第 1 步：在数据编辑器窗口中打开数据文件“案例 1107.sav”，然后对“人数”变量进行“个案加权”的处理。

第 2 步：在“分析”菜单中选择“描述统计”→“交叉表”命令，打开相应的主对话框。

第 3 步：在如图 11-5-4 所示的“交叉表”主对话框中，将组别选入“行”框；将成绩选入“列”框；选择“显示簇状条形图”项。

第 4 步：在“交叉表”主对话框中单击“统计”按钮，打开如图 11-5-5 所示的“统计”子对话框，在其中选择“卡方”项。

第 5 步：在“交叉表”主对话框中单击“单元格”按钮，打开如图 11-5-6 所示的“单元格显示”子对话框，在“计数”栏选择实测、期望；在“百分比”栏选择总计。

第 6 步：回到“交叉表”主对话框后，单击“确定”按钮，系统即完成交叉表分析，给出统计结果。

2. 结果解读

（1）交叉表。表 11-5-13 是交叉表。根据设定，在各组各成绩的 4 个基本单元格中，依次输出了 3 个统计量：计数、期望计数及占总计的百分比。

表 11-5-13 组别 * 成绩交叉表

			成绩		总计
			及格	不及格	
组别	实验组	计数	70	30	100
		期望计数	60.8	39.2	100.0
		占总计的百分比	36.1%	15.5%	51.5%
	对照组	计数	48	46	94
		期望计数	57.2	36.8	94.0
		占总计的百分比	24.7%	23.7%	48.5%
总计		计数	118	76	194
		期望计数	118.0	76.0	194.0
		占总计的百分比	60.8%	39.2%	100.0%

（2）卡方检验表。表 11-5-14 是四格表卡方检验的结果，除列出了皮尔逊卡方、似然比、线性关联 3 种方法的检验统计量、自由度和双侧检验的近似显著性概率外，还自动计算出了连续性校正卡方值，并直接给出了费希尔精确检验的显著性概率。

本例应采纳费希尔精确检验的结果。可以看出，对于双侧检验，$P=0.008<0.01$，应当拒绝原假设，接受备择假设。因此，可认为行变量与列变量高度显著关联，即两种教学方法的效果具高度显著性差异。从原始数据看，显然实验组的教学方法优于对照组。

表 11-5-14 卡方检验

	值	自由度	渐进显著性（双侧）	精确显著性（双侧）	精确显著性（单侧）
皮尔逊卡方	7.292[a]	1	0.007		
连续性修正[b]	6.518	1	0.011		
似然比	7.334	1	0.007		
费希尔精确检验				0.008	0.005
线性关联	7.254	1	0.007		
有效个案数	194				

a. 0 个单元格（0.0%）的期望计数小于 5，最小期望计数为 36.82

b. 仅针对 2×2 表进行计算

（3）分类条形图。图 11-5-11 是分类条形图。可以看出，实验组成绩及格人数明显多于不及格人数；对照组及格与不及格人数相差不大。显然，两种教学方法的效果存在较大差异，实验组优于对照组。

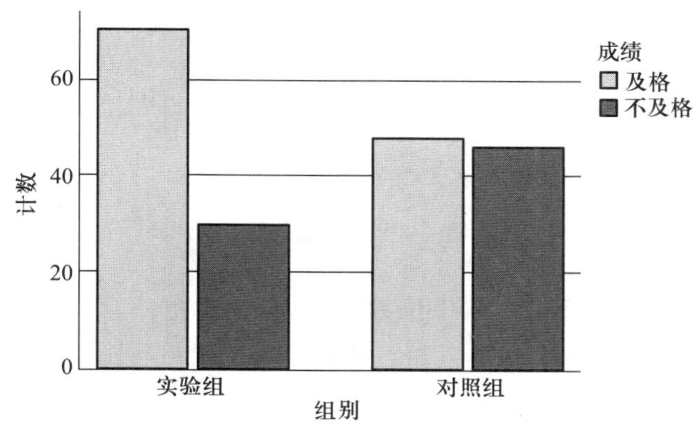

图 11-5-11　分类条形图

【小贴士】

两个样本率差异的分析，在满足各类频数都大于 5 的前提下，可以采用近似正态的 Z 检验（如本书第六章所述）；也可以采用此处介绍的交叉表卡方检验。而对于多个率差异的分析，则主要是采用交叉表卡方检验。在问卷调查中，对于单选题，在进行一般频数分析之后，如果问卷中有分类题项（如地域、性别、年龄段、职称、受教育程度、经济水平等），则可以把这些题项作为行变量，从而运用交叉表卡方检验对问题进行更深入的分析。

第六节　比率分析

一、比率分析概述

在统计工作中，绝对数反映的是现象达到的规模和水平，但仅有绝对数是不够的。有比较才有鉴别，只有把有联系的指标结合在一起考察，才能对事物的现状及其发展做出准确的判断。这就需要用到“比率”的概念。所谓“比率”是指两个有联系的指标相除所得之商。它是一种相对指标，反映现象之间的数量对比关系。

SPSS 的比率分析过程用于考察两个连续型数值变量比值的变化情况。它可以生成代表两个变量比率的新变量，用以刻画比率变量的集中趋势和离散程度。

SPSS 的比率分析提供的反映比率集中趋势的统计量有：

□ 中位数：比率序列中位于中间位置的值。

□ 平均值：比率的总和除以比率的总个数所得的商。

□ 加权平均值：分子的均值除以分母的均值所得的商，即两变量平均数的比。

□ 置信区间：比率中位数、平均值、加权平均值的置信区间。

SPSS 的比率分析提供的反映比率离散程度的统计量有：

□ 标准差：比率的标准差。

□ 范围：比率的最大值与最小值之差。

□ 最小值：比率的最小值。

□ 最大值：比率的最大值。

□ *AAD*：Average Absolute Deviation，即平均绝对离差。该值是每个比率与比率中位数之差的绝对值之和除以样本容量所得的商，计算公式为：

$$AAD=\frac{\sum|R_i-M|}{n}$$

上式中，R_i 为比率变量的值，M 为比率变量的中位数，n 为样本容量。

□ *COD*：Coefficient of Dispersion，即离散系数。该值是每个比率与比率均值之差的绝对值之和除以样本容量，再除以比率中位数所得的商，计算公式为：

$$COD=\frac{\left(\frac{\sum|R_i-\bar{R}|}{n}\right)}{M}$$

□ *PRD*：Price-related Differential，即价格相关微分。该值是比率平均值除以比率加权平均值所得的商。

□ 中位数居中 *COV*：Median centered Coefficient of Variation，即基于比率中位数的变异系数。该值是各比率与比率中位数之差的均方根除以中位数所得的商，计算公式为：

$$COV=\frac{\sqrt{\frac{\sum(R_i-M)^2}{n}}}{M}\times100\%$$

□ 平均数居中 *COV*：Mean centered Coefficient of Variation，即基于比率平均数的变异系数。该值是各比率与比率平均数之差的均方根除以平均数所得的商，计算公式为：

$$COV=\frac{\sqrt{\frac{\sum(R_i-\bar{R})^2}{n}}}{\bar{R}}\times100\%$$

二、比率分析在 SPSS 中的实现

【案例 1108】

某项有关太极拳运动强度的研究，36 名成年男子被分为 3 个年龄段（25~44 岁、45~64 岁、65~80 岁，分别用 1、2、3 表示），每个年龄段 12 人。采用遥测装置测量了他们在进行传统杨式太极拳练习时的心率（HR1，次/min）和功率自行车极限运动时的心率（HR2，次/min），数据文件“案例 1108. sav”同图 11-2-1。试进行比率分析，了解不同年龄段太极拳练习者心率储备（HR1/HR2）的变化特征。

1. 在 SPSS 中实现的步骤

第 1 步：在数据编辑器窗口中打开数据文件“案例 1108. sav”。

第 2 步：在“分析”菜单中选择“描述统计”→“比率”命令，打开相应的主对话框。

第 3 步：在“比率统计”主对话框中进行比率分析的具体操作，如图 11-6-1 所示。

本例处理：将 HR1(太极拳练习心率）选入“分子”框；将 HR2(功率自行车极限心率）选入“分母”框；将 AG(年龄段）选入“组变量”框；选择“按组变量排序”项并选“升序”；选择“显示结果”项。

第 4 步：在“比率统计”主对话框中单击“统计”按钮，打开“统计”子对话框，在其中选择拟输出的比率统计量，如图 11-6-2 所示。

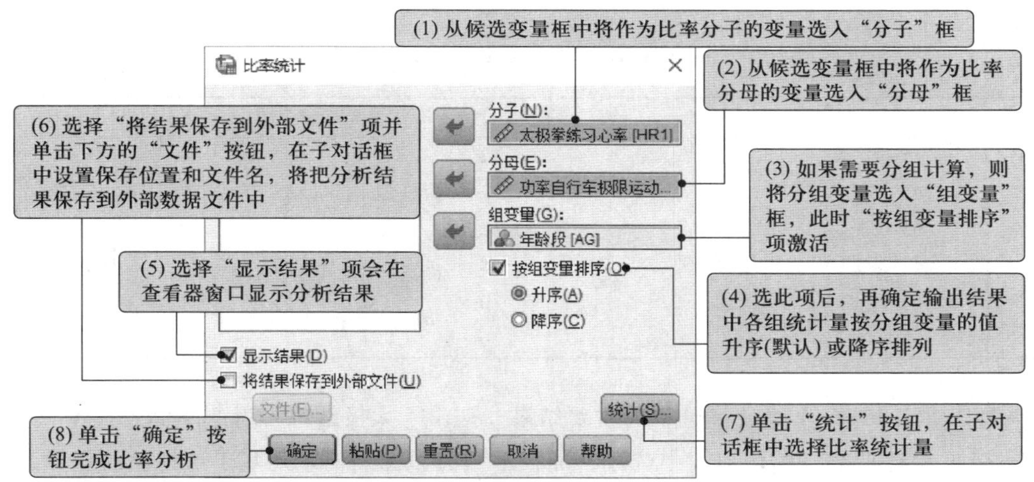

图 11-6-1　比率分析的操作

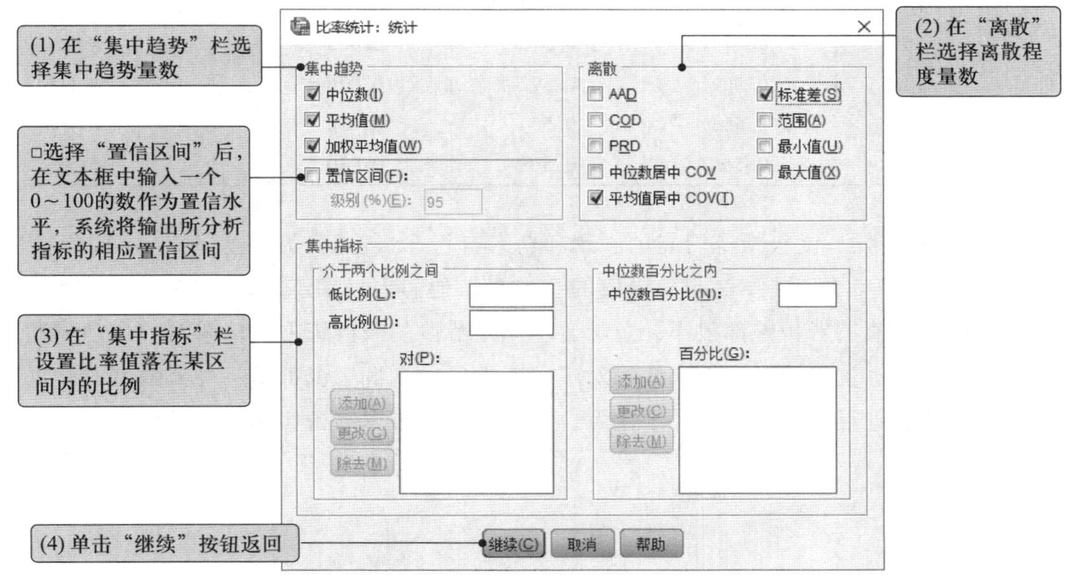

图 11-6-2　选择比率统计量

在“集中指标”栏，可以设置比率值落在某区间内的比例。有两类区间可选：

◇ 介于两个比例之间：分别在“低比例”和“高比例”框中输入比率值的下限和上限构成一个区间，再单击“添加”按钮将所设区间添加到下方列表中，系统会计算比率值落在此区间的个案数占总个案数的比例。可定义多个区间。

◇ 中位数百分比之内：在“中位数百分比”框中输入一个 0～100 的百分比值 Q，再单击“添加”按钮将其添加到下方列表中，从而确定一个相对于中位数的区间，系统会计算比率值落在该区间的个案数占总个案数的比例。可定义多个值。该区间的下限和上限为：

下限＝中位数－中位数×Q/100

上限＝中位数＋中位数×Q/100

本例处理：集中趋势量数选择中位数、平均值、加权平均值；离散程度量数选择标准差、平均值居中 *COV*。

2. 结果解读

(1) 个案处理摘要。表 11-6-1 是个案处理摘要。由此表可知，本例总共 36 个个案，分为 3 个年龄段，每个年龄段各有 12 个个案，无缺失值。

表 11-6-1 个案处理摘要

		计数	百分比
年龄段	25~44 岁	12	33.3%
	45~64 岁	12	33.3%
	65~80 岁	12	33.3%
总体		36	100.0%
排除		0	
总计		36	

（2）比率统计。表 11-6-2 是比率分析的主要结果，列出了太极拳练习者心率储备比率（太极拳练习心率/功率自行车极限运动心率）的均值、中位数、加权平均值、标准偏差及基于平均值的变异系数。

表 11-6-2 太极拳练习心率/功率自行车极限运动心率的比率统计

分组	均值	中位数	加权平均值	标准偏差	基于平均值的变异系数
25~44 岁	0.576	0.574	0.576	0.025	4.3%
45~64 岁	0.573	0.569	0.572	0.026	4.6%
65~80 岁	0.556	0.553	0.554	0.036	6.4%
总体	0.568	0.568	0.568	0.030	5.2%

由案例 1102 的分析可知，太极拳练习时的心率和功率自行车极限运动时的心率，不同年龄段的人群有较大差异。但从表 11-6-2 可以看出，3 个年龄段的练习者，他们太极拳练习的心率储备比率都很接近，且均值、中位数、加权平均值三者相差都很小，意味着不同年龄段的人群练习太极拳时的运动强度，相对于自身来说，是十分稳定的。也就表明，太极拳练习对不同年龄段的人群来说都是一种低强度的有氧运动，特别适合中、老年人和体弱者进行锻炼。从变异系数看，太极拳练习心率储备比率的离散程度有随着年龄段上升而增大的趋势。

第七节 探索性分析

一、探索性分析概述

在研究工作中，当我们对数据资料的性质、分布特点等不清楚时，可以采用 SPSS 提供的探索性分析过程，对变量进行详尽的探究，从而为寻求和确定适合所研究问题的统计方法提供参考。

探索分析过程考察的数据可以是不分组的数据，也可以是分组的数据；因变量必须是连续型数据，分组变量必须是有限个数的离散型数据。

探索分析主要用于解决以下几个方面的问题：

1. 对数据进行检查过滤

数据文件中如果存在过大或过小的数据，有可能是异常值、影响点或错误数据，而这类数据对分析结果的影响很大，会模糊数据的总体特征。通过探索性分析，我们可以找到这样的数据，分析其原因，然后决定是否将其排除出分析过程。

2. 考察数据的基本特征

探索性分析可以计算常用统计量（如平均数、标准差等），绘制常用统计图（如散点图、直方图、茎叶图、箱图等），从而将数据的特点直观地呈现出来，使我们对数据的分布、分组数据之间的差异等有一个粗略但又比较全面的认识。

3. 考察数据的分布特征

在统计分析中，很多方法对数据的分布有一定的要求。例如，许多参数检验方法都要求数据服从或近似服从正态分布，对于不服从正态分布的数据通常需要采用非参数检验的方法进行分析。通过探索性分析，可以检验从实际测量得来的数据是否符合某种特定分布，从而决定是否可以选用只对特定分布数据适用的分析方法。

4. 考察分组数据的方差是否齐性

在统计分析中，有些方法要求多组数据都来自方差相等的总体。例如，在进行两均数差异的显著性检验时，需要根据两组数据方差是否齐性来选择计算公式。探索性分析可以帮助我们考察分组数据的方差是否齐性，并探讨是否可以采用某种方法将方差不齐性的数据转换成方差齐性。

二、探索性分析在 SPSS 中的实现

【案例 1109】

在某项研究中，测得对照组和实验组共 48 名运动员在实验结束时的背肌力（kg），数据文件“案例 1109. sav”如图 11-7-1 所示。数据文件含 3 个变量：编号、组别（1 为对照组，2 为实验组）和背肌力。试对背肌力进行探索性分析。

	编号	组别	背肌力		编号	组别	背肌力		编号	组别	背肌力
1	1	1	120	17	17	1	115	33	33	2	102
2	2	1	133	18	18	1	96	34	34	2	133
3	3	1	98	19	19	1	151	35	35	2	145
4	4	1	100	20	20	1	124	36	36	2	147
5	5	1	88	21	21	1	138	37	37	2	142
6	6	1	102	22	22	1	119	38	38	2	156
7	7	1	145	23	23	1	116	39	39	2	137
8	8	1	110	24	24	2	128	40	40	2	110
9	9	1	141	25	25	2	124	41	41	2	149
10	10	1	136	26	26	2	64	42	42	2	155
11	11	1	124	27	27	2	152	43	43	2	151
12	12	1	121	28	28	2	98	44	44	2	150
13	13	1	118	29	29	2	144	45	45	2	143
14	14	1	125	30	30	2	137	46	46	2	154
15	15	1	121	31	31	2	136	47	47	2	141
16	16	1	104	32	32	2	120	48	48	2	89

图 11-7-1　案例 1109 的数据文件

1. 在 SPSS 中实现的步骤

第 1 步：在数据编辑器窗口中打开数据文件“案例 1109. sav”。

第 2 步：在“分析”菜单中选择“描述统计”→“探索”命令，打开相应的主对话框。

第 3 步：在“探索”主对话框中进行探索性分析的具体操作，如图 11-7-2 所示。

本例处理：将背肌力选入“因变量列表”框；将组别作为分组变量选入“因子列表”框；将编号作为标签变量选入“个案标注依据”框；在“显示”栏选择“两者”。

第 4 步：在“探索”主对话框中单击“统计”按钮，打开“统计”子对话框，可在其中选择拟输出的

统计量，图 11-7-3 所示。

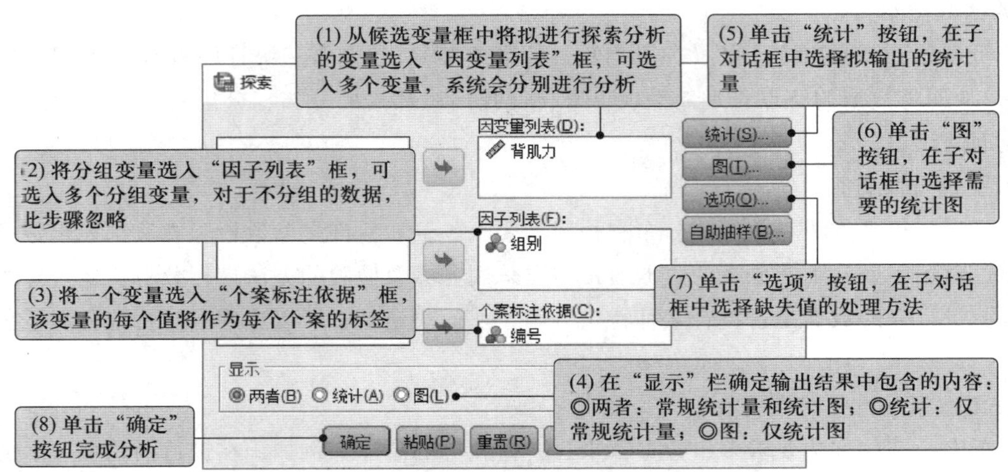

图 11-7-2 探索性分析的操作

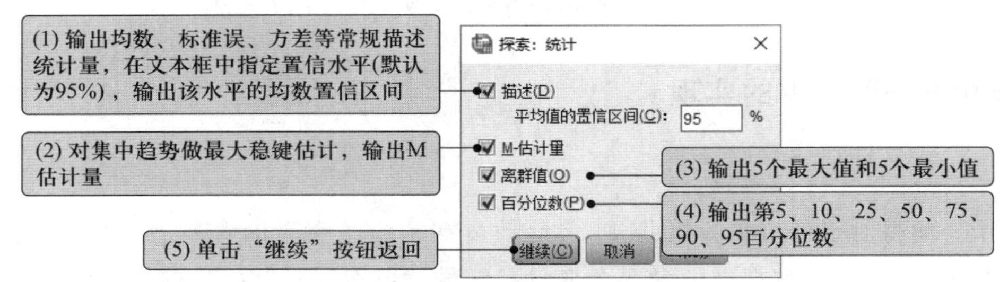

图 11-7-3 选择输出的统计量

本例处理：指定输出常规统计量、置信水平为 95%的平均值置信区间，*M* 估计量，5 个最大值和 5 个最小值，第 5，10，25，50，75，90，95 百分位数。

第 5 步：在“探索”主对话框中单击“图”按钮，打开“图”子对话框，可在其中选择拟输出的统计图，如图 11-7-4 所示。

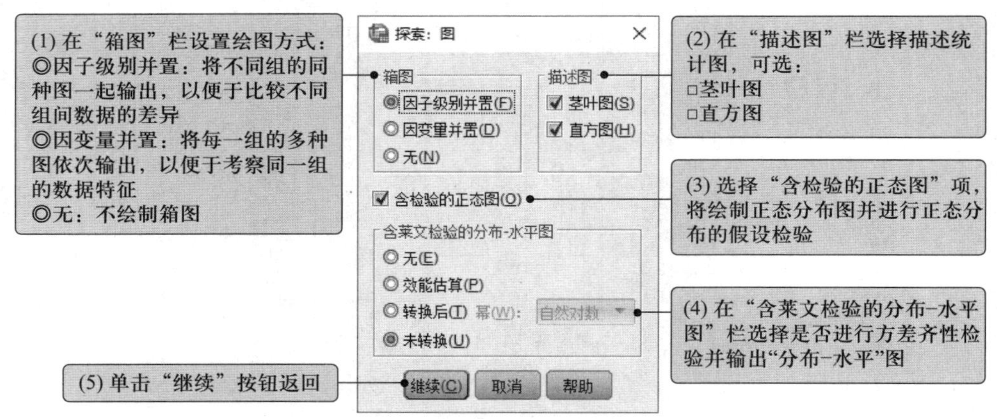

图 11-7-4 选择输出的图形

在指定了分组变量的情况下，此处的“含莱文检验的分布-水平图”栏可用。其作用是采用莱文方法进行方差齐性检验，输出“分布-水平”图，给出散点回归直线的斜率。可以利用此栏寻求一个比较合适的数据变换方法，使得方差达到齐性。有 4 个单选项：

◎ 无：不进行相应处理（系统默认）。

◎ 效能估算：变换的最佳幂次估计。当原始数据的方差不齐性时，可选择此项，系统将自动对原始数据进行幂函数（$Y=X^a$）转换，使转换后各组之间的方差最齐性，输出根据各组散点所作回归直线的斜率和幂函数转换的最佳幂次估计值（=1-回归斜率）。生成的“分布-水平”图中，横坐标是各组中位数的自然对数，纵坐标是各组四分位间距的自然对数。

◎ 转换后：提供几种常用的幂函数转换方法用于对原始数据进行转换使各组方差变为齐性。下拉列表中的可选项有：自然对数、1/平方根、倒数、平方根、平方、立方。输出的“分布-水平”图将根据转换后的数据来绘制，散点的横坐标是转换后各组的中位数，纵坐标是转换后各组的四分位间距。

◎ 未转换：不做数据转换（相当于采用幂次为 1 的幂函数转换），直接用原始数据绘制“分布-水平”图，散点的横坐标是各组的中位数，纵坐标是各组的四分位间距。

在具体操作时，通常先选择“未转换”方法使用原始数据进行分析；如果结果为各组方差不齐性，则再选择“效能估算”方法进行转换的最佳幂次估计；然后再选择“转换后”方法指定最接近的幂函数进行数据转换。

本例处理：在“箱图”栏选择“因子级别并置”；在“描述图”栏选择“茎叶图”和“直方图”；选择“含检验的正态图”项；在“含莱文检验的分布-水平图”栏选择“未转换”，直接用原始数据绘制“分布-水平”图。

第 6 步：在“探索”主对话框中单击“选项”按钮，打开“选项”子对话框，可在其中选择缺失值的处理方法，如图 11-7-5 所示。

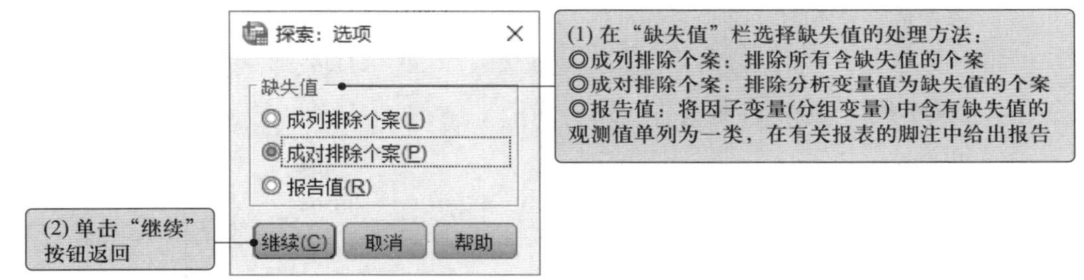

图 11-7-5　选择缺失值的处理方法

本例处理：选择“成对排除个案”，仅排除分析变量值为缺失值的个案。

2. 结果解读

（1）个案处理摘要。表 11-7-1 是个案处理摘要。由此表可知，本例总共 48 个个案，分为 2 组，对照组 23 人，实验组 25 人，无缺失值。

表 11-7-1　个案处理摘要

	组别	个案					
		有效		缺失		总计	
		N	百分比	N	百分比	N	百分比
背肌力	对照组	23	100.0%	0	0.0%	23	100.0%
	实验组	25	100.0%	0	0.0%	25	100.0%

（2）描述统计量。表 11-7-2 为按组计算的常用描述统计量。

表 11-7-2 描 述

组别				统计	标准误差
背肌力	对照组	平均值		119.35	3.454
		平均值的 95%置信区间	下限	112.19	
			上限	126.51	
		5%剪除后平均值		119.32	
		中位数		120.00	
		方差		274.328	
		标准偏差		16.563	
		最小值		88	
		最大值		151	
		范围		63	
		四分位距		29	
		偏度		0.027	0.481
		峰度		-0.555	0.935
	实验组	平均值		132.28	4.674
		平均值的 95%置信区间	下限	122.63	
			上限	141.93	
		5%剪除后平均值		134.49	
		中位数		141.00	
		方差		546.043	
		标准偏差		23.368	
		最小值		64	
		最大值		156	
		范围		92	
		四分位距		28	
		偏度		-1.460	0.464
		峰度		1.812	0.902

对照组数据，平均值为 119.35 kg，5%截头平均值为 119.32 kg，中位数为 120.00 kg，三者相差不大；偏度系数为 0.027，接近于 0；峰度系数也不大；表明数据基本对称，符合正态分布特征。

实验组数据，平均值为 132.28 kg，5%截头平均值为 134.49 kg，中位数为 141.00 kg，三者相差较大；偏度系数为-1.461，偏离 0 较远；峰度系数为 1.812，也较大；意味着数据呈右偏，不太符合正态分布，可能存在异常值。实验组数据明显高于对照组。

表 11-7-3 是 *M* 估计量。*M* 估计量是对集中趋势的最大稳健估计，计算时，对所有观测值赋的权重随观测值距离分布中心的远近而变。极端值由于距离分布中心较远而给予较小的权重，所以 *M* 估计量受极端值的影响较小。*M* 估计不要求数据呈正态分布。当数据分布出现长尾，或数据中存在极端值时，*M* 值是比平均值或中位数更合理的估计。常用的 *M* 估计方法有休伯（Huber）、图基（Tukey）、汉佩尔（Hampel）和安

德鲁波（Andrews）。这四种方法都可以很好地反映数据的集中趋势，其中休伯方法对近似正态分布的数据效果最好。

表 11-7-3　*M* 估 计 量

	组别	休伯 *M* 估计量[a]	图基双权[b]	汉佩尔 *M* 估计量[c]	安德鲁波[d]
背肌力	对照组	119.46	119.48	119.23	119.48
	实验组	138.93	141.70	139.24	142.02

a. 加权常量为 1.339

b. 加权常量为 4.685

c. 加权常量为 1.700、3.400 和 8.500

d. 加权常量为 1.340 * *pi*

从表 11-7-3 可以看出，对照组的 4 个 *M* 估计量与表 11-7-2 中对照组的均数（119.35）相差不大，实验组的 4 个 *M* 估计量与表 11-7-2 中实验组的均数（132.28）相差较大。因此，实验组数据中可能存在异常值。

表 11-7-4 是分组百分位数。从第 50 百分位数（中位数）看，实验组明显大于对照组。从两端数据看，实验组数据的分布范围更广。

表 11-7-4　百 分 位 数

		组别	百分位数						
			5	10	25	50	75	90	95
加权平均（定义 1）	背肌力	对照组	89.60	96.80	104.00	120.00	133.00	143.40	149.80
		实验组	71.50	94.40	122.00	141.00	149.50	154.40	155.70
图基枢组	背肌力	对照组			107.00	120.00	129.00		
		实验组			124.00	141.00	149.00		

表 11-7-5 是极端值表，列出了各组 5 个最大值和 5 个最小值。可以看出，实验组 26 号个案的数据（64）离群较远，可能为异常值。

表 11-7-5　极　　值

组别				个案号	编号	值
背肌力	对照组	最大值	1	19	19	151
			2	7	7	145
			3	9	9	141
			4	21	21	138
			5	10	10	136
		最小值	1	5	5	88
			2	18	18	96
			3	3	3	98
			4	4	4	100
			5	6	6	102

续表

组别				个案号	编号	值
背肌力	实验组	最大值	1	38	38	156
			2	42	42	155
			3	46	46	154
			4	27	27	152
			5	43	43	151
		最小值	1	26	26	64
			2	48	48	89
			3	28	28	98
			4	33	33	102
			5	40	40	110

（3）正态分布检验的结果。正态分布检验的结果如表 11-7-6 所示。表中列出了采用柯尔莫戈洛夫-斯米诺夫（Kolmogorov-Smirnov）和夏皮洛-威尔克（Shapiro-Wilk）两种方法进行正态分布假设检验得出的统计量、自由度和显著性概率。可以看出，对照组采用两种方法得到的显著性概率 P 都大于 0.05，应接受正态分布的原假设，可认为对照组数据总体服从正态分布；而实验组采用两种方法得到的显著性概率 P 都小于 0.01，应拒绝正态分布的原假设，可认为实验组数据总体不服从正态分布。

表 11-7-6 正态性检验

组别		柯尔莫戈洛夫-斯米诺夫（V）[a]			夏皮洛-威尔克		
		统计	自由度	显著性	统计	自由度	显著性
背肌力	对照组	0.106	23	0.200*	0.978	23	0.872
	实验组	0.203	25	0.009	0.846	25	0.001

*. 这是真显著性的下限

a. 里利氏显著性修正

（4）方差齐性检验的结果。方差齐性检验的结果如表 11-7-7 所示。表中列出了采用莱文（Levene）方法进行方差齐性假设检验的统计量、第 1 自由度、第 2 自由度和显著性概率。系统给出了应用 4 种具体方法的检验结果供参考：基于平均值（易受极端值影响）、基于中位数（排除了极端值）、基于中位数并具有调整后自由度（排除了极端值）、基于剪除后平均值（排除了头、尾一部分观测值）。由于各个莱文统计量的显著性概率值 P 都大于 0.05，应接受方差齐性的原假设，认为两组数据总体方差齐性。

表 11-7-7 方差齐性检验

		莱文统计	自由度 1	自由度 2	显著性
背肌力	基于平均值	1.926	1	46	0.172
	基于中位数	0.697	1	46	0.408
	基于中位数并具有调整后自由度	0.697	1	36.195	0.409
	基于剪除后平均值	1.321	1	46	0.256

（5）统计图。图 11-7-6、图 11-7-7 是两个组的频数分布直方图。可以看出，对照组数据的分布还比较接近正态分布的特点；而实验组数据的分布则与正态分布差异较大，呈明显右偏。这种情况与前面基本描

述统计量所反映出的特征是一致的。

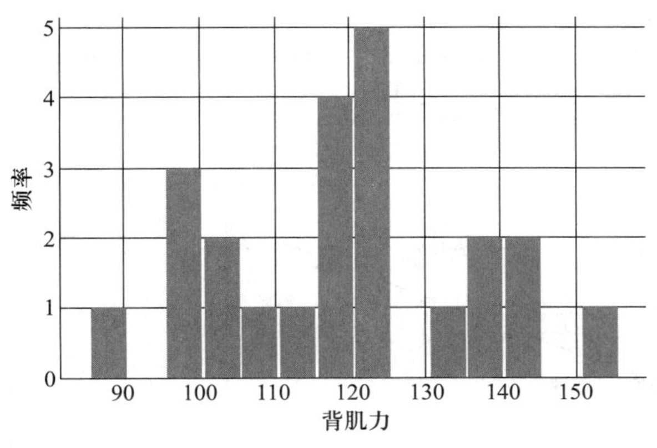

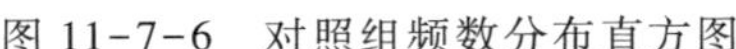
图 11-7-6　对照组频数分布直方图

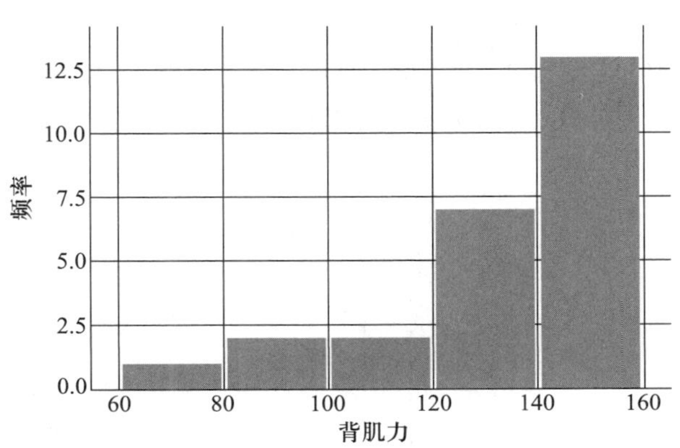

图 11-7-7　实验组频数分布直方图

图 11-7-8、图 11-7-9 是两个组的茎叶图。茎叶图的结构从左至右分为 3 列，第 1 列是各区段的频数；第 2 列为茎（Stem），表示观测值的整数部分；第 3 列为叶，表示观测值的小数部分。主干宽度（茎宽）表示实际值是显示值的多少倍，每个叶的值指示每片叶代表几个实际值。每行的茎和每片叶相加再乘以茎宽，即为实际观测值的近似值。

```
背肌力 茎叶图:
组别= 对照组

频率     Stem & 叶

  1.00     8 . 8
  2.00     9 . 68
  3.00    10 . 024
  5.00    11 . 05689
  6.00    12 . 011445
  3.00    13 . 368
  2.00    14 . 15
  1.00    15 . 1

主干宽度:   10
每个叶:      1 个案
```

图 11-7-8　对照组茎叶图

```
背肌力 茎叶图:
组别= 实验组

频率     Stem & 叶

  1.00 Extremes    (=<64)
  1.00     8 . 9
  1.00     9 . 8
  1.00    10 . 2
  1.00    11 . 0
  3.00    12 . 048
  4.00    13 . 3677
  7.00    14 . 1234579
  6.00    15 . 012456

主干宽度:   10
每个叶:      1 个案
```

图 11-7-9　实验组茎叶图

从茎叶图可以直接读出每一个具体观测值，这是茎叶图的优点。例如，从图 11-7-8 可知，茎宽为 10，每 1 片叶代表 1 个个案，由此可知：

第 1 区段频数为 1，具体观测值是 $(8+0.8)\times10=88$。

第 2 区段频数为 2，具体观测值是 $(9+0.6)\times10=96$；

$(9+0.8)\times10=98$。

第 3 区段频数为 3，具体观测值是 $(10+0.0)\times10=100$；

$(10+0.2)\times10=102$；

$(10+0.4)\times10=104$。

……

从茎叶图可以粗略看出数据的分布特点。例如，从图 11-7-8 看，对照组数据分为 8 个区段，频数分别为 1，2，3，5，6，3，2，1，中间多、两端少，两侧基本对称，符合正态分布的特征；从图 11-7-9 看，实验组数据分为 9 个区段，频数分别为 1，1，1，1，1，3，4，7，6，呈明显偏态，第 1 区段有 1 个小于等于 64 的极端值。

图 11-7-10、图 11-7-11 是两个组的正态 Q-Q 图。进行正态分布检验时，原假设是数据总体服从正态分布。如果数据服从正态分布，则正态 Q-Q 图中的散点应和理论斜线基本重合。

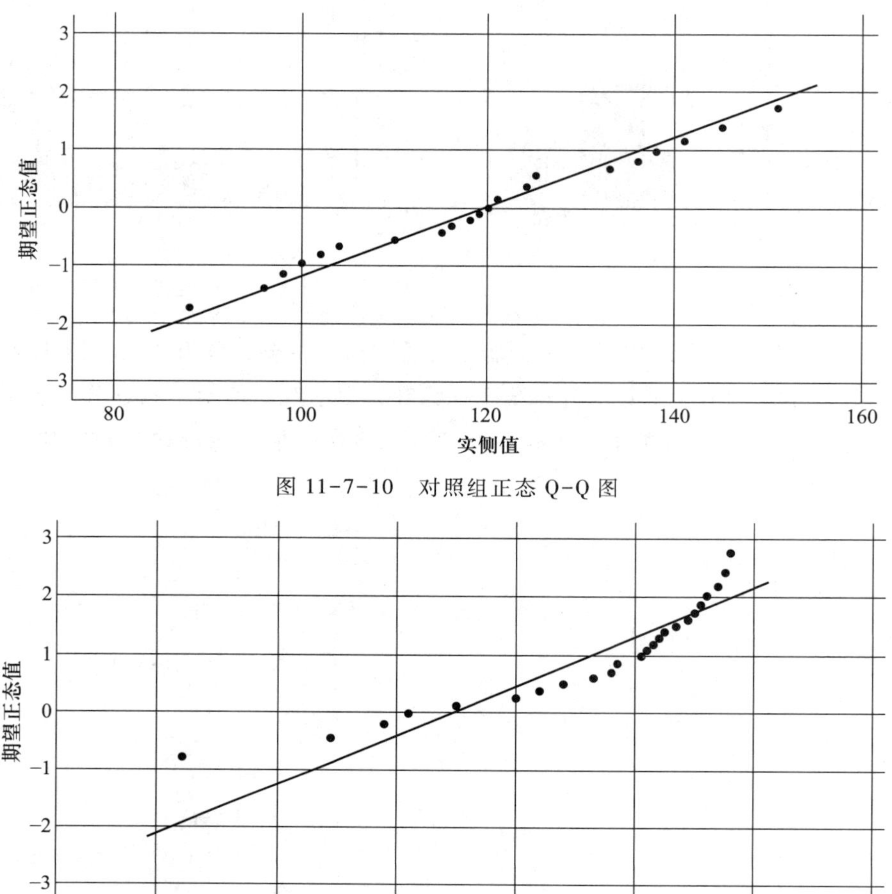

图 11-7-10 对照组正态 Q-Q 图

图 11-7-11 实验组正态 Q-Q 图

从图 11-7-10 看，对照组的大部分散点都接近理论斜线，只有轻微的波动，因此不能拒绝该组数据总体服从正态分布的原假设。从图 11-7-11 看，实验组有一部分散点偏离理论斜线比较远，呈现非直线趋势，不太符合正态分布的特征，其中有一点明显偏离了理论斜线，该点可能是异常值。这种情况与表 11-7-6 正态分布检验的结果是一致的。

图 11-7-12、图 11-7-13 是两组的去势正态 QQ 图。去势正态 QQ 图也称为 QQ 残差图，它反映按正态分布计算的理论值与实际值之差的分布。如果数据服从正态分布，则去势正态 QQ 图中残差的散点应当比较均匀地分布在 $Y=0$ 这条水平直线的两侧且偏离不远。

从图 11-7-12 和图 11-7-13 可以看出，对照组数据残差的散点比较均匀地分布在水平直线的两侧，没有出现集中在一侧的现象，符合正态分布的假定；实验组数据残差的散点呈一定的趋势，且有一点偏离水平线较远（超出-1.0），不太符合正态分布的假定。

图 11-7-14 是箱图。箱图中部的方框是数据的集中区域，包含了 50%的数据；在整个数据分布区间上，用几条横线刻画出不同的位置量数。方框中部的粗横线代表第 50 分位数（中位数）的位置；上沿代表第 75

分位数的位置；下沿代表第 25 分位数的位置；上、下沿间的距离就是四分位间距。方框往上、往下延伸线末端的小横线分别代表除异常值、极端值外的本体最大值、最小值的位置。从方框上、下沿向外延伸，超过四分位间距 1.5 倍的值为异常值，以○表示；超过四分位间距 3 倍的值为极端值，以 * 表示。符号旁边的标注是作为标签的编号。

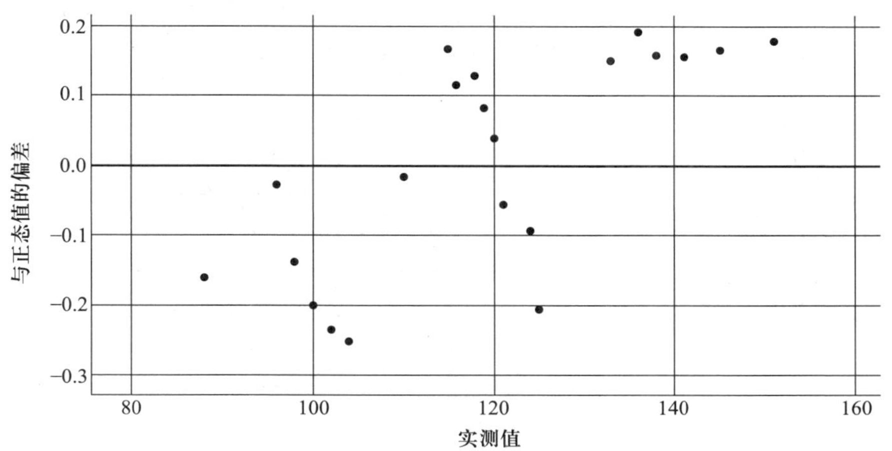

图 11-7-12　对照组去势正态 Q-Q 图

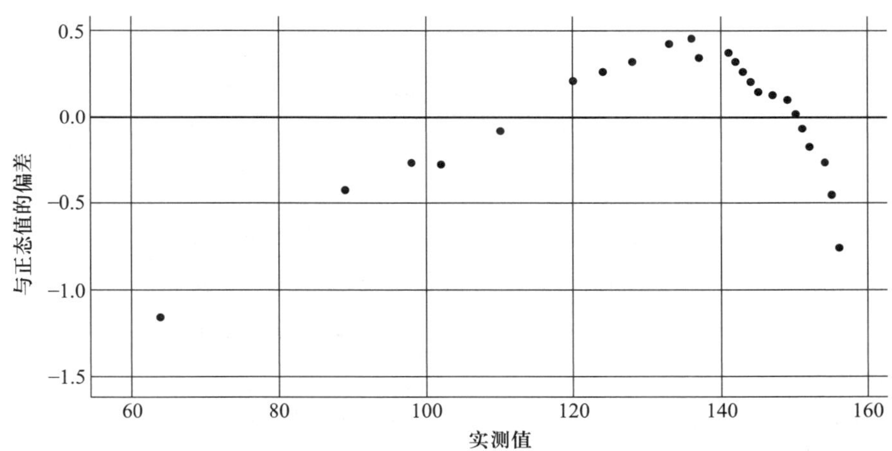

图 11-7-13　实验组去势正态 Q-Q 图

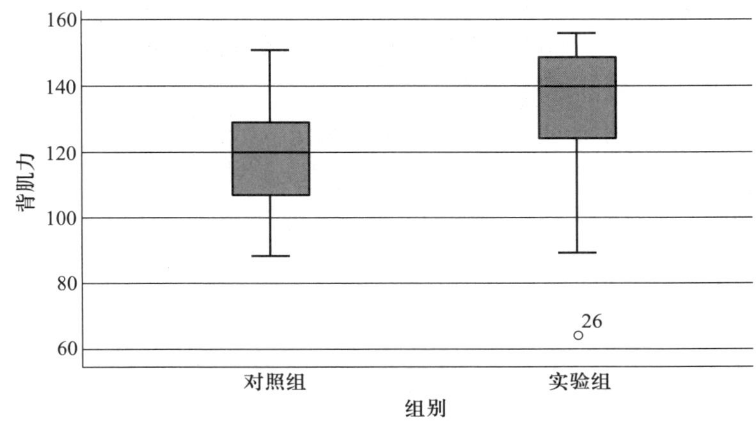

图 11-7-14　对照组和实验组箱图

从图中可以看出，实验组的平均水平（中位数）高于对照组；实验组整个箱体明显偏高，中位数也较接近于上沿，表明实验组数据呈偏态；实验组标注为 26 的值是一个异常值。

图 11-7-15 是“分布-水平”图。本例是直接利用原始数据来绘制“分布-水平”图，图中的横坐标是中位数，纵坐标是四分位间距。可以看出，两组的中位数分别为 120.00 和 141.00，两组的四分位间距分别为 29.0 和 27.5（实际值，即图中的两点）。由于根据表 11-7-7 已经做出两组数据总体方差齐性的结论，此处无须再对回归直线的斜率和幂函数转换的最佳幂次估计值做进一步的讨论。

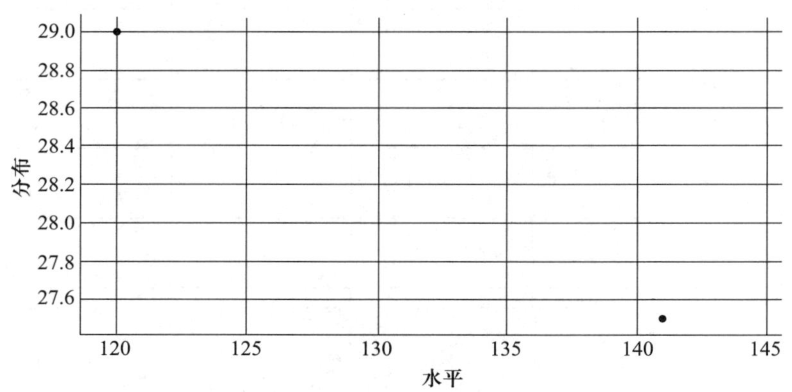

图 11-7-15 “分布-水平”图

思考与练习

1. 将第十章思考与练习题 4 计算 24 名考生体育统考总分后的数据文件更名保存为“练习 1101. sav”，然后按性别对各项素质成绩、各项得分和总分做在线分析，要求计算男、女的组间差值和百分比。

2. 将题 1 的数据文件更名保存为“练习 1102. sav”，然后按性别对各项素质成绩、各项得分和总分做个案摘要。

3. 将题 1 的数据文件更名保存为“练习 1103. sav”，然后按性别拆分文件，再对各项素质成绩、各项得分和总分做描述性分析。

4. 为了分析体育教育专业专项选修课程的具体目标取向，采用问卷调查征询 30 位专家的意见，结果如表 11-8-1 所示。其中，ID 为问卷编号；$K1\sim K8$ 为预设的 8 个目标，其值为 1 表示选中该项，为 0 表示未选该项。试建立数据文件“练习 1104. sav”，并对变量 $K1\sim K8$ 做频数分析，了解专家对体育教育专业专项选修课程目标取向的意见。

*K*1：培养学生指导中学课余训练的能力

*K*2：提高学生的专项理论知识水平

*K*3：培养学生组织基层体育比赛的能力

*K*4：培养学生的基本教学能力

*K*5：培养学生担任裁判工作的能力

*K*6：提高学生的专项技术水平

*K*7：培养学生初步的体育科研能力

*K*8：培养学生指导社区体育工作的能力

表 11-8-1　体育教育专业专项选修课程目标取向问卷调查结果

ID	*K*1	*K*2	*K*3	*K*4	*K*5	*K*6	*K*7	*K*8
1	1	0	1	1	0	1	0	1
2	0	1	0	1	1	0	0	0
3	1	1	0	1	0	1	1	1
4	0	1	1	1	0	0	0	1
5	1	0	0	1	1	1	0	0
6	0	1	0	1	0	0	0	1
7	1	1	0	1	0	1	0	1
8	0	1	1	1	0	1	0	1
9	0	1	0	0	0	1	0	1
10	0	1	0	1	0	1	0	0
11	1	1	0	1	1	0	1	0
12	0	1	1	1	0	1	0	1
13	0	1	1	1	0	1	0	0
14	1	0	0	1	0	1	0	1
15	0	1	0	1	0	1	0	1
16	0	1	1	1	0	0	0	0
17	1	1	0	1	1	0	0	1
18	0	1	0	1	0	1	0	1
19	1	1	1	1	0	1	0	1
20	1	0	0	1	0	1	1	1
21	0	1	1	1	0	0	0	1
22	0	1	1	1	0	1	0	1
23	1	1	0	1	1	1	0	0
24	0	1	0	1	0	0	0	1
25	0	0	0	1	0	1	0	1
26	0	1	1	1	0	1	0	0
27	1	1	0	1	0	1	1	1
28	0	1	1	1	1	1	0	1
29	0	0	0	1	0	1	0	0
30	0	1	1	1	0	0	1	1

5. 将第十章思考与练习题 9 所建立的 120 名男生原地纵跳成绩已生成新变量“组中值”的数据文件更名保存为“练习 1105. sav”，然后对组中值做频数分析。

6. 将第九章思考与练习题 6 完成“变量重构为个案”的数据文件更名保存为“练习 1106. sav”，然后采用交叉表卡方检验的方法分析高、低年级学生对体育竞赛改革方案态度的差异。

7. 体质检查中，某市 7~9 岁儿童受检人数 1 156 人，习惯性脊柱侧弯人数 82 人；10~12 岁儿童受检人数 1 120 人，习惯性脊柱侧弯人数 95 人。试建立数据文件“练习 1107. sav”，并采用交叉表分析的方法分析两年龄组习惯性脊柱侧弯率的差异。

8. 某研究小组对不同层次中小学体育骨干教师培训的效果做评价研究。通过问卷调查，分别获得接受国家级、省级、市级三个层次培训的教师对培训工作的反馈意见，数据经过初步整理如表 11-8-2 所示，表中的数字代表持相应观点的人数。试建立数据文件“练习 1108. sav”，并采用交叉表分析的方法，从实用性和前瞻性两个方面分析三个层次接受培训的教师对培训内容的评价情况（提示：分析时，评价指标作为控制变量、培训层次作为行变量，评价等级作为列变量)。

表 11-8-2 不同层次接受培训教师对培训内容的评价意见

评价指标	培训层次	评价等级				
		很强	较强	一般	较差	很差
实用性	国家级	12	22	29	10	7
	省级	9	26	46	12	7
	市级	17	54	94	23	12
前瞻性	国家级	14	43	9	8	6
	省级	13	56	14	10	7
	市级	20	41	95	30	14

9. 将第八章思考与练习题 8 所建立的 20 名男子短距离自由泳运动员若干形态、素质指标的数据文件更名保存为“练习 1109. sav”，然后按年龄组分别对打腿拉力/配合拉力、划臂拉力/配合拉力做比率分析。

10. 某研究小组进行 3 种不同锻炼方式对心肺功能影响的研究，在普通成年人中抽取了 3 组实验对象，每组 30 人。测量指标中有一项是肺活量（mL），其前测数据如表 11-8-3 所示。试建立数据文件“练习 1110. sav”，并对肺活量变量进行探索性分析。

表 11-8-3 不同锻炼方式人群肺活量前测数据

编号	方式	肺活量	编号	方式	肺活量	编号	方式	肺活量
1	1	4 630	22	1	4 680	43	2	4 310
2	1	4 390	23	1	5 190	44	2	4 700
3	1	4 620	24	1	4 490	45	2	4 040
4	1	4 520	25	1	4 320	46	2	4 170
5	1	4 480	26	1	4 300	47	2	4 820
6	1	4 010	27	1	4 640	48	2	4 500
7	1	3 980	28	1	4 500	49	2	4 200
8	1	4 350	29	1	4 300	50	2	4 180
9	1	4 560	30	1	4 050	51	2	4 480
10	1	4 820	31	2	4 560	52	2	4 600
11	1	4 110	32	2	4 570	53	2	3 980
12	1	4 260	33	2	4 600	54	2	4 610
13	1	4 380	34	2	4 510	55	2	4 220
14	1	4 490	35	2	4 330	56	2	4 180
15	1	4 350	36	2	4 410	57	2	4 370
16	1	4 020	37	2	3 950	58	2	4 440
17	1	3 870	38	2	4 210	59	2	4 710
18	1	4 300	39	2	4 060	60	2	3 850
19	1	4 400	40	2	4 380	61	3	3 860
20	1	4 650	41	2	4 440	62	3	4 270
21	1	4 780	42	2	4 320	63	3	4 510

续表

编号	方式	肺活量	编号	方式	肺活量	编号	方式	肺活量
64	3	4 700	73	3	4 480	82	3	4 240
65	3	4 400	74	3	3 720	83	3	4 170
66	3	3 930	75	3	4 180	84	3	4 520
67	3	4 900	76	3	4 240	85	3	4 320
68	3	4 230	77	3	4 570	86	3	4 770
69	3	4 120	78	3	4 380	87	3	4 390
70	3	4 260	79	3	4 290	88	3	4 540
71	3	4 140	80	3	4 230	89	3	4 580
72	3	4 540	81	3	4 480	90	3	4 850

第十二章 多选题分析

SPSS 的大部分过程是用于解决间距测度或比例测度变量的分析问题。这类变量在每个观测对象上都有一个确定的（很多是互不相同的）观测值。而在社会学研究中经常要进行问卷调查，调查问卷则大量存在这样的变量，对于一个确定的问题，有确定的若干个值与之相对应，被调查者可根据自己的实际情况在提供的备选答案中选择。根据允许选择的项数，这类问题又可分为单选题和多选题两类。SPSS 对单选题和多选题分别提供了不同的统计分析方法。

第一节 多选题分析概述

一、单选题

调查问卷中的题型有多种，最常见的一种题型是单选题，即在给定的多个选项中，只能选择最适合的一个。

单选题被广泛用于采集分类信息。例如：

性别： □ 男 □ 女

受教育程度： □ 无 □ 小学 □ 初中 □ 高中 □ 专科
□ 本科 □ 硕士研究生 □ 博士研究生

地域： □ 城镇 □ 农村

年级： □ 1 年级 □ 2 年级 □ 3 年级 □ 4 年级

职称： □ 无 □ 初级 □ 中级 □ 高级

单选题还大量用于反映被调查者对某一命题的态度。例如，某研究团队在进行普通高校体育教育专业课程体系改革研究时，通过问卷了解专家对课程重要性的认可度。部分题目为：

	非常重要	重要	一般	不重要	很不重要
《运动解剖学》	□	□	□	□	□
《运动生理学》	□	□	□	□	□
《体育心理学》	□	□	□	□	□

……

在 SPSS 中，根据问卷调查的结果建立数据文件时，对于单选题，只需将一道问题设为一个变量，就能反映出被调查者的各种应答。例如，性别变量，其值 0 表示女，1 表示男。又如，设 $X1$ 为对“运动解剖学”课程重要性的认可度，则可以分别用 5，4，3，2，1（或 1，2，3，4，5）表示被调查者的选择。

对单选题数据的分析，通常采用第十一章介绍的频数分析和交叉表分析。在问卷调查中，如有可能，应尽量采用单选题。因为对单选题做交叉表分析，可以进行类间差异的假设检验，从而回答不同类别数据之间是否具显著性差异的问题。

二、多选题

问卷调查中另一种常见题型是多选题，也被称为多重响应。多选题在本质上属于分类数据，但其数据格式比较特殊，在分析时需要计算一些比较特殊的指标。

在多选题中，每道题有多个选项。被调查者可能选择其中的一个或几个，可能全选，也可能一个都不选。对于这类问题，不同的对象会有不同的应答。如果一道题目只设一个变量，就无法反映各种应答。因此，在 SPSS 中处理多选题时，需要将一个问题转换成多个子问题，使用多个变量来记录被调查者对一道多选题的响应。一般来说，有几个选项就需要设几个变量。对于多选题，其数据格式有两种：多重二分法和多重分类法。

（一）多重二分法

如果一个题目有多个选项，每个选项可以被选中，也可以不被选中，则应采用多重二分法格式。这种类型的题目所对应的多个变量的取值只有两个，分别表示选中或未被选中。通常用 1 表示选中，用 0 表示未被选中。

例如，某课题组进行某省大学高职称教师群体体育健身意识与行为特征的研究，在问卷中有一道多选题为：

您平时参加体育锻炼的主要途径是（多选）：

1. □ 个人自由锻炼
2. □ 与同事、朋友一起自由锻炼
3. □ 与家人一起自由锻炼
4. □ 参加单位组织的锻炼
5. □ 参加居住社区组织的锻炼
6. □ 参加体育俱乐部的锻炼
7. □ 其他：______________

这个问题共有 7 个选项，需定义 7 个变量来表示 7 类体育锻炼途径。对每个变量的取值，用 0 表示未选，用 1 表示选中。这种情况应采用多重二分法格式。

多重二分法格式的优点是简单明了，易于理解；缺点是需要的变量数比较多，当选项很多时，应答可能比较分散。

（二）多重分类法

如果一个题目的备选答案很多，而被调查者选择的答案个数可能并不会太多，这种情况可以采用多重分类法格式。这种方法，通常根据需要设若干个（不太多）选项，并将所有备选答案都列出来并标以自然数代码 1，2，3，…，每个选项可以被填入备选答案中的一个，也可以不被选中而保持空缺。这种类型题目所对应的多个变量的取值是代表备选答案的代码。如果选项空缺，其变量值为系统缺失值。

例如，在大学高职称教师群体体育健身意识与行为特征研究的调查问卷中，有一道多选题为：

请从下面所列的 34 种体育活动中选出您平时最喜欢参与的几种（最多选 5 种），将代码填入下面的方框中（多选）。

A. □　　B. □　　C. □　　D. □　　E. □

1. 篮球　　2. 排球　　3. 足球　　4. 乒乓球　　5. 羽毛球

6. 网球	7. 高尔夫球	8. 保龄球	9. 台球	10. 气排球
11. 器械体操	12. 技巧运动	13. 艺术体操	14. 体育舞蹈	15. 长拳南拳
16. 太极拳	17. 跑步	18. 投掷	19. 跳跃	20. 游泳
21. 散步	22. 气功	23. 健身操	24. 健美运动	25. 登山
26. 跳绳	27. 轮滑	28. 攀岩	29. 踢毽	30. 钓鱼
31. 郊游	32. 门球	33. 民间舞	34. 其他	

这个问题共有 5 个选项，需要定义 5 个变量 *X*1 ~ *X*5。每个变量的可能取值是 1 ~ 34 的项目代码之一，也可能因被调查者未选择而成为系统缺失值。这种情况应采用多重分类法格式。

多重分类法格式的特点是，可以用较少的变量反映出较多的应答。但由于需要将不同变量中对同一个答案的选择累加起来，故分析方法较难理解。

（三）多选题分析的汇总指标和基本步骤

1. 多选题分析的汇总指标

对多选题，不能将其当成多个独立的单选题来分析，因为对多个选项的响应实际上回答的是一个大问题，将问题割裂开来不仅无法计算一些汇总指标，还可能导致不正确的结论。

在多选题分析中，响应的次数与响应的个案数反映的是一个相同的概念，即对一个问题所做应答的频度，但它们分别构成了两个最重要的汇总指标：

◇ 响应百分比：Percent of Responses，即选择某项的次数占总响应次数的百分比。

◇ 个案百分比：Percent of Cases，即选择某项的个案数占总个案数的百分比。

2. 多选题分析的基本步骤

对多选题进行分析的基本步骤为：

（1）定义多选题变量集。

（2）对多选题做频数分析。

（3）对多选题做交叉表频数分析。

第二节 多选题分析方法

【案例 1201】

某课题组进行大学高职称教师群体体育健身意识与行为特征的研究，采用问卷调查收集相关信息。根据部分调查结果建立的数据文件“案例 1201. sav”如图 12-2-1 所示。试对多选题进行频数分析，并按性别进行交叉表频数分析。

数据文件中的变量，*ID* 为编号；*GD* 为性别，其值 0 代表女，1 代表男；*X*11 ~ *X*17 是对上文中“您平时参加体育锻炼的主要途径”问题的七个选项；*X*21 ~ *X*25 是对上文中“您平时最喜欢参与的体育活动”问题的五个选项。

本例准备：在 SPSS 数据编辑器窗口中打开数据文件“案例 1201. sav”。

	ID	GD	X11	X12	X13	X14	X15	X16	X17	X21	X22	X23	X24	X25
1	1	0	1	1	0	0	0	1	0	23	4	5	14	16
2	2	0	1	0	0	0	1	0	1	6	23	21	5	.
3	3	0	0	1	0	0	1	0	0	23	4	5	20	14
4	4	1	1	0	1	0	0	0	0	1	6	24	25	5
5	5	1	1	0	0	1	0	0	0	1	5	3	24	.
6	6	1	0	0	0	1	1	0	0	3	14	20	25	17
7	7	0	0	1	1	0	1	1	0	4	5	20	14	17
8	8	1	1	1	0	0	0	1	0	3	1	6	23	15
9	9	0	1	1	1	1	1	0	0	5	21	14	16	20
10	10	0	1	0	1	0	1	0	0	20	6	5	.	.
11	11	0	0	0	0	0	1	0	0	23	5	21	20	4
12	12	1	1	1	0	0	1	0	0	5	1	3	20	24
13	13	1	0	1	0	0	0	0	0	6	5	24	25	20
14	14	1	1	0	0	0	0	0	0	20	5	21	16	6

图 12-2-1　案例 1201 的数据文件（部分）

一、定义多选题变量集

进行多选题分析之前，需将数据文件中与某道多选题相联系的若干变量定义为多选题变量集。

1. 在 SPSS 中定义多选题变量集的步骤

第 1 步：在“分析”菜单中选择“多重响应”→“定义变量集”命令，打开相应的主对话框。

第 2 步：在“定义多重响应集”主对话框中进行定义多选题变量集的具体操作，如图 12-2-2 所示。

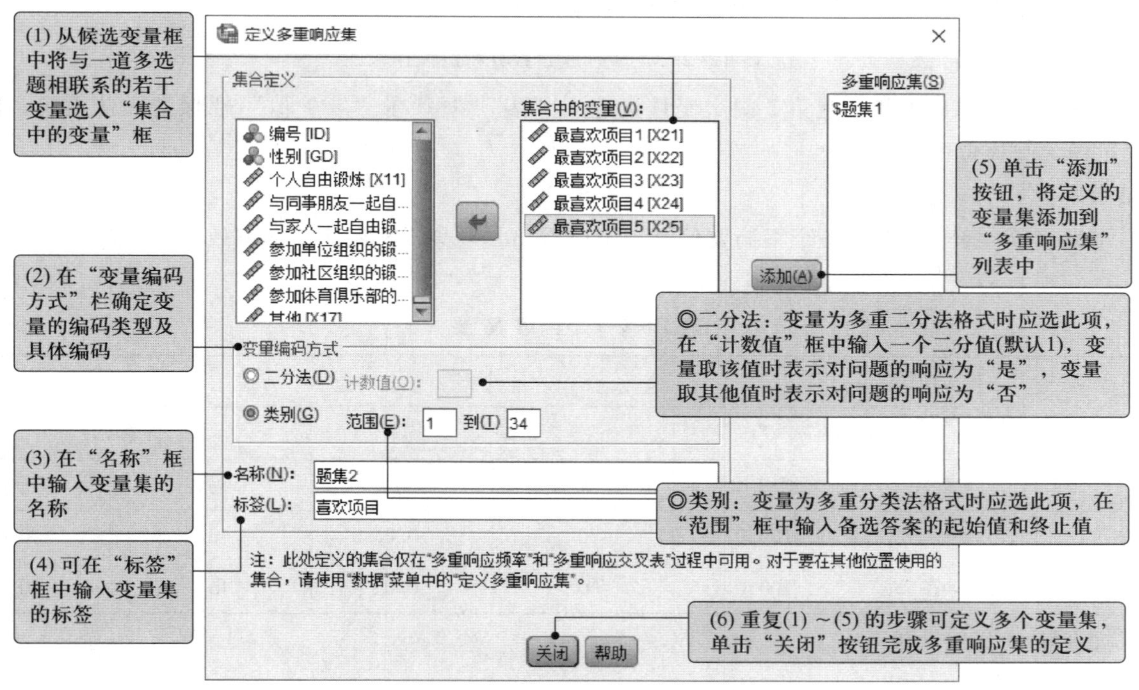

图 12-2-2　定义多选题变量集的操作

本例处理：将 $X11 \sim X17$ 定义为第 1 变量集，变量集名为“题集 1”，标签为“参加方式”；将 $X21 \sim X25$ 定义为第 2 变量集，变量集名为“题集 2”，标签为“喜欢项目”。

2. 有关说明

(1) 系统自动在添加到“多重响应集”列表中的变量集名称前加了一个“ $ ”号，以便于与数据文件中的其他变量区别开来。

(2) 此处定义的变量集信息不能在 SPSS 数据文件中保存，关闭数据文件后，相应的变量集信息就丢失。如果要再次使用，必须重新定义。

二、多选题频数分析

1. 在 SPSS 中进行多选题频数分析的步骤

第 1 步：在“分析”菜单中选择“多重响应”→“频率”命令，打开相应的主对话框。

第 2 步：在“多重响应频率”主对话框中进行多选题频数分析的具体操作，如图 12-2-3 所示。

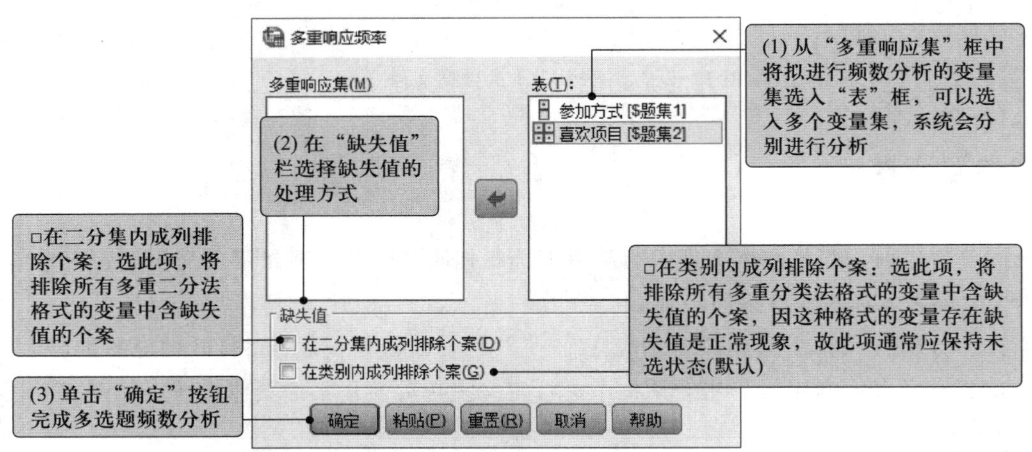

图 12-2-3 多选题频数分析的操作

本例处理：将 $ 题集 1 和 $ 题集 2 两个变量集选入“表”框；在“缺失值”栏保持默认设置，即不排除两类变量中含缺失值的个案。

2. 结果解读

(1) 个案摘要。表 12-2-1 是个案摘要信息。可以看出，题集 1 和题集 2 的有效个案数都为 46，没有缺失值。

表 12-2-1 个案摘要

	个案					
	有效		缺失		总计	
	个案数	百分比	个案数	百分比	个案数	百分比
$ 题集 1[a]	46	100.0	0	0.0	46	100.0
$ 题集 2[b]	46	100.0	0	0.0	46	100.0

a. 使用了值 1 对二分组进行制表

b. 组

(2) 频数分析表。题集 1 频数分析的结果如表 12-2-2 所示。该表反映了被调查者对问题“您平时参加体育锻炼的主要途径”的响应情况。“响应个案数”表示选择某项的次数（个案数），总响应次数为 111。“响应百分比”表示选择某项的次数占总响应次数的百分比。“个案百分比”表示选择某项的个案数占总个案数的百分比。

表 12-2-2　$题集 1 频率

		响应		个案百分比
		个案数	百分比	
参加方式[a]	个人自由锻炼	30	27.0	65.2
	与同事、朋友一起自由锻炼	21	18.9	45.7
	与家人一起自由锻炼	19	17.1	41.3
	参加单位组织的锻炼	8	7.2	17.4
	参加社区组织的锻炼	18	16.2	39.1
	参加体育俱乐部的锻炼	12	10.8	26.1
	其他	3	2.7	6.5
总计		111	100.0	241.3

a. 使用了值 1 对二分组进行制表

例如，有 30 次（人）选择了“个人自由锻炼”，占总响应次数 111 的 27.0%（30/111×100%），占总个案数 46 的 65.2%（30/46×100%）。根据响应百分比，参照问卷中题目的选项，可以排出被调查者参加体育锻炼主要途径的顺序，依次为：① 个人自由锻炼（30 例，占 27.0%）；② 与同事、朋友一起自由锻炼（21 例，占 18.9%）；③ 与家人一起自由锻炼（19 例，占 17.1%）；④ 参加社区组织的锻炼（18 例，占 16.2%）；⑤ 参加体育俱乐部的锻炼（12 例，占 10.8%）；⑥ 参加单位组织的锻炼（8 例，占 7.2%）；⑦ 其他（3 例，占 2.7%）。

个案百分比与响应百分比所反映的数据特征是一样的。

题集 2 频数分析的结果如表 12-2-3 所示。该表反映了被调查者对问题“您平时最喜欢参与的体育活动”的响应情况，总响应次数为 224。

表 12-2-3　$题集 2 频率

		响应		个案百分比
		个案数	百分比	
喜欢项目[a]	1	12	5.4	26.1
	3	10	4.5	21.7
	4	15	6.7	32.6
	5	26	11.6	56.5
	6	16	7.1	34.8
	14	11	4.9	23.9
	15	6	2.7	13.0
	16	8	3.6	17.4
	17	13	5.8	28.3
	20	33	14.7	71.7
	21	24	10.7	52.2
	23	14	6.3	30.4
	24	10	4.5	21.7
	25	17	7.6	37.0
	27	3	1.3	6.5
	31	6	2.7	13.0
总计		224	100.0	487.0

a. 组

例如，有 12 人选择了“篮球”，占总响应次数 224 的 5.4%（12/224×100%），占总个案数 46 的 26.1%（12/46×100%）。根据响应百分比，参照问卷中题目的选项编号，可以排出被调查者最喜欢参与的体育活动的顺序，前 8 位依次为：① 游泳（33 例，占 14.7%）；② 羽毛球（26 例，占 11.6%）；③ 散步（24 例，占 10.7%）；④ 登山（17 例，占 7.6%）；⑤ 网球（16 例，占 7.1%）；⑥ 乒乓球（15 例，占 6.7%）；⑦ 健身操（14 例，占 6.3%）；⑧ 跑步（13 例，占 5.8%）。

三、多选题交叉表频数分析

SPSS 中的多选题交叉表频数分析对数据的剖析更深入了一步，它可以将研究的问题按指定的分类变量进行分类，生成分类频数表，细分出各类的频数及相应的百分比。

1. 在 SPSS 中进行多选题交叉表频数分析的步骤

第 1 步：在“分析”菜单中选择“多重响应”→“交叉表”命令，打开相应的主对话框。

第 2 步：在“多重响应交叉表”主对话框中进行多选题交叉表频数分析的具体操作，如图 12-2-4 所示。

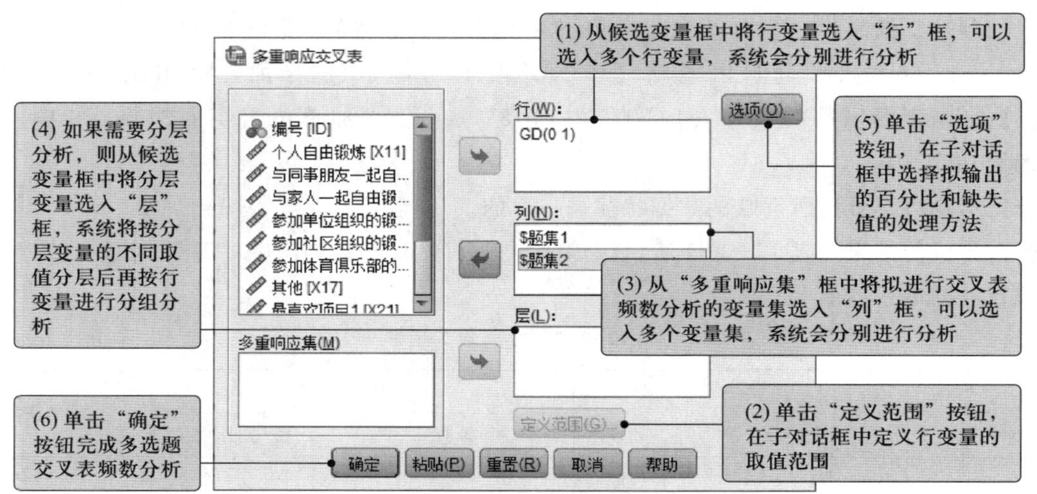

图 12-2-4 多选题交叉表频数分析的操作

本例处理：将性别变量 GD 选入“行”框作为分类变量；将 $ 题集 1 和 $ 题集 2 两个变量集选入“列”框。

第 3 步：在“多重响应交叉表”主对话框中单击“定义范围”按钮，打开“定义变量范围”子对话框，在其中输入行变量的最小值和最大值，如图 12-2-5 所示。

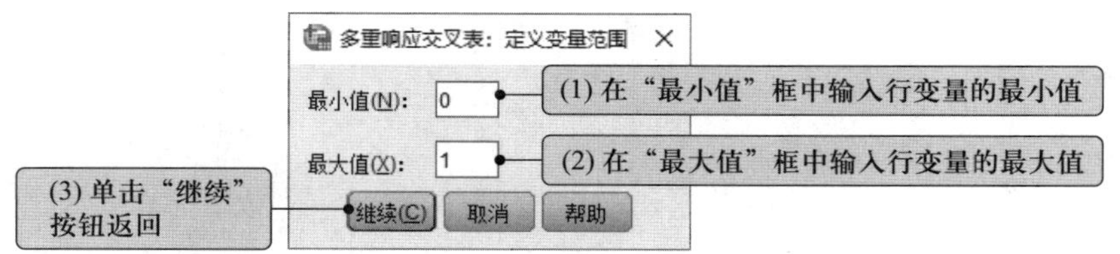

图 12-2-5 定义行变量的取值范围

本例处理：性别变量 GD 为行变量，故输入最小值 0、最大值 1。

第 4 步：在“多重响应交叉表”主对话框中单击“选项”按钮，打开“选项”子对话框，在其中选择拟输出的百分比，并选择缺失值的处理方法，如图 12-2-6 所示。

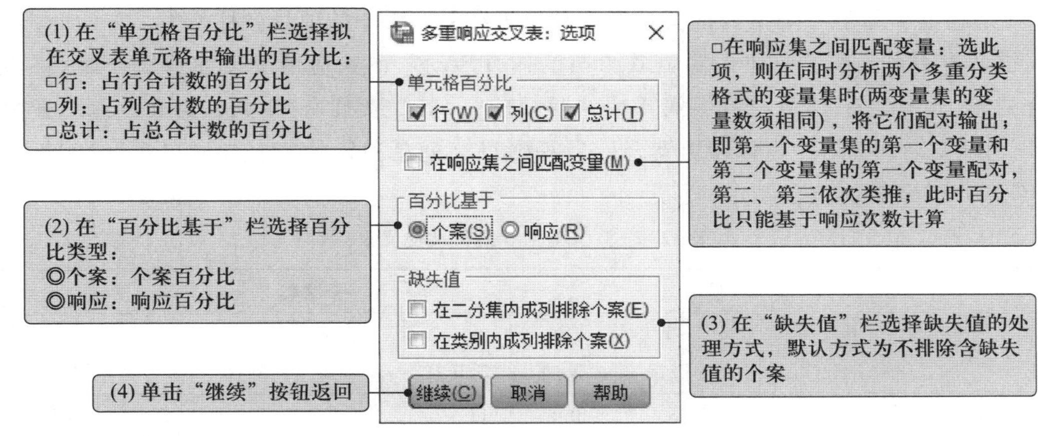

图 12-2-6　选项设置

本例处理：进行两次分析。在"单元格百分比"栏，两次分析都将"行""列"和"总计"3 项选上。在"百分比基于"栏，第 1 次分析选择"个案"；第 2 次分析选择"响应"。

2. 结果解读

（1）基于"个案"的交叉表。表 12-2-4 是题集 1 基于"个案"的交叉表频数分析结果。该表将被调查者对问题"您平时参加体育锻炼的主要途径"的响应情况按性别划分为女、男两类。例如，在被调查的 46 人中共有 30 人选择了"个人自由锻炼"，其中女性有 15 例，占女性合计个案数 22（行总和）的 68.2%（15/22×100%），占该项男女合计个案数 30（列总和）的 50.0%（15/30×100%），占总个案数 46 的 32.6%（15/46×100%）。

表 12-2-4　GD＊$题集 1 交叉表

			$题集 1[a]							总计
			个人自由锻炼	与同事、朋友一起自由锻炼	与家人一起自由锻炼	参加单位组织的锻炼	参加社区组织的锻炼	参加体育俱乐部的锻炼	其他	
性别	女	计数	15	9	8	4	11	7	2	22
		占 GD 的百分比	68.2%	40.9%	36.4%	18.2%	50.0%	31.8%	9.1%	
		占 $ 题集 1 的百分比	50.0%	42.9%	42.1%	50.0%	61.1%	58.3%	66.7%	
		占总计的百分比	32.6%	19.6%	17.4%	8.7%	23.9%	15.2%	4.3%	47.8%
	男	计数	15	12	11	4	7	5	1	24
		占 GD 的百分比	62.5%	50.0%	45.8%	16.7%	29.2%	20.8%	4.2%	
		占 $ 题集 1 的百分比	50.0%	57.1%	57.9%	50.0%	38.9%	41.7%	33.3%	
		占总计的百分比	32.6%	26.1%	23.9%	8.7%	15.2%	10.9%	2.2%	52.2%
总计		计数	30	21	19	8	18	12	3	46
		占总计的百分比	65.2%	45.7%	41.3%	17.4%	39.1%	26.1%	6.5%	100.0%

可以看出，性别对参加方式的选择有一定的影响。从同性别中各方式的比例（占 GD 的百分比）看，女性教师主要倾向于个人自由锻炼（68.2%）和参加社区组织的锻炼（50.0%）；男性教师主要倾向于个人自由锻炼（62.5%）和与同事、朋友一起自由锻炼（50.0%）。

表 12-2-5 是题集 2 基于“个案”的交叉表频数分析结果。表中的项目名称是为了方便分析而另外添加上的。该表将被调查者对问题“您平时最喜欢参与的体育活动”的响应情况按性别划分为女、男两类。例如，在被调查的 46 人中共有 15 人选择了第 4 项“乒乓球”，其中女性有 11 人，占女性总个案数 22（行总和）的 50.0%（11/22×100%），占该项男女合计个案数 15（列总和）的 73.3%（11/15×100%），占总个案数 46 的 23.9%（11/46×100%）。

表 12-2-5 GD * $题集 2 交叉表

			$题集 2[a]							
			1 篮球	3 足球	4 乒乓球	5 羽毛球	6 网球	14 体育舞蹈	15 长拳南拳	16 太极拳
性别	女	计数	1	0	11	17	7	7	1	4
		占 GD 的百分比	4.5%	0.0%	50.0%	77.3%	31.8%	31.8%	4.5%	18.2%
		占 $题集 2 的百分比	8.3%	0.0%	73.3%	65.4%	43.8%	63.6%	16.7%	50.0%
		占总计的百分比	2.2%	0.0%	23.9%	37.0%	15.2%	15.2%	2.2%	8.7%
	男	计数	11	10	4	9	9	4	5	4
		占 GD 的百分比	45.8%	41.7%	16.7%	37.5%	37.5%	16.7%	20.8%	16.7%
		占 $题集 2 的百分比	91.7%	100.0%	26.7%	34.6%	56.3%	36.4%	83.3%	50.0%
		占总计的百分比	23.9%	21.7%	8.7%	19.6%	19.6%	8.7%	10.9%	8.7%
总计		计数	12	10	15	26	16	11	6	8
		占总计的百分比	26.1%	21.7%	32.6%	56.5%	34.8%	23.9%	13.0%	17.4%

			$题集 2[a]								总计
			17 跑步	20 游泳	21 散步	23 健身操	24 健美运动	25 登山	27 轮滑	31 郊游	
性别	女	计数	8	18	13	8	2	5	1	3	22
		占 GD 的百分比	36.4%	81.8%	59.1%	36.4%	9.1%	22.7%	4.5%	13.6%	
		占 $题集 2 的百分比	61.5%	54.5%	54.2%	57.1%	20.0%	29.4%	33.3%	50.0%	
		占总计的百分比	17.4%	39.1%	28.3%	17.4%	4.3%	10.9%	2.2%	6.5%	47.8%
	男	计数	5	15	11	6	8	12	2	3	24
		占 GD 的百分比	20.8%	62.5%	45.8%	25.0%	33.3%	50.0%	8.3%	12.5%	
		占 $题集 2 的百分比	38.5%	45.5%	45.8%	42.9%	80.0%	70.6%	66.7%	50.0%	
		占总计的百分比	10.9%	32.6%	23.9%	13.0%	17.4%	26.1%	4.3%	6.5%	52.2%
总计		计数	13	33	24	14	10	17	3	6	46
		占总计的百分比	28.3%	71.7%	52.2%	30.4%	21.7%	37.0%	6.5%	13.0%	100.0%

可以看出，性别对运动项目的选择也有一定的影响，男、女性存在着比较明显的差异。从同性别中各项目的比例（占 GD 的百分比）看，女性教师主要倾向于游泳（81.8%）、羽毛球（77.3%）、散步（59.1%）、乒乓球（50.0%）；男性教师主要倾向于游泳（62.5%）、登山（50.0%）、篮球（45.8%）、散步（45.8%）。

（2）基于“响应”的交叉表。表 12-2-6 是题集 1 基于“响应”的交叉表频数分析得出的结果。可以看出，其所反映的数据特征与基于“个案”的交叉表频数分析是一致的。

表 12-2-6 GD * $题集 1 交叉表

			参加方式[a]							总计
			个人自由锻炼	与同事、朋友一起自由锻炼	与家人一起自由锻炼	参加单位组织的锻炼	参加社区组织的锻炼	参加体育俱乐部的锻炼	其他	
性别	女	计数	15	9	8	4	11	7	2	56
		占 GD 的百分比	26.8%	16.1%	14.3%	7.1%	19.6%	12.5%	3.6%	
		占 $ 题集 1 的百分比	50.0%	42.9%	42.1%	50.0%	61.1%	58.3%	66.7%	
		占总计的百分比	13.5%	8.1%	7.2%	3.6%	9.9%	6.3%	1.8%	50.5%
	男	计数	15	12	11	4	7	5	1	55
		占 GD 的百分比	27.3%	21.8%	20.0%	7.3%	12.7%	9.1%	1.8%	
		占 $ 题集 1 的百分比	50.0%	57.1%	57.9%	50.0%	38.9%	41.7%	33.3%	
		占总计的百分比	13.5%	10.8%	9.9%	3.6%	6.3%	4.5%	0.9%	49.5%
总计		计数	30	21	19	8	18	12	3	111
		占总计的百分比	27.0%	18.9%	17.1%	7.2%	16.2%	10.8%	2.7%	100.0%

表 12-2-7 是题集 2 基于“响应”的交叉表频数分析结果。表中的项目名称是为了方便分析而另外添加上的。可以看出，其所反映的数据特征与基于“个案”的频数分析也是一致的。

表 12-2-7 GD * $题集 2 交叉表

			$ 题集 2[a]							
			1 篮球	3 足球	4 乒乓球	5 羽毛球	6 网球	14 体育舞蹈	15 长拳南拳	16 太极拳
性别	女	计数	1	0	11	17	7	7	1	4
		占 GD 的百分比	0.9%	0.0%	10.4%	16.0%	6.6%	6.6%	0.9%	3.8%
		占 $ 题集 2 的百分比	8.3%	0.0%	73.3%	65.4%	43.8%	63.6%	16.7%	50.0%
		占总计的百分比	0.4%	0.0%	4.9%	7.6%	3.1%	3.1%	0.4%	1.8%
	男	计数	11	10	4	9	9	4	5	4
		占 GD 的百分比	9.3%	8.5%	3.4%	7.6%	7.6%	3.4%	4.2%	3.4%
		占 $ 题集 2 的百分比	91.7%	100.0%	26.7%	34.6%	56.3%	36.4%	83.3%	50.0%
		占总计的百分比	4.9%	4.5%	1.8%	4.0%	4.0%	1.8%	2.2%	1.8%
总计		计数	12	10	15	26	16	11	6	8
		占总计的百分比	5.4%	4.5%	6.7%	11.6%	7.1%	4.9%	2.7%	3.6%

			$ 题集 2[a]								总计
			17 跑步	20 游泳	21 散步	23 健身操	24 健美运动	25 登山	27 轮滑	31 郊游	
性别	女	计数	8	18	13	8	2	5	1	3	106
		占 GD 的百分比	7.5%	17.0%	12.3%	7.5%	1.9%	4.7%	0.9%	2.8%	
		占 $ 题集 2 的百分比	61.5%	54.5%	54.2%	57.1%	20.0%	29.4%	33.3%	50.0%	
		占总计的百分比	3.6%	8.0%	5.8%	3.6%	0.9%	2.2%	0.4%	1.3%	47.3%
	男	计数	5	15	11	6	8	12	2	3	118
		占 GD 的百分比	4.2%	12.7%	9.3%	5.1%	6.8%	10.2%	1.7%	2.5%	
		占 $ 题集 2 的百分比	38.5%	45.5%	45.8%	42.9%	80.0%	70.6%	66.7%	50.0%	
		占总计的百分比	2.2%	6.7%	4.9%	2.7%	3.6%	5.4%	0.9%	1.3%	52.7%
总计		计数	13	33	24	14	10	17	3	6	224
		占总计的百分比	5.8%	14.7%	10.7%	6.3%	4.5%	7.6%	1.3%	2.7%	100.0%

【小贴士】

在问卷中巧妙地设置多选题，可以有效地简化问题，压缩问卷篇幅。但由于多选题结构的限制，对多选题的分析，迄今仍只是以描述为主，无法进行类间差异显著性的假设检验，所以多选题也不要滥用。对多选题，主要是进行频数分析。但只要问卷中有分类问题，就可以通过设置分类变量对多选题进行更深入的交叉表频数分析，从而挖掘数据更深层的信息。

第三节 多选题频数分布的帕累托图

在问卷调查中，当一个题目的选项比较多时，该题目往往设计成多重二分法格式的多选题；当一个题目的备选答案比较多时，该题目往往设计成多重分类法格式的多选题。在 SPSS 中对多选题进行分析，最终结果都是以频数分布表的形式呈现。遗憾的是，SPSS 的多选题分析过程没有提供直接绘制频数分布图的功能。

帕累托图（Pareto Charts）又称为排列图或主次因素图，是一种带累积百分比曲线的特殊图形。体育研究中，我们往往会遇到这样一类问题，它有众多影响因素，但大部分因素的影响都比较小，只有少数几个因素的影响比较大。帕累托图将变量的各类别按值或频率的降序从左向右排列画出条形图，并加上累积百分比曲线，从而帮助我们从众多因素中挑选出若干关键因素。通常，以累积百分比达到 80%左右作为获取帕累托截集的标准。

由于在 SPSS 26.0 版中没有提供直接绘制帕累托图的功能，而该图在体育研究中又有着比较广泛的应用，所以本小节将介绍一种将多选题分析的结果与一般频数分析结合在一起绘制帕累托图的方法。

【案例 1202】

某小组进行我国女排高水平后备人才常见运动损伤致伤因素研究。首先通过预备性研究筛选出 22 条致伤因素，然后在全国青少年女子排球队集训期间进行问卷调查，共获得了 196 个损伤案例。题目为：

请您根据身体出现损伤时的实际情况选择原因（多选）：

A. □ 身体素质差　　B. □ 技术动作不规范
C. □ 技术掌握不熟练　　D. □ 运动负荷过大
E. □ 局部负担过重　　F. □ 身体状况不佳
G. □ 准备活动不合理　　H. □ 恢复手段欠缺
I. □ 过度疲劳积累　　J. □ 伤后处理不当
K. □ 带伤训练比赛　　L. □ 旧伤积累
M. □ 过度兴奋　　N. □ 情绪低落
O. □ 体力太差　　P. □ 自我保护意识差
Q. □ 注意力不集中　　R. □ 场地器材有缺陷
S. □ 个人装备不完善　　T. □ 突发事件
U. □ 天气不佳　　V. □ 其他

根据调查结果建立的数据文件“案例 1202. sav”如图 12-3-1 所示。其中，ID 为伤例号；A～V 为 22 个致伤因素选项，其中的每一个，在每个损伤案例中都可能被选中，也可能不被选中，且未限制选择个数，所以本例应设为多重二分法格式，以 0 代表未选，以 1 代表选中。

	ID	A	B	C	D	E	F	G	H	I	J	K	L	M	N	O	P	Q	R	S	T	U	V
1	1	1	0	0	0	0	0	0	0	0	0	0	0	0	0	0	0	0	0	0	0	0	0
2	2	1	0	0	0	0	0	0	0	0	0	0	0	0	0	1	0	0	0	0	0	0	0
3	3	1	0	0	0	0	0	0	0	0	0	0	0	0	0	0	0	0	0	0	0	0	0
4	4	1	0	0	0	0	0	0	0	0	1	0	0	0	0	0	0	0	0	0	0	0	0
5	5	0	0	0	0	0	0	0	0	0	0	1	0	0	0	0	0	0	0	0	0	0	0
6	6	0	0	0	1	0	0	0	1	0	0	0	0	0	0	0	0	0	0	0	0	0	0
7	7	0	0	0	0	0	0	0	0	0	0	1	0	0	0	0	0	0	0	0	0	0	0
8	8	0	0	1	0	0	0	0	0	0	0	0	0	0	0	0	0	0	0	0	0	0	0
9	9	0	0	0	0	0	0	0	1	0	0	0	0	0	0	0	0	0	0	0	0	0	0
10	10	0	0	0	0	0	1	0	0	0	0	0	1	0	0	0	0	0	1	0	0	0	0
11	11	0	0	0	0	0	0	0	0	0	0	0	0	0	0	0	1	0	0	0	0	0	0
12	12	0	0	0	0	0	0	0	0	0	0	0	0	0	0	0	1	0	0	0	0	0	0
13	13	0	0	0	1	0	0	0	0	0	0	0	0	0	0	0	0	0	0	0	0	0	0
14	14	0	0	0	0	0	0	0	0	0	0	1	0	0	0	0	0	1	0	0	0	0	0
15	15	0	1	0	0	0	0	0	0	0	0	0	0	1	0	0	0	0	0	0	0	0	0
16	16	0	1	0	0	0	0	0	0	0	0	0	0	0	0	0	0	0	0	0	0	0	0
17	17	0	0	0	0	1	0	0	0	0	0	1	0	0	0	0	0	0	0	0	0	0	0
18	18	0	0	0	0	1	0	0	0	0	0	0	0	0	0	0	0	0	0	0	0	0	0
19	19	0	1	0	0	0	0	0	0	0	0	0	0	0	0	0	0	0	0	0	0	0	0
20	20	1	0	0	0	1	0	0	0	0	0	0	0	0	0	0	0	0	0	0	0	0	1

图 12-3-1 案例 1202 的数据（部分）

在 SPSS 中实现的步骤

第 1 步：在数据编辑器窗口中打开数据文件“案例 1202. sav”。

第 2 步：在“分析”菜单中选择“多重响应”→“定义变量集”命令，打开“定义多重响应集”主对话框。在其中，将 22 个致伤因素变量定义为一个多重二分法格式的变量集“致伤因素集”，如图 12-3-2 所示。

第 3 步：在“分析”菜单中选择“多重响应”→“频率”命令，打开“多重响应频率”主对话框。在其中，将致伤因素集选入“表”框进行频数分析，如图 12-3-3 所示。

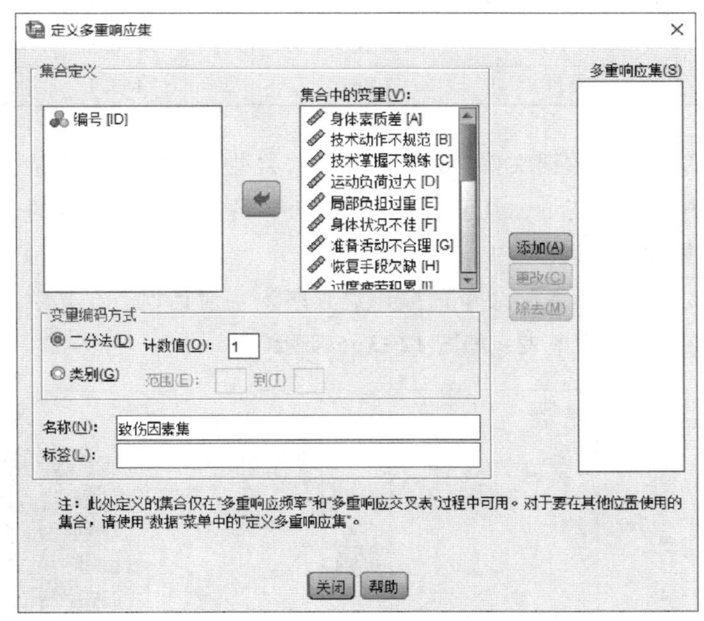

图 12-3-2 定义多选题变量集

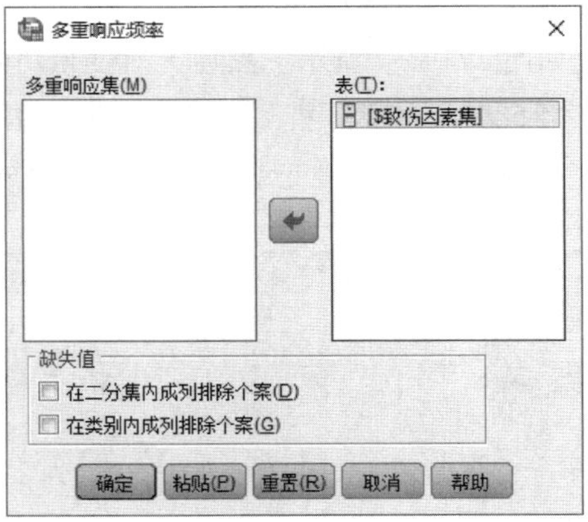

图 12-3-3 多选题频数分析

多选题频数分析的结果如表 12-3-1 所示。

表 12-3-1 $致伤因素集频率

		响应		个案百分比
		个案数	百分比	
$致伤因素集ᵃ	身体素质差	37	12.3	18.9
	技术动作不规范	35	11.7	17.9
	技术掌握不熟练	9	3.0	4.6
	运动负荷过大	27	9.0	13.8
	局部负担过重	33	11.0	16.8
	身体状况不佳	7	2.3	3.6
	准备活动不合理	26	8.7	13.3
	恢复手段欠缺	8	2.7	4.1
	过度疲劳积累	23	7.7	11.7
	伤后处理不当	6	2.0	3.1
	带伤训练比赛	29	9.7	14.8
	旧伤积累	10	3.3	5.1
	过度兴奋	4	1.3	2.0
	情绪低落	4	1.3	2.0
	体力太差	5	1.7	2.6
	自我保护意识差	24	8.0	12.2
	注意力不集中	4	1.3	2.0
	场地器材有欠缺	3	1.0	1.5
	个人装备不完善	2	0.7	1.0
	突发事件	2	0.7	1.0
	天气不佳	1	0.3	0.5
	其他	1	0.3	0.5
总计		300	100.0	153.1

第 4 步：重新建立一个数据文件“案例 1203.sav”。数据文件含两个变量：“类型”为字符型变量，其值分别为 22 个致伤因素的代码 A～V；“次数”为数值型变量，其值为表 12-3-1 中的各种致伤因素的个案数，如图 12-3-4 所示。然后，对变量“次数”做加权处理。

第 5 步：在“分析”菜单中选择“描述统计”→“频率”命令，打开“频率”主对话框。在其中，将变量“类型”选入“变量”框进行频数分析；要求输出频率表，如图 12-3-5 所示。

	类型	次数
1	A	37
2	B	35
3	C	9
4	D	27
5	E	33
6	F	7
7	G	26
8	H	8
9	I	23
10	J	6
11	K	29

	类型	次数
12	L	10
13	M	4
14	N	4
15	O	5
16	P	24
17	Q	4
18	R	3
19	S	2
20	T	2
21	U	1
22	V	1

图 12-3-4 案例 1203 的数据文件

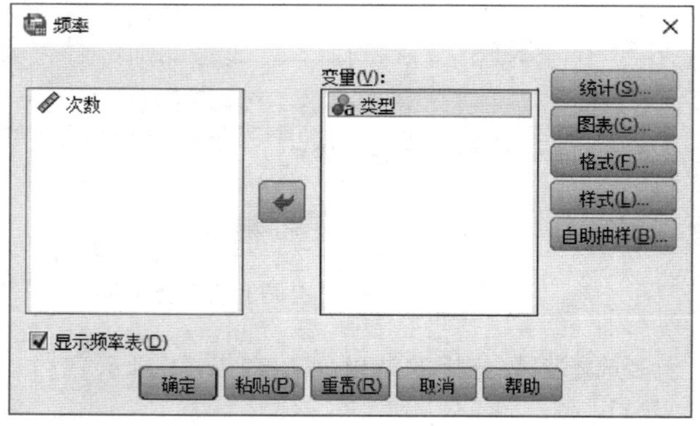

图 12-3-5 频数分析

第 6 步：在“频率”主对话框中单击“图表”按钮，打开“图表”子对话框。在“图表类型”栏选择条形图；在“图表值”栏选频率或百分比均可，如图 12-3-6 所示。

第 7 步：在“频率”主对话框中单击“格式”按钮，打开“格式”子对话框。在“排序方式”栏选择“按计数的降序排序”。此项非常重要，是决定频数分布图中各类别的矩形按高低从左向右排列的关键，如图 12-3-7 所示。

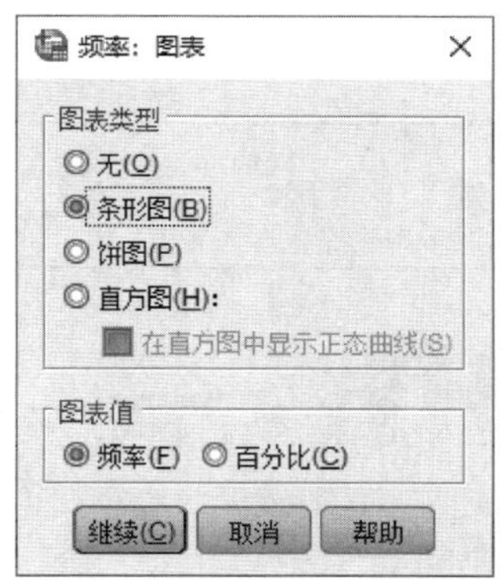

图 12-3-6　选择图表类型

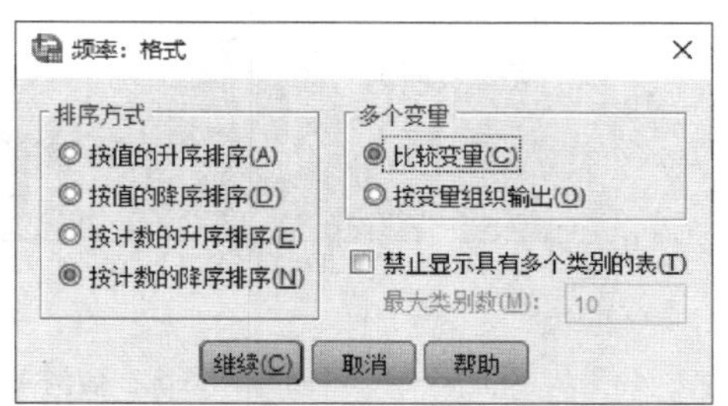

图 12-3-7　设置图表格式

回到“频率”主对话框后单击“确定”按钮，即完成频数分析，显示频数分布表和频数分布图。

表 12-3-2 为频数分布表。可以看出，22 个致伤因素已按频数从大到小顺序排列。

表 12-3-2　类　　型

		频数	百分比	有效百分比	累积百分比
有效	A	37	12.3	12.3	12.3
	B	35	11.7	11.7	24.0
	E	33	11.0	11.0	35.0
	K	29	9.7	9.7	44.7
	D	27	9.0	9.0	53.7
	G	26	8.7	8.7	62.3
	P	24	8.0	8.0	70.3
	I	23	7.7	7.7	78.0
	L	10	3.3	3.3	81.3
	C	9	3.0	3.0	84.3
	H	8	2.7	2.7	87.0
	F	7	2.3	2.3	89.3
	J	6	2.0	2.0	91.3
	O	5	1.7	1.7	93.0
	M	4	1.3	1.3	94.3
	N	4	1.3	1.3	95.7
	Q	4	1.3	1.3	97.0
	R	3	1.0	1.0	98.0
	S	2	0.7	0.7	98.7
	T	2	0.7	0.7	99.3
	U	1	0.3	0.3	99.7
	V	1	0.3	0.3	100.0
	总计	300	100.0	100.0	

图 12-3-8 为频数分布图，图中各个矩形的高度代表相应选项的频数。可以看出，各选项已经按其频数（矩形高度）从左向右依次排列。

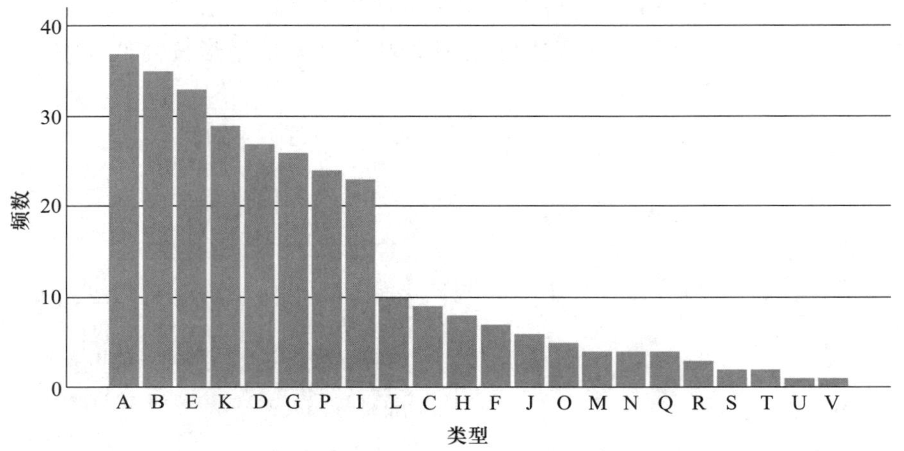

图 12-3-8 案例 1203 的频数分布图

第 8 步：利用其他绘图软件或手工对图 12-3-8 做进一步加工处理，形成最终的帕累托图。具体步骤为：

（1）在频数分布图的右端加一条纵轴表示累积百分比，标上适当的刻度。

（2）根据频数分布表中的累积百分比，在各类别的相应高度处标上点，用以表示至该类时的累积百分比。

（3）将各点连成一条折线，这就是帕累托累积百分比折线。

（4）结合图形特征，在累积百分比大约 80%处获取帕累托截集。

最终得到的帕累托图如图 12-3-9 所示。如果在 78%处获取帕累托截集，可截取到 A、B、E、K、D、G、P、I 共 8 类。结合原致伤因素名称可见，我国女子排球高水平后备人才常见运动损伤致伤的主要因素包括：A. 身体素质差；B. 技术动作不规范；E. 局部负担过重；K. 带伤训练比赛；D. 运动负荷过大；G. 准备活动不合理；P. 自我保护意识差；I. 过度疲劳积累等。

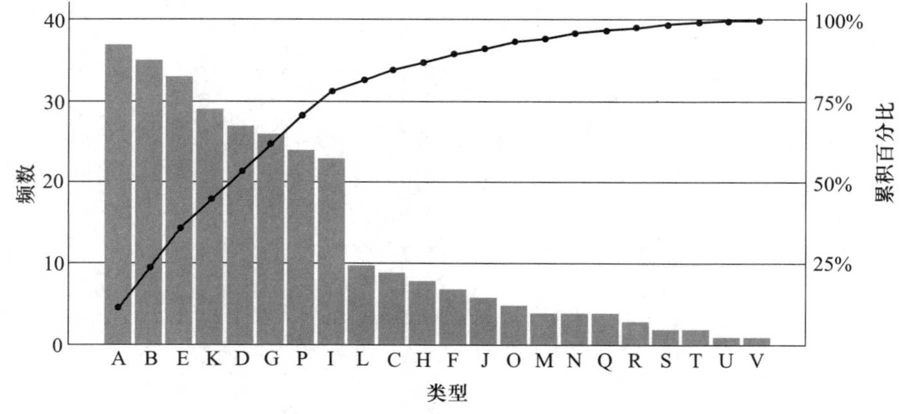

图 12-3-9 案例 1203 的帕累托图

思考与练习

1. 对问卷调查中的单选题和多选题，建立数据文件时分别如何设置变量？

2. 一道多选题所对应的若干个多重二分法格式的变量，其取值有什么特点？

3. 一道多选题所对应的若干个多重分类法格式的变量，其取值有什么特点？

4. 多选题分析中的响应百分比和个案百分比是什么含义？

5. 为改进大学生健美操俱乐部的工作，某课题组对俱乐部会员进行了抽样问卷调查。问卷部分内容及相应的变量如下：

问卷编号（ID）：________

一、年级（GR）：1. □ 低年级（一、二年级） 2. □ 高年级（三、四年级）

二、对俱乐部硬件设施的满意度（*K*1）：

1 . □ 非常满意 2. □ 满意 3. □ 一般 4. □ 不满意 5. □ 很不满意

三、对俱乐部管理工作的满意度（*K*2）：

1. □ 非常满意 2. □ 满意 3. □ 一般 4. □ 不满意 5. □ 很不满意

四、参加俱乐部训练的主要动机（多选，*XA*~*XJ*）：

A. □ 塑造理想体型 B. □ 培养高雅气质

C. □ 增强体质增进健康 D. □ 消遣娱乐体验乐趣

E. □ 丰富充实课余生活 F. □ 发挥特长体验成功

G. □ 排遣压力调节情绪 H. □ 发展能力提高自信

I. □ 广交朋友拓展人脉 J. □ 追求时尚提高品位

五、改进俱乐部工作的主要意见（最多选 4 项，填入选项号，*YA*~*YD*）：

A. □ B. □ C. □ D. □

1. 加强对俱乐部的宣传 2. 增加每周训练时间

3. 改善训练场环境 4. 完善训练设施

5. 增加比赛机会 6. 聘请高水平教练

7. 加强会员之间的交流 8. 加强健身知识传授

9. 增加训练外服务项目 10. 提高训练安排的计划性

调查结果如表 12-4-1 所示。试完成以下练习：

（1）建立数据文件，并以“练习 1205. sav”为文件名保存。

（2）以年级为分类变量，对单选题变量 *K*1、*K*2 进行交叉表分析，分析低、高年级学生对俱乐部硬件设施满意度、管理工作满意度的差异。（提示：用原始数据，采用费希尔精确检验）

（3）对多选题变量 *XA*~*XJ*、*YA*~*YD* 进行频数分析，分析被调查者对训练动机、改进意见响应的特征。

（4）以年级为分类变量，对多选题变量 *XA*~*XJ*、*YA*~*YD* 进行交叉表频数分析，分析低、高年级学生对训练动机、改进意见响应的差异。

表 12-4-1 大学生健美操俱乐部工作调查结果

ID	*GR*	*K*1	*K*2	*XA*	*XB*	*XC*	*XD*	*XE*	*XF*	*XG*	*XH*	*XI*	*XJ*	*YA*	*YB*	*YC*	*YD*
1	1	1	1	1	1	1	0	0	0	0	1	0	0	5	4	8	3
2	1	2	1	1	1	1	0	1	0	0	1	0	1	6	7	5	
3	2	2	1	1	1	1	1	1	0	0	1	0	0	4	7	6	8
4	2	2	5	0	1	1	0	0	1	0	0	0	0	2	5	9	
5	1	1	4	0	1	1	0	1	1	0	0	0	0	5	3	8	
6	1	2	2	1	1	0	0	0	0	0	0	0	0	7	4	5	10
7	1	3	1	0	1	0	0	1	0	0	0	1	0	4	8	3	
8	2	4	2	1	0	0	0	0	0	0	1	0	0	6	5	10	3
9	2	3	2	0	0	0	0	1	0	0	1	0	0	6	9	5	4
10	2	3	4	0	1	1	0	0	0	0	1	0	0	1	5	7	9
11	2	3	3	1	1	1	0	0	0	0	0	0	0	4	5	9	3
12	1	2	1	0	1	1	0	0	0	1	1	0	0	5	7	4	3
13	1	1	1	1	0	1	1	0	0	1	1	0	0	5	4	8	10
14	1	3	4	0	1	1	1	1	0	0	0	0	1	9	4	7	
15	2	1	2	0	1	1	1	1	0	0	1	1	0	7	3	5	
16	1	1	1	1	1	0	1	1	0	0	0	0	0	9	4	5	
17	1	1	3	0	0	1	0	1	1	0	1	0	0	4	6	1	
18	1	1	3	1	1	0	0	0	1	1	0	0	0	3	5	7	8
19	2	1	3	0	1	0	1	1	0	1	0	0	0	5	1	4	6
20	2	3	2	1	0	1	0	1	1	0	0	1	0	7	5	4	
21	1	2	1	0	0	1	1	0	0	0	0	0	0	4	7	5	8
22	2	2	2	1	0	0	1	0	0	0	1	0	0	8	10		
23	2	5	3	1	1	0	1	1	1	0	1	1	1	4	5	7	9
24	2	3	4	1	1	1	1	1	1	0	0	0	0	7	10	5	
25	2	4	5	1	0	1	0	0	0	1	1	0	0	8	4	6	3
26	2	1	2	1	1	1	0	0	1	1	1	0	0	5	4	7	9
27	1	3	2	1	1	0	0	0	1	1	1	0	0	6	3	4	
28	1	1	2	1	1	0	1	1	0	0	1	0	0	4	5	8	9
29	1	4	1	0	1	1	1	1	0	0	0	0	0	2	5	6	4
30	1	5	3	1	1	0	1	1	0	0	0	0	0	5	6	7	
31	1	2	3	1	0	1	1	1	1	0	1	0	0	5	9	6	10
32	2	5	3	1	0	0	1	1	0	0	1	0	0	10	6	5	1
33	2	3	4	1	0	1	0	1	0	0	1	1	0	4	5	9	3
34	2	4	3	1	0	0	0	1	0	1	1	0	0	10	6	5	8
35	2	4	3	0	1	0	0	0	0	0	1	0	0	5	9	4	

续表

ID	*GR*	*K*1	*K*2	*XA*	*XB*	*XC*	*XD*	*XE*	*XF*	*XG*	*XH*	*XI*	*XJ*	*YA*	*YB*	*YC*	*YD*
36	2	2	3	1	0	0	0	0	0	0	0	0	1	4	7	9	
37	1	2	1	1	0	1	1	0	0	0	0	0	0	10	5	7	9
38	1	1	1	1	1	1	0	0	1	0	1	1	0	5	8	7	4
39	2	4	3	1	0	0	0	1	0	0	1	0	0	5	4	8	6
40	1	3	2	0	1	0	0	1	0	0	1	0	0	4	8	9	3
41	1	1	1	1	1	1	0	0	1	0	1	0	0	2	3	8	5
42	1	1	2	1	0	1	0	0	0	0	0	0	0	2	7	5	1
43	1	1	1	1	0	1	0	0	1	0	1	0	0	2	7	8	3
44	2	2	3	1	1	1	0	0	0	1	0	1	0	7	9	6	10
45	2	1	3	0	1	0	1	1	0	0	1	0	0	7	4	5	10
46	2	3	3	1	1	0	1	1	0	0	1	0	0	3	4	7	10

6. 根据题 5 对多选题变量 *XA*～*XJ* 进行频数分析的结果，建立数据文件“练习 1206. sav”。然后进行频数分析，绘制累积百分比帕累托图，并通过帕累托截集，分析大学生参加健美操俱乐部训练的主要动机。

第十三章　平均数比较

平均数比较是假设检验的重要内容，它在数据分析中占有重要的地位。

在本书第六章中，我们采用基于正态分布的 Z 检验或基于 t 分布的 t 检验来解决不同条件下单样本或双样本的平均数比较问题。Z 检验适用于大样本；t 检验既适用于小样本也适用于大样本。当样本容量 n 较大时，t 分布接近于正态分布；当样本容量 n 趋于无穷大时，t 分布的极限形式就是正态分布。因此，在 *SPSS* 中对单样本和双样本的平均数进行假设检验，统一采用 t 检验。

第一节　平均数分析

一、平均数分析概述

SPSS 中的平均数分析，其基本功能是计算指定变量的基本描述统计量；特点是要求数据文件中至少有一个分类变量用于对数据进行分组。

平均数分析过程提供的基本描述统计量有：

◇ 平均值

◇ 中位数

◇ 分组中位数

◇ 几何平均数

◇ 调和平均数

◇ 方差

◇ 标准差

◇ 平均数标准误差

◇ 范围

◇ 最小值

◇ 最大值

◇ 第一个值

◇ 最后一个值

◇ 峰度系数

◇ 峰度系数标准误差

◇ 偏度系数

◇ 偏度系数标准误差

◇ 总和

◇ 在总和中所占的百分比：某组变量值之和在总和中所占的百分比。

◇ 个案数

◇ 在总个案数中所占的百分比：某组个案数在总个案数中所占的百分比。

二、平均数分析在 SPSS 中的实现

【案例 1301】

抽测 3 组共 36 名学生的纵跳（cm）和跳远（cm）的成绩，数据文件“案例 1301. sav”如图 13-1-1 所示。数据文件中有两个分类变量：组别和年龄。组别分为 1、2、3 组；年龄分为 17、18 岁组。试进行平均数分析。

	编号	组别	年龄	纵跳	跳远
1	1	1	17	55	505
2	2	1	18	56	520
3	3	1	18	56	518
4	4	1	17	54	520
5	5	1	18	56	514
6	6	1	17	60	555
7	7	1	18	56	510
8	8	1	18	60	556
9	9	1	17	61	532
10	10	1	17	54	520
11	11	1	17	55	524
12	12	1	18	60	540
13	13	2	17	62	592
14	14	2	17	65	588
15	15	2	17	64	580
16	16	2	18	60	568
17	17	2	17	62	600
18	18	2	17	58	530

	编号	组别	年龄	纵跳	跳远
18	18	2	17	58	530
19	19	2	17	60	570
20	20	2	18	63	620
21	21	2	18	64	540
22	22	2	17	66	568
23	23	2	18	62	533
24	24	2	17	61	550
25	25	3	17	68	600
26	26	3	18	62	580
27	27	3	17	69	600
28	28	3	17	66	614
29	29	3	18	65	610
30	30	3	18	65	576
31	31	3	17	68	612
32	32	3	17	66	604
33	33	3	18	62	560
34	34	3	18	69	620
35	35	3	18	66	604

图 13-1-1　案例 1301 的数据文件

1. 在 SPSS 中实现的步骤

第 1 步：在数据编辑器窗口中打开数据文件“案例 1301. sav”。

第 2 步：在“分析”菜单中选择“比较平均值”→“平均值”命令，打开相应的主对话框。

第 3 步：在“平均值”主对话框中进行平均数分析的具体操作，如图 13-1-2 所示。

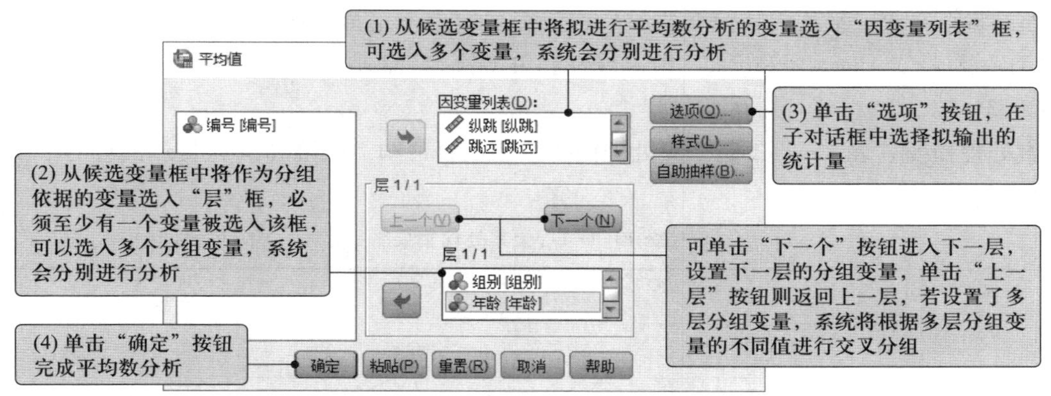

图 13-1-2　平均数分析的操作

本例处理：将纵跳和跳远选入“因变量列表”框；将组别、年龄选入“层”框作为第一层分组变量。

第 4 步：在“平均值”主对话框中单击“选项”按钮，打开“选项”子对话框，在其中选择拟输出的统计量，如图 13-1-3 所示。

“第一层的统计”栏有两个选项：

□ Anova 和 Eta：选此项，将根据第 1 层的分组变量对因变量进行方差分析，输出方差分析表，用于判断因变量各个水平的均数是否有显著性差异；同时输出 Eta 统计量 η 和 η^2。η 反映因变量与自变量（分组变量）之间关联的强度，取值为 0~1。其值为 0，表明因变量与分组变量无关；其值越接近于 1，表明因变量与分组变量之间的关系越密切。η^2 等于组间平方和与总平方和之比，取值也为 0~1，反映因变量不同组之间的差异所能解释总方差的比例。

□ 线性相关度检验：选此项，将进行线性回归分析，输出复相关系数 R 和判定系数 R^2。复相关系数 R

反映因变量与自变量（分组变量）之间线性相关的程度，取值为 0~1。其值为 0，表明因变量与分组变量无线性相关；其值越接近于 1，表明因变量与分组变量之间的线性关系越密切。判定系数 R^2 是回归平方和与总平方和之比，取值也为 0~1，反映线性回归拟合程度的优劣。该选项只有在分组变量划分为 3 个及以上水平时才会给出分析结果。

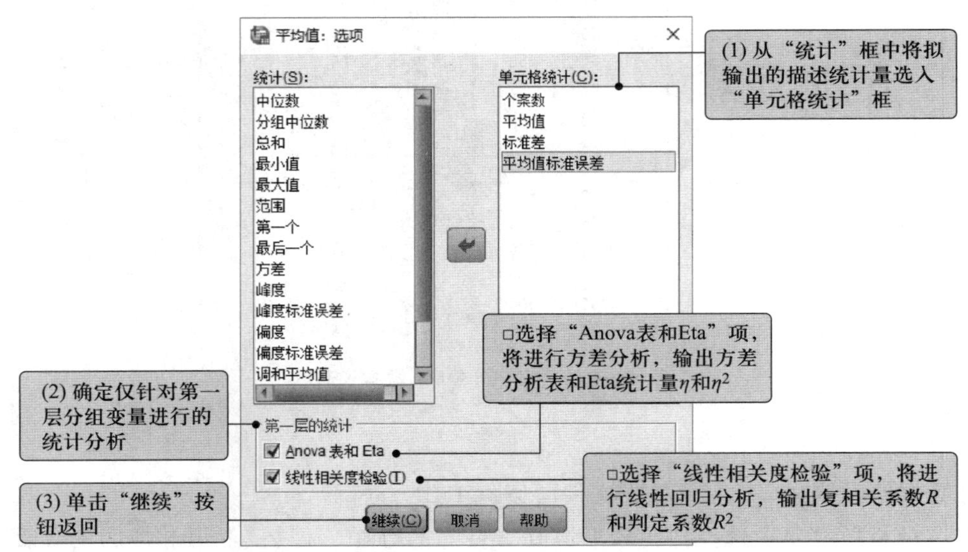

图 13-1-3 选择统计量

本例处理：将个案数、平均值、标准差和平均值标准误差 4 个描述统计量选入“单元格统计”框；在“第一层的统计”栏将“Anova 表和 Eta”和“线性相关度检验”2 项都选上。

2. 结果解读

(1) 个案处理摘要。表 13-1-1 是个案处理摘要。由此表可知，纵跳和跳远两个变量的个案数都为 36，没有被排除的个案。

表 13-1-1 个案处理摘要

	个案					
	包括		排除		总计	
	个案数	百分比	个案数	百分比	个案数	百分比
纵跳 * 组别	36	100.0	0	0.0	36	100.0
跳远 * 组别	36	100.0	0	0.0	36	100.0
纵跳 * 年龄	36	100.0	0	0.0	36	100.0
跳远 * 年龄	36	100.0	0	0.0	36	100.0

(2) 按“组别”分组的结果。表 13-1-2 是纵跳和跳远按“组别”分组计算的描述统计量，输出了一、二、三组及总计的个案数、平均值、标准偏差和平均值标准误差。可以看出，3 个组纵跳、跳远成绩的平均数都呈依次递增趋势。

表 13-1-2　报　　告

组别		纵跳	跳远
一组	个案数	12	12
	平均值	56.92	526.17
	标准偏差	2.575	16.486
	平均值标准误差	0.743	4.759
二组	个案数	12	12
	平均值	62.25	569.92
	标准偏差	2.301	27.936
	平均值标准误差	0.664	8.065
三组	个案数	12	12
	平均值	66.08	599.00
	标准偏差	2.353	17.838
	平均值标准误差	0.679	5.149
总计	个案数	36	36
	平均值	61.75	565.03
	标准偏差	4.475	36.775
	平均值标准误差	0.746	6.129

表 13-1-3 是以纵跳和跳远为因变量、以组别为自变量（分组变量）进行方差分析和线性回归分析的结果。对于纵跳，方差分析的结果为统计量 $F=43.965$，显著性概率 $P=0.000<0.01$，表明 3 个组的纵跳均值存在高度显著性差异。线性回归分析的结果（线性相关度）为统计量 $F=86.616$，显著性概率 $P=0.000<0.01$，表明回归方程（未列出）具高度显著性，方程的预测性能很好。

对于跳远，方差分析的结果为统计量 $F=35.309$，显著性概率 $P=0.000<0.01$，表明 3 个组的跳远均值存在高度显著性差异。线性回归分析的结果（线性相关度）为统计量 $F=69.676$，显著性概率 $P=0.000<0.01$，表明回归方程（未列出）具高度显著性，方程的预测性能很好。

表 13-1-3　ANOVA 表

			平方和	自由度	均方	F	显著性
纵跳 * 组别	组间	（组合）	508.667	2	254.333	43.695	0.000
		线性相关度	504.167	1	504.167	86.616	0.000
		偏离线性度	4.500	1	4.500	0.773	0.386
	组内		192.083	33	5.821		
	总计		700.750	35			
跳远 * 组别	组间	（组合）	32 258.389	2	16 129.194	35.309	0.000
		线性相关度	31 828.167	1	31 828.167	69.676	0.000
		偏离线性度	430.222	1	430.222	0.942	0.339
	组内		15 074.583	33	456.806		
	总计		47 332.972	35			

表 13-1-4 是纵跳、跳远与组别之间关联度分析的结果。对于纵跳，复相关系数 $R=0.848$，接近于 1，表明纵跳与组别之间的线性相关为高度相关；判定系数 $R^2=0.719$，表明线性回归的拟合程度较好。$\eta=0.852$，$\eta^2=0.726$，也表明纵跳与组别之间的关联度较高，组别对纵跳的成绩有显著影响，组间差异对总方差的解释度达 72.6%。

对于跳远，复相关系数 $R=0.820$，接近于 1，表明跳远与组别之间的线性相关为高度相关；判定系数 $R^2=0.672$，表明线性回归的拟合程度尚好。$\eta=0.826$，$\eta^2=0.682$，也表明跳远与组别之间的关联度较高，组别对跳远的成绩有显著影响，组间差异对总方差的解释度达 68.2%。

表 13-1-4 相关性测量

	R	*R* 方	Eta	Eta 平方
纵跳 * 组别	0.848	0.719	0.852	0.726
跳远 * 组别	0.820	0.672	0.826	0.682

（3）按“年龄”分组的结果。表 13-1-5 是纵跳和跳远按“年龄”分组计算的描述统计量，输出了 17 岁、18 岁两组及总计的个案数、平均值、标准偏差和平均值标准误差。两个组纵跳成绩的平均数分别为 61.79 cm，61.71 cm，差异不明显；两个组跳远成绩的平均数分别为 566.53 cm，563.35 cm，差异也不明显。

表 13-1-5 报 告

年龄		纵跳	跳远
17	个案数	19	19
	平均值	61.79	566.53
	标准偏差	4.906	35.939
	平均值标准误差	1.125	8.245
18	个案数	17	17
	平均值	61.71	563.35
	标准偏差	4.089	38.725
	平均值标准误差	0.992	9.392
总计	个案数	36	36
	平均值	61.75	565.03
	标准偏差	4.475	36.775
	平均值标准误差	0.746	6.129

表 13-1-6 是纵跳和跳远以“年龄”为分组变量进行方差分析的结果。对于纵跳，*F* 检验的统计量 $F=0.003$，显著性概率 $P=0.956>0.05$，表明 2 个年龄组的纵跳均值无显著性差异。对于跳远，*F* 检验的统计量 $F=0.065$，显著性概率 $P=0.800>0.05$，表明 2 个年龄组的跳远均值无显著性差异。

表 13-1-6 ANOVA 表[a,b]

			平方和	自由度	均方	*F*	显著性
纵跳 * 年龄	组间	（组合）	0.063	1	0.063	0.003	0.956
	组内		700.687	34	20.608		
	总计		700.750	35			

续表

			平方和	自由度	均方	F	显著性
跳远 * 年龄	组间	（组合）	90.353	1	90.353	0.065	0.800
	组内		47 242.619	34	1 389.489		
	总计		47 332.972	35			

a. 由于不足 3 个组，因此无法计算纵跳 * 年龄的线性度量

b. 由于不足 3 个组，因此无法计算跳远 * 年龄的线性度量

表 13-1-7 是纵跳、跳远与年龄之间关联度分析的结果。由于数据只有两个水平，故未进行线性回归分析，未输出复相关系数 R 和判定系数 R^2，只输出了 Eta 统计量 η 和 η^2。

表 13-1-7　相关性测量

	Eta	Eta 平方
纵跳 * 年龄	0.009	0.000
跳远 * 年龄	0.044	0.002

对于纵跳，$\eta=0.009$，$\eta^2=0.000$；对于跳远，$\eta=0.044$，$\eta^2=0.002$。由于 η 和 η^2 都很小，故可认为就本例而言，纵跳、跳远成绩与年龄（17、18 岁组）基本无关联。

第二节　单样本 t 检验

一、单样本 t 检验概述

单样本 t 检验是利用来自某个总体的样本数据，推断该总体的均数与某个指定的总体均数之间是否存在显著性差异。这种检验也称为总体均数的显著性检验。

单样本 t 检验的前提是样本所由抽取的总体应服从或近似服从正态分布。

设 μ 为样本所由抽取的总体的均数，μ_0为指定总体的均数，则单样本 t 检验的假设表示为：

H_0：$\mu=\mu_0$；

对于双侧检验，H_1：$\mu\neq\mu_0$；

对于单侧检验，H_1：$\mu>\mu_0$ 或 H_1：$\mu<\mu_0$。

检验的统计量为：

$$t=\frac{\overline{X}-\mu_0}{S/\sqrt{n}}$$

所求 t 值服从自由度 $df=n-1$ 的 t 分布。

进行单样本 t 检验时，做出统计结论的方法主要有两种。

第一种方法：先根据给定的显著性水平 α 和自由度 df 在 t 分布上侧分位数表中查找临界值，再将计算所得 t 的绝对值与该临界值进行比较，看计算所得 t 的绝对值是落在接受域内还是落在拒绝域内，进而做出统计推断。这是传统方法，也就是我们在第六章中采用的方法。

对于双侧检验，可查得临界值 $t_{\frac{\alpha}{2}(df)}$。如果 $|t|<t_{\frac{\alpha}{2}(df)}$，则 $P>\alpha$，应接受原假设；如果 $|t|\geqslant t_{\frac{\alpha}{2}(df)}$，则$P\leqslant\alpha$，应拒绝原假设，接受备择假设，如图 13-2-1 之左图所示。

对于单侧检验，可查得临界值 $t_{\alpha(df)}$。如果 $|t|<t_{\alpha(df)}$，则 $P>\alpha$，应接受原假设；如果 $|t|\geqslant t_{\alpha(df)}$，则 $P\leqslant\alpha$，应拒绝原假设，接受备择假设，如图 13-2-1 之右图所示。

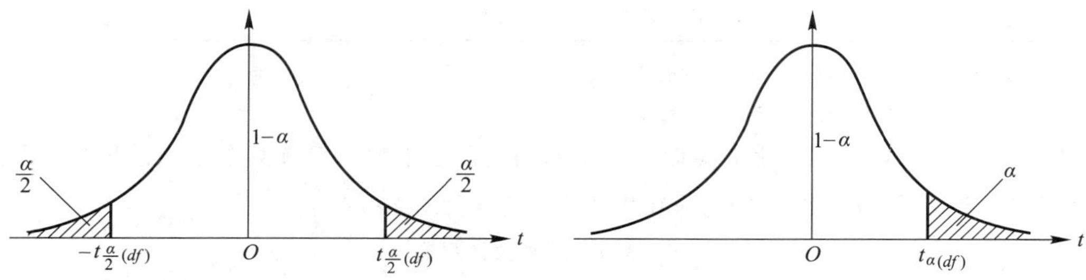

图 13-2-1 t 检验的临界值

第二种方法：先算出显著性概率 P，然后直接将 P 值与给定的显著性水平 α 进行比较，做出统计推断。这种方法不必查表找临界值，SPSS 中就是采用这种方法。

在 SPSS 中进行单样本 t 检验时，系统除了计算统计量 t 外，还会算出双侧检验的显著性概率 P。该值是在特定自由度的 t 分布中 t 值大于等于计算所得 t 绝对值的概率，即$P(t\geqslant|t_{计算值}|)$。这个概率值等于图 13-2-2 之下图中 t 分布曲线左、右两端阴影部分的面积之和（$P/2+P/2$）。可以看出，给定显著性水平 α，如果所得 P 值大于 α，即下图中曲线两端阴影部分的面积之和大于上图中曲线右端阴影部分的面积，则说明计算所得 t 的绝对值落在原假设的接受域内；如果所得 P 值小于等于 α，则说明计算所得 t 的绝对值落在原假设的拒绝域内。

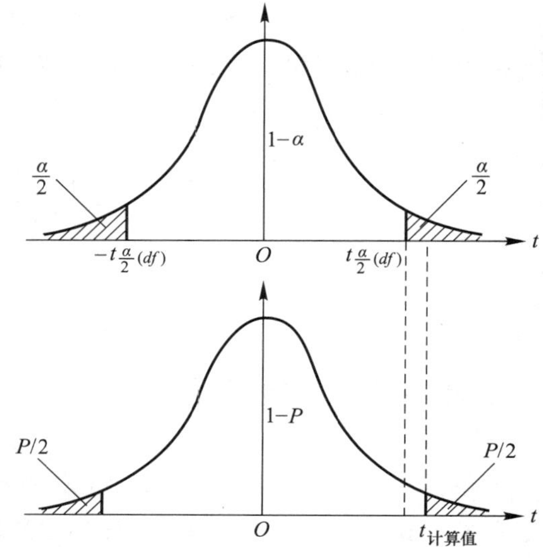

图 13-2-2 t 检验的显著性概率

因此，对于双侧检验，可以直接将计算所得 P 值与给定显著性水平 α 进行比较，做出统计推断。如果 $P>\alpha$，应接受原假设；如果 $P\leqslant\alpha$，应拒绝原假设，接受备择假设。

单侧检验只需考虑一侧的情况，即 t 分布曲线一端阴影部分的面积。或者说，单侧检验的显著性概率等于双侧检验显著性概率的一半。因此，对于单侧检验，应当先算出单侧的显著性概率 $P_{单侧}=P_{双侧}/2$，再将 $P_{单侧}$与给定的显著性水平 α 进行比较。如果 $P_{单侧}>\alpha$，应接受原假设；如果 $P_{单侧}\leqslant\alpha$，应拒绝原假设，接受备择假设。

二、单样本 t 检验在 SPSS 中的实现

【案例 1302】

某省学生体质调研资料表明，全省 18 岁女生的立定跳远成绩总体服从正态分布，平均成绩为 172.8 cm。今在某校某年级随机抽测 24 名 18 岁女生的立定跳远成绩，建立了数据文件“案例 1302.sav”，如图 13-2-3 所示。问：该校该年级 18 岁女生的立定跳远成绩与全省同年龄组的平均水平相比是否有显著性差异？

	编号	立定跳远		编号	立定跳远		编号	立定跳远
1	1	174	9	9	169	17	17	180
2	2	182	10	10	175	18	18	181
3	3	169	11	11	172	19	19	174
4	4	172	12	12	179	20	20	173
5	5	176	13	13	176	21	21	177
6	6	175	14	14	174	22	22	172
7	7	185	15	15	173	23	23	173
8	8	168	16	16	172	24	24	178

图 13-2-3　案例 1302 的数据文件

本例是要分析样本所由抽取的总体均数与已知总体均数 172.8 cm 是否存在显著性差异。根据题意，应进行单样本 t 检验。所要解决的问题是判定均数是否有显著性差异，故应进行双侧检验。检验的假设为：

H_0：$\mu=\mu_0$；

H_1：$\mu\neq\mu_0$。

1. 在 SPSS 中实现的步骤

第 1 步：在数据编辑器窗口中打开数据文件“案例 1302. sav”。

第 2 步：在“分析”菜单中选择“比较平均值”→“单样本 T 检验”命令，打开相应的主对话框。

第 3 步：在“单样本 T 检验”主对话框中进行检验的具体操作，如图 13-2-4 所示。

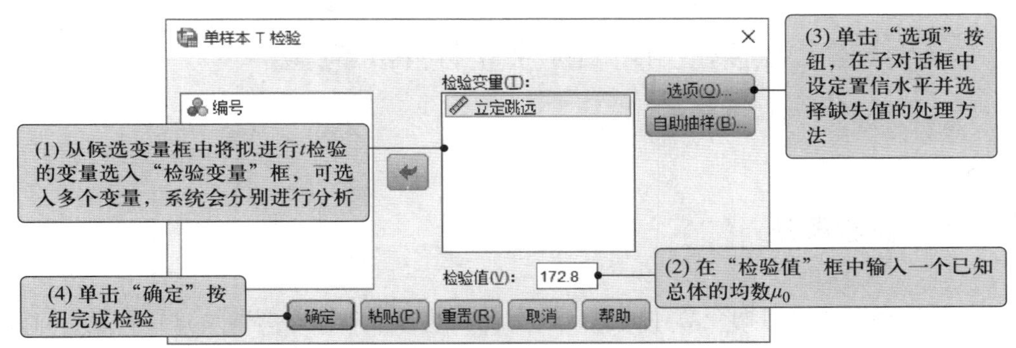

图 13-2-4　单样本 T 检验的操作

本例处理：将立定跳远选入“检验变量”框；在“检验值”框中输入已知总体均数 172.8。

第 4 步：在“单样本 T 检验”主对话框中单击“选项”按钮，打开“选项”子对话框，可在其中设定置信水平并选择缺失值的处理方法，如图 13-2-5 所示。

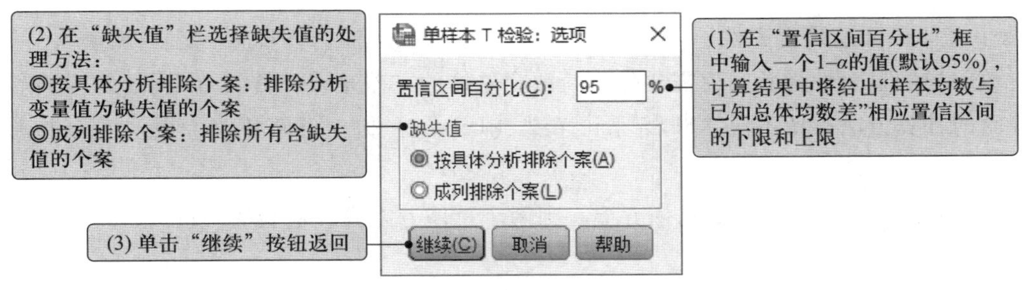

图 13-2-5　选项的设置

本例处理：采用默认设置，置信水平设为 95%；缺失值处理方法选择“按具体分析排除个案”。

2. 结果解读

（1）基本描述统计量。表 13-2-1 是基本描述统计量。由此表可知，该年级 24 名 18 岁女生立定跳远的平均成绩为 174.96 cm，标准差为 4.237 cm，平均数标准误为 0.865 cm。

表 13-2-1 单样本统计

	个案数	平均值	标准偏差	标准误差平均值
立定跳远	24	174.96	4.237	0.865

（2）单样本 t 检验的结果。表 13-2-2 是单样本 t 检验输出的主要结果。可以看出，单样本 t 检验的统计量 $t=2.495$，自由度 $df=23$，双侧检验的显著性概率（Sig.）$P=0.020<0.05$，应拒绝原假设，接受备择假设，可认为该年级 18 岁女生的立定跳远成绩与全省同年龄组的平均水平相比具显著性差异。该年级 18 岁女生的平均成绩比全省同年龄组的平均水平高 2.158 cm，两平均数差的 95%置信区间为［0.37，3.95］cm。

表 13-2-2 单样本检验

	检验值 = 172.8					
	t	自由度	Sig.（双尾）	平均值差值	差值 95%置信区间	
					下限	上限
立定跳远	2.495	23	0.020	2.158	0.37	3.95

第三节 两独立样本 t 检验

一、两独立样本 t 检验概述

两独立样本 t 检验是利用来自两个总体的独立样本，推断两个总体的均数是否存在显著性差异。这种检验也称为两均数差异的显著性检验。

两个独立样本 t 检验的前提是样本所由抽取的两个总体应服从或近似服从正态分布，且两个样本相互独立。所谓独立样本是指两个样本彼此没有关系，从一个总体中抽取一个样本对从另一个总体中抽取一个样本没有任何影响，两个样本中的个案数可以不同，个案顺序也没有限制。

在 SPSS 中进行两独立样本 t 检验，需通过两步来完成。

1. 判断两个总体的方差是否齐性

进行两均数差异的显著性检验时，需要先判断两个总体的方差是否齐性（相等）。方差齐性与不齐性两种情况下，检验的计算方法有所不同。SPSS 采用莱文（Levene）方法计算 F 统计量，用于检验两个总体的方差是否齐性。

设 σ_1^2 为第 1 总体方差，σ_2^2 为第 2 总体方差，则两个总体方差齐性检验的假设为：

H_0：$\sigma_1^2=\sigma_2^2$；

H_1：$\sigma_1^2\neq\sigma_2^2$。

莱文方差等同性（齐性）检验的基本思路是：

（1）分别计算两个样本的均数。

（2）计算各个观测值与本组均数的差，求出差的绝对值，得到两组绝对离差数据。

（3）利用单因素方差分析的方法，判断两个样本的平均绝对离差是否有显著性差异，计算 F 统计量并

给出显著性概率 P，进而推断两总体方差是否齐性。

设组数为 k(在两独立样本 t 检验中 k 为 2)，两个样本容量分别为 n_1 和 n_2，则总样本容量 $N=n_1+n_2$。采用莱文方法计算出的统计量 F 服从第 1 自由度 $df_1=k-1=2-1=1$、第 2 自由度 $df_2=N-k=N-2$ 的 F 分布。

给定显著性水平 α，查 F 分布上侧分位数表，可找到临界值 $F_{\alpha(df_1,df_2)}$。如果 $F<F_{\alpha(df_1,df_2)}$，则 $P>\alpha$，应接受原假设；如果 $F\geqslant F_{\alpha(df_1,df_2)}$，则 $P\leqslant\alpha$，应拒绝原假设，接受备择假设。这种方法是传统方法，如图 13-3-1 所示。

在 SPSS 中进行两独立样本 t 检验中的方差齐性检验时，系统除了计算统计量 F 外，还会算出单侧检验的显著性概率 P。该值是在特定自由度的 F 分布中 F 值大于等于计算所得 F 值的概率，即 $P(F\geqslant F_{计算值})$。这个概率值等于 F 分布曲线右端阴影部分的面积，如图 13-3-2 所示。

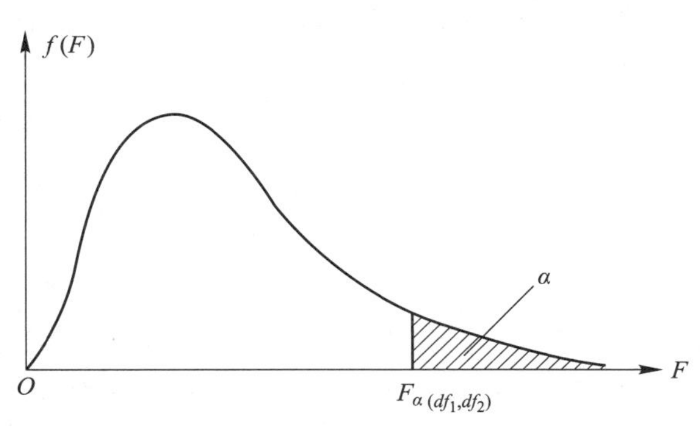

图 13-3-1　F 检验的临界值

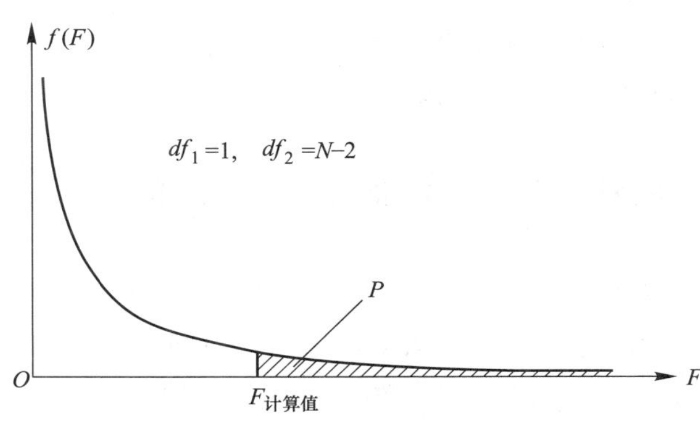

图 13-3-2　F 检验的显著性概率

因此，两独立样本 t 检验中的方差齐性检验，可以直接将计算所得 P 值与给定的显著性水平 α 进行比较。如果 $P>\alpha$，说明计算所得 F 值落在原假设的接受域内，应接受原假设；如果 $P\leqslant\alpha$，说明计算所得 F 值落在原假设的拒绝域内，应拒绝原假设，接受备择假设。

2. 根据方差齐性检验的结果，决定 t 统计量和自由度的计算公式

设 μ_1 为第 1 总体均数，μ_2 为第 2 总体均数，则两独立样本 t 检验的假设表示为：

H_0：$\mu_1=\mu_2$；

对于双侧检验，H_1：$\mu_1\neq\mu_2$；

对于单侧检验，H_1：$\mu_1>\mu_2$ 或 H_1：$\mu_1<\mu_2$。

（1）两个总体方差齐性时，统计量的计算式为：

$$t=\frac{\overline{X}_1-\overline{X}_2}{\sqrt{\frac{(n_1-1)S_1^2+(n_2-1)S_2^2}{n_1+n_2-2}\left(\frac{1}{n_1}+\frac{1}{n_2}\right)}}$$

所求 t 值服从自由度 $df=n_1+n_2-2$ 的 t 分布。

（2）两个总体方差不齐性时，统计量的计算式为：

$$t=\frac{\overline{X}_1-\overline{X}_2}{\sqrt{\frac{S_1^2}{n_1}+\frac{S_2^2}{n_2}}}$$

所求 t 值服从 t 分布，但自由度须进行修正，修正式为：

$$df=\frac{\left(\frac{S_1^2}{n_1}+\frac{S_2^2}{n_2}\right)^2}{\frac{\left(\frac{S_1^2}{n_1}\right)^2}{n_1-1}+\frac{\left(\frac{S_2^2}{n_2}\right)^2}{n_2-1}}$$

SPSS 在进行两独立样本 t 检验时，不论两个总体方差是否齐性，都会采用上述两种方法分别计算出统计量 t。研究者首先要根据给出的信息判断两总体方差是否齐性，然后再选择相应的 t 检验结果。

在 SPSS 中进行两独立样本 t 检验时，做出统计结论的方法与单样本 t 检验是一样的（见图 13-2-2）。系统除了计算统计量 t 外，还会算出双侧检验的显著性概率 P。该值是在特定自由度的 t 分布中 t 值大于等于计算所得 t 绝对值的概率，即 $P(t>|t_{计算值}|)$。

对于双侧检验，可直接将计算所得 P 值与给定的显著性水平 α 进行比较，做出统计推断。如果 $P>\alpha$，说明计算所得 t 值落在原假设的接受域内，应接受原假设；如果 $P\leqslant\alpha$，说明计算所得 t 值落在原假设的拒绝域内，应拒绝原假设，接受备择假设。

对于单侧检验，应当先算出单侧的显著性概率 $P_{单侧}=P_{双侧}/2$，再将 $P_{单侧}$ 与给定的显著性水平 α 进行比较。如果 $P_{单侧}>\alpha$，应接受原假设；如果 $P_{单侧}\leqslant\alpha$，应拒绝原假设，接受备择假设。

二、两独立样本 *t* 检验在 SPSS 中的实现

【案例 1303】

已知肺活量总体服从正态分布。现抽测两类学生的肺活量（mL），一类是经常参加游泳锻炼者，另一类是非经常参加游泳锻炼者，数据文件“案例 1303. sav”如图 13-3-3 所示。变量“类型”的值，1 为经常参加游泳锻炼者，2 为非经常参加游泳锻炼者。问：经常参加游泳锻炼者的肺活量是否高于非经常参加游泳锻炼者？

	编号	类型	肺活量		编号	类型	肺活量		编号	类型	肺活量
1	1	1	4610	13	13	1	4100	25	25	2	4280
2	2	1	4080	14	14	1	3750	26	26	2	3220
3	3	1	4730	15	15	1	3690	27	27	2	3310
4	4	1	4200	16	16	2	3845	28	28	2	3680
5	5	1	4300	17	17	2	3930	29	29	2	3835
6	6	1	4460	18	18	2	4430	30	30	2	3900
7	7	1	4230	19	19	2	4370	31	31	2	4170
8	8	1	4130	20	20	2	3360	32	32	2	3300
9	9	1	4090	21	21	2	3550	33	33	2	4030
10	10	1	3590	22	22	2	4290	34	34	2	3780
11	11	1	3760	23	23	2	3710	35	35	2	3990
12	12	1	4230	24	24	2	3940	36	36	2	3640

图 13-3-3　案例 1303 的数据文件

肺活量总体服从正态分布，本例两类学生的肺活量是两个独立样本，根据题意，应进行两独立样本 t 检验。从样本数据看，1 类学生的肺活量均值高于 2 类学生，且要回答的问题是经常参加游泳锻炼者的肺活量是否高于非经常参加游泳锻炼者，故可采用单侧检验。检验的假设为：

H_0：$\mu_1=\mu_2$；

H_1：$\mu_1>\mu_2$。

1. 在 SPSS 中实现的步骤

第 1 步：在数据编辑器窗口中打开数据文件“案例 1303. sav”。

第 2 步：在“分析”菜单中选择“比较平均值”→“独立样本 T 检验”命令，打开相应的主对话框。

第 3 步：在“独立样本 T 检验”主对话框中进行检验的具体操作，如图 13-3-4 所示。

本例处理：将肺活量选入“检验变量”框；将类型选入“分组变量”框。

第 4 步：在“独立样本 T 检验”主对话框中单击“定义组”按钮，打开“定义组”子对话框，可在其中设置分组变量的值，即指定对哪两组的均值进行比较，如图 13-3-5 所示。

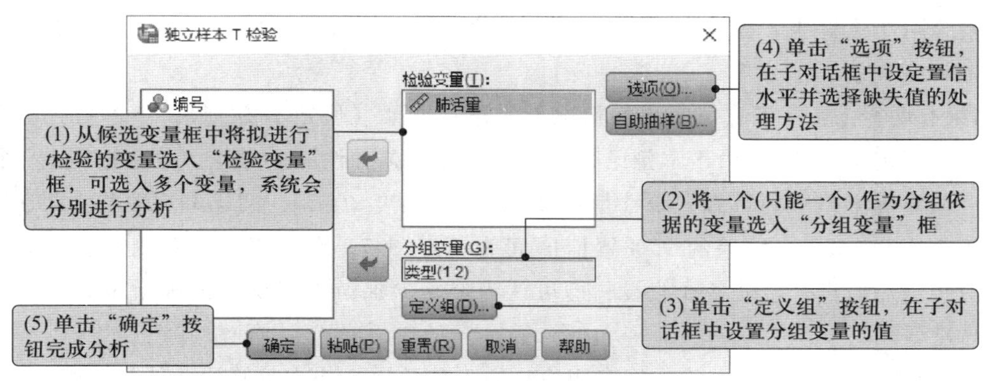

图 13-3-4　独立样本 t 检验的操作

图 13-3-5　定义组的操作

本例处理：选择“使用指定的值”，分别输入分组变量“类型”的两个值 1 和 2。

第 5 步：在“独立样本 T 检验”主对话框中单击“选项”按钮，打开“选项”子对话框，可在其中设定置信水平并选择缺失值的处理方法。工作界面与图 13-2-5 相同。

本例处理：采用默认设置，置信水平设为 95%；缺失值处理方法选择“按具体分析排除个案”。

2. 结果解读

（1）分组描述统计量。表 13-3-1 是分组描述统计量。由此表可知，第一类为经常参加游泳锻炼者，15 人，肺活量平均数为 4 130.00 mL，标准差为 330.000 mL，平均数标准误为 85.206 mL；第二类为非经常参加游泳锻炼者，21 人，肺活量平均数为 3 836.19 mL，标准差为 358.577 mL，平均数标准误为 78.248 mL。显然，第一类学生肺活量的平均水平高于第二类学生。

表 13-3-1　组　统　计

	类型	个案数	平均值	标准偏差	标准误差平均值
肺活量	游泳锻炼	15	4 130.00	330.000	85.206
	非游泳锻炼	21	3 836.19	358.577	78.248

（2）方差齐性检验与 t 检验的结果。表 13-3-2 是两个独立样本 t 检验输出的主要结果。

表 13-3-2　独立样本检验

		莱文方差等同性检验		平均值等同性 t 检验						
		F	显著性	t	自由度	Sig.（双尾）	平均值差值	标准误差差值	差值 95%置信区间	
									下限	上限
肺活量	假定等方差	0.270	0.607	2.504	34	0.017	293.810	117.339	55.347	532.272
	不假定等方差			2.540	31.759	0.016	293.810	115.684	58.099	529.520

从莱文方差等同性检验结果看，$F=0.270$，显著性概率 $P=0.607>0.05$，应接受原假设，即认为两总体方差齐性。

t 检验的结果有两行。上一行是方差齐性情况下的检验结果（假定等方差），下一行是方差不齐性情况下的检验结果（不假定等方差）。由于本例已得出“两总体方差齐性”的结论，故应选用上一行的结果。

由表中的“假定等方差”行可知，统计量 $t=2.504$，自由度 $df=34$，两样本均数差为 293.810 mL，均数差的标准误为 117.339 mL，均数差的 95% 置信区间为［55.347，532.272］；双侧检验的显著性概率 $P=0.017<0.05$，应拒绝原假设，接受备择假设，即可认为经常参加游泳锻炼者的肺活量高于非经常参加游泳锻炼者，差异具显著性。

本例已事先明确进行单侧检验，故应将双侧检验的 P 值除以 2 作为单侧检验的显著性概率，即：$P_{单侧}=P/2=0.017/2=0.0085<0.01$。因此，可认为经常参加游泳锻炼者的肺活量高于非经常参加游泳锻炼者，差异具高度显著性。

第四节 两配对样本 t 检验

一、两配对样本 t 检验概述

两配对样本 t 检验是利用来自两个总体的配对样本，推断两个总体的均值是否存在显著性差异。

两配对样本 t 检验的前提是两个样本所由抽取的两个总体应服从或近似服从正态分布，且两个样本是相互关联的。

配对样本 t 检验不同于独立样本 t 检验之处在于样本是配对的。所谓配对样本主要有两种情况：一种是根据某些条件基本相同的原则，把对象一一匹配成对，然后将每对随机地分入实验组和对照组，对两组施以不同的处理后，用同一个方法对两组进行测验，由此获得两组关联的测验结果（配对实验）；另一种是对同一组对象进行实验，在实验前、后用同一个方法进行测验，由此获得两组关联的测验结果（自身前后配对）。

配对样本具有两个特性：第一，两个样本的样本容量相同；第二，两个样本观测值的先后顺序一一对应，不能随意更改。由于抽样不是相互独立的，而是相互关联的，所以检验不能直接采用两个独立样本 t 检验的方法，需要采用改进的方法。

设两配对样本 X_1 和 X_2 的总体均数分别为 μ_1 和 μ_2；计算每对观测值之差 $d=X_1-X_2$（或 $d=X_2-X_1$），差值序列 d 的样本平均数为 $\bar{d}$，总体均数为 μ，若两配对样本所由抽取的两总体均数无差异，则两配对样本 t 检验的假设可表示为：

H_0：$\mu=0$；

对于双侧检验，H_1：$\mu\neq0$；

对于单侧检验，H_1：$\mu>0$ 或 H_1：$\mu<0$。

检验的统计量为：

$$t=\frac{\bar{d}}{S/\sqrt{n}}$$

所求 t 值服从自由度 $df=n-1$ 的 t 分布。

在 SPSS 中进行两配对样本 t 检验时，做出统计结论的方法与单样本 t 检验是一样的（见图 13-2-2）。

系统除了计算统计量 t 外，还会算出双侧检验的显著性概率 P。该值是在特定自由度的 t 分布中 t 值大于等于计算所得 t 绝对值的概率，即 $P(t>|t_{计算值}|)$。

对于双侧检验，可以直接将计算所得 P 值与给定的显著性水平 α 进行比较，做出统计推断。如果$P>\alpha$，说明计算所得 t 值落在原假设的接受域内，应接受原假设；如果 $P\leqslant\alpha$，说明计算所得 t 值落在原假设的拒绝域内，应拒绝原假设，接受备择假设。

对于单侧检验，应当先算出单侧的显著性概率 $P_{单侧}=P_{双侧}/2$，再将 $P_{单侧}$ 与给定的显著性水平 α 进行比较。如果 $P_{单侧}>\alpha$，应接受原假设；如果 $P_{单侧}\leqslant\alpha$，应拒绝原假设，接受备择假设。

二、两配对样本 t 检验在 SPSS 中的实现

【案例 1304】

某校拟派 16 名学生参加省体育综合知识与技能大赛，对他们进行了二周的强化训练。以相同的标准测得各人训练前、后的综合成绩（分数），数据文件“案例 1304. sav”如图 13-4-1 所示。已知综合成绩总体服从正态分布，问：强化训练对提高综合成绩是否有效？

	编号	训练前成绩	训练后成绩
1	1	71	75
2	2	90	80
3	3	82	85
4	4	70	77
5	5	75	83
6	6	77	70
7	7	80	84
8	8	71	72

	编号	训练前成绩	训练后成绩
9	9	74	82
10	10	79	83
11	11	76	80
12	12	82	85
13	13	70	72
14	14	73	79
15	15	82	84
16	16	80	81

图 13-4-1　案例 1304 的数据

本例同一批对象训练前、后的综合成绩属于配对样本。只有证明训练后的综合成绩优于训练前的综合成绩，才能说明二周强化训练对综合成绩的提高是有效的。根据题意，应进行两个配对样本 t 检验。从专业角度看，训练后的成绩不会低于训练前的成绩，故可以采用单侧检验。

设每对观测值之差 d=训练后成绩-训练前成绩，差值 d 的总体均数为 μ，则检验的假设为：

H_0：$\mu=0$；

H_1：$\mu>0$。

1. 在 SPSS 中实现的步骤

第 1 步：在数据编辑器窗口中打开数据文件“案例 1304. sav”。

第 2 步：在“分析”菜单中选择“比较平均值”→“成对样本 T 检验”命令，打开相应的主对话框。

第 3 步：在“成对样本 T 检验”主对话框中进行检验的具体操作，如图 13-4-2 所示。

本例处理：将训练后成绩选入“配对变量”框第一行“变量 1”列，将训练前成绩选入“配对变量”框第一行“变量 2”列。

第 4 步：在“成对样本 T 检验”主对话框中单击“选项”按钮，打开“选项”子对话框，可在其中设定置信水平并选择缺失值的处理方法。工作界面与图 13-2-5 相同。

本例处理：置信水平设为 95%；缺失值处理方法选择“按具体分析排除个案”。

2. 结果解读

（1）描述统计量。表 13-4-1 是两配对样本的描述统计量。由此表可知，训练前的平均成绩为 77.00，训练后的平均成绩为 79.50，训练后比训练前提高了 2.50。

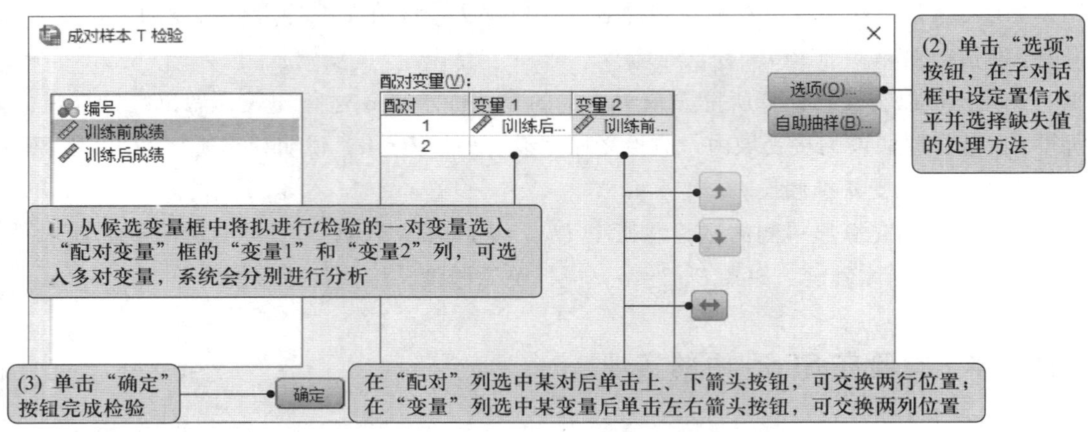

图 13-4-2 配对样本 T 检验的操作

表 13-4-1 配对样本统计

		平均值	个案数	标准偏差	平均值标准误差
配对 1	训练后成绩	79.50	16	4.926	1.232
	训练前成绩	77.00	16	5.574	1.393

（2）样本相关性。表 13-4-2 是训练前、后成绩的简单相关系数及检验结果。由此表可知，训练前、后成绩的相关系数为 0.578，属中度相关；显著性概率 $P=0.019<0.05$，表明相关系数具显著性。

表 13-4-2 配对样本相关性

		个案数	相关性	显著性
配对 1	训练后成绩 & 训练前成绩	16	0.578	0.019

（3）配对样本 t 检验的结果。表 13-4-3 是两配对样本 t 检验输出的主要结果。

表 13-4-3 配对样本检验

		配对差值					t	自由度	Sig.（双尾）
		平均值	标准偏差	平均值标准误差	差值 95%置信区间				
					下限	上限			
配对 1	训练后成绩-训练前成绩	2.500	4.858	1.214	-0.089	5.089	2.058	15	0.057

统计量 $t=2.058$，自由度 $df=15$，两配对样本均数差为 2.500，均数差的标准差为 4.858，均数差的标准误差为 1.214，均数差的 95%置信区间为［-0.089，5.089］；双侧检验的显著性概率 $P=0.057>0.05$，凭此似应接受原假设，认为训练前、后的综合成绩无显著性差异。

本例已事先明确进行单侧检验，故应将双侧的 P 值除以 2 作为单侧的概率，即：

$$P_{单侧}=P_{双侧}/2=0.057/2=0.028\ 5<0.05$$

因此，应拒绝原假设，接受备择假设，即可认为二周强化训练对综合成绩的提高有效，训练前、后综合成绩的差异具显著性。

特别提示：本例若采用双侧检验，结论是训练前、后的综合成绩无显著性差异，而采用单侧检验，结论则是训练前、后的综合成绩具显著性差异。可见单侧检验比较容易得出“具显著性”的结论。但能否采用单侧检验，须根据专业知识在做实验设计时就确定下来。若根据专业知识能确认训练后成绩不会低于训练前成绩，即可采用单侧检验。

【小贴士】

在各类假设检验中，如果 SPSS 只给出双侧检验的显著性概率 P，而指定进行的是单侧检验，则应先算出单侧检验的显著性概率 $P_{单侧}=P_{双侧}/2$，再与给定的显著性水平 α 进行比较。具体可以分为 3 种情况：① 如果双侧检验的结论是接受原假设，则可以将 $P_{单侧}$ 与 0.05 和 0.01 比较，看能否在 0.05（$P_{单侧}\leqslant 0.05$）或者 0.01（$P_{单侧}\leqslant 0.01$）水平上拒绝原假设；② 如果双侧检验的结论是在 0.05 水平上拒绝原假设，则可以将 $P_{单侧}$ 与 0.01 比较，看能否在 0.01（$P_{单侧}\leqslant 0.01$）水平上拒绝原假设；③ 如果双侧检验的结论已经是在 0.01 水平上拒绝原假设，则无须再比较，可直接做出统计推断。

思考与练习

1. SPSS 在统计过程中提供的缺失值处理方法主要有哪两种？

2. 在两独立样本 t 检验的输出表格中，有“假定等方差”和“不假定等方差”两行结果，如何选择正确的结果行？

3. 在做各类假设检验时，如果 SPSS 给出的是双侧检验的显著性概率，而我们却是要进行单侧检验，应如何处理？

4. 将第十章思考与练习题 4 计算 24 名考生 4 项测试总分后的数据文件更名保存为“练习 1304. sav”，然后将性别作为分组变量，对各项素质成绩、各项得分和总分做平均数分析。

5. 将第八章思考与练习题 8 所建立的 20 名男子短距离自由泳运动员若干形态、素质指标的数据文件更名保存为“练习 1305. sav”。根据有关研究，游泳运动员纵跳成绩总体服从正态分布，我国高水平男子游泳运动员纵跳成绩的总体均数为 66 cm。请采用单样本 t 检验的方法，分析该批游泳运动员的纵跳与我国高水平游泳运动员相比是否有显著性差异。

6. 某教师进行体育教学改革实验，侧重发展学生心肺功能。在同年级女生中设实验组 20 人，对照组 22 人。实验组采用综合改革方案进行教学，对照组按常规方案进行教学，实验持续时间为 1 年。在实验前、后分别对两组学生进行测定，以哈佛台阶试验指数来反映心肺功能，结果如表 13-5-1 所示。其中，组别变量的值，1 为实验组，2 为对照组。经正态分布假设检验，证明实验组、对照组在实验前、后该项指标的数据总体都服从正态分布。

表 13-5-1　实验组、对照组在实验前、后的哈佛台阶试验指数

编号	组别	前测	后测	编号	组别	前测	后测
1	1	73	80	6	1	64	69
2	1	62	68	7	1	52	60
3	1	49	54	8	1	72	75
4	1	45	50	9	1	52	58
5	1	63	66	10	1	56	64

续表

编号	组别	前测	后测	编号	组别	前测	后测
11	1	76	78	27	2	72	70
12	1	57	63	28	2	60	66
13	1	54	58	29	2	66	66
14	1	43	57	30	2	71	69
15	1	66	69	31	2	55	57
16	1	62	66	32	2	48	50
17	1	72	72	33	2	58	62
18	1	60	68	34	2	47	49
19	1	65	72	35	2	63	60
20	1	71	74	36	2	62	60
21	2	47	49	37	2	70	74
22	2	44	52	38	2	65	67
23	2	59	56	39	2	67	62
24	2	47	48	40	2	74	70
25	2	63	60	41	2	59	63
26	2	62	67	42	2	48	50

试完成以下练习：

（1）对前测数据进行两独立样本 t 检验，分析实验组、对照组是否具可比性。

（2）对后测数据进行两独立样本 t 检验，分析综合改革方案对提高学生的心肺功能是否有效。

（3）根据实验组的前测、后测数据，进行两配对样本 t 检验，分析实验组自身哈佛台阶试验指数在实验前、后的变化情况。

（4）根据对照组的前测、后测数据，进行两配对样本 t 检验，分析对照组自身哈佛台阶试验指数在实验前、后的变化情况。

7. 某教师探讨体操课程新教学方法，在体育教育专业本科体操普修教学中，按照身体素质、技术水平基本相同的原则，将一个教学班 40 名学生分为 20 对，每对的 2 人随机分到实验组和对照组。实验组采用新教学方法，对照组采用常规教学方法。两组学生都不知晓实验安排。经过一个学期的教学后，由其他教师对两组学生进行技能考核，成绩如表 13-5-2 所示。已知两组成绩总体都服从正态分布。试采用两配对样本 t 检验的方法，分析新教学方法对提高学生体操技能水平是否有效。

表 13-5-2　实验组、对照组体操技能考核成绩表

编号	实验组	对照组	编号	实验组	对照组
1	8.6	8.4	7	8.9	9.0
2	8.2	8.3	8	8.7	8.6
3	7.9	7.6	9	9.0	8.7
4	7.6	7.7	10	8.4	8.3
5	8.5	8.3	11	7.5	7.6
6	8.8	8.7	12	9.1	8.8

续表

编号	实验组	对照组	编号	实验组	对照组
13	8.4	8.3	17	8.6	8.6
14	8.8	8.8	18	8.6	8.6
15	8.7	8.7	19	7.8	8.0
16	9.3	9.0	20	9.2	8.9

8. 采用某种新训练法对16名学生进行下肢爆发力训练，测得训练前、后立定跳远（cm）成绩，如表13-5-3所示。已知训练前、后成绩总体都服从正态分布。试采用两配对样本t检验的方法，分析新训练法对提高下肢爆发力是否有效。

表13-5-3　训练前、后立定跳远成绩表

编号	训练前成绩	训练后成绩	编号	训练前成绩	训练后成绩
1	219	224	9	242	240
2	234	240	10	236	245
3	221	221	11	249	252
4	237	250	12	210	235
5	242	258	13	240	238
6	205	209	14	210	215
7	256	260	15	246	250
8	219	233	16	214	215

第十四章　方差分析

在体育科学研究中，经常要分析各种因素对研究对象的影响，例如，不同训练方法对运动成绩是否有显著影响、不同教学方法对学习成绩是否有显著影响、不同锻炼方法对生长发育是否有显著影响等。在这类研究中，要对这些因素的各种不同状态进行实验以获取数据，然后对数据进行分析。

对实验数据的分析通常需要比较平均数是否相等。在第十三章中，我们介绍了对两个平均数进行差异显著性检验的 t 检验方法。但在很多情况下，我们需要同时考察 3 个或更多平均数的情况，此时如果采用逐对均数差异的显著性检验，则检验整体犯第一类错误（弃真）的概率将会增大。假设两均数差异显著性检验时犯第一类错误的概率为 0.05，则 p 次分析结果均正确的概率为 $(1-0.05)^p$，而犯第一类错误的概率为 $1-(1-0.05)^p$。例如，对 3 个均数需进行 3 次两两比较，犯第一类错误的概率增大到 0.14；对 4 个均数需进行 6 次两两比较，犯第一类错误的概率增大到 0.26；对 5 个均数需进行 10 次两两比较，犯第一类错误的概率增大到 0.40。因此，对 3 个或更多平均数差异检验的问题，t 检验将不再适用，需要寻求新的方法。

第一节　方差分析的基本原理

方差分析（Analysis of Variance，ANOVA）是英国统计学家 R. A. Fisher 于 1923 年提出的，它通过对数据总变差的分解和各部分变差来源的考察来分析实验因素的各种不同状态对实验结果的影响。方差分析在科学研究中有着十分广泛的应用。

一、方差分析的基本概念

1. 指标

指标指所考察对象特性的测量值，也称为因变量或观测变量。在方差分析中，指标应是连续型数值变量（定量变量），如身高、体重、肺活量、最大吸氧量、纵跳成绩等。

2. 因素

因素指影响指标变化的客观条件或人为条件，也称为自变量或控制变量。在方差分析中，因素是作为分类变量出现的，应是离散型数值变量（定性变量），其值只能是有限个数的离散值，如性别、年龄段、区域、教学方案、训练方案、锻炼方案等。

3. 水平

水平指因素所取的不同层次，也就是自变量或控制变量的不同取值。例如，性别可以分为两个水平：男和女；年龄段可以根据研究目的分为 3 个水平：青年、中年和老年；对大学生的测验可以按年级分为 4 个水平：1 年级、2 年级、3 年级和 4 年级；进行多种锻炼方案效果的比较时，可以根据所采用的方案将实验对象分成 1 组、2 组、3 组等。

二、方差分析的类型

只有一个因素的方差分析称为单因素方差分析；有两个或更多因素的方差分析称为多因素方差分析。

只有一个因变量的方差分析称为一元方差分析；有两个或更多因变量的方差分析称为多元方差分析。

由于因素和因变量数目的不同，就形成了多种类型的方差分析，即单因素单因变量方差分析、单因素多因变量方差分析、多因素单因变量方差分析、多因素多因变量方差分析。

在多元方差分析中，如果多个因变量实际上是对同一批研究对象施加多个不同处理后用同一指标进行的多次测量，或者是对同一批研究对象在不同时间或情景下用同一指标进行的多次测量，所进行的方差分析就称为重复测量方差分析。

如果把在实验设计阶段难以控制或无法严格控制的因素当作协变量，在方差分析时先排除其影响，然后再对修正后的主效应进行分析，这种方差分析就称为协方差分析。

方差分析数据的基本结构是处理组，或称为单元格。每个单元格内含有因变量的若干个观测值，这些观测值被视为一个样本。对于每一个因变量，一个因素分成几个水平，就构成几个单元格。例如，对于单因素单因变量方差分析，如果因素分为 4 个水平，就构成 4 个单元格；对于双因素单因变量方差分析，如果因素 A 有 4 个水平，因素 B 有 3 个水平，则构成 4×3＝12 个单元格。对于一个方差分析问题，如果每个单元格内的观测值个数都相同，就是平衡模型；如果每个单元格内的观测值个数不同，就是不平衡模型。

三、方差分析的基本思想

方差分析的原假设是认为各个样本所由抽取的各个总体的均数相等。然而，样本观测值相互之间存在着差异，这种差异称为变差。变差的来源有两种：第一种是由各种随机因素引起的，称为随机变差。或者说随机变差是抽样的随机性造成的。第二种是由不同的实验条件引起的，称为系统变差。或者说系统变差是因素所取的不同水平（对各样本施加了不同的处理）造成的。

综合反映全部数据之间差异的统计量称为总变差。总变差可以分解为不同的部分。例如，在单因素方差分析中，总变差可以分解为组间差异和组内差异两部分；在多因素方差分析中，总变差可以分解为各因素独立作用引起的变差、因素相互作用引起的变差和随机因素引起的变差等多个部分。各部分变差的来源不同，有的主要反映随机变差，有的主要反映系统变差。

方差分析的基本思想是，根据研究的目的对总变差进行分解，计算其中各个部分的方差，再用相应的方差比来构造检验统计量 F，最后根据 F 分布确定是接受还是拒绝原假设，从而做出多个总体均数是否存在显著性差异的推断。

在单因素方差分析中，设总样本容量为 N，分组数为 r，根据样本数据计算所得 F 值服从第 1 自由度（组间自由度）$df_1=r-1$，第 2 自由度（组内自由度）$df_2=N-r$ 的 F 分布。

根据 F 分布做出统计推断的方法有两种。第一种是传统方法，即给定显著性水平 α，根据自由度 df_1 和 df_2 在 F 分布上侧分位数表中查找单侧检验的临界值 $F_{\alpha(df_1,df_2)}$。如果 $F<F_{\alpha(df_1,df_2)}$，则 $P>\alpha$，应接受原假设；如果 $F\geqslant F_{\alpha(df_1,df_2)}$，则 $P\leqslant\alpha$，应拒绝原假设，接受备择假设，如图 14-1-1 之上图所示。

第二种是 SPSS 中使用的方法。SPSS 在进行方差分析时，系统除了计算统计量 F 外，还会直接算出相应的单侧检验的显著性概率 P，该值是在特定自由度的 F 分布中 F 值大于等于计

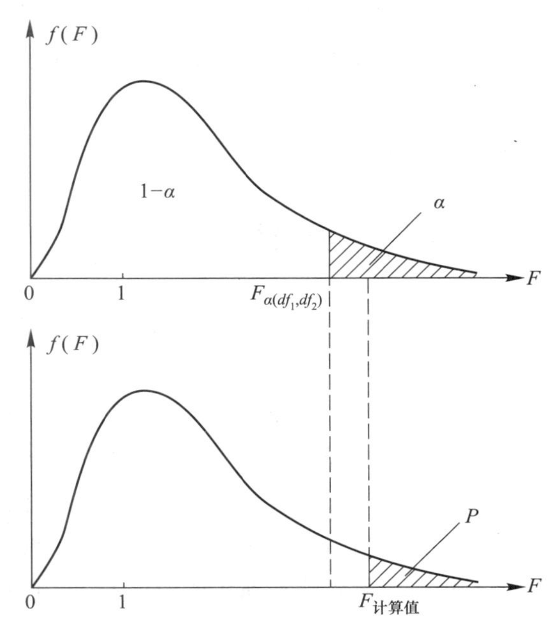

图 14-1-1　F 检验的临界值与显著性概率

算所得 F 值的概率，即 $P(F \geq F_{计算值})$。这个概率等于图 14-1-1 之下图中 F 分布曲线右端阴影部分的面积。可以看出，给定显著性水平 α，如果 $P>\alpha$，意味着计算所得 F 值落在原假设的接受域内，应接受原假设，认为各组均数无显著性差异；如果 $P \leq \alpha$，意味着计算所得 F 值落在原假设的拒绝域内，应拒绝原假设，接受备择假设，认为各组均数具显著性差异。因此，在 SPSS 中可以直接将计算所得 P 值与给定的显著性水平 α 进行比较，做出统计推断。

四、方差分析的基本条件

1. 每个样本都是独立随机样本

方差分析要求每个样本都是相互独立的随机样本，也就是要求样本之间没有关联，每个实验对象都是从总体中随机抽取的个体。

2. 每个样本都来自正态总体

方差分析要求每个样本都来自正态分布的总体，或者说，每个样本所由抽取的总体都应服从或近似服从正态分布。在进行方差分析之前，一般都要检验各样本所由抽取的总体分布的正态性。常用的做法是，先按水平拆分数据文件，然后调用非参数检验中的“单样本 K-S”过程对每个样本进行正态分布的假设检验。

如果存在总体分布不服从正态分布的情况，则应对数据做适当的转换使其接近正态分布，或者改用第十五章介绍的非参数检验方法进行分析。

3. 各样本所由抽取总体的方差齐性

方差分析要求各样本所由抽取总体的方差无显著性差异。因此，在方差分析时一般要进行方差的齐性检验。方差齐性检验的假设可表示为：

H_0：$\sigma_1^2=\sigma_2^2=\cdots=\sigma_r^2$（各总体方差相等）；

H_1：$\sigma_1^2 \neq \sigma_2^2 \neq \cdots \neq \sigma_r^2$（各总体方差不全相等）。

SPSS 采用莱文（Levene）方法进行方差齐性检验，计算统计量 F 和显著性概率 P（详见第十三章“平均数比较”中的第三节）。可以直接将显著性概率 P 值与给定的显著性水平 α 进行比较，做出统计推断。如果 $P>\alpha$，应接受原假设，认为各个样本所由抽取的总体方差齐性；如果 $P \leq \alpha$，应拒绝原假设，接受备择假设，认为各个样本所由抽取的总体方差不齐性。

方差齐性检验的结果如果是各个样本所由抽取的总体方差不齐性，则应选择 SPSS 提供的一些特殊统计量来做统计推断。

五、固定因子和随机因子

在多因素方差分析中，因素可以进一步划分为固定因子和随机因子。

1. 固定因子

固定因子是指该因素的所有可能取值在样本中都出现了，有几个可能取值就分为几个水平，它给观测变量带来的影响是固定的（固定效应），从分析结果中就可以得知所有水平的状况，无需外推。例如，进行糖尿病相关研究时，可以把所有人划分到糖尿病人、糖耐量异常人群（IGT）和正常人三类之中，此时应该将该因素作为固定因子。又如，研究三种训练方法的效果，如果我们只是想弄清楚这三种训练方法对观测变量有无影响，不需要外推到其他训练方法，则应该将该因素作为固定因子。

2. 随机因子

随机因子是指该因素的所有可能取值在样本中没有全部出现或不可能全部出现，这就不可避免地存在误差（随机效应），需要估计该误差的大小。例如，在研究力竭性运动后恢复时间对血乳酸浓度影响时，抽取了 30 分钟、1 小时、3 小时共三个水平的样本，并不可能将所有水平都纳入研究，但又希望在分析结果中能外推出 1.5 小时、2 小时等水平的情况，此时就应将该因素作为随机因子对待。

在进行多因素方差分析时，应明确因素是固定因子还是随机因子。如果将随机因子按固定因子来分析，有可能得出错误的结论。但是，在很多情况下，判断一个因素究竟是固定因子还是随机因子并不是件容易的事情。因此，我们可以根据分析的目的而不是根据变量本身的特性来区分二者。只要不把结论外推到未出现的其他水平中去，就可将因素视为固定因子；否则，应将其视为随机因子。

六、事后多重比较

F 检验综合地说明了多个平均数之间是否具显著性差异。如果 *F* 检验的结果是接受原假设，认为多个平均数之间没有显著性差异，就不必做进一步的分析了。

但是，如果 *F* 检验的结果是拒绝原假设，即认为多个平均数之间存在显著性差异时，并不意味着任意两个均数之间的差异都具显著性。此时，需要进一步分析哪些平均数之间有显著性差异，哪些平均数之间无显著性差异。对多个平均数每对之间的差异进行比较的方法称为多重比较。由于这种比较是在拒绝 *F* 检验的原假设之后才需要进行，因此也称为“事后多重比较”。*SPSS* 提供的多重比较方法根据各个总体方差是否齐性而分为两类：

1. 各总体方差齐性时的多重比较方法

（1）LSD（Least Significant Difference）：最小显著差法。该方法采用 t 检验进行均数的配对比较，敏感度最高，各个均数之间存在的微小差异都有可能被检验出来。但该方法没有对第一类“弃真”错误的概率进行有效的控制。

（2）邦弗伦尼（Bonferroni）：修正最小显著差法。该方法与 LSD 法基本相同，采用 t 检验进行均数的配对比较。不同的是，该方法在每一次配对比较中，将显著性水平 α 除以两两比较的总次数 N，使得显著性水平缩小到原来的 N 分之一，从而在总体上控制了第一类错误的概率。

（3）斯达克（Sidak）：该方法采用 t 检验进行均数的配对比较，调整多重比较的显著性水平，其限制比邦弗伦尼法更严格。

（4）雪费（Scheffe）：差别检验法。该方法采用 F 统计量对均数间所有可能的线性组合是否为 0 做检验，常在各个样本容量不相等时或要进行复杂比较时采用。该方法的灵敏度不太高。

（5）R-E-G-W F（Ryan-Einot-Gabriel-Welsch F）：该方法是基于 F 检验的多重比较，进行子集一致性检验。

（6）R-E-G-W Q（Ryan-Einot-Gabriel-Welsch Q）：该方法是基于 t 分布极差统计量的多重比较，进行子集一致性检验。

（7）S-N-K（Student-Newman-Keuls）：该方法采用 t 分布极差统计量进行均数的配对比较，将所有均数分成若干子集，进行子集一致性检验。同时，根据所要检验的均数的个数进行调整，使总的第一类错误的概率不超过给定的显著性水平 α。该方法应用较广泛。

（8）图基（Tukey）：该方法采用 t 分布极差统计量进行均数的配对比较，同时控制所有比较中最大的犯第一类错误的概率不超过给定的显著性水平 α。该方法要求各个样本容量相等。

（9）图基 s-b（Tuke's b）：该方法采用 t 分布极差统计量进行均数的配对比较，其精确值为前两种检验相应值的平均值。

（10）邓肯（Duncan）：该方法指定一系列的范围值，逐步计算比较，进行子集一致性检验。

(11) 霍赫伯格 GT2(Hochberg's GT2):该方法采用正态最大系数进行均数的配对比较,并进行子集一致性检验。

(12) 加布里埃尔(Gabriel):该方法用正态标准系数进行均数的配对比较,并进行子集一致性检验。当各个样本容量不相等时,该方法比霍赫伯格 GT2 法更有效。

(13) 沃勒-邓肯(Waller-Duncan):该方法采用贝叶斯逼近,用 t 统计量进行子集一致性检验。使用该方法时,需指定一个第一类错误与第二类错误的比值。

(14) 邓尼特(Dunnett):该方法采用 t 检验将各个均值与对照组均值进行比较,系统提供的对照组选项有最后一组和第一组,同时需要确定采用单侧检验还是双侧检验。

2. 各总体方差不齐性时的多重比较方法

(1) 塔姆黑尼 T2(Tamhane's T2):该方法采用 t 检验进行均数配对比较。

(2) 邓尼特 T3(Dunnett's T3):该方法采用 t 分布的最大模数进行均数配对比较。

(3) 盖姆斯-豪厄尔(Games-Howell):该方法进行均数配对比较,比较灵活。

(4) 邓尼特 C(Dunnett's C):该方法采用 t 分布极差统计量进行均数配对比较。

第二节 单因素方差分析

单因素方差分析通常指单因素单因变量方差分析,用于检验由单一因素(控制变量、自变量)影响的一个因变量(观测变量)各个水平的均数是否有显著性差异。

一、单因素方差分析概述

在体育领域中,单因素方差分析可以应用于研究类似下面的问题:

不同教学方法(因素)对提高学生某项运动技能的效果(因变量)有无显著性差异?

不同运动项目(因素)对提高成年女子生活满意度的效果(因变量)有无显著性差异?

不同锻炼方案(因素)对延缓老年人腿部机能退化的效果(因变量)有无显著性差异?

某种健身功法对不同年龄段(因素)成人红细胞功能(因变量)的影响有无显著性差异?

如果因素分为两个水平,那就有两个独立样本。如果两个样本所由抽取的总体都服从正态分布,则两个均数的比较既可以采用两独立样本 t 检验,也可以采用单因素方差分析。当采用单因素方差分析时,统计量 $F=t^2$,这意味着方差分析与 t 检验的结果是一致的。此时,研究者习惯上会采用两独立样本 t 检验。而对于 3 个及以上独立样本均数差异的分析,就需要采用单因素方差分析了。

(一) 单因素方差分析的变差分解

在单因素方差分析中,我们以 j 表示不同的水平,$j=1, 2, \cdots, r$;以 n_j 表示第 j 水平的观测值个数,以 k 表示实验号,则 $k=1, 2, 3, \cdots, n_j$。因此,X_{jk} 表示第 j 水平的第 k 个观测值。当各个水平的观测值个数都为 n 时,数据结构如表 14-2-1 所示。

表 14-2-1　单因素方差分析的数据结构（平衡模型）

实验号（k）	水平（j）			
	1	2	…	r
1	X_{11}	X_{21}	…	X_{r1}
2	X_{12}	X_{22}	…	X_{r2}
…	…	…	…	…
n	X_{1n}	X_{2n}	…	X_{rn}

实际上，单因素方差分析既可以用于平衡模型，也可以用于不平衡模型。也就是说，各单元格内观测值的个数 n_j 可以相同，也可以不同。

第 j 水平观测值的平均数：$\overline{X}_j=\dfrac{\sum\limits_{k=1}^{n_j}X_{jk}}{n_j}$；

观测值的总个数：$N=\sum\limits_{j=1}^{r}n_j$；

观测值的总平均数：$\overline{X}=\dfrac{\sum\limits_{j=1}^{r}\sum\limits_{k=1}^{n_j}X_{jk}}{N}$。

1. 总变差

在单因素方差分析中，观测变量的总变差可以用总离差平方和 SST 来表示，即每个观测值与总平均数之差的平方的总和：

$$SST=\sum_{j=1}^{r}\sum_{k=1}^{n_j}(X_{jk}-\overline{X})^2=\sum_{j=1}^{r}\sum_{k=1}^{n_j}X^2-\frac{\left(\sum\limits_{j=1}^{r}\sum\limits_{k=1}^{n_j}X\right)^2}{N}$$

可以证明，总离差平方和 SST 可以分解为两部分，即：

$$SST=\sum_{j=1}^{r}\sum_{k=1}^{n_j}(X_{jk}-\overline{X})^2=\sum_{j=1}^{r}n_j(\overline{X}_j-\overline{X})^2+\sum_{j=1}^{r}\sum_{k=1}^{n_j}(X_{jk}-\overline{X}_j)^2$$

这两部分分别称为组间离差平方和 SSA 与组内离差平方和 SSE。因此有：$SST=SSA+SSE$。

2. 组间差异

在方差分析中，各组（水平）相互之间观测值的差异称为“组间差异”。由于不同组的实验条件不同，所以组间差异主要反映由控制变量引起的系统变差。由于抽样的缘故，组间差异也包含随机变差。

我们用组间离差平方和 SSA 来表示组间差异。组间离差平方和等于各组平均数与总平均数之差的平方乘以本组样本容量后的总和，即：

$$SSA=\sum_{j=1}^{r}n_j(\overline{X}_j-\overline{X})^2=\sum\frac{\left(\sum X\right)^2}{n}-\frac{\left(\sum\sum X\right)^2}{N}$$

3. 组内差异

在方差分析中，各组（水平）内部观测值之间差异的总和称为“组内差异”。由于同一组的实验条件相同，故组内差异仅反映由各种随机因素引起的随机变差。

我们用组内离差平方和 SSE 来表示组内差异。组内离差平方和等于各组内的每个观测值与本组平均数之差的平方和的总和，即：

$$SSE = \sum_{j=1}^{r} \sum_{k=1}^{n_j} (X_{jk} - \overline{X}_j)^2$$

在实际计算时，组内离差平方和通常由式 $SSE = SST - SSA$ 求得。

（二）单因素方差分析的 F 检验

把实验结果的总变差分解成组内差异和组间差异后，可以进一步考察它们之间的关系。如果“组内差异”占较大的比例，则总变差主要是由随机变差引起的，此时没有理由认为各组均数之间存在显著性差异。如果“组间差异”占较大的比例，则总变差主要是由系统变差引起的，此时就有充分的理由认为对不同组施加的不同实验条件造成了各组均数之间的显著性差异。

单因素方差分析采用 F 检验来考察组间差异与组内差异的关系。具体做法是，先计算组间方差 MSA 和组内方差 MSE，再用组间方差与组内方差的比来构造统计量 F。

设因素分为 r 个水平，则 F 检验的假设可表示为：

H_0：$\mu_1 = \mu_2 = \cdots = \mu_r$；

H_1：μ_1，μ_2，…，μ_r 不全相等。

总自由度：$N-1$；

组间自由度：$r-1$；

组内自由度：总自由度-组间自由度 $=(N-1)-(r-1)=N-r$。

组间方差：$MSA = \dfrac{SSA}{r-1}$；

组内方差：$MSE = \dfrac{SSE}{N-r}$；

检验统计量：$F = \dfrac{MSA}{MSE}$。

组间差异既包含系统变差又包含随机变差，故 $MSA \geqslant MSE$，因此总有 $F \geqslant 1$。所以，进行方差分析时是做单侧检验。如果计算所得 F 值较小接近于 1（落在原假设的接受域内），即组间方差 MSA 与组内方差 MSE 相差不大，意味着数据总变差中由实验因素的不同水平所引起的差异所占比例小，实验因素对结果没有太大的影响。此时没有足够的理由拒绝原假设，应认为各组数据来自同一总体，各组均数的差异不具显著性。

如果计算所得 F 值比 1 大得多（落在原假设的拒绝域内），即组间方差 MSA 明显大于组内方差 MSE，意味着数据总变差中由实验因素的不同水平所引起的差异所占比例大，实验因素对结果有较大的影响。此时就有足够的理由拒绝原假设，接受备择假设，应认为各组数据来自不同总体，各组均数的差异具显著性。

（三）单因素方差分析的计算过程

【案例 1401】

为了比较三种锻炼方案对提高女大学生心血管系统机能的效果，在某年级各项身体发育水平基本相同的同年龄女生中抽取 36 人，随机分成三组，每组 12 人，各用不同的方案进行锻炼。三个月后，测试哈佛台阶试验指数来反映锻炼效果，数据如表 14-2-2 所示。试分析三种锻炼方案对提高女大学生心血管系统机能的效果有无显著性差异。

表 14-2-2 哈佛台阶试验指数测试的结果

编号	方案	试验指数	编号	方案	试验指数	编号	方案	试验指数
1	1	72	3	1	47	5	1	63
2	1	60	4	1	45	6	1	59

续表

编号	方案	试验指数	编号	方案	试验指数	编号	方案	试验指数
7	1	52	17	2	63	27	3	59
8	1	75	18	2	62	28	3	56
9	1	51	19	2	72	29	3	58
10	1	56	20	2	60	30	3	78
11	1	76	21	2	64	31	3	79
12	1	55	22	2	73	32	3	80
13	2	43	23	2	55	33	3	75
14	2	45	24	2	42	34	3	77
15	2	58	25	3	61	35	3	74
16	2	41	26	3	60	36	3	67

此项研究，哈佛台阶试验指数是“指标”；锻炼方案是影响指标的唯一“因素”；三种方案是实验因素的三种不同“水平”。因此，可进行单因素方差分析。

1. 建立假设

H_0：$\mu_1=\mu_2=\mu_3$；

H_1：μ_1，μ_2，μ_3 不全相等。

2. 计算统计量

单因素方差分析的数据比较简单，可以通过方差分析计算表，先求出各计算公式中要用到的中间值，再进一步计算离差平方和、方差和 F 值，如表 14-2-3 所示。

表 14-2-3　方差分析计算表

实验号（k）	水平（j）			
	1	2	3	
1	72	43	61	
2	60	45	60	
3	47	58	59	
4	45	41	56	
5	63	63	58	
6	59	62	78	
7	52	72	79	
8	75	60	80	
9	51	64	75	
10	56	73	77	
11	76	55	74	
12	55	42	67	
$\sum X$	711	678	824	$\sum\sum X=2\ 213$
$\sum X^2$	43 335	39 730	57 546	$\sum\sum X^2=140\ 611$
n	12	12	12	$N=\sum n=36$
$\overline{X}$	59.25	56.50	68.67	
$\left(\sum X\right)^2/n$	42 126.75	38 307.00	56 581.33	$\sum\left(\left(\sum X\right)^2/n\right)=137\ 015.08$

$$SST=\sum\sum X^2-\frac{\left(\sum\sum X\right)^2}{N}=140\ 611-\frac{2\ 213^2}{36}=4\ 572.97$$

$$SSA=\sum\frac{\left(\sum X\right)^2}{n}-\frac{\left(\sum\sum X\right)^2}{N}=137\ 015.08-\frac{2\ 213^2}{36}=977.05$$

$$SSE=SST-SSA=4\ 572.97-977.05=3\ 595.92$$

$$MSA=\frac{SSA}{r-1}=\frac{977.05}{3-1}=\frac{977.05}{2}=488.53$$

$$MSE=\frac{SSE}{N-r}=\frac{3\ 595.92}{36-3}=\frac{3\ 595.92}{33}=108.97$$

$$F=\frac{MSA}{MSE}=\frac{488.53}{108.97}=4.48$$

方差分析的计算结果可以归纳在一个方差分析表中，如表 14-2-4 所示。

表 14-2-4 方差分析表

变差来源	离差平方和	自由度	方差	F
组间	977.05	2	488.53	4.48
组内	3 595.92	33	108.97	
总计	4 572.97	35		

3. 查找临界值

第 1 自由度 $df_1=2$，第 2 自由度 $df_2=33$，取显著性水平 $\alpha=0.05$，查 F 分布上侧分位数表，得 $F_{0.05(2,33)}=3.32$，$F_{0.01(2,33)}=5.39$。

4. 做出统计结论

因 $F=4.48>3.32$，故 $P<0.05$，应拒绝原假设，接受备择假设。可认为三种不同的锻炼方案对提高女大学生心血管系统机能的效果不同，差异具显著性。三组女大学生哈佛台阶试验指数的平均数分别为 59.25，56.50，68.67，由此可知第三种方案的效果最佳。

二、单因素方差分析在 SPSS 中的实现

案例 1401 中 36 名女大学生哈佛台阶试验指数测试的结果保存在数据文件“案例 1401.sav”中，如图 14-2-1 所示。

	编号	方案	试验指数		编号	方案	试验指数		编号	方案	试验指数
1	1	1	72	13	13	2	43	25	25	3	61
2	2	1	60	14	14	2	45	26	26	3	60
3	3	1	47	15	15	2	58	27	27	3	59
4	4	1	45	16	16	2	41	28	28	3	56
5	5	1	63	17	17	2	63	29	29	3	58
6	6	1	59	18	18	2	62	30	30	3	78
7	7	1	52	19	19	2	72	31	31	3	79
8	8	1	75	20	20	2	60	32	32	3	80
9	9	1	51	21	21	2	64	33	33	3	75
10	10	1	56	22	22	2	73	34	34	3	77
11	11	1	76	23	23	2	55	35	35	3	74
12	12	1	55	24	24	2	42	36	36	3	67

图 14-2-1 案例 1401 的数据文件

数据文件含 3 个变量，其中，方案是因素（自变量、控制变量），其值 1、2、3 代表锻炼方案的 3 个不同水平；试验指数是观测变量（因变量），即哈佛台阶试验指数测试的具体结果。检验的假设为：

H_0：$\mu_1=\mu_2=\mu_3$；

H_1：μ_1，μ_2，μ_3 不全相等。

1. 在 SPSS 中实现的步骤

第 1 步：在数据编辑器窗口中打开数据文件“案例 1401. sav”。

第 2 步：在“分析”菜单中选择“比较平均值”→“单因素 ANOVA 检验”命令，打开相应的主对话框。

第 3 步：在“单因素 ANOVA 检验”主对话框中进行单因素方差分析的具体操作，如图 14-2-2 所示。

本例处理：将试验指数选入“因变量列表”框；将方案选入“因子”框。

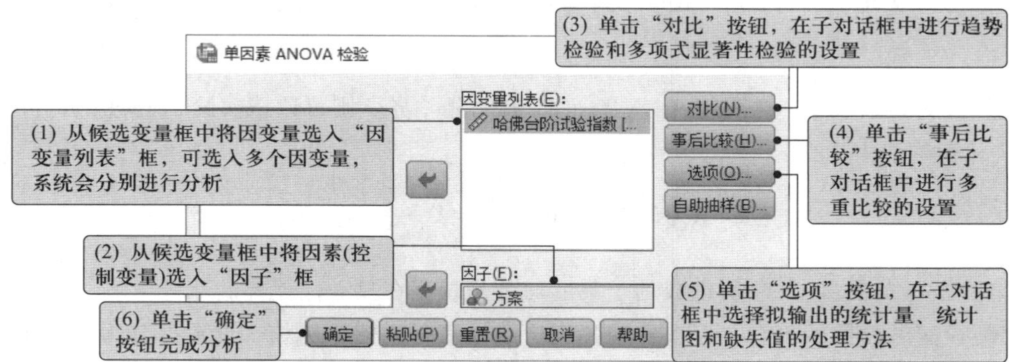

图 14-2-2　单因素方差分析的操作

第 4 步：在“单因素 ANOVA 检验”主对话框中单击“对比”按钮，打开“对比”子对话框，在其中进行趋势检验和多项式显著性检验的设置，如图 14-2-3 所示。

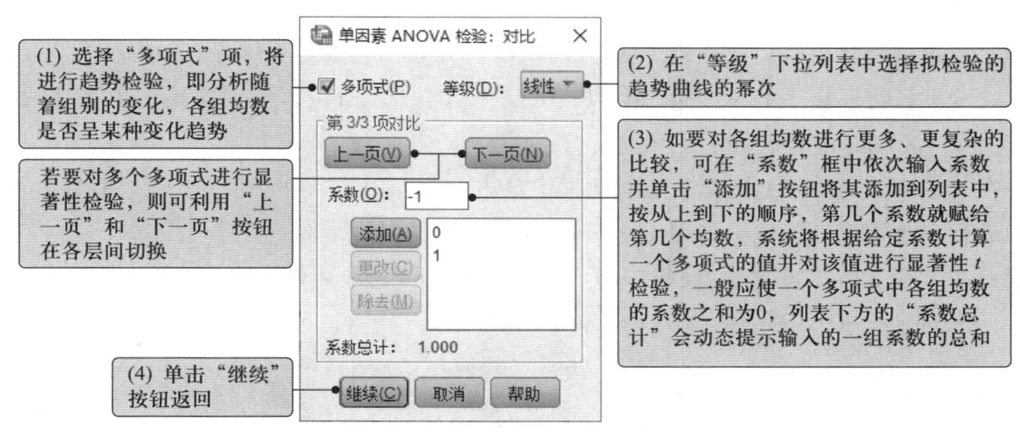

图 14-2-3　对比设置

趋势检验：如果控制变量是有序变化的，例如当控制变量的取值代表的是不同的时间点、不同的运动等级、不同的年龄段或不同的发展层级时，趋势检验能够分析随着控制变量水平的变化，观测变量是否呈某种变化趋势。检验的假设为：

H_0：随着控制变量水平的变化，观测变量呈某种变化趋势；

H_1：随着控制变量水平的变化，观测变量不呈某种变化趋势。

此检验可以帮助我们从另一个角度了解控制变量的不同水平对观测变量总体作用的情况。系统在“等级”下拉列表中提供了 5 个幂次选项：线性、二次、三次、四次和五次。选择了某个幂次后，系统会给出所选幂次及以下各次方曲线的拟合优度检验结果。

线性：输出线性拟合优度检验结果；

二次：输出线性、二次 2 个拟合优度检验结果；

三次：输出线性、二次、三次 3 个拟合优度检验结果；

四次：输出线性、二次、三次、四次 4 个拟合优度检验结果；

五次：输出线性、二次、三次、四次、五次 5 个拟合优度检验结果。

多项式显著性检验：对数据做初步分析时，如果发现某些水平与另一些水平的均数存在明显差异，则可以通过构建多项式，对各均数线性组合的结果进行显著性 t 检验。构建多项式的方法是依次给各个均数赋予系数。

由于这种方法是在研究之初就决定要进行的分析，不需要在整体检验显著后进行，并且需要事先指定各均数的系数，所以也称为事前多重比较。此检验可以帮助我们精确地了解各水平、各子集间均数的差异程度。

例如，数据分为 5 个水平，若发现 $\overline{X}_1$ 与 $\overline{X}_4$，$\overline{X}_5$ 有明显差异，则可以依次给 5 个均数赋予系数 1，0，0，-0.5，-0.5，从而构建多项式：

$$d=\overline{X}_1-0.5\times\overline{X}_4-0.5\times\overline{X}_5=\overline{X}_1-\frac{1}{2}(\overline{X}_4+\overline{X}_5)$$

该式实际上是检验 $\overline{X}_1$ 与由 $\overline{X}_4$，$\overline{X}_5$ 所组成的子集的均数是否存在显著性差异。

通过适当地设置各均数的系数，可以实现各组均数的两两比较。例如，设数据分为三个水平（组），各水平的均数依次为 $\overline{X}_1$，$\overline{X}_2$，$\overline{X}_3$，若建立的系数序列是 1，-1，0，则构建的多项式为：

$$d=1\times\overline{X}_1-1\times\overline{X}_2+0\times\overline{X}_3=\overline{X}_1-\overline{X}_2$$

该式实际上是检验 $\overline{X}_1$ 和 $\overline{X}_2$ 是否具显著性差异。该检验的结果与两独立样本 t 检验以及事后多重比较中的 *LSD* 检验的结果是一致的。

本例处理：拟进行趋势检验，故选择“多项式”项，并在“等级”下拉列表中选择“线性”；拟进行事前多重比较，分别设定三层系数 1，-1，0；1，0，-1；0，1，-1，即分别检验三个多项式的值 $d_1=\overline{X}_1-\overline{X}_2$、$d_2=\overline{X}_1-\overline{X}_3$、$d_3=\overline{X}_2-\overline{X}_3$ 的显著性。

第 5 步：在“单因素 ANOVA 检验”主对话框中单击“事后比较”按钮，打开“事后多重比较”子对话框，在其中进行多重比较的设置，如图 14-2-4 所示。

本例处理：在“假定等方差”栏选择“LSD”和“S-N-K”；显著性水平取 0.05。

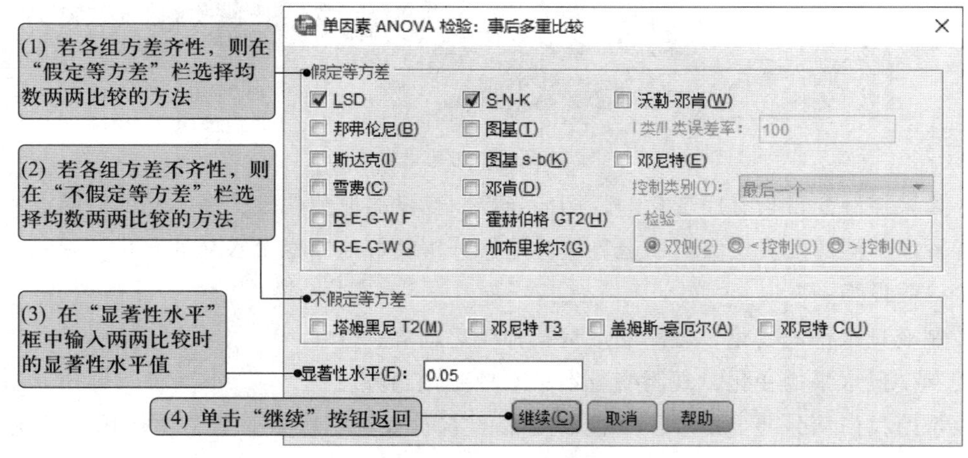

图 14-2-4　事后多重比较的设置

第 6 步：在“单因素 ANOVA 检验”主对话框中单击“选项”按钮，打开“选项”子对话框，在其中选择拟输出的统计量、统计图和缺失值的处理方法，如图 14-2-5 所示。

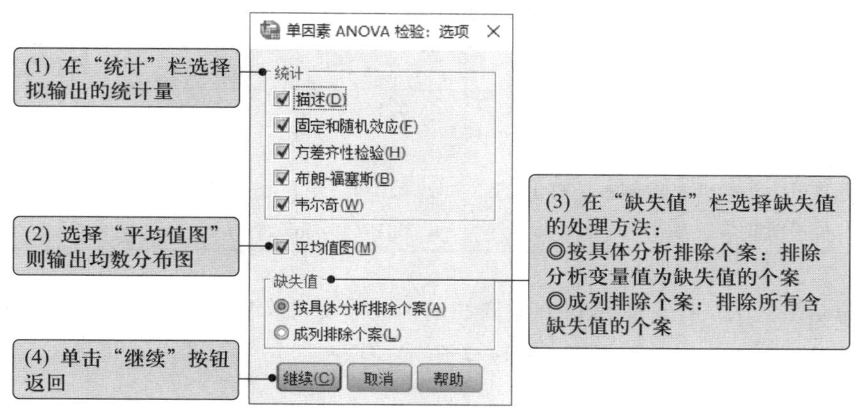

图 14-2-5　选项的设置

“统计”栏可选的统计量有：

□ 描述：选此项，输出基本描述统计量。

□ 固定和随机效应：选此项，按固定效应模型输出观测变量的标准差、标准误和 95%置信区间，并按随机效应模型输出观测变量的标准误、95%置信区间和成分间方差。

□ 方差齐性检验：选此项，用莱文（Levene）方法做方差齐性检验。

□ 布朗-福塞斯：选此项，采用 Brown-Forsythe 统计量检验各组均数是否相等。当各组方差不齐性时采用此法比方差分析更为稳健。

□ 韦尔奇：选此项，采用 Welch 统计量检验各组均数是否相等。当各组方差不齐性时采用此法比方差分析更为稳健。

本例处理：选择描述、固定和随机效应、方差齐性检验、布朗-福塞斯和韦尔奇等统计量；选择平均值图；缺失值的处理方法采用默认设置。

2. 结果解读

（1）基本描述统计。表 14-2-5 是基本描述统计量，依次列出了三种方案及总计的个案数、平均值、标准差、平均值标准误、平均值 95%置信区间的下限和上限、最小值和最大值，同时列出了固定效应和随机效应模型的一些统计量。

表 14-2-5　描　　述

哈佛台阶试验指数

		个案数	平均值	标准偏差	标准错误	平均值的 95%置信区间		最小值	最大值	成分间方差
						下限	上限			
锻炼方案一		12	59.25	10.481	3.025	52.59	65.91	45	76	
锻炼方案二		12	56.50	11.374	3.283	49.27	63.73	41	73	
锻炼方案三		12	68.67	9.365	2.703	62.72	74.62	56	80	
总计		36	61.47	11.431	1.905	57.60	65.34	41	80	
模型	固定效应			10.439	1.740	57.93	65.01			
	随机效应				3.684	45.62	77.32			31.630

（2）方差齐性检验的结果。表 14-2-6 是方差齐性检验的结果，列出了基于平均值、基于中位数、基于中位数并具有调整后自由度、基于剪除（去掉头、尾极端值）后平均值的 4 个莱文统计量。通常情况看基

于平均值的莱文统计量即可。由此表可知，显著性概率 $P=0.845>0.05$，应接受原假设，可认为哈佛台阶试验指数三个水平总体的方差齐性。

表 14-2-6 方差齐性检验

		莱文统计	自由度 1	自由度 2	显著性
哈佛台阶试验指数	基于平均值	0.169	2	33	0.845
	基于中位数	0.084	2	33	0.919
	基于中位数并具有调整后自由度	0.084	2	27.734	0.919
	基于剪除后平均值	0.176	2	33	0.839

（3）方差分析的结果。表 14-2-7 是在方差齐性的前提下方差分析的主要结果。

表 14-2-7 ANOVA

哈佛台阶试验指数

			平方和	自由度	均方	F	显著性
组间	（组合）		977.056	2	488.528	4.483	0.019
	线性项	对比	532.042	1	532.042	4.883	0.034
		偏差	445.014	1	445.014	4.084	0.051
组内			3 595.917	33	108.967		
总计			4 572.972	35			

由此表可知，总离差平方和为 4 572.972，组间离差平方和为 977.056，组内离差平方和为 3595.917；组间方差为 488.528，组内方差为 108.967；检验统计量 $F=4.483$，对应的显著性概率 $P=0.019<0.05$，应拒绝原假设，接受备择假设，即可认为各组均数存在显著性差异，或者说三种锻炼方案的效果具显著性差异。

如果由表 14-2-6 给出的方差齐性检验的结果是 $P<0.05$，则认为方差不齐性。此时可以采用平均值相等性稳健检验的结果，如表 14-2-8 所示。表中列出了韦尔奇和布朗-塞福斯两种检验的统计量，它们是对表 14-2-7 的 F 值进行修正的结果。可以看出，韦尔奇检验对应的显著性概率为 $P=0.020<0.05$，布朗-塞福斯检验对应的显著性概率为 $P=0.019<0.05$。因此，如果本例方差齐性检验的结果是“各组方差不齐性”，则可根据表 14-2-8 做出拒绝原假设，接受备择假设的判断，即可认为各组均数的差异具显著性。

表 14-2-8 平均值相等性稳健检验

哈佛台阶试验指数

	统计	自由度 1	自由度 2	显著性
韦尔奇	4.698	2	21.858	0.020
布朗-福塞斯	4.483	2	32.214	0.019

（4）趋势检验的结果。趋势检验的结果也体现在表 14-2-7 中。本例的趋势检验选择了“线性”，系统通过回归分析的方法拟合线性方程，并对方程进行方差分析，给出了检验统计量 F 和显著性概率 P。由表 14-2-7 的“线性项”两行可知，在组间离差平方和 977.056 中，可以被线性解释的部分为 532.042，不能被线性解释的部分为 455.014；检验统计量 $F=4.883$，对应的显著性概率 $P=0.034<0.05$，因此应拒绝各组均数呈线性趋势的原假设，即认为随着组别的变化各组均数并不呈线性变化。

（5）多项式显著性检验（事前多重比较）的结果。表 14-2-9 重现了方差分析过程中在“对比”子对话框建立的 3 个多项式各个均值的系数。

表 14-2-9　对比系数

对比	方案		
	锻炼方案一	锻炼方案二	锻炼方案三
1	1	-1	0
2	1	0	-1
3	0	1	-1

表 14-2-10 是多项式显著性 t 检验的结果。表中列出了方差齐性（假定等方差）和方差不齐性（不假定等方差）两种情况的检验结果。因在表 14-2-6 中已做出方差齐性的结论，故此处应采用“假定等方差”行的数据。

表 14-2-10　对比检验

		对比	对比值	标准错误	t	自由度	Sig.（双尾）
哈佛台阶试验指数	假定等方差	1	2.75	4.262	0.645	33	0.523
		2	-9.42	4.262	-2.210	33	0.034
		3	-12.17	4.262	-2.855	33	0.007
	不假定等方差	1	2.75	4.465	0.616	21.854	0.544
		2	-9.42	4.057	-2.321	21.727	0.030
		3	-12.17	4.253	-2.861	21.218	0.009

对于第 1 层设置（对比 1），有 $d_1=\overline{X}_1-\overline{X}_2=2.75$，显著性概率 $P=0.523>0.05$，即可认为第一组与第二组均数差异不具显著性。

对于第 2 层设置（对比 2），有 $d_2=\overline{X}_1-\overline{X}_3=-9.942$，显著性概率 $P=0.034<0.05$，即可认为第一组与第三组均数差异具显著性。

对于第 3 层设置（对比 3），有 $d_3=\overline{X}_2-\overline{X}_3=-12.17$，显著性概率 $P=0.007<0.01$，即可认为第二组与第三组均数差异具高度显著性。

（6）事后多重比较的结果。表 14-2-11 是事后多重比较中均数两两配对比较的结果。表中列出了采用 LSD 方法所计算的各组均数两两之间的差值、差值的标准误、显著性概率及差值 95%置信区间的下限和上限。系统自动在 0.05 水平上具显著性的差值右上角打上了“＊”号。可以看出，方案一与方案三、方案二与方案三的均数差异都具显著性。

表 14-2-11　多重比较

因变量：哈佛台阶试验指数

	（I）方案	（J）方案	平均值差值（I-J）	标准错误	显著性	95%置信区间	
						下限	上限
LSD	锻炼方案一	锻炼方案二	2.750	4.262	0.523	-5.92	11.42
		锻炼方案三	-9.417*	4.262	0.034	-18.09	-0.75
	锻炼方案二	锻炼方案一	-2.750	4.262	0.523	-11.42	5.92
		锻炼方案三	-12.167*	4.262	0.007	-20.84	-3.50
	锻炼方案三	锻炼方案一	9.417*	4.262	0.034	0.75	18.09
		锻炼方案二	12.167*	4.262	0.007	3.50	20.84

表 14-2-12 是事后多重比较中子集一致性检验的结果。表中列出了采用 S-N-K 法得出的各组均数的子集。在表格列的方向上，各组按均数从小到大的顺序排列。位于同一列中的均数，其两两比较的显著性概率 P 大于 0.05；位于不同列中的均数，其两两比较的显著性概率 P 小于 0.05。

表 14-2-12 哈佛台阶试验指数

	方案	个案数	Alpha 的子集 = 0.05	
			1	2
S-N-K[a]	锻炼方案二	12	56.50	
	锻炼方案一	12	59.25	
	锻炼方案三	12		68.67
	显著性		0.523	1.000

根据表 14-2-12，可以列出各组均数两两配对的一致性检验结果：

方案二对方案一：两均数在同一列，$P>0.05$，方案二与方案一均数的差异不具显著性。

方案二对方案三：两均数在不同列，$P<0.05$，方案二与方案三均数的差异具显著性。

方案一对方案三：两均数在不同列，$P<0.05$，方案一对方案三均数的差异具显著性。

（7）均数分布图。图 14-2-6 是均数分布图。图中各点表示三种锻炼方案对应的均数。根据上述分析并结合图形可以得出以下结论：三种锻炼方案对于提高女大学生心血管系统机能的效果具显著性差异。具体地说，方案一和方案二的均数差异不具显著性；方案一和方案三、方案二和方案三的均数差异具显著性。从各方案哈佛台阶试验指数均数的大小可知，方案三效果最佳。

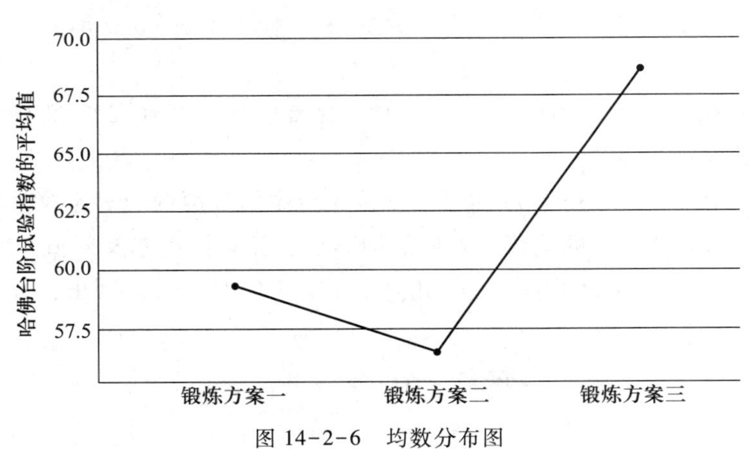

图 14-2-6 均数分布图

【小贴士】

SPSS 中的单因素方差分析，既可以对一个因变量进行分析，也可以同时对多个因变量进行分析。只要在主对话框中将多个因变量选入“因变量列表”框，就可同时对选入的多个因变量进行分析。但是，此时的分析只针对各个因变量单独进行，并不考虑多个因变量相互之间是否存在某种关联。若不能排除多个因变量之间的相互关系，须采用后面介绍的多元方差分析方法。

第三节　多因素方差分析

多因素方差分析通常指多因素单因变量方差分析，用于检验由两个或两个以上因素（自变量、控制变量）影响的一个因变量（观测变量）各个水平的均数是否具显著性差异。

一、多因素方差分析概述

在体育领域中，多因素单因变量方差分析可以应用于研究类似下面的问题：

不同训练方案（因素 1）和不同练习密度（因素 2）的不同组合对提高学生弹跳力（因变量）的效果有无显著性差异？

不同间歇时间（因素 1）和不同重复跑距离（因素 2）的不同组合对运动员体内血乳酸浓度（因变量）的影响有无显著性差异？

不同经济发展水平地区（因素 1）和不同年龄（因素 2）对女性休闲体育行为动机的影响（因变量）有无显著性差异？

以上问题都涉及两个因素对一个因变量的影响，属于双因素单因变量方差分析。这是本节讨论的重点。

（一）多因素方差分析的变差分解

如果一个因素的效应在另一个因素的不同水平下明显不同，则称两因素存在交互作用。当存在交互作用时，单纯研究某个因素的作用是不够的，必须区分另一个因素的不同水平来分析该因素的作用大小。多因素方差分析就是这样一种方法，它不仅可以分析多个因素独立作用对观测变量的影响，还可以分析多个因素交互作用对观测变量的影响，同时还分析其他随机因素对观测变量的影响。这种方法可以帮助我们理清多个因素、多种水平错综复杂的关系，从中发现主要矛盾，找到有利于观测变量的最优组合。

多因素方差分析既可用于平衡模型，也可用于不平衡模型。对双因素单因变量平衡模型而言，设有两个因素 A 与 B，m 为因素 A 的水平数，$i=1,2,\cdots,m$；r 为因素 B 的水平数，$j=1,2,\cdots,r$；n 为因素 A 第 i 个水平和因素 B 第 j 个水平交叉处单元格中的重复实验次数，$k=1,2,\cdots,n$，则 X_{ijk}表示该单元格中的第 k 个观测值。此时的数据结构如表 14-3-1 所示。

表 14-3-1　双因素单因变量方差分析的数据结构（平衡模型）

因素 $A(i)$	实验号（k）	因素 $B(j)$			
		1	2	…	r
1	1	X_{111}	X_{121}	…	X_{1r1}
	2	X_{112}	X_{122}		X_{1r2}
	⋮	⋮	⋮		⋮
	n	X_{11n}	X_{12n}		X_{1rn}
2	1	X_{211}	X_{221}	…	X_{2r1}
	2	X_{212}	X_{222}		X_{2r2}
	⋮	⋮	⋮		⋮
	n	X_{21n}	X_{22n}		X_{2rn}

续表

因素 $A(i)$	实验号 (k)	因素 $B(j)$			
		1	2	…	r
⋮	⋮	⋮	⋮	…	⋮
m	1	X_{m11}	X_{m21}	…	X_{mr1}
	2	X_{m12}	X_{m22}		X_{mr2}
	⋮	⋮	⋮		⋮
	n	X_{m1n}	X_{m2n}		X_{mrn}

因素 A 第 i 个水平观测值的平均数：$\overline{X}_i=\dfrac{\sum\limits_{j=1}^{r}\sum\limits_{k=1}^{n}X_{ijk}}{r\times n}$；

因素 B 第 j 个水平观测值的平均数：$\overline{X}_j=\dfrac{\sum\limits_{i=1}^{m}\sum\limits_{k=1}^{n}X_{ijk}}{m\times n}$；

因素 A 第 i 个水平和因素 B 第 j 个水平交叉处单元格中观测值的平均数：$\overline{X}_{ij}=\dfrac{\sum\limits_{k=1}^{n}X_{ijk}}{n}$；

观测值的总个数：$N=m\times r\times n$；

观测值的总平均数：$\overline{X}=\dfrac{\sum\limits_{i=1}^{m}\sum\limits_{j=1}^{r}\sum\limits_{k=1}^{n}X_{ijk}}{N}$。

1. 总变差

在多因素方差分析中，观测变量的总变差可以用总离差平方和 SST 来表示，即每个观测值与总平均数之差的平方的总和。对双因素方差分析而言，有：

$$SST=\sum_{i=1}^{m}\sum_{j=1}^{r}\sum_{k=1}^{n}(X_{ijk}-\overline{X})^2$$

在多因素方差分析中，总离差平方和可以分解为三个部分，即：多个因素单独作用所引起的离差平方和、多个因素交互作用所引起的离差平方和以及其他随机因素所引起的离差平方和。对双因素方差分析而言，有：

$$SST=(SSA+SSB)+SSAB+SSE$$

2. 因素 A、B 独立作用引起的变差

SSA 表示因素 A 独立作用引起的变差：$SSA=\sum\limits_{i=1}^{m}\sum\limits_{j=1}^{r}n(\overline{X}_i-\overline{X})^2$。

SSB 表示因素 B 独立作用引起的变差：$SSB=\sum\limits_{i=1}^{m}\sum\limits_{j=1}^{r}n(\overline{X}_j-\overline{X})^2$。

3. 随机因素引起的变差

SSE 表示随机因素引起的变差，称为误差变差：$SSE=\sum\limits_{i=1}^{m}\sum\limits_{j=1}^{r}\sum\limits_{k=1}^{n}(X_{ijk}-\overline{X}_{ij})^2$。

4. 因素 A、B 交互作用引起的变差

$SSAB$ 表示因素 A、B 交互作用引起的变差：$SSAB=SST-SSA-SSB-SSE$。

通常，SSA 和 SSB 称为主效应（Main Effects），$SSAB$ 称为 N 向交互效应（$N-WAY$）。主效应和交互效应的和称为可解释部分。SSE 是其他随机因素共同引起的，也称为随机效应。

（二）多因素方差分析的 F 检验

多因素方差分析的出发点是，各因素不同水平下观测变量各个总体的均数相等。这意味着因素以及它们的交互作用没有对观测变量产生显著影响，或者说因素及其交互作用的所有效应同时为 0。对双因素方差分析而言，如果用 a_i 表示因素 A 的各个效应，用 b_j 表示因素 B 的各个效应，用 $(ab)_{ij}$ 表示因素 A 与 B 的各个交互效应，则检验的假设可表示为：

H_0：$a_i=0$；$b_j=0$；$(ab)_{ij}=0$；

H_1：a_i、b_j、$(ab)_{ij}$ 不全为 0。

多因素方差分析也是通过比较观测变量总变差各个部分之间的关系，来推断因素以及因素的交互作用是否给观测变量带来显著的影响。显然，在观测变量的总变差中，如果 SSA 所占的比例较大，则说明因素 A 是引起观测变量变动的主要因素之一，观测变量的变动可以部分地用因素 A 来解释；反之，如果 SSA 所占的比例较小，则说明因素 A 不是引起观测变量变动的主要因素，观测变量的变动无法用因素 A 来解释。

对 SSB 和 $SSAB$，同样可根据其所占比例的大小来推断它们是否给观测变量带来显著影响。

多因素方差分析仍然采用 F 检验的方法来考察观测变量总变差中各部分变差之间的关系。其具体方法是，先计算出观测变量总变差中各部分的变差，然后将各部分的变差除以各自的自由度得出各部分的方差，再用不同的方差比来构造检验统计量 F。

因素 A 独立作用引起的变差的自由度：$m-1$；

因素 B 独立作用引起的变差的自由度：$r-1$；

因素 A、B 交互作用引起的变差的自由度：$(m-1)(r-1)$；

误差变差的自由度：$mr(n-1)$。

因素 A 的方差：$MSA=SSA/(m-1)$；

因素 B 的方差：$MSB=SSB/(r-1)$；

因素 A、B 交互作用的方差：$MSAB=SSAB/(m-1)(r-1)$；

误差方差：$MSE=SSE/mr(n-1)$。

在构造检验统计量 F 时，需要考虑因素（控制变量、自变量）是固定因子还是随机因子。如果 A、B 两个因素都属于固定因子，则对应的三个 F 统计量为各部分方差与误差方差之比：

$$F_A=\frac{MSA}{MSE}=\frac{SSA/(m-1)}{SSE/mr(n-1)}$$

$$F_B=\frac{MSB}{MSE}=\frac{SSB/(r-1)}{SSE/mr(n-1)}$$

$$F_{AB}=\frac{MSAB}{MSE}=\frac{SSAB/(m-1)(r-1)}{SSE/mr(n-1)}$$

如果 A、B 两个因素都属于随机因子，则前两个 F 统计量需改为各自方差与交互作用方差之比：

$$F_A=\frac{MSA}{MSAB}=\frac{SSA/(m-1)}{SSAB/(m-1)(r-1)}$$

$$F_B=\frac{MSB}{MSAB}=\frac{SSB/(r-1)}{SSAB/(m-1)(r-1)}$$

根据 F 分布做出统计推断的方法与单因素方差分析相同。第一种是传统方法，即根据显著性水平 α 和

自由度查 F 分布上侧分位数表找到单侧检验的临界值，再将计算所得 F 值与该临界值进行比较。如果计算所得 F 值落在原假设的接受域内，应接受原假设；如果计算所得 F 值落在原假设的拒绝域内，则应拒绝原假设，接受备择假设。

在 SPSS 中进行多因素方差分析时，系统会自动计算各个 F 值，并算出其对应的单侧检验的显著性概率 P。因此，可以采用第二种方法，直接将显著性概率 P 与给定的显著性水平 α 进行比较，做出统计推断。对于 F_A 而言，如果 $P>\alpha$，应接受原假设，这意味着因素 A 的各个效应同时为 0，因素 A 的不同水平对观测变量没有产生显著影响，因而可认为在因素 A 的不同水平下观测变量各总体的均数无显著性差异。如果 $P\leqslant\alpha$，则应拒绝原假设，接受备择假设，这意味着因素 A 的各个效应不同时为 0，因素 A 的不同水平对观测变量产生了显著影响，因而认为在因素 A 的不同水平下观测变量各总体的均数具显著性差异。

同理，根据 F_B、F_{AB}对应的显著性概率 P，可以对因素 B 的独立影响以及因素 A、B 交互作用的影响做出统计推断。

二、多因素方差分析在 SPSS 中的实现

【案例 1402】

为了探讨发展学生弹跳力的较优方法，某研究小组设计了三种类型的训练方案，每种方案又做了三种密度安排，即每周 1 次、每周 2 次和每周 3 次。将初始水平无差别的研究对象随机分为 3 大组，每组 15 人，分别按一种方案进行训练；每大组又分为 3 个小组，每小组 5 人，分别采用一种密度安排。每次训练课的运动负荷保持不变。进行一学期的训练后，按统一标准测试学生的纵跳（cm）成绩，数据文件“案例 1402. sav”如图 14-3-1 所示。试分析不同训练方案和不同练习密度对学生纵跳成绩的影响。

	编号	方案	密度	纵跳		编号	方案	密度	纵跳		编号	方案	密度	纵跳
1	1	1	1	50	16	16	2	1	55	31	31	3	1	58
2	2	1	1	48	17	17	2	1	54	32	32	3	1	54
3	3	1	1	53	18	18	2	1	56	33	33	3	1	52
4	4	1	1	46	19	19	2	1	55	34	34	3	1	60
5	5	1	1	48	20	20	2	1	53	35	35	3	1	55
6	6	1	2	49	21	21	2	2	60	36	36	3	2	62
7	7	1	2	52	22	22	2	2	58	37	37	3	2	66
8	8	1	2	49	23	23	2	2	60	38	38	3	2	60
9	9	1	2	52	24	24	2	2	64	39	39	3	2	66
10	10	1	2	48	25	25	2	2	64	40	40	3	2	64
11	11	1	3	53	26	26	2	3	58	41	41	3	3	68
12	12	1	3	52	27	27	2	3	63	42	42	3	3	65
13	13	1	3	52	28	28	2	3	59	43	43	3	3	60
14	14	1	3	55	29	29	2	3	60	44	44	3	3	66
15	15	1	3	53	30	30	2	3	64	45	45	3	3	64

图 14-3-1 案例 1402 的数据文件

数据文件含 4 个变量，其中，方案为第一个因素，其值 1、2、3 表示三种不同的训练方案；密度为第二个因素，其值 1、2、3 表示三种不同的练习密度；纵跳为观测变量（因变量）。根据题意，应进行双因素单因变量方差分析。检验的假设为：

H_0：$a_i=0$；$b_j=0$；$(ab)_{ij}=0$；

H_1：a_i、b_j、$(ab)_{ij}$不全为 0。

1. 在 SPSS 中实现的步骤

第 1 步：在数据编辑器窗口中打开数据文件“案例 1402. sav”。

第 2 步：在“分析”菜单中选择“一般线性模型”→“单变量”命令，打开相应的主对话框。

第 3 步：在“单变量”主对话框中进行多因素方差分析的具体操作，如图 14-3-2 所示。

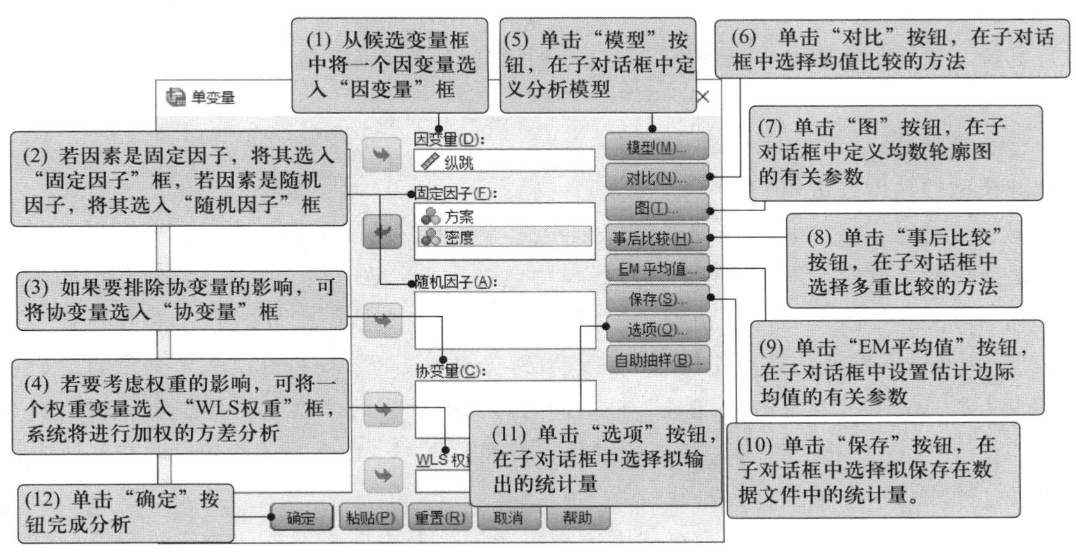

图 14-3-2　多因素单因变量方差分析的操作

本例处理：将纵跳选入“因变量”框；将方案、密度选入“固定因子”框。

第 4 步：在“单变量”主对话框中单击“模型”按钮，打开“模型”子对话框，在其中进行定义分析模型的操作，如图 14-3-3 所示。

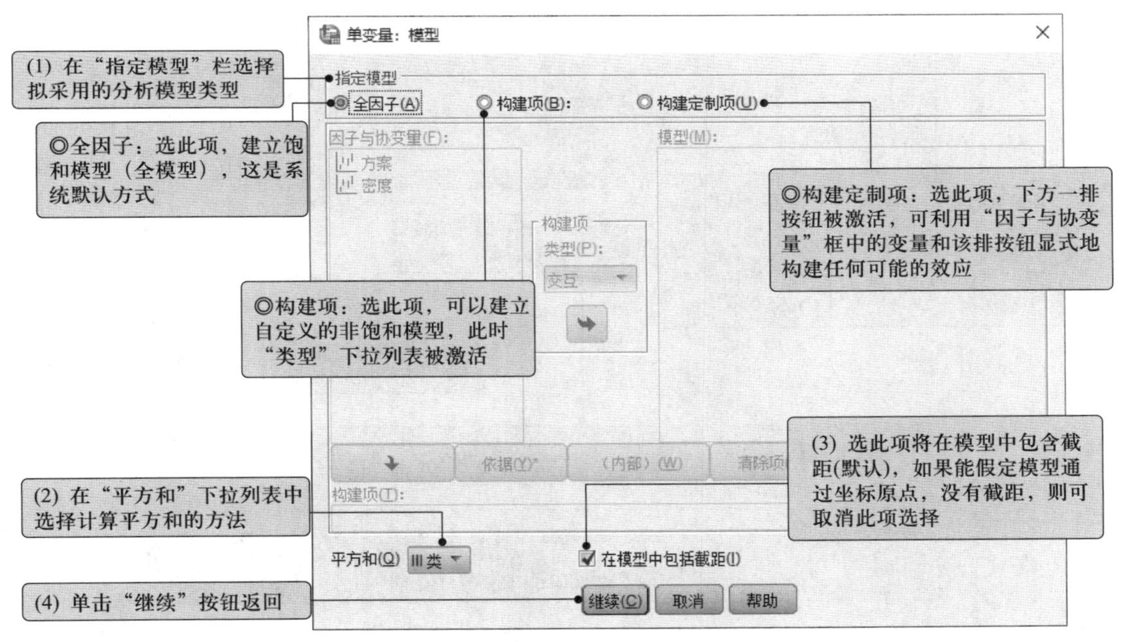

图 14-3-3　定义分析模型

在“指定模型”栏选择拟采用的分析模型的类型，有 3 个单选项：

◎ 全因子：选此项将建立饱和模型（全模型，默认）。饱和模型包括所有控制变量的主效应、所有协变量的主效应、所有控制变量间的交互效应，但不包括协变量与其他变量间的交互效应。选此项后无须做进一步设置。

◎ 构建项：选此项时，可以建立自定义的非饱和模型。一般来说，饱和模型下的所有主效应和交互效应并不都用得着。从实用角度来讲，三阶以上的交互效应都是可以忽略的。采用饱和模型进行所有效应分析，有时还可能导致模型无法拟合出结果。例如，当各控制变量各水平交叉的每个单元格中只有一个观测值时，就不可能分析交互作用。强行分析的话会使模型无法估计随机误差。因此，必要时可自主选择分析中感兴趣的主效应和交互效应，而将其他交互效应都合并到随机效应 *SSE* 之中。选此项时，"类型"下拉列表被激活。

两因素非饱和模型是：$SST=SSA+SSB+SSE$。

建立非饱和模型的具体方法如下：

（1）逐个选择主效应：在"因子与协变量"框中选择一个控制变量，单击右箭头将其添加到"模型"框中，即建立该变量的主效应。逐次进行，欲在模型中包含几个主效应项，就进行几次如上的操作。

（2）批量选择主效应：在"因子与协变量"框中同时选择多个控制变量，然后在"类型"下拉列表中选择"主效应"，再单击右箭头将选定变量一次性添加到"模型"框中，即建立多个变量的主效应。

（3）选择交互效应：在"因子与协变量"框中同时选择两个或两个以上控制变量，然后在"类型"下拉列表中选择"交互"，再单击右箭头，将其添加到"模型"框中，即建立这些变量的交互效应。对于交互效应项，变量名之间用"＊"连接。

（4）选择所有可能的多阶交互效应：在"因子与协变量"框中同时选择两个或两个以上控制变量，然后在"类型"下拉列表中选择"所有二阶""所有三阶""所有四阶"或"所有五阶"，再单击右箭头将其添加到"模型"框中，即建立所选择变量的所有可能的二阶、三阶、四阶或五阶交互效应。

◎ 构建定制项：选此项时，下方一排按钮被激活，可利用"因子与协变量"框中的变量和该排按钮显式地构建任何可能的效应，如图 14-3-4 所示。

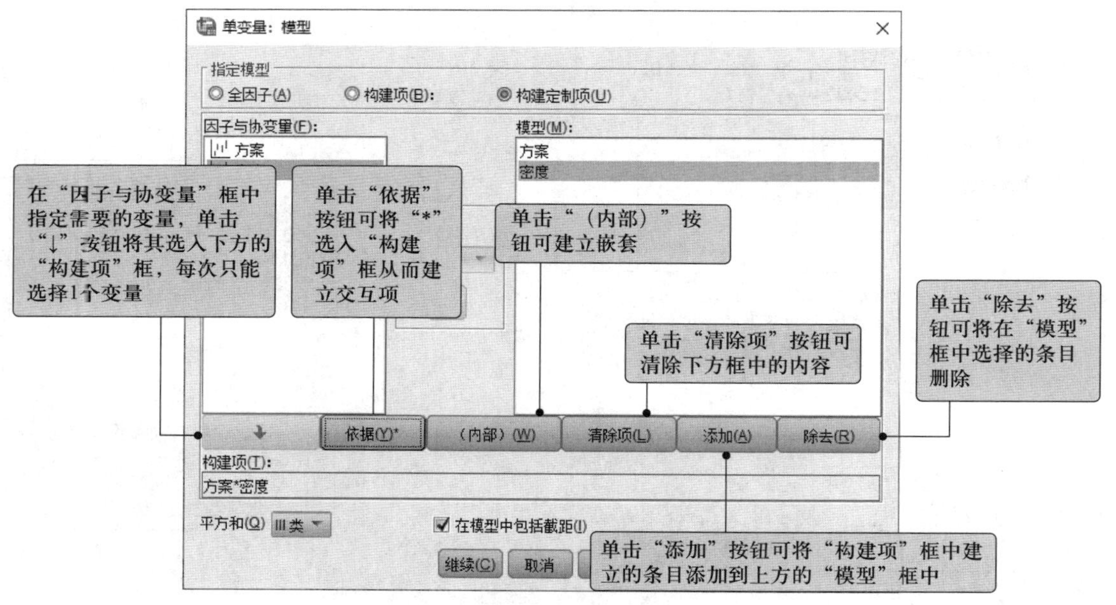

图 14-3-4 构建定制项的操作

在"平方和"下拉列表中选择计算平方和的方法，有 4 个选项：

◇ Ⅰ类：此类型也称为平方和分层解构法，适用于平衡方差分析模型、多项式回归模型、完全嵌套设计模型。

◇ Ⅱ类：此类型适用于平衡方差分析模型、只涉及主效应的模型、任何回归模型。

◇ Ⅲ类：此类型是系统默认设置，适用于Ⅰ、Ⅱ类平方和适用的所有模型、无缺失值的所有平衡或不平衡模型。除了很特殊的情况外，一般使用Ⅲ类即可。

◇ Ⅳ类：此类型适用于Ⅰ、Ⅱ型平方和适用的所有模型，但更主要的是用于单元格内有缺失值的不平衡模型。

本例处理：全部采用系统默认设置，即在“指定模型”栏选择“全因子”以建立全模型；在“平方和”下拉列表中选择“Ⅲ类”；选择“在模型中包含截距”项。

第 5 步：在“单变量”主对话框中单击“对比”按钮，打开“对比”子对话框，在其中设置平均数比较的方法，如图 14-3-5 所示。

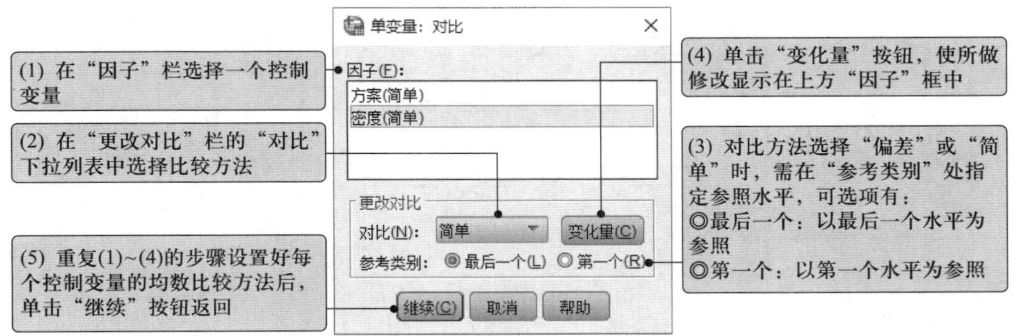

图 14-3-5　设置事前均数比较的方法

此处的平均数比较称为事前多重比较，是采用单样本 t 检验的方法来分析各个因素不同水平下因变量的总体均数与某个指定的总体均数是否存在显著性差异。在“对比”下拉列表中的可选方法有：

◇ 无：不进行平均数比较。这是系统默认设置。

◇ 偏差：指定一个被忽略的水平，将因变量每个水平的均数与除被忽略的水平外的其他所有水平的总均数进行比较，检验是否存在显著性差异。被忽略的水平可以选择“最后一个”或“第一个”。

◇ 简单：指定一个作为参照的水平，将因变量每个水平的均数与参照水平的均数进行比较，检验是否存在显著性差异。作为参照的水平可以选择“最后一个”或“第一个”。

◇ 差值：除第一个水平外，将因变量每个水平的均数与其前面各水平的总均数进行比较，检验是否存在显著性差异。

◇ 赫尔默特（Helmert）：除最后一个水平外，将因变量每个水平的均数与其后续各水平的总均数进行比较，检验是否存在显著性差异。

◇ 重复：除最后一个水平外，将因变量每个水平的均数与相邻的后一个水平的均数进行比较，检验是否存在显著性差异。

◇ 多项式：多项式比较，常用来估计多项式趋势。这种比较，因素的各水平被假设为等间距的。因素有 n 个水平，就会输出从线性到 $n-1$ 次方效应的比较结果，用以判断随着因素水平的变化，因变量是否呈某种变化趋势。

本例处理：对方案和密度都选择“简单”方式，即将观测变量各水平上的均数与作为参照水平的均数进行比较，检验是否存在显著性差异。参照的水平采用系统默认的“最后一个”。

第 6 步：在“单变量”主对话框中单击“图”按钮，打开“轮廓图”子对话框，在其中定义拟绘制的均数轮廓图，如图 14-3-6 所示。

关于均数轮廓图的说明：

（1）均数轮廓图的横坐标是选入“水平轴”框的因素，纵坐标是观测变量的值。

（2）如果仅将一个因素选入“水平轴”框而其他框保持空白，则绘制单因素均数轮廓图，图中各点代表该因素各个水平的均数。

（3）如果将第 2 个因素选入了“单独的线条”框，则在横轴的同一位置上会标示第 2 个因素各水平的均数，即绘制双因素均数轮廓图。

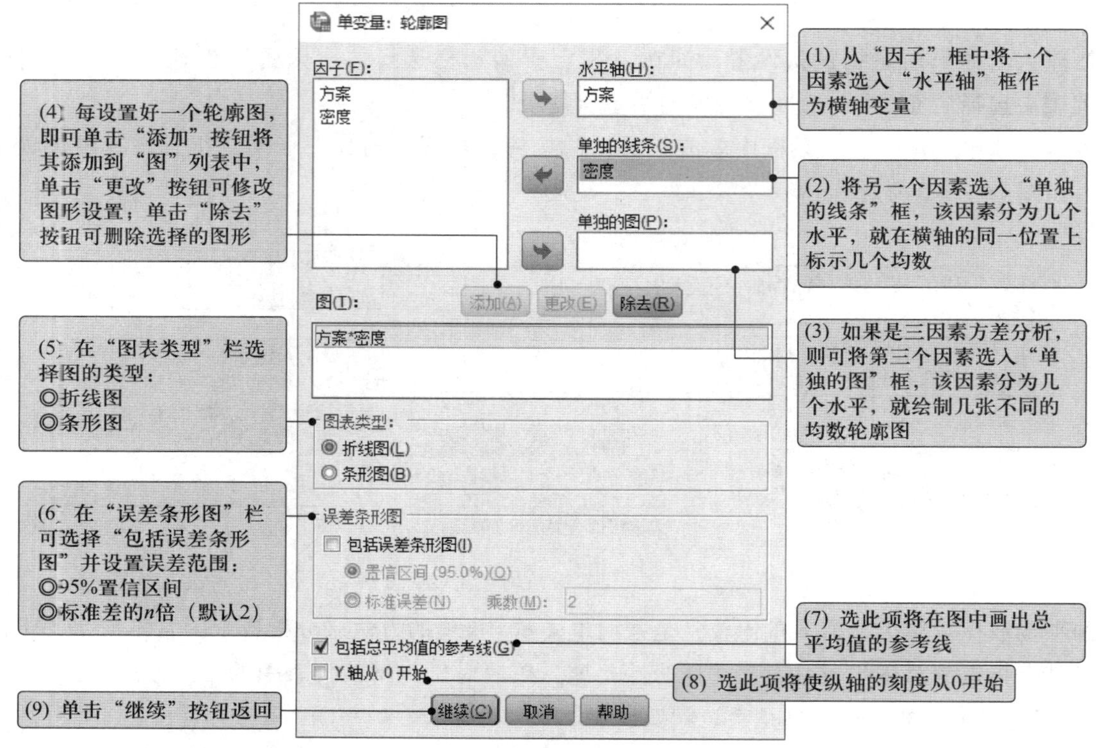

图 14-3-6 定义均数轮廓图

(4) 如果选择了“包括误差条形图”项，则会在各均数上标出误差范围。

(5) 对于双因素或三因素的均数轮廓图，如果各条折线大体上相互平行，没有交叉，则表明各控制变量间不存在交互效应。如果某些折线出现交叉，则表明相应的控制变量间存在交互效应。

本例处理：将方案选入“水平轴”框作为横轴变量；将密度选入“单独的线条”框以绘制双因素均数轮廓图。图形类型选择“折线图”；选择“包括总平均值的参考线”项。

第 7 步：在“单变量”主对话框中单击“事后对比”按钮，打开“实测平均值的事后多重比较”子对话框，在其中选择事后多重比较的方法，如图 14-3-7 所示。

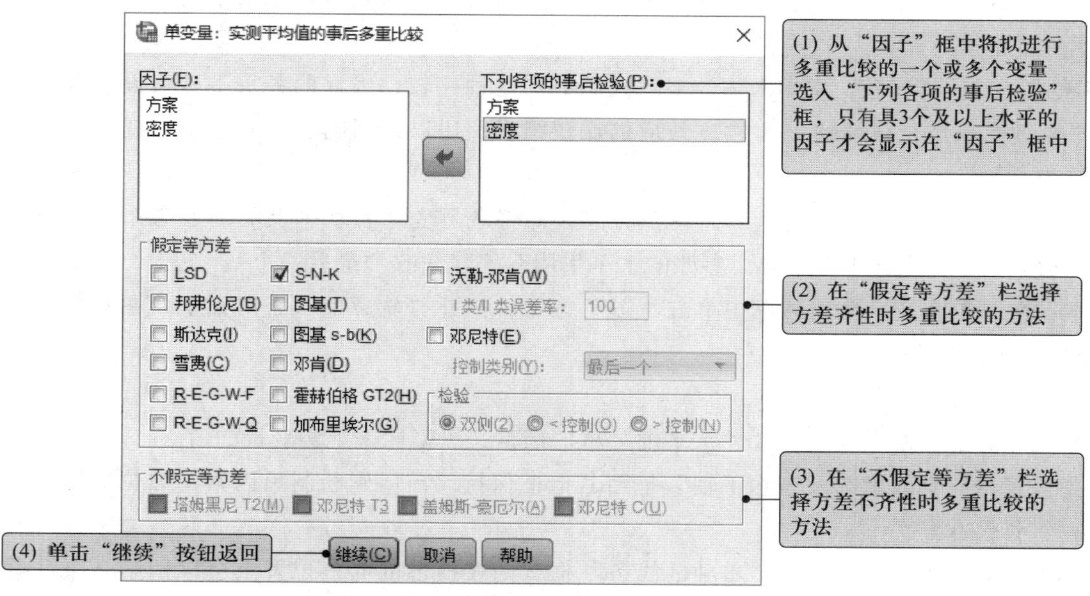

图 14-3-7 选择事后多重比较的方法

本例处理：将方案和密度都选入“下列各项的事后检验”框进行多重比较；多重比较的方法选择“假定等方差”栏的 S-N-K。

第 8 步：在“单变量”主对话框中单击“EM 平均值”按钮，打开“估算边际平均值”子对话框，在其中进行估算边际平均值的具体操作，如图 14-3-8 所示。

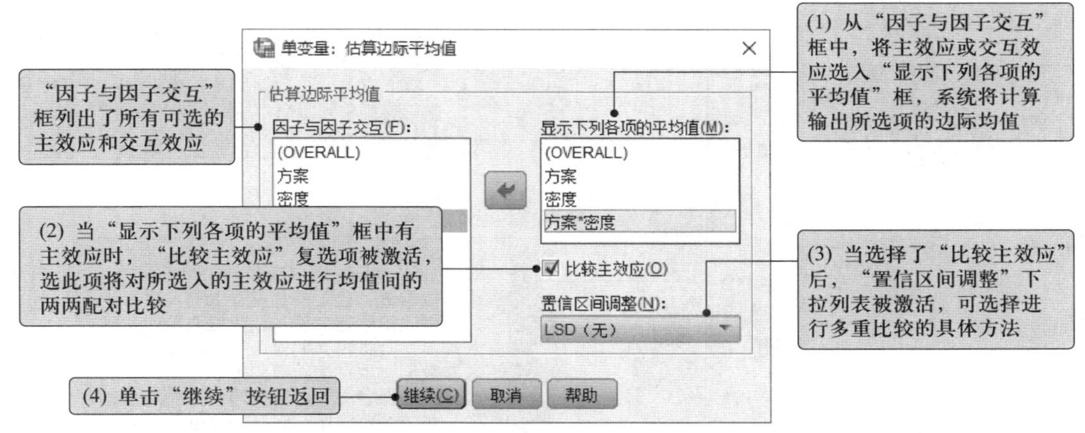

图 14-3-8　估算边际平均值的操作

有关估算边际平均值的说明：

（1）边际平均值（Estimated Marginal Means）指的是基于现有模型，当控制了其他因素的作用时，根据样本计算出的用于比较的各水平的均数估计值。如果模型中有协变量，则会按照协变量取值为均数的情况加以修正。对于包含全部交互项的全模型而言，边际均值就等于各单元格的均值。对于去掉了某些交互项的模型而言，边际均值就是完全基于模型计算而来的，是根据当前模型的设定对相应效应所做的估算，并不等同于样本的原始均值。

（2）从“因子与因子交互”框中将主效应或交互效应选入“显示下列各项的平均值”框时，若选择了主效应，则计算该控制变量各水平上观测变量的估计边际均值；若选择了二维或三维交互作用（两个或三个控制变量由“＊”相连），则计算相应变量各水平交叉分组情况下各组的边际均值，也就是单元格均值；若选择了“OVERALL”项，则计算观测变量总的边际均值。

（3）当“显示下列各项的平均值”框中有主效应时，“比较主效应”复选项被激活。选此项，将对主效应的边际均值进行多重比较。此时，下方的“置信区间调整”下拉列表被激活，可在其中选择多重比较的具体方法，可选项有 LSD(默认)、邦弗伦尼、斯达克。这三种方法在本章第一节的事后多重比较中已做过介绍，此处不再赘述。

本例处理：从“因子与因子交互”框中将所列出的可选项都选入“显示下列各项的平均值”框；选择“比较主效应”项；多重比较的方法采用默认的 LSD。

第 9 步：在“单变量”主对话框中单击“保存”按钮，打开“保存”子对话框，在其中选择拟保存到数据文件中的统计量，如图 14-3-9 所示。

“预测值”栏为根据模型对观测变量进行预测的结果值，各选项的意义为：

□ 未标准化：观测变量的非标准化预测值。

□ 加权：如果在主对话框中选择进行加权的方差分析，则给出观测变量加权的非标准化预测值。

□ 标准误差：观测变量预测值的标准误。

“残差”栏所列为各类型的残差，即实际观测值与预测值之差，各选项的意义为：

□ 未标准化：观测变量的非标准化残差值。

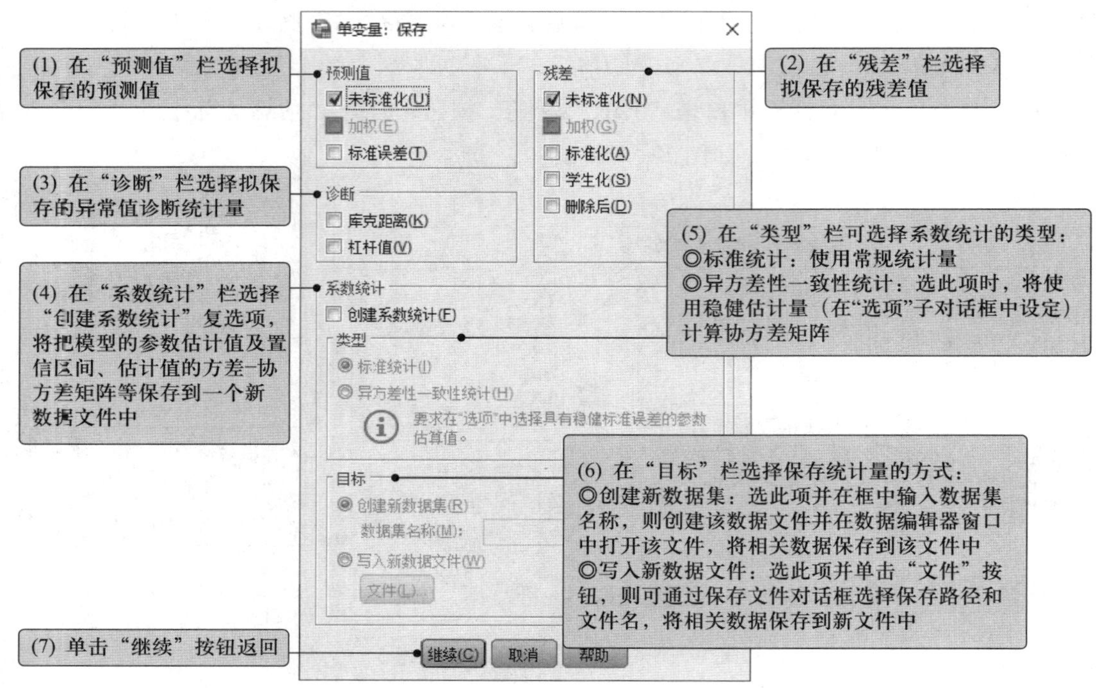

图 14-3-9 选择拟保存的统计量

□ 加权：如果在主对话框中选择进行加权的方差分析，则给出观测变量加权的非标准化残差值。

□ 标准化：观测变量的标准化残差值。

□ 学生化：观测变量的学生氏化（t 分布）残差值。

□ 删除后：观测变量剔除的残差值，即实际观测值与校正预测值之差。

“诊断”栏所列为异常值诊断的统计量，各选项的意义为：

□ 库克距离：观测变量的 Cook 距离。

□ 杠杆值：观测变量的非中心化杠杆值。

本例处理：在“预测值”栏和“残差”栏都选择“未标准化”，要求保存观测变量的非标准化预测值和非标准化残差值。

第 10 步：在“单变量”主对话框中单击“选项”按钮，打开“选项”子对话框，在其中选择拟输出的统计量，如图 14-3-10 所示。

“显示”栏可选的统计量有：

□ 描述统计：输出所有单元格中观测变量的常用描述统计量，包括平均数、标准差和个案数。

□ 效应量估算：输出每个效应和每个参数估算值的偏 η^2 值。对于效应检验而言，该值反映了排除其他主效应和交互效应的影响之后，某个效应可以解释的总变差的比例，计算式为：

$$偏\ \eta^2 = \frac{SSX}{SSX+SSE}$$

上式中的 SSE 即误差平方和；SSX 表示某个效应的平方和，如 SSA、SSB、$SSAB$ 等。偏 η^2 的值为 0~1，越接近于 0，该效应的影响越小；越接近于 1，该效应的影响越大。

□ 实测幂：输出观测功效（Observed Power），给出模型和各效应的检验效能，取值在 0.001~0.999 之间，越接近于 0 效能越低，越接近于 1 效能越高。通过该值可以了解哪些效应作用较大，以及实验设计的样本量是否充足。通常，观测功效大于 0.8 属于比较理想。

□ 参数估算值：输出所有因素各水平及其交互作用的参数估算值，包括回归拟合系数及其标准误差、

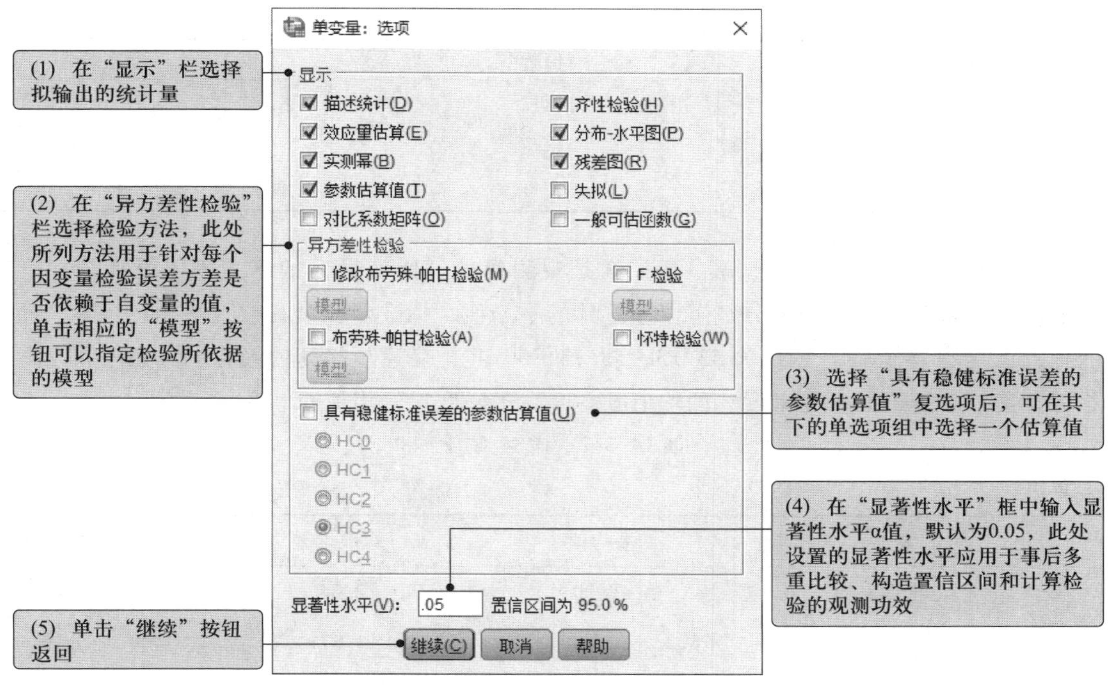

图 14-3-10　选择输出的统计量

t 检验值、显著性概率、置信区间等。

□ 对比系数矩阵：输出进行平均数比较时采用的对比系数矩阵。

□ 齐性检验：采用莱文方法进行方差齐性检验。方差分析的前提是各变量在各水平下的总体服从方差相等的正态分布。其中正态分布的要求并不是很严格，但对于方差齐性的要求是比较严格的。因此，一般应选择此项进行方差齐性检验。

□ 分布-水平图：绘制“观测变量均值-标准差”图和“观测变量均值-方差”图。该图有助于直观地考察样本数据的分布特征。

□ 残差图：绘制残差散点图，即实测值、预测值和标准化残差值三者两两对应的组合散点图。该图有助于直观地考察模型的拟合优度和样本数据的分布特征。

□ 失拟：进行拟合度不足检验，即检查模型是否充分反映了因变量和自变量之间的关系。原假设是拟合充分。如果原假设被拒绝，则说明现有模型尚不能充分刻画因变量和自变量之间的关系，可能还有交互作用未被发现，或尚有其他因素需要引入模型。

□ 一般可估函数：选此项，允许基于广义估计函数构造定制的假设检验。

本例处理：在“显示”栏选择描述统计、效应量估算、实测幂、参数估算值、齐性检验、分布-水平图、残差图等；显著性水平 α 取 0.05。

2. 结果解读

(1) 控制变量信息。表 14-3-2 是控制变量（因素、自变量，在 SPSS 中称为主体）的基本信息。可以看出，控制变量是方案和密度，各分为 3 个水平，每个水平都有 15 个观测值（个案数）。

表 14-3-2　主体间因子

		值标签	个案数
方案	1	方案一	15
	2	方案二	15
	3	方案三	15

续表

		值标签	个案数
密度	1	密度一	15
	2	密度二	15
	3	密度三	15

（2）观测变量的基本描述统计量。表14-3-3是观测变量（因变量）的基本描述统计量，给出了纵跳在方案和密度两个因素各个水平交叉分组下以及总计的平均值、标准差和个案数。从总计行看，随着密度由低到高的变化，纵跳均值（cm）依次为53.13，58.73，59.47，呈逐步提高的趋势。方案一和方案三也呈同样的趋势，但方案二有所不同，其密度二的均值62.60高于密度三的均值60.80。

表14-3-3 描述统计

因变量：纵跳

方案	密度	平均值	标准偏差	个案数
方案一	密度一	49.00	2.646	5
	密度二	50.00	1.871	5
	密度三	53.00	1.225	5
	总计	50.67	2.554	15
方案二	密度一	54.60	1.140	5
	密度二	62.60	2.966	5
	密度三	60.80	2.588	5
	总计	59.33	4.169	15
方案三	密度一	55.80	3.194	5
	密度二	63.60	2.608	5
	密度三	64.60	2.966	5
	总计	61.33	4.894	15
总计	密度一	53.13	3.833	15
	密度二	58.73	6.819	15
	密度三	59.47	5.462	15
	总计	57.11	6.095	45

（3）方差齐性检验的结果。表14-3-4是对观测变量进行误差方差齐性检验的结果，给出了分别基于平均值、基于中位数、基于中位数并具有调整后自由度和基于剪除（去掉头、尾极端值）后平均值的4个莱文统计量（F值）。这里检验的是各个因素的各个水平交叉形成的所有单元格内数据的方差是否齐性。本例，方案分为3个水平，密度也分为3个水平，共形成3×3=9个单元格，检验的是所有9个单元格内数据的方差是否齐性。因此，第1自由度都为9-1=8。以基于平均值的莱文统计量为例，显著性概率$P=0.372>0.05$，应接受原假设，可认为纵跳各单元格的方差齐性，满足方差分析的前提条件。

表 14-3-4 误差方差的莱文等同性检验[a,b]

		莱文统计	自由度 1	自由度 2	显著性
纵跳	基于平均值	1.122	8	36	0.372
	基于中位数	0.597	8	36	0.774
	基于中位数并具有调整后自由度	0.597	8	29.064	0.772
	基于剪除后平均值	1.077	8	36	0.401

检验“各个组中的因变量误差方差相等”这一原假设

a. 因变量：纵跳

b. 设计：截距+方案+密度+方案 * 密度

应注意的是，在考虑交互作用的模型中进行方差齐性检验，每个单元格内至少要有 3 个观测值，否则无法得出分析结果。

（4）各效应方差分析的结果。表 14-3-5 是多因素方差分析结果中最重要的部分，列出了各效应方差分析的有关信息，包括变差来源、采用Ⅲ类方法计算的离差平方和、自由度、均方、检验的统计量 F 值、检验的显著性概率（P 值）、偏 Eta 平方（η^2 值）、非中心参数值和实测幂（观测功效）等。

表 14-3-5 主体间效应检验

因变量：纵跳

源	Ⅲ类平方和	自由度	均方	F	显著性	偏 Eta 平方	非中心参数	实测幂[b]
修正模型	1 416.044[a]	8	177.006	29.177	0.000	0.866	233.414	1.000
截距	146 775.556	1	146 775.556	24 193.773	0.000	0.999	24 193.773	1.000
方案	964.444	2	482.222	79.487	0.000	0.815	158.974	1.000
密度	360.044	2	180.022	29.674	0.000	0.622	59.348	1.000
方案 * 密度	91.556	4	22.889	3.773	0.012	0.295	15.092	0.844
误差	218.400	36	6.067					
总计	148 410.000	45						
修正后总计	1 634.444	44						

a. R 方 = 0.866（调整后 R 方 = 0.837）

b. 使用 Alpha = 0.05 进行计算

由表 14-3-5 可知，修正模型的变差（Ⅲ型平方和）为 1 416.044，该值是方案、密度和二者的交互作用（方案 * 密度）对应的变差的总和（964.444+360.044+91.556 = 1 416.044），反映了线性模型整体对因变量变差解释的部分。修正模型 F 检验的显著性概率 P=0.000<0.01，应拒绝原假设，接受备择假设，可认为方案、密度及二者的交互作用中至少有一项对观测变量纵跳是有显著影响的。

由脚注 a 可知，模型的复相关系数 R^2 为 0.866，调整后的 R^2 为 0.837。调整的 R^2 反映模型对观测变量数据的总体拟合程度，其值越接近 1，对观测变量数据的拟合程度就越高。可以看出，该模型对观测变量数据的拟合程度比较理想，对总变差的解释度达到 83.7%。

观测变量经修正的总变差 SST 为 1 634.444。它被分解为 4 个部分，即由方案不同引起的变差 964.444，由密度不同引起的变差 360.044，由方案和密度的交互作用引起的变差 91.556，由随机因素引起的变差 218.400。各效应 F 检验的结果：对方案，P=0.000<0.01，应拒绝原假设，接受备择假设，可认为训练方案对纵跳成绩有非常显著影响；对密度，P=0.000<0.01，应拒绝原假设，接受备择假设，可认为练习密度对纵跳成绩有非常显著影响；对方案与密度的交互作用，P=0.012<0.05，应拒绝原假设，接受备择假设，

可认为两因素的交互作用对纵跳成绩有显著影响。

模型整体的偏 η^2 值为 0.866，表明模型整体可以解释观测变量总变差的 86.6%。方案的偏 η^2 值为 0.815，表明训练方案可以解释观测变量总变差的 81.5%；密度的偏 η^2 值为 0.622，表明练习密度可以解释观测变量总变差的 62.2%；两因素交互作用的偏 η^2 值为 0.295，表明交互作用可以解释观测变量总变差的 29.5%。这与前述结果是一致的。

模型整体的观测功效（实测幂）为 1.000，十分理想。方案和密度的观测功效都为 1.000，表明这两个因素对因变量的影响都较大。方案与密度交互作用的观测功效为 0.844，也达到了较高的水平。

（5）参数估计。表 14-3-6 是模型的参数估算值，给出了各控制变量各水平及其交互作用对观测变量的回归拟合系数 B，以及拟合系数的标准误差、t 检验值、t 检验的显著性概率、95%置信区间的下限和上限、偏 η^2 值（偏 Eta 平方）、非中心参数值和观测功效（实测幂）等。

表中的参数估计值都是以最后一个水平为参照计算出来的。回归拟合系数 B 表示在其他条件相同的情况下，某种效应的纵跳与参照水平相比的差值。

表 14-3-6 参数估算值

因变量：纵跳

参数	B	标准误差	t	显著性	95%置信区间		偏 Eta 平方	非中心参数	实测幂[b]
					下限	上限			
截距	64.600	1.102	58.647	0.000	62.366	66.834	0.990	58.647	1.000
[方案=1]	-11.600	1.558	-7.447	0.000	-14.759	-8.441	0.606	7.447	1.000
[方案=2]	-3.800	1.558	-2.439	0.020	-6.959	-0.641	0.142	2.439	0.661
[方案=3]	0[a]	.	.	.	.	.	.	.	.
[密度=1]	-8.800	1.558	-5.649	0.000	-11.959	-5.641	0.470	5.649	1.000
[密度=2]	-1.000	1.558	-0.642	0.525	-4.159	2.159	0.011	0.642	0.096
[密度=3]	0[a]	.	.	.	.	.	.	.	.
[方案=1] * [密度=1]	4.800	2.203	2.179	0.036	0.332	9.268	0.117	2.179	0.564
[方案=1] * [密度=2]	-2.00	2.203	-0.908	0.370	-6.468	2.468	0.022	0.908	0.143
[方案=1] * [密度=3]	0[a]	.	.	.	.	.	.	.	.
[方案=2] * [密度=1]	2.600	2.203	1.180	0.246	-1.868	7.068	0.037	1.180	0.210
[方案=2] * [密度=2]	2.800	2.203	1.271	0.212	-1.668	7.268	0.043	1.271	0.236
[方案=2] * [密度=3]	0[a]	.	.	.	.	.	.	.	.
[方案=3] * [密度=1]	0[a]	.	.	.	.	.	.	.	.
[方案=3] * [密度=2]	0[a]	.	.	.	.	.	.	.	.
[方案=3] * [密度=3]	0[a]	.	.	.	.	.	.	.	.

a. 此参数冗余，因此设置为零

b. 使用 Alpha=0.05 进行计算

例如，“方案=1”相对于“方案=3”，差值为-11.600，$P=0.000<0.01$，即方案一的效果低于方案三，差异具高度显著性。“方案=2”相对于“方案=3”，差值为-3.800，$P=0.020<0.05$，即方案二的效果低于方案三，差异具显著性。

又如，“密度=1”相对于“密度=3”，差值为-8.800，$P=0.000<0.01$，即密度一的效果低于密度三，差异具高度显著性。“密度=2”相对于“密度=3”，差值为-1.000，$P=0.525>0.05$，差异不具显著性。

对于两因素的交互作用，也可做出类似的分析。

（6）平均数比较（事前多重比较）的结果。表14-3-7是在“对比”子对话框中设定的平均数比较方法的索引信息。

表 14-3-7 定制假设检验指标

1	对比系数（L 矩阵）	方案的简单对比（参考类别=3）
	转换系数（M 矩阵）	恒等矩阵
	对比结果（K 矩阵）	零矩阵
2	对比系数（L 矩阵）	密度的简单对比（参考类别=3）
	转换系数（M 矩阵）	恒等矩阵
	对比结果（K 矩阵）	零矩阵

表14-3-8是纵跳按“方案”划分的前几个水平与作为参照的最后一个水平（方案三）进行简单对比（t检验）的结果，列出了两个水平相比较的差值、标准差、显著性概率、差值95%置信区间的下限和上限。可以看出，方案一与方案三比较（级别1与级别3），纵跳成绩的差值为-10.667，显著性概率$P=0.000<0.01$，应拒绝均数相等的原假设，可认为两水平的观测变量均数具高度显著性差异。方案二与方案三比较（级别2与级别3），纵跳成绩的差值为-2.000，显著性概率$P=0.033<0.05$，应拒绝均数相等的原假设，可认为两水平的观测变量均数具显著性差异。

表 14-3-8 对比结果（K 矩阵）

方案简单对比			因变量纵跳
级别 1 与级别 3	对比估算		-10.667
	假设值		0
	差值（估算-假设）		-10.667
	标准误差		0.899
	显著性		0.000
	差值的 95%置信区间	下限	-12.491
		上限	-8.843
级别 2 与级别 3	对比估算		-2.000
	假设值		0
	差值（估算-假设）		-2.000
	标准误差		0.899
	显著性		0.033
	差值的 95%置信区间	下限	-3.824
		上限	-0.176

表14-3-9是就控制变量“方案”对观测变量“纵跳”的效应进行整体方差分析的结果。表中“对比”行的数据与表14-3-5中“方案”行的数据完全一致，此处不再赘述。

表 14-3-9 检验结果

因变量：纵跳

源	平方和	自由度	均方	*F*	显著性	偏 Eta 平方	非中心参数	实测幂[a]
对比	964.444	2	482.222	79.487	0.000	0.815	158.974	1.000
误差	218.400	36	6.067					

a. 使用 Alpha = 0.05 进行计算

表 14-3-10 是纵跳按"密度"划分的前几个水平与作为参照的最后一个水平（密度三）进行简单对比（*t* 检验）的结果，列出了两个水平相比较的差值、标准差、显著性概率、差值 95%置信区间的下限和上限。可以看出，密度一与密度三比较（级别 1 与级别 3），纵跳成绩的差值为-6.333，显著性概率 $P=0.000<0.01$，应拒绝均数相等的原假设，可认为两水平的观测变量均数具高度显著性差异。密度二与密度三比较（级别 2 与级别 3），纵跳成绩的差值为-0.733，显著性概率 $P=0.420>0.05$，应接受均数相等的原假设，可认为两水平的观测变量均数无显著性差异。

表 14-3-10 对比结果（*K* 矩阵）

密度简单对比[a]			因变量纵跳
级别 1 与级别 3	对比估算		-6.333
	假设值		0
	差值（估算-假设）		-6.333
	标准误差		0.899
	显著性		0.000
	差值的 95%置信区间	下限	-8.157
		上限	-4.509
级别 2 与级别 3	对比估算		-0.733
	假设值		0
	差值（估算-假设）		-0.733
	标准误差		0.899
	显著性		0.420
	差值的 95%置信区间	下限	-2.557
		上限	1.091

a. 参考类别 = 3

表 14-3-11 是就控制变量"密度"对观测变量"纵跳"的效应进行整体方差分析的结果。表中"对比"行的数据与表 14-3-5 中"密度"行的数据完全一致，此处不再赘述。

表 14-3-11 检验结果

因变量：纵跳

源	平方和	自由度	均方	*F*	显著性	偏 Eta 平方	非中心参数	实测幂[a]
对比	360.044	2	180.022	29.674	0.000	0.622	59.348	1.000
误差	218.400	36	6.067					

a. 使用 Alpha = 0.05 进行计算

（7）边际均值估算及对比的结果。表 14-3-12 是对应于选项“OVERALL”的结果，列出了“纵跳”的总边际平均值、标准误差、95%置信区间的下限和上限。

表 14-3-12　总 平 均 值

因变量：纵跳

平均值	标准误差	95%置信区间	
		下限	上限
57.111	0.367	56.366	57.856

表 14-3-13 是方案各水平上纵跳的边际平均值、标准误差、95%置信区间的下限和上限。

表 14-3-13　估　算　值

因变量：纵跳

方案	平均值	标准误差	95%置信区间	
			下限	上限
方案一	50.667	0.636	49.377	51.956
方案二	59.333	0.636	58.044	60.623
方案三	61.333	0.636	60.044	62.623

表 14-3-14 是纵跳按“方案”的各水平分组采用 LSD 法进行均值配对比较的结果。方案一与方案二的均值差为-8.667，显著性概率 $P=0.000<0.01$，应拒绝均值相等的原假设，可认为这两个水平的均值差异具高度显著性。方案一与方案三的均值差为-10.667，显著性概率 $P=0.000<0.01$，应拒绝均值相等的原假设，可认为这两个水平的均值差异具高度显著性。方案二与方案三的均值差为-2.000，显著性概率 $P=0.033<0.05$，应拒绝均值相等的原假设，可认为这两个水平的均值差异具显著性。

表 14-3-14　成 对 比 较

因变量：纵跳

(I) 方案	(J) 方案	平均值差值（I-J）	标准误差	显著性[a]	差值的 95%置信区间[a]	
					下限	上限
方案一	方案二	-8.667*	0.899	0.000	-10.491	-6.843
	方案三	-10.667*	0.899	0.000	-12.491	-8.843
方案二	方案一	8.667*	0.899	0.000	6.843	10.491
	方案三	-2.000*	0.899	0.033	-3.824	-0.176
方案三	方案一	10.667*	0.899	0.000	8.843	12.491
	方案二	2.000*	0.899	0.033	0.176	3.824

基于估算边际平均值

*. 平均值差值的显著性水平为 0.05

a. 多重比较调节：最低显著差异法（相当于不进行调整）

表 14-3-15 是就纵跳在“方案”各水平上的估算边际平均值进行整体方差分析的结果。该表与表 14-3-9 完全一致，此处不再赘述。

表 14-3-15 单变量检验

因变量：纵跳

	平方和	自由度	均方	*F*	显著性	偏 Eta 平方	非中心参数	实测幂[a]
对比	964.444	2	482.222	79.487	0.000	0.815	158.974	1.000
误差	218.400	36	6.067					

F 检验密度的效应。此检验基于估算边际平均值之间的线性无关成对比较

a. 使用 Alpha＝0.05 进行计算

表 14-3-16 是密度各水平上纵跳的边际平均值、标准误差、95%置信区间的下限和上限。

表 14-3-16 估 算 值

因变量：纵跳

密度	平均值	标准误差	95%置信区间	
			下限	上限
密度一	53.133	0.636	51.844	54.423
密度二	58.733	0.636	57.444	60.023
密度三	59.467	0.636	58.177	60.756

表 14-3-17 是纵跳按“密度”的各水平分组采用 LSD 法进行均值配对比较的结果。密度一与密度二的均值差为-5.600，显著性概率 $P=0.000<0.01$，应拒绝均值相等的原假设，可认为这两个水平的均值差异具高度显著性。密度一与密度三的均值差为-6.333，显著性概率 $P=0.000<0.01$，应拒绝均值相等的原假设，可认为这两个水平的均值差异具高度显著性。密度二与密度三的均值差为-0.733，显著性概率 $P=0.420>0.05$，应接受均值相等的原假设，可认为这两个水平的均值无显著性差异。

表 14-3-17 成 对 比 较

因变量：纵跳

(I) 密度	(J) 密度	平均值差值 (I-J)	标准误差	显著性[a]	差值的 95%置信区间[a]	
					下限	上限
密度一	密度二	-5.600*	0.899	0.000	-7.424	-3.776
	密度三	-6.333*	0.899	0.000	-8.157	-4.509
密度二	密度一	5.600*	0.899	0.000	3.776	7.424
	密度三	-0.733	0.899	0.420	-2.557	1.091
密度三	密度一	6.333*	0.899	0.000	4.509	8.157
	密度二	0.733	0.899	0.420	-1.091	2.557

基于估算边际平均值

*. 平均值差值的显著性水平为 0.05

a. 多重比较调节：最低显著差异法（相当于不进行调整）

表 14-3-18 是对纵跳在密度各水平上的估算边际平均值进行整体方差分析的结果。该表与表 14-3-11 完全一致，此处不再赘述。

表 14-3-18　单变量检验

因变量：纵跳

	平方和	自由度	均方	F	显著性	偏 Eta 平方	非中心参数	实测幂[a]
对比	360.044	2	180.022	29.674	0.000	0.622	59.348	1.000
误差	218.400	36	6.067					

F 检验密度的效应。此检验基于估算边际平均值之间的线性无关成对比较

a. 使用 Alpha = 0.05 进行计算

表 14-3-19 是方案与密度各水平交叉分组情况下纵跳的边际平均值、标准误差、95%置信区间的下限和上限。

表 14-3-19　方案＊密度

因变量：纵跳

方案	密度	平均值	标准误差	95%置信区间	
				下限	上限
方案一	密度一	49.000	1.102	46.766	51.234
	密度二	50.000	1.102	47.766	52.234
	密度三	53.000	1.102	50.766	55.234
方案二	密度一	54.600	1.102	52.366	56.834
	密度二	62.600	1.102	60.366	64.834
	密度三	60.800	1.102	58.566	63.034
方案三	密度一	55.800	1.102	53.566	58.034
	密度二	63.600	1.102	61.366	65.834
	密度三	64.600	1.102	62.366	66.834

（8）事后多重比较的结果。表 14-3-20 是对纵跳在“方案”各水平上的均值采用 S-N-K 法进行多重比较的子集分析结果。可以看出，三个水平的均值分别处于不同的子集，表明“方案”各水平两两之间的纵跳均值的差异都具显著性，$P<0.05$。

表 14-3-20　纵　　跳

S-N-K

方案	个案数	子集		
		1	2	3
方案一	15	50.67		
方案二	15		59.33	
方案三	15			61.33
显著性		1.000	1.000	1.000

表 14-3-21 是对纵跳在“密度”各水平上的均值采用 S-N-K 法进行多重比较的子集分析结果。可以看出，密度一的均值处于子集 1，密度二、密度三的均值都处于子集 2，表明密度一与密度二、密度一与密度三的均值差异都具显著性，$P<0.05$；密度二与密度三的均值差异不具显著性，$P>0.05$。

表 14-3-21 纵 跳

S-N-K

密度	个案数	子集	
		1	2
密度一	15	53.13	
密度二	15		58.73
密度三	15		59.47
显著性		1.000	0.420

(9)“分布-水平”图。如果在“选项”子对话框中选择了“分布-水平图”复选项，将绘制出如图 14-3-11 所示的“平均值-标准差”分布图和如图 14-3-12 所示的“平均值-方差”分布图。

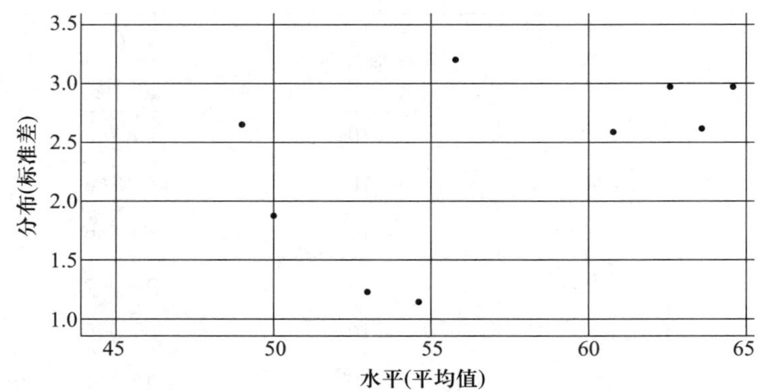

图 14-3-11 方案＊密度的均值-标准差分布图

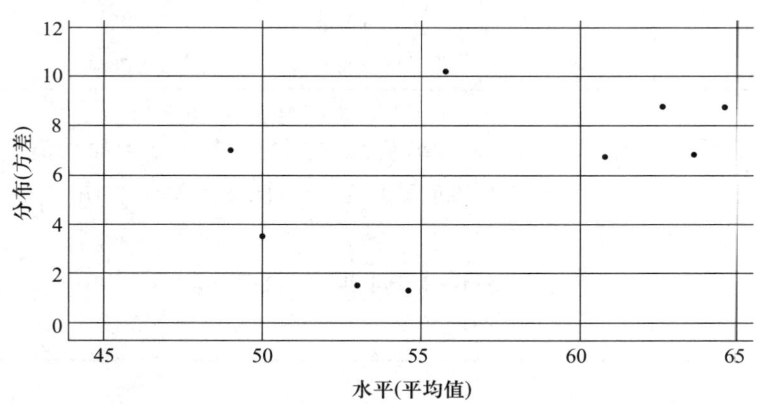

图 14-3-12 方案＊密度的均值-方差分布图

图中的各点代表方案和密度两个因素各个水平交叉形成的 9 个组（单元格），横坐标为各组纵跳的均值，纵坐标分别为各组纵跳的标准差和方差。通过两图，可以比较直观地判断方差齐性的假设是否成立。图中各点的分布没有呈现出明显的规律，可认为方差齐性的假设是成立的。

(10) 残差散点图。如果在“选项”子对话框中选择了“残差图”复选项，将绘制出如图 14-3-13 所示的残差散点图。

该散点图分别以观测变量纵跳的实测值、预测值和标准化残差值为横坐标和纵坐标。通过该图可对模型的拟合效果进行直观的评价。如果模型的拟合效果很好，则实测值与预测值应当有明显的相关，散点应呈现较好的直线趋势。由图中“实测-预测”对应的单元格可以看出，本例实测值与预测值呈现比较明显的线性趋势，表明模型的拟合效果较理想。

方差分析的一个前提是各样本所由抽取的总体方差齐性，而残差的分布可以间接地反映数据的分布情况。残差的方差齐性指残差的分布是随机的，不会随着自变量或因变量取值的变化而规律性地变化。在残差散点图中，如果散点随着自变量或因变量取值的增加而呈现逐渐扩大（或逐渐减小）的趋势，则表明出现了残差方差不齐性的状况。由图中“实测-标准残差”和“预测-标准残差”对应的单元格可以看出，残差的分布比较均匀，未出现明显违反方差齐性假设的情况。

（11）边际均值轮廓图。图 14-3-14 是观测变量纵跳的边际均值轮廓图，该图比较直观地呈现出了表 14-3-19 中方案与密度各水平交叉分组情况下观测变量纵跳的边际均值。从图中可以看出，密度二与密度三的折线出现了交叉，说明方案与密度两因素之间存在着一定的交互效应，这与表 14-3-5 的结果是一致的。

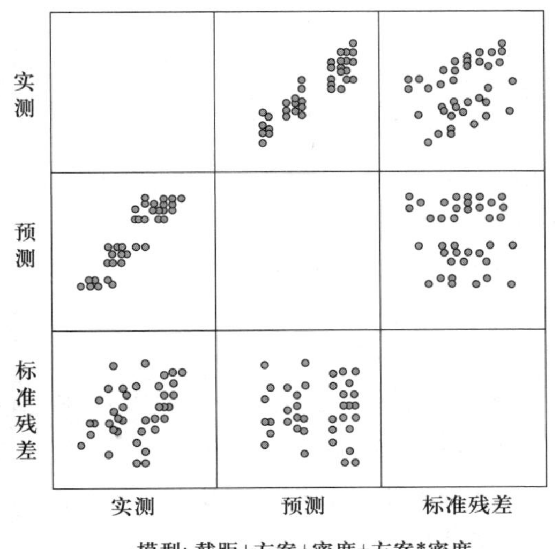

图 14-3-13　残差散点图

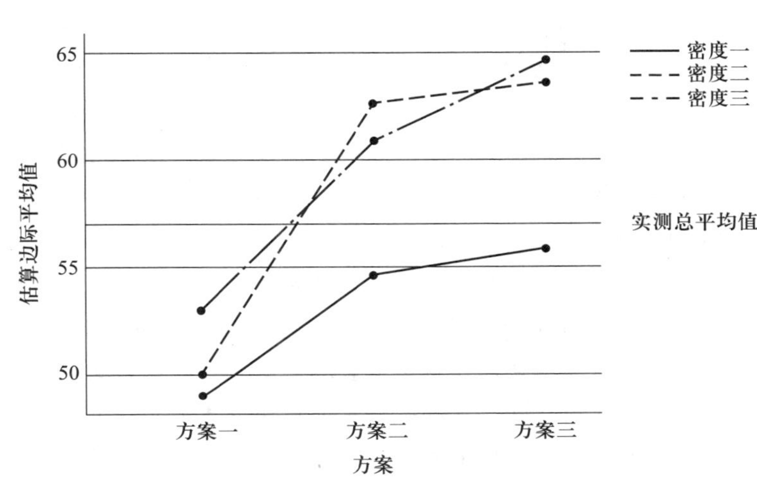

图 14-3-14　纵跳的边际均值轮廓图

密度一与密度二、密度一与密度三的折线都没有交叉，表明密度一与密度二之间、密度一与密度三之间纵跳成绩的差异比较显著；而密度二与密度三的折线出现交叉，表明密度二与密度三之间纵跳成绩的差异不显著。这与表 14-3-21 的结果也是一致的。

（12）增加了新变量的数据文件。如果在“保存”子对话框中选择了拟保存的统计量，系统会计算这些统计量并将其保存在数据文件中，如图 14-3-15 所示。数据文件中的 PRE_1 为非标准化预测值，RES_1 为非标准化残差值。

3. 综合结论

综合以上的讨论，可以就这个多因素方差分析（双因素单因变量）得出以下结论：

（1）方案、密度以及方案和密度的交互作用都对学生弹跳力的发展有影响。

（2）三个方案的效果之间存在显著性差异，方案二和方案三都明显优于方案一。

（3）密度一与密度二、密度一与密度三的效果也存在显著性差异，密度二和密度三都明显优于密度一，但密度二和密度三的效果不存在显著性差异。

（4）采用方案二或方案三，结合密度二或密度三进行训练，都能取得比较理想的效果；最佳选择应该是方案三与密度三的组合。

	编号	方案	密度	纵跳	PRE_1	RES_1
1	1	1	1	50	49.00	1.00
2	2	1	1	48	49.00	-1.00
3	3	1	1	53	49.00	4.00
4	4	1	1	46	49.00	-3.00
5	5	1	1	48	49.00	-1.00
6	6	1	2	49	50.00	-1.00
7	7	1	2	52	50.00	2.00
8	8	1	2	49	50.00	-1.00
9	9	1	2	52	50.00	2.00
10	10	1	2	48	50.00	-2.00
11	11	1	3	53	53.00	.00
12	12	1	3	52	53.00	-1.00
13	13	1	3	52	53.00	-1.00
14	14	1	3	55	53.00	2.00
15	15	1	3	53	53.00	.00
16	16	2	1	55	54.60	.40
17	17	2	1	54	54.60	-.60
18	18	2	1	56	54.60	1.40
19	19	2	1	55	54.60	.40
20	20	2	1	53	54.60	-1.60
21	21	2	2	62	62.60	-.60
22	22	2	2	58	62.60	-4.60
23	23	2	2	63	62.60	.40
24	24	2	2	64	62.60	1.40
25	25	2	2	66	62.60	3.40
26	26	2	3	58	60.80	-2.80
27	27	2	3	63	60.80	2.20
28	28	2	3	59	60.80	-1.80
29	29	2	3	60	60.80	-.80
30	30	2	3	64	60.80	3.20
31	31	3	1	58	55.80	2.20
32	32	3	1	54	55.80	-1.80
33	33	3	1	52	55.80	-3.80
34	34	3	1	60	55.80	4.20
35	35	3	1	55	55.80	-.80
36	36	3	2	62	63.60	-1.60
37	37	3	2	66	63.60	2.40
38	38	3	2	60	63.60	-3.60
39	39	3	2	66	63.60	2.40
40	40	3	2	64	63.60	.40
41	41	3	3	68	64.60	3.40
42	42	3	3	65	64.60	.40
43	43	3	3	60	64.60	-4.60
44	44	3	3	66	64.60	1.40
45	45	3	3	64	64.60	-.60
46						

图 14-3-15 增加了新变量的数据文件

【小贴士】

多因素方差分析中，若存在交互效应，则交互效应已成为模型解释的一部分，所以残差为 0，因而误差方差 MSE 实际上就是组内方差。当模型中的交互效应不显著时，以只包含组内方差的 MSE 作为分母来计算方差比并用于检验其他主效应是不适当的，会使 F 值偏大，造成检验标准偏严。此时，应当将交互项排除，也就是将交互项的方差加入误差方差中，再用于检验其他主效应。因此，当交互效应不显著时，应当重新进行方差分析，并采用非饱和模型将交互项排除。

第四节 多元方差分析

多元方差分析用于检验由一个或多个因素影响的多个观测变量（因变量）各个水平的均数是否具显著性差异。

一、多元方差分析概述

在研究儿童少年的生长发育状况时，我们可能会想到，不同地域的社会经济发展水平对儿童少年的生长发育会有什么影响？对这个问题，只考察一个因变量往往不足以得出科学的结论，需要同时分析多个因变量，如身高、体重、心肺功能等。类似这样的问题，由于多个因变量往往是互相联系、相互影响着的，如果将它们割裂开来用前述单因素方差分析的方法分别进行分析，将存在以下弊端：

（1）检验效率低。可能的一种情况是两组（或多组）实验对象的多个观测变量的联合分布之间有显著差异，而单独对每个观测变量进行的差异检验却没有统计学意义。反过来的情况也有可能出现。

（2）犯第一类错误（弃真）的概率增大。假设有 p 个因变量，对每个因变量进行独立的单因素方差分析，犯第一类错误的概率 α 为 0.05，则对 p 个指标进行 p 次分析结果均正确的概率为 $(1-0.05)^p$，此时，犯第一类错误的概率为 $1-(1-0.05)^p$。由此可知，2 个因变量时，犯第一类错误的概率增大为 0.10；3 个因变量时，犯第一类错误的概率增大为 0.14；4 个因变量时，犯第一类错误的概率增大为 0.19；5 个因变量时，犯第一类错误的概率增大为 0.23。随着因变量数目的增加，犯第一类错误的概率还会继续增大。

（3）若对多个因变量分别进行分析的结果不一致时，难以得出一个综合结论，而多元方差分析更关注通过多个因变量进行综合评价的问题。

（4）忽略了因变量间的相互关系，只见树木，不见森林，有可能损失重要信息，甚至可能得出错误的结论。

因此，对这一类资料进行分析，需要采用多元方差分析的方法。

在体育领域中，多元方差分析可以应用于研究类似下面的问题：

不同锻炼方案（因素）对提高学生身体健康水平（因变量包括形态、素质、机能等多个指标）的效果有无显著性差异？

不同运动方式（因素）对女大学生心理健康（因变量包括自我观念的多个维度指标）的影响有无显著性差异？

不同民族（因素 1）和不同成长环境（因素 2：城市、乡村）对少年儿童生长发育（因变量包括生长发育的多个指标）的影响有无显著性差异？

以上问题都涉及一个或多个因素对多个因变量的影响，属于多元方差分析的范畴。本节重点讨论其中最简单的一种情况，即单因素多因变量方差分析。

（一）多元方差分析的基本条件

1. 每个样本都是独立随机样本

多元方差分析要求每个样本（实验对象的每个组）都是相互独立的随机样本。同时，多元方差分析对样本容量也有一定要求，不仅总样本容量要大，各单元格中的样本容量（观测值个数）也应较大，否则检验的效能偏低。

2. 各因变量服从多元正态分布

多元方差分析要求各因变量服从多元正态分布，但这一要求并不严格，实际上只要每一个因变量都服从或近似服从正态分布即可。

3. 因变量的“方差-协方差”矩阵齐性

多元方差分析是考查多个因变量的联合分布，要求多个因变量在控制变量各水平上的“方差-协方差”矩阵齐性（相等），相当于单因素方差分析中要求“各样本所由抽取总体的方差齐性”。检验的假设是：

H_0：各组“方差-协方差”矩阵齐性；

H_1：各组“方差-协方差”矩阵不齐性。

多元方差分析中采用博克斯 M 方法进行各组“方差-协方差”矩阵齐性检验，计算统计量 F 和显著性概率 P。可以直接将显著性概率 P 与给定的显著性水平 α 进行比较，做出统计推论。如果 $P>\alpha$，应接受原假设，认为各组“方差-协方差”矩阵齐性；如果 $P\leqslant\alpha$，应拒绝原假设，接受备择假设，认为各组“方差-协方差”矩阵不齐性。

当检验结果是“方差-协方差”矩阵不齐性时，要有针对性地选择统计量进行分析。

4. 因变量之间存在一定的关联

多元方差分析要求多个因变量相互之间确实存在一定的关联，采用巴特利特球形度检验来判断数据是否满足这一条件。检验的假设是：

H_0：残差协方差矩阵与单位阵成比例；

H_1：残差协方差矩阵不与单位阵成比例。

单位阵的特征是，主对角线上的所有元素都为 1，非主对角线上的所有元素都为 0，例如：

$$\boldsymbol{A}=\begin{bmatrix}1 & 0 & 0\\0 & 1 & 0\\0 & 0 & 1\end{bmatrix}$$

巴特利特球形度检验会计算似然比（Likelyhood Ratio）。似然比是在原假设成立的条件下似然函数的最大比率值，其值若大于 0.05，应接受原假设；其值若小于等于 0.05，则应拒绝原假设。巴特利特球形度检验还会给出近似χ^2 和相应的显著性概率 P。如果 $P>0.05$，应接受原假设；如果 $P\leqslant 0.05$，应拒绝原假设，接受备择假设。

若检验结果是拒绝原假设，即认为残差协方差矩阵不与单位阵成比例，这意味着因变量之间是相关的，适合进行多元方差分析。若检验结果是接受原假设，即认为残差协方差矩阵与单位阵成比例，这意味着因变量相互之间没有关联，不适合进行多元方差分析。此时，可对每个因变量分别采用“单因素方差分析”方法进行独立的分析。

（二）多元方差分析的数据结构与统计量

多元方差分析既可以用于平衡模型，也可以用于不平衡模型。对单因素平衡模型而言，设因素（自变量、控制变量）分为 m 个水平，$i=1$，2，…，m；r 为因变量个数，$j=1$，2，…，r；n 为因素第 i 个水平和第 j 个因变量交叉处单元格中的重复实验次数，$k=1$，2，…，n，则 X_{ijk}表示该单元格中的第 k 个观测值。此时的数据结构如表 14-4-1 所示。

表 14-4-1　单因素多因变量方差分析的数据结构（平衡模型）

因素（i）	k	因变量（j）			
		1	2	…	r
1	1	X_{111}	X_{121}	…	X_{1r1}
	2	X_{112}	X_{122}		X_{1r2}
	⋮	⋮	⋮		⋮
	n	X_{11n}	X_{12n}		X_{1rn}
2	1	X_{211}	X_{221}	…	X_{2r1}
	2	X_{212}	X_{222}		X_{2r2}
	⋮	⋮	⋮		⋮
	n	X_{21n}	X_{22n}		X_{2rn}
⋮	⋮	⋮	⋮	…	⋮
m	1	X_{m11}	X_{m21}	…	X_{mr1}
	2	X_{m12}	X_{m22}		X_{mr2}
	⋮	⋮	⋮		⋮
	n	X_{m1n}	X_{m2n}		X_{mrn}

多元方差分析的假设可表示为：

H_0：各水平总体均数相等；

H_1：各水平总体均数不全相等。

多元方差分析的基本思想与前述单因素方差分析相似，都是将观测变量（因变量）的总变差分解成两部分：一部分是组间差异，主要反映由控制变量（自变量）不同水平引起的变差，即因素的效应；另一部分是组内差异，主要反映各水平内部观测值之间由各种随机因素引起的变差，即随机误差。差别在于，单因素方差分析是用单个因变量的组间方差与组内方差之比来构造 F 统计量，而多元方差分析处理的是多个因变量的联合分布，各类离差平方和都是以矩阵形式出现的，统称为 SSCP（Sums-of-Squares and Cross-Products，即"平方和与叉积和"矩阵），多元方差分析是根据这些矩阵计算几个特殊统计量，再将它们转换成 F 统计量，进而判断观测变量在控制变量各水平上的均数是否具显著性差异。

从理论上来说，组间差异总是大于组内差异。因为，如果因素的效应为 0，则组间差异就等于组内差异，所以多元方差分析与单因素方差分析一样，也是进行单侧检验。

多元方差分析中，总样本容量：$N=m\times r\times n$；

因素第 i 个水平和第 j 个因变量交叉处单元格中观测值的平均数：$\overline{X}_{ij}=\dfrac{\sum_{k=1}^{n}X_{ijk}}{n}$。

在因素的第 i 个水平中，第 j_a 个因变量和第 j_b 个因变量的离差叉积和为：

$$H_{j_aj_b}=\sum_{k=1}^{n}(X_{ij_ak}-\overline{X}_{ij_a})(X_{ij_bk}-\overline{X}_{ij_b}),\quad (j_a,\ j_b=1,\ 2,\ \cdots,\ r)$$

当 $j_a=j_b=j$ 时，上式就是第 j 个因变量的离差平方和，即：$H_{jj}=\sum_{k=1}^{n}(X_{ijk}-\overline{X}_{ij})^2$。

在同一水平中，将各因素的离差平方和与各因素两两之间的离差叉积和按行、列顺序排列起来，就构成了该水平的"平方和与叉积和"矩阵，简称为离差阵，如下所示：

$$\boldsymbol{SS}_i=\begin{bmatrix} H_{11} & H_{12} & \cdots & H_{1r} \\ H_{21} & H_{22} & \cdots & H_{2r} \\ \cdots & \cdots & \cdots & \cdots \\ H_{r1} & H_{r2} & \cdots & H_{rr} \end{bmatrix}$$

在这些矩阵中，主对角线（左上角到右下角）上的都是离差平方和，非主对角线上的都是离差叉积和。

SPSS 在进行多元方差分析时，将依据这些矩阵计算比莱轨迹、威尔克 Lambda（λ）、霍特林轨迹、罗伊最大根等统计量，然后采用罗伊（Roy）给出的方法将这几个统计量转换成 F 值（方法比较复杂，这里不列出公式），进而通过 F 分布做出统计推断。

【案例 1403】

某研究组为了探讨三种不同训练方式对发展学生的体适能是否有不同效果，在某校高一年级招募了 30 名男生，并以随机分配方式分成三组，每组 10 人，分别以一种方式进行训练。以 1 000 米跑（s）来反映心肺功能，以立定跳远（cm）来反映肌肉力量，以坐位体前屈（cm）来反映柔韧性。经检验，三个组在实验前的各项指标没有显著性差异。经过三个月的训练，测得参与者三个指标的成绩，如表 14-4-2 所示。问：不同训练方式对发展学生体适能的效果是否有显著性差异？

表 14-4-2　三种训练方式下学生的体适能成绩

编号	训练方式	心肺功能	肌肉力量	柔韧性
1	1	323	186	3. 4
2	1	300	218	2. 8
3	1	231	217	17. 7
4	1	265	221	14. 5

续表

编号	训练方式	心肺功能	肌肉力量	柔韧性
5	1	276	213	12.1
6	1	253	222	19.9
7	1	288	210	3.9
8	1	286	206	4.9
9	1	247	219	10.9
10	1	284	219	15.8
11	2	260	212	12.5
12	2	275	194	1.9
13	2	257	237	15.3
14	2	246	247	17.2
15	2	271	201	8.8
16	2	240	227	17.1
17	2	260	232	9.4
18	2	235	232	18.6
19	2	254	242	12.8
20	2	266	236	9.6
21	3	231	241	18.0
22	3	234	240	17.1
23	3	226	277	16.2
24	3	230	238	4.9
25	3	211	267	21.2
26	3	230	250	13.4
27	3	227	245	18.5
28	3	254	220	15.4
29	3	202	250	19.9
30	3	266	236	16.6

分别计算因素（训练方式）3个水平和3个观测变量（心肺功能、肌肉力量、柔韧性）交叉处共9个单元格中观测值的平均数，得到三种训练方式下3个观测变量的均数向量：

方式一：$\overline{\boldsymbol{Y}}_1=(275.3 \quad 213.1 \quad 10.59)$

方式二：$\overline{\boldsymbol{Y}}_2=(256.4 \quad 226.0 \quad 12.32)$

方式三：$\overline{\boldsymbol{Y}}_3=(231.1 \quad 246.4 \quad 16.12)$

利用离差平方和与离差叉积和的公式，分别计算出三种训练方式的离差阵 $\boldsymbol{SS}_1$，$\boldsymbol{SS}_2$，$\boldsymbol{SS}_3$ 以及所有数据的总离差阵 $\boldsymbol{T}$：

$$\boldsymbol{SS}_1=\begin{bmatrix} 6\,604.100 & -1\,855.300 & -1\,206.470 \\ -1\,855.300 & 1\,044.900 & 391.710 \\ -1\,206.470 & 391.710 & 371.549 \end{bmatrix}$$

$$SS_2=\begin{bmatrix}1\ 518.400 & -1\ 288.000 & -544.080\\ -1\ 288.000 & 2\ 836.000 & 559.600\\ -544.080 & 559.600 & 232.136\end{bmatrix}$$

$$SS_3=\begin{bmatrix}3\ 046.900 & -1\ 649.400 & -204.020\\ -1\ 649.400 & 2\ 334.400 & 199.420\\ -204.020 & 199.420 & 184.296\end{bmatrix}$$

$$T=\begin{bmatrix}21\ 005.867 & -12\ 232.000 & -3\ 198.780\\ -12\ 232.000 & 11\ 853.500 & 2\ 097.350\\ -3\ 198.780 & 2\ 097.350 & 948.027\end{bmatrix}$$

组内差异离差阵等于三种训练方式离差阵之和：

$$W=SS_1+SS_2+SS_3=\begin{bmatrix}11\ 169.400 & -4\ 792.700 & -1\ 954.570\\ -4\ 792.700 & 6\ 215.300 & 1\ 150.730\\ -1\ 954.570 & 1\ 150.730 & 787.981\end{bmatrix}$$

组间差异离差阵等于总离差阵 T 与组内差异离差阵 W 之差，即：

$$B=T-W=\begin{bmatrix}9\ 836.467 & -7\ 439.300 & -1\ 244.210\\ -7\ 439.300 & 5\ 638.200 & 946.620\\ -1\ 244.210 & 946.620 & 160.046\end{bmatrix}$$

1. 威尔克 Lambda（λ）

统计量威尔克 Lambda(λ) 定义为：$\lambda=\dfrac{|W|}{|W+B|}=\dfrac{|W|}{|T|}$。其中的 $|W|$ 和 $|T|$ 分别是由矩阵 W 和 T 决定的行列式的值（计算方法涉及高等代数知识，从略）。由此可见，威尔克 λ 反映的是组内差异在总变差中所占的比例。

威尔克 λ 的取值范围在 0~1 之间，该值越接近于 0，效应项对模型的贡献就越大。该检验具有不太受违反假设条件影响、检验功效较强的特点。

2. 比莱轨迹（Pillai's Trace）

比莱轨迹基于 $W^{-1}B$ 矩阵的 s 个特征值得出，定义为：$V=\sum_{i=1}^{s}\dfrac{\lambda_i}{1+\lambda_i}$。比莱轨迹的值恒为正数，该值越大，效应项对模型的贡献就越大。在几种统计量中，比莱轨迹最为稳健，它在样本容量较小、不平衡模型或“方差-协方差”矩阵不齐性时使用的效果也较好。因此，当模型不满足多元方差分析的基本条件时，通常采用比莱轨迹来做出整体检验的推断。

3. 霍特林轨迹（Hotelling's Trace）

霍特林轨迹也是基于 $W^{-1}B$ 矩阵的 s 个特征值得出，定义为：$L=\sum_{i=1}^{s}\lambda_i$。霍特林轨迹的值为检验矩阵特征根之和，其值总是大于比莱轨迹。该值越大，效应项对模型的贡献就越大。

4. 罗伊最大根（Roy' Largest Root）

罗伊最大根是 $W^{-1}B$ 矩阵的最大特征值 λ_1，即检验矩阵特征根中最大的一个值，它总是小于霍特林轨迹的值。该值越大，效应项对模型的贡献就越大。

二、多元方差分析在 SPSS 中的实现

案例 1403 中 30 名高一男生参加三种训练方式的实验后，三个指标的成绩保存在数据文件“案例

1403. sav”中，如图 14-4-1 所示。

	编号	训练方式	心肺功能	肌肉力量	柔韧性
1	1	1	323	186	3.4
2	2	1	300	218	2.8
3	3	1	231	217	17.7
4	4	1	265	221	14.5
5	5	1	276	213	12.1
6	6	1	253	222	19.9
7	7	1	288	210	3.9
8	8	1	286	206	4.9
9	9	1	247	219	10.9
10	10	1	284	219	15.8
11	11	2	260	212	12.5
12	12	2	275	194	1.9
13	13	2	257	237	15.3
14	14	2	246	247	17.2
15	15	2	271	201	8.8
16	16	2	240	227	17.1
17	17	2	260	232	9.4
18	18	2	235	232	18.6
19	19	2	254	242	12.8
20	20	2	266	236	9.6
21	21	3	231	241	18.0
22	22	3	234	240	17.1
23	23	3	226	277	16.2
24	24	3	230	238	4.9
25	25	3	211	267	21.2
26	26	3	230	250	13.4
27	27	3	227	245	18.5
28	28	3	254	220	15.4
29	29	3	202	250	19.9
30	30	3	266	236	16.6

图 14-4-1 案例 1403 的数据文件

数据文件中，控制变量（自变量）是“训练方式”，其值 1、2、3 代表训练方式的三种不同水平。观测变量（因变量）有三个，分别是心肺功能、肌肉力量和柔韧性。本研究的目的是分析不同训练方式下学生的体适能是否有差异，应从整体上考察多个观测变量的变化，故检验的假设为：

H_0：各水平总体均数相等；

H_1：各水平总体均数不全相等。

1. 在 SPSS 中实现的步骤

第 1 步：在数据编辑器窗口中打开数据文件“案例 1403. sav”。

第 2 步：在“分析”菜单中选择“一般线性模型”→“多变量”命令，打开相应的主对话框。

第 3 步：在“多变量”主对话框中进行多元方差分析的具体操作，如图 14-4-2 所示。

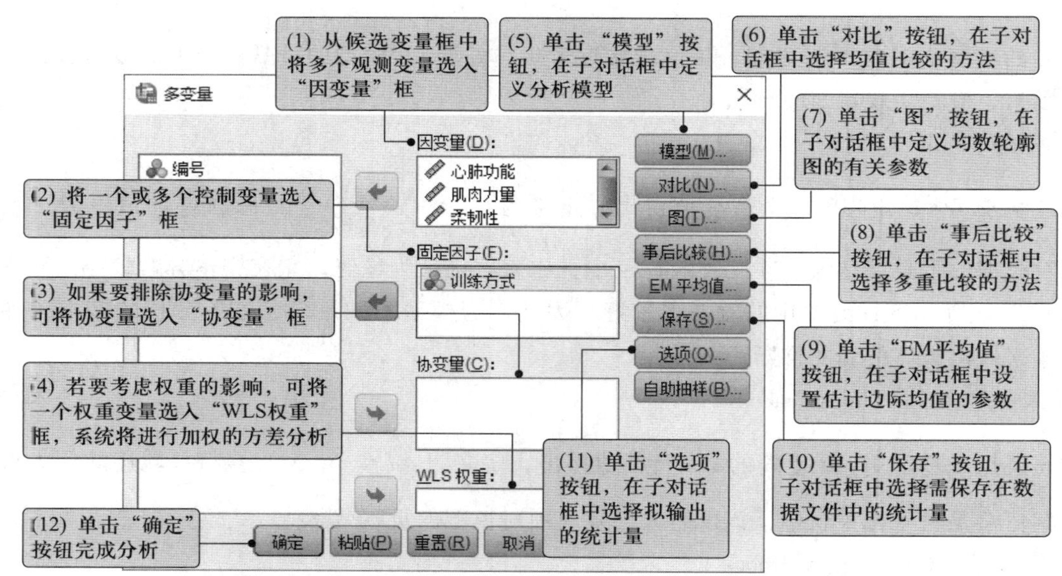

图 14-4-2 多元方差分析的操作

本例处理：将心肺功能、肌肉力量、柔韧性三个观测变量选入“因变量”框；将训练方式作为控制变量选入“固定因子”框。

多元方差分析中的其他操作，与上一节介绍的多因素方差分析完全相同，此处不再一一图示，只说明有关步骤的具体设置。

第 4 步：在“多变量”主对话框中单击“模型”按钮，打开如图 14-3-3 所示的“模型”子对话框。

在“指定模型”栏选择“全因子”以建立全模型；在“平方和”下拉列表中选择“Ⅲ类”；选择“在模型中包含截距”复选项。

第 5 步：在“多变量”主对话框中单击“对比”按钮，打开如图 14-3-5 所示的“对比”子对话框。本例在“因子”框中只有一个因子“训练方式”，将该因子的对比方式设为“简单”，参考类别采用系统默认的“最后一个”。

第 6 步：在“多变量”主对话框中单击“图”按钮，打开如图 14-3-6 所示的“轮廓图”子对话框。将训练方式选入“水平轴”框作为横轴变量；然后将此设置添加到“图”列表中；图形类型选择“折线图”。

第 7 步：在“多变量”主对话框中单击“事后对比”按钮，打开如图 14-3-7 所示的“实测平均值的事后多重比较”子对话框。将因子“训练方式”选入“下列各项的事后检验”框；多重比较的方法选择“假定等方差”栏的 S-N-K。

第 8 步：在“多变量”主对话框中单击“选项”按钮，打开如图 14-3-10 所示的“选项”子对话框。在“显示”栏选择描述统计、效应量估算、SSCP 矩阵、残差 SSCP 矩阵、齐性检验；显著性水平 α 取 0.05。

2. 结果解读

（1）控制变量信息。表 14-4-3 是控制变量（因素、自变量，在 SPSS 中称为主体）的基本信息。可以看出，控制变量是训练方法，分为三个水平，每个水平都有 10 个观测值（个案数）。

表 14-4-3　主体间因子

		值标签	个案数
训练方式	1	方式一	10
	2	方式二	10
	3	方式三	10

（2）观测变量的基本描述统计量。表 14-4-4 是观测变量（因变量）的基本描述统计量，分别给出了心肺功能、肌肉力量、柔韧性在训练方式三个水平及总计的平均值、标准差和个案数。由此表可知，随着方式一、二、三的变化，心肺功能（1 000 米跑成绩）均值呈逐步减小的趋势；肌肉力量（立定跳远）和柔韧性（立位体前屈）均值则呈逐步增大的趋势。

表 14-4-4　描 述 统 计

	训练方式	平均值	标准偏差	个案数
心肺功能	方式一	275.30	27.089	10
	方式二	256.40	12.989	10
	方式三	231.10	18.400	10
	总计	254.27	26.914	30
肌肉力量	方式一	213.10	10.775	10
	方式二	226.00	17.751	10
	方式三	246.40	16.105	10
	总计	228.50	20.217	30
柔韧性	方式一	10.590	6.425 2	10
	方式二	12.320	5.078 7	10
	方式三	16.120	4.525 2	10
	总计	13.010	5.717 6	30

(3)“方差-协方差”矩阵齐性检验的结果。表 14-4-5 是对“方差-协方差”矩阵采用博克斯（Box）方法进行等同性（齐性）检验的结果。由此表可知，博克斯统计量 $M=22.752$，经过转换后的 $F=1.585$，显著性概率 $P=0.089>0.05$，应接受原假设，可认为心肺功能、肌肉力量、柔韧性三个观测变量在三种训练方式间的“方差-协方差”矩阵齐性，符合多元方差分析的基本条件。

表 14-4-5 协方差矩阵的博克斯等同性检验

博克斯 *M*	22.752
F	1.585
自由度 1	12
自由度 2	3 532.846
显著性	0.089

(4) 残差相关性检验的结果。表 14-4-6 是对残差协方差矩阵采用巴特利特球形度检验的结果。

表 14-4-6 巴特利特球形度检验

似然比	0.000
近似卡方	62.428
自由度	5
显著性	0.000

由此表可知，似然比值为 0.000<0.01；近似卡方值为 62.428，$P=0.000<0.01$。两个统计量都表明应拒绝原假设，接受备择假设，因此可认为心肺功能、肌肉力量、柔韧性三个观测变量相互之间存在一定的关联，适合进行多元方差分析。

(5) 模型整体检验的结果。表 14-4-7 是多元方差分析最重要的结果。系统分别采用比莱轨迹、威尔克 Lambda、霍特林轨迹、罗伊最大根 4 种统计量对假设“各水平总体均数相等”进行检验，各统计量经过转换得出 *F* 值。从训练方法行可知，4 种统计量检验的结果完全相同，对应的显著性概率都小于 0.01，应拒绝原假设，接受备择假设，即可认为，就整体而言，三种不同训练方式对学生体适能的影响存在高度显著性差异。

表 14-4-7 多变量检验

效应		值	*F*	假设自由度	误差自由度	显著性	偏 Eta 平方
截距	比莱轨迹	0.999	8 911.080	3.000	25.000	0.000	0.999
	威尔克 Lambda	0.001	8 911.080	3.000	25.000	0.000	0.999
	霍特林轨迹	1 069.330	8 911.080	3.000	25.000	0.000	0.999
	罗伊最大根	1 069.330	8 911.080	3.000	25.000	0.000	0.999
训练方式	比莱轨迹	0.564	3.407	6.000	52.000	0.007	0.282
	威尔克 Lambda	0.440	4.235	6.000	50.000	0.002	0.337
	霍特林轨迹	1.265	5.062	6.000	48.000	0.000	0.388
	罗伊最大根	1.258	10.904	3.000	26.000	0.000	0.557

(6) 各观测变量误差方差齐性检验的结果。表 14-4-8 是对各观测变量进行方差齐性检验的结果，列出了基于平均值、基于中位数、基于中位数并具有调整后自由度、基于剪除（去掉头、尾极端值）后平均值的 4 个莱文统计量。通常情况看基于平均值的莱文统计量即可。对于心肺功能，$P=0.136>0.05$；对于肌肉

力量，$P=0.272>0.05$；对于柔韧性，$P=0.188>0.05$。因此，对这三个观测变量都应接受原假设，即可认为三个变量总体在三个水平上的方差齐性。

表 14-4-8　误差方差的莱文等同性检验

		莱文统计	自由度 1	自由度 2	显著性
心肺功能	基于平均值	2.147	2	27	0.136
	基于中位数	1.963	2	27	0.160
	基于中位数并具有调整后自由度	1.963	2	21.612	0.165
	基于剪除后平均值	2.178	2	27	0.133
肌肉力量	基于平均值	1.368	2	27	0.272
	基于中位数	0.788	2	27	0.465
	基于中位数并具有调整后自由度	0.788	2	25.177	0.466
	基于剪除后平均值	1.293	2	27	0.291
柔韧性	基于平均值	1.777	2	27	0.188
	基于中位数	1.635	2	27	0.214
	基于中位数并具有调整后自由度	1.635	2	26.560	0.214
	基于剪除后平均值	1.862	2	27	0.175

（7）模型中各效应检验的结果。表 14-4-9 是对多元方差分析模型中各效应进行检验的结果。从“训练方式”行看，对心肺功能，$P=0.000<0.01$，应拒绝原假设，可认为训练方式对心肺功能的效应显著，三个均数具高度显著性差异；对肌肉力量，$P=0.000<0.01$，应拒绝原假设，可认为训练方式对肌肉力量的效应显著，三个均数具高度显著性差异；对柔韧性，$P=0.082>0.05$，应接受原假设，可认为训练方式对柔韧性的效应不显著，三个均数无显著性差异。

表 14-4-9　主体间效应检验

源	因变量	Ⅲ类平方和	自由度	均方	F	显著性	偏 Eta 平方
修正模型	心肺功能	9 836.467	2	4 918.233	11.889	0.000	0.468
	肌肉力量	5 638.200	2	2 819.100	12.247	0.000	0.476
	柔韧性	160.046	2	80.023	2.742	0.082	0.169
截距	心肺功能	1 939 546.133	1	1 939 546.133	4 688.501	0.000	0.994
	肌肉力量	1 566 367.500	1	1 566 367.500	6 804.486	0.000	0.996
	柔韧性	5 077.803	1	5 077.803	173.990	0.000	0.866
训练方式	心肺功能	9 836.467	2	4 918.233	11.889	0.000	0.468
	肌肉力量	5 638.200	2	2 819.100	12.247	0.000	0.476
	柔韧性	160.046	2	80.023	2.742	0.082	0.169
误差	心肺功能	11 169.400	27	413.681			
	肌肉力量	6 215.300	27	230.196			
	柔韧性	787.981	27	29.184			
总计	心肺功能	1 960 552.000	30				
	肌肉力量	1 578 221.000	30				
	柔韧性	6 025.830	30				
修正后总计	心肺功能	21 005.867	29				
	肌肉力量	11 853.500	29				
	柔韧性	948.027	29				

（8）主效应和残差的 *SSCP* 矩阵。表 14-4-10 是主效应的 *SSCP* 矩阵。训练方式行给出的是三个观测变量的组间差异离差阵，即上文的 *B* 矩阵；误差行给出的是三个观测变量的组内差异离差阵，即上文的 *W* 矩阵。

表 14-4-10 主体间 *SSCP* 矩阵

			心肺功能	肌肉力量	柔韧性
假设	截距	心肺功能	1 939 546.133	1 742 998.000	99 240.280
		肌肉力量	1 742 998.000	1 566 367.500	89 183.550
		柔韧性	99 240.280	89 183.550	5 077.803
	训练方式	心肺功能	9 836.467	−7 439.300	−1 244.210
		肌肉力量	−7 439.300	5 638.200	946.620
		柔韧性	−1 244.210	946.620	160.046
误差		心肺功能	11 169.400	−4 792.700	−1 954.570
		肌肉力量	−4 792.700	6 215.300	1 150.730
		柔韧性	−1 954.570	1 150.730	787.981

表 14-4-11 是残差的 *SSCP* 矩阵，实际上是整个模型的 *SSCP* 矩阵，列出了平方和与叉积矩阵、协方差矩阵和相关系数矩阵。表中平方和与叉积行的矩阵与表 14-4-10 中误差行的矩阵含义相同，都是系统误差矩阵。从相关性行可以看出，三个观测变量两两之间的相关系数绝对值均大于 0.5，达到中度相关，这也印证了巴特利特球形度检验的结果。

表 14-4-11 残差 *SSCP* 矩阵

		心肺功能	肌肉力量	柔韧性
平方和与叉积	心肺功能	11 169.400	−4 792.700	−1 954.570
	肌肉力量	−4 792.700	6 215.300	1 150.730
	柔韧性	−1 954.570	1 150.730	787.981
协方差	心肺功能	413.681	−177.507	−72.391
	肌肉力量	−177.507	230.196	42.620
	柔韧性	−72.391	42.620	29.184
相关性	心肺功能	1.000	−0.575	−0.659
	肌肉力量	−0.575	1.000	0.520
	柔韧性	−0.659	0.520	1.000

（9）平均数比较（事前多重比较）的结果。表 14-4-12 是在“对比”子对话框中设定的平均数比较（事前多重比较）的结果，列出了两个水平相比较的差值、标准差、显著性概率、差值 95%置信区间的下限和上限。根据先前的设定，将各个观测变量的前几个水平与最后一个水平进行简单比较。

表 14-4-12 对比结果（*K* 矩阵）

训练方式简单对比		因变量		
		心肺功能	肌肉力量	柔韧性
级别 1 与级别 3	对比估算	44.200	−33.300	−5.530
	假设值	0	0	0
	差值（估算−假设）	44.200	−33.300	−5.530
	标准误差	9.096	6.785	2.416

续表

训练方式简单对比			因变量		
			心肺功能	肌肉力量	柔韧性
	显著性		0.000	0.000	0.030
	差值的 95%置信区间	下限	25.537	-47.222	-10.487
		上限	62.863	-19.378	-0.573
级别 2 与级别 3	对比估算		25.300	-20.400	-3.800
	假设值		0	0	0
	差值（估算-假设）		25.300	-20.400	-3.800
	标准误差		9.096	6.785	2.416
	显著性		0.010	0.006	0.127
	差值的 95%置信区间	下限	6.637	-34.322	-8.757
		上限	43.963	-6.478	1.157

由此表可知，训练方式一与训练方式三（级别 1 与级别 3）比较，心肺功能的均数具高度显著性差异（$P=0.000<0.01$）；肌肉力量的均数具高度显著性差异（$P=0.000<0.01$）；柔韧性的均数具显著性差异（$P=0.030<0.05$）。训练方式二与训练方式三（级别 2 与级别 3）比较，心肺功能的均数具高度显著性差异（$P=0.010\leqslant 0.01$）；肌肉力量的均数具高度显著性差异（$P=0.006<0.01$）；柔韧性的均数无显著性差异（$P=0.127>0.05$）。

表 14-4-13 是平均数比较的多变量整体检验结果，与表 14-4-7 中“训练方式”行的内容完全一样，此处不再赘述。

表 14-4-13 多变量检验结果

	值	F	假设自由度	误差自由度	显著性	偏 Eta 平方
比莱轨迹	0.564	3.407	6.000	52.000	0.007	0.282
威尔克 Lambda	0.440	4.235[a]	6.000	50.000	0.002	0.337
霍特林轨迹	1.265	5.062	6.000	48.000	0.000	0.388
罗伊最大根	1.258	10.904[b]	3.000	26.000	0.000	0.557

a. 精确统计

b. 此统计是生成显著性水平下限的 F 的上限

表 14-4-14 是平均数比较的单变量检验结果，与表 14-4-9 中“训练方式”和“误差”行的内容完全一样，此处不再赘述。

表 14-4-14 单变量检验结果

源	因变量	平方和	自由度	均方	F	显著性	偏 Eta 平方
对比	心肺功能	9 836.467	2	4 918.233	11.889	0.000	0.468
	肌肉力量	5 638.200	2	2 819.100	12.247	0.000	0.476
	柔韧性	160.046	2	80.023	2.742	0.082	0.169
误差	心肺功能	11 169.400	27	413.681			
	肌肉力量	6 215.300	27	230.196			
	柔韧性	787.981	27	29.184			

表 14-4-15 是平均数比较输出的 *SSCP* 矩阵，与表 14-4-10 中“训练方式”和“误差”行的内容完全一样，此处不再赘述。

表 14-4-15 *SSCP* 矩阵

		心肺功能	肌肉力量	柔韧性
假设	心肺功能	9 836.467	-7 439.300	-1 244.210
	肌肉力量	-7 439.300	5 638.200	946.620
	柔韧性	-1 244.210	946.620	160.046
误差	心肺功能	11 169.400	-4 792.700	-1 954.570
	肌肉力量	-4 792.700	6 215.300	1 150.730
	柔韧性	-1 954.570	1 150.730	787.981

（10）事后多重比较的结果。根据先前的设定，本例对各个观测变量在“训练方式”各水平上的均值采用 *S-N-K* 法进行多重比较。表 14-4-16 是对心肺功能进行子集一致性检验的结果。可以看出，3 种方式的平均值分别处于不同的子集，表明心肺功能各水平两两之间的差异都具显著性，$P<0.05$。

表 14-4-16 心 肺 功 能

S-N-K

训练方式	个案数	子集		
		1	2	3
方式三	10	231.10		
方式二	10		256.40	
方式一	10			275.30
显著性		1.000	1.000	1.000

表 14-4-17 是对肌肉力量进行子集一致性检验的结果。可以看出，方式一与方式二的平均值处于同一子集，方式三的平均值处于不同子集，表明方式一与方式二在肌肉力量上的差异无显著意义，$P>0.05$；而方式三与其他两种方式在肌肉力量上的差异具显著性，$P<0.05$。

表 14-4-17 肌 肉 力 量

S-N-K

训练方式	个案数	子集	
		1	2
方式一	10	213.10	
方式二	10	226.00	
方式三	10		246.40
显著性		0.068	1.000

表 14-4-18 是对柔韧性进行子集一致性检验的结果。可以看出，三种方式的平均值都处于同一子集，表明三种方式在柔韧性上的差异无显著意义，$P>0.05$。

表 14-4-18　柔　韧　性

S-N-K

训练方式	个案数	子集
		1
方式一	10	10.590
方式二	10	12.320
方式三	10	16.120
显著性		0.075

（11）边际均值轮廓图。图 14-4-3、图 14-4-4、图 14-4-5 分别是观测变量心肺功能、肌肉力量、柔韧性的边际均值轮廓图。从图中可以直观地看出，随着方式一、二、三的变化，心肺功能的均值趋于下降；肌肉力量和柔韧性的均值趋于上升。

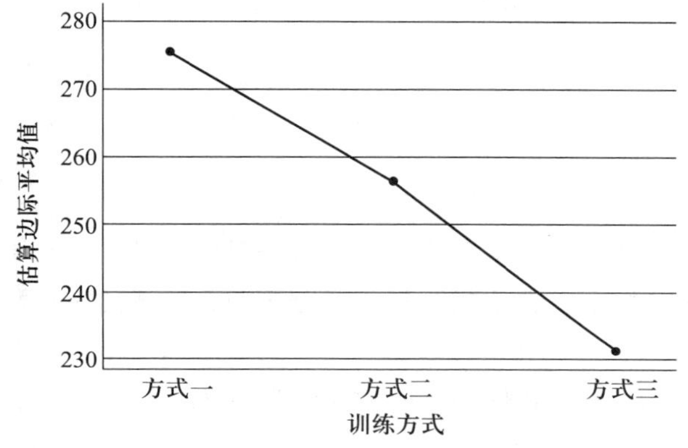

图 14-4-3　心肺功能的边际均值轮廓图

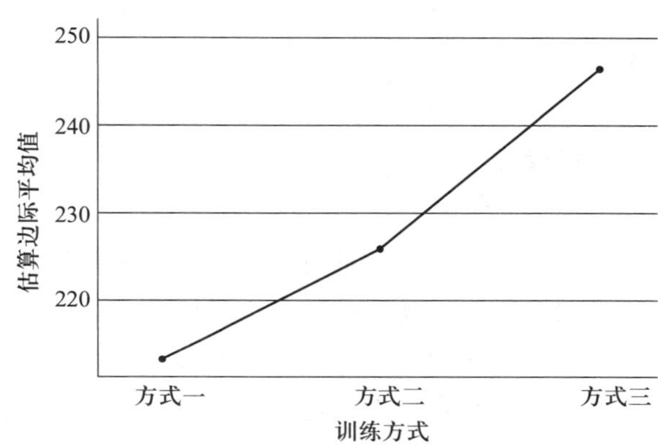

图 14-4-4　肌肉力量的边际均值轮廓图

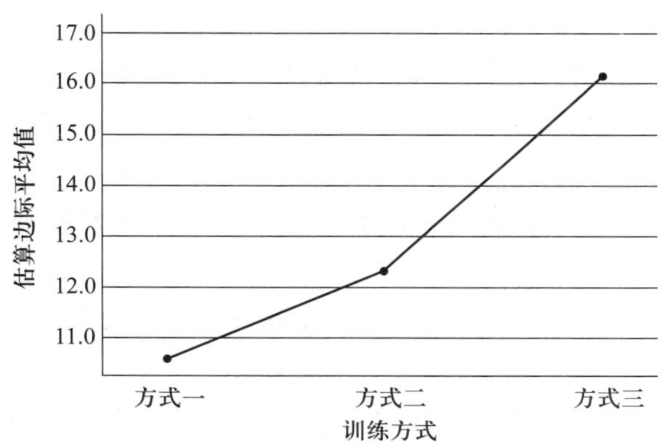

图 14-4-5　柔韧性的边际均值轮廓图

3. 综合结论

综合以上的讨论，可以就这个多元方差分析（单因素三因变量）得出以下结论：

（1）不同训练方式对发展学生体适能的效果具有显著性差异。

（2）随着方式一、二、三的变化，心肺功能（1000 米跑，数值越小成绩越好）均值呈逐步减小的趋势；肌肉力量（立定跳远）和柔韧性（立位体前屈）均值则呈逐步增大的趋势，表明训练对学生体适能的影响，随着方式一、二、三的变化，效果越来越好。

（3）训练方式对心肺功能和肌肉力量的效应都高度显著；而对柔韧性的效应不显著。

（4）训练方式三的效果最佳。

【小贴士】

在多元方差分析中，如果在“多变量”主对话框中将两个或两个以上控制变量选入“固定因子”框，则可以进行多因素多因变量的方差分析。此时既可以考察单个因素对多个因变量联合分布的影响，还可以考察多个因素的交互作用对多个因变量联合分布的影响。

第五节 重复测量方差分析

重复测量方差分析用于分析由一个或多个因素（控制变量、自变量）影响的某个指标的多次观测数据（多个观测变量、因变量）之间的差异。

一、重复测量方差分析概述

重复测量是指对同一批对象施加多个不同处理后用同一指标进行多次测量，或者是对同一批对象在不同时间或情景下用同一指标进行多次测量，由此获得多个相关样本。在重复测量方差分析中，这样的多个相关样本被视为多个观测变量，这一点与多元方差分析相似。

在同一批研究对象中，还可以设置一个或多个控制变量，从而将同一批研究对象划分为不同的水平，这一点与单因素方差分析或多因素方差分析相似。

因此，重复测量方差分析可以同时就以下三个问题做出回答：

（1）各观测变量在因素不同水平上的均数是否存在显著性差异？

（2）两个及以上相关样本的均数是否存在显著性差异？

（3）处理因素（将研究对象划分为不同水平）与时间因素（划分重复测量次数）的交互作用是否有显著意义？

最简单的重复测量方差分析没有控制变量（自变量），即全体研究对象都属于同一水平。此时，只能对上面的问题（2）做出回答。

当研究对象不区分水平且只有两个相关样本时，如果这两个样本所由抽取的总体都服从正态分布，则均数的比较既可以采用两配对样本 t 检验，也可以采用重复测量方差分析。如果采用重复测量方差分析，则统计量 $F=t^2$，这意味着重复测量方差分析与 t 检验的结果是一致的。但此时，研究者习惯上会采用两配对样本 t 检验。而对于三个及以上相关样本均数差异的分析，就需要采用重复测量方差分析了。

重复测量设计的优点是，把单个个体作为自身的对照，克服了个体之间的差异，分析时能更好地集中于研究效应。同时，把自身作为对照，研究所需要的个体可以相对较少。

重复测量设计也有缺点，主要是：① 滞留效应，即前面处理的效应有可能延续到下一次处理；② 潜隐效应，即前面处理的效应有可能激活原本不活跃的效应；③ 学习效应，即由于逐步熟悉了试验方法，研究对象的反应能力在后面的处理中有可能逐步提高。因此，重复测量设计主要适合于没有学习保留之类的研究问题，而对于学会之后就不容易遗忘的技能（如骑自行车、游泳等）则不适合重复施测。

（一）重复测量方差分析的基本条件

1. 控制变量的不同水平（组）都是独立随机样本

如果重复测量方差分析的数据中存在控制变量（自变量），则控制变量不同水平（组）下的个体应取自相互独立的随机样本，即个体间不会相互影响。这一点是所有方差分析的前提。

2. 各因变量服从多元正态分布

重复测量方差分析要求各因变量服从多元正态分布。这一要求与多元方差分析是一样的。

3. 因变量的“方差-协方差”矩阵齐性

当存在控制变量（又称为主体间因子）时，重复测量方差分析要求观测变量在各组间的“方差-协方差”矩阵齐性（相等）。这一要求与多元方差分析是一样的，也是采用博克斯 M 方法进行各组“方差-协方差”矩阵齐性的检验（见“多元方差分析”一节）。

当检验结果表明“方差-协方差”矩阵不齐性时，要有针对性地选择统计量进行分析。

4. 因变量之间存在相关关系

重复测量方差分析要求多个观测变量相互之间存在相关关系。由于重复测量设计是对同一批对象实施多次测量，这一条件一般都能够得到满足。

（二）重复测量方差分析的数据结构与统计量

重复测量方差分析既可以用于平衡模型，也可以用于不平衡模型。对单因素平衡模型而言，设因素（控制变量）分为 m 个水平，$i=1, 2, \cdots, m$；r 为重复测量次数，也就是观测变量个数，$j=1, 2, \cdots, r$；n 为因素第 i 个水平和第 j 个观测变量交叉处单元格中的实验次数，$k=1, 2, \cdots, n$，则 X_{ijk} 表示该单元格中的第 k 个观测值。此时的数据结构如表 14-5-1 所示。

表 14-5-1　单因素重复测量方差分析的数据结构（平衡模型）

因素（i）	实验号（k）	重复测量变量（j）			
		1	2	…	r
1	1	X_{111}	X_{121}	…	X_{1r1}
	2	X_{112}	X_{122}		X_{1r2}
	⋮	⋮	⋮		⋮
	n	X_{11n}	X_{12n}		X_{1rn}
2	1	X_{211}	X_{221}	…	X_{2r1}
	2	X_{212}	X_{222}		X_{2r2}
	⋮	⋮	⋮		⋮
	n	X_{21n}	X_{22m}		X_{2rn}
⋮	⋮	⋮	⋮	…	⋮
m	1	X_{m11}	X_{m21}	…	X_{mr1}
	2	X_{m12}	X_{m22}		X_{mr2}
	⋮	⋮	⋮		⋮
	n	X_{m1n}	X_{m2n}		X_{mrn}

要注意的是，对于不平衡模型，在因素的不同水平中，实验次数 n 可以不同；但在同一水平的多次重复测量中，每次测量的实验次数 n 应当相同，否则无法构成相关样本。

在单因素重复测量方差分析中，观测值的总个数：$N=m\times r\times n$；

因素第 i 个水平第 k 个实验号共 r 个观测值的平均数：$\overline{X}_{ik}=\dfrac{\sum_{j=1}^{r}X_{ijk}}{r}$；

因素第 i 个水平和第 j 个因变量交叉处单元格中共 n 个观测值的平均数：$\overline{X}_{ij}=\dfrac{\sum_{k=1}^{n}X_{ijk}}{n}$；

观测值的总平均数：$\overline{X}=\dfrac{\sum_{i=1}^{m}\sum_{j=1}^{r}\sum_{k=1}^{n}X_{ijk}}{N}$。

观测变量的总变差（总离差平方和）可以分解为主体间变差与主体内变差两大部分。

总变差：$SST=\sum_{i=1}^{m}\sum_{j=1}^{r}\sum_{k=1}^{n}(X_{ijk}-\overline{X})^2$，自由度为 $N-1$；

主体间变差：$SSA=\sum_{i=1}^{m}\sum_{k=1}^{n}(\overline{X}_{ik}-\overline{X})^2$，自由度为 $n-1$；

主体内变差：$SSB=\sum_{i=1}^{m}\sum_{j=1}^{r}\sum_{k=1}^{n}(X_{ijk}-\overline{X}_{ik})^2$，自由度为 $r-1$。

主体内变差还可以进一步分解为由因素的不同水平引起的变差（组间）和由其他随机因素引起的变差（误差）两部分。

组间变差：$SSC=\sum_{i=1}^{m}\sum_{j=1}^{r}(\overline{X}_{ij}-\overline{X})^2$，自由度为 $m-1$；

误差变差以式 $SSE=SSB-SSC$ 计算，自由度为 $(m-1)(r-1)$。

将各部分变差（离差平方和）除以各自的自由度，即可得到相应的方差。

主体间方差：$MSA=SSA/(n-1)$；

主体内方差：$MSB=SSB/(r-1)$；

组间方差：$MSC=SSC/(m-1)$；

误差方差：$MSE=SSE/[(m-1)(r-1)]$。

各部分方差与误差方差之比即为检验的统计量 F。

因此，重复测量方差分析检验的假设也可分为 3 个方面：

（1）判断研究对象个体间是否存在显著性差异，即进行主体间效应分析，但这点一般不是研究者所关注的。检验的假设为：

H_0：研究对象个体间无显著性差异；

H_1：研究对象个体间具显著性差异。

采用的统计量是主体间方差与误差方差之比，即：$F=\dfrac{MSA}{MSE}=\dfrac{SSA/(n-1)}{SSE/[(m-1)(r-1)]}$。

（2）判断多次重复测量样本所代表的总体的均数是否存在显著性差异，即进行主体内效应分析。检验的假设为：

H_0：多次重复测量样本所代表的总体的均数无显著性差异；

H_1：多次重复测量样本所代表的总体的均数具显著性差异。

采用的统计量是主体内方差与误差方差之比，即：$F=\dfrac{MSB}{MSE}=\dfrac{SSB/(r-1)}{SSE/[(m-1)(r-1)]}$。

（3）如果定义了控制变量（因素，自变量），则判断因素的不同水平所代表的总体均数是否存在显著性差异，即进行组间效应分析。检验的假设为：

H_0：因素的不同水平样本所代表的总体的均数无显著性差异；

H_1：因素的不同水平样本所代表的总体的均数具显著性差异。

采用的统计量是组间方差与误差方差之比，即：$F=\frac{MSC}{MSE}=\frac{SSC/(m-1)}{SSE/[(m-1)(r-1)]}$。

当无控制变量（自变量）时，也就是未按因素划分水平时，所有个案属于同一水平，此时的数据结构比较简单，如表 14-5-2 所示。

表 14-5-2　无控制变量时重复测量方差分析的数据结构

实验号（k）	重复测量变量（j）			
	1	2	…	r
1	X_{11}	X_{21}	…	X_{r1}
2	X_{12}	X_{22}	…	X_{r2}
⋮	⋮	⋮	…	⋮
n	X_{1n}	X_{2n}	…	X_{rn}

对于这种情况，检验的假设只有一个，即：

H_0：多次重复测量样本所代表的总体的均数无显著性差异；

H_1：多次重复测量样本所代表的总体的均数具显著性差异。

SPSS 在进行重复测量方差分析时，仍然使用比莱轨迹、威尔克 Lambda(λ)、霍特林轨迹、罗伊最大根等统计量来反映模型的整体效果。

二、重复测量方差分析在 SPSS 中的实现

【案例 1404】

10 名肥胖儿童参加减肥夏令营活动，在第 1、15、30、45 天分别测量体重（kg），测量结果以变量体重 1～4 保存在数据文件“案例 1404. sav”中，如图 14-5-1 所示。问：夏令营活动对肥胖儿童减肥是否有效？

	代号	性别	年龄	体重1	体重2	体重3	体重4
1	A001	1	13	78	77	72	68
2	A002	1	14	77	75	73	64
3	A003	1	14	83	80	76	69
4	A004	1	13	78	75	69	67
5	A005	1	13	73	70	71	65
6	A006	1	14	72	70	69	64
7	A007	1	13	75	73	67	65
8	A008	1	13	73	70	67	60
9	A009	1	14	78	75	71	64
10	A010	1	14	71	69	66	60

图 14-5-1　案例 1404 的数据文件

如果夏令营活动对减肥有效，则肥胖儿童在活动结束时的体重值应低于初始值，且差异须具显著性。对肥胖儿童先后进行了多次测量，测量结果相互之间存在着关联。对体重的 4 个观测变量进行正态分布的假设检验，结果表明各变量总体都服从正态分布。因此，如果要分析多次测量结果的差异，可以进行重复测量方差分析。本例未设控制变量，所有对象属于同一水平。因此，可以进行无控制变量的重复测量方差分析。检验的假设为：

H_0：$\mu_1=\mu_2=\mu_3=\mu_4$；

H_1：μ_1，μ_2，μ_3，μ_4不全相等。

1. 在 SPSS 中实现的步骤

第 1 步：在数据编辑器窗口中打开数据文件“案例 1404. sav”。

第 2 步：在“分析”菜单中选择“一般线性模型”→“重复测量”命令，打开预定义因子对话框。

第 3 步：在“重复测量定义因子”对话框中进行定义因子的具体操作，如图 14-5-2 所示。

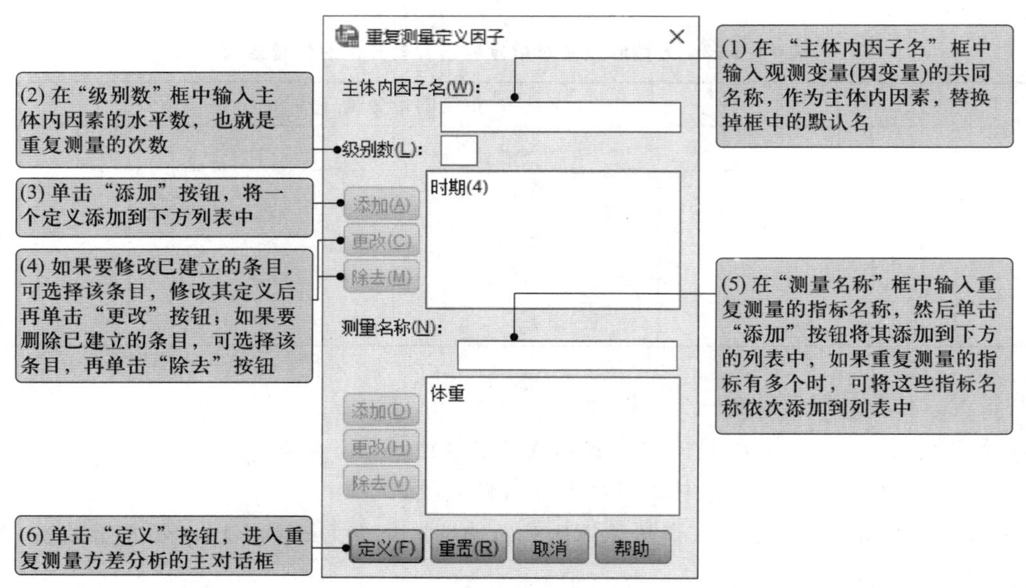

图 14-5-2 定义因子的操作

这一步骤是重复测量方差分析在操作上唯一有别于前面学习过的方差分析模型之处。在这里，同一指标的多次观测结果是以多个因变量的形式出现的，需要定义一个共同的名称作为主体内因子，重复测量的次数就是主体内因子的水平数。这个共同名称应不同于各个因变量名，但应能反映重复测量的特征。

本例处理：在“主体内因子名”框中输入“时期”作为主体内因子的共同名称；进行了 4 次重复测量，故在“级别数”框中输入主体内因子的水平数 4；然后将此定义添加到主体内因子名列表中。测量指标是“体重”，将其添加到“测量名称”列表中。

注意：如果在“主体内因子名”列表中添加了两个及以上的定义，系统将按各水平（级别数）的交叉进行分组。例如，若在“时期（4）”下面再设了“时间（3）”，意味着在每个时期下各有 3 次不同时间的测量，总共应有 4×3 = 12 个因变量。

第 4 步：在“重复测量”主对话框中进行重复测量方差分析的具体操作，如图 14-5-3 所示。

根据在“重复测量定义因子”对话框中的设定，此处“主体内变量”框中初始显示的是一系列的“_? _(n，A)”，其中，括号内的 n 代表主体内因子的第 n 个水平，A 代表测量指标的名称。本例为：

_? _(1，体重)

_? _(2，体重)

_? _(3，体重)

_? _(4，体重)

此时，应将多个因变量依次选入“主体内变量”框中，并使选入变量的水平和名称与框中预设的条目相一致。如果不一致，可以先在框中选择某个条目，再单击上、下箭头按钮调整顺序。

本例处理：将体重 1、体重 2、体重 3、体重 4 依次选入“主体内变量”框中，形成如：体重 1（1，体重）、体重 2（2，体重）、体重 3（3，体重）、体重 4（4，体重）这样的列表。

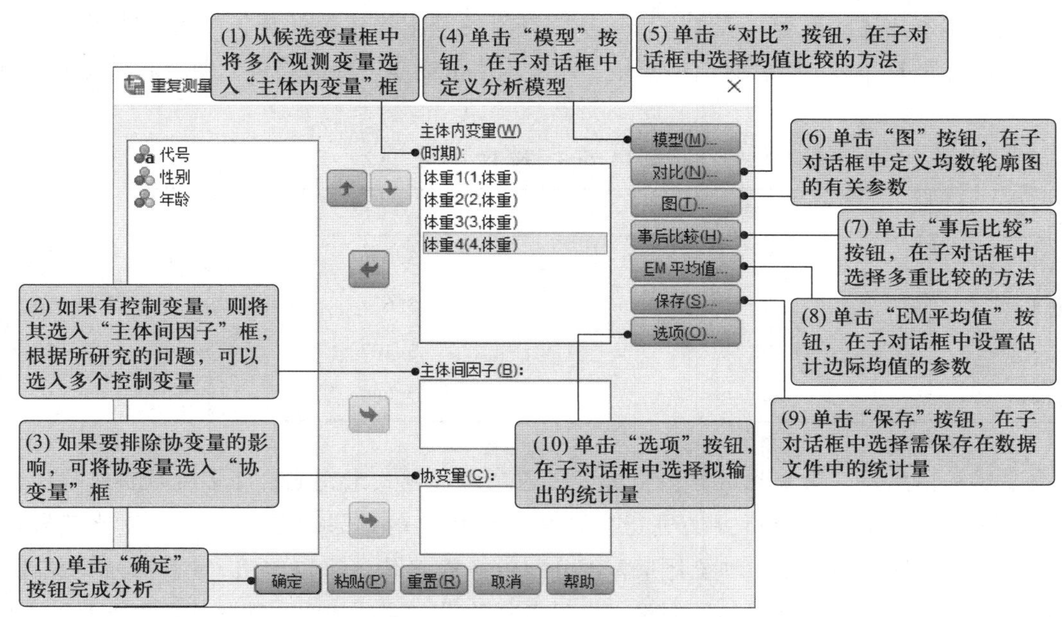

图 14-5-3　重复测量方差分析的操作

重复测量方差分析中的其他操作，与本章第三节介绍的多因素方差分析完全相同，此处不再一一图示，只说明有关步骤的具体设置。

第 5 步：在“重复测量”主对话框中单击“模型”按钮，打开如图 14-3-3 所示的“模型”子对话框。本例全部采用默认设置，即在“指定模型”栏选择“全因子”以建立全模型；在“平方和”下拉列表中选择“Ⅲ类”；选择“在模型中包含截距”复选项。

第 6 步：在“重复测量”主对话框中单击“对比”按钮，打开如图 14-3-5 所示的“对比”子对话框。本例在“因子”框中只有一个因子“时期”，将该因子的对比方式设为“简单”；由于第 1 期的测量值是夏令营开始时的初始值，可将其作为参照，因此参考类别选择“第一个”。

第 7 步：在“重复测量”主对话框中单击“图”按钮，打开如图 14-3-6 所示的“轮廓图”子对话框。将“时期”选入“水平轴”框作为横轴变量；然后将此设置添加到“图”列表中；图形类型选择“折线图”。

第 8 步：在“重复测量”主对话框中单击“选项”按钮，打开如图 14-3-10 所示的“选项”子对话框。在“显示”栏选择描述统计、效应量估算；显著性水平 α 取 0.05。

2. 结果解读

（1）主体内因子信息。表 14-5-3 是主体内因子（因变量）的基本信息。可以看出，测量指标为体重，分为 4 个时期，构成 4 个因变量。

表 14-5-3　主体内因子

测量：体重

时期	因变量
1	体重 1
2	体重 2
3	体重 3
4	体重 4

（2）因变量的基本描述统计量。表 14-5-4 是因变量的基本描述统计量，给出了体重 1~4 的平均值、标准差和个案数。由此表可知，随着时期的变化，体重均值呈逐步下降的趋势，预示着减肥夏令营活动是有效的。

表 14-5-4 描 述 统 计

	平均值	标准偏差	个案数
体重 1	75.80	3.676	10
体重 2	73.40	3.627	10
体重 3	70.10	3.107	10
体重 4	64.60	2.989	10

（3）多变量检验的结果。重复测量方差分析可以通过两种方式来完成，即多变量整体检验和单变量检验。表 14-5-5 是采用多元方差分析方法进行多变量整体检验的结果。系统自动计算比莱轨迹、威尔克 Lambda、霍特林轨迹、罗伊最大根 4 种统计量，再分别转换成 F 值。可以看出，4 种方法的结果完全相同，对应的显著性概率都小于 0.01，应拒绝原假设，接受备择假设，即可认为，就整体而言，4 个时期肥胖儿童的体重均数存在高度显著性差异。

常用的威尔克 Lambda 是 0~1 的值，该值越接近于 0，效应项对模型的贡献就越大，也就意味着越应该拒绝“均数无差异”的原假设。本例威尔克 Lambda 值为 0.031，接近于 0，应该拒绝原假设，接受备择假设。

表 14-5-5 多变量检验

效应		值	F	假设自由度	误差自由度	显著性	偏 Eta 平方
时期	比莱轨迹	0.969	72.068	3.000	7.000	0.000	0.969
	威尔克 Lambda	0.031	72.068	3.000	7.000	0.000	0.969
	霍特林轨迹	30.886	72.068	3.000	7.000	0.000	0.969
	罗伊最大根	30.886	72.068	3.000	7.000	0.000	0.969

采用多元方差分析方法的优点是不需要考虑是否符合球形度假设；缺点是比较保守，不容易拒绝错误的原假设，因而检验力较低。

（4）莫奇来球形度检验的结果。重复测量方差分析的单变量检验，将因变量视为对主体内因子的水平的响应，要求多个因变量的“方差-协方差”矩阵满足球形假设，即重复测量各个变量之间的相关性不能太强。如果不能满足球形假设，说明重复测量因变量之间的相关性较高，得出的 F 统计量是有偏的，会增大犯第一类错误（弃真）的概率。在 SPSS 中，采用莫奇来（Mauchly）球形度检验来判断数据是否满足这一假设。该检验的原假设是经标准化正交变换后因变量的误差协方差矩阵与恒等矩阵（identity 单位阵）成比例，即：

H_0：误差协方差矩阵与单位阵成比例；

H_1：误差协方差矩阵不与单位阵成比例。

莫奇来球形度检验会给出近似卡方值（χ^2）和相应的显著性概率 P。如果 $P>0.05$，应接受原假设；如果 $P\leqslant 0.05$，应拒绝原假设，接受备择假设。

如果检验结果是接受原假设，则对检验统计量无须做调整。如果检验结果是拒绝原假设，则需要对 F 统计量的分子、分母的自由度都做调整，再根据调整后得出的 F 值做出统计推断。SPSS 给出了 3 个 Epsilon

修正系数用于调整自由度：格林豪斯－盖斯勒（Greenhouse－Geisser）、辛－费德特（Huynh－Feldt）和下限（Lower－bound）。调整的方法是：

调整后的自由度＝自由度×相应的 Epsilon 修正系数

莫奇来球形度检验的结果如表 14－5－6 所示。对于体重，莫奇来球形度检验的显著性概率 $P=0.044<0.05$，应拒绝原假设，需使用 Epsilon 修正系数。修正的结果体现在表 14－5－7 的格林豪斯－盖斯勒、辛－费德特和下限三行中。

表 14－5－6　莫奇来球形度检验

测量：体重

主体内效应	莫奇来 W	近似卡方	自由度	显著性	Epsilon		
					格林豪斯－盖斯勒	辛－费德特	下限
时期	0.225	11.520	5	0.044	0.703	0.924	0.333

（5）主体内效应检验的结果。表 14－5－7 是主体内效应方差分析的结果，也就是重复测量方差分析单变量检验的结果。各效应第 1 行“假设球形度”是满足球形度假设条件下的检验结果。下面三行是在不满足球形度假设时采用表 14－5－6 给出的 Epsilon 修正系数对相关自由度做了调整后得到的检验结果。例如，在“时期”行，格林豪斯－盖斯勒的自由度调整为 $3\times0.703=2.109$，辛－费德特的自由度调整为 $3\times0.924=2.771$，下限的自由度调整为 $3\times0.333=1.000$。

表 14－5－7　主体内效应检验

测量：体重

源		Ⅲ类平方和	自由度	均方	F	显著性	偏 Eta 平方
时期	假设球形度	705.675	3	235.225	113.260	0.000	0.926
	格林豪斯－盖斯勒	705.675	2.109	334.525	113.260	0.000	0.926
	辛－费德特	705.675	2.771	254.648	113.260	0.000	0.926
	下限	705.675	1.000	705.675	113.260	0.000	0.926
误差（时期）	假设球形度	56.075	27	2.077			
	格林豪斯－盖斯勒	56.075	18.985	2.954			
	辛－费德特	56.075	24.941	2.248			
	下限	56.075	9.000	6.231			

根据莫奇来球形度检验的结果，应选择格林豪斯－盖斯勒、辛－费德特或下限这三行来做结论。可以看出，包括第一行在内的 4 种情况，对主体内因子“时期”所作 F 检验的显著性概率均小于 0.01，因此，应拒绝主体内效应（时期）对体重无影响的假设，或者可以说肥胖儿童在 4 个时期的体重存在高度显著性差异。

（6）主体内对比检验的结果。表 14－5－8 是主体内对比检验的结果。根据先前的设置，是分别将第 2、3、4 期（级别 2、3、4）与第 1 期（级别 1）进行均数差异的简单比较（方差分析）。可以看到，各次比较的显著性概率都小于 0.01，应拒绝“无差异”的原假设，可认为各期体重的均值与第 1 期相比，差异都具高度显著性。

表 14-5-8 主体内对比检验

测量：体重

源	时期	Ⅲ类平方和	自由度	均方	F	显著性	偏 Eta 平方
时期	级别 2 与级别 1	57.600	1	57.600	117.818	0.000	0.929
	级别 3 与级别 1	324.900	1	324.900	66.306	0.000	0.880
	级别 4 与级别 1	1 254.400	1	1 254.400	247.579	0.000	0.965
误差（时期）	级别 2 与级别 1	4.400	9	0.489			
	级别 3 与级别 1	44.100	9	4.900			
	级别 4 与级别 1	45.600	9	5.067			

（7）主体间效应检验的结果。表 14-5-9 是主体间效应检验的结果。误差平方和为 87.806，是受试对象间的离差平方和，受试对象有 10 人，故自由度为 10-1=9，误差方差为 9.756。这个分析的目的在于检验受试对象彼此间的体重是否有差异，但这不是研究者的兴趣所在，因此 SPSS 对误差项不计算 F 值。

表 14-5-9 主体间效应检验

测量：体重

转换后变量：平均

源	Ⅲ类平方和	自由度	均方	F	显著性	偏 Eta 平方
截距	50 374.506	1	50 374.506	5 163.306	0.000	0.998
误差	87.806	9	9.756			

（8）边际均值轮廓图。图 14-5-4 是体重的边际均值轮廓图。从图中可以直观地看出，随着时期的变化，体重均值呈明显下降的趋势。这也印证了前面讨论的结果，说明夏令营活动对于肥胖儿童的减肥具有明显效果。

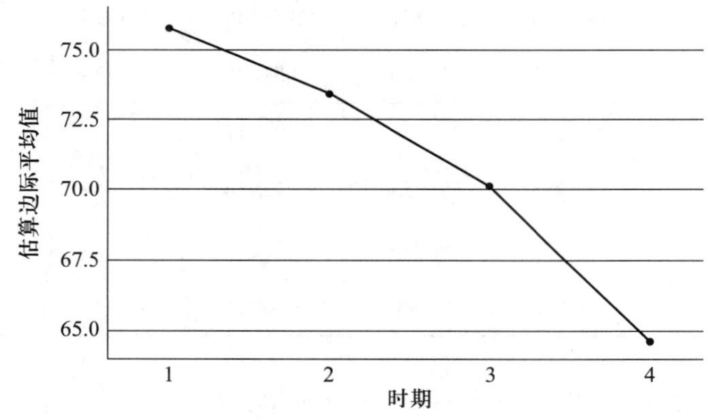

图 14-5-4 体重的边际均值轮廓图

【案例 1405】

某研究小组为了探究不同氧分压条件下的训练对赛艇运动员血红蛋白（Hb）浓度的影响，选择了 12 名在形态、素质、运动能力等方面都相近的女子赛艇运动员，分为两组，每组 6 人，一组在常氧环境下训练，一组在低氧环境下训练。在一个训练周期开始时及连续 3 周、每周同一时间测量运动员的血红蛋白浓度（g/L），共进行了 4 次重复测量，测量结果保存在数据文件“案例 1405. sav”中，如图 14-5-5 所示。问：不同氧分压条件下的训练对女子赛艇运动员的血红蛋白浓度有什么影响？

	编号	氧环境	Hb0	Hb1	Hb2	Hb3
1	1	1	125.57	127.63	128.33	126.32
2	2	1	121.87	126.33	126.05	125.19
3	3	1	127.62	131.32	132.56	131.15
4	4	1	131.53	136.35	138.63	137.11
5	5	1	131.23	135.02	137.22	135.54
6	6	1	133.25	138.06	140.79	138.98
7	7	2	124.63	133.23	138.04	137.94
8	8	2	134.08	139.34	146.10	143.87
9	9	2	125.09	132.96	136.71	134.74
10	10	2	131.37	139.61	144.75	144.13
11	11	2	126.08	133.57	141.92	141.23
12	12	2	122.26	130.36	133.95	132.89

图 14-5-5　案例 1405 的数据文件

数据文件中，控制变量（自变量、因素）为氧环境，据此把研究对象划分为两种水平，其值 1 代表常氧环境，2 代表低氧环境。重复测量变量（因变量）为 *Hb*0、*Hb*1、*Hb*2 和 *Hb*3，分别表示训练周期开始时及连续 3 周测量的运动员血红蛋白浓度值，可以将“时期”作为它们的共同名称。因此，氧环境是主体间因子，时期是主体内因子。这是一个单因素重复测量设计，检验的原假设包括：

（1）不同时期运动员血红蛋白的浓度无显著性差异。

（2）不同氧环境下运动员血红蛋白的浓度无显著性差异。

（3）时期与氧环境的交互作用对运动员血红蛋白的浓度无显著影响。

1. 在 SPSS 中实现的步骤

第 1 步：在数据编辑器窗口中打开数据文件“案例 1405. sav”。

第 2 步：在“分析”菜单中选择“一般线性模型”→“重复测量”命令，打开预定义因子对话框。

第 3 步：在“重复测量定义因子”对话框中，在“主体内因子名”框中输入“时期”作为主体内因子的共同名称；进行了 4 次重复测量，故在“级别数”框中输入主体内因子的水平数 4；然后将此定义添加到主体内因子名列表中。测量指标为“血红蛋白”，将其添加到测量名称列表中。如图 14-5-6 所示。

第 4 步：在“重复测量”主对话框中，将 *Hb*0、*Hb*1、*Hb*2、*Hb*3 依次选入“主体内变量”框中；将氧环境选入“主体间因子”框中。如图 14-5-7 所示。

图 14-5-6　定义因子的操作

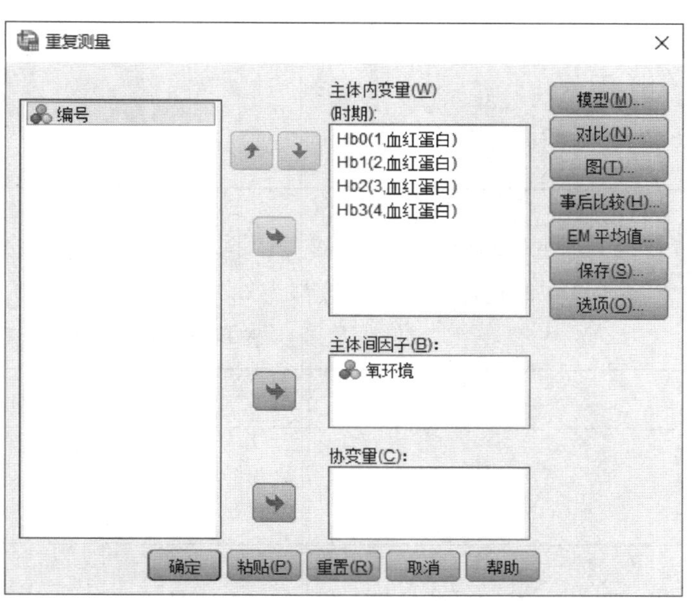

图 14-5-7　重复测量方差分析的操作

重复测量方差分析中的其他操作，与本章第三节介绍的多因素方差分析完全相同，此处不再一一图示，只说明有关步骤的具体设置。

第 5 步：在“重复测量”主对话框中单击“模型”按钮，打开如图 14-3-3 所示的“模型”子对话框。本例全部采用默认设置，即在“指定模型”栏选择“全因子”以建立全模型；在“平方和”下拉列表中选择“Ⅲ类”；选择“在模型中包含截距”复选项。

第 6 步：在“重复测量”主对话框中单击“对比”按钮，打开如图 14-3-5 所示的“对比”子对话框。本例在“因子”框中有两个因子“时期”和“氧环境”，因氧环境只分为两种水平，无须另设对比；对“时期”拟进行趋势分析，故将“时期”的对比方式设为“多项式”。

第 7 步：在“重复测量”主对话框中单击“图”按钮，打开如图 14-3-6 所示的“轮廓图”子对话框。将“时期”选入“水平轴”框作为横轴变量；将“氧环境”选入“单独的线条”框；然后将此设置添加到“图”列表中；图形类型选择“折线图”。

第 8 步：在“重复测量”主对话框中单击“EM 平均值”按钮，打开如图 14-3-8 所示的“估算边际平均值”子对话框。将“OVERALL”和“时期”选入“显示下列各项的平均值”框；勾选“比较主效应”复选项，在“置信区间调整”下拉列表中选择默认项“LSD(无)”。

第 9 步：在“重复测量”主对话框中单击“选项”按钮，打开如图 14-3-10 所示的“选项”子对话框。在“显示”栏选择描述统计、效应量估算、齐性检验；显著性水平 α 取 0.05。

2. 结果解读

（1）主体内及主体间因子信息。表 14-5-10 是主体内因子（观测变量、因变量）的基本信息。可以看出，测量指标为血红蛋白，分为 4 个时期，构成 4 个因变量。

表 14-5-10　主体内因子

测量：血红蛋白

时期	因变量
1	*Hb*0
2	*Hb*1
3	*Hb*2
4	*Hb*3

表 14-5-11 是主体间因子（控制变量、自变量）的基本信息。可以看出，控制变量为氧环境，分为 2 个水平：常氧环境和低氧环境，个案数都为 6。

表 14-5-11　主体间因子

		值标签	个案数
氧环境	1	常氧环境	6
	2	低氧环境	6

（2）因变量的基本描述统计量。表 14-5-12 是因变量的基本描述统计量，按常氧环境、低氧环境和总计给出了前测、一周后、二周后、三周后血红蛋白浓度的平均值、标准差和个案数。由此表可知，一周后和二周后的血红蛋白浓度一直呈上升趋势，而三周后的血红蛋白浓度略有下降。

表 14-5-12　描述统计

氧环境		平均值	标准偏差	个案数
前测	常氧环境	128.511 7	4.301 43	6
	低氧环境	127.251 7	4.503 83	6
	总计	127.881 7	4.250 10	12
一周后	常氧环境	132.451 7	4.801 06	6
	低氧环境	134.845 0	3.763 31	6
	总计	133.648 3	4.298 49	12
二周后	常氧环境	133.930 0	5.921 23	6
	低氧环境	140.245 0	4.782 61	6
	总计	137.087 5	6.100 00	12
三周后	常氧环境	132.381 7	5.759 36	6
	低氧环境	139.133 3	4.722 36	6
	总计	135.757 5	6.135 66	12

（3）协方差矩阵齐性检验的结果。表 14-5-13 是对“方差-协方差”矩阵采用博克斯（Box）方法进行等同性（齐性）检验的结果。由此表可知，博克斯统计量 $M=77.905$，经过转换后的 $F=4.278$，显著性概率 $P=0.000<0.01$，应拒绝原假设，接受备择假设，可认为血红蛋白的 4 个因变量在两种氧环境间的“方差-协方差”矩阵不齐性。因为未满足方差分析的前提条件，故在后面选择统计量时应采用比较稳健的比莱轨迹或威尔克 Lambda。

表 14-5-13　协方差矩阵的博克斯等同性检验

博克斯 *M*	77.905
F	4.278
自由度 1	10
自由度 2	478.088
显著性	0.000

（4）多变量检验的结果。表 14-5-14 是采用多元方差分析方法进行多变量整体检验的结果。系统自动计算比莱轨迹、威尔克 Lambda、霍特林轨迹、罗伊最大根 4 种统计量，再分别转换成 F 值。

根据前面的讨论，本例未满足“方差-协方差”矩阵齐性的前提条件，故在此处应采用比较稳健的比莱轨迹或威尔克 Lambda。对时期的效应，4 种方法的结果完全相同，对应的显著性概率都小于 0.01，应拒绝原假设，接受备择假设。因此，就整体而言，时期对血红蛋白浓度有影响，可认为运动员 4 个时期血红蛋白浓度的均数存在高度显著性差异。

表 14-5-14　多变量检验

效应		值	*F*	假设自由度	误差自由度	显著性	偏 Eta 平方
时期	比莱轨迹	0.991	280.662	3.000	8.000	0.000	0.991
	威尔克 Lambda	0.009	280.662	3.000	8.000	0.000	0.991
	霍特林轨迹	105.248	280.662	3.000	8.000	0.000	0.991

续表

效应		值	F	假设自由度	误差自由度	显著性	偏 Eta 平方
	罗伊最大根	105.248	280.662	3.000	8.000	0.000	0.991
时期 * 氧环境	比莱轨迹	0.882	20.009	3.000	8.000	0.000	0.882
	威尔克 Lambda	0.118	20.009	3.000	8.000	0.000	0.882
	霍特林轨迹	7.504	20.009	3.000	8.000	0.000	0.882
	罗伊最大根	7.504	20.009	3.000	8.000	0.000	0.882

对时期和氧环境的交互效应，4 种方法的结果也完全相同，对应的显著性概率都小于 0.01，应拒绝原假设，接受备择假设。因此，就整体而言，时期和氧环境的交互效应对血红蛋白浓度有非常显著的影响。

对时期的效应，威尔克 Lambda 值为 0.009；对时期和氧环境的交互效应，威尔克 Lambda 值为 0.118，二者都比较小，接近于 0，也意味着应该拒绝原假设，接受备择假设。

（5）莫奇来球形度检验的结果。表 14-5-15 是对血红蛋白进行莫奇来球形度检验的结果。检验的显著性概率 $P=0.003<0.01$，应拒绝"因变量的误差协方差矩阵与单位阵成比例"的原假设，需使用 Epsilon 修正系数调整相关自由度。修正的结果体现在表 14-5-16 的格林豪斯-盖斯勒、辛-费德特和下限三行中。

表 14-5-15　莫奇来球形度检验

测量：血红蛋白

主体内效应	莫奇来 W	近似卡方	自由度	显著性	Epsilon		
					格林豪斯-盖斯勒	辛-费德特	下限
时期	0.119	18.531	5	0.003	0.513	0.649	0.333

（6）主体内效应检验的结果。表 14-5-16 是主体内效应方差分析的结果，即重复测量方差分析单变量检验的结果。根据莫奇来球形度检验的结果，本例应选择格林豪斯-盖斯勒、辛-费德特或下限来做结论。可以看出，3 种情况下对主体内因子"时期"所作 F 检验的显著性概率均小于 0.01，因此，应拒绝主体内效应"时期"对血红蛋白浓度无影响的假设，可以说运动员在 4 个时期的血红蛋白存在高度显著性差异。

对"时期 * 环境"所作 F 检验的显著性概率均小于 0.01，因此，应拒绝"时期与氧环境的交互作用"对血红蛋白浓度无影响的假设，可以说"时期与氧环境的交互作用"对运动员的血红蛋白有非常显著的影响。

表 14-5-16　主体内效应检验

测量：血红蛋白

源		Ⅲ类平方和	自由度	均方	F	显著性	偏 Eta 平方
时期	假设球形度	594.228	3	198.076	173.937	0.000	0.946
	格林豪斯-盖斯勒	594.228	1.539	386.142	173.937	0.000	0.946
	辛-费德特	594.228	1.946	305.335	173.937	0.000	0.946
	下限	594.228	1.000	594.228	173.937	0.000	0.946
时期 * 氧环境	假设球形度	127.110	3	42.370	37.206	0.000	0.788
	格林豪斯-盖斯勒	127.110	1.539	82.599	37.206	0.000	0.788
	辛-费德特	127.110	1.946	65.313	37.206	0.000	0.788
	下限	127.110	1.000	127.110	37.206	0.000	0.788

续表

源		Ⅲ类平方和	自由度	均方	F	显著性	偏 Eta 平方
误差（时期）	假设球形度	34.163	30	1.139			
	格林豪斯-盖斯勒	34.163	15.389	2.220			
	辛-费德特	34.163	19.462	1.755			
	下限	34.163	10.000	3.416			

（7）主体内对比检验（趋势分析）的结果。本例的主体内对比检验是对血红蛋白浓度在不同时期的 k 次测量值进行趋势分析。检验的原假设有：

① 血红蛋白浓度均值随时期变化的趋势不具线性特性。

② 血红蛋白浓度均值随时期变化的趋势不具二次函数特性。

③ 血红蛋白浓度均值随时期变化的趋势不具三次函数特性。

表 14-5-17 给出了从线性至 $k-1$ 次函数的趋势分析结果。对假设①和②，检验的显著性概率 $P=0.000<0.01$；对假设③，检验的显著性概率 $P=0.046<0.05$；都应拒绝原假设。比较 P 值的大小，再参考效应量估算值“偏 Eta 平方”（该值反映某个效应可以解释的总变差的比例），因最大的偏 Eta 平方值在“二次”行（0.988），故应接受②的备择假设，即认为随着时期的变化，血红蛋白浓度均值呈二次函数趋势，做出此结论犯第一类错误的概率小于 0.01。

表 14-5-17　主体内对比检验

测量：血红蛋白

源	时期	Ⅲ类平方和	自由度	均方	F	显著性	偏 Eta 平方
时期	线性	439.563	1	439.563	172.798	0.000	0.945
	二次	151.088	1	151.088	810.055	0.000	0.988
	三次	3.577	1	3.577	5.214	0.046	0.343
时期 * 氧环境	线性	117.236	1	117.236	46.087	0.000	0.822
	二次	7.760	1	7.760	41.606	0.000	0.806
	三次	2.113	1	2.113	3.080	0.110	0.235
误差（时期）	线性	25.438	10	2.544			
	二次	1.865	10	0.187			
	三次	6.860	10	0.686			

（8）主体间效应检验的结果。表 14-5-18 是对各因变量进行方差齐性检验的结果。表中列出了基于平均值、基于中位数、基于中位数并具有调整后自由度、基于剪除（去掉头、尾极端值）后平均值的 4 个莱文统计量。通常情况看基于平均值的莱文统计量即可。对血红蛋白的前测、一周后、二周后、三周后等 4 个因变量，检验的显著性概率都大于 0.05，都应接受原假设，即可认为 4 个变量总体在氧环境 2 个水平上的方差齐性。

表 14-5-18　误差方差的莱文等同性检验

		莱文统计	自由度 1	自由度 2	显著性
前测	基于平均值	0.018	1	10	0.896
	基于中位数	0.021	1	10	0.888

续表

		莱文统计	自由度 1	自由度 2	显著性
	基于中位数并具有调整后自由度	0.021	1	8.731	0.889
	基于剪除后平均值	0.011	1	10	0.920
一周后	基于平均值	0.833	1	10	0.383
	基于中位数	0.900	1	10	0.365
	基于中位数并具有调整后自由度	0.900	1	9.083	0.367
	基于剪除后平均值	0.837	1	10	0.382
二周后	基于平均值	0.573	1	10	0.467
	基于中位数	0.508	1	10	0.493
	基于中位数并具有调整后自由度	0.508	1	9.176	0.494
	基于剪除后平均值	0.573	1	10	0.467
三周后	基于平均值	0.532	1	10	0.483
	基于中位数	0.461	1	10	0.513
	基于中位数并具有调整后自由度	0.461	1	9.465	0.513
	基于剪除后平均值	0.531	1	10	0.483

表 14-5-19 是主体间效应检验的结果。该检验采用方差分析的方法，考察血红蛋白在自变量氧环境的 2 个水平上是否存在显著性差异。从表中的“氧环境”行可以看出，检验的显著性概率 $P=0.227>0.05$，应接受原假设，说明常氧训练组和低氧训练组总的血红蛋白浓度（4 次测量的均数）差异不具显著性。实际上，当重测因子（时期）和分组因子（氧环境）有交互作用时，分析分组因子间的效应就基本没有意义了。

表 14-5-19 主体间效应检验

测量：血红蛋白

转换后变量：平均

源	Ⅲ类平方和	自由度	均方	F	显著性	偏 Eta 平方
截距	856 669.922	1	856 669.922	9 384.459	0.000	0.999
氧环境	151.230	1	151.230	1.657	0.227	0.142
误差	912.860	10	91.286			

（9）边际平均值估算及对比的结果。表 14-5-20 是对应于“OVERALL”的边际平均值估算结果，列出了血红蛋白浓度的总边际平均值、标准误、95%置信区间的下限和上限。

表 14-5-20 总 平 均 值

测量：血红蛋白

平均值	标准误差	95%置信区间	
		下限	上限
133.594	1.379	130.521	136.666

表 14-5-21 是对应于“时期”的边际平均值估算结果，列出了血红蛋白浓度在 4 个时期的边际平均值、标准误、95%置信区间的下限和上限。

表 14-5-21　估　算　值

测量：血红蛋白

时期	平均值	标准误差	95%置信区间	
			下限	上限
1	127.882	1.271	125.049	130.714
2	133.648	1.245	130.874	136.423
3	137.087	1.554	133.626	140.549
4	135.757	1.520	132.370	139.145

表 14-5-22 是对各时期的血红蛋白浓度均值采用 LSD 法进行配对比较的结果，给出了平均值差值、差值标准误、检验的显著性概率以及差值 95%置信区间的下限和上限。由此表可知，4 个时期两两比较检验的显著性概率都小于 0.01，应拒绝均值相等的原假设，可认为 4 个时期之间血红蛋白浓度均值的差异都具高度显著性。

表 14-5-22　成 对 比 较

测量：血红蛋白

(I) 时期	(J) 时期	平均值差值（I-J）	标准误差	显著性	差值的 95%置信区间	
					下限	上限
1	2	-5.767	0.325	0.000	-6.490	-5.044
	3	-9.206	0.495	0.000	-10.310	-8.102
	4	-7.876	0.586	0.000	-9.181	-6.571
2	1	5.767	0.325	0.000	5.044	6.490
	3	-3.439	0.442	0.000	-4.424	-2.454
	4	-2.109	0.463	0.001	-3.141	-1.077
3	1	9.206	0.495	0.000	8.102	10.310
	2	3.439	0.442	0.000	2.454	4.424
	4	1.330	0.188	0.000	0.912	1.748
4	1	7.876	0.586	0.000	6.571	9.181
	2	2.109	0.463	0.001	1.077	3.141
	3	-1.330	0.188	0.000	-1.748	-0.912

（10）边际均值轮廓图。图 14-5-8 是血红蛋白的边际均值轮廓图。轮廓图的横轴为时期，纵轴为血红蛋白浓度。时期的 1、2、3、4 依次代表前测、一周后、二周后、三周后。从图中可以直观地看出，无论是常氧训练还是低氧训练，开始后第一、二、三周的血红蛋白浓度均值都高于前测数据，说明训练对增加运动员体内的血红蛋白浓度有明显作用；第一、二周上升，第三周略有下降，可能预示运动员在第三周对训练刺激出现明显适应性；两条折线出现交叉，表明时期与氧环境的交互作用对血红蛋白浓度的变化有影响；折线先上升后略降的形状也基本符合二次函数的特征，与表 14-5-17 得出的结论一致。

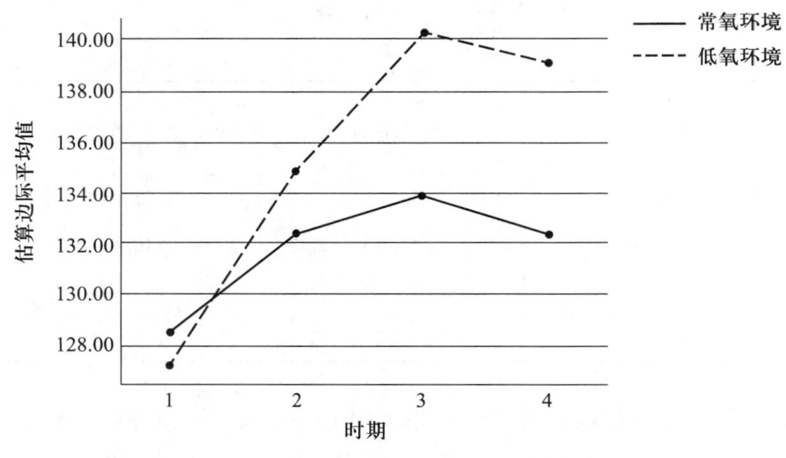

图 14-5-8 血红蛋白的边际均值轮廓图

第六节 协方差分析

一、协方差分析概述

（一）协方差分析的基本思想

在进行方差分析时，除了感兴趣的研究因素外，应尽量保证各个样本的其他条件一致，也就是应尽量排除非处理因素的干扰和影响，从而准确地获得处理因素的实验效应。然而在实际工作中，某些因素在实验阶段往往难以控制或无法严格控制，但若忽视其作用则可能会得出错误的结论。这种情况，可以在数据分析阶段进行协方差分析，将混杂因素排除。

例如，某研究组拟通过对照实验来考察某种锻炼方案对学生身心健康的影响。由于实验组织方面的原因，只能选择两个整班级。一个班作为实验组，实施该锻炼方案；另一个班作为对照组，保持常规锻炼。采用体质健康和心理健康方面多个指标进行评价。如果直接对两个班的实验后数据进行独立样本均数差异的分析，由于无法保证两个班学生的基础水平一致，就很难说清楚两个班的差异究竟是锻炼方案引起的，还是基础水平不同造成的。因此，需要在实验开始前就采用体质健康和心理健康方面多个指标对两个班学生进行测量，然后在方差分析中将前测数据作为协变量进行协方差分析，从而排除基础水平这个混杂因素。

协方差分析中的协变量，与因变量一样，也必须是连续型数值变量（定量变量）。协方差分析根据影响因素和协变量的个数可分为单因素协方差分析、多因素协方差分析和多协变量协方差分析等。

协方差分析仍然采用 F 检验，检验的假设可表示为：

H_0：排除协变量影响后控制变量的不同水平对因变量的影响无显著性差异；

H_1：排除协变量影响后控制变量的不同水平对因变量的影响具显著性差异。

协方差分析中最简单的情况是单因素、单因变量、单协变量的协方差分析。此时，因变量的总变差可分解为由协变量引起的变差、由控制变量引起的变差和由随机因素引起的变差三部分，由此可求得协变量方差 MSA、组间方差 MSB 和误差方差 MSE。检验的统计量为：

$$F=\frac{MSB}{MSE}$$

协方差分析首先要找出一条将因变量与协变量联系在一起的回归直线，求出回归系数。这个回归系数代表的就是各回归线的共同斜率，其值为：

$$B=\text{各组协变量与因变量叉积和的总和}/\text{各组协变量平方和的总和}$$

再利用回归系数 B 对因变量的各组平均值进行调整，调整的方法为：

$$\text{各组修正均值}=\text{各组原均值}-B\times(\text{协变量各组均值}-\text{协变量总均值})$$

然后，以各组修正均值为依据计算离差平方和（而不是以各组原均值为依据），进行方差分析，从而判断在排除协变量影响的情况下因素不同水平之间因变量的均值是否存在显著性差异。所以，协方差分析是一种结合了回归分析和方差分析的统计方法。但此处所进行的回归分析侧重点仅在于求各组的修正均值。

（二）协方差分析的基本条件

条件一：各组协变量与因变量的关系是线性的。

条件二：各组残差服从正态分布。

条件三：各组回归直线的斜率相等，即各条回归直线应是平行的，或者说自变量与协变量应没有明显的交互作用。

上面的前提条件中，条件三尤为重要，它是协方差分析首先要检验的假设。设因素分为 r 个水平，$j=1$，2，…，r，第 j 条回归线的斜率为 β_j，则检验的假设可表示为：

H_0：$\beta_1=\beta_2=\cdots=\beta_r$；

H_1：β_1，β_2，…，β_r不全相等。

对该问题，首先可作分组散点图，观察各组的回归直线趋势是否近似。然后进行预分析，看自变量与协变量的交互作用有无统计学意义。当交互作用无统计学意义时，接受平行性假设，可进行协方差分析，做出统计推断。

如果拒绝了平行性假设，则说明数据不宜直接进行协方差分析。此时可对数据做一定的转换，使其满足假设条件后再进行协方差分析；也可以先将协变量转化为离散型的定性变量，然后将其作为另一个因素（自变量）进行多因素方差分析。

二、协方差分析在 SPSS 中的实现

【案例 1406】

某研究小组为了探讨在学校课外活动中不同运动干预方案对小学生身心健康影响的特点，在某小学 3 年级选择了 3 个整班进行实验。各班男、女生人数比例基本相同。一班 41 人，采用方案一：跑步；二班 42 人，采用方案二：踢毽+游戏；三班 40 人，采用方案三（对照组）：不进行运动干预，按常规进行课外活动。对进行运动干预的两个班，均通过一定的措施严格控制运动密度（5 次/周）、运动持续时间（30 min/次）和运动强度（平均心率在 120～140 次/min 左右）。采用包括身体形态、身体机能、身体素质和心理健康方面的多个指标进行效果评价。在实施运动干预前进行第 1 次测量；在实施运动干预 10 周后进行第 2 次测量。本例仅摘取肺活量一个指标建立数据文件“案例 1406. sav”，如图 14-6-1 所示。

本例属于单因素（方案）单因变量（肺活量）的实验。经检验，三种方案肺活量的前测数据总体都服从正态分布，但均数差异显著，缺乏可比性，故应将前测数据作为协变量，对后测数据进行协方差分析。检验的假设为：

H_0：排除前测影响后不同运动干预方案对肺活量的影响无显著性差异；

H_1：排除前测影响后不同运动干预方案对肺活量的影响具显著性差异。

1. 在 SPSS 中实现的步骤——预分析：回归线平行检验

	编号	方案	前测	后测
1	1	1	1700	1780
2	2	1	1460	1526
3	3	1	1481	1544
4	4	1	1367	1490
5	5	1	1290	1368
6	6	1	1280	1344
7	7	1	1413	1490
8	8	1	1477	1554
9	9	1	1436	1538
10	10	1	1515	1626
11	11	1	1557	1622
12	12	1	1565	1634
13	13	1	1561	1666
14	14	1	1412	1480
15	15	1	1417	1524
16	16	1	1427	1542
17	17	1	1452	1520
18	18	1	1665	1733
19	19	1	1441	1536
20	20	1	1415	1506

	编号	方案	前测	后测
42	42	2	1429	1499
43	43	2	1478	1538
44	44	2	1385	1455
45	45	2	1348	1418
46	46	2	1306	1396
47	47	2	1314	1404
48	48	2	1446	1516
49	49	2	1350	1430
50	50	2	1484	1584
51	51	2	1299	1348
52	52	2	1290	1350
53	53	2	1270	1330
54	54	2	1270	1360
55	55	2	1250	1310
56	56	2	1328	1348
57	57	2	1557	1652
58	58	2	1660	1830
59	59	2	1502	1572
60	60	2	1468	1518
61	61	2	1435	1526

	编号	方案	前测	后测
83	83	2	1429	1506
84	84	3	1289	1369
85	85	3	1526	1596
86	86	3	1335	1395
87	87	3	1318	1378
88	88	3	1295	1356
89	89	3	1203	1290
90	90	3	1298	1378
91	91	3	1349	1388
92	92	3	1397	1434
93	93	3	1367	1408
94	94	3	1163	1190
95	95	3	1380	1460
96	96	3	1325	1385
97	97	3	1319	1398
98	98	3	1396	1456
99	99	3	1478	1588
100	100	3	1641	1700
101	101	3	1353	1394
102	102	3	1199	1228

图 14-6-1 案例 1406 的数据文件（部分）

在 SPSS 中进行协方差分析，通常先进行预分析，目的是通过回归线平行检验，判断数据是否符合协方差分析的前提条件。具体要求是：因素（自变量）各个水平的回归线应大致平行，不能有显著的交叉，自变量与协变量的交互作用未在 0.05 的水平上具显著性。

第 1 步：在数据编辑器窗口中打开数据文件“案例 1406. sav”。

第 2 步：在“图形”菜单中选择“旧对话框”→“散点图/点图”命令，打开相应的对话框。

第 3 步：在“散点图/点图”对话框中选择“简单散点图”，然后单击“定义”按钮继续，如图 14-6-2 所示。

第 4 步：在“简单散点图”对话框中进行定义图形的具体操作，如图 14-6-3 所示。

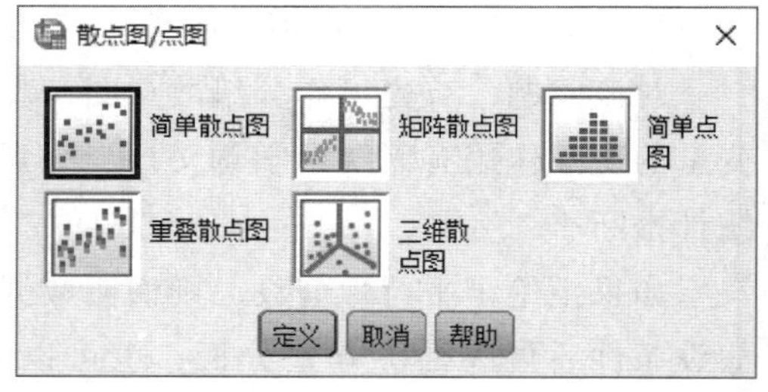

图 14-6-2 选择图形类型

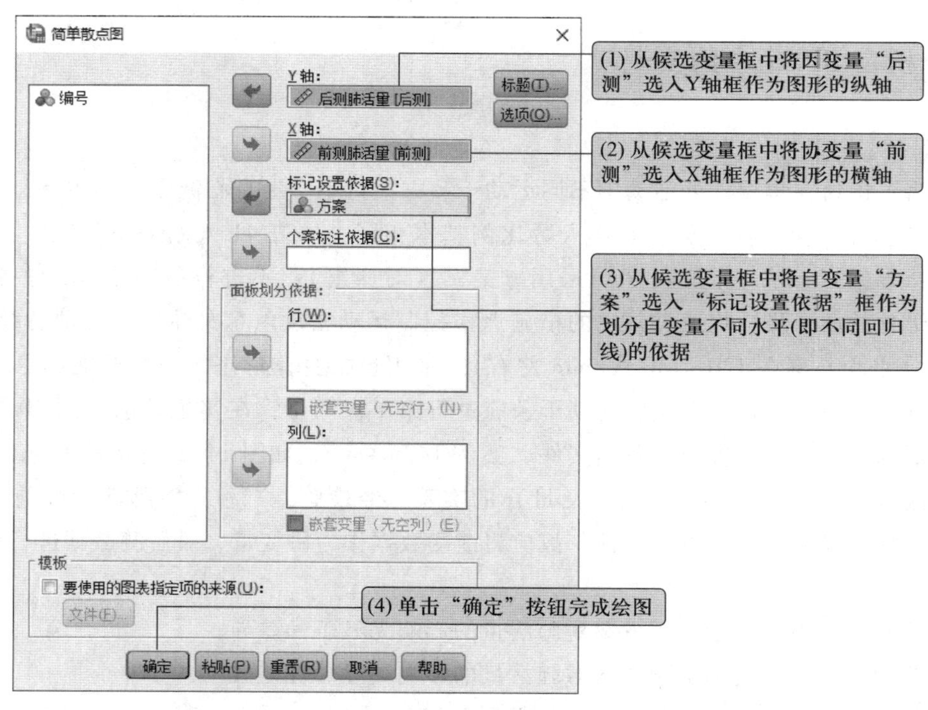

图 14-6-3 定义图形

第 5 步：图形绘制完成后，双击图形打开“图形编辑器”窗口，在“元素”菜单中选择“子组拟合线”命令添加回归线，最后形成的图形如图 14-6-4 所示。

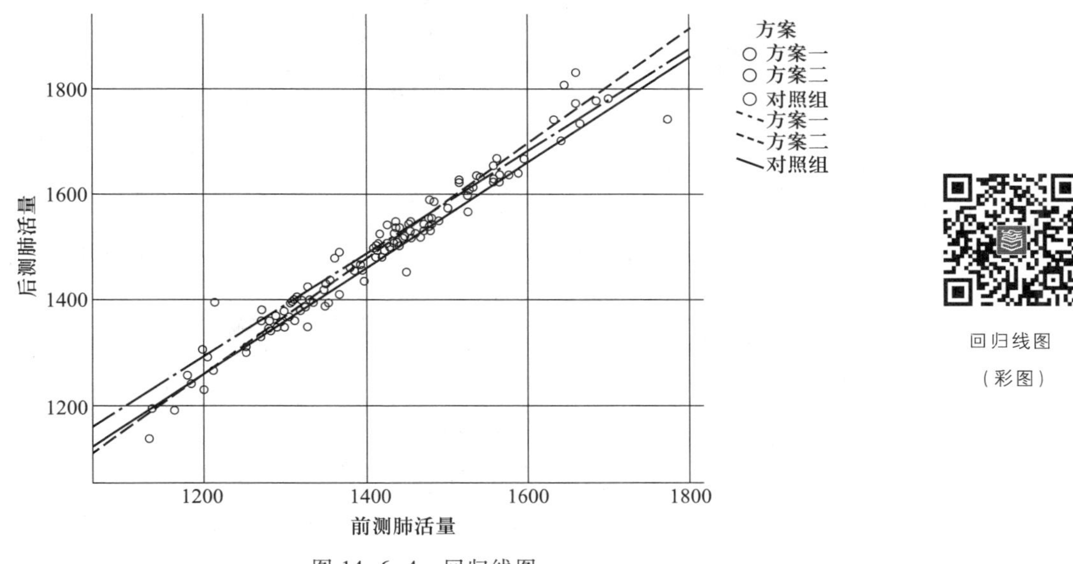

图 14-6-4　回归线图

从图 14-6-4 可以看出，三条回归线大致平行，但有轻微的交叉，这意味着自变量与协变量之间存在一定的交互效应，但这种效应是否达到显著的水平，还需要进一步考察回归线平行检验的详细报告。

第 6 步：在“分析”菜单中选择“一般线性模型”→“单变量”命令，打开相应的主对话框。

第 7 步：在“单变量”主对话框中设置自变量、因变量和协变量，如图 14-6-5 所示。

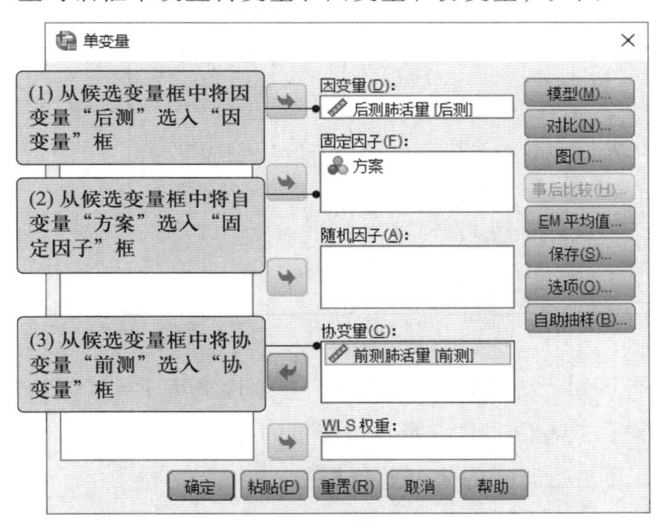

图 14-6-5　单因变量协方差分析的操作

第 8 步：在“单变量”主对话框中单击“模型”按钮，打开“模型”子对话框。在“指定模型”栏选择“构建项”，然后依次将方案、前测、前测与方案的交互选入“模型”框中；其他选项采用默认设置，如图 14-6-6 所示。

要注意的是，在上述操作中，需要强行纳入交互效应项“前测 * 方案”，其目的是检验方案处于不同水平时，后测随前测变化的回归线斜率是否相等。这是协方差分析的重要前提条件之一。

返回“单变量”主对话框后单击“确定”按钮，系统即输出回归线平行检验（主体间效应检验）的结果，如表 14-6-1 所示。

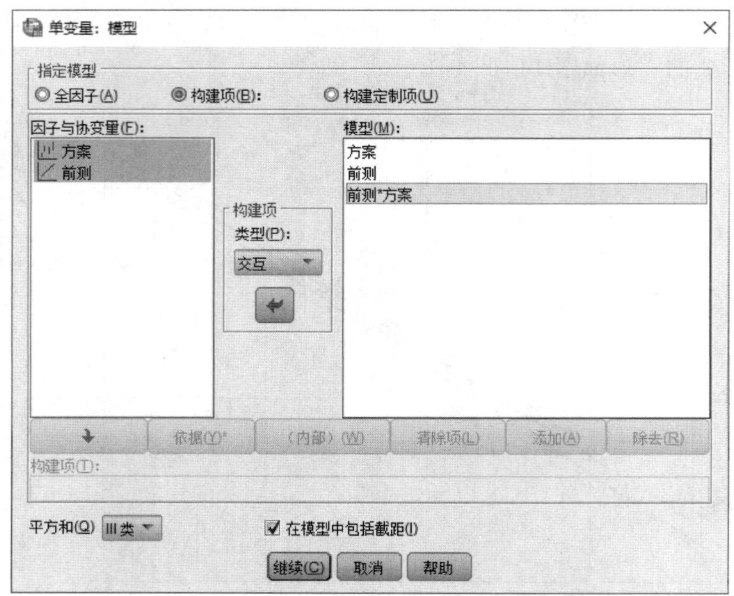

图 14-6-6 选择模型的操作

表 14-6-1 主体间效应检验

因变量：后测肺活量

源	Ⅲ类平方和	自由度	均方	F	显著性
修正模型	2 206 983.14[a]	5	441 396.629	609.771	0.000
截距	2 046.680	1	2 046.680	2.827	0.095
方案	3 965.248	2	1 982.624	2.739	0.069
前测	1 877 612.576	1	1 877 612.576	2 593.842	0.000
方案 * 前测	3 968.059	2	1 984.029	2.741	0.069
误差	84 693.148	117	723.873		
总计	274 792 116.0	123			
修正后总计	2 291 676.293	122			

a. $R^2=0.963$（调整后 $R^2=0.961$）

由表的‘方案 * 前测”行可知，统计量 $F=2.741$，显著性概率 $P=0.069>0.05$，应接受各回归线斜率相等（回归线平行）的原假设，或者说，自变量与协变量的交互效应未在 0.05 的水平上具显著性。由于未违反回归线平行的前提条件，可进行正式的协方差分析。

2. 在 SPSS 中实现的步骤——正式的协方差分析

当证实回归线平行的前提条件得到满足后，即可进行正式的协方差分析。

第 1 步：在“分析”菜单中选择“一般线性模型”→“单变量”命令，打开相应的主对话框。

第 2 步：在“单变量”主对话框中，将因变量“后测”选入“因变量”框；将自变量“方案”选入“固定因子”框；将协变量“前测”选入“协变量”框；如图 14-6-5 所示。

第 3 步：在“单变量”主对话框中单击“模型”按钮，打开如图 14-6-6 所示的“模型”子对话框。在“指定模型”栏选择“全因子”以建立全模型；其他选项采用默认设置。

第 4 步：在“单变量”主对话框中单击“对比”按钮，打开如图 14-3-5 所示的“对比”子对话框，在其中设置事前均数比较的方法。本例在“因子”框中只有一个因子“方案”，因第 3 组是对照组，故将对比方式设为“简单”，参考类别选择默认的“最后一个”。

第 5 步：在“单变量”主对话框中单击“图”按钮，打开如图 14-3-6 所示的“轮廓图”子对话框。将“方案”选入“水平轴”框作为横轴变量，并将此设置添加到“图”列表中；图形类型选择“折线图”。

第 6 步：在“单变量”主对话框中单击“EM 平均值”按钮，打开如图 14-3-8 所示的“估算边际平均值”子对话框。将“方案”选入“显示下列各项的平均值”框；勾选“比较主效应”复选项，在“置信区间调整”下拉列表中选“邦弗伦尼”项。

第 7 步：在“单变量”主对话框中单击“选项”按钮，打开如图 14-3-10 所示的“选项”子对话框。在“显示”栏选择描述统计、效应量估算、参数估算值、齐性检验；显著性水平 α 取 0.05。

3. 结果解读

（1）主体间因子信息。表 14-6-2 是自变量（因素，在 SPSS 中称为主体间因子）的基本信息。可以看出，自变量“方案”分为三个水平：方案一、方案二和对照组，个案数分别为 41、42 和 40。

表 14-6-2　主体间因子

		值标签	个案数
方案	1	方案一	41
	2	方案二	42
	3	对照组	40

（2）因变量的基本描述统计量。表 14-6-3 是因变量的基本描述统计量，给出了后测肺活量三种方案以及总计的平均值、标准差和个案数。由此表可知，三种方案的后测肺活量均值（mL）依次为 1 517.12，1 514.95，1 431.20。方案一高于方案二和对照组，方案二高于对照组。

表 14-6-3　描 述 统 计

因变量：后测肺活量

方案	平均值	标准偏差	个案数
方案一	1 517.12	111.132	41
方案二	1 514.95	125.761	42
对照组	1 431.20	156.476	40
总计	1 488.44	137.056	123

（3）方差齐性检验的结果。表 14-6-4 是对因变量进行误差方差齐性检验的结果。本例的自变量“方案”分为三个水平，即 $r=3$，故第 1 自由度 $df_1=r-1=3-1=2$，第 2 自由度 $df_2=N-r=123-3=120$，统计量 $F=0.129$，显著性概率 $P=0.879>0.05$，应接受原假设，可认为后测肺活量各水平的方差齐性，符合方差分析的基本条件。

表 14-6-4　误差方差的莱文等同性检验

因变量：后测肺活量

F	自由度 1	自由度 2	显著性
0.129	2	120	0.879

（4）各效应方差分析的结果。表 14-6-5 是各效应方差分析的结果，依次列出了变差来源、采用Ⅲ类方法计算的离差平方和、自由度、均方、检验的统计量 F 值、检验的显著性概率（P 值）和偏 Eta 平方（η^2 值）。

表 14-6-5 主体间效应检验

因变量：后测肺活量

源	Ⅲ类平方和	自由度	均方	F	显著性	偏 Eta 平方
修正模型	2 203 015.086[a]	3	734 338.362	985.620	0.000	0.961
截距	2 554.300	1	2 554.300	3.428	0.067	0.028
前测	2 008 707.488	1	2 008 707.488	2 696.063	0.000	0.958
方案	14 123.837	2	7 061.919	9.478	0.000	0.137
误差	88 661.207	119	745.052			
总计	274 792 116.000	123				
修正后总计	2 291 676.293	122				

a. $R^2=0.961$（调整后 $R^2=0.960$）

由此表可知，修正模型对应的变差（Ⅲ型平方和）为 22 030 159.086，此时该值不具可加性。该模型 F 检验的概率 $P=0.000<0.01$，应拒绝原假设，接受备择假设，可认为前测、方案中至少有一项对后测肺活量是有显著影响的。

由脚注 a 可知，模型的复相关系数 R^2 为 0.961，调整后的 R^2 为 0.960。因此，该模型对因变量数据的拟合程度比较理想，对总变差的解释度达到 96.0%。

对于前测，$F=2\ 696.063$，$P=0.000<0.01$，应拒绝原假设，可认为前测对后测肺活量有非常显著影响；偏 η^2 值为 0.958，接近于 1，说明前测效应的影响很大，应当进行协方差分析来排除前测的影响。对于方案，$F=9.478$，$P=0.000<0.01$，应拒绝原假设，可认为后测肺活量在方案不同水平下的均数差异具高度显著性，或者说方案对后测肺活量有非常显著影响。

（5）参数估算的结果。表 14-6-6 是参数估算的结果，给出了回归系数 B，以及回归系数的标准误差、t 检验值、t 检验的显著性概率、95%置信区间的下限和上限、偏 η^2 值等。

表 14-6-6 参数估算值

因变量：后测肺活量

参数	B	标准误差	t	显著性	95%置信区间		偏 Eta 平方
					下限	上限	
截距	36. 207	27.211	1.331	0.186	-17.673	90.087	0.015
前测	1.017	0.020	51.924	0.000	0.978	1.055	0.958
[方案=1]	25.890	6.175	4.193	0.000	13.663	38.118	0.129
[方案=2]	19.754	6.155	3.209	0.002	7.567	31.942	0.080
[方案=3]	0[a]						

由表中的前测行可知，前测肺活量对后测肺活量的回归系数为 1.017，该系数是计算调整后的后测均数时需要用到的参数。“方案=1”的系数为 25.890，表示采用第一种方案的后测肺活量均数比采用第三种方案（对照组）的后测肺活量均数高 25.890，$P=0.000<0.01$，差异具高度显著性。“方案=2”的系数为 19.754，表示采用第二种方案的后测肺活量均数比采用第三种方案（对照组）的后测肺活量均数高 19.754，$P=0.002<0.01$，差异具高度显著性。

（6）平均数比较（事前多重比较）的结果。表 14-6-7 是后测肺活量各水平与作为参照的最后一个水平（对照组）进行简单对比（t 检验）的结果。该表数据与表 14-6-6 完全一致，此处不再赘述。

表 14-6-7　对比结果（*K* 矩阵）

方案简单对比[a]			因变量后测肺活量
级别 1 与级别 3	对比估算		25.890
	假设值		0
	差值（估算-假设）		25.890
	标准误差		6.175
	显著性		0.000
	差值的 95%置信区间	下限	13.663
		上限	38.118
级别 2 与级别 3	对比估算		19.754
	假设值		0
	差值（估算-假设）		19.754
	标准误差		6.155
	显著性		0.002
	差值的 95%置信区间	下限	7.567
		上限	31.942

表 14-6-8 是对后测肺活量各水平上的效应进行整体方差分析的结果。表中“对比”行的数据与表 14-6-5 中“方案”行的数据完全一致，此处不再赘述。

表 14-6-8　检 验 结 果

因变量：后测肺活量

源	平方和	自由度	均方	*F*	显著性	偏 Eta 平方
对比	14 123.837	2	7 061.919	9.478	0.000	0.137
误差	88 661.207	119	745.052			

（7）边际均值估算及对比的结果。表 14-6-9 是后测肺活量各水平的边际平均值、标准误差、95%置信区间的下限和上限。

表 14-6-9　估　算　值

因变量：后测肺活量

方案	平均值	标准误差	95%置信区间	
			下限	上限
方案一	1 498.954[a]	4.277	1 490.485	1 507.423
方案二	1 492.818[a]	4.233	1 484.436	1 501.200
对照组	1 473.063[a]	4.390	1 464.370	1 481.757

a. 按下列值对模型中出现的协变量进行求值：前测肺活量 = 1 413.28

此表中的平均值是依据前测数据和回归系数对后测数据进行调整后的修正均值。对前测肺活量单独进行描述统计，可知方案一、方案二、对照组的均值和总均值分别为 1 431.15，1 435.05，1 372.10 和1 413.28。因此，运用前述的调整公式，可计算出各组修正均值：

方案一：$\overline{Y}_1' = 1\ 517.12-1.017\times(1\ 431.15-1\ 413.28) = 1\ 499$

方案二：$\overline{Y}_2' = 1\ 514.95-1.017\times(1\ 435.05-1\ 413.28) = 1\ 493$

对照组：$\overline{Y}_3' = 1\ 431.20-1.017\times(1\ 372.10-1\ 413.28) = 1\ 473$

这些就是表 14-6-9 中所列的平均值，是利用回归分析排除前测数据影响的后测肺活量均值，SPSS 系统是在此基础上进行方差分析，并对不同水平的后测均数进行两两之间的比较。

表 14-6-10 是对后测肺活量各个水平进行均值配对比较并采用邦弗伦尼法进行调整的结果。由此表可知，方案一与方案二的均值差为 6.136，$P=0.924>0.05$，应接受均值相等的原假设，可认为这两个水平的均值无显著性差异。方案一与对照组的均值差为 25.890，$P=0.000<0.01$，应拒绝均值相等的原假设，可认为这两个水平的均值差异具高度显著性。方案二与对照组的均值差为 19.754，$P=0.005<0.01$，应拒绝均值相等的原假设，可认为这两个水平的均值差异具高度显著性。此处多重比较的结果与前面检验的结果完全一致。

表 14-6-10 成对比较

因变量：后测肺活量

(I) 方案	(J) 方案	平均值差值 (I-J)	标准误差	显著性	差值的 95%置信区间	
					下限	上限
方案一	方案二	6.136	5.993	0.924	-8.417	20.689
	对照组	25.890	6.175	0.000	10.895	40.886
方案二	方案一	-6.136	5.993	0.924	-20.689	8.417
	对照组	19.754	6.155	0.005	4.808	34.701
对照组	方案一	-25.890	6.175	0.000	-40.886	-10.895
	方案二	-19.754	6.155	0.005	-34.701	-4.808

表 14-6-11 是对后测肺活量各个水平的估算边际平均值进行整体方差分析的结果。该表与表 14-6-8 完全一致，此处不再赘述。

表 14-6-11 单变量检验

因变量：后测肺活量

	平方和	自由度	均方	F	显著性	偏 Eta 平方
对比	14 123.837	2	7 061.919	9.478	0.000	0.137
误差	88 661.207	119	745.052			

（8）边际均值轮廓图。图 14-6-7 是因变量的边际均值轮廓图，比较直观地呈现出了表 14-6-9 中方案各个水平下后测肺活量的边际均值。从图中可以看出，方案一的均值最高，方案二的均值次之，对照组的均值最低。说明采用方案一和方案二进行运动干预，对学生的肺活量水平都有良好影响，且方案一效果更好。这与前面表述的结果是一致的。

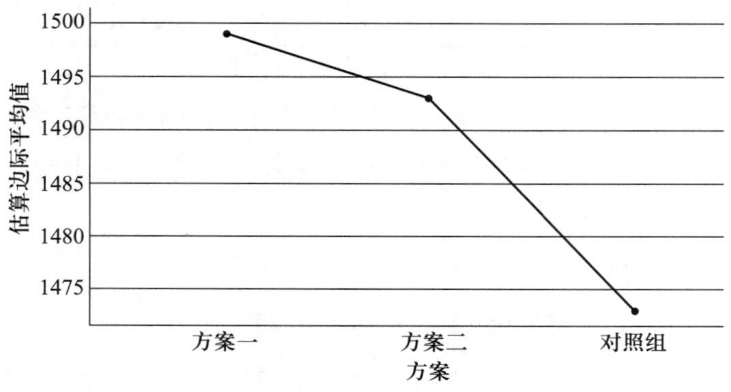

图 14-6-7 后测肺活量的边际均值轮廓图

【小贴士】

在 SPSS 的“一般线性模型”中，单变量、多变量和重复测量方差分析等模块都具有协方差分析的功能，其原理与实现方法基本相同，但自变量、因变量、协变量越多，情况就越复杂，研究者须对各因子及交互作用的效应进行更加精细的分析。

思考与练习

1. 什么叫指标？什么叫因素？什么叫水平？举例说明。
2. 什么是单因素方差分析？什么是多因素方差分析？
3. 什么是一元方差分析？什么是多元方差分析？
4. 什么是重复测量方差分析？什么是协方差分析？
5. 什么是随机变差？什么是系统变差？
6. 方差分析的基本思想是什么？单因素方差分析中的变差如何分解？多因素方差分析中的变差如何分解？
7. 方差分析一般要求满足哪些基本条件？
8. 在多因素方差分析中，固定因子和随机因子指的是什么？
9. 在单因素方差分析中，什么是总变差？什么是组内差异？什么是组间差异？
10. 在单因素方差分析中，什么是事前多重比较？如何实现？
11. 在单因素方差分析中，什么是事后多重比较？如何实现？

12. 某项有关太极拳运动强度的研究，36 名成年男子被分为 3 个年龄段（*AG*：1、2、3，分别代表 25～44 岁、45～64 岁、65～80 岁），每个年龄段 12 人。采用遥测装置测量了被试在进行传统杨式太极拳练习时的心率（*HR*1，次/min）和功率自行车极限运动时的心率（*HR*2，次/min），并计算出了各人太极拳练习的心率储备百分比（$HRR = HR1/HR2 \times 100\%$），数据如表 14-7-1 所示。试以年龄段为自变量，分别以 *HR*1、*HR*2 和 *HRR* 为因变量进行单因素方差分析，探讨成年人太极拳练习的运动强度特征。

表 14-7-1　太极拳运动强度研究数据

ID	*AG*	*HR*1	*HR*2	*HRR*	*ID*	*AG*	*HR*1	*HR*2	*HRR*
1	1	141	248	56.9	11	1	140	255	54.9
2	1	150	250	60.0	12	1	142	246	57.7
3	1	142	239	59.4	13	2	132	233	56.7
4	1	148	244	60.7	14	2	134	231	58.0
5	1	140	251	55.8	15	2	128	241	53.1
6	1	138	248	55.6	16	2	135	237	57.0
7	1	139	238	58.4	17	2	137	232	59.1
8	1	138	242	57.0	18	2	132	220	60.0
9	1	135	219	61.6	19	2	133	234	56.8
10	1	139	259	53.7	20	2	131	239	54.8

续表

ID	AG	HR1	HR2	HRR	ID	AG	HR1	HR2	HRR
21	2	127	202	62.9	29	3	119	226	52.7
22	2	130	223	58.3	30	3	117	219	53.4
23	2	132	240	55.0	31	3	120	216	55.6
24	2	134	240	55.8	32	3	121	211	57.3
25	3	120	218	55.0	33	3	125	220	56.8
26	3	123	217	56.7	34	3	121	200	60.5
27	3	126	200	63.0	35	3	113	216	52.3
28	3	116	223	52.0	36	3	119	232	51.3

13. 为研究不同间歇时间和不同距离重复跑对运动员体内血乳酸浓度（mg%）的影响，将间歇时间分为4个水平（用1，2，3，4分别表示4 min，3 min，2 min，1 min），将重复跑距离分为3个水平（用1，2，3分别表示4×200 m、4×300 m、4×400 m）。各水平交叉处均抽取3名运动员进行实验，测得血乳酸数据如表14-7-2所示。试分析间歇时间、重复跑距离以及两因素的交互作用对运动员体内血乳酸浓度的影响（两个控制变量均作为固定因子对待）。

表 14-7-2 运动员不同间歇时间和不同距离重复跑时体内血乳酸浓度

编号	间歇时间	重复跑距离	血乳酸浓度	编号	间歇时间	重复跑距离	血乳酸浓度
1	1	1	158	19	3	1	176
2	1	1	152	20	3	1	179
3	1	1	160	21	3	1	180
4	1	2	173	22	3	2	192
5	1	2	176	23	3	2	198
6	1	2	168	24	3	2	190
7	1	3	250	25	3	3	280
8	1	3	246	26	3	3	274
9	1	3	252	27	3	3	276
10	2	1	167	28	4	1	195
11	2	1	170	29	4	1	192
12	2	1	172	30	4	1	188
13	2	2	184	31	4	2	214
14	2	2	190	32	4	2	210
15	2	2	182	33	4	2	208
16	2	3	266	34	4	3	310
17	2	3	260	35	4	3	312
18	2	3	270	36	4	3	318

14. 某研究组为探讨不同内容的运动健身处方对提高女大学生心血管功能的效果，设计了两套运动处方。招募了身体各方面条件基本相同的34名普通女大学生进行实验。第1组12人，采用运动处方一；第2组12人，采用运动处方二；第3组10人作为对照组，按常规学习、生活。实验组每周进行3次统一锻炼，每次40 min，持续12周。

运动处方一：① 动作反应游戏；② 二人对掷实心球10次×3；③ 二人背抛实心球10次×3；④ 10 m×4往返跑×2；⑤ 800 m变速跑（直道快，弯道慢）。

运动处方二：① 30 m 加速跑×2；② 50 m 加速跑×2；③ 循环练习 2 遍：2 kg 哑铃上举 10 次→双脚跳上楼梯 30 级，慢走下楼→立卧撑 20 次→单人跳绳 1 min。

采用心血管功能测试仪、心电图机和国民体质监测系统测量相关指标并计算得出若干反映心血管功能的数据，如表 14-7-3 所示。试运用多元方差分析的方法，分析不同运动处方的锻炼对女大学生心血管功能的影响。

ID：编号

GR：组别（1 为运动处方一组，2 为运动处方二组，3 为对照组）

SV：每搏输出量（mL/搏）

SI：每搏指数（mL/搏/m^2，每平方米体表面积的每搏输出量）

CO：每分输出量（L/min）

CI：有效泵力指数（L/min/m^2，每平方米体表面积的每分输出量）

表 14-7-3　不同运动处方锻炼的心血管功能指标数据

ID	*GR*	*SV*	*SI*	*CO*	*CI*	*ID*	*GR*	*SV*	*SI*	*CO*	*CI*
1	1	65.5	46.6	4.54	3.22	18	2	61.8	42.0	4.38	3.07
2	1	59.8	42.2	5.03	3.57	19	2	65.8	45.3	4.69	3.28
3	1	62.7	44.5	4.34	3.08	20	2	71.5	48.8	6.04	4.22
4	1	58.2	41.1	4.08	2.89	21	2	68.6	46.4	4.82	3.38
5	1	62.5	44.7	4.36	3.09	22	2	63.3	43.6	4.45	3.14
6	1	62.8	44.9	4.30	3.05	23	2	59.4	42.2	4.22	2.95
7	1	70.4	49.8	4.95	3.51	24	2	67.5	45.9	4.75	3.33
8	1	64.7	46.2	4.52	3.20	25	3	51.0	36.4	3.20	2.21
9	1	54.0	38.3	3.66	2.59	26	3	56.2	39.5	3.99	2.75
10	1	62.0	45.2	4.37	3.10	27	3	58.5	40.6	4.17	2.88
11	1	60.2	42.9	4.26	3.02	28	3	63.6	44.2	4.51	3.12
12	1	72.6	51.8	5.15	3.65	29	3	53.5	38.5	3.72	2.56
13	2	68.4	46.5	4.87	3.40	30	3	55.7	39.7	3.95	2.72
14	2	67.5	45.7	4.72	3.30	31	3	59.5	41.5	4.27	2.94
15	2	71.6	48.8	5.86	4.10	32	3	58.3	41.8	4.16	2.87
16	2	77.0	52.5	5.44	3.88	33	3	69.8	48.6	5.40	3.72
17	2	68.4	46.5	4.83	3.38	34	3	53.0	39.4	3.72	2.56

15. 某研究组根据目标负荷干预的思想，选取 20 名 U15 足球运动员，在每天的专项技术训练外，增加在下肢离心训练系统上进行的定时、定量训练及相关的速度、耐力训练，以灵敏素质、耐力素质、下肢爆发力、最大离心力量及血尿素、血睾酮、肌酸激酶、血红蛋白等多项指标进行效果评价，于实验前、二周后、四周后和六周后共进行了 4 次重复测量。其中，反映耐力素质的三角折返跑（3×90 m）数据如表 14-7-4 所示。试运用重复测量方差分析的方法，分析所采用的目标负荷干预训练对青少年足球运动员耐力素质的影响。

表 14-7-4 足球运动员三角折返跑重复测量成绩（s）

编号	实验前	二周后	四周后	六周后	编号	实验前	二周后	四周后	六周后
1	41. 5	40. 1	40. 0	39. 4	11	39. 4	38. 3	37. 5	37. 1
2	39. 8	38. 6	37. 3	37. 2	12	40. 2	39. 7	38. 6	38. 7
3	41. 3	40. 4	38. 3	38. 7	13	40. 6	39. 4	38. 0	38. 1
4	38. 0	37. 5	36. 6	36. 2	14	39. 5	38. 9	37. 9	37. 7
5	39. 3	38. 3	37. 5	36. 6	15	39. 1	38. 3	36. 6	36. 5
6	40. 2	40. 0	38. 1	37. 4	16	41. 2	41. 0	39. 1	38. 8
7	40. 9	39. 3	37. 9	38. 0	17	43. 5	43. 3	41. 2	41. 6
8	41. 2	41. 7	40. 3	40. 2	18	39. 9	38. 8	38. 6	38. 8
9	39. 0	39. 2	37. 9	37. 5	19	42. 8	41. 9	39. 6	39. 6
10	38. 8	37. 3	36. 8	36. 2	20	40. 0	39. 5	38. 9	39. 4

16. 某研究组探讨不同锻炼方式对自我观念和生活满意感的影响，选取了 32 名普通成年人进行为期 3 个月的实验。第 1 组为控制组，12 人，不加运动干预；第 2 组为健美操组，10 人；第 3 组为太极拳组，10 人。实验组每周活动 2 次，每次 90 min，均由专业教练带领练习。分别在实验前、进行一半时和结束后以整体自尊量表、身体吸引力量表、身体价值感量表、身体自尊量表、一般生活满意感量表为工具进行了 3 次重复测量。其中的身体自尊重复测量数据如表 14-7-5 所示。试运用重复测量方差分析的方法，分析不同锻炼方式对成年人身体自尊观念的影响。

表 14-7-5 不同锻炼方式成年人身体自尊重复测量数据

编号	组别	前测	中测	后测	编号	组别	前测	中测	后测
1	1	4. 28	4. 31	4. 28	17	2	3. 22	3. 38	3. 69
2	1	5. 25	5. 25	5. 31	18	2	4. 06	4. 22	4. 53
3	1	3. 44	3. 41	3. 38	19	2	3. 84	4. 00	4. 38
4	1	3. 38	3. 47	3. 44	20	2	4. 13	4. 31	4. 63
5	1	4. 31	4. 34	4. 31	21	2	4. 28	4. 44	4. 75
6	1	5. 38	5. 38	5. 34	22	2	4. 31	4. 47	4. 78
7	1	4. 13	4. 13	4. 09	23	3	3. 56	3. 78	4. 44
8	1	4. 34	4. 38	4. 34	24	3	3. 03	3. 44	4. 19
9	1	4. 56	4. 59	4. 53	25	3	4. 16	4. 56	5. 25
10	1	5. 28	5. 22	5. 19	26	3	3. 59	4. 25	4. 81
11	1	4. 03	4. 03	3. 97	27	3	3. 13	3. 56	4. 13
12	1	2. 88	2. 97	2. 94	28	3	3. 97	4. 41	5. 06
13	2	3. 97	4. 19	4. 50	29	3	4. 44	4. 84	5. 50
14	2	3. 25	3. 44	3. 75	30	3	5. 06	5. 47	5. 78
15	2	3. 69	3. 88	4. 19	31	3	2. 97	3. 41	4. 06
16	2	5. 16	5. 31	5. 63	32	3	3. 67	4. 09	4. 72

17. 将第十三章思考与练习题 6 所建立的体育教学改革实验结果的数据文件更名保存为“练习 1417. sav”。该例中，组别变量的值，1 为实验组，2 为对照组；以哈佛台阶试验指数来反映心肺功能，在实验前、后分别进行测量。请将组别作为自变量，哈佛台阶试验指数的后测数据作为因变量，前测数据作为协变量，采用协方差分析的方法，分析体育教学综合改革方案对提高学生的心肺功能是否有效。

第十五章　非参数检验

前几章中所讨论的假设检验有两个共同特点：一方面它们都以明确的总体分布为前提；另一方面需要满足总体参数的某些假定条件。这些假设检验统称为参数检验。然而，在许多实际问题的研究中，常常由于缺乏足够的信息而无法合理地去假设一个总体服从某种分布，或者总体参数的假定条件不成立。在这些情况下若强行应用参数检验的方法，可能会得出不合理甚至错误的结论。此外，当测试数据为低测度水平的资料（等级、名次、顺序等）时，平均数、方差等统计量已经失去实际意义，因而也不再适合进行参数检验了。此时，我们需要寻求更多的纯粹来自数据的信息，这就要用到非参数检验的方法。

非参数检验方法简便易学，应用范围广泛，但检验的灵敏性和精确度不如参数检验。

第一节　单样本的非参数检验

一、总体分布的卡方检验

（一）总体分布的卡方检验概述

在实际工作中，有时不能预知总体服从什么类型的分布，需要根据样本来检验关于总体分布的假设。总体分布的卡方检验就是对总体分布做出统计推断的一种较好方法，亦称为卡方拟合优度检验，它用于检验在一个变量中各类别所占的比例是否符合某种特定比例。检验的假设可表示为：

H_0：样本所来自的总体服从某种已知分布；

H_1：样本所来自的总体不服从某种已知分布。

设分类数为 k，$i=1$，2，…，k。单样本总体分布卡方检验的基本思路是，首先考察样本中各类别的实测频数 f_i，再按照已知的总体分布构成比计算样本中各类别的期望频数 E_i，进而计算 χ^2 统计量：

$$\chi^2=\sum_{i=1}^{k}\frac{(f_i-E_i)^2}{E_i}$$

所得 χ^2 值服从自由度 $df=k-1$ 的 χ^2 分布。

当只有两个类别（$k=2$，$df=k-1=2-1=1$）且有期望频数小于 5 时，需使用以下的校正公式来计算 χ^2 值：

$$\chi^2=\sum_{i=1}^{k}\frac{(|f_i-E_i|-0.5)^2}{E_i}$$

如图 15-1-1 所示，给定显著性水平 α，在卡方分布上侧分位数表中可查得双侧检验的临界值 $\chi^2_{\frac{\alpha}{2}(df)}$。如果各类别的实测频数与期望频数很接近，计算所得卡方值不太大，$\chi^2<\chi^2_{\frac{\alpha}{2}(df)}$，即卡方值落在原假设的接受域内，$P>\alpha$，应接受原假设，可认为总体服从某种已知分布，或者说总体中各类别的比例符合某种特定比例。如果各类别的实测频数与

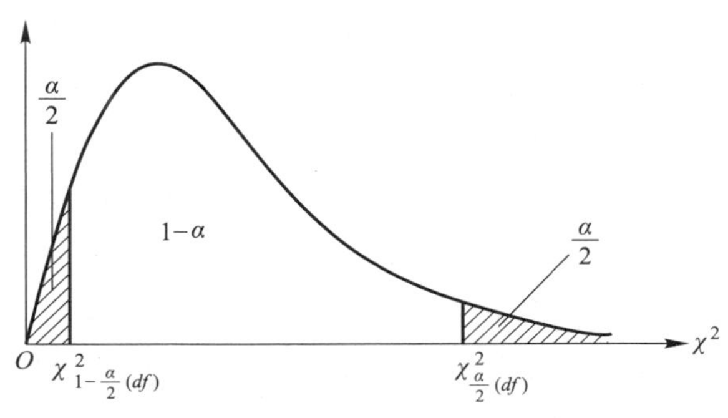

图 15-1-1　χ^2 检验的临界值

期望频数相差较大，则计算所得卡方值比较大，$\chi^2 \geqslant \chi^2_{\frac{\alpha}{2}(df)}$，即卡方值落在原假设的拒绝域内，$P \leqslant \alpha$，应拒绝原假设，接受备择假设，可认为总体不服从某种已知分布，或者说总体中各类别的比例不符合某种特定比例。

【案例 1501】

某校拟在校运会上推出一项新的群体竞赛项目，拟定了三个方案在学生中进行抽样调查。在受访的 300 人中，赞成方案一的有 96 人，赞成方案二的有 122 人，赞成方案三的有 82 人。问三个方案受欢迎的程度有无显著性差异。

解：根据题意，本例可进行单样本总体分布卡方检验的双侧检验。现建立假设：

H_0：三个方案受欢迎的程度无显著性差异；

H_1：三个方案受欢迎的程度具显著性差异。

如果原假设成立，意味着三个方案的赞成人数应该相等，则三个方案的期望频数应该都是 300/3 = 100，如表 15-1-1 所示。

表 15-1-1　新群体竞赛项目调查结果

方案	1	2	3
实测频数	96	122	82
期望频数	100	100	100

已知 $k=3$，自由度 $df=k-1=3-1=2$。

$$\chi^2 = \sum \frac{(f_i-E_i)^2}{E_i} = \frac{(96-100)^2}{100} + \frac{(122-100)^2}{100} + \frac{(82-100)^2}{100}$$

$$= 0.16+4.84+3.24 = 8.24$$

查 χ^2 分布上侧分位数表，得 $\chi^2_{\frac{0.05}{2}(2)} = 7.38$，$\chi^2_{\frac{0.01}{2}(2)} = 10.60$。

因 $\chi^2 = 8.24 > 7.38$，故 $P<0.05$，应拒绝原假设，接受备择假设，可认为三个方案受欢迎的程度具显著性差异。从实测频数看，方案二最受欢迎，因此，可以在校运会上采用新群体竞赛项目的第二方案。

SPSS 中的总体分布卡方检验默认进行双侧检验。系统除了计算统计量 χ^2 外，还会算出相应的显著性概率 P。该值是在特定自由度的卡方分布中卡方值大于等于计算所得卡方值的概率，即 $P(\chi^2 \geqslant \chi^2_{计算值})$。这个概率等于卡方分布曲线左、右两端阴影部分的面积之和，如图15-1-2所示。

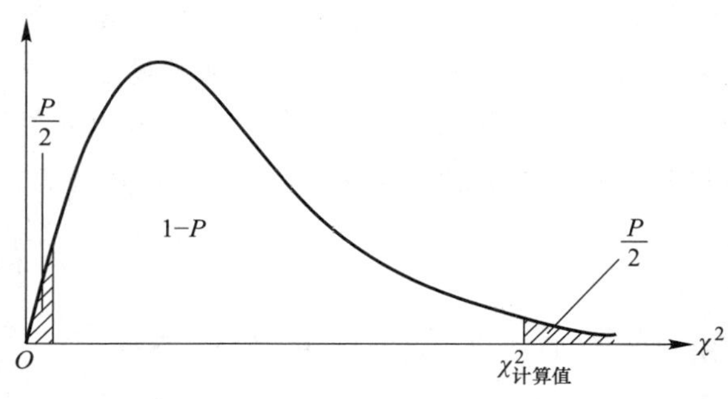

图 15-1-2　χ^2 检验的显著性概率

因此，在 SPSS 中进行总体分布的卡方检验时，可以直接将计算所得 P 与给定的显著性水平 α 进行比较，做出统计推断。如果 $P>\alpha$，意味着计算所得卡方值落在原假设的接受域内，应接受原假设；如果 $P \leqslant \alpha$，意味着计算所得卡方值落在原假设的拒绝域内，应拒绝原假设，接受备择假设。

（二）总体分布的卡方检验在 SPSS 中的实现

对案例 1501 的问题，根据调查结果整理的数据文件"案例 1501. sav"如图 15-1-3 所示。数据文件只有 2 个变量，变量"方案"的取值为 1、2、3，分别代表第一、二、三种方案；变量"赞成人数"是赞成某方案的实测人数。

	方案	赞成人数
1	1	96
2	2	122
3	3	82

图 15-1-3　案例 1501 的数据文件

1. 在 SPSS 中实现的步骤

第 1 步：在数据编辑器窗口中打开数据文件“案例 1501. sav”。

第 2 步：数据文件中，变量“赞成人数”是经过整理的频数，故需进行加权处理。在“数据”菜单中选择“个案加权”命令，打开相应的对话框，将“赞成人数”设为加权依据。

第 3 步：在“分析”菜单中选择“非参数检验”→“旧对话框”→“卡方”命令，打开相应的主对话框。

第 4 步：在“卡方检验”主对话框中进行总体分布卡方检验的具体操作，如图 15-1-4 所示。

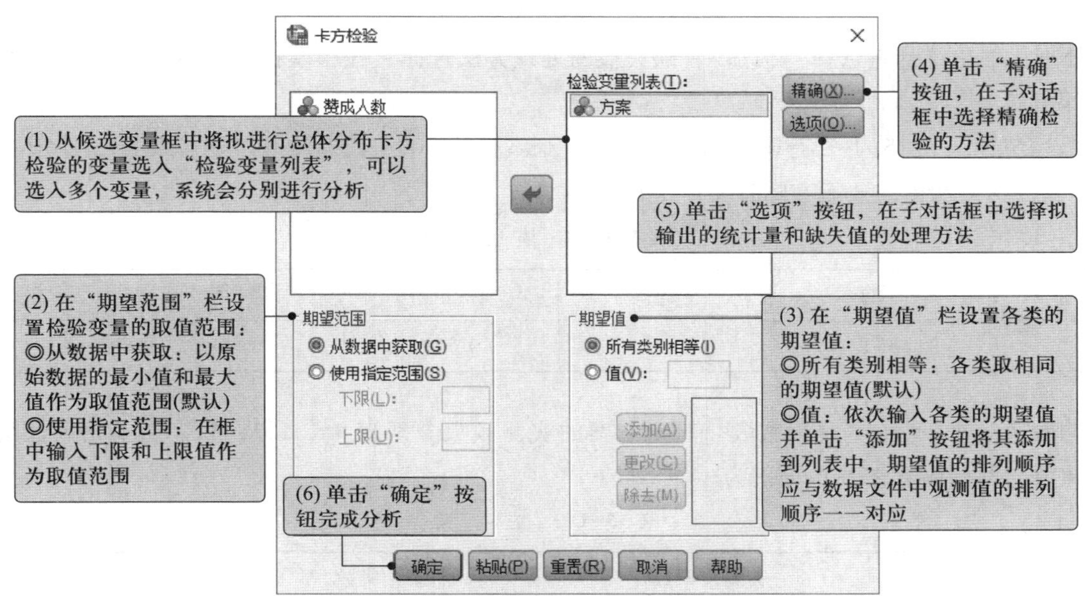

图 15-1-4　总体分布卡方检验的操作

本例处理：将变量“方案”选入“检验变量列表”；期望范围取默认设置“从数据中获取”；期望值取默认设置“所有类别相等”。

第 5 步：在“卡方检验”主对话框中单击“精确”按钮，打开“精确检验”子对话框，在其中设置精确检验的方法，如图 15-1-5 所示。

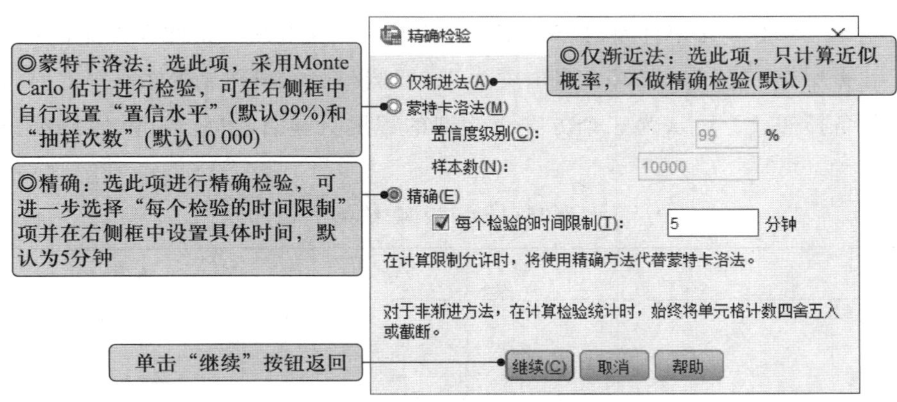

图 15-1-5　精确检验的操作

本例处理：检验方法选择“精确”，每个检验的时间限制采用默认设置 5 分钟。

第 6 步：在“卡方检验”主对话框中单击“选项”按钮，打开“选项”子对话框，在其中选择拟输出的统计量和缺失值的处理方法，如图 15-1-6 所示。

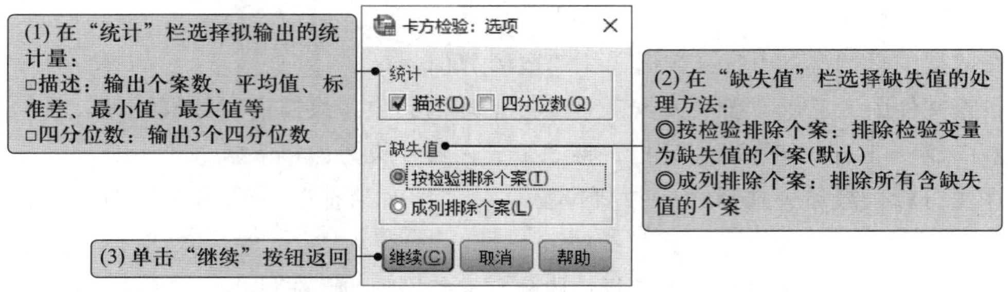

图 15-1-6 选项的操作

本例处理：输出统计量选择“描述”；缺失值的处理方法选择“按检验排除个案”。

2. 结果解读

（1）描述统计。表 15-1-2 是基本描述统计量。个案数为 300，检验变量“方案”的最小值为 1，最大值为 3。本例平均值和标准差无实际意义。

表 15-1-2 描 述 统 计

	个案数	平均值	标准差	最小值	最大值
方案	300	1.95	0.770	1	3

（2）频数表。表 15-1-3 是频数表。三个方案的实测频数分别为 96，122，82，期望频数都是 100，残差（实测频数与期望频数之差）分别为-4，22，-18。

表 15-1-3 方 案

	实测个案数	期望个案数	残差
方案一	96	100.0	-4.0
方案二	122	100.0	22.0
方案三	82	100.0	-18.0
总计	300		

（3）检验结论。表 15-1-4 是单样本总体分布卡方检验的主要结果。由此表可知，未出现单元格期望频数小于 5 的情况；计算所得 χ^2 值为 8.240，自由度为 2，双侧检验的精确显著性概率 $P=0.016<0.05$。因此，应拒绝原假设，接受备择假设，可认为三个方案受欢迎的程度具显著性差异。从实测频数看，方案二最受欢迎。

表 15-1-4 检 验 统 计

	方案
卡方	8.240[a]
自由度	2
渐近显著性	0.016
精确显著性	0.016
点概率	0.001

a. 0 个单元格（0.0%）的期望频率低于 5，单元格的最低期望频率为 100.0

二、二项分布检验

（一）二项分布检验概述

在体育领域中，很多情况下变量的取值只有两类，如近视与非近视、成功与失败、合格与不合格、赞成与反对等。从这种二分类总体中抽取的所有可能结果，只能对应于其中的一类。此类数据的频数分布属于二项分布。

单样本二项分布检验用于推断一个样本所来自的总体的分布是否服从指定的概率值为 p 的二项分布。在实际应用中，常用于分析一个样本所来自的总体的率 π 与某个已知总体的率 π_0 有无显著性差异。检验的假设可表示为：

H_0：$\pi=\pi_0$；

H_1：$\pi\neq\pi_0$（双侧检验）；H_1：$\pi>\pi_0$ 或 H_1：$\pi<\pi_0$（单侧检验）。

设在 n 次重复试验中某类事件出现了 m 次，则该类事件出现的率为 $p=m/n$，而该类事件不出现的率就为 $1-p$。

小样本（$n<30$）的二项分布检验采用精确检验方法，直接计算 n 次试验中某类事件出现的次数小于等于 m 次的累积精确概率，即：

$$P(X\leqslant m)=\sum_{i=0}^{m}\mathrm{C}_n^i p^i(1-p)^{n-i}$$

给定显著性水平 α，如果 $P>\alpha$，应接受原假设；如果 $P\leqslant\alpha$，应拒绝原假设，接受备择假设。

大样本（$n\geqslant 30$）的二项分布检验可以采用正态分布来近似，计算 Z 统计量：

$$Z=\frac{p-\pi_0}{\sigma_p}=\frac{\frac{m}{n}-\pi_0}{\sqrt{\frac{\pi_0(1-\pi_0)}{n}}}=\frac{\frac{m}{n}-\pi_0}{\sqrt{\frac{\pi_0(1-\pi_0)}{n}}}\times\frac{n}{n}=\frac{m-n\pi_0}{\sqrt{n\pi_0(1-\pi_0)}}$$

实际计算公式为：

$$Z=\frac{m\pm 0.5-n\pi_0}{\sqrt{n\pi_0(1-\pi_0)}}$$

上式中，n 为样本容量，m 为属于检验概率类别的实测频数，π_0 为检验概率；± 0.5 是校正值，用于对分布曲线进行平滑处理，当 m 小于 $n/2$ 时用加号，当 m 大于 $n/2$ 时用减号。

计算所得 Z 值近似服从正态分布。如图 15-1-7 所示，给定显著性水平 α，对于双侧检验，在标准正态分布表中可查得临界值 $Z_{\frac{\alpha}{2}}$。如果 $|Z|<Z_{\frac{\alpha}{2}}$，即 $P>\alpha$，应接受原假设；如果 $|Z|\geqslant Z_{\frac{\alpha}{2}}$，即 $P\leqslant\alpha$，应拒绝原假设，接受备择假设。对于单侧检验，在标准正态分布表中可查得临界值 Z_α。如果 $|Z|<Z_\alpha$，即 $P>\alpha$，应接受原假设；如果 $|Z|\geqslant Z_\alpha$，即 $P\leqslant\alpha$，应拒绝原假设，接受备择假设。

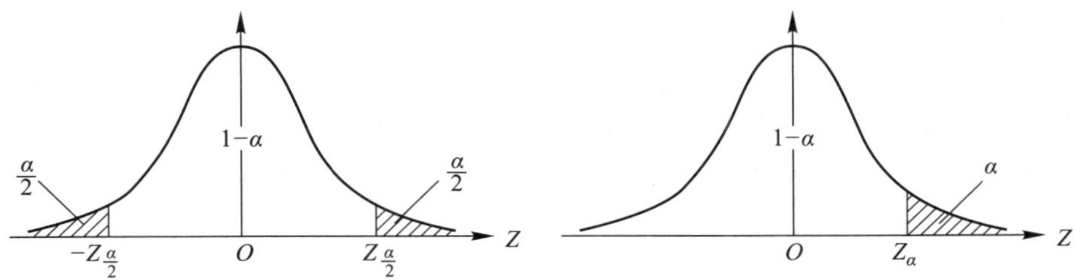

图 15-1-7　二项分布近似 Z 检验的临界值

【案例 1502】

根据历史累积资料，某排球队在比赛中的扣球成功率为 0.42。今该队在一次比赛中扣球 252 次，其中成功 90 次，成功率为 0.357。该队在该次比赛中的扣球成功率是否低于历史水平？

解：根据题意，本例可进行单样本二项分布检验的单侧检验。现建立假设：

H_0：该队在该次比赛中的扣球成功率与历史水平相比无显著性差异；

H_1：该队在该次比赛中的扣球成功率低于历史水平。

已知 $\pi_0=0.42$，$n=252$，$m=90$。

$$Z=\frac{m+0.5-n\pi_0}{\sqrt{n\pi_0(1-\pi_0)}}=\frac{90+0.5-252\times 0.42}{\sqrt{252\times 0.42\times(1-0.42)}}=-1.958$$

本例属大样本，查标准正态分布表，得 $Z_{0.05}=1.64$，$Z_{0.01}=2.33$。

因 $|Z|=1.958>1.64$，故 $P<0.05$，应拒绝原假设，接受备择假设，可认为该队在该次比赛中的扣球成功率低于历史水平，差异具显著性。

SPSS 中的二项分布检验默认进行单侧检验。系统除了计算统计量 Z 外，还会算出相应的显著性概率 P。该值是在标准正态分布中 Z 值大于等于计算所得 Z 绝对值的概率，即 $P(Z\geqslant|Z_{计算值}|)$。这个概率等于标准正态分布曲线右端阴影部分的面积，如图 15-1-8 所示。

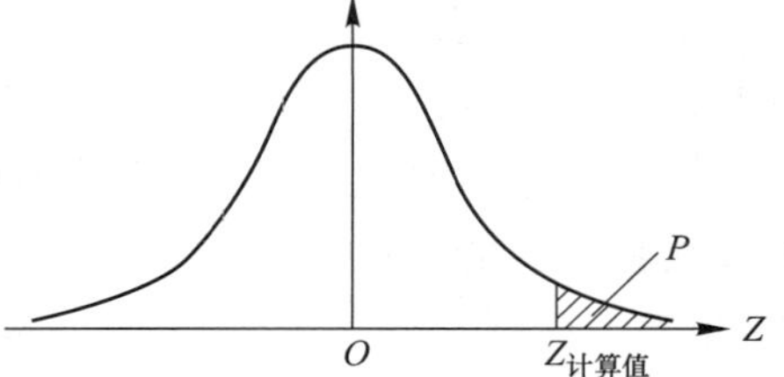

图 15-1-8　二项分布 Z 检验的显著性概率

因此，在 SPSS 中进行二项分布检验时，可以直接将计算所得 P 与给定的显著性水平 α 进行比较，做出统计推断。如果 $P>\alpha$，表明计算所得 Z 值落在原假设的接受域内，应接受原假设；如果 $P\leqslant\alpha$，表明计算所得 Z 值落在原假设的拒绝域内，应拒绝原假设，接受备择假设。

（二）二项分布检验在 SPSS 中的实现

对案例 1502 的问题，因排球比赛的扣球分为成功和失败，属于二分类数据，可采用二项分布进行检验。已知在 252 次扣球中成功 90 次，则失败次数为 252−90=162。

将数据整理成数据文件“案例 1502.sav”，如图 15-1-9 所示。变量“类型”表示扣球结果，其值 1 代表成功，0 代表失败；变量“次数”表示各类型的实测频数。建立数据文件时要注意数据的排列顺序，系统默认检验第一行数据的概率。本例拟检验扣球成功率，故应将成功类型和次数放在第一行。

	类型	次数
1	1	90
2	0	162

图 15-1-9　案例 1502 的数据文件

1. 在 SPSS 中实现的步骤

第 1 步：在数据编辑器窗口中打开数据文件“案例 1502.sav”。

第 2 步：数据文件中，变量“次数”是经过整理的频数，故需进行加权处理。在“数据”菜单中选择“个案加权”命令，打开相应的对话框，将“次数”设为加权依据。

第 3 步：在“分析”菜单中选择“非参数检验”→“旧对话框”→“二项”命令，打开相应的主对话框。

第 4 步：在“二项检验”主对话框中进行二项分布检验的具体操作，如图 15-1-10 所示。

本例处理：将变量“类型”选入“检验变量列表”；分类方式选择默认设置“从数据中获取”；检验比例设为该排球队的历史扣球成功率 0.42。

第 5 步：在“二项检验”主对话框中单击“选项”按钮，打开如图 15-1-6 所示的“选项”子对话框。在其中，输出统计量选择“描述”；缺失值的处理方法采用“按检验排除个案”。

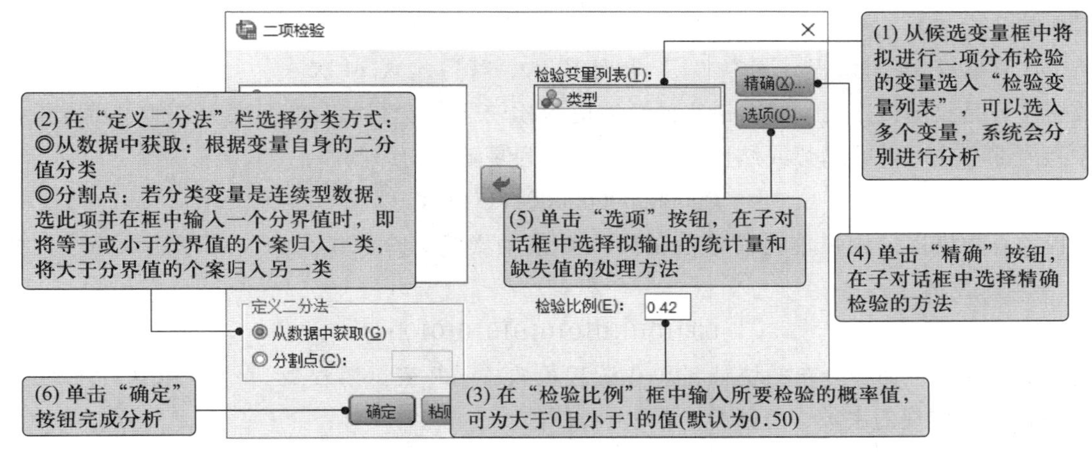

图 15-1-10　二项分布检验的操作

2. 结果解读

（1）描述统计。表 15-1-5 是基本描述统计量。个案数为 252，检验变量“类型”的最小值为 0，最大值为 1。本例平均值和标准差无实际意义。

表 15-1-5　描 述 统 计

	个案数	平均值	标准差	最小值	最大值
类型	252	0. 36	0. 480	0	1

（2）检验结论。表 15-1-6 是单样本二项分布检验的主要结果。由此表可知，该队在该次比赛中扣球成功的次数为 90，失败的次数为 162；实测比例为 0. 36，检验比例为 0. 42；单侧检验的显著性概率 $P=0.024<0.05$。因此，应拒绝原假设，接受备择假设，可认为该队在该次比赛中的扣球成功率低于历史水平，差异具显著性。

表 15-1-6　二 项 检 验

		类别	个案数	实测比例	检验比例	精确显著性（单尾）
类型	组 1	成功	90	0. 36	0. 42	0. 024
	组 2	失败	162	0. 64		
	总计		252	1. 00		

三、单样本游程检验

（一）单样本游程检验概述

在某些情况下，样本数据随机性的重要程度甚至会大大超过其总体参数的重要程度，游程检验就是一种分析数据随机性的非参数检验方法。检验的假设可表示为：

H_0：变量值的出现是随机的；

H_1：变量值的出现不是随机的。

将二值变量的观测值按某种顺序排列，每个连续出现同一取值的区段就称为一个游程（Run）。例如，一个数据序列为：

$$110001001100100010110010$$

其中，最前面的 2 个“1”为第 1 个游程，随后的 3 个“0”为第 2 个游程，接着的 1 个“1”为第 3 个游程，……整个序列共有 14 个游程，其中“1”出现 10 次，“0”出现 14 次。

如果数据序列是真随机序列，那么游程的总数应当比较适中，不太多也不太少。如果游程的总数极少，就意味着序列内部存在一定的趋势或结构，不能认为序列是随机的，例如：

000000000000001111111111

如果游程的总数极多，则可能是有系统的短周期波动影响着观测结果，同样不能认为序列是随机的，例如：

000101010101010101010100

游程是一个具有独特抽样分布的统计量。在游程检验中，R 表示游程数，n_1 为其中一种状态出现的次数，n_2 为另一种状态出现的次数，总试验次数 $n=n_1+n_2$。

对于小样本（$n_1 \leqslant 10$ 且 $n_2 \leqslant 20$），统计学家 Swed 和 Eisenhart 构造了游程检验临界值表（本书附录之附表 7）。给定显著性水平 α，根据 n_1、n_2 和 $\alpha/2$ 的值查表，可以确定两个临界值 c_1 和 c_2（$c_1<c_2$）。如果 $c_1<R<c_2$，应接受原假设，可认为变量值的出现是随机的；如果 $R \leqslant c_1$ 或 $R \geqslant c_2$，应拒绝原假设，接受备择假设，可认为变量值的出现不是随机的。

在上面的 3 个数据序列中，$n_1=10$，$n_2=14$，取 $\alpha=0.5$（查表时用 0.025），查游程检验临界值表，得 $c_1=7$，$c_2=18$。对于第 1 个序列，$R=14$，由于 $7<14<18$，应认为数据符合随机性假设。对于第 2 个序列，$R=2<7$，应认为数据不符合随机性假设。对于第 3 个序列，$R=21>18$，也应认为数据不符合随机性假设。

当 n_1、n_2 都较大时，游程的抽样分布可以采用正态分布来近似。

游程抽样分布的均值为：$\mu_r=\dfrac{2n_1n_2}{n_1+n_2}+1$。

游程抽样分布的标准差为：$\sigma_r=\sqrt{\dfrac{2n_1n_2(2n_1n_2-n_1-n_2)}{(n_1+n_2)^2(n_1+n_2-1)}}$。

检验统计量为：

$$Z=\frac{R\pm0.5-\mu_r}{\sigma_r}$$

其中的±0.5 是校正值，用于对分布曲线进行平滑处理，当 R 小于 $n/2$ 时用加号，当 R 大于 $n/2$ 时用减号。所求 Z 统计量近似服从标准正态分布，可以在标准正态分布表中查找临界值，进而做出统计推断。

在实际工作中，如果拟分析的数据不是二值数据，则可通过一定的变换将其转化为二值数据。例如，可以先求出中位数，然后将大于中位数的观测值转化为 1，将小于等于中位数的观测值转化为 0，然后再进行单样本游程检验。

【案例 1503】

在某场关键性球赛中，裁判员全场对 A、B 两队一共判罚了 30 次，上半场 15 次，下半场 15 次，其判罚的顺序为 ABBBBBABBBABBAAAABBBBAAAAAAAAB。试分析裁判的判罚尺度在全场是否统一。

裁判员在全场中对 A、B 队的判罚各有 15 次，从判罚率来看是公正的。但观察全场情况，我们发现上半场的 15 次判罚中有 10 次是 B 队的，而下半场的 15 次判罚中只有 5 次是 B 队的。这就让人怀疑是否有暗箱操作，造成中场休息后裁判的判罚尺度明显改变。一般来说，裁判员在场上对两队的判罚应该是随机的。所以，可以进行单样本游程检验，看看该场比赛判罚的序列是否随机，并据此判断裁判员是否公正。

解：根据题意，本例应进行单样本游程检验的双侧检验。现建立假设：

H_0：判罚队的序列是随机的；

H_1：判罚队的序列不是随机的。

已知 $n=30$，$n_1=15$，$n_2=15$，$R=10$。

$$\mu_r=\frac{2n_1n_2}{n_1+n_2}+1=\frac{2\times15\times15}{15+15}+1=16$$

$$\sigma_r=\sqrt{\frac{2n_1n_2(2n_1n_2-n_1-n_2)}{(n_1+n_2)^2(n_1+n_2-1)}}=\sqrt{\frac{2\times15\times15\times(2\times15\times15-15-15)}{(15+15)^2\times(15+15-1)}}=2.691$$

因 $n/2=30/2=15$，$R=10<15$，故公式中的修正值用“+”号，可得：

$$Z=\frac{R+0.5-\mu_r}{\sigma_r}=\frac{10+0.5-16}{2.691}=-2.044$$

本例属大样本，查标准正态分布表，得 $Z_{\frac{0.05}{2}}=1.96$，$Z_{\frac{0.01}{2}}=2.58$。

因 $|Z|=2.044>1.96$，故 $P<0.05$，应拒绝原假设，接受备择假设，可认为裁判员全场判罚队的序列不是随机的，有理由怀疑裁判员在场上判罚的公正性。

SPSS 中的单样本游程检验默认进行双侧检验。系统除了计算统计量 Z 外，还会算出相应的显著性概率 P。该值是在标准正态分布中 Z 值大于等于计算所得 Z 绝对值的概率，即 $P(Z\geqslant|Z_{计算值}|)$。这个概率等于标准正态分布曲线左、右两端阴影部分的面积之和，如图 15-1-11所示。

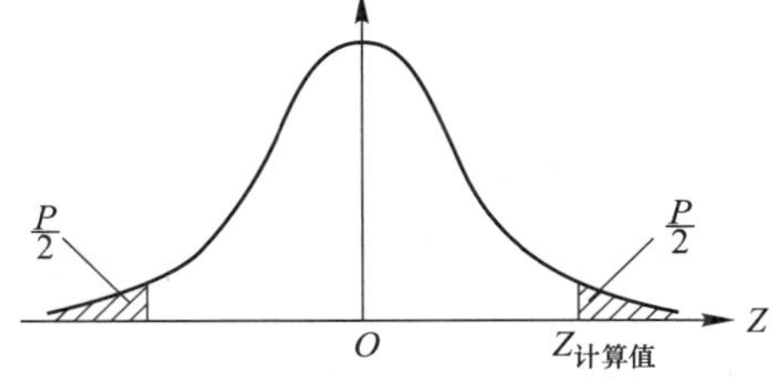

图 15-1-11　游程检验的显著性概率

因此，在 SPSS 中进行单样本游程检验时，可以直接将计算所得 P 与给定的显著性水平 α 进行比较，做出统计推断。如果 $P>\alpha$，意味着计算所得 Z 值落在原假设的接受域内，应接受原假设；如果 $P\leqslant\alpha$，意味着计算所得 Z 值落在原假设的拒绝域内，应拒绝原假设，接受备择假设。

（二）单样本游程检验在 SPSS 中的实现

对案例 1503 的问题，将数据整理成数据文件“案例 1503. sav”，如图 15-1-12 所示。文件包含 2 个变量，编号表示判罚的顺序；判罚队的值 1 代表 A 队，2 代表 B 队。

	序号	判罚队		序号	判罚队		序号	判罚队
1	1	1	11	11	1	21	21	2
2	2	2	12	12	2	22	22	1
3	3	2	13	13	2	23	23	1
4	4	2	14	14	1	24	24	1
5	5	2	15	15	1	25	25	1
6	6	2	16	16	1	26	26	1
7	7	1	17	17	1	27	27	1
8	8	2	18	18	2	28	28	1
9	9	2	19	19	2	29	29	1
10	10	2	20	20	2	30	30	2

图 15-1-12　案例 1503 的数据文件

1. 在 SPSS 中实现的步骤

第 1 步：在数据编辑器窗口中打开数据文件“案例 1503. sav”。

第 2 步：在“分析”菜单中选择“非参数检验”→“旧对话框”→“游程”命令，打开相应的主对话框。

第 3 步：在“游程检验”主对话框中进行游程检验的具体操作，如图 15-1-13 所示。

本例处理：将变量“判罚队”选入“检验变量列表”；分割点选择“平均值”。

第 4 步：在“游程检验”主对话框中单击“选项”按钮，打开如图 15-1-6 所示的“选项”子对话框。在其中，输出统计量选择“描述”；缺失值的处理方法采用“按检验排除个案”。

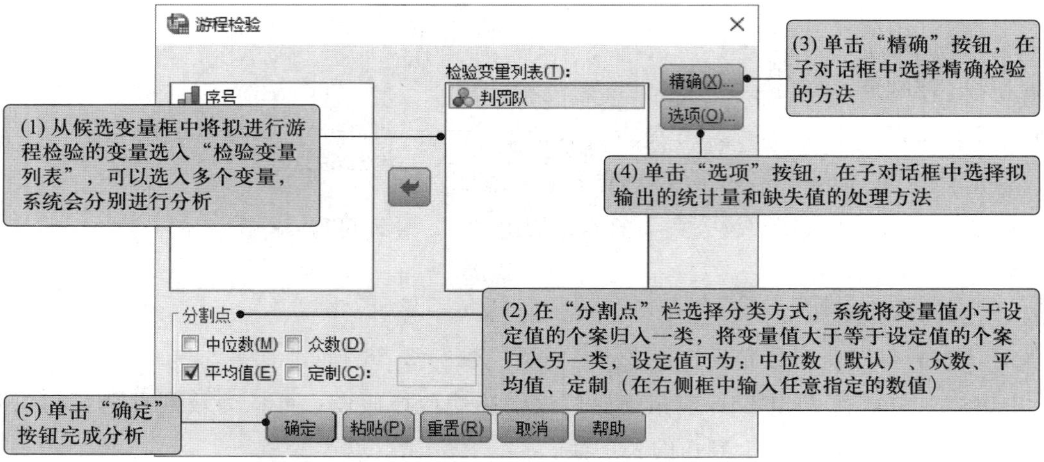

图 15-1-13 游程检验的操作

2. 结果解读

（1）描述统计。表 15-1-7 是基本描述统计量。个案数为 30，检验变量“判罚队”的最小值为 1，最大值为 2。本例平均值和标准差无实际意义。

表 15-1-7 描 述 统 计

	个案数	平均值	标准偏差	最小值	最大值
判罚队	30	1.50	0.509	1	2

（2）检验结论。表 15-1-8 是单样本游程检验的主要结果。由此表可知，检验值为 1.50，即以此值为分割点将判罚队分为两类；小于检验值的个案数为 15，大于等于检验值的个案数也为 15，总个案数为 30，共构成 10 个游程；检验统计量 Z 值为−2.044；双侧检验的显著性概率 $P=0.041<0.05$。因此，应拒绝原假设，接受备择假设，可认为裁判员全场判罚的序列不是随机的，有理由怀疑裁判员在场上判罚的公正性。

表 15-1-8 游 程 检 验

	判罚队
检验值	1.50
个案数<检验值	15
个案数>=检验值	15
总个案数	30
游程数	10
Z	−2.044
渐近显著性（双尾）	0.041

四、单样本 K-S 检验

（一）单样本 K-S 检验概述

单样本 K-S 检验是以统计学家柯尔莫戈洛夫（Kolmogorov）和斯米诺夫（Smirnov）的名字命名的一种

非参数检验方法。该方法是一种拟合优度的检验，利用样本数据来推断样本所来自的总体是否服从某种理论分布。检验的假设可表示为：

H_0：样本所来自的总体与指定的理论分布无显著性差异；

H_1：样本所来自的总体与指定的理论分布具显著性差异。

单样本 K-S 检验的基本思路是，将观测值的实际累积频率和理论累积频率相比较，求出它们最大的偏离值，进而在给定的显著性水平上判断这个偏离值是否是偶然出现的。

设样本容量为 n，$i=1, 2, \cdots, n$，则单样本 K-S 检验的实现步骤为：

（1）将样本观测值按升序排列后，计算各样本观测值的实际累积频率 $S(X_i)$。

（2）在原假设成立的前提下，计算各样本观测值在理论分布中出现的理论累积频率 $F(X_i)$。

（3）计算实际累积频率与理论累积频率的差值 $D(X_i)=S(X_i)-F(X_i)$，并找出该序列中的最大绝对差值 $A=\max(|S(X_i)-F(X_i)|)$。

（4）由于实际累积频率为离散值，故再计算修正差值 $D(X_i)=S(X_{i-1})-F(X_i)$，并找出该序列中的最大绝对差值 $B=\max(|S(X_{i-1})-F(X_i)|)$。

（5）计算 K-S 统计量：$D=\max(A, B)$。

显然，如果每一个样本观测值的实际累积频率和理论累积频率都十分接近，统计量 D 不会很大，这表明经验分布函数与理论分布函数的拟合程度较高，有理由认为样本数据来自服从该理论分布的总体。如果统计量 D 较大，则表明经验分布函数与理论分布函数差异明显，不能认为样本数据来自服从该理论分布的总体。

小样本（$n \leqslant 100$）情况下，统计量 D 服从柯尔莫戈洛夫分布。给定显著性水平 α，在柯尔莫戈洛夫检验临界值表（本书附录之附表 8）中可查得临界值 d_α，满足 $P(D \geqslant d_\alpha)=\alpha$。

大样本（$n>100$）情况下，$\sqrt{n}D$ 近似服从柯尔莫戈洛夫统计量 D 的极限分布 $K(\lambda)$。这里，分布函数 $K(\lambda)$ 的表达式为：

$$K(\lambda)=\begin{cases}0, & \lambda<0 \\ \sum\limits_{j=-\infty}^{\infty}(-1)^j \mathrm{e}^{-2j^2\lambda^2}, & \lambda>0\end{cases}$$

给定显著性水平 α，在柯尔莫戈洛夫统计量 D 的极限分布表（本书附录之附表 9）中可查得 λ_α，使得：

$$K(\lambda_\alpha)=\lim_{n\to\infty}P\left(D<\frac{\lambda_\alpha}{\sqrt{n}}\right)=1-\alpha$$

也就是：$\lim\limits_{n\to\infty}P\left(D \geqslant \dfrac{\lambda_\alpha}{\sqrt{n}}\right)=\alpha$。

此时，满足条件 $P(D \geqslant d_\alpha)=\alpha$ 的临界值为 $d_\alpha=\lambda_\alpha/\sqrt{n}$。如果显著性水平 α 分别取 0.05 和 0.01，查柯尔莫戈洛夫统计量 D 的极限分布表（表中对应于 0.95 和 0.99 的 λ 值），可以得到 $\lambda_{0.05}=1.36$ 和 $\lambda_{0.01}=1.63$，则对应的两个临界值分别为 $d_{0.05}=1.36/\sqrt{n}$ 和 $d_{0.01}=1.63/\sqrt{n}$，其中 n 为大样本的样本容量。

无论小样本还是大样本，给定显著性水平 α，如果 $D<d_\alpha$，则 $P>\alpha$，应接受原假设；如果 $D \geqslant d_\alpha$，则 $P \leqslant \alpha$，应拒绝原假设，接受备择假设。

【案例 1504】

测得 24 名男生的十字变向障碍跑成绩（s）如下。问该组男生十字变向障碍跑成绩总体是否服从正态分布。

13.45　13.52　13.60　13.60　13.60　13.70　13.70　13.78

13.78 13.78 13.83 13.85 13.91 13.98 13.98 14.01

14.03 14.10 14.12 14.13 14.14 14.14 14.22 14.40

解：根据题意，本例应进行单样本 K-S 检验的双侧检验。现建立假设：

H_0：十字变向障碍跑成绩总体服从正态分布；

H_1：十字变向障碍跑成绩总体不服从正态分布。

单样本 K-S 检验的具体计算过程如表 15-1-9 所示。

表 15-1-9 十字变向障碍跑的总体分布 K-S 检验计算表

编号	成绩（s）	Z 分数	实际累积频率	理论累积频率	差值	修正差值
1	13.45	−1.78	0.042 0	0.037 5	0.005	
2	13.52	−1.50	0.083 0	0.066 8	0.016	−0.025
3	13.60	−1.18	0.208 0	0.119 0	0.089	−0.036
4	13.60	−1.18	0.208 0	0.119 0	0.089	0.089
5	13.60	−1.18	0.208 0	0.119 0	0.089	0.089
6	13.70	−0.77	0.292 0	0.220 6	0.071	−0.013
7	13.70	−0.77	0.292 0	0.220 6	0.071	0.071
8	13.78	−0.44	0.417 0	0.330 0	0.087	−0.038
9	13.78	−0.44	0.417 0	0.330 0	0.087	0.087
10	13.78	−0.44	0.417 0	0.330 0	0.087	0.087
11	13.83	−0.24	0.458 0	0.405 2	0.053	0.012
12	13.85	−0.16	0.500 0	0.436 4	0.064	0.022
13	13.91	0.08	0.542 0	0.531 9	0.010	−0.032
14	13.98	0.37	0.625 0	0.644 3	−0.019	−0.102
15	13.98	0.37	0.625 0	0.644 3	−0.019	−0.019
16	14.01	0.49	0.667 0	0.687 9	−0.021	−0.063
17	14.03	0.57	0.708 0	0.715 7	−0.008	−0.049
18	14.10	0.85	0.750 0	0.802 3	−0.052	−0.094
19	14.12	0.94	0.792 0	0.826 4	−0.034	−0.076
20	14.13	0.98	0.833 0	0.836 5	−0.004	−0.045
21	14.14	1.02	0.917 0	0.846 1	0.071	−0.013
22	14.14	1.02	0.917 0	0.846 1	0.071	0.071
23	14.22	1.34	0.958 0	0.909 9	0.048	0.007
24	14.40	2.07	1.000 0	0.980 8	0.019	−0.023

在表 15-1-9 中，“Z 分数”是通过描述统计求得的各个原始成绩的标准化 Z 分数；“实际累积频率”是通过频数分析求得的各个原始成绩的累积百分比；“理论累积频率”是根据 Z 分数从标准正态分布表中查得的累积频率；“差值”为实际累积频率减去理论累积频率的差；“修正差值”是上一行实际累积频率减去本行理论累积频率的差。

“差值”列的最大绝对差值 $A=0.089$；“修正差值”列的最大绝对差值 $B=0.102$。因此，统计量 $D=\max(A, B)=\max(0.089, 0.102)=0.102$。

本例 $n=24$，属小样本，查柯尔莫戈洛夫检验临界值表，得 $d_{0.05}=0.269\ 31$，$d_{0.01}=0.322\ 86$。

因 $D=0.102<0.26931$，故 $P>0.05$，应接受原假设，可认为十字变向障碍跑成绩总体服从正态分布。

SPSS 中的单样本 K-S 检验默认进行双侧检验，系统会计算统计量 D。无论是小样本还是大样本，系统只给出大样本下 $\sqrt{n}D$ 所对应的概率 P 值。因此，对于小样本，为稳妥起见，还是应当查柯尔莫戈洛夫检验临界值表找到临界值，再做统计推断。对于大样本，可直接将计算所得 P 与给定的显著性水平 α 进行比较，做出统计推断；如果 $P>\alpha$，应接受原假设；如果 $P\leqslant\alpha$，应拒绝原假设，接受备择假设。

（二）单样本 K-S 检验在 SPSS 中的实现

对案例 1504 的问题，将数据整理成数据文件“案例 1504. sav”，如图 15-1-14 所示。数据文件中只有一个变量，即十字变向障碍跑的成绩。

	成绩		成绩		成绩
1	13.45	9	13.78	17	14.03
2	13.52	10	13.78	18	14.10
3	13.60	11	13.83	19	14.12
4	13.60	12	13.85	20	14.13
5	13.60	13	13.91	21	14.14
6	13.70	14	13.98	22	14.14
7	13.70	15	13.98	23	14.22
8	13.78	16	14.01	24	14.40

图 15-1-14　案例 1504 的数据文件

1. 在 SPSS 中实现的步骤

第 1 步：在数据编辑器窗口中打开数据文件“案例 1504. sav”。

第 2 步：在“分析”菜单中选择“非参数检验”→“旧对话框”→“单样本 K-S”命令，打开相应的主对话框。

第 3 步：在“单样本柯尔莫戈洛夫-斯米诺夫检验”主对话框中进行单样本 K-S 检验的具体操作，如图 15-1-15 所示。

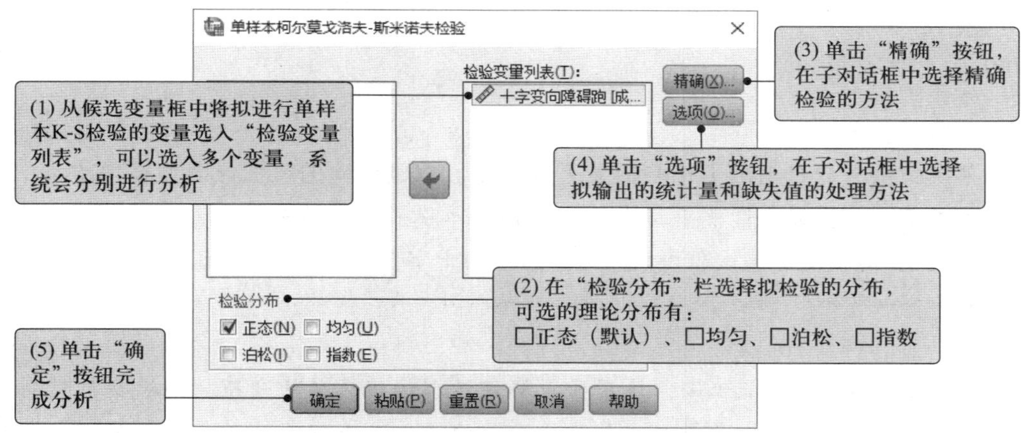

图 15-1-15　单样本 K-S 检验的操作

本例处理：将变量“十字变向障碍跑”选入“检验变量列表”；检验分布选“正态”。

第 4 步：在“单样本柯尔莫戈洛夫-斯米诺夫检验”主对话框中单击“精确”按钮，打开如图 15-1-5 所示的“精确检验”子对话框。在其中，检验方法选择“精确”，每个检验的时间限制采用默认设置 5 分钟。

第 5 步：在“单样本柯尔莫戈洛夫-斯米诺夫检验”主对话框中单击“选项”按钮，打开如图 15-1-6 所示的“选项”子对话框。在其中，输出统计量选择“描述”；缺失值的处理方法采用“按检验排除个案”。

2. 结果解读

(1) 描述统计。表 15-1-10 是基本描述统计量。检验变量十字变向障碍跑的个案数为 24；平均值为 13.889 6，标准差为 0.246 34；最小值为 13.45，最大值为 14.40。

表 15-1-10 描述统计

	个案数	平均值	标准偏差	最小值	最大值
十字变向障碍跑	24	13.889 6	0.246 34	13.45	14.40

(2) 检验结论。表 15-1-11 是单样本 K-S 检验的主要结果。由此表可知，正的最大极端差值为 0.088，负的最大极端差值为-0.102；最大绝对差值 $D=0.102$。

表 15-1-11 单样本柯尔莫戈洛夫-斯米诺夫检验

		十字变向障碍跑
个案数		24
正态参数[a,b]	平均值	13.889 6
	标准偏差	0.246 34
最极端差值	绝对	0.102
	正	0.088
	负	-0.102
检验统计		0.102
渐近显著性（双尾）		0.200[c,d]
精确显著性（双尾）		0.944
点概率		0.000

a. 检验分布为正态分布

b. 根据数据计算

c. 里利氏显著性修正

d. 这是真显著性的下限

系统根据柯尔莫戈洛夫分布给出了检验的显著性概率。双侧检验的近似显著性概率 $P=0.200$，脚注表明该值是真显著性的下限，指显著性概率不会低于该值。本例做了精确检验，双侧检验的精确显著性概率 $P=0.944>0.05$。因此，应接受原假设，可认为该组男生的十字变向障碍跑成绩总体服从正态分布。

【小贴士】

单样本 K-S 检验的检验效能较高，适用于考察连续型数值变量的分布。如果要对观测值进行分组的 K-S 检验，需预先按分组变量拆分文件。要注意的是，在进行后续不分组的其他分析前应取消拆分。

第二节 两独立样本的非参数检验

在研究工作中，当对总体的分布不是很清楚或者总体不服从某种特定分布，但又需要分析两个独立总体均数之间的差异时，可以通过分析样本数据的秩来做出统计推断。SPSS 系统提供了多种两独立样本非参数检验的方法，包括曼-惠特尼 U 检验、莫斯极端反应检验、柯尔莫戈洛夫-斯米诺夫 Z 检验、瓦尔德-沃尔福威茨游程检验等。

【案例 1505】

某教师探讨武术选修课新教学方法。在某教学班中，将学生随机分为 2 组，实验组 15 人，对照组 16 人。实验组采用新教学方法，对照组采用常规教学方法。经过一个学期的教学后进行武术技能考试，成绩如下所示。问新教学方法对提高学生武术技能成绩是否有效。

实验组：8.4　7.8　9.5　7.5　8.3　8.6　8.8　7.3　7.4　9.4
8.5　7.2　7.1　8.0　9.3

对照组：6.3　7.0　6.2　9.2　7.0　9.4　7.0　7.1　7.3　6.5
7.2　7.3　7.2　6.3　7.3　9.3

本例本质上是要考察两个独立样本所来自的总体分布是否存在显著性差异。对数据进行初步分析，可知实验组成绩高于对照组。但只有证明实验组与对照组成绩的差异具显著性，才能说新教学方法对提高学生武术技能成绩有效。武术技能成绩属连续型数据，经检验，对照组成绩总体不服从正态分布，因而不能采用两独立样本 t 检验的方法，但可采用两独立样本非参数检验的方法进行分析。

本例可进行单侧检验，现建立假设：

H_0：两组学生武术技能成绩无显著性差异；

H_1：实验组学生武术技能成绩高于对照组。

一、曼-惠特尼 U 检验

两独立样本的曼-惠特尼 U 检验是统计学家曼（Mann）和惠特尼（Whitney）两人提出的一种非参数检验方法，它利用两个独立样本的秩和对两个独立总体是否具显著性差异做出判断，也称为秩和检验。检验的假设可表示为：

H_0：样本所来自的两个独立总体分布无显著性差异；

H_1：样本所来自的两个独立总体分布具显著性差异。

两独立样本曼-惠特尼 U 检验的基本思想是，在原假设成立的前提下，将两组样本观测值混合并按升序排列，求出每个观测值各自的秩。如果出现相同的观测值，则以各观测值正常秩的平均值作为各自的秩。然后再将观测值按组分开，分别计算两组的秩和，再计算各自的平均秩。如果原假设成立，则一组的数据必定均匀地渗插在另一组的数据中，因而两个平均秩应比较接近。如果两个平均秩相差很大，显然有一组的秩普遍偏小，而另一组的秩普遍偏大，则原假设很可能不成立。

曼-惠特尼 U 检验将计算曼-惠特尼 U 统计量、威尔科克森（Wilcoxon）W 统计量和 Z 统计量。设两个样本的容量分别为 n_1、n_2，秩和分别为 W_1、W_2，平均秩分别为 W_1/n_1、W_2/n_2，那么有：

$$U_1=W_1-\frac{n_1(n_1+1)}{2},\quad U_2=W_2-\frac{n_2(n_2+1)}{2}$$

且规定：$U=\min(U_1,\ U_2)$。

当两组平均秩不等（或 $U_1\neq U_2$）时，统计量 Wilcoxon W 取平均秩较小组（或 U_1、U_2 中较小组）的秩和；当两组平均秩相等（或 $U_1=U_2$）时，统计量 Wilcoxon W 取第二组的秩和。

小样本（$n_1\leqslant 20$ 且 $n_2\leqslant 20$）情况下，统计量 U 服从曼-惠特尼 U 分布。给定显著性水平 α，在曼-惠特尼 U 检验临界值表（本书附录之附表 10）中可以查得临界值 U_α，满足 $P(U\leqslant U_\alpha)=\alpha$。因此，如果 $U>U_\alpha$，

则 $P>\alpha$，应接受原假设；如果 $U\leqslant U_{\alpha}$，则 $P\leqslant\alpha$，应拒绝原假设，接受备择假设。

大样本（$n_1>20$ 或 $n_2>20$）情况下，可采用正态分布来近似，计算 Z 统计量：

$$Z=\frac{U-\frac{n_1n_2}{2}}{\sqrt{\frac{1}{12}n_1n_2(n_1+n_2+1)}}$$

如果仅在同一个样本内出现相同秩，是不会影响分析结果的。但若在不同样本中出现相同秩，则称为“结”（tie），或称为绑定值。可以证明，随着“结”的增加，秩的最大可能离差平方和将有规律地减小。减小的部分称为修正因子，其计算式为：

$$Q=\frac{1}{12}\sum_{i=1}^{g}(t_i^3-t_i)$$

上式中，g 为“结”的个数，$i=1,2,\cdots,g$，t_i 表示第 i 个“结”中观测值的个数。

例如，有数据序列如下：5.1，5.3，5.6，5.6，5.7，5.7，5.7，6.0；其秩的序列为：1，2，3.5，3.5，6，6，6，8。其中有 2 个观测值的秩为 3.5，有 3 个观测值的秩为 6，则 g 为 2，t_i 的值分别为 2，3。此时修正因子为：$Q=\frac{1}{12}\sum_{i=1}^{g}(t_i^3-t_i)=\frac{1}{12}[(2^3-2)+(3^3-3)]=2.5$。

当数据中出现“结”时，需采用修正因子 Q 对统计量 Z 做修正，计算公式为：

$$Z=\frac{U-\frac{n_1n_2}{2}}{\sqrt{\left[\frac{n_1n_2}{(n_1+n_2)^2-(n_1+n_2)}\right]\left[\frac{(n_1+n_2)^3-(n_1+n_2)}{12}-Q\right]}}$$

所得 Z 统计量近似服从正态分布，可以查标准正态分布表找临界值，进而做出统计推断。

解：对案例 1505 的问题，可采用两独立样本曼-惠特尼 U 检验的方法进行单侧检验。具体计算过程如表 15-2-1 所示。

表 15-2-1 武术考试成绩的曼-惠特尼 U 检验计算表

组标记	混合排序后的样本观测值	秩	实验组秩	对照组秩
2	6.2	1.0		1.0
2	6.3	2.5		2.5
2	6.3	2.5		2.5
2	6.5	4.0		4.0
2	7.0	6.0		6.0
2	7.0	6.0		6.0
2	7.0	6.0		6.0
1	7.1	8.5	8.5	
2	7.1	8.5		8.5
1	7.2	11.0	11.0	
2	7.2	11.0		11.0
2	7.2	11.0		11.0
1	7.3	14.5	14.5	
2	7.3	14.5		14.5
2	7.3	14.5		14.5
2	7.3	14.5		14.5

续表

组标记	混合排序后的样本观测值	秩	实验组秩	对照组秩
1	7.4	17.0	17.0	
1	7.5	18.0	18.0	
1	7.8	19.0	19.0	
1	8.0	20.0	20.0	
1	8.3	21.0	21.0	
1	8.4	22.0	22.0	
1	8.5	23.0	23.0	
1	8.6	24.0	24.0	
1	8.8	25.0	25.0	
2	9.2	26.0		26.0
1	9.3	27.5	27.5	
2	9.3	27.5		27.5
1	9.4	29.5	29.5	
2	9.4	29.5		29.5
1	9.5	31.0	31.0	
秩和		496.0	311.0	185.0
个案数		31	15	16
平均秩		16.00	20.73	11.56

已知 $n_1=15$，$n_2=16$。由表 15-2-1 可得：

$$U_1=W_1-\frac{n_1(n_1+1)}{2}=311-\frac{15\times(15+1)}{2}=191$$

$$U_2=W_2-\frac{n_2(n_2+1)}{2}=185-\frac{16\times(16+1)}{2}=49$$

$$U=\min(U_1,\ U_2)=\min(191,\ 49)=49$$

$$W=185$$

本例属小样本，查曼-惠特尼 U 检验临界值表，可得 $U_{0.05}=77$。

因 $U=49<77$，故 $P<0.05$，应拒绝原假设，接受备择假设，可认为实验组学生武术技能成绩高于对照组，差异具显著性。

本例如果计算统计量 Z，因数据序列中有 5 个“结”（不同样本中出现 5 个相同秩），对应的 t_i 分别为 2，3，4，2，2，故应先求修正因子 Q：

$$Q=\frac{1}{12}\sum_{i=1}^{g}(t_i^3-t_i)=\frac{1}{12}[(2^3-2)+(3^3-3)+(4^3-4)+(2^3-2)+(2^3-2)]=8.5$$

$$Z=\frac{U-\frac{n_1n_2}{2}}{\sqrt{\left[\frac{n_1n_2}{(n_1+n_2)^2-(n_1+n_2)}\right]\left[\frac{(n_1+n_2)^3-(n_1+n_2)}{12}-Q\right]}}$$

$$=\frac{49-\frac{15\times16}{2}}{\sqrt{\left[\frac{15\times16}{(15+16)^2-(15+16)}\right]\left[\frac{(15+16)^3-(15+16)}{12}-8.5\right]}}=\frac{-71}{25.254\ 8}=-2.811$$

SPSS 中的两独立样本曼-惠特尼 U 检验默认进行双侧检验。系统除了计算统计量 U、W 和 Z 外，还会算出相应的显著性概率 P。因此，可将 P 与给定的显著性水平 α 进行比较，做出统计推断。对于双侧检验，如果 $P>\alpha$，应接受原假设；如果 $P\leqslant\alpha$，应拒绝原假设，接受备择假设。对于单侧检验，需要先计算单侧的显著性概率 $P_{单侧}=P_{双侧}/2$，再将 $P_{单侧}$ 与显著性水平 α 进行比较。如果 $P_{单侧}>\alpha$，应接受原假设；如果 $P_{单侧}\leqslant\alpha$，应拒绝原假设，接受备择假设。

二、莫斯极端反应检验

两独立样本的莫斯极端反应检验是以统计学家莫斯（Moses）的名字命名的一种非参数检验方法。检验的假设可表示为：

H_0：样本所来自的两个独立总体分布无显著性差异；

H_1：样本所来自的两个独立总体分布具显著性差异。

在科学研究中，有时一项试验条件可能会引起某部分对象在一个方向上表现出极端行为，同时又引起另外一部分对象表现出相反方向的极端行为。由于极端值的存在，基于中位数或平均秩的检验（如曼-惠特尼 U 检验）有时可能识别不出样本之间的差异。如果有理由认为试验条件将导致两个不同方向的极端数据出现，莫斯极端反应检验就是一种可以采用的方法。检验的思路是：在原假设成立的前提下，以一个样本为控制样本，另一个样本为实验样本；将两组样本观测值混合并按升序排列，求出各个观测值的秩。数据序列中若有相同值，则不做处理，各个观测值依据排序获得正常秩。然后求出控制样本的最小秩 Q_{min} 和最大秩 Q_{max}，并计算它们之间所包含的观察值个数 S，即跨度（Span）：

$$S=Q_{max}-Q_{min}+1$$

为了消除样本中极端值对分析结果的影响，还可去除控制样本两端各 5%的极端值后再求跨度，由此得到的跨度称为截头跨度（Trimmed Span）。截头跨度比跨度更能说明问题。

莫斯极端反应检验侧重于对样本离散程度的分析。如果跨度或截头跨度较大，表明两个样本数据可以充分混合，未出现一组样本观测值显著大于另一组样本观测值的情况，也就是说相对于控制样本，实验样本未出现极端反应，此时应认为两独立样本所来自的两个总体的分布没有显著性差异。反之，如果跨度或截头跨度较小，表明两个样本数据无法充分混合，一组样本观测值显著大于另一组样本观测值，也就是说相对于控制样本，实验样本出现了极端反应，此时应认为两独立样本所来自的两个总体的分布存在显著性差异。

设 m 为控制样本的样本容量，n 为实验样本的样本容量，R_i 为控制样本在混合样本中的秩，$\overline{R}$ 为控制样本的平均秩，则莫斯极端反应检验针对跨度或截头跨度计算 H 统计量：

$$H=\sum_{i=1}^{m}(R_i-\overline{R})^2$$

显然，如果跨度或截头跨度较大，未出现极端反应，H 值将较大；反之，如果跨度或截头跨度较小，出现了极端反应，H 值将较小。

小样本（$m+n\leqslant20$，$m\leqslant12$）情况下，统计量 H 服从霍兰德（Hollander）分布。根据 m、n 和显著性水平 α，在霍兰德极端反应检验临界值表（本书附录之附表 11）中可查得临界值 H_α，满足 $P(H\leqslant H_\alpha)=\alpha$。因此，如果 $H>H_\alpha$，则 $P>\alpha$，应接受原假设；如果 $H\leqslant H_\alpha$，则 $P\leqslant\alpha$，应拒绝原假设，接受备择假设。

大样本情况下，可将 H 值转换成 Z 值，再根据标准正态分布做出统计推断。

解：对案例 1505 的问题，可采用两独立样本莫斯极端反应检验的方法进行单侧检验。此处，以实验组为控制样本（组标记为 1），以对照组为实验样本（组标记为 2），具体计算过程如表 15-2-2 所示。

表 15-2-2　武术考试成绩的莫斯极端反应检验计算表

组标记	混合排序后的样本观测值	跨度		截头跨度	
		秩	控制样本秩	去除控制样本极端值后的秩	控制样本秩
2	6.2	1		1	
2	6.3	2		2	
2	6.3	3		3	
2	6.5	4		4	
2	7.0	5		5	
2	7.0	6		6	
2	7.0	7		7	
1	7.1	8	8		
2	7.1	9		8	
1	7.2	10	10	9	9
2	7.2	11		10	
2	7.2	12		11	
1	7.3	13	13	12	12
2	7.3	14		13	
2	7.3	15		14	
2	7.3	16		15	
1	7.4	17	17	16	16
1	7.5	18	18	17	17
1	7.8	19	19	18	18
1	8.0	20	20	19	19
1	8.3	21	21	20	20
1	8.4	22	22	21	21
1	8.5	23	23	22	22
1	8.6	24	24	23	23
1	8.8	25	25	24	24
2	9.2	26		25	
1	9.3	27	27	26	26
2	9.3	28		27	
1	9.4	29	29	28	28
2	9.4	30		29	
1	9.5	31	31		

可以看出，控制样本的最小秩为 8，最大秩为 31，因此，跨度 $S=31-8+1=24$。

控制样本头、尾各去掉 1 个极端值（$16\times5\%\approx1$）后，最小秩为 9，最大秩为 28，因此，截头跨度 $S=28-9+1=20$。

本例 $m+n=16+15=31>20$ 且 $m=16>12$，须根据标准正态分布做出统计推断。在 SPSS 中进行两独立样本莫斯极端反应检验时，系统除了自动计算跨度和截头跨度外，还会直接算出单侧检验的显著性概率 P。因此，可将 P 与给定的显著性水平 α 进行比较，做出统计推断。如果 $P>\alpha$，应接受原假设；如果 $P\leqslant\alpha$，应拒绝原假设，接受备择假设。

三、柯尔莫戈洛夫-斯米诺夫 Z 检验

两独立样本的柯尔莫戈洛夫-斯米诺夫 Z 检验也称为两独立样本 K-S 检验，它是单样本 K-S 检验在两独立样本情况下的应用。检验的假设可表示为：

H_0：两独立样本所来自的两个总体的分布无显著性差异；

H_1：两独立样本所来自的两个总体的分布具显著性差异。

两独立样本 K-S 检验与单样本 K-S 检验的基本思想大体一致，区别在于，这里是以变量值的秩作为分析对象，而非变量值本身。检验的实现方法为：

（1）在原假设成立的前提下，将两组样本观测值混合并按升序排列。

（2）分别计算两组样本观测值的秩。

（3）分别计算两组样本秩的累积频数和累积频率。

（4）计算两组累积频率的差，得到一个差值序列。

（5）找出该差值序列中的最大绝对差值 D。

小样本（$n\leqslant100$）情况下，统计量 D 服从柯尔莫戈洛夫分布。大样本（$n>100$）情况下，$\sqrt{n}D$ 近似服从柯尔莫戈洛夫统计量 D 的极限分布 $K(\lambda)$。根据 D 值做出统计推断的方法与本章第一节中的“单样本K-S检验”相同，此处不再赘述。

解：对案例 1505 的问题，可采用两独立样本柯尔莫戈洛夫-斯米诺夫检验的方法进行单侧检验，具体计算过程如表 15-2-3 所示。

表 15-2-3 武术考试成绩的柯尔莫戈洛夫-斯米诺夫检验计算表

组标记	混合排序后的样本观测值	实验组（1 组）			对照组（2 组）			累积频率差值
		秩	累积频数	累积频率	秩	累积频数	累积频率	
2	6.2		0	0.000	1	1	0.063	0.063
2	6.3		0	0.000	2	2	0.125	0.125
2	6.3		0	0.000	3	3	0.188	0.188
2	6.5		0	0.000	4	4	0.250	0.250
2	7.0		0	0.000	5	5	0.313	0.313
2	7.0		0	0.000	6	6	0.376	0.376
2	7.0		0	0.000	7	7	0.438	0.438
1	7.1	1	1	0.067		7	0.438	0.371
2	7.1		1	0.067	8	8	0.500	0.433
1	7.2	2	2	0.133		8	0.500	0.367
2	7.2		2	0.133	9	9	0.563	0.430
2	7.2		2	0.133	10	10	0.625	0.492
1	7.3	3	3	0.200		10	0.625	0.425
2	7.3		3	0.200	11	11	0.688	0.488
2	7.3		3	0.200	12	12	0.751	0.551

续表

组标记	混合排序后的样本观测值	实验组（1组）			对照组（2组）			累积频率差值
		秩	累积频数	累积频率	秩	累积频数	累积频率	
2	7.3		3	0.200	13	13	0.813	0.613
1	7.4	4	4	0.267		13	0.813	0.546
1	7.5	5	5	0.333		13	0.813	0.480
1	7.8	6	6	0.400		13	0.813	0.413
1	8.0	7	7	0.467		13	0.813	0.346
1	8.3	8	8	0.533		13	0.813	0.280
1	8.4	9	9	0.600		13	0.813	0.213
1	8.5	10	10	0.667		13	0.813	0.146
1	8.6	11	11	0.733		13	0.813	0.080
1	8.8	12	12	0.800		13	0.813	0.013
2	9.2		12	0.800	14	14	0.875	0.075
1	9.3	13	13	0.867		14	0.875	0.008
2	9.3		13	0.867	15	15	0.938	0.071
1	9.4	14	14	0.933		15	0.938	0.005
2	9.4		14	0.933	16	16	1.000	0.067
1	9.5	15	15	1.000				

最大绝对差值 $D=0.613$。

已知 $n=31$，查柯尔莫戈洛夫检验临界值表，得 $d_{0.05}=0.237\ 88$，$d_{0.01}=0.285\ 30$。

因 $D=0.613>0.285\ 30$，故 $P<0.01$，应拒绝原假设，接受备择假设，可认为实验组学生武术技能成绩高于对照组，差异具高度显著性。

SPSS 中的两独立样本 K-S 检验默认进行双侧检验。系统除了计算统计量 D 外，还给出 K-S 的 Z 统计量的值 $Z=\frac{1}{2}\sqrt{n}D$，并会根据柯尔莫戈洛夫分布算出相应的显著性概率 P。因此，可将 P 与给定的显著性水平 α 进行比较，做出统计推断。对于双侧检验，如果 $P>\alpha$，应接受原假设；如果 $P\leqslant\alpha$，应拒绝原假设，接受备择假设。对于单侧检验，需要先计算单侧的显著性概率 $P_{单侧}=P_{双侧}/2$，再将 $P_{单侧}$ 与显著性水平 α 进行比较。如果 $P_{单侧}>\alpha$，应接受原假设；如果 $P_{单侧}\leqslant\alpha$，应拒绝原假设，接受备择假设。

四、瓦尔德-沃尔福威茨游程检验

两独立样本的瓦尔德-沃尔福威茨游程检验是以统计学家瓦尔德（Wald）和沃尔福威茨（Wolfwitz）的名字命名的一种非参数检验方法。检验的假设可表示为：

H_0：两独立样本所来自的两个总体的分布无显著性差异；

H_1：两独立样本所来自的两个总体的分布具显著性差异。

两独立样本的瓦尔德-沃尔福威茨游程检验与本章第一节中所讨论的单样本游程检验的基本思想大体一致，区别在于获得游程的方式不同，此处是以样本组标志值作为计算游程的依据。检验的实现方法是，在原假设成立的前提下，将两组样本观测值混合并按升序排列。排序时，两样本的每个观测值对应的样本组标志值也随之重新排列，系统根据重新排列后的样本组标志值序列计算游程数。如果得到的游程数比较少，则说明两组观测值可能不是来自同一总体，即可认为两独立样本所来自的两个总体的分布存在较大差异；如果得到的游程数相对比较大，则表明两组观测值可以均匀混合，应该是来自同一总体，即可认为两独立样本所来自的两个总体的分布不存在显著性差异。

两独立样本的瓦尔德-沃尔福威茨游程检验的方法与单样本游程检验相同。R 表示游程数，n_1 为一个组标志出现的次数，n_2 为另一个组标志出现的次数，总试验次数 $n=n_1+n_2$。

对于小样本（$n_1 \leqslant 10$ 且 $n_2 \leqslant 20$），给定显著性水平 α，根据 n_1、n_2 和 $\alpha/2$ 的值，在游程检验临界值表中可以确定两个临界值 c_1 和 c_2。如果 $c_1<R<c_2$，应接受原假设；如果 $R \leqslant c_1$ 或 $R \geqslant c_2$，应拒绝原假设，接受备择假设。

当 n_1、n_2 都较大时，游程的抽样分布可以采用正态分布来近似，故可计算 Z 统计量，并在标准正态分布表中查找临界值，进而做出统计推断。计算 Z 统计量的公式与本章第一节中的“单样本游程检验”相同，此处不再赘述。

如果混合排序后的样本观测值序列中未出现“结”，则游程是唯一的。但若存在“结”，则两组相同值排列的先后顺序将直接影响到游程的计算结果。这种情况下，可分别计算最小可能游程数和最大可能游程数，并分别进行统计推断。

解：对案例 1505 的问题，可采用两独立样本瓦尔德-沃尔福威茨游程检验的方法进行单侧检验，具体计算过程如表 15-2-4 所示。

表 15-2-4　武术考试成绩的瓦尔德-沃尔福威茨游程检验计算表

混合排序后的样本观测值	最小可能游程	最大可能游程
6.2	2	2
6.3	2	2
6.3	2	2
6.5	2	2
7.0	2	2
7.0	2	2
7.0	2	2
7.1	2	1
7.1	1	2
7.2	1	2
7.2	2	1
7.2	2	2
7.3	2	1
7.3	2	2
7.3	2	2
7.3	1	2
7.4	1	1
7.5	1	1
7.8	1	1

续表

混合排序后的样本观测值	最小可能游程	最大可能游程
8.0	1	1
8.3	1	1
8.4	1	1
8.5	1	1
8.6	1	1
8.8	1	1
9.2	2	2
9.3	2	1
9.3	1	2
9.4	1	1
9.4	2	2
9.5	1	1
R	8	14

本例存在 5 个“结”（7.1，7.2，7.3，9.3，9.4），最小可能游程数为 8，最大可能游程数为 14。$n_1=15$，$n_2=16$。

可得：$\mu_r=\dfrac{2n_1n_2}{n_1+n_2}+1=\dfrac{2\times15\times16}{15+16}+1=16.48$

$$\sigma_r=\sqrt{\frac{2n_1n_2(2n_1n_2-n_1-n_2)}{(n_1+n_2)^2(n_1+n_2-1)}}=\sqrt{\frac{2\times15\times16\times(2\times15\times16-15-16)}{(15+16)^2\times(15+16-1)}}=2.73$$

$$Z_1=\frac{R\pm0.5-\mu_r}{\sigma_r}=\frac{8+0.5-16.48}{2.73}=-2.92$$

$$Z_2=\frac{R\pm0.5-\mu_r}{\sigma_r}=\frac{14+0.5-16.48}{2.73}=-0.73$$

查标准正态分布表，得 $Z_{0.05}=1.64$，$Z_{0.01}=2.33$。

因 $|Z_1|=2.92>2.33$，故 $P<0.01$，应拒绝原假设，接受备择假设。而 $|Z_2|=0.73<1.64$，故 $P>0.05$，应接受原假设。本例根据最小游程数和最大游程数进行计算，所得结论不一致。这种状况是由于“结”的存在而造成的。此时，可参考其他方法下结论。

SPSS 中的两独立样本瓦尔德-沃尔福威茨游程检验默认进行单侧检验。系统除了计算最小可能游程数和最大可能游程数外，还会计算 Z 统计量并算出相应的显著性概率 P。因此，可将 P 与给定的显著性水平 α 进行比较，做出统计推断。如果 $P>\alpha$，应接受原假设；如果 $P\leqslant\alpha$，应拒绝原假设，接受备择假设。

五、两独立样本非参数检验在 SPSS 中的实现

对案例 1505 的问题，将数据整理成数据文件“案例 1505.sav”，如图 15-2-1 所示。数据文件包含编号、组别、成绩 3 个变量，其中，组别的值 1 代表实验组，2 代表对照组。

	编号	组别	成绩
1	1	1	8.4
2	2	1	7.8
3	3	1	9.5
4	4	1	7.5
5	5	1	8.3
6	6	1	8.6
7	7	1	8.8
8	8	1	7.3
9	9	1	7.3
10	10	1	9.4
11	11	1	8.5
12	12	1	7.2
13	13	1	7.1
14	14	1	8.0
15	15	2	6.3
16	16	2	7.0
17	17	2	6.2
18	18	2	9.4
19	19	2	7.0
20	20	2	9.4
21	21	2	7.0
22	22	2	7.1
23	23	2	7.3
24	24	2	6.5
25	25	2	7.2
26	26	2	7.3
27	27	2	7.2
28	28	2	6.3
29	29	2	7.3
30			

图 15-2-1 案例 1505 的数据文件

1. 在 SPSS 中实现的步骤

第 1 步：在数据编辑器窗口中打开数据文件“案例 1505. sav”。

第 2 步：在“分析”菜单中选择“非参数检验”→“旧对话框”→“2 个独立样本”命令，打开相应的主对话框。

第 3 步：在“双独立样本检验”主对话框中进行两独立样本非参数检验的具体操作，如图 15-2-2 所示。

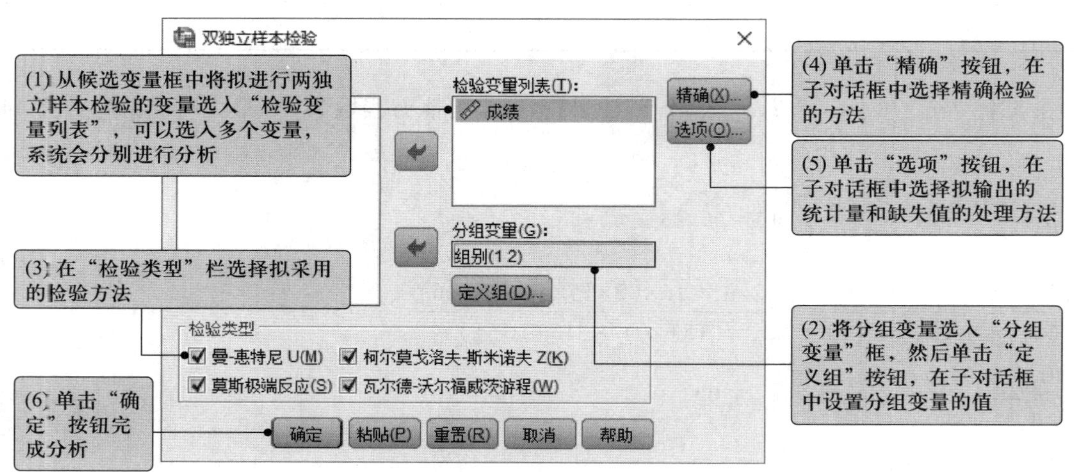

图 15-2-2 两独立样本非参数检验的操作

本例处理：将变量“成绩”选入“检验变量列表”；将变量“组别”选入“分组变量”框；在“检验类型”栏将曼-惠特尼 U、柯尔莫戈洛夫-斯米诺夫、莫斯极端反应、瓦尔德-沃尔福威茨游程 4 种检验方法都选上。

第 4 步：在“双独立样本检验”主对话框中单击“定义组”按钮，打开“定义组”子对话框，在其中设置分组变量的两个值，依此设置将个案划归不同的组，如图 15-2-3 所示。

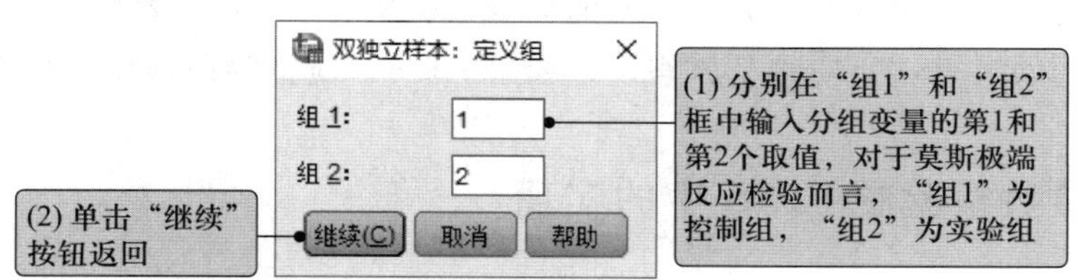

图 15-2-3 定义组的操作

本例处理：分别在“组 1”和“组 2”两个框中输入分组变量值 1 和 2。

第 5 步：在“双独立样本检验”主对话框中单击“选项”按钮，打开如图 15-1-6 所示的“选项”子对话框。在其中，输出统计量选择“描述”；缺失值的处理方法采用默认设置“按检验排除个案”。

2. 结果解读

（1）描述统计。表 15-2-5 是基本描述统计量。武术技能考试成绩的个案数为 31；未分组的平均值为 7.765，标准差为 1.019 7；最小值为 6.2，最大值为 9.5。

表 15-2-5　描 述 统 计

	个案数	平均值	标准偏差	最小值	最大值
成绩	31	7.765	1.019 7	6.2	9.5
组别	31	1.52	0.509	1	2

（2）曼-惠特尼 U 检验的结果。表 15-2-6 是曼-惠特尼 U 检验的秩表。实验组、对照组的秩和分别为 311、185；平均秩分别为 20.73、11.56。可见，实验组的平均秩明显高于对照组。

表 15-2-6　秩

	组别	个案数	秩平均值	秩的总和
成绩	实验组	15	20.73	311.00
	对照组	16	11.56	185.00
	总计	31		

表 15-2-7 是曼-惠特尼 U 检验的主要结果。曼-惠特尼 U 统计量为 49，威尔科克森 W 统计量为 185，正态分布统计量 $Z=-2.813$；单侧检验的精确显著性概率 $P_{单侧}=P_{双侧}/2=0.004/2=0.002<0.01$。因此，应拒绝原假设，接受备择假设，可认为实验组学生武术技能的成绩高于对照组，差异具高度显著性。

表 15-2-7　检 验 统 计

	成绩
曼-惠特尼 U	49.000
威尔科克森 W	185.000
Z	-2.813
渐近显著性（双尾）	0.005
精确显著性 [2 *（单尾显著性）]	0.004

（3）莫斯极端反应检验的结果。表 15-2-8 是莫斯极端反应检验的频数表。系统将实验组作为控制样本，将对照组作为实验样本，两组个案数分别为 15 和 16。

表 15-2-8　频　　率

组别		个案数
成绩	实验组（控制）	15
	对照组（实验）	16
	总计	31

表 15-2-9 是莫斯极端反应检验的主要结果。控制样本的跨度为 24，单侧检验的显著性概率 $P=0.023<0.05$；从控制样本两端各去除的极端值个数为 1；截头跨度为 20，单侧检验的显著性概率 $P=0.043<0.05$。两种情况下的分析结论是一致的。因此，应拒绝原假设，接受备择假设，可认为实验组学生武术技能的成绩高于对照组，差异具显著性。

表 15-2-9 检验统计

		成绩
实测控制组范围		24
	Sig.（单尾）	0.023
剪除后控制组跨度		20
	Sig.（单尾）	0.043
在两端剪除了离群值		1

（4）柯尔莫戈洛夫-斯米诺夫 Z 检验的结果。表 15-2-10 是柯尔莫戈洛夫-斯米诺夫 Z 检验的主要结果。最大绝对差值 D 为 0.613，Z 统计量为 1.704；单侧检验的显著性概率 $P_{单侧}=P_{双侧}/2=0.006/2=0.003<0.01$。因此，应拒绝原假设，接受备择假设，可认为两组学生武术技能成绩的差异具高度显著性。

表 15-2-10 检验统计

		成绩
最极端差值	绝对	0.613
	正	0.613
	负	0.000
柯尔莫戈洛夫-斯米诺夫 Z		1.704
渐近显著性（双尾）		0.006

（5）瓦尔德-沃尔福威茨游程检验的结果。表 15-2-11 是瓦尔德-沃尔福威茨游程检验的主要结果。数据序列中存在 5 个绑定值（结），涉及 13 个个案。最小可能游程数为 8，$Z=-2.920$，单侧检验的显著性概率 $P=0.002<0.01$，应拒绝原假设，接受备择假设。最大可能游程数为 14，$Z=-0.726$，单侧检验的显著性概率 $P=0.234>0.05$，应接受原假设。本例两种情况下的分析结论不一致，这种状况是由于“结”的存在而造成的。此时，可参考其他方法下结论。

表 15-2-11 检验统计[a,b]

		游程数	Z	渐近显著性（单尾）
成绩	最小可能值	8[c]	-2.920	0.002
	最大可能值	14[c]	-0.726	0.234

a. 瓦尔德-沃尔福威茨检验

b. 分组变量：组别

c. 存在 5 个组内绑定值，涉及 13 个个案

【小贴士】

在非参数检验中，对同一问题的分析，由于所采用的方法不同，其结论可能不尽相同。因此，在选择方法时应注意不同方法的侧重点，想一想根据数据的特点哪一种方法更合适；其次，要结合专业知识对统计结果进行认真的分析，看哪个结论更符合客观实际；而不是从自己的主观意愿出发，选择“为我所需”的结论。

第三节　多独立样本的非参数检验

研究工作中，当需要综合地分析两个以上独立样本来自的多个总体的分布是否存在显著性差异时，就要用到多个独立样本非参数检验的方法。SPSS 系统提供了多种多独立样本非参数检验的方法，包括克鲁斯卡尔-沃利斯 H 检验、中位数检验、约克海尔-塔帕斯特拉检验等。

【案例 1506】

测得健美操、武术、篮球三个专选组中各 11 名男生的立定三级跳远成绩（m）如下。问三个项目专选学生的该项成绩是否有显著性差异。

健美操：7.55　7.72　7.89　7.86　7.34　7.66　7.96　8.02　8.10　7.62　7.91

武术：　8.18　7.56　7.50　7.64　7.74　7.69　7.90　8.12　7.98　8.11　8.14

篮球：　7.80　9.00　9.12　7.94　8.51　9.24　9.10　9.18　9.11　9.20　9.21

本例本质上是要考察三个独立样本来自的总体分布是否存在显著性差异。立定三级跳远成绩属连续型数据，经检验，篮球组成绩总体不服从正态分布，因而不能采用方差分析的方法，但可采用多独立样本非参数检验的方法进行检验。

本例应进行双侧检验。现建立假设：

H_0：三组学生立定三级跳远成绩总体无显著性差异；

H_1：三组学生立定三级跳远成绩总体具显著性差异。

一、克鲁斯卡尔-沃利斯 *H* 检验

克鲁斯卡尔-沃利斯 H 检验是以统计学家克鲁斯卡尔（Kruskal）和沃利斯（Waillis）的名字命名的一种非参数检验方法，它是两独立样本曼-惠特尼 U 检验在多独立样本下的推广。检验的假设可表示为：

H_0：多个独立样本所来自的多个总体的分布无显著性差异；

H_1：多个独立样本所来自的多个总体的分布具显著性差异。

多独立样本克鲁斯卡尔-沃利斯 H 检验的基本思想是，在原假设成立的前提下，将多组样本观测值混合并按升序排列，求出每个观测值的秩。如果样本观测值序列中存在"结"，则按平均秩定秩。然后再将观测值按组分开，求出各组的秩和与平均秩。如果各组的平均秩相差不大，表明各个样本数据可以充分混合，可以认为多个独立总体的分布无显著性差异；如果各组的平均秩相差很大，则表明各个样本数据无法充分混合，某些组的数据普遍偏大，另一些组的数据普遍偏小，因而有理由认为多个独立总体的分布具显著性差异。

多独立样本克鲁斯卡尔-沃利斯 H 检验采用类似方差分析的方法构造检验统计量。根据方差分析的原理，各样本组秩的总变差一方面源于不同样本组之间的差异（组间差异），另一方面源于各样本组内的抽样误差（组内差异）。如果各样本组秩和总变差的大部分可由组间差异来解释，则表明各样本组的总体分布存在显著性差异；反之，如果各样本组秩和总变差的大部分不能由组间差异来解释，则表明各样本组的总体分布没有显著性差异。基于这种思路可以构造克鲁斯卡尔-沃利斯检验的 H 统计量。

设 k 为样本组数，$j=1, 2, \cdots, k$；n_j为第 j 组的个案数，$i=1, 2, \cdots, n_j$；N 为总个案数；r_{ij}为第 j 组中的第 i 个观测值的秩；R_j为第 j 组的秩和，$\overline{R}_j$ 为第 j 组的平均秩，$\overline{R}$ 为总平均秩，则有：

总秩和为 $N(N+1)/2$，总平均秩为 $\overline{R}=\frac{N+1}{2}$；

秩的组间差异用组间离差平方和表示，即：$\sum_{j=1}^{k} n_j(\overline{R}_j-\overline{R})^2=\sum_{j=1}^{k} n_j\left(\frac{R_j}{n_j}-\frac{N+1}{2}\right)^2$；

秩的总变差用总离差平方和表示，即：$\sum_{j=1}^{k}\sum_{i=1}^{n_j}(r_{ij}-\overline{R})^2=\frac{N(N+1)(N-1)}{12}$。

克鲁斯卡尔-沃利斯检验的 H 统计量定义为秩的组间离差平方和与秩的总离差平方和之比的 $N-1$ 倍，即：

$$H=(N-1)\frac{\sum_{j=1}^{k} n_j\left(\frac{R_j}{n_j}-\frac{N+1}{2}\right)^2}{\frac{N(N+1)(N-1)}{12}}=\frac{12}{N(N+1)}\sum_{j=1}^{k}\frac{R_j^2}{n_j}-3(N+1)$$

当数据序列中相同观测值的个数超过35%时，需采用修正因子 Q 对统计量 H 做修正：

$$Q=1-\frac{\sum_{i=1}^{g}(t_i^3-t_i)}{N^3-N}$$

修正的 H 统计量采用下式计算：

$$H=\frac{\frac{12}{N(N+1)}\sum_{j=1}^{k}\frac{R_j^2}{n_j}-3(N+1)}{Q}$$

统计量 H 反映了 k 个样本组中秩的分布情况。显然，H 值越大，各组秩的差别也越大。

小样本（$n_i\leqslant 5$ 且 $k=3$）情况下，统计量 H 服从克鲁斯卡尔-沃利斯 H 分布。给定显著性水平 α，在克鲁斯卡尔-沃利斯 H 检验临界值表（本书附录之附表 12）中可以查得临界值 H_α，满足 $P(H\geqslant H_\alpha)=\alpha$。因此，如果 $H<H_\alpha$，则 $P>\alpha$，应接受原假设；如果 $H\geqslant H_\alpha$，则 $P\leqslant\alpha$，应拒绝原假设，接受备择假设。

大样本（$n_i>5$ 或 $k>3$）情况下，统计量 H 近似服从自由度 $df=k-1$ 的 χ^2 分布，可查 χ^2 分布上侧分位数表找临界值，进而做出统计推断。

解：对案例 1506 的问题，可采用多独立样本克鲁斯卡尔-沃利斯 H 检验的方法进行双侧检验，具体计算过程如表 15-3-1 所示。

表 15-3-1 立定三级跳远成绩的克鲁斯卡尔-沃利斯 H 检验计算表

组标记	混合排序后的样本观测值	秩	分组秩		
			健美操	游泳	篮球
1	7.34	1.0	1.0		
2	7.50	2.0		2.0	
1	7.55	3.0	3.0		
2	7.56	4.0		4.0	
1	7.62	5.0	5.0		
2	7.64	6.0		6.0	
1	7.66	7.0	7.0		
2	7.69	8.0		8.0	

续表

组标记	混合排序后的样本观测值	秩	分组秩		
			健美操	游泳	篮球
1	7.72	9.0	9.0		
2	7.74	10.0		10.0	
3	7.80	11.0			11.0
1	7.86	12.0	12.0		
1	7.89	13.0	13.0		
2	7.90	14.0		14.0	
1	7.91	15.0	15.0		
3	7.94	16.0			16.0
1	7.96	17.0	17.0		
2	7.98	18.0		18.0	
1	8.02	19.0	19.0		
1	8.10	20.0	20.0		
2	8.11	21.0		21.0	
2	8.12	22.0		22.0	
2	8.14	23.0		23.0	
2	8.18	24.0		24.0	
3	8.51	25.0			25.0
3	9.00	26.0			26.0
3	9.10	27.0			27.0
3	9.11	28.0			28.0
3	9.12	29.0			29.0
3	9.18	30.0			30.0
3	9.20	31.0			31.0
3	9.21	32.0			32.0
3	9.24	33.0			33.0
秩和		561.0	121.0	152.0	288.0
个案数		33	11	11	11
平均秩		17.000	11.00	13.82	26.18

$$H=\frac{12}{N(N+1)}\sum_{j=1}^{k}\frac{R_j^2}{n_j}-3(N+1)=\frac{12}{33\times(33+1)}\left(\frac{121^2}{11}+\frac{152^2}{11}+\frac{288^2}{11}\right)-3\times(33+1)=15.345$$

已知 n_1，n_2，n_3 都大于 5，属大样本；$k=3$，则自由度 $df=k-1=3-1=2$；查 χ^2 分布上侧分位数表，得 $\chi^2_{\frac{0.05}{2}(2)}=7.38$，$\chi^2_{\frac{0.01}{2}(2)}=10.60$。

因 $H=15.345>10.60$，故 $P<0.01$，应拒绝原假设，接受备择假设，可认为三组学生立定三级跳远成绩具高度显著性差异。

SPSS 中的多独立样本克鲁斯卡尔-沃利斯 H 检验默认进行双侧检验。系统除了计算统计量 H 外，还会算出相应的显著性概率 P。因此，可将 P 与给定的显著性水平 α 进行比较，做出统计推断。对于双侧检验，

如果 $P>\alpha$，应接受原假设；如果 $P\leq\alpha$，应拒绝原假设，接受备择假设。对于单侧检验，应先计算单侧的显著性概率 $P_{单侧}=P_{双侧}/2$，再将 $P_{单侧}$ 与显著性水平 α 进行比较。如果 $P_{单侧}>\alpha$，应接受原假设；如果 $P_{单侧}\leq\alpha$，应拒绝原假设，接受备择假设。

二、中位数检验

多独立样本中位数检验通过对多个独立样本中位数的分析，进而对多个独立样本所来自的多个总体的分布是否具显著性差异做出判断。检验的假设可表示为：

H_0：多个独立样本所来自的多个总体的分布无显著性差异；

H_1：多个独立样本所来自的多个总体的分布具显著性差异。

多独立样本中位数检验的基本思想是，如果多个独立样本的中位数无显著性差异，就可认为多个独立总体具有共同中位数，而这个共同中位数在每个样本组中都应该处于中间的位置。于是，每个样本组中大于该中位数或小于等于该中位数的观测值个数应大致相同。基于这个思路，可将多组样本观测值混合并按升序排列，求出混合样本的中位数，并假定它是共同中位数。如果各个样本组中大于（或小于等于）共同中位数的观测值个数相差不大，则可认为多个独立总体的分布无显著性差异；反之，如果每个样本组中大于（或小于等于）共同中位数的观测值个数相差很大，则可认为多个独立总体的分布具显著性差异。

中位数检验先分别计算每个样本组中大于和小于等于共同中位数的实测频数 f_{ij}，再计算每个样本组中大于或小于等于共同中位数的期望频数 E_{ij}，如表 15-3-2 所示。

表 15-3-2 多独立样本的中位数检验表

	第 1 组样本	第 2 组样本	…	第 k 组样本	合计
大于共同中位数	f_{11} （E_{11}）	f_{12} （E_{12}）	…	f_{1k} （E_{1k}）	$\sum_{j=1}^{k} f_{1j}$
小于等于共同中位数	f_{21} （E_{21}）	f_{22} （E_{22}）	…	f_{2k} （E_{2k}）	$\sum_{j=1}^{k} f_{2j}$
合计	$\sum_{i=1}^{2} f_{i1}$	$\sum_{i=1}^{2} f_{i2}$	…	$\sum_{i=1}^{2} f_{ik}$	N

期望频数的计算公式为：$E_{ij}=$实测频数×期望率$=\sum_{j=1}^{k} f_{ij}\times\frac{\sum_{i=1}^{2} f_{ij}}{N}$。

然后用实测频数和期望频数来构造 χ^2 统计量：

$$\chi^2=\sum_{i=1}^{2}\sum_{j=1}^{k}\frac{(f_{ij}-E_{ij})^2}{E_{ij}}$$

所得 χ^2 值服从自由度 $df=(2-1)\times(k-1)=k-1$ 的 χ^2 分布，可根据 χ^2 分布做出统计推断。

进行中位数检验时要注意，如果有单元格的期望频数小于 1，或者有 20%单元格的期望频数小于 5，计算结果可能存在较大误差。此时应考虑采用其他非参数检验的方法。

解：对案例 1506 的问题，可采用多独立样本中位数检验的方法进行检验。

中位数为：$M=X_{\frac{n+1}{2}}=X_{\frac{33+1}{2}}=X_{17}=7.96$。

多独立栏本中位数检验的具体计算过程如表 15-3-3 所示。

表 15-3-3　立定三级跳远成绩的中位数检验计算表

	健美操	武术	篮球	合计
大于 7.96	2　(5.33)	5　(5.33)	9　(5.33)	16
小于等于 7.96	9　(5.67)	6　(5.67)	2　(5.67)	17
合计	11	11	11	33

$$\chi^2=\sum\sum\frac{(f_{ij}-E_{ij})^2}{E_{ij}}$$

$$=\frac{(2-5.33)^2}{5.33}+\frac{(5-5.33)^2}{5.33}+\frac{(9-5.33)^2}{5.33}+\frac{(9-5.67)^2}{5.67}+\frac{(6-5.67)^2}{5.67}+\frac{(2-5.67)^2}{5.67}$$

$$=2.0805+0.0204+2.5270+1.9557+0.0192+2.3755=8.978$$

已知 $n=33$，$k=3$，则自由度 $df=k-1=3-1=2$；查 χ^2 分布上侧分位数表，得 $\chi^2_{\frac{0.05}{2}(2)}=7.38$，$\chi^2_{\frac{0.01}{2}(2)}=10.60$。

因 $\chi^2=8.978>7.38$，故 $P<0.05$，应拒绝原假设，接受备择假设，可认为三组学生立定三级跳远成绩具显著性差异。

SPSS 中的多独立样本中位数检验默认进行双侧检验。系统除了计算统计量 χ^2 外，还会算出相应的显著性概率 P。因此，可将 P 与给定的显著性水平 α 进行比较，做出统计推断。如果 $P>\alpha$，应接受原假设；如果 $P\leqslant\alpha$，应拒绝原假设，接受备择假设。

三、约克海尔-塔帕斯特拉检验

约克海尔-塔帕斯特拉检验是以统计学家约克海尔（Jonckheere）和塔帕斯特拉（Terpstra）的名字命名的一种非参数检验方法，简称为 J-T 检验。检验的假设可表示为：

H_0：多个独立样本所来自的多个总体的分布无显著性差异；

H_1：多个独立样本所来自的多个总体的分布具显著性差异。

J-T 检验需要计算一组样本观测值小于其他组样本观测值的个数。如果用 U_{ij}表示第 i 组样本观测值小于第 j 组样本观测值的个数，则 J-T 统计量定义为：

$$\text{J-T 统计量}=\sum_{i<j}U_{ij}$$

U_{ij}实际上是将某组的每个观测值与其后续组的每个观测值逐一比较而得出的某组观测值小于其后续组观测值的个数（相等时计 0.5 个），J-T 统计量则是所有 U_{ij}在 $i<j$ 组范围内的总和，称为“实测 J-T 统计量”。例如，有三组样本观测值，样本组标记分别为 1，2，3，则按照 1-2-3 的组序计算“实测 J-T 统计量”。设 A 为第 1 组样本观测值小于第 2 组样本观测值的个数，B 为第 1 组样本观测值小于第 3 组样本观测值的个数，C 为第 2 组样本观测值小于第 3 组样本观测值的个数，则实测 J-T 统计量等于 $A+B+C$。

J-T 检验还计算在各种可能的组序排列下的一系列 J-T 值，即除了按照 1-2-3 的组序计算 J-T 值外，还要按照 1-3-2、2-1-3、2-3-1、3-1-2、3-2-1 的组序计算 J-T 值，并求出所有这些 J-T 值的均值。显然，如果“实测 J-T 统计量”远大于或远小于 J-T 均值，则可以认为，按照样本组标记的升序，样本数据有明显的上升或下降趋势，从而判定样本来自的多个总体的分布存在显著性差异。

小样本（$n_i\leqslant8$ 且 $k\leqslant6$）情况下，J-T 统计量服从约克海尔-塔帕斯特拉分布。以 J 代表实测 J-T 统计量，在约克海尔-塔帕斯特拉检验临界值表（本书附录之附表 13）中可查得临界值 J_α，满足 $P(J \geqslant J_\alpha) = \alpha$。因此，如果 $J < J_\alpha$，则 $P > \alpha$，应接受原假设；如果 $J \geqslant J_\alpha$，则 $P \leqslant \alpha$，应拒绝原假设，接受备择假设。

大样本情况下，计算统计量 Z：

$$Z = \frac{J - \left(N^2 - \sum_{i=1}^{k} n_i^2\right) / 4}{\sqrt{\left(N^2(2N+3) - \sum_{i=1}^{k} n_i^2(2n_i+3)\right) / 72}}$$

其中，J 为实测 J-T 统计量，k 为样本组数，n_i 为第 i 组的样本容量，N 为总样本容量，所得 Z 统计量近似服从标准正态分布。因此，可查标准正态分布表找临界值，进而做出统计推断。

当随着样本组标志值的增大，样本数据有明显的上升或下降趋势时，约克海尔-塔帕斯特拉检验要比克鲁斯卡尔-沃利斯 H 检验和中位数检验更为有力。

解：对案例 1506 的问题，可采用多独立样本 J-T 检验的方法进行双侧检验。按 1-2-3 的组序计算“实测 J-T 统计量”的过程如表 15-3-4 所示。

表 15-3-4　立定三级跳远成绩的实测 J-T 统计量计算表

组标记	比较的组	每个观测值小于后续组数据的个数											小计
1	本组数据	7.34	7.55	7.62	7.66	7.72	7.86	7.89	7.91	7.96	8.02	8.10	
	2	11	10	9	8	7	6	6	5	5	4	4	75
	3	11	11	11	11	11	10	10	10	9	9	9	112
2	本组数据	7.50	7.56	7.64	7.69	7.74	7.90	7.98	8.11	8.12	8.14	8.18	
	3	11	11	11	11	11	10	9	9	9	9	9	110
3	本组数据	7.80	7.94	8.51	9.00	9.10	9.11	9.12	9.18	9.20	9.21	9.24	
合计													297

表中的本组数据都按升序排列。例如，对于第 1 组，第 1 个值为 7.34，比 2 组的 11 个值小，个数记为 11；第 2 个值为 7.55，比 2 组的 10 个值小，个数记为 10；……第 1 组数据小于第 2 组数据的个数总和为 75；第 1 组数据小于第 3 组数据的个数总和为 112；第 2 组数据小于第 3 组数据的个数总和为 110。将 1 组对 2 组、1 组对 3 组、2 组对 3 组共 3 个总和相加，即得实测 J-T 统计量 297。

按 1-3-2 的组序计算“J-T 统计量”的过程如表 15-3-5 所示，得出的 J-T 统计量为 198。

表 15-3-5　立定三级跳远成绩的 J-T 统计量计算表（组序 1-3-2）

组标记	比较的组	每个观测值小于后续组数据的个数											小计
1	本组数据	7.34	7.55	7.62	7.66	7.72	7.86	7.89	7.91	7.96	8.02	8.10	
	3	11	11	11	11	11	10	10	10	9	9	9	112
	2	11	10	9	8	7	6	6	5	5	4	4	75
3	本组数据	7.80	7.94	8.51	9.00	9.10	9.11	9.12	9.18	9.20	9.21	9.24	
	2	6	5	0	0	0	0	0	0	0	0	0	11
2	本组数据	7.50	7.56	7.64	7.69	7.74	7.90	7.98	8.11	8.12	8.14	8.18	
合计													198

用同样的方法，可以求得：

按 2-1-3 的组序计算的 J-T 统计量为 268；

按 2-3-1 的组序计算的 J-T 统计量为 165；

按 3-1-2 的组序计算的 J-T 统计量为 95；

按 3-2-1 的组序计算的 J-T 统计量为 66。

由此，J-T 均值为（297+198+268+165+95+66）/6=181.5。

$$Z=\frac{J-\left(N^2-\sum_{i=1}^{k}n_i^2\right)\Big/4}{\sqrt{\left[N^2(2N+3)-\sum_{i=1}^{k}n_i^2(2n_i+3)\right]\Big/72}}$$

$$=\frac{297-\dfrac{33^2-3\times 11^2}{4}}{\sqrt{\dfrac{33^2\times(2\times 33+3)-3\times[11^2\times(2\times 11+3)]}{72}}}=\frac{297-181.5}{30.292}=3.813$$

本例属大样本，查标准正态分布表，得 $Z_{\frac{0.05}{2}}=1.96$，$Z_{\frac{0.01}{2}}=2.58$。

因 $|Z|=3.813>2.58$，故 $P<0.01$，应拒绝原假设，接受备择假设，可认为三组学生立定三级跳远成绩具高度显著性差异。

SPSS 中的多独立样本 J-T 检验默认进行双侧检验。系统除了计算统计量 Z 外，还会算出相应的显著性概率 P。因此，可将 P 与给定的显著性水平 α 进行比较，做出统计推断。如果 $P>\alpha$，应接受原假设；如果 $P\leqslant\alpha$，应拒绝原假设，接受备择假设。

四、多独立样本非参数检验在 SPSS 中的实现

对案例 1506 的问题，将数据整理成数据文件“案例 1506.sav”，如图 15-3-1 所示。数据文件中，变量“项目”的值，1 代表健美操组，2 代表武术组，3 代表篮球组。

	编号	项目	成绩
1	1	1	7.55
2	2	1	7.72
3	3	1	7.89
4	4	1	7.86
5	5	1	7.34
6	6	1	7.66
7	7	1	7.96
8	8	1	8.02
9	9	1	8.10
10	10	1	7.62
11	11	1	7.91

	编号	项目	成绩
12	12	2	8.18
13	13	2	7.56
14	14	2	7.50
15	15	2	7.64
16	16	2	7.74
17	17	2	7.69
18	18	2	7.90
19	19	2	8.12
20	20	2	7.98
21	21	2	8.11
22	22	2	8.14

	编号	项目	成绩
23	23	3	7.80
24	24	3	9.00
25	25	3	9.12
26	26	3	7.94
27	27	3	8.51
28	28	3	9.24
29	29	3	9.10
30	30	3	9.18
31	31	3	9.11
32	32	3	9.20
33	33	3	9.21

图 15-3-1　案例 1506 的数据文件

1. 在 SPSS 中实现的步骤

第 1 步：在数据编辑器窗口中打开数据文件“案例 1506.sav”。

第 2 步：在“分析”菜单中选择“非参数检验”→“旧对话框”→“K 个独立样本”命令，打开相应的主对话框。

第 3 步：在“针对多个独立样本的检验”主对话框中进行多独立样本非参数检验的具体操作，如图 15-3-2 所示。

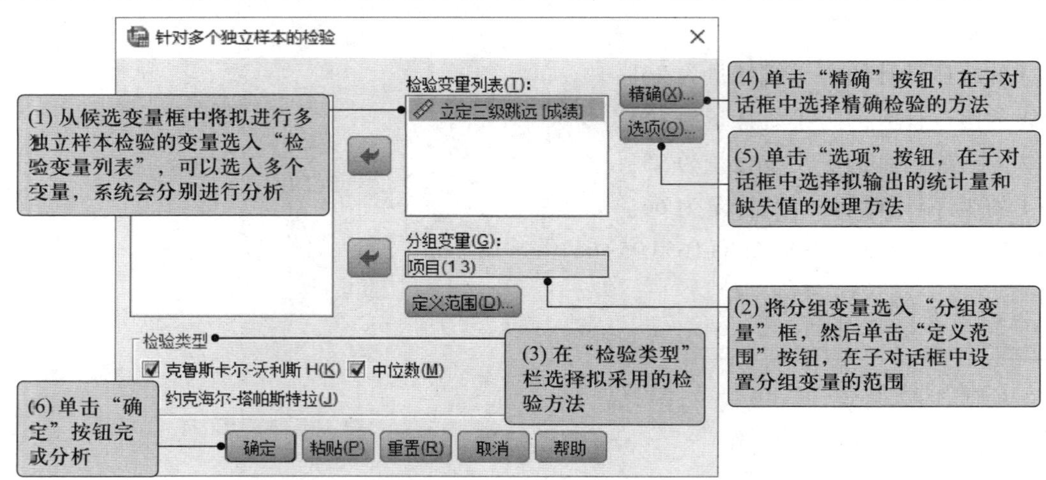

图 15-3-2 多独立样本非参数检验的操作

本例处理：将“成绩”选入“检验变量列表”；将“项目”选入“分组变量”框；在“检验类型”栏将克鲁斯卡尔-沃利斯 H、中位数、约克海尔-塔帕斯特拉 3 种检验方法都选上。

第 4 步：在“针对多个独立样本的检验”主对话框中单击“定义范围”按钮，打开“定义范围”子对话框，在其中设置分组变量的范围，如图 15-3-3 所示。

本例处理：分别在“分组变量的范围”两个框中输入最小值 1 和最大值 3。

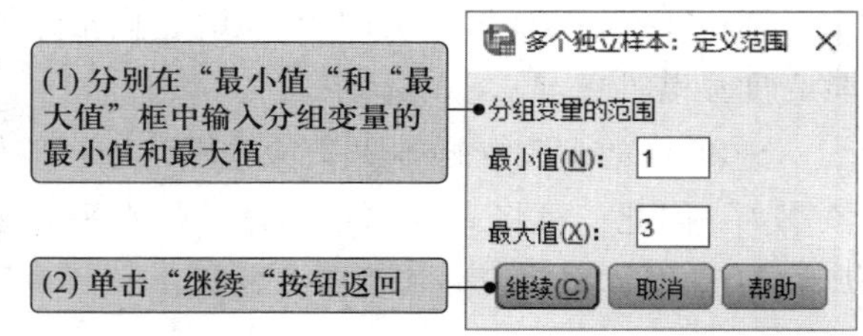

图 15-3-3 定义范围的操作

第 5 步：在“针对多个独立样本的检验”主对话框中单击“选项”按钮，打开如图 15-1-6 所示的“选项”子对话框。在其中，输出统计量选择“描述”；缺失值的处理方法采用“按检验排除个案”。

2. 结果解读

(1) 描述统计。表 15-3-6 是基本描述统计量。立定三级跳远成绩的个案数为 33；未分组的平均值为 8. 169 7，标准差为 0. 605 65；最小值为 7. 34，最大值为 9. 24。

表 15-3-6 描述统计

	个案数	平均值	标准偏差	最小值	最大值
立定三级跳远	33	8. 169 7	0. 605 65	7. 34	9. 24
项目	33	2. 00	0. 829	1	3

(2) 克鲁斯卡尔-沃利斯 H 检验的结果。表 15-3-7 是克鲁斯卡尔-沃利斯 H 检验的秩表。健美操、武术、篮球三个组的个案数都为 11；平均秩分别为 11. 00，13. 82，26. 18。显然，各组的平均秩有比较明显的差异。

表 15-3-7 秩

	项目	个案数	秩平均值
立定三级跳远	健美操	11	11. 00
	武术	11	13. 82
	篮球	11	26. 18
	总计	33	

表 15-3-8 是克鲁斯卡尔-沃利斯 H 检验的主要结果。统计量 H 为 15.345，自由度为 2，双侧检验的显著性概率 $P=0.000<0.01$。因此，应拒绝原假设，接受备择假设，可认为三个项目组男生的立定三级跳远成绩具高度显著性差异。

表 15-3-8 检验统计[a,b]

	立定三级跳远
克鲁斯卡尔-沃利斯 $H(K)$	15.345
自由度	2
渐近显著性	0.000

a. 克鲁斯卡尔-沃利斯检验

b. 分组变量：项目

（3）中位数检验的结果。表 15-3-9 是中位数检验的频数表。表中数字分别是三个项目组男生立定三级跳远的成绩大于共同中位数的个数和小于等于共同中位数的个数。

表 15-3-9 频 率

		项目		
		健美操	武术	篮球
立定三级跳远	>中位数	2	5	9
	<=中位数	9	6	2

表 15-3-10 是中位数检验的主要结果。立定三级跳远的总个案数为 33；共同中位数为 7.96；统计量 χ^2 值为 8.978；自由度为 2；双侧检验的显著性概率 $P=0.011<0.05$。因此，应拒绝原假设，接受备择假设，可认为三个项目组男生的立定三级跳远成绩具显著性差异。

表 15-3-10 检验统计[a]

	立定三级跳远
个案数	33
中位数	7.960 0
卡方	8.978[b]
自由度	2
渐近显著性	0.011

a. 分组变量：项目

b. 0 个单元格（0.0%）的期望频率低于 5，期望的最低单元格频率为 5.3

（4）约克海尔-塔帕斯特拉检验的结果。表 15-3-11 是约克海尔-塔帕斯特拉检验的主要结果。实测 J-T 统计量为 297.0，J-T 均值为 181.5，J-T 标准差为 30.292，标准 J-T 统计量（Z 统计量）为 3.813，双侧检验的显著性概率 $P=0.000<0.01$。因此，应拒绝原假设，接受备择假设，可认为三个项目组男生的立定三级跳远成绩具高度显著性差异。

表 15-3-11 约克海尔-塔帕斯特拉检验[a]

	立定三级跳远
项目中的级别数	3
个案数	33
实测 J-T 统计	297.000
平均值 J-T 统计	181.500

续表

	立定三级跳远
J-T 统计的标准差	30. 292
标准 J-T 统计	3. 813
渐近显著性（双尾）	0. 000

a. 分组变量：项目

第四节 两配对样本的非参数检验

在研究工作中，我们经常会遇到对同一批对象进行 2 次或多次测试的情况，或者对两组一一配对的对象进行同一种测试的情况，此时的数据就不再是相互独立的了，而是彼此相关联的。这种样本都称为配对（相关）样本。对于配对样本，其各组的样本容量是相同的，且各观测值的先后次序是不能随便更改的。当需要分析两个配对样本来自的两个总体的分布是否存在显著性差异时，就要用到两配对样本非参数检验的方法。

SPSS 系统提供了多种两配对样本非参数检验的方法，包括符号检验、威尔科克森符号秩检验、麦克尼马尔检验和边际齐性检验等。

【案例 1507】

为研究长跑运动对普通大学生心血管系统机能的影响，在某校随机抽取了 16 名男生进行为期 3 个月的长跑训练，测量训练前、后晨起安静状态的心率（次/min）；同时，按训练前晨脉的平均值 70 进行分级，小于 70 的设为 0，大于等于 70 的设为 1；数据如下所示。问长跑运动对降低普通大学生晨起安静状态的心率是否有效果。

编　号：	1	2	3	4	5	6	7	8	9	10	11	12	13	14	15	16
前晨脉：	70	76	78	66	68	66	67	68	64	78	70	64	63	74	72	76
后晨脉：	68	64	68	68	72	68	56	66	56	69	69	68	54	68	68	69
前分级：	1	1	1	0	0	0	0	0	0	1	1	0	0	1	1	1
后分级：	0	0	0	0	1	0	0	0	0	0	0	0	0	0	0	0

各人训练前、后的成绩构成两个配对样本。可求得训练前的晨脉均值为 70. 00 次/min，训练后的晨脉均值为 65. 69 次/min。晨脉属于连续型变量，经正态分布检验，发现训练后的晨脉不服从正态分布，因而不能采用两配对样本 t 检验的方法来考察它们之间的差异，但可采用两配对样本非参数检验的方法进行检验。根据专业知识可知，长跑训练后的晨脉不会高于训练前的晨脉，故可进行单侧检验。现建立假设：

H_0：长跑训练前后的晨脉无显著性差异；

H_1：长跑训练后的晨脉低于训练前的晨脉。

一、符号检验

两配对样本的符号检验利用配对样本观测值差的正负号，运用二项分布的原理，对两配对样本来自的两个总体的分布是否存在显著性差异做出判断。检验的假设可表示为：

H_0：两配对样本所来自的两个总体的分布无显著性差异；

H_1：两配对样本所来自的两个总体的分布具显著性差异。

两配对样本符号检验的基本思想是，将第二组样本的各个观测值减去第一组样本对应的观测值，记下差值的正、负号。若差值为零，则不计符号，该个案不参与分析。算出正号频数 n_+ 和负号频数 n_-，并将两者中的较小者作为统计量 S 的值，即：

$$S=\min(n_+,\ n_-)$$

符号检验的样本容量为正、负号频数的总和，即 $n=n_++n_-$。

如果原假设成立，则差值为正、为负的机会应大致相等。因此，若正号频数与负号频数相差不大，则可认为两个总体的分布无显著性差异；若正号频数与负号频数相差较大，意味着一组观测值普遍偏大，另一组观测值普遍偏小，则可认为两个总体的分布存在显著性差异。

符号检验采用二项分布检验的方法，检验正、负号频数的分布是否服从 $\pi_0=0.5$ 的二项分布。对于小样本（$n<30$），直接计算 n 次试验中频数变量小于等于 S 的累积精确概率，即：

$$P(X\leqslant S)=\sum_{i=0}^{S}\mathrm{C}_n^i p^i(1-p)^{n-i}=\sum_{i=0}^{S}(\mathrm{C}_n^i\times0.5^i\times0.5^{n-i})$$

给定显著性水平 α，如果 $P>\alpha$，应接受原假设；如果 $P\leqslant\alpha$，应拒绝原假设，接受备择假设。

对于大样本（$n\geqslant30$），统计量 S 的抽样分布近似于以 $\mu=n\pi_0=n\times\frac{1}{2}=\frac{n}{2}$ 为均数、以 $\sigma=\sqrt{n\pi_0(1-\pi_0)}=\sqrt{n\times\frac{1}{2}\times\left(1-\frac{1}{2}\right)}=\frac{\sqrt{n}}{2}$ 为标准差的正态分布，故计算 Z 统计量：

$$Z=\frac{S-n\pi_0}{\sqrt{n\pi_0(1-\pi_0)}}=\frac{S-n/2}{\sqrt{n}/2}$$

修正的 Z 统计量采用下式计算：

$$Z=\frac{S\pm0.5-n/2}{\sqrt{n}/2}$$

其中的 ±0.5 是校正值，用于对分布曲线进行平滑处理，当 S 小于 $n/2$ 时用加号，当 S 大于 $n/2$ 时用减号。所求统计量 Z 近似服从标准正态分布，可在标准正态分布表中查找临界值，进而做出统计推断。

解：对案例 1507 的问题，可采用两配对样本符号检验的方法进行单侧检验。具体计算过程如表 15-4-1 所示。

表 15-4-1　训练前、后晨脉的符号检验计算表

前晨脉(次/min)	70	76	78	66	68	66	67	68	64	78	70	64	63	74	72	76
后晨脉(次/min)	68	64	68	68	72	68	56	66	56	69	69	68	54	68	68	69
差符号	−	−	−	+	+	+	−	−	−	−	−	+	−	−	−	−

由表 15-4-1 可知，16 人中，长跑训练后晨脉升高的有 4 人，取正号，即 $n_+=4$；长跑训练后晨脉降低的有 12 人，取负号，即 $n_-=12$。由此得 $n=n_++n_-=12+4=16$。

$S=\min(n_+,\ n_-)=\min(4,\ 12)=4$

$$P(X\leqslant S)=\sum_{i=0}^{S}(\mathrm{C}_n^i\times0.5^i\times0.5^{n-i})$$
$$=\mathrm{C}_{16}^0\times0.5^0\times0.5^{16-0}+\mathrm{C}_{16}^1\times0.5^1\times0.5^{16-1}+\mathrm{C}_{16}^2\times0.5^2\times0.5^{16-2}+\mathrm{C}_{16}^3\times0.5^3\times0.5^{16-3}+\mathrm{C}_{16}^4\times0.5^4\times0.5^{16-4}$$

$=0.00001+0.0002+0.0018+0.0085+0.0228+0.0384=0.038$

因 $P=0.038<0.05$，故应拒绝原假设，接受备择假设，可认为长跑训练后的晨脉低于训练前的晨脉，差异具显著性。

在 SPSS 中进行两配对样本符号检验时，对于小样本，系统将根据二项分布计算精确概率；对于大样本，系统将根据标准正态分布计算近似概率。因此，可直接选择双侧检验或单侧检验的 P，再与给定的显著性水平 α 进行比较，做出统计推断。如果 $P>\alpha$，应接受原假设；如果 $P\leqslant\alpha$，应拒绝原假设，接受备择假设。

二、威尔科克森符号秩检验

威尔科克森符号秩检验是以统计学家威尔科克森（Wilcoxon）的名字命名的一种非参数检验方法，它利用配对样本观测值差的正、负号及差的绝对值的秩，对两配对样本来自的两个总体的分布是否存在显著性差异做出判断。检验的假设可表示为：

H_0：两配对样本所来自的两个总体的分布无显著性差异；

H_1：两配对样本所来自的两个总体的分布具显著性差异。

威尔科克森符号秩检验在符号检验的基础上，增加了对两组样本观测值变化程度的考虑。检验的基本思想是，将第二组样本的各个观测值减去第一组样本对应的观测值，记下差值的正、负号及绝对值；再将绝对值按升序排列，求出相应的秩。若差值为零，则不编秩，该个案不参与分析。若出现多个相同的绝对值，则以这多个绝对值所对应的正常秩的平均数作为各自的秩。然后，将原差值的正、负号重新赋予各个秩，并分别计算正秩和 W_+ 与负秩和 W_-。如果原假设成立，则正秩和与负秩和应大致相等。因此，若正秩和与负秩和相差不大，则可认为两个总体的分布无显著性差异；若正秩和与负秩和相差较大，意味着一组观测值普遍偏大，另一组观测值普遍偏小，则可认为两个总体的分布存在显著性差异。

威尔科克森符号秩检验的样本容量为正、负号个数的总和，即 $n=n_++n_-$。

检验的统计量为：

$$W=\min(W_+,\ W_-)$$

$$Z=\frac{W-n(n+1)/4}{\sqrt{n(n+1)(2n+1)/24}}$$

对于小样本（$n<30$），统计量 W 服从威尔科克森符号秩分布，可在威尔科克森符号秩检验临界值表（本书附录之附表 14）中找到临界值 $W_{\alpha/2}$ 或 W_α。该值是接受原假设应达到的期望值，对于双侧检验，满足 $P(W\leqslant W_{\alpha/2})=\alpha$；对于单侧检验，满足 $P(W\leqslant W_\alpha)=\alpha$。因此，给定显著性水平 α，对于双侧检验，如果 $W>W_{\alpha/2}$，则 $P>\alpha$，应接受原假设；如果 $W\leqslant W_{\alpha/2}$，则 $P\leqslant\alpha$，应拒绝原假设，接受备择假设。对于单侧检验，如果 $W>W_\alpha$，则 $P>\alpha$，应接受原假设；如果 $W\leqslant W_\alpha$，则 $P\leqslant\alpha$，应拒绝原假设，接受备择假设。

对于大样本（$n\geqslant30$），统计量 Z 近似服从标准正态分布，可在标准正态分布表中查找临界值，进而做出统计推断。

解：对案例 1507 的问题，可采用两配对样本威尔科克森符号秩检验的方法进行单侧检验，具体计算过程如表 15-4-2 所示。

表 15-4-2 训练前、后晨脉的威尔科克森符号秩检验计算表

编号	前晨脉(次/min)	后晨脉(次/min)	差的符号	差的绝对值	秩	正秩	负秩
1	70	68	-	2	3.5		3.5
2	76	64	-	12	16.0		16.0
3	78	68	-	10	14.0		14.0

续表

编号	前晨脉(次/min)	后晨脉(次/min)	差的符号	差的绝对值	秩	正秩	负秩
4	66	68	+	2	3.5	3.5	
5	68	72	+	4	7.0	7.0	
6	66	68	+	2	3.5	3.5	
7	67	56	−	11	15.0		15.0
8	68	66	−	2	3.5		3.5
9	64	56	−	8	11.0		11.0
10	78	69	−	9	12.5		12.5
11	70	69	−	1	1.0		1.0
12	64	68	+	4	7.0	7.0	
13	63	54	−	9	12.5		12.5
14	74	68	−	6	9.0		9.0
15	72	68	−	4	7.0		7.0
16	76	69	−	7	10.0		10.0
$\sum$						21.0	115.0

由表 15-4-2 可知正秩和 W_+ 为 21.0，负秩和 W_- 为 115.0；$n=n_++n_-=4+12=16$。

$W=\min(W_+,\ W_-)=\min(21.0,\ 115.0)\ =21.0$

$$Z=\frac{W-n(n+1)/4}{\sqrt{n(n+1)(2n+1)/24}}=\frac{21-16\times(16+1)/4}{\sqrt{16\times(16+1)\times(2\times16+1)/24}}=-2.43$$

本例属于小样本，查威尔科克森符号秩检验临界值表，得 $W_{0.05(16)}=36$，$W_{0.01(16)}=24$。

因 $W=21<24$，故 $P<0.01$，应拒绝原假设，接受备择假设，可认为长跑训练后的晨脉低于训练前的晨脉，差异具高度显著性。

在 SPSS 中进行两配对样本威尔科克森符号秩检验时，系统除了计算统计量 Z 外，还会算出相应的显著性概率 P。因此，可直接选择双侧检验或单侧检验的 P，再与给定的显著性水平 α 进行比较，做出统计推断。如果 $P>\alpha$，应接受原假设；如果若 $P\leqslant\alpha$，应拒绝原假设，接受备择假设。

三、麦克尼马尔检验

两配对样本的麦克尼马尔检验是以统计学家麦克尼马尔（McNemar）的名字命名的一种非参数检验方法，它是一种变化显著性检验，将研究对象自身作为对照，检验其前、后的变化是否显著。检验的假设可表示为：

H_0：两配对样本所来自的两个总体的分布无显著性差异；

H_1：两配对样本所来自的两个总体的分布具显著性差异；

两配对样本的麦克尼马尔检验用于分析处理前、后的变化情况。该检验要求待分析的两组配对样本观测值都是二值（0，1）数据。如果不是二值数据，应首先进行变换将其转化为二值数据。待分析的数据具有如表 15-4-3 所示的交叉表特征。

表 15-4-3　麦克尼马尔检验中的交叉表

		后期	
		0	1
前期	0	A	B
	1	C	D

设 A 为前期取 0、后期取 0 的频数；B 为前期取 0、后期取 1 的频数；C 为前期取 1、后期取 0 的频数；D 为前期取 1、后期取 1 的频数。麦克尼马尔检验关注的是两组间分类的差异，即从前期发展到后期时，取值由 0 变为 1 的频数 B 与取值由 1 变为 0 的频数 C，而对相同的分类忽略不计。显然，如果 B 与 C 大致相当，意味着总体前后没有发生显著变化。如果 B 与 C 相差较大，意味着总体前后发生了显著变化。

以 n_B代表 B，以 n_C代表 C，则样本容量 $n=n_B+n_C$。麦克尼马尔检验采用二项分布检验的方法，分析 n_B、n_C的变化是否服从 $\pi_0=0.5$ 的二项分布，检验的统计量为 n_B和 n_C中较小的一个，即：

$$S=\min(n_B,\ n_C)$$

对于小样本（$n<30$），直接计算 n 次试验中频数变量小于等于 S 的累积精确概率，即：

$$P(X\leqslant S)=\sum_{i=0}^{S}\mathrm{C}_n^i p^i(1-p)^{n-i}=\sum_{i=0}^{S}(\mathrm{C}_n^i\times0.5^i\times0.5^{n-i})$$

给定显著性水平 α，如果 $P>\alpha$，应接受原假设；如果 $P\leqslant\alpha$，应拒绝原假设，接受备择假设。

对于大样本（$n\geqslant30$），统计量 S 的抽样分布可以采用正态分布来近似，故利用下式计算修正的 Z 统计量：

$$Z=\frac{S\pm0.5-n\pi_0}{\sqrt{n\pi_0(1-\pi_0)}}=\frac{S\pm0.5-n/2}{\sqrt{n}/2}$$

其中的±0.5 是校正值，用于对分布曲线进行平滑处理，当 S 小于 $n/2$ 时用加号；当 S 大于 $n/2$ 时用减号。计算所得 Z 统计量近似服从标准正态分布，可以在标准正态分布表中查找临界值，进而做出统计推断。

麦克尼马尔检验通常用于重复测量的情况，分析初始响应率（事件前）是否等于最终响应率（事件后）。此检验对于在前后对比设计中检测由实验干预引起的响应变化很有用。

解：对案例 1507 的问题，可采用两配对样本麦克尼马尔检验的方法进行单侧检验，具体计算过程如表 15-4-4 所示。

表 15-4-4 训练前、后晨脉的麦克尼马尔检验的交叉表

		训练后	
		0	1
训练前	0	7	1
	1	8	0

由表 15-4-4 可知，训练前、后的晨脉分级，从 0 变成 1 的有 1 例，即 $n_B=1$；从 1 变成 0 的有 8 例，即 $n_C=8$；则 $n=n_B+n_C=1+8=9$，属于小样本。

$S=\min(n_B,\ n_C)=(1,\ 8)=1$

$$P(X\leqslant S)=\sum_{i=0}^{S}(\mathrm{C}_n^i\times0.5^i\times0.5^{n-i})$$

$$=\mathrm{C}_9^0\times0.5^0\times0.5^{9-0}+\mathrm{C}_9^1\times0.5^1\times0.5^{9-1}=0.002+0.018=0.020$$

因 $P=0.020<0.05$，应拒绝原假设，接受备择假设，可认为长跑训练后的晨脉低于训练前的晨脉，差异具显著性。

在 SPSS 中进行两配对样本麦克尼马尔检验时，系统会直接算出显著性概率 P。因此，可以选择双侧检验或单侧检验的 P，再与给定的显著性水平 α 进行比较，做出统计推断。如果 $P>\alpha$，应接受原假设；如果 $P\leqslant\alpha$，应拒绝原假设，接受备择假设。

四、两配对样本非参数检验在 SPSS 中的实现

对案例 1507 的问题，将数据整理成数据文件“案例 1507. sav”，如图 15-4-1 所示。数据文件中，前晨脉、后晨脉为连续型数据；前分级、后分级为二值数据。

	编号	前晨脉	后晨脉	前分级	后分级
1	1	70	68	1	0
2	2	76	64	1	0
3	3	78	68	1	0
4	4	66	68	0	0
5	5	68	72	0	1
6	6	66	68	0	0
7	7	67	56	0	0
8	8	68	66	0	0
9	9	64	56	0	0
10	10	78	69	1	0
11	11	70	69	1	0
12	12	64	68	0	0
13	13	63	54	0	0
14	14	74	68	1	0
15	15	72	68	1	0
16	16	76	69	1	0

图 15-4-1　案例 1507 的数据文件

1. 在 SPSS 中实现的步骤

第 1 步：在数据编辑器窗口中打开数据文件“案例 1507. sav”。

第 2 步：在“分析”菜单中选择“非参数检验”→“旧对话框”→“2 个相关样本”命令，打开相应的主对话框。

第 3 步：在“双关联样本检验”主对话框中进行两配对样本非参数检验的具体操作，如图 15-4-2 所示。

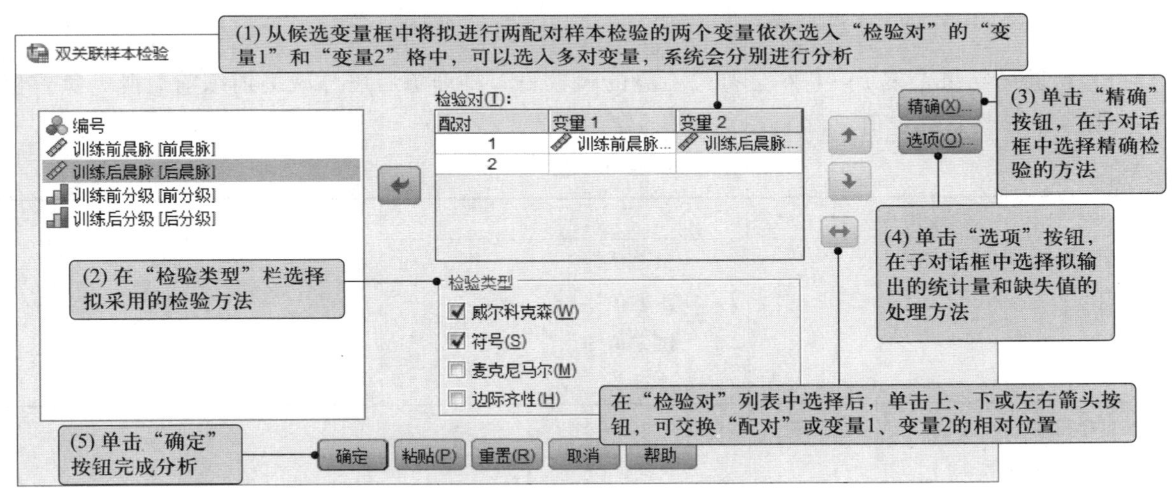

图 15-4-2　两配对样本非参数检验的操作 1

本例处理：将训练前晨脉和训练后晨脉两个变量依次选入“检验对”栏中“配对-1”的变量 1 和变量 2 格中。由于两变量为连续型变量，故在“检验类型”栏中选择“威尔科克森”和“符号”两种方法。

第 4 步：在“双关联样本检验”主对话框中单击“精确”按钮，打开如图 15-1-5 所示的“精确检验”子对话框。在其中，检验方法选择“精确”，每个检验的时间限制设为 5 分钟。

第 5 步：在“双关联样本检验”主对话框中单击“选项”按钮，打开如图 15-1-6 所示的“选项”子对话框。在其中，输出统计量选择“描述”；缺失值的处理方法采用“按检验排除个案”。

上述分析完成后，另外再做一次检验，将前分级和后分级两个变量依次选入“检验对”栏中“配对-1”的变量 1 和变量 2 格中。由于此时两变量为二值变量，故在“检验类型”栏中选择“麦克尼马尔”一种方法，如图 15-4-3 所示。其他操作不变。

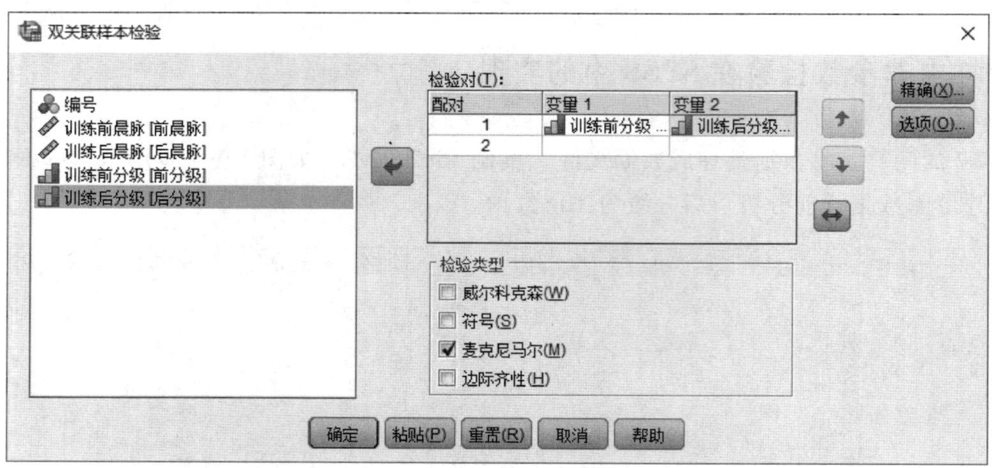

图 15-4-3 两配对样本非参数检验的操作 2

2. 结果解读

（1）描述统计。表 15-4-5 是基本描述统计量，列出了训练前、后晨脉的个案数、平均值、标准差、最小值和最大值。

表 15-4-5 描 述 统 计

	个案数	平均值(次/min)	标准偏差(次/min)	最小值(次/min)	最大值(次/min)
训练前晨脉	16	70.00	5.099	63	78
训练后晨脉	16	65.69	5.400	54	72

（2）符号检验的结果。表 15-4-6 是符号检验的频数表。将训练后晨脉减去训练前晨脉，负差值有 12 个，正差值有 4 个，没有绑定值（结）。

表 15-4-6 频 率

		个案数
训练后晨脉-训练前晨脉	负差值[a]	12
	正差值[b]	4
	绑定值[c]	0
	总计	16

a. 训练后晨脉<训练前晨脉

b. 训练后晨脉>训练前晨脉

c. 训练后晨脉=训练前晨脉

表 15-4-7 是符号检验的主要结果。根据二项分布得出的双侧检验的精确概率 $P=0.077$，单侧检验的精确概率 $P=0.038$。本例已明确进行单侧检验，故取 $P=0.038<0.05$。因此，应拒绝原假设，接受备择假设，可认为长跑训练后的晨脉低于训练前的晨脉，差异具显著性。

表 15-4-7 检 验 统 计[a]

	训练后晨脉-训练前晨脉
精确显著性（双尾）	0.077[b]
精确显著性（单尾）	0.038
点概率	0.028

a. 符号检验

b. 使用了二项分布

（3）威尔科克森符号秩检验的结果。表 15-4-8 为威尔科克森符号秩检验的秩表。将训练后晨脉减去训练前晨脉，在 16 例中，训练后低于训练前的有 12 例，训练后高于训练前的有 4 例；负秩和为 115，负平均秩为 9.58；正秩和为 21，正平均秩为 5.25；没有绑定值（结）。

表 15-4-8　秩

		个案数	秩平均值	秩的总和
训练后晨脉-训练前晨脉	负秩	12[a]	9.58	115.00
	正秩	4[b]	5.25	21.00
	绑定值	0[c]		
	总计	16		

a. 训练后晨脉<训练前晨脉

b. 训练后晨脉>训练前晨脉

c. 训练后晨脉=训练前晨脉

表 15-4-9 是威尔科克森符号秩检验的主要结果。将训练后晨脉减去训练前晨脉，基于正秩计算出的统计量 Z 为-2.436，双侧检验的精确概率 $P=0.012$，单侧检验的精确概率 $P=0.006$。本例已明确进行单侧检验，故取 $P=0.006<0.01$。因此，应拒绝原假设，接受备择假设，可认为长跑训练后的晨脉低于训练前的晨脉，差异具高度显著性。

表 15-4-9　检验统计[a]

	训练后晨脉-训练前晨脉
Z	-2.436[b]
渐近显著性（双尾）	0.015
精确显著性（双尾）	0.012
精确显著性（单尾）	0.006
点概率	0.001

a. 威尔科克森符号秩检验

b. 基于正秩

（4）麦克尼马尔检验的结果。表 15-4-10 是麦克尼马尔检验的交叉表。训练前、后的晨脉分级，从 0 变成 1 的有 1 例，从 1 变成 0 的有 8 例。

表 15-4-10　训练前分级 & 训练后分级

训练前分级	训练后分级	
	0	1
0	7	1
1	8	0

表 15-4-11 是麦克尼马尔检验的主要结果。根据二项分布得出的双侧检验的精确概率 $P=0.039$，单侧检验的精确概率 $P=0.020$。本例是进行单侧检验，故取 $P=0.020<0.05$。因此，应拒绝原假设，接受备择假设，可认为长跑训练后的晨脉低于训练前的晨脉，差异具显著性。

表 15-4-11　检验统计

	训练前分级 & 训练后分级
个案数	16
精确显著性（双尾）	0.039

续表

	训练前分级 & 训练后分级
精确显著性（单尾）	0.020
点概率	0.018

第五节 多配对样本的非参数检验

在研究工作中，有时要回答多个配对样本来自的多个总体是否具有相同分布这一问题，此时应借助于多配对样本非参数检验的方法。

SPSS 系统提供了多种多配对样本非参数检验的方法，包括傅莱德曼检验、肯德尔 W 检验、柯克兰 Q 检验等。

一、傅莱德曼检验

（一）傅莱德曼检验概述

多配对样本的傅莱德曼检验是以统计学家傅莱德曼（Friedman）的名字命名的一种非参数检验方法，它利用秩来判断多个总体的分布是否存在显著性差异。检验的假设可表示为：

H_0：多个配对样本所来自的多个总体的分布无显著性差异；

H_1：多个配对样本所来自的多个总体的分布具显著性差异。

设 k 为样本数，$j=1,2,\cdots,k$；n 为个案数，$i=1,2,\cdots,n$；于是构成了一个 n 行 k 列的数据集。

多配对样本傅莱德曼检验的基本思想是：首先以行为单位求出各个样本观测值在本行内的秩，然后分别计算各个样本的秩和与平均秩。同一行观测值秩的总和为 $1+2+\cdots+k=k(k+1)/2$，所有 n 行观测值秩的总和为 $nk(k+1)/2$。如果各样本的总体分布没有显著性差异，则各样本（各列）的秩和都应与 $n(k+1)/2$ 相当，平均秩都应与 $(k+1)/2$ 相当。如果各样本的秩和（或平均秩）相差较大，则表明有些样本的观测值普遍偏大，有些样本的观测值普遍偏小，此时就有理由认为各样本的总体分布存在显著性差异。

多配对样本傅莱德曼检验采用类似方差分析的方法构造检验统计量。根据方差分析的原理，各样本组秩的总变差一方面源于不同样本组之间的差异（组间差异），另一方面源于各样本组内的抽样误差（组内差异）。如果各样本组秩的总变差的大部分可由组间差异来解释，则表明各样本组的总体分布存在显著性差异；反之，如果各样本组秩的总变差的大部分不能由组间差异来解释，则表明各样本组的总体分布没有显著性差异。基于这种思路可以构造傅莱德曼检验的统计量。

以 r_{ij} 表示第 j 组中的第 i 个观测值的秩，R_j 表示第 j 组的秩和，$\overline{R}_j$ 表示第 j 组的平均秩，$\overline{R}$ 表示总平均秩，那么有：

总秩和：$\dfrac{1}{2}nk(k+1)$，总平均秩：$\overline{R}=\dfrac{k+1}{2}$；

秩的组间差异用组间离差平方和表示，即：$\sum\limits_{j=1}^{k} n(\overline{R}_j-\overline{R})^2=\sum\limits_{j=1}^{k} n\left(\dfrac{R_j}{n}-\dfrac{k+1}{2}\right)^2$；

秩的总变差用总离差平方和表示，即：$\sum\limits_{j=1}^{k}\sum\limits_{i=1}^{n}(r_{ij}-\overline{R})^2=\dfrac{k(k+1)(k-1)}{12}$；

傅莱德曼检验的统计量定义为秩的组间离差平方和与秩的总离差平方和之比的 $k-1$ 倍：

$$\chi^2=(k-1)\frac{\sum_{j=1}^{k} n\left(\frac{R_j}{n}-\frac{k+1}{2}\right)^2}{\frac{k(k+1)(k-1)}{12}}=\frac{12}{nk(k+1)}\sum_{j=1}^{k} R_j^2-3n(k+1)$$

计算所得 χ^2 值近似服从自由度 $df=k-1$ 的卡方分布，可根据 χ^2 分布做出统计推断。

【案例 1508】

10 名肥胖儿童参加减肥夏令营活动，在第 1、15、30、45 天 4 个时期测量的体重（kg）如表 15-5-1 所示。问肥胖儿童 4 个时期的体重是否有显著性差异。

解：肥胖儿童 4 个时期的体重属于配对样本，可采用多配对样本傅莱德曼检验的方法进行双侧检验。现建立假设：

H_0：肥胖儿童 4 个时期的体重无显著性差异；

H_1：肥胖儿童 4 个时期的体重具显著性差异。

具体计算过程如表 15-5-1 所示。

表 15-5-1　肥胖儿童 4 个时期的体重及傅莱德曼检验的计算表

编号	体重 1(kg)	体重 2(kg)	体重 3(kg)	体重 4(kg)	秩 1	秩 2	秩 3	秩 4
1	78	77	72	67	4	3	2	1
2	77	75	73	64	4	3	2	1
3	83	80	76	69	4	3	2	1
4	78	75	69	67	4	3	2	1
5	73	70	71	65	4	2	3	1
6	72	70	69	64	4	3	2	1
7	75	73	67	65	4	3	2	1
8	73	70	67	60	4	3	2	1
9	78	75	71	64	4	3	2	1
10	71	69	66	58	4	3	2	1
秩和					40	29	21	10
平均秩					4.0	2.9	2.1	1.0

已知 $k=4$，$n=10$，则自由度 $df=k-1=4-1=3$。

$$\chi^2=\frac{12}{nk(k+1)}\sum_{j=1}^{k} R_j^2-3n(k+1)$$

$$=\frac{12}{10\times4\times(4+1)}(40^2+29^2+21^2+10^2)-3\times10\times(4+1)=28.92$$

查 χ^2 分布上侧分位数表，得 $\chi^2_{\frac{0.05}{2}(3)}=9.35$；$\chi^2_{\frac{0.01}{2}(3)}=12.84$。

因 $\chi^2=28.92>12.84$，故 $P<0.01$，应拒绝原假设，接受备择假设，可认为肥胖儿童 4 个时期的体重具高度显著性差异。从实测数据看，4 个时期的体重呈逐渐降低的趋势。

SPSS 中的多配对样本傅莱德曼检验默认进行双侧检验。系统除了计算统计量 χ^2 外，还会算出相应的显著性概率 P。因此，可将 P 与给定的显著性水平 α 进行比较，做出统计推断。如果 $P>\alpha$，应接受原假设；如

果 $P \leqslant \alpha$，应拒绝原假设，接受备择假设。

（二）傅莱德曼检验在 SPSS 中的实现

对案例 1508 的问题，将数据整理成数据文件“案例 1508. sav”，如图 15-5-1 所示。数据文件中，体重 1、体重 2、体重 3、体重 4 分别表示肥胖儿童 4 个时期的体重。

	编号	体重1	体重2	体重3	体重4
1	1	78	77	72	67
2	2	77	75	73	64
3	3	83	80	76	69
4	4	78	75	69	67
5	5	73	70	71	65
6	6	72	70	69	64
7	7	75	73	67	65
8	8	73	70	67	60
9	9	78	75	71	64
10	10	71	69	66	58

图 15-5-1 案例 1508 的数据文件

1. 在 SPSS 中实现的步骤

第 1 步：在数据编辑器窗口中打开数据文件“案例 1508. sav”。

第 2 步：在“分析”菜单中选择“非参数检验”→“旧对话框”→“K 个相关样本”命令，打开相应的主对话框。

第 3 步：在“针对多个相关样本的检验”主对话框中进行多配对样本非参数检验的具体操作，如图 15-5-2 所示。

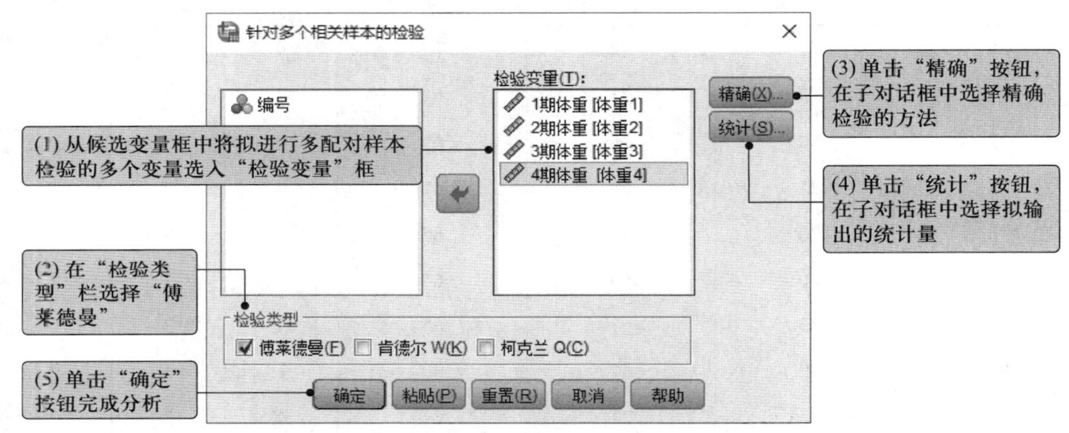

图 15-5-2 多配对样本傅莱德曼检验的操作

本例处理：将体重 1、体重 2、体重 3、体重 4 这 4 个变量选入“检验变量”框；检验类型选择“傅莱德曼”。

第 4 步：在“针对多个相关样本的检验”主对话框中单击“统计”按钮，打开“统计”子对话框，可在其中选择拟输出的统计量，如图 15-5-3 所示。

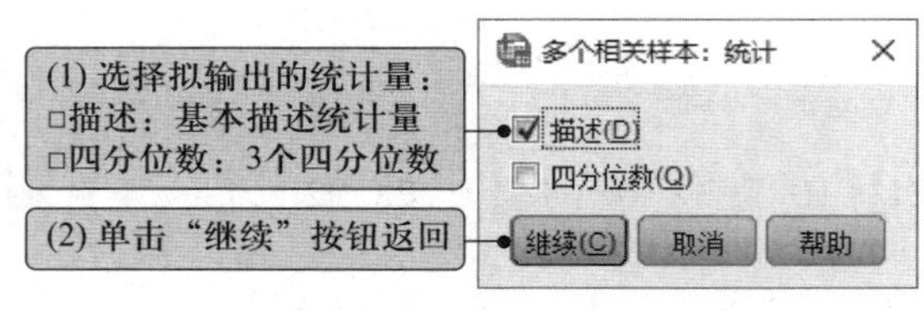

图 15-5-3 选择统计量

本例处理：选择“描述”项。

2. 结果解读

（1）描述统计。表 15-5-2 是基本描述统计量，列出了各组的个案数、平均值、标准差、最小值和最大值。

表 15-5-2　描 述 统 计

	个案数	平均值	标准差	最小值	最大值
1 期体重	10	75. 80	3. 676	71	83
2 期体重	10	73. 40	3. 627	69	80
3 期体重	10	70. 10	3. 107	66	76
4 期体重	10	64. 30	3. 268	58	69

（2）秩表。表 15-5-3 是秩表。4 个时期的平均秩分别为 4. 0，2. 9，2. 1，1. 0，呈现逐步减小的趋势。

表 15-5-3　秩

	秩平均值
1 期体重	4. 00
2 期体重	2. 90
3 期体重	2. 10
4 期体重	1. 00

（3）检验结论。表 15-5-4 是多配对样本傅莱德曼检验的主要结果。统计量 χ^2 值为 28. 920，双侧检验的显著性概率 $P=0.000<0.01$。因此，应拒绝原假设，接受备择假设，可认为肥胖儿童 4 个时期的体重有高度显著性差异，所采用的减肥方案是有效的。

表 15-5-4　检 验 统 计

个案数	10
卡方	28. 920
自由度	3
渐近显著性	0. 000

二、肯德尔 W 检验

（一）肯德尔 W 检验概述

多配对样本肯德尔 W 检验是以统计学家肯德尔（Kendall）的名字命名的一种非参数检验方法，也称为协同系数检验，主要用于分析多个评判者的评判标准是否一致。多个评判者给每个被评对象的分数（或名次）构成一个样本（数据文件中的一列），多个被评对象的分数（或名次）就被看作是来自多个配对总体的样本。检验的假设可表示为：

H_0：多个评判者的评判标准不一致；

H_1：多个评判者的评判标准一致。

【案例 1509】

在某校的健美操汇报表演中，6 位评委对 8 支学生健美操队的表演进行评分，结果如表 15-5-5 所示。问评委的评判标准是否一致。

表 15-5-5 评委对学生健美操表演评定的分数

	第 1 队	第 2 队	第 3 队	第 4 队	第 5 队	第 6 队	第 7 队	第 8 队
评委 1	9.4	8.5	8.4	9.8	9.0	7.7	8.8	8.2
评委 2	9.6	8.9	8.7	9.2	9.4	8.2	8.8	7.9
评委 3	8.6	8.7	8.3	8.5	9.2	7.9	8.2	8.1
评委 4	9.6	9.0	8.0	8.6	9.4	7.6	8.1	8.3
评委 5	8.8	8.7	8.5	9.0	9.4	8.0	8.6	8.4
评委 6	8.8	8.7	8.5	9.2	9.5	7.9	8.6	8.4

把这 8 组分数看作是来自多个总体的配对样本，那么该问题就转化为多配对样本的非参数检验问题。首先按行对每位评委给各队所打的多个分数求秩，再按列求出各队的秩和。显然，如果各队的秩和不存在显著性差异，就意味着这些评委的打分存在随意性，评分标准不一致。反之，如果各队的秩和存在显著性差异，则意味着这些评委的评分标准是一致的，他们给每队所打的分数基本相同，优者得分都高，差者得分都低。

多配对样本肯德尔 W 检验运用方差分析的原理来构造反映各行数据之间关联程度的协同系数 W，从而对评分标准的一致性做出判断。

设 n 为评判者人数，$i=1, 2, \cdots, n$；k 为被评对象数，$j=1, 2, \cdots, k$；R_j 为第 j 个被评对象的秩和，那么有：

各行所有秩的总和：$n\sum\limits_{j=1}^{k} R_j=n(1+2+\cdots+k)=\dfrac{nk(k+1)}{2}$；

各列的平均秩和：$\dfrac{n(k+1)}{2}$；

秩和的组间离差平方和：$\sum\limits_{j=1}^{k}\left[R_j-\dfrac{n(k+1)}{2}\right]^2$。

我们知道，当第 1 列全取秩 1，第 2 列全取秩 2，…，第 k 列全取秩 k 时，n 名评判者的判定是完全一致的，此时秩和的组间离差平方和为最大可能离差平方和：

$$\sum_{j=1}^{k}\left(R_j-\frac{n(k+1)}{2}\right)^2=\sum_{j=1}^{k}\left(n\times j-\frac{n(k+1)}{2}\right)^2=\frac{n^2k(k^2-1)}{12}$$

我们将协同系数 W 定义为秩和的组间离差平方和与秩和的最大组间离差平方和之比，即：

$$W=\frac{\sum\limits_{j=1}^{k}\left[R_j-\dfrac{n(k+1)}{2}\right]^2}{\dfrac{n^2k(k^2-1)}{12}}=\frac{12\sum\limits_{j=1}^{k}R_j^2-3n^2k(k+1)^2}{n^2k(k^2-1)}$$

如果数据中存在“结”，则以平均秩方法定秩。可以证明，随着相同秩数目的增加，秩和的最大可能离差平方和将有规律地减小。若以 t_i 表示第 i 行中相同秩的个数，则秩和的最大可能离差平方和减小的数量就称为修正因子 T，其计算式为：

$$T=\frac{1}{12}n\sum_{i=1}^{n}(t_i^3-t_i)$$

此时，应采用修正因子 T 对统计量 W 做修正，修正的统计量 W 采用下式计算：

$$W=\frac{12\sum\limits_{j=1}^{k}R_j^2-3n^2k(k+1)^2}{n^2k(k^2-1)-T}$$

协同系数 W 的取值范围在 0 至 1 之间。W 值越接近于 0，表明秩的组间差异越小，意味着各个被评对象所得分数间的差异不明显，说明评判者对各个被评者的意见相差较大，没有理由认为评判者的评判标准具有一致性。反之，W 值越接近于 1，表明秩的组间差异越大，意味着各个被评对象所得分数间的差异明显，说明评判者对各个被评者的意见相近，就有理由认为评判者的评判标准具有一致性。

协同系数 W 显著性检验的假设为：

H_0：协同系数不具显著性；

H_1：协同系数具显著性。

对于小样本（$k\leqslant 5$），统计量 W 服从肯德尔协同系数分布。给定显著性水平 α，可在肯德尔协同系数检验临界值表（本书附录之附表 15）中找到临界值 W_α，满足 $P(W\geqslant W_\alpha)=\alpha$。因此，如果 $W<W_\alpha$，则 $P>\alpha$，应接受原假设，认为协同系数 W 不具显著性；如果 $W\geqslant W_\alpha$，则 $P\leqslant\alpha$，应拒绝原假设，接受备择假设，认为协同系数 W 具显著性。

对于大样本（$k>5$），则可计算统计量 $\chi^2=n(k-1)W$，该值近似服从自由度 $df=k-1$ 的 χ^2 分布。对于给定显著性水平 α，在 χ^2 分布上侧分位数表中可查得临界值 $\chi^2_{\frac{\alpha}{2}(df)}$。如果 $\chi^2<\chi^2_{\frac{\alpha}{2}(df)}$，则 $P>\alpha$，应认为协同系数 W 不具显著性；如果 $\chi^2\geqslant\chi^2_{\frac{\alpha}{2}(df)}$，则 $P\leqslant\alpha$，应认为协同系数 W 具显著性。

解：对案例 1509 的问题，因 8 个健美操队的分数属于配对样本，故可采用多配对样本肯德尔 W 检验的方法进行双侧检验。现建立假设：

H_0：6 位评委的评判标准不一致；

H_1：6 位评委的评判标准一致。

将每位评委对各个健美操队所打的分数转化为秩，再计算每队的秩和，如表 15-5-6 所示。

表 15-5-6 健美操表演分数的肯德尔 W 检验计算表

	第 1 队	第 2 队	第 3 队	第 4 队	第 5 队	第 6 队	第 7 队	第 8 队
评委 1	7	4	3	8	6	1	5	2
评委 2	8	5	3	6	7	2	4	1
评委 3	6	7	4	5	8	1	3	2
评委 4	8	6	2	5	7	1	3	4
评委 5	6	5	3	7	8	1	4	2
评委 6	6	5	3	7	8	1	4	2
秩和	41	32	18	38	44	7	23	13

$$W=\frac{12\sum_{j=1}^{k}R_j^2-3n^2k(k+1)^2}{n^2k(k^2-1)}=\frac{12\sum_{j=1}^{8}R_j^2-3\times 6^2\times 8\times(8+1)^2}{6^2\times 8\times(8^2-1)}$$

$$=\frac{12\times(41^2+32^2+18^2+38^2+44^2+7^2+23^2+13^2)-69\ 984}{18\ 144}=0.876$$

本例属于大样本，得 $\chi^2=n(k-1)W=6\times(8-1)\times 0.876=36.79$。

已知 $n=6$，$k=8$，则自由度 $df=k-1=8-1=7$。

查 χ^2 分布上侧分位数表，得 $\chi^2_{\frac{0.05}{2}(7)}=16.01$，$\chi^2_{\frac{0.01}{2}(7)}=20.28$。

因 $\chi^2=36.79>20.28$，故 $P<0.01$，应拒绝原假设，接受备择假设，可认为协同系数 W 具高度显著性。因 $W=0.876$，接近于 1，属高度相关（对协同系数 W 的评价与对相关系数的评价相同，详见第十六章），可认为多位评委的评判标准具有高度的一致性。

SPSS 中的多配对样本肯德尔 W 检验默认进行双侧检验。系统除了计算协同系数 W 外，还会计算 χ^2 和相应的显著性概率 P。因此，可将 P 与给定的显著性水平 α 进行比较，做出统计推断。如果 $P>\alpha$，应接受协同系数不具显著性的原假设；如果 $P\leqslant\alpha$，应拒绝原假设，接受备择假设，认为协同系数具显著性。

（二）肯德尔 W 检验在 SPSS 中的实现

对案例 1509 的问题，将数据整理成数据文件“案例 1509. sav”，如图 15-5-4 所示。数据文件含 9 个变量，其中，第 1~8 队分别代表 8 个学生健美操队所得的分数。

	评委	第1队	第2队	第3队	第4队	第5队	第6队	第7队	第8队
1	1	9.4	8.5	8.4	9.8	9.0	7.7	8.8	8.2
2	2	9.6	8.9	8.7	9.2	9.4	8.2	8.8	7.9
3	3	8.6	8.7	8.3	8.5	9.2	7.9	8.2	8.1
4	4	9.6	9.0	8.0	8.6	9.4	7.6	8.1	8.3
5	5	8.8	8.7	8.5	9.0	9.4	8.0	8.6	8.4
6	6	8.8	8.7	8.5	9.2	9.5	7.9	8.6	8.4

图 15-5-4 案例 1509 的数据文件

1. 在 SPSS 中实现的步骤

第 1 步：在数据编辑器窗口中打开数据文件“案例 1509. sav”。

第 2 步：在“分析”菜单中选择“非参数检验”→“旧对话框”→“K 个相关样本”命令，打开相应的主对话框。

第 3 步：在“针对多个相关样本的检验”主对话框中进行的操作与傅莱德曼检验基本相同，如图 15-5-5所示。

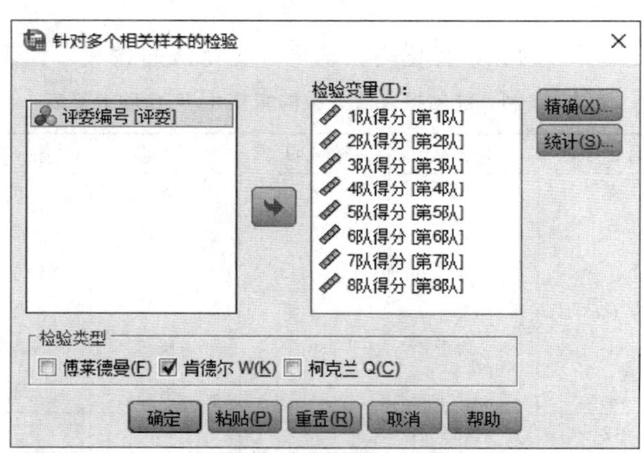

图 15-5-5 多配对样本肯德尔 W 检验的操作

本例处理：将第 1~8 队 8 个变量选入“检验变量”框；检验类型选择“肯德尔 W”。

第 4 步：在“针对多个相关样本的检验”主对话框中单击“统计”按钮，打开如图 15-5-3 所示的“统计”子对话框，可在其中选择“描述”。

2. 结果解读

（1）描述统计。表 15-5-7 基本描述统计量，表中列出了各队得分的个案数、平均值、标准差、最小值和最大值。

表 15-5-7 描述统计

	个案数	平均值	标准差	最小值	最大值
1 队得分	6	9. 133	0. 450 2	8. 6	9. 6
2 队得分	6	8. 750	0. 176 1	8. 5	9. 0

续表

	个案数	平均值	标准差	最小值	最大值
3 队得分	6	8.400	0.236 6	8.0	8.7
4 队得分	6	9.050	0.472 2	8.5	9.8
5 队得分	6	9.317	0.183 5	9.0	9.5
6 队得分	6	7.883	0.213 7	7.6	8.2
7 队得分	6	8.517	0.299 4	8.1	8.8
8 队得分	6	8.217	0.194 1	7.9	8.4

（2）秩表。表 15-5-8 是秩表，列出了各队的平均秩。

表 15-5-8　秩

	秩平均值
1 队得分	6.83
2 队得分	5.33
3 队得分	3.00
4 队得分	6.33
5 队得分	7.33
6 队得分	1.17
7 队得分	3.83
8 队得分	2.17

（3）检验结论。表 15-5-9 是肯德尔 *W* 检验的主要结果。卡方值为 36.778，显著性概率 $P=0.000<0.01$，应拒绝原假设，接受备择假设，可认为协同系数 *W* 具高度显著性。肯德尔 *W* 值为 0.876，属高度相关，可认为 6 位评委对 8 个学生健美操队表演的评价具有高度的一致性。

表 15-5-9　检验统计

个案数	6
肯德尔 *W*	0.876
卡方	36.778
自由度	7
渐近显著性	0.000

三、柯克兰 *Q* 检验

（一）柯克兰 *Q* 检验概述

多配对样本科克兰 *Q* 检验是以统计学家科克兰（Cochran）的名字命名的一种非参数检验方法，它是两配对样本麦克尼马尔检验在多样本情形下的推广，只适用于二值（0，1）数据。检验的假设可表示为：

H_0：多个配对样本所来自的多个总体的分布无显著性差异；

H_1：多个配对样本所来自的多个总体的分布具显著性差异。

【案例 1510】

抽查某班 16 名学生对某选修系列 4 门课程教学的满意程度，调查结果如表 15-5-10 所示，表中的数据，1 表示满意，0 表示不满意。问学生对 4 门课程的满意程度是否有显著性差异。

表 15-5-10 学生对 4 门课程教学的满意程度

i \ j	课程 1	课程 2	课程 3	课程 4	L_i	L_i^2
1	1	0	1	1	3	9
2	1	1	1	0	3	9
3	0	1	1	1	3	9
4	1	1	1	1	4	16
5	1	0	0	1	2	4
6	0	1	1	1	3	9
7	0	0	1	1	2	4
8	1	1	1	1	4	16
9	1	1	1	0	3	9
10	1	1	1	1	4	16
11	1	0	1	1	3	9
12	1	1	0	0	2	4
13	0	1	0	0	1	1
14	1	1	1	0	3	9
15	1	1	1	1	4	16
16	1	1	0	1	3	9
G_j	12	12	12	11	47	149

每位学生对多门课程的评价（同一行中的数据）是相关联的，而多位学生对一门课程的评价就构成一个样本（同一列数据）。因此，这个问题实质上是多配对样本的非参数检验问题。

每位学生对课程的评价有一个稳定的标准，也就是每行中取 1 的个数是确定的，如果原假设成立，则每列中出现 1 的概率应相等，且这个概率与各行中出现 1 的个数有关。如果学生对 4 门课程的满意程度没有显著性差异，那么 4 门课程得到学生认可（取值为 1）的可能性应相等。

多配对样本科克兰 Q 检验利用方差分析的思想来构造统计量。如果各样本组的组间差异相对于总变差来说较小，则意味着不同组数据之间不存在显著性差异；如果各样本组的组间差异相对于总变差来说较大，则有理由认为不同组数据之间存在显著性差异。

设 n 为样本容量，$i=1, 2, \cdots, n$；k 为样本数，$j=1, 2, \cdots, k$；Y_{ij} 表示第 i 行第 j 列的观测值；L_i 为第 i 行取值 1 的个数，G_j 为第 j 列取值 1 的个数，$\overline{G}$ 为 G_j 的均值；那么有：

各列 G_j 的均值：$\overline{G}=\frac{1}{k}\sum_{j=1}^{k}G_j$；

各列的组间差异用组间离差平方和表示：$\sum_{j=1}^{k}(G_j-\overline{G})^2$；

所有观测值的总变差用总离差平方和表示：$\sum_{i=1}^{n}\sum_{j=1}^{k}\left(Y_{ij}-\frac{L_i}{k}\right)^2=\frac{k\sum_{i=1}^{n}L_i-\sum_{i=1}^{n}L_i^2}{k}$。

科克兰 Q 检验的统计量定义为组间离差平方和与总离差平方和之比的 $k-1$ 倍：

$$Q=\frac{k(k-1)\sum_{j=1}^{k}(G_j-\overline{G})^2}{k\sum_{i=1}^{n}L_i-\sum_{i=1}^{n}L_i^2}$$

计算所得统计量 Q 近似服从自由度 $df=k-1$ 的 χ^2 分布，可根据 χ^2 分布做出统计推断。

解：对案例 1510 的问题，可采用柯克兰 Q 检验进行双侧检验。现建立假设：

H_0：学生对 4 门课程的满意程度无显著性差异；

H_1：学生对 4 门课程的满意程度具显著性差异。

具体计算过程如表 15-5-10 所示。

已知 $n=16$，$k=4$，则自由度 $df=k-1=4-1=3$。

$$\overline{G}=\frac{1}{k}\sum_{j=1}^{k}G_j=\frac{1}{4}\times 47=11.75$$

$$Q=\frac{k(k-1)\sum_{j=1}^{k}(G_j-\overline{G})^2}{k\sum_{i=1}^{n}L_i-\sum_{i=1}^{n}L_i^2}=\frac{4\times(4-1)}{4\times 47-149}\sum_{j=1}^{k}(G_j-11.75)^2$$

$$=0.3077\times[(12-11.75)^2+(12-11.75)^2+(12-11.75)^2+(11-11.75)^2]=0.231$$

查 χ^2 分布上侧分位数表，得 $\chi^2_{\frac{0.05}{2}(3)}=9.35$；$\chi^2_{\frac{0.01}{2}(3)}=12.84$。

因 $\chi^2=0.231<9.35$，故 $P>0.05$，应接受原假设，可认为学生对 4 门课程的满意程度无显著性差异。

SPSS 中的多配对样本柯克兰 Q 检验默认进行双侧检验。系统除了计算统计量 Q 外，还会算出相应的显著性概率 P。因此，可将 P 与给定的显著性水平 α 进行比较，做出统计推断。如果 $P>\alpha$，应接受原假设；如果 $P\leqslant\alpha$，应拒绝原假设，接受备择假设。

（二）柯克兰 Q 检验在 SPSS 中的实现

对案例 1510 的问题，将数据整理成数据文件“案例 1510. sav”，如图 15-5-6 所示。

	编号	课程1	课程2	课程3	课程4
1	1	1	0	1	1
2	2	1	1	1	0
3	3	0	1	1	1
4	4	1	1	1	1
5	5	1	0	0	1
6	6	0	1	1	1
7	7	0	0	1	1
8	8	1	1	1	1

	编号	课程1	课程2	课程3	课程4
9	9	1	1	1	0
10	10	1	1	1	1
11	11	1	0	1	1
12	12	1	1	0	0
13	13	0	1	0	0
14	14	1	1	1	0
15	15	1	1	1	1
16	16	1	1	0	1

图 15-5-6 案例 1510 的数据文件

1. 在 SPSS 中实现的步骤

第 1 步：在数据编辑器窗口中打开数据文件“案例 1510. sav”。

第 2 步：在“分析”菜单中选择“非参数检验”→“旧对话框”→“K 个相关样本”命令，打开相应的主对话框。

第 3 步：在“针对多个相关样本的检验”主对话框中进行的操作与傅莱德曼检验基本相同，如图 15-5-7 所示。

本例处理：将课程 1~4 这 4 个变量选入“检验变量”框；检验类型选择“柯克兰 Q”。

第 4 步：在“针对多个相关样本的检验”主对话框中单击“统计”按钮，打开如图 15-5-3 所示的

“统计”子对话框，在其中选择“描述”。

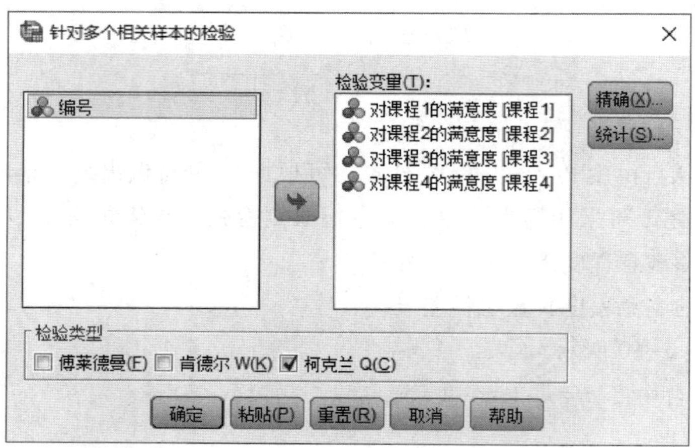

图 15-5-7 多配对样本柯克兰 Q 检验的操作

2. 结果解读

（1）描述统计。表 15-5-11 是基本描述统计量，列出了各样本组的个案数、平均值、标准差、最小值和最大值。由平均值可知，学生对 4 门课程的满意度在 69%~75%之间。

表 15-5-11 描述统计

	个案数	平均值	标准差	最小值	最大值
对课程 1 的满意度	16	0.75	0.447	0	1
对课程 2 的满意度	16	0.75	0.447	0	1
对课程 3 的满意度	16	0.75	0.447	0	1
对课程 4 的满意度	16	0.69	0.479	0	1

（2）频数表。表 15-5-12 是频数表。表中值 0 表示对课程不满意，值 1 表示对课程满意。可见，学生对 4 门课程的满意或不满意的频数并没有太大差别。

表 15-5-12 频 率

	值	
	0	1
对课程 1 的满意度	4	12
对课程 2 的满意度	4	12
对课程 3 的满意度	4	12
对课程 4 的满意度	5	11

（3）检验结论。表 15-5-13 是多配对样本柯克兰 Q 检验的主要结果。检验统计量 Q 为 0.231，自由度为 3，双侧检验的显著性概率 $P=0.972>0.05$。因此，应接受原假设，可认为学生对 4 门课程的满意程度无显著性差异。

表 15-5-13 检验统计

个案数	16
柯克兰 Q	0.231[a]
自由度	3
渐近显著性	0.972

a. 1 被视为成功

思考与练习

1. 非参数检验适用于什么情况？其特点是什么？

2. 学校在新校区规划时推出了四个体育设施总体建设方案，在全校师生中进行抽样调查。在受访的680人中，赞成方案A的有126人，赞成方案B的有202人，赞成方案C的有259人，赞成方案D的有93人。四个方案受欢迎的程度是否有显著性差异？

3. 全省高校学生“体质与健康标准”测试合格率为85%。今抽查某校260名学生，234人合格，合格率为90%。能否认为该校学生“体质与健康标准”测试合格率高于全省水平？

4. A、B两校赛艇队实力相当，每周举行一次对抗赛，互有输赢。在某年的系列赛中，两校获胜的序列为BBBAABABABBBBAABBAABABAAABAAAABAAAABAA。两校赛艇队的实力在当年是否发生显著性变化？

5. 测得56名14岁女生一分钟仰卧起坐的次数，如下所示。该年龄女生一分钟仰卧起坐次数是否服从正态分布？

30　43　38　45　35　40　44　37　39　29　34　38　41　44
39　58　26　49　31　55　35　25　47　44　40　24　39　30
52　20　46　43　50　35　23　33　43　36　46　17　53　33
37　38　31　39　34　26　48　47　25　33　42　38　25　31

6. 研究人员随机抽测了大学高年级学生13人、低年级学生12人对某项体育教学改革试验的评价分数，如下所示。试采用两独立样本非参数检验的方法，分析高、低年级学生对该项教改试验的态度是否有显著性差异。

高年级：86　84　73　88　90　92　92　82　80　92　78　74　87
低年级：86　74　70　70　69　73　84　95　71　76　64　70

7. 在某年级四个班（A、B、C、D）各随机抽测若干名男生的肺活量（mL），如下所示。试采用多独立样本非参数检验的方法，分析四个班男生的肺活量是否有显著性差异。

A：3 450　3 560　3 500　3 680　3 950　3 780　4 020　3 860　4 000　3 890　4 030　4 300
B：3 680　3 900　3 800　3 890　3 760　3 850　3 580　3 760　3 590　4 040　4 250
C：3 900　4 230　4 470　3 890　4 080　4 300　4 360　4 480　4 500　4 260　3 890　3 880
D：3 340　3 570　3 830　3 500　3 900　4 300　3 600　3 300　4 000　3 300

8. 某教师对32名体育专业考生进行一周的考前集训，测得集训前、后立定三级跳远（m）的成绩，如表15-6-1所示。根据往年情况，考前集训可提高成绩。试采用两配对样本非参数检验的方法，分析今年考生考前集训后的立定三级跳远成绩是否高于集训前的成绩。

表15-6-1　集训前、后立定三级跳远成绩

编号	前	后	编号	前	后	编号	前	后	编号	前	后
1	9.00	9.06	5	8.47	8.62	9	9.10	9.22	13	7.58	7.98
2	8.64	8.64	6	8.23	8.45	10	8.26	8.49	14	8.04	8.21
3	8.75	8.85	7	8.94	9.12	11	7.83	8.02	15	9.12	9.14
4	8.94	8.99	8	8.20	8.14	12	7.88	7.96	16	8.25	8.36

续表

编号	前	后	编号	前	后	编号	前	后	编号	前	后
17	8.96	8.91	21	9.01	9.14	25	8.20	8.14	29	8.03	8.40
18	8.12	8.23	22	8.72	8.70	26	8.56	8.61	30	8.97	8.90
19	8.00	7.92	23	7.44	7.80	27	8.75	8.79	31	8.00	8.33
20	7.66	7.84	24	7.68	7.79	28	8.24	8.47	32	7.98	8.28

9. 测得某校体育教育专业体操班 14 名学生在期初、期中和期末三次综合测验的名次，如表 15-6-2 所示。试采用多配对样本非参数检验的方法，分析三次测验成绩的差异。

表 15-6-2 体操班学生期初、期中和期末三次综合测验的名次

编号	1	2	3	4	5	6	7	8	9	10	11	12	13	14
期初	3	2	4	6	7	5	8	12	9	1	14	13	11	10
期中	6	8	1	7	2	14	13	10	3	4	12	11	9	5
期末	5	10	1	7	3	12	13	8	2	4	11	9	14	6

10. 某研究人员请 6 位专家对 9 个测试指标的重要程度进行等级排序。以秩作为等级分。对具有同一等级的指标则以其秩的均值作为各自的等级分。结果如表 15-6-3 所示。试采用多配对样本非参数检验的方法，分析专家意见的一致性。

表 15-6-3 专家对测试指标重要程度的评价意见

		测试指标								
		1	2	3	4	5	6	7	8	9
专家	1	3	8	1	4.5	7	2	9	4.5	6
	2	3	9	3	3	6	1	8	5	7
	3	2	9	1	4	8	3	7	5	6
	4	2	9	2	4	7	2	7	5	7
	5	2	8	1	5	6	3	9	4	7
	6	1	6	2	5	7	3.5	8	3.5	9

11. 某校在期末教学质量检查时，随机抽查了某年级 24 名学生对该年级 5 位任课教师（以 A、B、C、D、E 表示）的满意状况，调查结果如表 15-6-4 所示（1 表示满意，0 表示不满意）。试采用多配对样本非参数检验的方法，分析学生对任课教师满意度的差异。

表 15-6-4 学生对任课教师的满意状况

学生编号	教师 A	教师 B	教师 C	教师 D	教师 E
1	1	1	1	1	1
2	1	0	1	1	1
3	1	0	0	1	1
4	0	1	1	1	1
5	1	1	1	1	0
6	1	0	1	0	1

续表

学生编号	教师 A	教师 B	教师 C	教师 D	教师 E
7	1	0	1	1	1
8	1	1	1	1	0
9	1	0	1	1	0
10	0	0	0	1	1
11	1	1	1	1	1
12	1	1	1	1	0
13	1	0	1	1	1
14	0	1	1	1	1
15	0	0	1	1	0
16	1	1	1	1	1
17	1	0	0	1	1
18	1	1	1	1	0
19	0	1	1	0	1
20	1	0	1	1	1
21	1	0	1	1	0
22	1	1	0	1	1
23	1	1	1	0	1
24	1	0	1	1	1

第十六章　相关分析

客观世界的事物都是相互联系、相互制约的。例如，人的身高和体重、腿部爆发力与跳远成绩、经济收入与工作满意度等，都存在着某种关联。研究两个或两个以上变量之间相互关联与相互作用规律的一种常用方法就是相关分析。

第一节　相关分析概述

一、相关关系

任何事物的变化都与其他事物相互联系和相互影响着。用于描述事物数量特征的变量之间自然也存在一定的关系。变量之间的关系归纳起来可以分为两种类型：确定性关系和不确定性关系。

确定性关系是指，对于一个或多个自变量的一组确定的值，因变量总有一个确定的值与之相对应。变量间的这种关系往往可以用数学函数来表示，因此也称为函数关系。例如求圆面积的公式为 $S=\pi r^2$，给定一个确定的半径 r，就可算出一个确定的面积 S；求自由落体下落距离的公式为 $H=\frac{1}{2}gt^2$，给定一个确定的时间 t，就可以算出一个确定的距离 H。

不确定性关系是指，对于一个或多个自变量的一组确定的值，因变量可能有几个甚至多个对应值，它们之间的关系无法简单地用一个确定的数学函数来描述。例如，人的体重与身高有关。一般来说，身高越高，体重也越重。但身高相同的人，体重却未必相同。百米跑成绩与跳远成绩也是这么一种关系。一般来说，百米成绩好者，跳远成绩也好。但百米成绩相同者，其跳远成绩未必相同。

事物之间存在的不确定的相互关系称为相关关系，简称为相关。相关分析就是对事物之间的相关关系的分析，其任务是对事物之间是否存在必然的联系、联系的密切程度、变动的方向等做出符合实际的判断，并检验其有效性。

在体育科学研究中，相关分析有着广泛的应用。例如：

学生体质研究中，分析身体形态指标与运动素质的相互关系。

运动生理学研究中，分析临界功率与最大吸氧量的相互关系。

游泳运动技术研究中，分析身体形态、素质指标与划频、划幅的相互关系。

体育社会学研究中，分析各省全运会成绩与社会经济发展指标的相互关系。

二、散点图

（一）散点图的含义

散点图是把成对变量的观测值用直角坐标系中的点来表示。以两个变量为例，将一个变量作为横坐标，另一个变量作为纵坐标，每对数据之间的关系就可用平面上的一个点来反映。通过观察散点图，能够直观地发现变量间的相互关系，包括数据对的可能走向以及它们之间相互关系的强弱程度。在实际分析中，散点图经常表现出如下一些特定的形式。

如果一个变量变化时，另一个变量的变化没有规律或基本没有变化，我们就称这两个变量无线性相关，或零相关，如图 16-1-1 所示。

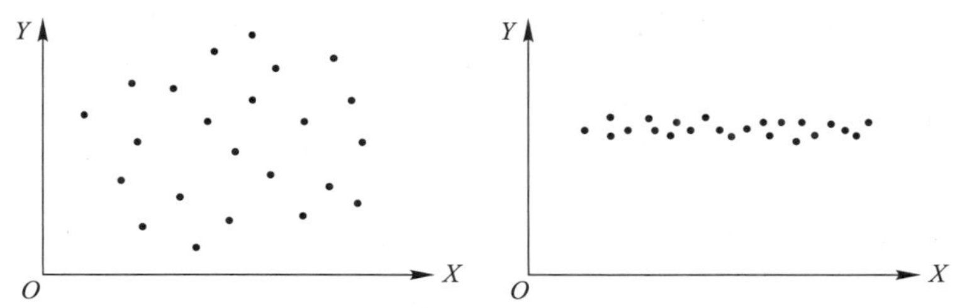

图 16-1-1　无线性相关散点图

如果大部分散点呈棒状（橄榄球状）趋于一条直线，我们就称这两个变量不完全线性相关。如果一个变量的值随着另一个变量的值的增加（减少）而增加（减少），即两个变量的变化方向相同，就称这两个变量呈正线性相关。如果一个变量的值随着另一个变量的值的增加（减少）而减少（增加），即两个变量的变化方向相反，就称这两个变量呈负线性相关。散点越接近该直线，线性关系越强；散点越偏离该直线，线性关系越弱。如图 16-1-2 所示。

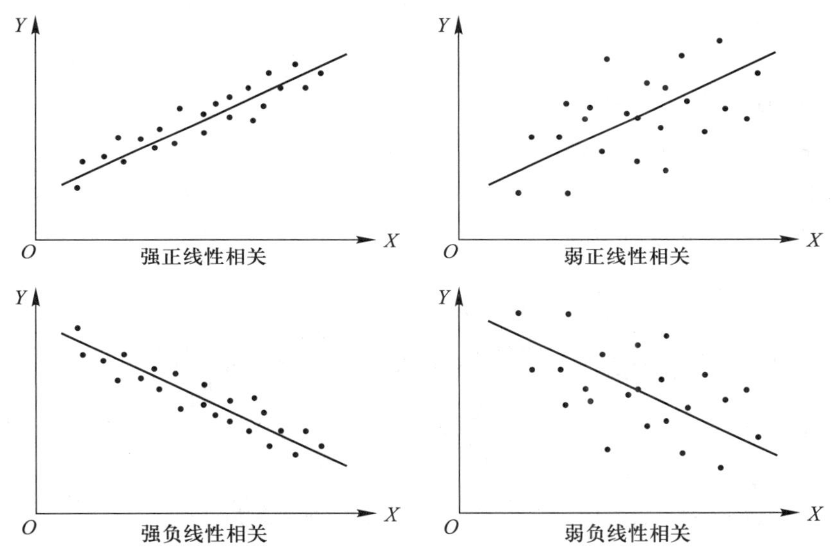

图 16-1-2　不完全线性相关散点图

如果所有散点都在一条直线上，我们就称这两个变量完全线性相关。根据两变量的相对变化方向，完全线性相关也分为完全正线性相关和完全负线性相关。此时，两变量之间的关系实际上已呈确定的函数关系，如图 16-1-3 所示。

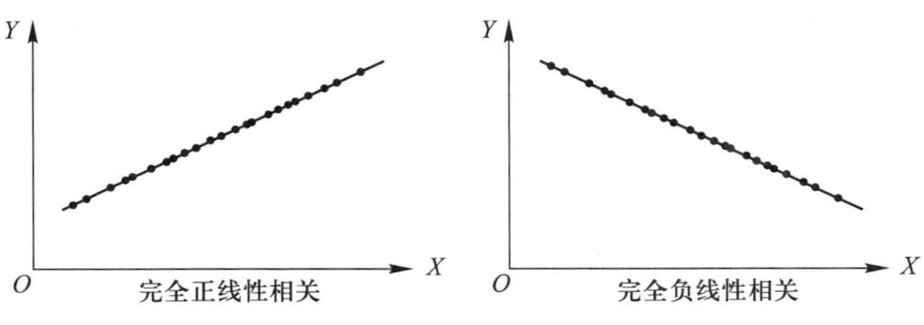

图 16-1-3　完全线性相关散点图

如果大部分散点趋于某种规律曲线，我们就称这两个变量呈曲线相关，如图 16-1-4 所示。

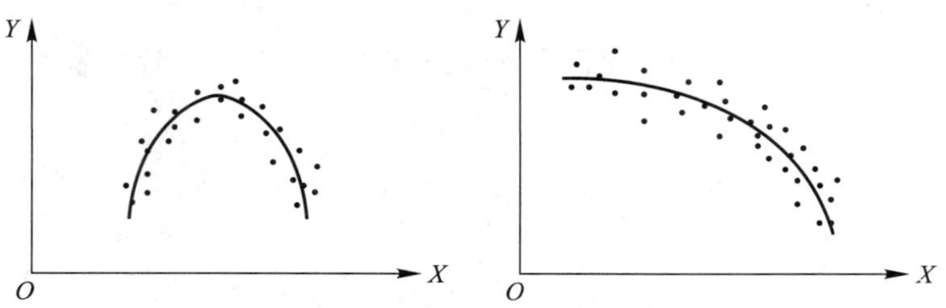

图 16-1-4 曲线相关散点图

（二）在 SPSS 中绘制简单散点图

【案例 1601】

测得 10 名运动员立定跳远（m）和跳远（m）的成绩，数据文件“案例 1601. sav”如图 16-1-5 所示。试作散点图，并说明两变量之间的关系。

	编号	立定跳远	跳远
1	1	2.55	5.69
2	2	2.40	5.38
3	3	2.74	6.15
4	4	2.68	6.20
5	5	2.61	6.12
6	6	2.80	6.43
7	7	2.50	5.57
8	8	2.58	6.00
9	9	2.48	5.58
10	10	2.45	5.53

图 16-1-5 案例 1601 的数据文件

在 SPSS 中绘制简单散点图的步骤

第 1 步：在数据编辑器窗口中打开数据文件“案例 1601. sav”。

第 2 步：在“图形”菜单中选择“旧对话框”→“散点图/点图”命令，打开相应的对话框，在其中选择拟绘制的散点图类型，如图 16-1-6 所示。

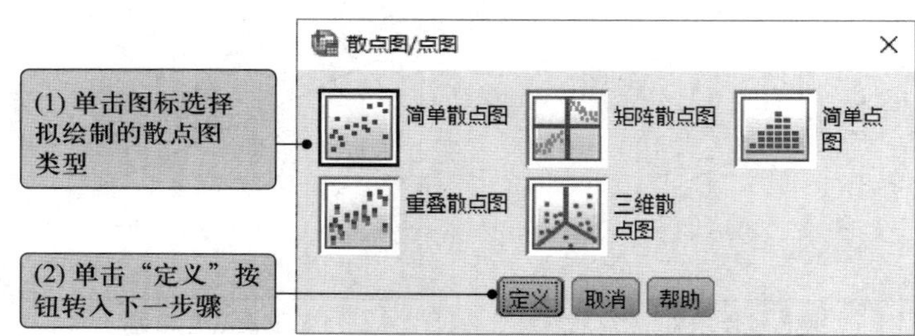

图 16-1-6 选择散点图的类型

本例处理：在“散点图/点图”对话框中选择“简单散点图”。

第 3 步：在“简单散点图”对话框中进行定义图形的具体操作，如图 16-1-7 所示。

本例处理：将跳远选入“*Y* 轴”框作为纵轴变量；将立定跳远选入“*X* 轴”框作为横轴变量。

图 16-1-8 是绘制完成的简单散点图。可以看出，10 名运动员立定跳远与跳远成绩的散点趋于一条直线，这两个指标的成绩呈正线性相关。

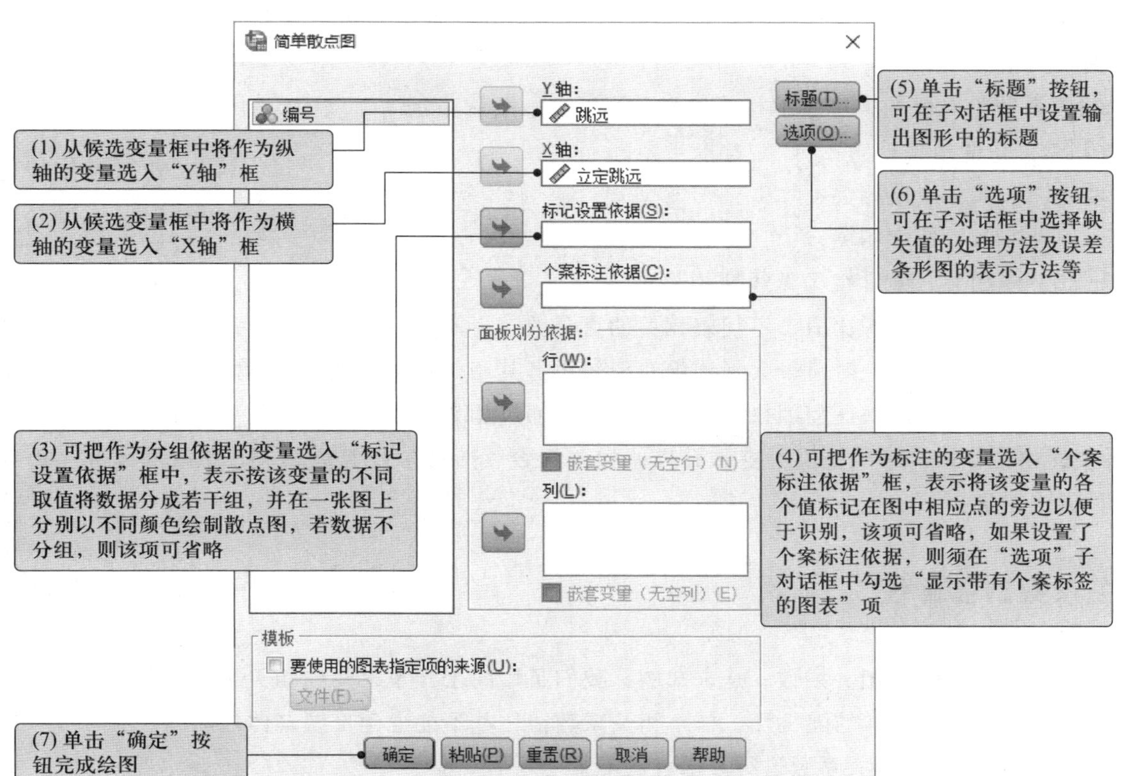

图 16-1-7　定义简单散点图的操作

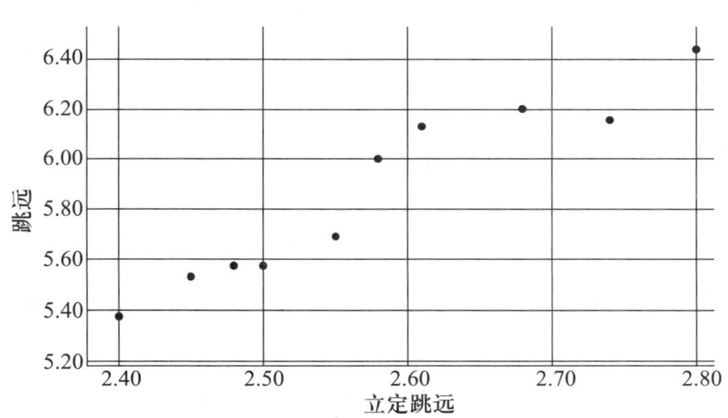

图 16-1-8　立定跳远与跳远成绩散点图

三、相关系数

散点图虽然能直观地反映变量之间的相关关系，但并不精确。而相关系数则能以数值的方式精确地反映两个变量间线性相关的变动方向和强弱程度。

描述两变量间线性关系变动方向和强弱程度的统计量称为简单相关系数，简称为相关系数。通常，总体相关系数用 ρ 表示，样本相关系数用 r 表示。不同类型的变量需要采用不同的相关系数指标，但它们的取值范围和含义都是相同的。

（1）相关系数 r 的取值在 $-1\sim+1$ 之间，即 $-1\leqslant r\leqslant 1$，或表示为 $0\leqslant |r|\leqslant 1$。

（2）相关系数的正、负号表示相关的方向。$r>0$ 表示两变量存在正线性相关关系；$r<0$ 表示两变量存在负线性相关关系。

（3）$r=1$ 表示两变量呈完全正线性相关；$r=-1$ 表示两变量呈完全负线性相关；$r=0$ 表示两变量不存在线性相关关系。

（4）相关系数绝对值的大小表示相关的强弱程度。一般认为：

$|r|\geqslant0.80$，高度相关；

$0.50\leqslant|r|<0.80$，中度相关；

$0.30\leqslant|r|<0.50$，低度相关；

$|r|<0.30$，弱相关，通常视为无线性相关。

相关系数是一个无单位的比值，不代表相关的百分数，也不是等距的度量值。在比较变量之间相关的强弱程度时，只能说相关系数绝对值较大者比绝对值较小者其相关程度更强，而不能说此相关是彼相关的多少倍。此外，相关系数也不反映任何因果关系，不要试图通过相关系数去讨论事物变化的原因和结果。

SPSS 中的相关分析，系统提供了皮尔逊积差相关系数、斯皮尔曼等级相关系数和肯德尔 tau-b 等级相关系数三种方法供选择。

四、相关系数的显著性

通常，两个总体之间的相关系数 ρ 是未知的，我们是用两个样本之间的相关系数 r 作为两个总体之间相关系数 ρ 的估计值。由于抽样的随机性，样本相关系数往往并不能准确反映总体之间的相关程度。为了判断 r 对 ρ 的代表性高低，需对相关系数进行显著性检验。

对两变量 X 与 Y 的相关系数进行显著性检验，是看 r 在以 $\rho=0$ 为中心的抽样分布上出现的概率大小。如果从 $\rho=0$ 的两总体中随机抽样求得的 r 在抽样分布上出现的概率较大，则 r 与 $\rho=0$ 的差异无显著意义。这时，即使 $|r|$ 的值较大，也不能认为 X 与 Y 是相关的。反之，如果从 $\rho=0$ 的总体中随机抽样求得的 r 在抽样分布上出现的概率较小，则 r 与 $\rho=0$ 的差异就具有显著意义。这时，即使 $|r|$ 的值较小，也应认为 X 与 Y 是相关的。因此，只有在经过检验表明相关系数 r 具有显著性时，才能根据 $|r|$ 值的大小来说明 X 与 Y 相关的强弱程度。采用不具显著性的相关系数是没有意义的。

相关系数显著性检验的假设为：

H_0：$\rho=0$（相关系数不具显著性）；

H_1：$\rho\neq0$（相关系数具显著性）。

不同的相关系数应采用不同的统计量进行显著性检验。设检验的显著性水平为 α，如果显著性概率 $P>\alpha$，应接受原假设，认为相关系数不具显著性；如果显著性概率 $P\leqslant\alpha$，就应拒绝原假设，接受备择假设，认为相关系数具显著性。

第二节 简单相关分析

【案例 1602】

测得 10 名运动员立定跳远（m）和跳远（m）的成绩，数据文件“案例 1602. sav”同图 16-1-5。试求两项成绩的相关系数，并对相关系数做显著性检验。

一、皮尔逊积差相关系数

（一）皮尔逊积差相关概述

两个正态连续型变量之间的线性相关，称为积差相关，又叫积矩相关，是统计学家皮尔逊（Pearson）提出的一种计算线性相关的基本方法。

积差相关适用于一一对应的两列间距测度或比例测度数据，前提是两变量总体服从正态分布。在计算积差相关前，通常应依据样本数据对两变量分别做总体正态分布的假设检验。但在实际工作中，对这一前提的要求并不是非常严格。

设 X、Y 为总体服从正态分布且一一对应的两变量，样本容量为 n，两个样本平均数分别为 $\overline{X}=\frac{1}{n}\sum_{i=1}^{n}X_i$ 和 $\overline{Y}=\frac{1}{n}\sum_{i=1}^{n}Y_i$。在平面直角坐标系中 $\overline{X}$ 的位置上画一条垂直于 X 轴的直线，在 $\overline{Y}$ 的位置上画一条垂直于 Y 轴的直线，这两条直线将散点图分为四个象限，如图 16-2-1 所示。

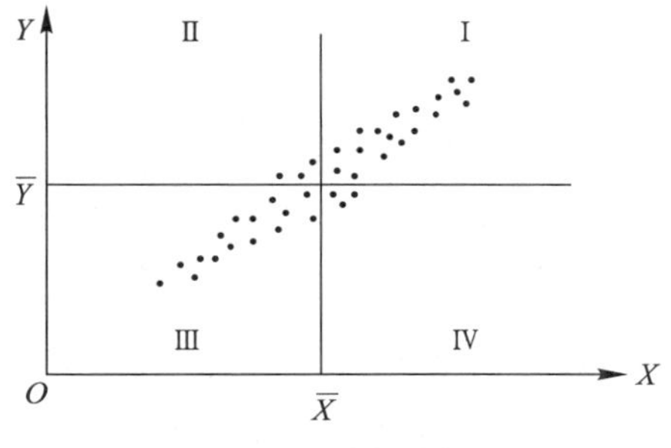

图 16-2-1　散点分割图

对于每一个散点，可以计算两变量 X、Y 的离差乘积 $(X_i-\overline{X})(Y_i-\overline{Y})$。

在Ⅰ象限的散点，因 $(X_i-\overline{X})>0$，$(Y_i-\overline{Y})>0$，故 $(X_i-\overline{X})(Y_i-\overline{Y})>0$；

在Ⅱ象限的散点，因 $(X_i-\overline{X})<0$，$(Y_i-\overline{Y})>0$，故 $(X_i-\overline{X})(Y_i-\overline{Y})<0$；

在Ⅲ象限的散点，因 $(X_i-\overline{X})<0$，$(Y_i-\overline{Y})<0$，故 $(X_i-\overline{X})(Y_i-\overline{Y})>0$；

在Ⅳ象限的散点，因 $(X_i-\overline{X})>0$，$(Y_i-\overline{Y})<0$，故 $(X_i-\overline{X})(Y_i-\overline{Y})<0$。

可见，当 X 与 Y 呈正相关时，散点大部分在Ⅰ、Ⅲ象限内。当 X 与 Y 呈负相关时，散点大部分在Ⅱ、Ⅳ象限内。

现计算两变量 X、Y 的离差乘积之和 $\sum_{i=1}^{n}(X_i-\overline{X})(Y_i-\overline{Y})$。若其值为正，表明散点大部分在Ⅰ、Ⅲ象限内，两变量呈正相关；其绝对值越大，正相关的程度越高。若其值为负，表明散点大部分在Ⅱ、Ⅳ象限内，两变量呈负相关；其绝对值越大，负相关的程度越高。若散点无规则地分布在各象限中，则 X 与 Y 的离差乘积之和因正负抵消而趋于 0。因此，可以用两变量 X、Y 的离差乘积之和来衡量两变量之间的相关方向和程度。

但两变量 X、Y 的离差乘积之和受到样本容量 n 的影响。n 越大，其值越大；n 越小，其值越小。因此，须将该值除以 n 以消除样本容量大小的影响，由此得到的式子称为两变量 X 与 Y 的协方差，表示为：$S_{XY}^2=\frac{1}{n}\sum_{i=1}^{n}(X_i-\overline{X})(Y_i-\overline{Y})$。

然而，两变量 X 与 Y 的协方差还与变量的计量单位及自身的变异程度有关。为了可以直接对比不同样本的相关情况，可将两变量的离差分别除以各自的标准差 S_X、S_Y，以消除变量计量单位不同及自身变异程度大小的影响。这样，就得到一个抽象的可以相互比较的统计量，即皮尔逊积差相关系数 r：

$$r=\frac{1}{n}\sum_{i=1}^{n}\left(\frac{X_i-\overline{X}}{S_X}\right)\left(\frac{Y_i-\overline{Y}}{S_Y}\right)=\frac{\sum_{i=1}^{n}(X_i-\overline{X})(Y_i-\overline{Y})}{\sqrt{\sum_{i=1}^{n}(X_i-\overline{X})^2\times\sum_{i=1}^{n}(Y_i-\overline{Y})^2}}$$

经适当的代数变换后，其计算式可表示为：

$$r=\frac{\sum XY-\frac{\sum X\sum Y}{n}}{\sqrt{\sum X^2-\frac{\left(\sum X\right)^2}{n}}\sqrt{\sum Y^2-\frac{\left(\sum Y\right)^2}{n}}}$$

（二）皮尔逊积差相关系数的显著性检验

皮尔逊积差相关系数的显著性检验是采用 t 检验的方法，检验的统计量为：

$$t=\frac{r\sqrt{n-2}}{\sqrt{1-r^2}}$$

计算所得 t 值服从自由度 $df=n-2$ 的 t 分布。

为了简化检验的程序，统计学家已根据 t 分布制成“积差相关系数检验临界值表”（本书附录之附表16）。给定显著性水平 α，根据自由度 $df=n-2$，在表中可以查得临界值 $r_{\frac{\alpha}{2}(df)}$（双侧检验）或 $r_{\alpha(df)}$（单侧检验），满足 $P\{r\geqslant r_{\frac{\alpha}{2}(df)}\}=\alpha$ 或 $P\{r\geqslant r_{\alpha(df)}\}=\alpha$。

将计算所得相关系数的绝对值 $|r|$ 与查表所得临界值进行比较做出统计推断的规则总结如表16-2-1所示。

表16-2-1 积差相关系数显著性检验时统计推断的规则

双侧检验	统计推断	单侧检验
$\lvert r\rvert<r_{\frac{0.05}{2}(df)}$	$p>0.05$ 接受原假设 相关系数不具显著性	$\lvert r\rvert<r_{0.05(df)}$
$\lvert r\rvert\geqslant r_{\frac{0.05}{2}(df)}$	$p\leqslant0.05$ 拒绝原假设，接受备择假设 相关系数具显著性	$\lvert r\rvert\geqslant r_{0.05(df)}$
$\lvert r\rvert\geqslant r_{\frac{0.01}{2}(df)}$	$p\leqslant0.01$ 拒绝原假设，接受备择假设 相关系数具高度显著性	$\lvert r\rvert\geqslant r_{0.01(df)}$

对案例1602的数据计算皮尔逊积差相关系数并进行显著性检验，求解步骤如下：

解：列表计算（表16-2-2），可得：

表16-2-2 立定跳远和跳远成绩的皮尔逊积差相关系数计算表

编号	X	Y	X^2	Y^2	XY
1	2.55	5.69	6.502 5	32.376 1	14.509 5
2	2.40	5.38	5.760 0	28.944 4	12.912 0
3	2.74	6.15	7.507 6	37.822 5	16.851 0
4	2.68	6.20	7.182 4	38.440 0	16.616 0
5	2.61	6.12	6.812 1	37.454 4	15.973 2
6	2.80	6.43	7.840 0	41.344 9	18.004 0
7	2.50	5.57	6.250 0	31.024 9	13.925 0
8	2.58	6.00	6.656 4	36.000 0	15.480 0
9	2.48	5.58	6.150 4	31.136 4	13.838 4
10	2.45	5.53	6.002 5	30.580 9	13.548 5
$\sum$	25.79	58.65	66.663 9	345.124 5	151.657 6

$$r=\frac{\sum XY-\frac{\sum X\sum Y}{n}}{\sqrt{\sum X^2-\frac{\left(\sum X\right)^2}{n}}\sqrt{\sum Y^2-\frac{\left(\sum Y\right)^2}{n}}}$$

$$=\frac{151.6576-\frac{25.79\times58.65}{10}}{\sqrt{66.6639-\frac{25.79^2}{10}}\times\sqrt{345.1245-\frac{58.65^2}{10}}}=\frac{0.39925}{0.38922\times1.06876}=0.960$$

因此，10 名运动员立定跳远和跳远成绩的皮尔逊积差相关系数是 0.96，属高度相关。

自由度 $df=n-2=10-2=8$，查积差相关系数检验临界值表，得 $r_{\frac{0.05}{2}(8)}=0.632$，$r_{\frac{0.01}{2}(8)}=0.765$。

因 $|r|=0.96>0.765$，故 $p<0.01$，应拒绝原假设，接受备择假设，可认为相关系数具高度显著性。

在 SPSS 中计算皮尔逊积差相关系数时，系统会自动算出相应的显著性概率 P。可直接将 P 与给定的显著性水平 α 进行比较，做出统计推断。如果 $P>\alpha$，应接受原假设；如果 $P\leqslant\alpha$，应拒绝原假设，接受备择假设。

二、斯皮尔曼等级相关系数

（一）斯皮尔曼等级相关概述

以等级顺序表示的变量之间的线性相关，称为等级相关，又叫秩相关。

用积差法求相关系数一般要求两变量的总体服从正态分布，且样本资料属连续型数据。但在研究工作中，有时收集到的数据不是连续型数据，而是具有等级顺序的数据。有时即使收集到的数据是连续型数据，但样本所由抽取的总体的分布并不呈正态，在这两种情况下，欲考查两个变量之间的线性相关关系，就要用等级相关。

等级相关适用于难以判断总体属于什么分布的资料，尤其适用于那些不便准确度量但能以名次或综合评价等方式定出等级或次序的资料。对于连续型数据，若按其取值的大小，赋予等级顺序，亦可计算等级相关。可见等级相关的适用范围比积差相关大。但若将可以计算积差相关的资料改用等级相关，则会失掉一些信息，使精度变低。因此，凡是符合计算积差相关系数条件的资料，仍以计算积差相关系数为好。

斯皮尔曼等级相关是统计学家斯皮尔曼（Spearman）提出的一种衡量两个序次测度变量之间的线性相关关系的方法，通常用 r_s 表示斯皮尔曼等级相关系数。

设 R_i 为变量 X 中各观测值的秩，$\overline{R}$ 为其平均秩；S_i 为变量 Y 中各观测值的秩，$\overline{S}$ 为其平均秩；D_i 为各对观测值秩的差，$D_i=R_i-S_i$。显然，$\overline{R}=\overline{S}=(n+1)/2$。

当变量 X 和 Y 中无“结”时，斯皮尔曼等级相关系数定义为：

$$r_s=\frac{\sum_{i=1}^{n}(R_i-\overline{R})(S_i-\overline{S})}{\sqrt{\sum_{i=1}^{n}(R_i-\overline{R})^2\sum_{i=1}^{n}(S_i-\overline{S})^2}}=1-\frac{6\sum_{i=1}^{n}D_i^2}{n(n^2-1)}$$

当 X 或 Y 中有“结”时，相同观测值取平均秩。以 u_1，u_2，…和 v_1，v_2，…分别代表 X 和 Y 的各个结中的观察值数目，记 $U=\sum(u_j^3-u_j)$，$V=\sum(v_j^3-v_j)$，则应采用下面调整后的公式来计算斯皮尔曼等级相关系数：

$$r_s=\frac{n(n^2-1)-6\sum_{i=1}^{n}D_i^2-6(U-V)}{\sqrt{[n(n^2-1)-U][n(n^2-1)-V]}}$$

（二）斯皮尔曼等级相关系数的显著性检验

对于小样本，斯皮尔曼等级相关系数服从斯皮尔曼分布。统计学家根据斯皮尔曼分布制作了“斯皮尔曼等级相关系数检验临界值表”（本书附录之附表 17）。实际上，在 $n\leqslant 100$ 的情况下都可以根据 n 和显著性水平 α 在表中找到临界值 r_α，满足 $P(r_s\geqslant r_\alpha)=\alpha$。做出统计推断的规则基本同表 16-2-1，只是其中的 r 换成了 r_s。

对于大样本，计算统计量 Z：

$$Z=r_s\sqrt{n-1}$$

则 Z 近似服从标准正态分布，可以在标准正态分布表中查找临界值，进而做出统计推断。

对案例 1602 的数据计算斯皮尔曼等级相关系数并进行显著性检验，求解步骤如下：

解：列表计算（表 16-2-3），可得：

表 16-2-3 立定跳远和跳远成绩的斯皮尔曼等级相关系数计算表

编号	X	Y	R	S	$D=R-S$	D^2
1	2.55	5.69	5	5	0	0
2	2.40	5.38	1	1	0	0
3	2.74	6.15	9	8	1	1
4	2.68	6.20	8	9	−1	1
5	2.61	6.12	7	7	0	0
6	2.80	6.43	10	10	0	0
7	2.50	5.57	4	3	1	1
8	2.58	6.00	6	6	0	0
9	2.48	5.58	3	4	−1	1
10	2.45	5.53	2	2	0	0
$\sum$	25.79	58.65				4

$$r_s=1-\frac{6\sum_{i=1}^{n}D_i^2}{n(n^2-1)}=1-\frac{6\times4}{10\times(10^2-1)}=1-0.024=0.976$$

$$Z=r_s\sqrt{n-1}=0.976\times\sqrt{10-1}=2.928$$

因此，10 名运动员立定跳远和跳远成绩的斯皮尔曼等级相关系数是 0.976，属高度相关。

已知 $n=10$，查斯皮尔曼等级相关系数检验临界值表，可得：$r_{\frac{0.05}{2}(10)}=0.648$，$r_{\frac{0.01}{2}(10)}=0.794$。

因 $|r|=0.976>0.794$，故 $P<0.01$，应拒绝原假设，接受备择假设，可认为相关系数具高度显著性。

在 SPSS 中计算斯皮尔曼等级相关系数时，如果数据是连续型间距测度或比例测度数据，系统会自动将变量值转化为秩再计算，同时会算出相应的显著性概率 P。因此，可以直接将 P 与给定的显著性水平 α 进行比较，做出统计推断。如果 $P>\alpha$，应接受原假设；如果 $P\leqslant\alpha$，应拒绝原假设，接受备择假设。

三、肯德尔 tua-b 等级相关系数

（一）肯德尔 tua-b 等级相关概述

肯德尔 tua-b 等级相关系数是统计学家肯德尔（Kendall）提出的一种用于衡量两个序次测度变量间的线性相关关系的方法。它利用两个变量的秩，计算一致对（变量 Y 的秩随变量 X 的秩同步增大的秩对）的数目 U 和非一致对（变量 Y 的秩未随变量 X 的秩同步增大的秩对）的数目 V。

显然，如果两变量具有较强的正相关，则一致对的数目 U 应较大，而非一致对的数目 V 应较小；如果两变量具有较强的负相关，则一致对的数目 U 应较小，而非一致对的数目 V 应较大；如果两变量的相关性较弱，则一致对的数目 U 和非一致对的数目 V 应大致相等，大约各占样本容量的 1/2。肯德尔 tua-b 等级相关正是要对这种状态进行分析。

肯德尔 tua-b 等级相关系数定义为：

$$\tau=(U-V)\frac{2}{n(n-1)}$$

（二）肯德尔 tau-b 等级相关系数的显著性检验

对于小样本，肯德尔 tua-b 等级相关系数服从肯德尔分布。统计学家根据肯德尔分布制作了“肯德尔 τ 等级相关系数检验临界值表”（本书附录之附表 18）。实际上，在 $n \leqslant 40$ 的情况下都可以根据 n 和显著性水平 α 在表中找到临界值 τ_α，满足 $P(\tau \geqslant \tau_\alpha)=\alpha$。做出统计推断的规则基本同表 16-2-1，只是其中的 r 换成了 τ。

对于大样本，计算统计量 Z：

$$Z=\frac{3\tau\sqrt{n(n-1)}}{\sqrt{2(2n+5)}}$$

则 Z 近似服从标准正态分布，可以在标准正态分布表中查找临界值，进而做出统计推断。

对案例 1602 的数据计算肯德尔 tua-b 等级相关系数并进行显著性检验，求解步骤如下：

解：列表计算（表 16-2-4），可得：

表 16-2-4　立定跳远和跳远成绩的肯德尔 tua-b 等级相关系数计算表

编号	X	Y	R_i	S_i	一致对	非一致对
2	2.40	5.38	1	1	9	0
10	2.45	5.53	2	2	8	0
9	2.48	5.58	3	4	6	1
7	2.50	5.57	4	3	6	0
1	2.55	5.69	5	5	5	0
8	2.58	6.00	6	6	4	0
5	2.61	6.12	7	7	3	0
4	2.68	6.20	8	9	1	1
3	2.74	6.15	9	8	1	0
6	2.80	6.43	10	10	0	0
$\sum$					43	2

在表 16-2-4 中，分别对 X 和 Y 求秩后，将数据按 X 的秩 R_i 升序排列，则 Y 的秩 S_i 也同步改变排列顺序。对第 i 行的秩 S_i 而言，从第 $i+1$ 行到第 n 行，大于 S_i 的数据个数就是一致对的数目，小于 S_i 的数据个数就是非一致对的数目。算出各行的一致对和非一致对数目后，再计算一致对和非一致对的总和，可得 $U=43$，$V=2$。

$$\tau=(U-V)\frac{2}{n(n-1)}=(43-2)\times\frac{2}{10\times(10-1)}=0.911$$

$$Z=\frac{3\tau\sqrt{n(n-1)}}{\sqrt{2(2n+5)}}=\frac{3\times0.911\times\sqrt{10\times(10-1)}}{\sqrt{2\times(2\times10+5)}}=3.667$$

因此，10 名运动员立定跳远和跳远成绩的肯德尔 tua-b 等级相关系数是 0.911，属高度相关。

已知 $n=10$，查肯德尔 τ 等级相关系数检验临界值表，可得 $\tau_{\frac{0.05}{2}}=0.467$，$\tau_{\frac{0.01}{2}}=0.600$。

因 $\tau=0.911>0.600$，故 $p<0.01$，应拒绝原假设，接受备择假设，可认为相关系数具高度显著性。

在 SPSS 中计算肯德尔 tua-b 等级相关系数时，如果数据是连续型间距测度或比例测度数据，系统会自动将变量值转化为秩再计算，同时会算出相应的显著性概率 P。可以直接将 P 与给定的显著性水平 α 进行比较，做出统计推断。如果 $P>\alpha$，应接受原假设；如果 $P\leqslant\alpha$，应拒绝原假设，接受备择假设。

四、简单相关分析在 SPSS 中的实现

对案例 1502 的问题，将数据整理成数据文件“案例 1602. sav”（同图 16-1-5）。

1. 在 SPSS 中实现的步骤

第 1 步：在数据编辑器窗口中打开数据文件“案例 1602. sav”。

第 2 步：在“分析”菜单中选择“相关”→“双变量”命令，打开相应的主对话框。

第 3 步：在“双变量相关性”主对话框中进行相关分析的具体操作，如图 16-2-2 所示。

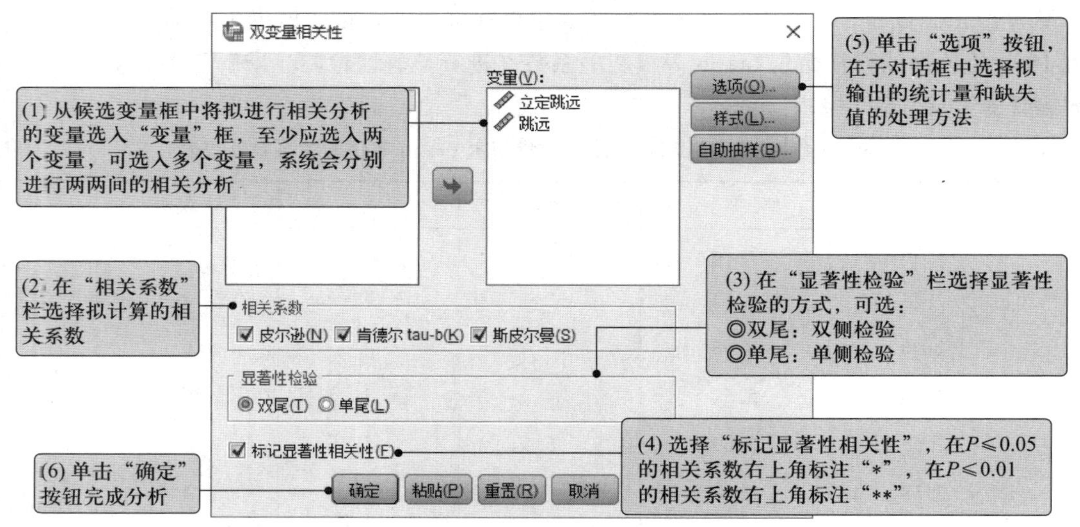

图 16-2-2 简单相关分析的操作

本例处理：将立定跳远和跳远两个变量选入“变量”框；在“相关系数”栏，将皮尔逊、肯德尔 tau-b 和斯皮尔曼 3 个相关系数都选上；在“显著性检验”栏选择“双尾”；选择“标注显著性相关性”项。

第 4 步：在“双变量相关性”主对话框中单击“选项”按钮后，打开“选项”子对话框，在其中选择拟输出的统计量和缺失值的处理方法，如图 16-2-3 所示。

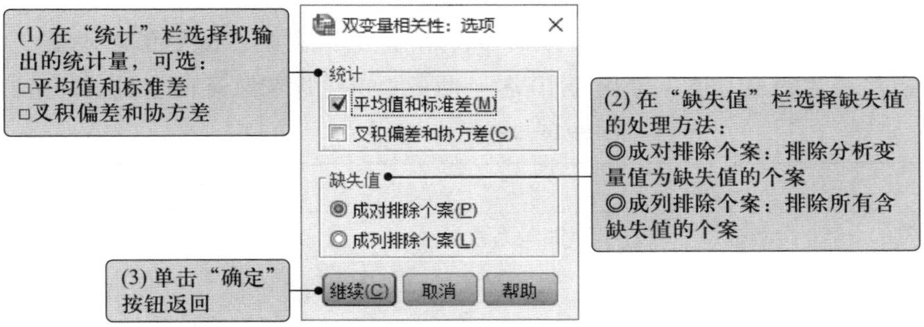

(1) 在“统计”栏选择拟输出的统计量，可选：
□平均值和标准差
□叉积偏差和协方差

双变量相关性：选项
统计
☑ 平均值和标准差(M)
☐ 叉积偏差和协方差(C)
缺失值
◉ 成对排除个案(P)
○ 成列排除个案(L)
继续(C)　取消　帮助

(2) 在“缺失值”栏选择缺失值的处理方法：
◎成对排除个案：排除分析变量值为缺失值的个案
◎成列排除个案：排除所有含缺失值的个案

(3) 单击“确定”按钮返回

图 16-2-3　选项的操作

本例处理：输出的统计量选择“平均值和标准差”；缺失值的处理方法采用默认设置。

2. 结果解读

（1）描述统计。表 16-2-5 是基本描述统计量，列出了立定跳远和跳远两个变量的平均值、标准差和个案数。

表 16-2-5　描 述 统 计

	平均值	标准偏差	个案数
立定跳远	2.579 0	0.129 74	10
跳远	5.865 0	0.356 25	10

（2）皮尔逊积差相关系数。表 16-2-6 是皮尔逊积差相关系数表。皮尔逊积差相关系数为 0.960，双侧检验的显著性概率 $P=0.000<0.01$，应拒绝原假设，接受备择假设，可认为相关系数具高度显著性。根据相关系数的绝对值，可认为 10 名运动员立定跳远和跳远两变量之间呈高度相关。

表 16-2-6　相　关　性

		立定跳远	跳远
立定跳远	皮尔逊相关性	1	0.960**
	Sig.（双尾）		0.000
	个案数	10	10
跳远	皮尔逊相关性	0.960**	1
	Sig.（双尾）	0.000	
	个案数	10	10

**. 在 0.01 级别（双尾），相关性显著

（3）斯皮尔曼等级相关系数。表 16-2-7 是斯皮尔曼等级相关系数表。斯皮尔曼等级相关系数为 0.976，双侧检验的显著性概率 $P=0.000<0.01$，应拒绝原假设，接受备择假设，可认为相关系数具高度显著性。根据相关系数的绝对值，可认为 10 名运动员立定跳远和跳远两变量之间呈高度相关。

表 16-2-7　相　关　性

			立定跳远	跳远
斯皮尔曼 Rho	立定跳远	相关系数	1.000	0.976**
		Sig.（双尾）		0.000
		N	10	10
	跳远	相关系数	0.976**	1.000
		Sig.（双尾）	0.000	
		N	10	10

**. 在 0.01 级别（双尾），相关性显著

（4）肯德尔 tau-b 等级相关系数。表 16-2-8 是肯德尔 tau-b 等级相关系数表。肯德尔 tau-b 等级相关系数为 0.911，双侧检验的显著性概率 $P=0.000<0.01$，应拒绝原假设，接受备择假设，可认为相关系数具高度显著性。根据相关系数的绝对值，可认为 10 名运动员立定跳远和跳远两变量之间呈高度相关。

表 16-2-8 相 关 性

			立定跳远	跳远
肯德尔 tau-b	立定跳远	相关系数	1.000	0.911**
		Sig.（双尾）		0.000
		N	10	10
	跳远	相关系数	0.911**	1.000
		Sig.（双尾）	0.000	
		N	10	10

**. 在 0.01 级别（双尾），相关性显著

【小贴士】

在 SPSS 中进行简单相关分析时，无论是小样本还是大样本，系统都是依据近似正态分布计算显著性概率 P。实际工作中，对于大样本，毋庸置疑，可以根据 P 做出统计推断。然而，对于小样本，为稳妥起见，建议查相应的临界值表找出临界值，再通过比较做出统计推断。

第三节 偏相关分析

一、偏相关分析概述

在多变量的情况中，变量之间的相互关系是很复杂的，因为任意两个变量之间都可能存在着相关关系。从一批观测数据中计算得到的两个变量间的简单相关系数有可能由于其他因素的影响而反映的仅是变量间表面的、非本质的联系，甚至可能是假象。例如，通过调查发现青少年的身高、体重、肺活量两两之间都存在明显的正相关，但如果控制了体重变量之后，肺活量与身高之间基本就不存在线性相关关系了。因此，在研究两个变量间的线性相关关系时，往往需要控制可能对其产生影响的其他变量。偏相关分析正是完成这一任务的方法。

偏相关系数是指在控制了一个或几个其他变量影响的条件下两个变量之间的相关系数，也称为净相关系数。

当只有一个控制变量时，偏相关系数称为一阶偏相关系数；当有两个控制变量时，偏相关系数称为二阶偏相关系数。而没有控制变量时，偏相关系数称为零阶偏相关系数，也就是上一节所述的简单相关系数。

设有 3 个变量 X_1、X_2、X_3，则 X_1、X_2 在控制 X_3 的影响后的相关系数称为 X_1、X_2 对 X_3 的偏相关系数，表示为：

$$r_{12,3}=\frac{r_{12}-r_{13}r_{23}}{\sqrt{1-r_{13}^2}\cdot\sqrt{1-r_{23}^2}}$$

设有 4 个变量 X_1、X_2、X_3、X_4，则 X_1、X_2 在控制 X_3、X_4 的影响后的相关系数称为 X_1、X_2 对 X_3、X_4 的偏相关系数，表示为：

$$r_{12,34}=\frac{r_{12,3}-r_{14,3}r_{24,3}}{\sqrt{1-r_{14,3}^2}\cdot\sqrt{1-r_{24,3}^2}}$$

由于变量间错综复杂的关系，偏相关系数与简单相关系数在数值上可能相差很大，有时甚至符号都相反。

偏相关系数显著性检验的假设为：

H_0：$\rho=0$（偏相关系数不具显著性）；

H_1：$\rho\neq0$（偏相关系数具显著性）。

偏相关系数的显著性检验采用统计量：

$$t=\frac{r\sqrt{n-k-2}}{\sqrt{1-r^2}}$$

其中，r 为偏相关系数，k 为控制变量的个数，n 为样本容量。计算所得 t 服从自由度 $df=n-k-2$ 的 t 分布，可根据自由度 df 和显著性水平 α 在 t 分布上侧分位数表中查找临界值，进而做出统计推断。

【案例 1603】

在某中学随机抽取初二男生 24 人，测得其身高（cm）、体重（kg）、肺活量（mL）的数据，如表 16-3-1所示。试分析控制了其中一个变量后另外两个变量之间的偏相关关系。

表 16-3-1　24 名初二男生身高、体重、肺活量数据表

编号	身高（X1）	体重（X2）	肺活量（X3）	编号	身高（X1）	体重（X2）	肺活量（X3）	编号	身高（X1）	体重（X2）	肺活量（X3）
1	135.4	32.2	1 660	9	145.6	33.4	2 510	17	148.2	40.7	2 010
2	139.6	30.4	1 740	10	148.0	37.8	2 250	18	157.6	43.6	2 250
3	163.5	46.0	2 750	11	165.5	49.6	3 000	19	155.1	44.8	2 760
4	146.7	33.5	2 510	12	135.8	27.9	1 480	20	160.3	37.4	2 020
5	156.9	37.4	2 750	13	153.4	41.4	2 750	21	143.8	31.0	1 760
6	156.3	35.6	2 000	14	152.4	32.5	1 780	22	149.5	33.8	2 260
7	167.5	41.8	2 560	15	160.5	47.8	2 250	23	160.7	40.0	2 740
8	149.2	31.2	1 520	16	154.0	32.5	1 750	24	159.0	38.5	2 280

解：先计算三个变量两两之间的积差相关系数（计算过程略），得：

$r_{12}=0.772$，$r_{13}=0.647$，$r_{23}=0.744$。

控制体重后身高与肺活量之间的偏相关系数为：

$$r_{13,2}=\frac{r_{13}-r_{12}r_{23}}{\sqrt{1-r_{12}^2}\cdot\sqrt{1-r_{23}^2}}=\frac{0.647-0.772\times0.744}{\sqrt{1-0.772^2}\times\sqrt{1-0.744^2}}=\frac{0.072\ 6}{0.424\ 7}=0.171$$

已知 $k=1$，$n=24$，自由度 $df=n-k-2=24-1-2=21$。

$$t=\frac{r\sqrt{n-k-2}}{\sqrt{1-r^2}}=\frac{0.171\times\sqrt{24-1-2}}{\sqrt{1-0.171^2}}=\frac{0.783\ 6}{0.985\ 3}=0.795\ 2$$

查 t 分布上侧分位数表，得 $t_{\frac{0.05}{2}(21)}=2.080$，$t_{\frac{0.01}{2}(21)}=2.831$。

控制体重后身高与肺活量之间的偏相关系数为 0.171，可认为两变量基本不相关。因 $|t|=0.795\ 2<2.080$，故 $P>0.05$，应接受原假设，可认为该偏相关系数不具显著性。

按照上述方法可计算出另外两个偏相关系数并做出分析，此处不再赘述。

在 SPSS 中进行偏相关分析时，系统会自动计算偏相关系数，同时会算出偏相关系数显著性检验的概率 P。可以直接将 P 与给定的显著性水平 α 进行比较，做出统计推断。如果 $P>\alpha$，应接受原假设，认为偏相关系数不具显著性；如果 $P\leqslant\alpha$，应拒绝原假设，接受备择假设，认为偏相关系数具显著性。

二、偏相关分析在 SPSS 中的实现

对案例 1603 的问题，建立数据文件“案例 1603. sav”，如图 16-3-1 所示。

	编号	身高	体重	肺活量
1	1	135.4	32.2	1660
2	2	139.6	30.4	1740
3	3	163.5	46.0	2750
4	4	146.7	33.5	2510
5	5	156.9	37.4	2750
6	6	156.3	35.6	2000
7	7	167.5	41.8	2560
8	8	149.2	31.2	1520
9	9	145.6	33.4	2510
10	10	148.0	37.8	2250
11	11	165.5	49.6	3000
12	12	135.8	27.9	1480
13	13	153.4	41.4	2750
14	14	152.4	32.5	1780
15	15	160.5	47.8	2250
16	16	154.0	32.5	1750
17	17	148.2	40.7	2010
18	18	157.6	43.6	2250
19	19	155.1	44.8	2760
20	20	160.3	37.4	2020
21	21	143.8	31.0	1760
22	22	149.5	33.8	2260
23	23	160.7	40.0	2740
24	24	159.0	38.5	2280

图 16-3-1 案例 1603 的数据文件

1. 在 SPSS 中实现的步骤

第 1 步：在数据编辑器窗口中打开数据文件“案例 1603. sav”。

第 2 步：在“分析”菜单中选择“相关”→“偏相关”命令，打开相应的主对话框。

第 3 步：在“偏相关性”主对话框中进行偏相关分析的具体操作，如图 16-3-2 所示。

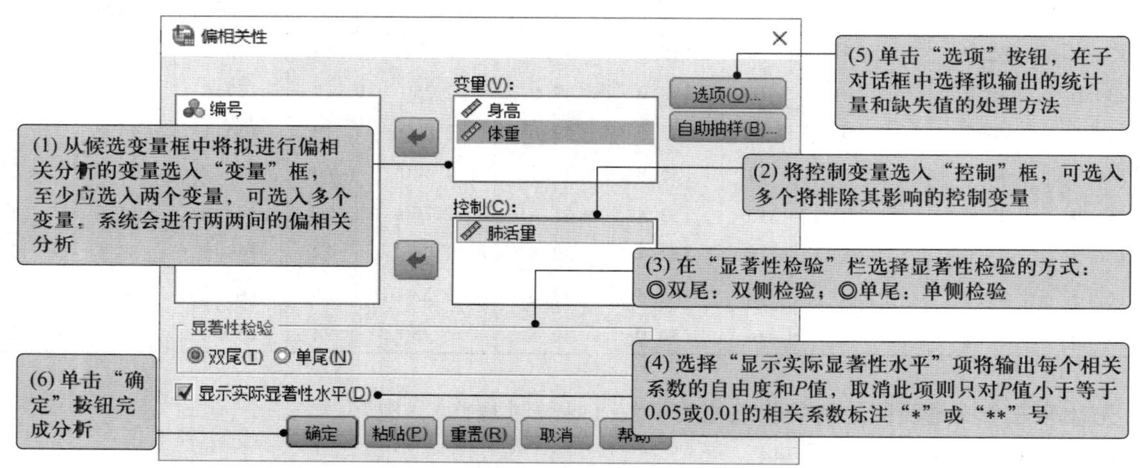

图 16-3-2 偏相关分析的操作

本例处理：分别做三次分析。第一次分析时，从候选变量框中将身高、体重两个变量选入“变量”框；将肺活量作为控制变量选入“控制”框。显著性检验方法选择“双尾”；选择“显示实际显著性水平”项。

第二次分析时，分析变量选择身高和肺活量，控制变量选择体重。

第三次分析时，分析变量选择体重和肺活量，控制变量选择身高。

第 4 步：在“偏相关性”主对话框中单击“选项”按钮，打开“选项”子对话框，可在其中选择拟输出的统计量和缺失值的处理方法，如图 16-3-3 所示。

本例处理：第一次分析时统计量选择“平均值和标准差”与“零阶相关性”，第二、三次分析时不需要再输出统计量；缺失值的处理方法采用默认设置。

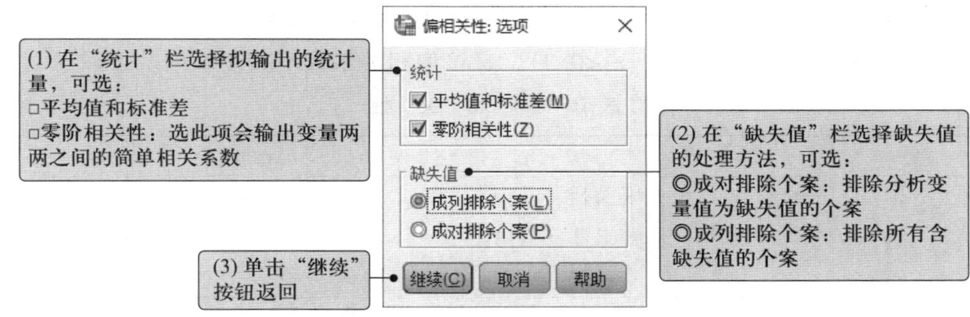

图 16-3-3　选项的操作

2. 结果解读

（1）描述统计。表 16-3-2 是基本描述统计量，列出了身高、体重、肺活量三个变量的平均值、标准差和个案数。

表 16-3-2　描 述 统 计

	平均值	标准偏差	个案数
身高	152.688	8.776 0	24
体重	37.533	5.968 2	24
肺活量	2 222.500	449.388 5	24

（2）偏相关系数。第一次分析的结果如表 16-3-3 所示。表的上半部分是变量两两之间的零阶相关系数（皮尔逊积差相关系数）。由该部分可知，身高与体重的相关系数为 0.772，$P=0.000<0.01$；身高与肺活量的相关系数为 0.647，$P=0.001<0.01$；体重与肺活量的相关系数为 0.744，$P=0.000<0.01$。可认为 3 个相关系数都达到中度相关（$0.5\leqslant|r|<0.8$），且都具高度显著性。

表 16-3-3 的下半部分是偏相关系数。由该部分可知，控制肺活量的影响后，身高与体重的偏相关系数为 0.571，$P=0.004<0.01$，可认为两变量中度相关（$0.5\leqslant|r|<0.8$），偏相关系数具高度显著性。

表 16-3-3　相　关　性

控制变量			身高	体重	肺活量
-无-[a]	身高	相关性	1.000	0.772	0.647
		显著性（双尾）		0.000	0.001
		自由度	0	22	22
	体重	相关性	0.772	1.000	0.744
		显著性（双尾）	0.000		0.000
		自由度	22	0	22
	肺活量	相关性	0.647	0.744	1.000
		显著性（双尾）	0.001	0.000	
		自由度	22	22	0
肺活量	身高	相关性	1.000	0.571	
		显著性（双尾）		0.004	
		自由度	0	21	
	体重	相关性	0.571	1.000	
		显著性（双尾）	0.004		
		自由度	21	0	

a. 单元格包含零阶（皮尔逊）相关性

第二次分析的结果如表 16-3-4 所示。控制体重的影响后身高与肺活量的偏相关系数为 0.170，$P=0.439>0.05$，可认为两变量基本不相关（$|r|<0.3$），且该偏相关系数不具显著性。

表 16-3-4 相 关 性

控制变量			身高	肺活量
体重	身高	相关性	1.000	0.170
		显著性（双尾）		0.439
		自由度	0	21
	肺活量	相关性	0.170	1.000
		显著性（双尾）	0.439	
		自由度	21	0

第三次分析的结果如表 16-3-5 所示。控制身高的影响后，体重与肺活量的偏相关系数为 0.506，$P=0.014<0.05$，可认为两变量中度相关（$0.5\leqslant|r|<0.8$），偏相关系数具显著性。

表 16-3-5 相 关 性

控制变量			体重	肺活量
身高	体重	相关性	1.000	0.506
		显著性（双尾）		0.014
		自由度	0	21
	肺活量	相关性	0.506	1.000
		显著性（双尾）	0.014	
		自由度	21	0

将身高、体重、肺活量三个变量两两之间的皮尔逊积差相关系数与控制其中一个变量后的偏相关系数做比较，如表 16-3-6 所示。

表 16-3-6 简单相关系数与偏相关系数的比较

	简单相关系数	偏相关系数	
身高-体重	0.772	0.571	（控制肺活量）
身高-肺活量	0.647	0.170	（控制体重）
体重-肺活量	0.744	0.506	（控制身高）

由表 16-3-6 可知，对身高、体重、肺活量三个变量而言，控制了其中一个变量后的偏相关系数都小于其简单相关系数，但身高与体重、体重与肺活量之间应该存在明显的线性相关，它们的两类相关系数都具显著性，且都达到中度相关。而身高与肺活量在控制了体重的影响后，其偏相关系数（0.170）明显小于其简单相关系数（0.647），到了接近零相关的程度。这种情况表明，身高与肺活量的关系本质上不是很密切，是由于身高与体重具有比较密切的关系才造成身高与肺活量也具有比较密切关系的假象。

可见，正确运用偏相关分析，可以帮助我们在错综复杂的多变量情况下，有效地识别变量间的虚假相关，从而揭示变量间的本质联系。

第四节　距离分析

一、距离分析概述

距离分析是对个案之间或变量之间的相似或不相似程度的一种测度。这种测度有助于我们了解复杂数据集的大致情况，为聚类分析、因子分析等提供线索。

根据分析对象的不同，距离分析可分为个案间分析（考察不同个案间的近似程度）和变量间分析（考察不同变量间的近似程度）。

根据统计量的不同，距离分析可分为相似性测量和不相似性测量。

如果对某事物进行研究时采用了 p 个指标，获得了 n 个个案，就形成了一个 $n \times p$ 的数据矩阵：

$$\begin{bmatrix} X_{11} & X_{12} & \cdots & X_{1p} \\ X_{21} & X_{22} & \cdots & X_{2p} \\ \vdots & \vdots & \cdots & \vdots \\ X_{n1} & X_{n2} & \cdots & X_{np} \end{bmatrix}$$

该矩阵的元素 X_{ij} 表示第 i 个个案的第 j 个变量的值。任意两个个案 X_K、X_L 之间的相似性，可用矩阵中第 K 行与第 L 行的相似程度来刻划；任意两个变量 X_K、X_L 之间的相似性，可用矩阵中第 K 列与第 L 列的相似程度来刻划。

（一）距离

一维空间中两点间的距离如图 16-4-1 所示。

图 16-4-1　一维空间中两点间的距离

对于一维空间中的两点 I、J，可以通过它们在单轴上的坐标值，用下式计算其距离：

$$D_{ij} = X_i - X_j = \sqrt{(X_i - X_j)^2}$$

二维空间中两点间的距离如图 16-4-2 所示。

对于二维空间中的两点 I、J，可以通过它们在两轴上的坐标值，用下式计算其距离：

$$D_{ij} = \sqrt{(X_{i1} - X_{j1})^2 + (X_{i2} - X_{j2})^2}$$

三维空间中两点间的距离如图 16-4-3 所示。

对于三维空间中的两点 I、J，可以通过它们在三轴上的坐标值，用下式计算其距离：

$$D_{ij} = \sqrt{(X_{i1} - X_{j1})^2 + (X_{i2} - X_{j2})^2 + (X_{i3} - X_{j3})^2}$$

同理，对于 p 维空间中的两点 I、J，可以通过它们在 p 条轴上的坐标值，用下式计算其距离：

$$D_{ij} = \sqrt{(X_{i1} - X_{j1})^2 + (X_{i2} - X_{j2})^2 + \cdots + (X_{ip} - X_{jp})^2} = \sqrt{\sum_{k=1}^{p} (X_{ik} - X_{jk})^2}$$

距离可以用来衡量个案（或变量）间的相似程度。如果把每个个案看成是 p 维空间中的 n 个点，则两个个案间的相似程度可用 p 维空间中两点的距离来度量。距离实际上反映的是非相似性，距离越小，相似程度就越高；距离越大，相似程度就越低。

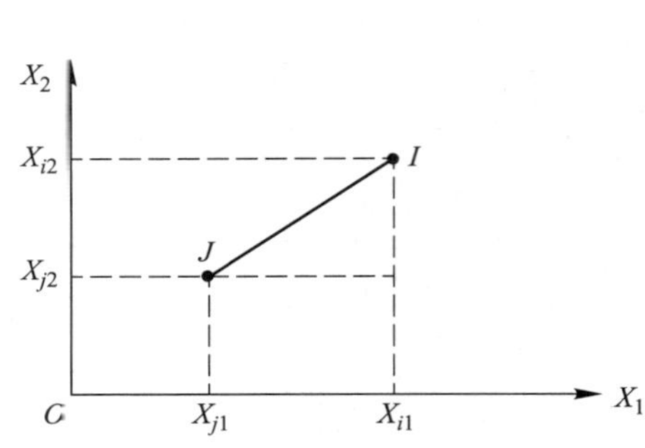

图 16-4-2 二维空间中两点间的距离

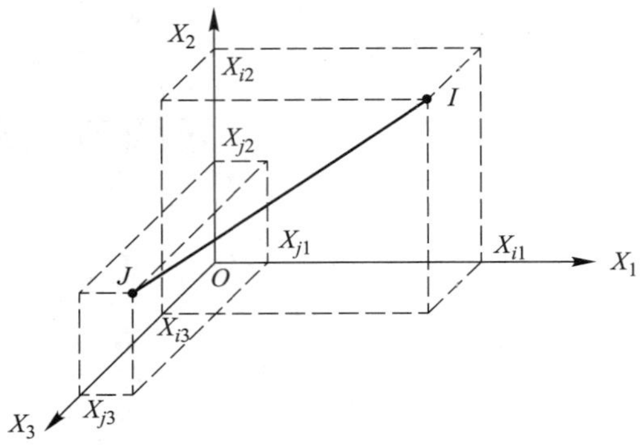

图 16-4-3 三维空间中两点间的距离

例如，测得一批运动员的身高（cm）、体重（kg）、胸围（cm）、纵跳（cm）数据如下所示。我们可以计算他们两两之间的距离来反映相互之间的相似程度。

编号	身高	体重	胸围	纵跳
1	182	78	98	61
2	184	80	100	70
3	171	67	93	55
⋮	⋮	⋮	⋮	⋮

$D_{12}=\sqrt{(182-184)^2+(78-80)^2+(98-100)^2+(61-70)^2}=\sqrt{93}=9.64$

$D_{13}=\sqrt{(182-171)^2+(78-67)^2+(98-93)^2+(61-55)^2}=\sqrt{303}=17.4$

$D_{23}=\sqrt{(184-171)^2+(80-67)^2+(100-93)^2+(70-55)^2}=\sqrt{612}=24.7$

…………

可以看出，1 号与 2 号间的距离较小，他们的相似程度高；1 号与 3 号、2 号与 3 号间的距离较大，他们的相似程度低。

1. 适用于连续型数据（区间）的距离

（1）欧氏距离：欧氏距离指两个体之间 p 个变量值之差的平方和的平方根，即：

$$D_{ij}=\sqrt{\sum_{k=1}^{p}(X_{ik}-X_{jk})^2}$$

（2）平方欧氏距离：平方欧氏距离指两个体之间 p 个变量值之差的平方和，即：

$$D_{ij}=\sum_{k=1}^{p}(X_{ik}-X_{jk})^2$$

（3）切比雪夫距离：切比雪夫距离指两个体之间 p 个变量值之差的绝对值之最大值，即：

$$D_{ij}=\max|X_{ik}-X_{jk}|$$

（4）绝对距离（块）：绝对距离指两个体之间 p 个变量值之差的绝对值之和，即：

$$D_{ij}=\sum_{k=1}^{p}|X_{ik}-X_{jk}|$$

（5）明可夫斯基距离：明可夫斯基距离指两个体之间 p 个变量值之差的绝对值的 q 次方之和的 q 次方根（q 由用户自行定义），即：

$$D_{ij}=\sqrt[q]{\sum_{k=1}^{p}|X_{ik}-X_{jk}|^q}$$

（6）自定义距离（定制）：自定义距离指两个体之间 p 个变量值之差的绝对值的 q 次方之和的 s 次方根（q、s 由用户自行定义），即：

$$D_{ij}=\sqrt[s]{\sum_{k=1}^{p}\left|X_{ik}-X_{jk}\right|^{q}}$$

2. 适用于离散型数据（计数）的距离

（1）卡方（χ^2）：$D_{ij}=\sqrt{\dfrac{\sum_{k=1}^{p}(X_{ik}-E_{ik})^2}{E_{ik}}+\dfrac{\sum_{k=1}^{p}(X_{jk}-E_{jk})^2}{E_{jk}}}$

（2）Phi 方（Φ^2）：$D_{ij}=\sqrt{\dfrac{\dfrac{\sum_{k=1}^{p}(X_{ik}-E_{ik})^2}{E_{ik}}+\dfrac{\sum_{k=1}^{p}(X_{jk}-E_{jk})^2}{E_{jk}}}{n}}$

以上二式中的 X_{ik} 为第 i 个个案第 k 个变量的观测频数，E_{ik} 为其期望频数；X_{jk} 为第 j 个个案第 k 个变量的观测频数，E_{jk} 为其期望频数；n 为总频数。

3. 适用于二值数据（二元）的距离

如果个案的变量值都是二值数据（例如问卷调查的数据中以 0 表示“否”，以 1 表示“是”），则两个个案中相应变量的取值一致的情况越多，两个个案的相似程度就越高。我们可以用表 16-4-1 所示的四格表来反映变量值匹配的情况。

表 16-4-1　变量值匹配四格表

		个案 j	
		1	0
个案 i	1	a	b
	0	c	d

在表 16-4-1 中，a 是两个个案同时为 1 的频数；d 是两个个案同时为 0 的频数；b 是一个个案为 1 另一个个案为 0 的频数；c 是一个个案为 0 另一个个案为 1 的频数。显然，$a+d$ 反映了两个个案相似的程度，$b+c$ 反映了两个个案差异的程度。由此，可以构造适用于二值数据的一些距离。

（1）欧氏距离：$D=\sqrt{b+c}$

（2）平方欧氏距离：$D=b+c$

（3）兰斯-威廉斯：$D=\dfrac{b+c}{2a+b+c}$

此外，还有一些不常用的距离，如大小差、模式差、方差、形状等。

（二）相似系数

相似系数也可以用来衡量个案（或变量）间的相似程度。相似系数是一个介于-1 和 1 之间的值。其值越接近于 1，相似程度就越高；其值越接近于-1，相似程度就越低。

1. 适用于连续型数据（区间）的相似系数

（1）皮尔逊积差相关系数：$r_{ij}=\dfrac{\sum_{k=1}^{p}(X_{ik}-\overline{X}_i)(X_{jk}-\overline{X}_j)}{\sqrt{\sum_{k=1}^{p}(X_{ik}-\overline{X}_i)^2\sum_{k=1}^{p}(X_{jk}-\overline{X}_j)^2}}$

（2）夹角余弦：$\cos\theta_{ij}=\dfrac{\sum_{k=1}^{p}X_{ik}X_{jk}}{\sqrt{\sum_{k=1}^{p}X_{ik}^2\sum_{k=1}^{p}X_{jk}^2}}$

2. 适用于二值数据（二元）的相似系数

利用表 16-4-1，也可以构造适用于二值数据的一些相似系数。

（1）简单匹配：$D=\dfrac{b+c}{a+b+c+d}$

（2）杰卡德：$D=\dfrac{b+c}{a+b+c}$

（3）哈曼：$D=\dfrac{a+d-b-c}{n}$

此外，还有一些不常用的相似系数，如拉塞尔-拉奥、掷骰、罗杰斯-塔尼莫特、索卡尔-施尼斯 1～5、切卡诺夫斯基 1～2、Lambda、安德伯格 D、尤尔 Y、尤尔 Q、落合、Phi4 点相关、离散等。

在实际工作中，我们习惯上用距离来衡量个案之间的相似程度，用相似系数来衡量变量之间的相似程度。

（三）数据的标准化处理

在统计工作中，很多情况下，如果变量的单位不同，或者变量的均数差异很大，此时如果直接用原始数据进行分析，有可能造成分析结果的偏差。为了排除变量单位或均数差异对分析结果的可能影响，应预先对数据做标准化处理。常用的标准化方法有：

1. Z 得分

将每个数据减去均值，再除以标准差，即把数据标准化成均值为 0，标准差为 1 的 Z 分数。若标准差 S 为 0，则将各值置为 0。转换式为：

$$Z=(X-\overline{X})/S$$

2. 范围-1～1

将每个数据减去均值，再除以范围（最大值与最小值之差）的一半，即把数据标准化到区间［-1，1］内。如果取值范围为 0，则各值不变。转换式为：

$$X'=(X-\overline{X})/[(X_{\max}-X_{\min})/2]$$

3. 范围 0～1

将每个数据减去最小值，再除以范围，即把数据标准化到区间［0，1］内。如果范围为 0，则将各值置为 0.5。转换式为：

$$X'=(X-X_{\min})/(X_{\max}-X_{\min})$$

4. 最大量级为 1

将每个数据除以最大值，即把数据标准化到最大值为 1。如果最大值为 0，则以最小值的绝对值去除再加 1。转换式为：

$$X'=X/X_{\max}$$

5. 平均值为 1

将每个数据除以均值，即把数据标准化到均值为 1。如果均值为 0，则将各值先加 1 使其均值为 1。转换式为：

$$X'=X/\overline{X}$$

6. 标准差为 1

将每个数据除以标准差，即把数据标准化到标准差为 1。如果标准差为 0，则各值不变。转换式为：

$$X' = X/S$$

二、距离分析在 SPSS 中的实现

【案例 1604】

来自意大利、韩国、罗马尼亚、法国、中国、美国、俄罗斯七个国家的裁判和未经严格训练的体育爱好者共 8 人在某项比赛中对 300 名选手进行评分。现将所评分数整理成数据文件“案例 1604. sav”，如图 16-4-4 所示。试分析哪些国家的裁判所评分数比较类似。

	编号	裁判1	裁判2	裁判3	裁判4	裁判5	裁判6	裁判7	裁判8
1	1	7.30	8.00	7.10	7.70	7.20	7.20	7.00	7.60
2	2	7.80	8.70	7.20	8.40	7.50	8.10	7.30	7.10
3	3	7.20	7.40	7.10	7.50	7.20	7.10	7.00	7.00
4	4	7.30	8.40	7.20	7.90	7.50	8.50	7.30	7.10
5	5	7.70	7.80	7.20	8.40	7.60	7.40	7.10	7.10
6	6	7.30	7.60	7.20	8.10	7.30	7.20	7.00	7.00
7	7	8.30	8.30	7.70	8.50	7.80	7.80	7.20	7.80
8	8	9.60	9.80	9.30	9.80	8.80	9.90	9.40	10.00
9	9	9.10	8.80	8.60	9.10	7.80	9.30	8.50	8.50
10	10	9.50	9.70	9.00	9.60	8.90	9.80	9.20	10.00

图 16-4-4　案例 1604 的数据文件（部分）

数据文件中共有 9 个变量，其中裁判 1~8 为 8 名裁判所打的分数。要判断哪些国家的裁判评分比较类似，实际上是分析这 8 列分数哪些列比较类似。因此，可以采用相似性或不相似性指标，进行变量间的距离分析。

1. 在 SPSS 中实现的步骤

第 1 步：在数据编辑器窗口中打开数据文件“案例 1604. sav”。

第 2 步：在“分析”菜单中选择“相关”→“距离”命令，打开相应的主对话框。

第 3 步：在“距离”主对话框中进行距离分析的具体操作，如图 16-4-5 所示。

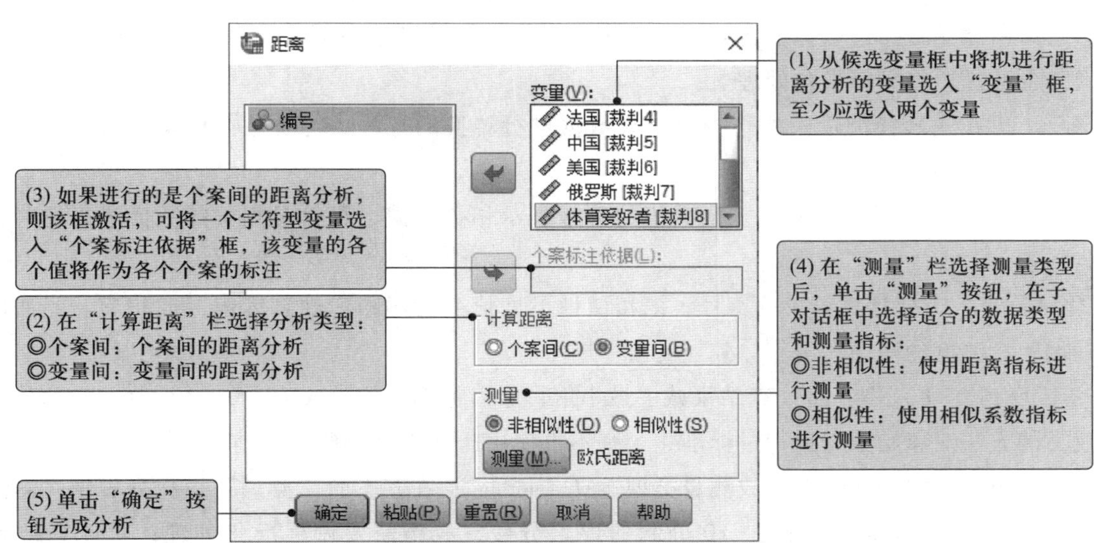

图 16-4-5　距离分析的操作

本例处理：将裁判 1~8 这 8 个变量选入“变量”框；在“计算距离”栏选择“变量间”；在“测量”栏选择“非相似性”。

第 4 步：在“距离”主对话框的“测量”栏中单击“测量”按钮，打开“非相似性测量”子对话框，可在其中选择适合的数据类型和测量指标，并设置对原始数据和结果数据进行转换的方法，如图 16-4-6 所示。

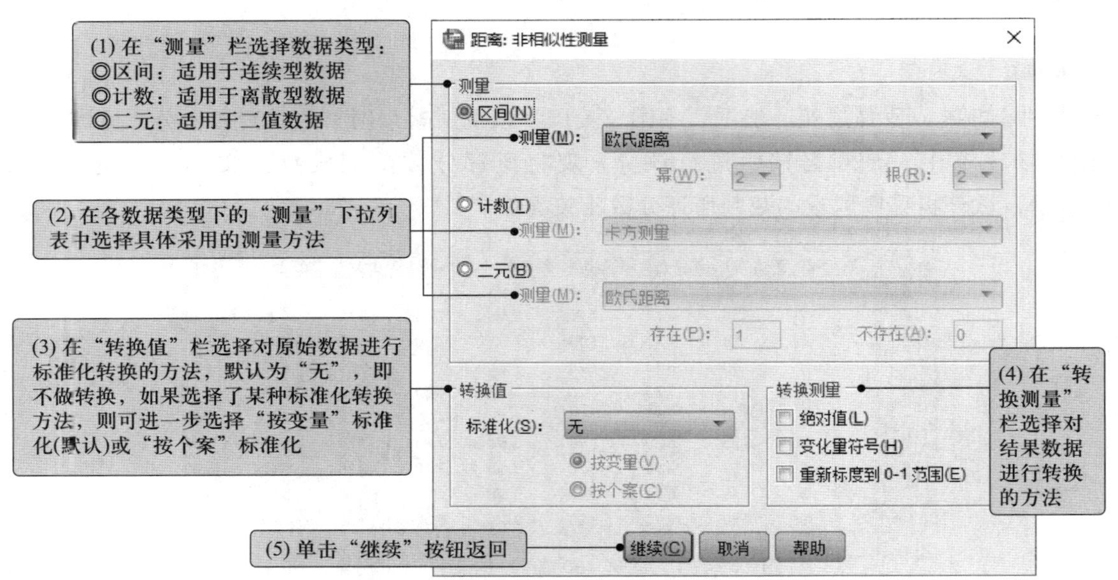

图 16-4-6 非相似性测量的操作

在“区间”类型下的测量下拉列表中选择具体采用的方法时，有些方法还需要进一步提供计算公式中的有关参数。可在其下方的“幂”框中选择公式中的乘方数，在“根”框中选择公式中的开方数。

在“二元”类型下的测量下拉列表中选择具体采用的方法时，有些方法还需要进一步明确对二值变量取值的认定。可在其下方的“存在”框中输入具肯定属性时变量的取值（默认为 1），在“不存在”框中输入具否定属性时变量的取值（默认为 0）。

如果各变量的单位不同或均数差异较大，就应先对数据做标准化处理。可在“转换值”栏的“标准化”下拉列表中选择对原始数据进行标准化处理的方法。只当数据类型选择了“区间”或“计数”后，该栏才被激活。对二值数据不能做标准化处理。

如果必要，可在“转换测量”栏选择对结果数据进行转换的方法。转换是在计算出结果后进行的，所提供的三种方法可以同时选择。

□ 绝对值：对计算结果取绝对值。当数值的符号表示相关方向、且只对相关的数值感兴趣时，可使用此方法进行转换。

□ 变化量符号：改变计算结果的符号，把相似性测度值变为不相似性测度值，或相反。此法用改变符号的方法颠倒距离测度的顺序。

□ 重新标度到 0~1 范围：将计算结果减去最小值再除以范围，使之成为 [0，1] 范围内的值。如果已经采用有意义的方法对原始数据进行过标准化，则不再使用此方法对计算结果进行转换。

本例处理：由于数据为连续型，故测量类型选择“区间”；在其下的“测量”下拉列表中将测量指标设为“欧式距离”；由于本例各变量都是 10 分制的评定分数，故不需要做标准化处理；对计算结果也不做转换。

如果在“距离”主对话框的“测量”栏中选择的是“相似性”，则单击“测量”按钮后，打开的是

“相似性测量”子对话框，同样可在其中选择适合的数据类型和测量指标，并设置对原始数据和结果数据进行转换的方法。本例另外再做一次分析，在“区间”类型下，选择“皮尔逊相关性”作为测量指标，如图16-4-7所示。

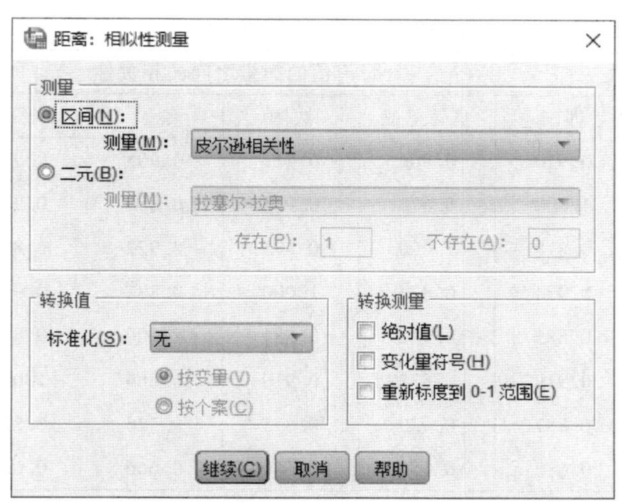

图 16-4-7　相似性测量的操作

2. 结果解读

（1）个案处理摘要。表16-4-2是个案处理摘要。本研究一共有300个个案，没有个案因缺失值而被排除在分析过程之外。

表 16-4-2　个案处理摘要

个案					
有效		缺失		总计	
个案数	百分比	个案数	百分比	个案数	百分比
300	100.0%	0	0.0%	300	100.0%

（2）相似矩阵。表16-4-3是距离分析的相似矩阵。

表 16-4-3　近似值矩阵

	欧氏距离							
	意大利	韩国	罗马尼亚	法国	中国	美国	俄罗斯	体育爱好者
意大利	0.000	9.622	9.556	10.367	10.403	9.682	8.920	13.709
韩国	9.622	0.000	16.027	5.344	16.637	6.674	14.997	15.377
罗马尼亚	9.556	16.027	0.000	16.799	5.706	15.925	6.665	15.287
法国	10.367	5.344	16.799	0.000	17.125	7.829	16.232	16.024
中国	10.403	16.637	5.706	17.125	0.000	16.739	7.952	15.338
美国	9.682	6.674	15.925	7.829	16.739	0.000	14.472	15.831
俄罗斯	8.920	14.997	6.665	16.232	7.952	14.472	0.000	15.243
体育爱好者	13.709	15.377	15.287	16.024	15.338	15.831	15.243	0.000

这是非相似性矩阵

本例采用的是非相似性分析，以“欧氏距离”为测量指标，计算结果是数值越小距离越近，数值越大距离越远。从此表可以看出，韩国、法国、美国裁判的评分比较接近；罗马尼亚、中国、俄罗斯裁判的评分比较接近；意大利裁判的评分居于前两类之间；体育爱好者的评分与另外七国裁判的差距都较大，可能自成一类。

本例若采用相似性分析，以“皮尔逊相关系数”为测量指标，结果如表 16-4-4 所示。在这种情况下，计算结果的数值越大相似性越高，数值越小相似性越低，其分析结果与非相似性分析的结果是一致的。

表 16-4-4 近似值矩阵

	值的向量之间的相关性							
	意大利	韩国	罗马尼亚	法国	中国	美国	俄罗斯	体育爱好者
意大利	1.000	0.910	0.906	0.917	0.903	0.904	0.909	0.667
韩国	0.910	1.000	0.878	0.935	0.885	0.919	0.887	0.682
罗马尼亚	0.906	0.878	1.000	0.875	0.922	0.872	0.929	0.655
法国	0.917	0.935	0.875	1.000	0.881	0.910	0.875	0.660
中国	0.903	0.885	0.922	0.881	1.000	0.884	0.926	0.666
美国	0.904	0.919	0.872	0.910	0.884	1.000	0.885	0.665
俄罗斯	0.909	0.887	0.929	0.875	0.926	0.885	1.000	0.660
体育爱好者	0.667	0.682	0.655	0.660	0.666	0.665	0.660	1.000

这是相似性矩阵

思考与练习

1. 什么是确定性关系？什么是不确定性关系？举例说明。
2. 什么是无线性相关？什么是完全线性相关？什么是不完全线性相关？
3. 什么是正线性相关？什么是负线性相关？举例说明。
4. 线性相关的强弱程度和相关系数的显著性有何区别？
5. 积差相关与等级相关各适用于什么情况？
6. 已知百米跑和十字变向障碍跑成绩均服从正态分布。今测得 12 名学生百米跑 X(s) 与十字变向障碍跑 Y(s) 成绩，如表 16-5-1 所示。试对变量 X 与 Y 进行线性相关分析。

表 16-5-1 学生百米跑与十字变向障碍跑的成绩

ID	1	2	3	4	5	6	7	8	9	10	11	12
X	12.1	12.6	12.2	12.3	11.8	13.2	13.5	12.2	14.6	11.5	11.3	12.9
Y	14.0	14.0	14.6	14.2	12.9	15.4	15.6	13.6	15.9	13.1	13.6	14.4

7. 某体操班 14 名学生前后两次综合测验的名次如表 16-5-2 所示。试对两次测验的名次进行线性相关分析。

表 16-5-2 体操班学生前后两次综合测验的名次

编号	1	2	3	4	5	6	7	8	9	10	11	12	13	14
前	6	8	1	7	2	14	13	10	3	4	12	11	9	5
后	5	10	1	7	3	12	13	8	2	4	11	9	14	6

8. 测得20名男子运动员的体重（kg）、腰围（cm）和背肌力（kg）数据如表16-5-3所示。经正态分布假设检验，表明三个指标总体均服从正态分布。

表16-5-3 20名运动员的体重、腰围、背肌力数据

编号	体重	腰围	背肌力	编号	体重	腰围	背肌力
1	78	83	168	11	86	82	184
2	62	72	118	12	72	79	153
3	74	78	169	13	83	78	136
4	68	77	142	14	66	75	136
5	80	80	161	15	87	84	198
6	66	76	127	16	72	81	187
7	71	77	143	17	67	73	137
8	68	77	136	18	78	81	184
9	81	81	168	19	79	81	152
10	79	79	164	20	70	74	148

试完成以下练习：

（1）对三个指标进行两两之间的简单相关分析。

（2）对体重与背肌力进行控制腰围条件下的偏相关分析，对腰围与背肌力进行控制体重条件下的偏相关分析。

（3）根据以上计算结果说明三项指标的内在关系。

9. 将第八章思考与练习题8所建立了20名男子短距离自由泳运动员若干形态、素质指标的数据文件更名保存为“练习1609.sav”，然后采用“相似性”测量方法，针对身高、体重、指间距、胸围、前臂围、上肢长、下肢长、打腿拉力、划臂拉力、配合游拉力和纵跳这11个指标，做变量间的距离分析，考察哪些变量比较类似。

10. 将题9的数据文件更名保存为“练习1610.sav”，然后采用“非相似性”测量方法，针对身高、体重、指间距、胸围、前臂围、上肢长、下肢长、打腿拉力、划臂拉力、配合游拉力和纵跳这11个指标，做个案间的距离分析，考察哪些个案比较类似。

第十七章　回归分析

在数量分析中，经常会看到变量与变量之间存在着一定的联系。运用相关分析的方法，可以大体上确定变量之间相互关联、相互影响的性质。但如果要准确把握一个变量受其他一个或多个变量影响的程度，从而对事物未来的发展趋势进行预测和控制，相关分析就无能为力了。

客观事物的联系是错综复杂的。一个事物的变化往往受到其他一个或多个因素的影响。例如，运动员百米跑的成绩与反应速度、最大速度、速度耐力、步长、步频等多个因素有关。为了全面揭示这种复杂的依存关系，准确地测定它们的数量变动，提高预测和控制的精确度，通常需要建立回归模型（方程），以便对问题进行深入的分析。如果把一个特别关注的需要被解释的变量作为因变量，把用于解释的其他变量作为自变量，并把它们之间不十分准确、稳定的关系用数学方程式表示出来，这一过程就称为回归。回归分析的主要任务是：建立回归方程、检验和评价所建立回归方程的有效性、利用所建立的回归方程进行预测和控制。

第一节　线性回归分析

一、线性回归的概念

观察因变量 Y 和一个或多个自变量 X_i 的散点图，当发现 Y 与 X_i 之间呈现出明显的线性关系时，就可以采用线性回归分析的方法，建立 Y 关于 X_i 的线性回归模型。在线性回归中，反映一个因变量与一个自变量之间的线性关系的模型叫一元线性回归；反映一个因变量与多个自变量之间的线性关系的模型叫多元线性回归。

例如，根据 10 名男生的 100 米跑（X，s）与三级跳远（Y，m）的成绩，可建立一元线性回归方程：

$$\hat{Y}=23.4453-0.8813X$$

根据此方程，可由 100 米跑成绩来预测三级跳远成绩。

又如，根据 10 名学生的体重（X_1，kg）、胸围（X_2，cm）和肺活量（Y，mL）的数据，可建立二元线性回归方程：

$$\hat{Y}=306.055-37.906X_1+70.9X_2$$

根据此方程，可由体重、胸围数据来预测肺活量值。

从几何意义上讲，一元线性回归方程是二维平面上的一条直线，称为回归直线。多元线性回归方程是多维空间上的一个超平面，称为回归平面。

二、多元线性回归模型的建立

设因变量为 Y，k 个自变量为 X_1，X_2，⋯，X_k，则反映它们之间总体线性关系的回归模型的一般形式为：

$$Y=\beta_0+\beta_1X_1+\beta_2X_2+\cdots+\beta_kX_k+\varepsilon$$

该多元线性回归模型由两部分组成。一部分是 Y 的线性函数，即由自变量 X_i 的变化引起的 Y 的线性变化部分；另一部分是 ε 所代表的随机误差。由于随机误差 ε 的数学期望为 0，故对上式两边求数学期望，得：

$$E(Y)=\beta_0+\beta_1X_1+\beta_2X_2+\cdots+\beta_kX_k$$

这个式子就是总体线性回归方程，它描述了因变量 Y 与自变量 X_i 的线性关系。其中，β_0称为回归常数；β_1，β_2，…，β_k统称为偏回归系数，β_i 表示当其他自变量都固定时 X_i 每变化一个单位引起的 Y 的平均变动。偏回归系数 β_i 的符号与它们所联系的自变量 X_i 同因变量 Y 的相关系数 r_i 的符号是一致的。

总体线性回归方程中的 β_0，β_1，β_2，…，β_k等参数是未知的。在实际工作中，我们是通过样本数据来计算样本的多元线性回归方程：

$$\hat{Y}=b_0+b_1X_1+b_2X_2+\cdots+b_kX_k$$

其中的 $\hat{Y}$ 是因变量 Y 的预测值，b_0，b_1，b_2，…，b_k等是对 β_0，β_1，β_2，…，β_k的估计。只要求得 b_0，b_1，b_2，…，b_k，便可确定回归方程。

在回归分析中，通常把实际观测值 Y 与预测值 $\hat{Y}$ 的差称为残差。

以一元线性回归为例，在由自变量 X 和因变量 Y 构成的散点图中，可以画出无数条直线来代表 X 与 Y 的关系。只要 X 与 Y 不呈确定性的函数关系，则无论哪条直线都不可能使所有的散点都在其上。那么哪条直线最有代表性呢？根据最佳拟合原则，回归直线应是一切直线中最接近所有实际观测点的直线，或者说应使散点图上各点距回归直线的纵向距离的总和为最小。

设平面上有 n 个点，$\hat{Y}_i$ 是回归直线上与某个 X_i 相对应的点，而与 X_i 相对应的实际观测值 Y_i 往往不在回归直线上，有的高于预测值，有的低于预测值，如图 17-1-1 所示。实际观测值 Y_i 与预测值 $\hat{Y}_i$ 的残差有正有负，其和为零，即 $\sum(Y_i-\hat{Y}_i)=0$，所以在考虑最小总距离时需将残差平方。因此，所求的回归直线应该是能使残差平方和 $Q=\sum(Y_i-\hat{Y}_i)^2$ 达到最小值的直线。这种方法称为最小二乘法。

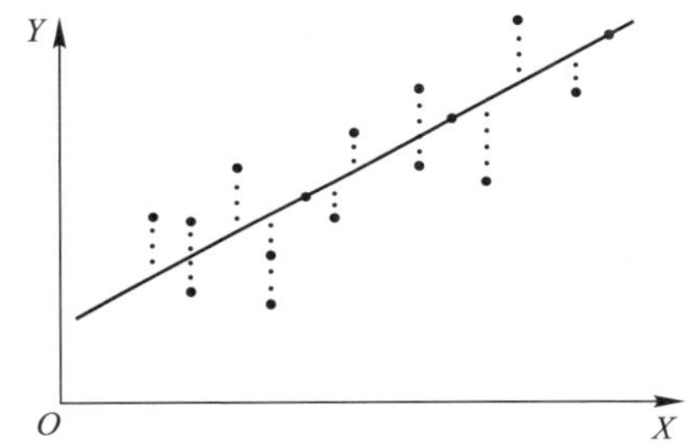

图 17-1-1　观测值与预测值的残差

对于多元线性回归来说，需选取这样的 b_0，b_1，b_2，…，b_k，使得残差平方和：

$$Q=\sum_{i=1}^{n}(Y_i-\hat{Y}_i)^2=\sum_{i=1}^{n}[Y_i-(b_0+b_1X_1+b_2X_2+\cdots+b_kX_k)]^2$$

达到最小。

对上式中的 b_0，b_1，b_2，…，b_k分别求偏导数并令其为 0，可得正规方程组：

$$\begin{cases}\dfrac{\partial Q}{\partial b_0}=-2\sum\limits_{i=1}^{n}(Y_i-\hat{Y}_i)=0\\ \dfrac{\partial Q}{\partial b_i}=-2\sum\limits_{i=1}^{n}(Y_i-\hat{Y}_i)X_i=0\end{cases}\quad(i=1,\ 2,\ \cdots,\ n)$$

设对因变量 Y 和 k 个自变量 X_1，X_2，…，X_k取得 n 组观测值；$i=1$，2，…，n；$j=1$，2，…，k；因变量的各个观测值记为 Y_i，自变量的各个观测值记为 X_{ij}，则多元线性回归分析的数据结构如表 17-1-1 所示。

表 17-1-1　多元线性回归分析的数据结构

i	X_1	X_2	…	X_k	Y
1	X_{11}	X_{12}	…	X_{1k}	Y_1
2	X_{21}	X_{22}	…	X_{2k}	Y_2

续表

i	X_1	X_2	…	X_k	Y
3	X_{31}	X_{32}	…	X_{3k}	Y_3
⋮	⋮	⋮	…	⋮	⋮
n	X_{n1}	X_{n2}	…	X_{nk}	Y_{nk}

因变量 Y 的均值为 $\overline{Y}=\frac{1}{n}\sum_{i=1}^{n}Y_i$；自变量 $X_j(j=1,2,\cdots,k)$ 的均值为 $\overline{X}_j=\frac{1}{n}\sum_{i=1}^{n}X_{ij}$。

任意两个自变量 X_g 与 $X_h(g,h=1,2,\cdots,k)$ 之间的离差积和（当 $g=h$ 时是自变量自身的离差平方和）为：

$$L_{gh}=L_{hg}=\sum_{i=1}^{n}(X_{ig}-\overline{X}_g)(X_{ih}-\overline{X}_h)=\sum_{i=1}^{n}X_{ig}X_{ih}-\frac{\left(\sum_{i=1}^{n}X_{ig}\right)\left(\sum_{i=1}^{n}X_{ih}\right)}{n}$$

每个自变量 $X_j(j=1,2,\cdots,k)$ 与因变量 Y 之间的离差积和为：

$$L_{jY}=\sum_{i=1}^{n}(X_{ij}-\overline{X}_j)(Y_i-\overline{Y})=\sum_{i=1}^{n}X_{ij}Y_i-\frac{\left(\sum_{i=1}^{n}X_{ij}\right)\left(\sum_{i=1}^{n}Y_i\right)}{n}$$

因变量 Y 的离差平方和为：

$$L_{YY}=\sum_{i=1}^{n}(Y_i-\overline{Y})^2=\sum_{i=1}^{n}Y_i^2-\frac{\left(\sum_{i=1}^{n}Y_i\right)^2}{n}$$

求出上述诸 L 值后，即可将上述正规方程组转换为：

$$\begin{cases}L_{11}b_1+L_{12}b_2+\cdots+L_{1k}b_k=L_{1Y}\\L_{21}b_1+L_{22}b_2+\cdots+L_{2k}b_k=L_{2Y}\\\cdots\cdots\cdots\cdots\\L_{k1}b_1+L_{k2}b_2+\cdots+L_{kk}b_k=L_{kY}\end{cases}$$

解此方程组，可得 b_1、b_2、…、b_k。

由 $-2\sum_{i=1}^{n}(Y_i-\hat{Y}_i)=0$ 可得 $\sum_{i=1}^{n}(Y_i-[b_0+b_1X_1+b_2X_2+\cdots+b_kX_k])=0$，进而求得：

$$b_0=\overline{Y}-b_1\overline{X}_1-b_2\overline{X}_2-\cdots-b_k\overline{X}_k$$

此时即得出所求的多元线性回归方程：

$$\hat{Y}=b_0+b_1X_1+b_2X_2+\cdots+b_kX_k$$

【案例 1701】

测得 10 名男生 100 米跑（X，s）与三级跳远（Y，m）的成绩如下所示。试建立由百米跑成绩推测三级跳远成绩的一元线性回归方程。

解：列表计算（表 17-1-2），可得：

表 17-1-2 百米跑对三级跳远的一元线性回归方程计算表

ID	X	Y	X^2	Y^2	XY
1	12.96	12.50	167.961 6	156.250 0	162.000 0
2	12.34	12.24	152.275 6	149.817 6	151.041 6

续表

ID	X	Y	X^2	Y^2	XY
3	12.44	12.35	154.753 6	152.522 5	153.634 0
4	12.68	12.18	160.782 4	148.352 4	154.442 4
5	11.65	13.39	135.722 5	179.292 1	155.993 5
6	12.11	12.62	146.652 1	159.264 4	152.828 2
7	12.84	12.09	164.865 6	146.168 1	155.235 6
8	13.65	11.29	186.322 5	127.464 1	154.108 5
9	12.42	12.56	154.256 4	157.753 6	155.995 2
10	12.66	12.41	160.275 6	154.008 1	157.110 6
$\sum$	125.75	123.63	1 583.867 9	1 530.892 9	1 552.389 6

$$\bar{X}=\frac{1}{n}\sum_{i=1}^{n}X_i=\frac{125.75}{10}=12.575$$

$$\bar{Y}=\frac{1}{n}\sum_{i=1}^{n}Y_i=\frac{123.63}{10}=12.363$$

$$L_{11}=\sum_{i=1}^{n}X_i^2-\frac{\left(\sum_{i=1}^{n}X_i\right)^2}{n}=1\,583.867\,9-\frac{125.75^2}{10}=2.561\,7$$

$$L_{1Y}=\sum_{i=1}^{n}X_iY_i-\frac{\left(\sum_{i=1}^{n}X_i\right)\left(\sum_{i=1}^{n}Y_i\right)}{n}=1\,552.389\,6-\frac{125.75\times123.63}{10}=-2.257\,7$$

$$L_{YY}=\sum_{i=1}^{n}Y_i^2-\frac{\left(\sum_{i=1}^{n}Y_i\right)^2}{n}=1\,530.892\,9-\frac{123.63^2}{10}=2.455\,2$$

本例只有一个自变量，故正规方程组中只有1个方程，即：$L_{11}b_1=L_{1Y}$。

由此得：$b_1=\frac{L_{1Y}}{L_{11}}=\frac{-2.257\,7}{2.561\,7}=-0.881\,3$

$b_0=\bar{Y}-b_1\bar{X}=12.363+0.881\,3\times12.575=23.445\,3$

故所求的回归方程为：$\hat{Y}=23.445\,3-0.881\,3X$。

三、多元线性回归模型的评价

根据样本数据建立一个线性回归模型后，需要对回归模型做出评价。因为，应用最小二乘法求得的样本回归直线（平面）是对总体回归直线（平面）的近似。这种近似是否合理，必须对其进行检验，经检验不具显著性的回归方程是不能使用的。常用的检验方法有：

1. 回归方程的显著性检验（F 检验）

回归方程的显著性检验是评价多元线性回归模型的最重要方法，它是对因变量与所有自变量之间线性关系是否显著的检验，通常是利用方差分析的方法进行 F 值检验。检验的假设可表示为：

H_0：$b_1=b_2=\cdots=b_k=0$（回归方程不具显著性）；

H_1：b_1，b_2，…，b_k不全为0（回归方程具显著性）。

仍以一元线性回归为例。因变量 Y 的变化，不仅由自变量 X 的变化决定，还受其他许多随机因素的影响。如图 17-1-2 所示，散点图中任意一点与平均数 $\overline{Y}$ 的距离 $Y-\overline{Y}$ 可以分成两部分，一部分是该点到回归直线的纵向距离 $Y-\hat{Y}$，另一部分是回归线上的点到 $\overline{Y}$ 的纵向距离 $\hat{Y}-\overline{Y}$。因此有：$Y-\overline{Y}=(Y-\hat{Y})+(\hat{Y}-\overline{Y})$。

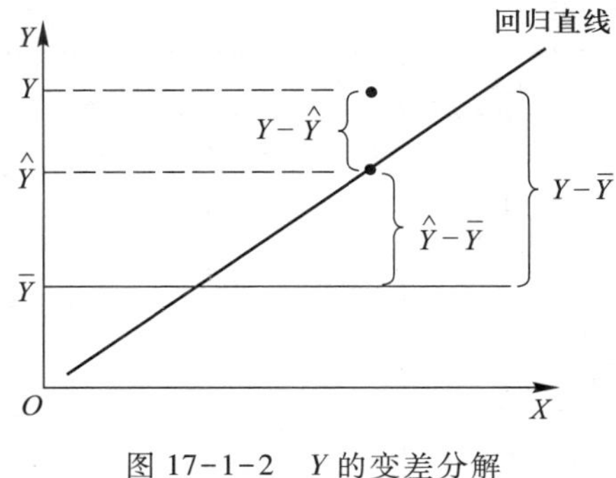

图 17-1-2 Y 的变差分解

如果各散点都很靠近回归直线，即 $Y-\hat{Y}$ 很小，$Y-\overline{Y}$ 主要由 $\hat{Y}-\overline{Y}$ 构成，此时建立的回归方程误差较小。反之，如果相当多的散点都远离回归直线，即 $Y-\hat{Y}$ 很大，$Y-\overline{Y}$ 主要由 $Y-\hat{Y}$ 构成，此时建立的回归方程误差较大。

Y 的总变差（总离差平方和）可分解成两部分：

$$L_{YY}=\sum_{i=1}^{n}(Y_i-\overline{Y})^2=\sum_{i=1}^{n}(Y_i-\hat{Y}_i)^2+\sum_{i=1}^{n}(\hat{Y}_i-\overline{Y})^2=Q+U=\sum_{i=1}^{n}Y_i^2-\frac{\left(\sum_{i=1}^{n}Y_i\right)^2}{n}$$

Y 的总变差中，由回归直线上的点到 $\overline{Y}$ 的纵向距离 $\hat{Y}-\overline{Y}$ 所构成的离差平方和称为回归平方和。这部分变差是由 X 与 Y 的线性关系引起的，表示为：

$$U=\sum_{i=1}^{n}(\hat{Y}_i-\overline{Y})^2=\sum_{j=1}^{k}b_jL_{jY}$$

Y 的总变差中，由实际观测点到回归直线的纵向距离 $Y-\hat{Y}$ 所构成的离差平方和称为残差平方和（剩余平方和）。这部分变差是除了 X 对 Y 的线性影响之外的一切因素（包括 X 对 Y 的非线性影响及抽样误差等）所引起的，是仅考虑 X 与 Y 的线性关系所不能减少的，表示为：

$$Q=\sum_{i=1}^{n}(Y_i-\hat{Y}_i)^2=L_{YY}-U$$

由 U 及 Q 的意义可知，一个回归模型效果的好坏，取决于 U 及 Q 的大小，或者说取决于 U 在总离差平方和 L_{YY} 中所占的比例 U/L_{YY}。该比值越大，回归效果越好；该比值越小，回归效果越差。

在回归分析中，总自由度 $df=n-1$；回归自由度 $df_1=k$；残差自由度 $df_2=n-k-1$。因此有：

回归方差：U/k；

残差方差：$S^2=Q/(n-k-1)$，残差标准差：$S=\sqrt{Q/(n-k-1)}$；

检验统计量：$F=\dfrac{U/df_1}{Q/df_2}=\dfrac{U/k}{Q/(n-k-1)}$。

计算所得 F 值服从第 1 自由度 $df_1=k$，第 2 自由度 $df_2=n-k-1$ 的 F 分布。给定显著性水平 α，可在 F 分布上侧分位数表中查得临界值，进而做出统计推断。

现对案例 1701 中所求得的一元线性回归方程进行显著性检验，解题过程如下。

解：已知 $n=10$，$df=n-1=10-1=9$，$df_1=k=1$，$df_2=n-k-1=10-1-1=8$。

已求得 $L_{1Y}=-2.257\ 7$，$L_{YY}=2.455\ 2$，$b_1=-0.881\ 3$。

（1）建立假设，H_0：回归方程不具显著性；

H_1：回归方程具显著性。

（2）计算统计量：

$$U=\sum_{j=1}^{k}b_iL_{jY}=-0.881\ 3\times(-2.257\ 7)=1.989\ 7$$

$$Q=L_{YY}-U=2.455\ 2-1.989\ 7=0.465\ 5$$

$$F=\frac{U/df_1}{Q/df_2}=\frac{1.9897/1}{0.4665/8}=\frac{1.9897}{0.0582}=34.19$$

将所得结果整理成方差分析表，如表 17-1-3 所示。

表 17-1-3　方差分析表

变差来源	平方和	自由度	方差	F
回归	$U=1.9897$	$df_1=1$	1.989 7	34.19
残差	$Q=0.4655$	$df_2=8$	0.058 2	
总	$L_{YY}=2.4552$	$df=9$		

（3）查 F 分布上侧分位数表，得：$F_{0.05(1,8)}=5.32$，$F_{0.01(1,8)}=11.3$

（4）因 $F=34.19>11.3$，故 $P<0.01$，应拒绝原假设，接受备择假设，可认为回归方程具高度显著性。

在 SPSS 中进行回归分析时，系统会自动计算 F 统计量，并算出显著性概率 P。可直接将 P 与给定的显著性水平 α 进行比较，做出统计推断。如果 $P>\alpha$，应接受原假设，认为回归方程不具显著性；如果 $P\leqslant\alpha$，应拒绝原假设，接受备择假设，认为回归方程具显著性。

2. 拟合优度检验

回归方程的拟合优度检验通过分析自变量 X 与因变量 Y 线性关系的密切程度，从而判断回归方程对样本数据的代表性。回归方程的拟合优度检验一般采用复相关系数 R 和判定系数 R^2。

（1）复相关系数：$R=\sqrt{\dfrac{U}{L_{YY}}}=\sqrt{\dfrac{L_{YY}-Q}{L_{YY}}}=\sqrt{1-\dfrac{Q}{L_{YY}}}$

（2）判定系数：$R^2=\dfrac{U}{L_{YY}}=\dfrac{L_{YY}-Q}{L_{YY}}=1-\dfrac{Q}{L_{YY}}$

复相关系数 R 和判定系数 R^2 意义相同，都反映回归平方和 U 在总离差平方和 L_{YY} 中所占的比例，取值在 0~1 之间。其值越接近于 1，回归方程的拟合程度就越好；其值越接近于 0，回归方程的拟合程度就越差。

（3）校正判定系数（调整后的 R^2）：$R^2=1-\dfrac{Q/(n-k-1)}{L_{YY}/(n-1)}$

直接使用 R 或 R^2 有缺陷，因为当方程中自变量增加时，回归平方和 U 会增大，使得 R 和 R^2 增大，即使增加的变量无统计学意义也是如此。因此，需要对判定系数做校正。校正的方法是，将计算式中的残差平方和 Q 与总离差平方和 L_{YY} 分别除以各自的自由度，变成均方差之比，从而排除自变量个数对拟合优度的影响。可见，在多元回归分析中，调整后的 R^2 能更准确地反映回归方程对样本数据的拟合程度。

在判定一个线性回归的拟合程度优劣时，校正判定系数（调整后的 R^2）是重要的判定指标。它可以反映因变量 Y 的总变差中能够通过回归关系被自变量解释的比例。例如，调整后的 R^2 为 0.80，则说明回归关系可以解释因变量 80%的变差。调整后的 R^2 越接近于 1，回归方程的拟合程度越好；调整后的 R^2 越接近于 0，回归方程的拟合程度越差。

现对案例 1701 中所求得的一元线性回归方程进行拟合优度检验，解题过程如下。

解：已知 $n=10$，$k=1$；已求得 $Q=0.4655$，$L_{YY}=2.4552$。

复相关系数：$R=\sqrt{1-\dfrac{Q}{L_{YY}}}=\sqrt{1-\dfrac{0.4655}{2.4552}}=\sqrt{0.81}=0.9$

判定系数：$R^2=1-\dfrac{Q}{L_{YY}}=1-\dfrac{0.4655}{2.4552}=0.81$

校正判定系数（调整后的 R^2）：$R^2=1-\frac{Q/(n-k-1)}{L_{YY}/(n-1)}=1-\frac{0.4655/(10-1-1)}{2.4552/(10-1)}=0.787$

由于调整后的 R^2 为 0.787，故认为回归方程的拟合程度较好，回归关系可以解释因变量 78.7%的变差。

3. 回归常数与偏回归系数的显著性检验（t 检验）

（1）回归常数 b_0的显著性检验。回归常数 b_0的显著性检验用于判定回归常数是否具显著性。检验的假设为：

H_0：$b_0=0$；

H_1：$b_0\neq 0$。

回归常数检验的统计量为：$t=\frac{b_0}{S_{b_0}}$，其中的 S_{b_0}是回归常数 b_0的标准误。

设回归常数检验的显著性水平为 α，若显著性概率 $P>\alpha$，应接受原假设，认为回归常数 b_0不具显著性；若显著性概率 $P\leqslant\alpha$，应拒绝原假设，接受备择假设，认为回归常数 b_0具显著性。

（2）偏回归系数 b_i 的显著性检验。偏回归系数 b_i 的显著性检验检验用于判定各个偏回归系数是否具显著性。检验的假设为：

H_0：$b_i=0$；

H_1：$b_i\neq 0$。

偏回归系数检验的统计量为：$t=\frac{b_i}{S_{b_i}}$，其中的 S_{b_i}是偏回归系数 b_i 的标准误。

设偏回归系数检验的显著性水平为 α，若显著性概率 $P>\alpha$，应接受原假设，认为偏回归系数 b_i 不具显著性；若显著性概率 $P\leqslant\alpha$，应拒绝原假设，接受备择假设，认为偏回归系数 b_i 具显著性。

偏回归系数的显著性检验是为了探明每一个自变量对因变量的影响是否显著。自变量相互之间的线性关系会影响整个回归方程的效果。因此，当某个自变量的偏回归系数不显著时，应将该自变量从方程中剔除。

（3）标准偏回归系数。标准偏回归系数 b_i'可由偏回归系数 b_i 转换而来，其转换式为：$b_i'=b_i\sqrt{\frac{L_{ii}}{L_{YY}}}$。

在有些情况下，自变量间的变异程度和均数相差很大，直接用偏回归系数是无法比较各个自变量的重要程度的。而将各个偏回归系数转化为标准偏回归系数后，就可用它们来反映各个自变量对因变量影响程度的大小。标准偏回归系数绝对值越大者，该自变量对因变量的影响越大。

4. 残差检验

残差的独立性、正态性、方差齐性是线性回归的三个基本条件。

（1）残差的独立性检验。残差相互独立是回归分析的一个基本条件。通常用 Durbin-Watson 统计量 DW 来判定残差之间是否独立。统计量 DW 定义为：

$$DW=\frac{\sum_{i=2}^{n}(e_i-e_{i-1})^2}{\sum_{i=1}^{n}e_i^2}$$

DW 的取值在 0~4 之间。$DW\approx 2$ 时，残差之间相互独立；$DW<2$ 时，残差之间呈正相关，而 $DW=0$ 时残差之间呈完全正相关；$DW>2$ 时，残差之间呈负相关时，而 $DW=4$ 时残差之间呈完全负相关。

如果残差序列存在严重自相关，说明回归方程没能充分说明因变量的变化规律，还留有一些规律性没有被解释，也就是认为方程中遗漏了一些比较重要的自变量，或者认为所研究的问题不适合采用线性回归模型。

（2）残差均值为 0 的正态性检验。残差总体上应服从以 0 为均值的正态分布，这也是回归分析的一个基本条件。最直观的方法是绘制残差的直方图或累积概率 $P-P$ 图来判断残差是否近似于正态分布。在累积概率 $P-P$ 图中，若散点接近于一条对角线，则表明残差的分布近似正态。

残差均值为 0 时，在以标准化预测值为 X 轴、标准化残差为 Y 轴绘制的散点图中，各散点应随机地分布在一条穿过 0 点的水平直线的两侧。

（3）残差的方差齐性检验。残差的方差齐性也是回归分析的一个基本条件。残差的方差齐性指残差的分布是随机的，不会随着自变量或因变量取值的变化而规律性地变化。在残差散点图中，如果散点随着自变量或因变量取值的增加而呈现逐渐扩大（或逐渐减小）的趋势，则表明出现了残差方差不齐性的状况。

如果残差的方差不齐性，容易导致回归系数显著性检验的 t 值偏高，进而容易拒绝其原假设，使那些不该保留在方程中的自变量被保留下来，从而导致模型的预测偏差增大。

5. 异常值和强影响点分析

异常值和强影响点是指那些远离均值的样本数据，它们对回归方程的参数估计有较大影响，应尽量找出它们并加以排除。自变量和因变量都有可能出现异常值或强影响点。

（1）对因变量中异常值的探测

① 标准化残差（$ZRESID$）：因残差服从均值为 0、标准差为 S 的正态分布，故可对残差做标准化处理，然后利用 3S 准则进行判断，其绝对值大于 3 的观测值可视为异常值。标准化残差的计算式为：

$$ZRESID_i=\frac{e_i}{S}$$

② 学生氏化残差（$SRESID$）：对残差做学生氏化处理，其绝对值大于 3 的观测值可视为异常值。学生氏化残差的计算式为：

$$SRESID_i=\frac{e_i}{S\sqrt{1-h_{ii}}}$$

上式中的 h_{ii}是第 i 个个案的杠杆值（见下文）。

③ 删除的残差（$DRESID$）：对某个个案而言，先删除该个案，用剩余样本拟合回归方程，再用这个回归方程计算该个案的预测值，进而求出残差。由此得到的残差叫删除的残差，能更真实地反映该个案 Y 的异常性。

④ 学生氏化删除的残差（$SDRESID$）：对删除的残差做学生氏化处理，其绝对值大于 3 的观测值可视为异常值。

（2）对自变量中强影响点的探测

① 杠杆值：第 i 个个案的杠杆值记做 h_{ii}。杠杆值实质上反映了自变量 X 的第 i 个值与 X 平均值之间的差异，当观测值接近平均值时 h_{ii}接近 0，当观测值远离平均值时 h_{ii}接近 1。因此，若某个案的杠杆值较高，意味着该个案有可能是一个强影响点。中心化杠杆值的取值范围是 0 到 $(n-1)/n$。一般认为，当中心化杠杆值小于 0.2 时，对应个案的值是正常的；当中心化杠杆值在 0.2 和 0.5 之间时，对应个案的值可疑；当中心化杠杆值大于 0.5 时，可认为相应个案是强影响点。

② 库克距离：库克距离表示把一个个案从计算回归系数的样本中去除时，所引起的残差变化的大小。库克距离越大，表明该个案对回归系数的影响也越大。当库克距离大于 1 时，可认为相应个案是强影响点。

③ 马氏距离：马氏距离是自变量观测值与自变量平均值之间差异程度的度量，其值是杠杆值的 $n-1$ 倍。马氏距离较大时，相应个案有可能是强影响点，意味着个案在一个或多个自变量上可能具有极端值。

6. 共线性诊断

当回归模型中的自变量多于 1 个时，需要考虑共线性的问题。所谓共线性，是指自变量间彼此相关，某个或某些自变量可以用其他自变量或自变量组合来表示的情况。在回归分析中，如果自变量间存在较强的共线性，则模型的预测精度会大大降低，甚至会给回归模型的解释带来困难。对于有严重共线性问题的自变量，一般要将其中的不重要者剔除出回归方程。

在只有两个自变量的情况下，可以用两变量的简单相关系数 r 来反映两变量的共线性。在多于两个自变量的情况下，可以用某变量与其他变量的复相关系数 R 来反映该变量与其他变量的共线性。在实际应用中，共线性诊断的常用指标有：

（1）容差。容差也称为容许度，定义为 $1-R^2$。容差值越接近 0，该自变量与其他自变量的共线性越强；容差值越接近 1，该自变量与其他自变量的共线性越弱。

（2）方差膨胀因子（VIF）。方差膨胀因子定义为 $1/(1-R^2)$，它是容差的倒数，其值越大，该自变量与其他自变量的共线性越强；其值越小（接近 1），该自变量与其他自变量的共线性越弱。

（3）特征根。特征根是采用主成份分析的方法由自变量的相关系数矩阵计算得出。最大特征根能够解释自变量方差的比例是最高的，通常可达到 70%左右，其他特征根对自变量方差的解释能力依次减弱。如果最大特征根的值远大于其他特征根的值，则说明仅通过这一个特征根就基本刻画出所有因变量方差的大部分，可怀疑这些自变量间存在较强的共线性。

（4）条件指数。条件指数定义为 $\sqrt{最大特征根/第\ i\ 个特征根}$。条件指数值越大，自变量间存在共线性的可能性就越大。通常，当条件指数小于 10 时，认为共线性较弱；当条件指数大于等于 10 且小于 100 时，认为共线性较强；当条件指数大于 100 时，可认为自变量间存在严重的共线性问题。

（5）方差比。方差比是指回归模型中各项（包括常数项）的变差能被各主成份所解释的比例，即各主成份对模型中各项的贡献率。如果某个主成份对两个或多个自变量都有较大的贡献率（如大于 0.5），则说明对应的几个自变量可能存在较严重的共线性问题。

四、线性回归分析中引入自变量的方法

为了提高预测和控制的准确性，一般希望在所建立的回归方程中包含尽可能多的因素，特别是对因变量 Y 有显著作用的因素不能遗漏掉。方程中包含的自变量越多，回归平方和就越大，残差平方和就越小，因而残差标准差也就越小，预测和控制的精确度就越高。

但另一方面，为了便于使用，又希望在所建立的回归方程中包含尽可能少的因素。自变量越多，测试和计算就越不方便。而且，若方程中包含有对因变量 Y 根本不起作用或作用很小的因素，那么残差平方和并不会由于这些变量的引入而减小多少。相反，由于残差自由度 $n-k-1$ 的减少，有可能使残差方差增大，从而降低了方程的显著性，且方程的稳定性和效果也随之降低。特别是，如果方程中包含的自变量间存在严重共线性问题时，可能会使某些自变量出现“病态”，降低了对因变量 Y 的影响，基本出现相反的影响，导致方程无法解释。

为解决上述矛盾，有必要采取一些策略来控制和筛选引入回归方程的自变量。由此产生了“最优”回归方程的概念。所谓最优回归方程，就是包含所有对因变量 Y 显著的自变量而不包含对因变量 Y 不显著的自变量的回归方程。

建立回归方程时引入自变量的常用方法有：

1. 输入（强制引入法）

将自变量全部引入模型，即不做任何筛选，建立全模型。这是 SPSS 中的默认方式。

2. 除去（强制剔除法）

先建立包含全部自变量的全模型，然后将其中的部分自变量一次性剔除出模型。这种方法在 SPSS 中需

要通过设置两个“块”来实现。第一个块，选择自变量后，采用“输入”方法建立全模型；第二个“块”，从第一个块的自变量中选择部分自变量，采用“除去”方法将它们从模型中剔除。

3. 后退（向后剔除法）

首先建立包含全部自变量的全模型；然后，将与因变量之间的部分相关性最低且满足移除条件的一个自变量剔除出方程，并重新建立回归模型。如此反复进行，直至没有可剔除的自变量为止。

4. 前进（向前引入法）

首先将与因变量具有最高线性相关（正相关或负相关）且满足引入条件的一个自变量引入模型；然后，在剩余的自变量中寻找与因变量具有最大部分相关性且满足引入条件的自变量，再将其引入方程。如此反复进行，直至没有可引入的自变量为止。

5. 步进（逐步筛选法）

逐步筛选法也称为逐步回归，是向前引入法和向后剔除法的综合。该方法设定引入和剔除自变量的标准，在筛选变量的每一步都进行方差分析。首先计算各自变量对 Y 的贡献，将 F 值最大（贡献最大）且符合引入标准的一个自变量引入回归模型，然后重新计算各自变量对 Y 的贡献。从引入第二个自变量起，每引入一个自变量都要考察已在方程中的自变量是否由于新变量的引入而不再有统计意义。若有，则将方程中 F 值最小且符合移除标准的自变量从方程中剔除，并重新计算各自变量对 Y 的贡献。如仍有自变量符合移除标准则继续剔除。如此重复进行，直至没有自变量可引入且没有自变量可移除为止。

【小贴士】

一般来说，采用逐步筛选法可以通过较少的步骤建立起最优回归方程。但应注意，变量的选择不是一个纯粹的数学问题，不能孤立于背景来考虑。许多时候，专业上的要求应当优先于统计学检验的准则。可以尝试通过不同的方法建立不同的回归模型，再从专业角度综合考察方程中的自变量以及方程的显著性和拟合优度，从而确定最适合的回归模型。由于逐步筛选法的功能特点，逐步回归被认为是从众多指标中筛选出对因变量有显著影响的重要指标的强有力工具。

五、线性回归分析在 SPSS 中的实现

【案例 1702】

为了分析游泳运动员的形态、素质与途中游划幅的关系，对 24 名男子游泳运动员进行了若干形态、素质指标的测试，并通过录像解析得出他们在 100 米自由泳比赛中途中游的平均划幅，数据文件“案例 1702. sav”如图 17-1-3 所示。数据文件中的变量为：*BH*：运动员编号；*XB*：性别（1 代表男子）；*Y*：平均划幅（m/每个划臂周期）；*X*1：速度耐力（s，100 米自由泳成绩）；*X*2：肩宽（cm）；*X*3：上肢长（cm）；*X*4：下肢长（cm）；*X*5：纵跳（cm）；*X*6：转肩（cm）；*X*7：相对前臂围（前臂围/身高×100）；*X*8：上臂松紧差（cm）；*X*9：相对划水拉力（划水拉力/体重×100）；*X*10：相对臂下压力（臂下压力/体重×100）。

试以平均划幅为因变量，以其他形态、素质指标为自变量，进行多元线性回归分析。

1. 在 SPSS 中实现的步骤

第 1 步：在数据编辑器窗口中打开数据文件“案例 1702. sav”。

第 2 步：在“分析”菜单中选择“回归”→“线性”命令，打开相应的主对话框。

第 3 步：在“线性回归”主对话框中进行线性回归分析的具体操作，如图 17-1-4 所示。

	BH	XB	Y	X1	X2	X3	X4	X5	X6	X7	X8	X9	X10
1	1	1	1.85	54.49	44.5	73.5	93.8	72.0	65	15.91	3.50	18.98	37.96
2	2	1	1.91	53.49	45.0	81.0	99.0	70.0	35	15.22	2.00	20.75	35.00
3	3	1	1.98	55.36	42.0	73.0	88.8	61.2	50	15.14	4.00	23.48	45.45
4	4	1	2.15	55.14	42.5	75.2	91.5	59.7	80	15.71	3.50	22.54	35.21
5	5	1	2.16	53.83	44.0	74.0	91.8	60.2	75	15.06	2.50	20.74	41.18
6	6	1	2.19	57.35	45.0	77.5	96.0	52.0	46	14.99	4.00	18.15	39.51
7	7	1	2.22	54.29	45.0	78.3	95.4	57.2	65	15.92	3.00	21.14	37.97
8	8	1	2.14	52.91	47.0	80.3	97.5	59.5	90	15.69	3.00	19.19	41.86
9	9	1	2.15	52.40	45.0	80.0	95.7	60.5	70	14.72	2.50	19.86	37.59
10	10	1	2.39	55.11	49.5	83.5	104.5	53.5	90	14.32	3.00	18.07	34.34
11	11	1	2.16	53.13	43.5	75.1	94.0	57.5	60	15.23	4.00	20.92	38.93
12	12	1	2.08	53.52	48.2	78.9	98.4	65.2	75	16.67	3.50	17.57	39.31
13	13	1	2.12	54.44	43.0	76.5	90.5	66.4	85	16.08	3.00	21.11	39.58
14	14	1	2.24	56.12	44.0	79.2	97.5	68.4	55	14.64	2.50	19.10	29.85
15	15	1	1.83	54.63	46.0	78.5	96.6	60.7	100	16.16	2.30	21.02	47.13
16	16	1	2.15	55.39	44.0	79.5	99.5	66.0	86	15.49	2.50	20.13	43.67
17	17	1	2.22	55.95	44.5	79.2	98.5	43.1	70	13.86	2.70	22.57	41.43
18	18	1	2.11	53.12	47.0	77.4	96.0	58.0	40	15.68	2.30	16.67	38.69
19	19	1	2.20	52.80	43.5	78.0	95.0	52.7	80	14.80	1.00	20.71	34.29
20	20	1	2.06	55.03	46.0	77.0	93.8	59.2	75	15.00	3.00	20.00	45.52
21	21	1	2.41	59.35	45.5	81.7	97.0	52.0	70	14.02	3.50	17.33	44.67
22	22	1	1.98	58.15	44.5	76.8	90.8	62.0	60	16.15	2.50	21.48	37.58
23	23	1	1.88	58.93	45.5	76.5	95.0	61.8	78	15.75	3.00	22.11	48.03
24	24	1	1.99	54.89	44.5	74.5	89.0	47.0	56	14.86	2.00	20.14	47.22

图 17-1-3 案例 1702 的数据文件

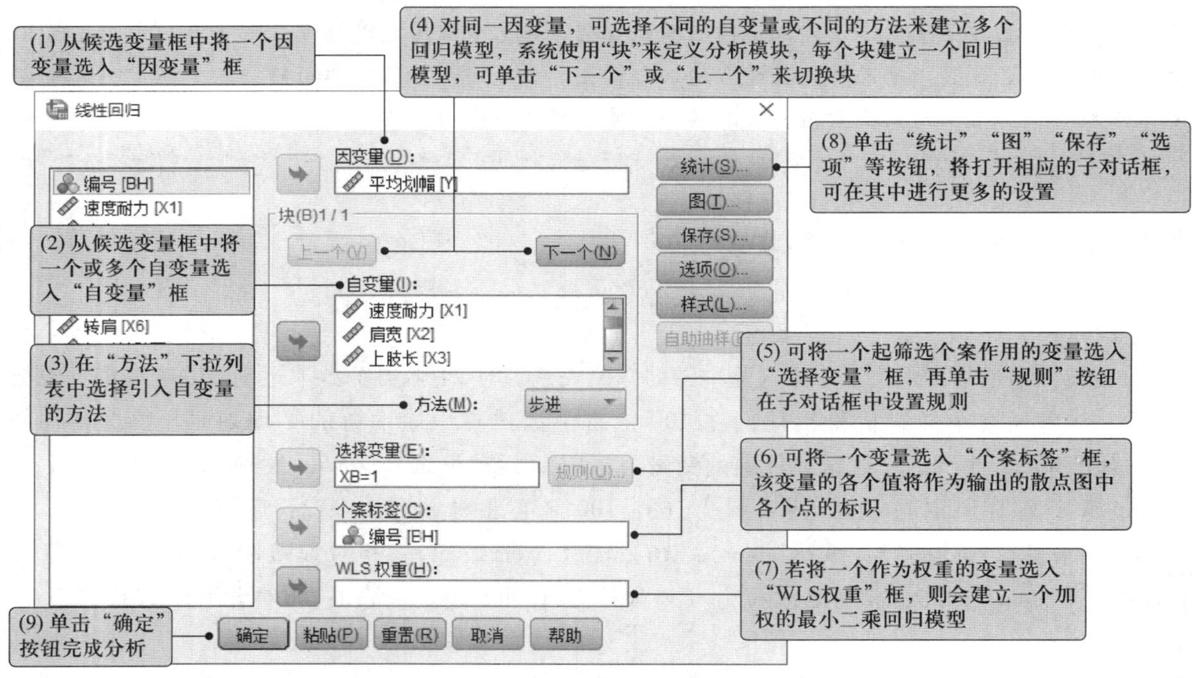

图 17-1-4 线性回归分析的操作

在“方法”下拉列表中可以选择引入自变量的方法，共有 5 个选项：输入、步进、除去、后退和前进。

本例处理：将因变量 Y（平均划幅）选入“因变量”框；将自变量 $X1 \sim X10$（10 个形态、素质变量）选入“自变量”框；在“方法”下拉列表中选择“步进”进行逐步回归分析；将变量 XB（性别）选入“选择变量”框；将变量 BH（编号）选入“个案标签”框。

第 4 步：如果在“线性回归”主对话框中将某个起筛选个案作用的变量选入了“选择变量”框，则激活“规则”按钮，单击该按钮就打开“设置规则”子对话框，可在其中设置个案筛选的条件，只有满足条件的个案才进入分析过程，如图 17-1-5 所示。

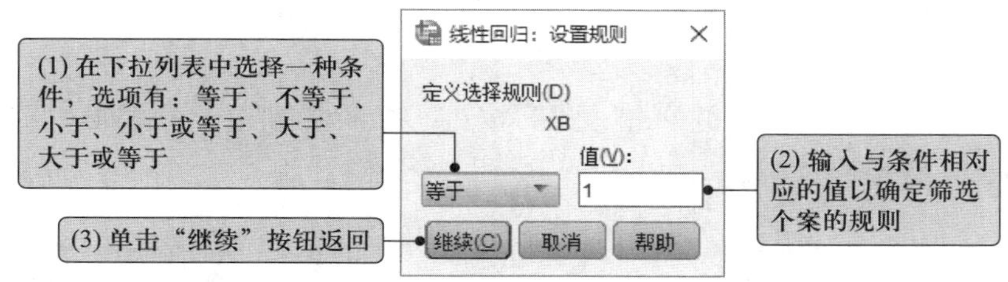

图 17-1-5 设置规则的操作

本例处理：筛选个案的条件采用“等于”，然后在“值”框中输入 1，表示仅对变量 *XB* 的值为 1（男子）的个案进行分析。

第 5 步：在“线性回归”主对话框中单击“统计”按钮，打开“统计”子对话框，可在其中选择拟输出的统计量，如图 17-1-6 所示。

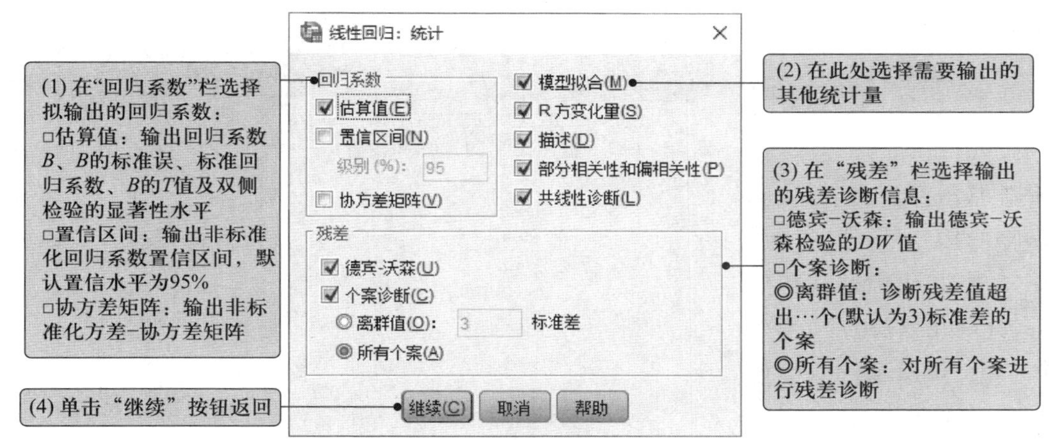

图 17-1-6 选择输出的统计量

在“统计”子对话框中可选择输出的其他统计量有：

□ 模型拟合：输出回归方程的复相关系数 R、判定系数 R^2 及校正判定系数、估计标准误、方差分析表、拟合过程中引入或剔除的变量列表等。

□ R 方变化量：输出拟合过程中引入或剔除某个自变量时 R^2、F 值和 P 值的改变情况。变动大者，对应的自变量预测效果好。

□ 描述：输出常用描述统计量，包括各变量的均值、标准差和个案数，变量两两间的积差相关系数以及单侧检验的显著性水平矩阵、有效个案数等。

□ 部分相关性和偏相关性：输出回归方程中的自变量与因变量的部分相关系数和偏相关系数。

部分相关系数是指在排除了回归方程中其他自变量对某自变量 X_i 线性影响的情况下，该自变量 X_i 与因变量 Y 之间的线性相关程度，其值等于将该自变量引入回归方程后 R^2 的变化量。根据部分相关系数绝对值的大小，可以判断哪些自变量对因变量有较大的影响。

偏相关系数是在排除了回归方程中其他自变量对某自变量 X_i 及因变量 Y 线性影响的情况下，该自变量 X_i 与因变量 Y 之间的线性相关程度。根据偏相关系数绝对值的大小，可以判断哪些自变量对因变量有较大的影响。

□ 共线性诊断：输出共线性诊断的统计量，包括变量的容许度、方差膨胀因子、特征根、条件指数、方差比。

本例处理：在“回归系数”栏选择估算值；其他统计量选择模型拟合、R 方变化量、描述、部分相关性和偏相关性、共线性诊断；在残差栏选择“德宾-沃森”和“个案诊断”，其中诊断的范围选择“所有个案”。

第 6 步：在“线性回归”主对话框中单击“图”按钮，打开“图”子对话框，可在其中选择和设置拟输出的图形，如图 17-1-7 所示。

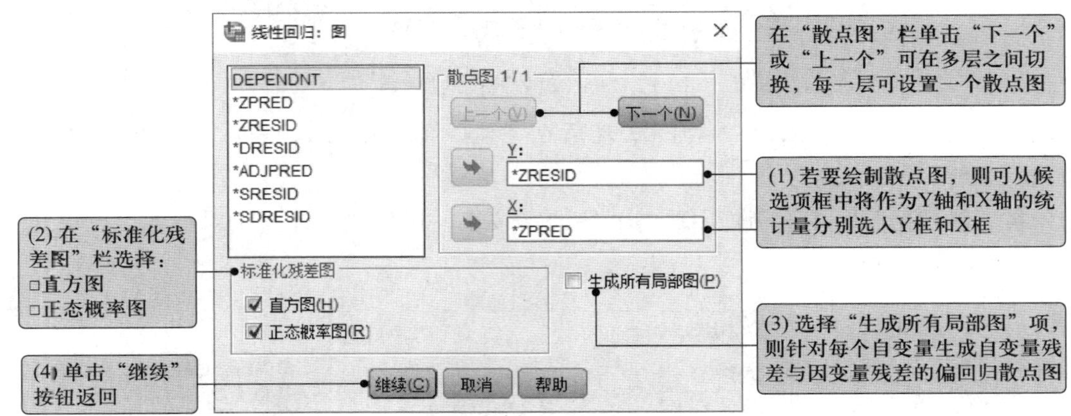

图 17-1-7 输出图形的选择和设置

可用于绘制散点图的选项有：

DEPENDNT：因变量。

ZPRED：标准化预测值。

ZRESID：标准化残差。

DRESID：删除的残差。

ADJPRED：调整的预测值。

SRESID：学生氏化残差。

SDRESID：学生氏化删除的残差。

利用标准化预测值和标准化残差所绘制的散点图可以用于检查线性相关度和等方差性。

本例处理：拟绘制一个散点图，将 ZPRED（标准化预测值）设为 X 轴，将 ZRESID（标准化残差）设为 Y 轴；在“标准化残差图”栏选择直方图和正态概率图。

第 7 步：在“线性回归”主对话框中单击“保存”按钮，打开“保存”子对话框，可在其中选择要计算并保存在数据文件中的新变量，如图 17-1-8 所示。

预测值栏的选项有：

□ 未标准化：因变量的非标准化预测值。

□ 标准化：因变量的标准化预测值，其平均数为 0，标准差为 1。

□ 调整后：因变量的调整后的预测值，即用排除当前个案后所建立的回归方程来计算当前个案的预测值。

□ 平均值预测标准误差：预测值的平均数标准误。

残差栏的选项有：

□ 未标准化：非经标准化处理的残差。

□ 标准化：标准化残差。

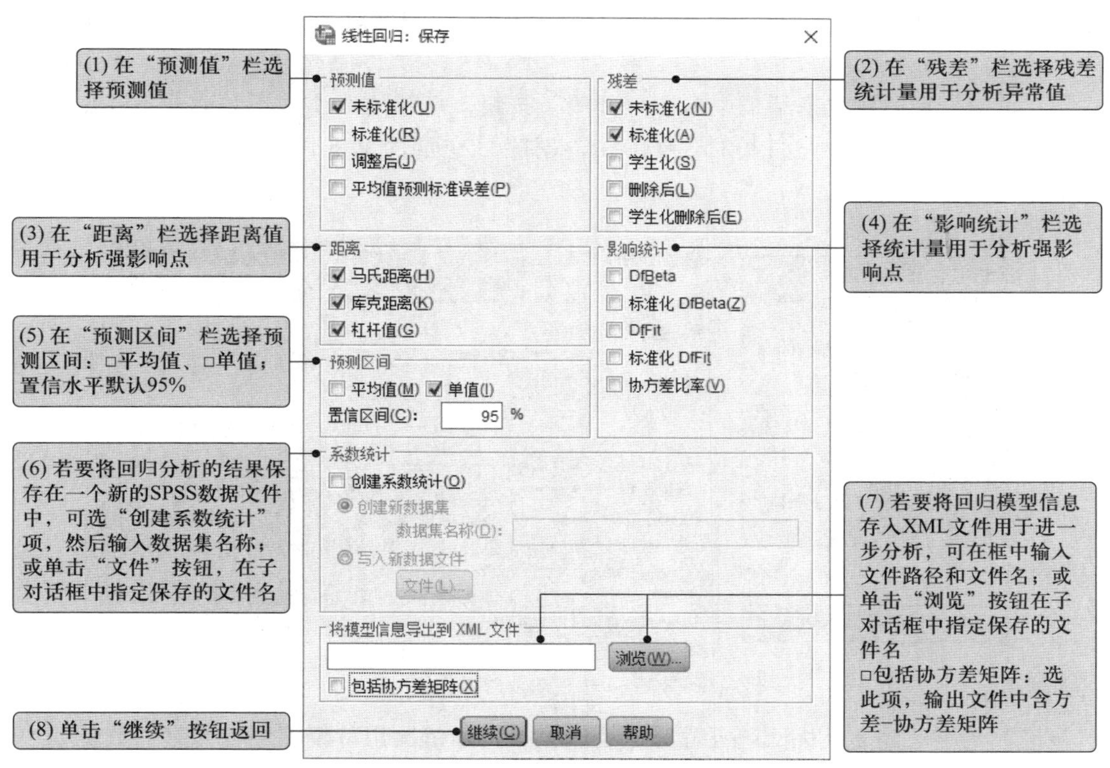

图 17-1-8　保存统计量的操作

□ 学生化：学生氏化残差。

□ 删除后：删除的残差。

□ 学生化删除后：学生氏化删除的残差。

距离栏的选项有：

□ 马氏距离。

□ 库克距离。

□ 杠杆值。

预测区间栏的选项有：

□ 平均值：因变量平均值预测区间的下限和上限。

□ 单值：每个个案对应的因变量预测区间的下限和上限。

置信区间：输入 1 至 99.99 之间的值，用于指定预测区间的置信度。默认值为 95(%)。

影响统计栏的选项有：

□ DfBeta：删除当前个案后所引起的回归系数的变化量。

□ 标准化 DfBeta：标准化的 DfBeta 值。当某个案该值的绝对值大于 $2/\sqrt{n}$ 时（n 为个案数），可认为该个案是强影响点。

□ DfFit：删除当前个案后所引起的预测值的变化量。

□ 标准化 DfFit：标准化的 DfFit 值。当某个案该值的绝对值大于 $2/\sqrt{k/n}$ 时（k 为自变量数，n 为个案数），可认为该个案是强影响点。

□ 协方差比率：删除当前个案后的协方差矩阵与全部个案的协方差矩阵的比率。当协方差比率接近 1 时，表明此个案不是强影响点。当 $|协方差比率-1| \geqslant 3k/n$ 时（k 为自变量数，n 为个案数），此个案可以被视为强影响点。

本例处理：在“预测值”栏选择“未标准化”；在“残差”栏选择未标准化；在“距离”栏选择库克距离。

第 8 步：在“线性回归”主对话框中单击“选项”按钮，打开“选项”子对话框，可在其中设置采用“步进”“后退”“前进”等方法时引入和（或）剔除自变量的标准，以及缺失值的处理方法等，如图 17-1-9 所示。

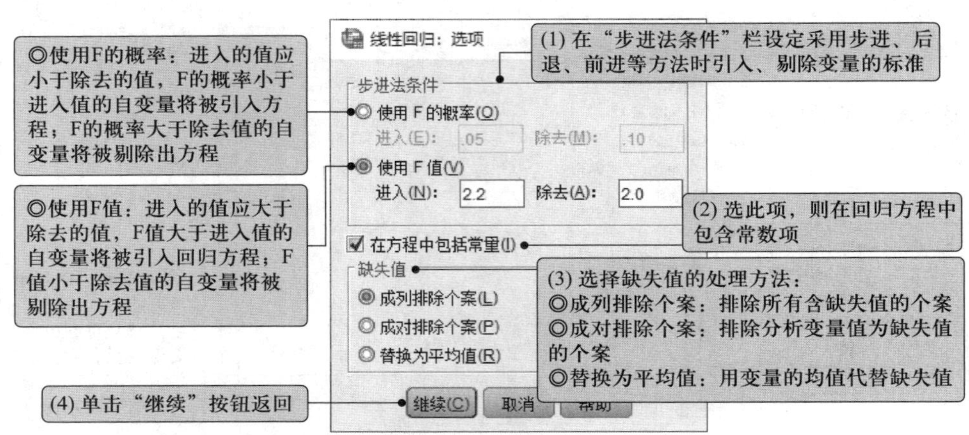

图 17-1-9 选项的操作

采用“步进”等方法建立最优回归方程时，可以根据实际情况调节模型中自变量的数量。如果希望回归方程中多一些自变量，当选择“使用 *F* 的概率”时，则可将“进入”值设大些（自变量较易引入），或将“除去”值设大些（自变量较难剔除）；当选择“使用 *F* 值”时，则可将“进入”值设小些（自变量较易引入），或将“除去”值设小些（自变量较难剔除）；反之亦然。可以通过多次尝试，从所研究问题的专业角度出发考察回归分析的结果，最终确定比较理想的标准。

本例处理：在“步进法条件”栏将引入和剔除自变量的方法设为“使用 *F* 值”，然后将“进入”标准设为 2.2，将“除去”标准设为 2.0。选择“在方程中包括常量”项。缺失值的处理方法采用默认设置。

2. 结果解读

（1）描述统计。表 17-1-4 是基本描述统计量，列出了因变量和 10 个自变量的平均值、标准差及个案数。

表 17-1-4 描 述 统 计

	平均值	标准偏差	个案数
平均划幅	2.107 1	0.151 10	24
速度耐力	54.992 5	1.892 18	24
肩宽	44.967	1.728 4	24
上肢长	77.713	2.668 9	24
下肢长	95.233	3.667 8	24
纵跳	59.408	6.968 4	24
转肩	69.00	16.508	24
相对前臂围	15.293 9	0.708 90	24
上臂松紧差	2.866 7	0.719 10	24
相对划水拉力	20.156 0	1.757 73	24
相对臂下压力	40.081 8	4.704 25	24

（2）相关系数。表 17-1-5 是变量的相关性矩阵，列出了 11 个变量两两之间的皮尔逊积差相关系数、各个相关系数单侧检验的显著性概率和个案数（因篇幅关系省略）。

观察皮尔逊积差相关系数，可以大体了解哪些变量间线性关系较强，哪些变量间线性关系较弱，哪些变量间可能出现较严重的共线性；哪些变量间是正相关，哪些变量间是负相关。

表 17-1-5　相　关　性

		平均划幅	速度耐力	肩宽	上肢长	下肢长	纵跳	转肩	相对前臂围	上臂松紧差	相对划水拉力	相对臂下压力
皮尔逊相关性	平均划幅	1.000	0.065	0.161	0.504	0.400	−0.461	0.118	−0.587	0.102	−0.359	−0.369
	速度耐力	0.065	1.000	−0.062	0.044	−0.047	−0.166	−0.044	−0.192	0.285	0.068	0.299
	肩宽	0.161	−0.062	1.000	0.623	0.687	−0.104	0.210	0.046	−0.033	−0.671	0.012
	上肢长	0.504	0.044	0.623	1.000	0.858	−0.123	0.220	−0.323	−0.231	−0.446	−0.263
	下肢长	0.400	−0.047	0.687	0.858	1.000	−0.027	0.209	−0.259	−0.101	−0.487	−0.289
	纵跳	−0.461	−0.166	−0.104	−0.123	−0.027	1.000	−0.033	0.591	0.072	−0.014	−0.250
	转肩	0.118	−0.044	0.210	0.220	0.209	−0.033	1.000	0.148	−0.078	0.112	0.227
	相对前臂围	−0.587	−0.192	0.046	−0.323	−0.259	0.591	0.148	1.000	0.111	0.063	0.076
	上臂松紧差	0.102	0.285	−0.033	−0.231	−0.101	0.072	−0.078	0.111	1.000	−0.030	0.161
	相对划水拉力	−0.359	0.068	−0.671	−0.446	−0.487	−0.014	0.112	0.063	−0.030	1.000	0.195
	相对臂下压力	−0.369	0.299	0.012	−0.263	−0.289	−0.250	0.227	0.076	0.161	0.195	1.000

（3）引入和剔除自变量的过程。表 17-1-6 反映了引入变量到回归方程中和从回归方程中剔除变量的过程。

表 17-1-6　输入/除去的变量

模型	输入的变量	除去的变量	方法
1	相对前臂围		步进（条件：要输入的 $F>=2.200$，要除去的 $F<=2.000$）
2	上肢长		步进（条件：要输入的 $F>=2.200$，要除去的 $F<=2.000$）
3	相对臂下压力		步进（条件：要输入的 $F>=2.200$，要除去的 $F<=2.000$）
4	纵跳		步进（条件：要输入的 $F>=2.200$，要除去的 $F<=2.000$）
5		相对前臂围	步进（条件：要输入的 $F>=2.200$，要除去的 $F<=2.000$）
6	上臂松紧差		步进（条件：要输入的 $F>=2.200$，要除去的 $F<=2.000$）

“模型”列为回归模型编号，由此列可知本次分析一共进行了 6 步，每一步都建立了一个回归方程。“输入的变量”列为引入回归方程的自变量，“除去的变量”列为从回归方程中剔除的自变量；“方法”列为引入或剔除自变量的依据。可以看出，第一步引入了相对前臂围；第二步引入了上肢长；第三步引入了相对臂下压力；第四步引入了纵跳；第五步将相对前臂围移出了回归方程；第六步又引入了上臂松紧差；逐步回归过程至此结束。

（4）回归模型摘要。表 17-1-7 是回归模型摘要信息。该表是回归分析最重要的结论之一，依次列出了 6 步所建立的回归模型的复相关系数 R、R^2、调整后的 R^2、预测值的标准误（标准估算的错误）、R^2 的变化量、F 的变化量、第 1 自由度和第 2 自由度、F 检验显著性概率的变化量及德宾-沃森统计量。

表 17-1-7　模 型 摘 要

模型	R	R 方	调整后 R 方	标准估算的错误	更改统计					德宾-沃森
	性别＝男（选定）				R 方变化量	F 变化量	自由度 1	自由度 2	显著性 F 变化量	
1	0.587	0.345	0.315	0.125 07	0.345	11.567	1	22	0.003	
2	0.674	0.455	0.403	0.116 78	0.110	4.235	1	21	0.052	
3	0.719	0.517	0.444	0.112 64	0.062	2.571	1	20	0.125	
4	0.771	0.594	0.509	0.105 87	0.078	3.642	1	19	0.072	
5	0.743	0.560	0.494	0.107 50	-0.035	1.622	1	19	0.218	
6	0.803	0.645	0.571	0.099 01	0.085	4.578	1	19	0.046	2.455

由表 17-1-7 可知，R 和 R^2 是随着回归模型中自变量的增加而增加的，但并不是自变量数越多越好。如果回归模型中存在对因变量没有显著影响的自变量时，反而会给模型的解释造成困难。从更准确反映拟合优度的校正判定系数（调整后的 R 方）看，第 6 个回归模型较理想，方程中的 4 个自变量（上肢长，相对臂下压力，纵跳，上臂松紧差）可以解释因变量总变差的 57.1%。

最后一个回归模型的德宾-沃森统计量 DW 的值为 2.455，比较靠近 2，可以认为残差之间基本上相互独立，符合回归分析所要求的“残差独立”这一基本条件。

（5）方差分析表。表 17-1-8 是采用方差分析方法对回归模型进行显著性检验的结果。该表是回归分析最重要的结论之一，对于每一个回归模型，第一行依次是回归平方和、回归自由度、回归方差、检验统计量 F 及 F 检验的显著性概率 P；第二行依次是残差平方和、残差自由度与残差方差；第三行依次是总平方和与总自由度。此处只列出第 5、6 两个模型。

表 17-1-8　ANOVA

模型		平方和	自由度	均方	F	显著性
5	回归	0.294	3	0.098	8.479	0.001
	残差	0.231	20	0.012		
	总计	0.525	23			
6	回归	0.339	4	0.085	8.641	0.000
	残差	0.186	19	0.010		
	总计	0.525	23			

由表 17-1-8 的最后一列可以看出，回归分析 6 步所建立的 6 个回归模型的显著性概率均小于 0.01，故可认为 6 个回归方程都具高度显著性。

（6）回归系数。表 17-1-9 是回归系数表。该表也是回归分析最重要的结论之一，列出了各个模型的回归系数及有关的检验结果。此处只列出第 5、6 两个模型。

表 17-1-9　系　　数

模型		未标准化系数		标准化系数	t	显著性	相关性			共线性统计	
		B	标准错误	Beta			零阶	偏	部分	容差	VIF
5	（常量）	1.857	0.854		2.173	0.042					
	上肢长	0.019	0.009	0.331	2.107	0.048	0.504	0.426	0.313	0.893	1.120
	相对臂下压力	-0.013	0.005	-0.413	-2.564	0.019	-0.369	-0.497	-0.380	0.850	1.177
	纵跳	-0.011	0.003	-0.523	-3.344	0.003	-0.461	-0.599	-0.496	0.899	1.112

续表

模型	未标准化系数		标准化系数	t	显著性	相关性			共线性统计	
	B	标准错误	Beta			零阶	偏	部分	容差	VIF
6 （常量）	1.509	0.803		1.878	0.076					
上肢长	0.022	0.008	0.387	2.635	0.016	0.504	0.517	0.360	0.864	1.158
相对臂下压力	−0.015	0.005	−0.453	−3.030	0.007	−0.369	−0.571	−0.414	0.836	1.196
纵跳	−0.012	0.003	−0.548	−3.791	0.001	−0.461	−0.656	−0.518	0.893	1.119
上臂松紧差	0.064	0.030	0.303	2.140	0.046	0.102	0.441	0.292	0.930	1.076

表 17-1-9 中，每个模型的第一行是回归方程的常数项（常量），其后各行是引入方程的自变量；在未标准化系数栏，*B* 列为对应自变量的偏回归系数，其后是其标准误；在标准化系数栏，*Beta* 为对应自变量的标准偏回归系数。其后依次为常量和各自变量偏回归系数的 t 检验值与显著性概率、各自变量与因变量的零阶相关系数、偏相关系数、部分相关系数。表的最后一栏列出了共线性分析的容许度（容差）和方差膨胀因子（*VIF*）。

根据未标准化回归系数 *B*，可以写出回归分析每一步所建立的回归方程。例如，第 6 步所建立的回归方程包含了上肢长（X_3）、纵跳（X_5）、上臂松紧差（X_8）和相对臂下压力（X_{10}）4 个自变量，回归方程为：

$$\hat{Y}=1.509+0.022X_3-0.012X_5+0.064X_8-0.015X_{10}$$

根据方程中偏回归系数的正、负号，可以解释各个自变量对因变量是一种怎样的影响。对于本例，显然，上肢长和上臂松紧差对划幅起正的作用，其值增大有助于提高划幅；而纵跳和相对臂下压力对划幅起负的作用，其值增大反而会缩短划幅。这是因为纵跳和相对臂下压力反映的是肌肉的爆发力，其水平提高的直接效应是提高划频，而由于划频与划幅呈高度负相关，所以纵跳和相对臂下压力对划幅间接产生负向影响。关于这方面的详细讨论，需要结合案例所涉及领域的专业知识进行。

根据标准偏回归系数 *Beta* 的绝对值，可以比较在同一个回归方程中的各自变量对因变量影响程度的大小。*Beta* 的绝对值越大者，对因变量的影响程度就越大；*Beta* 的绝对值越小者，对因变量的影响程度就越小。例如，对第 6 步所建立的回归方程，根据标准偏回归系数的绝对值，可知 4 个自变量对因变量的影响从高到低依次是纵跳（0.548）、相对臂下压力（0.453）、上肢长（0.387）、上臂松紧差（0.303）。

对上面方程中的回归常数和偏回归系数（0.022、−0.015、−0.012 和 0.065）进行 t 检验，回归常数（1.509）的显著性概率为 0.076，大于 0.05，不具显著性；上肢长和上臂松紧差的偏回归系数（0.016 和 0.046）的显著性概率分别为 0.016 和 0.046，均小于 0.05，都具显著性；相对臂下压力和纵跳的偏回归系数（−0.015 和−0.012）的显著性概率分别为 0.007 和 0.001，均小于 0.01，都具高度显著性。应注意的是，对回归常数及每一个偏回归系数的显著性检验结果与对整个回归方程的显著性检验结果有可能不等效。也就是说，由方差分析得出回归方程有显著意义时，回归常数和偏回归系数并不一定每个都显著，但至少会有一个显著。

根据偏相关系数和部分相关系数，也可以判断哪个自变量对因变量的影响较大。偏相关系数和部分相关系数所反映的自变量对因变量影响的大小，与标准偏回归系数所反映的情况是基本一致的。

对于共线性问题，容许度较大（接近于 1）、方差膨胀因子较小（接近于 1）的自变量，其与其他自变量的共线性较弱。例如，第 5 步建立的回归方程剔除了相对前臂围，第 6 步建立的回归方程又引入了上臂松紧差，其中各自变量的容许度都较大，接近于 1；方差膨胀因子都较小，接近于 1，故可认为方程中的各个自变量与其他自变量不存在共线性问题。

（7）回归方程外的自变量。表 17-1-10 是每一步建立的回归方程之外的自变量的信息，列出了各个自变量若被引入回归方程时的标准偏回归系数（输入 *Beta*）、*t* 检验值与显著性概率、与因变量的偏相关系数以及共线性诊断的统计量。此处只列出第5、6两个模型。

表 17-1-10 排除的变量

模型		输入 *Beta*	*t*	显著性	偏相关	共线性统计		
						容差	*VIF*	最小容差
5	速度耐力	0.098	0.613	0.547	0.139	0.889	1.124	0.778
	肩宽	−0.163	−0.831	0.416	−0.187	0.578	1.729	0.522
	下肢长	−0.069	−0.230	0.821	−0.053	0.256	3.906	0.252
	转肩	0.142	0.883	0.388	0.198	0.857	1.167	0.766
	上臂松紧差	0.303	2.140	0.046	0.441	0.930	1.076	0.836
	相对划水拉力	−0.175	−1.054	0.305	−0.235	0.792	1.262	0.736
	相对前臂围	−0.249	−1.274	0.218	−0.280	0.561	1.784	0.561
6	速度耐力	0.007	0.047	0.963	0.011	0.812	1.231	0.777
	肩宽	−0.214	−1.193	0.248	−0.271	0.570	1.755	0.498
	下肢长	−0.195	−0.697	0.495	−0.162	0.245	4.075	0.234
	转肩	0.166	1.127	0.274	0.257	0.853	1.173	0.750
	相对划水拉力	−0.126	−0.802	0.433	−0.186	0.772	1.295	0.697
	相对前臂围	−0.244	−1.369	0.188	−0.307	0.561	1.784	0.560

仔细观察此表，也可以了解逐步回归的整个过程。每一步中，都是标准偏回归系数绝对值最大且符合“进入”标准的变量在下一步被引入回归方程；或是标准偏回归系数绝对值最小且符合“除去”标准的变量在下一步被移出回归方程。例如，相对前臂围在第4步后被移出方程，从而在表的第5步中出现；上臂松紧差在第5步后被引入方程，从而在表的第6步中消失。

从共线性统计栏的容差和 *VIF* 值，可以了解方程外的自变量的共线性情况。容差值越小（接近0），该自变量与其他自变量的共线性越强；*VIF* 值越大，该自变量与其他自变量的共线性也越强。由表17-1-10可知，肩宽、下肢长、相对前臂围这三个自变量与其他自变量存在较强的共线性。

（8）共线性诊断。表17-1-11是采用主成分分析方法进行共线性诊断得出的另一些统计量，包括模型中各主成分的特征值、条件指数以及回归方程中常数项和各个自变量的方差比例。此处只列出第5、6两个模型。

从特征值看，每一步所建立的回归模型都是第1主成分的特征根最大且明显高于其后面几个主成分的特征根，表明第1主成分就可以解释因变量方差的大部分。后面几个主成分的特征根都较小，接近于0，意味着后面几个主成分所对应的自变量有可能存在共线性问题。

表 17-1-11 共线性诊断

模型	维	特征值	条件指数	方差比例					
				（常量）	相对前臂围	上肢长	相对臂下压力	纵跳	上臂松紧差
5	1	3.977	1.000	0.00		0.00	0.00	0.00	
	2	0.016	15.627	0.00		0.00	0.35	0.35	
	3	0.006	25.582	0.02		0.06	0.42	0.50	
	4	0.000	98.853	0.98		0.94	0.23	0.15	

续表

模型	维	特征值	条件指数	方差比例					
				（常量）	相对前臂围	上肢长	相对臂下压力	纵跳	上臂松紧差
6	1	4.932	1.000	0.00		0.00	0.00	0.00	0.00
	2	0.045	10.452	0.00		0.00	0.01	0.01	0.94
	3	0.016	17.454	0.00		0.00	0.35	0.34	0.01
	4	0.006	28.684	0.01		0.06	0.44	0.52	0.02
	5	0.000	112.171	0.98		0.94	0.20	0.13	0.04

从条件指数看，由于条件指数等于最大特征根与当前特征根比值的算术平方根，所以第 1 主成分对应的条件指数总为 1。模型 6 中第 5 主成分的条件指数（112.171）大于 100，预示着该主成分对应的自变量可能存在共线性问题。

从方差比例看，表格同一列的数字表示各自变量（包括常数项）总方差被各主成分解释的比例，其和为 1。例如，在模型 6 中，纵跳的方差比例总和为 0.00+0.01+0.34+0.52+0.13=1。表格同一行的数字表示某个主成分可以解释各自变量（包括常数项）总方差的比例。例如，在模型 6 中，第 5 主成分可以解释常数项方差的 98%，上肢长方差的 94%，相对臂下压力方差的 20%，纵跳方差的 13%，上臂松紧差方差的 4%。各个模型中，未出现某主成分在两个（及以上）自变量的方差贡献率同时大于 0.5 的情况，说明各模型自变量间的共线性问题并不明显。

（9）个案诊断。表 17-1-12 是个案诊断的结果，列出因变量的实测值（平均划幅）、利用最终模型计算的预测值、残差以及标准化残差等。

表 17-1-12 个案诊断

个案号	编号	标准残差	平均划幅	预测值	残差
1	1	-0.872	1.85	1.936 3	-0.086 32
2	2	-1.636	1.91	2.072 0	-0.162 00
3	3	0.035	1.98	1.976 5	0.003 47
4	4	-0.098	2.15	2.159 7	-0.009 67
5	5	1.848	2.16	1.977 0	0.183 02
6	6	-0.818	2.19	2.271 0	-0.081 01
7	7	0.350	2.22	2.185 3	0.034 66
8	8	-0.054	2.14	2.145 4	-0.005 38
9	9	-0.072	2.15	2.157 2	-0.007 17
10	10	-0.063	2.39	2.396 2	-0.006 23
11	11	-0.014	2.16	2.161 4	-0.001 38
12	12	-0.363	2.08	2.115 9	-0.035 93
13	13	1.079	2.12	2.013 2	0.106 85
14	14	0.826	2.24	2.158 2	0.081 75
15	15	-1.418	1.83	1.970 4	-0.140 39
16	16	1.591	2.15	1.992 4	0.157 57
17	17	-0.841	2.22	2.303 3	-0.083 29

续表

个案号	编号	标准残差	平均划幅	预测值	残差
18	18	0.090	2.11	2.101 1	0.008 91
19	19	0.420	2.20	2.158 5	0.041 55
20	20	0.370	2.06	2.023 4	0.036 60
21	21	1.553	2.41	2.256 3	0.153 75
22	22	-0.901	1.98	2.069 2	-0.089 23
23	23	-0.657	1.88	1.945 1	-0.065 07
24	24	-0.354	1.99	2.025 0	-0.035 05

本例选择的是对所有个案进行诊断，考察标准化残差值，未发现绝对值大于 3 的个案，可认为因变量不存在异常值。如果发现存在异常值，需将对应的个案排除后重新进行回归分析。

（10）残差统计。表 17-1-13 是残差统计表，列出了所选择的残差分析、距离分析指标的最大值、最小值、平均值、标准差和个案数。从这些数据可以全面了解残差指标的总体分布情况，从而对利用这些指标进行残差分析提供比较清晰的思路。

表 17-1-13 残差统计

	性别＝男（选定）				
	最小值	最大值	平均值	标准偏差	个案数
预测值	1.936 3	2.396 2	2.107 1	0.121 38	24
标准预测值	-1.407	2.382	0.000	1.000	24
预测值的标准误差	0.025	0.066	0.044	0.012	24
调整后预测值	1.942 7	2.399 2	2.108 4	0.121 33	24
残差	-0.162 00	0.183 02	0.000 00	0.089 99	24
标准残差	-1.636	1.848	0.000	0.909	24
学生化残差	-1.925	2.014	-0.006	1.032	24
剔除残差	-0.224 30	0.218 09	-0.001 33	0.116 63	24
学生化剔除残差	-2.089	2.211	0.003	1.087	24
马氏距离	0.502	9.351	3.833	2.407	24
库克距离	0.000	0.286	0.062	0.086	24
居中杠杆值	0.022	0.407	0.167	0.105	24

例如，由表 17-1-13 可知，库克距离的平均值为 0.062，范围在 0~0.286 之间，未出现库克值大于 1 的个案；居中杠杆值的平均值为 0.167，范围在 0.022~0.407 之间，未出现杠杆值大于 0.5 的个案。上面两种情况都表明数据中不存在强影响点。

（11）标准化残差直方图。图 17-1-10 是标准化残差直方图。该图横轴为因变量平均划幅的标准化残差，纵轴为各区段残差值出现的频数。从图中可以看出，残差基本上是服从正态分布的，呈现中间多、两端少、两侧对称的特征。也就是说，数据符合进行回归分析所要求的正态分布的前提。

（12）标准化残差正态 P-P 图。图 17-1-11 是标准化残差正态 P-P 图。该图横轴为残差的实测累积概率，纵轴为期望累积概率。从图中可以看出，散点基本上都贴近对角线，表明残差服从正态分布，且未发现极端值。

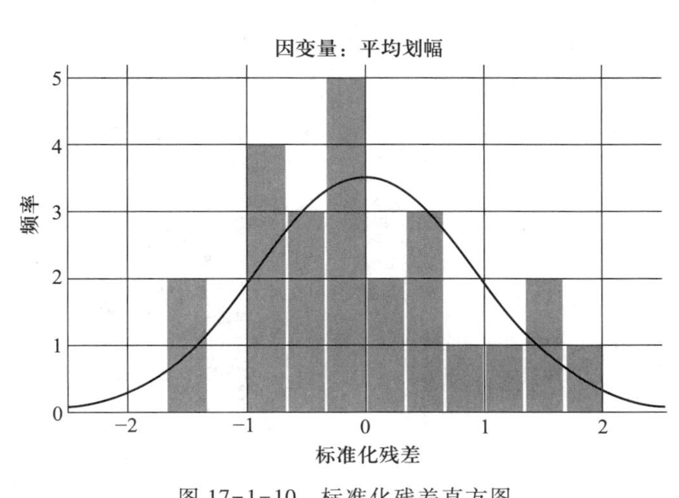

图 17-1-10　标准化残差直方图

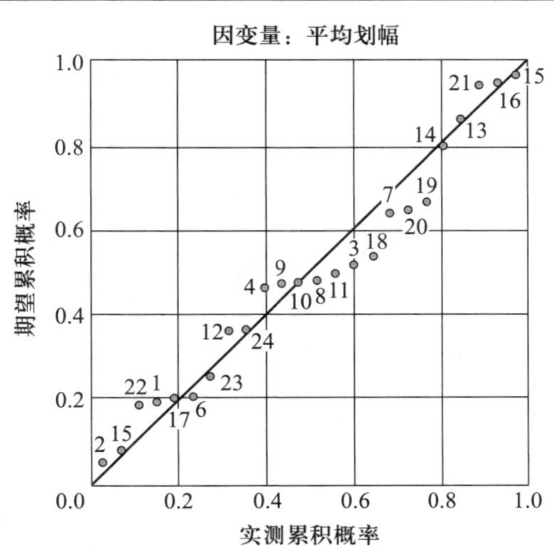

图 17-1-11　标准化残差正态 P-P 图

(13) 散点图。图 17-1-12 是散点图。该图横轴为标准化预测值，纵轴为标准化残差。可以看出，散点大部分在直线 $\varepsilon=0$ 上下±2 的范围内随机散布，表明残差大体服从均值为 0 的正态分布；随着因变量的变化，残差也未出现明显的逐渐扩大或逐渐缩小的趋势，表明残差与因变量之间没有明显关系，数据满足方差齐性的前提。

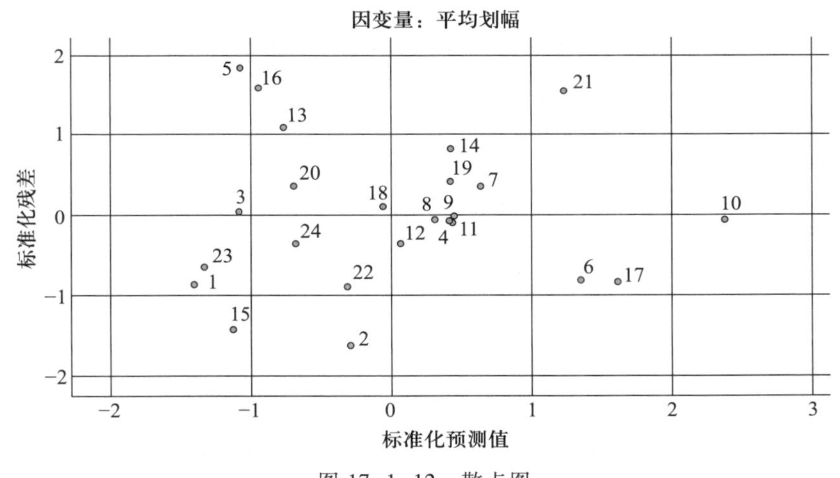

图 17-1-12　散点图

(14) 数据文件中新增的变量。图 17-1-13 是增加了若干新变量的数据文件。

PRE_1 为因变量 *Y* 的非标准化预测值，*RES_1* 为非标准化残差，*ZRE_1* 为标准化残差。观察标准化残差值，未发现绝对值大于 3 者，表明因变量没有异常值。

MAH_1 为马氏距离，*COO_1* 为库克距离，*LEV_1* 为杠杆值。马氏距离没有特别大者，库克距离没有大于 1 者，杠杆值没有大于 0.5 者，这些都表明自变量中没有强影响点。

LICI_1、*UICI_1* 为预测值 95%置信区间的下限和上限。

认真考察非标准化残差，还可以对每位运动员的实际状态和期望状态做出对比分析，从而可以有针对性地改进训练。

	BH	Y	PRE_1	RES_1	ZRE_1	MAH_1	COO_1	LEV_1	LICI_1	UICI_1
1	1	1.85	1.93632	-.08632	-.87187	5.59315	.08467	.24318	1.70143	2.17122
2	2	1.91	2.07200	-.16200	-1.63624	5.42923	.28505	.23605	1.83776	2.30625
3	3	1.98	1.97653	.00347	.03509	4.92060	.00011	.21394	1.74432	2.20873
4	4	2.15	2.15967	-.00967	-.09763	3.64979	.00060	.15869	1.93262	2.38671
5	5	2.16	1.97698	.18302	1.84849	2.66926	.15193	.11605	1.75401	2.19996
6	6	2.19	2.27101	-.08101	-.81825	4.39417	.05293	.19105	2.04093	2.50110
7	7	2.22	2.18534	.03466	.35011	.50153	.00177	.02181	1.97163	2.39904
8	8	2.14	2.14538	-.00538	-.05433	1.59486	.00008	.06934	1.92695	2.36381
9	9	2.15	2.15717	-.00717	-.07242	.95840	.00010	.04167	1.94148	2.37286
10	10	2.39	2.39623	-.00623	-.06290	6.55540	.00057	.28502	2.15754	2.63492
11	11	2.16	2.16138	-.00138	-.01397	3.81696	.00001	.16595	1.93365	2.38911
12	12	2.08	2.11593	-.03593	-.36287	1.94959	.00436	.08476	1.89599	2.33587
13	13	2.12	2.01315	.10685	1.07914	1.12167	.02546	.04877	1.79676	2.22955
14	14	2.24	2.15825	.08175	.82568	5.39926	.07199	.23475	1.92412	2.39237
15	15	1.83	1.97039	-.14039	-1.41791	4.26561	.15289	.18546	1.74083	2.19995
16	16	2.15	1.99243	.15757	1.59148	3.65514	.15900	.15892	1.76536	2.21949
17	17	2.22	2.30329	-.08329	-.84123	5.60805	.07915	.24383	2.06833	2.53825
18	18	2.11	2.10109	.00891	.08996	.85094	.00015	.03700	1.88587	2.31632
19	19	2.20	2.15845	.04155	.41963	9.35079	.05185	.40656	1.90907	2.40784
20	20	2.06	2.02340	.03660	.36961	1.41575	.00351	.06155	1.80574	2.24107
21	21	2.41	2.25625	.15375	1.55282	5.82755	.28630	.25337	2.02043	2.49208
22	22	1.98	2.06923	-.08923	-.90125	.86038	.01515	.03741	1.85397	2.28450
23	23	1.88	1.94507	-.06507	-.65718	3.52469	.02598	.15325	1.71854	2.17160
24	24	1.99	2.02505	-.03505	-.35399	8.08720	.02678	.35162	1.78044	2.26966

图 17-1-13 增加了新变量的数据文件（隐藏了原始自变量）

第二节 曲线估计

一、曲线估计概述

变量之间的相互关系并不总是表现为线性关系，非线性关系也是极为常见的。当变量之间的关系呈现为复杂的曲线关系时，若仍然采用线性回归的方法进行分析，就不能得到满意的结果。

对于呈现某种曲线关系的变量，先通过一定的变换（函数变换或变量变换）将曲线关系转换为线性关系，再进行线性回归分析，这就是曲线估计，也称为曲线拟合。

曲线估计要求自变量和因变量都是连续型数值变量。

要进行曲线估计，首先需要知道变量之间究竟呈现什么样的曲线关系（函数关系），然后才能确定变换的方法。SPSS 中的曲线估计过程提供了多种曲线拟合模型，如表 17-2-1 所示。

表 17-2-1 回归分析中的曲线拟合模型

模型名	曲线方程	变量变换	变换后的线性方程
线性			$Y=\beta_0+\beta_1X$
二次曲线	$Y=\beta_0+\beta_1X+\beta_2X^2$	$X_1=X^2$	$Y=\beta_0+\beta_1X+\beta_2X_1$
复合曲线	$Y=\beta_0\beta_1^X$		$\ln(Y)=\ln(\beta_0)+\ln(\beta_1)X$

续表

模型名	曲线方程	变量变换	变换后的线性方程
增长曲线	$Y=e^{\beta_0+\beta_1 X}$		$\ln(Y)=\beta_0+\beta_1 X$
对数曲线	$Y=\beta_0+\beta_1\ln(X)$	$X_1=\ln(X)$	$Y=\beta_0+\beta_1 X_1$
三次曲线	$Y=\beta_0+\beta_1 X+\beta_2 X^2+\beta_3 X^3$	$X_1=X^2$，$X_2=X^3$	$Y=\beta_0+\beta_1 X+\beta_2 X_1+\beta_3 X_2$
S 形曲线	$Y=e^{\beta_0+\beta_1/X}$	$X_1=1/X$	$\ln(Y)=\beta_0+\beta_1 X_1$
指数曲线	$Y=\beta_0 e^{\beta_1 X}$		$\ln(Y)=\ln(\beta_0)+\beta_1 X$
逆函数	$Y=\beta_0+\beta_1/X$	$X_1=1/X$	$Y=\beta_0+\beta_1 X_1$
幂函数	$Y=\beta_0 X^{\beta_1}$	$X_1=\ln(X)$	$\ln(Y)=\ln(\beta_0)+\beta_1 X_1$
逻辑函数	$Y=1/(1/\mu+\beta_0\beta_1^X)$		$\ln(1/Y-1/\mu)=\ln(\beta_0)+\ln(\beta_1)X$

在进行曲线估计时，选择拟合模型的方法主要有以下三种：

（1）在充分了解观测数据特性的情况下，可以根据数据的特点选择相应的函数模型。

（2）在大多数情况下，对已有数据的认识往往是模糊不清的，不能确定变量之间的准确关系。这时，可以先绘制散点图，观察数据在散点图中的分布情况，将数据的变化趋势和不同函数的图形作对比，确定应采用的函数模型。

（3）由于有些函数的图形是十分接近的，即使对不同函数的图形特点有所了解，仍有可能在判断上产生误差。此时，可先选择与数据的变化趋势相近的几种模型进行曲线拟合，再对拟合的结果进行比较，从中挑选出最佳曲线模型。

对拟合曲线的比较分析，通常采用以下方法：

① 根据方差分析的结果，判断回归方程是否有统计意义。

② 根据复相关系数（R）、判定系数（R^2）、校正判定系数（调整的 R^2）及标准误等统计量，比较多个回归方程的拟合优度。校正判定系数越大，或标准误越小，拟合的效果就越好。

③ 结合专业知识，挑选出最佳模型。

二、曲线估计在 SPSS 中的实现

【案例 1703】

测得游泳运动员在力竭性短冲训练后一定时间（min）内肌肉 pH 值的恢复情况，整理成数据文件“案例 1703. sav”，如图 17-2-1 所示。试建立以恢复时间为自变量、肌肉 pH 值为因变量的回归模型。

为了解数据的变化特征，先以恢复时间为横轴、pH 值为纵轴绘制散点图，如图 17-2-2 所示。可以看出，两变量间呈明显的曲线关系，故不能采用线性回归，但可考虑进行曲线拟合。

1. 在 SPSS 中实现的步骤

第 1 步：在数据编辑器窗口中打开数据文件“案例 1703. sav”。

第 2 步：在“分析”菜单中选择“回归”→“曲线估算”命令，打开相应的主对话框。

第 3 步：在“曲线估算”主对话框中进行曲线拟合的具体操作，如图 17-2-3 所示。

模型栏列出了表 17-2-1 所述出的 11 种曲线模型供选择。若选择了“Logistic”（逻辑函数模型），则需要在其下的“上限”框中输入函数的上限。

	编号	恢复时间	PH值
1	1	0	6.54
2	2	5	6.70
3	3	10	6.84
4	4	15	6.93
5	5	20	6.99
6	6	25	7.03
7	7	30	7.06
8	8	35	7.08

图 17-2-1 案例 1703 的数据文件

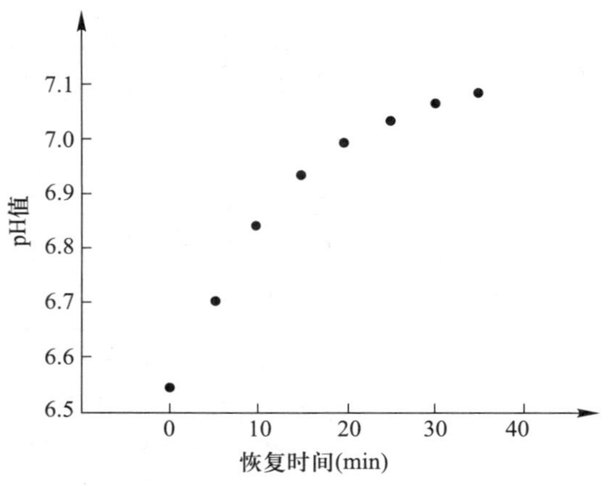

图 17-2-2 运动员肌肉 pH 值恢复情况散点图

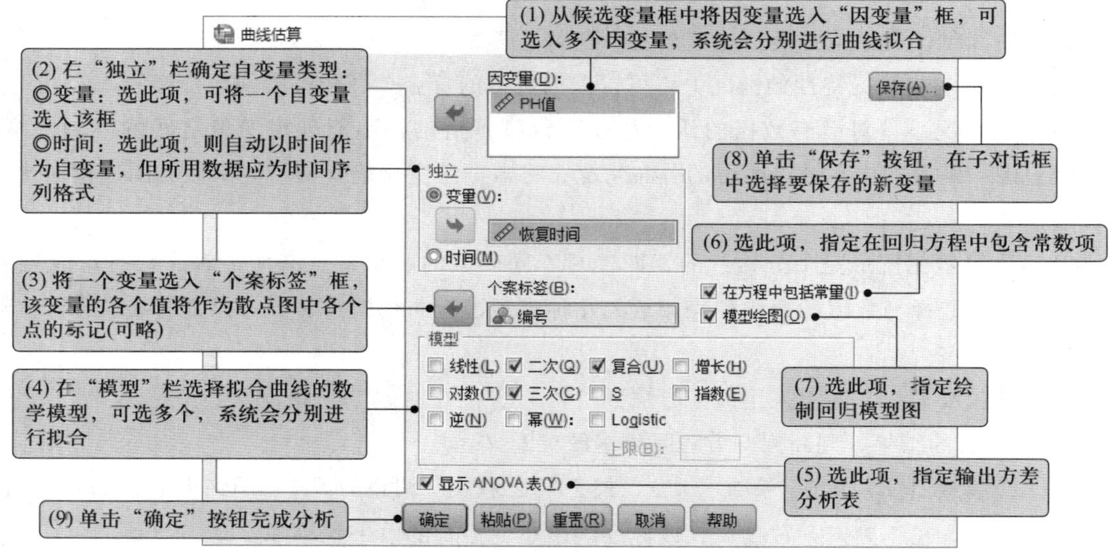

图 17-2-3 曲线拟合的操作

本例处理：将 pH 值选入“因变量”框；在“独立”栏选择“变量”项并将恢复时间选入该框；将编号选入“个案标签”框。拟合曲线的数学模型选择“二次”“三次”和“复合”三种。选择“在方程中包括常量”“模型绘图”和“显示 ANOVA 表”等项。

第 4 步：在“曲线估算”主对话框中单击“保存”按钮，打开“保存”子对话框，可在其中选择拟保存到数据文件中的新变量，如图 17-2-4 所示。

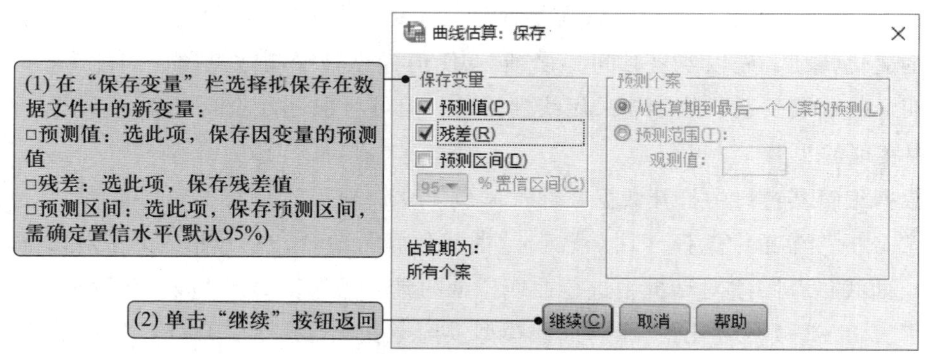

图 17-2-4 保存新变量的操作

本例处理：在“保存变量”栏选择“预测值”和“残差”。

2. 结果解读

（1）模型描述。表 17-2-2 是所选择的曲线拟合模型的基本情况。

表 17-2-2 模型描述

模型名称		MOD_1
因变量	1	pH 值
方程	1	二次
	2	三次
	3	复合[a]
自变量		恢复时间
常量		包括
值用于在图中标注观测值的变量		编号
有关在方程中输入项的容差		0.000 1

a. 此模型要求所有非缺失值均为正

（2）个案处理摘要。表 17-2-3 是的个案处理摘要。可见，本案例有 8 个个案。

表 17-2-3 个案处理摘要

	个案数
总个案数	8
排除个案数	0
预测的个案	0
新创建的个案	0

（3）变量处理摘要。表 17-2-4 是变量处理摘要。

表 17-2-4 变量处理摘要

		变量	
		因变量	自变量
		pH	恢复时间
正值的数目		8	7
零的数目		0	1
负值的数目		0	0
缺失值的数目	用户缺失值	0	0
	系统缺失值	0	0

（4）二次曲线拟合的结果。表 17-2-5 是二次曲线模型摘要。由此表可知，复相关系数 R 为 0.998，R 方为 0.996，调整后的 R 方为 0.995，预测值标准误为 0.014。

表 17-2-5 模型摘要（二次曲线模型）

R	R 方	调整后 R 方	标准估算的错误
0.998	0.996	0.995	0.014

表 17-2-6 是二次曲线模型的方差分析表。由此表可知，对二次曲线模型进行显著性检验，显著性概率 $P=0.000<0.01$，可认为该曲线模型具高度显著性。

表 17-2-6 ANOVA（二次曲线模型）

	平方和	自由度	均方	F	显著性
回归	0.256	2	0.128	681.931	0.000
残差	0.001	5	0.000		
总计	0.257	7			

表 17-2-7 是二次曲线模型的系数表。表中列出了二次曲线模型的非标准化系数 B 及其标准误、标准化系数 Beta、回归常数和偏回归系数检验的 t 值及其显著性概率 P。可以看出，各系数均具高度显著性（$P<0.01$）。

表 17-2-7 系数（二次曲线模型）

	未标准化系数		标准化系数	t	显著性
	B	标准错误	Beta		
恢复时间	0.032	0.002	2.069	21.030	0.000
恢复时间 ** 2	-0.001	0.000	-1.169	-11.881	0.000
（常量）	6.550	0.012		567.961	0.000

根据非标准化系数 B 可以写出二次曲线方程：

$$\hat{Y}=6.550+0.032X-0.001X^2$$

（5）三次曲线拟合的结果。表 17-2-8 是三次曲线模型摘要。由此表可知，复相关系数 R 为 1.000，R 方为 1.000，调整后的 R 方为 0.999，预测值标准误为 0.005。

表 17-2-8 模型摘要（三次曲线模型）

R	R 方	调整后 R 方	标准估算的错误
1.000	1.000	0.999	0.005

表 17-2-9 是三次曲线模型的方差分析表。由此表可知，对三次曲线模型进行显著性检验，显著性概率 $P=0.000<0.01$，可认为该曲线模型具高度显著性。

表 17-2-9 ANOVA（三次曲线模型）

	平方和	自由度	均方	F	显著性
回归	0.257	3	0.086	3 359.692	0.000
残差	0.000	4	0.000		
总计	0.257	7			

表 17-2-10 是三次曲线模型的系数表。表中列出了三次曲线模型的非标准化系数 B 及其标准误、标准化系数 Beta、回归常数和偏回归系数检验的 t 值及其显著性概率 P。可以看出，各系数均具高度显著性（$P<0.01$）。

表 17-2-10 系数（三次曲线模型）

	未标准化系数		标准化系数	t	显著性
	B	标准错误	Beta		
恢复时间	0.039	0.001	2.486	30.564	0.000
恢复时间 ** 2	-0.001	0.000	-2.329	-11.324	0.000
恢复时间 ** 3	9.495E-6	0.000	0.769	5.730	0.005
（常量）	6.537	0.005		1 369.535	0.000

根据非标准化系数 B 可以写出三次曲线方程：

$$\hat{Y}=6.537+0.039X-0.001X^2+0.0000095X^3$$

（6）复合曲线拟合的结果。表 17-2-11 是复合曲线模型摘要。由此表可知，复相关系数 R 为 0.942，R 方为 0.887，调整后的 R 方为 0.868，预测值标准误为 0.010。

表 17-2-11　模型摘要（复合曲线模型）

R	R 方	调整后 R 方	标准估算的错误
0.942	0.887	0.868	0.010

表 17-2-12 是复合曲线模型的方差分析表。由此表可知，对复合曲线模型进行显著性检验，显著性概率 $P=0.000<0.01$，可认为该曲线模型具高度显著性。

表 17-2-12　ANOVA（复合曲线模型）

	平方和	自由度	均方	F	显著性
回归	0.005	1	0.005	47.155	0.000
残差	0.001	6	0.000		
总计	0.006	7			

表 17-2-13 是复合曲线模型的系数表。表中列出了复合曲线模型的非标准化系数 B 及其标准误、标准化系数 *Beta*、回归常数和偏回归系数检验的 t 值及其显著性概率 P。可以看出，各系数均具高度显著性（$P<0.01$）。

表 17-2-13　系数（复合曲线模型）

	未标准化系数		标准化系数	t	显著性
	B	标准错误	*Beta*		
恢复时间	1.002	0.000	2.565	3 176.839	0.000
（常量）	6.638	0.044		151.882	0.000

根据非标准化系数 B 可以写出复合曲线方程：

$$\hat{Y}=6.638\times1.002^X$$

（7）曲线图。图 17-2-5 是对运动员肌肉 pH 值恢复情况进行曲线估计输出的曲线图。该图中同时画出了二次曲线、三次曲线和复合曲线，直观上看，三次曲线对数据的拟合程度最好。

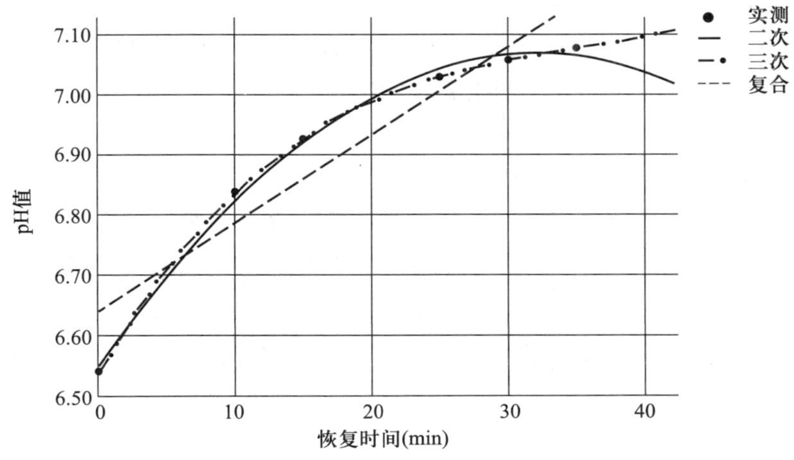

图 17-2-5　运动员肌肉 pH 值恢复情况曲线图

综合前面的信息可知，在三个曲线模型中，三次曲线的校正判定系数最大、预测值标准误最小。因此，最终选择三次曲线：

$$\hat{Y}=6.537+0.039X-0.001X^2+0.000\,009\,5X^3$$

来反映游泳运动员力竭性短冲训练后肌肉 pH 值与恢复时间的关系。在运动训练实践中，可利用这个方程所揭示的规律，对运动员的机能状态进行监控和评价。

（8）数据文件中新增的变量。根据先前的设定，数据文件中增加了 6 个新变量，分别记录了三种模型的预测值和残差，如图 17-2-6 所示。其中，*FIT*_1、*ERR*_1 是第一个模型（二次曲线）的预测值与残差；*FIT*_2、*ERR*_2 是第二个模型（三次曲线）的预测值与残差；*FIT*_3、*ERR*_3 是第三个模型（复合曲线）的预测值与残差。从中也可以看出，*ERR*_2 的值普遍较小，这种情况也说明三次曲线模型的拟合优度比较好。

	编号	恢复时间	PH值	FIT_1	ERR_1	FIT_2	ERR_2	FIT_3	ERR_3
1	1	0	6.54	6.54958	-.00958	6.53712	.00288	6.63798	-.09798
2	2	5	6.70	6.69887	.00113	6.70777	-.00777	6.71011	-.01011
3	3	10	6.84	6.82304	.01696	6.83550	.00450	6.78302	.05698
4	4	15	6.93	6.92208	.00792	6.92742	.00258	6.85673	.07327
5	5	20	6.99	6.99601	-.00601	6.99067	-.00067	6.93124	.05876
6	6	25	7.03	7.04482	-.01482	7.03236	-.00236	7.00656	.02344
7	7	30	7.06	7.06851	-.00851	7.05961	.00039	7.08270	-.02270
8	8	35	7.08	7.06708	.01292	7.07955	.00045	7.15966	-.07966

图 17-2-6 增加了新变量的数据文件

三、时间序列的曲线估计

时间序列的曲线估计是分析社会或自然现象中经常用到的一种曲线估计方法，通常把固定的时间节点（如年、月、日、时、分等）作为自变量 X，把代表具体社会或自然现象的变量作为因变量 Y，研究变量 X 与 Y 之间的关系。其具体步骤与一般的曲线估计基本类似，只是设置自变量的方式略有不同，并且可以选择在理论上合适的范围内向后做外推预测。

需注意的是，因变量 Y 的值应该按严格的时间节点来获取。在 SPSS 中进行时间序列的曲线估计时，系统实际上是将个案序号作为代表时间序列的自变量。

【案例 1704】

对于案例 1703 的问题，将数据文件更名保存为“案例 1704. sav”（同图 17-2-1）。由于运动员的肌肉 pH 值是从力竭性短冲训练后即刻开始，从 0 分到 35 分每隔 5 分钟测量，故可将其看作是 8 个节点的时间序列数据。现拟采用三次曲线模型进行曲线拟合，并预测至训练结束后 50 分钟的 pH 值。

按 5 分钟的间隔计算，训练结束后 50 分钟是第 11 个节点。

1. 在 SPSS 中实现的步骤

第 1 步：在数据编辑器窗口中打开数据文件“案例 1704. sav”。

第 2 步：在“分析”菜单中选择“回归”→“曲线估算”命令，打开相应的主对话框。

第 3 步：在“曲线估算”主对话框中进行时间序列曲线拟合的具体操作，如图 17-2-7 所示。

第 4 步：在“曲线估算”主对话框中单击“保存”按钮，打开“保存”子对话框。在“保存变量”栏选择拟保存到数据文件中的新变量；如果需要做预测，则在“预测个案”栏做相应设置。如图 17-2-8 所示。

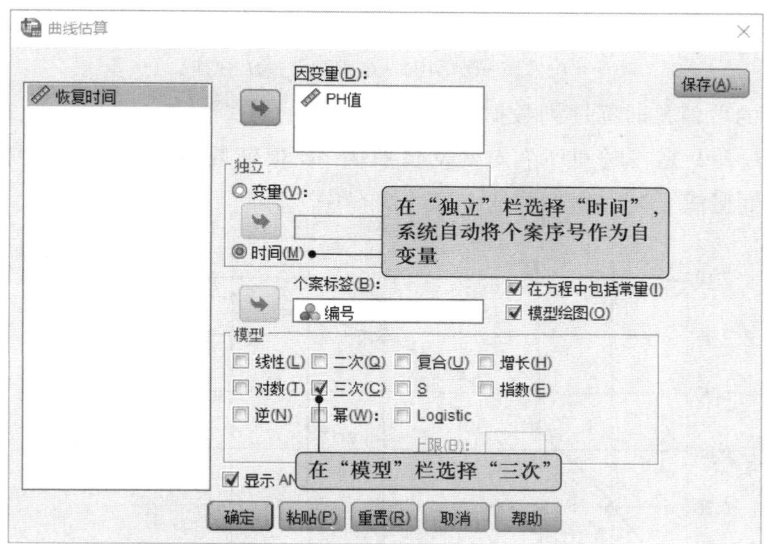

图 17-2-7　时间序列数据曲线拟合的操作

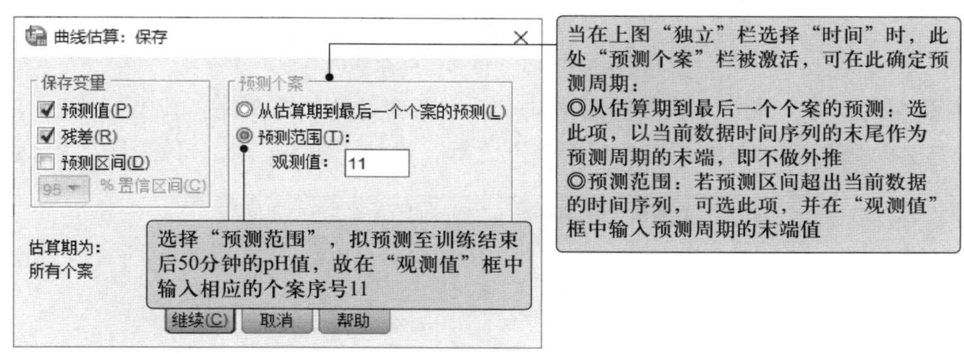

图 17-2-8　时间序列数据保存新变量和预测的操作

2. 结果解读

（1）三次曲线拟合的结果。本例对时间序列数据进行三次曲线估计输出的模型摘要表和方差分析表与表 17-2-8 和表 17-2-9 完全相同，不再赘述。

表 17-2-14 是按时间序列拟合三次曲线的系数表。表中列出了三次曲线模型的非标准化系数 B 及其标准误、标准化系数 *Beta*、回归常数和偏回归系数检验的 t 值及其显著性概率 P。可以看出，各系数均具高度显著性（$P<0.01$）。

表 17-2-14　系数（三次曲线模型）

	未标准化系数		标准化系数	t	显著性
	B	标准错误	*Beta*		
个案序列	0.248	0.011	3.172	22.041	0.000
个案序列 ** 2	-0.029	0.003	-3.369	-10.123	0.001
个案序列 ** 3	0.001	0.000	1.140	5.730	0.005
（常量）	6.316	0.012		507.770	0.000

根据非标准化系数 B 可以写出三次曲线方程：

$$\hat{Y}=6.316+0.248X-0.029X^2+0.001X^3$$

此时，方程中自变量 X 的取值是时间序列数据 1，2，3，……

（2）曲线图。图 17-2-9 是按时间序列对运动员肌肉 pH 值恢复情况进行三次曲线估计输出的曲线图。可以看出，横轴上的刻度变成了时间序列数据 1，2，3，……

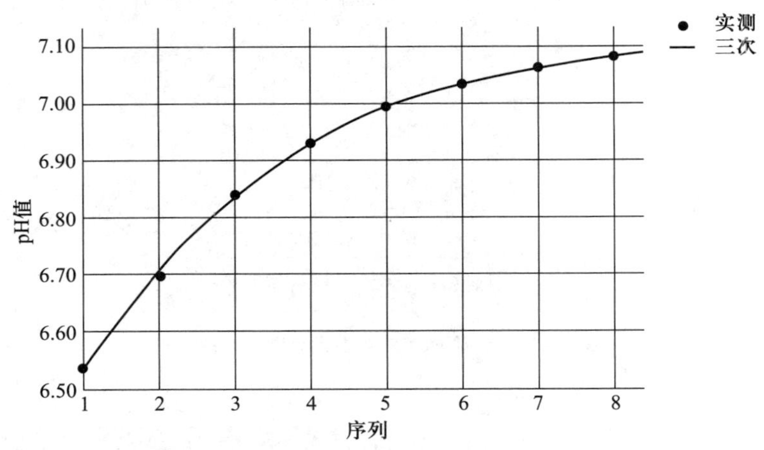

图 17-2-9 运动员肌肉 pH 恢复情况曲线图（时间序列）

图 17-2-10 是按时间序列拟合三次曲线后增加了 2 个新变量的数据文件。其中，*FIT*_1、*ERR*_1 是三次曲线的预测值与残差。可以看出，在原来的时间节点之后，增加了第 9、10、11 三个后续节点的预测值。

	编号	恢复时间	PH值	FIT_1	ERR_1
1	1	0	6.54	6.53712	.00288
2	2	5	6.70	6.70777	-.00777
3	3	10	6.84	6.83550	.00450
4	4	15	6.93	6.92742	.00258
5	5	20	6.99	6.99067	-.00067
6	6	25	7.03	7.03236	-.00236
7	7	30	7.06	7.05961	.00039
8	8	35	7.08	7.07955	.00045
9	.	.	.	7.09929	.
10	.	.	.	7.12595	.
11	.	.	.	7.16667	.

图 17-2-10 增加了新变量的数据文件（时间序列）

第三节 逻辑回归分析

一、逻辑回归的概念

使用多元线性回归来分析多个自变量与一个因变量的关系，要求因变量是服从正态分布的连续型定量变量，但在社会科学研究中，因变量是离散型定性变量的情况并不少见。许多要研究的行为、决策和意愿都是定性的，因变量的取值只是少数几个代表类型的离散值，在更为极端的情况下，因变量甚至只反映是、否或正、反两种类型。在这种情况下，继续使用多元线性回归便不可避免地违反了残差正态性、无偏性等重要假设条件，从而导致回归分析出现严重误差，以致无论是进行假设检验还是计算置信区间都失去了合理性。然而，社会科学研究仍需要探索有哪些重要因素会影响这些行为、决策和意愿，而适用于上述情况的一个分析方法则是逻辑回归（Logistic 回归）。

在体育领域中，逻辑回归分析可以应用于研究类似下面的问题：

哪些因素影响到普通公司职员参与体育锻炼的态度（态度分为参与、不参与两种类型）？

哪些因素影响到普通民众参与大型体育赛事的态度（态度分为参与、不参与两种类型）？

哪些因素影响到优秀竞技运动员退役后的角色转换（角色分为教练、教师、公司职员、自主创业者等多种类型）？

在逻辑回归分析中，当因变量是二分类变量时，采用的是二项逻辑回归；当因变量是三个及以上分类变量时，采用的是多项逻辑回归。本节仅介绍二项逻辑回归。

二、二项逻辑回归概述

（一）二项逻辑回归模型的建立

设因变量 Y 为取值为 0，1 的二值变量，其值为 1 时表示某事件发生，为 0 时表示某事件不发生；影响 Y 的自变量为 X_j，$j=1, 2, \cdots, k$。因变量与自变量的关系如果仍用一般多元线性回归模型来表示，就是：$Y=B_0+B_1X_1+B_2X_2+\cdots+B_kX_k+\varepsilon$。

对上式两边求数学期望，得：$E(Y)=B_0+B_1X_1+B_2X_2+\cdots+B_kX_k$。

以 P 表示某事件发生的概率，则 $1-P$ 表示某事件不发生的概率。由于 Y 是 0-1 型贝努里随机变量，而根据离散型随机变量概率分布和数学期望的定义，可知：

$$E(Y)=P_{Y=1}=B_0+B_1X_1+B_2X_2+\cdots+B_kX_k$$

也就是说，因变量 Y 的均值（数学期望）$E(Y)$ 就是自变量为 X_j 时 Y 取值为 1 的概率 P。因此，可以利用一般多元线性回归模型对这个概率 P 建模，此时因变量 P 的取值范围在 0~1 之间。

由于一般线性回归模型要求因变量的取值范围在 $-\infty \sim +\infty$ 之间，所以还要对因变量 P 作适当的转换。转换的方法是进行 logit 变换（罗吉特变换，logit 是英文 Logistic probability unit 存头取尾的缩写），即：

$$\text{Logit } P=\ln\left(\frac{P}{1-P}\right)=B_0+B_1X_1+B_2X_2+\cdots+B_kX_k$$

上式就是二项逻辑回归模型。式中，$\frac{P}{1-P}$ 是某事件发生的概率与不发生的概率之比，称为发生比；$\ln\left(\frac{P}{1-P}\right)$ 是发生比的自然对数。可见，所谓 logit 变换，就是对发生比求自然对数。

概率 P 是以 0.5 为对称点分布在 0~1 的范围内的，P 取不同值时相应的 logit P 的取值为：

当 $P=0$ 时，$\text{Logit } P=\ln\left(\frac{0}{1-0}\right)=-\infty$；

当 $P=0.5$ 时，$\text{Logit } P=\ln\left(\frac{0.5}{1-0.5}\right)=0$；

当 $P=1$ 时，$\text{Logit } P=\ln\left(\frac{1}{1-1}\right)=+\infty$。

显然，通过变换，因变量成为 logit P，其与自变量 X_j 的关系保持了传统回归中的线性关系，且其取值范围在 $-\infty \sim +\infty$ 之间，已与一般线性回归模型中因变量的取值范围相吻合。

二项逻辑回归模型经变换可得：$\frac{P}{1-P}=e^{B_0+B_1X_1+B_2X_2+\cdots+B_kX_k}$。可以看出，当第 j 个自变量产生一个单位的变化时，发生比$\frac{P}{1-P}$的改变量为 e^{B_j}。

令 $Z=B_0+B_1X_1+B_2X_2+\cdots+B_kX_k$，可得：$P=\frac{e^Z}{1+e^Z}=\frac{1}{1+e^{-Z}}$。

上式称为二项逻辑回归模型的概率函数，体现了概率 P 与 Z 之间的非线性关系。显然，Z 越大，P 将越大（接近于 1）；Z 为 0 时，P 等于 0.5；Z 越小，P 将越小（接近于 0）。而 Z 与自变量 X_j 呈线性关系，因此，$Z=B_0+B_1X_1+B_2X_2+\cdots+B_kX_k$ 称为二项逻辑回归模型的线性函数式。

（二）二项逻辑回归模型的参数估计

二项逻辑回归模型中的参数 B_0，B_1，B_2，…，B_k可以采用极大似然估计法来估计。

设对自变量 X_j和因变量 Y 取得 n 组观测数据，$i=1$，2，…，n；$j=1$，2，…，k；Y 是取值为 0 或 1 的随机变量；则二项逻辑回归分析的数据结构如表 17-3-1 所示。

表 17-3-1 二项逻辑回归分析的数据结构

i	X_1	X_2	…	X_k	Y
1	X_{11}	X_{12}	…	X_{1k}	Y_1
2	X_{21}	X_{22}	…	X_{2k}	Y_2
3	X_{31}	X_{32}	…	X_{3k}	Y_3
⋮	⋮	⋮	…	⋮	⋮
n	X_{n1}	X_{n2}	…	X_{nk}	Y_n

因变量 Y_i 与自变量 X_{i1}，X_{i2}，…，X_{ik}的关系可表示为：

$$E(Y_i)=P_i=B_0+B_1X_{i1}+B_2X_{i2}+\cdots+B_kX_{ik}$$

对于逻辑回归模型的概率函数 $P=\frac{e^Z}{1+e^Z}$，可建立样本似然函数 $L=\prod_{i=1}^{n}P_i^{Y_i}(1-P_i)^{1-Y_i}$，进而求得样本的对数似然函数 $LL=\ln L=\sum_{i=1}^{n}[Y_i\ln P_i+(1-Y_i)\ln(1-P_i)]$，即：

$$LL=\ln L=\sum_{i=1}^{n}[Y_i(B_0+B_1X_{i1}+\cdots+B_kX_{ik})-\ln(1+e^{B_0+B_1X_{i1}+\cdots+B_kX_{ik}})]$$

根据极大似然原理，应求使对数似然函数达到最大值的参数值。对上式求一阶导数并令其为 0，再用迭代方法求解方程组，即可得出模型中各参数 B_0，B_1，B_2，…，B_k的估计值及其标准误，从而确定线性函数式 $Z=B_0+B_1X_1+B_2X_2+\cdots+B_kX_k$。

（三）二项逻辑回归模型的检验

1. 回归方程的显著性检验

极大似然估计法是一种在总体分布密度函数和样本信息的基础上，求解模型中未知参数估计值的方法。它基于总体的分布密度函数构造一个包含未知参数的似然函数，并求解在似然函数最大下的未知参数的估计值。依此原则得到的模型，其拟合的样本数据分布与总体分布相近的可能性最大。因此，似然函数 L 实际上也是一种概率值，其取值范围在 0~1 之间。对似然函数取自然对数就得到对数似然函数 LL，其取值范围变为$-\infty$ ~0。当似然函数值为最大值 1 时，对数似然函数值得到最大值 0。对数似然函数值越大（接近于 0），意味着模型较好地拟合样本数据的可能性越大；反之，对数似然函数值越小，意味着模型较好地拟合样本数据的可能性越小。

逻辑回归方程的显著性检验是判断模型优劣最主要的依据，通常采用似然比检验，其目的是判断自变量全体与 Logit P 的线性关系是否显著，检验的假设可表示为：

H_0：各 B_j全为 0（$j=1, 2, \cdots, k$）；

H_1：各 B_j不全为 0。

设全部自变量均未引入回归方程前（即只包含常数项的方程）的似然函数值为 L_0，其对数似然函数值为 $LL_0=\ln(L_0)$；将全部自变量引入回归方程后（当前方程）的似然函数值为 L，其对数似然函数值为 $LL=\ln(L)$；则似然比为 L_0/L，对数似然比为 LL_0/LL。显然，如果对数似然比与 1 无显著差异，则表明方程中的自变量全体对 Logit P 的线性解释无显著贡献；如果对数似然比远远大于 1，与 1 有显著差异，则说明方程中的自变量全体对 Logit P 的线性解释有显著贡献。对数似然比的分布是未知的，但它的函数 $-\ln\left(\frac{L_0}{L}\right)^2$ 的分布是可知的且近似服从自由度为 k 的卡方分布，于是有：

$$\chi^2=-\ln\left(\frac{L_0}{L}\right)^2=-2\ln\left(\frac{L_0}{L}\right)=-2\ln(L_0)-[-2\ln(L)]=-2LL_0+2LL$$

所求的 χ^2 通常称为似然比卡方。在 SPSS 中进行二项逻辑回归分析时，系统会自动计算似然比卡方值并算出显著性概率 P。给定显著性水平 α，如果 $P>\alpha$，应接受原假设，认为方程中的所有回归系数同时为 0，方程不具显著性；如果 $P\leqslant\alpha$，则应拒绝原假设，接受备择假设，认为方程中的所有回归系数不全为 0，方程具显著性。

2. 回归系数的显著性检验

回归系数显著性检验的目的是判断方程中的每一个自变量是否与 logit P 有显著线性关系，是否对解释因变量有重要贡献。检验的假设可表示为：

H_0：$B_j=0$（$j=1, 2, \cdots, k$）；

H_1：$B_j\neq 0$。

回归系数的显著性检验采用瓦尔德（Wald）χ^2 统计量，即 $\chi^2=\left(\frac{B_j}{S_{B_j}}\right)^2$。其中，$B_j$为第 j 个回归系数，S_{B_j}为该回归系数的标准误。

所求的瓦尔德 χ^2 服从自由度为 1 的卡方分布。在 SPSS 中进行二项逻辑回归分析时，系统将自动计算瓦尔德卡方值并算出显著性概率 P。给定显著性水平 α，如果 $P>\alpha$，应接受原假设，认为该回归系数与 0 无显著性差异，对解释因变量没有贡献，不应保留在方程中；如果 $P\leqslant\alpha$，则应拒绝原假设，接受备择假设，认为该回归系数与 0 有显著性差异，对解释因变量有重要贡献，应保留在方程中。

应当注意的是，如果自变量间存在多重共线性，会对瓦尔德统计量产生影响。当回归系数的绝对值较大时，其标准误有扩大的现象，造成瓦尔德卡方值变小，不容易拒绝原假设，进而使那些本来对 Logit P 有解释意义的变量没能保留在方程中。因此，在确定自变量的取舍时，更多考虑的是对数似然比检验的结果。

3. 拟合优度检验

（1）-2 对数似然值。如前所述，似然函数 L 的取值区间为 [0, 1]，而对数似然函数 LL 的取值区间变为 [$-\infty$, 0]。对数似然函数值越大（接近于 0），意味着回归模型对样本数据的拟合程度越好。因此，习惯上采用-2 倍的对数似然函数值对二项逻辑回归模型的拟合优度进行检验，即 $-2LL$，其取值区间转化为 [0, $+\infty$]。$-2LL$ 的值越小（越接近于 0），意味着回归方程的拟合优度越高；反之，$-2LL$ 的值越大，意味着回归方程的拟合优度越低。

（2）考克斯-斯奈尔（Cox-Snell）R^2 统计量。与一般线性回归分析相似，考克斯-斯奈尔 R^2 统计量反映方程中的自变量全体对因变量变差的解释程度，定义为：

$$\text{Cox \& Snell } R^2 = 1-\left(\frac{L_0}{L}\right)^{\frac{2}{n}}$$

上式中，L_0为方程中只包含常数项时的似然函数值，L 为当前方程的似然函数值，n 为样本容量。考克斯-斯奈尔 R^2 的值越大，表明方程的拟合优度越高；该值越小，表明方程的拟合优度越低。但考克斯-斯奈尔 R^2 的取值范围不易确定，其最大值不可能为 1，故在实际使用时并不方便。

（3）内戈尔科（Nagelkerke）R^2 统计量。内戈尔科 R^2 是对考克斯-斯奈尔 R^2 的修正，也反映方程中的自变量全体对因变量变差的解释程度，定义为：

$$\text{Nagelkerke } R^2 = \frac{\text{Cox \& Snell } R^2}{1-(L_0)^{\frac{2}{n}}}$$

内戈尔科 R^2 的取值区间为［0，1］。其值越接近于 1，表明方程的拟合优度越高；其值越接近于 0，表明方程的拟合优度越低。

（4）正确预测率。正确预测率是评价模型优劣的一种直观的方法，它以表格的形式展现预测频数与实测频数的吻合程度，如表 17-3-2 所示。可以根据各行中的正确率来评价模型的好坏，正确率越高意味着模型的拟合优度越高。

表 17-3-2 体现正确预测率的分类表一般形式

		预测值		正确率
		0	1	
实测值	0	f_{11}	f_{12}	$\frac{f_{11}}{f_{11}+f_{12}}$
	1	f_{21}	f_{22}	$\frac{f_{22}}{f_{21}+f_{22}}$
总体正确率				$\frac{f_{11}+f_{22}}{f_{11}+f_{12}+f_{21}+f_{22}}$

（5）霍斯默-莱梅肖（Hosmer-Lemeshow）统计量。当自变量较多且多为连续型定量变量时，常采用霍斯默-莱梅肖检验来评价模型的优劣。该检验首先根据预测概率值的大小将所有个案分为 k 组（通常为 10 组），生成如表 17-3-3 所示的交叉列联表；然后通过计算每个单元格中实际频数与期望频数之差，进行交叉表卡方检验（详见第十一章第五节），所得卡方值就是霍斯默-莱梅肖统计量，该统计量服从自由度 $df=k-2$ 的卡方分布。

表 17-3-3 霍斯默-莱梅肖检验的交叉列联表

		因变量实测值		
		0	1	合计
组	1 2 ⋮ k			
	合计			

霍斯默-莱梅肖统计量反映预测结果与实际状况的差异。SPSS 在进行二项逻辑回归分析时会自动计算霍斯默-莱梅肖统计量并算出显著性概率 P。给定显著性水平 α，如果 $P>\alpha$，应接受原假设，意味着预测结果

与实际状况差异不大，模型的拟合优度较高；如果 $P \leqslant \alpha$，则应拒绝原假设，接受备择假设，意味着预测结果与实际状况差异较大，模型的拟合优度较低。

应注意的是，进行交叉表卡方检验时组的划分对检验结果是有重要影响的。应尽量保证每个单元格中的期望频数不小于5，或者只有较少单元格中的期望频数小于5。否则，计算所得霍斯默-莱梅肖统计量将有扩大的趋势，容易拒绝原假设而接受备择假设，从而得出模型拟合优度较低的结论。

（四）二项逻辑回归分析中自变量的筛选方法

进行二项逻辑回归分析时，自变量的选择也可以采用与一般线性回归分析相似的逐步筛选法（逐步回归）。其中，向前法有3种，向后法有3种。

向前法的具体做法是，根据所选用的方法对所有自变量计算特定统计量，将最符合引入标准的那个自变量先纳入模型。然后对剩下的自变量计算特定统计量，将最符合引入标准的那个自变量再纳入模型。此时，如果先前已纳入模型的自变量可能受到后面进入模型的自变量的影响而变得无统计学意义了，则将其剔除出模型。反复进行，直至模型外无新的自变量可以纳入模型，模型中也无可以剔除的自变量，至此得到最终结果。

向后法的具体做法是，先把全部自变量都纳入模型，然后按照相应的尺度来衡量，把达到剔除标准的自变量一个一个地剔除。对于剔除出模型的自变量将不再考虑其是否可能再被引入模型。

SPSS 提供的7种自变量筛选方法如下：

（1）输入：不做筛选，所选自变量全部进行模型。这是系统默认方式。

（2）向前（有条件）：基于条件参数估计的向前逐步筛选法。引入变量的依据是得分检验统计量，将各变量中 P 值最小且符合引入标准的那个自变量先纳入模型；剔除变量的依据是条件参数估计的对数似然比检验结果，将使对数似然比卡方值的变化量最小且达到剔除标准的那个自变量先剔除出方程。

得分检验以包含某一个（或几个）参数的模型为基础，保留此模型中参数的估计值，并假设新增加的参数为0，计算似然函数的一阶偏导数及信息矩阵，两者相乘即为得分统计量 S。当样本容量较大时，S 也服从卡方分布。因此，得分检验与似然比卡方检验是等价的。

（3）向前（LR）：基于极大似然估计的向前逐步筛选法。引入变量的依据是得分检验统计量；剔除变量的依据是极大似然估计的似然比检验结果。

（4）向前（Wald）：基于瓦尔德统计量的向前逐步筛选法。引入变量的依据是得分检验统计量；剔除变量的依据是瓦尔德卡方检验的结果。

（5）向后（有条件）：基于条件参数估计的向后逐步筛选法。剔除变量的依据是条件参数估计的对数似然比检验结果。

（6）向后（LR）：基于极大似然估计的向后逐步筛选法。剔除变量的依据是极大似然估计的似然比检验结果。

（7）向后（Wald）：基于瓦尔德统计量的向后逐步筛选法。剔除变量的依据是瓦尔德卡方检验的结果。

（五）二项逻辑回归分析中的虚拟变量

在回归分析中，自变量一般都是连续型定量变量，它们的计量是等距的，对因变量有线性解释的作用。但在实际应用中，因变量的变化不仅受到连续型定量变量的影响，也会受到离散型定性变量（分类变量）的影响。例如，民众对参与某类体育活动的意愿，不仅受到收入、年龄等连续型定量变量的影响，还会受到诸如性别、职业等离散型定性变量的影响。

离散型定性变量通常不能像连续型定量变量那样直接作为自变量进入回归方程，因为其各个类别之间是非等距的，其回归系数的实际含义不能效仿等距型变量。因此，需要将其转化成虚拟变量（或称哑变量 Dummy Variable）后再参与回归分析。

分类变量参与回归分析的主要目的是研究各个类别对因变量影响的差异。设置虚拟变量就是将分类变量的各个类别分别以二值变量 0、1 的形式重新编码，通常用 1 表示属于该类，用 0 表示不属于该类。

设置虚拟变量时，通常需要指定一个类作为参照类。对于有 r 个分类的分类变量，只需设置 $r-1$ 个虚拟变量即可将各类区分开来。例如，对于性别变量，实际分为女、男两类，若以“男”作为参照类，可设1个虚拟变量 $X(1)$ 表示是否为女。其值取 1 表示是女；取 0 表示非女，则必然是男。又如，某分类变量实际分为 A、B、C 三类，若以 C 作为参照类，可设 2 个虚拟变量 $X(1)$ 和 $X(2)$。其中，$X(1)$ 表示是否为 A，其值取 1 表示是 A，取 0 表示非 A；$X(2)$ 表示是否为 B，其值取 1 表示是 B，取 0 表示非 B；如果 $X(1)$ 和 $X(2)$ 的取值都为 0，表示既非 A 亦非 B，则必然是 C。

在 SPSS 中设置虚拟变量时，指定的参照类可以是“第一个”，也可以是“最后一个”，而类别是按分类变量值（值为字符串时按字母顺序）从小到大排列的。例如，某分类变量有 3 个类，其值分别为 A、B、C，系统将生成两个虚拟变量 $X(1)$ 和 $X(2)$，在结果中会给出虚拟变量的回归系数 B_1 和 B_2。如果参考类别选“最后一个”，即以 C 类为参照，则属 A 类时 $X(1)$ 和 $X(2)$ 的取值为 1 和 0，属 B 类时 $X(1)$ 和 $X(2)$ 的取值为 0 和 1，属 C 类时 $X(1)$ 和 $X(2)$ 的取值为 0 和 0；此时回归系数 B_1 和 B_2 表示 A、B 类对 Logit P 的影响分别比 C 类多 B_1 和 B_2 个单位。与此相反，如果参考类别选“第一个”，即以 A 类为参照，则属 A 类时 $X(1)$ 和 $X(2)$ 的取值为 0 和 0，属 B 类时 $X(1)$ 和 $X(2)$ 的取值为 1 和 0，属 C 类时$X(1)$和 $X(2)$ 的取值为 0 和 1；此时回归系数 B_1 和 B_2 表示 B、C 类对 Logit P 的影响分别比 A 类多 B_1 和 B_2 个单位。

三、二项逻辑回归分析在 SPSS 中的实现

【案例 1705】

某研究小组为了探讨城市中年公司职员参与体育锻炼的影响因素，在某市随机抽取 36~50 岁已婚公司职员 90 人进行调查。以周锻炼时数 90 分钟为界将被调查者分为积极和不积极两类。用参与状态（Y）表示锻炼积极性，其值 1 代表积极，0 代表不积极。影响参与状态的指标包括：性别（$X1$，0 为女，1 为男）、年龄（$X2$）、家庭收入（$X3$，千元/月）、通勤时间（$X4$，小时/日，即每天上下班在交通方面所花时间）、体育意识（$X5$，通过量表测量得到的平均分数，最低 1 分，最高 7 分）。调查数据已整理成数据文件“案例 1705. sav”，如图 17-3-1 所示。试进行二项逻辑回归分析。

	ID	X1	X2	X3	X4	X5	Y
1	1	1	36	6.6	.5	6.6	1
2	2	1	40	6.8	.6	5.3	1
3	3	0	42	7.6	1.0	6.4	1
4	4	0	44	7.6	.8	3.0	0
5	5	1	50	10.4	.6	4.8	1
6	6	0	37	6.8	.5	3.5	0
7	7	1	39	6.8	.4	3.0	0
8	8	1	37	9.2	.4	6.8	1
9	9	1	38	8.2	1.0	4.1	0
10	10	0	42	6.6	1.2	4.9	0
11	11	0	44	7.9	1.5	4.6	0
12	12	1	39	8.4	.8	4.7	0

图 17-3-1 案例 1705 的数据文件（部分）

1. 在 SPSS 中实现的步骤

第 1 步：在数据编辑器窗口中打开数据文件“案例 1705. sav”。

第 2 步：在“分析”菜单中选择“回归”→“二元 Logistic”命令，打开相应的主对话框。

第 3 步：在“Logistic 回归”主对话框中进行二项逻辑回归分析的具体操作，如图 17-3-2 所示。

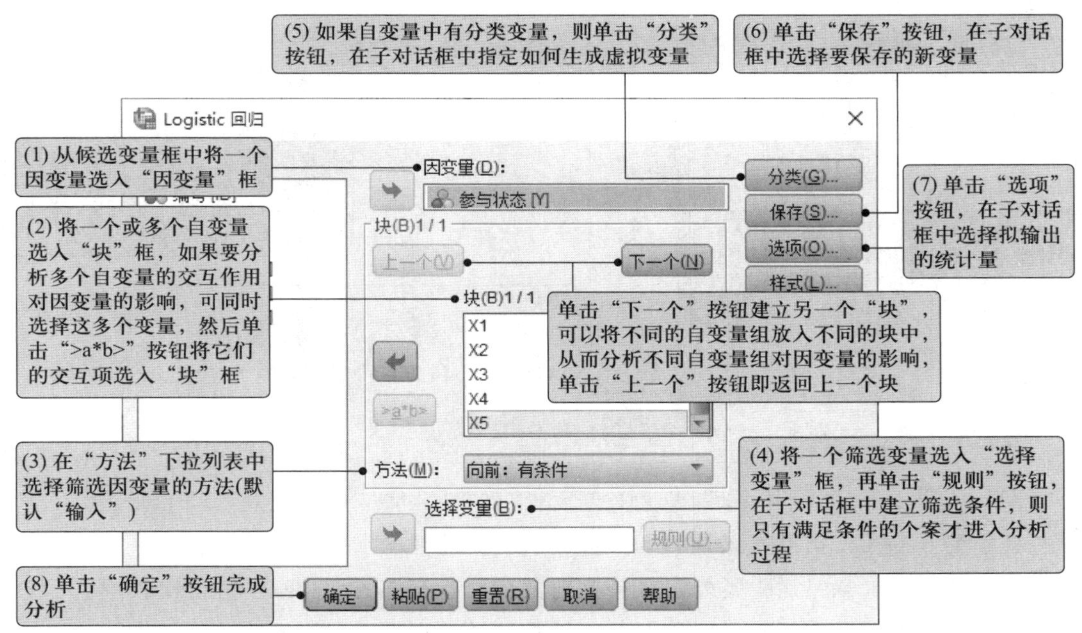

图 17-3-2 二项逻辑回归分析的操作

本例处理：将参与状态选入“因变量”框；将性别、年龄、家庭收入、通勤时间、体育意识 5 个自变量选入“块”框；在“方法”下拉列表中选择“向前：有条件”，表示进行向前筛选变量的逐步回归。

第 4 步：如果在“Logistic 回归”主对话框中将某个起筛选个案作用的变量选入了“选择变量”框，则激活“规则”按钮，单击该按钮就打开“设置规则”子对话框，可在其中设置个案筛选的条件，如图 17-3-3 所示。只有满足条件的个案才进入分析过程，但在输出的分类表中，会把选中个案和未选中个案的预测结果都显示出来。

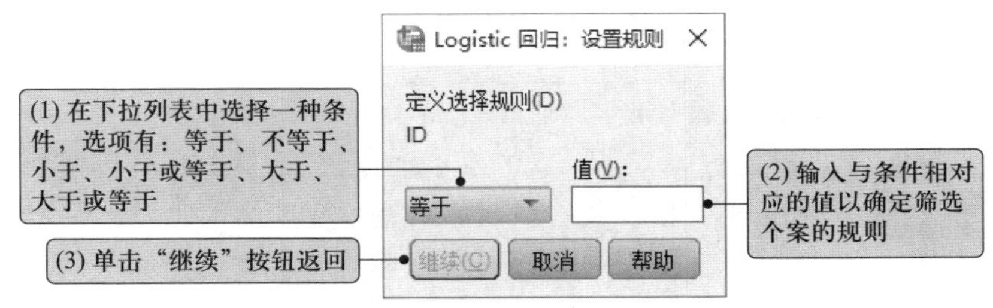

图 17-3-3 设置个案筛选条件

本例处理：本例拟将全部个案纳入分析过程，故略过此步骤。

第 5 步：如果自变量中有分类变量，则在“Logistic 回归”主对话框中单击“分类”按钮，打开“定义分类变量”子对话框，在其中指定如何生成虚拟变量，如图 17-3-4 所示。

“对比”下拉列表中的选项有：

◇ 指示符：这是系统默认选项，表示各类效应都与指定参照类的水平进行比较，参照类别可选“最后一个”或“第一个”。

◇ 简单：与“指示符”相同，将各类（参照类除外）效应都与指定参照类的水平进行比较，主要区别在于生成的虚拟变量不是 0-1 型二值变量，其标志值依分类数多少而定。例如，分两类时，分别以 0.5 和 -0.5 表示“是”与“不是”；分三类时，分别以 0.667 和 -0.333 表示“是”与“不是”；分四类时，分别以 0.750 和 -0.250 表示“是”与“不是”。

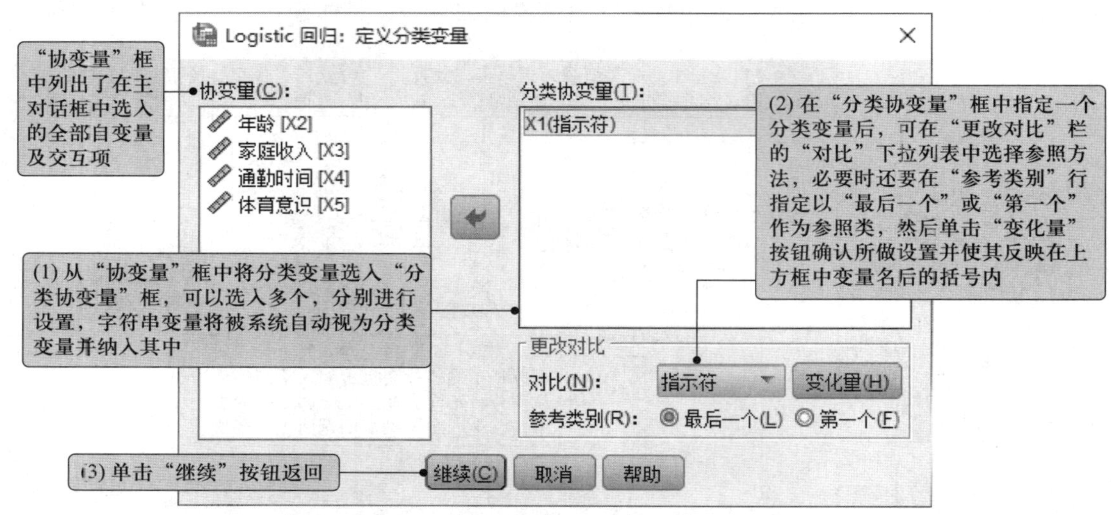

图 17-3-4 对分类变量生成虚拟变量的操作

◇ 差异：将各类（除第一类外）效应都与其前面所有类的平均水平进行比较。

◇ 赫尔默特：将各类（除最后一类外）效应都与其后面所有类的平均水平进行比较。

◇ 重复：将各类（除第一类外）效应都与其前面相邻类的水平进行比较。

◇ 多项式：此项仅适用于数值型的分类变量，用于检验各类效应是否与类别呈某种趋势。常用的趋势模型有线性、平方、立方等。

◇ 偏差：将各类（除指定参照类外）效应都与总体水平进行比较。此时各个水平的回归系数都是相对于总体水平而言的改变量。对于指定的那个参照类，其回归系数等于 0 减去其他各类回归系数的代数和。

本例处理：性别属于分类变量，将其选入"分类协变量"框；对比方法选择"指示符"，参考类别选择"最后一个"。

第 6 步：在"Logistic 回归"主对话框中单击"保存"按钮，打开"保存"子对话框，可在其中选择拟保存到数据文件中的新变量，如图 17-3-5 所示。

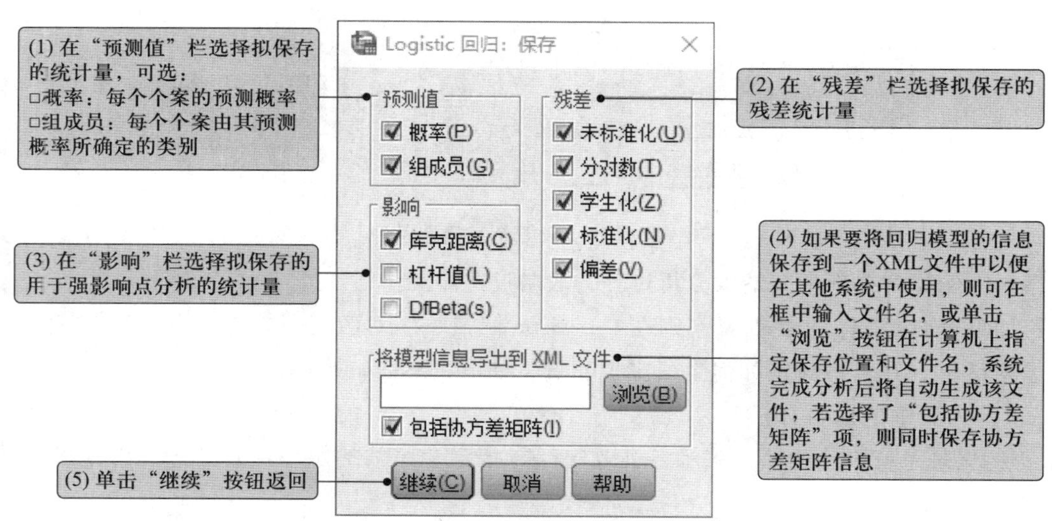

图 17-3-5 选择输出的变量

"残差"栏主要用于考察拟合的具体情况，帮助发现异常值。以 Y_i 表示实测概率，以 p_i 表示预测概率，则各选项的意义为：

□ 未标准化：未标准化的残差，即实测概率与预测概率之间的差值，数学定义为：

$$RES_i = Y_i - p_i$$

☐ 分对数：采用 Logit P 估计的残差，数学定义为：

$$LRE_i = \frac{Y_i - p_i}{p_i(1-p_i)}$$

☐ 学生化：学生氏化的残差。

☐ 标准化：标准化的残差，其均值为 0，标准差为 1，数学定义为：

$$ZRE_i = \frac{1-p_i}{\sqrt{p_i(1-p_i)}}$$

☐ 偏差：偏差的数学定义为：

$$DEV_i = \pm\sqrt{-2[Y_i \ln p_i + (1-Y_i)\ln(1-p_i)]}$$

当 $Y_i > p_i$ 时取正号，当 $Y_i < p_i$ 时取负号。

以上几种残差的绝对值如果较大，意味着当前个案可能是异常值。

“影响”栏主要用于分析强影响点。各选项的意义为：

☐ 库克距离：表示把当前个案从样本中除去时所引起的残差变化量。库克距离很大意味着当前个案可能是强影响点。

☐ 杠杆值：用来衡量个案对回归效果的影响程度，取值范围在 0~1 之间。杠杆值接近 1 表示当前个案对预测值产生较大影响，有可能是强影响点。

☐ DfBeta(s)：表示剔除当前个案后回归系数的改变量。该值较大意味着当前个案可能是强影响点。

本例处理：在“预测栏”选择概率、组成员；在“残差”栏选择未标准化、分对数、学生化、标准化、偏差；在“影响”栏选择库克距离。

第 7 步：在“Logistic 回归”主对话框中单击“选项”按钮，打开“选项”子对话框，在其中选择拟输出的统计量和统计图，并进行有关设置，如图 17-3-6 所示。

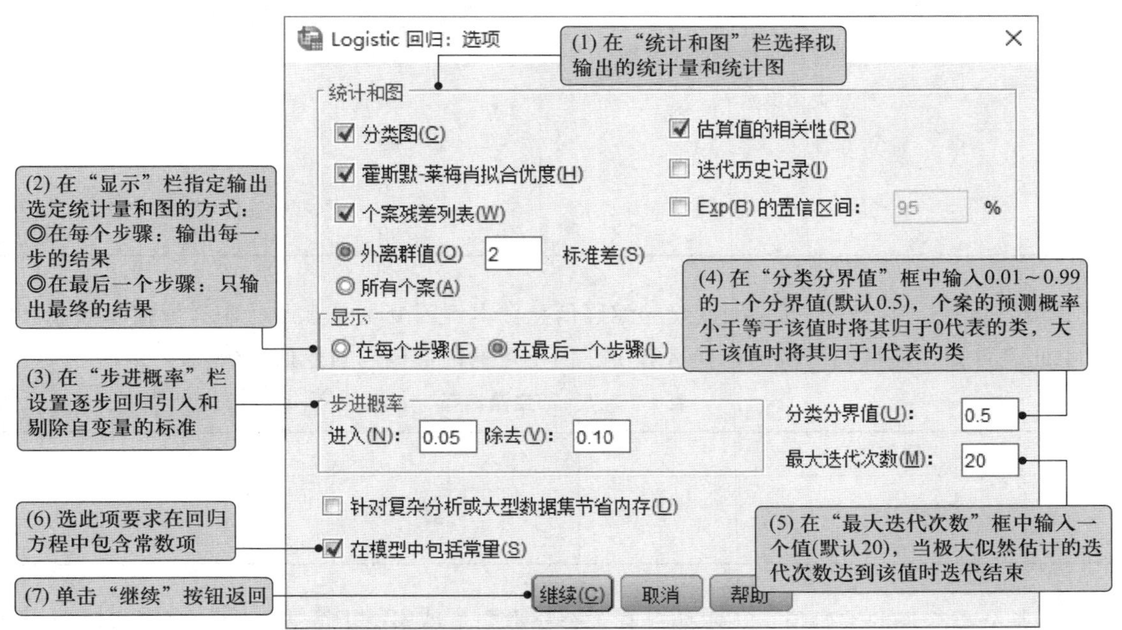

图 17-3-6　选择统计量、图及进行有关设置

“统计和图”栏各选项的意义为：

☐ 分类图：选此项，输出因变量依据预测概率的分类直方图。

□ 霍斯默-莱梅肖拟合优度：选此项，输出霍斯默-莱梅肖统计量，反映回归方程的拟合优度。

□ 个案残差列表：选此项，输出个案的残差信息，包括实测分类、预测概率、预测分类、非标准化残差、标准化残差、学生化残差等统计量。有两个具体选项：

◎ 外离群值：在框中输入一个正数，表示只输出学生化残差值大于该值的个案的残差信息。

◎ 所有个案：表示输出所有个案的残差信息。

□ 估算值的相关性：选此项，输出回归模型中各变量估计值的相关系数矩阵。

□ 迭代历史记录：选此项，输出每一步中各次迭代的信息，包括-2 对数似然值和各自变量（含常数项）的回归系数。

□ Exp(*B*) 的置信区间：选此项，输出各回归系数指数函数（e^{B_j}）的置信区间，可在框中输入 1~99 的一个整数作为置信水平（%），默认 95%。

在“步进概率”栏设定进行逐步回归分析时引入和剔除自变量的标准。

进入：在“进入”框中输入将自变量引入回归模型的概率值（默认 0.05）。每一步中，如果某变量得分检验的概率值小于该值，则将其引入方程。

除去：在“除去”框中输入将自变量移出回归模型的概率值（默认 0.10）。每一步中，如果某变量得分检验的概率值大于该值，则将其从方程中剔除。

本例处理：在“统计和图”栏选择分类图、霍斯默-莱梅肖拟合优度、个案残差列表（外离群值，2 个标准差）、估算值的相关性等；在“显示”栏选择“在最后一个步骤”；在“步进概率”栏，进入的值设为 0.05，除去的值设为 0.10；“分类分界值”设为 0.5；“最大迭代次数”设为 20；选择“在模型中包含常量”项。

2. 结果解读

（1）个案处理摘要。表 17-3-4 是个案处理摘要。由此表可知，本例共 90 个个案参与了分析。

表 17-3-4 个案处理摘要

未加权个案数		个案数	百分比
选定的个案	包括在分析中的个案数	90	100.0
	缺失个案数	0	0.0
	总计	90	100.0
未选定的个案		0	0.0
总计		90	100.0

（2）变量编码信息。表 17-3-5 是因变量的编码信息。本例因变量是参与状态，原值 1 表示积极、0 表示不积极。由此表可知，在回归分析的迭代运算中，因变量的内部编码与原值一致。

表 17-3-5 因变量编码

原值	内部值
0	0
1	1

表 17-3-6 是分类变量的编码信息。本例只有一个分类变量性别。由此表可知，观测对象中女性 39 人，男性 51 人。由于性别变量的原值 0 表示女，1 表示男，而本例在设置分类变量时选择了“最后一个”，即以“男”为参照类，此时虚拟变量表示“是否为女”之意。因此，在回归分析中，虚拟变量取值 1 表示是女，取值 0 则表示是男。

表 17-3-6　分类变量编码

		频率	参数编码
			(1)
性别	女	39	1.000
	男	51	0.000

（3）块 0 的统计结果。表 17-3-7 至表 17-3-9 给出了“块 0”的统计结果，包括分类表、方程中的变量和不在方程中的变量。“块 0”就是起始块，指回归模型仅含常数项（截距），而不含其他自变量。

由表 17-3-7 可知，只含常数项的回归模型对参与状态为 0（不积极）的预测准确率为 0%，对参与状态为 1（积极）的预测准确率为 100%，总体预测准确率为 57.8%。

由表 17-3-8 可知，常数项的瓦尔德卡方值为 2.160，$P=0.142>0.05$，应接受原假设，认为常数项无显著意义，对解释因变量没有贡献。

表 17-3-7　分　类　表

实测			预测		
			参与状态		正确百分比
			0	1	
步骤 0	参与状态	0	0	38	0.0
		1	0	52	100.0
	总体百分比				57.8

表 17-3-8　方程中的变量

		B	标准误差	瓦尔德	自由度	显著性	Exp(B)
步骤 0	常量	0.314	0.213	2.160	1	0.142	1.368

表 17-3-9 是模型仅含常数项时各自变量的得分检验结果，其中的性别（1）是虚拟变量。可以看出，体育意识的得分（57.670）最大且符合引入标准（$P<0.05$），故在下一步将其引入回归模型。

表 17-3-9　未包括在方程中的变量

			得分	自由度	显著性
步骤 0	变量	性别（1）	0.053	1	0.818
		年龄	24.831	1	0.000
		家庭收入	33.666	1	0.000
		通勤时间	0.715	1	0.398
		体育意识	57.670	1	0.000
	总体统计		65.886	5	0.000

以上三张表的数据仅仅是参考，没有什么实际意义。

（4）块 1 的统计结果。本例设置了 1 个块，采用“向前：有条件”方法进行逐步回归分析，要求输出最终结果。由于逐步回归进行了 3 步即结束，故仅给出步骤 3 的统计表和统计图。

表 17-3-10 是回归模型综合检验（方程显著性检验）的结果，分别输出了三行似然比卡方值。其中，“步骤”行是本步与前一步相比的似然比卡方，$\chi^2=6.315$，显著性概率 $P=0.012<0.05$，应拒绝原假设，接受备择假设，可认为方程中的所有回归系数不全为 0，回归模型具显著性。也可以说，模型中自变量的全体与 Logit P 之间的线性关系显著，采用该模型是合理的。

“块”行是本块与前一块相比的似然比卡方；“模型”行是本模型与前一模型相比的似然比卡方。在本例中，由于只设置1个块，只建立1种模型，故每一步的“块”行和“模型”行结果相同。

表 17-3-10 模型系数的 Omnibus 检验

		卡方	自由度	显著性
步骤 3	步骤	6.315	1	0.012
	块	103.200	3	0.000
	模型	103.200	3	0.000

表 17-3-11 列出了模型拟合优度检验的几个统计量。-2 对数似然比的值越小，考克斯-斯奈尔 R^2 值和内戈尔科 R^2 值越接近于1，回归方程的拟合优度越高。此处，-2 对数似然比的值为 19.380，不算大；考克斯-斯奈尔 $R^2=0.682$，较接近于1；内戈尔科 $R^2=0.917$，非常接近于1。因此，可认为步骤3所建立回归模型的拟合优度比较理想。

表 17-3-11 模 型 摘 要

步骤	-2 对数似然	考克斯-斯奈尔 R 方	内戈尔科 R 方
3	19.380	0.682	0.917

表 17-3-12 是霍斯默-莱梅肖检验的结果；表 17-3-13 是该检验所用的交叉列联表。由两表可知，本例中，系统将数据分成了10组，先根据预测概率求出各单元格的期望频数，进而求得霍斯默-莱梅肖卡方值。可知 $\chi^2=3.694$，显著性概率 $P=0.884>0.05$，应接受原假设，即可认为预测结果与实际状况没有显著差异，模型对数据的拟合度较好。

表 17-3-12 霍斯默-莱梅肖检验

步骤	卡方	自由度	显著性
3	3.694	8	0.884

表 17-3-13 霍斯默-莱梅肖检验的列联表

		参与状态=0		参与状态=1		总计
		实测	期望	实测	期望	
步骤 3	1	9	8.998	0	0.002	9
	2	9	8.970	0	0.030	9
	3	8	8.794	1	0.206	9
	4	8	7.890	1	1.110	9
	5	4	3.173	5	5.827	9
	6	0	0.167	9	8.833	9
	7	0	0.007 6	9	8.993	9
	8	0	0.001	9	8.999	9
	9	0	0.000	9	9.000	9
	10	0	0.000	9	9.000	9

表 17-3-14 是最终回归模型以 0.5 为分界点得出的预测值与实测值的比较表，反映了模型的正误判别率。从表中可以看出，原参与状态为不积极（0）的38人中，1人被预测为积极（1），正确预测率为97.4%；原参与状态为积极（1）的52人中，2人被预测为不积极（0），正确预测率为96.2%；总体正确预测率为96.7%。显然，该模型的正确预测率还是很高的。

表 17-3-14　分　类　表

实测			预测		
			参与状态		正确百分比
			0	1	
步骤 3	参与状态	0	37	1	97.4
		1	2	50	96.2
	总体百分比				96.7

表 17-3-15 是最终回归方程中各自变量（含常数项）的有关统计量，包括：回归系数（B）、回归系数的标准误、回归系数显著性检验的瓦尔德χ^2 值、自由度、显著性水平 P 及回归系数的指数函数值。该表包含了二项逻辑回归分析结果中最重要的信息。

从表中可以看出，最终回归模型中保留了 3 个自变量：家庭收入（X_3）、通勤时间（X_4）和体育意识（X_5）。根据回归系数 B 可以写出逻辑回归模型的线性函数式：

$$Z=-43.572+2.455X_3-1.242X_4+4.561X_5$$

将个案相应自变量的观测值代入上式，即可求得预测概率。例如，将编号为 1 的个案的 X_3、X_4、X_5 三个变量的实测值代入，可得：

$Z=-43.572+2.455\times6.6-1.242\times0.5+4.561\times6.6=2.113$

将 Z 值代入逻辑回归模型的概率函数式，得预测概率 $P=\dfrac{e^Z}{1+e^Z}=\dfrac{2.718^{2.113}}{1+2.718^{2.113}}=0.8921$。

因 $0.8921\geqslant0.5$，所以确定该个案的预测类别为 1，属于“积极”类型。

表 17-3-15　方程中的变量

		B	标准误差	瓦尔德	自由度	显著性	Exp(B)
步骤 3	家庭收入	2.455	0.896	7.507	1	0.006	11.643
	通勤时间	-1.242	0.653	3.613	1	0.057	0.289
	体育意识	4.561	1.428	10.199	1	0.001	95.705
	常量	-43.572	13.646	10.195	1	0.001	0.000

从表 17-3-15 中瓦尔德统计量的显著性概率看，对家庭收入、体育意识和常量，均有 $P<0.01$，应拒绝原假设，接受备择假设，表明这 3 个回归系数与 0 有显著差异，应该保留在方程中。对通勤时间，$P>0.05$，应接受原假设，表明该回归系数与 0 无显著差异，不应保留在方程中。但根据表 17-3-10 似然比卡方检验的结果，回归模型具显著性，故此处瓦尔德统计量仅作为参考。

方程中自变量与 Z 的关系实际上反映了自变量与 P 的关系。由此表可知，家庭收入和体育意识对参与状态起正向影响，而通勤时间对参与状态起负向影响。具体地说，家庭收入的回归系数为 2.455，说明家庭收入越高使 P 值越趋近于 1，意味着参与状态越可能倾向于“积极”。体育意识的回归系数为 4.561，说明体育意识得分越高使 P 值越趋近于 1，意味着参与状态越可能倾向于“积极”。而通勤时间的回归系数为 -1.242，说明通勤时间越多使 P 值越趋近于 0，意味着参与状态越可能倾向于“不积极”。显然，花在上、下班交通上的时间太多势必影响参加体育锻炼的积极性。所得回归模型还反映出，除了家庭收入和通勤时间这两个客观条件外，增强体育意识是提高参加体育锻炼积极性的重要手段。

表 17-3-15 中各回归系数的 Exp(B) 值代表相应自变量产生一个单位的变化时，发生比$\dfrac{P}{1-P}$的改变量。

该值越大，表明对应自变量对回归模型的影响越大。可以看出，本例中的 Exp(*B*) 值，体育意识最大(95.705)，家庭收入次之（11.654)，通勤时间最小（0.289)。因此，可认为体育意识对参与状态的影响最大，家庭收入的影响次之，通勤时间的影响最小。

表 17-3-16 是回归模型中各自变量（包括常数项）相互之间的相关系数矩阵。由此表可知，体育意识与家庭收入呈中度正相关（r=0.766)，与通勤时间呈中度负相关（r=-0.721)；通勤时间与家庭收入呈中度负相关（r=-0.662)。

表 17-3-16 相关性矩阵

		常量	家庭收入	通勤时间	体育意识
步骤 3	常量	1.000	-0.948	0.709	-0.928
	家庭收入	-0.948	1.000	-0.662	0.766
	通勤时间	0.709	-0.662	1.000	-0.721
	体育意识	-0.928	0.766	-0.721	1.000

表 17-3-17 是未进入最终回归模型的自变量信息，其中的性别（1）是虚拟变量。由此表可知，对性别(1)、年龄进行得分检验的显著性概率分别为 0.065 和 0.451，均大于 0.05，故未被引入最终的回归模型。这个结果表明性别、年龄对公司职员参与体育锻炼的积极性影响不大。

表 17-3-17 未包括在方程中的变量

			得分	自由度	显著性
步骤 3	变量	性别（1）	3.400	1	0.065
		年龄	0.568	1	0.451
	总体统计		3.452	2	0.178

表 17-3-18 是逐步回归各步骤的摘要信息。“改善量”栏的卡方值是与前一步相比较的似然比卡方值改变量，“模型”栏的卡方值是与只含常数项的方程相比较的似然比卡方值。由此表可知，逐步回归总共进行了 3 步，第 1 步引入了体育意识，正确预测率达 91.1%；第 2 步引入了家庭收入，正确预测率达 94.4%；第 3 步引入了通勤时间，正确预测率达 96.7%。

表 17-3-18 步 骤 摘 要

步骤	改善量			模型			正确类%	变量
	卡方	自由度	显著性	卡方	自由度	显著性		
1	78.128	1	0.000	78.128	1	0.000	91.1%	IN：体育意识
2	18.757	1	0.000	96.885	2	0.000	94.4%	IN：家庭收入
3	6.315	1	0.012	103.200	3	0.000	96.7%	IN：通勤时间

图 17-3-7 是预测概率的分类直方图。

该图横轴是对体育锻炼参与状态为“积极”（取值 1）的预测概率（Predicted Probability)，分界点是 0.5（作者在此位置另加了一条纵向虚线)；纵轴是个案频数（Frequency)。图中以“0”和“1”为符号来指代个案实际归属的类别，“0”为不积极，“1”为积极，每个符号代表 5 个个案（5 Cases)，每一纵列符号就相当于一般直方图上的一个长条矩形，代表在该预测概率位置上的个案数。显然，如果模型对原数据的预测完全准确，那么虚线左侧的符号都应该是“0”，虚线右侧的符号都应该是“1”，而且两类符号越靠近两端，预测效果越好。凡在虚线左侧出现的“1”或在虚线右侧出现的“0”都是指代错误预测的个案。

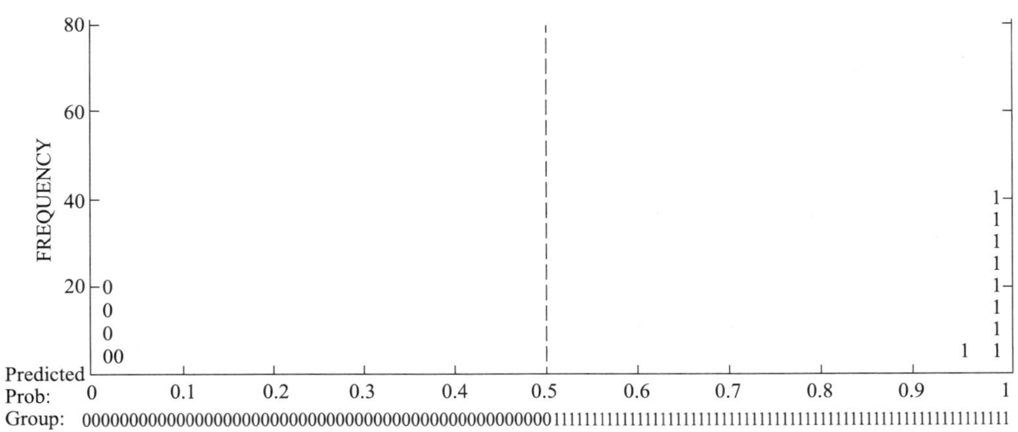

Predicted Probability is of Membership for 1
The Cut Value is .50
Symbols：0—0
1—1
Each Symbol Represents 5 Cases.

图 17-3-7 因变量依据预测概率的分类直方图

总体来看，本例生成的图符合正确预测的特征，模型的模拟效果不错。应注意的是，此图虽然直观，但在一个符号代表多个个案时可能不太精确。精确的预测分析已由表 17-3-14 给出。

表 17-3-19 是个案残差列表，根据前面的设置，仅列出学生化残差大于 2 的个案。由此表可知，属于指定范围的只有编号为 2 的个案。其实测分类为 1，预测分类为 0，残差、标准化残差、学生化残差都比较大，说明该个案与预测结果差异很大，可能是异常值。

表 17-3-19 个案列表[b]

个案	选定的状态[a]	实测	预测	预测组	临时变量		
		参与状态			残差	标准化残差	学生化残差
2	S	1 **	0.031	0	0.969	5.615	2.734

a. S=选定的个案，U=未选定的个案，** =分类不正确的个案

b. 列示了学生化残差大于 2.000 的个案

（5）增加了新变量的数据文件

图 17-3-8 是增加了新变量的数据文件。根据先前的设置，对每一个案都生成了 8 个新变量值。其中，*PRE_1* 为预测概率；*PGR_1* 为根据预测概率和分界标准确定的预测分类；*COO_1* 为库克距离；*RES_1* 为未标准化残差，即预测概率与实测值（*Y*）之差；*LRE_1* 为分对数残差；*SRE_1* 为学生化残差；*ZRE_1* 为标准化残差；*DEV_1* 为偏差。

	Y	PRE_1	PGR_1	COO_1	RES_1	LRE_1	SRE_1	ZRE_1	DEV_1
1	1	.89206	1	.05363	.10794	1.12100	.57418	.34784	.47795
2	1	.03074	0	2.31359	.96926	32.52780	2.73409	5.61496	2.63898
3	1	.95407	1	.00576	.04593	1.04814	.32447	.21941	.30665
4	0	.00000	0	.00000	.00000	-1.00000	-.00313	-.00221	-.00313
5	1	.95711	1	.00465	.04289	1.04481	.31106	.21168	.29608
6	0	.00001	0	.00000	-.00001	-1.00001	-.00442	-.00312	-.00442
7	0	.00000	0	.00000	.00000	-1.00000	-.00150	-.00106	-.00150
8	1	.99993	1	.00000	.00007	1.00007	.01205	.00852	.01205
9	0	.00251	0	.00002	-.00251	-1.00252	-.07120	-.05017	-.07091
10	0	.00148	0	.00001	-.00148	-1.00149	-.05471	-.03856	-.05451
11	0	.00630	0	.00011	-.00630	-1.00634	-.11338	-.07962	-.11242
12	0	.07527	0	.00456	-.07527	-1.08139	-.40653	-.28530	-.39560

图 17-3-8 增加了新变量的数据文件（部分）

仔细考察数据表，可以了解预测的详细情况，发现异常值和强影响点。在实际工作中，对于确认为异常值或强影响点的个案，可以考虑将它们排除后重新建立回归模型，以提高预测的正确率。

思考与练习

1. 什么是回归分析？回归分析的主要任务有哪些？
2. 什么是线性回归？
3. 如何评价线性回归方程的显著性？
4. 如何评价线性回归方程的拟合优度？
5. 在线性回归分析中，为什么要关注残差分析？从哪些方面进行残差分析？
6. 在线性回归分析中，如何识别异常值和强影响点？
7. 在多元线性回归分析中，为什么要关注共线性问题？从哪些方面进行共线性诊断？
8. 什么是最优回归方程？试述线性回归分析中逐步筛选法的基本思路。
9. 什么是曲线估计？曲线估计对变量有什么要求？
10. 进行由线估计时，如何选择拟合模型？
11. 什么情况需要用到逻辑回归分析？
12. 二项逻辑回归模型的检验主要有哪些内容？
13. 二项逻辑回归分析中，什么情况需要设置虚拟变量？
14. 测得耒地一年级 15 名女大学生体重（X，kg）与肺活量（Y，mL）的数据，如表 17-4-1 所示。试建立由体重推测肺活量的一元线性回归方程，并对回归方程做出评价。

表 17-4-1 一年级女大学生体重、肺活量测试数据

ID	X	Y	ID	X	Y	ID	X	Y
1	41	2 300	6	58	3 580	11	52	3 180
2	46	2 730	7	60	3 660	12	52	3 140
3	43	2 250	8	54	3 000	13	54	3 310
4	50	3 450	9	44	2 460	14	53	3 300
5	55	2 980	10	47	2 940	15	51	3 260

15. 为了分析三级跳远成绩与专项素质之间的关系，对 40 名男子三级跳远运动员进行测试，结果如表 17-4-2 所示。试以三级跳远成绩 Y 为因变量，以 $X1$，$X2$，$X3$，$X4$ 等 4 个专项素质为自变量，进行逐步回归分析，建立多元线性回归方程，并对回归方程做出评价（引入和剔除自变量的方法选择“使用 F 的概率”，引入标准采用 0.05，剔除标准采用 0.10）。

ID：编号

Y：三级跳远成绩（m）

$X1$：40 米跑（s）

$X2$：2~4 步助跑五级跳远（m）

$X3$：6 步助跑单足五级跳远（起跳腿，m）

$X4$：负重杠铃半蹲系数（蹲起重量/体重）

表 17-4-2　男子三级跳远运动员 5 项指标测试结果

ID	Y	$X1$	$X2$	$X3$	$X4$	ID	Y	$X1$	$X2$	$X3$	$X4$
1	15.78	4.80	19.73	19.58	3.17	21	14.44	4.90	18.03	19.40	2.68
2	13.78	5.00	18.53	19.03	2.46	22	13.94	4.90	18.80	20.70	2.32
3	15.39	4.70	20.82	21.60	2.36	23	13.30	5.10	17.20	17.80	2.56
4	14.56	5.07	18.02	20.02	3.43	24	13.44	4.93	18.15	17.73	2.50
5	15.80	4.50	21.50	21.43	3.64	25	13.30	4.96	17.90	18.14	3.38
6	14.68	4.80	18.00	18.28	2.61	26	13.33	4.91	18.20	19.17	3.56
7	15.73	4.70	20.90	21.78	3.33	27	14.05	4.95	18.40	19.60	2.42
8	15.33	4.80	21.90	21.50	3.18	28	14.38	5.20	19.10	20.60	2.07
9	14.76	4.90	17.21	18.19	2.27	29	14.72	4.80	18.40	19.00	3.17
10	15.43	4.61	19.04	20.38	3.38	30	14.60	4.90	18.70	19.20	3.67
11	14.08	4.60	17.28	18.16	2.86	31	14.42	5.00	17.70	19.79	3.43
12	14.13	4.80	17.28	18.16	2.86	32	14.38	4.90	17.50	18.75	2.87
13	14.01	5.00	19.08	18.96	2.38	33	13.52	4.90	17.90	18.61	2.71
14	14.22	4.70	17.74	18.02	2.15	34	13.38	5.20	17.90	18.95	2.34
15	14.55	4.60	18.48	18.11	2.38	35	13.45	5.10	18.35	18.98	1.95
16	13.64	4.70	18.10	19.30	2.50	36	13.84	4.90	18.49	18.37	2.29
17	13.40	5.10	17.03	18.20	2.35	37	14.01	5.20	17.55	18.55	3.56
18	13.65	4.70	17.51	18.03	2.46	38	13.83	4.90	17.29	18.45	3.85
19	13.69	4.90	18.35	18.73	2.83	39	13.78	4.90	17.57	18.30	2.31
20	13.87	4.80	19.10	19.80	2.72	40	14.19	4.82	19.45	19.84	2.66

16. 某研究小组测量了以不同速度在水中拖曳人体模型时的阻力，如表 17-4-3 所示。试建立以速度为自变量、以阻力为因变量的曲线模型，并对曲线模型做出评价。

表 17-4-3　在水中以不同速度拖曳人体模型时的阻力

速度（m/s）	0.63	0.84	1.05	1.26	1.47	1.68	1.89	2.10
阻力（kg）	1.11	2.02	3.28	4.92	6.60	7.84	11.00	14.40

17. 为促进体育旅游的发展，某研究小组在 60 名成年游客中进行潜水活动参加意愿的问卷调查，结果如表 17-4-4 所示。试以 Y 为因变量，以其他影响指标为自变量，采用逐步选择自变量的方法进行二项逻辑回归分析，探讨影响潜水活动参加意愿的主要因素。

ID：编号

Y：参加意愿，其值 1 代表“有意愿”，0 代表“无意愿”

$X1$：性别，其值 0 代表女，1 代表男

$X2$：年龄

$X3$：月收入（千元）

$X4$：相关知识，通过李克特 5 级量表测量得到的分数

表 17-4-4 60 名成年游客潜水活动参加意愿调查结果

ID	Y	X1	X2	X3	X4	ID	Y	X1	X2	X3	X4
1	1	1	20	3.5	46	31	1	1	23	4.8	48
2	1	1	22	5.2	40	32	1	1	28	4.2	50
3	0	0	34	5.4	37	33	1	1	30	5.0	42
4	0	0	48	5.8	33	34	1	1	24	5.3	46
5	0	0	59	7.6	32	35	1	1	27	3.8	45
6	0	1	42	5.2	26	36	0	0	42	4.6	30
7	0	1	36	4.8	32	37	0	1	43	4.8	36
8	1	1	28	4.8	44	38	1	1	35	4.4	42
9	1	0	30	4.5	46	39	0	0	53	6.8	16
10	0	1	37	5.4	27	40	0	1	37	4.4	26
11	1	1	33	5.6	47	41	0	1	53	6.0	28
12	0	0	41	6.0	22	42	1	1	21	3.9	47
13	0	1	45	6.8	28	43	1	0	34	4.2	44
14	0	0	37	4.2	34	44	1	1	28	4.8	40
15	1	1	25	6.4	45	45	1	0	26	5.8	41
16	1	1	23	4.2	46	46	0	0	50	6.3	37
17	0	0	49	6.2	31	47	0	1	56	7.8	36
18	1	0	38	4.5	22	48	0	1	22	4.6	49
19	0	1	43	4.0	25	49	0	0	37	4.5	32
20	0	1	36	4.8	16	50	0	0	36	5.0	24
21	1	1	36	5.0	48	51	1	1	30	6.3	44
22	0	1	43	5.2	40	52	0	0	36	5.2	28
23	1	0	31	6.6	42	53	0	1	40	5.4	26
24	1	1	19	3.5	41	54	1	1	19	3.8	44
25	0	0	38	5.8	37	55	0	0	38	6.2	18
26	0	1	47	6.2	40	56	0	0	38	4.0	14
27	1	1	33	4.5	46	57	0	0	39	6.6	25
28	0	0	45	5.8	36	58	0	1	37	5.7	37
29	0	0	60	8.7	40	59	1	1	24	7.5	43
30	1	0	34	6.0	41	60	1	1	46	7.0	36

第十八章 聚类分析

第一节 聚类分析概述

一、聚类分析的概念

物以类聚，人以群分。聚类分析就是一种在没有事先指定分类标准的情况下，根据事物本身的特性来研究个体分类的多元统计分析方法。

聚类分析的基本思想是，同一类个体之间在特征上具有较大的相似性，不同类个体之间在特征上的差异较大。我们可以根据所研究事物的特点，找到一些能够度量个体之间亲疏程度的统计量，并将这些统计量作为划分类型的依据，把彼此之间关系较密切的个体划归一类，把另一些彼此之间关系较密切的个体划归另一类。

二、聚类分析的类型

1. 个案聚类

个案聚类又称为 Q 型聚类，是根据被研究对象的特征对个案进行分类。

例如，在运动员科学选材中，通常要对少年儿童运动员的身体形态、身体素质、身体机能、心理素质等多种指标进行测试，然后根据测试数据对少年儿童进行分类，看哪些人有较大的培养潜力，哪些人适合于在哪些运动项目上发展。

2. 变量聚类

变量聚类又称为 R 型聚类，是根据被研究对象的特征对变量进行分类。

例如，在建立某项运动训练控制模型时，由于人们对客观事物的认识有限，往往难以找到一些彼此独立的有代表性的变量。此时可先选择较多的变量进行测量，然后根据测量数据对变量分类，再从各类中挑选出典型变量，并根据这些典型变量来建立运动训练控制模型。

三、个体之间初始亲疏程度的度量

聚类分析中，个体之间的初始亲疏程度是极为重要的，它是聚类分析的出发点，直接影响最终的聚类结果。对个体之间初始亲疏程度的度量，既可以采用差异测度，也可以采用相似测度。

差异测度通常采用距离。距离越小，相似程度就越高；距离越大，相似程度就越低。使用差异测度进行聚类时，应将距离最小的类先行合并。

相似测度通常采用相似系数。相似系数是一个介于-1 和 1 之间的值。其值越接近于 1，相似程度就越高；其值越接近于-1，相似程度就越低。使用相似测度进行聚类时，应将相似系数值最大的类先行合并。

（一）距离

1. 适用于连续型数据（区间）的距离

欧氏距离　　　　平方欧氏距离　　　　切比雪夫距离

绝对距离（块） 明可夫斯基距离 自定义距离（定制）

2. 适用于离散型数据（计数）的距离

卡方（χ^2） Phi 方（Φ^2）

3. 适用于二值数据（二元）的距离

欧氏距离 平方欧氏距离 兰斯-威廉斯

大小差 模式差 方差

形状

（二）相似系数

1. 适用于连续型数据（区间）的相似系数

皮尔逊积差相关系数

夹角余弦

2. 适用于二值数据（二元）的相似系数

简单匹配 杰卡德 哈曼 拉塞尔-拉奥

掷骰 罗杰斯-塔尼莫特 索卡尔-施尼斯 1~5 切卡诺夫斯基 1~2

Lambda 安德伯格 D 尤尔 Y 尤尔 Q

落合 Phi 4 点相关 离散

关于距离和相似系数的详细说明，请参见第十六章相关分析中的距离分析一节。

在实际工作中，Q 型聚类通常用距离作为个体之间初始亲疏程度的度量；R 型聚类通常用相似系数作为个体之间初始亲疏程度的度量。

四、聚类分析的注意事项

1. 变量的选择

聚类分析的变量并非越多越好，因为无关变量的存在可能会造成错误的分类。因此，在做聚类分析前，应从专业角度考虑，尽量将对分类不起作用的变量剔除。如果在聚类分析前无法判定变量对分类是否有作用，则可先进行预分析，考察对变量进行方差分析的结果，并结合专业知识进行判断，剔除那些对分类不起作用的变量后，再重新进行聚类分析。

2. 共线性问题

在进行聚类分析时，如果变量间存在较强的共线性，能够互相替代，则可能使聚类结果产生较大的偏差，因为在计算距离时同类变量将重复“贡献”，相当于某个变量的权重远远大于其他变量，从而使最终的聚类结果偏向于该类变量。因此，如果变量的确存在共线性，最好先进行预处理，剔除共线性严重的变量后，再进行聚类分析。

3. 异常值

异常值对聚类的结果影响较大。为了保证聚类分析结果的准确可靠，可在聚类分析前通过某些方法（如 3S 法、探索性分析等）找出异常值，并将其剔除，然后再进行聚类分析。

4. 数据的标准化

在进行聚类分析时，如果变量的单位不同或各变量的均数差异较大，将会造成较大的聚类偏差。此时，应先对数据进行标准化处理。SPSS 系统提供了多种对数据进行标准化处理的方法，最常用的方法是把数据标准化成均值为 0、标准差为 1 的 Z 分数。

关于数据标准化处理的详细说明，请参见第十六章相关分析中的距离分析一节。

5. 聚类结果的选择

聚类分析时，采用不同的方法计算类间距离或相似系数，所得结果有可能不尽相同，单纯从统计学角度很难判断究竟哪一个结果更准确、更客观地反映了对象之间的相似关系。也就是说，不存在一个绝对的评价标准。在实际工作中，可以对一个聚类问题采用多种方法进行聚类，得出多个结果，然后再运用专业知识进行比较分析，从中选取较佳的聚类方案。

第二节　快速个案聚类

SPSS 提供的 K-均值聚类过程称为快速个案聚类，该方法属于 Q 型聚类。当事先已确定将对象聚为多少类时，可以采用这种方法。其特点是能很快地把个案分到各类中，处理速度快，占用内存小，适用于大样本，得出的结果也比较容易理解。

一、快速个案聚类的基本步骤

（1）用户自行指定需要聚成多少类。聚类数 k 必须大于等于 2，且不大于个案总数 n。

（2）确定 k 个初始类中心。用户可以将一个事先准备好的含有相同变量和 k 个个案的 SPSS 数据文件指定为初始类中心。如果未指定，则由系统根据样本情况自动选择 k 个有一定代表性的个案作为初始类中心。

（3）计算每个个案到 k 个初始类中心点的欧氏距离，并按照距离最短的原则分派所有个案，形成 k 个类。

（4）重新确定 k 个类中心点，即分别计算各类所含个案 P 个变量的均值，并以均值点作为各类新的中心点。

（5）判断是否已满足终止聚类分析的条件。聚类分析的终止条件有两个：

① 迭代次数：当迭代运算的次数等于指定的次数时终止聚类。

② 类中心偏移量：当新的类中心点距上一个类中心点的最大偏移量小于指定的数值时终止聚类。

上述两个条件中，只要满足了任意一个，都会结束聚类过程，形成最终的 k 个类。如果不满足终止条件，则回到第 3 步，继续进行迭代运算。

在快速个案聚类过程中，个案所属的类会不断调整，直到最终稳定为止。适当增加迭代次数或合理指定中心点偏移量的判定标准，可以有效克服指定初始中心点时可能存在的偏差，提高聚类分析的准确性。

二、快速个案聚类在 SPSS 中的实现

【案例 1801】

测得 12 名游泳运动员的身体形态资料，数据文件“案例 1801. sav”如图 18-2-1 所示。其中，$X1$ 为肩宽/髋宽×100；$X2$ 为胸厚/胸围×100；$X3$ 为腿长/身长×100。试采用快速个案聚类的方法，将运动员按形态特征分成四类。

本例的 3 个变量都是运动员身体形态的比例值，故无须预先进行标准化处理，可直接进行 K-均值聚类。

	编号	X1	X2	X3
1	1	125	20	44
2	2	121	18	43
3	3	120	17	42
4	4	124	20	45
5	5	122	18	43
6	6	120	19	44
7	7	121	17	41
8	8	122	19	43
9	9	122	17	42
10	10	121	19	45
11	11	126	21	45
12	12	121	20	44

图 18-2-1　案例 1801 的数据文件

1. 在 SPSS 中实现的步骤

第 1 步：在数据编辑器窗口中打开数据文件“案例 1801. sav”。

第 2 步：在“分析”菜单中选择“分类”→“*K*-均值聚类”命令，打开相应的主对话框。

第 3 步：在“*K*-均值聚类”主对话框中进行快速个案聚类的具体操作，如图 18-2-2 所示。

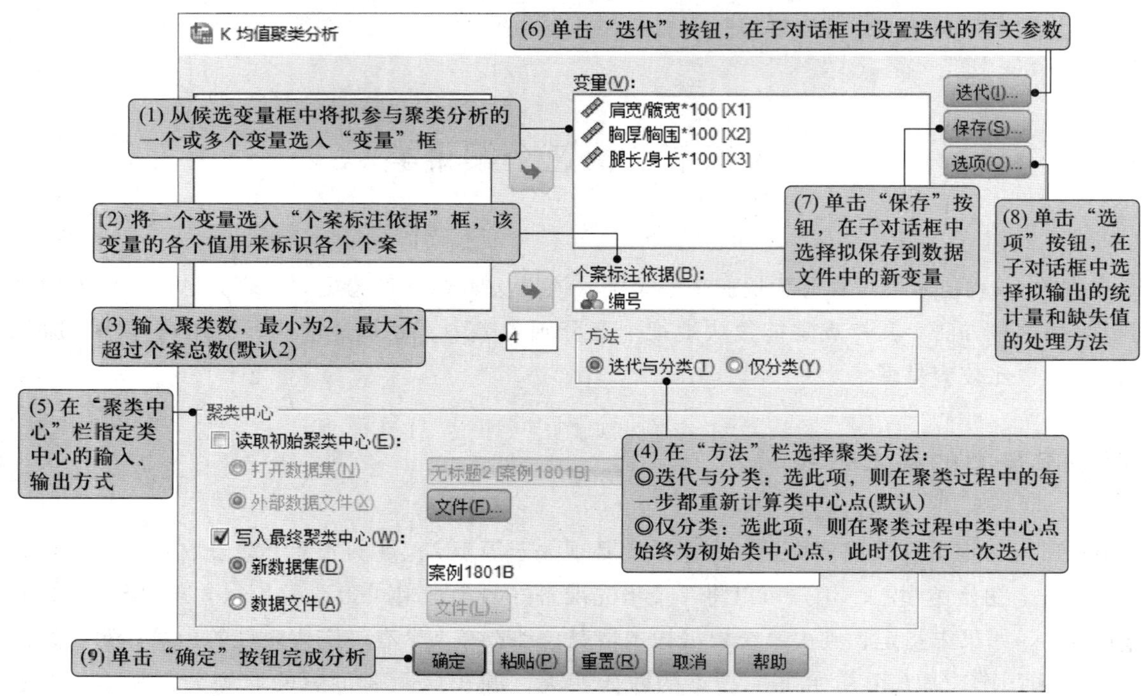

图 18-2-2 *K*-均值聚类（快速个案聚类）的操作

在“聚类中心”栏指定类中心的输入、输出方式：

□ 读取初始类中心：选此项指使用指定数据文件中的个案作为初始类中心。应事先建立一个数据文件，其中的个案数与要聚成的类数相等，变量必须是拟参与聚类的变量。具体的读取方式有两种：

◎ 打开数据集：如果初始类中心数据文件已经打开，则可选此项，然后在右侧的下拉列表中选择该文件。

◎ 外部数据文件：如果初始类中心数据文件尚未打开，则可单击右侧的“文件”按钮，通过子对话框查找并选择该数据文件。

□ 写入最终聚类中心：选此项指把聚类结果中的类中心信息保存到指定的数据文件中。具体的写入方式有两种：

◎ 新数据集：选此项并在右侧框中输入文件名，则建立并打开该文件，将最终类中心信息保存在该文件中。

◎ 数据文件：选此项，则可单击右侧的“文件”按钮，通过子对话框查找并选择某个数据文件，将最终类中心信息保存在该文件中。

本例处理：将 *X*1~*X*3 选入“变量”框；将编号选入“个案标注依据”框。在“聚类数”框中输入聚类数 4。在“方法”栏选择“迭代与分类”。在“聚类中心”栏选择“写入最终聚类中心—新数据集”项，并在其右侧框中输入“案例 1801B”作为最终类中心数据文件的名称。

第 4 步：在“*K*-均值聚类”主对话框中单击“迭代”按钮，打开“迭代”子对话框，在其中设置迭代的有关参数，如图 18-2-3 所示。

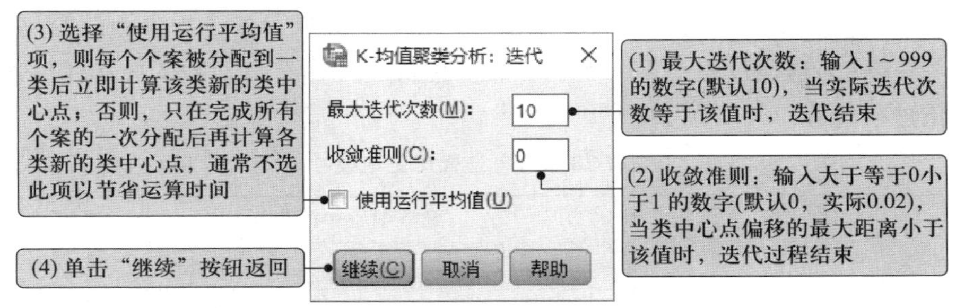

图 18-2-3　迭代的操作

本例处理：最大迭代次数和收敛准则都采用默认设置。

第 5 步：在"K-均值聚类"主对话框中单击"保存"按钮，打开"保存新变量"子对话框，在其中选择拟保存到数据文件中的新变量，如图 18-2-4 所示。

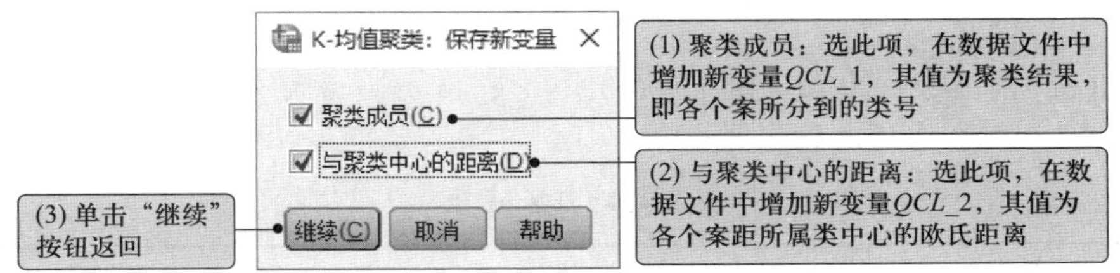

图 18-2-4　保存新变量的操作

本例处理：选择"聚类成员"和"与聚类中心的距离"两项。

第 6 步：在"K-均值聚类"主对话框中单击"选项"按钮，打开"选项"子对话框，在其中选择拟输出的统计量和缺失值的处理方法，如图 18-2-5 所示。

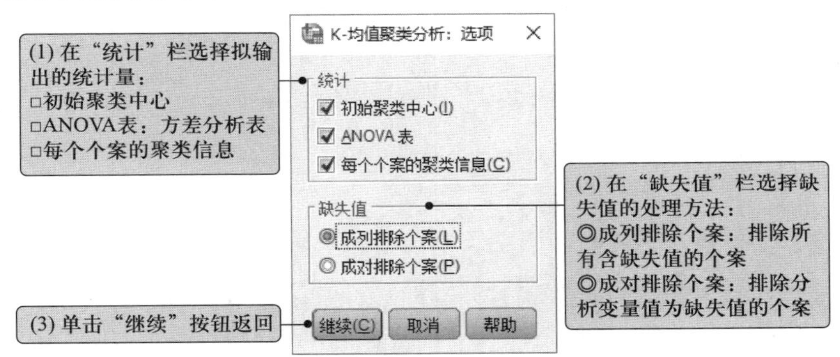

图 18-2-5　选项的操作

本例处理：输出的统计量选择"初始聚类中心""ANOVA 表""每个个案的聚类信息"3 项；缺失值的处理方法采用默认设置。

2. 结果解读

(1) 初始类中心。表 18-2-1 是初始类中心信息。表中数值是系统根据样本情况自动选择的 4 个初始类中心点在 3 个维度上的变量值。

表 18-2-1　初始聚类中心

	聚类			
	1	2	3	4
肩宽/髋宽＊100	126	122	120	120
胸厚/胸围＊100	21	18	17	19
腿长/身长＊100	45	43	42	44

（2）迭代历史记录。表 18-2-2 是迭代历史记录，即每一步完成后各个类中心的变化量。表中左起第 1 列为迭代步数，第 2~5 列为迭代过程中 4 个类中心的变化量。可以看出，第 2 次迭代后 4 个类中心的变化量已为 0，因而结束迭代过程。

表 18-2-2 迭代历史记录

迭代	聚类中心中的变动			
	1	2	3	4
1	1.247	0.354	0.707	0.816
2	0.000	0.000	0.000	0.000

（3）聚类成员。表 18-2-3 是聚类成员表，即个案归属表。表中左起第 1 列是系统自带的个案号；第 2 列是指定作为标签变量的编号；第 3 列为各个案最终所分到的类号；第 4 列为各个案与所属类中心的欧氏距离。

由表 18-2-3 可知，1、4、11 号归入第 1 类；2、5、8、9 号归入第 2 类；3、7 号归入第 3 类；6、10、12 号归入第 4 类。

表 18-2-3 聚类成员

个案号	编号	聚类	距离
1	1	1	0.745
2	2	2	0.791
3	3	3	0.707
4	4	1	1.106
5	5	2	0.354
6	6	4	0.816
7	7	3	0.707
8	8	2	1.061
9	9	2	1.275
10	10	4	0.816
11	11	1	1.247
12	12	4	0.816

（4）最终聚类中心。表 18-2-4 是最终聚类中心信息，即最终形成的 4 个类中心点在 3 个维度上的变量值。

表 18-2-4 最终聚类中心

	聚类			
	1	2	3	4
肩宽/髋宽 * 100	125	122	121	121
胸厚/胸围 * 100	20	18	17	19
腿长/身长 * 100	45	43	42	44

（5）最终聚类中心之间的距离。表 18-2-5 是最终聚类中心两两之间的欧氏距离。

表 18-2-5　最终聚类中心之间的距离

聚类	1	2	3	4
1		4.436	6.433	4.460
2	4.436		2.031	2.336
3	6.433	2.031		3.674
4	4.460	2.336	3.674	

（6）方差分析的结果。表 18-2-6 是方差分析表。每一行为 1 个变量的方差分析。表中左起第 2、3 列为类间均方及其自由度；第 4、5 列为类内误差均方及其自由度；第 6、7 列为方差分析的 F 统计量及其显著性概率 P。

表 18-2-6　ANOVA

	聚类		误差		F	显著性
	均方	自由度	均方	自由度		
肩宽/髋宽 * 100	12.333	3	0.490	8	25.191	0.000
胸厚/胸围 * 100	5.639	3	0.417	8	13.533	0.002
腿长/身长 * 100	5.444	3	0.323	8	16.860	0.001

由于已选择聚类以使不同聚类中个案之间的差异最大化，因此 F 检验只应该用于描述目的，实测显著性水平并未因此进行修正，所以无法解释为针对“聚类平均值相等”这一假设的检验

由表 18-2-6 可知，每个变量所引起的类间均方都远大于类内误差均方，F 检验的结果都是 $P<0.01$，应拒绝原假设，接受备择假设，即可认为 3 个变量都能很好地反映类间差异。

在方差分析的结果中，如果某变量 F 检验的显著性概率 $P>0.05$，则表明该变量对分类不起作用，可考虑将其排除出聚类过程，再重新进行聚类分析。

（7）各类包含的个案数。表 18-2-7 是快速个案聚类输出的各类所包含的个案数。由此表可知，第 1 类包含 3 个个案；第 2 类包含 4 个个案；第 3 类包含 2 个个案；第 4 类包含 3 个个案。

表 18-2-7　每个聚类中的个案数目

聚类	1	3.000
	2	4.000
	3	2.000
	4	3.000
有效		12.000
缺失		0.000

（8）增加了新变量的数据文件。图 18-2-6 是增加了 2 个新变量的数据文件。其中 QCL_1 为各个案所分到的类号，QCL_2 为各个案与所属类中心的欧氏距离。

	编号	X1	X2	X3	QCL_1	QCL_2
1	1	125	20	44	1	0.74536
2	2	121	18	43	2	0.79057
3	3	120	17	42	3	0.70711
4	4	124	20	45	1	1.10554
5	5	122	18	43	2	0.35355
6	6	120	19	44	4	0.81650

	编号	X1	X2	X3	QCL_1	QCL_2
7	7	121	17	41	3	0.70711
8	8	122	19	43	2	1.06066
9	9	122	17	42	2	1.27475
10	10	121	19	45	4	0.81650
11	11	126	21	45	1	1.24722
12	12	121	20	44	4	0.81650

图 18-2-6　增加了新变量的数据文件

（9）最终类中心数据文件。图 18-2-7 是保存了最终类中心信息的数据文件。其中，CLUSTER 是类号，$X1 \sim X3$ 是与原始数据一样的 3 个变量。该文件可作为对新的样本进行快速个案聚类的初始类中心文件使用。

	CLUSTER_	X1	X2	X3
1	1	125	20	45
2	2	122	18	43
3	3	121	17	42
4	4	121	19	44

图 18-2-7 最终类中心数据文件

第三节 系统聚类

系统聚类也称为层次聚类，是指聚类过程按一定的层次进行。系统聚类有凝聚方式和分解方式，既可以进行个案聚类（Q 型聚类），也可以进行变量聚类（R 型聚类）。

一、系统聚类的基本步骤

SPSS 中的系统聚类采用的是凝聚方式，其基本思路是：首先，每个个体自成一类；然后，按照某种方法度量所有个体间的初始亲疏程度，并将其中关系最密切的个体聚成一小类。接下来，再次度量剩余个体与小类的亲疏程度，并将其中关系最密切的个体或小类再聚成一类。重复上述过程，不断将所有个体或小类聚集成越来越大的类，直至所有个体都聚到一起，形成一个大类为止。

系统聚类最终会形成一个由小到大的分类系统，并画出一张谱系图，把所有个体间的亲疏关系都表示出来，进而可以根据具体情况确定分类数和每一个体的归属。具体步骤为：

（1）Q 型：计算 n 个个案两两间的距离或相似系数。

R 型：计算 p 个变量两两间的距离或相似系数。

（2）Q 型：构造 n 个类，每类中只含一个个案。

R 型：构造 p 个类，每类中只含一个变量。

（3）将距离最短（或相似系数最大）的两类合并成一个新类。

（4）如果类数已为 1，就转到步骤 5；否则，计算新类与其他各类及个体的类间距离，再转到步骤 3。

（5）画出聚类谱系图。

（6）结合专业知识进行分析，决定分类数和具体类。

（7）如果是 R 型聚类，往往还需要从各类中挑出有代表性的典型指标。一般方法为：

① 当类中只包含一个变量时，该变量就是典型指标。

② 当类中包含两个变量时，可任选一个作为典型指标。

③ 当类中包含三个以上变量时，可计算各变量的平均相关指数：

$$D=\frac{1}{n-1}\sum_{i=1}^{n-1} r_i^2$$

其中，n 为该类所包含的变量个数，r_i 为该类中某变量与其他变量两两之间的相似系数。通常将某类中平均相关指数最大的变量作为该类的典型指标。

二、聚类过程中类间亲疏程度的度量

在系统聚类的过程中，每次将两类合并成一个新类后，都需要重新计算新类与其他各类的距离（个体与小类之间的距离、小类与小类之间的距离）。再根据新的类间距离，决定下一步将哪两类合并。因此，聚类过程中类间亲疏程度的度量是一个要反复计算的动态值。

设将类 G_p 与 G_q 合并成一个新类 G_r，则其他任一个体（类）G_k 与新类 G_r 的类间距离可用 D_{kr}表示。计算类间距离的方法主要有：

1. 最短距离法（最近邻元素）

以该个体与新类中每个个体距离的最小值作为该个体与新类的距离，即：

$$D_{kr}=\min(D_{kp},\ D_{kq})$$

2. 最长距离法（最远邻元素）

以该个体与新类中每个个体距离的最大值作为该个体与新类的距离，即：

$$D_{kr}=\max(D_{kp},\ D_{kq})$$

3. 中间距离法（中位数聚类）

个体与新类的距离，既不采用最短距离，也不采用最长距离，而是采用介于两者之间的距离，表示为：

$$D_{kr}^2=\frac{1}{2}D_{kp}^2+\frac{1}{2}D_{kq}^2+\beta D_{pq}^2 \quad \left(-\frac{1}{4}\leqslant\beta\leqslant 0\right)$$

上式中，当取 β 为-（1/4）时，所求出的 D_{kr}就是以 D_{kp}和 D_{kq}为两边的三角形的中线。

4. 组间联接法

以该个体与新类中每个个体距离的平均值作为该个体与新类的距离，即：

$$D_{kr}=\frac{1}{n_r}\sum_{i=1}^{n_r}D_{ki} \quad (i=1,\ 2,\ \cdots,\ n_r)$$

上式中，n_r 为新类中的个体数，D_{ki}为该个体与新类中第 i 个个体之间的距离。

组间连接法又称为类平均法，它克服了最短距离法和最长距离法易受极端值影响的弱点，因而是一种比较稳健的方法。

5. 组内连接法

以该个体与新类中每个个体的距离以及新类内各个个体相互之间的距离的平均值作为该个体与新类的距离，即：

$$D_{kr}=\frac{\sum_{i=1}^{n_r}D_{ki}+\sum_{j=1}^{n_j}D_j}{n_r+n_j} \quad (i=1,\ 2,\ \cdots,\ n_r;\ j=1,\ 2,\ \cdots,\ n_j)$$

上式中，n_r 为新类中的个体数，D_{ki}为该个体与新类中第 i 个个体之间的距离；n_j 为新类中的个体两两配对的对数，D_j 为其中第 j 对的距离。

这种方法在利用该个体与新类中每个个体距离的基础上，增加了对新类内部个体两两之间相似性变化的考虑。

6. 重心法（质心聚类）

以该个体与新类重心点之间的距离作为该个体与新类的距离。类的重心点，通常是由类中所有个案在各个变量上的均值所确定的数据点。这种方法也较充分地利用了所涉及的距离信息，同时还考虑到了新类中所包含的个案数。

设聚类进行到某一步，G_p 中有个案 n_p 个，G_q 中有个案 n_q 个，合并后的新类 G_r 中共有个案 $n_r=n_p+n_q$ 个。若最初个案之间的距离采用欧氏距离，则某一类 G_k 与新类 G_r 的距离可表示为：

$$D_{kr}^2=\frac{n_p}{n_r}D_{kp}^2+\frac{n_q}{n_r}D_{kq}^2-\frac{n_p n_q}{n_r n_r}D_{pq}^2$$

7. 离差平方和法（瓦尔德法）

离差平方和法由瓦尔德（Ward）提出，故又称为瓦尔德法。根据方差分析的原理，如果分类正确，则类内的离差平方和应较小，而类与类之间的离差平方和应较大。在聚类的过程中，每缩小一类时，总的类内离差平方和将加大。本法选择使总的类内离差平方和增加最小的两类合并，直至将所有类都并在一起。采用离差平方和法时，类间距离表示为：

$$D_{kr}^2=\frac{n_k+n_p}{n_r+n_k}D_{kp}^2+\frac{n_k+n_q}{n_r+n_q}D_{kq}^2-\frac{n_k}{n_r+n_k}D_{pq}^2$$

三、系统聚类在 SPSS 中的实现

【案例 1802】

测得 24 名男子游泳运动员的 16 个形态、素质指标的数据，数据文件“案例 1802. sav”如图 18-3-1 所示。试将这 16 个变量分成适当的类，并挑选出各类的典型指标。

$X0$：编号（字符串）	$X1$：身高（cm）	$X2$：体重（kg）
$X3$：臂展（cm）	$X4$：肩宽（cm）	$X5$：胸围（cm）
$X6$：腰围（cm）	$X7$：上肢长（cm）	$X8$：下肢长（cm）
$X9$：手面积（cm^2）	$X10$：足面积（cm^2）	$X11$：打腿拉力（kg）
$X12$：划臂拉力（kg）	$X13$：配合拉力（kg）	$X14$：握力（kg）
$X15$：背肌力（kg）	$X16$：纵跳（cm）	

	X0	X1	X2	X3	X4	X5	X6	X7	X8	X9	X10	X11	X12	X13	X14	X15	X16
1	1	176.0	68.5	179.0	44.5	97.0	77.5	73.5	93.8	142.0	206.3	10.3	13.0	15.2	51.0	142.0	72.0
2	2	184.0	80.0	193.0	45.0	100.0	80.0	81.0	99.0	165.3	213.1	11.5	16.6	20.0	44.5	131.0	70.0
3	3	175.0	66.0	178.0	42.0	92.0	76.5	73.0	88.8	148.8	180.6	10.5	15.5	16.2	48.0	127.0	61.2
4	4	175.0	71.0	179.5	42.5	97.5	77.5	75.2	91.5	144.9	190.9	9.6	16.0	16.5	48.5	143.0	59.7
5	5	176.0	68.0	176.5	44.0	95.0	77.0	74.0	91.8	146.7	181.4	10.1	14.1	16.6	44.5	156.0	60.2
6	6	183.5	81.0	187.5	45.0	100.5	81.0	77.5	96.0	159.1	195.3	10.5	14.7	17.5	50.5	128.0	52.0
7	7	179.0	79.0	188.0	45.0	100.5	79.0	78.3	95.4	163.3	212.8	13.5	16.7	19.2	55.5	164.0	57.2
8	8	188.0	86.0	193.0	47.0	102.0	82.0	80.3	97.5	171.3	218.2	13.3	16.5	20.5	65.5	184.0	59.5
9	9	180.0	70.5	194.5	45.0	97.5	79.0	80.0	95.7	153.9	190.8	12.8	14.0	17.5	50.0	193.0	60.5
10	10	192.0	83.0	200.5	49.5	101.0	77.5	83.5	104.5	159.2	204.5	11.0	15.0	17.1	38.5	116.0	53.5
11	11	174.0	65.5	180.0	43.5	93.0	75.0	75.1	94.0	143.8	185.8	9.8	13.7	17.5	42.5	156.0	57.5
12	12	183.0	86.5	191.0	48.2	106.5	84.5	78.9	98.4	189.0	228.8	11.3	15.2	20.3	55.0	228.0	65.2
13	13	171.0	72.0	181.0	43.0	100.5	81.0	76.5	90.5	150.5	169.4	10.3	15.2	18.5	57.0	187.0	66.4
14	14	181.0	67.0	188.0	44.0	95.0	73.0	79.2	97.5	147.9	191.6	12.3	12.8	15.3	50.0	127.0	68.4
15	15	179.5	78.5	187.0	46.0	100.0	81.0	78.5	96.6	169.3	207.4	12.3	16.5	19.3	55.5	204.0	60.7
16	16	184.0	79.0	189.5	44.0	104.0	81.5	79.5	99.5	170.7	220.4	13.5	15.9	19.6	49.5	132.0	66.0
17	17	184.0	70.0	189.0	44.5	94.5	74.0	79.2	98.5	143.4	175.7	11.7	15.8	16.4	41.5	108.0	43.1
18	18	185.0	84.0	190.0	47.0	102.5	82.5	77.4	96.0	180.0	212.2	10.2	14.0	18.0	55.0	130.0	58.0
19	19	179.0	70.0	187.0	43.5	92.7	74.0	78.0	95.0	164.3	201.6	11.3	14.5	16.6	46.5	132.0	52.7
20	20	180.0	72.5	186.0	46.0	96.0	76.5	77.0	93.8	157.8	193.1	10.2	14.5	18.3	50.0	158.0	59.2
21	21	185.5	75.0	195.0	45.5	96.0	75.0	81.7	97.0	170.8	194.3	12.1	13.0	17.8	53.0	151.0	52.0
22	22	176.5	74.5	183.0	44.5	98.5	77.0	76.8	90.8	173.6	214.6	12.2	16.0	18.3	51.0	163.0	62.0
23	23	181.0	76.0	184.3	45.5	101.5	79.5	76.5	95.0	149.1	192.1	14.5	16.8	18.5	59.5	174.0	61.8
24	24	175.0	72.0	179.0	44.5	91.0	76.0	74.5	89.0	154.0	183.1	9.8	14.5	17.6	44.0	114.0	47.0

图 18-3-1　案例 1802 的数据文件

解题思路：① 根据数据文件的结构，要将 16 个指标分类，应当进行变量聚类（R 型聚类）；② 具体的分类数尚不明确，需要根据结果来做判断，因此要输出分为 2～15 类的全部结果；③ 16 个变量单位不同，均数和方差相差很大，应对数据进行标准化处理；④ 测量结果为连续型数据，对于 R 型聚类，个体间的初始亲疏程度拟采用皮尔逊积差相关系数来度量；⑤ 经过几种方法的尝试，聚类过程中类间亲疏程度的度量采用重心法（质心聚类），所得结果比较贴合专业实际。

1. R 型聚类在 SPSS 中实现的步骤

第 1 步：在数据编辑器窗口中打开数据文件“案例 1802. sav”。

第 2 步：在“分析”菜单中选择“分类”→“系统聚类”命令，打开相应的主对话框。

第 3 步：在“系统聚类分析”主对话框中进行系统聚类的具体操作，如图 18-3-2 所示。

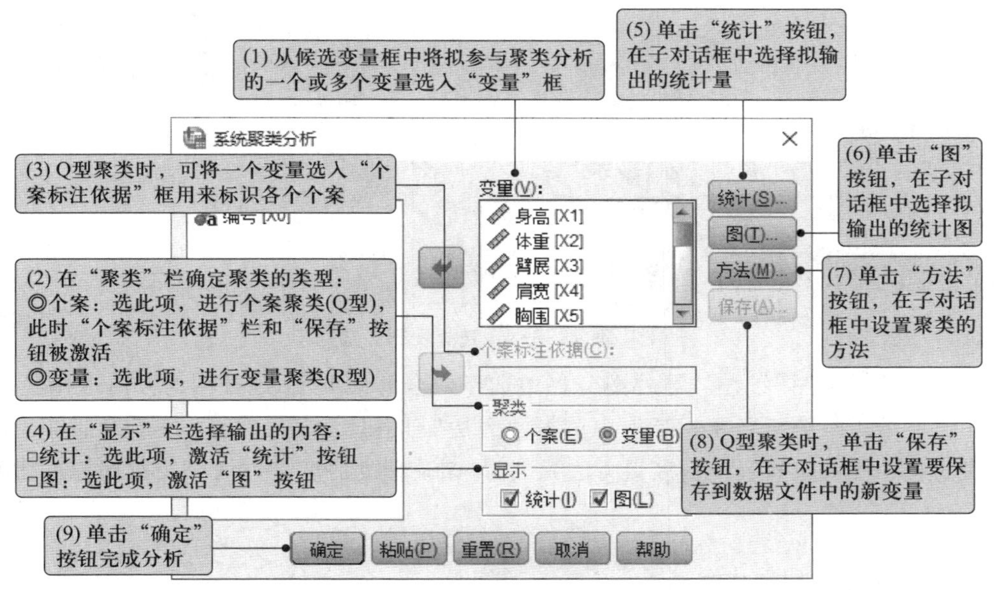

图 18-3-2 系统聚类（R 型）的操作

本例处理：将 $X1 \sim X16$ 选入“变量”框；在“聚类”栏选择“变量”；在“显示”栏选择“统计”和“图”2 项。

第 4 步：在“系统聚类分析”主对话框中单击“统计”按钮，打开“统计”子对话框，可在其中选择拟输出的统计量，如图 18-3-3 所示。

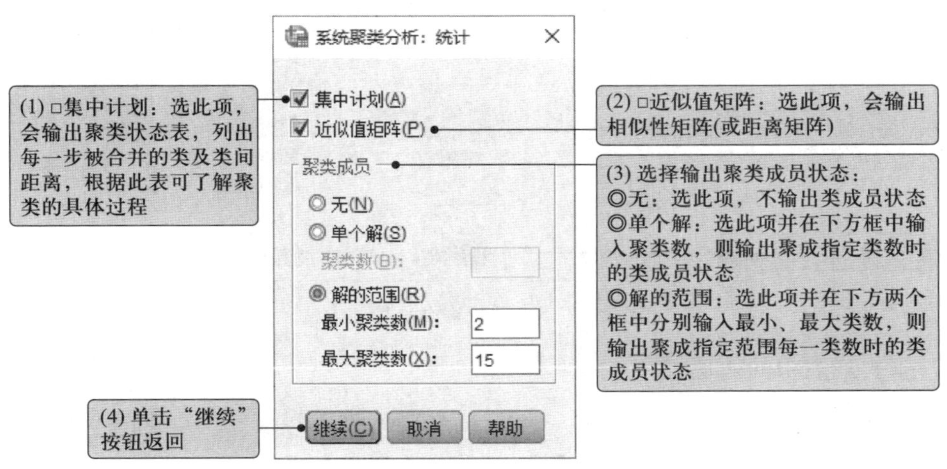

图 18-3-3 选择统计量

本例处理：输出的统计量选择“集中计划”和“近似值矩阵”；在“聚类成员”栏选择“解的范围”并输入最小聚类数 2 和最大聚类数 15。

第 5 步：在“系统聚类分析”主对话框中单击“图”按钮，打开“图”子对话框，可在其中选择拟输出的统计图，如图 18-3-4 所示。

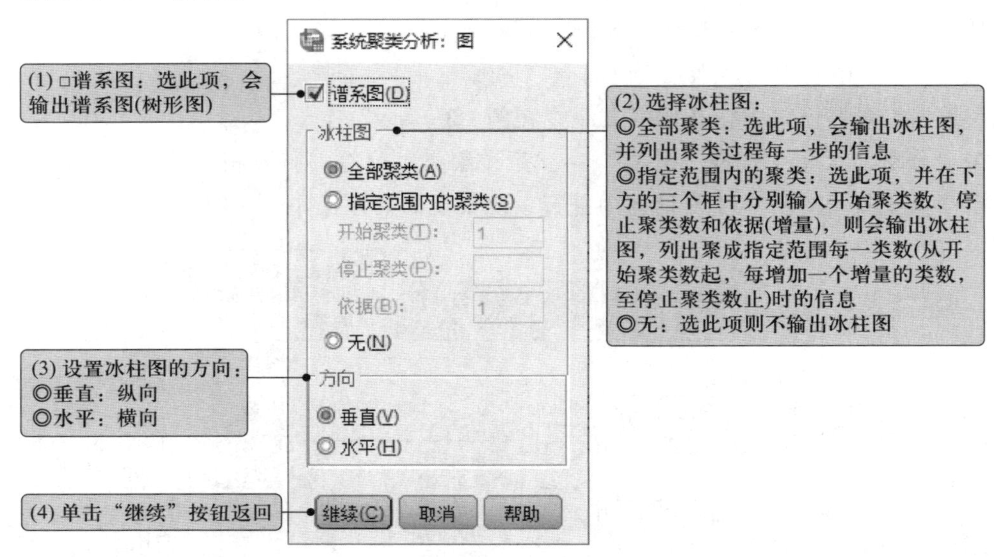

图 18-3-4 选择图形

本例处理：选择“谱系图”；在“冰柱图”栏中选择“全部聚类”，冰柱图的方向选择默认的“垂直”。

第 6 步：在“系统聚类分析”主对话框中单击“方法”按钮，打开“方法”子对话框，可在其中选择聚类方法（聚类过程中类间亲疏程度的度量方法）、初始亲疏程度的度量方法以及数据标准化的方法等，如图 18-3-5 所示。

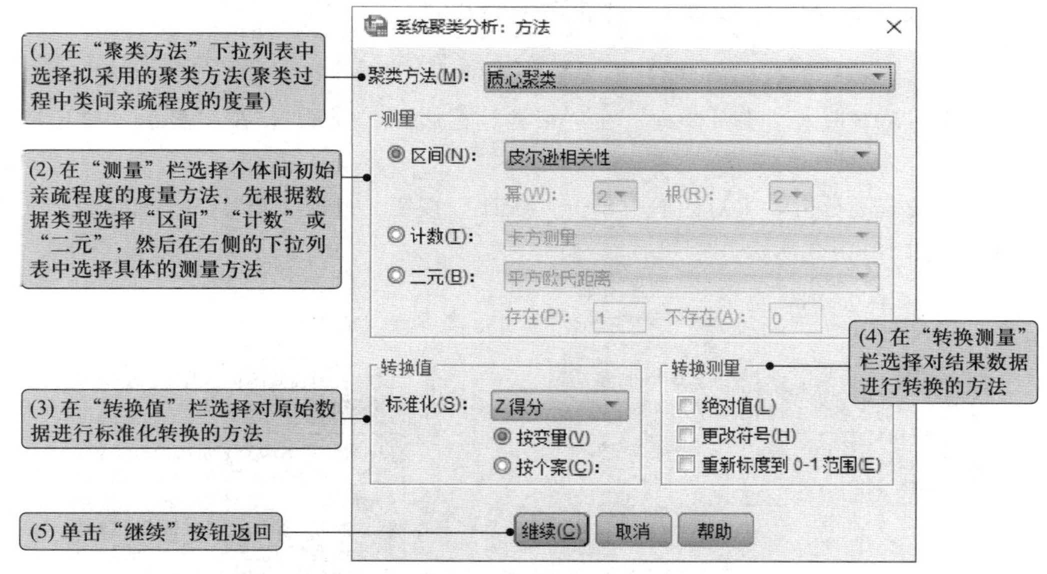

图 18-3-5 设置聚类采用的方法

“聚类方法”下拉列表中的选项有：

◇ 组间联接（默认） ◇ 组内联接 ◇ 最近邻元素 ◇ 最远邻元素

◇ 质心聚类 ◇ 中位数聚类 ◇ 瓦尔德法

在“测量”栏，须根据数据类型选择个体间初始亲疏程度的度量方法，有 3 个单选项：

◎ 区间：适用于连续型数据。在下拉列表中选择具体采用的方法时，有些方法还需要进一步提供计算公式中的有关参数。可在其下方的“幂”框中选择公式中的乘方数，在“根”框中选择公式中的开方数。

◎ 计数：适用于离散型数据。

◎ 二元：适用于二值数据。在下拉列表中选择具体采用的方法时，有些方法还需要进一步明确对二值变量取值的认定。可在其下方的“存在”框中输入具肯定属性时变量的取值（默认为 1），在“不存在”框中输入具否定属性时变量的取值（默认为 0）。

在“转换值”栏的“标准化”下拉列表中选择对原始数据进行标准化处理的方法。只当数据类型选择了“区间”或“计数”后，该栏才被激活。对二值数据不能做标准化处理。

对原始数据进行标准化处理，可选择“按变量”标准化（默认）或按个案标准化。

如果必要，可在“转换测量”栏选择对结果数据进行转换的方法。转换是在计算出结果后进行的，所提供的三种方法可以同时选择。

☐ 绝对值：对计算结果取绝对值。当数值的符号表示相关方向、且只对相关的数值感兴趣时，可使用此方法进行转换。

☐ 更改符号：改变计算结果的符号，把相似性测度值变为不相似性测度值，或相反。此法用改变符号的方法颠倒距离测度的顺序。

☐ 重新标度到 0~1 范围：将计算结果减去最小值再除以范围，使之成为［0，1］范围内的值。如果已经对原始数据进行过标准化，则不再使用此方法对计算结果进行转换。

本例处理：聚类方法选“质心聚类”；测量方法选“区间”，并在下拉列表中选择“皮尔逊相关性”；在“转换值”栏，原始数据标准化的方法选“Z 分数”，转换方式选“按变量”。

2. 结果解读

（1）个案处理摘要。表 18-3-1 是个案处理摘要信息。

表 18-3-1 个案处理摘要

个案					
有效		缺失		总计	
个案数	百分比	个案数	百分比	个案数	百分比
24	100.0%	0	0.0%	24	100.0%

（2）相似性矩阵。表 18-3-2 是相似性矩阵。表中主对角线上的值是变量自相关的值 1，非主对角线上的值是变量两两之间的皮尔逊积差相关系数，这是变量之间初始亲疏程度的度量，是聚类的出发点。

表 18-3-2 近似值矩阵

个案	身高	体重	臂展	肩宽	胸围	腰围	上肢长	下肢长
身高	1.000	0.701	0.884	0.767	0.484	0.245	0.825	0.877
体重	0.701	1.000	0.641	0.776	0.840	0.775	0.578	0.573
臂展	0.884	0.641	1.000	0.715	0.483	0.241	0.963	0.863
肩宽	0.767	0.776	0.715	1.000	0.588	0.440	0.623	0.687
胸围	0.484	0.840	0.483	0.588	1.000	0.870	0.447	0.516
腰围	0.245	0.775	0.241	0.440	0.870	1.000	0.159	0.208
上肢长	0.825	0.578	0.963	0.623	0.447	0.159	1.000	0.858
下肢长	0.877	0.573	0.863	0.687	0.516	0.208	0.858	1.000

续表

个案	身高	体重	臂展	肩宽	胸围	腰围	上肢长	下肢长
手面积	0.489	0.790	0.534	0.581	0.628	0.596	0.483	0.358
足面积	0.508	0.735	0.476	0.560	0.680	0.556	0.414	0.494
打腿拉力	0.403	0.330	0.463	0.218	0.421	0.204	0.496	0.409
划水拉力	0.109	0.434	0.075	0.069	0.427	0.438	0.131	0.073
配合游拉力	0.310	0.745	0.386	0.437	0.685	0.730	0.404	0.271
握力	0.047	0.430	0.069	0.170	0.536	0.578	0.032	-0.086
背肌力	-0.143	0.276	0.055	0.248	0.478	0.550	0.052	-0.049
纵跳	-0.208	0.008	-0.134	-0.104	0.378	0.354	-0.123	-0.027

个案	手面积	足面积	打腿拉力	划水拉力	配合游拉力	握力	背肌力	纵跳
身高	0.489	0.508	0.403	0.109	0.310	0.047	-0.143	-0.208
体重	0.790	0.735	0.330	0.434	0.745	0.430	0.276	0.008
臂展	0.534	0.476	0.463	0.075	0.386	0.069	0.055	-0.134
肩宽	0.581	0.560	0.218	0.069	0.437	0.170	0.248	-0.104
胸围	0.628	0.680	0.421	0.427	0.685	0.536	0.478	0.378
腰围	0.596	0.556	0.204	0.438	0.730	0.578	0.550	0.354
上肢长	0.483	0.414	0.496	0.131	0.404	0.032	0.052	-0.123
下肢长	0.358	0.494	0.409	0.073	0.271	-0.086	-0.049	-0.027
手面积	1.000	0.789	0.290	0.224	0.707	0.403	0.370	0.057
足面积	0.789	1.000	0.401	0.283	0.586	0.342	0.282	0.334
打腿拉力	0.290	0.401	1.000	0.446	0.440	0.491	0.304	0.135
划水拉力	0.224	0.283	0.446	1.000	0.614	0.279	0.222	0.013
配合游拉力	0.707	0.586	0.440	0.614	1.000	0.509	0.557	0.155
握力	0.403	0.342	0.491	0.279	0.509	1.000	0.639	0.332
背肌力	0.370	0.282	0.304	0.222	0.557	0.639	1.000	0.376
纵跳	0.057	0.334	0.135	0.013	0.155	0.332	0.376	1.000

（3）凝聚过程。表 18-3-3 是系统聚类分析的凝聚过程表，由此表可以详细了解整个聚类过程。

表 18-3-3 集中计划

阶段	组合聚类		系数	首次出现聚类的阶段		下一个阶段
	聚类 1	聚类 2		聚类 1	聚类 2	
1	3	7	0.963	0	0	9
2	1	8	0.877	0	0	8
3	5	6	0.870	0	0	11
4	2	9	0.790	0	0	7
5	14	15	0.639	0	0	12
6	12	13	0.614	0	0	10
7	2	10	0.564	4	0	11

续表

阶段	组合聚类		系数	首次出现聚类的阶段		下一个阶段
	聚类 1	聚类 2		聚类 1	聚类 2	
8	1	4	0.508	2	0	9
9	1	3	0.295	8	1	15
10	11	12	0.289	0	6	13
11	2	5	0.205	7	3	13
12	14	16	0.194	5	0	14
13	2	11	0.003	11	10	14
14	2	14	-0.059	13	12	15
15	1	2	-0.238	9	14	0

表中左起第 1 列（阶段）为聚类步顺序号；第 2 列（聚类 1）和第 3 列（聚类 2）为每一步所合并的两类的类号；第 4 列（系数）为相似性系数，此处为皮尔逊相关系数，大者先合并；第 5 列（聚类 1）和第 6 列（聚类 2）为合并的两项第一次出现的聚类步顺序号，其中的 0 表示个体，非 0(n) 表示已在第 n 步合并的类；第 7 列（下一个阶段）表示本步合并的结果将在后面第几步中再次出现。

例如，在第 10 步，将第 11、12 两类合并，合并时的相似系数为 0.289；其中的第 11 类仍是个体，而第 12 类是已在第 6 步中由第 12、13 两类合并而成的小类；合并后仍然称为第 11 类（大的类号向小的类号合并），并将在后续的第 13 步中与第 2 类再次合并。

（4）聚类成员。表 18-3-4 是聚类成员表。表中数字为聚成 2~15 类时各变量所属的类号。

表 18-3-4　聚类成员

个案	15 个聚类	14 个聚类	13 个聚类	12 个聚类	11 个聚类	10 个聚类	9 个聚类	8 个聚类	7 个聚类	6 个聚类	5 个聚类	4 个聚类	3 个聚类	2 个聚类
身高	1	1	1	1	1	1	1	1	1	1	1	1	1	1
体重	2	2	2	2	2	2	2	2	2	2	2	2	2	2
臂展	3	3	3	3	3	3	3	3	1	1	1	1	1	1
肩宽	4	4	4	4	4	4	4	1	1	1	1	1	1	1
胸围	5	5	5	5	5	5	5	4	3	3	2	2	2	2
腰围	6	6	5	5	5	5	5	4	3	3	2	2	2	2
上肢长	3	3	3	3	3	3	3	3	1	1	1	1	1	1
下肢长	7	1	1	1	1	1	1	1	1	1	1	1	1	1
手面积	8	7	6	2	2	2	2	2	2	2	2	2	2	2
足面积	9	8	7	6	6	6	2	2	2	2	2	2	2	2
打腿拉力	10	9	8	7	7	7	6	5	4	4	3	3	2	2
划水拉力	11	10	9	8	8	8	7	6	5	4	3	3	2	2
配合游拉力	12	11	10	9	9	8	7	6	5	4	3	3	2	2
握力	13	12	11	10	10	9	8	7	6	5	4	4	3	2
背肌力	14	13	12	11	10	9	8	7	6	5	4	4	3	2
纵跳	15	14	13	12	11	10	9	8	7	6	5	4	3	2

（5）冰柱图。图18-3-6是纵向冰柱图。该图直观地反映了聚类分析的过程和结果，在某个聚类数目处，凡横向上颜色柱条连成一体的变量属于同一类，被分割开来的变量属于另外的类。

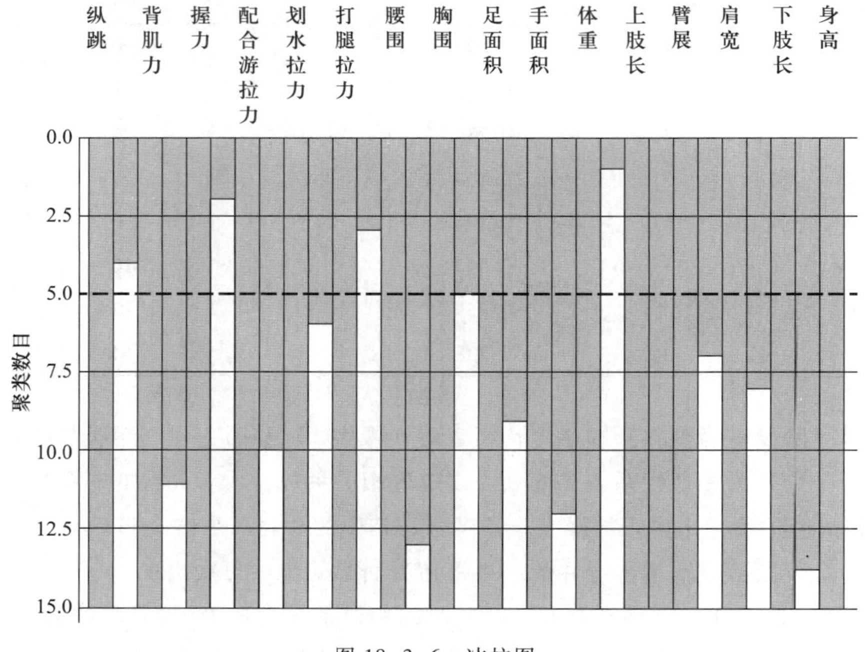

图18-3-6 冰柱图

例如，聚类数为5时，纵跳单独构成一类；背肌力、握力构成一类；配合游拉力、划臂拉力、打腿拉力构成一类；腰围、胸围、足面积、手面积、体重构成一类；上肢长、臂展、肩宽、下肢长、身高构成一类。

（6）谱系图。图18-3-7是系统聚类分析使用质心联接的谱系图。该图已将实际测度统一转化为0～25的尺度，各变量在不同位置处先后合并，像滚雪球一样逐渐聚在一起。在不同的位置画出垂直线切割聚类横线，可以将变量分成不同数目的类。但最终分成几类应根据专业知识和具体问题来确定。

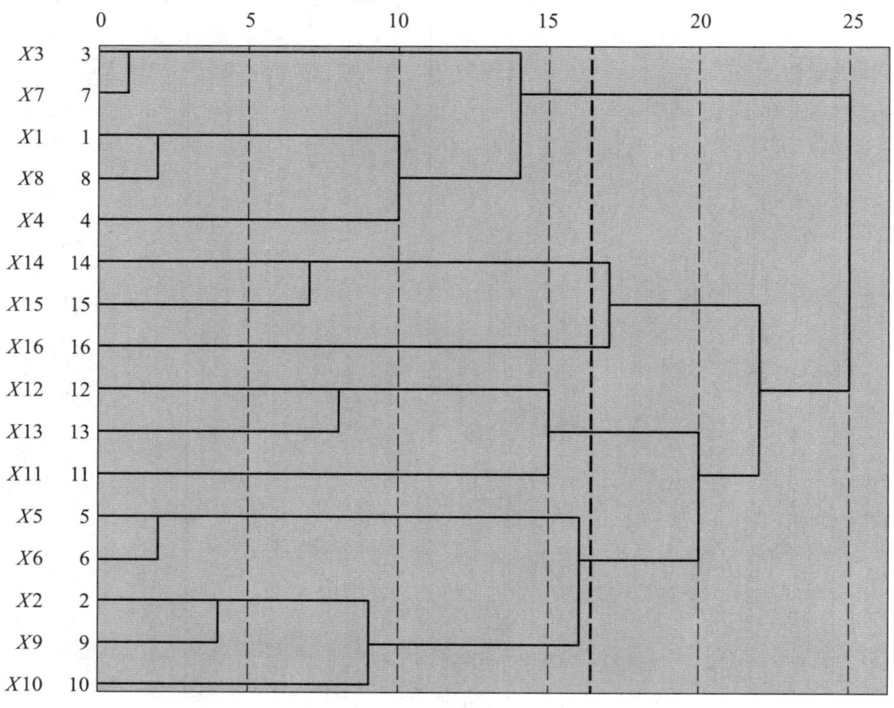

图18-3-7 使用质心联接的谱系图

本例在尺度为 16.5 左右处画一条垂直线，切割了 5 条聚类横线，将 16 个变量分为 5 类。第一类：*X*3、*X*7、*X*1、*X*8、*X*4（臂展、上肢长、身高、下肢长、肩宽）；第二类：*X*14、*X*15（握力、背肌力）；第三类：*X*16（纵跳）；第四类：*X*12、*X*13、*X*11（划水拉力、配合游拉力、打腿拉力）；第五类：*X*5、*X*6、*X*2、*X*9、*X*10（胸围、腰围、体重、手面积、足面积）。

3. 选择典型指标

如果需要从各类中挑选典型指标，通常对包含 3 个及以上变量的类计算各变量的平均相关指数，并以平均相关指数值最大的一个变量作为该类的典型指标。例如，第一类变量含臂展、上肢长、身高、肩宽、下肢长 5 个变量，根据表 18-3-2 中的相似系数，可得 5 个平均相关指数：

身高：$D=\frac{1}{n-1}\sum_{i=1}^{n-1} r_i^2=\frac{0.884^2+0.767^2+0.825^2+0.877^2}{5-1}=0.705$

臂展：$D=\frac{1}{n-1}\sum_{i=1}^{n-1} r_i^2=\frac{0.884^2+0.715^2+0.963^2+0.863^2}{5-1}=0.741$

肩宽：$D=\frac{1}{n-1}\sum_{i=1}^{n-1} r_i^2=\frac{0.767^2+0.715^2+0.623^2+0.687^2}{5-1}=0.490$

上肢长：$D=\frac{1}{n-1}\sum_{i=1}^{n-1} r_i^2=\frac{0.825^2+0.963^2+0.623^2+0.858^2}{5-1}=0.683$

下肢长：$D=\frac{1}{n-1}\sum_{i=1}^{n-1} r_i^2=\frac{0.877^2+0.863^2+0.687^2+0.858^2}{5-1}=0.681$

可见，该类中臂展的平均相关指数最大，故可将其定为典型指标。对于只有两个变量的类，可任选一个变量作为典型指标。

利用平均相关指数来挑选典型指标的方法并不是唯一和绝对的。实际工作中，也可以按指标使用的便利性来挑选各类的典型指标。

本例聚类的结果和各类典型指标的选择如表 18-3-5 所示，比较符合游泳专项运动的专门知识。

表 18-3-5 各类典型指标的选择

类号	指标		平均相关指数	典型指标	反映特征
1	*X*1	身高	0.705	臂展	身体纵向长度
	*X*3	臂展	0.741		
	*X*4	肩宽	0.490		
	*X*7	上肢长	0.683		
	*X*8	下肢长	0.681		
2	*X*14	握力		握力（或背肌力）	一般身体力量
	*X*15	背肌力			
3	*X*16	纵跳		纵跳	腿部爆发力
4	*X*11	打腿拉力	0.196	划水拉力	水中专项拉力
	*X*12	划水拉力	0.288		
	*X*13	配合游拉力	0.285		
5	*X*2	体重	0.618	体重	身体横向围度
	*X*5	胸围	0.580		
	*X*6	腰围	0.505		
	*X*9	手面积	0.499		
	*X*10	足面积	0.484		

【案例 1803】

测得 24 名男子游泳运动员的 16 个形态、素质指标的数据，数据文件“案例 1803. sav”同图 18-3-1。试根据 16 个形态、素质指标将 24 名运动员分成适当的类。

解题思路：① 根据数据文件的结构，要将 24 名运动员分类，应当进行个案聚类（Q 型聚类）；② 具体的分类数尚不明确，需要根据结果来做判断，但运动员的类型不会太多，因此考虑只需输出分为 2~4 类的结果；③ 16 个变量单位不同，均数和方差相差很大，应对数据进行标准化处理；④ 测量结果为连续型数据，对于 Q 型聚类，个体间的初始亲疏程度拟采用欧氏距离来度量；⑤ 经过几种方法的尝试，聚类过程中类间亲疏程度的度量采用离差平方和法（瓦尔德法），所得结果比较合适。

1. Q 型聚类在 SPSS 中实现的步骤

在 SPSS 中进行个案聚类（Q 型）时，操作方法与上例变量聚类（R 型）的方法基本相同，故只对差异点做必要的说明。

第 1 步：在数据编辑器窗口中打开数据文件“案例 1803. sav”。

第 2 步：在“分析”菜单中选择“分类”→“系统聚类”命令，打开相应的主对话框。

第 3 步：在“系统聚类分析”主对话框中，将 $X1\sim X16$ 选入“变量”框；将编号（字符型变量）选入“个案标注依据”框作为谱系图中个案的标识；在“聚类”栏选择“个案”，此时“保存”按钮被激活。如图 18-3-8 所示。

第 4 步：在“系统聚类分析”主对话框中单击“统计”按钮打开“统计”子对话框。在其中，输出统计量选择“集中计划”“近似值矩阵”及“聚类成员”栏“解的范围”。由于个案聚类时希望聚成的类数一般不会太多，故只需要输入希望得到的最小聚类数和最大聚类数。本例，输入最小聚类数 2 和最大聚类数 4，如图 18-3-9 所示。

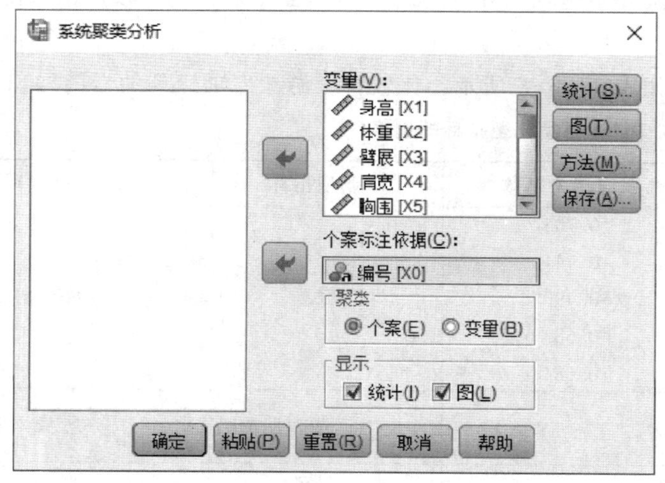

图 18-3-8 系统聚类（Q 型）的操作

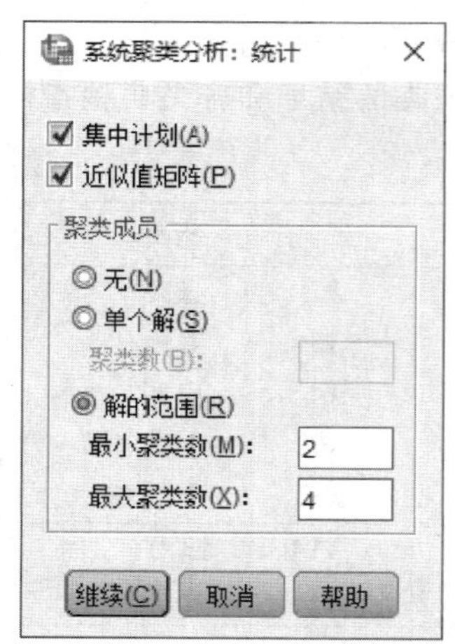

图 18-3-9 选择统计量

第 5 步：在“系统聚类分析”主对话框中单击“图”按钮，打开“图”子对话框。在其中，选择“谱系图”及“冰柱图”下的“全部聚类”；冰柱图的方向选择“水平”。如图 18-3-10 所示。

第 6 步：在“系统聚类分析”主对话框中单击“方法”按钮，打开“方法”子对话框。在其中，聚类方法选择“瓦尔德法”；在“测量”栏选择“区间”并在其下拉列表中选择“欧氏距离”；在“转换值”栏的“标准化”下拉列表中选择“Z 得分”，并选择“按变量”进行标准化。如图 18-3-11 所示。

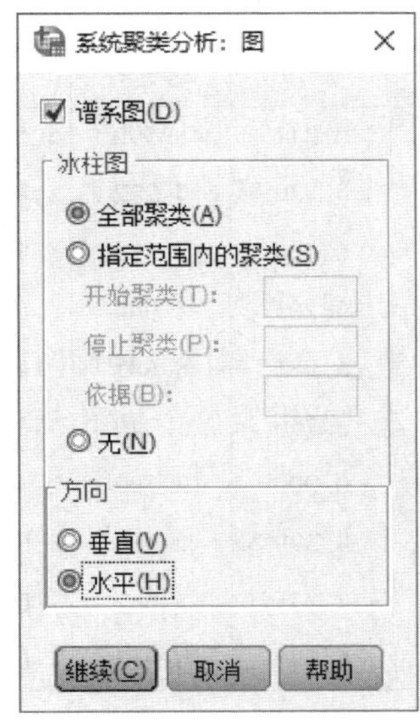

图 18-3-10　选择图形

图 18-3-11　设置聚类采用的方法

第 7 步：在“系统聚类分析”主对话框中单击“保存”按钮打开“保存”子对话框，可在其中设置拟保存到数据文件中用于记录个案所属类别的新变量。本例在“聚类成员”栏选择“解的范围”，并输入最小聚类数 2 和最大聚类数 4，如图 18-3-12 所示。

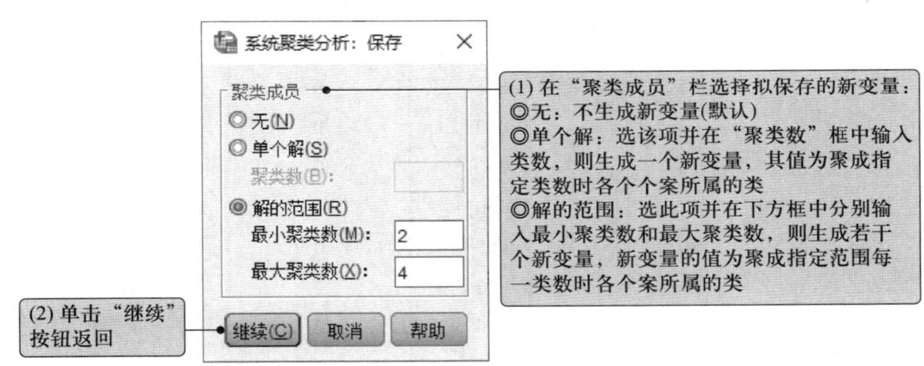

图 18-3-12　保存新变量

2. 结果解读

（1）个案处理摘要。表 18-3-6 是个案处理摘要信息。

表 18-3-6　个案处理摘要

个案					
有效		缺失		总计	
个案数	百分比	个案数	百分比	个案数	百分比
24	100.0%	0	0.0%	24	100.0%

（2）相似性矩阵。表 18-3-7 是相似性矩阵。主对角线上的值为 0，非主对角线上的值是个案两两之间的欧氏距离，这是个案之间初始亲疏程度的度量，是聚类的出发点（Q 型聚类时，如果个案数较多，相似性矩阵将是一个巨型表格。本例有 24 个个案，因此数据有 24 行 24 列，本处只截取 10 行 10 列供参考）。

表 18-3-7 近似值矩阵（部分）

个案	1 : 1	2 : 2	3 : 3	4 : 4	5 : 5	6 : 6	7 : 7	8 : 8	9 : 9	10 : 10
1 : 1	0. 000	6. 836	4. 046	3. 688	3. 081	5. 275	6. 311	8. 590	5. 217	8. 803
2 : 2	6. 836	0. 000	7. 407	6. 093	6. 791	4. 274	3. 730	4. 772	4. 707	5. 281
3 : 3	4. 046	7. 407	0. 000	2. 336	2. 374	5. 639	6. 434	9. 338	5. 904	9. 847
4 : 4	3. 688	6. 093	2. 336	0. 000	2. 318	4. 256	5. 201	8. 064	5. 035	8. 601
5 : 5	3. 081	6. 791	2. 374	2. 318	0. 000	4. 702	5. 981	8. 685	4. 859	8. 691
6 : 6	5. 275	4. 274	5. 639	4. 256	4. 702	0. 000	3. 756	5. 379	3. 957	5. 524
7 : 7	6. 311	3. 730	6. 434	5. 201	5. 981	3. 756	0. 000	3. 599	3. 835	6. 791
8 : 8	8. 590	4. 772	9. 338	8. 064	8. 685	5. 379	3. 599	0. 000	5. 667	6. 913
9 : 9	5. 217	4. 707	5. 904	5. 035	4. 859	3. 957	3. 835	5. 667	0. 000	6. 323
10 : 10	8. 803	5. 281	9. 847	8. 601	8. 691	5. 524	6. 791	6. 913	6. 323	0. 000

（3）凝聚过程。表 18-3-8 是系统聚类分析的凝聚过程表。表中各列的意义基本同表 18-3-3，只是系数列显示的是欧氏距离。由此表可以详细了解整个聚类过程。

表 18-3-8 集中计划

阶段	组合聚类		系数	首次出现聚类的阶段		下一个阶段
	聚类 1	聚类 2		聚类 1	聚类 2	
1	5	11	0. 842	0	0	9
2	7	15	1. 845	0	0	7
3	3	4	3. 013	0	0	9
4	2	16	4. 250	0	0	17
5	6	18	5. 660	0	0	17
6	19	20	7. 105	0	0	14
7	7	23	8. 620	2	0	11
8	9	21	10. 246	0	0	14
9	3	5	11. 916	3	1	10
10	3	24	13. 713	9	0	16
11	7	22	15. 514	7	0	20
12	1	14	17. 453	0	0	18
13	8	12	19. 397	0	0	20
14	9	19	21. 449	8	6	15
15	9	17	24. 032	14	0	18
16	3	13	26. 818	10	0	22
17	2	6	29. 789	4	5	19
18	1	9	33. 052	12	15	22
19	2	10	36. 459	17	0	21
20	7	8	40. 152	11	13	21
21	2	7	44. 404	19	20	23
22	1	3	49. 664	18	16	23
23	1	2	62. 157	22	21	0

（4）聚类成员。表 18-3-9 是聚类成员表。表中数字为聚成 2~4 类时各个案所属的类号。

表 18-3-9　聚类成员

个案	4 个聚类	3 个聚类	2 个聚类
1：1	1	1	1
2：2	2	2	2
3：3	3	3	1
4：4	3	3	1
5：5	3	3	1
6：6	2	2	2
7：7	4	2	2
8：8	4	2	2
9：9	1	1	1
10：10	2	2	2
11：11	3	3	1
12：12	4	2	2
13：13	3	3	1
14：14	1	1	1
15：15	4	2	2
16：16	2	2	2
17：17	1	1	1
18：18	2	2	2
19：19	1	1	1
20：20	1	1	1
21：21	1	1	1
22：22	4	2	2
23：23	4	2	2
24：24	3	3	1

（5）冰柱图。图 18-3-13 是横向冰柱图。该图直观地反映了聚类分析的过程和结果，在某个聚类数目处，凡纵向上颜色柱条连成一体的变量属于同一类，被分割开来的变量属于另外的类。例如，聚类数为 3 时，个案号为 1、14、9、21、19、20、17 的构成一类；个案号为 3、4、5、11、24、13 的构成一类；个案号为 2、16、6、18、10、7、15、23、22、8、12 的构成一类。

（6）谱系图。图 18-3-14 是使用瓦尔德联接的谱系图。该图已将实际测度统一转化为 0~25 的尺度，各个案在不同位置处先后合并，像滚雪球一样逐渐聚在一起。在不同的位置画出垂直线切割聚类横线，可以将个案分成不同数目的类。但最终分成几类应根据专业知识和具体问题来确定。

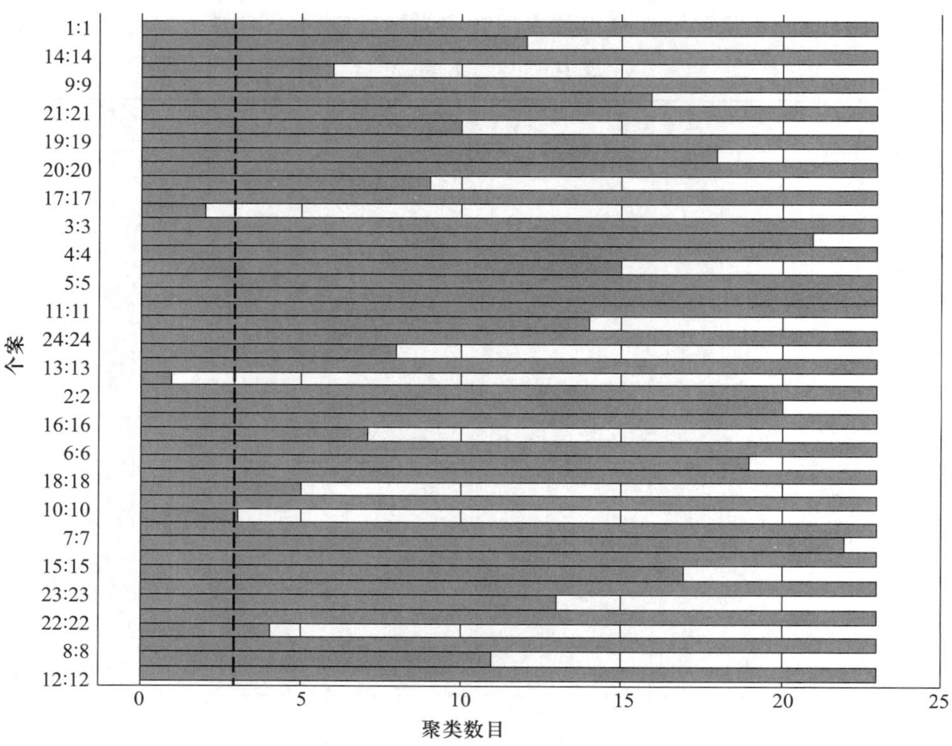

图 18-3-13 冰柱图

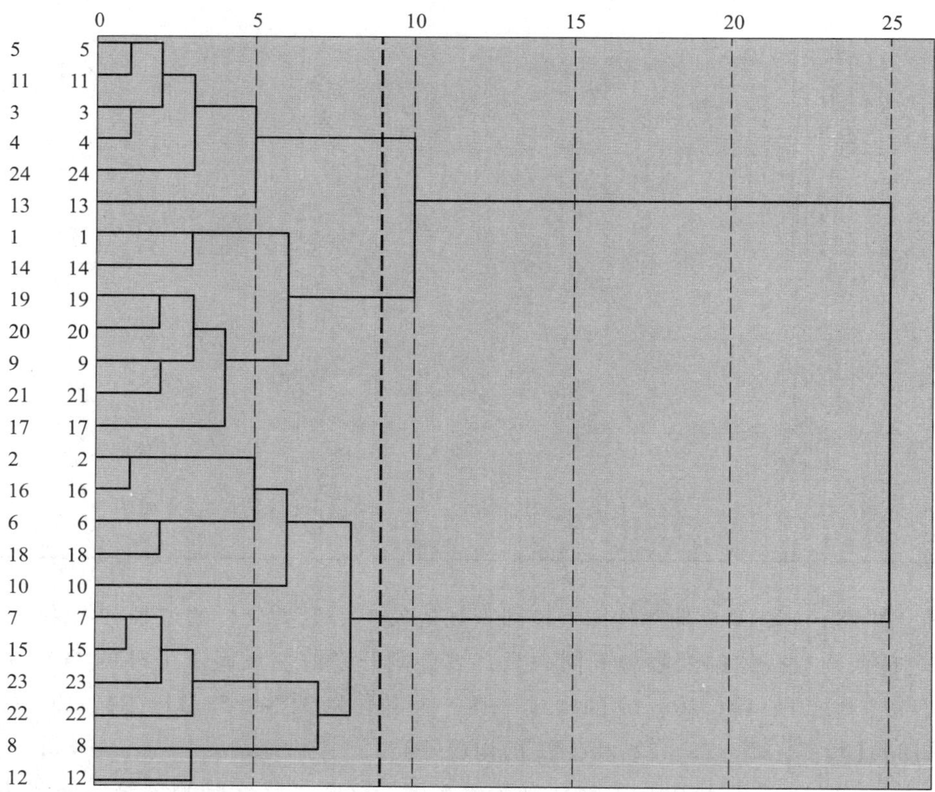

图 18-3-14 使用瓦尔德联接的谱系图

本例在尺度为 9 左右处画一条垂直线，切割了 3 条聚类横线，将 24 个个案分为 3 类。按各类中最小个案号的顺序排列，第 1 类包括 1、9、14、17、19、20、21 共 7 个个案；第 2 类包括 2、6、7、8、10、12、15、16、18、22、23 共 11 个个案；第 3 类包括 3、4、5、11、13、24 共 6 个个案。

（7）增加了新变量的数据文件。图 18-3-15 是数据文件中增加的 3 个新变量。其中，CLU2_1 是分为 2 类时各个案所属的类号；CLU3_1 是分为 3 类时各个案所属的类号；CLU4_1 是分为 4 类时各个案所属的类号。

	CLU4_1	CLU3_1	CLU2_1
1	1	1	1
2	2	2	2
3	3	3	1
4	3	3	1
5	3	3	1
6	2	2	2
7	4	2	2
8	4	2	2
9	1	1	1
10	2	2	2
11	3	3	1
12	4	2	2

	CLU4_1	CLU3_1	CLU2_1
13	3	3	1
14	1	1	1
15	4	2	2
16	2	2	2
17	1	1	1
18	2	2	2
19	1	1	1
20	1	1	1
21	1	1	1
22	4	2	2
23	4	2	2
24	3	3	1

图 18-3-15　增加了新变量的数据文件

（8）各类的特征。现采用将 24 个个案分成 3 类的结果，以类别为自变量（因素）进行单因素方差分析。将各变量的平均数和多重比较的结果整理如表 18-3-10 所示。

表 18-3-10　各变量的平均值和多重比较的结果

	1 类	2 类	3 类	$P \leqslant 0.05$		
身高	180.786	183.229	174.333		1-3	2-3
体重	70.500	80.682	69.083	1-2		2-3
臂展	188.357	189.709	179.000		1-3	2-3
肩宽	44.714	46.064	43.250		1-3	2-3
胸围	95.529	101.545	94.833	1-2		2-3
腰围	75.571	80.500	77.167	1-2		2-3
上肢长	78.371	78.927	74.717		1-3	2-3
下肢长	95.900	97.155	90.933		1-3	2-3
手面积	154.300	168.173	148.117	1-2		2-3
足面积	193.343	210.855	181.867	1-2	1-3	2-3
打腿拉力	11.529	12.164	10.017		1-3	2-3
划水拉力	13.943	15.809	14.833	1-2		
配合游拉力	16.729	18.936	17.150	1-2		2-3
握力	48.860	52.730	47.420			
背肌力	144.430	159.450	147.170			
纵跳	58.270	60.540	58.670			

可以看出，握力、背肌力、纵跳 3 项指标在 3 类中没有显著性差异。在剩下的 13 个指标中，第 2 类运动员在体重、胸围、腰围、手面积、足面积、划水拉力、配合游拉力这 7 个指标上的均值大于第 1 类且差异

具显著性，在身高、体重、臂展、肩宽、胸围、腰围、上肢长、下肢长、手面积、足面积、打腿拉力、配合游拉力这 12 个指标上的均值大于第 3 类且差异具显著性；因此，该类运动员属于高大强壮型。第 1 类运动员在 7 个指标上的均值小于第 2 类，但在身高、臂展、肩宽、上肢长、下肢长、足面积、打腿拉力这 7 个指标上的均值大于第 3 类且差异具显著性；因此，该类运动员在身材和力量方面都居中。第 3 类运动员在 12 个指标上的均值小于第 2 类，在 7 个指标上的均值小于第 1 类；因此，该类运动员在身材和力量方面都偏小。

思考与练习

1. 什么是聚类分析？什么是 Q 型聚类？什么是 R 型聚类？
2. 在聚类分析中，个体与个体间的初始亲疏程度起什么作用？
3. 聚类分析要注意哪些问题？
4. 快速个案聚类有什么特点？
5. 系统聚类的基本思路是什么？
6. 系统聚类中常用哪些方法来度量聚类过程中不断变化的类间亲疏程度？
7. 利用案例 1802 的数据，试进行快速个案聚类，把 24 名游泳运动员分为 3 类，并分析 3 类的特征。注意通过预分析排除对分类不起作用的变量。
8. 测得某大学 20 名一年级男生的身高、体重、胸围、肺活量、脉搏、50 米跑、立定跳远、引体向上、立位体前屈、1 000 米跑共 10 项体质指标，如表 18-4-1 所示。试运用 *R* 型聚类的方法（皮尔逊积差相关系数、组间联接法）将这些指标分类，并运用平均相关指数的方法确定每类的典型指标。

表 18-4-1 大学一年级男生 10 项体质数据表

编号	身高 (cm)	体重 (kg)	胸围 (cm)	肺活量 (mL)	脉搏 (次/min)	50 米跑 (s)	立定跳远 (cm)	引体向上 (次)	立位体前屈 (cm)	1 000 米跑 (s)
1	175.4	58.2	81.2	4 610	66	7.7	204	4	8.5	230.0
2	171.9	62.1	83.4	4 010	72	7.5	222	6	10.0	280.2
3	168.3	59.6	90.6	4 830	64	7.7	236	13	18.4	222.6
4	175.2	67.0	86.2	4 120	66	6.8	252	14	16.0	251.7
5	175.4	67.5	85.8	4 300	72	6.9	249	13	15.8	246.9
6	177.7	73.7	96.6	4 200	74	7.5	239	6	17.4	262.8
7	170.5	62.9	90.2	4 900	64	7.6	244	11	7.8	211.8
8	177.9	74.8	96.2	3 980	74	7.4	233	9	14.2	263.5
9	168.7	51.8	84.1	4 200	72	9.2	208	5	8.2	244.6
10	168.2	52.5	83.8	4 360	74	8.8	200	6	9.0	244.0
11	165.9	57.0	85.0	3 950	80	8.1	249	6	16.8	265.1
12	181.4	67.8	95.1	4 420	70	7.5	211	12	13.4	238.9

续表

编号	身高（cm）	体重（kg）	胸围（cm）	肺活量（mL）	脉搏（次/min）	50 米跑（s）	立定跳远（cm）	引体向上（次）	立位体前屈（cm）	1 000 米跑（s）
13	174.9	57.9	81.8	4 630	66	7.6	203	3	14.4	229.6
14	169.1	60.4	91.3	4 620	66	7.8	240	12	17.8	223.8
15	170.6	63.1	91.0	5 170	62	7.6	242	11	11.8	214.4
16	181.5	68.0	95.0	4 500	68	7.4	217	13	13.8	237.5
17	165.9	58.0	84.6	3 940	76	8.0	247	8	15.5	265.8
18	171.3	60.2	82.9	3 900	70	7.5	220	8	10.5	278.9
19	163.8	54.2	81.1	4 480	68	7.3	220	10	8.7	222.6
20	163.8	55.2	81.7	4 930	64	7.1	218	11	17.0	220.4

9. 利用题 8 建立的数据文件，试运用 Q 型聚类的方法（欧氏距离、组间联接法），将这 20 名大学一年级男生分成适当的类，并分析各类的特征。

第十九章 判别分析

第一节 判别分析概述

一、判别分析的概念

判别分析是一种应用广泛的多元统计分析方法，它根据已知类别的事物的性质，按某种准则建立判别函数，再利用判别函数对未知类别的事物进行判断，将其归入已知的类别中。

判别分析与聚类分析不同。聚类分析处理的问题是，一批给定个案要划分的类型事先并不清楚，有些情况下甚至连可以分成几类都不是太清楚，需要通过聚类分析来确定。而判别分析是在已知研究对象分成若干类型并已取得各种类型的一批可靠观测数据后，根据某些准则建立起判别函数，然后利用判别函数对未知类型的个案进行判别分类。

正因为如此，判别分析和聚类分析往往联合起来使用。如先用聚类分析对一批个案进行分类，再用判别分析验证聚类分析的结果，并利用判别函数对新个案进行分类。

在体育领域，判别分析可用于选材方面的研究。例如，对若干项目的优秀运动员进行较长时期的跟踪研究后，可根据他们少年时期的形态、素质、机能、心理、遗传因素、运动成绩等指标建立判别函数，然后用判别函数对一批新的少年运动员进行分析，看他们适合在哪个运动项目上发展。

二、判别分析的适用条件

（1）判别变量应是连续型变量，类别变量应是离散型变量。

（2）样本来自一个多元正态总体。但实际上该前提往往很难做到，一般不太关注。

（3）各类的协方差矩阵相等，即要求各类别的协方差齐性。

（4）判别变量之间相互独立，无显著的共线性。

上述条件对判别分析结果的影响不是太大。在违反这些适用条件时，判别分析仍显得非常稳健。

（5）作为判别分析依据的先验类别必须是不大的整数，并应尽可能准确和可靠，否则会影响判别函数的准确性。

（6）判别变量应是类别变量的重要影响因素，应挑选既有重要意义又有区分能力的变量，否则会影响判别函数的分辨力。

（7）判别分析对自变量个数和样本容量有一定的要求。一般而言，自变量个数在 8~10 个之间时，函数的判别效果才可能比较理想。而样本容量应在所使用的自变量个数的 10~20 倍以上时，函数才比较稳定。

三、判别分析的数学模型

判别分析的内容很丰富，方法很多。SPSS 采用的有两种，即典则判别和贝叶斯判别。

设用于判别分析的样本含 n 个个案，$i=1$，2，…，n；每个个案观测了 p 个指标 X_j（也称为判别变量），$j=1$，2，…，p；X_{ij}表示第 i 行第 j 个指标的观测值；分类数为 $m(m\leqslant p)$，用 G 表示分类变量，则 G_i 的取值为 1，2，…，m。判别分析的数据结构，如表 19-1-1 所示。

表 19-1-1　判别分析的数据结构

i	j					G
	X_1	X_2	X_3	…	X_p	
1	X_{11}	X_{12}	X_{13}	…	X_{1p}	G_1
2	X_{21}	X_{22}	X_{23}	…	X_{2p}	G_2
3	X_{31}	X_{32}	X_{33}	…	X_{3p}	G_3
…	…	…	…	…	…	…
n	X_{n1}	X_{n2}	X_{n3}	…	X_{np}	G_n

1. 典则判别

典则判别的基本思想是投影，即通过坐标变换，把原来在 p 维 X 空间的样本点投影到维度较低的 m 维 $(m\leqslant p)$ Y 空间去，然后在 Y 空间中进行分类。投影的原则是使每一类内的离差尽可能小，而不同类间的离差尽可能大。通过投影达到降维的目的，就可以用较少的典则判别分数替代较多的判别变量来进行判别。

如图 19-1-1 所示，图中的星点和圆点分别表示属于两个类别的样本点，它们的坐标在正常直角坐标系的横轴和纵轴上都有较多的交叉重叠，很难将它们区分开来。现在画一条斜线，斜线的方向代表能将两个类别的样本点尽可能分开的方向，然后将各样本点投影到斜线上，相当于做了坐标旋转。此时只要在斜线的适当位置上找到一个分割点，就可以轻松地将两类样本点分开了。这就实现了从二维降到一维，然后就可以在一维上进行分类了。

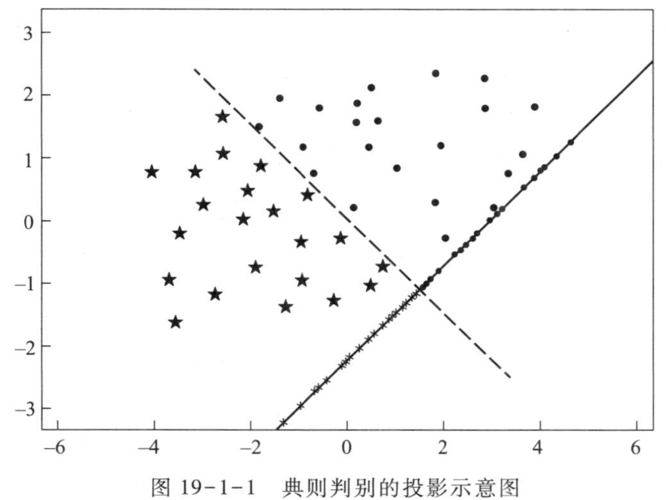

图 19-1-1　典则判别的投影示意图

典则判别采用方差分析的思想，依据使组间方差与组内方差之比最大的原则，首先在 p 维空间中找到某个线性组合，建立第 1 个判别函数，而这个判别函数将可以解释组间方差中的最大部分。然后，按照同样的规则依次建立相互独立的第 2 判别函数、第 3 判别函数等。典则判别建立的判别函数个数为 $s=\min(m-1, p)$，即类别数减 1 和判别变量数两个值之中的较小者。

典则判别所建立的非标准化判别函数的一般形式为：

$$\begin{cases} Y_{i1} = b_{01} + b_{11}X_{i1} + b_{21}X_{i2} + \cdots + b_{j1}X_{ij} + \cdots + b_{p1}X_{ip} \\ Y_{i2} = b_{02} + b_{12}X_{i1} + b_{22}X_{i2} + \cdots + b_{j2}X_{ij} + \cdots + b_{p2}X_{ip} \\ \cdots\cdots\cdots\cdots \\ Y_{ik} = b_{0k} + b_{1k}X_{i1} + b_{2k}X_{i2} + \cdots + b_{jk}X_{ij} + \cdots + b_{pk}X_{ip} \\ \cdots\cdots\cdots\cdots \\ Y_{is} = b_{0s} + b_{1s}X_{i1} + b_{2s}X_{i2} + \cdots + b_{js}X_{ij} + \cdots + b_{ps}X_{ip} \end{cases}$$

其中，i 为个案号（$i=1\sim n$）；j 为判别变量号（$j=1\sim p$）；k 为判别函数号（$k=1\sim s$）。X_{ij}为第 i 个个案中第 j 个判别变量的取值；b_{0k}为第 k 个判别函数中的常数项，b_{jk}为第 k 个判别函数中第 j 个判别变量的系数。Y_{ik}为第 i 个个案用第 k 个判别函数所求得的典则判别分数，它是该个案在第 k 个维度上的坐标值。

由于得到的每个判别函数都可以反映判别变量组间方差的一部分，因此各判别函数所代表的组间方差比例之和为 100%。实际上，在 s 个判别函数中，只要前二、三个判别函数就已经可以提供足够的分类信息了，后面的判别函数只反映很少一部分的方差，可以忽略。

将各个案的判别变量值代入所建立的若干个典则判别函数，可以计算出各个案在相应维度上的坐标。同时，还可计算出各个类中心的坐标。据此，可计算出各个案离各类中心的距离。

例如，若通过判别分析建立了 k 个典则判别函数，$j=1, 2, \cdots, k$；Z_{hj}为第 h 个类中心在 j 维度上的坐标值，$h=1, 2, \cdots, m$；Y_{ij}为第 i 个个案在 j 维度上的坐标值，则可采用下式计算第 i 个个案与第 h 个类中心的欧氏距离：

$$d_{ih} = \sqrt{\sum_{j=1}^{k} (Y_{ij} - Z_{hj})^2} \quad (i=1, 2, \cdots, n)$$

求出某个案与 m 个类中心的距离后，即可按照距离最短准则判定该个案归属的类别，并可画出领域图和散点图。

2. 贝叶斯（Bayes）判别

许多时候，我们对各类别的比例分布有一定的先验信息，贝叶斯判别可以利用这种先验信息。该方法的基本思想是认为所有类都是空间中互斥的子域，每个个案都是空间中的一个点。在先验概率的基础上，依据一定的准则构造判别函数，利用判别函数所提供的信息对先验概率进行调整，计算每个个案落入各个子域的后验概率，从而确定每个个案所归属的类。

设有 m 个类 $G_1, G_2, \cdots, G_m$，$k=1, 2, \cdots, m$；各类的先验概率分别为 $q_1, q_2, \cdots, q_m$，且 $q_1+q_2+\cdots+q_m=1$；密度函数分别为 $f_1(X), f_2(X), \cdots, f_m(X)$（在离散情形下是概率函数）。对于一个个案 X，可用贝叶斯公式计算它来自第 k 个类的后验概率：

$$P_k = \frac{q_k f_k(X)}{\sum_{g=1}^{m} q_g f_g(X)} \quad (k=1, 2, \cdots, m;\ g=1, 2, \cdots, m)$$

当有 $P_h = \max(P_k)$ 时，就判 X 来自第 h 类。

在贝叶斯判别中，分成几类就建立几个判别函数，其一般形式为：

$$\begin{cases} Y_{i1} = b_{01} + b_{11}X_{i1} + b_{21}X_{i2} + \cdots + b_{j1}X_{ij} + \cdots + b_{p1}X_{ip} \\ Y_{i2} = b_{02} + b_{12}X_{i1} + b_{22}X_{i2} + \cdots + b_{j2}X_{ij} + \cdots + b_{p2}X_{ip} \\ \cdots\cdots\cdots\cdots \\ Y_{ik} = b_{0k} + b_{1k}X_{i1} + b_{2k}X_{i2} + \cdots + b_{jk}X_{ij} + \cdots + b_{pk}X_{ip} \\ \cdots\cdots\cdots\cdots \\ Y_{im} = b_{0m} + b_{1m}X_{i1} + b_{2m}X_{i2} + \cdots + b_{jm}X_{ij} + \cdots + b_{pm}X_{ip} \end{cases}$$

其中，i 为个案号（$i=1\sim n$）；j 为判别变量号（$j=1\sim p$）；k 为判别函数号（$k=1\sim m$）。X_{ij}为第 i 个个案中第 j 个判别变量的取值；b_{0k}为第 k 个判别函数中的常数项，b_{jk}为第 k 个判别函数中第 j 个判别变量的系数。Y_{ik}为第 i 个个案用第 k 个判别函数所求得的判别分数，它并不是概率，但与反映第 i 个个案落入第 k 个空间子域的后验概率是一致的。

将各个个案的判别变量值代入所建立的 m 个贝叶斯判别函数，则每个个案都可以计算出 m 个判别分数。哪个函数求出的判别分数最大，就认为该个案属于哪一类。

采用贝叶斯判别时，需要由用户指定待判总体的先验概率 q_k。系统提供了两种方法供选择。一种是用各类的频率代替先验概率，即令 $q_k=n_k/n$，其中 n_k为用于建立判别函数的已知分类数据中来自第 k 类的个案数目，且 $n_1+n_2+\cdots+n_m=n$。另一种是令各类的先验概率相等，即 $q_k=1/m$。当没有任何关于先验概率的信息可用时，可按各类先验概率相等来建立判别函数。

在 SPSS 中，贝叶斯判别函数需要通过指定选项来实现。然而，用于输出贝叶斯判别函数系数的复选框的名字却称为“费希尔”，这是因为按最大的一个判别概率进行归类的思想是费希尔提出来的，故而如此命名。因此，贝叶斯判别函数也称为费希尔线性判别函数。

四、建立判别模型时引入变量的方法

1. 全模型法

该方法是把用户指定的判别变量全部纳入判别函数中，而不管这些判别变量对判别函数是否起作用及作用大小。当对反映研究对象特征的变量认识比较全面时可以采用这种方法。SPSS 以这种方法为默认的方法。

2. 逐步选择法

判别分析中的判别变量应是因变量的重要影响因素，应挑选既有重要特性又有区分能力的判别变量，达到以最少变量获得高辨别能力的目标。如果判别函数中含有对研究对象的特征不能提供较丰富信息、对模型的判别能力贡献很小的判别变量，就应该将其从模型中剔除。

逐步选择法也称为步进法，它从模型中没有变量开始，每一步都对模型进行检验，在把模型外的对模型判别贡献最大的自变量纳入模型的同时，也考虑把已经在模型中但又不符合留在模型中的条件的自变量剔除。直到模型中的所有判别变量都符合引入模型的判据，模型外的所有自变量都不符合引入模型的判据时，逐步选择变量的过程才停止。

五、判别分析中的假设检验

1. 判别函数的显著性检验

判别函数的显著性检验是要检验所建立的判别函数能否把 m 个类别的样本显著地区分开来。检验的假设是：

H_0：判别函数不具显著性；

H_1：判别函数具显著性。

该检验计算威尔克 λ（Wilks' Lambda）统计量。统计量 λ 服从自由度为 m，$n-p$，$p-1$ 的威尔克分布，表示为 $\lambda\sim\Lambda(m, n-p, p-1)$。这个分布也可以用卡方分布来近似。给定显著性水平 α，当卡方检验的结果是$P>\alpha$ 时，应接受原假设，认为判别函数不具显著性；当卡方检验的结果是 $P\leqslant\alpha$ 时，应拒绝原假设，接受备择假设，认为判别函数具显著性。

2. 判别指标的显著性检验

判别指标的显著性检验是要逐个检验每一个判别变量在各类别中的均值是否有显著性差异。检验的假设是：

H_{j0}：$\mu_{j1}=\mu_{j2}=\cdots=\mu_{jm}$ $(j=1, 2, \cdots, p)$；

H_{j1}：$\mu_{j1}\neq\mu_{j2}\neq\cdots\neq\mu_{jm}$ $(j=1, 2, \cdots, p)$。

该检验计算威尔克 λ 统计量，同时运用单因素方差分析的方法对每个判别变量逐个进行 F 检验。

第 j 个判别变量的总平均数为：$\bar{X}_j=\dfrac{\sum_{i=1}^{n}X_{ij}}{n}$；

第 j 个判别变量中第 k 类的平均数为：$\bar{X}_{kj}=\dfrac{\sum_{i=1}^{n_k}X_{ij}}{n_k}$；

第 j 个判别变量的总离差平方和为：$SST=\sum_{i=1}^{n}(X_{ij}-\bar{X}_j)^2$；

第 j 个判别变量的组内离差平方和为：$SSE=\sum_{k=1}^{m}\sum_{i=1}^{n_k}(X_{ij}-\bar{X}_{kj})^2$；

第 j 个判别变量的组间离差平方和为：$SSA=SST-SSE$；

威尔克 λ 统计量定义为：$\text{Wilks' }\lambda=\dfrac{SSE}{SST}$；

F 统计量为：$F=\dfrac{MSA}{MSE}=\dfrac{SSA/(m-1)}{SSE/(n-m)}$。

显然，λ 值越接近于 1，该判别变量的组内离差平方和在总离差平方和中所占的比例就越大，而组间离差平方和的比例就越小；反之，λ 值越接近于 0，该判别变量的组内离差平方和在总离差平方和中所占的比例就越小，而组间离差平方和的比例就越大。

统计量 F 服从 F 分布。给定显著性水平 α，如果 $P>\alpha$，表明某判别变量在各类别中的均值没有显著性差异，该判别变量对于分类没有作用，可考虑将其排除出判别分析过程；如果 $P\leqslant\alpha$，表明某判别变量在各类别中的均值具显著性差异，该判别变量对分类有作用，可以用于判别分析。

3. 协方差矩阵相等的检验

协方差矩阵相等的检验是要判断各判别变量在各类别中的方差是否齐性。检验的假设为：

H_0：各类协方差矩阵无显著性差异；

H_1：各类协方差矩阵具显著性差异。

该检验计算博克斯（Box）M 统计量。统计量 M 近似服从 F 分布。给定显著性水平 α，当 F 检验的结果为 $P>\alpha$ 时，应接受原假设，表明各类协方差矩阵相等，此时可以采用合并的类内协方差矩阵进行判别分析；如果 F 检验的结果为 $P\leqslant\alpha$，则应拒绝原假设，接受备择假设，意味着各类协方差矩阵不相等，此时应采用每个类别自身的协方差矩阵进行判别分析。

六、判别模型效果的验证

1. 自身验证

该方法是把用以建立判别模型的原样本中的各个个案依次回代入判别函数，求出预测的分类，再将其与原类别进行比较，以此考察错判情况。SPSS 提供了自身验证功能。

2. 外部数据验证

判别模型建立后，可以重新收集一部分样本数据，然后用判别函数进行判别，以此考察错判情况。

3. 样本二分验证

将样本数据分为两部分，多的部分用于建立判别模型，剩余部分用于验证，以此考察错判情况。SPSS 提供了二分验证功能。

4. 交互验证

在建立判别模型时依次去掉一个个案，然后用建立起来的判别函数对该个案进行判别，以此考察错判情况。这种方法既充分利用了样本数据，又可以非常有效地避免强影响点的干扰。SPSS 提供了交互验证功能。

第二节　判别分析在 SPSS 中的实现

【案例 1901】

测得某班 34 名体育专业男生 4 项身体素质的成绩并获得他们的综合评价等级，数据文件“案例 1901. sav”如图 19-2-1 所示。试进行判别分析。

	BH	XB	Y	X1	X2	X3	X4
1	1	1	3	13.26	8.20	8.07	130.55
2	2	1	1	11.96	8.94	10.13	134.19
3	3	1	3	12.10	8.07	8.35	154.99
4	4	1	2	12.70	8.80	11.05	146.23
5	5	1	2	12.23	8.19	8.77	156.74
6	6	1	1	11.53	8.81	12.08	131.45
7	7	1	3	13.00	8.22	8.73	156.50
8	8	1	2	12.68	8.04	9.69	148.28
9	9	1	3	12.70	7.73	8.02	169.67
10	10	1	2	12.02	8.07	11.62	164.03
11	11	1	1	11.60	8.31	9.41	136.33
12	12	1	3	12.36	8.15	8.99	156.87
13	13	1	2	12.25	8.50	8.79	134.03
14	14	1	3	13.17	8.12	7.67	156.87
15	15	1	3	12.85	8.25	9.91	155.43
16	16	1	2	12.21	8.59	8.74	144.06
17	17	1	2	12.48	8.14	10.78	134.53

	BH	XB	Y	X1	X2	X3	X4
18	18	1	3	12.31	8.20	9.34	164.91
19	19	1	3	12.12	8.41	8.39	160.96
20	20	1	3	12.05	8.27	8.53	168.08
21	21	1	2	12.44	8.58	8.12	148.88
22	22	1	1	11.74	9.06	9.50	133.00
23	23	1	2	12.86	8.21	10.29	146.53
24	24	1	2	11.79	8.64	7.60	132.23
25	25	1	2	12.38	8.93	9.07	136.46
26	26	1	2	11.85	7.76	8.79	131.74
27	27	1	1	12.13	9.07	11.46	143.52
28	28	1	1	11.91	9.13	10.94	143.37
29	29	1	1	11.17	8.98	11.25	152.09
30	30	1	2	13.08	8.22	10.85	143.86
31	31	.	1	12.13	9.06	12.47	139.60
32	32	.	1	12.24	8.64	11.28	138.88
33	33	.	3	12.34	7.74	8.48	161.08
34	34	.	2	11.47	7.62	8.73	154.39

图 19-2-1　案例 1901 的数据文件

数据文件中，*BH* 为编号；*XB* 为性别，其值用 1 表示男子；*Y* 为综合评价等级，分别用 1，2，3 表示三个等级；*X*1 为 100 米跑（s），*X*2 为立定三级跳远（m），*X*3 为原地推铅球（m），*X*4 为 800 米跑（s）。

解题思路：① 本例拟进行逐步判别分析；② 需要输出非标准化典则判别函数系数和贝叶斯判别函数系数；③ 34 个个案中，拟将前 30 个用于建立判别模型，将最后 4 个用于二分验证，故将此 4 人的 *XB* 值设为系统缺失值。

1. 在 SPSS 中实现的步骤

第 1 步：在数据编辑器窗口中打开数据文件“案例 1901. sav”。

第 2 步：在“分析”菜单中选择“分类”→“判别式”命令，打开相应的主对话框。

第 3 步：在“判别分析”主对话框中进行判别分析的具体操作，如图 19-2-2 所示。

本例处理：将分类变量 *Y* 选入“分组变量”框；将自变量 *X*1 ~ *X*4 选入“自变量”框；引入自变量的方法选择“使用步进法”。将性别作为筛选个案的变量选入“选择变量”框。

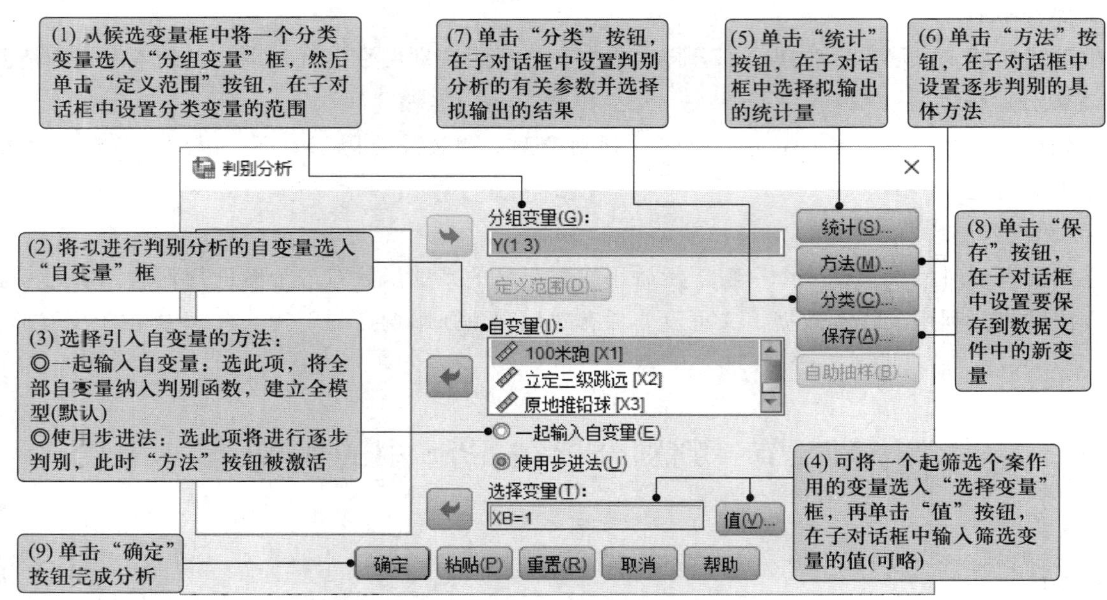

图 19-2-2 判别分析的操作

第 4 步：在“判别分析”主对话框中，将一个分类变量选入“分组变量”框后，单击“定义范围”按钮，打开“定义范围”子对话框，在其中设定分类变量的范围。系统以分类变量值在设定范围内的个案作为建立判别函数的依据，如图 19-2-3 所示。

本例处理：设定分类变量的最小值为 1，最大值为 3。

第 5 步：在“判别分析”主对话框中将一个起筛选个案作用的变量选入“选择变量”框后，单击“值”按钮，打开“设置值”子对话框，在其中设定选择变量的值，如图 19-2-4 所示。只有该变量的值等于所设值的个案才进入统计分析过程。

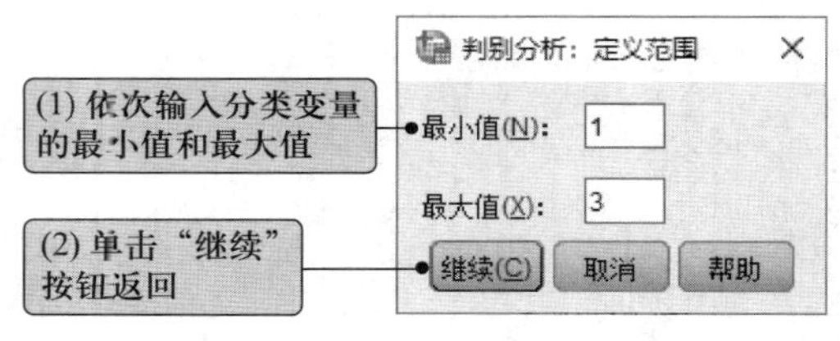

图 19-2-3 定义分组变量的范围

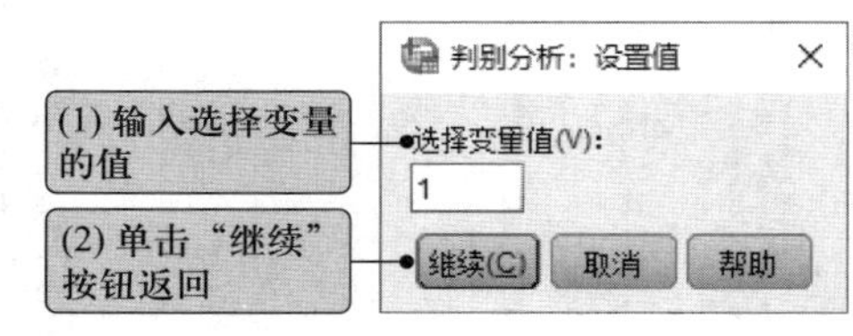

图 19-2-4 设置选择变量的值

本例处理：选择变量 *XB* 的值设为 1，表示只对男子进行分析。此设定使得 *XB* 的值为系统缺失值的最后 4 个个案不会被用于建立判别模型。

第 6 步：在“判别分析”主对话框中单击“统计”按钮，打开“统计”子对话框，在其中选择拟输出的统计量，如图 19-2-5 所示。

“矩阵”栏的选项有：

☐ 组内相关性：输出根据类内协方差矩阵计算的相关系数矩阵。

☐ 组内协方差：输出合并的类内协方差矩阵。该矩阵是将每个类别的协方差矩阵求和然后求平均值。该矩阵可能不同于总体的协方差矩阵。

☐ 分组协方差：输出每个类别各自的协方差矩阵。

☐ 总协方差：输出来自所有个案的总协方差矩阵。

“函数系数”栏的选项有：

□ 费希尔：输出费希尔线性判别函数系数（即贝叶斯判别函数系数）。

□ 未标准化：输出未标准化的典则判别函数系数。由于可以将实测值直接代入函数式计算，故该系数使用起来比标准化典则判别函数系数更方便。

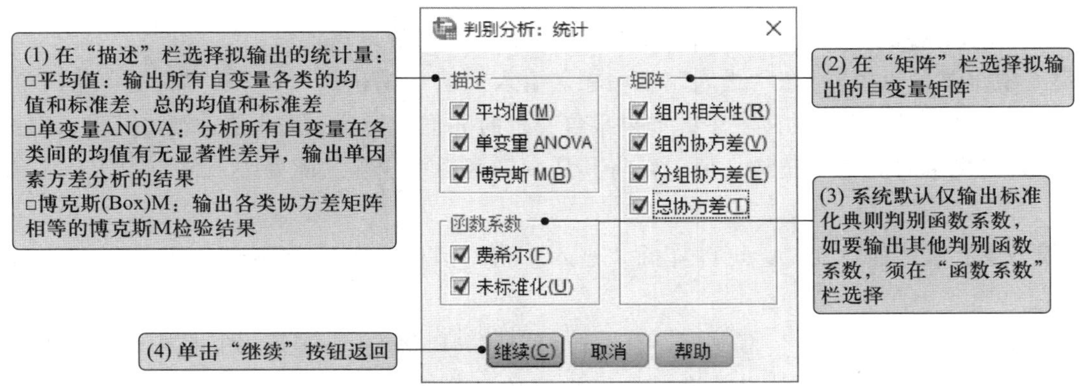

图 19-2-5 选择输出的统计量

本例处理：在“统计”对话框中选择所有各项。

第 7 步：在“判别分析”主对话框中单击“方法”按钮，打开“步进法”子对话框，在其中设置逐步判别的具体方法，如图 19-2-6 所示。

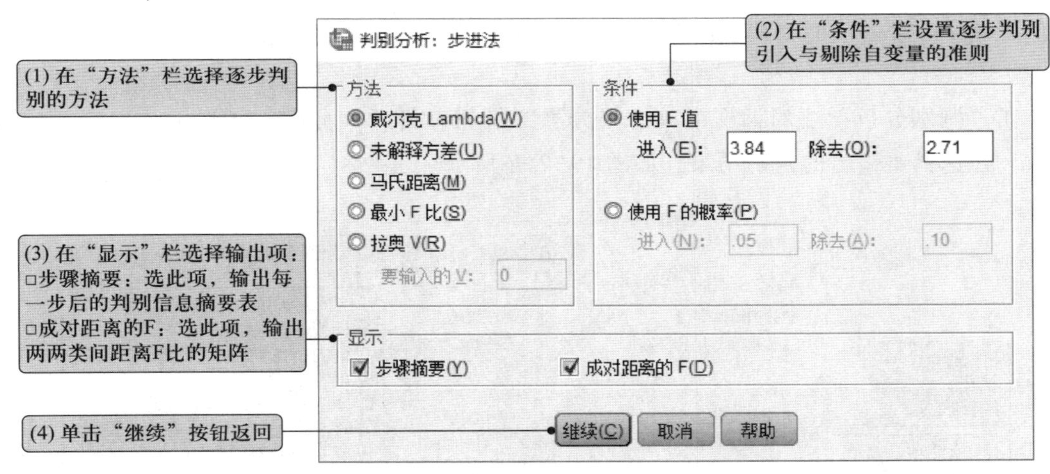

图 19-2-6 逐步判别的操作

在“方法”栏选择用于逐步判别分析的变量选择方法，有 5 个单选项：

◎ 威尔克（Wilks）lambda：选此项时，每一步都选择能使威尔克 λ 统计量最小的自变量进入判别函数。该统计量是类内离差平方和与总离差平方和的比值。此为系统默认设置。

◎ 未解释方差：选此项时，每一步都选择能使未被解释的组间方差总和最小的自变量进入判别函数。

◎ 马氏距离（Mahalanobis）：马氏距离是自变量观测值与自变量平均值之间差异程度的度量，它是样本点到各类中心的平方欧氏距离用判别变量的协方差矩阵作调整后得到的距离。较大的马氏距离意味着某个案在一个或多个自变量上有极端值。选此项时，每一步都选择能使类间马氏距离最大的自变量进入判别函数。

◎ 最小 F 比：选此项时，每一步都选择能使基于马氏距离计算的类间最小 F 比率达到最大的自变量进入判别函数。

◎ 拉奥（Rao）V：选此项，并在下方“要输入的 V”框中输入一个指定值，则当每一步拉奥 V 统计量的增量大于所指定的值时，将产生最大增量的自变量纳入判别函数。

进行逐步判别分析时，采用不同的变量选择方法，引入和剔除自变量的过程可能不同，因此，最终建立的判别模型也有可能不同。如果出现这种情况，可以比较各种方法的判别正确率（或错判率）来确定使用哪种方法。

在“条件”栏设置逐步判别引入与剔除变量的准则，可选两种方式之一：

◎ 使用 F 值（默认设置）：在“进入”框中输入引入标准（默认 3.84），在“除去”框中输入剔除标准（默认 2.71），则在逐步判别的过程中，如果某自变量的 F 值大于等于进入值，则将其引入判别函数；如果判别函数中某自变量的 F 值小于除去值，则将其从判别函数中剔除。此处进入值应大于除去值，且两者均须为正数。

若希望模型中有较多的自变量，可以降低“进入”值（易于引入），或降低“除去”值（较难剔除）；反之亦然。

◎ 使用 F 的概率：在“进入”框中输入引入概率（默认 0.05），在“除去”框中输入剔除概率（默认 0.10），则在逐步判别的过程中，如果某自变量 F 检验的显著性概率小于等于进入值，则将其引入判别函数；如果判别函数中某自变量 F 检验的显著性概率大于除去值，则将其从判别函数中剔除。此处进入值应小于除去值，且两者均须为正数。

若希望模型中有较多的自变量，可以增大“进入”值（易于引入），或增大“除去”值（较难剔除）；反之亦然。

本例处理：在“方法”栏选择威尔克 lambda 统计量；在“条件”栏选择“使用 F 值”，并取“进入”值为默认的值 3.84，“除去”值为默认的 2.71。在“显示”栏将“步骤摘要”和“成对距离的 F”两项都选上。

第 8 步：在“判别分析”主对话框中单击“分类”按钮，打开“分类”子对话框，在其中设置判别分析的有关参数，并选择要输出的判别结果，如图 19-2-7 所示。

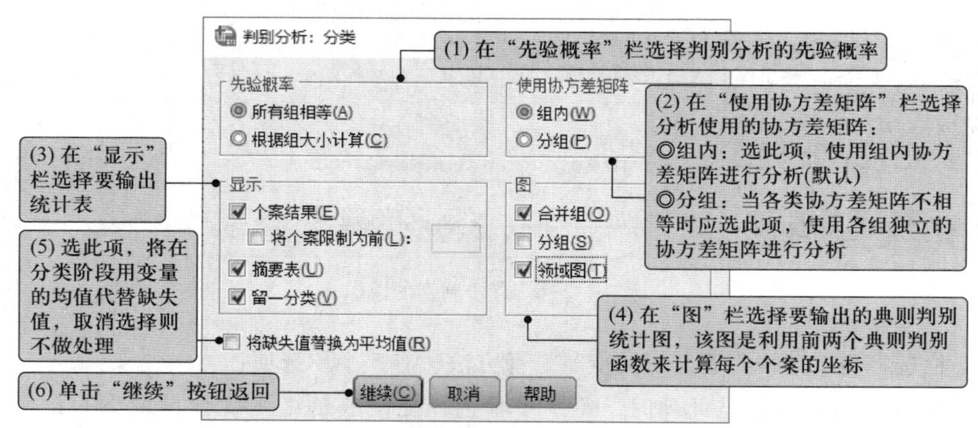

图 19-2-7 设置分类参数和选择输出结果

“先验概率”栏的选项有：

◎ 所有组相等：选此项，各类取相等的先验概率。若分为 m 类，则各类的先验概率均为 $1/m$（默认）。

◎ 根据组大小计算：选此项，各类的先验概率和其样本容量成比例。当样本为完全随机抽样，各类个案数占比可代表各类在总体中的分布比例时选择此项。

“显示”栏的选项有：

☐ 个案结果：输出对单个个案的详细分类信息，包括实际类别、预测类别、后验概率和判别分数等。

若再选择"□将个案限制为前________"项并在框中输入了一个数字 n，则只输出前 n 个个案的分类信息。当个案数目很大时建议选此项。

□ 摘要表：输出判别结果摘要表，包括正确分类的个案数、错误分类的个案数，以及正确率和错误率。

□ 留一分类：输出交互验证的结果。在"使用协方差矩阵"栏选"分组"时此项不可用。

"图"栏的选项有：

□ 合并组：依据前两个典则判别函数，输出包含各类别的综合散点图，以便于观察各类别的分布情况。如果只有一个判别函数，则输出直方图。

□ 分组：依据前两个典则判别函数，输出各类别的散点图。总体分成几类就生成几张散点图。如果只有一个判别函数，则输出直方图。

□ 领域图：输出分类区域图，即把二维平面划分成与分类数相同的区域，每类占据一个区域。各类的重心位置用星号标示。如果只有一个判别函数则不做此图。

本例处理：在"先验概率"栏选择"所有组相等"项；在"使用协方差矩阵"栏选择"组内"项；在"显示"栏选择"个案结果""摘要表"和"留一分类"项；在"图"栏选择"合并组"和"领域图"项。

第 9 步：在"判别分析"主对话框中单击"保存"按钮，打开"保存"子对话框，在其中设置要保存在数据文件中的新变量，如图 19-2-8 所示。

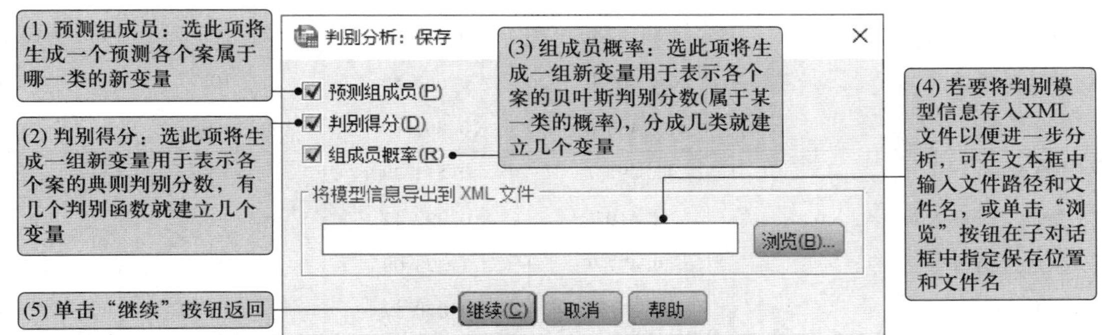

图 19-2-8 保存新变量

本例处理：选择"预测组成员""判别得分"和"组成员概率"3 项。

2. 结果解读

(1) 个案处理摘要。表 19-2-1 是个案处理摘要表。由此表可知，总个案数为 34，有效个案 30 个，占全部个案的 88.2%；排除的个案（未选中）4 个，占 11.8%。

表 19-2-1 分析个案处理摘要

未加权个案数		个案数	百分比
有效		30	88.2
排除	缺失或超出范围组代码	0	0.0
	至少一个缺失判别变量	0	0.0
	既包括缺失或超出范围组代码，也包括至少一个缺失判别变量	0	0.0
	未选中	4	11.8
	总计	4	11.8
总计		34	100.0

（2）分类描述统计。表 19-2-2 是分类描述统计量。表中列出了 100 米跑、立定三级跳远、原地推铅球和 800 米跑 4 个判别变量 3 个类别以及总计的平均值、标准差和有效个案数。由此表可以看出，就学生 4 项素质的成绩而言，等级 1 较好，等级 2 次之，等级 3 较差。

表 19-2-2 组 统 计

综合评价等级		平均值	标准偏差	有效个案数（成列）	
				未加权	加权
1	100 米跑	11.720 0	0.320 21	7	7.000
	立定三级跳远	8.900 0	0.280 36	7	7.000
	原地推铅球	10.681 4	1.022 15	7	7.000
	800 米跑	139.135 7	7.461 17	7	7.000
2	100 米跑	12.382 3	0.382 23	13	13.000
	立定三级跳远	8.359 2	0.339 57	13	13.000
	原地推铅球	9.550 8	1.251 75	13	13.000
	800 米跑	143.661 5	9.790 82	13	13.000
3	100 米跑	12.592 0	0.461 51	10	10.000
	立定三级跳远	8.162 0	0.177 69	10	10.000
	原地推铅球	8.600 0	0.668 86	10	10.000
	800 米跑	157.483 0	10.881 19	10	10.000
总计	100 米跑	12.297 7	0.511 28	30	30.000
	立定三级跳远	8.4197	0.392 42	30	30.000
	原地推铅球	9.497 7	1.273 08	30	30.000
	800 米跑	147.212 7	12.070 67	30	30.000

（3）方差分析的结果。表 19-2-3 是对各个变量进行单因素方差分析的结果，给出了威尔克 Lambda 统计量、F 值、第 1 自由度、第 2 自由度和显著性概率 P。根据 F 检验的结果，各个变量均有 $P<0.01$，故应拒绝各类均值相等的原假设，可认为 100 米跑、立定三级跳远、原地推铅球、800 米跑 4 个变量的均值在各类中有显著性差异，用这 4 个变量进行判别分析是可行的。

表 19-2-3 组平均值的同等检验

	威尔克 Lambda	F	自由度 1	自由度 2	显著性
100 米跑	0.565	10.381	2	27	0.000
立定三级跳远	0.479	14.680	2	27	0.000
原地推铅球	0.619	8.307	2	27	0.002
800 米跑	0.603	8.870	2	27	0.001

应注意的是，如果某个判别变量单因素方差分析的结果是 $P>0.05$，表明该变量各类别的均值无显著性差异，也就意味着该变量对于分类没有作用。当采用“全模型法”引入变量时，应将该变量排除，然后重新进行判别分析。如果采用“逐步选择法”引入变量，则由系统根据设定的准则自动选择判别变量。

（4）协方差和相关系数矩阵。表 19-2-4 为汇聚组内矩阵，其上半部是合并的类内协方差矩阵，下半部是根据类内协方差矩阵计算的相关系数矩阵。从相关性栏可以看出，各判别变量两两之间的相关系数都不太大，最大的相关系数绝对值为 0.316，属于低度相关，表明 4 个判别变量之间的独立性比较理想，不存在显著的共线性问题。

表 19-2-4　汇聚组内矩阵

		100 米跑	立定三级跳远	原地推铅球	800 米跑
协方差	100 米跑	0.159	0.005	0.080	-0.816
	立定三级跳远	0.005	0.079	-0.013	-0.268
	原地推铅球	0.080	-0.013	1.078	3.185
	800 米跑	-0.816	-0.268	3.185	94.442
相关性	100 米跑	1.000	0.041	0.194	-0.211
	立定三级跳远	0.041	1.000	-0.045	-0.098
	原地推铅球	0.194	-0.045	1.000	0.316
	800 米跑	-0.211	-0.098	0.316	1.000

表 19-2-5 是每个类别各自的协方差矩阵和总协方差矩阵表，从中可以观察并大致判断各类协方差矩阵是否齐性。

表 19-2-5　协方差矩阵

综合评价等级		100 米跑	立定三级跳远	原地推铅球	800 米跑
1	100 米跑	0.103	0.028	-0.036	-0.673
	立定三级跳远	0.028	0.079	0.108	0.654
	原地推铅球	-0.036	0.108	1.045	2.445
	800 米跑	-0.673	0.654	2.445	55.669
2	100 米跑	0.146	0.008	0.249	0.673
	立定三级跳远	0.008	0.115	-0.116	-0.599
	原地推铅球	0.249	-0.116	1.567	5.163
	800 米跑	0.673	-0.599	5.163	95.860
3	100 米跑	0.213	-0.015	-0.067	-2.897
	立定三级跳远	-0.015	0.032	0.042	-0.442
	原地推铅球	-0.067	0.042	0.447	1.041
	800 米跑	-2.897	-0.442	1.041	118.400
总计	100 米跑	0.261	-0.091	-0.179	1.274
	立定三级跳远	-0.091	0.154	0.203	-2.002
	原地推铅球	-0.179	0.203	1.621	-2.606
	800 米跑	1.274	-2.002	-2.606	145.701

（5）各类协方差矩阵相等的博克斯 M 检验的结果。表 19-2-6 给出了各类协方差矩阵的相应信息，包括各类别和合并类（汇聚组内）对应的秩及对数决定因子。

表 19-2-6 对数决定因子

综合评价等级	秩	对数决定因子
1	4	-1.405
2	4	0.273
3	4	-1.861
汇聚组内	4	0.004

表 19-2-7 为各类协方差矩阵相等的博克斯 *M* 检验结果，给出了博克斯 *M* 值、近似 *F* 值、第 1 自由度、第 2 自由度和显著性概率 *P*。检验的原假设是各类的协方差矩阵相等。

表 19-2-7 检 验 结 果

博克斯 *M*		22.001
F	近似	0.830
	自由度 1	20
	自由度 2	1 506.566
	显著性	0.678

由此表可知，统计量 *F* 的显著性概率 $P=0.678>0.05$，应接受各类协方差矩阵相等的原假设。因此，可以使用合并的类内协方差矩阵（汇聚的组内矩阵）进行分析。

应注意的是，如果此处显著性概率 $P\leqslant 0.05$，则应拒绝各类协方差矩阵相等的原假设。此时应改为使用各类自身的协方差矩阵重新进行判别分析（在图 19-2-7 的“使用协方差矩阵”栏选择“分组”）。

（6）逐步判别的过程。本例采用了逐步判别，可以通过以下几个表格考察引入和剔除判别变量的过程。

表 19-2-8 是逐步判别分析过程的每一步引入和剔除的判别变量，列出了判别步数（步骤）；每步引入判别模型的变量（输入）；威尔克 Lambda 统计量及其自由度 1、自由度 2、自由度 3；方差分析的 *F* 统计量（精确 *F*）及其自由度 1、自由度 2，以及显著性概率 *P*。可以看出，4 步都是引入变量，没有剔除变量。由于每步都有 $P<0.01$，故可认为每一步引入的变量对分类都有高度显著作用。

表 19-2-8 输入/除去的变量

步骤	输入	威尔克 Lambda							
		统计	自由度 1	自由度 2	自由度 3	精确 *F*			
						统计	自由度 1	自由度 2	显著性
1	立定三级跳远	0.479	1	2	27.000	14.680	2	27.000	0.000
2	100 米跑	0.341	2	2	27.000	9.273	4	52.000	0.000
3	800 米跑	0.237	3	2	27.000	8.775	6	50.000	0.000
4	原地推铅球	0.148	4	2	27.000	9.611	8	48.000	0.000

表 19-2-9 是逐步判别每一步引入判别模型的变量的方差分析结果，列出了容忍度（容差）、剔除变量的 *F* 值和威尔克 Lambda 值。

表 19-2-9　包括在分析中的变量

步骤		容差	要除去的 F	威尔克 Lambda
1	立定三级跳远	1.000	14.680	
2	立定三级跳远	0.998	8.573	0.565
	100 米跑	0.998	5.282	0.479
3	立定三级跳远	0.990	5.439	0.341
	100 米跑	0.955	5.867	0.349
	800 米跑	0.948	5.447	0.341
4	立定三级跳远	0.989	3.590	0.192
	100 米跑	0.879	6.913	0.233
	800 米跑	0.819	7.945	0.246
	原地推铅球	0.829	7.276	0.237

容忍度反映判别变量间的共线性状况，是以某变量为因变量、以模型中的其他变量为自变量进行回归分析时得到的残差比例，大小用 1 减复相关系数来表示。复相关系数越大，该值就越小。一般认为，如果某变量的容忍度小于 0.1，则共线性问题严重。本例每一步各变量的容忍度均较大，可认为不存在明显的共线性问题，符合判别分析的前提条件。

表中方差分析的 F 统计量是判定是否将该变量剔除出模型的依据。在判别分析过程中，每步都会判断是否有变量符合剔除判据。若有，则将其中 F 值最小者剔除出模型。本例设定的判据是 $F<2.71$，在四步中都没有出现需要剔除变量的情况。

表 19-2-10 是每一步在判别模型外的变量的方差分析结果，列出了容忍度（容差）、最小容忍度、引入变量的 F 统计量和 Lambda 值。

表 19-2-10　未包括在分析中的变量

步骤		容差	最小值容差	要输入的 F	威尔克 Lambda
0	100 米跑	1.000	1.000	10.381	0.565
	立定三级跳远	1.000	1.000	14.680	0.479
	原地推铅球	1.000	1.000	8.307	0.619
	800 米跑	1.000	1.000	8.870	0.603
1	100 米跑	0.998	0.998	5.282	0.341
	原地推铅球	0.998	0.998	4.559	0.355
	800 米跑	0.990	0.990	4.863	0.349
2	原地推铅球	0.959	0.959	4.845	0.246
	800 米跑	0.948	0.948	5.447	0.237
3	原地推铅球	0.829	0.819	7.276	0.148

表中方差分析的 F 统计量，是判定是否将某变量引入模型的依据。在判别分析过程中，每步都会判断是否有变量符合引入判据。若有，则将其中 F 值最大者（或 Lambda 值最小者）引入模型。本例设定的判据为 $F\geqslant 3.84$，依次引入了立定三级跳远、100 米跑、800 米跑和原地推铅球 4 个变量。

表 19-2-11 是判别模型的方差分析结果，是判别分析的最重要结论之一。该表列出了判别分析的步数

(步骤)、每一步所建立的判别模型中的变量数、Lambda 统计量及其自由度 1、自由度 2、自由度 3，以及方差分析的 F 统计量（精确 F）及其自由度 1、自由度 2，以及显著性概率 P。由此表可知，每一步都有 $P<0.01$，故可认为每一步所建立的判别模型都具高度显著性。由于本例采用的是逐步判别，故最终应取第 4 步（最后一步）的结果。

表 19-2-11 威尔克 Lambda

步骤	变量数	Lambda	自由度 1	自由度 2	自由度 3	精确 F			
						统计	自由度 1	自由度 2	显著性
1	1	0.479	1	2	27	14.680	2	27.000	0.000
2	2	0.341	2	2	27	9.273	4	52.000	0.000
3	3	0.237	3	2	27	8.775	6	50.000	0.000
4	4	0.148	4	2	27	9.611	8	48.000	0.000

表 19-2-12 是逐步判别每一步后两两类间均数差异方差分析的结果。表中，每一类的上一行为方差分析的 F 统计量，下一行为显著性概率 P 值。$P<0.05$ 表示两类间均数的差异具显著性。

由此表可知，第 1 步后，模型中引入了 1 个判别变量，第 2 类和第 3 类的均数差异无显著性（$P=0.107>0.05$）；第 2 步后，模型中引入了 2 个判别变量，第 2 类和第 3 类的均数差异无显著性（$P=0.134>0.05$）；第 3 步后，模型中引入了 3 个判别变量，3 个类两两之间的均数差异都具高度显著性（$P<0.01$）；第 4 步后，模型中引入了 4 个判别变量，3 个类两两之间的均数差异都具高度显著性（$P<0.01$）。因此，采用第 4 步建立的模型进行分类是可行的。

表 19-2-12 成对组比较

步骤	综合评价等级		1	2	3
1	1	F		16.792	28.302
		显著性		0.000	0.000
	2	F	16.792		2.775
		显著性	0.000		0.107
	3	F	28.302	2.775	
		显著性	0.000	0.107	
2	1	F		14.738	24.098
		显著性		0.000	0.000
	2	F	14.738		2.176
		显著性	0.000		0.134
	3	F	24.098	2.176	
		显著性	0.000	0.134	
3	1	F		10.050	21.398
		显著性		0.000	0.000
	2	F	10.050		5.365
		显著性	0.000		0.005
	3	F	21.398	5.365	
		显著性	0.000	0.005	

续表

步骤	综合评价等级		1	2	3
4	1	F		10.995	27.852
		显著性		0.000	0.000
	2	F	10.995		7.752
		显著性	0.000		0.000
	3	F	27.852	7.752	
		显著性	0.000	0.000	

（7）典则判别的结果。表 19-2-13 列出了 2 个典则判别函数的特征值、方差百分比、累积百分比和典型相关系数。典则判别函数的特征值越大，函数的区分力就越强。方差百分比为该函数所能解释的方差占总方差的百分比。

表 19-2-13 特 征 值

函数	特征值	方差百分比	累积百分比	典型相关性
1	4.643	95.9	95.9	0.907
2	0.200	4.1	100.0	0.408

由此表可知，总方差为 4.643+0.200=4.843，第 1 个函数解释了总方差的 95.9%，第 2 个函数解释了总方差的 4.1%。根据累积方差百分比，2 个函数解释了总方差的 100%。显然，第 1 个判别函数最重要，解释方差的能力很强；第 2 个判别函数解释方差的能力较低，可以忽略。

典型相关系数的计算公式为：$r=\sqrt{特征值/(1+特征值)}$。该值越大，判别函数与类别的关联程度越高。本例第 1 个判别函数与类别的相关系数为 0.907，第 2 个判别函数与类别的相关系数为 0.408，显然，第 1 个判别函数与类别的关联程度较高。

表 19-2-14 是典则判别函数显著性检验的结果，列出了威尔克 Lambda 值、卡方检验的转换值、自由度及显著性概率 P。在表的左起第 1 列，“1 直至 2”表示两个判别函数联合的显著性检验，“2”表示排除第 1 个判别函数后第 2 个判别函数独立的显著性检验。威尔克 Lambda 值的取值范围为 0～1；该值越接近于 0，各类均值差异越大；该值越接近于 1，各类均值差异越小。

对威尔克 Lambda 值做卡方转换得到的卡方值近似服从卡方分布。由表 19-2-14 可知，对两个判别函数联合的卡方检验，有 $P=0.000<0.01$，应拒绝各类均值相等的原假设，表明两个判别函数的联合作用对分类具高度显著意义；而对排除第 1 个判别函数后第 2 个判别函数独立的卡方检验，则有 $P=0.200>0.05$，应接受各类均值相等的原假设，表明第 2 个判别函数的独立作用对分类不具显著意义。

表 19-2-14 威尔克 Lambda

函数检验	威尔克 Lambda	卡方	自由度	显著性
1 直至 2	0.148	48.768	8	0.000
2	0.834	4.643	3	0.200

表 19-2-15 列出了两个典则判别函数中各个判别变量的标准化系数，由此可以了解各函数受判别变量影响的情况。

表 19-2-15 标准化典则判别函数系数

	函数	
	1	2
100 米跑	0.700	-0.271
立定三级跳远	-0.469	0.557
原地推铅球	-0.735	-0.255
800 米跑	0.678	0.806

根据此表给出的系数，可以写出两个标准化典则判别函数：

$f_1=0.700X_1-0.469X_2-0.735X_3+0.678X_4$

$f_2=-0.271X_1+0.557X_2-0.255X_3+0.806X_4$

将某个案的标准化后的相应判别变量值分别代入上面的两个函数式，即可求得该个案的两个标准化判别分数。

表 19-2-16 是结构矩阵，表中的数值为各判别变量与各判别函数的相关系数，由此可以判断各函数受到判别变量影响的大小。相关系数的绝对值越大，变量对判别函数的影响就越大。“*”表示一个判别变量与多个判别函数的相关系数中的绝对值最大者。可以看出，原地推铅球主要影响第 1 个判别函数；800 米跑、立定三级跳远和 100 米跑主要影响第 2 个判别函数。在 4 个判别变量中，对第 1 个判别函数影响最大的是立定三级跳远（相关系数的绝对值为 0.474）；对第 2 个判别函数影响最大的是 800 米跑（相关系数的绝对值为 0.728）。

表 19-2-16 结构矩阵

	函数	
	1	2
原地推铅球	-0.364	-0.079
800 米跑	0.345	0.728
立定三级跳远	-0.474	0.478
100 米跑	0.395	-0.468

表 19-2-17 是非标准化典则判别函数的系数。

表 19-2-17 典则判别函数系数

	函数	
	1	2
100 米跑	1.758	-0.680
立定三级跳远	-1.667	1.977
原地推铅球	-0.708	-0.246
800 米跑	0.070	0.083
（常量）	-11.129	-18.167

根据此表给出的系数，可以写出两个非标准化典则判别函数：

$Y_1=-11.129+1.758X_1-1.667X_2-0.708X_3+0.070X_4$

$Y_2=-18.167-0.680X_1+1.977X_2-0.246X_3+0.083X_4$

将某个案的相应判别变量值代入上面的两个函数式，即可求得该个案的两个判别分数。这两个判别分数代表着该个案在二维平面上的坐标。根据算出的坐标，在领域图中标出该个案点，即可看出该个案属于哪一类。

表 19-2-18 是各类中心的非标准化典则判别函数值（坐标），即各类别在两个判别分数上的平均值。根据 3 组坐标值，可以在领域图中标出 3 个类中心点。

表 19-2-18　组质心处的函数

综合评价等级	函数	
	1	2
1	-3.218	0.381
2	-0.036	-0.485
3	2.299	0.363

（8）分类统计的结果。表 19-2-19 是分类处理摘要。由此表可知，已在输出中使用的个案数为 34，没有被排除的个案。

表 19-2-19　分类处理摘要

已处理		34
排除	缺失或超出范围组代码	0
	至少一个缺失判别变量	0
已在输出中使用		34

表 19-2-20 是各类的先验概率。由于分析时采用了系统默认的“各类先验概率相等”，故此处 3 类的先验概率值都是 1/3，即 0.333。

表 19-2-20　组的先验概率

综合评价等级	先验	在分析中使用的个案	
		未加权	加权
1	0.333	7	7.000
2	0.333	13	13.000
3	0.333	10	10.000
总计	1.000	30	30.000

（9）费希尔线性判别函数。表 19-2-21 是费希尔线性判别函数系数。

表 19-2-21　分类函数系数

	综合评价等级		
	1	2	3
100 米跑	85.472	91.653	95.181
立定三级跳远	115.808	108.793	106.578
原地推铅球	-2.830	-4.871	-6.733
800 米跑	2.636	2.786	3.019
（常量）	-1 185.571	-1 200.122	-1 244.109

根据此表给出的系数，可写出 3 个费希尔线性判别函数：

$p_1=-1\ 185.571+85.472X_1+115.808X_2-2.830X_3+2.636X_4$

$p_2=-1\ 200.122+91.653X_1+108.793X_2-4.871X_3+2.786X_4$

$p_3=-1\ 244.109+95.181X_1+106.578X_2-6.733X_3+3.019X_4$

将某个案的相应判别变量值代入上面的 3 个函数式，即可求得该个案的 3 个判别分数。哪个判别分数最大，该个案就属于哪一类。

(10) 领域图和散点图。图 19-2-9 为领域图，或称分类区域图。该图根据前两个非标准化典则判别函数绘制，横坐标为第 1 判别函数的值，纵坐标为第 2 判别函数的值，用数字 1、2、3 的排列将平面划分成 3 个区域，分别代表 3 个类；其中的“ * ”号表示各类的中心点。

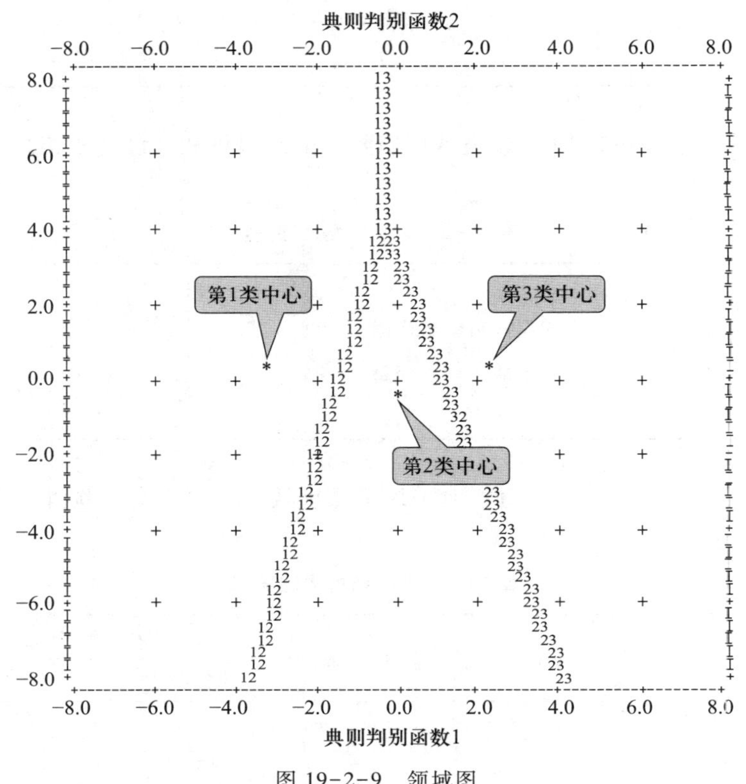

图 19-2-9 领域图

对于待判的个案，按照前两个非标准化典则判别函数计算出坐标，在图中标出位置，散点落在哪个区域，该个案就被归为哪个类。

图 19-2-10 是根据前两个非标准化典则判别函数绘制的包含各类的综合散点图。横坐标为第 1 判别函数的值，纵坐标为第 2 判别函数的值，图中的小黑框代表的是各类的中心点。从图中可以直观地了解各类中个案的分布情况。

(11) 预测分类验证。表 19-2-22 是预测分类验证的个案统计表，由此表可以逐个考察判别分析的结果。表的上半部（原始）是自身验证的结果；其中的最后 4 行是二分验证的结果，即对未纳入判别分析过程的 4 个个案进行的分类预测；下半部（交叉验证）是交互验证的结果。“实际组”列表示各个案的原属类别。其余各列均为预测结果，分为最高组、第二最高组和判别得分 3 个部分。

“最高组”部分为费希尔判别给出的最大可能的预测结果。“预测组”为预测类别，组号右上角打上“ ** ”号的表示预测类别与原属类别不一致；“$P(D>d\mid G=g)$ ”为样本似然值；“$P(G=g\mid D=d)$ ”为个案属于 g 类的概率（贝叶斯后验概率）；“相对质心计算的平方马氏距离”为个案到所属类中心的平方马氏距离。

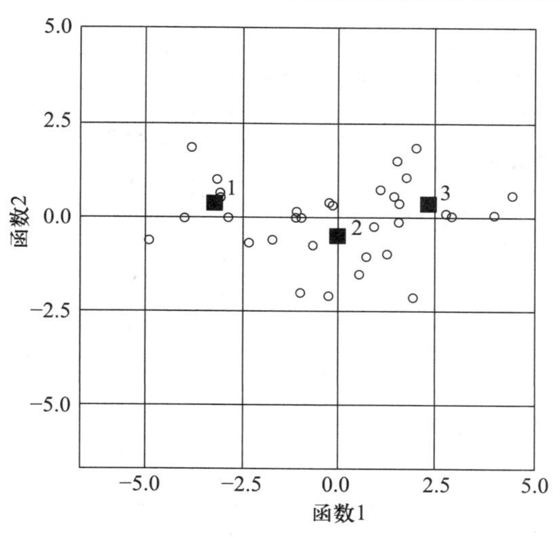

综合散点图

（彩图）

图 19-2-10　综合散点图

“第二最高组”部分为费希尔判别给出的次大可能的预测结果。“组”为预测类别；其他同最高组部分。

“判别得分”部分为各个案的 2 个典则判别函数的得分（函数 1、函数 2），即样本点在判别平面上的坐标值。

表 19-2-22　个案统计（仅列出部分个案）

	个案号	实际组	最高组					第二最高组			判别得分	
			预测组	$P(D>d \mid G=g)$		$P(G=g \mid D=d)$	相对质心计算的平方马氏距离	组	$P(G=g \mid D=d)$	相对质心计算的平方马氏距离	函数 1	函数 2
				概率	自由度							
原始	1	3	3	0.042	2	0.515	6.322	2	0.485	6.444	1.906	−2.120
	2	1	1	0.865	2	0.979	0.289	2	0.021	7.993	−2.817	0.022
	3	3	3	0.778	2	0.808	0.502	2	0.192	3.378	1.591	0.371
	⋮	⋮	⋮	⋮	⋮	⋮	⋮	⋮	⋮	⋮	⋮	⋮
	31	1	1	0.690	2	1.000	0.741	2	0.000	15.950	−3.998	0.017
	32	1	1	0.388	2	0.840	1.893	2	0.160	5.210	−2.312	−0.655
	33	3	3	0.791	2	0.985	0.468	2	0.015	8.857	2.896	0.028
	34	2	2	0.612	2	0.654	0.981	3	0.346	2.252	0.923	−0.234
交叉验证	1	3	2	0.027	4	0.951	10.958	3	0.049	16.876		
	2	1	1	0.890	4	0.972	1.127	2	0.028	8.242		
	3	3	3	0.640	4	0.744	2.524	2	0.256	4.654		
	⋮	⋮	⋮	⋮	⋮	⋮	⋮	⋮	⋮	⋮		
	30	2	2	0.222	4	0.890	5.704	3	0.110	9.892		

（12）判别结果汇总。表 19-2-23 是判别分析结果的总结，给出了自身验证（原始栏）和交互验证（交叉验证栏）的汇总信息。各栏主对角线上的值为某类正确判别的例数（或百分比），非主对角线上的值

为错判为某类的例数（或百分比）。

表 19-2-23 分类结果[a,b,d]

			综合评价等级	预测组成员信息			总计
				1	2	3	
选中个案	原始	计数	1	6	1	0	7
			2	0	11	2	13
			3	0	0	10	10
		%	1	85.7	14.3	0.0	100.0
			2	0.0	84.6	15.4	100.0
			3	0.0	0.0	100.0	100.0
	交叉验证[c]	计数	1	6	1	0	7
			2	0	11	2	13
			3	0	1	9	10
		%	1	85.7	14.3	0.0	100.0
			2	0.0	84.6	15.4	100.0
			3	0.0	10.0	90.0	100.0
未选中个案	原始	计数	1	2	0	0	2
			2	0	1	0	1
			3	0	0	1	1
		%	1	100.0	0.0	0.0	100.0
			2	0.0	100.0	0.0	100.0
			3	0.0	0.0	100.0	100.0

a. 正确地对 90.0%个选定的原始已分组个案进行了分类

b. 正确地对 100.0%个未选定的原始已分组个案进行了分类

c. 仅针对分析中的个案进行交叉验证。在交叉验证中，每个个案都由那些从该个案以外的所有个案派生的函数进行分类

d. 正确地对 86.7%个选定的进行了交叉验证的已分组个案进行了分类

由此表可知，根据自身验证，第 1 类共 7 例，有 1 例被预测分到第 2 类，正确率为 85.7%，错误率为 14.3%；第 2 类共 13 例，有 2 例被预测分到第 3 类，正确率为 84.6%，错误率为 15.4%；第 3 类共 10 例，正确率为 100%。自身验证总正确率为 90.0%（见脚注 a）。

根据交互验证，第 1 类和第 2 类的正确率、错误率与自身验证相同；第 3 类共 10 例，有 1 例被预测分到第 2 类，正确率为 90.0%，错判率为 10.0%。交互验证总正确率为 86.7%（见脚注 d）。

如果数据文件中有未被选择进入判别分析过程的个案，系统会自动利用它们进行二分验证，给出对这些个案进行预测的正确率和错误率。本例有 4 个这样的原始已分组个案，由脚注 b 可知，预测的正确率为 100%。

（13）增加的新变量。数据文件中新增了 6 个变量，如图 19-2-11 所示。其中，Dis_1 为预测类别；Dis1_1 和 Dis2_1 为由典则判别函数得出的 2 个判别分数（坐标）；Dis1_2、Dis2_2 和 Dis3_2 为根据贝叶斯准则得出的 3 个概率值。

	BH	XB	Y	X1	X2	X3	X4	Dis_1	Dis1_1	Dis2_1	Dis1_2	Dis2_2	Dis3_2
1	1	1	3	13.26	8.20	8.07	130.6	3	1.90579	-2.11996	.00000	.48475	.51525
2	2	1	1	11.96	8.94	10.13	134.2	1	-2.81733	.02221	.97920	.02079	.00000
3	3	1	3	12.10	8.07	8.35	155.0	3	1.59079	.37061	.00001	.19186	.80813
4	4	1	2	12.70	8.80	11.05	146.2	2	-1.09457	.01519	.16225	.83284	.00491
5	5	1	2	12.23	8.19	8.77	156.7	3	1.44399	.56142	.00002	.22148	.77849
6	6	1	1	11.53	8.81	12.08	131.5	1	-4.92846	-.64947	.99995	.00005	.00000
7	7	1	3	13.00	8.22	8.73	156.5	3	2.75897	.08726	.00000	.01935	.98065
8	8	1	2	12.68	8.04	9.69	148.3	2	1.24315	-.96929	.00003	.62486	.37511
9	9	1	3	12.70	7.73	8.02	169.7	3	4.47021	.58979	.00000	.00024	.99976
10	10	1	2	12.02	8.07	11.62	164.0	2	-.23449	.37089	.01595	.92890	.05515
11	11	1	1	11.60	8.31	9.41	136.3	2	-1.74082	-.62405	.46666	.53294	.00040
12	12	1	3	12.36	8.15	8.99	156.9	3	1.59245	.35065	.00001	.19389	.80610

图 19-2-11　增加了新变量的数据文件（部分）

3. 判别新个案

判别函数建立后，即可使用典则判别函数或费希尔线性判别函数对新个案进行分类。相比较而言，使用费希尔线性判别函数更简捷方便。

例如，测得一名学生的 4 项素质数据为：100 米跑 12. 15 s，立定三级跳远 8. 44 m，原地推铅球 8. 98 m，800 米跑 148. 20 s。请根据上面所得的判别函数，判定该生的综合评价等级。

（1）使用典则判别函数。将新个案对应的判别变量值分别代入典则判别函数（标准化或非标准化），计算出新个案的平面坐标，然后利用公式 $d_{ih}=\sqrt{\sum_{j=1}^{k}(Y_{ij}-Z_{hj})^2}$ 计算该个案与各个类中心的距离，哪个距离最短，就判定该个案归入哪类。

解：设该生为 0 号个案，将其 4 项素质测验数据分别代入 2 个非标准化典则判别函数，得：

$$Y_{01}=-11.129+1.758X_1-1.667X_2-0.708X_3+0.070X_4$$
$$=-11.129+1.758\times12.15-1.667\times8.44-0.708\times8.98+0.070\times148.20=0.1774$$
$$Y_{02}=-18.167-0.680X_1+1.977X_2-0.246X_3+0.083X_4$$
$$=-18.167-0.680\times12.15+1.977\times8.44-0.246\times8.98+0.083\times148.20=0.3484$$

根据表 19-2-18 提供的 3 个类中心点的坐标，可算出该个案点与 3 个类中心的欧氏距离：

$$d_{01}=\sqrt{\sum_{j=1}^{2}(Y_{0j}-Z_{1j})^2}=\sqrt{(0.0174+3.218)^2+(0.3484-0.381)^2}=3.2356$$

$$d_{02}=\sqrt{\sum_{j=1}^{2}(Y_{0j}-Z_{2j})^2}=\sqrt{(0.0174+0.036)^2+(0.3484+0.485)^2}=0.8351$$

$$d_{03}=\sqrt{\sum_{j=1}^{2}(Y_{0j}-Z_{3j})^2}=\sqrt{(0.0174-2.299)^2+(0.3484-0.363)^2}=2.2816$$

因 $d_{02}<d_{03}<d_{01}$，根据最短距离原则，判定该生的综合评价等级为 2 级。

（2）使用费希尔线性判别函数。将新个案对应的判别变量值分别代入费希尔线性判别函数，求得若干个分数，哪个分数最大，就判定该个案归入哪类。

解：将该生的 4 项素质测验数据分别代入 3 个费希尔线性判别函数，得：

$$p_1=-1185.571+85.472X_1+115.808X_2-2.830X_3+2.636X_4$$
$$=-1185.571+85.472\times12.15+115.808\times8.44-2.830\times8.98+2.636\times148.20=1195.58$$
$$p_2=-1200.122+91.653X_1+108.793X_2-4.871X_3+2.786X_4$$
$$=-1200.122+91.653\times12.15+108.793\times8.44-4.871\times8.98+2.786\times148.20=1200.82$$
$$p_3=-1244.109+95.181X_1+106.578X_2-6.733X_3+3.019X_4$$

$=-1\ 244.109+95.181\times12.15+106.578\times8.44-6.733\times8.98+3.019\times148.20=1\ 198.81$

因 $p_2>p_3>p_1$，根据最大分数原则，判定该生的综合评价等级为 2 级。

思考与练习

1. 判别分析和聚类分析有什么异同？

2. 判别分析有哪些适用条件？

3. 试述典则判别和贝叶斯判别的基本原理。

4. 在 SPSS 中可以采取哪些方式对判别分析的结果进行验证？

5. 为了提高对具有不同形态、素质特点运动员训练的针对性，抽测了 3 种类型共 48 名男子游泳运动员的若干形态、素质指标，从中选出了能反映身材和力量特征的 8 项数据，如表 19-3-1 所示。

ID：编号　　GD：性别（1 表示男子）

Y：类型　　*X*1：身高（cm）

*X*2：体重（kg）　　*X*3：流线型指数（[肩宽+髋宽]/身高×50）

*X*4：配合游拉力（kg）　　*X*5：握力（kg）

*X*6：臂下压力（kg）　　*X*7：背肌力（kg）

*X*8：纵跳（cm）

试完成以下练习：

（1）建立数据文件，以“练习 1905. sav”命名并保存。

（2）以 *X*1～*X*8 为自变量，利用 1～42 号的数据，采用逐步判别的方法建立判别模型（使用 *F* 值，进入标准设为 0.6，除去标准设为 0.5）；利用 43～48 号的数据进行验证。

（3）对判别分析输出的结果进行解释说明。

表 19-3-1　48 名男子游泳运动员的 8 项形态、素质数据

ID	GD	*Y*	*X*1	*X*2	*X*3	*X*4	*X*5	*X*6	*X*7	*X*8
1	1	1	180.0	72.0	20.96	18.5	57.0	28.5	187.0	66.4
2	1	2	182.0	74.5	21.11	18.3	50.0	33.0	158.0	59.2
3	1	3	180.0	84.0	21.08	18.0	55.0	32.5	130.0	58.0
4	1	2	182.0	78.0	21.15	16.3	46.0	27.5	158.0	64.6
5	1	1	180.0	70.5	20.56	17.5	50.0	26.5	193.0	64.5
6	1	3	169.0	61.5	19.82	18.0	46.5	32.5	138.0	63.5
7	1	3	179.0	70.0	19.83	16.6	46.5	24.0	132.0	52.7
8	1	2	179.5	75.5	20.85	18.6	51.0	31.0	169.0	58.2
9	1	2	179.0	74.5	20.45	15.2	51.0	26.0	142.0	70.0
10	1	3	180.0	80.0	19.84	20.0	44.5	28.0	131.0	62.0
11	1	3	175.0	66.0	19.71	16.2	48.0	30.0	127.0	61.2
12	1	2	179.0	71.0	20.43	16.5	48.5	25.0	143.0	59.7
13	1	2	178.0	68.0	20.45	16.6	44.5	28.0	156.0	60.2

续表

ID	GD	Y	X1	X2	X3	X4	X5	X6	X7	X8
14	1	3	181.5	81.0	20.16	17.5	50.5	32.0	128.0	52.0
15	1	3	169.0	60.5	19.91	12.6	48.5	26.0	100.0	60.8
16	1	2	181.0	79.0	20.95	19.2	55.5	30.0	164.0	57.2
17	1	1	188.0	86.0	20.61	20.5	65.5	36.0	184.0	59.5
18	1	3	180.0	83.0	20.96	17.1	38.5	28.5	116.0	53.5
19	1	2	176.0	69.5	19.97	17.5	42.5	25.5	156.0	57.5
20	1	1	183.0	86.5	21.50	20.3	55.0	34.0	228.0	65.2
21	1	3	179.0	67.0	20.03	15.3	50.0	20.0	127.0	68.4
22	1	2	178.5	74.5	20.11	18.3	51.0	28.0	163.0	62.0
23	1	1	179.5	78.5	20.89	19.3	55.5	37.0	204.0	65.7
24	1	3	182.0	79.0	19.84	19.6	49.5	34.5	132.0	66.0
25	1	3	182.0	70.0	19.70	16.4	41.5	29.0	108.0	43.1
26	1	2	181.5	75.0	19.95	17.8	53.0	33.5	151.0	55.0
27	1	3	175.0	72.0	21.14	17.6	44.0	34.0	114.0	47.0
28	1	2	176.0	69.0	19.25	17.0	45.5	33.0	146.0	55.7
29	1	3	170.0	59.5	19.41	13.5	42.5	27.5	119.0	49.0
30	1	2	182.5	73.0	19.53	18.9	44.0	27.5	150.0	54.0
31	1	3	179.0	68.0	19.97	14.2	48.5	23.5	135.0	43.0
32	1	2	175.0	68.5	19.36	17.5	51.5	30.5	156.0	64.2
33	1	2	168.0	67.0	20.93	19.5	51.5	33.0	162.0	58.0
34	1	3	180.0	69.0	19.09	15.7	38.5	25.0	128.0	45.7
35	1	2	180.0	69.0	20.00	17.0	50.0	35.0	165.0	55.0
36	1	3	171.0	67.0	20.61	16.3	40.0	27.0	133.0	54.7
37	1	3	174.5	66.5	20.92	16.2	45.5	29.0	123.0	47.1
38	1	2	182.0	83.0	20.68	17.2	53.5	32.0	163.0	64.3
39	1	1	184.0	76.0	20.86	18.5	59.5	36.5	174.0	61.8
40	1	3	171.0	62.0	20.91	16.5	51.0	25.5	127.0	51.5
41	1	1	184.0	82.0	21.46	21.3	54.5	33.5	216.0	65.8
42	1	1	181.0	84.5	20.55	20.5	53.1	31.0	193.0	64.3
43		2	177.5	74.0	20.15	19.2	50.4	29.5	172.0	61.5
44		2	177.9	72.0	21.20	18.5	51.5	28.5	165.0	62.8
45		3	173.0	65.0	19.00	16.9	48.0	30.5	137.0	60.4
46		3	174.0	66.5	19.50	16.0	48.0	29.5	138.0	59.5
47		1	184.0	84.5	22.50	21.6	54.0	33.0	200.0	63.2
48		3	175.0	70.0	20.16	17.5	45.0	30.0	134.0	46.5

6. 测得某男子游泳运动员的 8 项数据如下，试根据题 5 所得的费希尔线性判别函数，判定该运动员属于哪一类型。

X1	X2	X3	X4	X5	X6	X7	X8
180.0	70.5	21.2	15.0.	48.0	28.5	160.0	60.2

第二十章　因子分析

第一节　因子分析概述

一、因子分析的意义

在科学研究中，人们为了比较全面、完整、准确地了解研究对象的情况，以便寻找其变化规律，往往希望尽可能多地收集关于研究对象的数据信息，这就需要采用众多的指标。但是，如果所采用的指标变量非常多，虽然有助于全面反映事物的面貌，却会给实际的统计分析工作带来一些问题。

其一，指示变量太多在获取数据时必然要花费大量的人力、物力和财力；其二，指标变量太多会增加信息处理的工作量，使得统计计算工作变得异常烦琐；其三，由于变量之间存在的相关性带来的共线性问题，会增加分析问题的复杂性。但是，如果简单地采用减少指标变量的办法来解决上述问题，又有可能造成某些重要信息的丢失。

因子分析是研究如何以最少的信息丢失，将众多的原有变量浓缩成少数几个因子变量，并使因子具有较强的可解释性的一种多元统计方法。

因子分析具有以下特点：

（1）因子的个数远远少于原有变量的个数，对因子的分析能够减少分析中的计算工作量。

（2）因子之间的线性关系不显著，利用因子建立的统计模型能够有效地解决变量共线性给分析带来的诸多问题。

（3）因子并不是原有变量的简单取舍，而是对原有变量的重新组构，能够代表原有变量的绝大部分信息，不会造成重要信息的丢失。

（4）某个因子是对某些原有变量的综合，可根据其实际意义进行命名，有利于对分析结果做出易于理解的解释评价。

因子分析在体育科学研究中也有着广泛的应用，例如：测得我国优秀少年乒乓球运动员 10 个专项素质的数据，通过因子分析，提取出速度、耐力、灵敏、步法、爆发力 5 个因子，进而从 5 个因子中各选取 1 个典型指标建立综合评价标准，用于指导训练；就某区域内城市体育健身俱乐部品牌发展的影响因素进行问卷调查，对 30 个变量进行因子分析，提取出环境、管理、营销、产品、消费者 5 个因子，进而对体育健身俱乐部的品牌发展提出建设性意见。

二、因子分析的数学模型

用于因子分析的变量必须是定量数据。设样本含 n 个个案，对每个个案观测 p 个指标。为了消除由于观测量纲及数量级的差异所造成的影响，首先需要对样本数据进行标准化处理，使标准化后各变量的均值为 0，方差为 1。用 X_1，X_2，X_3，…，X_p 表示 p 个标准化的原有变量，则因子分析的数据结构如表 20-1-1 所示。

表 20-1-1　因子分析的数据结构

i	X_1	X_2	X_3	…	X_p
1	X_{11}	X_{12}	X_{13}	…	X_{1p}
2	X_{21}	X_{22}	X_{23}	…	X_{2p}
3	X_{31}	X_{32}	X_{33}	…	X_{3p}
⋮	⋮	⋮	⋮	⋮	⋮
n	X_{n1}	X_{n2}	X_{n3}	…	X_{np}

将每个原有变量 X_i 都用 $k(k<p)$ 个因子 f_1，f_2，f_3，…，f_k 的线性组合来表示，则有：

$$\begin{cases} X_1 = a_{11}f_1 + a_{12}f_2 + \cdots + a_{1k}f_k + a_1\varepsilon_1 \\ X_2 = a_{21}f_1 + a_{22}f_2 + \cdots + a_{2k}f_k + a_2\varepsilon_2 \\ \cdots\cdots\cdots\cdots \\ X_p = a_{p1}f_1 + a_{p2}f_2 + \cdots + a_{pk}f_k + a_p\varepsilon_p \end{cases}$$

上面这个方程组就是因子分析的数学模型。有 p 个变量，就可以构造 p 个方程。方程组中各因子的系数构成矩阵：

$$\boldsymbol{A} = \begin{bmatrix} a_{11} & a_{12} & \cdots & a_{1k} \\ a_{21} & a_{22} & \cdots & a_{2k} \\ \vdots & \vdots & & \vdots \\ a_{p1} & a_{p2} & \cdots & a_{pk} \end{bmatrix}$$

因子分析的数学模型可以用矩阵形式表示为：$X=\boldsymbol{AF}+\varepsilon$。

在这个数学模型中，F 称为因子。由于它们出现在每一个原有变量的线性表达式中，因此也称为公共因子。可以把它们理解为在高维空间中互相垂直的 k 个坐标轴。与原有变量不同，因子是不可观测的理论变量。

$\boldsymbol{A}$ 称为因子载荷矩阵。a_{ij}称为因子载荷，是第 i 个原有变量在第 j 个因子上的负荷。如果把变量 X_i 看成是 k 维空间中的一个向量，则 a_{ij}为 X_i 在坐标轴f_j上的投影，相当于多元线性回归模型中的标准回归系数。ε 称为特殊因子，表示原有变量不能被公共因子解释的部分，其均值为 0，相当于多元线性回归模型中的残差。

因子分析要求观测个案比较充足，否则可能无法得到稳定和准确的结果。有人认为观测个案数 n 应达到变量数 p 的 5 倍以上，理想的情况是 10～25 倍；总观测个案原则上不少于 100，越大越好。

三、因子分析的基本内容

（一）考察数据是否适合进行因子分析

因子分析的目的，是要从众多原有变量中综合出少数几个具有代表性的因子，这必然要求一个前提，即原有变量之间应具有较强的相关关系。如果原有变量之间不存在较强的相关关系，就根本无法从中综合出能够反映某些变量共同特性的几个较少的公共因子。因此，在进行因子分析时，一般需要先对原有变量相互之间是否具有较强的相关性进行研究。通常可以采用以下几种方法：

1. 简单相关系数检验

进行相关分析，计算原有变量两两之间的简单相关系数，并进行显著性检验。观察相关系数矩阵，如果大部分相关系数的绝对值都小于 0.3，即变量间大多为弱相关，那么这些变量原则上是不适合进行因子分析的。

2. 巴特利特球形度检验（Bartlett Test of Sphericity）

巴特利特球形度检验的假设为：

H_0：相关系数矩阵是一个单位阵；

H_1：相关系数矩阵不是一个单位阵。

所谓单位阵，是指主对角线上的元素都为 1 而所有非主对角线上的元素都为 0 的矩阵。

巴特利特球形度检验的统计量是根据相关系数矩阵的行列式计算得到的，且近似服从卡方分布。给定显著性水平 α，如果显著性概率 $P\leqslant\alpha$，应拒绝原假设，接受备择假设，认为相关系数矩阵不太可能是单位阵，也就意味着原有变量之间存在相关关系，适合进行因子分析；反之，如果显著性概率 $P>\alpha$，则不能拒绝原假设，即认为相关系数矩阵与单位阵无显著性差异，原有变量之间不存在相关关系，不适合进行因子分析。

3. *KMO*（Kaiser-Meyer-Olkin）检验

KMO 统计量是一个取样适切性量数，用于比较变量间的简单相关系数和偏相关系数，计算式为：

$$KMO=\frac{\sum\sum_{i\neq j} r_{ij}^2}{\sum\sum_{i\neq j} r_{ij}^2+\sum\sum_{i\neq j} q_{ij}^2}$$

其中，r_{ij}是变量 i 和变量 j 之间的简单相关系数，q_{ij}是它们之间的偏相关系数；*KMO* 的取值在 0 和 1 之间。

偏相关系数是在控制了其他变量对两变量影响的条件下计算出来的净相关系数，如果变量之间确实存在较强的相互重叠以及传递影响，那么在控制了这些影响后的偏相关系数与简单相关系数相比必然很小。显然，当所有变量间的简单相关系数平方和远大于偏相关系数平方和时，*KMO* 的值接近于 1。*KMO* 的值越接近于 1，意味着变量间的相关性越强，原有变量越适合做因子分析；*KMO* 的值越接近于 0，意味着变量间的相关性越弱，原有变量越不适合做因子分析。

依据 Kaiser（1977）的建议，*KMO* 的判断准则为：

$KMO\geqslant0.9$：效果极佳（marvelous）；

$0.8\leqslant KMO<0.9$：效果良好（meritorious）；

$0.7\leqslant KMO<0.8$：效果中等（middling）；

$0.6\leqslant KMO<0.7$：效果一般（mediocre）；

$0.5\leqslant KMO<0.6$：效果欠佳（miserable）；

$KMO<0.5$：不可接受（unacceptable）。

4. 反映像相关矩阵检验（Anti-Image Correlation Matrix）

反映像矩阵是以变量的偏协方差矩阵和偏相关系数矩阵为出发点，将矩阵的每个元素取反而得到，包括负的偏协方差和负的偏相关系数。反映像相关矩阵主对角线上的元素是某变量的 *MSA* 统计量（Measure of Sample Adequacy），这也是一个取样适切性量数，计算式为：

$$MSA=\frac{\sum_{i\neq j} r_{ij}^2}{\sum_{i\neq j} r_{ij}^2+\sum_{i\neq j} q_{ij}^2}$$

其中，r_{ij}是变量 i 和变量 j 之间的简单相关系数，q_{ij}是它们之间的偏相关系数；*MSA* 的取值在 0 和 1 之间。

与 *KMO* 统计量的意义相同，当某变量与其他所有变量的简单相关系数平方和远大于偏相关系数平方和时，*MSA* 的值接近于 1。*MSA* 的值越接近于 1，意味着该变量与其他变量的相关性越强；*MSA* 的值越接近于

0，意味着该变量与其他变量的相关性越弱。

因此，观察反映像相关矩阵，如果主对角线上元素的值都接近 1，其他大多数元素的绝对值都较小，则说明这些变量的相关性较强，适合做因子分析。反之，则不适合做因子分析。

在判断原有变量是否适合做因子分析时，应综合考虑上述几种检验的结果。但在实际工作中，往往很难得到几种检验结果都很理想的数据。

（二）提取因子

因子分析的关键是根据样本数据求解因子载荷矩阵。因子载荷矩阵的求解方法有多种，本章仅介绍在因子分析中占主要地位且使用最为广泛的主成分分析法。主成分分析能够为因子分析提供初始解，因子分析则是在主成分分析基础上的拓展。

1. 主成分分析

用 X_1，X_2 表示儿童的身高和体重。对若干儿童测试的结果可用直角坐标系中的散点表示，如图 20-1-1 所示。此时若要分析儿童身高和体重的特点，需要同时考察 X_1 和 X_2 两个因素。

观察图 20-1-1 中的散点，可知 X_1 与 X_2 存在线性关系，各散点分布在一条直线周围。运用线性回归的方法可以确定该直线。现以该回归直线为坐标轴 Y_1，并作与其相垂直的另一坐标轴 Y_2。因两轴正交，故 Y_1 与 Y_2 彼此不相关，如图 20-1-2 所示。

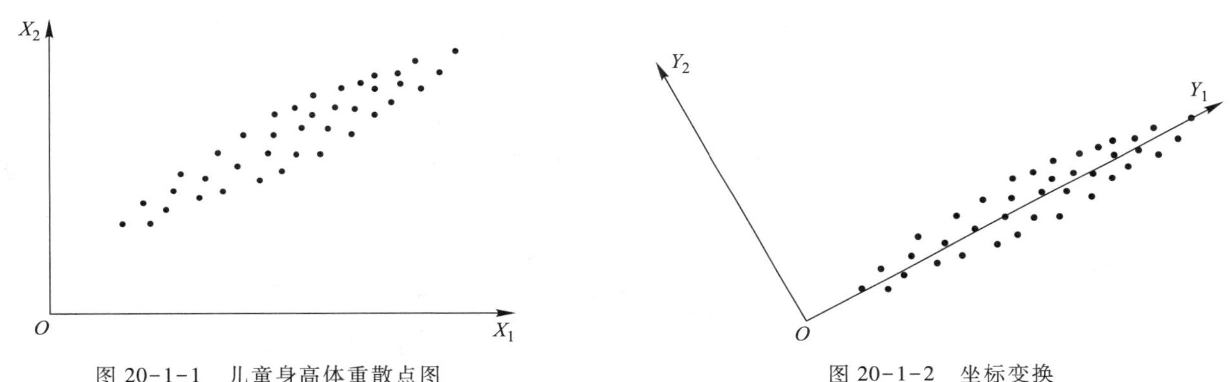

图 20-1-1　儿童身高体重散点图　　　图 20-1-2　坐标变换

可以看出，经坐标变换后，原观测对象的差异主要表现在 Y_1 方向上，而在 Y_2 方向上差异很小。因此可以考虑仅用 Y_1 一个因素来研究原观测对象而不会导致原有变量太多信息的丢失。

新坐标轴 Y_1、Y_2 实际上是将原坐标轴 X_1、X_2 同时按逆时针方向旋转 θ 角度而得到，即：

$$\begin{cases} Y_1 = X_1\cos\theta + X_2\sin\theta \\ Y_2 = -X_1\sin\theta + X_2\cos\theta \end{cases} \quad \text{或} \quad \begin{cases} Y_1 = u_{11}X_1 + u_{12}X_2 \\ Y_2 = u_{21}X_1 + u_{22}X_2 \end{cases}$$

可见，新变量 Y_1、Y_2 是原有变量 X_1、X_2 的线性函数，两新变量 Y_1 与 Y_2 彼此不相关。于是，我们将 Y_1 称为 X_1、X_2 的第一主成分，将 Y_2 称为 X_1、X_2 的第二主成分。这种方法就是主成分分析。

上述思想可以推广到一般情况。主成分分析通过坐标旋转，对原有的 p 个相关变量 X_1，X_2，X_3，…，X_p 作线性变换，转换成另一组彼此不相关的变量 Y_1，Y_2，Y_3，…，Y_p。新变量与原有变量的关系可以表示为：

$$\begin{cases} Y_1 = u_{11}X_1 + u_{12}X_2 + \cdots + u_{1p}X_p \\ Y_2 = u_{21}X_1 + u_{22}X_2 + \cdots + u_{2p}X_p \\ \cdots\cdots\cdots\cdots \\ Y_p = u_{p1}X_1 + u_{p2}X_2 + \cdots + u_{pp}X_p \end{cases}$$

上述方程组要求：$u_{i1}^2+u_{i2}^2+\cdots+u_{ip}^2=1$，其中 $i=1, 2, \cdots, p$。

对上述方程组中的系数求解时遵循的原则是：使 Y_1 在总方差中所占比例最大，综合原有变量的能力最强；使 Y_2，Y_3，⋯，Y_p 在总方差中所占的比例依次递减，综合原有变量的能力也依次减弱。因此，我们将 Y_1，Y_2，Y_3，⋯，Y_p 分别称为原有变量的第一、第二、第三、⋯、第 p 个主成分。有几个变量就可以构造几个主成分。

上述方程组中，每个方程的系数向量 $\boldsymbol{u}_{i1}$，$\boldsymbol{u}_{i2}$，⋯，$\boldsymbol{u}_{ip}(i=1, 2, \cdots, p)$ 恰好就是原有变量相关系数矩阵 $\boldsymbol{R}$ 的特征值所对应的特征向量。因此，可将主成分分析的具体步骤归纳为：

（1）对原有变量数据进行标准化处理。

（2）计算变量间的简单相关系数矩阵：$\boldsymbol{R}=\begin{bmatrix} r_{11} & r_{12} & \cdots & r_{1p} \\ r_{21} & r_{22} & \cdots & r_{2p} \\ \vdots & \vdots & & \vdots \\ r_{p1} & r_{p2} & \cdots & r_{pp} \end{bmatrix}$。

（3）求相关系数矩阵 $\boldsymbol{R}$ 的特征根 λ_i，并将其按从大到小的顺序排列，得 $\lambda_1 \geqslant \lambda_2 \geqslant \lambda_3 \geqslant \cdots \geqslant \lambda_p \geqslant 0$，同时求出各个特征根对应的特征向量（计算方法涉及高等代数知识，从略）：

$$\boldsymbol{U}=(u_1, u_2, \cdots, u_p)=\begin{bmatrix} u_{11} & u_{12} & \cdots & u_{1p} \\ u_{21} & u_{22} & \cdots & u_{2p} \\ \vdots & \vdots & & \vdots \\ u_{p1} & u_{p2} & \cdots & u_{pp} \end{bmatrix}$$

特征向量 $\boldsymbol{U}$ 就是主成分分析的系数矩阵。主成分分析得到的特征根和对应的特征向量就是因子分析的初始解。

2. 因子载荷

利用主成分分析得到 p 个特征根和对应的特征向量后，就可按下面的方法计算初始因子载荷矩阵：

$$\boldsymbol{A}=\boldsymbol{U}\times\begin{bmatrix} \sqrt{\lambda_1} & & & \\ & \sqrt{\lambda_2} & & \\ & & \ddots & \\ & & & \sqrt{\lambda_p} \end{bmatrix}=\begin{bmatrix} u_{11}\sqrt{\lambda_1} & u_{12}\sqrt{\lambda_2} & \cdots & u_{1k}\sqrt{\lambda_k} & \cdots & u_{1p}\sqrt{\lambda_p} \\ u_{21}\sqrt{\lambda_1} & u_{22}\sqrt{\lambda_2} & \cdots & u_{2k}\sqrt{\lambda_k} & \cdots & u_{2p}\sqrt{\lambda_p} \\ \vdots & & & & & \vdots \\ u_{p1}\sqrt{\lambda_1} & u_{p2}\sqrt{\lambda_2} & \cdots & u_{pk}\sqrt{\lambda_k} & \cdots & u_{pp}\sqrt{\lambda_p} \end{bmatrix}$$

$$=\begin{bmatrix} a_{11} & a_{12} & \cdots & a_{1k} & \cdots & a_{1p} \\ a_{21} & a_{22} & \cdots & a_{2k} & \cdots & a_{2p} \\ \vdots & & & & & \vdots \\ a_{p1} & a_{p2} & \cdots & a_{pk} & \cdots & a_{pp} \end{bmatrix}$$

因子分析的目的是减少变量个数，也称为降维，如果在计算因子载荷矩阵时把所有因子都提取出来就失去了该方法的实际意义。通常只提取能解释原有变量大部分信息的前 $k(k<p)$ 个因子，其后的可以忽略不计。因此，实际所求的因子载荷矩阵为：

$$\boldsymbol{A}=\begin{bmatrix} a_{11} & a_{12} & \cdots & a_{1k} \\ a_{21} & a_{22} & \cdots & a_{2k} \\ \vdots & & & \vdots \\ a_{p1} & a_{p2} & \cdots & a_{pk} \end{bmatrix}$$

在各个因子不相关的情况下，因子载荷 a_{ij} 就是第 i 个原有变量 X_i 和第 j 个因子 f_j 的相关系数，反映了原

有变量 X_i 与因子 f_j 的相关程度。a_{ij} 的绝对值越大，因子 f_j 和原有变量 X_i 的相关性就越强。因此，因子载荷 a_{ij} 实际上反映了因子 f_j 对变量 X_i 影响的重要程度。

3. 变量共同度（Communality）

变量共同度也称为公因子方差，它反映全部因子对原有变量方差解释说明的比例。原有变量 X_i 的共同度是因子载荷矩阵 $\boldsymbol{A}$ 中第 i 行 k 个元素的平方和，即：

$$h_i^2=\sum_{j=1}^{k}a_{ij}^2=a_{i1}^2+a_{i2}^2+\cdots+a_{ik}^2$$

在原有变量 X_i 标准化的前提下，X_i 的方差为 1，表示为：$h_i^2+\varepsilon_i^2=1$。

上式表明，变量 X_i 的方差由两部分组成，第一部分 h_i^2 为变量共同度，它反映了全部因子对原有变量 X_i 的影响，是全部因子对 X_i 的方差所做出的贡献。其值越接近于 1，表明全部因子对该变量方差解释得越多，信息丢失越少，因子分析的效果就越好。第二部分 ε_i^2 是特殊因子 ε_i 的平方，反映原有变量 X_i 方差中无法被全部因子解释的部分。这部分越小说明变量 X_i 信息丢失越少。

变量共同度是衡量因子分析效果的一个重要指标。如果大部分原有变量的变量共同度都比较高（如高于 0.8），则说明所提取的因子能够反映原有变量的大部分（如 80%以上）信息，仅有较少的信息丢失，因子分析的效果较好；反之亦然。

4. 因子的方差贡献和方差贡献率

因子 f_j 的方差贡献定义为因子载荷矩阵 $\boldsymbol{A}$ 中第 j 列 p 个元素的平方和，即：

$$S_j^2=\sum_{i=1}^{p}a_{ij}^2=a_{1j}^2+a_{2j}^2+\cdots+a_{pj}^2$$

因子 f_j 的方差贡献 S_j^2 是第 j 个因子对各个 X_i 所提供方差的总和，反映了该因子对原有变量总方差的解释能力。其值越高，说明该因子的作用越大。因此，因子的方差贡献是衡量各个因子相对重要性的关键指标。

原有变量已经作了标准化处理，使得各变量的均值为 0，标准差为 1。因有 p 个变量，所以各变量的总方差为 p。而第 j 个因子的方差就等于第 j 个特征根，即：

$$S_j^2=\frac{\sum_{j=1}^{p}(Y_j-\overline{Y}_j)^2}{n-1}=\lambda_j$$

第 j 个因子的方差贡献率是该因子的方差贡献占总方差的比例：$C_j=S_j^2/p=\lambda_j\Big/\sum_{j=1}^{p}\lambda_j$；前 k 个因子的累积方差贡献率为：$C=\frac{\sum_{j=1}^{k}S_j^2}{p}=\frac{\sum_{j=1}^{k}\lambda_j}{\sum_{j=1}^{p}\lambda_j}$。

5. 确定因子数

因子分析是要从众多的原有变量中浓缩出少数几个因子，因此提取的因子数 k 必定小于原有变量数 p。确定因子数 k 的方法主要有以下几种：

（1）根据因子特征根 λ_i 确定因子数。观察各个特征根的值，通常提取特征根值大于 1 的因子。

（2）根据因子的累积方差贡献率确定因子数。观察各个因子的累积方差贡献率，一般来说达到 80%就比较满意了，可以此标准决定提取多少个因子。

（3）根据因子特征值的变化趋势确定因子数。观察特征值碎石图，可以发现连接各个特征值的折线在某处会出现明显的转折，转折点前的特征值变化显著；转折点后的特征值变化趋于平缓，犹如地质学中岩层斜坡下方发现的小碎石，价值不高，可以忽略。因此，可以提取该转折点附近的特征值所对应的因子。如图

20-1-3 所示，可尝试选取前 3 或 4 个因子。

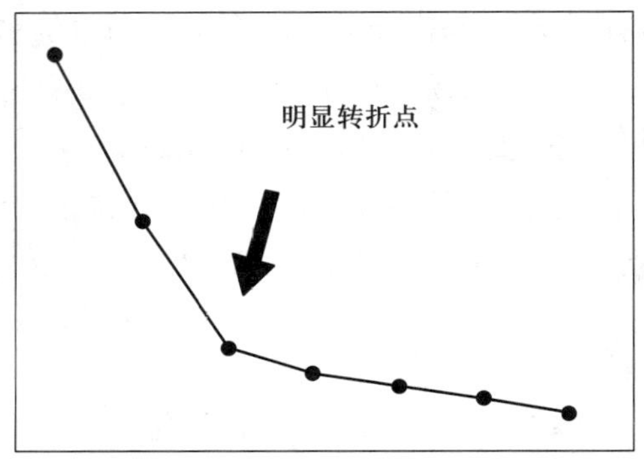

图 20-1-3 特征值碎石示意图

（三）因子的命名解释

经过主成分分析得到的 Y_1，Y_2，…，Y_k 是对原有变量的综合。原有变量都是有物理含义的变量，那对它们进行线性变换后得到的新的综合变量的含义是什么呢？这就是因子分析要解决的另一个重要问题。在实际工作中，主要是通过对因子载荷矩阵进行分析，找出因子与原有变量的关系，从而对所提取的因子进行命名解释。

观察因子载荷矩阵 $\boldsymbol{A}$ 会发现：如果 a_{ij}的绝对值在第 i 行的多个列上都有较大的取值，说明原有变量 X_i 同时与多个因子有较大的相关关系，也就是说该变量的信息需要由多个因子来共同解释；如果 a_{ij}的绝对值在第 j 列的多个行上都有较大的取值，则说明因子 f_j能够同时解释多个原有变量的信息，但只能解释每个变量较少的信息，还不能典型地代表任何一个原有变量。这样的情况必然使得因子的实际含义模糊不清。

我们希望通过某种手段使每个变量在尽可能少的因子上有比较高的载荷。理想的情况是，让某个变量 X_i 在某个因子 f_j上的载荷趋于 1，而在其他因子上的载荷趋于 0。这样，一个因子 f_j就能够成为某个变量 X_i 的典型代表，它的实际含义也就清楚了。

实现上述目标的手段是对初始因子载荷矩阵进行旋转，即将因子载荷矩阵 $\boldsymbol{A}$ 右乘一个正交矩阵得到一个新的矩阵 $\boldsymbol{B}$。它并不影响变量 X_i 的共同度 h_i^2，却会改变因子 f_j的方差贡献 S_j^2。通过坐标变换，能够重新分配各个因子解释原有变量方差的比例，使因子更易于理解。

因子载荷矩阵旋转的方式有两种：正交旋转和斜交旋转。正交旋转是指坐标轴在旋转过程中始终保持相互垂直，在新坐标系中因子之间仍保持不相关性，这有利于简化对因子作用的讨论。斜交旋转中坐标轴的夹角可以是任意角度，在新坐标系中因子之间不能保证不相关性，这使得斜交旋转虽然在因子的可命名解释方面优于正交旋转，但在讨论因子的作用时却需要额外考虑因子之间的相互关系。

在实际工作中，一般先采用正交旋转。如果正交旋转后因子的含义仍不清晰，则考虑采用斜交旋转，或许可以得到比较容易解释的结果。如果采用的是正交旋转，最终是依据旋转后的因子载荷矩阵对因子进行命名解释；如果采用的是斜交旋转，则应依据旋转后的因子模式矩阵对因子进行命名解释。

（四）计算因子得分

因子得分是因子分析的最终体现。当因子确定以后，便可计算各因子在每个个案上的具体数值，这些数值称为因子得分，形成的变量称为因子得分变量。于是，在以后的分析中，就可用因子得分变量代替原有变量进一步做回归分析、聚类分析、判别分析和评价研究等，从而实现降维和简化问题的目标。

计算因子得分的途径是将因子得分表示为原有变量的线性组合：

$$F_{ij}=\beta_{j1}X_{i1}+\beta_{j2}X_{i2}+\cdots+\beta_{jp}X_{ip}\quad(i=1,2,\cdots,n;\ j=1,2,\cdots,k)$$

上式称为因子得分函数，其中各项的系数 β_{ji} 通常采用最小二乘意义下的回归法（无常数项）进行估计。方程确定后，将每个原个案的标准化值代入相应的方程，即可求出每个个案的各个因子得分。

通过因子分析得到每个个案的因子得分后，还可以进一步计算每个个案的综合得分，从而可以进行综合评价。综合得分的计算式为：

$$F_i=b_{i1}F_{i1}+b_{i2}F_{i2}+\cdots+b_{ik}F_{ik}\quad(i=1,2,\cdots,n)$$

由于因子变量反映了研究对象的不同侧面，所以在计算综合得分时往往需要给各个因子变量赋予不同的权重，也就是上式中各项的系数 b_{ij}。这些权重通常应由所研究领域的专家给出；当没有可用的专家意见时，可以将因子变量各自的方差贡献率作为权重。

第二节　因子分析在 SPSS 中的实现

【案例 2001】

测得 40 名男子游泳运动员的 18 项形态、素质数据，并通过录像解析得出他们在 100 米自由泳比赛中途中游的平均划幅，数据文件“案例 2001. sav”如图 20-2-1 所示。试对 18 项形态、素质指标进行因子分析。

	ID	GD	Y	X1	X2	X3	X4	X5	X6	X7	X8
1	1	1	2.17	182.0	78.0	193.0	98.0	83.5	27.5	55.0	39.0
2	2	1	1.79	169.0	61.5	172.5	95.0	72.5	26.0	52.0	35.0
3	3	1	2.11	177.5	73.5	182.0	101.0	78.0	27.5	54.0	39.5
4	4	1	1.85	176.0	68.5	179.0	97.0	77.5	28.0	55.0	38.0
5	5	1	1.91	184.0	80.0	193.0	100.0	80.0	28.0	58.0	40.0
6	6	1	1.98	175.0	66.0	178.0	92.0	76.5	26.5	51.5	37.0
7	7	1	2.15	175.0	71.0	179.5	97.5	77.5	27.5	55.5	39.0
8	8	1	2.16	176.0	68.0	176.5	95.0	77.0	26.5	51.5	38.0
9	9	1	2.19	183.5	81.0	187.5	100.5	81.0	27.5	57.0	38.0
10	10	1	2.22	179.0	79.0	188.0	100.5	79.0	28.5	55.0	37.3

	X9	X10	X11	X12	X13	X14	X15	X16	X17	X18
1	80.0	96.0	14.8	14.5	16.3	46.0	27.5	158.0	60.6	56.33
2	70.7	89.0	12.4	16.0	18.0	46.5	32.5	138.0	63.5	54.21
3	75.0	93.5	13.5	17.3	18.6	51.0	31.0	169.0	55.2	54.89
4	73.5	93.8	10.3	13.0	15.2	51.0	26.0	142.0	72.0	54.49
5	81.0	99.0	11.5	16.6	20.0	44.5	28.0	131.0	70.0	53.49
6	73.0	88.8	10.5	15.5	16.2	48.0	30.0	127.0	61.2	55.36
7	75.2	91.5	9.6	16.0	16.5	48.5	25.0	143.0	59.7	55.14
8	74.0	91.8	10.1	14.1	16.6	44.5	28.0	156.0	60.2	53.83
9	77.5	96.0	10.5	14.7	17.5	50.5	32.0	128.0	52.0	57.35
10	78.3	95.4	13.5	16.7	19.2	55.5	30.0	164.0	57.2	54.29

图 20-2-1　案例 2001 的数据文件（部分）

ID：编号　　GD：性别（1 为男）　　*Y*：平均划幅（m/周期）

*X*1：身高（cm）　　*X*2：体重（kg）　　*X*3：臂展（cm）

*X*4：胸围（cm）　　*X*5：腰围（cm）　　*X*6：前臂围（cm）

*X*7：大腿围（cm）　　*X*8：小腿围（cm）　　*X*9：上肢长（cm）

*X*10：下肢长（cm）　　*X*11：打腿拉力（kg）　　*X*12：划水拉力（kg）

*X*13：配合游拉力（kg）　　*X*14：握力（kg）　　*X*15：臂下压力（kg）

*X*16：背肌力（kg）　　*X*17：纵跳（cm）　　*X*18：速度耐力（s）

1. 在 SPSS 中实现的步骤

第 1 步：在数据编辑器窗口中打开数据文件“案例 2001. sav”。

第 2 步：在“分析”菜单中选择“降维”→“因子”命令，打开相应的主对话框。

第 3 步：在“因子分析”主对话框中进行因子分析的具体操作，如图 20-2-2 所示。

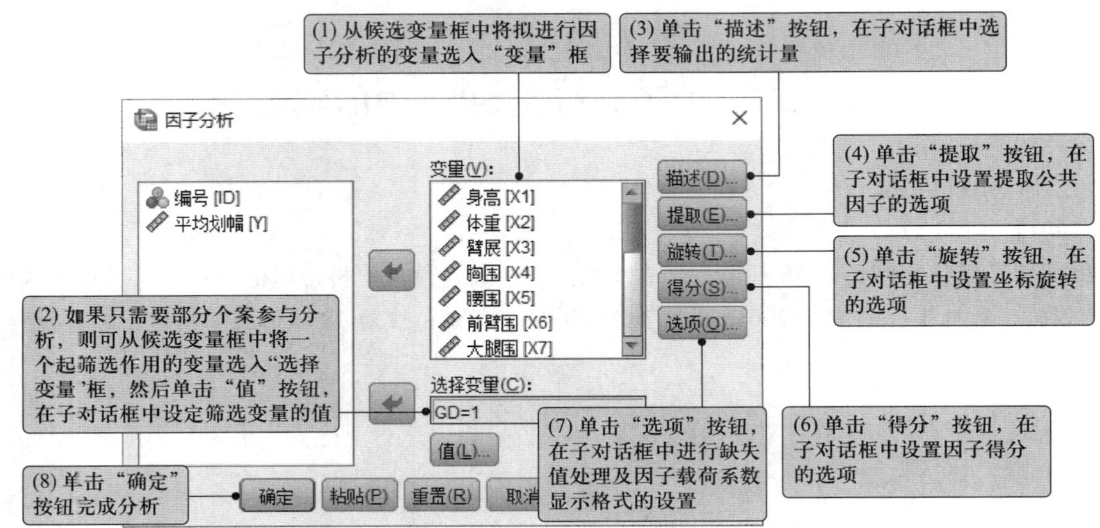

图 20-2-2 因子分析的操作

本例处理：从候选变量框中将 $X1 \sim X18$ 选入“变量”框；将 GD 选入“选择变量”框。

第 4 步：在“因子分析”主对话框中单击“值”按钮，打开“设置值”子对话框，在其中输入选择变量的值以确定参与分析的个案，如图 20-2-3 所示。

本例处理：输入选择变量的值 1，表示仅对男子运动员进行分析（本例全部为男子运动员，设置选择变量的步骤可以忽略，此处仅为了说明分析过程）。

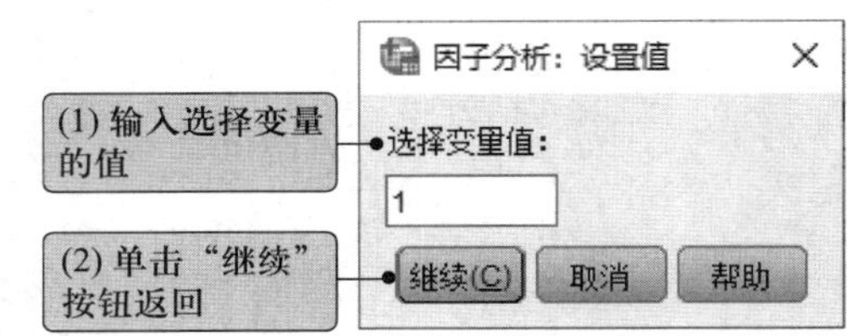

图 20-2-3 设置选择变量的值

第 5 步：在“因子分析”主对话框中单击“描述”按钮，打开“描述”子对话框，在其中选择要输出的统计量和相关矩阵，如图 20-2-4 所示。

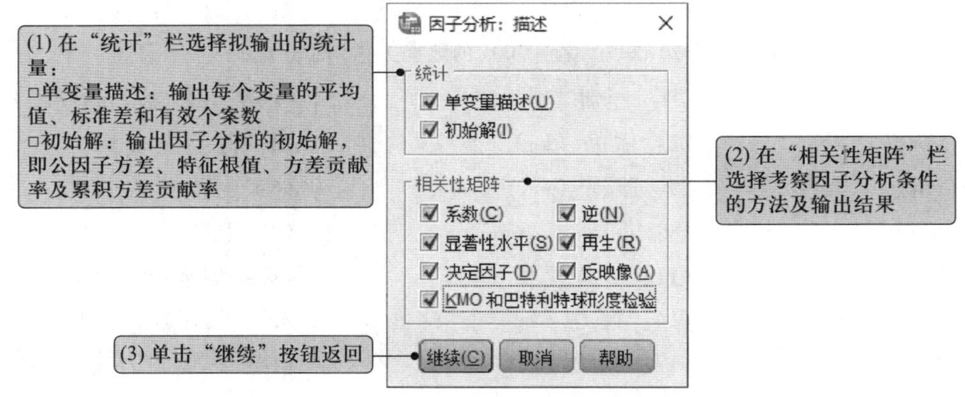

图 20-2-4 选择输出的统计量

“相关性矩阵”栏的选项有：

□ 系数：输出相关系数矩阵。

□ 显著性水平：输出相关系数单侧检验的显著性概率。

□ 决定因子：输出相关系数矩阵的行列式值。

□ 逆：输出相关系数矩阵的逆矩阵（逆矩阵与相关系数矩阵的积构成单位阵）。该逆矩阵用于计算因子得分函数中各项的系数。

□ 再生：输出再生相关系数矩阵，即因子分析后的相关系数矩阵；同时输出残差，即原始相关系数与再生相关系数的差值。

□ 反映像：输出反映像协方差矩阵和反映像相关系数矩阵。

□ *KMO* 和巴特利特球形度检验：输出 *KMO* 和巴特利特球形度检验统计量。

本例处理：选择对话框中的所有各项。

第 6 步：在“因子分析”主对话框中单击“提取”按钮，打开“提取”子对话框，在其中设置提取因子的方法，如图 20-2-5 所示。

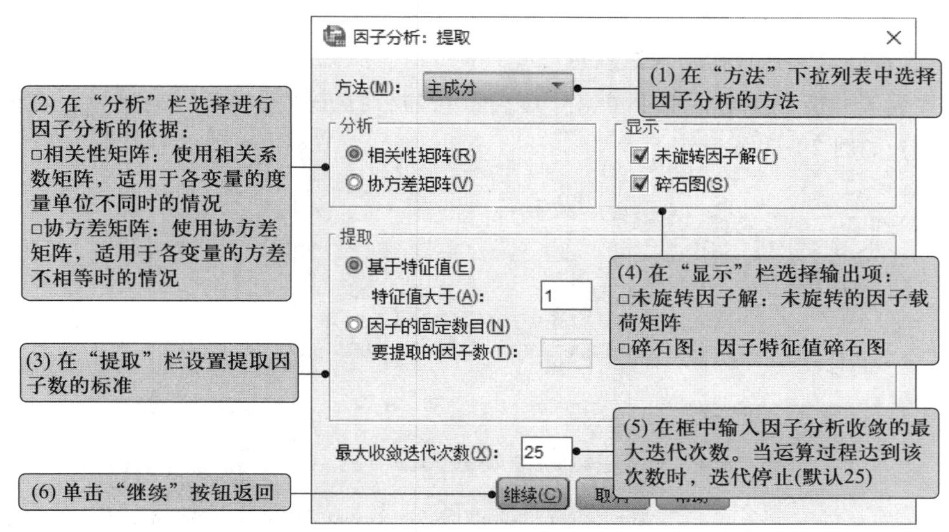

图 20-2-5　设置提取因子的方法

“方法”下拉列表中可选择的方法有：

◇ 主成分：主成分分析法。这是系统默认方法，上文已论及，此处不再赘述。

◇ 未加权最小平方：不加权最小二乘法。该法使得初始相关矩阵和再生相关矩阵之差的平方和最小，忽略对角线上的元素。

◇ 广义最小平方：加权最小二乘法。该法以变量单值的倒数对相关系数加权，使得初始相关矩阵和再生相关矩阵之差的平方和最小。

◇ 最大似然：最大似然估计法。该法以变量单值的倒数对相关系数加权，并使用迭代算法。如果样本来自多元正态总体，则生成的参数估计与初始相关矩阵极为相似。

◇ 主轴因式分解：主轴因子提取法。该法从初始相关矩阵提取公因子，并把多元相关系数的平方置于对角线上作为变量共同度的初始估计，再用初始因子载荷估计新的变量共同度以取代对角线上的初始估计。如此重复，直至变量共同度在两次相邻迭代中的变化满足抽取的收敛条件。

◇ Alpha 因式分解：α 因子提取法。该法将分析中的变量视为来自潜在变量全体的一个样本，使因子的 α 可靠性最大。

◇ 映像因式分解：映像因子提取法。该法将变量的公共部分（称为偏映像）定义为其对剩余变量的线性回归，而非因子的函数。

注意：如果样本容量较大、变量较多且相关性高，则上述 7 种方法结果一致。如果样本容量极大（1 500 以上），则最大似然估计法的结果更精确些；如果数据不好（样本容量太小或变量少），则 α 因子提取法或映像因子提取法可能更好。如果实在搞不清楚又无人可请教，就一律采用主成分法吧。

在“提取”栏设置提取因子数的标准，有 2 个单选项：

◎ 基于特征值：选此项，并在其下的“特征值大于”框中输入一个数字，表示提取特征值大于指定值的因子。默认为 1。

◎ 因子的固定数目：选此项，并在其下“要提取的因子数”框中输入一个数字，表示提取指定数目的因子。

当对拟提取的因子数不确定时，可以先进行“基于特征值”的预分析。通过观察输出结果，确定拟提取的因子数后，再输入“要提取的因子数”进行正式分析。

本例处理：在“方法”下拉列表中选择“主成分”；在“分析”栏选择相关性矩阵；在“提取”栏选择“基于特征值”，并在“特征值大于”框中采用默认值 1；在“显示”栏选择“未旋转因子解”和“碎石图”；因子分析收敛的最大迭代次数取默认值 25。

第 7 步：在“因子分析”主对话框中单击“旋转”按钮，打开“旋转”子对话框，在其中设置因子载荷矩阵旋转的方法，如图 20-2-6 所示。

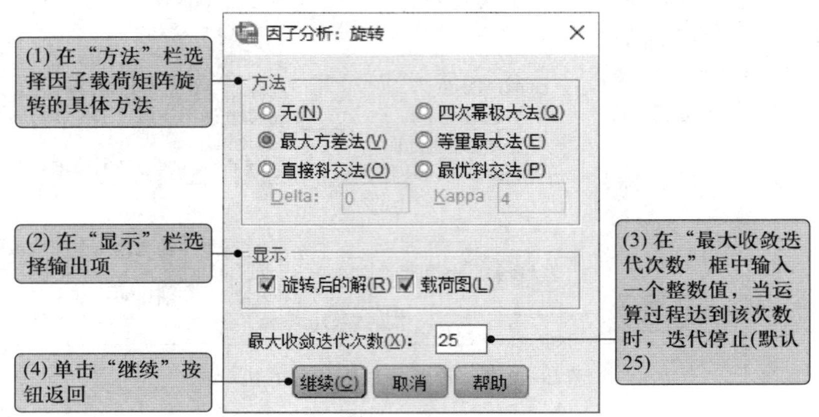

图 20-2-6 设置坐标旋转的方法

在“方法”栏选择因子载荷矩阵旋转的具体方法，有 6 个单选项：

◎ 无：不旋转（默认）。

◎ 四次幂极大法：四次方最大正交旋转，可以使每个变量中需要解释的因子数最少。此法可以简化对变量的解释。

◎ 最大方差法：方差最大正交旋转，可以使每个因子上具有高载荷的变量数目最少。此法可以简化对因子的解释。

◎ 等量最大法：等量正交旋转，是四次幂极大法和最大方差法的结合。

◎ 直接斜交法：直接斜交旋转。采用此法时需要指定 Delta 值（默认为 0），该值在 0~1，0 值产生最大的相关系数。

◎ 最优斜交法：最优斜交旋转。采用此法时需要指定 Kappa 值（默认为 4）。该方法允许因子间相关，比直接斜交旋转更快，适用于大数据的因子分析。

“显示”栏的选项有：

□ 旋转后的解：只有指定了某种旋转方法后，此项才可选。对正交旋转将显示旋转后的因子载荷矩阵和因子转换矩阵；对斜交旋转将显示旋转后的因子结构矩阵和因子相关矩阵。

□ 载荷图：输出旋转后的因子载荷散点图。如果只提取了一个因子，则不会输出散点图；如果提取了两个因子，则输出二维散点图；如果提取的因子多于两个，则只输出前三个因子的三维散点图。

本例处理：在“方法”栏选择“最大方差法”；在“显示”栏选择“旋转后的解”和“载荷图”；最大收敛迭代次数取默认值 25。

第 8 步：在“因子分析”主对话框中单击“得分”按钮，打开“得分”子对话框，在其中设置因子得分的选项，如图 20-2-7 所示。

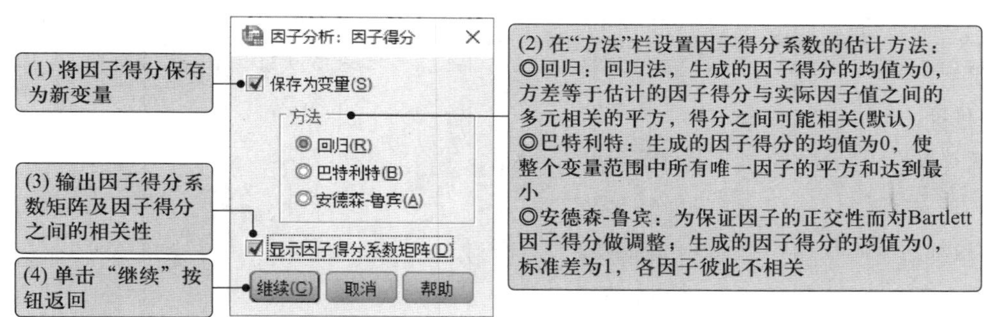

图 20-2-7　设置因子得分

本例处理：选择“保存为变量”项；在“方法”栏选择“回归”；选择“显示因子得分系数矩阵”项。

第 9 步：在“因子分析”主对话框中单击“选项”按钮，打开“选项”子对话框，在其中进行缺失值处理及因子载荷系数显示格式的设置，如图 20-2-8 所示。

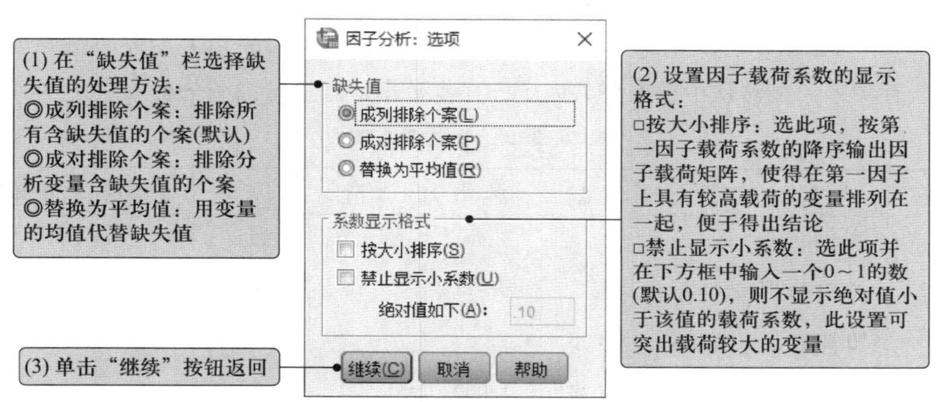

图 20-2-8　选项的设置

本例处理：采用系统默认设置。

2. 结果解读

（1）描述统计。表 20-2-1 是描述统计量，列出了各变量的均值、标准差和进入分析的个案数。

表 20-2-1　描述统计

	平均值	标准偏差	分析个案数
身高	178.263	5.791 1	40
体重	72.025	7.197 7	40
臂展	184.558	7.041 4	40
胸围	96.980	4.003 9	40
腰围	77.225	3.330 0	40
前臂围	27.225	1.192 7	40
大腿围	54.263	2.464 5	40
小腿围	37.900	1.853 6	40
上肢长	76.883	2.979 2	40
下肢长	94.215	3.738 3	40

续表

	平均值	标准偏差	分析个案数
打腿拉力	11.253	1.559 3	40
划水拉力	14.720	1.715 9	40
配合游拉力	17.283	1.789 6	40
握力	48.963	5.672 0	40
臂下压力	29.475	3.892 7	40
背肌力	147.250	28.332 1	40
纵跳	57.558	7.274 5	40
速度耐力	54.842 5	1.644 95	40

（2）考察数据是否适合进行因子分析。表 20-2-2 是相关性矩阵。表的上半部为变量两两之间的简单相关系数（该表关于主对角线对称，为了便于观察，仅列出矩阵的下三角）；表的下半部为相关系数单侧检验的显著性概率（略）。可以看出，除主对角线上的值全部为 1 外，大部分相关系数的绝对值大于 0.3，表明各变量呈较强的线性关系，能够从中提取公共因子，样本数据适合进行因子分析。

表 20-2-2 相关性矩阵[a,b]

		身高	体重	臂展	胸围	腰围	前臂围	大腿围	小腿围	上肢长
相关性	身高	1.000								
	体重	0.818	1.000							
	臂展	0.878	0.789	1.000						
	胸围	0.589	0.843	0.628	1.000					
	腰围	0.517	0.838	0.541	0.822	1.000				
	前臂围	0.419	0.748	0.411	0.837	0.731	1.000			
	大腿围	0.600	0.853	0.518	0.695	0.765	0.672	1.000		
	小腿围	0.505	0.806	0.510	0.744	0.749	0.754	0.777	1.000	
	上肢长	0.865	0.739	0.963	0.563	0.478	0.337	0.484	0.458	1.000
	下肢长	0.897	0.693	0.857	0.587	0.415	0.395	0.441	0.364	0.850
	打腿拉力	0.370	0.445	0.481	0.498	0.426	0.309	0.232	0.350	0.462
	划水拉力	0.209	0.417	0.224	0.509	0.341	0.424	0.343	0.496	0.195
	配合游拉力	0.306	0.610	0.385	0.680	0.562	0.568	0.568	0.602	0.347
	握力	0.138	0.431	0.212	0.572	0.473	0.696	0.377	0.532	0.143
	臂下压力	0.198	0.475	0.188	0.480	0.425	0.471	0.403	0.532	0.107
	背肌力	0.143	0.431	0.290	0.603	0.552	0.603	0.379	0.522	0.260
	纵跳	0.009	0.225	0.148	0.409	0.342	0.515	0.163	0.344	0.060
	速度耐力	0.016	0.018	0.008	0.019	-0.020	-0.045	-0.052	-0.030	0.012

续表 20-2-2　相关性矩阵[a,b]

		下肢长	打腿拉力	划水拉力	配合游拉力	握力	臂下压力	背肌力	纵跳	速度耐力
相关性	下肢长	1.000								
	打腿拉力	0.316	1.000							
	划水拉力	0.140	0.519	1.000						
	配合游拉力	0.267	0.484	0.781	1.000					
	握力	0.027	0.364	0.298	0.467	1.000				
	臂下压力	0.078	0.374	0.512	0.641	0.492	1.000			
	背肌力	0.183	0.383	0.404	0.624	0.585	0.404	1.000		
	纵跳	0.102	0.275	0.166	0.256	0.427	0.100	0.365	1.000	
	速度耐力	−0.051	0.205	−0.116	−0.111	0.119	0.192	−0.119	0.027	1.000

a. 在分析阶段，将仅使用性别＝1 的个案

b. 决定因子＝1.912E−10

表 20−2−3 是相关系数矩阵的逆矩阵，该逆矩阵用于计算因子得分函数中各项的系数（该表关于主对角线对称，为了便于观察，仅列出矩阵的下三角）。

表 20−2−3　相关性矩阵的逆矩阵

	身高	体重	臂展	胸围	腰围	前臂围	大腿围	小腿围	上肢长
身高	18.425								
体重	−12.983	40.353							
臂展	−0.018	−7.973	22.433						
胸围	3.453	−1.054	−0.928	10.079					
腰围	0.816	−8.999	0.571	−3.713	7.844				
前臂围	4.113	−10.036	3.768	−2.182	1.381	10.263			
大腿围	−0.956	−6.710	1.955	0.180	0.173	0.152	6.357		
小腿围	−0.052	−2.437	0.426	−0.454	0.099	−0.259	−1.511	5.230	
上肢长	−0.015	−2.197	−15.829	1.392	1.099	0.881	0.507	−1.745	19.964
下肢长	−11.716	4.739	−2.373	−5.746	2.558	−4.335	1.031	1.770	−2.531
打腿拉力	−0.366	0.372	0.058	−0.215	−1.059	0.948	0.294	0.708	−1.328
划水拉力	−2.377	0.526	0.091	−1.392	1.591	−1.527	1.349	−1.509	0.916
配合游拉力	3.485	−3.730	1.226	−1.099	0.686	2.660	−2.029	1.801	−2.016
握力	−3.259	2.453	−1.461	−1.657	1.084	−3.404	0.312	−0.007	−0.185
臂下压力	0.148	−2.458	−1.211	0.587	0.474	0.101	1.161	−1.058	3.027
背肌力	0.915	2.819	−0.077	0.185	−1.432	−1.158	0.079	−0.711	−0.964
纵跳	0.957	1.445	−2.162	0.421	−0.486	−1.590	0.301	−0.900	1.902
速度耐力	0.056	−1.170	0.926	−0.846	0.665	0.595	0.069	0.251	−0.752

续表 20-2-3 相关性矩阵的逆矩阵

	下肢长	打腿拉力	划水拉力	配合游拉力	握力	臂下压力	背肌力	纵跳	速度耐力
下肢长	15.455								
打腿拉力	0.314	2.644							
划水拉力	2.267	-1.545	4.714						
配合游拉力	-1.351	0.584	-3.762	7.241					
握力	4.628	-0.569	1.461	-0.911	4.153				
臂下压力	-0.419	-0.434	0.453	-1.902	-0.469	3.077			
背肌力	-0.850	-0.251	0.463	-1.508	-0.651	-0.038	2.946		
纵跳	-0.853	-0.602	0.474	-0.839	-0.092	0.768	0.335	2.182	
速度耐力	0.508	-0.428	0.375	0.623	-0.121	-0.602	0.166	-0.260	1.471

表 20-2-4 是 *KMO* 和巴特利特球形度检验的结果。巴特利特球形度检验给出的近似卡方值为 719.822，显著性概率 $P=0.000<0.01$，应拒绝相关系数矩阵是一个单位阵的原假设。*KMO* 值为 0.818，根据 Kaiser 给出的判断准则，可认为样本数据的效果良好，适合做因子分析。

表 20-2-4 *KMO* 和巴特利特检验

KMO 取样适切性量数		0.818
巴特利特球形度检验	近似卡方	719.822
	自由度	153
	显著性	0.000

表 20-2-5 是反映像矩阵。表的上半部为反映像协方差矩阵（略）；表的下半部为反映像相关系数矩阵（为了便于观察，仅列出矩阵的下三角），其主对角线上的元素为 *MSA* 统计量（取样适切性量数）。可以看出，主对角线上大部分元素的绝对值都比较大，而非主对角线上大部分元素的绝对值都比较小，说明样本数据适合做因子分析。

表 20-2-5 反映像矩阵

		身高	体重	臂展	胸围	腰围	前臂围	大腿围	小腿围	上肢长
反映像相关性矩阵	身高	0.797								
	体重	-0.476	0.845							
	臂展	-0.001	-0.265	0.847						
	胸围	0.253	-0.052	-0.062	0.903					
	腰围	0.068	-0.506	0.043	-0.418	0.867				
	前臂围	0.299	-0.493	0.248	-0.215	0.154	0.815			
	大腿围	-0.088	-0.419	0.164	0.022	0.025	0.019	0.902		
	小腿围	-0.005	-0.168	0.039	-0.063	0.016	-0.035	-0.262	0.906	
	上肢长	-0.001	-0.077	-0.748	0.098	0.088	0.062	0.045	-0.171	0.822
	下肢长	-0.694	0.190	-0.127	-0.460	0.232	-0.344	0.104	0.197	-0.144
	打腿拉力	-0.052	0.036	0.007	-0.042	-0.233	0.182	0.072	0.190	-0.183

续表

	身高	体重	臂展	胸围	腰围	前臂围	大腿围	小腿围	上肢长
划水拉力	−0.255	0.038	0.009	−0.202	0.262	−0.220	0.246	−0.304	0.094
配合游拉力	0.302	−0.218	0.096	−0.129	0.091	0.309	−0.299	0.293	−0.168
握力	−0.373	0.190	−0.151	−0.256	0.190	−0.521	0.061	−0.001	−0.020
臂下压力	0.020	−0.221	−0.146	0.105	0.096	0.018	0.262	−0.264	0.386
背肌力	0.124	0.259	−0.010	0.034	−0.298	−0.211	0.018	−0.181	−0.126
纵跳	0.151	0.154	−0.309	0.090	−0.117	−0.336	0.081	−0.267	0.288
速度耐力	0.011	−0.152	0.161	−0.220	0.196	0.153	0.023	0.090	−0.139

续表 20-2-5　反映像矩阵

		下肢长	打腿拉力	划水拉力	配合游拉力	握力	臂下压力	背肌力	纵跳	速度耐力
反映像相关性矩阵	下肢长	0.731								
	打腿拉力	0.049	0.826							
	划水拉力	0.266	−0.438	0.683						
	配合游拉力	−0.128	0.134	−0.644	0.777					
	握力	0.578	−0.172	0.330	−0.166	0.723				
	臂下压力	−0.061	−0.152	0.119	−0.403	−0.131	0.776			
	背肌力	−0.126	−0.090	0.124	−0.326	−0.186	−0.013	0.872		
	纵跳	−0.147	−0.250	0.148	−0.211	−0.030	0.297	0.132	0.641	
	速度耐力	0.107	−0.217	0.142	0.191	−0.049	−0.283	0.080	−0.145	0.258

（3）提取因子。表 20-2-6 是变量共同度（公因子方差）。表中，“初始”列是根据因子分析的初始解计算出的变量共同度。由于每个原有变量的方差都能被所有 p 个因子解释掉，因此每个原有变量的共同度都为 1。“提取”列是根据因子分析的最终解（最终提取的 k 个因子的特征值及对应的特征向量）计算出的变量共同度。由于最终提取的因子个数 k 少于原有变量个数 p，因此每个变量的共同度必然小于 1。该值是最终提取的 k 个因子对原有变量方差解释的比例。例如，变量“身高”的共同度为 0.927，表示该变量的方差有 92.7%可以被最终提取的 k 个因子所解释。本例 18 个变量的共同度最小者为 0.653，13 个变量的共同度大于 0.8，可见因子分析的结果还是比较理想的。

表 20-2-6　公因子方差

	初始	提取
身高	1.000	0.927
体重	1.000	0.971
臂展	1.000	0.932
胸围	1.000	0.867
腰围	1.000	0.782
前臂围	1.000	0.870
大腿围	1.000	0.852
小腿围	1.000	0.806

续表

	初始	提取
上肢长	1.000	0.923
下肢长	1.000	0.883
打腿拉力	1.000	0.809
划水拉力	1.000	0.834
配合游拉力	1.000	0.867
握力	1.000	0.706
臂下压力	1.000	0.772
背肌力	1.000	0.653
纵跳	1.000	0.779
速度耐力	1.000	0.909

表 20-2-7 是因子分析最主要的结果。表中，左起第 1 列为因子序号，也就是主成分号。初始特征值栏，列出了全部 18 个主成分的信息。总计列是因子的方差贡献（特征根值），方差百分比列是因子的方差贡献率，累积%列是因子的累积方差贡献率。提取载荷平方和栏，列出了根据设定标准提取的 5 个因子的方差贡献、方差贡献率及累积方差贡献率。旋转载荷平方和栏是因子分析的最终解，列出了经旋转后 5 个因子的方差贡献、方差贡献率及累积方差贡献率。因子旋转后，累积解释方差的百分比没有变，但重新分配了各个因子解释原有变量的方差，使得因子更易于命名和解释。

表 20-2-7　总方差解释

成分	初始特征值			提取载荷平方和			旋转载荷平方和		
	总计	方差百分比	累积%	总计	方差百分比	累积%	总计	方差百分比	累积%
1	8.858	49.213	49.213	8.858	49.213	49.213	4.593	25.516	25.516
2	2.720	15.113	64.326	2.720	15.113	64.326	4.368	24.269	49.784
3	1.291	7.172	71.498	1.291	7.172	71.498	2.820	15.669	65.454
4	1.228	6.825	78.322	1.228	6.825	78.322	2.133	11.850	77.304
5	1.045	5.803	84.125	1.045	5.803	84.125	1.228	6.822	84.125
6	0.605	3.360	87.485						
7	0.472	2.621	90.106						
8	0.392	2.180	92.287						
9	0.333	1.849	94.136						
10	0.307	1.707	95.843						
11	0.234	1.299	97.142						
12	0.173	0.962	98.104						
13	0.105	0.583	98.687						
14	0.090	0.500	99.187						
15	0.067	0.372	99.559						
16	0.036	0.198	99.757						
17	0.027	0.147	99.904						
18	0.017	0.096	100.000						

由表 20-2-7 可知，所提取的 5 个因子经旋转后的方差贡献率依次为 25. 516%、24. 269%、15. 669%、11. 850%和 6. 822%；累积方差贡献率达到 84. 125%，表明所提取的 5 个因子可以解释原有变量总方差的 84. 125%。总体上来说，原有变量的信息丢失较少，因子分析的效果比较理想。

图 20-2-9 是因子特征值碎石图。该图横轴为因子号，纵轴为因子特征值。可以看出，第 1 个因子的特征值很高，对解释原有变量的贡献最大；从第 3 个因子起特征值的变化趋于平缓；第 6 个因子以后特征值的变化越来越小，基本上可以忽略不计。因此，可以考虑提取 3~6 个因子。本例结合因子的累积方差贡献率，最终选择提取 5 个因子。

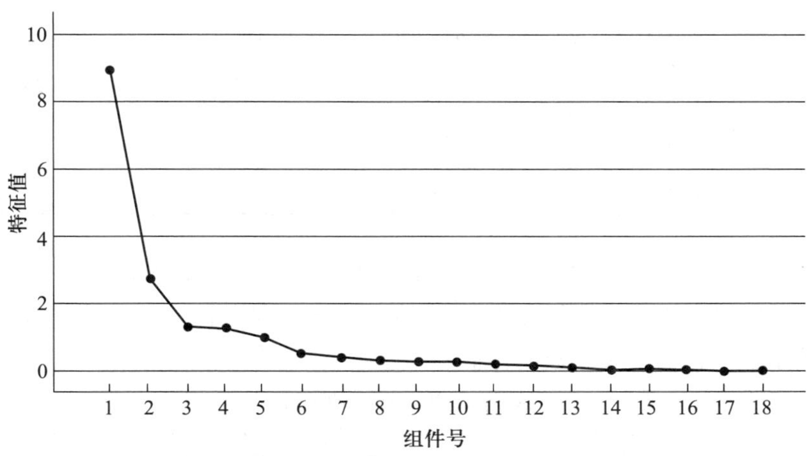

图 20-2-9 因子特征值碎石图

表 20-2-8 是初始因子载荷矩阵（成分矩阵），列出了所提取的 5 个因子的载荷。

根据此表，可以写出如下的因子分析模型：

$X_1 = 0.725f_1 - 0.627f_2 + 0.046f_3 - 0.005f_4 - 0.074f_5$

$X_2 = 0.945f_1 - 0.192f_2 - 0.065f_3 - 0.013f_4 - 0.192f_5$

$X_3 = 0.761f_1 - 0.566f_2 + 0.081f_3 + 0.062f_4 + 0.150f_5$

…………

$X_{18} = -0.001f_1 + 0.015f_2 + 0.486f_3 + 0.742f_4 - 0.350f_5$

表 20-2-8 成分矩阵

	成分				
	1	2	3	4	5
身高	0. 725	−0. 627	0. 046	−0. 005	−0. 074
体重	0. 945	−0. 192	−0. 065	−0. 013	−0. 192
臂展	0. 761	−0. 566	0. 081	0. 062	0. 150
胸围	0. 921	0. 084	−0. 081	0. 063	0. 031
腰围	0. 842	0. 085	−0. 211	0. 050	−0. 138
前臂围	0. 820	0. 289	−0. 314	0. 119	−0. 036
大腿围	0. 794	−0. 031	−0. 234	−0. 128	−0. 387
小腿围	0. 841	0. 169	−0. 153	−0. 045	−0. 211
上肢长	0. 705	−0. 624	0. 109	0. 031	0. 155
下肢长	0. 649	−0. 663	−0. 020	0. 008	0. 150

续表

	成分				
	1	2	3	4	5
打腿拉力	0.578	0.059	0.556	0.170	0.365
划水拉力	0.559	0.363	0.417	−0.437	0.157
配合游拉力	0.746	0.356	0.243	−0.345	0.072
握力	0.579	0.511	−0.084	0.319	0.012
臂下压力	0.556	0.433	0.384	−0.061	−0.352
背肌力	0.624	0.420	−0.095	−0.038	0.278
纵跳	0.372	0.355	−0.310	0.433	0.481
速度耐力	−0.001	0.015	0.486	0.742	−0.350

表 20-2-9 是因子分析后估计的相关系数矩阵。表的上半部为再生相关系数矩阵（为便于观察，仅列出矩阵的下三角），其主对角线上的元素就是表 20-2-6 所列出的变量共同度（公因子方差）；表的下半部为残差（略），即原始相关系数与再生相关系数的差值。

表 20-2-9 再生相关性

		身高	体重	臂展	胸围	腰围	前臂围	大腿围	小腿围	上肢长
再生相关性	身高	0.927								
	体重	0.817	0.971							
	臂展	0.899	0.793	0.932						
	胸围	0.609	0.853	0.656	0.867					
	腰围	0.557	0.819	0.558	0.799	0.782				
	前臂围	0.401	0.745	0.437	0.811	0.792	0.870			
	大腿围	0.614	0.847	0.537	0.728	0.762	0.714	0.852		
	小腿围	0.513	0.814	0.498	0.792	0.782	0.789	0.786	0.806	
	上肢长	0.896	0.749	0.923	0.595	0.498	0.361	0.490	0.437	0.923
	下肢长	0.874	0.713	0.890	0.549	0.474	0.342	0.482	0.405	0.892
	打腿拉力	0.380	0.427	0.517	0.515	0.333	0.324	0.164	0.327	0.493
	划水拉力	0.187	0.407	0.250	0.489	0.370	0.375	0.330	0.454	0.224
	配合游拉力	0.325	0.611	0.375	0.678	0.579	0.594	0.540	0.651	0.330
	握力	0.093	0.448	0.167	0.604	0.563	0.687	0.418	0.570	0.092
	臂下压力	0.175	0.486	0.153	0.503	0.469	0.466	0.482	0.559	0.107
	背肌力	0.164	0.462	0.269	0.624	0.541	0.648	0.402	0.553	0.209
	纵跳	−0.005	0.206	0.156	0.439	0.364	0.539	0.115	0.299	0.094
	速度耐力	0.035	0.022	0.024	−0.003	−0.017	−0.048	−0.074	−0.033	0.012

续表 20-2-9 再生相关性

		下肢长	打腿拉力	划水拉力	配合游拉力	握力	臂下压力	背肌力	纵跳	速度耐力
再生相关性	下肢长	0.883								
	打腿拉力	0.381	0.809							
	划水拉力	0.134	0.560	0.834						
	配合游拉力	0.251	0.555	0.810	0.867					
	握力	0.043	0.377	0.337	0.484	0.706				
	臂下压力	0.013	0.422	0.600	0.658	0.487	0.772			
	背肌力	0.169	0.427	0.522	0.625	0.575	0.397	0.653		
	纵跳	0.088	0.312	0.093	0.213	0.567	0.045	0.527	0.779	
	速度耐力	-0.067	0.269	-0.172	-0.159	0.199	0.270	-0.166	0.007	0.909

（4）因子的命名解释。表 20-2-10 是旋转后的因子载荷矩阵（成分矩阵）。可以看出，经过旋转以后，各变量的因子载荷向更大或更小两个方向变化，因子的含义已比较清晰，可根据此表将变量归类。对每一个变量而言，其在哪一个因子上的载荷绝对值最大，就应将其归入哪一个因子。

表 20-2-10 旋转后的成分矩阵

	成分				
	1	2	3	4	5
身高	0.892	0.345	0.059	-0.085	0.037
体重	0.637	0.704	0.236	0.113	0.039
臂展	0.921	0.227	0.141	0.114	0.027
胸围	0.458	0.618	0.344	0.396	0.015
腰围	0.361	0.723	0.196	0.301	-0.004
前臂围	0.204	0.730	0.195	0.505	-0.037
大腿围	0.359	0.837	0.137	0.001	-0.063
小腿围	0.279	0.770	0.294	0.221	-0.013
上肢长	0.937	0.164	0.126	0.052	0.013
下肢长	0.919	0.174	0.009	0.045	-0.076
打腿拉力	0.430	-0.069	0.637	0.344	0.309
划水拉力	0.084	0.206	0.873	0.063	-0.131
配合游拉力	0.164	0.439	0.778	0.166	-0.121
握力	-0.060	0.498	0.266	0.577	0.225
臂下压力	-0.064	0.527	0.619	-0.029	0.326
背肌力	0.071	0.365	0.442	0.544	-0.152
纵跳	0.029	0.122	0.012	0.873	0.000
速度耐力	0.009	-0.012	-0.053	0.010	0.952

身高的 5 个因子载荷的绝对值分别为 0.892、0.345、0.059、0.085 和 0.037，第 1 个最大，故将身高归入第 1 因子。体重的 5 个因子载荷的绝对值分别为 0.637、0.704、0.236、0.113 和 0.039，第 2 个最大，故将体重归入第 2 因子。同样地，可将臂展、上肢长、下肢长归入第 1 因子；将胸围、腰围、前臂围、大腿围、小腿围归入第 2 因子；将打腿拉力、划水拉力、配合游拉力、臂下压力归入第 3 因子；将握力、背肌力、纵跳归入第 4 因子；将速度耐力归入第 5 因子。

表 20-2-11 因子变量的命名解释

因子	高载荷变量	载荷	命名
1	*X*1：身高	0.892	长度因子
	*X*3：臂展	0.921	
	*X*9：上肢长	0.937	
	*X*10：下肢长	0.919	
2	*X*2：体重	0.704	围度因子
	*X*4：胸围	0.618	
	*X*5：腰围	0.723	
	*X*6：前臂围	0.730	
	*X*7：大腿围	0.837	
	*X*8：小腿围	0.770	
3	*X*11：打腿拉力	0.637	专项力量因子
	*X*12：划水拉力	0.873	
	*X*13：配合游拉力	0.778	
	*X*15：臂下压力	0.619	
4	*X*14：握力	0.577	一般力量因子
	*X*16：背肌力	0.544	
	*X*17：纵跳	0.873	
5	*X*18：速度耐力	0.952	耐力因子

将各变量归入相应的因子后，可根据每个因子所代表的变量集的物理特征并结合专业知识对因子进行命名。本例提取了 5 个因子，经整理，如表 20-2-11 所示。这 5 个因子，可以分别命名为长度因子、围度因子、专项力量因子、一般力量因子和耐力因子。

如果采用的是斜交旋转，此处输出的将是模式矩阵。

表 20-2-12 是因子转换矩阵。将初始载荷矩阵乘以此处的因子转换矩阵，即可得出旋转后的因子载荷矩阵（见表 20-2-10）。

表 20-2-12 成分转换矩阵

成分	1	2	3	4	5
1	0.567	0.639	0.415	0.311	0.022
2	-0.785	0.234	0.414	0.394	0.044
3	0.107	-0.392	0.664	-0.313	0.544
4	0.060	-0.054	-0.418	0.507	0.750
5	0.216	-0.616	0.203	0.627	-0.373

如果采用的是斜交旋转，此处输出的将是结构矩阵和成分相关性矩阵。

图 20-2-10 是因子载荷散点图。该图以前 3 个因子为相互垂直的 3 个坐标轴，标出了旋转后的因子载

荷散点。根据图中各散点的分布情况，可以比较直观地考察因子分析的结果。例如，$X1$、$X3$、$X9$、$X10$ 这 4 个点比较靠近，主要由第 1 因子所解释；$X2$、$X4$、$X5$、$X6$、$X7$、$X8$ 这 6 个点比较靠近，主要由第 2 因子所解释；$X11$、$X12$、$X13$、$X15$ 这 4 个点比较靠近，主要由第 3 因子所解释。

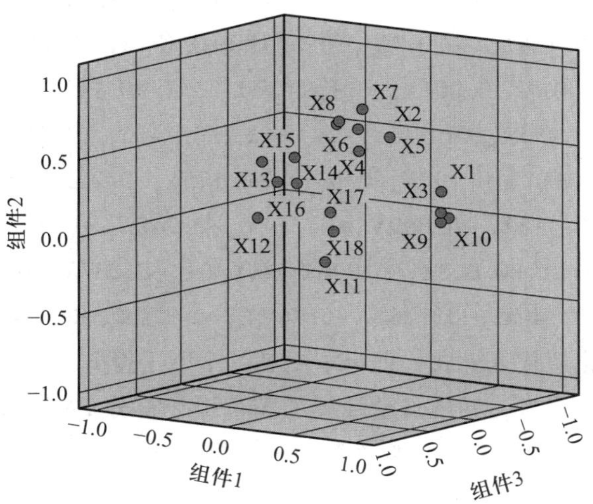

图 20-2-10 因子载荷散点图

（5）计算因子得分。表 20-2-13 是因子得分函数的系数。

表 20-2-13 成分得分系数矩阵

	成分				
	1	2	3	4	5
身高	0.216	0.028	−0.051	−0.123	0.034
体重	0.070	0.185	−0.051	−0.099	0.032
臂展	0.253	−0.110	−0.001	0.041	0.011
胸围	0.037	0.077	−0.001	0.108	−0.003
腰围	−0.014	0.211	−0.100	0.031	−0.006
前臂围	−0.059	0.195	−0.126	0.175	−0.040
大腿围	−0.046	0.359	−0.119	−0.205	−0.037
小腿围	−0.054	0.248	−0.039	−0.054	−0.012
上肢长	0.268	−0.129	0.014	0.013	0.001
下肢长	0.263	−0.093	−0.054	0.025	−0.066
打腿拉力	0.150	−0.345	0.335	0.183	0.210
划水拉力	−0.023	−0.128	0.475	−0.115	−0.140
配合游拉力	−0.037	−0.017	0.346	−0.080	−0.126
握力	−0.099	0.090	−0.044	0.254	0.165
臂下压力	−0.134	0.171	0.242	−0.248	0.259
背肌力	−0.034	−0.052	0.111	0.257	−0.154
纵跳	0.016	−0.151	−0.142	0.607	−0.031
速度耐力	0.000	0.027	−0.068	−0.020	0.783

根据此表，可以写出下面的 5 个因子得分函数：

$$F_1 = 0.216X_1 + 0.070X_2 + 0.253X_3 + 0.037X_4 - 0.014X_5 - 0.059X_6 - 0.046X_7 - 0.054X_8 + 0.268X_9 + 0.263X_{10} + 0.150X_{11} - 0.023X_{12} - 0.037X_{13} - 0.099X_{14} - 0.134X_{15} - 0.034X_{16} + 0.016X_{17} + 0.000X_{18}$$

$$F_2 = 0.028X_1 + 0.185X_2 - 0.110X_3 + 0.077X_4 + 0.211X_5 + 0.195X_6 + 0.359X_7 + 0.248X_8 - 0.129X_9 - 0.093X_{10} - 0.345X_{11} - 0.128X_{12} - 0.017X_{13} + 0.090X_{14} + 0.171X_{15} - 0.052X_{16} - 0.151X_{17} + 0.027X_{18}$$

$$F_3 = -0.051X_1 - 0.051X_2 - 0.001X_3 - 0.001X_4 - 0.100X_5 - 0.126X_6 - 0.119X_7 - 0.039X_8 + 0.014X_9 - 0.054X_{10} + 0.335X_{11} + 0.475X_{12} + 0.346X_{13} - 0.044X_{14} + 0.242X_{15} + 0.111X_{16} - 0.142X_{17} - 0.068X_{18}$$

$$F_4 = -0.123X_1 - 0.099X_2 + 0.041X_3 + 0.108X_4 + 0.031X_5 + 0.175X_6 - 0.205X_7 - 0.054X_8 + 0.013X_9 + 0.025X_{10} + 0.183X_{11} - 0.115X_{12} - 0.080X_{13} + 0.254X_{14} - 0.248X_{15} + 0.257X_{16} + 0.607X_{17} - 0.020X_{18}$$

$$F_5 = 0.034X_1 + 0.032X_2 + 0.011X_3 - 0.003X_4 - 0.006X_5 - 0.040X_6 - 0.037X_7 - 0.012X_8 + 0.001X_9 - 0.066X_{10} + 0.210X_{11} - 0.140X_{12} - 0.126X_{13} + 0.165X_{14} + 0.259X_{15} - 0.154X_{16} - 0.031X_{17} + 0.783X_{18}$$

将每个个案各变量的标准化值代入上式，即可求出其 5 个因子得分。

本例根据因子分析过程中的设置，系统自动计算了 5 个因子得分 FAC1_1、FAC2_1、FAC3_1、FAC4_1 和 FAC5_1，并将它们添加到原始数据表中，如图 20-2-11 所示。各列因子得分变量的均值为 0，标准差为 1。正值表示得分高于平均水平，负值表示得分低于平均水平。

	FAC1_1	FAC2_1	FAC3_1	FAC4_1	FAC5_1	综合得分
1	1.30796	-.37241	-.03051	.74877	.97735	.3940
2	-1.57371	-1.36756	1.46698	.33925	-.07493	-.4685
3	-.31157	-.07231	1.58336	.12554	.06477	.1703
4	-.60928	.34827	-1.69561	1.66964	-.28518	-.1582
5	1.26751	.38465	.24271	.29830	-1.25064	.4048
6	-1.10548	-.45450	.09756	.01509	.37362	-.3498
7	-.70814	.61782	-.55055	.10648	-.44754	-.1349
8	-.73885	-.28092	-.29716	.23567	-.76112	-.3273
9	.33867	1.39867	-.46249	-1.11960	1.40352	.3165
10	.39248	-.11405	1.19954	.61048	-.15592	.3221
11	.62599	1.71188	1.13336	.56238	-.40766	.7916
12	1.08410	-1.30950	.29415	1.25438	-1.30082	.0648

图 20-2-11 增加了因子得分和综合得分的数据文件（部分）

将坐标旋转后 5 个因子各自的方差贡献率（从表 20-2-7 获得）作为其因子得分变量的权重（系数），可以得到下面的综合得分公式：

$$F = 0.25516F_1 + 0.24269F_2 + 0.15669F_3 + 0.11850F_4 + 0.06822F_5$$

将各个案的 5 个因子得分值代入上式，即可求得各个案的综合得分。如果各因子的评价方向是一致的（如全部变量都是数值越大水平越高，数值越小水平越低），则可以根据综合得分对个案进行评价。

本例调用“转换”→“计算变量”过程，利用上面的公式计算综合得分，结果见图 20-2-11 最右侧的一列。由于变量 $X18$（速度耐力）的评价方向（数值越小耐力水平越高）与其他变量不一致，故本例根据综合得分进行评价无实际意义。

表 20-2-14 是因子得分协方差矩阵。本例是进行正交旋转，主对角线上各元素的值都为 1；5 个因子得分相互之间的协方差都为 0，证实所提取的 5 个因子变量相互之间仍保持正交，彼此不相关。因此，在针对所研究的问题讨论因子的实际意义时，可以不必考虑因子之间是否具有相互作用。

表 20-2-14　成分得分协方差矩阵

成分	1	2	3	4	5
1	1.000	0.000	0.000	0.000	0.000
2	0.000	1.000	0.000	0.000	0.000
3	0.000	0.000	1.000	0.000	0.000
4	0.000	0.000	0.000	1.000	0.000
5	0.000	0.000	0.000	0.000	1.000

应注意的是，如果采用的是斜交旋转，此表输出的各元素的值不再是 1 和 0。

第三节　因子分析的拓展

生成因子得分变量后，即可根据研究的需要，用新的较少的因子得分变量代替众多的原有变量对样本数据做拓展分析，如进行回归分析、聚类分析、判别分析或综合评价等。

【案例 2002】

将上例所提取的 5 个因子得分变量分别更名为 *F*1、*F*2、*F*3、*F*4 和 *F*5，变量名标签分别设为长度因子、围度因子、专项力量因子、一般力量因子和耐力因子，建立数据文件“案例 2002. sav”。试以平均划幅（*Y*）为因变量，以 5 个因子得分为自变量，进行逐步回归分析。

调用“分析”→“回归”→“线性”过程，进行逐步回归分析，步进法条件选择“使用 *F* 值”，进入值设为 3，除去值设为 2.5，可得如下的回归方程（具体步骤略，读者可自行验证）：

$\hat{Y}=2.082+0.095F_1+0.041F_3$

由此方程可知，影响游泳运动员途中游平均划幅的主要因素是长度因子和专项力量因子。身高、臂长、腿长有利于增长划幅，提高专项力量（水中划水、打腿、配合游拉力及臂下压力）也有利于增长划幅。长度因子的影响最大（标准偏回归系数为 0.591），专项力量的影响次之（标准偏回归系数为 0.252）。显然，这种结果比直接运用众多原有变量进行逐步回归分析更简捷且更易于解释。

思考与练习

1. 因子分析有哪些特点？
2. 如何判断数据是否适合进行因子分析？
3. 主成分分析的原理是什么？
4. 试述因子载荷、变量共同度、因子方差贡献及方差贡献率等概念。
5. 什么是因子得分？
6. 综合得分计算公式中各因子得分变量的权重（系数）应如何设置？
7. 收集了 30 名女子七项全能运动员在一次比赛中各单项的成绩（得分）和总分，如表 20-4-1 所示。

表中的变量为：ID：编号；GD：性别（0 代表女子）；*X*1：100 米栏；*X*2：跳高；*X*3：铅球；*X*4：200 米；*X*5：跳远；*X*6：标枪；*X*7：800 米；*TT*：全能总分。

试完成以下练习：

（1）建立数据文件，将各变量的实际意义作为各自的变量名标签，以“练习 2007. sav”为文件名保存。

（2）通过因子分析提取影响七项成绩的潜在因素，要求累积方差贡献率达到 80%以上。

（3）根据因子得分计算综合得分，对运动员各因素的综合水平进行评价。

表 20-4-1 30 名女子七项全能运动员各单项的得分和总分

ID	GD	*X*1	*X*2	*X*3	*X*4	*X*5	*X*6	*X*7	*TT*
1	0	1 041	855	770	900	877	752	831	6 026
2	0	956	855	696	910	862	733	779	5 791
3	0	1 024	818	648	892	810	570	798	5 560
4	0	899	855	671	760	786	782	756	5 509
5	0	978	855	636	799	822	716	692	5 498
6	0	932	818	706	763	753	739	769	5 480
7	0	973	855	625	871	717	593	822	5 456
8	0	929	818	639	878	813	730	645	5 452
9	0	864	855	680	810	837	652	650	5 348
10	0	874	818	739	731	688	683	777	5 310
11	0	923	855	635	773	674	779	642	5 281
12	0	864	818	626	764	816	732	661	5 281
13	0	1 001	644	622	886	846	552	716	5 267
14	0	905	712	596	840	697	711	789	5 250
15	0	910	712	666	768	741	734	713	5 244
16	0	867	855	720	674	691	678	733	5 218
17	0	920	783	569	867	697	595	775	5 206
18	0	917	818	650	792	771	629	602	5 179
19	0	875	783	729	785	565	754	678	5 169
20	0	860	747	657	735	709	729	525	4 962
21	0	892	818	620	710	686	526	652	4 904
22	0	834	644	701	717	620	689	691	4 896
23	0	874	855	558	714	651	507	703	4 862
24	0	878	783	524	784	620	587	666	4 842
25	0	860	818	593	746	738	479	544	4 778
26	0	897	712	553	770	715	396	731	4 774
27	0	755	712	465	718	668	651	677	4 646
28	0	751	747	588	687	674	561	590	4 598
29	0	864	783	512	723	660	428	615	4 585
30	0	749	610	699	703	519	662	616	4 558

第二十一章　信度分析

问卷调查是社会科学研究尤其是心理学研究中常用的方法。我们在进行问卷调查时，最看重的是调查问卷的科学性和有效性。所谓信度（Reliability）又称为可靠性，是反映调查结果的一贯性、一致性、再现性和稳定性的指标。信度分析就是一种考察问卷（量表）是否符合调查的要求以及调查数据是否可靠的专用统计方法。

第一节　信度分析概述

一个好的测量工具，对同一事物反复多次测量，其结果应该始终保持不变才可信。例如，我们用一台身高仪在一天的同一时间测量同一个人的身高，如果昨天测量的结果与今天测量的结果不同，我们必然会对这台身高仪的准确性或测量方法产生怀疑。同样，在问卷调查中，一张设计合理的问卷应该具有较好的可靠性和稳定性，这种可靠性和稳定性可以用“信度”来衡量。信度与测量结果的正确与否无关，而是反映测量工具和测量方法是否可靠和稳定。对问卷调查的结果进行统计分析之前必须先对其信度进行分析。只有信度可以接受时，问卷统计分析的结果才是可靠的。

信度分析的方法有多种，都是通过一定的方法对信度指标进行定量化的描述，即计算信度系数。从不同的视角考察调查问卷的可靠性和稳定性，就有不同种类的信度系数。在实际工作中，应根据不同的调查类型来选择不同的信度系数。

信度可分为内在信度和外在信度两类。

内在信度：内在信度也称为内部一致性信度，重在考察调查问卷中的一组评估题目是否测量的是同一个特征，即这些评估题目之间是否具有较高的一致性。内在信度高意味着一组评估题目的一致程度高，相应的评估题目有意义，所得评估结果可信。最常用的内在信度指标是克隆巴赫（Cronbach）α 系数和分半信度。

外在信度：外在信度重在考察在不同时间对同一批对象实施重复调查所得结果是否具有一致性。如果两次调查结果的相关性较强，则说明在被调查者没有故意隐瞒的前提下，评估题目的概念和内容是清晰的，没有二义性，因而所得的评估结果是可信的。最常用的外在信度指标是重测信度。

信度系数是反映问卷调查质量的一个重要技术指标，其范围在 0~1。信度系数越大，表明调查结果的可信程度越高，最理想的情况是信度系数为 1，但这是很难实现的。那么，信度系数究竟应当达到多大才能认为问卷调查的信度较高？由于不同学科、不同研究的具体要求和背景各不相同，这个问题并没有一个统一的标准。通常认为，如果量表的信度系数在 0.9 以上，表示量表的可靠性和稳定性很高；如果量表的信度系数在 0.8~0.9，表示量表可以接受；如果量表的信度系数在 0.7~0.8，表示量表有一定参考价值，勉强可以接受，但存在一定问题，有些评估题目需要修订；如果量表的信度系数低于 0.7，表示量表不可靠，应当考虑重新设计。

如果一张量表的所有问题都是用于测量一个特性的信息，这样的量表就称为单一性量表。如果一张量表包含多个维度，每个维度用于测量某一特征的信息，而每个维度又由若干问题组成，这样的量表就称为综合性量表。对于不同类型的量表，信度分析的方法有所不同。

第二节 内部一致性信度

一、内部一致性信度概述

内部一致性信度也称为内在信度，或同质性信度，用于估计同一个维度各个题目之间的一致程度。此处的“同一个维度”是指这些题目都是在测量一个相同的特征，由于受试者具有某种稳定的观念，其对这些题目的反应就具有一致性。

内部一致性信度适用于单选题（二选一、三选一、四选一、五选一等）量表，尤其适用于采用等级评分的李克特量表，但不宜用于多选题；适用于态度、意见型量表的信度分析，但不适用于应答不规整的事实性调查问卷。计算内部一致性信度不需要进行重复测量。

设量表共有 k 个题目，n 个个案。以 i 表示个案号，$i=1$，2，…，n；以 j 表示题号，$j=1$，2，…，k；以 a_{ij}表示第 i 个个案在第 j 个题目上的得分，则内部一致性信度分析量表的数据结构如表 21-2-1 所示。

表 21-2-1 内部一致性信度分析量表的数据结构

个案号（i）	问卷题目（j）					T（总分）
	1	2	3	…	k	
1	a_{11}	a_{12}	a_{13}	…	a_{1k}	$\sum a_{1j}$
2	a_{21}	a_{22}	a_{23}	…	a_{2k}	$\sum a_{2j}$
3	a_{31}	a_{32}	a_{33}	…	a_{3k}	$\sum a_{3j}$
⋮	⋮	⋮	⋮	…	⋮	⋮
n	a_{n1}	a_{n2}	a_{n3}	…	a_{nk}	$\sum a_{nj}$

上表中的 T 是各行总分，即每个个案全部题目得分的总和。该列仅用于说明特定计算公式，不需要出现在实际数据表中。

应注意的是，如果量表中同时存在正向题和反向题，为了保证概念等级顺序的一致性，必须对反向题的得分做逆向处理，否则会导致信息混乱而无法解释。例如，在 5 级李克特量表中，如果正向题的各个应答依次按 5、4、3、2、1 计分，则反向题的各个应答就应当依次按 1、2、3、4、5 计分。

在评估量表的内部一致性信度时，所涉题目应当是测量相同的特征，这对于单一性量表来说没有什么问题。但如果是综合性量表，因其中包含多个维度（多组评估题目），每个维度用于集中测量某一特征的信息，此时的内部一致性信度分析应当按维度进行，而不宜将不同维度的题目合并在一起计算整个量表的内部一致性信度。

用于估计内部一致性信度的量表，其同一个维度内所有题目的可选应答数必须是相同的，例如，全部为二选一，或全部为五选一等。这样的量表才是规范量表。

二、克隆巴赫 α 系数

最常被用来估计内部一致性信度的统计量是克隆巴赫 α 系数，其数学定义为：

$$\alpha=\frac{k}{k-1}\left(1-\frac{\sum_{j=1}^{k}S_j^2}{S_T^2}\right)$$

其中，k 为题目个数（$j=1，2，\cdots，k$），S_j^2 为第 j 题得分的方差，S_T^2 为全部题目总分的方差。

基于标准化数据的克隆巴赫 α 系数采用相关系数来计算，其数学定义为：

$$\alpha=\frac{k\bar{r}}{1+(k-1)\bar{r}}$$

其中，k 为题目的个数，$\bar{r}$ 为 k 个题目所有两两相关系数的均值。

由克隆巴赫 α 系数的数学定义可知，该系数受到相关系数均值的影响。当题目数一定时，如果相关系数的均值较高，意味着题目的内部一致性较高，此时克隆巴赫 α 系数也较高，接近于 1；如果相关系数的均值较低，则意味着题目的内部一致性较低，此时克隆巴赫 α 系数也较低，接近于 0。因此，可以通过克隆巴赫 α 系数的大小来评估量表的内部一致性信度。

克隆巴赫 α 系数的大小还与量表（问卷）的题量有关。当相关系数的均值一定时，随着题目数的增加，克隆巴赫 α 系数会变大，此时的克隆巴赫 α 系数存在扩大内部一致性信度的趋势。因此，如果采用克隆巴赫 α 系数来考察问卷的信度，应结合其他指标进行综合分析。

三、分半信度

用于评估某一特征的任何测验，都是对所有可能题目的一份取样。如果从所有可能题目中抽取不同的部分，就能编制出很多内容、形式相等的测验，称为复本，如考试用到的 A、B 卷。假定被调查者接受了两个复本测验，则两个复本测验得分的相关系数就反映了两次测验的一致程度。在实际工作中建立复本是相当困难的。在测验没有复本且只能实施一次的情况下，可以把测验的评估题目分成对等的两部分，根据每位被调查者在这两部分中的总分（各题目得分之和）计算相关系数 r_{hh}，并以此来评估整个测验的信度，这个相关系数就称为分半信度。分半信度是对一个测验内部一致性的粗略估计。

由于评估题目分半，所求得的相关系数只是“半测验”的信度，而不是“全测验”的信度。研究表明，测验所含的题目越多，或者说测验的长度越长，测验的信度就越高。显然，“半测验”的信度低估了“全测验”的信度。因此，需要根据斯皮尔曼-布朗公式对“半测验”的相关系数进行修正，修正后的分半信度定义为：

$$r=\frac{2r_{hh}}{1+r_{hh}}$$

使用分半法实际上是假定人为分成两半的测验等值，即两半测验的总分具有相同的平均数和标准差。当此条件不能满足时，可以采用弗朗那根公式来估计分半信度：

$$r=2\left(1-\frac{S_1^2+S_2^2}{S^2}\right)$$

其中，S_1^2 为第一部分总分的方差，S_2^2 为第二部分总分的方差，S^2 为全部题目总分的方差。

题目分半的方法有很多种，SPSS 中采用的是将题目前、后分半。如果题目总数为偶数，则前、后两部分的题目数相同，各占 1/2。如果题目总数为奇数，则把前 $(k-1)/2+1$ 个题目划入第一部分，剩下的划入第二部分。例如有 21 个题目，那么前 11 个题目属于第一部分，后 10 个题目属于第二部分。如果量表是按照奇偶分半设计的，那么在 SPSS 中进行分析时，需要先对数据表进行整理，使原来的奇数题变量集中在数据表的前半部，偶数题变量集中在数据表的后半部。

四、内部一致性信度分析在 SPSS 中的实现

【案例 2101】

某课题组进行运动员意志品质方面的研究，按 5 级李克特量表的格式设计调查问卷。问卷包含两个维度，果断性维度有 6 个题目，坚韧性维度有 9 个题目。每个题目的应答分为完全符合、比较符合、说不清楚、不太符合、完全不符合五种，分别按 5、4、3、2、1 计分。对 30 名运动员进行调查的结果保存在数据文件“案例 2101. sav”中，如图 21-2-1 所示，试采用克隆巴赫 α 系数评估该问卷的内部一致性信度。

	ID	A01	A02	A03	A04	A05	A06	B01	B02	B03	B04	B05	B06	B07	B08	B09
1	1	5	5	4	5	5	5	5	5	5	4	5	5	4	5	4
2	2	4	5	4	4	4	3	5	5	5	5	5	5	5	5	5
3	3	5	5	4	4	5	5	5	5	5	5	5	5	5	5	5
4	4	5	5	5	5	5	5	5	5	4	4	4	4	4	4	4
5	5	5	5	5	5	5	4	5	5	5	4	5	5	5	4	5
6	6	5	5	4	4	5	4	5	4	3	4	4	5	5	4	4
7	7	5	5	5	4	5	4	5	5	5	5	5	5	4	5	5
8	8	5	5	5	5	5	3	5	5	5	5	5	5	5	3	5
9	9	5	5	5	4	5	4	5	4	3	4	4	4	4	4	3
10	10	5	5	5	4	5	5	5	5	4	3	5	3	4	3	4
11	11	5	5	4	4	5	3	5	5	4	5	5	5	3	5	5
12	12	4	3	5	3	4	5	5	5	5	4	5	5	5	4	5
13	13	5	5	4	5	5	4	4	4	3	4	3	3	2	4	3
14	14	5	5	5	5	5	5	5	5	3	5	5	4	3	5	4

图 21-2-1 案例 2101 的数据文件（部分）

数据文件中的变量，ID 为编号；$A01 \sim A06$ 为果断性维度 6 个题目对应的变量、$B01 \sim B09$ 为坚韧性维度 9 个题目对应的变量。

1. 在 SPSS 中实现的步骤

第 1 步：在数据编辑器窗口中打开数据文件“案例 2101. sav”。

第 2 步：在“分析”菜单中选择“刻度”→“可靠性分析”命令，打开相应的主对话框。

第 3 步：在“可靠性分析”主对话框中进行信度分析的具体操作，如图 21-2-2 所示。

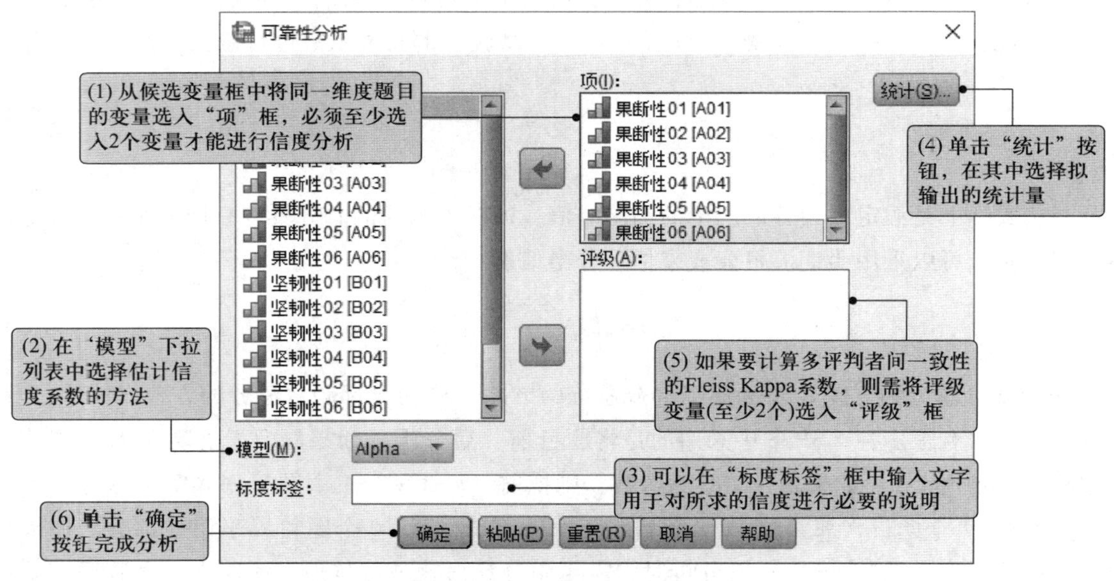

图 21-2-2 信度分析的操作

“模型”下拉列表是估计信度的方法，有5个选项：

◇ Alpha：选此项，计算克隆巴赫 α 系数，这是系统默认项。

◇ 折半：选此项，计算分半信度。

◇ 格特曼：选此项，计算格特曼（Guttman）系数。此项适用于全由二值记分（0，1）构成的测验。输出结果的“可靠性统计”表中有多个系数，其中的Lambda 3是克隆巴赫 α 系数，Lambda 4是弗朗那根公式计算的结果。

◇ 平行：选此项，采用最大似然法估计信度系数，要求各列得分的方差齐性。

◇ 严格平行：选此项，也是采用最大似然法估计信度系数，但不仅要求各列得分的方差齐性，还要求所有列具有相等的均值。

本例处理：本例数据包含两个维度，故需进行两次分析。第1次分析，将反映“果断性”的6个变量 *A*01~*A*06 选入“项”框；第2次分析，将反映“坚韧性”的9个变量 *B*01~*B*09 选入“项”框。在“模型”下拉列表中选择“Alpha”，表示计算克隆巴赫 α 系数。

第4步：在“可靠性分析”主对话框中单击“统计”按钮，打开“统计”子对话框，可在其中选择和设置拟输出的统计量，如图21-2-3所示。

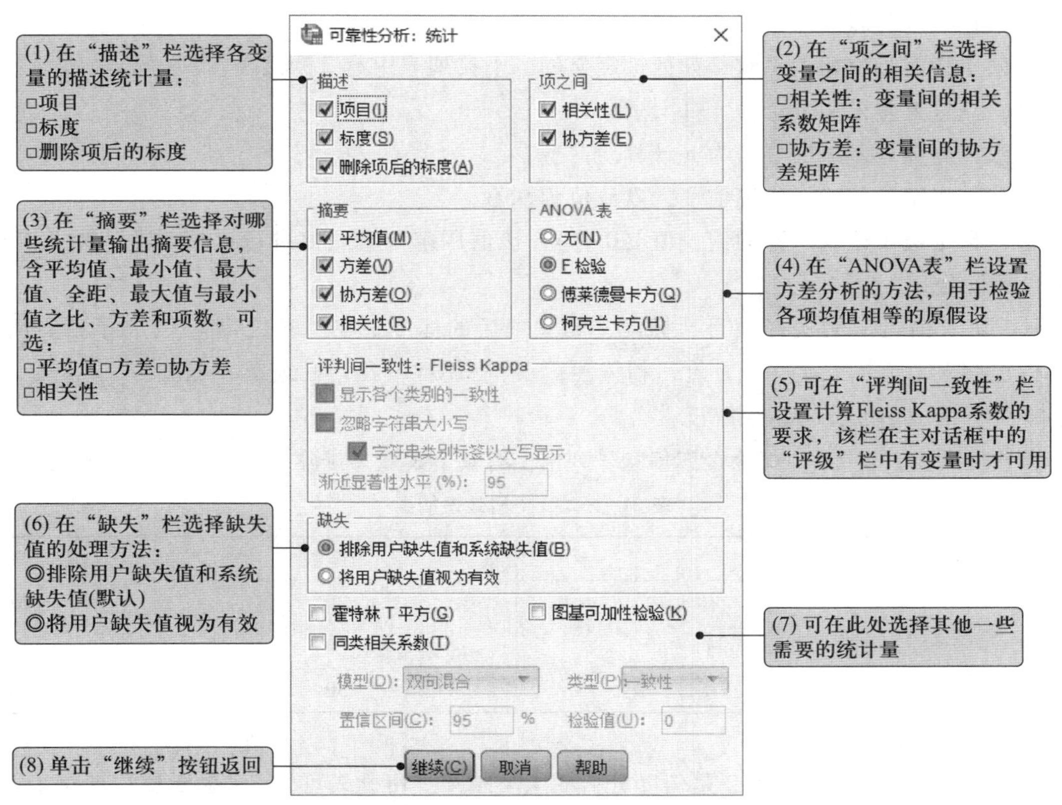

图21-2-3 选择输出的统计量

“描述”栏有3个可选项：

□ 项目：输出各变量的平均值、标准差和个案数。

□ 标度：输出各变量之和（总分）的平均值、方差、标准差和项数。

□ 删除项后的标度：输出在问卷中删除指定题目（变量）后计算得出的统计量。此项比较重要，可用来对问卷中的题目逐一进行分析，以达到改进问卷的目的。

“ANOVA表”栏有4个单选项：

◎ 无：不进行方差分析。

◎ F 检验：选择此项，将输出重复测量方差分析的结果，检验各变量均值相等的原假设。

◎ 傅莱德曼卡方：选择此项，将输出重复测量方差分析的结果，并且以傅莱德曼（Friedman）卡方检验替代通常的 F 检验；同时输出肯德尔（Kendall）协同系数，用以考察被调查者是否满足彼此独立的条件。

◎ 柯克兰卡方：选择此项，将输出重复测量方差分析的结果，并且以柯克兰（Cochran）Q 检验替代通常的 F 检验。该项适用于二分数据。

其他可选统计量：

□ 霍特林（Hotelling）T 平方：检验各变量均数是否相等。

□ 图基（Tukey）可加性检验：检验各变量之间是否具有显著的交互作用。

□ 同类相关系数：输出组内相关系数和平均相关系数，同时给出相关系数的置信区间、F 统计量和显著性概率值。选择此项后，激活下面的 4 个选项：

① 模型：用于指定计算组内相关系数的模型。下拉列表中有 3 个选项。

◇ 双向混合：当人为影响随机而项的作用固定时选此项。

◇ 双向随机：当人为影响和项的作用均为随机时选此项。

◇ 单向随机：当人为影响随机时选此项。

② 类型：用于指定组内相关系数是如何被定义的。下拉列表中有 2 个选项。

◇ 一致性：测量方差采用分母为 $n-1$ 计算。

◇ 绝对一致：测量方差采用分母为 n 计算。

③ 置信区间：指定置信区间的置信度，默认值为 95%。

④ 检验值：指定假设检验系数的假设值（0~1），该值用来与观测值进行比较。默认为 0，表示检验相关系数为 0 的原假设。

本例处理：在“描述”栏选择项目、标度、删除项后的标度；在“项之间”栏选择相关性、协方差；在“摘要”栏选择平均值、方差、协方差、相关性；在“ANOVA 表”栏选择 F 检验。

2. “果断性”维度信度分析结果解读

（1）个案处理摘要。表 21-2-2 为个案信息，列出了有效个案数、排除个案数、总计个案数及其百分比。

表 21-2-2 个案处理摘要

		个案数	%
个案	有效	30	100.0
	排除[a]	0	0.0
	总计	30	100.0

a. 基于过程中所有变量的成列删除

（2）信度分析的结果。表 21-2-3 是信度分析的主要结果。由此表可知，“果断性”维度有 6 项（题目数、变量数），克隆巴赫 α 系数为 0.812；对数据标准化后计算出的克隆巴赫 α 系数（基于标准化项的克隆巴赫 Alpha）为 0.843，该值仅当在“统计”子对话框的“项之间”或“摘要”栏中做了选择时才计算。标准化后的系数和标准化前的系数一般差别不大。根据信度评估的一般标准，因 0.812>0.8，故认为该维度量表的信度总体来说达到了可以接受的水平。

表 21-2-3 可靠性统计

克隆巴赫 Alpha	基于标准化项的克隆巴赫 Alpha	项数
0.812	0.843	6

（3）其他统计量的信息。表 21-2-4 是“果断性”维度 6 个变量的基本描述统计量，列出了它们的平均值、标准差和个案数。

表 21-2-4　项　统　计

	平均值	标准偏差	个案数
果断性 01	4.77	0.430	30
果断性 02	4.80	0.484	30
果断性 03	4.33	0.758	30
果断性 04	4.47	0.629	30
果断性 05	4.67	0.606	30
果断性 06	4.13	0.860	30

表 21-2-5 是“果断性”维度 6 个变量两两之间的相关系数矩阵。由此表可以大体了解量表中各个题目相互之间关联的密切程度。可以看出，第 6 个变量与其他几个变量的相关系数相对来说都比较小，意味着第 6 个变量的数据与其他变量的一致性较差。

表 21-2-5　项间相关性矩阵

	果断性 01	果断性 02	果断性 03	果断性 04	果断性 05	果断性 06
果断性 01	1.000	0.761	0.564	0.671	0.617	0.273
果断性 02	0.761	1.000	0.376	0.657	0.470	0.066
果断性 03	0.564	0.376	1.000	0.386	0.550	0.511
果断性 04	0.671	0.657	0.386	1.000	0.422	0.263
果断性 05	0.617	0.470	0.550	0.422	1.000	0.485
果断性 06	0.273	0.066	0.511	0.263	0.485	1.000

表 21-2-6 是“果断性”维度 6 个变量两两之间的协方差矩阵。表中主对角线上的值是各变量的方差，该值反映各个变量数据的离散程度；其他位置上的值是变量两两之间的协方差。可以看出，第 1、2 个变量的方差较小（0.185、0.234），表明数据相对比较集中；第 6 个变量的方差（0.740）较大，表明数据相对比较分散。

表 21-2-6　项间协方差矩阵

	果断性 01	果断性 02	果断性 03	果断性 04	果断性 05	果断性 06
果断性 01	0.185	0.159	0.184	0.182	0.161	0.101
果断性 02	0.159	0.234	0.138	0.200	0.138	0.028
果断性 03	0.184	0.138	0.575	0.184	0.253	0.333
果断性 04	0.182	0.200	0.184	0.395	0.161	0.143
果断性 05	0.161	0.138	0.253	0.161	0.368	0.253
果断性 06	0.101	0.028	0.333	0.143	0.253	0.740

表 21-2-7 是“果断性”维度各项统计量的摘要信息。根据我们前面在“统计”子对话框的“摘要”栏中所做的选择，此处输出了项平均值、项方差、项间协方差、项间相关系数的摘要信息，包括这些统计量的平均值、最小值、最大值、全距、最大值与最小值之比、方差和项数等。由此表可以了解各项统计量的基

本情况。

表 21-2-7 摘要项统计

	平均值	最小值	最大值	全距	最大值/最小值	方差	项数
项平均值	4.528	4.133	4.800	0.667	1.161	0.070	6
项方差	0.416	0.185	0.740	0.555	4.000	0.044	6
项间协方差	0.174	0.028	0.333	0.306	12.083	0.005	6
项间相关性	0.471	0.066	0.761	0.695	11.500	0.032	6

由表 21-2-7 可知，问卷中“果断性”维度的 6 个变量，均数之间的差异不大，最大值与最小之比为 1.161，表明量表中未发现极端的题目。方差之间的差异也不大，最大值与最小之比为 4.000，表明各题目得分的差异性基本平衡。但项间协方差之间的差异较大，最大值与最小之比为 12.083；项间相关性之间的差异也较大，最大值与最小值之比为 11.500。这种情况表明量表中可能有些题目与其他题目之间的关联度不太高。

（4）删除项目的分析。表 21-2-8 是删除某个项目后的有关统计量，是我们前面在“统计”子对话框的“描述”栏中选择了“删除项后的标度”而输出的结果。各列数据依次是删除该行对应项（变量）后其余各项总分的平均值、方差、被删除项与该维度所有项总分的相关系数、多元相关系数的平方（平方多重相关性）以及删除项后的克隆巴赫 α 系数。

表 21-2-8 项总计统计

	删除项后的标度平均值	删除项后的标度方差	修正后的项与总计相关性	平方多重相关性	删除项后的克隆巴赫 Alpha
果断性 01	22.40	5.972	0.748	0.725	0.766
果断性 02	22.37	6.171	0.550	0.653	0.792
果断性 03	22.83	4.971	0.646	0.469	0.766
果断性 04	22.70	5.597	0.584	0.524	0.780
果断性 05	22.50	5.431	0.683	0.509	0.760
果断性 06	23.03	5.275	0.434	0.402	0.834

以第 1 项（果断性 01）为例，删除该项后，其余 5 项总和的平均值为 22.40，方差为 5.972，第 1 项与其余 5 项总和的相关系数为 0.748，多元相关系数的平方为 0.725，克隆巴赫 α 系数为 0.766。

如果某项“修正后的项与总计的相关性”较低，意味着被调查者对该项的反应与其他题不太一致，可能会使整个量表的内部一致性降低，因而可以考虑将该题目从量表中删除。

多元相关系数的平方是指以被删除的项为因变量，以其余项为自变量，进行多元回归分析所得的判定系数。该值越高，表示被删除项与其余项的关联度越高。如果该值较小，意味着被删除项与其余各项的关联度较低，内部一致性较差，也可以考虑将该项（题目）从量表中删除。

删除某项后，如果克隆巴赫 α 系数下降，表明该项应当保留；如果克隆巴赫 α 系数反而上升，则意味着可以考虑删除该项。

由表 21-2-8 可以看出，删除第 6 项后，修正后的项与总计的相关系数（0.434）较小且为该列中的最低者；多元相关系数（0.402）也较小且为该列中的最低者；删除该项后的克隆巴赫 α 系数提升到 0.834，高于原来的 0.812。因此，如果第 6 题的内容不是非常独特或重要，可以考虑删除该题，以提高量表的内部一致性信度。

表 21-2-9 是“果断性”维度各项总分（各题目得分之和）的描述统计量，列出了总分的平均值、方差、标准差和项数。由此表可以了解总分的基本情况。

表 21-2-9　标度统计

平均值	方差	标准偏差	项数
27.17	7.730	2.780	6

（5）方差分析的结果。表 21-2-10 是重复测量方差分析的结果。此处的重复测量方差分析是将每个被调查者在不同项目上的得分看成是对同一特征反复测量的结果，同时将不同被调查者看成不同的控制水平。有多少被调查者就分多少控制水平，某个被调查者各个项目的得分就被看作是某个控制水平上的各个观测值。可以看出，本例有 30 个控制水平，各项的总变差（总计平方和）为 82.861。其中，可由不同个体解释的变差（人员间平方和）为 37.361，自由度为 29；可由各个体内随机变动解释的变差（人员内总计平方和）为 45.500，自由度为 150。

表 21-2-10　ANOVA

		平方和	自由度	均方	F	显著性
人员间		37.361	29	1.288		
人员内	项间	10.428	5	2.086	8.622	0.000
	残差	35.072	145	0.242		
	总计	45.500	150	0.303		
总计		82.861	179	0.463		

总平均值 = 4.53

由于信度分析是要研究不同项目之间是否具有相关性，因此这里应重点考察个体内变差，而非个体间变差。为此，又将项目作为控制变量，将所有个体在某个项目上的得分看作是某个控制水平上的不同观测值。由此可知，本例有 6 个控制变量，对人员内总计平方和 45.000 做进一步的分解，其中可由不同项目解释的变差（人员内项间平方和）为 10.425，自由度为 5；其余变差（人员内残差平方和）为 35.072，可视为是由个体间的随机变动所造成的，自由度为 145。因此，项间均方为 10.428/5 = 2.086，残差均方为 35.072/145 = 0.242，检验的统计量 $F = 2.086/0.242 = 8.622$，显著性概率 $P = 0.000$。若取显著性水平 α 为 0.05，因 $P<0.05$，故应拒绝各项均值相等的原假设，认为各项得分均值总体上存在显著性差异，或者说量表中可能存在与其他项目不太一致的项目。结合前面的分析可知，这种情况可能是第 6 题所引起的，可以考虑将其删除。

如果我们前面在“统计”子对话框的“ANOVA 表”栏中选择了“傅莱德曼卡方”，则会输出如表 21-2-11 所示的方差分析表。可以看出，傅莱德曼卡方统计量为 34.377，显著性概率 $P = 0.000<0.05$，应拒绝各项均值相等的原假设，认为各项得分均值总体上存在显著性差异。这也意味着量表中可能存在与其他项目不太一致的项目。此外，表的脚注说明肯德尔协同系数 $W = 0.126$，由于它显著小于 1，故认为被调查者个体间得分的相关性较弱，该评估体系能够对被调查者加以区分。

表 21-2-11　带有傅莱德曼检验的 ANOVA

		平方和	自由度	均方	傅莱德曼卡方	显著性
人员间		37. 361	29	1. 288		
人员内	项间	10. 428[a]	5	2. 086	34. 377	0. 000
	残差	35. 072	145	0. 242		
	总计	45. 500	150	0. 303		
总计		82. 861	179	0. 463		

总平均值 = 4. 53

a. 肯德尔协同系数 W = 0. 126

3. “坚韧性”维度信度分析主要结果解读

本例针对“坚韧性”维度的 9 个变量进行信度分析，所得主要结果如表 21-2-12 和表 21-2-13 所示。由表 21-2-12 可知，克隆巴赫 α 系数为 0. 763。根据信度评估的一般标准，因 0. 763<0. 8，故认为该维度量表的信度还不理想，需要做些修订。

表 21-2-12　可靠性统计

克隆巴赫 Alpha	基于标准化项的克隆巴赫 Alpha	项数
0. 763	0. 796	9

由表 21-2-13 可知，删除第 4 个变量（坚韧性 04）和第 8 个变量（坚韧性 08）后，其“修正后的项与总计相关性”都很低，分别为 0. 251 和 0. 218；其“删除项后的克隆巴赫 Alpha”都有提升，分别达 0. 769 和 0. 779。因此，可以考虑将此两题从量表中删除，以提高量表的内部一致性信度。

表 21-2-13　项总计统计

	删除项后的标度平均值	删除项后的标度方差	修正后的项与总计相关性	平方多重相关性	删除项后的克隆巴赫 Alpha
坚韧性 01	35. 30	11. 183	0. 525	0. 397	0. 756
坚韧性 02	35. 47	10. 051	0. 512	0. 550	0. 736
坚韧性 03	35. 93	8. 547	0. 617	0. 702	0. 709
坚韧性 04	35. 97	10. 378	0. 251	0. 549	0. 769
坚韧性 05	35. 80	9. 407	0. 533	0. 551	0. 727
坚韧性 06	35. 60	8. 800	0. 747	0. 610	0. 695
坚韧性 07	36. 13	9. 154	0. 377	0. 478	0. 759
坚韧性 08	36. 03	10. 309	0. 218	0. 572	0. 779
坚韧性 09	35. 90	8. 990	0. 546	0. 661	0. 723

删除了第 4 和第 8 两个题目后，再对“坚韧性”维度的 7 个变量进行信度分析，所得主要结果如表 21-2-14 所示。可以看出，克隆巴赫 α 系数提升到了 0. 816，故认为此时该维度量表的信度总体来说达到了可以接受的水平。

表 21-2-14　可靠性统计

克隆巴赫 Alpha	基于标准化项的克隆巴赫 Alpha	项数
0. 816	0. 841	7

【案例 2102】

对案例 2101 的数据文件，仅保留“坚韧性”一个维度，并将第 4 和第 8 两个题目删除。修改后将数据文件更名保存为“案例 2102. sav”。试采用分半信度评估该问卷的内部一致性信度。

1. 在 SPSS 中实现的步骤

在 SPSS 中进行问卷分半信度的分析，具体步骤与对克隆巴赫 α 系数的分析基本相同，此处不再赘述。唯一的区别是需在“可靠性分析”主对话框的“模型”下拉列表中选择“折半”项，如图 21-2-4 所示。

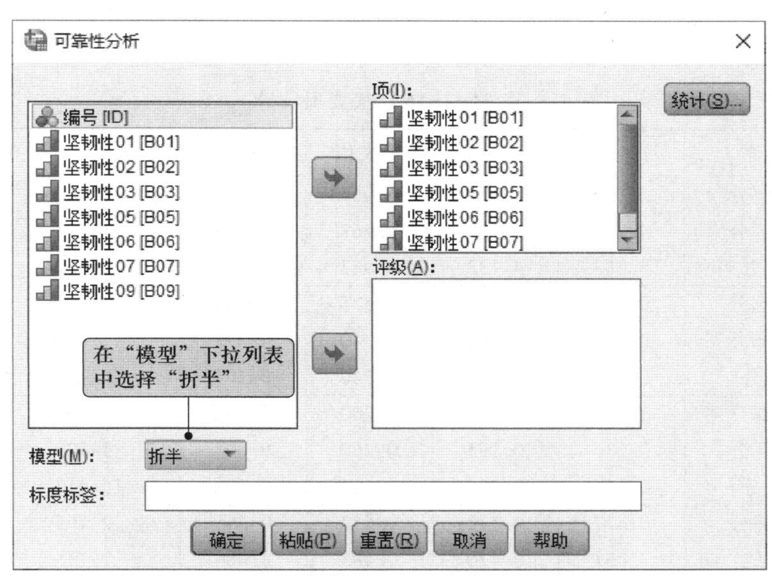

图 21-2-4　分半信度分析的操作

2. 结果解读

分半信度分析结果中的大部分内容与对克隆巴赫 α 系数的分析基本相同，此处仅对其中差异较大的部分进行说明。

（1）信度分析的结果。表 21-2-15 是分半信度分析的主要结果。由此表可知，量表总共有 7 项，按前、后分成了两部分。第一部分 4 项，克隆巴赫 α 系数为 0.681；第二部分 3 项，克隆巴赫 α 系数为 0.699。两部分总分之间的相关系数为 0.711，属于中度相关。

表 21-2-15　可靠性统计

克隆巴赫 Alpha	第一部分	值	0.681
		项数	4[a]
	第二部分	值	0.699
		项数	3[b]
	总项数		7
形态之间的相关性			0.711
斯皮尔曼-布朗系数	等长		0.831
	不等长		0.833
格特曼折半系数			0.829

a. 项为：坚韧性 01，坚韧性 02，坚韧性 03，坚韧性 05

b. 项为：坚韧性 06，坚韧性 07，坚韧性 09

表中的斯皮尔曼-布朗系数是修正后的分半信度。两部分项数相同时应采用“等长”的值，两部分项数不同时应采用“不等长”的值。本例两部分项数不同，故分半信度为 0.833。根据信度评估的一般标准，因 0.833>0.8，故认为该量表的信度总体来说达到了可以接受的水平。

表中还给出了格特曼折半系数，实际上就是利用弗朗那根公式计算的结果，其值为 0.829。

（2）统计量的摘要信息。表 21-2-16 是量表各项统计量的摘要信息，包括项平均值、项方差、项间协方差、项间相关系数等统计量的平均值、最小值、最大值、全距、最大值与最小值之比、方差和项数等，每个统计量的摘要信息又分为第一部分、第二部分和两部分（合计）3 行。由此表可以了解各项统计量及各部分的基本情况。

表 21-2-16　摘要项统计

		平均值	最小值	最大值	全距	最大值/最小值	方差	项数
项平均值	第一部分	4.642	4.333	4.967	0.633	1.146	0.085	4[a]
	第二部分	4.389	4.133	4.667	0.533	1.129	0.071	3[b]
	两部分	4.533	4.133	4.967	0.833	1.202	0.085	7
项方差	第一部分	0.309	0.033	0.575	0.541	17.241	0.053	4[a]
	第二部分	0.541	0.368	0.740	0.372	2.012	0.035	3[b]
	两部分	0.409	0.033	0.740	0.707	22.207	0.054	7
项间协方差	第一部分	0.108	0.028	0.200	0.172	7.250	0.005	4[a]
	第二部分	0.236	0.195	0.260	0.064	1.329	0.001	3[b]
	两部分	0.158	0.028	0.425	0.398	15.417	0.011	7
项间相关性	第一部分	0.417	0.312	0.657	0.345	2.105	0.014	4[a]
	第二部分	0.451	0.420	0.485	0.064	1.153	0.001	3[b]
	两部分	0.430	0.066	0.781	0.715	11.793	0.020	7

a. 项为：坚韧性 01，坚韧性 02，坚韧性 03，坚韧性 05

b. 项为：坚韧性 06，坚韧性 07，坚韧性 09

（3）各项总分的描述统计量。表 21-2-17 是量表各项总分（各题目得分之和）的描述统计量，列出了总分的平均值、方差、标准差和项数，各个统计量也分为第一部分、第二部分和两部分（合计）3 行。由此表可以了解总分的基本情况。

表 21-2-17　标度统计

	平均值	方差	标准偏差	项数
第一部分	18.57	2.530	1.591	4[a]
第二部分	13.17	3.040	1.744	3[b]
两部分	31.73	9.513	3.084	7

a. 项为：坚韧性 01，坚韧性 02，坚韧性 03，坚韧性 05

b. 项为：坚韧性 06，坚韧性 07，坚韧性 09

第三节　重测信度

一、重测信度概述

用同样的量表（问卷），对同一批被调查者进行前、后两次测量，两次测量结果的相关系数即为重测信度。假定在两次测量期间内被调查者的情况没有发生变化，则两次测量各项得分之间相关分析的结果可以反映该量表（问卷）信度的高低。这种方法特别适用于事实性调查的量表（问卷）。重测信度用于外在信度的评价，它反映测量结果的稳定程度，故又称为稳定性系数。

重测信度的估计应满足以下几个条件：

（1）所测量的特征必须是稳定的，在短期内不会发生变化。

（2）练习效应和遗忘效应的作用相同，重测信度不宜用于评估经过学习之后不易遗忘的能力，否则第二次测量反映的状况可能明显有别于第一次测量。

（3）两次测量期间被调查者对问题的熟悉程度没有差别。

组织重复测量时要注意以下几个方面：

首先，重测信度非常简单，易于理解，但要求对同一样本进行重复测量，实施起来有一定的困难。因此，重测最好在预调查阶段采用记名方式进行，因为在正式的随机抽样调查后，要找到同一批对象进行第二次调查是不太可能实现的。

其次，重复测量的间隔时间不宜太短，也不宜太长。间隔时间若太短，则被调查者在接受第二次调查时可能会记忆并重复前一次调查时填写的答案，因而第二次测量的结果就不一定能反映被调查者的真实情况。间隔时间若太长，则被调查者的情况可能已经发生变化，那么两次测量的差异就不再是单纯反映信度高低了。两次测量的间隔时间多长合适，可视具体情况而定，一般认为以 2~4 周为宜。

另外，在进行第二次测量时，需要调动被调查者的积极性，避免被调查者因重复测量而产生厌烦等不必要的情绪反应，影响测量结果的真实性。

二、重测信度分析在 SPSS 中的实现

在 SPSS 中计算重测信度是直接采用相关分析，分别计算每道题两次调查所得数据的简单相关系数并进行显著性检验。建立数据文件时，须把第二次调查的数据以不同的变量名整合到第一次调查的数据文件中，构成配对样本数据。

对于事实性调查问卷，可以将所有题目简单相关系数的平均值作为整个问卷的重测信度。这类问卷既可以有单选题，也可以有多选题，但应注意的是，由于多重分类法格式的多选题中相同的应答可能换位，从而造成相关系数变小，如果问卷中存在大量这类多选题的话，有可能拉低整个问卷的重测信度。

采用规范性量表进行的问卷调查，在条件允许的情况下，也可以进行重复测量，进而评估调查的外在信度。对于具有多个维度且每个维度由若干个题目组成的综合性量表，为了简化计算，可以先求出各维度的总分（或平均分），再计算各维度前、后两次调查总分（或平均分）之间的相关系数，并以此作为各维度的重测信度。

【案例 2103】

某课题组进行大学高职称教师群体体育健身意识与行为特征的研究，拟进行抽样问卷调查（详见第十二章“多选题分析”中的案例 1201）。为检验问卷调查的信度，在预调查阶段抽取了 20 人进行记名重测，两次调查的间隔时间为 3 周。前、后两次调查的部分结果保存在数据文件“案例 2103. sav”中，如图 21-3-1 所示，试采用重测信度评估该问卷的外在信度。

数据文件中的变量，ID 为编号；GD 为性别，其值 0 代表女，1 代表男；$X11 \sim X17$、$X21 \sim X25$ 为第一次调查各题目的结果，$BX11 \sim BX17$、$BX21 \sim BX25$ 为第二次调查各题目的结果。

1. 在 SPSS 中实现的步骤

第 1 步：在数据编辑器窗口中打开数据文件“案例 2103. sav”。

第 2 步：在“分析”菜单中选择“相关”→“双变量”命令，打开相应的主对话框。

第 3 步：在“双变量相关性”主对话框中进行重测信度分析（相关分析）的具体操作，如图 21-3-2 所示。

	ID	GD	X11	X12	X13	X14	X15	X16	X17	X21	X22	X23	X24	X25
1	1	0	1	1	0	0	0	1	0	23	4	5	14	16
2	2	0	1	0	0	0	1	0	1	6	23	21	5	.
3	3	0	0	1	0	0	1	0	0	23	4	5	20	14
4	4	1	1	0	1	0	0	0	0	1	6	24	25	5
5	5	1	1	0	0	1	0	0	0	1	5	3	24	.
6	6	1	0	0	0	1	1	0	0	3	14	20	25	17
7	7	0	0	1	1	0	1	1	0	4	5	20	14	17
8	8	1	1	1	0	0	0	1	0	3	1	6	23	15
9	9	0	1	1	1	1	1	0	0	5	21	14	16	20
10	10	0	1	0	1	0	1	0	0	20	6	5	.	.

	BX11	BX12	BX13	BX14	BX15	BX16	BX17	BX21	BX22	BX23	BX24	BX25
1	1	1	0	0	0	1	0	4	23	5	14	.
2	1	1	0	0	1	0	1	6	21	5	.	.
3	0	1	0	1	0	0	0	23	4	5	20	14
4	1	0	1	0	0	0	0	1	5	24	25	5
5	1	0	0	1	0	0	0	1	6	3	21	.
6	1	0	0	1	1	0	0	3	14	20	25	17
7	0	1	1	0	1	1	0	4	5	20	14	17
8	1	1	0	0	0	1	0	6	1	3	23	.
9	1	0	1	1	1	0	0	5	21	14	16	20
10	1	0	0	0	1	0	0	20	6	5	.	.

图 21-3-1 案例 2103 的数据文件（部分）

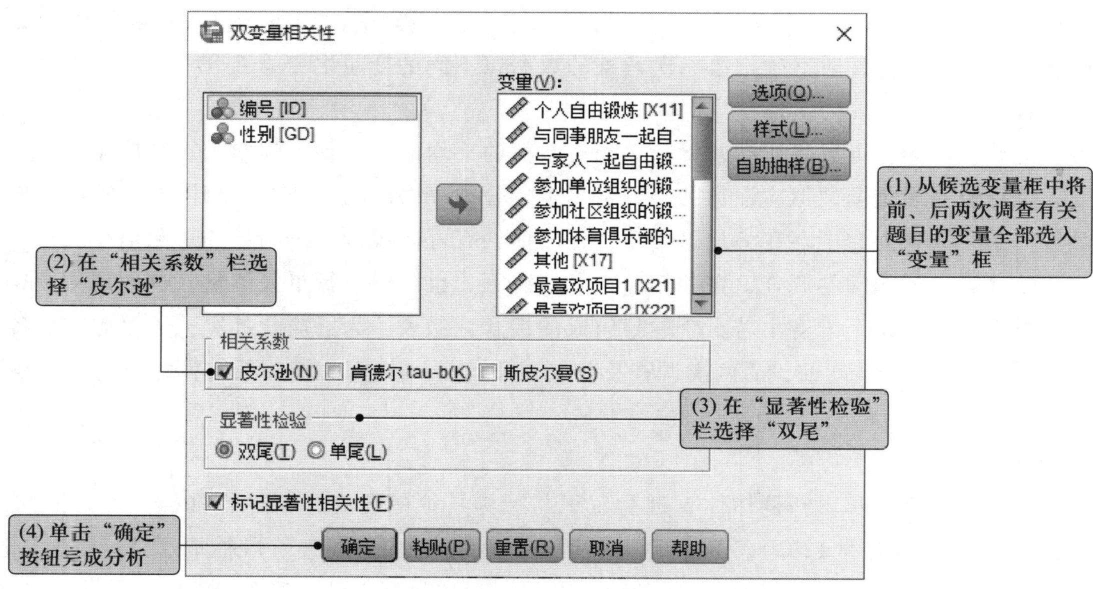

图 21-3-2 重测信度分析（相关分析）的操作

2. 结果整理

在 SPSS 的输出结果中，将前、后两次调查各题目的皮尔逊积差相关系数、显著性概率 P 和个案数摘取出来，整理在同一张表内，然后计算各题目相关系数的平均值，如表 21-3-1 所示。

表 21-3-1 整个问卷重测信度的计算

变量对	题目意义	相关系数	P	个案数
$X11-BX11$	个人自由锻炼	0.892	<0.01	20
$X12-BX12$	与同事朋友一起自由锻炼	0.798	<0.01	20
$X13-BX13$	与家人一起自由锻炼	0.780	<0.01	20
$X14-BX14$	参加单位组织的锻炼	0.764	<0.01	20
$X15-BX15$	参加社区组织的锻炼	0.905	<0.01	20
$X16-BX16$	参加体育俱乐部的锻炼	0.899	<0.01	20
$X17-BX17$	其他	1.000	<0.01	20
$X21-BX21$	最喜欢项目 1	0.889	<0.01	20
$X22-BX22$	最喜欢项目 2	0.840	<0.01	20
$X23-BX23$	最喜欢项目 3	0.906	<0.01	20
$X24-BX24$	最喜欢项目 4	0.992	<0.01	18
$X25-BX25$	最喜欢项目 5	1.000	<0.01	14
	平均值	0.889		

由表 21-3-1 可知，12 个题目的相关系数中最小的为 0.764，所有 P 都小于 0.01；相关系数的平均值为 0.889，该值就是两次调查的整体重测信度。因 0.889>0.8，根据信度评价的一般标准，故认为该问卷的信度是可以接受的。

【案例 2104】

采用案例 2101 的问卷对 30 名运动员进行记名重复测量，两次调查的间隔时间为 3 周。分别计算前、后两次调查中“果断性”维度 6 个变量和“坚韧性”维度 9 个变量的总分，结果保存在数据文件“案例 2104. sav”中，如图 21-3-3 所示，试采用重测信度评估该问卷的外在信度。

	ID	AA1	BB1	AA2	BB2		ID	AA1	BB1	AA2	BB2		ID	AA1	BB1	AA2	BB2
1	1	29	42	27	41	11	11	26	42	25	40	21	21	25	40	26	41
2	2	24	45	24	44	12	12	24	43	25	43	22	22	29	42	26	43
3	3	28	45	28	45	13	13	28	30	28	30	23	23	30	41	30	41
4	4	30	38	29	43	14	14	30	39	30	40	24	24	23	42	21	40
5	5	29	43	28	41	15	15	27	33	27	35	25	25	26	40	26	41
6	6	27	38	27	38	16	16	29	43	27	41	26	26	27	40	27	38
7	7	28	44	27	43	17	17	30	38	28	36	27	27	30	38	28	39
8	8	28	43	25	40	18	18	30	42	30	42	28	28	19	41	20	40
9	9	28	35	26	38	19	19	25	43	26	40	29	29	25	41	25	42
10	10	29	36	26	37	20	20	30	42	30	42	30	30	22	39	23	41

图 21-3-3 案例 2104 的数据文件

数据文件中的变量，ID 为编号；$AA1$ 为第一次调查果断性维度 6 个题目的总分，$BB1$ 为第一次调查坚韧性维度 9 个题目的总分；$AA2$ 为第二次调查果断性维度 6 个题目的总分，$BB2$ 为第二次调查坚韧性维度 9 个题目的总分。

1. 在 SPSS 中实现的步骤

第 1 步：在数据编辑器窗口中打开数据文件“案例 2104. sav”。

第 2 步：在“分析”菜单中选择“相关”→“双变量”命令，打开相应的主对话框。

第 3 步：在“双变量相关性”主对话框中进行重测信度分析（相关分析）的具体操作，如图 21-3-4 所示。

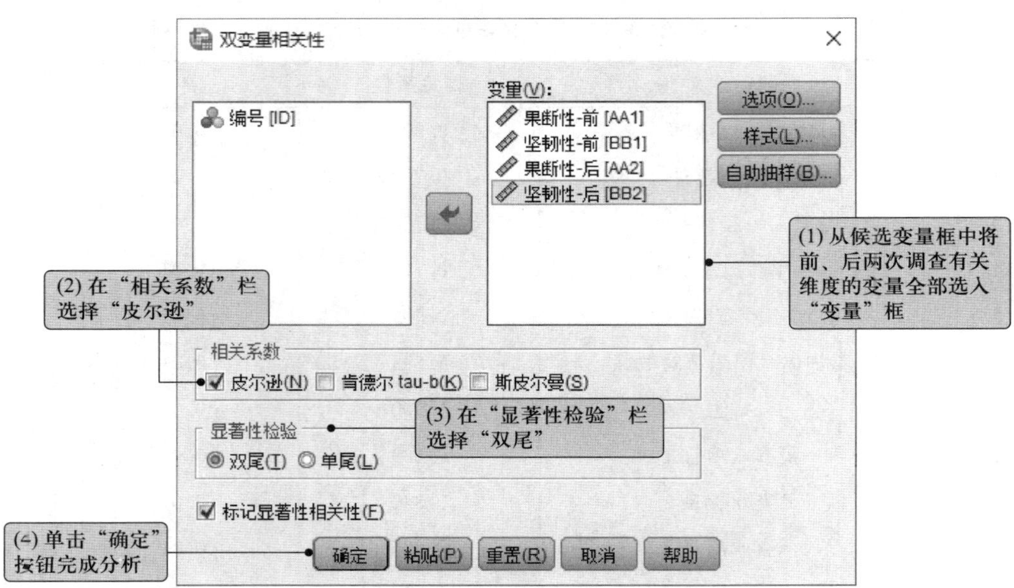

图 21-3-4 重测信度分析（相关分析）的操作

2. 结果整理

在 SPSS 的输出结果中，将前、后两次调查各维度的皮尔逊积差相关系数、显著性概率 P 和个案数摘取出来，整理在同一张表内，如表 21-3-2 所示。

表 21-3-2 问卷各维度的重测信度

变量对	题目意义	相关系数	P	个案数
$AA1-AA2$	果断性	0.890	<0.01	30
$BB1-BB2$	坚韧性	0.851	<0.01	30

由表 21-3-2 可知，果断性维度的重测信度为 0.890，$P<0.01$；坚韧性维度的重测信度为 0.851，$P<0.01$。根据信度评价的一般标准，因为这两个信度值都大于 0.8，故认为该问卷两个维度的信度都是可以接受的。

思考与练习

1. 什么是信度？什么是信度分析？
2. 什么是内在信度？什么是外在信度？
3. 评价信度系数的一般标准是什么？
4. 什么是单一性量表？什么是综合性量表？
5. 对规范性量表进行内部一致性信度分析时，如何保证概念等级顺序的一致性？
6. 什么类型的量表适合进行内部一致性信度分析？进行量表的内部一致性信度分析时，综合性量表与单一性量表有何不同？
7. 估计重测信度的基本条件是什么？
8. 为了估计重测信度，在组织重复测量时应注意哪些方面？
9. 某课题组研究不同锻炼方式对自我观念的影响。调查问卷包含身体吸引力维度和身体价值感维度，每个维度由 6 道题目组成。采用 7 级李克特量表，每道题的选项都从完全不同意（0 分）逐步过渡到完全同意（6 分）。在研究的某个时期对 20 名女大学生调查的结果如表 21-4-1 所示。其中，ID 为编号；*X*1～*X*6 为身体吸引力维度的 6 道题；*Y*1～*Y*6 为身体价值感维度的 6 道题。试采用克隆巴赫 α 系数评估该问卷各维度的内部一致性信度。

表 21-4-1　女大学生自我观念调查结果

ID	*X*1	*X*2	*X*3	*X*4	*X*5	*X*6	*Y*1	*Y*2	*Y*3	*Y*4	*Y*5	*Y*6
1	6	6	4	5	5	5	5	4	4	4	5	4
2	4	3	4	4	5	5	4	5	3	5	4	4
3	6	5	4	4	5	5	5	6	5	4	6	4
4	6	5	6	6	6	6	6	6	6	6	5	6
5	6	4	6	5	6	6	6	5	4	4	5	4
6	6	4	4	4	5	5	6	6	5	6	6	5
7	5	4	5	4	6	6	4	4	5	4	4	5
8	6	3	5	5	6	6	5	5	4	5	5	5
9	5	4	5	4	5	5	4	4	4	4	5	4
10	5	5	5	4	5	6	5	5	6	5	4	5
11	5	4	4	4	5	4	6	5	5	4	5	5
12	4	5	5	3	4	5	4	5	4	4	3	4
13	5	4	4	5	6	6	6	5	4	4	5	5
14	6	6	6	6	6	6	6	6	6	6	6	5
15	6	4	4	4	5	5	6	6	5	6	6	4
16	6	4	6	5	6	6	6	5	4	4	5	5
17	4	5	4	5	5	4	5	6	4	5	3	4
18	5	5	5	4	5	5	6	6	5	5	6	5
19	4	4	4	4	5	4	5	5	4	5	5	4
20	5	6	5	6	4	5	5	6	4	5	5	5

10. 将题 9 建立的数据文件更名保存为“练习 2110. sav”。试采用分半信度评估该问卷各维度的内部一致性信度。

11. 为改进大学生健美操俱乐部的工作，某课题组拟对俱乐部会员进行抽样问卷调查，调查问卷详见第十二章“多选题分析”中思考与练习的题 5。为检验问卷的信度，对 20 人进行记名重测，两次调查的间隔时间为 2 周。第一次调查的结果即本书第十二章思考与练习题 5 中前 20 人的数据（见表 12-4-1）；第二次调查的结果如表 21-4-2 所示。试采用重测信度评估该问卷的外在信度（须将表中除 ID、GR 外的所有变量整合到第一次调查结果的数据文件中）。

表 21-4-2　大学生健美操俱乐部工作第二次调查结果

ID	GR	*BK*1	*BK*2	*BXA*	*BXB*	*BXC*	*BXD*	*BXE*	*BXF*	*BXG*	*BXH*	*BXI*	*BXJ*	*BYA*	*BYB*	*BYC*	*BYD*
1	1	1	1	1	1	1	0	0	0	0	1	0	0	5	4	9	3
2	1	2	1	1	1	0	0	1	0	0	1	0	1	6	7	5	
3	2	2	2	1	1	1	1	1	0	0	1	0	0	4	7	6	3
4	2	3	5	1	0	1	0	0	1	0	0	1	0	3	5	8	

续表

ID	GR	*BK*1	*BK*2	*BXA*	*BXB*	*BXC*	*BXD*	*BXE*	*BXF*	*BXG*	*BXH*	*BXI*	*BXJ*	*BYA*	*BYB*	*BYC*	*BYD*
5	1	1	3	0	1	1	0	1	1	1	1	0	0	5	3	6	20
6	1	2	2	1	0	0	0	0	0	0	0	0	0	7	4	5	10
7	1	3	1	0	1	0	1	1	0	0	1	1	0	4	8	3	
8	2	4	2	1	0	0	1	0	0	0	1	0	0	6	5	10	3
9	2	3	2	0	0	0	0	1	0	1	1	0	1	6	9	5	4
10	2	2	4	0	1	1	0	0	0	0	1	0	0	1	5	7	9
11	2	3	3	1	1	1	0	0	0	0	0	1	0	4	5	8	3
12	1	2	1	0	1	1	0	1	0	1	1	0	0	5	7	4	3
13	1	1	1	1	0	1	1	0	0	1	1	0	0	5	4	8	10
14	1	3	3	0	1	1	1	1	0	0	1	0	1	9	4	7	16
15	2	1	2	0	1	1	1	1	0	1	1	1	0	7	3	5	
16	1	1	2	1	0	0	1	1	0	0	0	0	0	9	4	8	2
17	1	1	3	0	0	1	0	1	1	0	1	0	0	4	6	4	
18	1	2	3	1	1	0	0	0	1	1	0	0	0	3	5	7	8
19	2	1	2	0	1	0	1	1	1	1	0	0	0	5	1	4	6
20	2	3	2	1	0	1	0	1	1	0	0	1	0	7	5	4	

12. 同题 9，在第一次调查 15 天后，采用相同的量表，对同一批 20 名女大学生进行了重复测量，结果如表 21-4-3 所示。其中，ID 为编号；*U*1～*U*6 为身体吸引力维度的 6 道题；*V*1～*V*6 为身体价值感维度的 6 道题。试采用重测信度评估该问卷各维度的外在信度（提示：须以 ID 为关键变量将表中的所有变量横向合并到第一次调查结果的数据文件中，然后分别计算每人两次调查各维度的总分，最后再计算各维度两次调查总分之间的相关系数）。

表 21-4-3　女大学生自我观念第二次调查结果

ID	*U*1	*U*2	*U*3	*U*4	*U*5	*U*6	*V*1	*V*2	*V*3	*V*4	*V*5	*V*6
1	5	6	4	5	4	5	5	4	4	5	5	4
2	4	3	5	4	5	5	4	5	3	5	4	4
3	5	5	4	4	5	5	5	6	5	4	6	4
4	4	5	6	5	6	6	4	5	6	6	5	6
5	6	4	6	5	6	6	5	5	4	4	4	4
6	6	4	5	4	5	5	6	3	5	6	6	5
7	5	4	5	4	6	5	4	4	5	4	4	3
8	6	5	5	5	6	6	5	5	6	5	5	5
9	5	4	5	3	5	5	4	4	4	4	5	4
10	5	5	5	4	5	6	5	5	6	5	4	3
11	5	4	5	4	4	4	6	5	5	4	5	5
12	4	5	5	3	4	5	4	5	5	4	4	3
13	5	4	4	5	5	3	6	5	4	4	5	5

续表

ID	$U1$	$U2$	$U3$	$U4$	$U5$	$U6$	$V1$	$V2$	$V3$	$V4$	$V5$	$V6$
14	6	5	6	6	4	6	3	6	5	6	6	5
15	6	4	3	4	5	5	5	6	5	5	6	4
16	5	4	6	5	6	5	6	5	4	4	5	5
17	4	5	4	5	5	4	5	5	4	5	3	3
18	5	4	5	4	5	4	6	6	5	5	4	5
19	4	5	4	4	5	4	6	5	4	5	5	4
20	5	6	5	6	3	5	5	6	4	3	5	6

附　录

SPSS 中的常用统计分析方法汇总

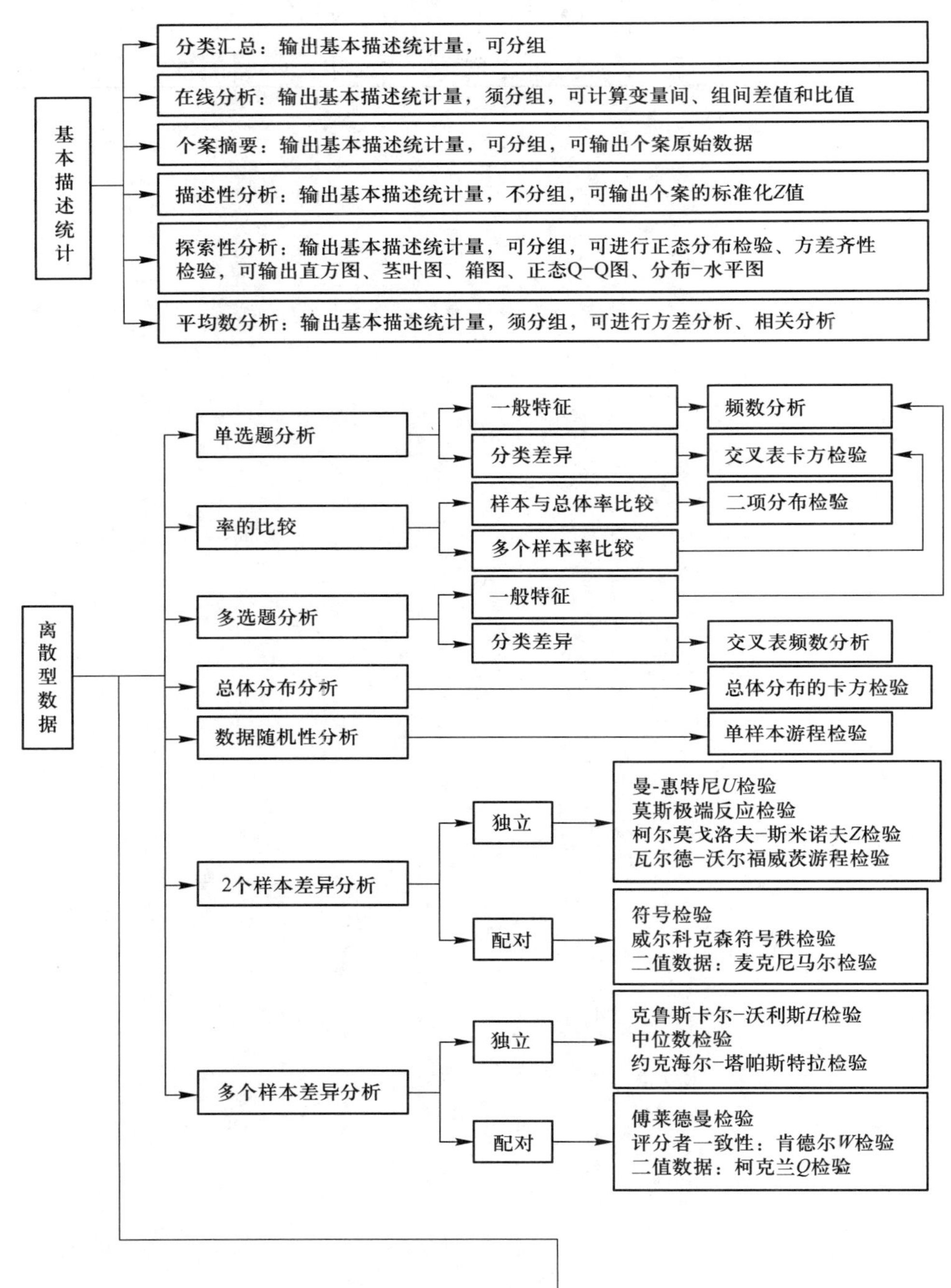

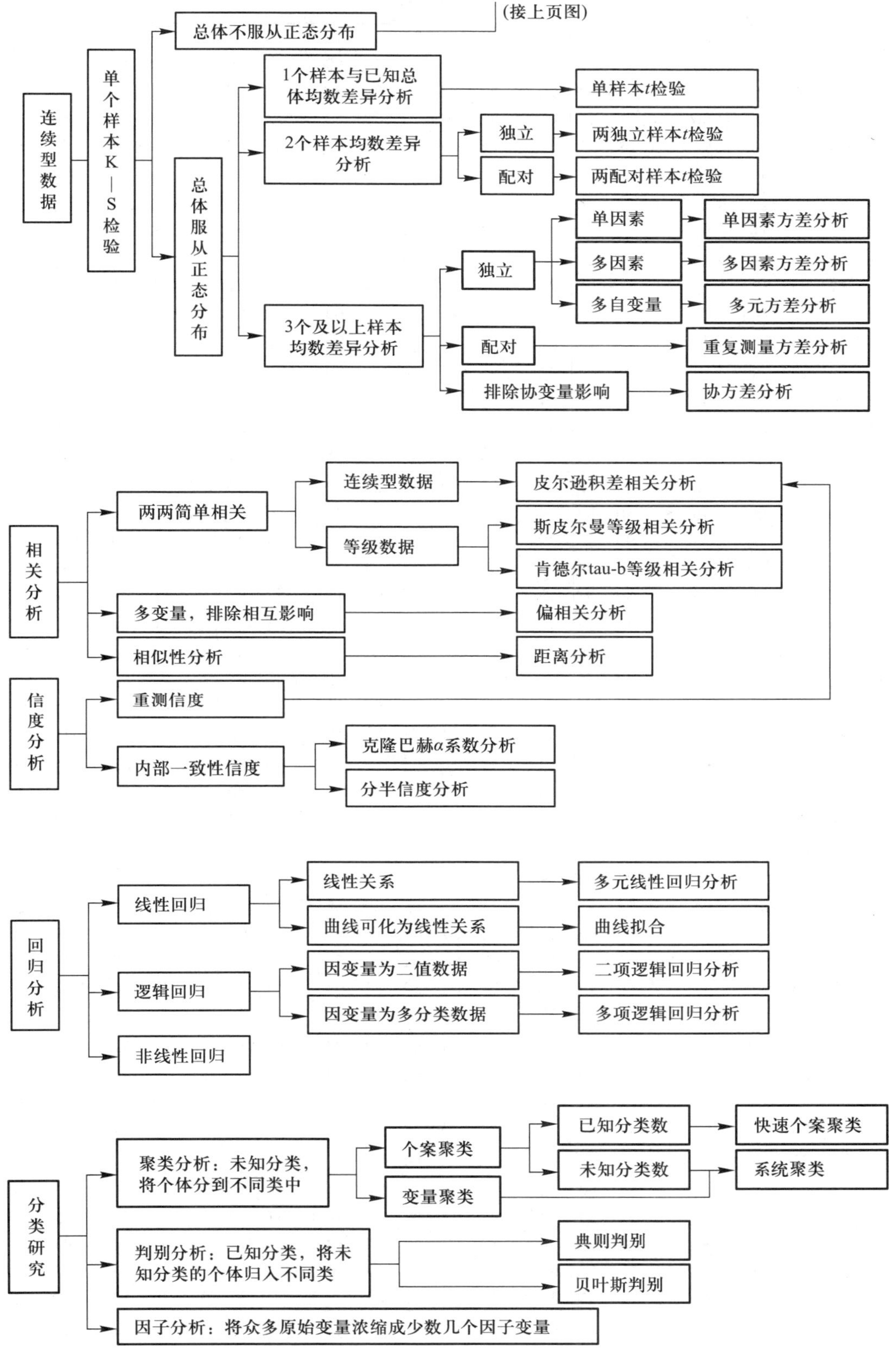

(接上页图)
连续型数据
单个样本K—S检验
总体不服从正态分布
总体服从正态分布
1个样本与已知总体均数差异分析
单样本t检验
2个样本均数差异分析
独立
两独立样本t检验
配对
两配对样本t检验
3个及以上样本均数差异分析
独立
单因素
单因素方差分析
多因素
多因素方差分析
多自变量
多元方差分析
配对
重复测量方差分析
排除协变量影响
协方差分析
相关分析
两两简单相关
连续型数据
皮尔逊积差相关分析
等级数据
斯皮尔曼等级相关分析
肯德尔tau-b等级相关分析
多变量，排除相互影响
偏相关分析
相似性分析
距离分析
信度分析
重测信度
内部一致性信度
克隆巴赫α系数分析
分半信度分析
回归分析
线性回归
线性关系
多元线性回归分析
曲线可化为线性关系
曲线拟合
逻辑回归
因变量为二值数据
二项逻辑回归分析
因变量为多分类数据
多项逻辑回归分析
非线性回归
分类研究
聚类分析：未知分类，将个体分到不同类中
个案聚类
已知分类数
快速个案聚类
未知分类数
系统聚类
变量聚类
判别分析：已知分类，将未知分类的个体归入不同类
典则判别
贝叶斯判别
因子分析：将众多原始变量浓缩成少数几个因子变量

附表 1 随机数表 1

编号	01	02	03	04	05	06	07	08	09	10	11	12	13	14	15	16	17	18	19	20	21	22	23	24	25
1	03	47	43	73	86	36	96	47	36	61	46	98	63	71	62	33	26	16	80	45	60	11	14	10	95
2	97	74	24	67	62	42	81	14	57	20	42	53	32	37	32	27	07	36	07	51	24	51	79	89	73
3	16	76	62	27	66	56	50	26	71	07	32	90	79	78	53	13	55	33	58	59	88	97	54	14	10
4	12	56	85	99	26	96	96	69	27	31	05	03	72	93	15	57	12	10	14	21	88	26	49	81	76
5	55	59	56	35	64	83	54	82	46	22	31	62	43	09	90	06	18	44	32	53	23	83	01	30	30
6	16	22	77	94	39	49	54	43	54	82	17	37	93	23	78	87	35	20	96	43	84	26	34	91	64
7	84	42	17	53	31	57	24	55	06	88	77	04	74	47	67	21	76	33	50	25	83	92	12	06	76
8	63	01	63	78	59	16	95	55	67	19	98	10	50	71	75	12	86	73	58	07	44	39	52	38	79
9	33	21	12	34	29	78	64	56	07	82	52	42	07	44	33	15	51	00	13	42	99	66	02	79	54
10	57	60	86	32	44	09	47	27	96	54	49	17	46	09	62	90	52	84	77	27	08	02	73	43	28
11	18	18	07	92	45	44	17	16	53	09	79	83	86	19	62	06	76	50	03	10	55	23	64	05	05
12	26	62	33	97	75	84	16	07	44	99	83	11	46	32	24	20	14	85	88	45	10	93	72	88	71
13	23	42	40	64	74	82	97	77	77	81	07	45	32	14	08	32	98	94	07	72	93	85	79	10	75
14	52	36	28	19	95	50	92	26	11	97	00	56	76	31	38	80	22	02	53	53	86	60	42	04	53
15	37	85	94	35	12	83	39	50	08	30	42	34	07	96	88	54	42	06	87	98	35	85	29	48	39
16	70	29	17	12	13	40	33	20	38	26	13	89	51	03	74	17	76	37	13	04	07	74	21	19	30
17	56	62	18	37	35	96	83	50	87	75	97	12	25	93	47	70	33	24	03	54	97	77	46	44	80
18	99	49	57	22	77	88	42	95	45	72	16	64	36	16	00	04	43	18	66	79	94	77	24	21	90
19	16	08	16	04	72	33	27	14	34	09	45	59	34	68	49	12	72	07	34	45	99	27	72	95	14
20	31	16	93	32	43	50	27	89	87	19	20	15	37	00	49	52	85	66	60	44	38	68	88	11	80
21	63	34	30	13	70	55	74	30	77	40	44	22	78	84	26	04	33	46	09	52	68	07	97	06	57
22	74	57	25	65	76	59	29	97	68	60	71	91	38	67	54	13	58	18	24	76	15	54	55	95	52
23	27	42	37	86	53	48	55	90	65	72	96	57	69	36	10	96	46	92	42	45	97	60	49	04	91
24	00	39	68	29	61	66	37	32	20	30	77	84	57	03	29	10	45	64	04	26	11	04	96	67	24
25	29	94	98	94	24	68	49	69	10	82	53	75	91	93	30	34	25	20	57	27	40	48	73	51	92
26	16	90	82	66	59	83	62	64	11	12	67	19	00	71	74	60	47	21	29	68	02	02	37	03	31
27	11	27	94	75	06	06	09	19	74	66	02	94	37	34	02	76	70	90	30	86	38	45	94	30	38
28	35	24	10	16	20	33	32	51	26	38	79	78	45	04	91	16	92	53	56	16	02	75	50	95	98
29	38	23	16	86	38	42	33	97	01	50	87	75	66	81	41	40	01	74	91	62	48	51	84	08	32
30	31	96	25	91	47	96	44	33	49	13	34	86	82	53	91	00	52	43	48	85	27	55	26	89	62
31	66	67	40	67	14	64	05	71	95	86	11	05	65	09	68	76	83	20	37	90	57	16	00	11	66
32	14	90	84	45	11	75	73	88	05	90	52	27	41	14	86	22	93	12	22	03	07	52	74	95	80
33	63	05	51	18	00	33	96	02	75	19	07	60	62	93	55	59	33	32	43	90	49	37	38	44	59
34	20	46	78	73	90	97	51	40	14	02	04	02	33	31	08	39	54	16	49	36	47	95	93	13	30
35	64	19	58	97	79	15	06	15	93	20	01	90	10	75	06	40	78	78	89	62	02	67	74	17	33
36	05	26	93	70	60	22	35	85	15	13	92	03	51	59	77	59	56	78	06	81	52	91	05	70	74
37	07	97	10	88	23	09	98	42	99	64	61	71	62	99	15	06	51	29	16	93	58	05	77	09	51
38	68	71	86	85	85	54	87	66	47	54	73	32	08	11	12	44	95	92	63	16	29	56	24	29	48
39	26	99	61	65	53	58	37	78	80	70	42	10	50	67	42	32	17	55	35	74	94	44	67	16	94
40	14	65	52	68	75	87	59	36	22	41	26	78	63	06	55	13	08	27	01	50	15	29	39	39	43
41	17	53	77	58	71	71	41	61	50	72	12	41	94	96	26	44	95	27	36	99	02	96	74	30	83
42	90	26	59	21	19	23	52	23	33	12	96	93	02	18	39	07	02	18	36	07	25	99	32	70	23
43	41	23	52	55	99	31	04	49	69	96	10	47	48	45	88	13	41	43	89	20	97	17	14	49	17
44	60	20	50	81	69	31	99	73	68	63	35	81	33	03	76	24	30	12	48	60	18	99	10	72	34
45	91	25	38	05	90	94	58	28	41	36	45	37	59	03	09	90	35	57	29	12	82	62	54	65	60
46	34	50	57	74	37	98	80	33	00	91	09	77	93	19	82	74	94	80	04	04	45	07	31	66	49
47	85	22	14	39	43	73	81	53	94	79	33	62	46	86	28	08	31	54	46	31	53	94	13	38	47
48	09	79	13	77	48	73	82	97	22	21	05	03	27	24	83	72	89	44	05	60	35	80	39	94	88
49	88	75	80	18	14	22	95	75	42	49	39	32	82	22	49	02	48	07	70	37	16	04	61	67	87
50	90	96	23	70	00	39	00	03	06	90	55	85	78	38	36	94	37	30	69	32	90	89	00	76	33

附表 2 随机数表 2

编号	01	02	03	04	05	06	07	08	09	10	11	12	13	14	15	16	17	18	19	20	21	22	23	24	25
1	53	74	23	99	67	61	32	28	69	84	94	62	67	86	24	98	33	41	19	95	47	53	53	38	09
2	63	38	06	86	54	99	00	65	26	94	02	82	90	23	07	79	62	67	80	60	75	91	12	81	19
3	35	30	58	21	46	06	72	17	10	94	25	21	31	75	96	49	28	24	00	49	55	65	79	78	07
4	63	43	36	82	69	65	51	18	37	88	61	38	44	12	45	32	92	85	88	65	54	34	81	85	35
5	98	25	37	55	26	01	91	82	81	46	74	71	12	94	97	24	02	71	37	07	03	92	18	66	75
6	02	63	21	17	69	71	50	80	89	56	38	15	70	11	48	43	40	45	86	98	00	83	26	91	03
7	64	55	22	21	82	48	22	28	06	00	61	54	13	43	91	82	78	12	23	29	06	66	24	12	27
8	85	07	23	13	89	01	10	07	82	04	59	63	69	36	03	69	11	15	83	80	13	29	54	19	28
9	58	54	16	24	15	51	54	44	82	00	62	61	65	04	69	38	18	65	18	97	85	72	13	59	21
10	34	85	27	84	87	61	48	64	56	26	90	18	48	13	26	37	70	15	42	57	65	65	80	39	07
11	03	92	18	27	46	57	99	16	96	56	30	33	72	85	22	84	64	38	56	98	99	01	30	98	64
12	62	95	30	27	59	37	75	41	66	48	86	97	80	61	45	23	53	04	01	63	45	76	08	64	27
13	08	45	93	15	22	60	21	75	46	91	93	77	27	85	42	28	88	61	08	84	69	62	03	42	73
14	07	08	55	18	40	45	44	75	13	90	24	94	96	61	02	57	55	66	83	15	73	42	37	11	61
15	01	85	89	95	66	51	10	19	34	88	15	84	97	19	75	12	76	39	43	78	64	63	91	08	25
16	72	84	71	14	35	19	11	58	49	26	50	11	17	17	76	86	31	57	20	18	95	60	78	46	75
17	88	78	28	16	84	13	52	53	94	53	75	45	69	30	96	73	89	65	70	31	99	17	43	48	76
18	45	17	75	65	57	28	40	19	72	12	25	12	74	75	67	60	40	60	81	19	24	62	01	61	16
19	96	76	28	12	54	22	01	11	94	25	71	96	16	16	88	68	64	36	74	45	19	59	50	88	92
20	43	31	67	72	30	24	02	94	08	63	38	32	36	66	02	69	36	38	25	39	48	03	45	15	22
21	50	44	66	44	21	66	06	58	05	62	63	15	54	35	02	42	35	48	96	32	14	52	41	52	43
22	22	66	22	15	86	26	63	75	41	99	58	42	36	72	24	58	37	52	18	51	03	37	18	39	11
23	96	24	40	14	51	23	22	30	88	57	95	67	47	29	83	94	69	40	06	07	18	16	36	78	86
24	31	73	91	61	19	60	20	72	93	48	98	57	07	23	69	65	95	39	69	58	56	80	30	19	44
25	78	60	73	99	84	43	89	94	36	45	56	69	47	07	41	90	22	91	07	12	78	35	34	08	72
26	84	37	90	61	56	70	10	23	98	05	85	11	34	76	60	76	48	45	34	60	01	64	18	39	96
27	36	67	10	08	23	98	93	35	08	86	99	29	76	29	81	33	34	91	58	93	63	14	52	32	52
28	07	28	59	07	48	89	64	58	89	75	83	85	62	27	89	30	14	78	56	27	86	63	59	80	02
29	10	15	83	87	60	79	24	31	66	56	21	48	24	06	93	91	98	94	05	49	01	47	59	38	00
30	55	19	68	97	65	03	73	52	16	56	00	53	55	90	27	33	42	29	38	87	22	13	88	83	34
31	53	81	29	13	39	35	01	20	71	34	62	33	74	82	14	53	73	19	09	03	56	54	29	56	93
32	51	86	32	68	92	33	98	74	66	99	40	14	17	94	58	45	94	19	38	81	14	44	99	31	07
33	35	91	70	29	13	30	03	54	07	27	96	94	78	32	66	50	95	52	74	33	13	80	55	62	54
34	37	71	67	95	13	20	02	44	95	94	64	85	04	05	72	01	32	90	76	14	53	89	74	60	41
35	93	66	13	83	27	92	79	64	64	72	28	54	96	58	84	48	14	52	98	94	56	07	93	89	30
36	02	96	08	45	65	13	05	00	41	84	93	07	54	72	59	21	45	57	09	77	19	48	56	27	44
37	49	83	43	48	35	82	83	33	69	96	72	36	04	19	76	47	45	15	18	60	82	11	08	95	97
38	84	60	71	62	46	40	80	81	30	37	34	39	23	05	38	25	15	35	71	30	88	12	57	21	77
39	18	17	30	88	71	44	91	14	88	47	89	23	30	63	15	56	34	20	47	89	99	82	93	24	98
40	79	69	10	61	78	71	32	76	95	62	87	00	22	58	40	92	54	01	75	25	43	11	71	99	32
41	75	93	36	57	83	56	20	14	82	11	74	21	97	90	65	96	42	68	63	86	74	54	13	26	94
42	38	30	92	29	03	06	28	81	39	38	62	25	06	84	63	61	29	08	93	67	04	32	92	08	09
43	51	29	50	10	34	31	57	75	95	80	51	97	02	74	77	76	15	48	49	44	18	55	63	77	09
44	21	31	38	86	24	37	79	81	53	74	73	24	16	10	33	52	83	60	94	76	70	47	14	54	36
45	19	01	23	87	88	58	02	39	37	67	42	10	14	20	92	16	55	23	42	45	54	96	09	11	06
46	95	33	95	22	00	18	74	72	00	18	38	79	58	69	32	81	76	80	26	92	82	80	84	25	39
47	90	84	60	79	80	24	36	59	87	38	82	07	53	89	35	96	35	23	79	18	05	98	90	07	35
48	46	40	62	98	82	54	97	20	56	95	15	74	80	08	32	16	46	70	50	80	67	72	16	42	79
49	20	31	89	03	43	38	46	82	68	72	32	14	82	99	70	80	60	47	18	97	63	49	30	21	30
50	71	59	73	05	50	08	22	23	71	77	91	01	93	20	49	82	96	59	26	94	66	39	67	98	60

附表 3 标准正态分布表

$$\phi(Z)=\frac{1}{\sqrt{2\pi}}\int_{-\infty}^{Z} e^{-\frac{Z^2}{2}}dZ$$

Z	0.00	0.01	0.02	0.03	0.04	0.05	0.06	0.07	0.08	0.09
−3.4	0.000 3	0.000 3	0.000 3	0.000 3	0.000 3	0.000 3	0.000 3	0.000 3	0.000 3	0.000 2
−3.3	0.000 5	0.000 5	0.000 5	0.000 4	0.000 4	0.000 4	0.000 4	0.000 4	0.000 4	0.000 3
−3.2	0.000 7	0.000 7	0.000 6	0.000 6	0.000 6	0.000 6	0.000 6	0.000 5	0.000 5	0.000 5
−3.1	0.001 0	0.000 9	0.000 9	0.000 9	0.000 8	0.000 8	0.000 8	0.000 8	0.000 7	0.000 7
−3.0	0.001 3	0.001 3	0.001 3	0.001 2	0.001 2	0.001 1	0.001 1	0.001 1	0.001 0	0.001 0
−2.9	0.001 9	0.001 8	0.001 8	0.001 7	0.001 6	0.001 6	0.001 5	0.001 5	0.001 4	0.001 4
−2.8	0.002 6	0.002 5	0.002 4	0.002 3	0.002 3	0.002 2	0.002 1	0.002 1	0.002 0	0.001 9
−2.7	0.003 4	0.003 4	0.003 3	0.003 2	0.003 1	0.003 0	0.002 9	0.002 8	0.002 7	0.002 6
−2.6	0.004 7	0.004 5	0.004 4	0.004 3	0.004 1	0.004 0	0.003 9	0.003 8	0.003 7	0.003 6
−2.5	0.006 2	0.006 0	0.005 9	0.005 7	0.005 5	0.005 4	0.005 2	0.005 1	0.004 9	0.004 2
−2.4	0.008 2	0.008 0	0.007 8	0.007 5	0.007 3	0.007 1	0.006 9	0.006 8	0.006 4	0.006 4
−2.3	0.010 7	0.010 4	0.010 2	0.009 9	0.009 6	0.009 4	0.009 1	0.008 9	0.008 7	0.008 4
−2.2	0.013 9	0.013 6	0.013 2	0.012 9	0.012 5	0.012 2	0.011 9	0.011 6	0.011 3	0.011 0
−2.1	0.017 9	0.017 4	0.017 0	0.016 6	0.016 2	0.015 8	0.015 4	0.015 0	0.014 6	0.014 3
−2.0	0.022 8	0.022 2	0.021 7	0.021 2	0.020 7	0.020 2	0.019 7	0.019 2	0.018 8	0.018 3
−1.9	0.028 7	0.028 1	0.027 4	0.026 8	0.026 2	0.025 6	0.025 0	0.024 4	0.023 9	0.023 3
−1.8	0.035 9	0.035 1	0.034 4	0.033 6	0.032 9	0.032 2	0.031 4	0.030 7	0.030 1	0.029 4
−1.7	0.044 6	0.043 6	0.042 7	0.041 8	0.040 9	0.040 1	0.039 2	0.038 4	0.037 5	0.036 7
−1.6	0.054 8	0.053 7	0.052 6	0.051 6	0.050 5	0.049 5	0.048 5	0.047 5	0.046 5	0.045 5
−1.5	0.066 8	0.065 5	0.064 3	0.063 0	0.061 8	0.060 6	0.059 4	0.058 2	0.057 1	0.055 9
−1.4	0.080 8	0.079 3	0.077 8	0.076 4	0.074 9	0.073 5	0.072 1	0.070 8	0.069 4	0.068 1
−1.3	0.096 8	0.095 1	0.093 4	0.091 8	0.090 1	0.088 5	0.086 9	0.085 3	0.083 8	0.082 3
−1.2	0.115 1	0.113 1	0.111 2	0.109 3	0.107 5	0.105 6	0.103 8	0.102 0	0.100 3	0.098 5
−1.1	0.135 7	0.133 5	0.131 4	0.129 2	0.127 1	0.125 1	0.123 0	0.121 0	0.119 0	0.117 0
−1.0	0.158 7	0.156 2	0.153 9	0.151 5	0.149 2	0.146 9	0.144 6	0.142 3	0.140 1	0.137 9
−0.9	0.184 1	0.181 4	0.178 8	0.176 2	0.173 6	0.171 1	0.168 5	0.166 0	0.163 5	0.161 1
−0.8	0.211 9	0.209 0	0.206 1	0.203 3	0.200 5	0.197 7	0.194 9	0.192 2	0.189 4	0.186 7
−0.7	0.242 0	0.238 9	0.235 8	0.232 7	0.229 6	0.226 6	0.223 6	0.220 6	0.217 7	0.214 8
−0.6	0.274 3	0.270 9	0.267 6	0.264 3	0.261 1	0.257 8	0.254 5	0.251 4	0.248 3	0.245 1
−0.5	0.308 5	0.305 0	0.301 5	0.298 1	0.294 6	0.291 2	0.287 7	0.284 3	0.281 0	0.277 6
−0.4	0.344 6	0.340 9	0.337 2	0.333 6	0.330 0	0.326 4	0.322 8	0.319 2	0.315 6	0.312 1
−0.3	0.382 1	0.378 3	0.374 5	0.370 7	0.366 9	0.363 2	0.359 4	0.355 7	0.352 0	0.348 3
−0.2	0.420 7	0.416 8	0.412 9	0.409 0	0.405 2	0.401 3	0.397 4	0.393 6	0.389 7	0.385 9
−0.1	0.460 2	0.456 2	0.452 2	0.448 3	0.444 2	0.440 4	0.436 4	0.432 5	0.428 6	0.424 7
−0.0	0.500 0	0.496 0	0.492 0	0.488 0	0.484 0	0.480 1	0.476 1	0.472 1	0.468 1	0.464 1

续表 3 标准正态分布表

Z	0. 00	0. 01	0. 02	0. 03	0. 04	0. 05	0. 06	0. 07	0. 08	0. 09
0. 00	0. 500 0	0. 504 0	0. 508 0	0. 512 0	0. 516 0	0. 519 9	0. 523 9	0. 527 9	0. 531 9	0. 535 9
0. 1	0. 539 8	0. 534 8	0. 547 8	0. 551 7	0. 555 7	0. 559 6	0. 563 6	0. 567 5	0. 571 4	0. 575 3
0. 2	0. 579 3	0. 583 2	0. 587 1	0. 591 0	0. 594 8	0. 598 7	0. 602 6	0. 606 4	0. 610 3	0. 614 1
0. 3	0. 617 9	0. 621 7	0. 625 5	0. 629 3	0. 633 1	0. 636 8	0. 640 6	0. 644 3	0. 648 0	0. 651 7
0. 4	0. 655 4	0. 659 1	0. 662 8	0. 666 4	0. 670 0	0. 673 6	0. 677 2	0. 680 8	0. 684 4	0. 687 9
0. 5	0. 691 5	0. 695 0	0. 698 5	0. 701 9	0. 705 4	0. 708 8	0. 712 3	0. 715 7	0. 719 0	0. 722 4
0. 6	0. 725 7	0. 729 1	0. 732 4	0. 735 7	0. 738 9	0. 742 2	0. 745 4	0. 748 6	0. 751 7	0. 754 9
0. 7	0. 758 0	0. 761 1	0. 764 2	0. 767 3	0. 770 3	0. 772 4	0. 776 4	0. 779 3	0. 782 3	0. 785 2
0. 8	0. 788 1	0. 791 0	0. 793 9	0. 796 7	0. 799 5	0. 802 3	0. 805 1	0. 807 8	0. 810 6	0. 813 3
0. 9	0. 815 9	0. 818 6	0. 821 2	0. 823 8	0. 826 4	0. 828 0	0. 831 5	0. 834 0	0. 836 5	0. 838 9
1. 0	0. 841 3	0. 843 8	0. 846 1	0. 848 5	0. 850 8	0. 853 1	0. 855 4	0. 857 7	0. 859 9	0. 862 1
1. 1	0. 864 3	0. 866 5	0. 868 6	0. 870 8	0. 872 9	0. 874 9	0. 877 0	0. 879 0	0. 881 0	0. 883 0
1. 2	0. 884 9	0. 886 9	0. 888 8	0. 890 6	0. 892 5	0. 894 3	0. 896 2	0. 898 0	0. 899 7	0. 901 5
1. 3	0. 903 2	0. 904 9	0. 906 6	0. 908 2	0. 909 9	0. 911 5	0. 913 1	0. 914 7	0. 916 2	0. 917 7
1. 4	0. 919 2	0. 920 7	0. 922 2	0. 923 6	0. 925 1	0. 926 5	0. 927 9	0. 929 2	0. 930 6	0. 931 9
1. 5	0. 933 2	0. 934 5	0. 935 7	0. 937 0	0. 938 2	0. 939 4	0. 940 6	0. 941 8	0. 942 9	0. 944 1
1. 6	0. 945 2	0. 946 3	0. 947 4	0. 948 4	0. 949 5	0. 950 5	0. 951 5	0. 952 5	0. 953 5	0. 954 5
1. 7	0. 955 4	0. 956 4	0. 957 3	0. 958 2	0. 959 1	0. 959 9	0. 960 8	0. 961 6	0. 962 5	0. 963 3
1. 8	0. 964 1	0. 964 9	0. 965 6	0. 966 4	0. 977 1	0. 967 8	0. 968 6	0. 969 3	0. 969 9	0. 970 6
1. 9	0. 971 3	0. 971 9	0. 972 6	0. 973 2	0. 973 8	0. 974 4	0. 975 0	0. 975 6	0. 976 1	0. 976 7
2. 0	0. 977 2	0. 977 8	0. 978 3	0. 978 8	0. 979 3	0. 979 8	0. 980 3	0. 980 8	0. 981 2	0. 981 7
2. 1	0. 982 1	0. 982 6	0. 983 0	0. 983 4	0. 983 8	0. 984 2	0. 984 6	0. 985 0	0. 985 4	0. 985 7
2. 2	0. 986 1	0. 986 4	0. 986 8	0. 987 1	0. 987 5	0. 987 8	0. 988 1	0. 988 4	0. 988 7	0. 989 0
2. 3	0. 989 3	0. 989 6	0. 989 8	0. 990 1	0. 990 4	0. 990 6	0. 990 9	0. 991 1	0. 991 3	0. 991 6
2. 4	0. 991 8	0. 992 0	0. 992 2	0. 992 4	0. 992 7	0. 992 9	0. 993 1	0. 993 2	0. 993 4	0. 993 6
2. 5	0. 993 8	0. 994 0	0. 994 1	0. 994 3	0. 994 5	0. 994 6	0. 994 8	0. 994 9	0. 995 1	0. 995 2
2. 6	0. 995 3	0. 995 5	0. 995 6	0. 995 7	0. 995 9	0. 996 0	0. 996 1	0. 996 2	0. 996 3	0. 996 4
2. 7	0. 996 5	0. 996 6	0. 996 7	0. 996 8	0. 996 9	0. 997 0	0. 997 1	0. 997 2	0. 997 3	0. 997 4
2. 8	0. 997 4	0. 997 5	0. 997 6	0. 997 7	0. 997 7	0. 997 8	0. 997 9	0. 997 9	0. 998 0	0. 998 1
2. 9	0. 998 1	0. 998 2	0. 998 2	0. 998 3	0. 998 4	0. 998 4	0. 998 5	0. 998 5	0. 998 6	0. 998 6
3. 0	0. 998 7	0. 998 7	0. 998 7	0. 998 8	0. 998 8	0. 998 9	0. 998 9	0. 998 9	0. 999 0	0. 999 0
3. 1	0. 999 0	0. 999 1	0. 999 1	0. 999 1	0. 999 2	0. 999 2	0. 999 2	0. 999 2	0. 999 3	0. 999 3
3. 2	0. 999 3	0. 999 3	0. 999 4	0. 999 4	0. 999 4	0. 999 4	0. 999 4	0. 999 5	0. 999 5	0. 999 5
3. 3	0. 999 5	0. 999 5	0. 999 5	0. 999 6	0. 999 6	0. 999 6	0. 999 6	0. 999 6	0. 999 6	0. 999 7
3. 4	0. 999 7	0. 999 7	0. 999 7	0. 999 7	0. 999 7	0. 999 7	0. 999 7	0. 999 7	0. 999 7	0. 999 8

附表 4 χ^2分布上侧分位数表

$$P\{\chi^2 \geqslant \chi^2_{\alpha(df)}\} = \alpha$$

df	0.990	0.975	0.950	0.900	0.750	0.500	0.250	0.100	0.050	0.025	0.010	0.005
1	…	…	…	0.02	0.10	0.46	1.32	2.71	3.84	5.02	6.63	7.88
2	0.02	0.05	0.10	0.21	0.58	1.39	2.77	4.61	5.99	7.38	9.21	10.60
3	0.12	0.22	0.35	0.58	1.21	2.37	4.11	6.25	7.81	9.35	11.34	12.84
4	0.30	0.48	0.71	1.06	1.92	3.36	5.39	7.78	9.49	11.14	13.28	14.86
5	0.55	0.83	1.15	1.61	2.68	4.35	6.63	9.24	11.07	12.83	15.09	16.75
6	0.87	1.24	1.64	2.20	3.46	5.35	7.84	10.64	12.59	14.45	16.81	18.55
7	1.24	1.69	2.17	2.83	4.26	6.35	9.04	12.02	14.07	16.01	18.48	20.28
8	1.65	2.18	2.73	3.49	5.07	7.34	10.22	13.36	15.51	17.53	20.09	21.96
9	2.09	2.70	3.33	4.17	5.90	8.34	11.39	14.68	16.92	19.02	21.67	23.59
10	2.56	3.25	3.94	4.87	6.74	9.34	12.55	15.99	18.31	20.48	23.21	25.19
11	3.05	3.82	4.57	5.58	7.58	10.34	13.70	17.28	19.68	21.92	24.73	26.76
12	3.57	4.40	5.23	6.30	8.44	11.34	14.58	18.55	21.03	23.34	26.22	28.30
13	4.11	5.01	5.89	7.04	9.30	12.34	15.98	19.81	22.36	24.74	27.69	29.82
14	4.66	5.63	6.57	7.79	10.17	13.34	17.12	21.06	23.68	26.12	29.14	31.32
15	5.23	6.27	7.26	8.55	11.04	14.34	18.25	22.31	25.00	27.49	30.58	32.80
16	5.81	6.91	7.96	9.31	11.91	15.34	19.37	23.54	26.30	28.85	32.00	34.24
17	6.41	7.56	8.67	10.09	12.79	16.34	20.49	24.77	27.59	30.19	33.41	35.72
18	7.01	8.23	9.39	10.86	13.68	17.34	21.60	25.99	28.87	31.53	34.81	37.16
19	7.63	8.91	10.12	11.65	14.56	18.34	22.72	27.20	30.14	32.85	36.19	38.58
20	8.26	9.59	10.85	12.44	15.45	19.34	23.83	28.41	31.41	34.17	37.57	40.00
21	8.90	10.28	11.59	13.24	16.34	20.34	24.93	29.62	32.67	35.48	38.93	41.40
22	9.54	10.98	12.34	14.04	17.24	21.34	26.04	30.81	33.92	36.78	40.29	42.80
23	10.20	11.69	13.09	14.85	18.14	22.34	27.14	32.01	35.17	38.08	41.64	44.18
24	10.86	12.40	13.85	15.66	19.04	23.34	28.24	33.20	36.42	39.36	42.98	45.56
25	11.52	13.12	14.61	16.47	19.94	24.34	29.34	34.38	37.65	40.65	44.31	46.93
26	12.20	13.84	15.38	17.29	20.84	25.34	30.43	35.56	38.89	41.92	45.64	48.29
27	12.88	14.57	16.15	18.11	21.75	26.34	31.53	36.74	40.11	43.19	46.96	49.64
28	13.56	15.31	16.93	18.94	22.66	27.34	32.62	37.92	41.34	44.46	48.28	50.99
29	14.26	16.05	17.71	19.77	23.57	28.34	33.71	39.09	42.56	45.72	49.59	52.34
30	14.95	16.79	18.49	20.60	24.48	29.34	34.80	40.26	43.77	46.98	50.89	53.67
40	22.16	24.43	26.51	29.05	33.66	39.34	45.62	51.81	55.76	59.34	63.69	66.77
50	29.71	32.36	34.76	37.69	42.94	49.33	56.33	63.17	67.50	71.42	76.15	79.49
60	37.43	40.48	43.19	46.46	52.29	59.33	66.98	74.40	79.08	83.30	88.38	91.95
70	45.44	48.76	51.74	55.33	61.70	69.33	77.58	85.53	90.53	95.02	100.4	104.2
80	53.54	57.15	60.39	64.28	71.14	79.33	88.13	96.58	101.9	106.6	112.3	116.3
90	61.75	65.65	69.13	73.29	80.62	89.33	98.64	107.6	113.1	118.1	124.1	128.3
100	70.06	74.22	77.93	82.36	90.13	99.33	109.1	118.5	124.3	129.6	135.8	140.2

附表 5　t 分布上侧分位数表

$$P\{t \geqslant t_{\frac{\alpha}{2}(df)}\}=\alpha \text{ 或 } P\{t \geqslant t_{\alpha(df)}\}=\alpha$$

$P(2)$	0.50	0.20	0.10	0.05	0.02	0.01	0.005	0.002	0.001
$P(1)$	0.25	0.10	0.05	0.025	0.01	0.005	0.002 5	0.001	0.000 5
df									
1	1.000	3.078	6.314	12.706	31.821	63.657	127.32	318.31	636.62
2	0.861	1.886	2.920	4.303	6.965	9.925	14.089	22.327	31.599
3	0.765	1.638	2.353	3.182	4.541	5.841	7.453	10.215	12.924
4	0.741	1.533	2.132	2.776	3.747	4.604	5.598	7.173	8.610
5	0.727	1.476	2.015	2.571	3.365	4.032	4.773	5.893	6.869
6	0.718	1.440	1.943	2.447	3.143	3.707	4.317	5.208	5.959
7	0.711	1.415	1.895	2.365	2.998	3.499	4.029	4.785	5.408
8	0.706	1.397	1.860	2.306	2.896	3.355	3.833	4.501	5.041
9	0.703	1.383	1.833	2.262	2.821	3.250	3.690	4.297	5.781
10	0.700	1.372	1.812	2.228	2.764	3.169	3.581	4.144	4.587
11	0.697	1.363	1.796	2.201	2.718	3.106	3.497	4.025	4.437
12	0.695	1.356	1.782	2.179	2.681	3.055	3.428	3.930	4.318
13	0.694	1.350	1.771	2.160	2.650	3.012	3.372	3.852	4.221
14	0.692	1.345	1.761	2.145	2.624	2.977	3.326	3.787	4.140
15	0.691	1.341	1.753	2.131	2.602	2.947	3.286	3.733	4.073
16	0.690	1.337	1.746	2.120	2.583	2.921	3.252	3.686	4.015
17	0.689	1.333	1.740	2.110	2.567	2.898	3.222	3.646	3.965
18	0.688	1.330	1.743	2.101	2.552	2.878	3.197	3.610	3.922
19	0.688	1.328	1.729	2.093	2.539	2.861	3.174	3.579	3.883
20	0.687	1.325	1.725	2.086	2.528	2.845	3.153	3.552	3.850
21	0.686	1.323	1.721	2.080	2.518	2.831	3.135	3.527	3.819
22	0.686	1.321	1.717	2.074	2.508	2.819	3.119	3.505	3.792
23	0.685	1.319	1.714	2.069	2.500	2.807	3.104	3.485	3.768
24	0.685	1.318	1.711	2.064	2.492	2.797	3.091	3.467	3.745
25	0.684	1.316	1.708	2.060	2.485	2.787	3.078	3.450	3.725
26	0.684	1.315	1.706	2.056	2.479	2.779	3.067	3.435	3.707
27	0.684	1.314	1.703	2.052	2.473	2.771	3.057	3.421	3.690
28	0.683	1.313	1.701	2.048	2.467	2.763	3.047	3.408	3.674
29	0.683	1.311	1.699	2.045	2.462	2.756	3.038	3.396	3.659
30	0.683	1.310	1.697	2.042	2.457	2.750	3.030	3.385	3.646
31	0.682	1.309	1.696	2.040	2.453	2.744	3.022	3.375	3.633
32	0.682	1.309	1.694	2.037	2.449	2.738	3.015	3.365	3.622
33	0.682	1.308	1.692	2.035	2.445	2.733	3.008	3.356	3.611
34	0.682	1.307	1.691	2.032	2.441	2.728	3.002	3.348	3.601
35	0.682	1.306	1.690	2.030	2.438	2.724	2.996	3.340	3.591
36	0.681	1.306	1.688	2.028	2.434	2.719	2.990	3.333	3.582
37	0.681	1.305	1.687	2.026	2.431	2.715	2.985	3.326	3.574
38	0.681	1.304	1.686	2.024	2.429	2.712	2.980	3.319	3.566
39	0.681	1.304	1.685	2.023	2.426	2.708	2.976	3.313	3.558
40	0.681	1.303	1.684	2.021	2.423	2.704	2.971	3.307	3.551
50	0.679	1.299	1.676	2.009	2.403	2.678	2.937	3.261	3.496
60	0.679	1.296	1.671	2.000	2.390	2.660	2.915	3.232	3.460
70	0.678	1.294	1.667	1.994	2.381	2.648	2.899	3.211	3.435
80	0.678	1.292	1.664	1.990	2.374	2.639	2.887	3.195	3.416
90	0.677	1.291	1.662	1.987	2.368	2.632	2.878	3.183	3.402
100	0.677	1.290	1.660	1.984	2.364	2.626	2.871	3.174	3.390
500	0.675	1.283	1.648	1.965	2.334	2.586	2.820	3.107	3.310
∞	0.675	1.282	1.645	1.960	2.326	2.576	2.807	3.090	3.291

注：$P(2)$ 是双侧的概率，$P(1)$ 是单侧的概率

附表 6 F 分布上侧分位数表

$P\{F \geqslant F_{\alpha(df_1, df_2)}\} = \alpha$

$\alpha = 0.05$

df_2 \ df_1	1	2	3	4	5	6	7	8	9	10
1	161	200	216	225	230	234	237	239	241	242
2	18.5	19.0	19.2	19.2	19.3	19.3	19.4	19.4	19.4	19.4
3	10.1	9.55	9.28	9.12	9.01	8.94	8.89	8.84	8.81	8.79
4	7.71	6.94	6.59	6.39	6.26	6.16	6.09	6.04	6.00	5.96
5	6.61	5.79	5.41	5.19	5.05	4.95	4.88	4.82	4.77	4.74
6	5.99	5.14	4.76	4.53	4.39	4.28	4.21	4.15	4.10	4.06
7	5.59	4.74	4.35	4.12	3.97	3.87	3.79	3.73	3.68	3.64
8	5.32	4.46	4.07	3.84	3.69	3.58	3.50	3.44	3.39	3.35
9	5.12	4.26	3.86	3.63	3.48	3.37	3.29	3.23	3.18	3.14
10	4.96	4.10	3.71	3.48	3.33	3.22	3.14	3.07	3.02	2.98
11	4.84	3.98	3.59	3.36	3.20	3.09	3.01	2.95	2.90	2.85
12	4.75	3.88	3.49	3.26	3.11	3.00	2.91	2.85	2.80	2.75
13	4.67	3.80	3.41	3.18	3.02	2.92	2.83	2.77	2.71	2.67
14	4.60	3.74	3.34	3.11	2.96	2.85	2.76	2.70	2.65	2.60
15	4.54	3.68	3.29	3.06	2.90	2.79	2.71	2.64	2.59	2.54
16	4.49	3.63	3.24	3.01	2.85	2.74	2.66	2.59	2.54	2.49
17	4.45	3.59	3.20	2.96	2.81	2.70	2.61	2.55	2.49	2.45
18	4.41	3.55	3.16	2.93	2.77	2.66	2.58	2.51	2.46	2.41
19	4.38	3.52	3.13	2.90	2.74	2.63	2.54	2.48	2.42	2.38
20	4.35	3.49	3.10	2.87	2.71	2.60	2.51	2.45	2.39	2.35
21	4.32	3.47	3.07	2.84	2.68	2.57	2.49	2.42	2.37	2.32
22	4.30	3.44	3.05	2.82	2.66	2.55	2.46	2.40	2.34	2.30
23	4.28	3.42	3.03	2.80	2.64	2.53	2.44	2.38	2.32	2.27
24	4.26	3.40	3.01	2.78	2.62	2.51	2.42	2.36	2.30	2.25
25	4.24	3.38	2.99	2.76	2.60	2.49	2.40	2.34	2.28	2.24
26	4.23	3.37	2.98	2.74	2.59	2.47	2.39	2.32	2.27	2.22
27	4.21	3.35	2.96	2.73	2.57	2.46	2.37	2.31	2.25	2.20
28	4.20	3.34	2.95	2.71	2.56	2.45	2.36	2.29	2.24	2.19
29	4.18	3.33	2.93	2.70	2.55	2.43	2.35	2.28	2.22	2.18
30	4.17	3.32	2.92	2.69	2.53	2.42	2.33	2.27	2.21	2.16
40	4.08	3.23	2.84	2.61	2.45	2.34	2.25	2.18	2.15	2.08
60	4.00	3.15	2.76	2.52	2.37	2.25	2.17	2.10	2.04	1.99
120	3.92	3.07	2.68	2.45	2.29	2.17	2.09	2.02	1.96	1.91
∞	3.84	2.99	2.60	2.37	2.21	2.10	2.01	1.94	1.88	1.83

注：df_1为较大均方的自由度

续表 6 F 分布上侧分位数表

$\alpha=0.05$

df_2 \ df_1	12	15	20	24	30	40	60	120	∞
1	244	246	248	249	250	251	252	253	254
2	19.4	19.4	19.4	19.5	19.5	19.5	19.5	19.5	19.5
3	8.74	8.70	8.66	8.64	8.62	8.59	8.57	8.55	8.53
4	5.91	5.86	5.80	5.77	5.75	5.72	5.69	5.66	5.63
5	4.68	4.62	4.56	4.53	4.50	4.46	4.43	4.40	4.36
6	4.00	3.94	3.87	3.84	3.81	3.77	3.74	3.70	3.67
7	3.57	3.51	3.44	3.41	3.38	3.34	3.30	3.27	3.23
8	3.28	3.22	3.15	3.12	3.08	3.04	3.01	2.97	2.93
9	3.07	3.01	2.94	2.90	2.86	2.83	2.79	2.75	2.71
10	2.91	2.85	2.77	2.74	2.70	2.66	2.62	2.58	2.54
11	2.79	2.72	2.65	2.61	2.57	2.53	2.49	2.45	2.40
12	2.69	2.62	2.54	2.51	2.47	2.43	2.38	2.34	2.30
13	2.60	2.53	2.46	2.42	2.38	2.34	2.30	2.25	2.21
14	2.53	2.46	2.39	2.35	2.31	2.27	2.22	2.18	2.13
15	2.48	2.40	2.33	2.29	2.25	2.20	2.16	2.11	2.07
16	2.42	2.35	2.28	2.24	2.19	2.15	2.11	2.06	2.01
17	2.38	2.31	2.23	2.19	2.15	2.10	2.06	2.01	1.96
18	2.34	2.27	2.19	2.15	2.11	2.06	2.02	1.97	1.92
19	2.31	2.23	2.16	2.11	2.07	2.03	1.98	1.93	1.88
20	2.28	2.20	2.12	2.08	2.04	1.99	1.95	1.90	1.84
21	2.25	2.18	2.10	2.05	2.01	1.96	1.92	1.87	1.81
22	2.23	2.15	2.07	2.03	1.98	1.94	1.89	1.84	1.78
23	2.20	2.13	2.05	2.01	1.96	1.91	1.86	1.81	1.76
24	2.18	2.11	2.03	1.98	1.94	1.89	1.84	1.79	1.73
25	2.16	2.09	2.01	1.96	1.92	1.87	1.82	1.77	1.71
26	2.15	2.06	1.99	1.95	1.90	1.85	1.80	1.73	1.69
27	2.13	2.04	1.97	1.93	1.88	1.84	1.79	1.71	1.67
28	2.12	2.03	1.96	1.91	1.87	1.82	1.77	1.70	1.65
29	2.10	2.02	1.94	1.90	1.85	1.81	1.75	1.68	1.64
30	2.09	2.01	1.93	1.89	1.84	1.79	1.74	1.68	1.62
40	2.00	1.92	1.84	1.79	1.74	1.69	1.64	1.58	1.51
60	1.92	1.84	1.75	1.70	1.65	1.59	1.53	1.47	1.39
120	1.83	1.75	1.66	1.61	1.55	1.50	1.43	1.35	1.25
∞	1.75	1.67	1.57	1.52	1.46	1.39	1.32	1.22	1.00

注：df_1为较大均方的自由度

续表6 *F*分布上侧分位数表

$\alpha=0.025$

df_2 \ df_1	1	2	3	4	5	6	7	8	9	10
1	647.8	799.5	864.2	899.6	921.8	937.1	948.2	956.7	963.3	968.6
2	38.51	39.00	39.17	39.25	39.30	39.33	39.36	39.37	39.39	39.40
3	17.44	16.04	15.44	15.10	14.18	14.73	14.62	14.54	14.47	14.42
4	12.22	10.65	9.98	9.60	9.36	9.20	9.07	8.98	8.90	8.84
5	10.01	8.43	7.76	7.39	7.15	6.98	6.85	6.76	6.68	6.62
6	8.81	7.26	6.60	6.23	5.99	5.82	5.70	5.60	5.52	5.46
7	8.07	6.54	5.89	5.52	5.29	5.12	4.99	4.90	4.82	4.76
8	7.57	6.06	5.42	5.05	4.82	4.65	4.53	4.43	4.36	4.30
9	7.21	5.71	5.08	4.72	4.48	4.32	4.20	4.10	4.03	3.96
10	6.94	5.46	4.83	4.47	4.24	4.07	3.95	3.85	3.78	3.72
11	6.72	5.26	4.36	4.28	4.04	3.88	3.76	3.66	3.59	3.53
12	6.55	5.10	4.47	4.12	3.89	3.73	3.61	3.51	3.44	3.37
13	6.41	4.97	4.35	4.00	3.77	3.60	3.48	3.39	3.31	3.25
14	6.30	4.86	4.24	3.89	3.66	3.50	3.38	3.29	3.21	3.15
15	6.20	4.77	4.15	3.80	3.58	3.41	3.29	3.20	3.12	3.06
16	6.12	4.69	4.08	3.73	3.50	3.34	3.22	3.12	3.05	2.99
17	6.04	4.62	4.01	3.66	3.44	3.28	3.16	3.06	2.98	2.92
18	5.98	4.56	3.95	3.61	3.38	3.22	3.10	3.01	2.93	2.87
19	5.92	4.51	3.90	3.56	3.33	3.17	3.05	3.96	2.88	2.82
20	5.87	4.46	3.86	3.51	3.29	3.13	3.01	2.91	2.84	2.77
21	5.83	4.42	3.82	3.84	3.25	3.09	2.97	2.87	2.80	2.73
22	5.79	4.38	3.78	3.44	3.22	3.05	2.93	2.84	2.76	2.70
23	5.75	4.35	3.75	3.41	3.18	3.02	2.90	2.81	2.73	2.67
24	5.72	4.32	3.72	3.38	3.15	3.99	2.87	2.78	2.70	2.64
25	5.69	4.29	3.69	3.35	3.13	2.97	2.85	2.75	2.68	2.61
26	5.66	4.27	3.67	3.33	3.10	2.94	2.82	2.73	2.65	2.59
27	5.63	4.24	3.65	3.31	3.08	2.92	2.80	2.71	2.63	2.57
28	5.61	4.22	3.36	3.29	3.06	2.90	2.78	2.69	2.61	2.55
29	5.59	4.20	3.61	3.27	3.04	2.88	2.76	2.67	2.59	2.53
30	5.57	4.18	3.59	3.25	3.03	2.87	2.75	2.65	2.57	2.51
40	5.42	4.05	3.46	3.13	2.90	2.74	2.62	2.53	2.45	2.39
60	5.29	3.93	3.34	3.01	2.79	2.63	2.51	2.41	2.33	2.27
120	5.15	3.80	3.23	2.89	2.67	2.52	2.39	2.30	2.22	2.16
∞	5.02	3.69	3.12	2.79	2.57	2.41	2.29	2.19	2.11	2.05

注：df_1为较大均方的自由度

续表 6 *F* 分布上侧分位数表

$\alpha=0.025$

df_2 \ df_1	12	15	20	24	30	40	60	120	∞
1	976.7	984.9	993.1	997.2	1 001	1 006	1 010	1 040	1 080
2	39.41	39.43	39.45	39.46	39.46	39.47	39.48	39.49	39.50
3	14.34	14.25	14.17	14.12	14.08	14.04	13.99	13.95	13.90
4	8.75	8.66	8.56	8.51	8.46	8.41	8.36	8.31	8.26
5	6.52	6.43	6.33	6.28	6.23	6.18	6.12	6.07	6.02
6	5.37	5.27	6.17	5.12	5.07	5.01	4.96	4.90	4.85
7	4.67	4.57	4.47	4.42	4.36	4.31	4.25	4.20	4.14
8	4.20	4.10	4.00	3.95	3.89	3.84	3.78	3.73	3.67
9	3.87	3.77	3.67	3.61	3.56	3.51	3.45	3.39	3.33
10	3.62	3.52	3.42	3.37	3.31	3.26	3.20	3.14	3.08
11	3.43	3.33	3.23	3.17	3.12	3.06	3.00	2.94	2.88
12	3.28	3.18	3.07	3.02	2.96	2.91	2.85	2.79	2.72
13	3.15	3.05	2.95	2.89	2.84	2.78	2.72	2.66	2.60
14	3.05	2.95	2.84	2.79	2.73	2.67	2.61	2.55	2.49
15	2.96	2.86	2.76	2.70	2.64	2.59	2.52	2.46	2.40
16	2.89	2.79	2.68	2.63	2.57	2.51	2.45	2.38	2.32
17	2.82	2.72	2.62	2.56	2.50	2.44	2.38	2.32	2.25
18	2.77	2.67	2.56	2.50	2.44	2.38	2.32	2.26	2.19
19	2.72	2.62	2.51	2.45	2.39	2.33	2.27	2.20	2.13
20	2.68	2.57	2.46	2.41	2.35	2.29	2.22	2.16	2.09
21	2.64	2.53	2.42	2.37	2.31	2.25	2.18	2.11	2.04
22	2.60	2.50	2.39	2.33	2.27	2.21	2.14	2.08	2.00
23	2.57	2.47	2.36	2.30	2.24	2.18	2.11	2.04	1.97
24	2.54	2.44	2.33	2.27	2.21	2.15	2.08	2.01	1.94
25	2.51	2.41	2.30	2.24	2.18	2.12	2.05	1.98	1.91
26	2.49	2.39	2.28	2.22	2.16	2.09	2.03	1.95	1.88
27	2.47	2.36	2.25	2.19	2.13	2.07	2.00	1.93	1.85
28	2.45	2.34	2.23	2.17	2.11	2.05	1.98	1.91	1.83
29	2.43	2.32	2.21	2.15	2.09	2.03	1.96	1.89	1.81
30	2.41	2.31	2.20	2.14	2.07	2.01	1.94	1.87	1.79
40	2.29	2.18	2.07	2.01	1.94	1.88	1.80	1.72	1.64
60	2.17	2.06	1.94	1.88	1.82	1.74	1.67	1.58	1.48
120	2.05	1.94	1.82	1.76	1.69	1.61	1.53	1.43	1.31
∞	1.94	1.83	1.71	1.64	1.57	1.48	1.39	1.27	1.00

注：df_1为较大均方的自由度

续表 6　F 分布上側分位数表

$\alpha = 0.01$

df_2 \ df_1	1	2	3	4	5	6	7	8	9	10
1	4 052	5 000	5 403	5 625	5 764	5 859	5 928	5 982	6 023	6 056
2	98.5	99.0	99.2	99.2	99.3	99.3	99.4	99.4	99.4	99.4
3	34.1	30.8	29.5	28.7	28.2	27.9	27.7	27.5	27.3	27.2
4	21.2	18.0	16.7	16.0	15.5	15.2	15.0	14.8	14.7	14.5
5	16.3	13.3	12.1	11.4	11.0	10.7	10.5	10.3	10.2	10.1
6	13.7	10.9	9.78	9.15	8.75	8.47	8.26	8.10	7.98	7.87
7	12.2	9.55	8.45	7.85	7.46	7.19	6.99	6.84	6.72	6.62
8	11.3	8.65	7.59	7.01	6.63	6.37	6.18	6.03	5.91	5.81
9	10.6	8.02	6.99	6.42	6.06	5.80	5.61	5.47	5.35	5.26
10	10.0	7.56	6.55	5.99	5.64	5.39	5.20	5.06	4.94	4.85
11	9.65	7.21	6.22	5.67	5.32	5.07	4.89	4.74	4.63	4.54
12	9.33	6.93	5.95	5.41	5.06	4.82	4.64	4.50	4.39	4.30
13	9.07	6.70	5.74	5.21	4.86	4.62	4.44	4.30	4.19	4.10
14	8.86	6.51	5.56	5.04	4.70	4.46	4.28	4.14	4.03	3.94
15	8.68	6.36	5.42	4.89	4.56	4.32	4.14	4.00	3.89	3.80
16	8.53	6.23	5.29	4.77	4.44	4.20	4.03	3.89	3.78	3.69
17	8.40	6.11	5.19	4.67	4.34	4.10	3.93	3.79	3.68	3.59
18	8.29	6.01	5.09	4.58	4.25	4.01	3.84	3.71	3.60	3.51
19	8.19	5.93	5.01	4.50	4.17	3.94	3.77	3.63	3.52	3.43
20	8.10	5.85	4.94	4.43	4.10	3.87	3.70	3.56	3.46	3.37
21	8.02	5.78	4.87	4.37	4.04	3.81	3.64	3.51	3.40	3.31
22	7.95	5.72	4.82	4.31	3.99	3.76	3.59	3.45	3.35	3.26
23	7.88	5.66	4.76	4.26	3.94	3.71	3.54	3.41	3.30	3.21
24	7.82	5.61	4.72	4.22	3.90	3.67	3.50	3.36	3.26	3.17
25	7.77	5.57	4.68	4.18	3.86	3.63	3.46	3.32	3.22	3.13
26	7.72	5.53	4.64	4.14	3.82	3.59	3.42	3.29	3.18	3.09
27	7.68	5.49	4.60	4.11	3.78	3.56	3.39	3.26	3.15	3.06
28	7.64	5.45	4.57	4.07	3.75	3.53	3.36	3.23	3.12	3.03
29	7.60	5.42	4.54	4.04	3.73	3.50	3.33	3.20	3.09	3.00
30	7.56	5.39	4.51	4.02	3.70	3.47	3.30	3.17	3.07	2.98
40	7.31	5.18	4.31	3.83	3.51	3.29	3.12	2.99	2.89	2.80
60	7.08	4.98	4.13	3.65	3.34	3.12	2.95	2.82	2.72	2.63
120	6.85	4.79	3.95	3.48	3.17	2.96	2.79	2.66	2.56	2.47
∞	6.63	4.61	3.78	3.32	3.02	2.80	2.64	2.51	2.41	2.32

注：df_1 为较大均方的自由度

续表 6　F 分布上侧分位数表

$\alpha=0.01$

df_2 \ df_1	12	15	20	24	30	40	60	120	∞
1	6 106	6 157	6 209	6 235	6 261	6 287	6 313	6 339	6 366
2	99. 4	99. 4	99. 4	99. 5	99. 5	99. 5	99. 5	99. 5	99. 5
3	27. 1	26. 9	26. 7	26. 6	26. 5	26. 4	26. 3	26. 2	26. 1
4	14. 4	14. 2	14. 0	13. 9	13. 8	13. 7	13. 7	13. 6	13. 5
5	9. 89	9. 72	9. 55	9. 47	9. 38	9. 29	9. 20	9. 11	9. 02
6	7. 72	7. 56	7. 40	7. 31	7. 23	7. 14	7. 06	6. 97	6. 88
7	6. 47	6. 31	6. 16	6. 07	5. 99	5. 91	5. 82	5. 74	5. 65
8	5. 67	5. 52	5. 36	5. 28	5. 20	5. 12	5. 03	4. 95	4. 86
9	5. 11	4. 96	4. 81	4. 73	4. 65	4. 57	4. 48	4. 40	4. 31
10	4. 71	4. 56	4. 41	4. 33	4. 25	4. 17	3. 08	4. 00	3. 91
11	4. 40	4. 25	4. 10	4. 02	3. 94	3. 86	3. 78	3. 69	3. 60
12	4. 16	4. 01	3. 86	3. 78	3. 70	3. 62	3. 54	3. 45	3. 36
13	3. 96	3. 82	3. 66	3. 59	3. 51	3. 43	3. 34	3. 25	3. 17
14	3. 80	3. 66	3. 51	3. 43	3. 35	3. 27	3. 18	3. 09	3. 00
15	3. 67	3. 52	3. 37	3. 29	3. 21	3. 13	3. 05	2. 96	2. 87
16	3. 55	3. 41	3. 26	3. 18	3. 10	3. 02	2. 93	2. 84	2. 75
17	3. 46	3. 31	3. 16	3. 08	3. 00	2. 92	2. 83	2. 75	2. 65
18	3. 37	3. 23	3. 08	3. 00	2. 92	2. 84	2. 75	2. 66	2. 57
19	3. 30	3. 15	3. 00	2. 92	2. 84	2. 76	2. 67	2. 58	2. 49
20	3. 23	3. 09	2. 94	2. 86	2. 78	2. 69	2. 61	2. 52	2. 42
21	3. 17	3. 03	2. 88	2. 80	2. 72	2. 64	2. 55	2. 46	2. 36
22	3. 12	2. 98	2. 83	2. 75	2. 67	2. 58	2. 50	2. 40	2. 31
23	3. 07	2. 93	2. 78	2. 70	2. 62	2. 54	2. 45	2. 35	2. 26
24	3. 03	2. 89	2. 74	2. 66	2. 58	2. 49	2. 40	2. 31	2. 21
25	2. 99	2. 85	2. 70	2. 62	2. 53	2. 45	2. 36	2. 27	2. 17
26	2. 96	2. 81	2. 66	2. 58	2. 50	2. 42	2. 33	2. 23	2. 13
27	2. 93	2. 78	2. 63	2. 55	2. 47	2. 38	2. 29	2. 20	2. 10
28	2. 90	2. 75	2. 60	2. 52	2. 44	2. 35	2. 26	2. 17	2. 06
29	2. 87	2. 73	2. 57	2. 46	2. 41	2. 33	2. 23	2. 14	2. 03
30	2. 84	2. 70	2. 55	2. 47	2. 39	2. 30	2. 21	2. 11	2. 01
40	2. 66	2. 52	2. 37	2. 29	2. 20	2. 11	2. 02	1. 92	1. 80
60	2. 50	2. 35	2. 20	2. 12	2. 03	1. 94	1. 84	1. 73	1. 60
120	2. 34	2. 19	2. 03	1. 95	1. 86	1. 76	1. 66	1. 53	1. 38
∞	2. 18	2. 04	1. 88	1. 79	1. 70	1. 59	1. 47	1. 32	1. 00

注：df_1为较大均方的自由度

附表 7 游程检验临界值表

$P(R \leqslant c_1) \leqslant \alpha, \quad P(R \geqslant c_2) \leqslant \alpha$

C_1，0.025

n_2 \ n_1	2	3	4	5	6	7	8	9	10
5			2	2					
6		2	2	3	3				
7		2	2	3	3	3			
8		2	3	3	3	4	4		
9		2	3	3	4	4	5	5	
10		2	3	3	4	5	5	5	6
11		2	3	4	4	5	5	6	6
12	2	2	3	4	4	5	6	6	7
13	2	2	3	4	5	5	6	6	7
14	2	2	3	4	5	5	6	7	7
15	2	3	3	4	5	6	6	7	7
16	2	3	4	4	5	6	6	7	8
17	2	3	4	4	5	6	7	7	8
18	2	3	4	5	5	6	7	8	8
19	2	3	4	5	6	6	7	8	8
20	2	3	4	5	6	6	7	8	9

C_2，0.025

n_2 \ n_1	3	4	5	6	7	8	9	10
5		9	10					
6		9	10	11				
7			11	12	13			
8			11	12	13	14		
9				13	14	14	15	
10				13	14	15	16	16
11				13	14	15	16	17
12				13	14	16	16	17
13					15	16	17	18
14					15	16	17	18
15					15	16	18	18
16						17	18	19
17						17	18	19
18						17	18	19
19						17	18	20
20						17	18	20

C_1，0.05

n_2 \ n_1	2	3	4	5	6	7	8	9	10
4			2						
5		2	2	3					
6		2	3	3	3				
7		2	3	3	4	4			
8	2	2	3	3	4	4	5		
9	2	2	3	4	4	5	5	6	
10	2	3	3	4	5	5	6	6	6
11	2	3	3	4	5	5	6	6	7
12	2	3	4	4	5	6	6	7	7
13	2	3	4	4	5	6	6	7	8
14	2	3	4	5	5	6	7	7	8
15	2	3	4	5	6	6	7	8	8
16	2	3	4	5	6	6	7	8	8
17	2	3	4	5	6	7	7	8	9
18	2	3	4	5	6	7	8	8	9
19	2	3	4	5	6	7	8	8	9
20	2	3	4	5	6	7	8	9	9

C_2，0.05

n_2 \ n_1	3	4	5	6	7	8	9	10
4	7	8						
5		9	9					
6		9	10	11				
7		9	10	11	12			
8			11	12	13	13		
9			11	12	13	14	14	
10			11	12	13	14	15	16
11				13	14	15	15	16
12				13	14	15	16	17
13				13	14	15	16	17
14				13	14	16	17	17
15					15	16	17	18
16					15	16	17	18
17					15	16	17	18
18					15	16	18	19
19					15	16	18	19
20					15	17	18	19

附表 8 柯尔莫戈洛夫检验临界值表

$P(D \geqslant d_\alpha) = \alpha$

n \ α	0.20	0.10	0.05	0.02	0.01
1	0.900 00	0.950 00	0.975 00	0.990 00	0.995 00
2	0.683 77	0.776 39	0.841 89	0.900 00	0.929 29
3	0.564 81	0.636 04	0.707 60	0.784 56	0.829 00
4	0.492 65	0.565 22	0.623 94	0.688 87	0.734 24
5	0.446 98	0.509 45	0.563 28	0.627 13	0.668 53
6	0.410 37	0.467 99	0.519 26	0.577 41	0.616 61
7	0.381 48	0.436 07	0.483 42	0.538 44	0.575 81
8	0.358 31	0.409 62	0.454 27	0.506 54	0.541 79
9	0.339 10	0.387 46	0.430 01	0.479 60	0.513 32
10	0.322 60	0.368 66	0.409 25	0.456 62	0.488 93
11	0.309 28	0.352 42	0.391 22	0.436 70	0.467 70
12	0.295 77	0.328 15	0.375 43	0.419 18	0.449 05
13	0.284 70	0.325 49	0.361 43	0.403 62	0.432 47
14	0.274 81	0.314 17	0.348 90	0.389 70	0.417 63
15	0.265 88	0.303 97	0.337 60	0.377 13	0.404 20
16	0.257 78	0.294 72	0.327 33	0.365 71	0.392 01
17	0.250 39	0.286 27	0.317 96	0.355 28	0.380 86
18	0.243 60	0.278 51	0.309 63	0.345 69	0.370 62
19	0.237 35	0.271 36	0.301 43	0.336 85	0.361 17
20	0.231 56	0.264 73	0.294 08	0.328 66	0.352 41
21	0.226 17	0.258 58	0.287 24	0.321 04	0.341 27
22	0.221 15	0.252 83	0.280 87	0.313 94	0.336 66
23	0.216 45	0.247 46	0.274 90	0.307 28	0.329 54
24	0.212 05	0.242 42	0.269 31	0.301 04	0.322 86
25	0.207 90	0.237 68	0.264 04	0.295 16	0.316 57
26	0.203 99	0.233 20	0.259 07	0.286 92	0.310 64
27	0.200 30	0.228 38	0.254 38	0.284 38	0.305 02
28	0.196 80	0.224 97	0.249 93	0.279 42	0.299 71
29	0.193 48	0.221 17	0.245 71	0.274 71	0.294 66
30	0.190 32	0.217 56	0.241 70	0.270 23	0.289 87

续表 8 柯尔莫戈洛夫检验临界值表

n \ α	0. 20	0. 10	0. 05	0. 02	0. 01
31	0. 187 32	0. 214 12	0. 237 88	0. 265 96	0. 285 30
32	0. 184 45	0. 210 85	0. 234 24	0. 261 89	0. 280 94
33	0. 181 71	0. 207 71	0. 230 76	0. 258 01	0. 276 77
34	0. 179 09	0. 204 72	0. 227 43	0. 254 29	0. 272 79
35	0. 176 59	0. 201 85	0. 224 25	0. 250 73	0. 268 97
36	0. 174 18	0. 199 10	0. 221 19	0. 247 32	0. 265 32
37	0. 171 88	0. 196 46	0. 218 26	0. 244 01	0. 261 80
38	0. 169 66	0. 193 92	0. 215 44	0. 240 89	0. 258 43
39	0. 167 53	0. 191 48	0. 212 73	0. 237 86	0. 255 18
40	0. 165 47	0. 189 13	0. 210 12	0. 234 94	0. 252 05
41	0. 163 49	0. 186 87	0. 207 60	0. 232 13	0. 249 04
42	0. 161 58	0. 184 68	0. 205 17	0. 229 41	0. 246 13
43	0. 159 74	0. 182 57	0. 202 83	0. 226 79	0. 243 32
44	0. 157 96	0. 180 53	0. 200 56	0. 224 26	0. 240 60
45	0. 156 23	0. 178 56	0. 198 37	0. 221 81	0. 237 98
46	0. 154 57	0. 176 65	0. 196 25	0. 219 44	0. 235 44
47	0. 152 95	0. 174 81	0. 194 20	0. 217 15	0. 232 98
48	0. 151 39	0. 173 02	0. 192 21	0. 214 93	0. 230 59
49	0. 149 87	0. 171 28	0. 190 28	0. 212 77	0. 228 28
50	0. 148 40	0. 169 59	0. 188 41	0. 210 68	0. 226 04
55	0. 141 64	0. 161 86	0. 179 81	0. 201 07	0. 215 74
60	0. 135 73	0. 155 11	0. 172 31	0. 192 67	0. 206 73
65	0. 130 52	0. 149 13	0. 165 67	0. 185 25	0. 198 77
70	0. 125 86	0. 143 81	0. 159 75	0. 178 63	0. 191 67
75	0. 121 67	0. 139 01	0. 154 42	0. 172 68	0. 185 28
80	0. 117 87	0. 134 67	0. 149 60	0. 167 28	0. 179 49
85	0. 114 42	0. 130 72	0. 145 20	0. 162 36	0. 174 21
90	0. 111 25	0. 127 09	0. 141 17	0. 157 86	0. 169 38
95	0. 108 33	0. 123 75	0. 137 46	0. 153 71	0. 164 93
100	0. 105 63	0. 120 67	0. 134 03	0. 149 87	0. 160 81

附表 9 柯尔莫戈洛夫统计量 D 的极限分布表

$$K(\lambda_\alpha)=\lim_{x\to\infty}P\left(D<\frac{\lambda_\alpha}{\sqrt{n}}\right)=1-\alpha$$

λ	0. 00	0. 01	0. 02	0. 03	0. 04	0. 05	0. 06	0. 07	0. 08	0. 09
0. 2	0. 000 000	0. 000 000	0. 000 000	0. 000 000	0. 000 000	0. 000 000	0. 000 000	0. 000 000	0. 000 001	0. 000 004
0. 3	0. 000 009	0. 000 021	0. 000 046	0. 000 091	0. 000 171	0. 000 303	0. 000 511	0. 000 826	0. 001 285	0. 001 929
0. 4	0. 002 808	0. 003 972	0. 005 476	0. 007 371	0. 009 730	0. 012 590	0. 016 005	0. 020 022	0. 024 682	0. 030 017
0. 5	0. 036 055	0. 042 814	0. 050 306	0. 058 534	0. 067 497	0. 077 183	0. 087 577	0. 098 656	0. 110 395	0. 122 760
0. 6	0. 135 718	0. 149 229	0. 163 225	0. 177 153	0. 192 677	0. 207 987	0. 223 637	0. 239 582	0. 255 780	0. 272 189
0. 7	0. 288 765	0. 305 471	0. 322 265	0. 339 113	0. 355 981	0. 372 833	0. 389 640	0. 406 372	0. 423 002	0. 439 505
0. 8	0. 455 857	0. 470. 24	0. 488 030	0. 503 803	0. 519 366	0. 534 682	0. 549 744	0. 564 546	0. 579 097	0. 593 316
0. 9	0. 607 270	0. 620 928	0. 634 286	0. 647 338	0. 660 082	0. 672 516	0. 681 630	0. 696 444	0. 707 940	0. 719 126
1. 0	0. 730 000	0. 740 566	0. 750 826	0. 760 780	0. 770 434	0. 779 794	0. 788 860	0. 797 636	0. 806 128	0. 814 342
1. 1	0. 822 282	0. 829 950	0. 837 356	0. 844 502	0. 851 394	0. 858 038	0. 864 442	0. 870 612	0. 876 548	0. 882 258
1. 2	0. 887 750	0. 893 030	0. 898 104	0. 902 972	0. 907 648	0. 912 132	0. 916 432	0. 920 556	0. 924 505	0. 928 288
1. 3	0. 931 908	0. 935 370	0. 938 682	0. 941 848	0. 944 872	0. 947 756	0. 950 512	0. 953 142	0. 955 650	0. 958 040
1. 4	0. 960 318	0. 962 465	0. 964 552	0. 966 516	0. 968 382	0. 970 158	0. 971 846	0. 973 448	0. 974 970	0. 976 412
1. 5	0. 977 782	0. 979 080	0. 980 310	0. 981 476	0. 982 578	0. 983 622	0. 984 610	0. 985 544	0. 986 426	0. 987 260
1. 6	0. 988 048	0. 988 791	0. 989 492	0. 990 154	0. 990 770	0. 991 364	0. 991 917	0. 992 438	0. 992 928	0. 993 389
1. 7	0. 993 823	0. 994 230	0. 994 612	0. 994 972	0. 995 309	0. 995 625	0. 995 922	0. 996 200	0. 996 460	0. 996 704
1. 8	0. 996 932	0. 997 146	0. 997 346	0. 997 533	0. 979 707	0. 997 870	0. 998 023	0. 998 145	0. 998 297	0. 998 421
1. 9	0. 998 536	0. 998 644	0. 998 744	0. 998 837	0. 998 924	0. 999 004	0. 999 079	0. 999 149	0. 999 123	0. 999 273
2. 0	0. 999 329	0. 999 380	0. 999 428	0. 999 474	0. 999 516	0. 999 552	0. 999 588	0. 999 620	0. 999 650	0. 999 680
2. 1	0. 999 705	0. 999 728	0. 999 750	0. 999 770	0. 999 790	0. 999 806	0. 999 822	0. 999 838	0. 999 852	0. 999 864
2. 2	0. 999 874	0. 999 886	0. 999 896	0. 999 904	0. 999 912	0. 999 920	0. 999 926	0. 999 934	0. 999 940	0. 999 944
2. 3	0. 999 949	0. 999 954	0. 999 858	0. 999 962	0. 999 965	0. 999 968	0. 999 970	0. 999 973	0. 999 976	0. 999 978
2. 4	0. 999 980	0. 999 982	0. 999 984	0. 999 986	0. 999 987	0. 999 988	0. 999 988	0. 999 990	0. 999 991	0. 999 992

附表 10　曼-惠特尼 U 检验临界值表

$P(U \leqslant U_{\alpha})=\alpha$

n_2 \ n_1	1	2	3	4	5	6	7	8	9	10	11	12	13	14	15	16	17	18	19	20
1	–	–	–	–	–	–	–	–	–	–	–	–	–	–	–	–	–	–	0	0
																			–	–
2	–	–	–	–	0	0	0	1	1	1	1	2	2	2	3	3	3	4	4	4
					–	–	–	0	0	0	0	1	1	1	1	1	2	2	2	2
3	–	–	0	0	1	2	2	3	3	4	5	5	6	7	7	8	9	9	10	11
	–	–	–	–	0	1	1	2	2	3	3	4	4	5	5	6	6	7	7	8
4	–	–	0	1	2	3	4	5	6	7	8	9	10	11	12	14	15	16	17	18
	–	–	–	0	1	2	3	4	4	5	6	7	8	9	10	11	11	12	13	13
5	–	0	1	2	4	5	6	8	9	11	12	13	15	16	18	19	20	22	23	25
	–	–	0	1	2	3	5	6	7	8	9	11	12	13	14	15	17	18	19	20
6	–	0	2	3	5	7	8	10	12	14	16	17	19	21	23	25	26	28	30	32
	–	–	1	2	3	5	6	8	10	11	13	14	16	17	19	21	22	24	25	27
7	–	0	2	4	6	8	11	13	15	17	19	21	24	26	28	30	33	35	37	39
	–	–	1	3	5	6	8	10	12	14	16	18	20	22	24	26	28	30	32	34
8	–	1	3	5	8	10	13	15	18	20	23	26	28	31	33	36	39	41	44	47
	–	0	2	4	6	8	10	13	15	17	19	22	24	26	29	31	34	36	38	41
9	–	1	3	6	9	12	15	18	21	24	27	30	33	36	39	42	45	48	51	54
	–	0	2	4	7	10	12	15	17	20	23	26	28	31	34	37	39	42	45	48
10	–	1	4	7	11	14	17	20	24	27	31	34	37	41	44	48	51	55	58	62
	–	0	3	5	8	11	14	17	20	23	26	29	33	36	39	42	45	48	52	55
11	–	1	5	8	12	16	19	23	27	31	34	38	42	46	50	54	57	61	65	69
	–	0	3	6	9	13	16	19	23	26	30	33	37	40	44	47	51	55	58	62
12	–	2	5	9	13	17	21	26	30	34	38	42	47	51	55	60	64	68	72	77
	–	1	4	7	11	14	18	22	26	29	33	37	41	45	49	53	57	61	65	69
13	–	2	6	10	15	19	24	28	33	37	42	47	51	56	61	65	70	75	80	84
	–	1	4	8	12	16	20	24	28	33	37	41	45	50	54	59	63	67	72	76
14	–	2	7	11	16	21	26	31	36	41	46	51	56	61	66	71	77	82	87	92
	–	1	5	9	13	17	22	26	31	36	40	45	50	55	59	64	67	74	78	83
15	–	3	7	12	18	23	28	33	39	44	50	55	61	66	72	77	83	88	94	100
	–	1	5	10	14	19	24	29	34	39	44	49	54	59	64	70	75	80	85	90
16	–	3	8	14	19	25	30	36	42	48	54	60	65	71	77	83	89	95	101	107
	–	1	6	11	15	21	26	31	37	42	47	53	59	64	70	75	81	86	92	98
17	–	3	9	15	20	26	33	39	45	51	57	64	70	77	83	89	96	102	109	115
	–	2	6	11	17	22	28	34	39	45	51	57	63	67	75	81	87	93	99	105
18	–	4	9	16	22	28	35	41	48	55	61	68	75	82	88	95	102	109	116	123
	–	2	7	12	18	24	30	36	42	48	55	61	67	74	80	86	93	99	106	112
19	–	4	10	17	23	30	37	44	51	58	65	72	80	87	94	101	109	116	123	130
	–	2	7	13	19	25	32	38	45	52	58	65	72	78	85	92	99	106	113	119
20	–	4	11	18	25	32	39	47	54	62	69	77	84	92	100	107	115	123	130	138
	–	2	8	13	20	27	34	41	48	55	62	69	76	83	90	98	105	112	119	127

注：对于每个 n_2，上一行为单侧检验 $\alpha=0.05$ 和双侧检验 $\alpha=0.10$ 时的临界值；下一行为单侧检验 $\alpha=0.025$ 和双侧检验 $\alpha=0.05$ 时的临界值。表中的“-”表示对给定的 α 不能做出决策

附表 11 霍兰德极端反应检验临界值表

$P(H \leq H_\alpha) = \alpha$

$m+n$ \ m	4	5	6	7	8	9	10	11	12
8	5.00	5.00							
9	5.00	10.00	17.50						
10	5.00	14.80	23.33	28.00	42.00				
	5.00	10.00	17.50	28.00					
11	8.75	14.80	26.83	39.43	49.88	60.00			
	5.00	10.00	17.50	28.00	42.00				
12	8.75	20.00	29.50	42.00	58.00	68.89	82.50		
	5.00	10.00	17.50	28.00	42.00	60.00			
13	10.00	21.20	34.00	49.42	63.88	80.00	100.10	110.00	
	5.00	10.00	23.33	34.86	49.88	68.89	82.50		
14	13.00	23.20	38.83	54.86	73.50	90.22	110.00	132.00	154.90
	5.00	14.80	23.33	39.43	55.50	75.56	92.40	110.00	
15	14.00	26.80	42.83	61.43	79.50	101.60	122.10	144.90	168.70
	5.00	14.80	28.00	42.00	59.50	79.56	102.50	120.90	143.00
16	14.00	29.20	47.50	67.71	89.88	112.20	135.60	161.60	187.00
	5.00	17.20	30.83	47.71	67.88	88.89	110.40	136.20	164.70
17	17.00	33.20	53.33	74.86	98.88	124.00	150.00	176.90	205.70
	8.75	17.20	34.00	52.00	73.88	96.00	120.90	148.20	177.70
18	18.75	36.80	58.00	82.86	108.00	135.60	164.40	194.20	224.90
	8.75	20.00	37.33	56.00	79.50	104.00	131.60	161.60	190.90
19	20.00	40.00	64.00	90.86	118.90	148.90	180.10	212.60	246.00
	8.75	21.20	39.33	60.86	85.50	112.89	142.10	174.00	206.30
20	21.00	44.80	70.00	98.86	129.90	162.20	196.40	231.60	267.70
	8.75	23.20	42.00	66.86	91.88	122.20	153.60	188.00	222.90

注：对于每一个 $m+n$，上一行为 $\alpha=0.05$ 的临界值；下一行为 $\alpha=0.01$ 的临界值

附表 12 克鲁斯卡尔-沃利斯 H 检验临界值表

$P(H \geqslant H_{\alpha}) = \alpha$

n_1	n_2	n_3	$\alpha=0.10$	$\alpha=0.05$	$\alpha=0.01$
3	2	1	4.286		
3	2	2	4.500	4.714	
3	3	1	4.571	5.143	
3	3	2	4.556	5.361	
3	3	3	4.622	5.600	7.200
4	2	1	4.500		
4	2	2	4.458	5.333	
4	3	1	4.056	5.208	
4	3	2	4.511	5.444	6.444
4	3	3	4.709	5.727	6.746
4	4	1	4.167	4.967	6.667
4	4	2	4.554	5.455	7.036
4	4	3	4.546	5.598	7.144
4	4	4	4.654	5.692	7.654
5	2	1	4.200	5.000	
5	2	2	4.373	5.160	6.533
5	3	1	4.018	4.960	
5	3	2	4.651	5.251	6.909
5	3	3	4.533	5.648	7.079
5	4	1	3.987	4.986	6.954
5	4	2	4.541	5.273	7.204
5	4	3	4.549	5.656	7.445
5	4	4	4.619	5.657	7.760
5	5	1	4.109	5.127	7.309
5	5	2	4.623	5.338	7.338
5	5	3	5.545	5.705	7.578
5	5	4	4.523	5.666	7.823
5	5	5	4.560	5.780	8.000

附表 13 约克海尔-塔帕斯特拉检验临界值表

$P(J \geqslant J_{\alpha}) = \alpha$

n_1 n_2 n_3	k	$\alpha=0.10$	$\alpha=0.05$	$\alpha=0.025$	$\alpha=0.01$	$\alpha=0.005$
2 2 2	3	10 (0.088 89)	11 (0.033 33)	12 (0.011 11)		
2 2 3	3	13 (0.076 19)	14 (0.038 10)	15 (0.014 29)	16 (0.004 76)	16 (0.004 76)
2 2 4	3	16 (0.071 43)	17 (0.038 10)	18 (0.019 05)	19 (0.007 14)	20 (0.002 38)
2 2 5	3	19 (0.066 14)	20 (0.039 68)	21 (0.021 16)	23 (0.003 97)	23 (0.003 97)
2 2 6	3	21 (0.094 44)	23 (0.039 68)	24 (0.023 81)	26 (0.006 35)	27 (0.002 38)
2 2 7	3	24 (0.087 88)	26 (0.040 40)	28 (0.015 15)	29 (0.008 08)	30 (0.004 04)
2 2 8	3	27 (0.082 15)	29 (0.040 40)	31 (0.016 84)	33 (0.005 39)	34 (0.002 69)
2 3 3	3	16 (0.096 43)	18 (0.030 36)	19 (0.014 29)	20 (0.005 36)	21 (0.001 79)
2 3 4	3	20 (0.073 81)	21 (0.045 24)	23 (0.013 49)	24 (0.006 35)	25 (0.002 38)
2 3 5	3	23 (0.087 70)	25 (0.038 10)	26 (0.023 02)	28 (0.006 75)	29 (0.003 17)
2 3 6	3	26 (0.099 57)	28 (0.049 57)	30 (0.021 00)	32 (0.007 14)	33 (0.003 68)
2 3 7	3	30 (0.082 32)	32 (0.042 68)	34 (0.010 32)	36 (0.007 32)	37 (0.004 17)
2 3 8	3	33 (0.091 95)	36 (0.037 68)	38 (0.018 10)	40 (0.007 54)	41 (0.004 51)
2 4 4	3	24 (0.075 56)	26 (0.032 06)	27 (0.019 05)	29 (0.005 40)	30 (0.002 54)
2 4 5	3	28 (0.076 62)	30 (0.036 80)	31 (0.023 95)	33 (0.008 80)	34 (0.004 91)
2 4 6	3	32 (0.077 42)	34 (0.040 76)	36 (0.018 98)	38 (0.007 58)	39 (0.004 40)
2 4 7	3	36 (0.077 97)	38 (0.044 06)	40 (0.022 61)	43 (0.006 60)	44 (0.004 08)
2 4 8	3	39 (0.098 79)	42 (0.046 86)	45 (0.018 63)	47 (0.008 92)	49 (0.003 77)
2 5 5	3	32 (0.091 57)	35 (0.035 65)	36 (0.024 53)	39 (0.006 43)	40 (0.003 73)
2 5 6	3	37 (0.081 78)	39 (0.047 15)	41 (0.024 86)	44 (0.007 77)	45 (0.004 91)
2 5 7	3	41 (0.093 55)	44 (0.044 77)	47 (0.018 20)	49 (0.008 94)	51 (0.003 93)
2 5 8	3	46 (0.085 00)	49 (0.042 83)	52 (0.018 85)	54 (0.009 96)	56 (0.004 82)
2 6 6	3	42 (0.085 28)	45 (0.040 27)	47 (0.022 35)	50 (0.007 86)	52 (0.003 43)
2 6 7	3	47 (0.088 03)	50 (0.045 21)	53 (0.020 40)	56 (0.007 89)	58 (0.003 76)
2 6 8	3	52 (0.090 31)	55 (0.049 53)	58 (0.024 49)	62 (0.007 88)	64 (0.004 04)
2 7 7	3	53 (0.083 58)	56 (0.045 43)	59 (0.022 25)	62 (0.009 64)	65 (0.003 60)
2 7 8	3	58 (0.094 68)	62 (0.045 55)	65 (0.023 81)	69 (0.008 57)	71 (0.004 74)
2 8 8	3	64 (0.098 33)	69 (0.042 31)	72 (0.023 19)	76 (0.009 13)	79 (0.004 04)
3 3 3	3	20 (0.094 64)	22 (0.036 90)	23 (0.020 83)	25 (0.004 76)	25 (0.004 76)
3 3 4	3	24 (0.093 10)	26 (0.042 14)	28 (0.015 48)	29 (0.008 57)	30 (0.004 29)
3 3 5	3	28 (0.091 77)	30 (0.046 21)	32 (0.020 02)	34 (0.007 14)	35 (0.003 90)
3 3 6	3	32 (0.090 75)	34 (0.049 46)	36 (0.024 08)	39 (0.006 22)	40 (0.003 57)
3 3 7	3	36 (0.089 89)	39 (0.038 49)	41 (0.019 41)	43 (0.008 68)	45 (0.003 35)
3 3 8	3	40 (0.089 14)	43 (0.041 44)	45 (0.022 59)	48 (0.007 59)	49 (0.004 98)
3 4 4	3	29 (0.086 43)	31 (0.039 74)	33 (0.016 88)	35 (0.005 89)	36 (0.003 20)
3 4 5	3	33 (0.094 81)	36 (0.037 91)	38 (0.017 89)	40 (0.007 32)	41 (0.004 40)
3 4 6	3	38 (0.084 32)	40 (0.049 23)	43 (0.018 65)	45 (0.008 56)	47 (0.003 43)
3 4 7	3	42 (0.095 66)	45 (0.046 44)	48 (0.019 26)	50 (0.009 63)	52 (0.004 35)
3 4 8	3	47 (0.086 72)	50 (0.044 19)	53 (0.019 74)	56 (0.007 52)	58 (0.003 54)
3 5 5	3	38 (0.097 06)	41 (0.043 82)	43 (0.023 24)	46 (0.007 40)	47 (0.004 75)
3 5 6	3	43 (0.098 82)	46 (0.048 90)	49 (0.020 85)	52 (0.007 41)	54 (0.003 28)
3 5 7	3	49 (0.082 20)	52 (0.042 11)	55 (0.019 03)	58 (0.007 40)	60 (0.003 56)
3 5 8	3	54 (0.084 61)	57 (0.046 27)	60 (0.022 84)	64 (0.007 37)	66 (0.003 80)
3 6 6	3	49 (0.092 26)	52 (0.048 55)	55 (0.022 67)	58 (0.009 19)	60 (0.004 59)
3 6 7	3	55 (0.087 04)	58 (0.048 21)	61 (0.024 20)	65 (0.008 07)	67 (0.004 25)
3 6 8	3	60 (0.097 70)	64 (0.047 88)	68 (0.020 27)	71 (0.009 50)	74 (0.003 97)
3 7 7	3	61 (0.091 12)	65 (0.044 21)	68 (0.023 37)	72 (0.008 61)	74 (0.004 86)
3 7 8	3	67 (0.094 60)	71 (0.049 17)	75 (0.022 65)	79 (0.009 07)	82 (0.004 10)
3 8 8	3	74 (0.091 97)	79 (0.042 51)	82 (0.024 77)	87 (0.008 69)	90 (0.004 18)

注：表头中的 α 为正态近似值，表中括号中的值为精确的 α 值

续表 13 约克海尔-塔帕斯特拉检验临界值表

n_1 n_2 n_3	k	$\alpha=0.10$	$\alpha=0.05$	$\alpha=0.025$	$\alpha=0.01$	$\alpha=0.005$
4 4 4	3	34 (0.084 39)	36 (0.046 30)	38 (0.022 86)	40 (0.009 93)	42 (0.003 67)
4 4 5	3	39 (0.087 38)	42 (0.038 73)	44 (0.020 27)	46 (0.009 59)	48 (0.004 02)
4 4 6	3	44 (0.089 84)	47 (0.043 67)	49 (0.024 97)	52 (0.009 31)	54 (0.004 29)
4 4 7	3	49 (0.091 84)	52 (0.048 22)	55 (0.022 44)	58 (0.009 06)	60 (0.004 50)
4 4 8	3	54 (0.093 53)	58 (0.042 04)	61 (0.020 49)	64 (0.008 85)	66 (0.004 68)
4 5 5	3	45 (0.081 77)	48 (0.039 28)	50 (0.022 20)	53 (0.008 15)	55 (0.003 71)
4 5 6	3	50 (0.094 35)	54 (0.039 70)	56 (0.023 82)	59 (0.009 87)	62 (0.003 47)
4 5 7	3	56 (0.088 75)	59 (0.049 59)	63 (0.019 63)	66 (0.008 58)	68 (0.004 59)
4 5 8	3	61 (0.099 19)	65 (0.049 05)	69 (0.021 02)	72 (0.009 98)	75 (0.004 25)
4 6 6	3	56 (0.098 10)	60 (0.045 46)	63 (0.022 87)	67 (0.007 69)	69 (0.004 08)
4 6 7	3	63 (0.086 19)	67 (0.041 74)	70 (0.022 08)	74 (0.008 18)	76 (0.004 63)
4 6 8	3	69 (0.089 72)	73 (0.046 51)	77 (0.021 41)	81 (0.008 59)	84 (0.003 90)
4 7 7	3	69 (0.097 59)	74 (0.043 18)	77 (0.024 26)	82 (0.007 83)	84 (0.004 65)
4 7 8	3	76 (0.094 50)	81 (0.044 41)	85 (0.021 70)	89 (0.009 46)	92 (0.004 66)
4 8 8	3	83 (0.098 69)	88 (0.049 66)	93 (0.021 91)	98 (0.008 31)	101 (0.004 28)
5 5 5	3	51 (0.086 66)	54 (0.045 58)	57 (0.021 36)	60 (0.008 73)	62 (0.004 40)
5 5 6	3	57 (0.090 78)	61 (0.041 51)	64 (0.020 66)	67 (0.009 21)	70 (0.003 60)
5 5 7	3	63 (0.094 30)	67 (0.046 65)	71 (0.020 08)	74 (0.009 60)	77 (0.004 13)
5 5 8	3	59 (0.097 34)	74 (0.043 00)	77 (0.024 13)	81 (0.009 92)	84 (0.004 61)
5 6 6	3	64 (0.087 87)	68 (0.043 01)	71 (0.022 99)	75 (0.008 68)	77 (0.004 98)
5 6 7	3	70 (0.099 06)	75 (0.044 27)	79 (0.020 42)	83 (0.008 24)	85 (0.004 94)
5 6 8	3	77 (0.095 75)	82 (0.045 35)	86 (0.022 35)	90 (0.009 85)	93 (0.004 90)
5 7 7	3	78 (0.090 19)	82 (0.049 81)	86 (0.024 99)	91 (0.009 04)	94 (0.004 47)
5 7 8	3	85 (0.094 38)	90 (0.047 39)	94 (0.024 89)	99 (0.000 77)	103 (0.004 10)
5 8 8	3	93 (0.093 19)	98 (0.049 17)	103 (0.023 22)	108 (0.009 68)	112 (0.004 34)
6 6 6	3	71 (0.092 85)	75 (0.048 97)	79 (0.023 06)	83 (0.009 54)	86 (0.004 47)
6 6 7	3	78 (0.097 21)	83 (0.046 45)	87 (0.023 11)	92 (0.008 27)	95 (0.004 06)
6 6 8	3	86 (0.089 14)	91 (0.044 36)	95 (0.023 13)	100 (0.008 99)	103 (0.004 71)
6 7 7	3	86 (0.095 63)	91 (0.048 35)	96 (0.021 53)	101 (0.008 29)	104 (0.004 32)
6 7 8	3	94 (0.094 26)	100 (0.043 51)	104 (0.023 80)	110 (0.008 29)	113 (0.004 54)
6 8 8	3	102 (0.098 85)	108 (0.048 73)	113 (0.024 37)	119 (0.009 23)	123 (0.004 39)
7 7 7	3	95 (0.089 44)	100 (0.047 11)	105 (0.022 25)	110 (0.009 29)	114 (0.004 18)
7 7 8	3	103 (0.094 14)	109 (0.046 05)	114 (0.022 88)	120 (0.008 59)	123 (0.004 94)
7 8 8	3	112 (0.094 02)	118 (0.048 34)	124 (0.022 09)	130 (0.008 85)	134 (0.004 43)
8 8 8	3	121 (0.098 91)	128 (0.047 98)	134 (0.023 10)	140 (0.009 92)	145 (0.004 45)
2 2 2	4	18 (0.082 94)	19 (0.048 41)	21 (0.012 30)	22 (0.005 16)	23 (0.001 59)
2 2 2	5	28 (0.087 79)	30 (0.041 16)	32 (0.016 23)	33 (0.009 39)	35 (0.002 57)
2 2 2	6	40 (0.095 33)	43 (0.040 83)	45 (0.020 71)	48 (0.009 44)	49 (0.003 79)
3 3 3	4	37 (0.090 67)	40 (0.037 74)	42 (0.018 34)	44 (0.007 97)	45 (0.004 98)
3 3 3	5	59 (0.087 38)	62 (0.047 52)	65 (0.023 35)	69 (0.007 55)	71 (0.003 92)
3 3 3	6	85 (0.096 86)	90 (0.045 24)	94 (0.022 01)	98 (0.009 58)	101 (0.004 43)
4 4 4	4	63 (0.089 50)	67 (0.041 98)	70 (0.021 50)	73 (0.009 98)	76 (0.004 14)
4 4 4	5	100 (0.099 10)	106 (0.045 23)	110 (0.024 50)	116 (0.008 39)	119 (0.004 55)
4 4 4	6	147 (0.091 81)	154 (0.045 67)	160 (0.022 74)	167 (0.008 88)	171 (0.004 86)
5 5 5	4	95 (0.096 21)	100 (0.049 83)	105 (0.022 96)	110 (0.009 28)	114 (0.004 04)
5 5 5	5	153 (0.095 42)	160 (0.049 70)	167 (0.023 18)	174 (0.009 58)	179 (0.004 70)
5 5 5	6	224 (0.096 79)	234 (0.047 75)	242 (0.024 77)	252 (0.009 64)	259 (0.004 56)
6 6 6	4	134 (0.096 07)	141 (0.047 43)	147 (0.023 36)	154 (0.008 94)	158 (0.004 81)
6 6 6	5	216 (0.098 42)	226 (0.048 44)	235 (0.022 92)	244 (0.009 69)	251 (0.004 56)
6 6 6	6	317 (0.099 82)	330 (0.049 90)	342 (0.023 61)	354 (0.009 99)	363 (0.004 85)

注：表头中的 α 为正态近似值，表中括号中的值为精确的 α 值

附表 14 威尔科克森符号秩检验临界值表

$P(W \leqslant W_{\alpha/2}) = \alpha$ 或 $P(W \leqslant W_{\alpha}) = \alpha$

$P(2)$ $P(1)$ n	0.10 0.05	0.05 0.025	0.02 0.01	0.01 0.005
5	1			
6	2	1		
7	4	2	0	
8	6	4	2	0
9	8	6	3	2
10	11	8	5	3
11	14	11	7	5
12	17	14	10	7
13	21	17	13	10
14	26	21	16	13
15	30	25	20	16
16	36	30	24	19
17	41	35	28	23
18	47	40	33	28
19	54	46	38	32
20	60	52	43	37
21	68	59	49	43
22	75	66	56	49
23	83	73	62	55
24	92	81	69	61
25	101	90	77	68
26	110	98	85	76
27	120	107	93	84
28	130	117	102	92
29	141	127	111	100
30	152	137	120	109
31	163	148	130	118
32	175	159	141	128
33	188	171	151	138
34	201	183	162	149
35	214	195	174	160
36	228	208	186	171
37	242	222	198	183
38	256	235	211	195
39	271	250	224	208
40	287	264	238	221
41	303	279	252	234
42	319	295	267	248
43	336	311	281	262
44	353	327	297	277
45	371	344	313	292
46	389	361	329	307
47	408	379	345	323
48	427	397	362	339
49	446	415	380	356
50	466	434	398	373

注：$P(2)$ 是双侧的概率，$P(1)$ 是单侧的概率

附表 15 肯德尔协同系数检验临界值表

$P(W \geqslant W_{\alpha}) = \alpha$

k	n	$\alpha=0.10$	$\alpha=0.05$	$\alpha=0.025$	$\alpha=0.01$
3	4	0.750	0.812		
	5	0.520	0.640	0.760	0.840
	6	0.444	0.583	0.694	0.750
	7	0.388	0.510	0.551	0.633
	8	0.328	0.391	0.484	0.562
	9	0.309	0.346	0.444	0.482
	10	0.250	0.310	0.390	0.480
	11	0.223	0.298	0.355	0.430
	12	0.215	0.257	0.333	0.396
	13	0.183	0.231	0.290	0.361
	14	0.174	0.219	0.265	0.321
	15	0.164	0.213	0.253	0.298
4	3	0.733	0.822		
	4	0.525	0.650	0.700	0.800
	5	0.424	0.520	0.584	0.664
	6	0.356	0.422	0.489	0.567
	7	0.306	0.371	0.429	0.494
	8	0.262	0.319	0.375	0.431
5	5	0.622	0.711	0.800	0.844

附表 16　皮尔逊积差相关系数检验临界值表

$P\{r \geq r_{\frac{\alpha}{2}(df)}\} = \alpha$　或　$P\{r \geq r_{\alpha(df)}\} = \alpha$

$P(2)$ $P(1)$ df	0.50 0.25	0.20 0.10	0.10 0.05	0.05 0.025	0.02 0.01	0.01 0.005	0.005 0.0025	0.002 0.001	0.001 0.0005
1	0.707	0.951	0.988	0.997	1.000	1.000	1.000	1.000	1.000
2	0.500	0.800	0.900	0.950	0.980	0.990	0.995	0.998	0.999
3	0.404	0.687	0.805	0.878	0.934	0.959	0.974	0.986	0.991
4	0.347	0.608	0.729	0.811	0.882	0.917	0.942	0.963	0.974
5	0.309	0.551	0.669	0.754	0.833	0.874	0.906	0.935	0.951
6	0.281	0.507	0.621	0.707	0.789	0.834	0.870	0.905	0.925
7	0.260	0.472	0.582	0.666	0.750	0.798	0.836	0.875	0.898
8	0.242	0.443	0.549	0.632	0.715	0.765	0.805	0.847	0.872
9	0.228	0.419	0.521	0.602	0.685	0.735	0.776	0.820	0.847
10	0.216	0.398	0.497	0.576	0.658	0.708	0.750	0.795	0.823
11	0.206	0.380	0.476	0.553	0.634	0.684	0.726	0.772	0.801
12	0.197	0.365	0.457	0.532	0.612	0.661	0.703	0.750	0.780
13	0.189	0.351	0.441	0.514	0.592	0.641	0.683	0.730	0.760
14	0.182	0.338	0.426	0.497	0.574	0.623	0.664	0.711	0.742
15	0.176	0.327	0.412	0.482	0.558	0.606	0.647	0.694	0.725
16	0.170	0.317	0.400	0.468	0.542	0.590	0.631	0.678	0.708
17	0.165	0.308	0.389	0.456	0.529	0.575	0.616	0.662	0.693
18	0.160	0.299	0.378	0.444	0.515	0.561	0.602	0.648	0.679
19	0.156	0.291	0.369	0.433	0.503	0.549	0.589	0.635	0.665
20	0.152	0.284	0.360	0.423	0.492	0.537	0.576	0.622	0.652
21	0.148	0.277	0.352	0.413	0.482	0.526	0.565	0.610	0.640
22	0.145	0.271	0.344	0.404	0.472	0.515	0.554	0.599	0.629
23	0.141	0.265	0.337	0.396	0.462	0.505	0.543	0.588	0.618
24	0.138	0.260	0.330	0.388	0.453	0.496	0.534	0.578	0.607
25	0.136	0.255	0.323	0.281	0.445	0.487	0.524	0.568	0.597
26	0.133	0.250	0.317	0.374	0.437	0.479	0.515	0.559	0.588
27	0.131	0.245	0.311	0.367	0.430	0.471	0.507	0.550	0.579
28	0.128	0.241	0.306	0.361	0.423	0.463	0.499	0.541	0.570
29	0.126	0.237	0.301	0.355	0.416	0.456	0.491	0.533	0.562
30	0.124	0.233	0.296	0.349	0.409	0.449	0.484	0.526	0.554
31	0.122	0.229	0.291	0.344	0.403	0.442	0.477	0.518	0.546
32	0.120	0.225	0.287	0.339	0.397	0.436	0.470	0.511	0.539
33	0.118	0.222	0.283	0.334	0.392	0.430	0.464	0.504	0.532
34	0.116	0.219	0.279	0.329	0.386	0.424	0.458	0.498	0.525
35	0.115	0.216	0.275	0.325	0.381	0.418	0.452	0.492	0.519
36	0.113	0.213	0.271	0.320	0.376	0.413	0.446	0.486	0.513
37	0.111	0.210	0.267	0.316	0.371	0.408	0.441	0.480	0.507
38	0.110	0.207	0.264	0.312	0.367	0.403	0.435	0.474	0.501
39	0.108	0.204	0.261	0.308	0.362	0.398	0.430	0.469	0.495
40	0.107	0.202	0.257	0.304	0.358	0.393	0.425	0.463	0.490
41	0.106	0.199	0.254	0.301	0.354	0.389	0.420	0.458	0.484
42	0.104	0.197	0.251	0.297	0.350	0.384	0.416	0.453	0.479
43	0.103	0.195	0.248	0.294	0.346	0.380	0.411	0.449	0.474
44	0.102	0.192	0.246	0.291	0.342	0.376	0.407	0.444	0.469
45	0.101	0.190	0.243	0.288	0.338	0.372	0.403	0.439	0.465
46	0.100	0.188	0.240	0.285	0.335	0.368	0.399	0.435	0.460
47	0.099	0.186	0.238	0.282	0.331	0.365	0.395	0.431	0.456
48	0.098	0.184	0.235	0.279	0.328	0.361	0.391	0.427	0.451
49	0.097	0.182	0.233	0.276	0.325	0.358	0.387	0.423	0.447
50	0.096	0.181	0.231	0.273	0.322	0.354	0.384	0.419	0.443

注：$P(2)$ 是双侧的概率，$P(1)$ 是单侧的概率

续表 16 皮尔逊积差相关系数检验临界值表

P(2)	0.50	0.20	0.10	0.05	0.02	0.01	0.005	0.002	0.001
P(1)	0.25	0.10	0.05	0.025	0.01	0.005	0.002 5	0.001	0.000 5
df									
52	0.094	0.177	0.226	0.268	0.316	0.348	0.377	0.411	0.435
54	0.092	0.174	0.222	0.263	0.310	0.341	0.370	0.404	0.428
56	0.090	0.171	0.218	0.259	0.305	0.336	0.364	0.398	0.421
58	0.089	0.168	0.214	0.254	0.300	0.330	0.358	0.391	0.414
60	0.087	0.165	0.211	0.250	0.295	0.325	0.352	0.385	0.408
62	0.085	0.162	0.207	0.246	0.290	0.320	0.347	0.379	0.402
64	0.084	0.160	0.204	0.242	0.286	0.315	0.342	0.374	0.396
66	0.083	0.157	0.201	0.239	0.282	0.310	0.337	0.368	0.390
68	0.082	0.155	0.198	0.235	0.278	0.306	0.332	0.363	0.385
70	0.081	0.153	0.195	0.232	0.274	0.302	0.327	0.358	0.380
72	0.080	0.151	0.193	0.229	0.270	0.298	0.323	0.354	0.375
74	0.079	0.149	0.190	0.226	0.266	0.294	0.319	0.349	0.370
76	0.078	0.147	0.188	0.223	0.263	0.290	0.315	0.345	0.365
78	0.077	0.145	0.185	0.220	0.260	0.286	0.311	0.340	0.361
80	0.076	0.143	0.183	0.217	0.257	0.283	0.307	0.336	0.357
82	0.075	0.141	0.181	0.215	0.253	0.280	0.304	0.333	0.353
84	0.074	0.140	0.179	0.212	0.251	0.275	0.300	0.329	0.349
86	0.073	0.138	0.177	0.210	0.248	0.273	0.297	0.325	0.345
88	0.072	0.136	0.174	0.207	0.245	0.270	0.293	0.321	0.341
90	0.071	0.135	0.173	0.205	0.242	0.267	0.290	0.318	0.338
92	0.070	0.133	0.171	0.203	0.240	0.264	0.287	0.315	0.334
94	0.070	0.132	0.169	0.201	0.237	0.262	0.284	0.312	0.331
96	0.069	0.131	0.167	0.199	0.235	0.259	0.281	0.308	0.327
98	0.068	0.129	0.165	0.197	0.232	0.256	0.279	0.305	0.324
100	0.068	0.123	0.164	0.195	0.230	0.254	0.276	0.303	0.321
105	0.066	0.125	0.160	0.190	0.225	0.248	0.270	0.296	0.314
110	0.064	0.122	0.156	0.186	0.220	0.242	0.264	0.289	0.307
115	0.063	0.119	0.153	0.182	0.215	0.237	0.258	0.283	0.300
120	0.062	0.117	0.150	0.178	0.210	0.232	0.253	0.277	0.294
125	0.060	0.114	0.147	0.174	0.206	0.228	0.248	0.272	0.289
130	0.059	0.112	0.144	0.171	0.202	0.223	0.243	0.267	0.283
135	0.058	0.110	0.141	0.168	0.199	0.219	0.239	0.262	0.278
140	0.057	0.108	0.139	0.165	0.195	0.215	0.234	0.257	0.273
145	0.056	0.106	0.136	0.162	0.192	0.212	0.230	0.253	0.269
150	0.055	0.105	0.134	0.159	0.189	0.208	0.227	0.249	0.264
160	0.053	0.101	0.130	0.154	0.183	0.202	0.220	0.241	0.256
170	0.052	0.095	0.126	0.150	0.177	0.196	0.213	0.234	0.249
180	0.050	0.095	0.122	0.145	0.172	0.190	0.207	0.228	0.242
190	0.049	0.093	0.119	0.142	0.168	0.185	0.202	0.222	0.236
200	0.048	0.091	0.116	0.138	0.164	0.181	0.197	0.216	0.230
250	0.043	0.081	0.104	0.124	0.146	0.162	0.176	0.194	0.206
300	0.039	0.074	0.095	0.113	0.134	0.148	0.161	0.177	0.188
350	0.036	0.068	0.088	0.105	0.124	0.137	0.149	0.164	0.175
400	0.034	0.064	0.082	0.098	0.116	0.128	0.140	0.154	0.164
450	0.032	0.060	0.077	0.092	0.109	0.121	0.132	0.145	0.154
500	0.030	0.057	0.074	0.088	0.104	0.115	0.125	0.138	0.146
600	0.028	0.052	0.067	0.080	0.095	0.105	0.114	0.126	0.134
700	0.026	0.048	0.062	0.074	0.088	0.097	0.106	0.116	0.124
800	0.024	0.045	0.058	0.069	0.082	0.091	0.099	0.109	0.116
900	0.022	0.043	0.055	0.065	0.077	0.086	0.093	0.103	0.109
1 000	0.021	0.041	0.052	0.062	0.073	0.081	0.089	0.098	0.104

注：P(2) 是双侧的概率，P(1) 是单侧的概率

附表 17 斯皮尔曼等级相关系数检验临界值表

$P(r_s \geqslant r_\alpha)=\alpha$

P(2)	0.50	0.20	0.10	0.05	0.02	0.01	0.005	0.002	0.001
P(1)	0.25	0.10	0.05	0.025	0.01	0.005	0.002 5	0.001	0.000 5
n									
4	0.600	1.000	1.000						
5	0.500	0.800	0.900	1.000	1.000				
6	0.371	0.657	0.829	0.886	0.943	1.000	1.000		
7	0.321	0.571	0.714	0.786	0.893	0.929	0.964	1.000	1.000
8	0.310	0.524	0.643	0.738	0.833	0.881	0.905	0.952	0.976
9	0.267	0.483	0.600	0.700	0.783	0.833	0.867	0.917	0.933
10	0.248	0.455	0.564	0.648	0.745	0.794	0.830	0.879	0.903
11	0.236	0.427	0.536	0.618	0.709	0.755	0.800	0.845	0.873
12	0.217	0.406	0.503	0.587	0.678	0.727	0.769	0.818	0.846
13	0.209	0.385	0.484	0.550	0.648	0.703	0.747	0.791	0.824
14	0.200	0.367	0.464	0.538	0.626	0.679	0.723	0.771	0.802
15	0.189	0.354	0.446	0.521	0.604	0.654	0.700	0.750	0.779
16	0.182	0.341	0.429	0.503	0.582	0.635	0.679	0.729	0.762
17	0.176	0.328	0.414	0.485	0.566	0.615	0.662	0.713	0.748
18	0.170	0.317	0.401	0.472	0.550	0.600	0.643	0.695	0.728
19	0.165	0.309	0.391	0.460	0.535	0.584	0.628	0.677	0.712
20	0.161	0.299	0.380	0.447	0.520	0.570	0.612	0.662	0.696
21	0.156	0.292	0.370	0.435	0.508	0.556	0.599	0.648	0.681
22	0.152	0.284	0.361	0.425	0.496	0.544	0.586	0.634	0.667
23	0.148	0.278	0.353	0.415	0.486	0.532	0.573	0.622	0.654
24	0.144	0.271	0.344	0.406	0.476	0.521	0.562	0.610	0.642
25	0.142	0.265	0.337	0.398	0.466	0.511	0.551	0.598	0.630
26	0.138	0.259	0.331	0.390	0.501	0.501	0.541	0.587	0.619
27	0.136	0.255	0.324	0.382	0.491	0.491	0.531	0.577	0.608
28	0.133	0.250	0.317	0.375	0.483	0.483	0.522	0.567	0.598
29	0.130	0.245	0.312	0.368	0.475	0.475	0.513	0.558	0.589
30	0.128	0.240	0.306	0.362	0.467	0.467	0.504	0.549	0.580
31	0.126	0.236	0.301	0.356	0.459	0.459	0.496	0.541	0.571
32	0.124	0.232	0.296	0.350	0.452	0.452	0.489	0.533	0.563
33	0.121	0.229	0.291	0.345	0.446	0.446	0.482	0.525	0.554
34	0.120	0.225	0.287	0.340	0.439	0.439	0.475	0.517	0.547
35	0.118	0.222	0.283	0.335	0.433	0.433	0.468	0.510	0.539
36	0.116	0.219	0.279	0.330	0.427	0.427	0.462	0.504	0.533
37	0.114	0.216	0.275	0.325	0.421	0.421	0.456	0.497	0.526
38	0.113	0.212	0.271	0.321	0.415	0.415	0.450	0.491	0.519
39	0.111	0.210	0.267	0.317	0.410	0.410	0.444	0.485	0.513
40	0.110	0.207	0.264	0.313	0.405	0.405	0.439	0.479	0.507
41	0.108	0.204	0.261	0.309	0.400	0.400	0.433	0.473	0.501
42	0.108	0.202	0.257	0.305	0.395	0.395	0.428	0.468	0.495
43	0.105	0.199	0.254	0.301	0.391	0.391	0.423	0.463	0.490
44	0.104	0.197	0.251	0.298	0.386	0.386	0.419	0.458	0.484
45	0.103	0.194	0.248	0.294	0.382	0.382	0.414	0.453	0.479
46	0.102	0.192	0.246	0.291	0.378	0.378	0.410	0.448	0.474
47	0.101	0.190	0.243	0.288	0.374	0.374	0.405	0.443	0.469
48	0.100	0.188	0.240	0.285	0.370	0.370	0.401	0.439	0.465
49	0.098	0.186	0.238	0.282	0.366	0.366	0.397	0.434	0.460
50	0.097	0.184	0.235	0.279	0.363	0.363	0.393	0.430	0.456

注：P(2) 是双侧的概率，P(1) 是单侧的概率

续表 17 斯皮尔曼等级相关系数检验临界值表

P(2)	0.50	0.20	0.10	0.05	0.02	0.01	0.005	0.002	0.001
P(1)	0.25	0.10	0.05	0.025	0.01	0.005	0.002 5	0.001	0.000 5
n									
51	0.096	0.182	0.233	0.276	0.326	0.359	0.390	0.426	0.451
52	0.095	0.183	0.231	0.274	0.323	0.356	0.386	0.422	0.447
53	0.095	0.179	0.228	0.271	0.320	0.352	0.382	0.418	0.443
54	0.094	0.177	0.226	0.268	0.317	0.349	0.379	0.414	0.439
55	0.093	0.175	0.224	0.266	0.314	0.346	0.375	0.411	0.435
56	0.092	0.174	0.222	0.264	0.311	0.343	0.372	0.407	0.432
57	0.091	0.172	0.220	0.261	0.308	0.340	0.369	0.404	0.428
58	0.090	0.171	0.218	0.259	0.306	0.337	0.366	0.400	0.424
59	0.089	0.169	0.216	0.257	0.303	0.334	0.363	0.397	0.421
60	0.089	0.168	0.214	0.255	0.300	0.331	0.360	0.394	0.418
61	0.088	0.166	0.213	0.252	0.298	0.329	0.357	0.391	0.414
62	0.087	0.165	0.211	0.250	0.296	0.326	0.354	0.388	0.411
63	0.086	0.163	0.209	0.248	0.293	0.323	0.351	0.385	0.408
64	0.086	0.162	0.207	0.246	0.291	0.321	0.348	0.382	0.405
65	0.085	0.161	0.206	0.244	0.289	0.318	0.346	0.397	0.402
66	0.084	0.160	0.204	0.243	0.287	0.316	0.343	0.376	0.399
67	0.084	0.158	0.203	0.241	0.284	0.314	0.341	0.373	0.396
68	0.083	0.157	0.201	0.239	0.282	0.311	0.338	0.370	0.393
69	0.082	0.156	0.200	0.237	0.280	0.309	0.336	0.368	0.390
70	0.082	0.155	0.198	0.235	0.278	0.307	0.333	0.365	0.388
71	0.081	0.154	0.197	0.234	0.276	0.305	0.331	0.363	0.385
72	0.081	0.153	0.195	0.232	0.274	0.303	0.329	0.360	0.382
73	0.080	0.152	0.194	0.230	0.272	0.301	0.327	0.358	0.380
74	0.080	0.151	0.193	0.229	0.271	0.299	0.324	0.355	0.377
75	0.079	0.150	0.191	0.227	0.269	0.297	0.322	0.353	0.375
76	0.078	0.149	0.190	0.226	0.267	0.295	0.320	0.351	0.372
77	0.078	0.148	0.189	0.224	0.265	0.293	0.318	0.349	0.370
78	0.077	0.147	0.188	0.223	0.264	0.291	0.316	0.346	0.368
79	0.077	0.146	0.186	0.221	0.262	0.289	0.314	0.344	0.365
80	0.076	0.145	0.185	0.220	0.260	0.287	0.312	0.342	0.363
81	0.076	0.144	0.184	0.219	0.259	0.285	0.310	0.340	0.361
82	0.075	0.143	0.183	0.217	0.257	0.284	0.308	0.338	0.359
83	0.075	0.142	0.182	0.216	0.255	0.282	0.306	0.336	0.357
84	0.074	0.141	0.181	0.215	0.254	0.280	0.305	0.334	0.355
85	0.074	0.140	0.180	0.213	0.252	0.279	0.303	0.332	0.353
86	0.074	0.139	0.179	0.212	0.251	0.277	0.301	0.330	0.351
87	0.073	0.139	0.177	0.211	0.250	0.276	0.299	0.328	0.349
88	0.073	0.138	0.176	0.210	0.248	0.274	0.298	0.327	0.347
89	0.072	0.137	0.175	0.209	0.247	0.272	0.296	0.325	0.345
90	0.072	0.136	0.174	0.207	0.245	0.271	0.294	0.323	0.343
91	0.072	0.135	0.173	0.206	0.244	0.269	0.293	0.321	0.341
92	0.071	0.135	0.173	0.205	0.243	0.268	0.291	0.319	0.339
93	0.071	0.134	0.172	0.204	0.241	0.267	0.290	0.318	0.338
94	0.070	0.133	0.171	0.203	0.240	0.265	0.288	0.316	0.336
95	0.070	0.133	0.170	0.202	0.239	0.264	0.287	0.314	0.334
96	0.070	0.132	0.169	0.201	0.238	0.262	0.285	0.313	0.332
97	0.069	0.131	0.168	0.200	0.236	0.261	0.284	0.311	0.331
98	0.069	0.130	0.167	0.199	0.235	0.260	0.282	0.310	0.329
99	0.068	0.130	0.166	0.198	0.234	0.258	0.281	0.308	0.327
100	0.068	0.129	0.165	0.197	0.233	0.257	0.279	0.307	0.326

注：$P(2)$ 是双侧的概率，$P(1)$ 是单侧的概率

附表 18 肯德尔 τ 等级相关系数检验临界值表

$$P(\tau \geqslant \tau_{\alpha}) = \alpha$$

α / n	0.100		0.050		0.025		0.010		0.005	
	k	τ	k	τ	k	τ	k	τ	k	τ
4	6	1.00	6	1.00	8	1.00	8	1.00	8	1.00
5	8	0.800	8	0.800	10	1.00	10	1.00	12	1.00
6	9	0.600	11	0.733	13	0.867	13	0.867	15	1.00
7	11	0.524	13	0.619	15	0.714	17	0.810	19	0.905
8	12	0.429	16	0.571	18	0.643	20	0.714	22	0.786
9	14	0.389	18	0.500	20	0.556	24	0.667	26	0.722
10	17	0.378	21	0.467	23	0.511	27	0.600	29	0.644
11	19	0.345	23	0.418	27	0.491	31	0.564	33	0.600
12	20	0.333	26	0.394	30	0.455	36	0.545	38	0.576
13	24	0.308	28	0.359	34	0.436	40	0.513	44	0.564
14	25	0.275	33	0.363	37	0.407	43	0.473	47	0.516
15	29	0.276	35	0.333	41	0.390	49	0.467	53	0.505
16	30	0.250	38	0.317	46	0.383	52	0.433	58	0.483
17	34	0.250	42	0.309	50	0.368	58	0.426	64	0.471
18	37	0.242	45	0.294	53	0.346	63	0.412	69	0.451
19	39	0.228	49	0.287	57	0.333	67	0.392	75	0.439
20	42	0.221	52	0.274	62	0.326	72	0.379	80	0.421
21	44	0.210	56	0.267	66	0.314	78	0.371	86	0.410
22	47	0.203	61	0.264	71	0.307	83	0.359	91	0.394
23	51	0.202	65	0.257	75	0.296	89	0.352	99	0.391
24	54	0.196	68	0.246	80	0.290	94	0.341	104	0.377
25	58	0.193	72	0.240	86	0.287	100	0.333	110	0.367
26	61	0.188	77	0.237	91	0.280	107	0.329	117	0.360
27	63	0.179	81	0.231	95	0.271	113	0.322	125	0.356
28	68	0.180	86	0.228	100	0.265	118	0.312	130	0.344
29	70	0.172	90	0.222	106	0.261	126	0.310	138	0.340
30	75	0.172	95	0.218	111	0.255	131	0.301	145	0.333
31	77	0.166	99	0.213	117	0.252	137	0.295	151	0.325
32	82	0.165	104	0.210	122	0.246	144	0.290	160	0.323
33	86	0.163	108	0.205	128	0.242	152	0.288	166	0.314
34	89	0.159	113	0.201	133	0.237	157	0.280	175	0.312
35	93	0.156	117	0.197	139	0.234	165	0.277	181	0.304
36	96	0.152	122	0.194	146	0.232	172	0.273	190	0.302
37	100	0.150	128	0.192	152	0.228	178	0.267	198	0.297
38	105	0.149	133	0.189	157	0.223	185	0.263	205	0.292
39	109	0.147	139	0.188	163	0.220	193	0.260	213	0.287
40	112	0.144	144	0.185	170	0.218	200	0.256	222	0.285

注：$k=U-V$，$\tau=2k/[n(n-1)]$。表中的 τ 是双侧检验的临界值，若进行单侧检验，可按 $\alpha/2$ 的值查表

参考文献

[1] 茆诗松，等. 统计手册 [M]. 北京：科学出版社，2003.
[2] [美] S. 伯恩斯坦，R. 伯恩斯坦. 统计学原理 [M]. 史道济译. 北京： 科学出版社，2002.
[3] [美] 布莱洛克. 社会统计学 [M]. 沈崇麟等译. 重庆：重庆大学出版社，2010.
[4] 薛薇. SPSS 统计分析方法及应用 [M]. 北京：电子工业出版社，2004.
[5] 卢文岱，等. SPSS for Windows 统计分析 [M]. 2 版. 北京：电子工业出版社，2004.
[6] 陈正昌. SPSS 与统计分析 [M]. 北京：教育科学出版社，2015.
[7] 张红兵，等. SPSS 宝典 [M]. 北京：电子工业出版社，2007.
[8] 杜强，等. SPSS 统计分析从入门到精通 [M]. 2 版. 北京：人民邮电出版社，2014.
[9] 王苏斌，等. SPSS 统计分析 [M]. 北京：机械工业出版社，2003.
[10] 茆诗松，等. 概率论与数理统计 [M]. 2 版. 北京：中国统计出版社，2000.
[11] 于秀林，等. 多元统计分析 [M]. 北京：中国统计出版社，1999.
[12] 何晓群. 现代统计分析方法与应用 [M]. 北京：中国人民大学出版社，1998.
[13] 吴喜之. 非参数统计 [M]. 北京：中国统计出版社，1999.
[14] 杜智敏. 抽样调查与 SPSS 应用 [M]. 北京：电子工业出版社，2010.
[15] 倪雪梅. 精通 SPSS 统计分析 [M]. 北京：清华大学出版社，2010.
[16] 陈胜可，等. SPSS 统计分析从入门到精通 [M]. 北京：清华大学出版社，2015.
[17] 潘玉进. 教育与心理统计-SPSS 应用 [M]. 杭州：浙江大学出版社，2006.
[18] 薛薇. 基于 SPSS 的数据分析 [M]. 北京：中国人民大学出版社，2014.
[19] 余建英，等. 数据统计分析与 SPSS 应用 [M]. 北京：人民邮电出版社，2003.
[20] 张文彤，等. SPSS 统计分析高级教程 [M]. 北京：高等教育出版社，2004.
[21] 李昕，等. SPSS 22.0 统计分析从入门到精通 [M]. 北京：电子工业出版社，2015.
[22] 权德庆，等. 体育统计学 [M]. 北京：人民体育出版社，2011.
[23] 丛湖平，等. 体育统计学 [M]. 北京：高等教育出版社，2015.

郑重声明

读者意见反馈

为收集对教材的意见建议，进一步完善教材编写并做好服务工作，读者可将对本教材的意见建议通过如下渠道反馈至我社。

咨询电话　400-810-0598

反馈邮箱　gjdzfwb@pub.hep.cn

通信地址　北京市朝阳区惠新东街4号富盛大厦1座

　　　　　高等教育出版社总编辑办公室

邮政编码　100029

防伪查询说明

用户购书后刮开封底防伪涂层，使用手机微信等软件扫描二维码，会跳转至防伪查询网页，获得所购图书详细信息。

防伪客服电话　(010) 58582300